REMERCIMENT

JE VOUDRAIS REMERCIER MA FEMME YVONNE, ET MES ENFANTS, IAN , GUY, BRUNO, ET
ALEC POUR M'AVOIR ENCOURAGE A ECRIRE CE LIVRE

A EVY ET YUMA

TYCHÈ*... LA CIGOGNE ET LES REQUINS

INTRODUCTION

Si j'ai écrit mes mémoires, ou ma biographie, comme on voudra l'appeler, ce n'est pas parce que je crois que ma vie a quelques choses de très spéciale, et soit plus intéressante que celle des autres, je l'écris parce que moi j'aurais bien voulu savoir ce que l'on vécu et pensait mes ancêtres. J'aurais bien voulu connaître l'enfance et l'adolescence que l'on eut mes parents par exemple. Mon grand père du côté de ma mère était un héros de la grande guerre, deux fois blessé et donc croix de guerre avec deux palmes, chevalier de la légion d'honneur et tout le patatras, mais que pensait il vraiment de cette guerre? Donc je veux qu'il n'y ait pas de doute sur ce que j'ai fait et pensé dans cette vie, et que mon entourage et mes descendants puissent s'en informer s'ils le désirent.

Lorsque je vais raconter ma vie, je vais le faire comme si j'avais une conversation avec le lecteur. Je ne serai pas trop descriptif, plutôt narratif et les faits seront assez résumés. J'éviterai de donner des dates pour éviter les erreurs, mais la séquence est respectée. Je ferais de même pour les montants d'argent, car la plus grande partie de ma vie c'est passer au Mexique et le peso mexicain a beaucoup changé de valeur et ce serait très difficile de donner des montants équivalent à la valeur d'aujourd'hui.

Mes réflexions, mes idées, mes coups de gueule seront écrits en *italique*.
Je fais cela parce que certaines personnes pourraient ne s'intéresser qu'à ma vie et pas à mes idées. Sauf dans certains cas qui me tiennent beaucoup à cœur. Ce livre je l'ai commencé à l'écrire en 2016 et je l'ai terminé en 2021. Je fais donc parfois référence à des sujets d'actualités.

Comme le titre de ce livre veut l'annoncer, ma vie et mes idées tournent autour du hasard, en commençant par la naissance puis par l'évolution et l'adaptation.
Tyché c'est pour le hasard, la cigogne pour la naissance, et le requin l'évolution et l'adaptation.

J'espère aussi ne pas déranger, ou vexer, mes amis et ma famille dont je parle ici. J'ai essayé de ne pas trop dire du mal des gens. J'aurais également pu raconter plus de choses sur leur vie, des fois plus intéressante que la mienne, mais je sens ne pas en avoir le droit.

Sur mes idées, vous verrez qu'elles sont ce que l'on appelle de gauche en politique. Peut-être, mais elles ne suivent aucune doctrine ni formation politique actuelle, car je ne crois pas dans la politique ni dans les politiques.

Mais je vais bien sûr critiquer tout ce que fait et qu'a fait la droite. Lorsque je défends le communisme, je ne défends pas le communisme qui a été installé en Russie ou en Chine, je défend le communisme comme idéologie au XIX et début du XX siècle. Mais surtout j'insiste sur le bien qu'a fait cette idéologie sur les travailleurs des pays qui ne l'ont pas adopté, car par peur du communisme, les gouvernements ont donné un peu plus de bénéfices à ceux-ci.

Si je défend aussi l'URSS ou la Russie, c'est surtout pour démontrer les mensonges des occidentaux qui se prennent pour les détenteurs de la vérité et de la justice, et se croit porteur des valeurs universelles. Lorsque l'on parle aujourd'hui de communisme, on ne parle que de dictature d'État, de prisonniers politiques, de crimes de Staline et de Mao, etc. On oublie leur succès scientifique, ce que on leur doit de la seconde guerre mondiale, de l'égalité, de l'accès à l'éducation, à la santé, à la culture, au travail etc,.

Je ne défend pas Poutine, qui est un despote qui se trouve à la tête de la Russie grâce aux États Unis. Lorsque Eltsine est en difficulté pour sa réélection face au Parti communiste, il demande de l'aide à Clinton pour remporter ces élections, et celui lui envoie une équipe qui va l'aider à coup de millions de dollars investis dans la propagande anti communiste, et celui-ci sera réélu. Très peu de temps après, Eltsine, qui est malade et alcoolique, choisit Poutine pour le remplacer avec la condition qu'il ferme les yeux sur toutes ses magouilles et celles de sa famille.

Ce que je vais faire, c'est d'essayer de montrer que l'occident veut nous faire croire que nous sommes les bons, les détenteurs des valeurs universelles et défenseur des droits de l'homme. Et ceux qui ne sont pas nos alliés, sont les méchants qui veulent voir disparaître notre belle et juste civilisation qui n'a fait que du bien tout au long de l'histoire. La Russie et la Chine sont agressives et impérialistes, bien qu'en vérité la Russie a 9 bases militaires en dehors de son territoire et les États Unis 800 !!

Selon l'occident, Les musulmans veulent islamiser le monde occidental, mais c'est les évangélistes qui ont déjà christianisé des millions d'être humains en Amérique et en Afrique et s'attaquent à l'Asie et au reste du monde.

Autre sujet que je traite, c'est le thème de l'insécurité chère à la droite pour attaquer l'immigration. Celle-ci on doit la comprendre comme une menace à la vie, c'est -à -dire une mort précoce. Elle progresse en France après avoir baissé de 889 (pour 100,000) en 1990 à 833 en 2014, puis a fortement augmenté pour arriver à 911 en 2019. 10% en quelques années. Mais à quoi est-ce dû? Principalement par la progression des maladies chroniques, maladies cardio vasculaires, du foie, neurologiques, diabète. C'est-à-dire comorbidités potentiellement létales liées au COVID. Mais les violences interpersonnelles, qui sont celles qui occupent à 100 % la droite dans tous les médias, comme terrorisme, violence dans les cités etc. liés à l'immigration, représente exactement 0,089% des décès totaux, en baisse depuis 2014 où elles étaient de 0,094 % et de - 2 % en relation à 1990 où elles étaient de 1,8 %.

En comparaison, les températures extrêmes représentent une menace 3,5 fois plus importante, les suicides 20 fois plus, les chutes 33 fois plus, les attaques cardiaques 83 fois plus. Donc la diversité française, avec 20 % de sa population immigrée ou de descendance immigrée, n'a aucune influence sur les taux de mortalité des 25 dernières années. La principale menace c'est les conditions d'existence, les inégalités devant l'accès aux soins et la négligence des pouvoirs publics.

Je vais également défendre les musulmans, mais pas parce que je suis d'accord avec l'islam, je suis anti théiste, c'est à dire que je suis contre toutes les formes de religion.
Je vais le défendre contre les attaques qui traite l'Islam de religion attardée et moyenâgeuse en comparaison avec le christianisme et le judaisme. Le Christianisme a plongé l'Europe dans l'obscurantisme. En l'an 1000, en plein moyen âge, l'Europe était sous-développée, sauf dans sa partie musulmane, l'Espagne. Cordoue comptait plus de 450,000 habitants quand Paris en abritait 40,000, et Bagdad, de même que Canton et plusieurs villes chinoises excédaient le million d'habitants. Il n'y avait pas d'université en Europe, quand plusieurs d'entre elles fonctionnaient déjà dans les mégalopoles musulmanes de Bagdad ou du Caire, il s'y trouvait même des femmes pour y enseigner. La culture Gréco-romaine, dont nous sommes si fiers, nous est parvenue grâce aux études des musulmans sur celle-ci. Lors des croisades, les français ont importé plusieurs caractéristiques de la civilisation musulmane , comme certains traits d'architecture que l'on retrouve dans les cathédrales, comme Notre Dames de Paris.

Sur l'écologie, je vais également essayer de montrer que le problème ce n'est pas chacun d'entre nous comme on essaye de nous le faire croire, mais bien le système économique que l'on nous impose et le manque de pouvoir des États face aux lobbyistes de tout bord. Les possédants ne veulent pas en priorité sauver l'humanité ou la planète, leurs priorités c'est de sauver le capitalisme et le système qui les maintient riches, donc si avec de nouvelles technologies on arrive à contrôler le réchauffement climatique, c'est bon, sinon, tampis pour ceux qui ne survivront pas, hommes, animales ou plantes, mais pas question de changer le système.

Toutes les informations que je donne sont sorties de sources très fiables, à la fin du livre je vais mettre les références, j'ai énormément lu pour m'informer. Je ne pense pas posséder l'intelligence, ni détenir la vérité pour donner la solution des problèmes de l'humanité, mais je pense que l'on doit s'informer et dire ce que l'on pense si l'on croit avoir des idées, et je le fais sans aucune prétention.

J'ai géré ma vie, et pris mes décisions en pensant plus au présent qu'au futur. Je suis plutôt épicurien, je cherche plus le plaisir immédiat, sans que ce soit forcément un plaisir très recherché, goûter un simple chocolat après un mois de navigation en mer est l' un des meilleurs moments de ma vie, tout comme celui de boire une bière bien fraîche après avoir nagé dans la mer pendant plusieurs heures.
Je n'ai, de ma vie, mit de l'argent de côté. Ce n'est pas forcément par volonté bien réfléchi, la plupart du temps j'ai eu besoin davantage d'argent, que celui que j'avais.

Et quand ce n'était pas le cas, mes ambitions et mes rêves m'ont fait prendre des risques et me lancer dans divers projets.

Je ne vais pas n'ont plus vous faire de grand discours philosophiques, j'adorerais le faire, mais bien que j'aime cette discipline, j'en suis incapable, et comme je vous l'ai déjà dit, le sujet de ce livre est d'informer mon entourage et mes descendants, de ce que fut ma vie et mes idées.

DIVERS MÉTIERS RÉALISÉS (occupation pour laquelle j'ai été rémunéré)* *

-MARIN
-APRENTIT OCEANOGRAPHE
-DESINATEUR
-GRAVEUR SUR METAL
-MÉCANICIEN
-TOURNEUR FRAISEUR
-PHOTOGRAPHE
-PLONGEUR SOUS MARIN
-BIOLOGISTE MARIN
-MENUISIER
-GUIDE TOURISTIQUE
-CHEF D'ENTREPRISE
-COMMERÇANT
-ELEVEUR DE BOVINS
-CUISINIER
-BATISEUR
-TRADUCTEUR
-DESIGNEUR
-FERRONIER D'ART
-SCULPTEUR EN FER

*déesse grecque du hasard
** Je me la pète un peu, mais c'est vrai.

CHAPITRE 1

MES ANCÊTRES...PAS TOUS GAULOIS

Sans la guerre contre l'Allemagne en 1870, je ne serai peut être pas né, car en 1871 lorsque l'armistice est signé le 29 janvier, la France perd l'Alsace et la Lorraine dans le traité de Versailles du 26 février 1872

Les Allemands permettront aux français, qui le souhaitent, de garder leur nationalité à condition qu'ils partent du nouveau territoire allemand. On les appellera les Optants, et mon ancêtre Jacques Philippe Fautsch, père de Léon Fautsch en fera partie, il demandera de rester français le 8 septembre 1872.

Leon Fautsch, mon arrière grand père, a 10 ans a cette époque, ou à immigres la famille a ce moment la ? on l'ignore, ce que l'on sait c'est que Leon apprendra le métier de son père, imprimeur d'indiennes, métier transmis dans la famille Fautsch de Cernay, depuis des générations, son grand père Thibaud Fautsch et son arrière grand père Philippe Fautsch était également imprimeur.

Léon travailla d'octobre 1887 à mai 1889 dans une usine de coton à Prague.

Son oncle Thibaud, de 12 ans l'aîné de son père, avait émigré en Italie, à Genève, avec son fils Joseph Thiebaud. Celui-ci se marie à une italienne, de nom Marie Louise Barbieri, et en 1870, naquit une fille appelée Clotilde.

Joseph Thiebaud, étant également imprimeur d'indiennes, fut contacté par des français pour aller travailler au Mexique dans des usines de textiles de leur propriété. Un grand nombre de français originaires de Barcelonet, petite ville du sud de la France, ont émigré au Mexique a la fin du 19è siècle et fait fortune dans le textile.

Il arrive au Mexique entre 1880 et 1885 où il travaille à l'usine « EL VALOR » de Pansacola dans l'État de Tlaxcala.

Une fois installé au Mexique, et comme il y avait énormément besoin de main d'œuvre qualifié, il fit venir son cousin, mon arrière grand père Léon, qui arriva en septembre 1889. Ce dernier était beaucoup plus jeune que son cousin germain, car il était le fils du plus jeune des fils de Thiébaud, et Joseph était le fils de l'aîné

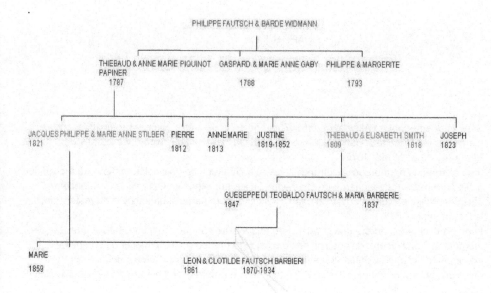

Arbre généalogique de mes arrières grands parents paternels (côtés Fautsch)

Arbre généalogique de mes arrières grands parents paternels (côtés Fautsch)

Le coquin, pour le remercier du boulot qu'il lui avait trouvé, fit deux enfants a Clothilde sa fille, appelés Eugène et Émile, bien sur, il se maria avec elle deux ans après la naissance de mon grand père Emile en 1892.

Après avoir travaillé dans deux autres usines, Leon est embauché comme chef imprimeur par un français propriétaire de l'usine de Santa Rosa dans l'État de Veracruz, la famille y arrive en 1902.

Cette usine était tellement grande qu'un village de nom Sta Rosa se construit autour de celle-ci, la famille Fautsch devient voisine d'une autre famille d'origine française, la famille Darnaud.

Sylvain Darnaud est arrivé au Mexique à Piedras Negras état de Coahuila, on ignore la date, il s'est marié à une mexicaine du nom de Rafaela González et on eu 8 enfants.

Caroline, la fille aînée se maria avec Emile et de ce mariage naquirent 7 enfants, tous nés à Santa Rosa, Carlos, Yvonne, Magdalena, Clara, Robert, Louis et Jean. Mon père c'est Robert.

Mon père fut un enfant paraît-il avec quelques problèmes de locutions et comme a cette époque on ne traitait pas ces problèmes, il sortit très tôt du système scolaire, vers sa troisième année d'école. Son père étant très sévère, il le mit à travailler dès l'âge de 10 ans, il lui apprit le métier d'horloger, métier que lui-même avait appris par correspondance. En plus de son travail à l'usine, il ouvrit une petite boutique de réparations de montres ou il mit mon père a travailler. Pendant ses moments de loisirs il passait son temps à la chasse, et aux promenades dans la forêt, , il faut dire que dans le petit village de Sta Rosa il n'y avait pas grande chose à faire, et que la ville la plus proche était à plusieurs kilomètres.
Ce genre de vie lui a donné le goût pour les armes et l'aventure, donc quand en 44, lorsque le consulat français fait appel à des volontaires pour aller se battre pour libérer la France il est immédiatement partant. Ses parents ont toujours gardé la nationalité française et l'ont transmise à leur enfants.
Les 40 volontaires mettront tellement de temps pour arriver en France que la guerre sera finie lorsqu'ils y réussiront.
Mon père en profite pour rester quelque temps à Paris chez ses oncles pour bien apprendre le français, la famille de sa mère, les Darnaud , était rentrée en France depuis plusieurs années sauf Caroline qui était déjà mariée.
Un peu plus d'un an après, il rentre au Mexique et se remet à travailler avec son père, mais cette fois-ci dans un atelier de gravure à Mexico, la capitale.

Je vais vous raconter comment mon grand père a réussi à se faire de cet atelier, c'est assez marrant, il faut que je vous dise que la famille était extrêmement conservatrice, catholique pratiquante etc…
L'usine de Sta Rosa appartenait à des français, c'est pour cela que la plupart des cadres et ouvriers spécialisés étaient français, donc pas étonnant que l'administrateur fut français, il s'appelait Robert Le Lorier.
Yvonne, ma tante, l'aînée des filles, était une fille trés, trés belle, et M. Le Lorier est tombé amoureux d'elle, mais comme lui était marié, et ma tante à l'époque n'avait que 18 ans,(à l'époque la majorité était à 21 ans) mon grand père n'allait jamais accepter cette relation même si Le Lorier divorçait. Donc il se sont enfui vers la capitale.
Ce fut un drame, et la famille essaya toujour de le cacher, mais quelques année plus tard, Le Lorier finit par divorcer et se maria avec ma tante, et ils eurent deux enfants, Jako et Jacqueline. Pour se faire pardonner par mon grand père, Le Lorier était assez riche, il lui acheta un terrain dans la capital et lui construisit un atelier de gravure, les propriétaires serait donc ma tante Yvonne et mon grand père. On oublie vite notre morale lorsque l'on nous offre un bon prix. Ceci est très important pour le futur de ma famille, vous allez voir pourquoi.

Les parents de Robert Le Lorier qui habitaient à l'époque à Paris, étaient très amis des Charpentier, la famille de ma mère.
Du côté de celle-ci, je ne connais pas beaucoup de ses ancêtres, je sais que son grand père est originaire des Tuile en Savois, et qu'il s'appelait Pierre Orset.

Il a commencé à travailler très jeune, comme commis dans un restaurant en épluchant des pommes de terres, il a monter petit à petit les échelons et lorsqu'il était chef de salle dans le restaurant où il travaillait, il s'est marié avec la caissière de celui-ci , et petit à petit ils ont réussi à acheter le restaurant à leur patron,

Il faudrait croire qu'ils étaient très doué pour les affaires, et je pense qu'ils ont profité aussi des crédits de l'après grande guerre, car ils ont réussi à monter un petit empire de restaurant, quelques hôtels comme l'hôtel du golf de Deauville, et quelques hôtels particuliers à Paris comme celui du Boulevards Haussmann ou est née ma mère.

Ils n'ont eu qu'une seule fille, Marie Madeleine, qu'ils ont marié à un héros de la grande guerre, le capitaine Jean Charpentier, décoré de la Légion d'honneur, de la croix de guerre avec deux palmes, et quelques autres dont je ne me souviens plus. Il a été blessé deux fois à la jambe par des éclats d'obus, et a participé à la bataille de Verdun.

J'ignore tout de ses origines, et je ne sais pas si l'argent qu'il avait provenait de sa famille ou de celle de sa femme. Le fait est qu'il était propriétaire de la galerie Charpentier, la plus grande et la meilleure de Paris à l'époque, ses locaux abritent aujourd'hui Sobeys, la maison de ventes aux enchères.

Ils eurent trois enfants, Jean Louis, Marie Claire, et Jean Claude.

Ma mère Marie Claire, naquit en février 1922, et ne fut jamais aimé de sa mère qui préférait les garçons.

Quand la deuxième guerre mondiale éclate, mes grands parents partent pour New York avec les garçons, et laisse ma mère en France chez une tante, à la fin de la guerre, puisqu'ils ont perdu la galerie, ils restent à New York et font venir ma mère, mon grand père est nommé agrégé militaire, jusqu'en 1948, après il vont vivre au Canada, dans une ferme près de Montréal.

Mon grand-père essayait de l'acheter pour faire de l'élevage de porc, mais le crédit qu'il attend est bloqué, à cause d'un procès que mon grand-père à fait au propriétaire, pour vice d'Etat des lieux qui ne sont pas conforme à ce que la banque demande. Il perd le procès deux ans après et rentre en France.

Ma mère est envoyée au Mexique pour travailler comme institutrice chez le fils dès Le Lorier, qui étaient des vieux amis à eux.

Ce fils c'est Robert Le Lorier qui s'était marié avec Yvonne, la sœur de mon père, ma mère arrive donc à Mexico et travaille comme institutrice de Jako et Jackeline, leurs enfants. Et c'est comme cela que mes parents se sont rencontrés

Mes parents
Juste avant leur mariage

Ils se marièrent assez rapidement, mon père monta un petit atelier d'horlogerie, métier qu'il avait appris avec son père, mais après quelques mois celui ci l'appela pour travailler avec lui dans l'entreprise que Robert Le Lorier lui avait offert, il y commença à travailler comme employé.

Personne de la famille de ma mère était venus pour le mariage, donc PapaPierre, c'est comme cela qu'on appelait le grand père de ma mère , va leur payer un voyage en France, pour connaître ses arrières petit enfants, je venais de naître en septembre 1953, ma soeur Christine en janvier 1950 et mon frère Jean Pierre en janvier 1952 .

CHAPITRE II

LA CIGOGNE...JOUE AUX DÈS

Comme vous pouvez voir, il aurait suffit que mes ancêtres ne soit pas obligé de quitter l'Alsace, ou que les Fautsch ne soit pas devenus voisin des Darnaud dans un village perdu du Mexique, ou que mon grand père ne fasse pas faillite, et ainsi ma mère n'aurait pas été obligé de devenir gouvernante des Le Lorier, etc..etc., pour que mes parents ne se soit pas rencontré et ainsi ma naissance n'aurai pas eu lieu..

Notre existence a tous est le fruit d'une suite de hasard, lorsque l'on vient dans ce monde on a rien fait pour mériter de naître, et encore moins de naître dans tel ou tel famille, dans tel ou tel classe sociale, ou dans tel ou tel pays.
Moi par exemple je suis né dans une famille de classe moyenne très moyenne, dans une grande ville, dans un très beau pays et avec deux cultures et deux langues différentes, donc bilingue de naissance.

Donc j'ai eu beaucoup plus de chance que la grande majorité des habitants de cette planète qui naissent dans des familles dans la misère, dans des villages perdus, ou dans des quartiers abandonnés dans des villes de pays pauvres.
Mais aussi, hélas pour moi, J'ai été moins chanceux que les quelques fils de riches.

Le berceau ou la cigogne nous dépose détermine à 99 %, ou plus, notre vie future, une fille née dans une petite cabane, dans un village pauvre de Gambie, a une chance sur un milliard de se retrouver embauché comme directrice de développement d'ingénierie aéronautique à Airbus (je ne sais pas si ça existe, j'ai inventé ce poste) et ceci, parce que elle est née fille, noire, musulmane et dans la misère, ses parents n'auront aucune chance de lui donner une éducation, ni de lui payer des études, et même si elle arrive à étudier elle aura tout contre elle pour arriver à ce niveau.

On entend partout parler de méritocratie, que les gens qui triomphe le mérite, qu'il faut arrêter l'assistanat, que les gent son pauvre parce que fainéant, que les gens ont le droit de faire hériter à leur descendants toute une vie de labeur !!!.
Il y a des gens qui sont fier d'être français, ou Breton ou européen, mais qu'est ce qu'il on fait pour le mériter ??
D'autre sont fier de s'appeler Rothschild, ou Arnaud ou Betancourt et autre, mais qu'est ce qu'ils ont fait pour le mériter ???
D'autre sont fier d'être blanc ou noir ou jaune ou rouge, mais qu'est ce qu'ils ont fait pour le mériter.
D'autre sont fier d'être un homme ou une femme, ou homo mais qu'est ce qu'ils ont fait pour le mériter ???
On peut être content de ce que l'on est, mais pour être fier il faut le mériter, on peut être fier de la réussite de ses enfants car l'on a participé à leur éducation, on peut être fier de son parcours professionnel, ou d'une oeuvre d'art, ou d'être heureux en mariage etc...se sont des choses que l'on a réussi grâce à nous.
Mais on ne peut pas être fier de gagner au loto, du match gagné par notre équipe favorite, de la culture de nos ancêtres..ce sont des choses pour lesquelles on a rien fait, on peut en être content ou très content, mais pas fier.
Si on arrive à faire comprendre ceci à tout le monde, le monde se porterait beaucoup mieux,
Les gens "bien nés" se sentent orgueilleux , fier, supérieur et les gens " mal nés" se sentent humiliés, honteux, inférieurs, et c'est juste la chance, le hasard qui a fait qu'il soit dans l'un ou l'autre cas.
La déclaration suivante des droits de l'homme : « Tous les êtres humains naissent libres et égaux en dignité et en droits. Ils sont doués de raison et de conscience et doivent agir les uns envers les autres dans un esprit de fraternité. » n'est jamais respecté et pourtant c'est la première condition à la justice dans ce monde.
Il faudrait que chaque être humain "bien née" fasse quelques choses pour mériter son statut et ainsi pouvoir en être fier, partager ses richesses matérielles avec des "mal née",(imposition) faire participer de sa culture et de son pays (immigration), retourner les richesses d'un pays a ses origines (aide et investissements) dans les pays anciennement colonisés.

Il faudrait que les "mal nés" se sente l'égal des " bien nés", qu'ils n'aient pas honte de leur statut, qu'ils n'aient pas peur d'exiger la légalité des droits.

Je pense que dans ces temps de terrorisme islamiste, le fait justement d'être né dans un pays donné a encore plus d' importance. Dans ces pays arabes, Afrique du Nord moyen orient, se sont des pays qui ont été colonisés pendant plusieurs décennies, mais qui ont eu une grande culture, surtout les pays du moyen orient qui sont un peu le berceau de la civilisation.
Ces peuples ont été humiliés, d'abord par l'empire Ottoman, et ensuite par la grosse trahison des anglais et français en 1916, par les accords de Picot et Syke. Ils ont été mis sous tutelle par ces deux nations, celles-ci ont déterminé les frontières des pays et en ont créé des nations artificiellement, l'Irak, la Syrie ,le cas du Liban pour protéger les chrétiens, et plus tard d'Israël pour se faire pardonner leur propres crimes. Et une fois indépendants, les dirigeants de plusieurs de ces pays ont été pratiquement choisis par les puissances étrangères.
Donc lorsque l'on est né dans un de ces pays on hérite déjà de cette humiliation, peut être même d'un sentiment d'infériorité, même si on hérite aussi d'une grande culture.
On sent les pays d'occidents (les riches pays) comme nos supérieurs, alors comment s'étonner que les gens se tourne vers leur religion, qui est la seule qui leur propose de se sentir quelqu'un, et de la, il n'y a pas qu'un pas pour que des manipulateurs profite de votre malaise.
Bien sûr je simplifie, c'est sûrement beaucoup plus compliqué, mais je suis sûr que si on avait fait ce que l'on avait promis après la défaite de l'empire Ottoman, c'est-à-dire un grand pays arabe, ce serait une autre histoire. Et surtout, tant que l'on ne réglera pas le conflit Israélo Palestiniens il n'y aura jamais la paix, on ne peut pas demander à un peuple de ne plus exister, pour qu'un autre peuple (qui d'ailleur a été inventé en tant que tel, je vous conseille de lire le très bon livre de l'historien israélien Shlomo Sand, " comment le peuple juif fut inventé") que l'on a voulu exterminer, existe. A plus forte raison si les Palestiniens n'y sont pour rien. C'est les occidentaux qui ont essayé de les exterminer, c'est à eux de régler le problème, On a pas le droit de faire cadeaux de quelque chose qui ne vous appartient pas.

Tous ces pays n'ont jamais demandé à être colonisé, il faut que les pays colonisateurs prennent leur responsabilité, les colonies ont enrichi ces pays et des familles dans ces pays,

Il faut savoir que le niveau de vie des pays industrialisés est dû en partie à ces richesses exploitées dans les colonies, donc il faut partager de n'importe quelle façon cette qualité de vie.

On est très contents de notre culture, de nos richesses etc.. et on croit les mériter, mais ne vaudrait il pas vraiment se demander si c'est vraiment le cas, comment être content de notre niveau de vie si celui ci est dû à la misère des autres? Il ne s'agit pas de partager mais de rendre ce dont on a profité injustement.

CHAPITRE III

REVENU UNIVERSEL....UN FAIT NATUREL

Mais comment faire?? je pense que la solution est très simple, il suffit d'équilibrer les chances des "bien nés" et des "mal nés"
On parle beaucoup de Liberté, énormément, mais très peu d'égalité et encore moins de fraternité, et ceci pour la simple raison que le pouvoir et les communicants ont besoin de cette liberté pour pouvoir dominer le monde, un riche a toutes les liberté pour faire ce qu'il veut, un pauvre aucune.
Les révolutionnaires de 1789 se sont trompés, ce n'était pas Liberté, Égalité, Fraternité mais Fraternité, Égalité, Liberté, qu'il fallait prendre comme devise, car il ne peut y avoir de liberté sans égalité, et pas d'égalité sans fraternité.
Donc pour donner plus de liberté au mal nés, donnons plus d'égalité, avec de la fraternité, et pour cela mettons en place l'ALLOCATION UNIVERSELLE ou REVENU UNIVERSEL. Ou à l'internationale, le BIEN (Basic Income Earth Network)

C'est-à-dire un revenu suffisant à tout le monde pour vivre, celui-ci serait versé à tout le monde a partir de sa majorité et jusqu'à sa mort, une allocation moindre serait donnée au parent pour chaque enfant jusqu'à sa majorité.

Ceci donnera de la liberté à tout le monde, plus besoin d'être obligé de travailler pour survivre, on pourra étudier le temps que l'on voudra, la relation au travail ne sera plus dominé par le propriétaire de l'emploi, ceci changera complètement la relation employeur employé, on sera enfin libéré de la peur de la perte du travail pour vivre, on pourra travailler le temps que l'on souhaite, celui ci sera partager d'avantage, plus peur de destruction d'emploi à cause des nouvelles technologies, les employeurs devront faire davantage pour garder leurs employés, mais pas en offrant de bon salaires mais plutôt de meilleur conditions de travail.
Bien sûr il n'y aura plus de salaire minimum mais plutôt un salaire maximum qui sera fixé selon le type de travail.
On me dira que plus personne voudrait travailler, qu'il n'y aura personne pour produire, mais pensez-vous que les gens sont des fainéants? qu'il n'ont pas d'ambition? qu'il n'aime pas avoir une plus belle maison que le voisin? une meilleure voiture? C'est mal connaître l'homme que de penser le contraire.
Une personne qui aime la musique, pourra se dédier à celle ci sans avoir peur de ne pas vivre de sa passion, mais pour pouvoir s'acheter le meilleur instrument il devra travailler pour avoir plus d'argent pour l'acheter, donc faire des concerts ou s'il n'y est pas encore préparé, travailler dans une autre branche jusqu'à ce qu'il soit prêt, l'allocation universelle permettra de vivre, mais pas d'épargner.
On aura davantage d'artistes, de sportifs, avoir enfin des professions dont on n'est pas sûr de gagner de l'argent. On n'aurait plus peur d'entreprendre par peur de rien gagner, le monde serait beaucoup plus productif en idée, en culture, en sciences et surtout en art. Donc de la vrais richesse

Certains psychologues parlent de la théorie X qui dit que les salariés détestent le travail, les efforts et la responsabilité, ils ne sont motivés que par leur salaire et la sécurité que leur donne leur emploi .

En France 11% des travailleurs se sentent engagés à leur travail, 61 % vont juste à leur travail chercher leur salaire, et 28% se sentent malheureux au travail.

La théorie Y par contre, une idée de Abraham Merlow(psychologue 1908-1970) dit que tout individu éprouve, à part le besoin de survie et de sécurité, un besoin vital d'estime de soi et d'accomplissement. Donc s'il avait au travail plus de liberté, plus de possibilité de prendre des décisions, d'appliquer ses connaissances etc… il serait beaucoup plus heureux et productif. L'allocation universelle permettrait plus facilement la mise en place d'entreprise de ce type dite libérée

Ceci ne sera pas seulement un avantage pour les travailleurs mais également pour les entreprise, surtout pour les petites et moyennes entreprises, qui sont celle qui embauche le plus, imaginer un entrepreneur qui a l'idée de faire des fenêtres, il demandera a son entourage, ou mettrai une annonce sur un site spécialisé pour ça, des menuisiers qui voudraient bien participer à son entreprise avec quelques heures de travail, il pourrait les payer à la tâche ou à l'heure selon ces commandes (c'est les commandes qui font les emplois, pas les entreprises) et le prix qui leur payerait dépendrait directement de son prix de ventes et de l'habileté de son employé, il ne dépendrait plus d'un salaire minimum, ni des charges. En plus il pourrait arrêter sa relation travail quand il voudrait, pas de commande ou pas content du travail de celui-ci, et le travailleur de même, un simple contrat suffirait.

Un exemple: un menuisier est payé maintenant disons 1800 euros (pour 35 h), sont employeur paye en plus de son salaire disons 500 euros en charge (assurance chômage, retraite,etc) avec l'allocation universelle le menuisier recevrai de celle ci 1200 eur (a peu prêt le smic, qui soit disant, est suffisant pour vivre) le patron de l'entreprise lui verserai disons 1300 eur (pour les même 35 heures) donc au total 2500 euros!!!et l'employeur versera seulement 1300 plus les charges qui seraient énormément diminué car plus d'assurance chômage, plus de retraite etc..

Les entreprises en général pourraient payer des salaires moindres car plus de salaire minimum, mais devront rendre le travail plus plaisant.

Et moins de pression sur les salaires, cela leur ferait supporter plus facilement les impôts pour financer cette allocation, et surtout moins de charges.

Par contre les boulots de merde, comme on les appelles, cela que des gens doivent faire par simple nécessité de survie, devront être bien payé, ce n'est que justice que l'on paye mieux un boulot où l'on souffre, qu'un boulot où l'on s'éclate.

Ce revenu pourrait aussi mettre un terme à l'avènement du précariat (théorisé par l'économiste Guy Standing). Il s'agit de cette nouvelle "classe" de travailleur, ou pas, qui dépendent de leur très petit revenus du travail, ou des petites aides conditionnées à la recherche du travail. Ils sont endettés, ils passent leur temps à rechercher du travail, ils sont exploités dans le travail et en dehors.

Ils font ce qu'ils ne veulent pas faire et ils ne peuvent pas faire ce qu'ils veulent faire. C'est des gens en colère qui peuvent facilement voter pour l'extrême droite.

On dit que l'on va produire que des assistés, mais il n'y a pas d'autre solutions, les techniques modernes détruiront de plus en plus d'emplois, bien sur il y en a d'autre qui se créé, mais il y en aura toujours plus de détruits, comment croire par exemple qu'un logiciel, produit par une dizaine de personne, qui permet disons de ne plus avoir de comptable, va produire plus d'emploi qu'en détruire?? a une époque c'était peut être possible, comme quand les tracteurs ont remplacé les bœufs, mais les nouvelles technologies ont besoin de moins en moins de personnel.

En plus la plupart des emplois qui se perdent, se sont des emplois peu qualifiés, et ce qui se crée sont des emplois très techniques, donc pour recycler un travailleur peu qualifié en un travailleur hautement qualifié ça ne se fait pas en quelques jours sinon en plusieurs années et ça coûte cher.

L'automatisation des banques détruit des postes de caissières, de chargé de clientèle, de conseillers, mais on dit que ça produit d'autres postes, comme des informaticiens, des ingénieurs. Comment peut-on vraiment penser que l'on va transformer ces caissières ou conseillers, en informaticiennes ou ingénieurs?

Lors des autres avancées technologiques, c'était plus facile de transformer un paysan en ouvrier!

Les nouvelles industries de pointe ne créent qu'un nombre limité d'emplois.

Apple n'emploie que 32000 et Sony continue d'employer des centaines de milliers de travailleurs.

Il y aura de moins en moins de travail, et il faudrait le partager, mais les entreprises ne vont jamais payer une journée de travail de 4 heures au même prix qu'ils payent maintenant une journée de huit heures, et personne ne peut vivre avec la moitié d'un salaire.

Ceux qui sont contre cette allocation mettent en avant la valeur travail, que seul le travail rend heureux, que le travail est le fondement de la société, que seul le travail émancipe. Mais qu'est ce que le travail? C'est une activité qui est rémunérée et qui produit de la richesse? Donc un footballeur professionnel ne travaille pas? Puisque jouer au foot ne produit pas de la richesse que je sache, une femme qui tricote un chandail pour son fils ne fait pas un travail, puisqu'elle n'est pas payé?, bien qu'elle produit de la richesse? En 1980 dans une polémique sur ce revenus, le philosophe américain John Rawls demandait si un citoyen passe sa vie à faire du surf pourquoi la société devrait-elle le nourrir, en lui versant un revenu? Mais on le fait déjà ! Avec tous ces milliers de sportifs professionnels! Le revenu universel ferait seulement rendre la pratique du sport comme activité principale à ceux qui le souhaitent et non seulement à ceux qui ont eu cette chance.

Donc selon eux, les bénévoles ne travaillent pas? Mais les rentiers oui? On ne doit pas se tromper sur qui sont les véritables assistés, un citoyen qui reçoit de la part de la société un revenu qui provient de la richesse de celle-ci, et qui lui est versé parce qu'il existe et non pour exister, ou un rentier qui reçoit des revenus qui proviennent de la richesse de ses parents parce qu'il est née dans un berceau de riche et non parce qu'il le mérite.

Une activité ne doit pas être forcément rémunérée pour être valorisatrice.

La seule solution pour le plein emploi dans ce système, c'est une course à la croissance, mais celle-ci ne peut être infinie dans un monde fini. Il faut arrêter cette course folle et passer d'une économie productiviste à une économie de partage. En arrêtant de chercher cette croissance, puisqu' on n'aura plus à créer des emplois, on arrêtera de polluer notre planète en exploitant les ressources à tout va.

Pour avoir un plein emploi dans le monde, avec le système actuel, il faudrait maintenir une croissance proche de 10, et ceci entraînerait la fin des ressources naturelles de notre planète en quelques années, ou faire comme les pays comme l'Angleterre, ou l'Allemagne multiplier les petits boulots avec des contrats zéro heures avec toute la misère que ça entraînerait.

La mise en place de l'allocation universelle permettra de rendre possibles les petits boulots pour tout le monde.

Les migrations vers les villes n'auraient plus lieu d'être, car celle ci sont dû à la concentration du travail qui se trouve dans celles ci, et j'en suis sur, on aurait plutôt un retour à la campagne car les gens n'étant plus obligé de travailler, ils chercheraient des logements moins cher et avec un meilleur cadre de vie

Pour l'ecologie ce serait du pain bénit, car on ne serait plus obligé de chercher une croissance folle, les gens peuvent s'occuper davantage au plaisir de la vie, et rester chez eux, moins de transport, ils pourraient tous avoir plus de temps pour cultiver leur potager, donc moins de nécessité de produccion en masse. On pourrait faire nos meubles, nos habits, nos repas etc..Il faut que les nouvelles technologies soient vraiment au service de l'humanité, et pas seulement pour produire plus. Si on peut produire davantage, avec moins de travail humain, alors profitons de cela pour rendre la vie plus heureuse a tout le monde, et pas seulement aux privilégiés qui ont un bon travail bien rémunéré.

Ce sera peut être le moment de rendre réalité l'idée de Keynes " seules les personnes aptes à garder vivace, à cultiver, à perfectionner l'art de vivre sa vie, au lieu de se vendre pour la gagner, pourront jouir de l'abondance quand elle viendra"

Certain, les libéraux, veulent en contrepartie pour l'allocation supprimer complètement l'état providence, , c'est à dire les assurances maladie serait remplacé par les assurances et mutuelles privées, l'education par des écoles privées, et chacun avec son allocation sera libre de choisir son assurance et son écoles, soit disant parce que l'on ferait marché la concurrence et avec les comparatifs se serait fácil, de choisir.

On c'est très bien que cela ne marche pas, il y aura des écoles pour riches, et des assurances pour riches comme ca existe déjà dans les pays qui n'ont pas l'éducation et la santé gratuite, et cela ne ferait qu'augmenter les inégalités.

Il faudrait que les secteurs de la santé ,de l'éducation, et de la sécurité, soient totalement gratuits et gérés par l'Etat. Le logement, si pas complètement gratuit, serait subventionné pour les plus démunis, et je mettrai même le transport des personnes dans le domaine des services publics en proposant même quelques secteurs gratuits. L'énergie serait également du domaine public.

Les autres secteurs pourraient être du domaine des entreprises , associations ou coopératives privées.

Mais comment la financer? L'idéal serait de taxer la rente pour financer ce revenus, les revenus de la rente reviennent pour l'instant aux détenteurs des droits de propriété, physique, financière ou intellectuel tel que les brevets. Plusieurs pistes existent, mais L'important c'est que cet argent versé pour le revenu universel passe immédiatement dans l'économie réelle, ce qui n'est pas le cas de toutes les dépenses publiques.

Dans le système actuel, on dépense des fortunes pour les aides à l'emploi pour les entreprises, pour payer les indemnités chômage, les dépenses de pôle emplois pour aider les gens à retrouver un emploi, sans compter les dépenses de bourses pour les étudiants, les arrêts maladie, les minimums retraite, les AAH, le RSA etc..

Et si ce n'est pas suffisants, on taxe davantage les hauts revenus, comme ca se faisait auparavant . Et si c'est pas encore suffisant, alors les banques centrales au lieu de noyer de liquidité les banques pour qu'elles prêtent davantage, ce qui fait que maintenant l'Allemagne se finance à des taux négatifs, elles pourraient très facilement financer cette allocation, c'est ce que l'on appelle l'argent hélicoptère (image d'un hélicoptère en train de lancer des billets à la foule) déjà penser par certain économiste, jamais mis en place par idéologie.

Dans la crise de 2008 des subprimes, au lieu de renflouer les banques on aurait dû renflouer les gens pour qu'ils puissent payer leur crédit et garder leur maison, on aurait évité beaucoup de drames personnels et d'argent, mais toujours l'idéologie, surtout ne jamais aider les gens, ça fait des assistés!!!! Que l'on ne peut contrôler à notre guise.

Il suffit de rappeler qu'aux E.U l'impôt sur le revenus était de plus de 90% à une époque, époque ou le rêve américain existait encore et que ce pays voulait donner sa chance à tout le monde, et que ce n'est qu'après les années Reagan que tout a changé.

Les gens qui payent l'impôt sur le revenu se sentent victimes, et croient que c'est grâce a leur impôt que le pays vit, mais rappelons la petite proportion que cet impôt a dans le total des revenus de l'état, et que c'est la TVA l'impôt qui participe le plus dans les finances, et cet impôt est payé par tous!!! Même les migrants, les sans papiers, et les assistés comme on les appelles.

Mais ce qui manque c'est la volonté de le faire, tout simplement parce que les décideurs dans ce monde sont les gagnants du système, et on n'a jamais vu des gens changer un système qui leur profite, à moins que l'on les y oblige.

On pourrait commencer d'ailleur à l'installer au début uniquement aux personnes qui ne reçoive aucune rente, et qui gagne moins de 5 fois le smic, puis après au fur et à mesure que les inégalités diminue, on passera à ce qui ne reçoive aucune rente, puis à ce qui ne paye pas l'impôt sur la fortune puis à tout le monde, pour le rendre enfin universelle.

Mais ce dont j'ai peur c'est que ce n'est même plus la décisions de quelques hommes, c'est le système financier mondial qui a pris le pouvoir et qui dépasse la volonté de n'importe quel gouvernement. Donc si les décideurs ne prennent pas conscience que c'est pour le bien de tout le monde, je ne sais pas comment les y obliger, mais il faudra le faire.

Quelques chiffres pour montrer que c'est possible.
Les dépense en France pour le social sont de 620 milliards d'euros soit 800 euros par français
Le marché des armes est supérieur à 2000 milliards d'euros, sans compter le marché noir
Plus de 2000 milliards circulent dans les paradis fiscaux. Suffisant pour payer la dette française
Il ne faut pas voir le revenu universel comme une dépense en plus, sinon comme un transfert de richesse.
Tout être humain est l'héritier des découvertes, inventions, travaux, et sacrifices des hommes qui ont existé et qui forment la richesse de l'humanité. Donc on a tous le droit d'en profiter.
Mais l'idéal serait que toutes les matières premières soient un bien commun, se sont des produits de la nature, de la planète et celle-ci n'appartient à personne ou bien à tout le monde. Rien que les revenus du pétrole représentent un dollar par jour par habitant de la planète, ceux du fer un autre dollar, le cuivre 50 centimes etc...au bout du compte on arriverait facilement à un REVENU UNIVERSEL correct.

LA MÉRITOCRATIE, LA DIPLOMANIE, ...engendre l'hubris et la honte.

Depuis l'abolition des privilèges de la noblesse on pense que tout le monde peut réussir dans la vie, s'il a les talents et fait les efforts suffisants pour y arriver. Donc ceux qui forment l'élite méritent leurs positions et leurs richesses et en sont fiers.
Les autres méritent également leur sort, car ils n'ont pas fait les efforts nécessaires pour s'en sortir.
Tous les gouvernements, qu'ils soient progressistes ou conservateurs, sont d'accord là-dessus. La seule différence c'est que les sociaux-démocrates pensent que tout le monde n'a pas la même chance au départ , et donc il suffirait de la donnée à tous pour que ce soient vraiment les meilleurs qui réussissent. Ils reconnaissent donc des failles dans l'accès à l'éducation pour tous. Donc pour eux, remédier à cela et créer vraiment un accès à tous à l'éducation serait la solution.
Le fait d'être diplômé vous garantit un succès dans la vie.

C'est vrai que, dans presque tous les pays, le nombre d'élèves dans tous les niveaux scolaires a beaucoup augmenté. Mais pour être dans l'élite il faut que vous arriviez à obtenir un diplôme d'une grande université ou d'une grande école. Et le défi de rentrer dans une de ces structures sélectives est devenu de plus en plus difficile. En 1970 Stanford admettait encore un tiers des postulants, au milieu des années 1980 un candidat sur cinq, de même que Harvard, et en 2019, un candidat sur vingt est reçu. Cela a fait augmenter le sentiment de méritocratie parmi ces étudiants.
Pour réussir les enfants se stressent à cause des efforts qu'ils doivent produire, et les parents font tout et dépensent des fortunes pour les aider. On fait appel à des coachs, à des cours particuliers, et même à des fraudeurs pour les voir être sélectionnés. Ces écoles coûtent une fortune, bien qu'il y ait des bourses économiques mais aussi des bourses pour les sportifs, celles-ci d'ailleurs ne sont pas données dans tous les sports, mais seulement dans des sports d'élite, comme la voile, l'équitation ou l'épée. Ce sont les universités publiques qui donnent des bourses pour les sports comme le basket ou le football américain.

Les universités sélectives donnent également l'accès à des anciens élèves où des gros donateurs, les critères de sélection ne sont pas toujours transparents.

Vu comme cela on pourrait penser que le système est juste, les meilleurs sont les vainqueurs, donc c'est juste qu' ils soient récompensés financièrement et que ce soient eux qui nous gouvernent car ils ont les connaissances et le savoir pour prendre les meilleures décisions. Ces vainqueurs se disent qu'ils méritent leur sort car ils ne le doivent qu'à leurs efforts.
Le problème c'est que les perdants croient également à ce système et si les gagnants sont fiers et orgueilleux de leur réussite, eux ils ont honte d'avoir échoué et se méprisent.
Et si tout le monde, perdants et gagnants, croient à ce système, c' est que toute notre vie on nous l'a répété. Depuis notre plus petite enfance, on nous répète qu'il faut faire des études pour réussir. Mais pas seulement, il faut également être parmi les meilleurs, et pour cela on va nous mettre en concurrence les uns envers les autres et on sera noté toute notre vie.
Si vous avez un talent inné, vous devez le travailler pour être le meilleur, sinon, vous devez travailler davantage, mais avec l'effort vous vous en sortirez. Mais si vous ne réussissez pas dans vos études, ce n'est que votre faute à cause de votre manque de travail et vous ne devez qu'à vous prendre à vous-même. Donc soyez fier de votre réussite et ayez honte de votre échec.
Tous les gouvernements de gauche ou de droite vous le répètent, ayez un diplôme et vous réussirez votre vie, c'est la diplomanie.
Dans toutes les soi- disant démocratie occidentale, les gouvernements sont composés majoritairement de professionnels sortants de ces filières sélectives, et cette concentration augmente de plus en plus. A la sortie de la deuxième guerre mondiale, on trouvait encore des ouvriers qui faisaient partie de ces gouvernements.
En Angleterre, seulement 7% des élèves sortent des écoles privées, mais la totalité des dirigeants sont issus de ces écoles.

Mais comme je l'ai déjà dit et répété, toute cette méritocratie n'est qu'un gros mensonge. Notre réussite dans le système éducatif ne dépend pas seulement de notre effort ou de notre talent. Notre lieu de naissance et notre entourage familial, culturel et social sont primordiaux. Un enfant d'immigrés pauvres, dont ses parents ne dominent pas la langue du pays, et un enfant dont ses parents sont cadres, ne disposent pas du tout des mêmes armes pour réussir. Et s'il arrive que ces deux enfants réussissent leurs études , qu'ils aient eu le même parcours scolaire avec les mêmes professeurs, les mêmes connaissances et les mêmes diplômes, une fois entrés dans la vie professionnelle, ils n'auront pas la même chance, car le fils des cadres aura les codes et l'entourage pour mieux réussir.

Pour remédier à cela, les gouvernements de gauche proposent des aides aux plus démunis, comme les bourses ou dès quotas pour les universités sélectives ou grandes écoles. Pour ceux qui n'ont pas fini leurs études primaires, on leur propose des formations techniques ou de l'apprentissage. Et une fois dans la vie active on va aider seulement les personnes qui ne peuvent pas s'en sortir à cause d'un fait hors de leur contrôle. C'est à dire on va le faire pour les handicapés avec l'allocation adulte handicapés en France, ou pour les travailleurs, lorsqu'ils perdent leur travail sans en être responsable, on va leurs donner une allocation chômage pendant un certain temps pour leur permettre de retrouver un travail, et s'ils n'en trouvent pas, on leur donne un revenu minimum qui ne permet pas de vivre juste de survivre. Mais surtout, il

23

ne faut pas aider les autres, ceux qui n'ont pas d'excuses, ils n'ont qu'à travailler, et s'ils ne trouvent pas de travail, c'est de leur faute et honte à eux.

Pour les gouvernements de droite, il faut réduire toutes ces aides qui ne font que des assistés. Selon eux, en supprimant ces aides, les gens chercheraient davantage à s'en sortir, car ils seraient fiers de gagner leur vie par leur travail. Il faut tout de même savoir, qu'à cause de la honte que l'on ressent parce que l'on n'a pas réussi, beaucoup de gens qui ont droit à ces prestations ne les demandent pas.

Dans une aristocratie vous êtes riche si vous êtes né aristocrate, et vous resterez riche. Mais vous ne pourrez pas être fier de l'être car c'est juste le sort qui vous a permis d'être aristocrate. De même, si vous êtes né serf, vous n'avez aucune honte de votre condition car elle ne dépend pas de vous.
Dans une méritocratie, de la même façon que dans l'aristocratie, il y a les riches et les pauvres, on ne cherche pas non plus l'égalitarisme. Mais la différence est, soi-disant, la mobilité. Avec votre talent et votre travail vous pouvez passer de la pauvreté à la richesse, ça ne dépend que de vous, et vous pouvez être fier d'être riche ou avoir honte d'être pauvre.

Alors comment faire pour que tout soit plus juste tout en formant les citoyens.
Premièrement je récuse le fait qu'il faut être très diplômé pour pouvoir prendre des décisions et travailler pour le bien de la communauté. Un paysans ou un ouvrier sont parfaitement capable de savoir ce qui est le meilleur pour eux, et dans une vraie démocratie, comme celle que je propose, tout ce décide à plusieurs.
Pour les personnes qui veulent pousser au plus haut niveau leurs études, sans tomber dans le stress et la dépression que signifie la sélection à l'entrée des filières sélectives pour les élèves et leur parents. Michael J. Sandel, professeur de philosophie politique à Harvard et auteur du livre « La tyrannie du mérite » propose le tirage au sort. C'est-à-dire les élèves qui ont le niveau nécessaire pour faire ce cursus seraient tirés au sort pour occuper les places offertes. Fini la honte et l'hubris car on accepte que c'est la chance qui nous a permis d'arriver à ce stade et non l'argent et les influences de nos parents, et si l'on n'y est pas arrivé c'est juste un coup du sort.
Lorsque les filières sélectives choisissent les candidats, ils n'ont aucune assurance que ce sont vraiment les meilleurs. Dans le sport professionnel des EU, les joueurs, pour entrer dans les équipes professionnelles, sont choisis parmi les meilleurs des universités de façon décroissante, le meilleur en premier et ainsi de suite. Tom Brady, le quaterback du football américain, le plus titré de l'histoire a été choisi en 190 ème position, il a finalement été meilleur que les autres 189 choisis avant lui. Le choix est très aléatoire, donc pourquoi ne pas le rendre carrément complètement aléatoire?

Pour le reste, il faut rendre à tous l'estime de soi. Il faut arrêter de dire que seul un diplôme peut vous faire réussir votre vie, il y a bien d'autres façons de se réaliser. Il faut que toutes les activités nécessaires au fonctionnement de la société soient valorisées, que tout travail pour le bien commun soit reconnu à sa juste valeur. De la même façon que l'ingénieur est content et fier de participer au bien commun en construisant un pont, un éboueur doit l'être après une journée de travail au maintien de la propreté de la ville. Mais c'est surtout le regard des autres sur son travail qui doit être positif. Il faut à tout prix que chacun d'entre nous comprenne que quoi que l'on fasse, quel que soit notre niveau d'étude ou notre talent, on a besoin du travail des autres et on doit reconnaître les efforts des autres pour le bien commun. Si on cherche une justice distributive il faut également une justice contributive.

Le fait que tout le monde reçoive le revenu universel permettra la fin de la compétition obligatoire. On pourra vivre juste pour vivre, et on pourra si l'on veut, sans vouloir forcément gagner de l'argent, travailler pour le bien commun.

Les personnes seront fières de faire un travail pour le bien commun et les travaux les plus durs devront être correctement rémunérés. On n'aura plus honte d'être éboueur par nécessité, car on n'a pas de diplôme. On sera fier de faire ce travail pour le bien commun.

CHAPITRE IV

LE NATIONALISME ÇA FAIT CHIER

On devrait d'ailleur éliminer les frontières, les frontières nationales, pas les frontières politiques qui ont une utilité administrative, mettre une monnaie unique dans le monde, unifier la fiscalité, rendre partout l'éducation et la santé gratuite, abroger partout la peine de mort,etc Utopique?? Pas forcément.

Les frontières n'ont jamais fait les peuples, les bretons n'ont pas de frontières depuis des siècles et pourtant demandait à un Breton s'il ne se sent pas différent d'un marseillais ? et de même pour tout le monde. On est tous égaux et tous différents.

On a fait des frontières qui divisent le peuple Kurde, ces frontières n'en ont pas fait des gens différents, un kurde de Turquie, ou de Syrie ou d'Irak est toujours un Kurde.

Un habitant de l'État du Yucatan (Maya) a une culture, une ethnie, un langage beaucoup plus différent d'un habitant de l'État de Sinaloa, qu' avec celui d'un habitant du Guatemala, qui pourtant est un autre pays, et plus de différence qu'un habitant de la Colombie l'a avec un habitant du Venezuela, et pourtant le Sinaloa et le Yucatan c'est le même pays, le Mexique.

Les frontières n'ont jamais fait les peuples ni les cultures, elles font juste du nationalisme et du patriotisme absurde.

Les États nations n'existent que depuis fin du XVIII siècle, et la majorité fin XIX et début XX. Certains on été créés pour permettre la démocratie, d'autres pour éliminer certain royaume, comme celui de la France, d'autre a la fin d'un empire, comme l'empire austro hongrois, d'autre pour sortir du colonialisme, E.U. Mexique etc.

D'autres ont été créés pour regrouper des gens avec des racines ethnico - organiques comme l'Allemagne, d'autres, comme l'Italie, parce qu'ils avaient une même conscience politico-civique. Le langage a eu son importance, car à l'époque des sociétés agraires, donc avec très peu de déplacement, les dialectes locaux étaient le moyen de communication. Les langues originaires de celles que l'on connaît maintenant étaient utilisées pour l'administration, parler par des bilingues qui faisaient du commerce, levaient les taxes etc.,donc faisaient l'union du peuple avec l'administration, les curés qui parlaient le latin utilisaient celui ci pour faire l'union du peuple avec le spirituel.

Donc c'est ces intellectuels (je vais appeler intellectuels, comme le font certain chercheur, tout ces personnages qui dans l'histoire des sociétés ont manipulé et produits des symboles et des signes culturels, comme les sacerdotes, les chamans, les guérisseurs, les poètes, écrivains, philosophes, politiques etc) qui une fois l'imprimerie créée, au XV siècle, durent façonner d'autres moyens de contrôle, car grâce aux livres, l'information circulait , comme la structuration de langues étatiques dont ils furent les premiers à faire des dictionnaires.

Les nations furent créés par les intellectuels, pas par le peuple, je ne veux pas dire que toutes les nations sont des idées abstraites de quelques-uns, mais toutes sont créées par l'intérêt d'une couche éduquée.

"C'est le nationalisme qui crée les nations et non pas le contraire" phrase d'Ernest Gell, un des quelques chercheurs à avoir étudié la question.

Les EU prirent la forme d'un état nation que par intérêt commercial au début, leur constitution est écrite par des éleveurs et des commerçant éduqués. Le grands foisonnement d'états nations dans l'Europe centrale, (aucun n'existait au XVIII Siècle) est dû principalement à des inventions d'intellectuels qui ont créé des états nation en inventant même des héros nationaux, en ressuscitant des dialectes tribaux, et une histoire ancienne.

Plusieurs états nation ont également été créés à la fin du colonialisme sans prendre en compte aucun intérêt des populations comme en Afrique ou au Moyen Orient ou des frontières ont été dessinées dans le coin d'une table.

Tous ces nouveaux états nation ont utilisé l'éducation pour cimenter le nationalisme, autour d'un territoire, d'un drapeaux, d'un hymne national etc.

Des millions des gens ont perdu leur vie en défendant cette nation dans des guerres qu'ils ne comprenaient pas, seulement parce qu'on leur avait dit que c'était leur patrie sans jamais savoir vraiment ce que cela voulait dire.

Il est grand temps que les intellectuels se reprennent, et qu'ils aident à éliminer ces frontières qui ne veulent plus rien dire, il faut arrêter avec les peurs que, quelques politiques et marchands d'armes ont tout intérêt à alimenter dans les populations.

Les défenseurs des frontières disent que si une frontière existe ça veut dire qu'il y a eu accord entre deux pays, donc de paix. C'est autant ridicule que de dire qu'un divorce c'est bien, car il y a un accord. C'est bien préférable un mariage!!!!

Le nationalisme est devenu quelques chose de ridicule, il suffit de jeter un coup d'oeil au sport: au début, dans une équipe de football d'une ville, tout ses joueurs était originaire de cette ville, après, il en restait quelques un, maintenant la plupart des joueurs ne sont même pas du même pays où se trouve la ville!!!

Les anglais viennent de voter pour sortir de L'UE, principalement pour des raisons de migration, mais lorsque le coureur de fond, d'origine éthiopienne, tout juste naturalisé anglais, cour dans le stade olympique de Londres, tout le stade est debout!!!!.

On pense que si l'on laisse entrer dans votre territoire des gens d'une culture différente, ceux-ci vont finir par nous enlever la nôtre, que notre culture et notre pays vont être contaminés par la leur!! Les gens ne se marient pas entre eux parce qu'ils habitent le même endroit, il se marie généralement entre gens de la même langue et culture. Ce n'est pas la géographie qui fait les cultures.

On doit arrêter les concurrences entre pays, éduquer les peuples à oublier les sentiments de supériorité sur l'autre, on est d'abord des êtres humains sur une même planète, après viennent nos différences de langage, de cultures, même physiques, mais aucune n'est supérieure à l'autre.

On pourrai faire de chaque pays un état sans frontière physique et garder les frontières politique, prenons comme exemple les Etats Unis ou le Mexique, chaque état de ces pays a une frontière politique, chacun a sa propre constitution, ses propres lois, sa propre police, son propre gouvernement. Mais ils ont une même monnaie, certaines lois, une constitution communes, une police commune, une fiscalité commune même s'il ya certaine différences locales, et ça marche. On n'a jamais vu un état essayer de faire la guerre à l'autre ou de l'annexer, même s'il y a des état plus riche que les autres, les gens on une totale liberté de circulation et il n'y a jamais eu de migrations d'un état à l'autre de façon catastrophique.

Et les guerres civiles qu'il y a eu? Et bien la plupart ont justement eu lieu à cause de religions, de nationalisme et de domination économique d'une partie de la population, et jamais la solution n' a été de faire une frontière de plus, prenez comme exemple la guerre de sécession au U S A, ou les guerres de religions Europe.

Lors de l'indépendance de l'Inde on a créé le Pakistan pour protéger les musulmans, lors de celle de la Syrie on a créé le Liban pour protéger les chrétiens. Ces frontières ont elles apporté la paix? Bien sûr que non tout le contraire.

Un autre exemple de l'inutilité des frontières, c'est le cas de l'URSS, tant que celle ci a existé et qu'il n'y avait pas de frontières physique tous ces peuples de langues et de cultures différentes on vécus en paix, les gens se rencontraient ensemble en vacances dans les sites touristiques .

Il a suffit que l'un des êtres les plus stupide que l'histoire va connaître, je parle de Yeltsin, remette en place les frontières, et déclare leur indépendance, pour que les nationalismes se réveillent. Ce fut le même cas pour la Yougoslavie, tous ces nationalismes se réveillent à cause de quelques líders avides de pouvoir, et fomentent la haine de l'autre pour y arriver, avec tous les dégâts que l'on connaît.

La création d'une Europe sans frontières est une excellente idée, mais la grande erreur a été de commencer cette union par l'économie, au lieu de la commencer socialement et politiquement.

Depuis que l'on a créé les Etats nation on a aussi créé deux guerres mondiales, les états nations ne font que séparer les peuples, et les séparer c'est les détruire, éliminer les Etats nations c'est unir les peuples, et les unir c'est les faire survivre.

Rappelons à tous ces Le Pen, FN, Morrano, De Villiers etc et autres nationalistes racistes qui prône pour une France blanche et chrétienne, que cette France, ce peuple, cette culture c'est formé sans frontière. Ce peuple se forme depuis des millénaires, et les frontières physiques n'ont qu'un peu plus de cent ans. D'ailleur, les cons, nous disent que les fondateurs de notre pays ce sont nos ancêtres les gaulois, et que nos origines sont chrétiennes, mais les gaulois étaient païens!!!! Donc nos origines sont païennes! La chrétienté est une religion importée, et en plus du moyen orient ! !!

L'économie doit être au service de la société et de la politique, pas le contraire, on ne peut pas continuer à être dirigé par un libéralisme économique qui ne profite qu'à une certaine minorité, juste parce que c'est soit disant le seul système qui existe pour produire de la richesse.

Lorsque J'écris ces lignes, les jeux olympiques passent à la télé, et voilà encore un exemple de manipulation des nationalités, la liste des médailles par pays est presque la copie des pays les plus riches, sauf quelques exceptions, comme la Grande Bretagne, qui à partir des jeux en Atlanta catástrofiques, a décidé de financer son sport par sa loterie nationale (celle ci finançait auparavant des projets sociaux comme dans presque tous les autres pays) et a naturalisé plusieurs athlètes. Ou comme Cuba, qui n'est pas riche, mais maintient une structure sportive très importante faisant de cette petite nation la meilleure d'Amérique Latine.

Pour tous les autres, plus leur pays est riche, plus ils ont la possibilité de gagner.

Une allocation universelle permettrait évidemment de donner une meilleur chance a tout le monde, mais ce serait encore plus juste si le comité olympique, avec tout l'argent qu'il brasse, finançait directement chaque athlète, et ainsi on pourrait revenir à l'interdiction des athlètes olympiques à être financé par des sponsors, et retrouver l'esprit olympique, que l'espagnol Samaranch a détruit en voulant contraindre l'URSS à ne plus gagner.
Et pour ce qui est du dopage, il faudrait le légaliser, ainsi les athlètes seraient suivis par des médecins et le dopage ne serait plus le privilège de ceux qui peuvent se le payer, et de ceux qui peuvent corrompre les autorités. La seule différence qu'il y a entre les athlètes, c'est ceux qui sont dénoncés de dopage et ceux qui ne le sont pas.

La chanson de John Lennon, Imagine, a été chantée lors de plusieurs jeux olympiques, par des milliers de personnes. Mais si on écoute bien les paroles, c'est une chanson qui voudrait voir disparaître les pays en tant qu'états nation, les religions et la propriété privée. Un peu hypocrite non?
Puisque les jeux sont une aude au nationalisme en mettant en compétition les différents pays.

CHAPITRE V

MENSONGE OU VÉRITÉ .. POUR UNE VRAIE DÉMOCRATIE

Quelques exemples de dépenses que l'humanité n'aurait plus à faire, et qui pourraient financer une allocation universelle pour tous.
Les dépenses militaires qui sont estimées à plus de 2000 milliards de dollars annuelles.
Les évasions fiscales, difíciles à évaluer, mais rien qu'aux états unis on parle de 2000 milliards

Mais comment faire? Pour cela je vais essayer d'illustrer avec un exemple

Un bus avec son chauffeur, ses passagers, une radio et deux choix de chemins que l'on peut prendre, à droite ou à gauche

Premiere situation

Les passagers montent dans le bus et payent à l'un d'entre eux pour avoir le droit à leur place, la radio annonce les biens fait de la route de droite, et le chauffeur demande quelle route les passagers veulent prendre, mais le passager qui a l'argent dit au chauffeur; si par hasard ils décident de prendre à gauche, en ne prenant pas en compte le message de la radio, je ne te donne pas l'argent pour l'essence et le camion s'arrête, résultat: quelle qu'elle soit la décision des passagers on va à droite.

Deuxième situation:

Les passagers montent dans le bus et gardent leur argent, la radio annonce les biens fait de la route de droite, et le chauffeur demande quelle route les passagers veulent prendre, le chauffeur sait que grâce à la radio les passagers vont préféré aller à droite et il pourra garder son poste de chauffeur, les passagers payent l'essence, le bus ira à droite.

Troisième situation:

Les passagers montent dans le bus et gardent leur argent, on choisit au hasard le chauffeur parmis les passagers, la radio annonce les biens fait de la route de droite, et le chauffeur demande quelle route les passagers veulent prendre,
Les passagers ont toutes les chances de choisir la droite a cause de la radio, donc peu de chance que l'on aille à gauche

Quatrième situation:

Les passagers montent dans le bus et gardent leur argent, on choisit au hasard le chauffeur parmis les passagers, la radio annonce les biens fait de la route de droite et celle de gauche aussi, et le chauffeur demande quelle route les passagers veulent prendre, les passagers ne savent pas trop quoi décider et à cause d'une certaine ignorance risque de vouloir aller à droite, donc quelques possibilité pour la route de gauche. Les passagers payent l'essence

Cinquième situacion:

Les passagers montent dans le bus et gardent leur argent, on choisit au hasard le chauffeur parmi les passagers, la radio annonce les biens fait de la route de droite, et celle de gauche, le chauffeur ne demande rien et prend à gauche, les passagers payent l'essence.

Bien sur la route de droite c'est la situation actuelle, celle de gauche celle que je propose,; la radio, c'est les médias, le chauffeur; le gouvernement, et le passager qui reçoit l'argent, la finance.
La première situation, c'est la démocratie actuelle, donc on continue pareil.
La deuxième se serait le cas où la finance serait contrôlé, mais les médias et les politiciens restent contrôlés par les lobbies

La troisième serait que l'on arrive à une vraie démocratie, mais les médias et les lobbies gardent le pouvoir

La quatrième on a une vraie démocratie, et les médias et lobbies perdent le pouvoir, mais il existe toujours un risque d'ignorance de reconnaître ce qu' est le meilleur pour tous, et il y a risque de nationalisme et tout ce qui s'ensuit, n'oublions pas que Hitler fut élu.

La cinquième c'est ce que je propose, une dictature de la justice et du bon sens, jusqu'à ce que les générations futures ayant intégré dans leur culture la justice, la fraternité, l'égalité et la liberté, mais surtout le respect à la nature et à notre planète, puissent passer à la quatrième situation, la vraie démocratie.

Si je donne ici tant d'importance à la radio, c'est que c'est un fait, que l'histoire et la vérité sont manipulé par les dirigeants de la finance et du capitalisme sauvage, qui font tout pour éliminer les idées, pensées et idéologies révolutionnaires qui ont existé depuis la révolution française et américaine, et bien avant dans d'autre culture.

Quelque exemples;

On met dans le même panier Hitler et Stalin, le communisme et le nazisme, rien à foutre que chacune de ces idéologies soient chacune à l'extrême opposé du spectre politique.

Rien a foutre que Hitler soit celui qui a plongé le monde dans la terreur et que se soit Staline et les russes qui les ont vaincus, et que sans eux, une autre histoire bien triste serait racontée.

On dénigre le parti communiste, rien à foutre que ce soit le parti qui a le plus contribué à la résistance, et que ce soit des policiers appartenants à ce partis qui ont libéré Paris.

On montre la chute de l'URSS comme une défaite du communisme comme système politique, en sachant que celui-ci ne fut jamais vraiment mis en place.

Et que cette chute est juste dû à une course à l'armement avec les EU, qui était perdu d'avance, car celle-ci se faisait à coup de milliard de dollars et que c'est les EU qui avait la planche au dólar.

On nous martèle à longueur de journée que le libre marché et le capitalisme sont les seuls systèmes qui marchent, donc n'essayez rien d'autre.

Les seuls intellectuels qui ont accès au média et que l'on peut entendre sont ceux de l'extrême droite comme Zemmour, Houellebecq, BHL ou Finkielkraut ou d'autres soit disant à gauche comme Onfray. Bien que je me refuse d'appeler ceux-ci des intellectuels, je préfère laisser cet adjectif a d'autres.

On vante la liberté de parole, mais celle ci n'est donné qu'à quelques uns.

Et si celle ci est utilisé pour critiquer un certain pays, Israël, on est traité d'antisémite, on ne peut être antisioniste même si un grand nombre d'illustres juifs le sont, ou l'ont étés, pour ne nommer que Freud.

Dans les médias on ne critique pas les pays à cause de leurs défauts, ou de leur gouvernement répressif ou antidémocratique, ou pour les malheurs de leurs peuples, mais juste s'ils sont plus ou moins pro occidentaux et libéraux.

On critique l'Iran comme pays islamiste, et anti démocratique, et pas L'Arabie Saoudite, qui sont les créateurs du wahhabisme, idéologie des djihadistes, qu'importe si l'Iran a un pourcentage de femmes à l'université bien supérieure à bien des pays occidentaux, et des élections législatives, et que l'Arabie Saoudite soit une monarchie ou, la lois islamiste est la plus sévère.
On critique Cuba comme pays totalitaire, mais pas le Mexique qui est une dictature de partis déguisée. Qu'importe si Cuba a le meilleur système d'éducation et de santé de toute l'Amérique Latine, et le Mexique a le pire, qu'importe si la faim et l'analphabétisme sont éradiqué dans l'île depuis des décennies, et pas au Mexique, est ce que cela, la santé et l'éducation, n'est pas plus important que de pouvoir s'acheter un hamburger où un portable à chaque coin de la rue

Et de la Russie, que dire de la Russie! On dirait que les bombardements russes sont les seuls à faire des morts!! Que ce soit en Syrie ou en Ukraine, on nous montre que les victimes des russes!, pas une seule image des victimes des bombardements des américains, ou français en Irak ou en Syrie, et toutes les victimes des bombardements au Yémen par l'Arabie Saoudite! Silence complet, peut être parce c'est avec des armements français qu'ils sont fait??

Alors comment ne pas s'étonner de la droitisation de toute la société? Comment croire en cette démocratie? Ce n'est que du lavage de cerveau, impossible avec cette médiacratie de changer le système vers un système plus juste et plus égalitaire.

La quasi totalité des gouvernements se droitisent, les électeurs choisissent les candidats les plus xénophobes, les plus sécuritaires, les plus nationalistes et surtout ceux qui promettent qu'ils vont faire quelques choses pour les vrais travailleurs du pays, et qui soit disant se préoccupent pour le bien être des laisser pour compte, et malheureusement ceux ci y crois.

Mais tout cela est dû à cause de ce libéralisme Reagan-Tacherien qui n'a fait qu'augmenter les inégalités, seuls quelques uns sont les bénéficiaires d'un monde toujour plus riche. Les travailleurs sont de moins en moins payés, leurs emplois sont de plus en plus fragiles, ils ne peuvent plus êtres confiants sur leur futur. Un travailleur devra changer plusieurs fois de patron, et des fois même de métier durant sa vie, et tout ça selon la volonté des patrons qui seront toujours propriétaire de l'emploi. Et comme les médias n'ont pas cessé de raconter que les gouvernements communistes ou socialistes ont été un désastre économiquement, que c'est des systèmes qui ne marchaient pas, que ça a été démontré avec la fin de l'URSS, que tous les bénéfices de ces systèmes sont des mensonges. Et comme tous les soi- disant intellectuels ne cessent de répéter la même chose: Marx, Engels etc se sont trompés. Alors, bien sur, tous ces travailleurs qui ne lisent plus, ne voient que les chaînes de télé et entendent leur radio, croient à ce qu'on leur dit. Et puisqu'ils ne peuvent pas continuer comme cela, car ils souffrent, et les révoltes et révolutions d'hier n'ont pas marchés, alors ils croient ces candidats qui leur promettent le retour à un bonheur entre leurs frontières et entre eux.

Aujourd'hui, 21 mai 2016, il y a des élections en Autriche et pour la première fois depuis la seconde guerre mondiale, un président d'extrême droite va peut être être élu. Juste parce qu'il ne cesse de promouvoir le nationalisme et l'identité, et de porter la faute de tous les malheurs aux immigrés. Et c'est les moins de 30 ans qui vont le porter à la victoire.

Avec la création des états nations, on a créé le principal obstacle à la paix dans le monde, ni la première guerre mondiale ni la deuxième auraient eu lieu sans ces états nations. Malheureusement on assiste à un renforcement de ce système partout dans le monde, plusieurs état nations veulent naître, Catalogne, Ecosse, Pays Basque, Kurde, etc. d'autres ont des communautés qui veulent transformer leurs frontière, Syrie, Irak, Turquie, Soudan, etc..et malheureusement cela provoque des guerres et des conflits, et ne font qu'augmenter les communautarisme et les haines entre les peuples. Et ceci ne peut qu'empirer.
Lorsque pour l'anniversaire des accords Picot Sykes, on entend sur France Inter, la radio soit disant la plus libre d'un pays comme la France, un journaliste du Monde, le journal le plus prestigieux de ce pays, dire que c'est une idiotie de donner une quelconque responsabilité à ces accords sur la situation actuel de cette région, et que dire que cet accord a une responsabilité, c'est faire la propagande de DAESH!!! Il dit que la seule responsabilité revient à ces pays, d'Irak et Syrie, pour avoir eu des dictateurs!!!! Mais comment est-ce possible! !! Ces pays n'existeraient pas sans cet accord!!!!En plus il finit en disant qu'il faut arrêter de chercher des causes dans le passé des problèmes actuels!!!! Alors si on entend ça d'Alain Fauchon, qui a une chronique tous les jours à un moment de grande écoute, sur la principale radio nationale publique d'un pays comme la France, à quoi peut-on s'attendre maintenant! !!
On ne parle que de terrorisme partout, de radication, d'islam radical, de guerre de civilisation, on dit que l'on est en guerre, on écrit des livres ,on fait des débats à la télé, on fait des réunions ministériels, des réunions entre dirigeants. Etc.
Depuis le 11 septembre aux EU (3000 morts) on a fait la guerre en Afganistán, en Irak, on a détruit tous ces pays, on a tué des centaines de milliers de personnes, détruit la vie de millions d'autres, dépensé des milliards de dollars. Provoquer le déplacement de millions d'individus.

Rien que pour la sécurité dans les avions, on est obligé d'arriver trois heures en avance dans les vols internationaux, c'est à dire une heure de plus pour tous les vols, alors calculons: 1 heure de perdu par chaque passagers dans tous les vols dans le monde depuis 2001, mettons seulement 5 dólar de l'heure, ce ne sont pas les pauvres qui prennent l'avion.
En 2014 il y a eu 3 milliard de passager en avion dans le monde, en 2015, 3 1/2 milliard et en 2016 au moment où J'écris on a déjà dépassé les 4 milliards. Donc aujourd'hui ce passage de sécurité coûte 20 milliards de dollars!!! Et prenons 2,5 milliards de moyenne depuis 2001 ça nous fait 187.5 milliards!!!! Rien, quand temps perdu!!! Plus ce qui coûte en personnels et équipements !!!si en plus on additionne tout ce qui a coûté et coûte en guerre en plus de la sécurité policière partout dans le monde! Avec tout cet argent on aurait facilement pu aider ces pays et ces quartiers oubliés et on n'aurait plus toute cette misère qui est le nid du terrorisme.

Et si on ajoute les milliards qu'ont coûtés ces guerres, on arrive à des sommes qui auraient largement suffit a sortir tous ces pays de la pauvreté.

En France on est a 250 morts du au terrorisme , a peu prêt. On a la même chance de mourir à cause du terrorisme, que de mourir par la chute d'un météorite. On a annulé plein d'événements qui ont coûté de l'argent à des milliers de personnes qui dépendent de ces événements, on dépense des millions pour nous protéger de ces terroristes, et le résultat? Avec tous ces hommages, toute cette invasion dans les médias sur le sujet, on a fait la propagande des terroristes, on fait le boulot pour DAESH pour recruter, on a fait des martyrs de ces assassins, car au lieu de les prendre vivants on les tue.
La seule chose que l'on a réussi c'est a créé plus de terrorisme dans le monde, et faire peur au gens.
Tandis que d'un autre côté on dépensent des misères pour soigner des millions de gens malades dans le monde entier, de même que pour venir en aide aux migrants déplacés par ces mêmes terroristes que l'on a créé et qui crèvent et souffrent , et pour ces millions d'esclaves enfants. Les terroristes qui ont tué quelques centaines de personnes sont de véritables assassins, mais que dit-on de ces propriétaires de laboratoires qui ont tué des milliers de personnes avec leur médicaments, ce ne sont pas des criminels? Et ces chefs d'entreprise qui mettent à la porte des milliers de travailleurs qui verront leur vie brisé, avec nombreux d'entre eux qui arrivent jusqu'au suicide, et délocalisent leurs entreprises pour exploiter d'autres travailleurs avec des salaires de misère qui sont très souvent même des enfants, ceci n'est pas criminel? Et que dire de tous ces fraudeurs fiscaux qui évitent que les États aient les moyens de venir en aide à leurs administrés? Et tous ces politiques et militaires qui décident de bombarder ces villes et villages en tuant des milliers de civils, ce n'est pas des assassins ? Pourquoi ne sont- ils pas tous en prison?

Les peuples ne pourront jamais se réveiller, ceux qui essayeront seront forcés de se taire, soit par répression des gouvernements, soit par leurs propres concitoyens ignorants et manipulés.

Je pense que le changement ne pourra venir que de l'éclatement du système avec toutes les catastrophes pour les gens que cela va emmener. A moins que les décideurs prennent avant conscience que le changement doit se faire, même si pour cela ils doivent perdre la plupart de leur privilèges et richesses, pour que les humains puissent enfin vivre en paix entre eux et en harmonie avec les autres êtres vivants de la planète terre

Certains disent que ça pourrait changer si au lieu d'élire nos gouvernements, on voterait nos lois, mais bien que je sois d'accord pour que les dirigeants ne soit pas élu au suffrage universel, je pense que faire voter les lois par le peuple reviendrait au même résultat , car les citoyens serait manipulé de la même façon, par les médias aux mains des riches.
Et comment contrôler les médias sans crier aux droits a la liberté d'expression?
Pour tout cela je pense que la seule solution c'est d'installer une dictature de la justice, au moins pendant un certain temps.
Il faudrait installer dans l'éducation un apprentissage de cette justice, pas de morale, mais une éducation sur les droits de l'homme, les droits civiques, de justice entre les hommes, et de droit de la nature et des animaux. Cette matière aurait plus d'importance dans l'éducation de l'enfant

que toutes les autres, pour que le besoin de faire et de recevoir la justice, soit aussi naturel pour l'homme que de manger.

Cette dictature de la justice, doit créer des lois basées sur la vérité, le bien et la vertu, pour rendre l'homme bon il faut de bonnes lois , disait Aristote.

Je crois à une justice universelle, le bien universel est peut être discutable, et une moralité universelle impossible, mais il faut à tout prix gérer l'humanité avec une vérité et une justice universelle.

Le bien universel ne peut pas exister, car la frontière entre le bien et le mal n'est pas toujours nette, par exemple tuer quelqu'un c'est mal, mais dans le cas de l'euthanasie ceci peut faire partie du bien. Mais il faut quand même prendre en compte qu'il y a des cas qui ne peuvent que faire partie du bien, désiré le bonheur d'autrui comme si c'était le nôtre ne peut que faire partie du bien.

Mais par contre, la justice peut parfaitement être universelle, il existe une frontière nette entre ce qui est juste et ce qui est injuste, entre ce qui est vrai et ce qui est faux.

Quelques exemples, est-ce que c'est bien de porter ou non le foulard? Je ne sais pas, il n'y a pas un bien universel, mais il est injuste de l'interdire, comme il l'est d'obliger quelqu'un à le porter, ça, ça fait partie d'une justice universelle.

Est ce que c'est bien de posséder des biens? Oui, pourquoi pas, mais c'est injuste de posséder plus de maisons que l'on ne peut habiter, à moins de les louer ou prêter.

Pour une justice universelle il faut des vérités universelles. Est ce que tout le monde est libre dans nos société soit disant démocratique? Non, ceci est une vérité universelle, car une personne mal née, n'est pas libre de choisir son lieu où habiter ou ou travailler, etc.

Qui a gagné la deuxième guerre mondiale? L'URSS ou les alliés? L'URSS car elle a affrontée et vaincus pendant plus de trois ans dans le front oriental plusieurs régiments nazis, tandis que les alliés non eu à affronter aucuns régiments après leur défaite en Europe jusqu'au débarquement , ceci est une vérité universelle.

Les droits de l'homme sont justes, ceci est une autre vérité universelle, faut-il les appliquer ? C'est une justice universelle .

Les richesses sont-elles suffisantes pour le bonheur de toute l'humanité? Oui, c'est une vérité universelle, il faut mieux répartir celle-ci, c'est une justice universelle.

La finance dirige le monde, c'est une vérité universelle, enlever ce pouvoir et le donner à une justice universelle est la seule solution pour nous tous.

Lorsque vous payez les intérêts de votre prêt à la banque, vous enrichissez votre banquier, lorsque les pays payent les intérêts de leur dette (ils sont tous endettés) ils enrichissent une toute petite partie de privilégiés, ceci est une vérité universelle et ce n'est pas juste qu'une toute petite minorité profite des malheurs des autres.

Toutes ces lois nécessaires ne seront jamais votées par un parlement ou chambre ou assemblées politiques existantes, car celles-ci, dans tous les pays démocratiques ou non, sont aux mains des lobbyistes, et ceux-ci sont à leur tour aux mains des financiers.

Comme disait Confucius : " l'honnête homme voit les choses du point de vu de la justice, l'homme vulgaire du point de vu de son intérêt"

On peut illustré également ceci par la fable de la fontaine "La Génisse, la Chèvre et la Brebis".

Dans cette fable, le poète nous montre que le plus fort décide le partage.

Un exemple pour s'amuser un peu, des énoncés qui ne peuvent exister, pour démontrer un peu plus qu'il existe une vérité universelle:

Les ecuries des aztèques
Traité d'urbanisme tzigane
L' agriculture de l'arctique
Différences des roues chez les civilisations prehispánique en Amériques
Recettes de Bolognaise en Rome antique
Le zéro en conduite en France au moyen age
Que pensait Jésus de L'Islam
La politique Allemande au XVII siècle

Nous somme une espèce qui a évolué et qui continuera à évoluer comme toutes les autres espèces, mais nous avons comme caractéristique notre sociabilité, laquelle nous a permis d'être une espèce dominante, et si on ne la fait pas évolué dans le bon sens ce sera la fin, les profiteurs du système actuel ne veulent pas de cette évolution, si on les laisser faire ils seraient très contents du retour à l'esclavage, du retour de la morale religieuse, des colonisés etc..
Cette éducation devrait nous faire arriver à ce que personne ne puisse même pas songer à profiter de l'autre, que le bien de tous passe avant le bénéfice de quelques uns, que la concurrence entre nous soit naturellement bénéfique pour les deux parties et que la possibilité d'un perdant ne soit même pas envisageable.
Les partisans de la méritocratie pourront être content, ce sera cette fois ci le meilleur qui sera gratifié pas celui à qui on a tout donné ou qui a tout pris parce que le plus fort
Les droits de l'homme ont plus de deux cents ans, mais qui les connaît? Ils sont très marginalement enseigné à l'école, et dans quelques unes , même pas.
Depuis que l'humanité existe, les hommes ont suffisamment pris connaissance de ce qui est juste et de ce qui ne l'ai pas, donc les règles qui feraient partie de cette justice ne serait pas difficile à établir.
L'humanité a fait d'énormes progrès techniques et scientifiques, mais a délaissé les sciences humaines qui sont celles qui peuvent nous enseigner à être heureux avec nous même et nos voisins. Le fameux classement de Shanghai des universités mondiales, ne prend même pas en compte les sciences humaines enseignées dans ces universités !!
Il n'existe aucun prix Nobel dans ces sciences.!!!!

Une fois que cette justice sera bien installée dans chaque humain, presque dans ses gènes, je pense qu'il faudrait au moins trois générations, car l'influence des grands parents arrive jusqu'aux petits enfants mais rarement aux arrières petits enfants, alors on pourra rétablir un système vraiment démocratique.

CHAPITRE VI

IDEE POUR UNE VRAIE DÉMOCRATIE

Voici une proposition d'organisation politique:

Un groupe de citoyens habitants disons un inmueble où un petit quartier dans les villes, ou un hameau ou groupe de maisons à la campagne, disons un groupe d'une centaine de personnes qui se connaissent entre elles et partagent un même espace, éliront une d'entre elles pour les représenter.

Bien sur l'élection ce fera parmis des volontaires, mais pas avec un vote simple, on le fera par notation, c'est a dire a chaque candidat , chaque électeur donnera une note, disons de 1 à 10, et Le meilleur noté l'emportera, de cette façon pour l'électeur le choix n'est pas noir ou blanc. Ou on pourrait utiliser le système de votation qu'on appelle le jugement majoritaire, c'est le même que j'ai mentionné auparavant sauf que la notation ne se fait pas par une note chiffré mais par 7 références allant de "excellent" à " a rejeter" si ce type de vote aurait été utilisé, Trump et Sarkozy ne serait jamais été élus.

Ces personnes élus formeront un conseil qui représentera une commune, ce conseil sera formé de 100 conseillers qui représenteront 10000 citoyens, se conseil élira au HASARD, un directeur,(le maire) celui ci formera par affinité son bureau, qui sera chargé de l'administration politique de la commune, chaque conseiller fera remonter les besoins et inquiétudes de ses électeurs et le conseil votera les lois internes à la comunes.

Ensuite ce maire a la fin de son mandat, disons trois ans, représentera sa commune dans une chambre de la région, qui sera composé d'une centaine de communes, les 100 représentants éliront eux aussi au hasard un élus (député) qui de même choisira son bureau qui administre la région, et les maires seront chargé de faire remonter les besoins et inquiétude de leurs communes, et ceux ci voteront les lois de la régions.

L' élus de la région (au hasard) que l'on appelle le député, après son mandat représentera sa région dans la chambre de député ou assemblée nationale composé également de 100 élus, qui éliront aussi au hasard un président qui lui aussi choisira des ministres pour gouverner l'etat et les 100 députés voteront les lois.

Le chiffre 100, bien sur peut être variable, selon l'état, dans ce cas se serait pour un état de 100 millions d'habitants.

Mais ce numéro 100, pris depuis le début, lorsque l'on va élire notre conseiller ou représentant, ne peut pas dépasser 150. Ce chiffre n'est pas pris au hasard. Des études cognitives sur notre cerveau démontrent que la socialisation de l'homme est dû à la grande quantité de neurones que l'on possède dans le cortex. On appelle ça le numéro de Dumbar

Grâce à cela on est capable de socialiser, c'est -à -dire de connaître et d'avoir une relation avec pas plus de 150 personnes. Ce chiffre a d'ailleurs été confirmé par les réseaux sociaux d'internet. Pour cela aussi je propose les assemblées de 100 personnes, les parlements dans la plupart des gouvernements sont composés de beaucoup plus, et ça ne peut pas marcher. Personne ne peut vraiment communiquer et avoir une relation avec plus de 150 personnes. Donc personne ne peut représenter plus de 150 personnes. Ce n'est pas de la démocratie.

L'important c'est que le premier élu, le seul non élu au hasard, soit personnellement connu de ses électeurs.
Les mandats seraient de 3 ans (ou 4 ou 5), bien sûr, chaque élu est libre de renoncer, et sera remplacé par un autre en suivant la même méthode. Si l'élu déménage, il devra renoncer à son mandat à moins qu'il ne soit le maire ou président de région, député ou président de l'etat, il devra attendre la fin de son mandat pour déménager.
Les citoyens pourront à n'importe quel moment destituer leur conseiller, par simple vote, si celui-ci possède un autre mandat, maire, député, ou président, il faudra un vote à majorité simple des autres citoyens représenté par celui-ci.
C'est à dire pour un simple conseiller 50 personnes plus un de ses électeurs, si c'est le maire 5000 personnes plus 1, le député, 500,000 personnes plus 1, le président, 50,000,000 plus 1. Pour déclencher une procédure de destitution il suffira le 10 % de signature selon le cas.
Si la société civile veut proposer une loi, un 10 % de signature suffit pour qu'une loi soit proposée pour être votée, c'est-à-dire 1000 pour une loi votée au conseil communal, 100000 pour une loi votée dans la chambre régionale et 10,000,000 pour la chambre des députés.
Toutes les autres lois seront proposées et écrites par les divers conseils et chambres, et voté à majorité simple. Sauf opposition de 10 % des représentés et cela déclenche un vote à majorité simple pour l'annuler ou l'approuver.
Toutes les lois proposées au vote dans les différentes assemblées devront être publié auparavant sur internet pour que les citoyens aient accès à leur contenus et puissent s'opposer avant le vote avec une majorité simple, de la même façon que j'ai expliqué avant pour la proposition d'une loi
Bien sur lorsque qu'un maire devient député, celui ci renonce à son mandat de maire et est remplacé, ainsi que son bureau, avec le même système.
Et de même lorsque le députés devient président.
Les élections de chaque niveau seraient bien sûr décalées, c'est-à-dire lorsque le mandat de trois ans arrive à son terme on procède au tirage au sort pour élire le nouveau représentant et l'ancien élu passe au niveau supérieur. De cette façon, le maire aura 3 ans d'expérience comme conseiller, le député 3 ans comme conseiller et 3 comme maire, et le président 3 ans comme conseiller, 3 comme maire, et 3 comme député. et l'élection du conseiller la seule à jugement universelle, ne serait faite que dans le cas où celui ci démissionnerait, ou serait destitué, ceci permettra une certaine expérience dans la représentation.
C'est à dire au bout de trois ans, ou une période 4 ou 5 ans ça sera à déterminer, le conseil municipal élira au hasard son maire qui le représentera dans l'assemblée régionale, celle ci au bout de la même période élira au hasard son député qui le représentera à l'assemblée générale et en même temps elle sera renouvelé avec les nouveaux maires, l'assemblée générale fera de même au bout de la même période elle élira au hasard son président et elle se renouvellera avec les nouveaux députés.Les personnes qui s'opposent à l'élection au hasard donnent

comme raison que le tirage au sort ne choisit pas les plus capables, mais le suffrage universel non plus car rien ne dit que les électeurs sont eux capables de décider qui est le meilleur. Et dans ce système, plus la responsabilité de l'élu sera grande en avançant dans les différentes assemblées, plus il aura d'expérience.
Et plus s'il arrive loin sans qu'il soit déchu par le peuple, ou par l'assemblée constituante, plus ses capacités seront démontrées.
Il y aurait pour un état de 100 millions:

10,000 conseils communal, composé de 100 conseillers donc 1 million de conseillers

100 assemblées régionale, composé chacune de 100 maires donc 10000 maires
1 assemblées régional, composé de 100 députés
Un president

Ce système pourrait marché au niveau mondial, sans frontières, avec plusieur assemblées élus toutes au hasard, avec plusieur niveaux, en premier la commune, ensuite la région, puis l'etat, puis une union d'Etat, comme l'union européenne ou l'union des pays d'Amérique du sud, ou africain etc, puis à la fin une véritable organisation de toute ces unions.

Assemblées communales
Assemblées régionales
Assemblées nationales
Assamblées internacionales
Et une assemblée mondiale.

Le problème ce poserait au commencement, car comme il faut attendre que le maire termine son mandat pour passer au niveau supérieur, et ainsi de suite. Au début, la chambre régionale et la chambre de député ne pourraient être créés avec ce système, donc il faudra qu'au début s'installe une assemblée constituante qui en plus de former une nouvelle constitution, dirigera le pays jusqu'à la formation de l'assemblée générale. Cette assemblée constituante devra être formé de chercheurs en sciences sociales volontaires. Après la formation de la nouvelle constitution elle devra diriger le pays pendant 3 mandats jusqu'à l'établissement de toutes les assemblées, et après elle deviendra une sorte de conseil des sages qui vérifiera que toutes les lois votées soient conforme à cette dictature de la justice. Cette assemblée serait choisie de la même façon que les conseillers, c'est -à -dire par notación, ou au jugement universel, toutes les personnes ayant des capacités et des connaissances en sciences humaines noteront les candidats. Les citoyens voteront uniquement pour élire leur conseiller, et devront participer aux réunions organisées par celui-ci pour discuter de la vie communautaire.
De toute façon comme je le disais auparavant, pendant un certain temps on ne pourra pas donner toute liberté de vote aux citoyens, et on restera dans une sorte de dictature de la justice avec un contrôle de toutes les assemblées. Après la prise de consciences des citoyens, de la nécessité pour tous de chercher notre bonheur et notre réussite….dans l'harmonie du vivre ensemble entre nous et en respectant la nature, et non dans l'accumulation de biens et de capitaux, alors notre système de voter les lois et les destitutions des élus par les citoyens pourra être mis en place.

Ce système pourrait déjà commencer à se mettre en place dans les communes, on pourrait élire les maires comme je le propose, et garder le système actuel pour le reste, puis passer progressivement à la région puis à l'etat etc. Tout pourrait se faire en douceur.

CHAPITRE VII

LES MÉDIAS DES MYTHOMANES ?

Je donne quelques exemples du contrôle actuel des citoyens par les médias, et les différentes structures éducatives.
En France il n'existe pas de statistiques ethniques ni religieuses et c'est très bien ainsi, donc comme il existe cette façon de parler des musulmans par les gens de droite pour nous faire peur, Hervé Le Bras a fait une analyse sur le nombre de musulmán en France (voir le livre "mensonge et vérité" dirigé par Michel Wieviorka) d' après un sondage de l'institut Sofre, le nombre ressenti par les français de musulmans en France est de 20 millions, les politiques et médias parle de 6 à 7 millions, les personnes qui se déclare de religions musulmane 1,9 millions, et l'auteur arrive à la conclusion qu'il y a seulement 0,44 millions à 0,48 millions d'adultes musulmans pratiquants !!!! Si il y avait 6 millions de musulmans comme disent les politiques, et sachant qu'il n'existe en France que 2000 mosquées, ça voudrait dire que 3000 musulmans prient tous les vendredis dans chaque mosquée! !!

Comment croire la bonne volonté des pays qui ont signé la déclaration des droits de l'homme de 1948: la France et la Grande Bretagne, les deux plus grandes puissances coloniales de l'histoire, avaient encore à l'époque leurs colonies où les habitants n'avaient pas les mêmes droits que les colonisateurs, en France les femmes venaient à peine d'avoir le droit de vote mais n'avaient pas le droit à un compte bancaire , les EU, qui ont été esclavagiste et génocidaire, avaient encore à cette époque une législation raciste et ségrégationniste, et l'URSS qui interdit la grève et se dit la patrie des prolétaires.

Quand l'ennemi de notre ennemi devient votre ami, et on cache sa vrai nature:
Comme les "combattants de la liberté" pour qualifier les "Afghans" en lutte contre les soviétiques et qu'au retour dans leur pays deviennent les pires terroristes.
Qui est le 13 ème dieu vivant sur terre, dont la ville de Paris capitale du pays champion de la laïcité a fait un citoyen d'honneur? C'est le Dalaï Lama, survivant d'un régime théocratique et féodal des plus arriérés de la planète, mais qu'importe c'est un ennemi de la Chine donc un ami.
Et une médaille, rien que la Légion d'honneur, pour le Cheikh d'arabie Saoudite,
puis qu'il nous achète des armes, et qu'importe si c'est pour détruire le Yémen.
Les mensonges des films hollywoodiens, comme les westerns qui montraient les victimes (les indiens) comme des méchants et les génocidaires (les cowboys) comme les gentils, et plus récemment Rambo II ou American Sniper
Autres mythes et mensonges (voir l'article de Pierre Conesa "les relations internationales, terrain privilégié du mensonge officiel):
Les Mythes fondateurs sont les premiers exemples connus de mythologies internationales, qui ont été utilisés pour créer les Etats nations, comme beaucoup de pays d'Europe centrale ou Israël.
Les monothéismes religieux ont inventé le livre unique et absolu, qui seul détient la vérité, et qui crée de l'intolérance, la transcendance et le mártir.
Des mythologies révolutionnaires ont essayé d'inventer l'homme nouveau.
Le soft power, ainsi appelé par les américains, est utilisée par tout le monde,
Il utilise des procédés de convictions , de persuasion, et l'influence, pour arriver à un but, comme les lobbyistes .
Un exemple qui illustre parfaitement cette méthode c'est un sondage fait en France il y a 50 ans, puis à chaque 10 ans d'interval fait par IFOP.
A la question "Quelle est , selon vous, la nation qui a le plus contribué à la défaite de l'Allemagne en 1945?"

En mai 1945 ils ont répondu

57 % L'URSS
20% LES EU
12% La Grande Bretagne

En mai 1994

25% L'URSS
49 % Les EU
16% La Grande Bretagne

En juin 2004

20 % L'URSS
58 % L'EU
16 % La Grande Bretagne

Quand on connaît la vérité! !!!
Si on refaisait ce sondage aujourd'hui ils risqueraient de répondre que L'URSS était du côté de l'Allemagne.

Et voilà pourquoi on a besoin de rectifier, la vérité et la justice, même si ça doit prendre des années.

Le tirage au sort est la seule véritable élection démocratique qui peut exister, Montesquieu disait: " Le suffrage par le sort est de la nature de la démocratie, le suffrage par choix est celle de l'aristocratie". Ce procédé était massivement utilisé dans la démocratie athénienne au V et IV siècle avant notre ère.
Ce système est extrêmement simple et ferait d'énormes économies. Il marche pour l'organisation politique, pour l'organisation administrative celle ci serait faite de manière classique avec des fonctionnaires professionnels, des ingénieurs, des comptables, etc… ceux ci rentreraient dans la fonction publique avec des concours comme d'habitude, leur poste serait en contrat indéterminé, , mais ils pourraient être renvoyés si un groupe de citoyens le décide dans le cas d'un postier ou d'un gendarme, et dans le cas d'un fonctionnaire qui n'a pas de contact avec les citoyens, le personnel qu'il dirige pourrait faire une demande de destitution.
Comme pour le pouvoir législatif et exécutif, le judiciaire serait structuré à peu près de la même façon, avec des tribunaux communautaires pour gérer et faire respecter les lois de la commune, d'autres tribunaux au niveau de la région pour les lois régionales et une cour suprême au niveau de l'Etat.
Les juges seraient de la même façon élus au hasard pour une période déterminée.
Il y aurait une police communale, mais celle-ci ne serait pas professionnelle comme c'est le cas maintenant, pour éviter cette tendance qu'ont les policiers de se sentir supérieurs des civils.
Les citoyens de 25 à 45 ans donneront une partie de leur temps pour faire la police, un peu comme les pompiers volontaires. Un exemple, un citoyen donnerait 3 jours de son temps pour faire respecter le code de la route, ou les délits mineurs comme des vols. La périodicité serait à déterminer.
Pour les délits grave comme assassinat ou les délits en bande organisée, il y aurait une police de l'état, celle ci serait professionnelle, mais bien encadré par un comité de la chambre des députés.
De toute façon, avec l'instauration de l'allocation universelle, la criminalité diminuera énormément. Pour J. Lecomte, les institutions judiciaire doivent se fonder sur la fraternité et non la coercition. Voyez le cas de la justice réparatrice, fondée sur la médiations entre agresseurs et victimes « celle ci permet, dans des conditions de sécurité optimales pour les

victimes, une bien meilleure reconstruction psychologique des victimes et une meilleure prise de conscience de la gravité de leur acte du côté des agresseurs, que la justice pénale"

Fini la droite ou la gauche, fini les partis, fini les campagnes électorales et les millions de dépenses et subventions qui vont avec. Ce système pourrait continuer au niveau mondial, si on arrive à éliminer les Etats nations.

Mais pour pouvoir mettre ce système en place, il faudrait d'abord passer par la dictature de la justice, car nous ne pouvons prendre le risque que les populations continuent à être manipulés par les gens qui ont le pouvoir de l'argent par le moyens des médias.Pour ce faire il suffirait de reprendre le système décrit ci dessus, mais sans les conseiller élus, c'est à dire ceux ci ne seraient pas élu mais choisit, de façon à qu'ils aient une certaine connaissance requise pour appliquer la justice pour tous, les lois ne pourraient être au début remise en questions. Les intégrants de l'assemblée constituante seront chargés de mettre en place la nouvelle constitution, et ils seront choisis parmi les meilleurs philosophes, universitaires et scientifiques, surtout pas parmis les politiques professionnels et les philosophes et experts des médias. Ils seront élus par le système de notation universelle. c'est-à-dire avec 7 différentes notations qui vont "d'excellent " à " à rejeter" et les 100 meilleurs seraient choisis. Seuls voteraient les citoyens ayant une connaissance suffisante des sciences sociales et humaines, une sorte de permis pour voter.

Après les trois générations que je pense qu'il faut pour éduquer les citoyens à une justice universelle, on mettrait en place l'élection des conseillers, le droit de destitution, et de proposition de loi ou abrogation de celle-ci.

On dit que liberté sans égalité c'est du libéralisme, et que égalité sans liberté c'est du totalitarisme, mais pour avoir les deux comme je le propose, il faut une société mûre, pour éviter les manipulations des médias dirigés par le pouvoir de l'argent.

Au moment où J'écris ces lignes, il y a eu plusieurs attentats terroristes, produits par des habitants de nationalité du pays où ils ont été commis, et revendiqué par DAESH.

Et je pense à un dicton qui dit que "dans chaque crime commis dans ce monde on a chacun une part de responsabilité", ceci n'a jamais été aussi vrai, que dans ces cas là.

Les médias et nos grands politiques et dirigeants se demandent qu'est ce qui pousse ces gens là à ce radicalisé, je pense qu'ils le savent très bien mais le dire serait reconnaître la faillite de notre système social.

Ces gens depuis qu'ils sont nés sont humilier et reclus de la société, ils naissent dans des ghettos, ont vu leurs parents être humiliés ou au chômage et parler de leur pays d'origine avec nostalgie.

Après, c'est l'école, avec l'enseignement d'une culture qu'ils n'arrivent pas à reconnaître comme la leur, car trop différente de leur réalité, faute à l'education national ? , difficultés de leurs parents à leur enseigner? Puis arrive la sortie de l'école et la fréquentation des aînés qui sont déjà des asociaux, ils essayent de trouver un travail, mais pas facile vu leur scolarité , adresse et leur nom, les humiliations continuent, pas seulement les siennes, mais celle racontée aussi par la famille et les proches. Les contrôles et insultes des policiers augmentent le ressentiment de se sentir inférieur aux autres français, pour ce faire des sous, la seule solution c'est la délinquance. Et la ou ça devient grave, c'est que les seuls à leur montrer qu'ils sont quelqu'un d'important et qu'ils peuvent l'être davantage, c'est les islamistes.

Les policiers, les employeurs, les médias, les juges, les prisons, les politiques avec leurs discours, leurs démontrent qu'ils ne sont pas seulement pas français comme les autres, mais qu'en plus ils sont inférieurs, et les islamistes vont leur permettre de devenir quelqu'un.

Alors je dis à tout ces gens qui un jour ont insulté, aux policiers qui ont humilié, aux employeurs qui ont dénigré, au juge qui ont condamné , au médias qui ont prit parti, et aux politiques qui ont stigmatisé , que vous êtes en grande parti responsables du sort des victimes de ce terrorisme.

Les dirigeants des grandes puissances passées et présentes sont responsables de la situation au moyen orient, mais nous, dans notre société, somme responsable de nos concitoyens qui se radicalisent et se transforment en terroristes.

Les médias , une grande partie des politiciens, et des soit disant intellectuels, veulent nous faire croire que c'est la faute de l'Islam. Mais réfléchissons un peu, au moyen orient n'habite que 23 % des musulmans de la planète, la grande majorité habite en Asie mineure, donc si l'Islam était le problème c'est de là bas que viendrait le plus grand danger, mais ce n'est pas le cas. Si les musulmans voudraient nous enlever nos valeurs chrétiennes, comme veulent nous le faire croire la droite et l'extrême droite, ce seraient des terroristes indonésiens (plus grand pays musulman) qui iraient tuer des chrétiens au Brésil (plus grand pays chrétien).

Le problème avec le Moyen Orient vient des occidentaux, à part l'erreur historique, dont j'ai déjà parlé, du traité Picot Sykes, et de la création de l'Etat d'Israël. Tout commence avec l'invasion de l'Afganistán par L'URSS, qui soit dit en passant sont tombés dans le piège que les EU leur ont tendu (reconnu par les EU), l'Arabie Saoudite qui avait déjà créé le wahhabisme, qui aller inspiré les djihadistes, forme des terroristes financés par les US pour chasser les russes de l'Afghanistan. Mais après le départ des Russes, et la prise des Talibáns du pouvoir, ces mêmes terroristes sont allés voir ailleurs, c'est-à -dire ou leurs convictions wahhabismes leur demandaient, attaquer le diable US, Israélien et occidentaux en général. Et bien sûr après ces actes terroristes, la réaction démesurée et catastrophique des US sur l'Afghanistan et l'Irak a donné les résultats que l'on connaît.

Puis viennent les printemps arabes. Là ou les dirigeants cèdent à la rue, ça se passe à peu près bien, Égypte et Tunisie. Mais au Bahreïn ou au Yémen, on aide ces dictatures alliés à museler le peuple, et en Libye, dictature ennemie, on intervient avec le résultat de chaos que l'on connaît. En Syrie on intervient pas directement, pour éviter les erreurs déjà commises, mais on laisse les turcs et l'Arabie Saoudite armer les rebelles et la guerre civile s'installer, ou plutôt, la guerre en Syrie devient le théâtre de la bataille entre factions régionales ennemies. Tout ça donne la naissance de DAESH, et la radicalisation de nos concitoyens.

Autres exemples de nos interventions malheureuses dans d' autres pays; on avait, après la désintégration de L'URSS, influencé tous les anciens pays qui faisait partie de celle ci, pour les faires tomber dans le giron de l'Europe et de L'OTAN, donc ce n'est pas les ruses, comme on nous veut nous faire croire, qui se sont rapprochés des frontières de l'Europe, mais bien les frontières européennes qui se sont rapprochés de la Russie. Tout ceci s'est réalisésous L'alcoolique Yeltsin, qui, à part d'avoir offert toutes les richesses de la Russie a quelques oligarques, n'a rien fait pour que l'occident arrête de la dénigrer . Donc, il à suffit à Poutine de ne plus se laisser faire, pour devenir très populaire, et ainsi obtenir le pouvoir qu'il a sur son peuple.

Au moment où l'union européenne, et le FMI demande à Ianoukovitch de monter les prix du gaz (conditions typique du FMI) pour pouvoir recevoir le prêt de 15 milliards, Poutine, pour pouvoir reprendre la main, lui offre ce prêt, mais en contrepartie il doit cesser les pourparlers avec l'union européenne pour intégrer celle ci.

C'est ce qu'il fait, et les manifestations de Maidan commencent avec le résultat de la fuite de Ianoukovitch et la mise en place par les européens d'un gouvernement pro européen. ..Donc réaction de Poutine, annexion de la Crimée et aide militaire au pro russes Ukrainiens. Et comme résultat, encore une région déstabilisée, et des sanctions ou tout le monde y perd. Mais c'est toujours la fautes des autres, des impérialistes russes qui veulent nous attaquer, et des islamistes qui veulent en finir avec nos valeurs!

Ces jours-ci deux cas historiques ont eu lieu, qui illustrent ce que je dis, le plus important, le Brexit a eu lieu!

Un référendum à eu lieu pour déterminer si la Grande Bretagne quitte l'Europe, les résultats on dit oui, et tout le monde dit que c'est un bel exemple de démocratie, c'est totalement faux, comme je l'ai expliqué plus haut.

Avant de leur demander de se prononcer, on leur a balancé par tous les médias et discours des politiques que tout était la faute des migrants, quand la Grande Bretagne n'appartient pas à l'espace Schengen, et donc n'a pas de circulation libre des gens et garde ses frontières migratoires, donc sortir de l'UE ne change en rien son flux migratoire!!!! Donc les gens qui ont crus cette idiotie, et on voter pour la sortie, sont bien sur les gens peu éduqués, sans grandes ressources pour voyager, et qui sont laissées pour compte par ce libéralisme dont la Grande Bretagne est l'un des principaux promoteur. Ceux qui on voter pour rester dans l'union sont bien sûr les gens plus éduqués, surtout les jeunes, mieux lotis, et qui connaissent les bénéfices de l'UE, et qui n'ont pas crus aux mensonges. Donc, résultats, le vote de certains, va priver d'autres, d'un bénéfice, sans pour autant leur apporter à eux, une quelconque amélioration de leur vie, tout le contraire. Donc tout le monde y perd, et les gens appellent cela un exemple de démocratie! !!

Comme je l'ai dit plus haut, on ne peut faire appel au vote universel, sans avoir avant donné à tout le monde la connaissance de la justice et de la vérité.

Dans l'autre cas, le référendum de l'aéroport des Landes a fait voter des gens, qui n'avaient rien à voir avec le résultat, c'est-à-dire que le oui, ou le non ne changerait en rien leur vie.

Tous les responsables du Brexit ont fui leur responsabilité, ils savent qu'ils ont menti, que seuls leurs mensonges ont fait gagner le Brexit, mais ils ne croyaient pas gagner. Il ont fait cette campagne juste pour gagner quelque poste dans leur parti, et maintenant ils sont obligés de démissionner car ils savent que leur promesses sont intenables.

Voici donc un autre exemple que la démocratie actuelle est une farce aux mains des médias, et que dans l'impossibilité de démocratiser ceux-ci, il faut protéger les citoyens avec une dictature de la justice, jusqu'à ce que l'humanité soit immunisée contre ces idées et mensonges des dirigeants actuels.

Il faut remettre dans l'école , l'apprentissage des grandes idées des grands hommes qui ont fait l'humanité, il faut depuis le primaire enseigner des idées simples des philosophes, sur la justice, le bien être, le respect du prochain, de la même manière que l'on leur enseignent à écrire et à compter.

On fait un scandale parce que des élèves entrent en secondaire, en écrivant mal le français, mais n'est il pas plus important qu'il aient déjà des notions de ce qui est juste, de ce qu'il faut, pour vivre heureux avec soi même et son voisin! !! Au lieu d'écrire sans faute ou de savoir multiplier.

N'est il pas plus important de leur enseigner les sciences humaines qui pourront les rendre plus heureux et justes, que les sciences de la vie, ou mathématiques , physiques, ou économiques, qui ne font que les rendre plus productif? Il faut changer le but de l'éducation, au lieu de faire des hommes qui ne voient la réussite de leur vie qu'en quantité d'argent gagnée , faire des hommes, qui verraient dans leur réussite personnelle, leur émancipation et accomplissement individuel, en harmonie avec leur prochain, et à la nature. Comme disait Keynes " trop longtemps on nous a formés pour l'effort et contre le plaisir"

De nombreux philosophes anciens, occidentaux, orientaux, modernes, contemporains, etc. Ont déjà exploré les différentes méthodes pour y arriver. Il suffit de les enseigner à tous.

Mais comment arriver à mettre en place un tel système ? Plusieurs idéologues ont toujours dit que les idées seules ne font pas changer le monde, qu'il faut mettre en place des mouvements ou des parti politiques pour prendre le pouvoir et faire les changements.

Plusieurs mouvements ont été créés dans plusieurs pays ces dernières années, des mouvements altermondialistes, en passant par Occupy Wall Street, Podemos, Nuit Debout etc. Mais n'ont pratiquement rien changé, et cela, je pense c'est parce qu'ils luttent avec les mêmes règles que le système qu'ils veulent changer.

Ce système se donne sa légalité par le vote, nos votes leur permettent de justifier toute décision, si on n'est pas content, nous disent ils, il nous suffira de voter pour quelqu'un d'autre aux prochaines élections. Mais on le sait tous, le choix que l'on aura ce sera le résultat de magouilles à l'intérieur des différents partis, les deux ou trois personnes pour lesquelles on aura le choix feront exactement la même chose, obéir au vrais dirigeants de la planète, c'est-à-dire au pouvoir de l'argent.

Donc si c'est notre vote qui les légitiment, pour leur enlever leur légalité il suffira de ne plus voter.

Déjà ils sont élus à une fausse majorité puisqu'ils ne prennent pas en compte l'abstention, mais au moment où celle-ci sera de plus de 75 % ils ne pourront plus se justifier.

C'est à ce moment-là qu' ils sauront qu'ils doivent faire des changements. La société civile, guidée par les penseurs, idéologues, philosophes, économistes, scientifiques, juristes etc. devront mettre en place ce système ou un autre aussi égalitaire, et ne pas se laisser convaincre par les dirigeants de la planète, avec quelques petites réformes, de revenir au vote pour les laisser profiter de leur privilèges.

Mais je suis très pessimiste pour que l'on puisse mettre cela en place, car les bénéficiaires de ce système ne vont rien vouloir lâcher, et c'est eux qui ont le pouvoir.

Par les armes, à notre époque, c'est impossible que le peuple prenne le pouvoir, donc malheureusement je pense que le changement va venir avec l'éclatement, peut être même violent, du système.

Les penseurs et les dirigeants savent que ce système ne peut plus durer, leur libre marché ultralibéral et leur volonté de vouloir relancer une croissance par l'offre, accompagnée d'une austérité pour les dépenses des états au préjudice des peuples, on fait monter les nationalismes et la xénophobie.
Les banques centrales inondent les banques et les marchés de liquidité, mais ça ne marche pas, ils veulent maintenant relancer par l'investissement des états, même si tous avant disaient que c'était la pire des choses a faire.
Mais personne ne veut commencer , car ils ont peur de la réaction des marchés. Ils traitent l'économie comme si celle-ci obéissait à des lois naturelles, de la même façon que celles qui gèrent l'univers. L'économie est une invention de l'homme pas de la nature, c'est nous qui lui avons donné ses lois, si ces lois ne nous conviennent plus, il suffit de les changer, pour que l'économie profite à tous et non pas à quelques uns. Mais comme ces quelques uns sont ceux qui décident.....

Je ne suis pas contre le marché, mais contre le libre marché non régulé.
Le marché est pour l'instant comme dans la fable de La Fontaine, "LA Génisse, la Chèvre et la Brebis" que j'ai déjà mentionné.
Je vous la, transcrit, au cas vous ne la connaissez

pas « La Génisse, la Chèvre et la Brebis, »

Avec un fier Lion, seigneur du voisinage, Firent

société, dit-on, au temps jadis,Et mirent en commun le

gain et le dommage.

Dans les lacs de la Chèvre un cerf se trouva pris.
Vers ses associés aussitôt elle envoie.
Eux venus, le Lion par ses ongles compta,
Et dit: " nous sommes quatre à partager la proie."
Puis en autant de parts le cerf dépeça;
Prit pour lui la première en qualité de sire.
"Elle doit être à moi, dit-il; et la raison,
C'est que je m'appelle Lion:
A cela on a rien à dire.
La seconde, par droit doit me échoir encore:
Ce droit, vous le savez, c'est le droit du plus fort.
Comme le plus vaillant, je prétends la troisième.
Si quelqu'un de vous touche à la quatrième,Je l'etranglerai tout d'abord.""

Comme vous pouvez le voir, c'est bien la loi de la liberté pour le plus fort qui est la règle dans notre économie.

CHAPITRE VIII

MA PETITE ENFANCE...POUR EXPLIQUER MES TARRES

Revenons à la petite histoire de ma vie,
Donc je fais mes premier pas à Paris, et à l'âge de neuf mois. Si j'insiste sur ce fait, c'est que je le rappelais , par orgueil, tout le temps à mes frères. Lors de ce voyage en France, pour faire

connaître les enfants à la famille, Papa Pierre essaya de convaincre mon père de travailler en France, et lui proposa de lui acheter des salles de cinémas, mon père refusa, car il préférait, j'en suis sûr, rester prêt de sa famille.

Donc il lui propose de lui financer l'achat d'une partie de l'atelier de son papa pour qu'il soit associé et non employé. Et mon père accepta. Mais quelque temps plus tard, voyant que mon père continuait à recevoir un salaire et pas de bénéfice, Papa Pierre décida de lui donner l'argent pour acheter la totalité de l'entreprise. La famille de mon père, mon grand père, ma tante Yvonne et Robert Le Lorier, profitairent largement en fixant un prix très élevé. C'était une famille éduquée dans la tradition catholique, traditionaliste, qui venait d'un milieu modeste, mais qui par ses origines se croyait un destin supérieur aux autres mexicains.

Mon souvenir le plus ancien, je devrais avoir quelques mois, est une chute dans l'escalier dans les bras d'une amie de ma mère, celle ci s'est cassé le bras, moi je n'ai rien eu, sauf que, je crois que c'est à cause de cela, la raison de ma peur pour les hauteurs, je souffre de vertige. Il parait qu'il faut chercher dans son enfance nos complexes d'aujourd'hui. Un autre souvenir, c'est celui où, une fois que mes parents m'avais laisser dans les toilettes, assis sur le pot de chambre, pour que j'apprenne à faire mes besoins, une tante est entrée et à baisser sa culotte pour faire son pipi, et j'ai vu ses fesses en gros plan, c'est peut être la raison du pourquoi les fesses chez les femmes me...fascine!

je pourrai continuer à faire une auto analyse psychiatrique, mais ça n'aurait aucun intérêt, et je vous ennuierez, d'ailleur, je n'est pas du tout bonne mémoire.

Mon enfance en général a était assez normale, mais j'ai quand même ressenti une certaine souffrance à cause de ma grande timidité. Chaque fois qu'une personne arrivait à la maison, je montais en vitesse à l'étage pour me cacher en espérant que ma mère ne me force pas à descendre pour dire bonjour.

Mais par contre, j'ai eu depuis tout petit une certaine facilité pour me faire des amis, je pense que ma timidité était surtout envers les aînés, mais comme dans le quartier où on habitait il n'y avait pas de garçon de mon âge, je suis devenu un peu renfermé. Les seuls amis que j'avais étaient ceux de l'école.

Mes parents nous avaient inscrit au lycée Franco Mexicain de la ville de Mexico, pour avoir une éducation française, mais cette école était de l'autre côté de la ville, donc mes amis je ne les voyait qu'à l'école ou lors de leur anniversaire quand mes parents voulaient bien m'emmener. Heureusement il y avait pas mal de fils de diplomates qui étaient dans ce lycée, ça leur permettaient de ne pas perdre d'année scolaire lorsqu'ils changeaient de pays, car il existe des lycées français un peu partout dans le monde. J'avais de la chance que plusieurs d'entre eux m'aimaient bien comme amis, j'étais ainsi invité à leurs anniversaires, et mes parents m'y emmener sans faute, très contents que leur fils soit invités aux résidences des ambassadeurs. Je me rappelle surtout des jouets du fils de l'ambassadeur du Liban.

Mes années dans ce lycée furent très importantes dans ma formation, c'est d'ailleurs pour cela que j'insiste sur une rééducation de la société mondiale avant de passer à une véritable démocratie.

Mes meilleurs souvenirs de ma petite enfance sont bien sur les vacances, que l'on passait à Acapulco. Mon père aimait y aller. Avec un de ses beaux frères ils se prenaient pour Cousteau, et ils organisaient souvent des sorties de plongée. J' adorai le climat tropical , la mer et les huîtres que ma mère se faisait ouvrir par le pêcheur qui les sortait au fur et à mesure qu'on les mangeait.

Je me souviens également, d'un voyage en France lorsque j'avais 6 ans, on avait fait un passage à Paris,c'est lors de ce séjour que j'ai vraiment connu mes grands parents, car lors de mon premier voyage j'étais un bébé. J'ai également connu une partie de la famille de mon père qui habitait en France , quelques oncles. Mon grand père, que l'on appelaient Papasito, était toujours très élégant et très gentils, par contre ma grande mère , Mamasita, était très méchante et égoïste, , surtout avec ma mère qui se disputait tout le temps avec elle, ce qui me déprimait beaucoup, j'étais très sensible à ce que disaient les adultes, ce qui faisait de moi un enfant très peu sûr de lui.

J'étais depuis tout petit très gourmand, une fois dans un restaurant très chic, je vous rappelle que mes grands parents étaient de grands bourgeois, j'avais était le seul à découper parfaitement mon poulet au couteau, j'avais eu les félicitations de tout le monde, surtout de Mamasita qui n'avait de mots gentils pour personne, cela m'avais rendu heureux et fier très longtemps.
Après Paris nous avons fait un séjour à Deauville, dans l'hôtel du Golf qui avait appartenu à Papa Pierre, là j'ai mangé les meilleures crevettes, accompagnées de mayonnaise fait maison, de ma vie!!! J'ai encore le souvenir du goût.
Puis les grands parents nous ont loué un manoir à Dinard, le manoir de Querlebec, un manoir superbe, au bord de la mer, sur des rochers, une des meilleures époques de ma vie.
On nous a inscrit à l'école du village, mais comme d'habitude, je me bloque avec les adultes et ça se passe très mal avec ma prof qui se désespère face à mon silence et désobéissance, elle arrive même à me mettre un coup de règles dans les doigts. Et je refuse le lendemain de retourner à l'école, ma mère qui s'était déjà plaint de la prof, est d'accord avec moi, pour mon plus grand bonheur, donc je reste sans école le reste de notre séjour.

Au manoir il y avait une cuisinière espagnole très gentille elle s'appelait Maria, qui avait un fils de 10 ou 11 ans. Les petits déjeuners! ah! les petits déjeuners! Un grand bol de chocolat au lait, avec d'énormes baguettes et un délicieux beurre normand et une marmelade. Après on allait à la plage ou sur les rochers, le fils de la cuisinière nous montrait tout les arts de la pêche à pied, la pêche à la crevette sur la plage, les coquillages à marée basse, les chapeaux chinois et les crabes sur les rochers, les crevettes grises dans les flaques d'eau des creux des rochers, lesquelles on mangeait crues sur place, c'était du pur bonheur. Après, on cuisinait tout ça avec Maria, depuis, les fruits de mers occupent une grande place dans ma vie et ont une certaine importance dans les choix que j'ai eu à faire.
Malheureusement tout a une fin et après six mois de ce séjour français on est rentré à Mexico. A cette époque, au Mexique, le calendrier scolaire était décalé, les grandes vacances étaient en hiver, donc je perdis une année scolaire, déjà qu'en France j'avais quitté l'école, et ma mère décida de me faire prendre des cours particuliers avec madame Louise chez elle. Et vu mon complexe avec les adultes cela se passa très mal, et je fut très malheureux , ceux ci provoca que je me renferme davantage, j'avais le sentiment d'être une victime.

Mes parents étaient croyants, surtout mon père bien qu'il n'était pas trop pratiquant, surtout par fainéantise. Ma mère nous obligeait à aller à l'église et nous faisait accompagner par la servante, je détestais cela, d'abord parce que la messe du soir, à laquelle on y allait, c'était l'heure où à la télé, on passait du théâtre pour enfants, ensuite parce que je n'y comprenais rien au serment du curé, n'y au truc de se mettre à genoux, puis assis puis debout etc..

Ma mère nous fit donc suivre le catéchisme à la paroisse française, j'aimais ce jour-là car elle venait nous chercher à l'école et on mangeait au restaurant.

Par contre je détestais les cours, toujours les mêmes raisons un blocage envers les adultes, toujours la peur envers eux, je n'y comprenais rien.

Donc le jour de ma première communion fut une catastrophe, on m'habilla comme un petit moine, ce que je trouvai assez sympathique et pratique.

On était plusieurs a faire la première communion , on passait un par un pour prendre l'hostie et après on s'asseyait côté à côté sur le premier banc, j'ai trouvé l'hostie dégueulasse et au lieu de rester comme mes collègues la tête baissé en train de prier, je levai la tête et regardai partout car j'avais avalé l'hostie et je croyais donc que j'avais fini. Donc le spectacle d'un seul enfant qui avait la tête levé n'a pas du tout plus a mon père, et juste en rentrant dans les loges il m'a frappé, j'en fut encore une fois très surpris, car je ne comprenait pas ma faute, et ceci ne fit que renforcer mon sentiment de victime.

Heureusement de retour à la maison, bien que je fus plongé dans une immense tristesse, ma mère avait préparé une fête rien que pour moi, Christine et Jean Pierre avaient fait leur première communion ensemble un ans auparavant. Il y avait beaucoup de monde, de la bouffe et des cadeaux! Surtout une montre! Ma première montre! Depuis je les adore.

Comme quoi...une terrible journée, peut devenir très belle, sans que l'on en soit responsable.

A cette époque là je ne me posais pas trop la question de l'existence ou non de dieux. Par exemple, je ne pensais pas comme aujourd'hui, que si dieux existe c'est un fils de pute, vu la misère et les injustices qui il y a eu et qu'il y a dans le monde.

Mais je commençai à me poser la question, je vous rappel que j'avais toujours cette sensation d'être une victime. En général, je n'avais pas de chance, et à cause de ma peur des adultes, mon insécurité me faisait prendre de mauvaises décisions.

Je vais vous raconter un exemple, un jour en classe je commence à avoir une envie folle de faire caca, j'avais sûrement mangé quelque chose de pas correct, mais jamais je demandai la permission d'aller au toilettes a cause de ma timidité, et j'attendais la recreación, mais là, ça devenait intenable et j'arrive à demander de sortir, mais trop tard, j'arrive pas aux toilettes.

Donc je retourne en classe, croyant que personne ne s'en rendrait compte, mais l'odeur devient atroce pour mes voisins qui appellent la maîtresse, laquelle me demande de sortir.

Vous vous imaginez la honte!!! Se levait de sa place sous le regard des autres!, qui savaient que j'avais chier dans mon froc!

Il y a avait tout le temps des situations qui me faisaient me placer en victime, même si je dois le reconnaître la plupart du temps c'est moi qui les provoquais par ma timidité, mais un enfant de 7 ans est-il vraiment responsable et conscient de ses défauts?

Donc je commençai à me demander, pourquoi, si ce dieu existe, ne m'aidait t' il pas? Moi qui adorais les animaux, qui ne me disputais jamais avec mes frères, qui obéissait à mes parents, enfin je me considérais comme un garçon tout à fait correct.

Je commençai donc le soir, avant de m'endormir, à lui tenir tête, à le questionner, à le défier. Jusqu'à ce qu'un jour, je me décide. Dans le jardin de la maison nous avions un petit toboggan, et me mettant à côté de celui ci, je dit à dieu: " Une foi pour toute, si tu existe, envois moi un éclair pour me punir, si non, depuis ce moment je ne croirais plus du tout, car ce sera la preuve que tu n'existe pas" bien sur je me suis réfugié sous le toboggan au cas où! ,
Après ce moment-là, j'ai eu un grand soulagement et une sorte de fierté, avec un sentiment de supériorité envers les autres, car moi je savais que dieu n'existait pas.

CHAPITRE VIII BIS

LES RELIGIONS.. Vs..L'EVOLUTION, L'UNIVERS ET TOUTES CES MERVEILLES

Je n'ai rien contre les religions, ou plutôt si, je suis devenu athée depuis ce moment-là, mais maintenant et depuis quelque temps, je suis plutôt antithéiste, c'est -à -dire que je pense que les religions sont une mauvaise chose.
Les religions ont eu une utilité au moment où les humains se sont formés en société, elles ont permis de mettre certaines règles, et de donner un peu de sens à toutes les interrogations que la nature posait au hommes, mais très vite elles sont devenus des instruments de domination, partout, les dirigeants de ces religions, les sacerdotes, les chamans, les curés, les rabbins, les imams, les mollahs, les papes, les dalaï lamas, les popes, les pasteurs, les pharaons, les sultans, les rois, les empereurs, les califes, les Sheiks, etc.. (je n'inclus pas les présidents républicains car certaines républiques ont réussi à séparer l'état de la religion) ont utilisé le pouvoir de celles-ci pour contrôler leur peuple.
Je donne un exemple avec la première grande religion monothéiste. Au début la religion juive n'était pas pour ainsi dire une religion monothéiste, mais plutôt une religion henotheisme (rôle dominant à une divinité parmis d'autres) ou une monolâtrie ce qui veut dire qu'il ne nie pas les autres dieux, mais leur dieu est le meilleur, mais après la conquête de Jérusalem et la destruction du deuxième temple et la fuite des élites juives à Babylone en 587 avant notre ère. Celles ci ont eu peur que les croyants juifs renient leur dieu car il ne les a pas protégé contre l'empire babylonien, c'est la que les livres du pentateuque on été produit, ceux ci annonçaient que le peuple juif avait été punis car ils n'avait pas obéi à leurs commandements, donc celui ci, devait suivre les nouveaux écrits et devenir le peuple élu. Comme cela, les dirigeants pouvaient contrôler leur populations et le monothéisme intolérant était né.

Je pense que les religions ont été créés assez naturellement par nécessité, je ne parle pas des croyances animiste des chasseurs cueilleurs. En se socialisant de plus en plus, les humains ont besoin de règles, et en prenant toujours plus conscience sur leur environnement, ils ont eut besoin d'explication. Imaginons un groupe d'humains qui commence à cohabiter ensemble au début de l'histoire humaine, l'un d'entre eux, sûrement le plus dominant, se rend compte qu'il faut des règles pour cohabiter en harmonie et pouvoir survivre. Donc il commence à leur en dicter quelques unes, mais quelques uns des autres s'opposent en lui disant:

-qui es tu pour avoir le droit de nous imposer tes ordres?

Et lui leur répondait :

-Ce n'est pas moi qui le dit! Je ne fais que transmettre ce que les esprits de la forêt m'ont ordonné que l'on fasse.

-qui nous dit que c'est vrai ?

-Rien, mais si on n'obéit pas on sera punis, vous ne pouvez prendre de risque, on doit avoir la foi.

Et c'est la création des chamans, sacerdote, sorcier, rabbins, curés, moines, imams,etc.

Avec aucune logique dans les religions, mais la foi comme ciment.

Et aussi en même temps, ces transmetteurs des ordres divins donneront les explications des mystères de la nature, comme celle de la création de l'univers.

Ainsi l'homme sera rassuré de la raison de son existence individuelle et collective.

Bien sûr je caricature.

Mais pourquoi les religions continuent-elles à exister? Lorsque la science a démontré avec toute logique l'inexistence des réalités religieuses? Que les lois des sociétés ont remplacé celle des religions?

L'explication doit se trouver au niveau de la fragilité des personnes, au besoin qu'ils ont de donner un sens à leur vie qu'elles ne trouvent nulle part ailleurs. Je pense d'ailleurs que cela explique aussi le retour du religieux, en Occident il y a une montée du bouddhisme pour se chercher une raison ou une philosophie de vie, puisque les idéologies humaniste ont mauvaise presse, les gens se retourne vers le religieux pour retrouver du sens à leur vie.

On peut parfaitement le voir dans les nouvelles conversions dans une religion,celles ci se font dans des prisons ou avec d'anciens alcooliques ou drogués etc.

Pour ma part j'essaye de comprendre ceux qui ont la foi, mais vraiment je n'y arrive pas, pour moi, avoir la foi, c'est aussi logique que voir le père Noël sortir de la cheminée!

LE PARI DE PASCAL

Tout le monde le sait, Pascal le philosophe et mathématicien était croyant. Voici une sorte de justification de pourquoi croire en dieux. Une démonstration de l'utilité- et non de la vérité- de la croyance en dieux.

Une de ses argumentations de Pascal est le cas des grandeurs quasi nulles et des grandeurs quasi infinies qui sont affectées entre elles. La question est de savoir si un bien infini que je ne possède pas et que je ne posséderai peut-être jamais (la vie éternelle) vaut plus pour moi que le bien fini (ma vie sur terre avec ses plaisirs) que je sacrifie.

« e » C' est un nombre non nul, positif et très petit. On dit qu'il est « évanescent »

Il existe un nombre très grand N tel que le produit (Ne)donne un nombre A non évanescent.

Mais son caractère évanescent se traduit par la propriété qu'additionne' à un nombre réel X, il produit un résultat indiscernable de X, donc identique à X, selon le principe de l'identité des indiscernables de Leibniz.

X + e est identique à X, alors même que e et positif et différent de zéro: tel est le paradoxe.
Pour éclairer cela, le mathématicien John Allen Paulos raconte l'histoire suivante.
Lors d'une visite au musée d'histoire naturelle, une petite fille demande au guide l'âge de l'énorme Tyrannosaure qui se trouve dans la salle. Le guide lui répond : il a 70 millions et six ans.
Comment ? S'étonne la jeune fille, vous en été sûr? :- Ben oui, quand j'ai pris ce travail, on m'a dit qu'il avait 70 millions d'années et c'était il y a 6 ans.
Et un Trex de 70 millions d'années et identique à un Trex de 70 millions d'années et 6 ans.
Donc pour Pascal mieux vaut parier sur la vie éternelle, comme l'explique Diderot
« Si votre religion est fausse, vous ne risquez rien à la croire vraie ; si elle est vraie, vous risquez tout à la croire fausse »
Mais moi je reprends à l'envers de son pari, pour moi la possibilité de la vie éternelle promise est tellement peu probable qu'elle est évanescente et les plaisirs de la vie sont d'une grandeur infinie.

Tous utilisaient les religions pour dominer. Et comme on a voulus mettre un terme au idéologies politiques, pour ne laisser que le capitalisme comme seule solution valable, on se retrouve une nouvelle fois avec les religions comme principal moyen d'instrumentalisation des peuples. Il y a bien eu des mouvements à l'intérieur de la chrétienté qui étaient contre l'oppression, par exemple lors de la réforme Luthérienne et Calviniste, il y a eu les anabaptistes, qui prônent que le baptême soit un acte conscient, donc réalisé à l'âge adulte, et qui en plus étaient contre la propriété privée. Il furent durement réprimés. Il y eu aussi en Amérique latine le mouvement nommé "théologie de la libération"qui fut très attaqué par le pape, très anti communiste, Jean Paul II.
En parlant des trois grandes religions monothéistes, la religion juive et la religion musulmane sont stable en fidèle, mais certains de leurs croyants sont plus en plus extrémistes.
Mais la religion chrétienne dans sa version évangélique est en croissance , plus de 2000 églises en France, et surtout dans les Amériques et l'Afrique elle explose. Les évangélistes sont très prêt du pouvoir politique et ont influencé beaucoup d'élections, comme au Brésil et au USA pour ne citer que ceux là. C'est une religion extrêmement conservatrice et une très forte alliés des colons et de la droite israélienne. Lors de l'ouverture de l'ambassade des EU à Jérusalem se sont des pasteurs évangéliques qui on fait les discours, pas des rabbins.

L'ÉVOLUTION

Une autre raison importante de nuisances des religions est leur volonté de nier l'histoire de l'univers.
L'évolution! j'ai toujours été passionné par ce sujet, en général lorsque l'on parle évolution On pense à Darwin a sa théorie et à l'histoire de la vie sur terre.

Mais pour moi, il faut juste penser l'origine de la vie comme une étape dans l'évolution de l'univers depuis le big bang, et la première particule connus à ce jour, en passant par l'atome le plus simple, l'hydrogène, puis par les autres atomes, puis par les premières molécules, puis par les premiers acide aminés, puis par la première cellule sans noyaux, puis la première cellule eucaryote, puis les premières reproductions sexuées, puis les premières colonies de cellules, puis les premiers organismes avec des cellules différenciées, comme les éponges, puis les premières diferenciación en vie végétale, animale, mycète (champignons), protiste et monere, ce qui, fait les différents Règnes.

Puis les premiers animaux avec des systèmes circulatoire, digestif, respiratoire, nerveux, etc, puis suivent les grandes diferenciacións en classes comme les arthropodes , les reptiles, les mammifères, puis en ordre, puis en famille, puis en genre, comme Homo, puis enfin en espèce comme Homo sapiens , l'homme sur cette terre.

D'ailleurs, plus la science avance, plus notre description du vivant se complique. Maintenant on parle de Phylum (ex: Arthropodes) puis de Sous-phylum (ex: Antennates) puis Classe (ex: Hexapodes ou insectes) puis Ordre (ex: Coléoptères) puis Sous-ordre (ex: Polyphages) puis Superfamille (ex: Scarabaeoidea) puis Famille (ex: Lucanides) puis genre (ex: Lamprina) puis espèce (ex: Lamprina adolphinae) . Ceux-ci c'est la description taxinomique d'un simple scarabée.

Tout ceci ne sont que de différentes étapes dans l'histoire de l'univers.
Et je dis univers car ne soyons pas ethnocentriste, cette évolution a sûrement lieu dans d'autre endroit de l'univers. Avec les millions de galaxies, les millions de systèmes solaires et les millions de planètes, il faudrait vraiment être aussi imbécile qu'un religieux pour ne pas le croire.
Mais ce qui est fascinant, c'est que lorsque l'on se raconte cette histoire, on pense que l'histoire s'arrête là, tandis que celle-ci continue, et si elle suit la même direction que jusqu'à maintenant, c'est à dire des systèmes toujours plus élaborés, compliqué, efficaces, on a peine à s'imaginer ce qui adviendra.
Je pense que cette évolution est similaire dans tout l'univers, puisque les lois mathématiques et physiques sont universelles, et tout dépend de ces lois, du hasard et du temps.
Bien sur je dis similaire mais aussi différents, au début tout est plus uniforme, un atome d'hydrogène et identique à un autre atome d'hydrogène, une cellule est presque identique à une autre cellule, un arbre se ressemble à un autre arbre, et après, tout se différencie de plus en plus, un dauphin est très différent d'un homme, mais en restant tout les deux des mammifères. Donc la vie sur une autre planète devrait être assez similaire à la nôtre, mais en même temps assez différente. Par exemple, les chevaux ne se sont pas apparus dans le continent Américain, avec pourtant des écosystèmes similaires à l'Asie, même s'ils ont des ancêtres en commun avec d'autres espèces qui elles se sont crées en Amérique.

Certain se demande, s'il y a de la vie intelligente autre part que chez nous, pourquoi on a pas encore eu aucun contact?, c'est la question que se pose le Nobel Enrico Fermi et bien avant lui Bernard de Fontenelle en 1686, donc il conclut que n'ayant pas de trace de 'extraterrestre dans notre planète ni dans le système solaire, nous somme donc la seule civilisation technologique dans la galaxie, on l'appelle le paradoxe de Fermi.
Pourtant la raison est assez simple, on est à des années lumières de distance. Rien que pour pouvoir communiquer avec des ondes radios, comme essaye de le faire le projet Seti, il

faudrait que les distances puissent être parcourues par les signaux radio à la vitesse de la lumière, dans un temps plus court que la durée de vie des civilisations. Si comme l'explique l'équation de Drake (astronome américain a la recherche de signaux extraterrestre) si la vie de ces civilisations, à un niveau technologique élevé, est inférieur à quelques dizaines de milliers d'années, les chances de comunicación son nulles, et comme exemple, nous, nous communiquons entre nous par onde radio que depuis un siècle, et personnellement je ne crois pas que notre civilisation survive encore 10,000 ans vue la direction que l'on prend.

 Les lois universelles sont et seront les lois partout et pour toujours, la loi sur la gravité n'est pas née le jour où Newton la découverte, la loi sur la relativité non plus le jour où Einstein l'a décrite. Et si l'homme continue à apprendre un peu plus tout les jours sur la nature de l'univers, et si les nouvelles théories des cordes ou celles des univers multiples ou les explications sur la matières noires ou l'énergie noire, vont changer notre interprétation de l'univers, elles ne vont certaine pas changer en rien l'univers et ses lois.

Je vous décrit une image pour mieux imaginer comment le temps, le hasard et les lois universelles font que les choses arrivent, même lorsque l'on pense cet événement très improbable.

Imaginez une petite pente avec un petit trou, et une petite bille que l'on laisse rouler sur la pente,(les lois) se serait très rare que celle ci tombe dans le petit trous(le hasard), mais si l'on répète plusieurs fois l'action (le temps) tôt ou tard la bille finira dans le trou.

Revenant à la vie extraterrestre, même si rien que dans notre galaxie il y a cent milliards d'étoiles dont 100 millions de planètes potentiellement habitables, c'est sûr et certain que la vie existe dans plusieurs planètes, ou a existé et existera. Elle doit se trouver a different stade évolutif dans chaque planète, mais les civilisations d'êtres intelligents extraterrestres sont peut être cela, vraiment intelligentes, et à la différence de notre civilisation, ils cherchent à conserver leur planète, leur spiritualité, et leur solidarité, au lieu de dépenser des ressources et de l'énergie à chercher midi à quatorze heure.

De toute façon on le saura jamais, la vie biologique des espèces est trop courte et les distances entre planètes trop grandes.

Dans l'évolution sur la vie, ou vraiment a commencé son origine ? Ce moment là est juste un moment de l'évolution universelle, et c'est un peu stupide de vouloir le déterminés artificiellement en une frontière fixe, puisqu'il s'agit d'un processus, le moment du passage d'une molécule à une molécule d'acide aminés, puis celle où se forme une membrane qui séparera l'intérieur d'une cellule à son environnement, puis la création des processus pour former un noyau à l'intérieur de celle ci, qui lui permettra la production de DNA et de RNA, puis sa division en d'autres cellules et le procédé qui permettra la reproduction sexuelle primordiale à l'évolution de la vie.

Bien sûr, le Darwinisme est la base de cette évolution, et c'est bien la sélection la plus adaptée qui a façonné la vie sur terre, grâce à la reproduction sexuée, sans quoi il n'y aurait pas une évolution génétique aussi importante.

Bien que dernièrement, certaines découvertes au niveau cellulaire ont démontré que Lamarque n'avait pas complètement tort, et qu'il existe une certaine influence de l'environnement dans la modification génétique. C'est l'épigénie.

Mais sur l'évolution humaine, c'est à dire de l'homo sapiens, on a un cas très particulier.

Plus l'évolution a avancé, plus la diversité a augmenté, le nombre de groupe, famille, genre, espèces a augmenté, sauf bien sûr lors des grandes extinctions.

Mais plus le nombre d'espèces augmentent, plus d'espèces deviennent fragiles dû à leur spécialisation et à la concurrence.

Donc lorsque le genre Homo est apparu, c'était un genre assez spécialisé, et avec très peu d'espèces, c'est peut être la raison de leur manque de réussite.

L'homo sapiens, après avoir était contemporain de quelques unes des espèces comme Homo néandertal ou Homo florensis, a été la seule survivante, mais il faut vraiment le rappeler, cette espèce a aussi failli disparaître.

Les 7 milliards d'humains que nous somment, on est tous des descendants d'une poignée de survivants d 'Homo sapiens estimé à environ 120,000. Il s'en est fallu de très peu pour que l'homme ne survive pas.

Mais l'évolution de l'homo sapiens ne dépend plus de la théorie Darwinienne, puisque l'on n'est plus soumis à la sélection naturelle, et pas seulement nous, mais également toutes les espèces domestiquées , qu'elle soient animales ou végétales. Je dis cela car depuis plusieurs décennies ce n'est pas les humains les plus aptes physiquement qui survivent et se reproduisent, mais c'est les habitants des pays riches qui ont le plus de chance de survivre, et ce sont les habitants des pays pauvres qui se reproduisent le plus.

On a même réussi à influencer à ce point l'histoire de la terre, que l'on a dut mettre un nom à cette époque géologique , l'holocène qui est l'époque actuelle et qui a débuté il y a 10,000 ans serait devenu l'Anthropocène. Bien que cette ère est encore en discussions dans les milieux scientifiques, car pour plusieurs géologues les faits pour nommer une nouvelle ère ne sont pas rempli. Les discussions tourne beaucoup sur la date pour déterminer ou termine l'holocène et ou le début de l'Anthropocène. Certain veulent le début de l'industrialisation,(multiplication des énergies) d'autre la première explosion atomique,(création du plutonium) d'autre la découverte de l'Amérique etc.

Personnellement, je ne suis pas d'accord avec le nom, car Anthropocène, par la racine anthropo, voudrait dire que c'est la cause de toute l'humanité. Et si on en est arrivé là ce n'est pas la faute de tous les humains, mais de quelques uns qui ont créé ce système productif de course au profit, qui a fait que seulement en moins de 200 ans, les productions d'énergie, de pesticides et autre contaminants, et du capital se soient vertigineusement multipliés. Donc le nom de **Capitalocene** conviendrait beaucoup plus!.

D'ailleur toutes ces discussions sont un peu stérile, l'être humain à tendance à penser que le fait de nommer les choses suffit à les faire exister. Et si elles ne sont pas nommées, elles n'existent pas. Tant que l'on a pas nommé une espèce, une planète, un élément, ,celui ci n'existe pas, la nature n'a nullement besoin de la connaissance de l'homme pour exister.
Mais ceci ne veut pas dire qu'il n'y a plus d'évolution, lorsque après être sortie de l'Afrique l'homme a occupé peu à peu toutes les terres émergées, il a commencé petit à petit à se différencier, on étaient tous noirs, puis certains traits physiques ont changé selon l'environnement ou l'on se trouvait. Si chaque population été restée de son côté, elles se seraient différencier en plusieurs espèces après des centaines de milliers d'année comme ça à été le cas dans toute l'évolution, les espèces se forment par isolement comme l'explique l'origine des espèces de Darwin.

Mais il y a juste un peu plus de 500 ans et grâce aux améliorations de la navigation, les européens ont commencé plusieurs conquêtes, qui malheureusement pour plusieurs peuples des Amériques et autres furent une catastrophe, on calcule à 50 millions les habitants de l'Amérique à l'arrivée des espagnols et à seulement 5 millions, cents années plus tard. Mais depuis, le métissage dans toutes les parties du monde s'est accéléré, heureusement, et grâce à son succès, nous serons toujours plus nombreux a nous mélanger, bien n'en déplaise à certains. C'est très probable que ce qui fait parler maintenant, de noir, d'asiatique, de typé, de métis, etc. ne seras plus. Bien sûr on continuera à avoir nos caractéristiques individuelles comme tout être vivant.

Mais en quoi allons-nous évoluer ? nul ne peut le prédire, mais ce qui est sûr, c'est que ça peut aller très vite (ingénierie génétique, biotechnologie, etc) et que ça vas dépendre beaucoup de nous et non plus du hasard., Et il faudra surtout éviter l' **EUGÉNISME**!

Mais ce qui est sûr, c'est que tôt ou tard, la vie sur terre continuera sans l'homme. Il faut nous rappeler que l'histoire de la terre et de l'univers n'est pas finie d'être écrite.

Par contre, parler de Darwinisme social, là je ne suis pas du tout d'accord, dire que les civilisations les plus adaptées ont survécu est d'une stupidité!

Les êtres vivants changent leurs caractéristiques par reproduction sexuée et quelques mutations, et les pressions extérieures font que seul les individus qui obtiennent les changements les mieux adaptés survivent, mais des espèces ou des genres ou familles peuvent très bien survivre sans presque avoir de changements car leur écosystème n'a pas de grand bouleversement, et les changements pourraient dans ce cas devenir nuisibles, comme exemple je prendrais les requins, ceux ci existent depuis plus de 400 millions d'années sans presque aucun changement, et continue à être un déprédateur des plus performants, tant que l'homme évitera de le supprimer.

Mais les civilisations n'ont jamais changé leur caractéristiques grâce au hasard de la nature, et les pressions extérieures qu'elles subissent ne sont en général pas dû non plus à la nature, sauf certains cas très spécifiques.

L'homme depuis qu'il est devenu cultivateur et éleveur, et qu'il s'est sédentarisé, a formé des sociétés, puis des civilisations. Les premières ont commencé il y a plus de 10000 ans dans différentes régions du monde.

Les civilisations de la Mésopotamie comme les sumériens sont les premières à construire de véritables villes avec une société hiérarchisé, des langues différentes se crée partout, une langue pour chaque société isolée, formée d'hommes vivants en commun.

Trois très grandes civilisations initiales, vont dominer le monde, sans pour autant interférer une sur l'autre, l'egyptienne, la chinoise et les Olmèques en Amérique, bien qu'au moyen orient continue une floraison de cultures. Celles-ci vont disparaître ou du moins leur grandeur, mais aucune par manque d'adaptation.

L'invention de l'écriture va se faire dans différentes partie du monde indépendamment l'une de l'autre, d'abord au pays de Sumer (Irak actuel) vers 3400 av JC, puis suit les égyptiens quelques décennie après, puis les chinois au XVII siècle av JC, puis les Mayas au IV siècles av JC. Cette invention a caractérisé ces grandes civilisations et a permis leur plus grande pérennité.

Mais une très grande civilisation, les Incas, a survécu sans écriture pendant plusieurs siècles, et ne serait pas disparue, sans la force destructive d'un seul pays colonisateur, l'Espagne. D'ailleur, ceux-ci peuvent se vanter d'avoir détruit deux des plus grandes civilisations qui ont existé, dans notre planète, l'Aztèque et l'Incas. Et rien que pour les Aztèques, ceux ci connaissaient l'écriture et leur histoire était racontée dans les fameux cortex, ils ont réussi le tour de force de détruire ceux ci, et de détruire Tenochtitlan, qui était à l'époque la ville la plus peuplée et la mieux structurée de la planète, avec seulement une poignée d'aventuriers ignorants. On ne peut pas dire qu'une civilisation supérieure a triomphé !

Ces écritures avaient en commun que leur signes avaient plusieures significations, des mots ou des syllabes. Ce n'est qu'après l'invention de l'alphabet par les Cananéens au deuxième millénaire av JC, que l'écriture alphabétique est àparues, et celle ci fut imités postérieurement par tous les alphabets.

Plusieurs société et civilisations se sont créées sur notre planète depuis l'origine de l'homme puis, certaines ont fait des petits peuples, (ile de paques) d'autres de grands empires (Romain , Ottoman) la plupart ont disparu, car ils ont étaient remplacer par d'autres par la force. Mais de la a dire que ceux qui ont remplacé ou dominé une culture, ou civilisation, y étaient supérieur à celle ci, est complètement faux, de nombreuses fois ces destructions ou dominations étaient le produit d'alliance politique, la plupart du temps ce sont les dirigeants de ces empires, peuples ou civilisations qui décidaient ces guerres de domination et de remplacement, toujours motivé pour plus de pouvoir politique et économique, et très souvent ils ont utilisé les religions comme un instrument de conquête, d'ailleur ça a toujours été le rôle principal des religions, être un instrument de domination, les croyances de l'être humains ont étés et seront toujours sa perte.

D'autres civilisations ont perdu leur grandeur mystérieusement, cela ce vois d'avantage en Amérique, car grâce à leur isolement, la compétition entre cultures était moindre, comme les Mayas ou les habitants de Teotihuacan.

Mais ici non plus, on ne peut parler de Darwinisme social, car l'espace n'a pas été occupé par une autre civilisation mieux adaptée .

Donc pour conclure, on ne peut comparer l'évolution biologique avec l'évolution sociale. Dans l'évolution biologique, l'évolution va vers une structure toujours plus adaptée, et plus élaborée, elle est similaire dans l'espace et le temps dans différentes régions du monde, elle évolue à une échelle de temps très longue.

Dans l'évolution sociétale du monde, bien que de la même façon que la biologique elle occupe presque toute les parties du monde, elle a évolué de manière très différente, tant que les sociétés étaient isolées.

Par exemple , la roue à était inventée très tôt , sauf dans les cultures d'Amérique, , pourquoi? Toutes les grandes cultures avaient l'écriture, mais pas les Incas. La civilisation occidental n'a adopté le cero que très tard. Pourquoi il n'y a pas eu de grandes civilisations en Europe occidentale, ni en Afrique sauf Égypte, n'y en Amérique du Nord, sauf au Mexique, tandis que les Mésopotamiens Chinois, Égyptien et Olmèques étaient des civilisations très avancées des millénaires av JC.

C'est très simple, l'évolution de nos société ne dépend pas du temps et du hasard, mais de nous même, il faut que l'humain se décide enfin à construire une civilisation juste pour tous, bénéfiques pour tous, avec l'ambition d'être la plus parfaite possible , de façon à ne plus avoir besoin d'évoluer, ou presque... comme les requins!

CHAPITRE IX

LE DIABOLIQUE IMPOT

En pensant à l'injustice des héritages qui fomentent les inégalités, et comment les riches et leurs héritiers réclament leur droit à faire profiter et transmettre à leur fils les bénéfices de toute une vie de travail.
Je crois que l'on pourrait permettre aux parents de faire hériter à leurs enfants sans aucune taxe, c'est à dire d'une génération à l'autre. Mais ceux ci, lorsqu'ils héritent à leur tour, à leurs enfants, ils pourront leur hériter sans impôt, leur patrimoine, moins le patrimoine qu'ils ont hérité, et celui-ci serait taxé très fortement, peut être même à 100%.
Un exemple: j'ai hérité 1000 de mes parents et à la fin de ma vie j'ai accumulé un patrimoine de 1500, donc je peut hériter 500 sans taxe et le reste sera taxé très fortement ou totalement, pour être réparti au reste de la société. Comme cela on évitera la formation de fortune familiale. Et les patrimoines seront mérités et non hérités.
Bien que, je pense, que l'habitation familiale principale puisse faire exception.

Puisque l'on parle d'impôt, ceux ci seront déterminés par les différentes assemblées, mais L'important serait qu'ils soient tous prélevés au niveau des communes, ensuite chaque commune paierait une partie de ses revenus à la région pour que celle ci puisse financer les institutions, routes et infrastructures qui dépendent de celle ci, comme des hôpitaux, universités, etc., et les régions payeraient à leur tour une partie à l'etat pour qu'il puisse se financer.

La distribution se ferait de bas en haut.

Comme il y aurait des communes mieux lotis que d'autre, les plus pauvres ne feraient pas de transfert à la région, et seraient plutôt aidés par les communes riches qui celles ci feraient des transferts plus important à la région, , un peu comme un citoyen pauvre ne paye pas l'impôt sur le revenu et les riches paient davantage.

Puisque la fiscalité fait partie intégrante du système économique, celui-ci serait également décidé dans l'assemblée constituante, et géré dans les différentes assemblées.

De toute façon taxer davantage les plus riches, car plus chanceux par naissance ou par hasard de la vie, n'est que justice. Ce qui est scandaleux c'est d'entendre des journalistes, ou des soit disant experts, dirent que c'est injuste qu'un impôt ne soit supporté que par un petit pourcentage de la population !!!!! le scandale est que la richesse ne soit détenu que par un minuscule pourcentage de la population.

Sur l'économie je ne vais pas trop développer, car je ne suis pas économiste, mais je pense qu'on est tous complètement trompés par les économistes orthodoxes.

Je serais de toute façon plus Keynésien, je suis plus pour un état fort et régulateur, qui évite les dérapages que peuvent avoir les dirigeants de l'économie au nom de la liberté. je suis pour la liberté lorsque celle ci serait pour s'épanouir, et non la liberté pour s'enrichir au détriment des autres.

Il vient de paraître un livre " le négationnisme en économie " écrit par des économistes orthodoxes, qui veulent nous faire croire que l'économie est une science comme la physique ou la chimie!

L'homme n'a pas inventé le cancer, ni les maladies (on moins pas toutes), il n'a pas inventé la gravité ou les atomes. Mais par contre il a inventé les monnaies, la bourse, les banques, les crédits etc. ..

Le chômage est le résultat de lois du travail selon les règles économiques inventé par l'homme, l'eau est le résultat de l'union d'atomes, deux d'hydrogène et d'un d'oxygène, grâce aux lois de la physique créées par l'évolution de l'univers.

Et on veut nous faire croire que ce système économique est une réalité absolue, inchangeable, éternelle, universelle.

Énormément de sociétés et de civilisations ont survécu sans monnaie pendant des siècles.

La plupart des règles et institutions économiques n'ont même pas cent ans.

La bourse, au début, à été créée pour financer des entreprises, maintenant elle sert à enrichir les spéculateurs.

La monnaie, créée pour le commerce pour donner une valeur à une marchandise, ou à un service, n'a plus qu'une valeur et une existence virtuelle, qui dépend d'un jeu de règles de plus en plus compliquées. De Breton wood à l'initiative de Nixon d'enlever la base de la relation or/dólar, les règles de la finance se compliquent de plus en plus, on invente chaque fois de *nouveaux systèmes pour améliorer les bénéfices de la spéculation au détriment de l'économie dite réelle.*

La richesse est devenue une création complètement artificielle, elle n'a plus rien à voir avec le travail ou la création, n'y même avec l'accumulation de bien matériel.

C'est l'homme qui a inventé le terme de richesse et ce que ça représente.

Au début de la civilisation, c'est le pouvoir que cherchent certains hommes, et celui ci pouvait être obtenu par l'achat des services des autres, mais pour cela, il fallait des biens matériels et des terres pour en obtenir d'avantage, et à partir de là, on a déterminé ce que la richesse voulait dire, et les hommes l'ont cherché par la guerre ou par le commerce, pour toujour dominer et éviter d'être dominé.

Mais si on installe un vrai système de justice, on n'aurait plus cette inquiétude de dominer ou d'être dominé, donc on pourrait changer le sens de "richesse", un homme riche serait quelqu'un qui a beaucoup d'amis, qui deviendrait de cette façon indispensable à ses êtres chers, ou un homme qui crée énormément, des oeuvres d'art, de la musique, ou des idées, un homme qui aide les autres à apprendre, qui crée de nouvelles techniques et du coup devient indispensable à sa communautés. Un homme riche serait donc celui qui crée du bien être à la société, et plus il en crée, plus il est riche. Il suffirait d'enseigner cela dans nos écoles, et non pas comme c'est le cas maintenant, que pour réussir dans la vie, il faut faire beaucoup d'études pour gagner beaucoup d'argent, ou monter des entreprises pour faire des sous.

Les grands hommes qui ont forgé ce que l'on appelle l'histoire de l'humanité et par lesquelles notre évolution sociale c'est formé, se sont des philosophes, Aristote, Platon, Confucius, Rousseau, Hegel, Sartre, des hommes de lettres, Rabelais, Shakespeare, Cervantes, Hugo, Neruda, des sculpteurs, Robins, Miguel Angel, des peintres, Van Gogh, Picasso, Diego Riviera, Modigliani,etc. des musiciens, Bach, Beethoven, Vivaldi, Morrison, Lennon, Stand Gets, Marley, Fuentes etc, des scientifiques, Archimède, Newton, Pasteur, Darwin, Lavoisier, Einstein,etc. certain politiques, César, Ramses, Cuauhtemoc, Richelieu, Lénine etc des conquérants, Alexandre le Grand, Charlemagne, Gengis Khan, etc. Mais maintenant, les noms que l'on admire, c'est des rentiers, comme les créateurs de nouvelle technologies et possesseurs de richesses et de pouvoir, Musk, Gates, Pages, Zuckerberg , Jobs, etc. des sportifs, Federer, Messi, Bolt, etc. qui gagne à eux seul plus en publicité sans rien faire, que l'ensemble des ouvriers d'une usine de ces marques qu'ils représentent, des politiciens, Poutine, Le Pen, Macron, Bush, Merkel, Trump,etc. qui sous prétexte de donner de leur vie à leur concitoyens, ne font que profiter du pouvoir pour enrichir leur soutiens.

Il faut que l'on arrête de former des machines à faire des sous ou à produire toujours davantage, pour former des humanistes qui réconcilieront tous les hommes entre eux et avec la nature.

CHAPITRE X

LE PENSIONNAT. ..LA CHANCE D'ÊTRE EN PRISON.

Revenons a ma petite histoire. Après ma libération de croire ou pas croire, je me sentais plus sûr de moi.

Mon père a cette époque c'était mis dans la tête d'inventer un détecteur de gaz, c'est vrais que dernièrement il y avait eu plusieurs explosions domestiques et industrielles du au gaz, qui avait fait plusieurs morts.

Donc il avait aménagé un atelier dans le garage de la maison, ou il travaillait tous les soirs, je pense que c'est à cette époque ou il a commencé à mal gérer l'affaire que mes grands parents lui avait acheté.

Pendant deux ans il mit plusieurs prototypes de détecteurs en marche, et je me rappelle qu'ils fonctionnaient, donc il commença à essayer de vendre son invention et il n'arrêtait pas de dire que nous allions devenir millionnaires.

J'étais encore trop petit, et bien que je me rappelle que plusieurs personnes passaient à la maison et parlaient tout le temps du détecteur, il n'arrivait pas à le vendre.

Depuis notre voyage en France, ma mère y est revenue deux fois dans son pays, une fois avec ma soeur, pendant trois mois, et une autre avec mon frère Jean Pierre, pendant deux mois. Les deux fois elle a mit, ma soeur et mon frère, en pension, mais bien que c'était son intention, elle n'a pas pu les laisser en France. Pourquoi je l'ignore, mais je pense que c'était des question de sous. Mon arrière grand père était déjà décédé, et mes grands parents étaient très dépensiers, mon grand père ne produisait plus grand chose, je pense. Mais je crois que mon père n'était pas pressé de financer nos études là- bas.

Mais comme il n'arrivait pas à placer son invention au Mexique, même au EU il avait essayé, il décida de tenter sa chance en France. À cette époque mes parents étaient très amis avec une famille de français, les Broulard, et Luis Broulard connaissait des gens dans Gaz de France.

Donc il convainquit ma mère qu'il devait partir en France pour son détecteur, et en même temps il nous emmenait, mon frère Jean Pierre et moi, pour nous mettre en pension. Comme c'était le rêve de ma mère, celle-ci accepta, et je pense que ce fut de la part des deux, une grosse erreur, comme on verra plus tard. Pour réaliser son projet Il est donc obligé de demander un prêt.

Donc ce fut comme cela que je retournai en France, passer deux ans de ma vie, qui furent d'une très grande importance dans ma formation, comme je pense aussi dans celle de mon frère.

Nous partime mon père mon frère et moi pour la France, mon père n'avait pas participé aux voyages antérieurs, et il n'était pas monté dans un avion depuis le premier voyage lorsque j'avais quelques mois, il était extrêmement nerveux, et c'était la première fois qu'il montait dans un avion à réaction, il nous demandait à chaque fois que les réacteurs faisaient un bruit diferent si c'était normal, moi ca me plaisait , qu'un adulte soit moin sur que moi, j'adorais l'avion.

Lorsque l'on arrive à Paris, on prend le train pour Deauville, mais mon père demande tout à mon pauvre frère, qui avait fait ce voyage depuis peu. Je ne sais pas à quelle station entre Paris et Deauville, mon père demande à Jean Pierre si on est arrivé, et le pauvre qui est tout nerveux croit que oui, et nous descendons.

Bien sûr on n'était pas encore arrivé et le train repart sans nous, Jean Pierre le pauvre craque, et se met à vomir sur le quai. Encore une connerie d'un adulte.

Donc mon père décide de prendre un taxi, j'imagine le prix!!

Après être arrivé à Deauville, le taxi nous laisse à la gare, car il ne s'était pas engagé a autre chose, on cherche un pensionnat appelé "Le Prémanoir" ou mon frère avait passé deux mois, je me rappelle que l'on avait eu pas mal de difficulté à le trouver. On a marché à pied avec valises, prit un taxis, etc. Toujours mon père croyant que Jean Pierre connaissait tout, cet internat se trouvait à la sortie de Trouville vers Honfleur.

Une fois à l'intérieur, on est reçus par le directeur, et c'est juste a ce moment-là que j'apprends que l'on va rester mon frère et moi dans cet établissement, on est immédiatement envoyé nous coucher, décalage horaire oblige. Mon père part, il n'a pas mis plus de 10 minutes à nous laisser.

Le dortoir, ou on est installé, est meublé d'une quinzaines de lits tous alignés perpendiculairement sur un mur avec fenêtre, le mien est le seul à se retrouver collé au mur dans face, à côté d'un grand placard encaissé dans le mur, Jean Pierre est installé sur le premier lit, on ferme les rideaux et on nous laisse dormir, j'entends mon frère pleurer, et là, je réalise enfin que l'on est seuls pour je ne sais combien de temps.

Au début ça se passe mieux pour mon frère, puisqu'il avait passé quelques mois il n'y avait pas trop longtemps dans ce pensionnat , et il s'était déjà fait quelques amis et les profs l'aimaient bien

Mais pour moi, avec mon caractère introverti avec les adultes, et en plus étant un cancre à l'école, je ne l'avais peut être pas mentionné jusqu'à maintenant, mais j'étais vraiment un cancre à l'école, les choses furent assez difficile pour moi.

Le prof surveillant de notre dortoir ne m'aimait pas du tout, chaque fois où presque, qu'il y avait du raffut , étant un des plus proche de la porte, c'était sur moi que ça tombait. Je me rappelle surtout d'une fois ou l'on s'amuse à se cacher, je m'étais planqué dans le placard et mes copains m'avait enfermé à clé,

Comme ils ne m' ouvraient pas j'ai commencé à crier et après un certain temps on a ouvert, et je me suis retrouvé nez à nez avec le directeur M. Mini, qui m'a foutu une de ces raclés! !, Après cette injustice les choses se sont calmées et on m'a un peu plus laissé en paix. Mais mon frère avait, je crois, un peu honte de moi, et lorsque l'on était pas seul il m'évitait le plus souvent.

Les journées commençaient avec une petite toilette dans des lavabos qui n'avaient pas d'eau chaude, un petit coup de gant de toilette dans le visage et c'était tout, ensuite on revenait au dortoir pour s'habiller et faire notre lit, lequel devait être parfait, sans une ride, de ce côté là ça allait, au moins j'étais doués pour ça. Pour le petit déjeuner on passait au réfectoire où chacun avait un casier où on rangeait notre confiture, ou chocolats, ou beurre etc.

Tout le monde pouvait renouveler ses provisions une fois par semaine car ils rentraient chez eux, mais pas nous, donc notre petit déjeuner dépendait de la générosité de nos copains, le pensionnat ne donnant que le lait, le café et le pain.

Avant les cours on descendait au sous sol pour changer nos pantoufles par nos souliers, les cours commençaient à 8 heures, puis à midi, après une recreación entre les cours, on repassait par le sous sol pour changer les souliers et passer au réfectoire pour le repas, qui était principalement fait de pomme de terre,un des parents payait ses frais de scolarité en pommes de terre.

Soupe de pomme de terre, purée et salade de pommes de terre à tous les repas, comme dessert l'éternel petit suisse. Et les jeudis frites!

De retour au sous sol pour le même rituel, puis deux heures de cours et après une récréation, 3 heures de studio surveillées pour faire les devoirs, et ensuite retour au sous sol pour mettre les pantoufles, mais cette fois il fallait nettoyer et cirer les chaussures, j'adorais ce moment là, l'odeur de cire!!!

Puis dîner, avec toujours les pommes de terres, puis tele jusqu'à 8 heures du soir, ensuite retour au dortoir avec une petite heure pour lire ou bavarder avant l'extinction des feux.

PETITE PARENTHESE

Et ça y est! Trump à gagné, une fois de plus l'ignorance des gens est démontrée, l'absurdité des élections et de la soit disante démocratie américaine aussi.

Si un personnage si odieux et ses discours raciste, misogynes, mensongères, etc. Ont tellement plu, c'est qu'il y a un sérieux problème avec l'humanité.

C'est la troisième décision en moin de deux mois que que des consultations du peuples donnent des résultats rétrograde, d'abord les anglais avec leur référendum décident qu'ils préférent rester enfermé dans leur île, au lieu de lutter ensemble avec les autres peuples à une meilleure vie commune, ensuite les Colombiens refusent la paix! Et maintenant ces américains qui votent pour la haine entre les peuples.

Tout ceci ne fait que confirmer que l'ignorance des gens est manipulée par quelques-uns et ceux-là parce que les élites ont oublié que leur progrès et leur système économique ne profitent pas à tout le monde et laissent des millions de gens à la traîne.

Bien que sur 340 millions d'américains, seulement 59 millions ont voté pour Trump, 200 000 de moins que pour Hillary Clinton, ça fait très peur que cette quantité de gens soient consciemment raciste , sexiste etc. Ou complètement ignorant. Ce ne sont pas les pauvres qui ont voté pour Trump, dont la plupart sont des blacks ou des latinos, mais plutôt les gens plutôt blancs de la classe moyenne qui depuis Reagan on perdu du pouvoir d'achat , ou n 'ont rien gagné en point de croissance, on estime 120 millions d'américains dans ce cas là.

Tandis que 1% des américains les mieux rémunérés engrange 20% du total des revenus et 0,1% des plus riches détient le 20 % du patrimoine. Mais les inégalités ne sont pas que dans la richesse, elle sont aussi dans l'accès à la santé, à l'éducation, au logement. L'espérance de vie a augmenté pour quelques uns, reste stable pour d'autre et diminue même pour certains.

Le progrès, la production de richesse, les nouvelles technologies ne profitent pas de manière égalitaire à toute l'humanité. La numérisation et l'automatisation enrichissent des sociétés et facilitent la vie de quelques personnes, mais plongent dans la précarité à des milliers d'ouvriers des anciennes technologies.

On parle de transhumanisme, d'immortalité, de tuer la mort, on se félicite de l'allongement de l'espérance de vie, mais l'espérance de vie des SDF est en France de 49 ans contre 82 pour la moyenne des français.

La médecine avance à grand pas, on guérit des cancers qui étaient incurables il y un an, mais 1 million et demi de personnes sont mortes dans les pays sous développés de tuberculose, maladie qui est curable depuis l'apparition des antibiotiques.

On fait du bio pour manger sain, on écrit des milliers de livres sur la dietologie, on crée des chaînes de télévision sur le bien manger et la santé, tandis que 795 millions de gens souffrent de la faim dans le monde.

On dépense des milliards de dollars pour trouver des traces de vie sur mars, et on ne connaît même pas 40 % de la vie qui peuple nos océans.

Et tout ceci est hyper médiatisé, donc les gens savent qu'il ne font pas partie de ces progrès.

Les gens ne croient plus aux politiques traditionnelles, le libéralisme a ouvert la voie au plus fort, ceux-là s'enrichissent de plus en plus, tandis que les gouvernements s'appauvrissent et ne peuvent plus faire de la politique sociale.

Donc ils ne veulent plus voter pour les mêmes, et il suffit que quelques profiteurs leur disent que la faute de leur malheurs se sont les émigrés et la mondialisation, et par ignorance croient que se retrancher dans leur frontières va solutionner leurs problèmes. Ils ne voient pas que la solution c'est au contraire une politique plus juste, plus ouverte à tous, plus d'entraide entre les peuples, moins de concurrence entre les économies des pays, plus d'unification sur les politiques, fiscales et sociales, plus de régulation pour protéger les faibles, et surtout plus d'égalité.

Mais comme ces politiques, sont plutôt des politiques de gauches, et que depuis plusieurs années, tous les médias , les politiques, et des soit disant intellectuels n'ont cessé de dénigrer ces idéologies, le marxisme, le Trotskysme, le communisme, le socialisme, jusqu'à comparé le communisme au nazisme.

Aujourd'hui se dire communiste c'est pire que ce dire fachos ou nazi.

Donc, toujours par ignorance, les gens se retournent vers les fachos, bien que moi je suis persuadé, que plusieurs de ceux qui votent, Trump, Johnson, Le Pen etc. Ce sont de vrais fachos convaincus, et pas seulement des gens perdus.

UNE AUTRE PETITE PARENTHÈSE

Ça y est Castro est mort, tandis qu'à Cuba le peuple lui rend un grand hommage, tous les médias et principalement les grands journaux, sortent des articles assassins sur lui et de ce qu'il à fait de Cuba.
Tous parlent du manque de démocratie, de liberté, de droit de l'homme.
Ils racontent des actes sanguinaires, des milliers de fusiliers pendant la prise de pouvoir, de prisonniers politiques.
Ils racontent les ratés pour exporter la révolution dans les autres pays d'Amérique Latine, ou en Afrique.
Mais rien sur les réussites sociales du pays. Cuba fait partie de l'Amérique Latine, et ses systèmes d'éducation et de santé sont les meilleurs de ces pays.
En sport ils sont également les meilleurs, en athlétisme, en Béisbol, box, etc.
En culture leur musique est la plus écoutée de toute l'Amérique Latine, en danse à part la salsa ils ont d'excellent ballet classique .
Quels sont les droits élémentaires de tout humain? Avoir de quoi mangé, avoir un toit, accès à l'éducation et à la santé, ces droits tous les cubains les ont et on ne peut pas dire de même dans aucun autre pays d'Amérique Latine.
Quelques résultat de la société cubaine:
-un des pays avec le plus grand développement humain (ONU)
-54% du budget est destiné aux services sociaux
-200 millions d'enfants dorment dans la rue dans le monde, aucun n'est cubain.
-le meilleur système éducatif d'Amérique Latine.
-20 étudiants par professeur.
-seul pays D'Amérique sans dénutrition (UNICEF)
-déclaré paradis international de l'enfant (UNICEF)
-système de santé exemplaire pour le monde
-taux de mortalité infantile la plus petite d'Amérique.
-130,000 médecins diplômés depuis 1961
-4 vaccins contre la cancer ont étés créés
-Cuba à multiplié par 100 l'aide de l'Espagne contre l'ebola.
-premier pays à avoir éliminé la transmission du VIH mère fils.

Ils n'ont pas de classe moyenne aisée, ni des millionnaires, ni mangent des steaks tous les deux jours comme dit le courrier international.
Mais qu'est ce que le plus important ? Avoir la capacité de s'acheter par exemple un écrans plat, ou une voiture, mais pas en avoir la liberté comme beaucoup de cubains, ou, avoir la liberté de se les acheter, mais pas la capacité comme des millions de latino américains?
Un exemple de protection du peuple cubains par son gouvernement, un ouragan vient de frapper les caraïbes, il a particulièrement touché les îles voisines que sont Cuba et Haïti.

Il a fait plus de 500 morts et d'énormes dégâts en Haïti, mais rien à Cuba, bien que Cuba soit sous embargo Américain depuis plus de 50 ans et Haïti est sous aide Américaines et occidentale. Et pour terminer sur Castro, les gens de droite l'ont toujours critiqué d'être un dictateur qui ne pensait qu'à sa personne. C'est le seul dirigeant de ce monde qui a demandé comme dernière volonté d'interdire toute statue le représentant, ou de nommer des rues ou des établissements à son nom.

FIN DES PETITES PARENTHÈSES

Revenons au pensionnat, les journées étaient toutes pareilles sauf le jeudi ou l'on n'avait pas cours mais les élèves restaient au pensionnat, j'adorais les jeudis. Le samedi les élèves rentraient chez eux l'après midi, et mon frère et moi nous restions tout seul samedi et dimanche, nom de dieux! qu'est ce que je pouvais détester les dimanches!
Imaginez deux enfants seuls dans un immense manoir et un immense jardin, on ne voyait personne jusqu'à l'heure du repas, le cuisinier et sa femme, dans un immense réfectoire. Aucun jouet pour s'amuser, en plus mon frère ne me supportait pas, je pense qu'il ressentait une responabilité envers moi qui le mettait mal à l'aise. Le pire moment, c'était à l'heure du coucher. Après avoir vu un peu de tv, on était au réfectoir, et il fallait éteindre la lumière avant de passer dans d'immenses couloirs, et ainsi de suite jusqu'au dortoir, donc on tirait au sort qui resterait à l'arrière pour éteindre, c'était la terreur pour le perdant, dans mon cas j'avais toujours l'impression que l'on me suivait.

Comme je l'ai indiqué auparavant, les matins on faisait une toilette très superficielle surtout que l'on était en automne, donc imaginait un peu l'état de propreté de mon frère et moi après plus d'un mois de cette sorte d' hygiène.
Donc je crois que l'on commençait à dégager un petit parfum pas très agréable mon frère et moi, car les professeurs ont commencé à s'en plaindre au directeur.

Une famille du pensionnat, dont un des enfants était pote avec Jean Pierre, s'est porté volontaire pour nous inviter à passer le week-end chez eux.
Lorsque l'on est enfant on est jamais trop inspiré à prendre un bain, mais là je vous jure que j'avais rarement eu un moment de tel plaisir à prendre un bain dans une baignoire! !
La maison était très belle, on a enfin fait de vrais repas en famille, et tout le monde était vraiment gentil.
Mais bien sûr, tout était trop beau, et ma timidité envers les adultes m'allait encore jouer un tour.
Le dimanche soir, j'avais sûrement trop mangé, je suis pris d'une envie folle d'aller sur le trône, mais, j'ignore pourquoi, les architectes français ont la mauvaise habitude de séparer les toilettes des salles de bain, et on couchait à l'étage, où était la salle de bain, les toilettes se trouvaient au rez chaussée à côté de la chambre des parents. Je décide donc de descendre en faisant le moins de bruit possible. Mais en essayant d'ouvrir la porte des toilettes les parents se réveillent et c'est un cris: "qui est là", je suis incapable de répondre et je remonte en vitesse.
Mais l'envie est trop forte et je décide de faire ma petite affaire dans le bidet, je me dis qu'avec

beaucoup d'eau les déchets partiront. Mais au moment où je fais mes besoins, je n'ai pas allumé, la grande fille de la maison rentre, je vous laisse deviner ma grande honte. Elle ne dit rien, prends quelque chose et s'en va sans rien dire. Le lendemain, personne ne m'a rien dit non plus, mais je voyais bien les regards amusés des parents. Ils se sont sûrement dit " Qu'ils sont con, ces Mexicains qui ne connaissent pas le bidet!"

Après ça on a été invité au moins une fois par mois dans une famille, en général c'était les Ponroy.

L'hiver arrive, et je vois pour la première fois neiger, c'était en plein cours de classe, par la fenêtre j'admire une sorte de petites plumes qui voltigeaient autour des branches sans feuilles, il y a des événements, que lorsqu'on les voit pour la première foi, à un âge où on a plus de conscience, nous émerveillent davantage.

Je prend plus de plaisir à voir neigé, que les français née en France.

Toute la beauté du monde est la même pour tous, mais l'appréciation de celle-ci diffère de chacun d'entre nous, suivant si elle fait partie de notre quotidien ou non, et apprendre à en profiter chaque fois qu'elle se présente ferait de nous des hommes plus heureux.

Je me rappelle d'une foi ou le verglas était si épais que l'on ne pouvez remonter la petite pente qui nous emmenait aux salles de classes et on est resté à jouer dans une sorte de grande salle qui se trouvait au sous sol, complètement abandonné, ou on voyait encore des traces de balles de la deuxième guerre mondial, il paraît que le manoir avait servi de caserne au allemand.

Pour Noël, les salauds de nos grand parents, qui étaient la famille la plus proche que nous avions en France, ne nous ont pas pris avec eux, ils nous ont envoyé des petits camions très jolis, que le directeur nous a montré un jour pendant le repas, pour après nous les reprendre soit disant pour les ranger, on ne les a plus jamais revus.

Donc pendant les vacances de Noël, le directeur nous a envoyé chez une amie à lui, la comtesse de Blonville! Une dame de près de 90 ans qui habitait seule avec un couple de servants dans un petit château ou un grand manoir.

C'était une super baraque, il y avait un grand jardin avec ses allées à l'ancienne, au bout du jardin il y avait un monticule qui cachait une rivière, avec pas mal de courant à cause de la saison, et d'ailleurs il nous était défendu de l'approcher.

Notre chambre était tout en haut, au troisième étage, très belle chambre avec salle de bain, et un super énorme lit, le château était ancien mais on voyait qu'il avait été rénové, car les interrupteurs électriques étaient du dernier cris.

Encore une petite parenthèse.

Donald Trump après avoir, pendant sa campagne, critiqué la haute finance, surtout le super pouvoir de Goldman Sachs, vient de nommer 4 hauts fonctionnaires de cette entreprise dans son équipe. Ce qui a fait grimper l'action de 46 %, faisant gagner à son directeur 140 millions de dollars et à l'actuel numéro deux, Gary Cohn, 52 millions, celui-ci vient d'ailleurs d'être nommé directeur du conseil économique national de la maison blanche. Les 17 personnes choisies jusqu'à maintenant par Trump pour la maison blanche rassemblent sur leur seules personnes 9,5 milliards de dollars,soit davantage que le tiers des foyers américains. On peut dire que pour respecter sa parole on a fait mieux.

Ils seront bien content ses électeurs! Ça leur apprendra, d'ailleurs il faudrait vraiment interdire à ces gens là de voter.

Fin de la petite parenthèses

Donc tout était parfait, pour ces vacances de Noël, tout, sauf la comtesse et ses serviteurs. On ne pouvait rien faire, si on s'amusait dans l'escalier, les serviteurs se plaignaient que le tapis rouge avait des plis. Dans le jardin il faisait un froid de chien, et on ne pouvait pas sortir des allées avec graviers pour pas tacher nos souliers de boues, donc pour s'amuser, on désobéissait et on allait au bord de la rivière et un d'entre nous mettait des petits bateaux en papier en amont pendant que l'autre essayer de les couler avec des pierres.

Mais tous les jours à 5 heures pile de l'après-midi, il fallait prendre le thé avec la comtesse. Et la, c'était l'écouter pendant une heure se plaindre de la vie, de son âge, de sa famille, et surtout, de tout ce qu'on avait mal fait de la journée qui était immanquablement rapporté par ses employés, mais le pire, c'était cette boisson chaude sans aucun goût que l'on appelle thé, depuis j'en bois jamais.

Heureusement qu'il y a eu le jour de Noël, ce jour-là, la comtesse est montée sur Paris pour passer la journée avec sa famille, et elle nous a laissé pour le repas chez des amis ou voisins de celle-ci.

Une des meilleures journées de ma vie!! ils étaient un groupe de 5 ou 6 jeunes gens, tous très sympa, ils ont ouvert des huîtres, je ne me rappelle plus exactement du menu, mais c'était très bon, et surtout, on avait les mêmes verres que les grands.

Un verre pour le vin blanc, un pour le rouge et un autre pour l'eau, et tous bien remplis quand il fallait, je n'en revenais pas, c'était la première fois que l'on me traitait comme une personne à part entière, , et ceci, pour jouir des plaisirs, pas pour des obligations. Depuis ce jour là je suis épicurien! !! Le bonheur on le trouve dans les petites choses de la vie.

Après le repas on a joué aux cartes toute l'après midi, je partageai des activités avec des adultes! Vous pouvez imaginer que ce fut également la première fois que je sentais le plaisir des petites vapeurs éthyliques.

Pour les vacances suivantes, celles de Pâques, la comtesse devrait être décédé, ou elle ne voulait plus de nous, le fait est que M. Mini nous trouva une place chez la femme de chambre, Colette elle s'appelait.

Vous pourriez imaginer que le changement était pour nous un malheur, passer d'un château a une toute petite maison au bord de la ville de Trouville, pas du tout.

Colette était jeune, elle avait une petite fille de 3 ans très drôle et mignonne, et un mari un peu bourru mais supportable. On allait presque tous les jours à la plage, la bouffe n'était peut être pas très recherchée, mais elle était incomparable à celle de l'internat, d'ailleur c'est la que j'ai mangé pour la première fois des bigorneaux, j'en raffole depuis. C'est également avec Colette que l'on est allé pour la première fois au cinéma, un film de pirates, elle travaillait également dans ce cinéma en installant les clients . Mais mon plus grand souvenir de ces vacances, fut comme à Noël, un repas que l'on a fait en dehors la maison.

Nous étions allé rendre visite à des amis de Colette a la campagne, c'était une petite maison très pauvres, sans toilettes, il y avait une petite cabane dans le jardin pour cela, mais le repas avait été très copieux, très bon et très arrosé, mais à la différence de Noël, on avait mit beaucoup d'eau dans notre vin.

A part nous et la famille de Colette il y avait deux jeunes couples

À la fin du repas ca blaguait beaucoup, et un des couples était assis par terre, la fille était très belle, sa jupe se relevait montrant de belle jambes avec des bas soutenu par des jarretelles, ce spectacle m'envoutait, et je commençai à sentir ce picotement sensuel que l'on trouve en regardant le beau sexe dans toute sa splendeur. Cette image fut la première à être gravée dans ma mémoire sexuelle, et elle continue à m'apporter de belles sensations.

ENCORE UNE...

Une autre petite parenthèse, aujourd'hui, 20 janvier 2017, Trump devient Président des États Unis, pour moi, ce fait est extrêmement grave. Pas pour les raisons que plusieurs des soi-disant experts donnent, comme par exemple, l'annonce qu'il fait de ne plus intervenir à l'extérieur pour aider ses alliés.

Ces experts ont peur que les E.U. ne soit plus les défenseurs de la libertés et des valeurs occidentales, qu'ils ne punnissent plus les méchants dictateurs. Qu'ils ne soient plus les défenseurs de la démocratie. C'est vraiment ridicule.

Les EU ont toujours privilégié, les dictatures qui leur convenait, à des démocraties.

Pinochet au lieu d'Allende au Chili, Le Shah d'Iran Reza Pahlavi au lieu de Mossadegh, Videla au lieu de Peron en Argentine, pour ne citer que celles-ci.

Il n'ont jamais voulu établir ou rétablir une démocratie dans un pays, si cela ne leur apportait quelques bénéfices. Rien qu'un seul exemple, l'Arabie saoudite est la pire dictature théocratique du Moyen Orient, mais pour les EU ca ne leur pose aucun problèmes tant qu'ils sont leurs alliés. Les européens ont peur pour l'OTAN, car les sous proviennent principalement des EU, mais L'OTAN c'est aussi un acheteur d'armes américaines, donc tant que les entreprise des EU obtiendront des bénéfices et que l'on continueras à faire peur pour vendre des armes, L'OTAN aura malheureusement encore de beaux jours.

Trump à dit dans son petit discours d'investiture que les EU n'interviendront
 plus à l'extérieur que lorsque se sera pour le bénéfice des américains, mais c'est ce qu'ils ont toujours fait!!!!

Donc ce n'est pas de la que le problème viendra, de sa politique extérieure, le problème justement ce sera qu'il peut très bien, au contraire, vouloir arranger un problème économique avec avec un pays tiers avec l'usage de la force, et cette fois, même pas déguisée en guerre ou bataille pour les droits de l'homme, car il n'a jamais arrêté de dire que seul les droits des américains compte pour lui.

L'autre gros danger, risque de venir de sa politique intérieure, surtout pour les minorités. Les hispaniques principalement, il ne réussira jamais à expulser les mexicains illégaux comme il l'a promis, d'ailleurs il doit savoir parfaitement que ce n'est pas dans l'intérêt de son économie. Mais le problème c'est que les droits fondamentaux de ces gens vont encore diminuer, ils devront accepter encore des salaires plus bas et auront encore moins d'accès à la santé et à l'éducation.

Et pour les américains, vu la majorité des républicains dans les différentes assemblées, et vu la quantité de millionnaires sortis de Goldman Sachs, les inégalités vont encore se creuser. Et malheureusement pour eux, ceux qui on voter Trump, risque de le payer très cher. Et ça ne m'étonnerait pas beaucoup qu'il y ai des troubles de l'ordre public qui obligent même Trump à démissionner...je rêve.

TROP GRANDE PARENTHÈSE. ..DONC NOUVEAU CHAPITRE

CHAPITRE XI

COMMENT LE GRAND CAPITAL NOUS A ENC.......

Mais comment en est-on arrivé là?
Revenons au moyen âge et au début de L'humanisme et du monde moderne au XV- XVI siècles. Cet humanisme est initié par le Pogne, Erasme, Montaigne ou Machiavel. Ils incarnent une rupture avec le moyen âge, qui a fait de dieux l'alpha et l'oméga de l'univers. Ils s'emploient à lire les œuvres de l'antiquité, qui leur arrivent grâce aux bibliothèques arabes et byzantines.
L'église est très riche. Elle a capté les patrimoines en faisant payer les héritiers des messes pour le repos de l'âme de leurs parents. Elle vend des indulgences pour avoir des tickets pour le paradis.
L'humanisme appelle à finir avec cet exercice de la foi aveugle contre la raison.
C'est le début de la réforme initiée par Martin Luther, Jean Calvin et les autres.
L'humanisme accompagne la révolution économique des marchands, italiens, allemands, anglais puis néerlandais. Ils transmettent des capitaux de père en fils, créent des banques et des compagnies par actions.
C'est la naissance du CAPITALISME.
A l'aristocratie des nobles l'on souhaite ainsi substituer l'aristocratie des nouveaux riches.

Première tentative de renversement: le Grand Capital se présente comme le Tiers état face au clergé et à la noblesse et se proclame,,le 17 juin 1789, "Assemblée Nationale" bien conscient que sa puissance en fait doit être reconnue en droit.

Deuxième tentative: on sort les flingues, c'est le 14 juillet 1789 et la prise de la Bastille, symbole de la fin de l'ancien système.

Seulement l'entreprise nationale France est au bord de la banqueroute. Or le Grand Capital n'investis pas pour les biens communs, si les profits, il les privatisé, les pertes doivent être collectivisées

Une véritable razzia contre les biens de l'Église s'opéré le 2 novembre 1789. Ces biens servent à garantir les assignations, monnaie papier pour pallier le manque du numéraire.

Donc la recapitalisation étant assuré, l'Assemblée Constituante met en place le principe voltairien: " un pays bien organisé est celui où le petit nombre est nourri par lui et le gouverne"

Pour le grand capital la liberté et la propriété sont indissociablement liées, elle se doit d'être individuelle, totale et permettre d'user et d'abuser de celle ci, avec pour seule limite la propriété de l'autre. Or, le travailleur est soumis au bon vouloir du propriétaire qui, maître de son existence, peut lui refuser le travail et ainsi la vie. C'est la fin de la conception communautaire de la propriété, comme la propriété collective des biens communaux (pâturages, forêts ou terres exploité en commun).

Au début de la révolution c'est Voltaire et Montesquieu que l'on cite, mais progressivement c'est l'ouvrage de Rousseau " du contrat social ou principe du droit politique".

Pour le grand capital un pacte promouvant la souveraineté du peuple, sur le principe de la liberté, et l'Égalité et l'intérêt général, ne peut être que dangereux, le 27 juillet, les bourgeois tenus en respect par la populace fomentent un coup d'État. On arrête toute l'équipe de Robespierre, on fait marcher la guillotine et on revient à la révolution bourgeoise.

Donc pour se maintenir au pouvoir on procède à une fusion amicale du grand capital foncier de la noblesse avec le grand capital commercial et financier de la bourgeoisie.

Ensuite Napoléon invente le concordat: la sécurité du grand capital est renforcée par ce début de réconciliation entre la bourgeoisie d'affaires et la noblesse , le tout sous l'égide du pape.

C'est la création de la Banque de France en janvier 1800, Napoléon Bonaparte consent à ses complices de la grande finance le monopole de l'émission des billets de banque (avec garantie de l'Etat) et la collecte en dépôt d'une grande partie des impôts. La gestion des finances de l'État est désormais aux mains d'un établissement privé.

Mais les délires de l'empire vont briser l'équilibre des grands capitaux nationaux et entraîner la bagarre entre possédants, prussiens, russes, anglais,, français. C'est le retour en force des royalistes avec la restauration. On va confier à l'Église qu'elle fasse des royalistes: l'obéissance du peuple. Celui-ci est en effet trop soucieux de se préserver de l'enfer, et accepte d'être le dernier sur terre pour être le premier au ciel. C'est la sainte alliance du 26 septembre 1815 entre les orthodoxe de Russie, les catholiques d'Autriche ou les protestant prussiens.

Mais surtout la restauration va empêcher les affaires du grand capital pour exploiter la vache à lait que représente l'État.

Le machinisme permet de faire travailler les enfants dans les usines, les honnêtes gens perdent patience.

La branche légitimiste de la royauté va payer cher son manque de réalisme.

Même maux, même remèdes qu'en 1789: on agite la masse passive du peuple, toujours illettré, avec les idéaux républicains et cette liberté dont seul le Grand Capital profite. On l'arme. On lui demande de nous faire, la courte échelle, puis, on le ramène à La servitude.

S'ensuivent les trois glorieuses (27,28, et 29 juillet 1830) Louis Philippe roi des français généralise le libre jeu de l'offre et la demande à l'etat tout entier.

Les ouvriers qui pensent avoir fait la révolution, pour leur liberté, sont rapidement remis dans le droit chemin: "travaillez ou mourez si vous ne rapportez rien" Charles Laffitte, grand banquier, dira"maintenant, le règne des banquiers va commencer".

Tous ces hommes qui produisent une partie toujours plus grande de la richesse de la nation, ne possèdent que le salaire de leur travail quand on veut bien leur en donner. La misère est dans l'ordre des choses pour la monarchie de juillet.

La grande bourgeoisie s'accapare tous les pouvoirs politiques. Selon Alexis de Tocqueville, le Grand Capital s'habitue à vivre autant du trésor public que de sa propre industrie.

Dans ce laisser aller économique qui n'est rien d'autre qu'un laisser mourir pour les prolétaires, le député Alphonse de Lamartine, , mûrit une révolution contre ce régime.

Le 22, 23 et 24 février 1948 la monarchie s'effondre à la stupéfaction générale du Grand Capital.

Alphonse de Lamartine sait qu'il s'agit de protéger le grand Capital et désarmer le peuple en lui donnant la république. Seule celle ci semble être en mesure de résister au socialisme ou au communisme armé.

Donc le 2 mars 1848 on décrète la réduction de la journée du travail, instauration du suffrage universel, et mise en place des ateliers nationaux qui permettent pour la première fois aux ouvriers de travailler directement pour l'Etat à la mise en œuvre des grands travaux d'intérêt général.

L'etat n'est plus un bon placement pour le grand capital, , et celui ci naïf lance un grand emprunt national le 11 mars 1848. C'est un échec de 100 millions espérés il ne recueille que 441500 francs.

Le patriotisme économique du grand capital est une niaiserie: l'argent va chercher l'argent.

Le grand capital se met à espérer que le suffrage universel va amener les masses de paysans disciplinés à voter pour leurs oppresseurs, un peuple isolé des grandes villes, et qui par ignorance est sous l'influence des notables et des prêtres. Donc après les élections tous les représentants de gauche sont écartés.

Un mois durera la révolution populaire.

Mais il semble que le règne des castes est terminé, mais pour ne pas céder sur les droits économiques et sociaux on octroie des droits politiques qui bien instrumentalisés ne coûte rien.

Louis Napoléon Bonaparte avait rédigé en 1844 "l'extinction du Paupérisme" il y dénonçait pour rire le système industriel et faisait part de sa sympathie pour l'esprit de révolte populaire.

Là, réside le coup de génie de Louis Napoléon Bonaparte, pour s'imposer au grand capital, il se présente comme le rempart entre la populace et le libéralisme.

Il devient le 10 décembre 1848 le premier président élu d'une république sans républicains. Il convainc le Grand Capital que le péril rouge est réel, et que pour éviter cette lutte de classe il faut un nouveau régime.

Donc avec le coup d'Etat du 2 décembre 1851 c'est le retour de l'eden, le grand capital se propulse dans une première mondialisation avec l'aide du second empire. Les échanges internationaux se multiplient par neuf. Les société banquières profilent, , retour des 12 heures de travail, pratique du travail des enfants.

Il remplace efficacement la religion en redynamisant l'histoire nationale, les racines gauloises pour faire pousser un fort nationalisme.

Mais les racines du peuple depuis 1848 continuent à remuer. Les idées de Karl Marx se propagent. L'internationale des travailleurs voit le jour à Londres. Emile Zola dans les Rougons-Macquart décrit la classe des racines laborieuses, cette masse qui vit depuis plus de 50 ans entassé comme du bétail, commence à comprendre que sa misère n'est pas naturelle. Mais la guerre imminente avec la Prusse se profile, et le Grand capital y voit une chance pour détourner le regard de la masse ouvrière et Napoléon tombe dans le piège de Bismarck en déclarant la guerre à la Prusse, et la France, à Sedan perd l'empire.

Le 4 septembre 1870 le gouvernement provisoire proclame la république, mais on a plus peur des parisiens que des prussiens car le peuple en armes pourrait ressusciter la deuxième république et défendre des idéaux contraire à la protection des fortunes. Donc on veut signer une capitulation au plus vite, céder l'Alsace et la Lorraine et mater la rébellion parisienne pour continuer à faire ses affaires tranquillement.

Donc suit la célèbre trahison de Bazaine, qui se rend sans se battre et propose ses services à Bismarck pour marcher sur Paris. Le peuple parisien, qui se rend compte qu'on l'a manipulé, se radicalise contre un gouvernement qui l'a trahi pour préserver les avoir du grand capital.

On organise à la hâte les élections de février 1871, Pour obtenir les mêmes résultats qu'en 1848 et le "brutal bon sens" de la vrai France, le peuple des chaumières, empêtré dans son ignorance, va mater ce Paris impudent.

La nouvelle assemblée très conservatrice siège à Versailles et se prépare avec l'aide de L'armée de Bismarck à mater Paris et ses se habitants.

Cette nouvelle victoire du capitalisme va faire dire à Adolphe Thiers le 22 mai 1871 "nous avons atteint le but. L'ordre, la justice, la civilisation ont enfin remporté la victoire: le sol est jonché de leurs cadavres ; ce spectacle affreux servira de leçon".

L'Église qui vantait d'une part, les mérites de la résignation et de la patience aux pauvres et d'autre part, les mérites de la charité et de la miséricorde aux riches, ne rassure plus le Grand Capital.

Il faut opposer à l'internationale ouvrière un autre idéal tout aussi puissant: la Patrie.

La République est le règne de la liberté, et toute atteinte à ce régime sera une atteinte à la démocratie, c'est a dire a la volonté populaire.

De plus, le suffrage universel est parfait, il supprime l'esclave mais garde le pantin, la masse vote dans le sens que la presse, dûment reprise, lui indique.

Le grand capital, à bien changer depuis 1789 il est passé de majoritairement individuel, à devenir, depuis le second empire à un conglomérat de holdings et de filiales. Et il commence à se sentir à l'étroit à l'intérieur de l'État car il a besoin de plus de matériel humain et de matière première, et le monde est plein de peuples indigènes à soumettre et à exploiter à vil prix.

Pour une grande partie des affairistes,, une nation qui ne colonise pas et qui n'a donc pas les grâces du grand capital, est vouée à l'échec, c'est à dire au socialisme.

Cette colonisation se fera sous la même justification que la conquête de l'Amérique du nord, ces indigènes ne connaissant pas la propriété privée ils ne possèdent pas ces territoires, ils les occupent seulement, donc il est légitime de s'approprier de leurs pays.

Mais le gâteau n'est pas assez grand pour toutes les puissances européennes, et les tensions se multiplient, malades d'une classe ouvrière de plus en plus insatisfaite, , certains empires sont au bord de l'explosion et voient dans cette guerre l'occasion de mater les révolutionnaires. Disposant de ressources inépuisables, les journaux assurent le bourrage de crâne de la masse. Chaque français doit être convaincu que la nation allemande toute entière est une bête sauvage. Ce mouvement vers la guerre est d'autant plus salutaire qu'en France les campagnes à mesure que l'isolement diminue et l'éducation progresse, le communisme les pénètrent. On doit céder des droits à la plèbe ouvrière qui, en 1914,, constitue la majorité de la classe active: elle finit même par obtenir en 1910 le code du travail.

Les discours de Jean Jaurès font peur, on craint que la masse l'écoute. Il veut même empêcher la guerre d'éclater en faisant naître une grève générale simultanée des deux côtés de la frontière Franco-Allemande.
Pour le grand capital il est un mauvais français et sa punition sera une balle à bout portant le 31 juillet 1914.
Cette guerre est avant tout une guerre de la grande finance et de l'industrie nationale, une guerre de la surproduction pour la conquête de son voisin, qui assure par effet domino, la conquête d'autres nations.
Mais en octobre 1917, l'inconcevable éclate au grand jour, le communisme considéré comme une utopie intrinsèquement criminelle voit le jour dans la Sainte Russie.
Dans cette lassitude de la guerre, qui s'installe chez les combattants, la rébellion pointe.
Or, pour le grand capital, il s'agit surtout de ne pas laisser s'installer en France le communisme. Le gouvernement désarme les poilus et s'assure qu'ils redeviennent des citoyens anonymes.
La dette publique abyssale que le guerre a générée, provoque la mise en France pour la première fois de l'impôt sur le revenu.
Tant que le grand capital était national, il ne pouvait concevoir la fiscalisation de ses revenus. Désormais, l'imposition des hauts revenus s'élève à plus de 50%!!
Or si le grand capital à laisser faire, c'est qu'il a désormais les moyens de s'affranchir de ses ponctions fiscales nationales.
Il s'est mué en conglomérat de société anonymes et a trouve l'eden des pratiques ce l'évasion fiscale dans les paradis fiscaux.
La taxation au niveau national vise donc le capital du travail et du petit capital.
Les salariés sont désormais plus nombreux que les non salariés.
Charles Peggy dira: " Il n'y a plus de peuple. Tout le monde est bourgeois. Puisque tout le monde lit journal… Quant au ouvriers ils n'ont plus qu'une idée, , c'est de devenir bourgeois. C'est même ce qu'ils nomment ``devenir socialistes".
C'est le début de la segmentation des prolétaires et la création des classes socio-professionnelles. Il s'agit de faire sortir ces classes moyennes de la sphère de l'autoconsommation pour les amener dans la sphère du marché.
C'est donc très progressivement, que l'État providence s'installe et que des gouvernements de gauche finissent par être au commandes pour permettre la naissance d'une classe moyenne en quête de consommation.

Nul ne doute que le capitalisme prendra de vitesse le communisme en fournissant plus de biens de consommation et en créant plus de de besoins que le communisme.

Une frange majoritaire du capitalisme d'artisans et de PME national, jouent encore la carte du protectionnisme pour se protéger de la concurrence internationale.

Mais ne voit pas à quel point les barrières douanières sont inutiles face au ravages que va provoquer le vendredi noir de Wall Street le 24 octobre 1929. Mais qu'importe, le nationalisme n'est il pas la doctrine essentielle pour contenir le prolétariat? Ne permet-il pas, à l'état de contrôler le grand capital?

En 1922, la marche sur Rome de Mussolini lui assure le pouvoir. En juin 1932 Salazar s'installe au Portugal. En janvier 1933, le national socialisme charme l'Allemagne. En 1939 le Franquisme triomphe en Espagne, des gouvernements avec un parlement muselé, pas de syndicats ouvriers, une forte exaltation des valeurs nationales, dirigisme économique, barrière douanières.

Nos voisins menace le territoire français, cette guerre qui se profile au fil des invasions allemandes ressemble à une guerre civile, une guerre entre une idéologie libérale et libertaire socialiste et une droite conservatrice réactionnaire.

C'est pour cela que quand les premiers désastre arrivent, le Maréchal Pétain, se hâte de prononcer à la radio, , le 17 juin 1940, alors que les combats font rage, sa demande d'armistice. Il abandonne sans négocié, , se couche devant l'ennemi, laissant un boulevard aux allemands qui signent l'armistice le 22 juin 1940.

Bref comme le dit Pétain " la défaite est moins grave que le régime actuel des successions."

L'appel du 18 juin 1940 du général De Gaulle épouse à sa façon la troisième voie encouragée par le Grand Capital: un socialisme modéré de bon ton, qui veut frayer à la classe ouvrière un accès à la propriété et à la consommation.

L'époque du contrôle par la répression de la classe populaire du XIXème siècle, est définitivement révolue. Winston Churchill et Franklin D . Roosevelt donnent le ton, il n'y aura plus de guerre et tous les peuples seront libres. L'État ne doit plus rivaliser avec le grand capital et doit s'effacer au profit de l'individu qui a lui le devoir sacré de jouir de sa liberté de consommer sans entrave.

L'avenir est désormais bien plus dans la fabrication de clients que dans la fabrication de produits.

C'est le début de l' "American way of life" ou on lave plus blanc que blanc, on va toujours plus vite et où la possession de biens produits par la société de consommation est un signe de vie personnelle et professionnelle réussie.

L'Etat, lui-même, comprend l'avantage fiscal de la société de consommation qui se dessine. Il crée une taxe qui fera le tour du monde: la TVA.

Les revenus de la masse laborieuse sont dûment ponctionnés, le taux des foyers imposables qui oscillait entre 10-15% entre 1920 et 1939 est désormais à plus de 55% dans les années 60-70.

Une part toujours plus croissante de cette collecte fiscale retourne bien entendu dans les poches du Grand Capital via le remboursement de la dette toujours plus grandissante des États.

Les sommes restantes, à disposition de la masse,, doivent être dépensées dans la consommation ou remise à une banque de dépôt pour que l'épargne irrigue la aussi le grand capital.

Or en 1966 seuls 18 % des français ont un compte en banque, heureusement la loi va obliger les travailleurs à avoir un compte en banque pour percevoir leur salaire.

Certes la pauvreté est encore là, pour elle le capital va démocratiser le crédit à la consommation. Désormais le capital va irriguer toute la masse même la plus démunie.

A la fin des années 1960, le grand capital à intégrer dans les faits qu'il n'a plus besoin de sabre(l'État) et de l'Église pour protéger sa fortune de la plèbe.

Après dieu et le roi c'est l'individu comme tel qui protège sa fortune.

Le grand capital étant supranational, impossible à tout état d'appréhender ses biens, il n'a aucune contrainte temporelle ou géographique.

Cette mondialisation des droits du grand capital supranational appelle dès gouvernance transnationales. Les zones de libre échéances se développent. On crée la Banque Mondiale, le FMI, L'OCDE, L'OMC.

La "liberté" tant cité dans la déclaration des droits de l'homme en décembre 1948 n'est qu'un slogan au service du grand capital.

L'État doit de plus en plus céder une part croissante de ses responsabilités aux forces du libre marché.

Dès 1970, le système de Bretton Woods, qui assure depuis 1944 la possibilité de convertir selon une parité fixe, le dollar en or, est progressivement démantelé et les monnaies deviennent flottantes , en suivant les règles du libre marché.

Le capitalisme et les lois du marché sont désormais les principes directeurs de la vie humaine, bref, chacun vaut ce qu'il gagne et chacun gagne ce qu'il vaut.

Les goûts, les loisirs, les standards de beauté, les relations, les codes sociaux, deviennent de plus en plus semblables et formatés.

L'etat et sa mission de service public s'effacent à mesure que les lois du marché s'infiltre dans toutes les sphères régaliennes.

Le Grand Capital substitue progressivement aux États des organismes plus docile et ayant le pouvoir de transcender les frontières: Les ONG

Derrière ces ONG on retrouve encore une fois le mot liberté, et les pays qui ne les reconnaissent pas sont donc des régimes totalitaires. Or si ces ONG sont effectivement indépendantes, le sont-elles du grand capital? Beaucoup de ces ONG, avec l'excuse de vouloir instaurer des droits de l'homme dans certains états, veulent, avec leurs fameux mots liberté, juste instaurer l'ouverture des marchés.

Dans les années 1980 Reagan et Thatcher terminent par libérer toute l'économie, et dérégler la finance, baisser les impôts et de limoger les syndicats. Ce qui fait que les États s'endettent parce que les prélèvements des impôts ne suffisent plus à faire fonctionner les services et investissements publics, ce qui fait que les gouvernements deviennent plus attentifs à faire plaisir à leur créanciers qu'à leurs citoyens.

La grande réussite du grand capital de 1945 à 2000 et d'avoir effacé l'image classique qui oppose le travailleur au rentier.

Le grand capital a convaincu la masse de sa capacité à développer son capital par son travail, que l'avènement de la méritocratie républicaine va vers la fin du capital accumulé par héritage. Dans le néolibéralisme, il n'y a pas d'exploité et d'exploiteur. On parle maintenant d' "exclu", l'exclu ne doit s'en prendre qu'à lui-même.

Le grand capital n'a plus besoin d'intermédiaire comme l'église, le roi, les bonapartiste ou les républicains, il lui suffit le mot liberté, c'est la victoire définitive pour lui de la démocratie libérale sur tout autre régime politique.

Mais, depuis la fin du XXème siècle, l'idéologie de la méritocratie républicaine, la démocratie libéral, la société de consommation, semble s'affaiblir en occident.

Donc il s'agit de trouver un nouveau modèle, il s'agit de faire passer la masse laborieuse d'une culture de la propriété privée à une culture de l'usage.

C'est le partage que la classe moyenne et supérieure doit percevoir comme gage d'émancipation et de liberté. C'est le partage (et son terrible corollaire la notation) de toutes ces activités, logement, transport et même vie privée.

Cette idéologie du partage ne s'applique bien sûr qu'à la masse, hors de question que airbnb, google, Facebook et consorts contribuent avec l'impôt à la communauté.

Le statut du salariat et l'état providence deviennent trop cher, le Grand Capital encourage les particuliers à mobiliser leurs actifs personnels pour réaliser des tâches à moindre coup, fournissant un travail peu cher qui auparavant était fait par de véritables salariés.

Le freelance a remplacé le salarié, petit à petit la dépendance et la précarité de ce statut est complètement occultée; le jeune dynamique ne doit y voir que "liberté"

Mais avec toutes ces nouvelles technologies dont elle dispose, il faut s'assurer que la masse va rester passive. Donc encourager les divergences pour supprimer toute convergence, s'assurer qu'une société multiculturelle soit qu'une société multiraciste. Ainsi la masse reste obsédée par la revendication de son appartenance à telle ou telle communauté et demeure ignorante ou laxiste face à l' injustice du grand capital.

Mais en 2008 c'est la catastrophe, le grand capital tombe en panne, rien que pendant l'hiver 2008 2009, les pays riches doivent mobiliser 50,3 % de leur PIB pour sauver le système financier.

   Grâce à ça, l'économie ne s'effondre pas comme en 1930, du coup les Keynésiens tant décrier deviennent à la mode.

Vu les dépenses des gouvernements, des plans d'austérité s'installent partout, privatisation, assouplissement du travail coupe budgétaire. Mais c'est un échec, l'austérité n'a pas apporté la reprise espérée.

Les gouvernements s'étant privé des moyens d'intervenir sur le plan macroéconomique, c'est les banques centrales qui sont chargées de faciliter l'endettement, afin de stimuler l'activité, donc diminuer les taux et appliquer le quantitative easing. Donc les argentier ont triplé leur bilan cumulé, passant de 6000 milliards de dollars en 2008 à 17500 milliards en 2016.

   Le premier résultat est obtenu et les entreprises profitent de ces taux pour emprunter. Mais qu'ont fait celles ci avec l'argent?, augmenter les dividendes et effectuer des rachats d'actions, les deux profitent à l'actionnaire mais pas à l'investissement. Pour chaque dollar de revenu, 4 centimes sont réinvestis au EU, 2 dans la zone euros et rien au Japon.

Le crédit aux entreprises non financières ne dépasse guère 15% du bilan des banques de la zone euro, donc 5 % pour le crédit aux PME.
Cela signifie que les banques spéculent sur la valeur des titres plus qu'elles aident les entreprises à investir.
Les taux d'intérêt bas font d'autres victimes, les retraites financées par des systèmes de capitalisation dans plusieurs pays comme les EU vont devoir voir leur versement à la baisse. La faible rémunération des créances de l'Etat ont aussi conduit certains investisseurs à acquérir des actifs plus attractifs mais plus risqués, donc de nouvelles boules se sont créées.
La politique monétaire ne marche pas, reste la politique budgétaire, mais celle ci, par pure idéologie n'est pas du goût des experts lié à la finance et l'industrie.
Autre problème, les très grandes entreprises profitent des énormes liquidités pour faire des fusions-acquisitions. Ces opérations permettent de supprimer des postes de travail, d'augmenter des parts de marchés et d'améliorer leurs pouvoirs envers leur fournisseurs, donc plus de dividendes. Ces bénéfices sont détournés vers la finance, nourrissant de la stagnation et un chômage endémique.
Donc plus de concentration de l'argent, et plus de dépenses de lobbying, pour que ces puissantes sociétés puissent peser pour l'adoption de règles favorables à leur activité.
Nous nous trouvons dans un moment charnière, les tentatives pour restaurer le système néolibéral des années 1980-2008 ont échoué et les risques d'une nouvelle crise augmente, donc un autoritarisme nationaliste, prêt à remettre en question l'austérité et le libre échange et en train de se mettre en place

Donc après ce résumé que je viens de faire de cette histoire du grand capital (que j'ai sortie du livre "tais-toi et danse" de Philippe Bugnazet).
Comment s'étonner de la tournure des élections du Brexit et de Trump?
Donnons quelques conclusions:
Rien qu'aux EU le patrimoine des ménages a augmenté de 2,3% pour atteindre le chiffre record de 92805 milliards de dollars !!!, le patrimoine global a ainsi augmenté des deux tiers depuis la crise financière de 2008 au cours de laquelle il était tombé à 56000 milliards. Sur les 2000 milliards de patrimoine qui se sont accumulés au cours des trois derniers mois de l'année, 36% proviennent de l'envolée des marchés financiers, tandis que la hausse de l'immobilier représente 28% de cette somme. 80% du marché boursier est détenu par les plus riches et plus de la moitié du patrimoine des 1 % des plus riches provient de l'immobilier et de la Bourse. Alors que le patrimoine global n'a cessé de progresser, les revenus eux, ont quasiment fait du surplace." De 1980 à 2014, le revenus moyen par adulte a augmenté de 61% au EU, notent Saez, Zucman, et Piketty(économistes experts en inégalité). Cependant, le revenu moyen avant impôt des 50% qui gagnent le moins a stagné autour de 16000 dollars." En revanche , les revenus au sommet de la pyramide ont augmenté de 121% pour les 10% les plus riches pour 205% pour le 1% et de 636% pour les 0.001% des plus riches.
En 1980 un adulte dès 1 % des plus riches gagnait 27 fois plus qu'un adulte appartenant au 50% des moins riches. Aujourd'hui le ratio est passé à 81. Ce ratio est similaire à l'écart entre le revenu moyen au EU et le revenu moyen dans un pays des plus pauvres comme le Burundi.

Les EU n'ont jamais été aussi riches et aussi inégalitaires, c'est une des explications de l'élection de Trump, mais le plus drôle, ou plutôt pas drôle du tout, c'est que depuis qu'il a été élu, c'est les plus riches qui en profitent.

Avec le système que l'on a inventé de l'économie actuelle la richesse ne représente que des chiffres, vous devenez plus riche, non pas parce que votre maison a augmenté de valeur parce que vous y avez ajouter une chambre, mais parce que le marché a décidé qu'elle vaut plus.Vous ne devenez pas plus riche parce que l'entreprise dont vous possédez des actions à augmenter son chiffres d'affaires ou ses bénéfices, mais parce que le marché a décidé que ces actions valent plus. Donc pourquoi pas inventer un système qui reviendrait à faire de la richesse réelle? qu'il suffise de vivre pour que notre vie soit financée, que tous nos besoins le soient. Rappelons encore une fois, que ce système est une invention de l'homme pas de la nature. Ce système permet qu'une entreprise qui n'a jamais gagné un sous comme whatsapp, soit acheté par Facebook, 16 milliards de dollars. Qu'il y est plusieurs entreprises appelées "licornes"qui sont valorisées à plus d'un milliards de dollars, sans jamais avoir fait des bénéfices. Alors pourquoi pas inventer un système qui garantit un revenu universel à toute l'humanité?

Je vais faire une sorte de métaphore pour illustrer. Imaginons un lac qui représente les personnes qui ont un patrimoine, ce lac, qu'il pleuve ou qu'il ne pleuve pas, son niveau d'eau augmente, la pluie ici représente la production de richesses réelle, et un autre lac qui représente les sans patrimoine, celui ci, qu'il pleuve ou qu'il ne pleuve pas, il reste vide. C'est le système actuel totalement injuste et absurde.

Alors pourquoi pas créer un système qui ferait que le lac des sans patrimoine soit toujours rempli à un niveau minimum, le revenu universel, qu'il pleuve ou pas. Même si pour cela on doit le remplir avec l'eau du lac des personnes avec patrimoine. Ce système ne vous paraît-il pas moins absurde et plus près de la réalité de la nature? plus juste surtout.

Le capital public, c'est à dire les actifs (patrimoine, obligations, etc) moins les passifs (dettes, etc) est quasi nul en France et en Allemagne, et ne vas pas tarder à devenir négatif, comme c'est déjà le cas en Italie, aux US , en Grande Bretagne et au Japon. Tandis que le capital privé dépasse les 600% du PIB annuel!

La dette mondiale est de plus de 152,000,000,000 dollars, 2 fois plus que le poids de l'économie mondiale, c'est une dette impayable par les gouvernements qui n'ont aucun capital, même si la partie de la dette des états représente que le tiers du total du total de la dette.

A cause de la dette dans les démocraties libérales, les gouvernements, une fois élu doivent rendre des comptes non pas à leur électeurs mais à leur créanciers.

A cause de la non réglementation de la finance, les entreprises doivent privilégier les actionnaires aux investissements et aux salaires.

A cause de la libre circulation des capitaux, les gouvernements doivent privilégier le Grand Capital au bien être de la masse.

A cause de l'ignorance des gens qui ne reçoivent pas de bénéfice de cette mondialisation, non pas parce que les frontières laisserait passer n'importe qui ou n'importe quoi, mais plutôt parce le Grand Capital ne partage pas, que le nationalisme xénophobe prospère au détriment des migrants.

Un petit exemple de ce que l'on appelle l'intelligence des masses. On demande à 1000 personnes qui ne connaissent rien sur le bétail le poids d'une vache qu'on leur montre. Les réponses vont être extrêmement disparates et très peu vont s'approcher du poids réel. Et en faisant la moyenne, on va voir que le résultat est très proche du poids réel de la vache. Mais il suffit que quelqu'un ou quelques-uns donnent leur opinion à voix haute et influencent les autres pour que le résultat soit biaisé. C'est ce que font les sondages et les mauvaises informations.

CHAPITRE XII

FIN DU PENSIONAT

Revenons à mon pensionnat, après les vacances de Pâques, la routine continue au Prémanoir, sauf un weekend ou je suis resté tout seul dans l'immense bâtiment.
L'école avait organisé un séjour en Belgique et aux Pays Bas pour les grands, équivalent au collège aujourd'hui. Ils étaient partis en car le jeudi soir pour revenir le dimanche. Je me rappelle très bien la nuit de leur départ, j'étais tout seul dans le dortoir et je les entendais monter dans le car, attendant avec angoisse le moment de leur départ qui allait marquer le début de ma solitude. Je me rappelle, le moment venu, avoir ressenti une immense tristesse, mais à ma grande surprise, le samedi et le dimanche ou je suis resté seul, je ne me suis pas senti mal, je pense que, le fait de ne pas me sentir coupable envers mon frère parce qu'il était obligé de rester seul avec moi, cela m'avait soulagé.
On peut dire qu'à partir de ce moment j'ai appris à profiter de la solitude.
J'ai également pris goût à la lecture à cette époque, , il y avait une sorte de bibliothèque gérée par les grands, il n'y avait pas une grande quantité de choix, mais c'était bien, il fallait laisser un franc pour pouvoir emporter un livre.

Je me rappelle beaucoup d'avoir lu Ivanhoe de Walter Scott, je rêvais de ce personnage. Mais ma timidité m'allait encore jouer un tour. Un jour je sorti de la bibliothèque un roman d'aventure de Bob Morane (un de mes personnages favoris à l'époque), et le soir, dans la salle d'études où on faisait les devoirs, je le mis sur mon pupitre, non pas pour le lire car c'était interdit, on devait juste faire les devoirs. Le surveillant ce soir là c'était M. Fouquet, celui qui aimait bien mon frère, mais pas moi, et en passant à côté de moi, il prit le livre et alla s'asseoir à son bureau, je pensai juste qu'il allait le lire pendant les 3 heures d'études et me le rendre, mais à la fin il nous dit de prendre nos affaire et de rentrer. Je n'osais pas le lui demander, je crus qu'il me le rendrait les jours d'après, mais non, et moi j'avais peur de lui diriger la parole. Lorsque je croisais un des grands de la bibliothèque, je pensais qu'il me dirait quelque chose sur le livre, mais jamais rien. Je ne sus jamais si le professeur avait rendu, lui le livre, je fus incapable d'essayer d'en demander un autre de peur de me faire engueuler. Toujours cette peur des grands!
Heureusement c'était presque la fin des cours, et le dernier jour de classe arriva.
On joue à plein de jeux, et à mots croisés, je me rappellerai toute ma vie de ce moment là. Un des mots recherchés était la traducción en espagnol du mot fleuve, et comme étant mexicain, je parlais espagnol, la prof me dit de répondre, et moi tout fier j'ai répondu "fleuvo", et bien sûr c'était faux! C'est "rio"Je ne savais plus parler espagnol! Ce ne fut qu'à ce moment-là que je me rendis compte de cette catastrophe et j'eu très honte.
Jamais je ne su, n'y mon frère je crois , quand nous avions arrêté de parler espagnol entre nous.

Pour les vacances d'été on nous plaça chez les Ponroy, une famille nombreuse qui possédait une ferme et avait plusieurs enfants dans le pensionnat. Ainsi commençaient deux des meilleurs mois de ma vie.

L'endroit était superbe, une entrée principale donnait sur une petite route de campagne, on y accédait par une grande grille en fer avec des murs de chaque côté. On accédait à une sorte de rond point en terre battue , avec une pelouse au centre, le tout très mal entretenu.
Du côté gauche il y avait un superbe arbre ou poussaient des sortes de noisettes. La maison se composait du rez-de -chaussée et de deux étages. On montait quelques marches et on traversait le perron pour arriver à une porte vitrée, puis on accédait à un salon, toujours fermé pour les gosses. Du côté gauche du salon se trouve la grande salle à manger. Mais cet accès à la maison on le prenait jamais, cette grille était toujours fermée, on entrait toujours par une route perpendiculaire qui donnait à l'arrière de la maison, cette grille était toujours ouverte, la maison se trouvait à droite. A gauche une maison à un seul étage était abandonnée, bien qu'elle n'était pas en mauvais état, elle était tout juste sans meubles et inhabitée, donc un terrain idéal pour jouer. Après avoir dépassé cette petite maison, s'ouvrait une grande cour avec à gauche un grand bâtiment, qui abritait en bas le tracteur et autres machines agricoles. Deux énormes barils, ou on stockait le cidre de la coopérative, se trouvaient du côté droit, et dans sa partie haute un grand espace pour ranger les bottes de foin.
Au fond de la cour à gauche on trouvait un bâtiment pour abriter une vingtaines de vaches, et à côté, les installations pour extraire le lait, pour 6 vaches à la fois, très moderne pour l'époque,

j'adorais voir fonctionner la machine et voir le lait passé des mamelles des vaches aux récipients pour la vente.

On accédait à la maison par la porte de la grande cuisine qui donnait sur la cour. C'est là ou l'on prenait nos supers petits déjeuners, une baguette pour chacun, avec du beurre de la ferme que la grande mère battait dans la crémerie qui se trouvait tout à gauche de la maison, et qui donnait sur une petite cour ou une grande variété de volailles était en liberté.

La famille Ponroy était composée de la grande mère, qui était d'ailleur grande et maigre, une dame super gentille avec les cheveux blancs et bouclés. Sa fille plus petite et plus rondelette était la vraie mère poule, c'était elle qui dirigeait la maison et une partie de la ferme, en plus de s'occuper des enfants. Le père était grand et costaud, très sévère et surtout très très grognon, très français quoi.

Des enfants, j'essaye de me rappeler de leur noms, mais c'est trop loin, l'aîné était de l'âge de Jean Pierre, assez maigre et les cheveux châtains clairs. Suivait un petit blond qui avait à peu près mon âge, puis une fille blonde au visage rondelet d'un an plus jeune que moi. Et comme c'étaient les vacances d'été, plusieurs coussins sont venus passer les vacances à la ferme, on était un peu moins d'une douzaine de gosses allant de 6 à 12 ans, plus une cousine de 17 ans. A la cousine !!! Qu'elle était belle! Le premier grand amour de ma vie! Non, je ment, le premier était ma prof en 11ème, madame Cremoux, une blonde au visage de princesse du moyen âge, enfermée dans le donjon d'où le valeureux chevalier va la rescaper pour se marier avec elle, vivre heureux et avoir beaucoup d'enfants. Inutile de vous indiquer qui je représente comme le chevalier.

Donc à part cet amour impossible, qu'elle vacances!!! Avant de vous en faire une description, je tiens à vous expliquer mon état d'âme.

Dans les premières années de ma vie je n'avais eu aucun problème de poids, mais à l'âge de sept ans j'eu une intervention clinique car un de mes testicules n'avait pas descendu dans sa poche. Ce furent des moments très pénibles pour moi, le réveil de l'anesthésie à cette époque-là était atroce, la douleur pas aussi bien contrôlée et en plus ce furent deux interventions, avec entre les deux, la poche des testicules collé à ma cuisse. Après ces interventions je commençai à prendre du poids très facilement et je suis arrivé au pensionnat un peu gros. Bien sur après le régime alimentaire que l'on subissait dans celui ci , je commençai ces vacances avec une forme idéale, et bien que les repas dans la ferme furent tous les jours très copieux, on dépensaient énormément d'énergie pendant la journée. Mais à part de me sentir bien dans ma peau, le fait d'être entouré que de jeunes et d'avoir seulement, presque exclusivement, contact avec deux adultes super sympa, comme la mère et la Grande mère, m´aidait beaucoup. Donc au lieu d'être l'enfant toujour un peu renfermé sur lui même, je suis devenus pour ces deux mois là, un mec super sympa toujour gai et près à être meneur de jeux, j'étais même devenus marrant !..., toujours le mot pour rire...Le blagueur, j'arrivais même à pété quand je voulais!!!

La plage était à seulement 4 km de la ferme donc on y allait très souvent en vélo, presque toujours accompagné de la cousine de 17 ans et de son bikini !

Ce fut là que j'ai appris à nager, ou du moins que je me rends compte que je sais nager. Un jour que l'on se trouve sur un banc de sable et que la mer monte, on perd pied pour rentrer, et je me retrouve en train de nager.

On ne faisait pas que jouer, on participait au travail de la ferme, très souvent on devait emmener les vaches, après la traite, aller brouter de l'herbe dans les différentes parcelles. D'autres fois on accompagnait la mère dans sa 4 L donner à manger au taureau qui était toujours attaché dans un près, il était énorme et très beau. Il lui arrivait de s'échapper et on nous demandait de l'aider à le retrouver, là je peu vous dire que je n'étais pas très chaud, bien que nos copains nous disaient qu'il était gentil.

Mais ce que j'aimais le plus c'est quand on nous demandait de l'aide pour ramasser les bottes de foins que la machine à couper sortait de ses entrailles. Il faut que je vous dise que la ferme formait partie d'une coopérative agricole et les machines étaient propriétés commune, donc il fallait participer à plusieurs récoltes.

J'aimais ça parce qu'après charger le chariot on devait le décharger dans des greniers et là, pendant que les adultes buvaient un coup ou bavardaient, nous on s'amusait avec les bottes à faires des tunnels ou des refuges et on jouait à la guerre.

 Le seul moment triste dans ces vacances, sans compter bien sûr la fin, ou je vais revenir après, ce fut le weekend ou ma bien aimé est partie à Paris. Les soirs j'étais malheureux car je n'allais pas aller la réveiller le lendemain, comme on le faisait tous les jours avec les copains. Pendant la journée ça aller, j'oubliai mon amour grâce à toutes les activités qui m'occupaient.

Un autre moment que j'adorais, c'est vous vous en doutez. .. Les repas!

Au moins deux heures à table! Entrées, soupes, plat principal, salades, fromages et desserts! Très souvent celui-ci était une énorme pêche hyper juteuse , sucré en plus avec du miel ou du sucre. Le tout toujours arrosé d'un super cidre pour les enfants et de vins et calvados pour les adultes, lequel de temps en temps je goûtais...si les dieux existent, ils boivent sûrement du calva.

Le dîner fini, on sortait un peu dans la cour, et lorsque l'on nous envoyait au lit, on se réunissait encore dans la chambre de mon frère et moi, et là on discutait un peu de tout. On était peut être encore trop jeune pour les jeux sexuels, mais je pense que ça commençait à nous titiller.

Je vais vous raconter un truc que je n'aurai sans doute jamais fait si je n'étais pas si bien dans ma peau. Un soir que l'on était dans la chambre en train de bavarder de tout et de n'importe quoi, la petite fille blonde qui avait à peu près mon âge, je crois qu'elle s'appelait Catherine, mais je ne suis pas sur, en fin on s'était dit...je ne c'est qui a commencé, que si je luis montrais mon sexe, elle aussi me montrer le sien. Bien sûr on a était super d'accord, mais on avait peur que les autres mouchardent avec les parents, donc on a rien dit et on a fait ça en cachette. Je crois que le plus existant à été de le faire en cachette, plus que le fait de voir son sexe. C'est toujour plus excitant le sexe lorsque l'on risque de nous surprendre non? Puis un autre soir, quelqu'un lance un défi; pour voir qui serait capable de s'embrasser entre garçons, et bien sûr moi, qui j'insiste, me sentais super sur de moi j'accepte le défi, je prends mon pote qui avait mon âge, je l'emmène dans la chambre à côté et lui plante un gros bisous sur la bouche, ce fut ma première expérience homosexuel et unique, bon peut être.

Je profite d'avoir parlé un peu de sexualité pour vous dire comment me désole toutes ces polémiques sur le genre.

La nature nous a donné la sexualité pour avoir une reproduction sexuée qui nous permet de mélanger les gènes de nos parents et ainsi permettre l'évolution de notre espèce. Mais nous ne sommes pas seulement constitués de notre appareil reproducteur, la constitution de tout être humain est extrêmement complexe et c'est cela qui nous différencie entre nous, je ne parle pas ici de différence entre femmes et hommes mais aussi entre hommes et entre femmes.

Nous avons tous nos zones sexuellements sensibles dont la nature nous a doté, mais chacun active ces plaisirs par d'autre mécanisme que les simples appareils reproducteurs. Le fait pour une femme de sentir un sexe prenetter le siens, peut être un plaisir paradisiaque, si c'est son grand amour ou un amant bien choisi, qui en est le propriétaire. Ou bien celui-ci peut devenir l'enfer si le propriétaire est un violeur!

De même pour une femme homo, une langue appartenant à une autre femme ou à un homme, devient plaisir ou torture. De même pour un homme, la différence n'est pas dans l'acte mais dans la personne qui en est l'acteur. Un bon exemple est dans le film "le dernier tango" , Marlon Brando n'interprète pas un homosexuel, mais on voit de quelle façon il jouit de se faire sodomiser par les doigts de sa belle amante. Donc nos préférences sexuelles ne sont pas déterminées par nos organes.

Le fait d'être homosexuel ou pas, ne dépend pas de notre système reproducteur, mais de tout ce qui compose et différencie chaque être humains, et ceci ne fait pas que les uns soit meilleurs que les autres, surtout quand tous sont capable d'aimer.

Les bisexuels sont en général des gens à l'esprit très ouverts, mais s'ils peuvent l'être en rapport à leur sexologie, en général quand il s'agit d'aimer et de former une famille ils choisissent le sexe opposé.

Quand les gens s'aiment et veulent former une famille, ils doivent avoir tous les mêmes droits. Les raisons de la "manif pour tous" pour cacher leur homophobie, leur soi- disant slogan " un enfant, une mère et un père", ne tient pas la route. Si c'est bien vrai que pour qu'un enfant naisse, il faut bien un père et une mère, c'est la loi de la nature. Mais faut-il avoir un système reproducteur différent de son couple, pour élever, éduquer et aimer un enfant?

Croire que le bonheur d'un enfant se trouve dans la sexualité de ses parents est une des plus grandes conneries que la société peut diffuser. Tout enfant trouvera le bonheur dans l ' harmonie de vie de ses parents, de l'amour qui existe entre eux et qui lui sera transmis.

Les cathos de la manif pour tous ont dépensé des fortunes pour leur manifestations, des TGVs, des autobus par centaines louées, drapeaux, T Shirt, etc. Tout ça pour empêcher un droit. Mais qu'ont ils fait pour toutes ces mères célibataires? Tous ces enfants qui vivent dans des familles décomposées, de tous ces enfants maltraités par leurs parents ou beaux- parents?

Les droits à l'adoption, ou à toutes les aides à la procréation, doivent être les mêmes pour tous les couples. Puisque personne ne peut prouver que le bonheur d'un enfant dépend de la sexualité de ses parents adoptif ou non. Ce bonheur dépendra toujour des valeurs humaines de ceux ci, pas de leur sexe.

La manif pour tous à mis en avant les droits de l'enfant pour attaquer les familles homosexuelles, mais dans une famille de parents homosexuels, les enfants, qui sois sont adoptés ou le résultat de la procréation assisté, seront toujours des enfants désirés, ce qui n'est malheureusement pas le cas dans toutes les familles hétérosexuels ou monoparentales

L'homosexualité était assez toléré dans les civilisations anciennes, encore plus la bisexualité, par exemple Alexandre le Grand était très épris de son amant mâle, ce qui lui a provoqué certains problèmes avec ses hommes qui pensaient qu'il était trop influencé par lui. Mais l'arrivée des monothéismes intolérants à tout changé. Il ne faut pas oublier que l'homosexualité était pénalisée dans la plupart des pays occidentaux il n'y a pas 50 ans,, et qu'elle l'est encore dans d'autres.

Juste un commentaire pour ceux qui disent que c'est contre nature, l'homosexualité existe dans plusieurs espèces d'animaux, il est très fréquent dans certains oiseaux comme les cygnes ou les manchots, et dans des mammifères comme les dauphins ou les singes. Et ce qui est très intéressant, c'est que ces espèces sont aussi celles qui sont monogames et les plus fidèles dans leur couple!

Revenons à la ferme.

On avait aucune nouvelle de notre famille, une seule fois on a accompagné la grande mère à Paris, mon frère et moi. Elle allait chez le dentiste et nous, normalement on devrait voir soit notre oncle soit nos grands parents. Mais je crois qu'ils lui ont posé un lapin, car nous on est resté dans le taxi, et elle bien que de très mauvaise humeur n'a rien voulu nous dire.

Une autre fois j'ai entendu, sans qu'elle se rende compte, la mère dire des trucs très méchant contre mes grands parents, c'était très probablement parce qu'ils ne leur payaient pas ce qu'ils devaient, car je suis sur que les Ponroy ne nous logeaient pas gratuitement, ou bien, comme ils nous aimaient bien, ils n'étaient pas content de leur attitude envers nous.

Les vacances arrivaient à leur fin, les cousins remontent à Paris, mon grand amour de même, et nous on pensait comme nos amis rentrer à l'école. Mais non, on voit nos amis rentrer au pensionnat, et nous on reste à la ferme. On nous dit que l'on va rentrer au Mexique.

Ces trois ou quatre jours passés seuls à la ferme, furent des plus tristes de ma vie, et je suis sûr que pour mon frère aussi. Puis un jour, elles nous emmènent à la gare, la grand- mère et la mère, je les vois pleurer toutes les deux, dieux que c'est triste les départs. Lorsque que l'on a fait des nouvelles connaissances, que l'on a partagé notre vie avec eux, que ce partage nous fait vivre des moments d'extrême bonheur, et lorsqu'on doit les quitter, c'est comme si on nous faisait payer l'addition pour avoir été heureux. Plus heureux tu as été, plus triste tu seras. Mais il faut apprendre à nous alimenter des moments de bonheur, et oublier ou du moins essayer d'apprécier ces moments de grande tristesse pour que ce prix que nos sentiments nous font payer soit moindre.

On nous avait dit qu'à Paris notre oncle allait nous chercher pour nous mettre dans l'avion pour le Mexique.

Mais à la gare, notre oncle Jean Louis nous emmène au restaurant de celle-ci et nous annonce que l'on ne part pas au Mexique, que l'on va monter dans un autre train qui part pour le sud et que l'on va aller habiter chez notre oncle Sylvain.

Je ne sais pas pourquoi, mais je suis content, mon oncle est très sympa, j'avais peur de le rencontrer à cause de ma timidité, et surtout parce qu'il était de la famille. Mais en plus de manger dans un restaurant, ce qui ne nous arrivait pas depuis très longtemps, Jean Luis est très gentil avec nous et, je crois aussi , j'avais un peu peur de rentrer au Mexique.

Donc on monte dans le train, c'est un train de nuit, j'adore. Ce qui est bien dans les séparations, c'est que ceux qui partent souffrent moins que ceux qui restent. Donc cette nouvelle vie qui nous attendait nous fait un peu oublier notre tristesse. Surtout à Jean Pierre, car étant l'aînée, comme d'habitude c'est à lui qui retombe la responsabilité, et notre oncle lui avait bien dit de faire attention à la station ou l'on devait descendre.

Notre destination était Bandol, et le train faisait plusieurs arrêts , donc Jean Pierre nous faisait nous lever et emmener les valises à la sortie à tous les arrêts, jusqu'à ce que le contrôleur voit notre manège et nous aide à ne pas rater notre destination.

Lorsque l'on arrive, je n'oublierai jamais, la porte du wagon s'ouvre, et la première chose que l'on voit, c'est une grosse dame au cheveux noir qui nous reçoit les bras ouverts, et qui nous parle dans une langue incompréhensible!

Elle est accompagnée d'un jeune homme.

Je vais d'abord vous parler un peu de nos oncles qui nous reçoivent chez eux.

Sylvain Darnaud, que l'on nous a fait appeler Tonton Sylvain, était l'un des frères de ma grande mère Caroline, la mère de mon père, il était né au Mexique comme ses frères, mais il était rentré en France avec toute sa famille sauf Caroline qui était déjà mariée. Il a travaillé un peu partout et à même fait des séjours à l'étranger, c'est lors d'un séjour au Brésil qu'il connait ma tante Inès, elle, elle était né au Chili mais à l'époque habitait le Brésil. Pendant la guerre il a pris part aux FFL,(Force Française Libre) et a participé à la libération avec les forces de Leclerc. Après la guerre il a travaillé comme mécanicien à Air France, et c'est là qu'à l'âge de 55 ans il a eu son accident. Une tôle lui est tombée sur la tête, ce fut un accident assez grave, et on le mit à la retraite prématurément. C'est pour ça qu'ils avaient acheté leur petite maison à Bandol et quitté Paris.

Donc la grosse dame était Tatie Inès, et la langue qu'elle parlait, était un mélange de français, à l'accent marseillais, d'espagnol, et de portugais.

CHAPITRE XIII

AVANT LE RÉCIT SUR NOTRE SÉJOUR À BANDOL....UN PETIT TOUR SUR L'ACTUALITÉ.

Je n'étais pas très chaud pour commenter ces élections françaises car tant d'idioties m'écoeurent, mais je vais en profiter pour vous démontrer l'absurdité de cette soit disante démocratie.

D'abord les sondages, ceux-ci sont faits par des entreprises privées, commandés et payés en général par des médias. On peut voir les différences selon le commendataire, par exemple un sondage commandité par le figaro aura toujours quelques points en plus pour Fillon qu'un sondage demandé par France Inter. Les sondages doivent suivre certaines règles pour être légal, les plus importantes c'est qu'elles doivent mentionner la taille de l'échantillon et la marge d'erreur, mais les médias, lorsqu'ils donnent les résultats, ne mentionnent jamais ces données, et ces sondages restent dans l'égalité parce qu'ils disent que ces chiffres sont indiqués sur leurs sites. Mais les gens qui écoutent la radio dans leurs voitures ou au boulot, ou regardent la télé en dînant, ne vont pas aller voir ces informations sur internet! Et pourtant elles sont importantes.

Pour un sondage de 95 % de confiance et une marge d'erreur de + ou - 3,5%, il serait beaucoup plus juste que les résultats des sondages soit publiés de la façon suivante: avec un niveaux de confiance de 95% le candidat X a de 16,5 % a 23,5 % et le candidat Y a de 11,5% a 18,5% d'intention de votes. Au lieu de: le candidat X à 20 % et le candidat Y à 15 % d'intention de vote. On peut voir que ça change tout, car avec ce sondage il se peut que la réalité soit que Y a plus d'intention de vote que X (18,5 % contre 16,5%) et que la façon dont les médias nous le présente nous dit que X est de 5 points au dessus de Y!

En 2002 les sondages juste avant l'élection donnaient Jospin entre 15,62% et 21,38% et Le Pen entre 11,85 et 16,15 %, si les résultats de ces sondages auraient été présentés comme cela, ça aurait peut être tout changé.

Le plus grave de tout ça vient de l'énorme influence qu'ont les sondages sur le choix des électeurs.

La plupart des gens vont voter selon les informations que leur apportent les sondages, si leur favori est bien placé, il voteront pour lui, s'il ne l'est pas, il choisiront le vote utile, donc ceux qui décident ce sont les sondés pas les citoyens.

Les sondages sont interdits pendant la journée électorale, parce que l'on reconnaît leur influence, mais il faudrait les interdire pendant tout ce système électoral.

On a 11 candidats à l'élection présidentielle, qui les a choisi? Qui leur donne une légitimé démocratique?

Quelques uns sont choisis par leur parti, par des mécanismes internes plus ou moins clair, comme Poutou et Arthaud, qui ont toute ma sympathie mais aucune légitimité démocratique. D'autres sont choisi par eux même, comme Macron, Mélenchon, Dupont Aignant, La Salle, Cheminade etc. Cela est démocratique car n'importe qui a le droit de se présenter, mais ce qui l'est moins, c'est l'appareil financier et les divers intérêts politiques qui se joue derrière leur candidature.

Fillon et Hamon sortent des primaires des deux seuls partis politiques qui ont gouverné dans la V ème république, si l'élection de ces primaires se fait dans le même système à deux tours de l'élection présidentielle, cela ne la fait pas plus démocratique, , car qui a choisi ces candidats? on revient au même cas, ils sortent de mouvements et d'intérêt interne à leur parti qui n'a rien de démocratique. Et enfin l'autre, la Le Pen, la, moins démocratique tu meurs, fille du créateur du parti FN, parti géré comme une entreprise familiale.

Donc le peuple se trouve à choisir entre 11 candidats imposés par différentes formes non démocratiques.

Mais en plus, le peuple qui a tout à fait le droit de donner son vote à n'importe lequel des candidats et choisir par lui-même celui qu'il veut comme président, ne va pas le faire pour plusieurs raisons.

La première, et je pense la plus juste et la plus démocratique, c'est de ne pas donner son vote à aucun des candidats, car aucun ne l'a convaincu. Mais malheureusement comme le vote blanc n'est pas reconnu, cet acte tout à fait justifié, vas bénéficier d'autres candidats.

La deuxième, du fait des sondages, les électeurs qui ne se sentent pas assez informés vont voter pour celui qui est en tête de ceux-ci, puisqu'ils se disent que si la plupart vote pour lui c'est que c'est le meilleur.

La troisième, c'est ceux qui vont voter par dépit et rancoeur, contre le soi disant système (tous se disent hors système)

La quatrième, ce sont ceux qui on fait un choix sur un candidat, mais parce que les sondages le donnent perdant, ils vont voter pour un autre candidat pour bloquer un troisième, le fameux vote utile.

Conclusion, une très petite quantité d'électeurs va vraiment voter pour un candidat qu'il a choisi comme étant le meilleur des citoyens pour être président, et la très grande majorité qui va se déplacer au bureau de vote va donner son vote pour éviter le pire pour lui.

Donc pas trop de démocratie pour l'instant, mais regardons en plus comment les électeurs peuvent être convaincus par un candidat et faire un choix.

Pour cela les candidats ont plusieurs armes, révisons les une par une.

Le premier, le livre, tous ou presque, au moins ceux qui en ont les moyens, en ont écrit un. Mais même si quelques-uns ont, soit disant, eu un peu de succès, ils sont très peu lus, entre tous on n'arrivent même pas à 500,000 vendus. Donc ce moyen sera plutôt utilisé pour convaincre les journalistes, ou d'autres experts. Ici il donneront plutôt des informations techniques et ne mentiront pas trop, mais bien que c'est dans ces livres que l'on pourrait juger les candidats, ce moyen a très peu d'influence sur le peuple.

Le deuxième, les meetings, seront plus utilisés par les candidats avec le plus de moyens, car c'est cher et il faut avoir une certaine organisation. Dans ces événements, c'est la personnalité, le charisme, le tribun du candidat qui va convaincre, les belles phrases plus que le continu qui va compter, même les plus grands mensonges peuvent passer, c'est un des principaux moyens pour convaincre et qui bénéficie les candidats les plus riches.

Le troisième, c'est l' intervention à la télé, ou à la radio, des candidats ou de leurs soutiens, c'est le plus important et celui qui influence le plus le peuple.

Les médias jouent un rôle primordial, en invitant plus celui ci que l'autre, surtout en invitant dans les débats politiques beaucoup plus de journalistes et d'experts qui ont la même approche politique que la chaîne.

Par exemple, les chaînes privées d'informations comme CNEWS, LCI, BFM TV etc, ont dans leur débat plus de 80 % de journalistes et autres experts qui travaillent au Figaro , Paris Match, Valeur actuelle, etc. Ou dans des think tanks de droite.

Ici les candidats de droite et leurs soutiens pourront mentir et donner des fausses informations sans être contredit.

Les mensonges ou fausses informations que l'on entend le plus c'est par exemple le taux de chômage en France que l'on compare aux taux en Allemagne ou en Angleterre. Le taux en France est bien plus élevé, mais il ne disent pas qu'en Allemagne il y a 22,5 % de travailleurs à bas salaires contre 8,8% en France, et bien plus encore en Angleterre. Et que c'est pour cela que la pauvreté augmente dans ces deux pays. Les autres gros mensonge c'est sur les immigrés, on parle de vagues d'immigrés en France, quand le niveau est stable, du coût que représente l'immigration pendant que tous les économistes disent le contraire, que ça rapporte, on calcule à plus de ½ point de croissance l'arrivée des migrants l'année dernière en Allemagne. Etc.

Autres mensonges, la dépense publique, en France c'est une des plus élevée, c'est vrais ,mais est ce une raison suffisante pour vouloir la diminuer? Il faut voir pourquoi, donc les libéraux, Fillon et Macron veulent supprimer des fonctionnaires, mais les salaires des fonctionnaires ne représentent que 20 % de la dépense publique. La plus grande partie de la dépense publique française se trouve dans la santé, les retraites, l'éducation et la défense. On a le taux démographique le plus élevé d'Europe, donc plus de dépenses pour les Jeunes.

On a le meilleur service de santé de l'Europe, faut-il le changer? Les retraites sont payées par répartition, tandis que dans d'autres pays elles sont privatisées. La démographie en France est positive, une exception en Europe, donc elle doit dépenser plus, la France avec l'Angleterre est la seule à devoir maintenir une armée aussi imposante. Donc vouloir diminuer la dépense publique n'est que de l'idéologie.

En conclusion, comment voulez- vous que de cette façon le peuple puisse vraiment élire le meilleur président parmi la population.

Le CSA pourra essayer de faire de cette élection la plus égalitaire possible, mais tout est faussé depuis le début.

Donc je le confesse, je ne sais que faire, si je suis mes idées je n'irai pas voter, mais j'ai peur de favoriser l'extrême droite a cause du système actuel, si je vote pour le moins pire pour moi, c'est a dire Hamon, qui est le seul à présenter un embrión de Revenus Universel, je risque de participer à empêcher Mélenchon de se trouver au second tour (sondage obligent), et il a promit une VIème république.

Les choses ont tellement changé que je vais me permettre une comparaison de la politique électorale avec la physique moderne.

On pourrait comparer la situation des élections au principe d'incertitude de Heisenberg…C'est-à-dire, une particule a un poids et une vitesse, si l'on mesure son poids on ne connaît pas sa vitesse. De la même façon qu' un électeur on peut l'identifier pauvre ou riche, ouvrier ou cadre, jeune ou vieux, mais on ne pourra pas savoir pour qui il va voter.

De la même façon, l'Angleterre avec le Brexit, ou Macron avec la gauche ou la droite, se trouve dans la situation du chat de Schrodinger . L'Angleterre est hors d' Europe et dans l'Europe. Macron est de droite et de gauche, tout comme le chat de Schrodinger est mort et vivant.

CHAPITRE XIV

BANDOL

Nos grands oncles, Tonton et Taty, habitaient une petite maison dans la périphérie de Bandol, une toute petite ville touristique au bord de la méditerranée. Elle était plein pied, on accédait par une grille en fer forgé fabriqué par Tonton, puis une allée en pierre, avec des graviers, vous dirigeait vers un petit perron avec une belle porte en bois pour entrer à la maison.

Du côté gauche un petit bâtiment faisait office de réserve et d'atelier de ferronnerie. Et du côté droit une petite bâtisse pour les visites.

Notre chambre se trouve à droite en entrant, un grand lit prend presque toute la place. Au début, on n' est pas très chaud pour dormir dans ce lit, car la première chose que l'on nous annonce c'est que c'est sur celui-ci que ma grande mère est morte, la sœur aînée de Tonton. 4 ans auparavant elle était venu passer quelques temps avec ses frères en France, mon grand père était déjà mort assez jeune à l'âge de 57 ans.

Suit un grand hall ou on voit la TV les soirs, puis à droite une porte qui donne accès à une grande salle à manger qui fait salon de séjour aussi, puis en face la porte de la cuisine et à gauche la chambre des oncles.

On nous a inscrits à l'école publique du village, on y allait à pied, 4 kilomètres. On rentrait à midi pour manger, et quelques fois on retournait à l' ecole, l'après-midi. Puis le soir c'était les devoirs et un peu de TV.

Taty était une excellente cuisinière, et moi, qui étais très content de ma forme, je n'ai pas tardé à reprendre du poids, surtout avec Taty qui disait que l'on était arrivé maigres comme un clou. Les repas de tous les jours étaient pris dans la cuisine, repas très copieux avec beaucoup de pain, Taty disait que le pain faisait du sang. On buvait de l'eau avec un peu de vin.

Les dimanches, s'il y avait des visites, et il y en avait souvent car la table de Taty était très connue, on se régalait, elle avait une très grande variété de plats, cuisine française, nord africaine, mexicaine etc. Sa soupe de poissons était particulièrement appréciée.

Ils avaient des amis, qui habitaient dans une autre petite ville, et qui venaient souvent, ou nous, on allait les visiter. Ils étaient également très forts en cuisine, ils avaient un fils qui travaillait comme chef dans des hôtels de luxe en Afrique du Nord. Un mec super sympa, ce fut lui d'ailleurs qui accompagnait Taty à notre arrivée, ce même weekend ce fut lui qui nous emmena à la plage dans sa voiture sport (une Porsche je crois) avec sa belle nana. Ça y est, c'était mon héros, je voulais être comme lui! Beau, riche, belle voiture, belle nana, et surtout … Chef de cuisine!

Ce jour-là il pêche avec son arpón, une raie, et en arrivant à la maison, en ouvrant le coffre de la voiture, ou il l'avait mise, des petites raies étaient nées!

Qu'est ce qu'il s'est prît comme engueulade de la part de sa copine!, du coup on ne voulut plus la manger.

En parlant bouffe je me souviens particulièrement de celles des fêtes de fin d'année. Le réveillon ce passe à la maison avec la famille et des amis, la super soupe de poisson est à la fête et le reste très bon, mais je ne me rappelle plus du menu. Le repas de Noël se fait également à la maison, avec les mêmes qui étaient restés, super bon, mais comme d'habitude j'ai fait une connerie, on nous avait servi, à nous les enfants, du vin dans des verres très fin, et je ne sais pas si c'était parce que j'avais trop poussé sur le piment, mais en buvant j'ai un peu mordu sur le verre et celui si s'est cassé, je ne me suis pas coupé, mais je me suis fait engueuler et j'ai gâté mon repas. Pour le nouvel an on est parti chez les amis dont je vous ai déjà parlé, et là, après un super repas, on a eu droit, non pas à un désert, mais à douze! Un pour chaque mois! C'était pour avoir de la chance pour toute la nouvelle année.

Taty était très prêt de ses sous, à part la bouffe bien sûr, aucune sortie au cinéma, juste une fois avec un voisin pour voir le Corniaud. Bien sûr, aucune sortie au restaurant. Les seules sorties que l'on faisait c'était à la plage avec elle, mais c'était rare, elle ne conduisait pas et n'aimait pas trop marcher, donc la plupart de nos sorties à la plage, était soit en école buissonnière, soit en cachette avec notre voisin. Elles nous laissait sortir jouer dans les terrains prêt de la maison, à condition qu'il n'y est aucun gravier sur l'allée de la sortie. Elle était très sévère avec ça, et comme nous on courrait en jouant dans le jardin, sur les graviers, une bonne quantité finissait sur les pierres de l'allée. Ce que je détestais le plus de sa radinerie, c'était le papier cul qu'elle achetait, vous savez? Ce papier coupé en feuilles pliées couleur gris-marron qui vous rabote les fesses? Horrible!

De temps en temps on allait en weekend à Aix en Provence, les tontons avaient là-bas des amis qui tenaient une clinique de maternité. Comme eux, ils ne pouvaient pas avoir d'enfants, mais ils avaient adopté une fille qui avait à peu près notre âge.

En général on arrivait d'abord à la clinique, je n'aimais pas du tout cette ambiance et cette odeur, de mauvais souvenirs de mes opérations. Ils avaient à quelques kilomètres de la ville, une belle propriété avec beaucoup d'espace, une grande piscine toujours vide, mais on nous laissait assez libre pour jouer, ce qui nous changeait un peu de la maison. Mais j'aimai bien ces weekends, car on s'amusait dans la journée dans le grand jardin, et le soir on jouait à des jeux de société comme le monopoly jusqu'à tard, Tatie était distraite avec ses amis et ne nous surveillait pas comme à Bandol.

De la part de la famille de ma mère, qui était en France, on n'avait presque pas de nouvelles. Juste une fois on était allé passer un weekend chez mon oncle Jean Claude, le petit frère de ma mère, mais à leur maison de campagne, pas à Marseille où ils habitaient. Ce fut assez sympathique, une vieille maison presque sans confort, ma tante était très gentille et on s'entendait bien avec nos deux cousins, une fille et un garçon, bien que plus jeunes que nous.

Avec nos parents on s'écrivait davantage, Tatie nous y obligeait, pour moi c'était vraiment un calvaire, je ne savais jamais quoi leur dire, j'étais nul en écriture et en orthographe, je l'ai été toute ma vie. Tatie nous disait de leur dire que la vie était très chère, que la pension de Tonton était très maigre, tout ça pour qu'ils envoient plus d'argent, elle se plaignait de ne pas s'en sortir avec l'argent que mes parents envoyaient. Mais mon frère et moi avions découvert qu'elle cachait de l'argent sous son lit.

Les dimanches elle nous donnait quelques sous pour faire l'aumône à l'église, c'était le seul argent de poche auquel on avait droit. Nos oncles étaient croyants mais pas pratiquants, et bien qu'ils pensaient que l'on devait avoir une éducation catholique, ils ne se dérangeaient pas pour nous accompagner à l'église. Donc l'argent ne finissait pas dans la poche du curé, mais bien dans la nôtre transformé en bonbons, car vous vous pouvez l'imaginer, on ne rentrait même pas à l'église.

Interruption de dernière minute

ELECTION PRESIDENTIELLE

C'est vraiment trop ridicule! Hier soir, dernier grand faux débat avant l'élection, et patatras un attentat! Ou plutôt un mini attentat, avec une maxi hystérie.

Un mec qui veut tuer du flic depuis 2001, a son premier essai, il arrive à se faire plaisir en tuant un et en blessant deux autres avant de se faire buter.

Donc toutes les chaînes info font leur spécial attentat, le débat tourne autour de cet acte, et Le Pen et Fillon se font les sauveteurs des français en danger d'être exterminés. Ils décident de mettre fin à leur campagne, avec une hypocrisie ridicule, puisque leurs premiers actes sont de se présenter dans les matinales, et de convoquer des conférences de presse.

On convoque une réunion de crise à Élisée parce qu'un individu a tué un policier! Pourquoi donc la mort d'un policier est tellement importante? Si on fait le métier de policier, c'est parce que l'on a choisi ce risque non? N'est ce pas beaucoup plus injuste qu'un simple citoyen se fasse buter? Ou encore plus grave, qu'il se fasse buter par un policier qui normalement doit le protéger.

Tous les crimes sont maintenant, en premier lieu, inculpé au terrorisme islamique, mais ce mec veut tuer du flic depuis 2001! Bien avant l'existence de DAESH!

En plus, DAESH revendique l'attentat mais se trompe de nom! Tout ça est ridicule.

La semaine dernière un attentat en Allemagne sur un bus du Dortmund, équipe de football, à fait des tas de débats encore sur le terrorisme, que c'était dû à l'appuis de l'Allemagne à la coalition etc. Les grands spécialistes du terrorisme disaient qu'il fallait faire attention car les terroristes étaient en train d'utiliser de nouvelles techniques d'attaques. Et aujourd'hui on apprend que le coupable est un escroc qui voulait spéculer sur la baisse de l'action boursière de l'équipe.

Les policiers se plaignent d'être des cibles, mais c'est comme si les soldats de profession se plaignaient d'être envoyés dans la bataille! Ils n'ont qu'à changer de métier.

Dans leur allocution, la droite, bien sûr, propose toujours sa politique répressive de tous en prison. Quand on sait très bien que ça ne marche pas.

Seulement ces quinze dernières années, la hausse des personnes détenues à été de 40%. Elle est entièrement due à un accroissement du nombre des prévenus, c'est-à-dire des personnes en attente d'un jugement et donc présumées innocentes, elles représentent le tiers des personnes incarcérées.

On croira que cette augmentation est dû à l'augmentation des crimes, mais pas du tout, les crimes graves, comme les assassinats, ont beaucoup diminués. Il s'agit plutôt d'une plus grande sévérité pour des crimes mineurs, et d'une augmentation des peines de prison pour des délits qui avant n'était pas passible de prison comme la conduite après pertes des points du permis. Or la plupart des études ont démontré que, loin de dissuader, ces courtes peines qui sont les plus nombreuses, conduisent à plus de récidives.

L'incarcération entraîne une desocialisation professionnelle et familiale, et une resocialisation dans les milieux délinquants et criminels.

Tout ceci est volontaire de la part des gouvernements. Depuis les années 2000 les condamnations pour usage de cannabis ont triplé pendant que la consommation est restée stable. Et d'un autre côté les condamnations pour délinquance économique et financière ont diminué d'un cinquième pendant que ces délits se sont multipliés. Mais pas seulement, dans le cas du cannabis les forces de l'ordre chassent les consommateurs dans les cités et pas dans les universités, et cherchent plus la fraude économique dans les aides sociales que dans les fraudes fiscales. Dans de nombreux pays, la croissance des disparités des richesses est parallèle à la croissance carcérale.

La droite gagne à faire peur, car elle cherche à ce que les gens se sentent en insécurité envers la criminalité et le terrorisme, tandis que la véritable insécurité des gens c'est de se trouver sans emploi, sans logement, sans retraite et sans avenir pour ses enfants.

En plus les deux candidats, qui ont des problèmes judiciaires, sont ceux qui veulent plus de répression sur les personnes précaires.

Fillon et Mélenchon on raté de peu le second tour, le premier rentre chez lui avec ses casseroles, et le second se fait massacré par la presse et plusieurs politiques pour ne pas appeler à voter Macron, celui ci se plaint qu'il n'y ai pas de front républicain, mais demande un vote d'adhésion et non d'antifascisme.
Donc après une campagne de second tour archi nulle de la part de Macron, et avec un débat catastrophique de Marine Le Pen, on se retrouve avec un président élu avec 66,1% des votes comptabilisés, mais en réalité en comptant les inscrits dans les listes électorales, avec 41 % des votes donc pas de majorité. Et si en plus, si on ne compte que les votes d'adhésion, puisque au premier tour il avait déjà été aidé par le vote utile des républicains et des socialistes, qui ont représenté la moitié de son électorat, on se retrouve avec à peine 10% . Mais ça il ne vont pas le dire, il vont nous dire tout au long du quinquennat qu'une grande majorité des français l'a élu pour son programme.

Fin de l'interruption.

Mon oncle, Tonton Sylvain, était par contre plus gentil que ma tante, il nous engueulait rarement. Ce que je n'aimais pas c'était lui faire la bise, il était tout le temps mal rasé et la lèvre inférieure lui pendait. Le matin il travaillait un peu à son atelier de ferronnerie, c'était un très bon artisan, il travaillait à l'ancienne, avec une forge. Très souvent il allait au village jouer à la pétanque avec ses potes, il revenait avec quelques verres de trop et se faisait passer un drôle de savon par Tatie, et lui, il disait qu'il marchait de travers, à cause de ses médicaments, c'était trop drôle!
Il adorait le pastis, il appelait cette boisson son lait de panthère. Il en avait des caisses entières, son vin et son pastis il l'achetait directement du producteur.

L'année scolaire passa tranquillement, sauf que je l'ai raté, j'étais toujours un cancre, je n'ai pas du tout aimé cette école, sauf la récréation car on jouait au billes et je n'étais pas mauvais du tout.
Je n'ai pas eu beaucoup d'amis, mais la vraie raison de mon échec a été ma fainéantise.
L'été arrive avec le beau temps et la chaleur. Ce climat me rappelle les vacances au Mexique, car il faisait aussi chaud et humide que lorsqu'on allait à Acapulco.
On profitait très souvent de la plage, même si Tatie nous interdisait d'y aller sans être accompagné d'un adulte, on trichait toujours, et avec notre pote le voisin, on s'arrangeait pour la tromper.
Cet été, une cousine est venue passer ses vacances à la maison, c'était la petite fille d'Émile Darnaud, le frère aîné de Tonton, elle s'appelle Christine. Très sympa la cousine, assez mignonne, rondelette, mais pas trop, un an de plus que Jean Pierre. Et un petit amour d'adolescent est né entre eux. Il faut dire que l'ambiance estivale était très bonne, la plage le jour, les promenades sur les calanques l'après midi, puis de très longues soirées dans la fraîcheur du jardin. Ça aide au romantisme, d'ailleur l'histoire entre cousins dans la famille commençait à devenir une tradition, il y a eu bien sur le mariage de mon arrière grand père Léon avec Clotilde la fille de son cousin, mais Vicki, la mère de Christine qui était la fille

d'Émile, me raconta quelques années plus tard, que mon père, qui après la deuxième guerre fit un séjour chez eux, était tombé amoureux d'elle et voulait l'épouser.

Les vacances se terminaient, et nous on pensait rester à Bandol, mais encore une fois on nous réservait une surprise. Je n'ai jamais su si c'était parce que mes parents voulaient que l'on rentre, ou que Tatie voulait plus d'argent et mon père ne pouvait plus payer, mais on nous dit que l'on rentrait au Mexique.
Se fût encore des moments très tristes, c'est vraiment pas juste que nos sentiments nous fasse souffrir lorsque l'on s'attache et que l'on soit obligé de se séparer, les personnes égoïstes qui n'aiment personne sont vaccinés contre.
Mais on peut se consoler qu'ils le sont également contre le plaisir d'aimer.
Le moment triste ce fut à l'aéroport de Marseille, il y avait bien sûr Tonton et Tatie, mais aussi mon oncle Jean Claude et sa famille. Celui qui était complètement défait c'était Tonton, il pleurait à chaudes larmes et voulait même nous adopter.
Je ne sais ce qui c'est passé, mais nous ne sommes pas partis, on devait prendre l'avion deux jours plus tard, mais pour que Tonton ne soit pas obligé de refaire la route depuis Bandol on est resté chez Jean Claude. Le seul truc dont je me rappelle de ces deux jours, c'est que j'ai été malade et j'ai vomi tout le temps. C'était la tristesse et le trac.

CHAPITRE XV

RETOUR AU MEXIQUE

Avant de commencer ce récit sur le retour, un petit commentaire électoral.

Les français au premier tour ont choisi Macron et Le Pen, j'avais un peu espéré que Mélenchon passe contre Macron, j'ai voté pour lui, j'ai sacrifié Hamon pour rien, comme beaucoup d'autres. Ils ont voté la haine de l'autre et le repli sur soi, ils ont voté pour le libéralisme financier. Ils ont choisi le racisme et le banquier.
Voter Le Pen c'est la fin, voter Macron c'est rendre cette fin inéluctable.
Le programme le plus intelligent de tous à fait seulement 6 %, c'était celui choisi par les intellectuels et artistes, un exemple de plus de ce que j'ai dit dans les chapitres précédents, c'est à dire que le peuple ne peut plus choisir par lui même, et qu'il ne pourra le faire que jusqu'à ce qu'il soit dépollué de l'ignorance que les médias et l'éducation actuelle lui ont imposé.
Les lycéens sont sortis aujourd'hui avec un slogan que j'adore " ni patrie ni patron" ça donne chaud au coeur! Et un peu d'espérance pour le futur.

Je recommence le récit

Nous prenons donc l'avion à Marseille pour Mexico, je ne sais plus dans quel état j'étais, triste, mélancolique, nerveux, content de retrouver le pays, de revoir les parents, les frères, je ne sais plus.
Il faut savoir qu'à cet âge là, deux ans, c'est énorme.
Revoir la famille ? Je ne crois pas que ni mon frère ni moi soyons très contents, on oublie vite aussi, on n'avait pas vu nos parents depuis le départ du Mexique, sauf mon père un mois plus tard de l'arrivée en France, et je l'avais trouvé un peu con, il était repassé nous voir au pensionnat. Ma mère était venue nous voir aussi pendant une semaine à Bandol, mais elle était toujours triste et n'arrêtait pas de discuter avec mes oncles, je l'aimais bien, mais je souffrais de la voir comme cela.
De revoir ma sœur et mon frère, peut-être que oui, j'étais content. Et pour le pays, ça oui j'avais hâte d'y être! Il faut comprendre qu' on a tendance à devenir patriotique lorsque l'on sort de son pays, et plus si ont a la double nationalité.
Je ne me suis jamais senti autant mexicain qu'en France et autant français qu'au Mexique.
Je m'étais même disputé un jour, au pensionnat, avec un copain parce qu'il ne croyait pas que le Mexique avait battu la France dans la bataille de Puebla le 5 mai 1863.

De ce voyage en avion, je me rappelle seulement de l'escale au E.U., on nous avait confié à une hôtesse de l'air, qui nous avait fait attendre dans un bar où on nous avait servi un verre de coca cola avec des glaçons. Ça peut vous paraître normal un verre de coca, mais je vous rappelle qu'en France on était jamais allé au restaurant, sauf la fois à Paris avec l'oncle, mais pour boire on avait eu que de l'eau. Et avec la tante à Bandol vous pensez bien que les glaçons et la Coca Cola ça n'existait pas, encore moin au pensionnat. Donc ce verre de coca avec des glaçons, ce petit verre, reste et restera pour moi un des meilleurs plaisirs que j'ai eu dans ma vie, tient, maintenant que j'y pense, c'est peut être là que je suis devenu Épicurien.
Lorsque l'on atterri, mes parents nous reçoivent à l'intérieur de l'aéroport et ça se passe plutôt bien, ils sont contents, je trouve l'accent de mon père très prononcé. Mais à l'extérieur c'est Patrick mon petit frère et un voisin qui nous reçoivent et la c'est le choc, je ne comprend pas un mot de ce qu'ils disent, Patrick ne parle que l'espagnol et il se fout de notre gueule avec le voisin.

Une fois à la maison on se couche très vite, décalage horaire, et lorsque je me réveille je suis dans le lit de mes parents, avec mon père à mes côtés. J'ai détesté ce moment, je n'ai pas compris pourquoi on me faisait dormir avec lui. Je ne sais pourquoi, mais je sentais un peu de répulsion.
Les premiers jours on est un peu l'attraction du voisinage, Jean -Pierre comme moi, ne parle plus l'espagnol, mais lui il le comprend, et donc s'adapte plus rapidement que moi. En plus, lui il a des copains de son âge comme voisins, tandis que pour moi il n'y a personne de mon âge.

Tout les enfants sont soit de l'âge de Christine ou de Jean - Pierre, donc plus grands, ou de l'âge de Patrick, de 3 années plus jeunes.

Cette situation, celle de ne pas parler espagnol, celle de ne pas avoir de copain de mon âge dans le voisinage, et de ne pas aller à l'école immédiatement, vont faire qu'à ce moment je commence une vie d'hermite.

Je vais qu'en même avoir un ami, c'est un garçon à peu près de mon âge, ma mère l'avait embauché comme garçon à tout faire. Il habitait près de la maison dans une "vecindad" sorte de groupement de petites chambres ou appartements pour pauvres, avec une seule entrée, qui existent dans la capitale.

Après son travail on jouait ensemble, et comme il était très typé, c'était un metis, comme la plupart des mexicains, je me sentais orgueilleux qu'il soit mon amis. En plus à cette époque il y avait à la TV des feuilletons sur les aventures d'un garçon blanc (anglais) et son amis indien, et je m'identifier avec mon copain à eux, je me demande si ce n'était une forme de racisme, même si j'étais convaincus du contraire.

Pour l'école, ma mère nous a fait suivre des cours par correspondance, en attendant l'entrée scolaire. Avec Jean Pierre je restais assez unis et on jouait très souvent ensemble. Avec lui c'était plutôt des jeux de mains, on se battait, mais plutôt gentiment sans se faire du mal. On jouait également avec des jouets pas chers, que l'on achetait dans le marché populaire qui se trouve à quelques rues de la maison. C'était des cowboys en plastique avec leur chevaux, on faisait des petits villages du far west avec des boîtes en carton dans le jardin. C'était assez réussi, on provoquait même de vrais incendies dans le village, simulant des attaques de hors la loi ou d'indiens. À l'époque on passait des séries très classique du western, comme "Bonanza", " the lonely ranger", "wild wide west"etc.

Un autre jeu qui m'a beaucoup marqué, c'était avec des fourmis, on venait de voir au cinéma une super production hollywoodienne, qui s'appelait le roi soleil. Il s'agit d'une histoire complètement improbable, un groupe d'indiens venant du nord de l'Amérique débarque au Mexique prehispánique et rencontrent les Aztèques, je ne me rappelle plus de l'histoire, mais il y avait des superbes batailles pleines de guerriers, avec des splendides pyramides et de superbes décors. Donc on construisait des petites cités dans le jardin avec des pyramides en terre, puis on mettait des morceaux de chocolats au milieu. Les fourmis arrivaient et c'étaient nos guerriers!!!

Je voudrais ouvrir ici une petite parenthèse, pour parler un peu de ma mère, car son état psychologique m'a beaucoup marqué à cette époque.

Ma mère était schizophrène, selon mon père, il me le dit plus tard, ma mère avait eu sa première crise lorsqu'elle habitait New-York avec ses parents, mais je doute qu'il dise cela pour s'exonérer de sa responsabilité.

Sa première grosse crise fut un peu avant le retour de mon père de France, lors de son voyage ou ils nous laissa à l'internat pour vendre son détecteur. Comme je l'ai dit auparavant, pour financer ce voyage mon père s'endette auprès de je ne sais qui.

Comme mon père tarde à rentrer, le créancier pressionne ma mère pour se faire rembourser, et elle ne sait quoi faire, et demande de l'aide à la famille de mon père, surtout à ma tante Yvonne qui avait reçu plein de sous de la part de mes grands parents, pour la vente de l'atelier de gravure, je vous le rappelle. Mais celle-ci lui refuse toute aide, et s'en sort avec une belle gifle de la part de ma mère.

Elle se voit donc obligée de donner un chèque en bois au créancier pour le calmer, et lui demander quelques jours pour l'encaisser en espérant que mon père rentre. Celui-ci ne rentre toujours pas et le créancier, puisqu'il a maintenant un chèque, menace de faire appel à la justice. Ma mère craque et pete les plombs. Mon père en rentrant, la trouve attachée au lit. Sa famille avait emmené mon frère et ma sœur, après l'avoir attaché.

Elle fut internée en hôpital psychiatrique. Plus tard, mon père me dit qu'à cause de la maladie de ma mère à ce moment-là, on n'était pas partie vivre en France, car gaz de France, qui n'avait pas achevé son invention, lui avait proposé du travail. J'ai sus plus tard que c'était encore un grand mensonge.

La première fois que j'assistais à une de ses crises, ce fut quelques jours après notre retour de France, je ne sus ce qui l'a provoqué, mais sûrement le fait qu'elle a vécu comme une catastrophe le fait que ses deux enfants n'étudiaient plus en France. Elle m'avait dit qu'il ne fallait surtout pas laisser mon père l'emmener avec d'autres hommes l'enfermer. Et j'essayais de convaincre mes frères de nous opposer à mon père. Mais lorsque les infirmiers arrivèrent, je vis à quel point ma mère était malade.

D'autres crises suivirent, en général c'était suite à une mauvaise nouvelle, ça commençait par des insomnies, elle marchait partout dans la maison en poussant des bruits de plaintes. Très souvent elle se prenait pour une princesse russe. En général on essayait de gérer, et de l'obliger à prendre ses médicaments, on évitait le plus possible de l'enfermer à l'hôpital, elle avait une peur bleu des électrochocs.

Je ne sais pas pour mes frères, on évitait d'en parler, mais pour moi, je pense que c'est la pire des choses dont j'ai souffert dans mon enfance. Le fait de voir ma mère souffrir comme cela, et en plus je lui en voulais de nous faire souffrir en même temps. Je ne pouvais pas m'empêcher de la détester pour se comportement, elle était agressive et méchante contre nous parfois, je me disais que ce serait si simple sí elle prennait ses médicaments. Et en même temps j'en avais pitié, dans l'avant et dans l'après on voyait sa grande souffrance.

Pour les activités physiques, on faisait beaucoup de vélos ou de trottinettes dans la rue. On avait aussi les patins à roulettes, qui avec les roues en métal, faisaient un boucan terrible. C'est vrai que l'on jouait très souvent dans la rue, il y avait encore à l'époque très peu de voitures.

Ce que je préférais c'était les jeux en équipe. Comme le foot, on mettait deux pierres pour faire les buts a chaque bout de la rue, lorsqu'on était plusieurs, ou on prenait les bouches de collecte des eaux de pluies de chaque côté des trottoirs comme but, lorsque l'on n' était que quatre ou six.

Un autre jeu que j'adorais, car on le jouait entre garçons et filles, c'était le jeu qu' on appelait "quemados" qui veut dire brûlés. Il se joue en deux équipes qui peuvent aller de 4 à 8 joueurs de chaque côté et un ballon, qui peut être un ballon de voleibol ou plus petit. On dessine un rectangle sur le sol à la craie, divisé en deux et chaque équipe se place dans une des parties . Il s'agit de lancer le ballon pour essayer de frapper un adversaire, et si on y arrive, le joueur touché est brûlé, et il doit passer derrière l'équipe adverse. On gagne lorsqu'une équipe brûle tous les joueurs adverses.

Je ne me rappelle plus les raisons que mes parents ont eut lorsque vient l'entrée à l'école pour nous, mais Jean Pierre est inscrit au lycée, et moi je reste sur les cours par correspondance. Ceci va provoquer que je me renferme encore un peu plus.

Photo prise par ma mère pour faire une carte de Noël.
On se trouve sur le toit de la maison, et on fait semblant de boire de la bière, avec un soi- disant baril de bière.

Ma vie allait être réglée par des activités en solitaire, je restais seul à la maison les matins, je m'installais une table dans le jardin et je me m'étais soit disant à étudier. Vous pouvez vous imaginer que si j'avais déjà des problèmes de concentration et d'apprentissage à l'école, la ça devenait critique, j'étais tout le temps distrait avec mes mascottes.
Je pense que je compensais le manque d'amis par un très grand attachement aux animaux.

 J'ai eu plusieurs amis de quatre pattes à cette époque. Ma chienne Nika était la principale, une petite bâtarde de couleur beige et blanc, d'une hauteur d'une cinquantaine de cm, avec des oreilles à demi dressées. Comme tous les chiens elle était très fidèle. Mais elle avait quelque chose de spécial, elle s' attachait beaucoup plus aux enfants qu'aux adultes. Lorsque l'on allait faire du camping avec mes frères, c'était la parfaite compagne, elle nous éloignait les vaches qui nous cassaient les cordons de la tente et nous protégeait des possibles rôdeurs.

On faisait du camping sauvage, les campings structurés n'existant pratiquement pas au Mexique a cette époque. Notre endroit préféré c'était "las lagunas de Zempoala", un petit lac à une heure de la capitale. C'est une petite vallée à 3000 m d'altitude, des petites montagnes qui l'entourent avec des conifères, des pins , des sapins etc et une espèce endémique appelée okote. Le petit lac est alimenté par un cours d'eau d'une transparence extraordinaire.
Mes parents nous emmenaient le vendredi après midi et venaient nous chercher le dimanche, en général on était 4 ou 5, mon frère Jean Pierre, des fois Patrick aussi et un ou deux voisins. C'était super, bien que les premières fois ce fut assez difícile, on ne savait pas allumer un feu de bois, on mettait une éternité à trouver du bois sec et à réussir à faire du feu. On n'était pas équipé d'ailleurs. On avait bien sûr une tente, mais qui avait des gouttières quand il pleuvait beaucoup. On n'avait pas de sac de couchage, que des vieilles couvertures. Pour cuisiner une vieille casserole et une vieille poêle. Pour manger on avait des conserves, des boîtes de lait concentré, des œufs, des lardons, et on essayait de pêcher.

Après quelques essais ratés on a commencé à pêcher des petites carpes. Je me rappelle la première fois que je les ai cuisinés, ce fut catástrofique! De ma vie je n'avais vu préparer de poissons, donc je les ai fait frire avec les écailles et les tripes! Dégueulasse, les carpes étaient petites, et comme en plus elles sont pleines d'arêtes, ça a donné peu de viande avec beaucoup d'arêtes, d'écailles et de tripes.
Le dimanche suivant ce super repas, ma mère, après s'être bien moquée de moi, m'a bien expliqué comment vider et écailler les poissons . Un autre week-end de camping j'ai pêché une belle truite! Ce qui était très rare dans ce lac, une truite saumonée de plus d'un demi kilo. J'en ai été fier pendant des siècles, surtout que cette fois ci je l'avais bien cuisiné.
Ces week-ends de camping étaient les moments où je passais le plus de temps avec ma chienne Nika, toujours à côté de moi, ou ou de mes frères pour nous protéger. Car à la maison la règle de ma mère était, pas d'animaux à la maison, tous au jardin. Elle adorait elle aussi les animaux, avant que nous partions au pensionnat, elle avait même loué le terrain d'à côté, a peu près deux cents M 2, pour pouvoir avoir des animaux. Et là, elle a un peu exagéré car elle a acheté un petit chevreuil, deux moutons, des canards, un lapin, en plus de la chienne que l'on avait avant, de race pasteur irlandais.
C'était super pour nous, bien que l'on ne pouvait pas jouer avec tous. Les moutons, quand ils étaient petits, c'était super mignon, on leur donnait des biberons. Mais une fois adulte, le mâle est devenus agressif et avec ses grosses cornes il cognait drôlement fort, donc on leur a fait un enclos. Le lapin ne se laissait pas attraper, et il était tout le temps avec le chevreuil qui lui n'ont plus ne se laissait pas caresser. Les canards avaient leur petit bassin, et au moins eux ils nous donnaient des oeufs.
Lorsque l'on était en France mes parents ont dû rendre le terrain, et je ne me rappelle plus ce que sont devenus les animaux.
A part ma chienne, à cette époque j'ai aussi eu comme compagnons, une souris blanche, deux chattes, et une espèce de scarabé. Ce type de scarabé était traditionnellement utilisé dans l'état de Campeche comme bijoux, on lui collait sur sa carapace des petites pierres, et une petite chaîne collée à sa carapace reliait le vêtements de la dame à l'insecte qui de cette façon pouvait bouger et rester accroché. Je lui ai fait une petite maison à son échelle avec balcon, chambre etc.

La maison je la laissais accrochée à un arbre durant la journée et la nuit je la rentrais dans la cuisine.

Mais une nuit ou il faisait froid, je mit sa petite maison sur la cuisinière. Et je ne fit pas attention à la longueur de sa chaîne, mais celle ci était suffisamment longue pour qu'il s'approche de la flamme et le lendemain je l'ai trouvé mort, brûlé, il s'appelait Duke. J'en fût déprimé et me senti coupable, je garde toujours son cadavre.

La souris était toujours sur moi lorsque sois disant j'étudiais, le soir je la mettais dans sa cage, mais avec la porte ouverte, je la laissais dans la cuisine et elle sortait quand elle voulait. Elle s'entendait très bien avec les chattes, elle tétait même du lait de leurs mamelles lorsqu'elles avaient des petits. J'adorai ma petite souris, mais il faut croire que mes compagnons étaient maudit. Comme elle pouvait sortir quand elle voulait, un jour que l'on était allé au club sportif nager, (on y aller tout les vendredis après-midi) mon père, lorsqu'ils alla nous chercher, me dit qu'il avait une très mauvaise nouvelle à m'annoncer. Ma souris était gravement blessée, en arrivant à la maison je la trouva plein plein de blessures et très affaibli, c'était sûrement un chat de l'extérieur qui l'avait mit dans cet état avant que les chattes le chassent. Je fais tout pour la sauver, j'ai désinfecté ses plaies et lui ai donné de l'aspirine, mais elle n'a pas survécu. Je fut rarement aussi touché par la mort d'un animal.

Peu de temps après j'ai voulu me consoler et j'ai repris une autre souris. Je suivi le même traitement qu'avec l'autre, cage ouverte, mais celle-ci préféra se faire la malle avec des souris grises, après avoir accouché de deux souris sauvages. Ces petites souris grises étaient nées dans la cage, et même si j'essayais tous les jours de les caresser et de les apprivoiser, celles-ci restèrent sauvages et je réussi juste à me faire mordre. Leur instinct était bien plus fort que je ne le pensais, donc je les libérais et je ne revis plus ma souris blanche.

Puisque je suis dans les animaux, je vais ouvrir un chapitre sur ceux-ci, car ce sujet m'a toujours passionné.

CHAPITRE XVI

LES ANIMAUX....ET L'HOMME ? CARNIVORE ? Ou..

On parle beaucoup dernièrement des droits des animaux, beaucoup de pays commencent à légiférer sur le sujet. Je pense que c'est encore de l'Anthropocentrisme, comme si on devait légiférer sur le droit de la pluie de tomber, de l'herbe de pousser, des plantes de fleurir, etc. C'est un fait que les animaux ont la même légitimé que nous de vivre sur cette planète, nous sommes nous même des animaux, nous n'avons que très peu de temps d'existence, plusieurs espèces d'animaux ont vécu avant nous, et plusieurs autres nous survivront.
Donc faire tout notre possible pour que notre passage sur cette planète soit en harmonie avec toutes les autres espèces vivantes, est une réalité indiscutable.
A l'origine de notre espèce, nous étions omnivores, mais surtout carnivores. Les grosses quantités de protéines que la consommation de viandes a apporté à a homo sapiens lui ont permis de développer son cerveau, à la différence d'autres espèces de singes principalement vegetariennes.
Le développement de ce cerveau, a fait que nous puissions nous adapter à des différents environnements et de mettre en commun nos savoir faire, surtout pendant la chasse.

Notre relation avec les autres animaux est devenue depuis ce moment-là, une relation de prédateur/proie . La chasse nous a permis de nous nourrir, de nous couvrir, de faire des outils. Je ne pense pas que nos ancêtres, furent particulièrement cruels avec leurs proies, puisqu'ils avaient des croyances animiste, et ils ne devaient pas tuer plus que nécessaire, déjà que la chasse devait être difficile et dangereuse. Et difficilement ils doivent avoir mis en danger la survie d'une espèce par plaisir, ils sont bien sûr responsables de la disparition des grands mammifères en Australie et en Amérique du Nord. Mais cela a été dû à la croissance et à la reproduction très lente de ces espèces qui n'avaient pas de prédateur avant l'arrivée de l'homme qui était en grande expansion

Puis vient la domestication de plusieurs espèces. Mais comment l'homme en est arrivé là ? Surtout que l'on sait que le premier animal à être domestique fut le loup, il y a entre 16000 et 12000 ans. Mais le loup étant un prédateur tout comme l'homme, donc un concurrent et peut être même des fois un danger, une meute de loups pouvait facilement mettre en danger une famille isolée d'humains.

Alors comment on est arrivé à domestiquer un ennemi et pourquoi? Ma petite idée sur le sujet c'est que l'homme, en tant que bon observateur, a remarqué que le loup chassait en meute, un peu comme lui, et que dans certains cas ils étaient plus efficaces. On peut également penser que c'est le loup qui c'est approché de l'homme pour profiter des restes de la chasse.

Donc petit à petit, peut-être en leur prenant des chiots, ils ont commencé à les utiliser pour les aider à chasser et ainsi à commencer une relation et une influence totale de l'homme sur une espèce animale.

Pour les espèces domestiqué pour l'élevage à but alimentaire, je pense que l'homme en chassant les mufles ou les sangliers et autres espèces, se trouvait parfois avec les petits de ces animaux qu'il venait de tuer, et comme je suis sûr que notre espèce, comme beaucoup d'autre, est doté d'une empathie naturelle, au lieu de les tuer à leur tour ou de les abandonner à leur sort, il a commencé à les garder vivants, et c'est rendu compte que ça devenait plus facile de les faire grossir que de chasser pour obtenir de la viande. En plus, le fait de ne les tuer que lorsque l'on en avait besoin était une façon de pouvoir stocker de la nourriture.

Puis ce fut le tour de la domestication du cheval et des dromadaires, ceux-ci permirent une plus grande mobilité des humains, et le nomadisme a des fin d'élevage surtout au moyen orient, prit une grande ampleur.

L'homme commença donc une relation avec plusieurs espèces d'animaux, créés par lui. Ces espèces ne seront pas assujettie à la sélection naturelle, elles seront assujetties à la science de l'homme qui en créera des races, des variétés, d'autres espèces etc. Il en fera disparaître aussi a sa volonté.

Cette relation aura principalement un but alimentaire, ce qui n'empêchera pas une relation bienveillante entre éleveur et animal, tant que cet éleveur n'aura pour but que de s'alimenter, et satisfaire sa nécessité de carnivore, il pourra très bien traité son animal pour que celui est une vie tout à fait agréable avec une mort sans souffrance.

Cette empathie de l'homme pour l'animal, lui fera même domestiquer des espèces juste pour lui tenir compagnie.

Bien sûr il y aura de grandes exceptions, comme les sacrifices religieux des animaux, les combats de coqs et de chiens, la corrida etc..

Mais maintenant tout à changer, le capitalisme sauvage et la course au profit, on fait que l'on fasse de l'élevage une industrie cruellement insupportable.

Les grandes surfaces, les dumping socials, la mondialisation etcetera, on fait que l'élevage soit anti écolo, et surtout extrêmement assassin.

Des organisations plaident pour le végétarisme ou le véganisme, pour arrêter ces massacres. Elles plaident, pour satisfaire nos besoins en protéines, de les remplacer par des protéines végétales. Fabriquer des hamburgers végétarien à base de soya et autres.

Faire de la viande synthétique etc.

Si on fait cela, on va confier les besoins alimentaires de l'humanité à des industriels qui feront ce qu'ils voudront pour obtenir toujours plus de profits, et tout ceci sera complètement antinaturel, comme l'est le fait de vouloir nous rendre nous, espèce omnivore, en une espèce végétarienne.

Et le végétarisme ne va pas arrêter le massacre des animaux en laboratoire, ou les produits de beauté ou médical sont testé et s'obtiennent encore d'animaux. La cruauté des combats d'animaux comme la corrida. Et qu'est ce que l'on ferait de toutes les espèces créées par l'homme? comme les bovins, les porcs, les moutons, les chèvres, les poules etcetera? Puisqu'ils n'auraient aucun intérêt économique. On les supprimerait ? Personne ne voudrait les entretenir gratuitement. Donc on ferait un joli carnage? On les laisserait crever ?

Devenir végétarien n'est pas du tout la solution contre la cruauté envers les animaux, la solution c'est, comme pour presque tous les grands problèmes de notre époque, celle de finir avec le grand capital totalement dérégulé.

Avec le revenu universel, il y aurait un retour à la campagne, les éleveurs déjà installés n'auraient plus la nécessité de vendre un grand nombre de bêtes pour survivre, les personnes auraient plus de temps pour élever leur propres animaux pour satisfaire leurs besoins en protéines animales.

Mais surtout il faudrait terminer avec la tyrannie des grandes surfaces, et revenir aux marchés populaires ou les producteurs vendent directement au consommateur. A la campagne, les gens pourraient aller directement acheter chez l'éleveur, dans les petites villes, ce seraient dans les marchés populaires, et dans les grandes villes on pourrait installer des coopératives de distribution avec les nouveaux systèmes d'achat sur internet, ou des petits marchés. Pour cela on donnerait l'autorisation à chaque éleveur d'abattre ses animaux, bien sûr avec une supervision des autorités sanitaires. Ainsi on terminera avec ces industries de la cruauté et de la mort que sont les abattoirs.

Des philosophes pro véganisme, dissertent sur les raisons des hommes à manger de la viande, car pour cela ils sont obligés de tuer par milliers des animaux de manière industrielle. Selon eux, l'humanité en tuant des animaux cherche à se différencier de ceux-ci, et ainsi se constituer comme sujet, idée promue par les philosophes allemands Max Hakheiner et Theodor Adorme. Comme si, les éleveurs, les abattoirs etc. Lorsqu'ils font leur travail, leurs motivations seraient de démontrer que l'homme est une espèce supérieure, et non celle simplement de gagner leur vie.

Comme si lorsque l'on choisit sur un marché, ou une grande surface, une cuisse de poulet ou un rôti, on pensait à notre droit comme espèce supérieure de massacrer l'animal à qui appartenait cette pièce, au lieu de la façon dont on va la cuisiner.

Le mouvement antispéciste, qui est composé en général de véganes, pense que les personnes qui mange de la viande sont spécistes (qui prônent la supériorité de l'espèce humaine)
Là plupart des humains sont spécistes, mais ceci n'a rien à voir avec le fait qu'ils mangent de la viande.
L'aigle ne se sent pas supérieur au lapin qu'elle tue, ni la larve au chien, duquel elle mange le cadavre.
On c'est très bien que l'anthropophagie , a existé des les débuts de l'histoire de l'humanité et qu'elle existe dans plusieurs autres espèces, une espèce ne peut être supérieure à elle même.
C'est une histoire d'alimentation pas de supériorité entre espèces.
On veut, comme dans l'écologie, nous rendre responsables et coupables de la maltraitance des animaux, comme du réchauffement climatique. Tandis que le coupable est le système capitaliste installé et maintenue par quelques-uns.
Jocelyne Porcher à bien démontré dans son livre "vivre avec les animaux" que les éleveurs peuvent très bien avoir une relation morale avec les animaux.

Nous avons été à 99,9% des chasseurs cueilleurs dans notre évolution. La chasse met en jeu le fonctionnement et l'existence de la communauté.
Epicure disait: "manger sa viande sans amis est une vie de chien ou de loup"
Aujourd'hui on mange en pensant à son bien être, à son éthique et à l'environnement. Mais nous oublions la dimension sociale de la nourriture. La sociologie de l'enfant se fait à table, c'est là ou on lui enseigne le partage, l'égalité, le respect, le travail et l'effort, en cuisinant avec un savoir faire, puis vient la récompense en dégustant le plat. Mais ce partage se fait autour d'un poulet, d'une dinde, d'un rôti, d'un gigot, d'un poisson, que l'on a nourri puis tué pour l'occasion, ou dans les temps moderne, acheté.
Dans toutes les sociétés le moment festif ce fait autour de ce qu'avant était un être vivant, c'est un mélange de sacrifice et de mort.

Il faudrait également, en parallèle, pour finir ou diminuer avec l'empreinte écologique que représente l'élevage, augmenter notre consommation en protéines animales obtenues des insectes ou du plancton.
L'entomophagie (consommation d'insectes) a déjà 2,5 milliards de consommateurs dans le monde, l'élevage d'insectes produit cent fois moins de gaz à effet de serre et utilise 50 fois moins d'eau que l'élevage de bétail classique.
Pour cela il faut entreprendre une éducation culturelle et culinaire. Les protéines des insectes sont à portée de main et ne nécessitent aucune industrialisation.
La quantité en protéines d'un kilo d'insectes est bien supérieure à un kilo de viande et n'a pas besoin de l'énorme quantité d'eau et de CO_2 pour être produite.
En conclusion j'appelle les personnes qui deviennent végétarienne pour protéger les animaux de ne pas se tromper de combat, ce n'est pas en luttant contre nature que l'on va sauver l'humanité et les autres animaux, sinon en luttant contre ce système productiviste et inégalitaire.

Comme l'aide aux animaux passe surtout par des dons fait à des associations, je vais en profiter pour vous donner mon opinion sur les dons, surtout les dons faits à des ONG ou à des associations déclarées d'intérêt publique.

Ces dons bénéficient de crédit d'impôts, donc lorsque l'on donne une certaine quantité, un % de ce don est desfiscalise, il est en fait apporté par les contribuables, c'est à dire nous tous, donc une seule personne décide à qui le peuple va apporter son aide!

Je trouve cela ridicule, surtout lorsque l'on sait, ou plutôt que l'on ne sait pas, comment cet argent est utilisé.

Je suis d'accord avec les défenseurs de la cause animale, pour l'interdiction des zoos. Ce n'est pas possible que l'on mette en prison des animaux sauvages, juste pour que des êtres humains puissent les voir, car ils n'ont pas la possibilité de le faire dans leur milieu naturel. Alors autant mettre des vaches dans les zoos, puisque plusieurs personnes qui vivent dans les banlieues des grandes villes n'ont jamais eu la possibilité de voir une vache en vrai, ou une poule, ou un porc etc.

Pour les cirques pareil, même s'ils sont bien traités, je doute qu'ils soient plus heureux que dans leur milieux naturels. Peut-être que les animaux domestiques dans les cirques pourraient être tolérés, s'ils sont bien traités, je vois mal qu'ils souffrent davantage que ces congénères qui restent à la maison.

CHAPITRE XVII

....LE RETOUR À L'ÉCOLE

Donc ma situation fit que je devienne un peu misanthrope, pas d'amis, pas l'école. Je me renferme.

Je m'étais même fait un personnage, j'étais fan déjà à l'époque de James Bond et d'autres espions de fiction. Donc comme tout être normal, je rêvais d'être mon héros. mais je poussais ce rêve un peu trop loin, je me fabriquais un petit appareil radio de fiction, avec une gomme et une aiguille comme antenne, je lui dessinais les hauts parleurs etc..

J'emmène partout mon mini transmetteur, et à peine seul, je communique avec mes chefs virtuels...le plus souvent dans les toilettes, et je m'inventent des missions . Des fois c'est même des missions réelles, comme lorsque mon petit frère me fait chier et je me met comme mission de lui planquer le jouet que je sais qu'il veut utiliser ou à débrancher l'antenne de la TV et caché le câble pour empêcher quelqu'un de voir un programme.

Je m'y croyais vraiment en espion, et ça a duré quelques temps quand même.

En plus de mes animaux, je passais beaucoup de temps à dessiner. J'aimais énormément les bandes dessinées et aussi les comics. Donc je copiais des images de ceux-ci et j'essayais de créer mes propres personnages. Je prends même des cours par correspondance de dessin humoristique. Je me met aussi de plus en plus à la lecture.

Vu le grand succès de mes cours par correspondance, (c'est la catastrophe) ma mère décida qu'il fallait à tout prix me réinscrire à l'école. La rentrée se rapproche et on me fait un examen pour voir si je peux rentrer en cinquième, ce qui devrait être mon année scolaire.

Bien sûr vous pouvez vous imaginer que je l'ai grandement raté, le directeur a dit à mon père que mon niveau était catastrophique, et qu'il ne pouvait pas m'inscrire à l'école, il le dit en face de moi.

Du retour à la maison dans la voiture, je n'ai pas arrêté de pleurer, je me suis senti nul, archi nul, je n'étais qu'un être inférieur.

Je me rappelle très bien qu'en rentrant à la maison, ma mère m'a envoyé faire la vaisselle. Et en faisant celle-ci, j'ai pensé que j'étais foutu, que j'allais être quelqu'un sans étude, donc sans profession, avec une vie misérable. Ce fut un des moments les plus déprimants de ma vie, et vous allez voir, j'en ai eu quelques-uns. J'allais avoir 12 ans et déjà je pensais avoir gâché ma vie.

Mais je fut sauvé, je pense que ma mère a téléphoné au directeur et il a accepté de me m'inscrire en sixième.

Une année de retard a cause d'un redoublement, les 6 mois perdus à cause du changement de calendrier, plus les mois perdus dans les cours par correspondance ne furent pas cher payé.

La semaine suivante je me retrouvais à faire mon retour au lycée Franco Mexicain (cette école même si elle avait le nom de Lycée, donnait tous les cours depuis la maternelle à la terminale) j'y avais déjà passé plusieurs années, puisque j'y étais rentré à la maternelle.

Cette entrée fut un jour important dans ma vie, j'arrivais bien sûr en retard, et les places dans la classe étaient déjà prises. Je n'étais pas le seul en retard, un autre garçon arriva tout juste après moi, le prof nous dit de demander au surveillant deux tables et deux chaises.

Après avoir trouvé ce qu'il fallait, nous nous installons tout à fait à gauche du salon, collé au mur a côté d'un placard. Il y avait plusieurs allées de tables, et nous formions la seule à deux places collées au mur.

Au début je me sentais un peu mal à l'aise avec ce garçon qui était très extraverti, je vous rappelle que moi j'étais devenu très introverti. Il s'appelait Gerardo, et bien que je ne le savais pas encore, il allait devenir mon meilleur ami.

Une nouvelle vie commençait pour moi, le matin école, mon père nous y en amenait Jean Pierre et moi, Patrick allait à une autre école près de la maison, je ne me rappelle pas exactement pourquoi, mais mes parents n'avaient plus inscrit au lycée français mon petit frère et ma sœur, et ma sœur allait à une école bilingue pour fille, anglais et espagnol.

Mon père nous emmenait à l'école, car ma mère ne conduisait pas et les services de transport public étaient nul, On était presque toujours en retard, on habitait un peu loin, et mon père ne fut jamais très responsable.

La rentrée était à 8:30 du matin et la sortie à 14:00, là aussi mon père était toujours en retard. C'était atroce, pour un enfant le temps passe très lentement, et se retrouver tout seuls à attendre était penible, plus aucun élève était à la sortie de l'école lorsque papa arrivait.

Une fois dans la voiture, la vie devenait belle, même si on met du temps à arriver, après un bon repas fait par ma mère, je retrouvais mes animaux, mes livres et mes dessins. Pour les devoirs ça allait, je n'étais pas si en retard, surtout en mathématiques, bien sûr je faisais le minimum nécessaire.

À l'école j'étais tout le temps avec Gerardo, et comme on habitait très loin l'un de l'autre, au moin 35 mn en voiture, 1:30 en bus, et au moin 3 heures en vélo, donc pour pouvoir se voir aussi hors de l'école, on décida de s'inviter mutuellement à passer des week-end des fois chez moi, des fois chez lui. Nos parents étaient bien sûr d'accord, surtout les miens puisque je n'avais pas d'amis.

Vacances à Acapulco
Des vacances avec la famille de Gerardo lorsque l'on est en cinquième. Là, on est sur un bateau qui fait le tour de la baie avec des activités à bord.
De gauche a droite ; Moi, Gerardo et sa sœur Dominique.

C'était le plus souvent chez lui d'ailleurs, car sa mère n'était pas toujours très chaude pour aller le chercher, et nous préférions sa maison, étant dans un quartier plus riche, il y avait plus de choses à faire. Il y avait plusieurs parcs, des cinémas et d'autres élèves qui habitaient le quartier.
Le père de Gerardo était le fils unique d'une famille juive Polonaise, qui avait fui l'occupation Nazie. Le père monta 3 usines de textiles à Mexico, et à son décès, il mourut jeune, la grande mère de Gerardo hérita des usines.
Le père de Gerardo se mit à en administrer une, et il fit faillite, j'ignore pourquoi, et je pense que Gerardo ne le savait pas trop, il buvait et jouait, mais je ne sais pas si ce fut la cause.
Une autre usine prit feu, et l'autre la grande mère l'a vendu, mais le père de Gerardo voulait s'en occuper. Tout cela bien sûr, avant que je fasse la connaissance de Gerardo. Je vous raconte tout ça pour vous faire un peu comprendre l'ambiance et la vie chez mon ami. Le père ne travaillait pas, il jouait au Bridge, c'était un champion, mais buvait un peu trop aussi.
La mère était une fille unique aussi, elle avait migré au Mexique avec sa mère après la guerre, après le divorce de celle-ci. C'était une femme très belle, elle avait travaillé comme mannequin et avait eu quelques petits rôles dans des films populaires avec des grands comiques mexicains, avant de se marier avec le père de Gerardo. Elles non plus ne travaillait pas. Mais je crois qu'elle donnait des cours pour mannequins dans une école d'une ancienne mannequin très connue. C'était la grande mère, la mère du père, qui apportait les sous.

Gerardo et moi n'étions pas de très bon élèves, mais ça allait, on avait la moyenne, j'étais bon en maths et nul en français. On a réussi quand même à passer en cinquième.
De cette année scolaire je retiendrai, à par là minijupe de la prof d'histoire géo, jaja!

et des bavardages avec Gerardo en classe, une petite histoire avec une fille.

Un jour mon ami me demanda si une fille me plaisait dans la classe, je lui donna le nom de Denise, une fille assez mignonne, mais en vérité c'était une autre fille, une américaine appelé Linda qui me plaisait énormément, mais je ne voulut pas qu'il le sache. Et le lendemain, Gerardo m'attendait à l'entrée de l'école pour me dire qu'il avait donné une lettre à Denise de ma part en lui demandant si elle voulait être ma petite amie et qu'elle avait dit oui. Il était tout content de m'apprendre que j'avais une copine! Mais moi, j'étais paniqué! Je ne savais pas quoi faire!!Pendant les cours, on se jeta quelques regards, mais entre les cours on s'évitait et heureusement, au moins pour cette occasion, pendant la récré on était séparés entre filles et garçons.

Je me sentais archi nul, et j'ai décidé de lui acheter une boîte de chocolat pour le lendemain. Et là, elle m'annonça qu'on n'étaient plus des petits amis, j'en fus soulagé et je crois que jamais je n'ai pardonné à Gerardo cette intromission dans mes amours.

En cinquième on se retrouve encore voisins de table, et collés au mur du côté opposé au bureau du prof. Ce qui n'allait pas arranger les choses pour nous.

C'était l'époque de la minijupe, nous, on était en plein dans l'adolescence, nos voisines de table étaient que des filles, dont deux d'entre elles très belles, avec des superbes jambes, d'ailleurs Soraya allait devenir mannequin. Notre prof d'histoire géo de l'année dernière, avec sa minijupe, nous donne aussi des cours cette année-là.

Comment voulez-vous que l'on puisse se concentrer en classe dans ces conditions ?

En plus, comme je vous l'avais déjà dit auparavant la récré n'était pas mixte. On était séparé par une grille, et de l'autre côté de celle ci, les filles pouvaient s'asseoir sur une marche, nous on pouvaient s'assoir sur un rebord ou était fixé la grille, donc on pouvait faire semblant de bavarder et jeter des coups d'oeils aux cuisses des filles. On appelait cela la foire aux jambes !!

C'était une école avec uniforme, pantalon gris, chemise blanche et chandail bleu marine pour les hommes, et pour les filles, blouse blanche, chandail bleu marine et jupes plissées grises, celle-ci ne devaient pas être très courtes, mais une fois passé l'entrée, les filles les roulaient pour les raccourcir pour notre plus grand bonheur.

Gerardo poussait même le vice en classe, pour voir les jambes de la prof, il allait jeter un bout de papier dans la corbeille qui se trouve du côté opposé au bureau à côté du tableau, et de cette façon il pouvait jeter un petit coup d'œil.

Donc tout cela et en plus, bien sûr, de la fainéantise, fait que l'on a raté notre année scolaire. Gerardo fut expulsé, car sa moyenne fut très mauvaise, et moi, peut-être grâce au maths je n'eu pas la moyenne mais de peu, donc on me permit le redoublement.

Comme nous étions dans des écoles différentes l'année suivante, on ne se voyait plus tous les jours, et comme chez moi on n'avait pas le téléphone la communication devenait un peu difficile. Soit moi je lui téléphonais depuis une cabine, soit lui il venait me chercher en vélo à la sortie de l'école.

Donc on continue à se voir régulièrement et à passer des week-ends ensemble.

Lorsque l'on était chez lui on passait du temps à jouer au ping pong dans la table de la salle à manger en utilisant un pot de fleur comme filet. On bavardait beaucoup de tout et n'importe

quoi. Le soir c'était ciné en général. Mais on restait souvent à la maison, sa mère et son père étaient souvent absents, et les sœurs ne nous dérangeaient pas.
Tandis que chez moi, pas de cinéma proche, ma mère était toujours à la maison, et le seul avantage d'être à la maison de mes parents c'est qu'il y avait aussi mon frère Jean Pierre pour s'amuser avec nous.

Je vais vous raconter quelques-uns des grands moments de cette complicité qui étaient nés entre nous trois, je veux dire à cette époque, car aujourd'hui encore, même si on se voit rarement car on habite très éloigné l'un de l'autre, on est resté très proche.
Comme tous les trois on rêvait d'aventure, on décida un jour de faire à pied le parcours de la capitale au lac de Zempoala, là où on allait très souvent camper.
Mon père devait nous laisser à la sortie de la capitale, et une fois hors de l'agglomération, on allait suivre la route jusqu'au lac, ça faisait à peu près 50 kilomètres.
Donc on partit avec un sac à dos chacun d'une dizaine de kilo, à l'époque, l'équipement de camping n'était pas très démocratisé et était très cher, on devait donc porter une tente assez lourde, et des couvertures, car il faisait assez froid là bas. Nika, la chienne, nous accompagnait.
Au début tout allait bien, on était parti vers 9 heures du soir, pour ne pas avoir trop de voitures car on marchait sur le bas-côté, on marchait une heure pour faire 5 km et on se reposait un petit peu. A minuit on fait un grand arrêt pour manger quelque chose et on allume un feu.
On était très fatigué mais optimiste pour continuer..
Le sac à dos devenait de plus en plus lourd, comme les cuisses également. Nous somme arrivés au petit village Tres Marias, avant de monter sur les lacs , vers 6 heures du matin, on s'est écroulé sous un arbre, morts de sommeil et de fatigue. On ne pouvait plus bouger, mais si on restait là on n'y arriverait jamais, donc Jean Pierre et moi nous nous sommes mis en marche, Gerardo ne voulait plus rien savoir et voulait prendre le bus. Je crois que l'on ne fait même pas un kilomètre et on s'écroule sur le bord de la route. La douleur aux cuisses était atroce.
Nous voulions à tout prix réussir, mais lorsque Gerardo passa sur une Pickup qui l'avait pris en auto-stop, je fus le plus heureux du monde de ne plus avoir à marcher.
On décida de ne rien dire à personne que l'on avait fini en auto-stop.
On pense toujours que l'on est capable de tout, mais notre corps à des limites qu'il faut respecter, si en plus on ne fait presque pas d'exercice pour le connaître !!! Enfin on était super content de notre exploit et on passa deux superbes jours à se reposer et à s'amuser, à l'époque nous avions 15, 13 et 12 ans.

Un été, notre ambition pour les aventures augmenta d'un cran, ou plutôt de plusieurs .
On avait entendu parler de plusieurs aventuriers descendant des fleuves dans la forêt vierge, on en avait vu dans des films ou des documentaires. On parlait beaucoup au Mexique du fleuve Usumacinta, un grand fleuve qui traversait la plus belle forêt vierge du Mexique au Chiapas. Mais ce fleuve se trouve assez éloigné de la capitale.
On regarda sur une carte, et le grand fleuve le plus proche était Le Balsas, et en plus il y avait un affluent de celui-ci qui passait par un village à deux heures de chez nous.
Donc on commença à préparer notre expédition, qu'est ce que l'on pouvait être inconscient!
D'abord on avait besoin d'un radeau pneumatique, et bien sûr on avait pas un sous et nos parents n'étaient pas prêt de dépenser dans ces conneries.

115

Donc on on fait appel à Mamalota, c'était la grande mère de Gerardo du côté de son père, celle qui entretenait la famille.

Cette dame m'aimait beaucoup. La famille de Gerardo, sauf le père bien sûr, mangeait tous les vendredis chez la grande mère, et lorsque j'allais passer le week-end chez eux, moi aussi j'y allais. La bouffe était bonne, et comme j'étais déjà un grand gourmand très poli, je faisais un grand honneur à son repas, ce qui la rendait très heureuse.

Je fus donc obligé d'accompagner Gerardo demander à la grande mère l'argent pour acheter le radeaux pneumatique. Ce ne fut pas facile du tout, elle nous fit un serment de plus d'une heure, surtout à Gerardo sur sa responsabilité envers sa famille, ses études etc. Je me demandais si cette retenue des adultes qui ont de l'argent pour les donner à leur proches, est vraiment une envie et une responsabilité, pour qu'ils ne fassent pas de bêtises, ou simplement de la radinerie. Après tous ces discours je sortis convaincu de la deuxième. Mais on eu l'argent.

Donc on est prêt pour notre expédition, et on fixe la date pour les prochaines vacances d'été. Sur le radeaux on s'installerait tout les trois plus la tente et quelques autres articles, et pour les provisions, et autres, on avait fait un petit radeaux avec la chambre d'un pneu de camion auquel on avait fait un font et une couverture imperméable. On allait l'attacher au radeaux pour le remorquer.

Donc début de l'aventure, on prend le bus. On est super chargé mais on arrive à tout arrimer au bord de l'eau sous un pont ou passe le bus. On peut dire que l'on a eu de la chance, je ne m'imagine pas ce que l'on aurait fait si le bus passait loin du fleuve.

Le fleuve est assez large, mais on voit qu'il n'y a pas beaucoup d'eau et que c'est plutôt des petits rapides. On se regarde un peu, sans rien dire, moi personnellement je suis assez inquiet mais je ne dit rien. Comment on a été aussi bête pour penser que le fleuve allait être un fleuve tranquille avec un courant suffisant pour nous emmener sans danger!! Comment on ne s'est pas renseigné? Comment nos parents nous ont-ils laissé faire ?

Bon on a tout préparé, on a dut pousser un peu le radeaux au début, et ça y est, on était parti pour la grande aventure.

Très rapidement on c'est trouvé dans des petits rapides, pas dangereux et plutôt amusant, ça commençait très bien, mais les rapides n'ont pas duré longtemps , le fleuve se fit un peu plus étroit, plus profond et bien sûr moins rapide.

Diriger un radeau pneumatique en traînant un autre petit radeaux derrière, avec un courant faible qui vous pousse plutôt vers la mangrove, c'est relevé être très difficile.

On passait notre temps empêtrés dans les branches des arbres qui plongeaient dans l'eau, et on avait une peur bleu de crever le radeau avec. Après plusieurs engueulade entre nous, ce jetant la faute les uns au autre, on finit par pouvoir conduire le radeau au centre de la rivière.

Le paysage était fantastique, une forêt luxuriante des deux côtés du fleuve, et plein d'oiseaux, on voyait de temps en temps des pêcheurs, qui par groupe de deux ou trois, pêchaient au bord du fleuve avec du courant électrique, un ou deux garçons étaient dans le fleuve, de l'eau jusqu'à la taille avec un filet, tandis que l'autre se tenait sur le bord avec un petit générateur manuel, et des électrodes plongés dans l'eau. Au moment où le courant passait, les poissons sautaient hors de l'eau pour éviter le choc électrique et les autres les attrapaient avec les filets. Les pêcheurs qui étaient dans l'eau recevaient également leur parts du jus, ce qui ne devait pas être marrant vu la tête qu'ils faisaient.

Le courant calme ne durât pas très longtemps, on eut encore quelques rapides, et on se dit qu'il faudrait peut être songer à s'arrêter car c'était déjà l'après midi et on n'avait pas manger.

On était dans une partie du fleuve peu profond mais avec du courant, et dans un tournant du fleuve on vit une petite plage dans la partie intérieure du virage, et on décida de s'arrêter. Mais s'arrêtait en plein courant c'est facile à dire, vu que l'on n'arrivait pas à s'approcher de la plage, je descendi dû radeaux avec la corde pour l'arrêter car l'eau n'était pas profonde, mais je fut entraînait pendant plusieurs mètres avec mon ventre raclant les rochers jusqu'à ce que je réussisse à me metre début et à l'approcher de la plage.

L'endroit était super, comme je l'ai déjà dit on se trouvait à l'intérieur du tournant du fleuve, c'était une plage de sable et de galet d'une cinquantaine de mètres de longueur pour une dizaine de large, qui remontait tout doucement vers la forêt vierge, et qui avait juste un petit talus avant la végétation. À cet endroit le fleuve était assez large et peu profond, mais tout de suite après, il se ralentissait et s'engouffrait entre deux falaises
.

Il était temps que l'on fasse un point, ce que l'on venait de vivre, nous fit voir à quel point d'inconscience on était arrivé, comment on ne s'était pas renseigné sur la navigabilité de ce fleuve!!! Comme on ne pouvait pas voir, comment le fleuve se poursuivait, à pied, puisque celui-ci était bordé de falaise quelques mètres plus loin. Donc après quelques sandwichs on rentre dans la forêt vierge pour essayer de voir depuis le haut de la falaise comment continue le fleuve.

Avant de continuer, il faut que je vous dise un truc important pour comprendre ce qui va suivre. Mon grand père de la part de ma mère, avait laissé chez nous trois ou quatre malles, qu'il n'avait pas pu emmener en France à son retour de son séjour au Pérou ou au E.U. Dans ces malles qui étaient stockées dans le garage, en fouillant dedans comme tous les gamins curieux, on avait trouvé entre autres, un pistolet 9 mm avec quelques balles, et bien sûr sans rien dire aux parents, mon frère avait décidé de l'emmener avec nous dans cette excursion.
Donc mon frère prit le pistolet avec lui lorsque l'on essaya de monter en haut de la falaise, bien que l'on trouva quelques sentiers dans la forêt, aucun ne se dirigeait vers celle-ci. On essaya de passer entre les arbres, mais la végétation était trop dense. Jean pierre en profita pour faire deux ou trois tirs avec le pistolet, et on rentra monter notre campement et prendre une décision. Nous avions trois choix, continuer avec tous les risques que ça représentait le fait de ne pas connaître le fleuve, rentrer, ou rester quelques jours dans cet endroit si joli car nous avions des vivres pour quelques jours.
Pendants que nous discutions en montant la tente, un paysan est arrivé et a commencé à discuter avec nous, nous lui avons demandé comment le fleuve continuait en aval mais il nous dit qu'il ignorait, qu'il savait que celui ci continué quelques kilomètres entre les deux falaises, mais qu'il avait entendu qu'une parti du fleuve rentrait carrément dans un gouffre, et que plus loin il y avait même une chute d'eau.
Dans la conversation il nous raconta un peu sa vie, mais il nous interrogea également sur nous et ce que l'on faisait. Nous on lui répondu avec franchise et en plus on lui raconta que l'on était armé donc bien protégé, au cas où il voudrait nous voler. Grosse erreur, bien qu'il avait peut-être entendu les coups de feu.
Après, au moins deux heures de bavardages, il partit, et nous on fini de monter le campement. Notre décision était prise, nous resterions quelques jours sur place, et on se renseignera sur un chemin de retour ou sur la véritable navigation ou non du fleuve. On avait vraiment était inconscient, on savais même pas où on se trouvait et comment rentrer, et on venait peut être d'échapper à une catastrophe si on ne s'était pas arrêté juste à ce tournant du fleuve.

Le soir venu, on fit un feu et je commençais à faire le dîner. J'avais le dos tourné au fleuve, et mes compagnons étaient assis en tournant le dos à la forêt, je vis tout à coup du mouvement, mais trop tard, deux individus avait pris Gerardo et Jean Pierre par la gorge et nous obligèrent à nous lever et à nous diriger vers le fleuve. Si on n'obéissent pas ils trancheraient la gorge à Gerardo a qui l'un d'entre eux tenait une serpe collée à son cou.

J'étais sûr que l'on allait mourir, je me voyais déjà dans le fleuve...L'un d'entre eux nous ordonna de regarder vers le fleuve et de ne pas nous retourner, pendant que l'autre fouillait dans la tente. On commença mon frère et moi à leur dire qu'ils avaient intérêt à ne pas nous faire du mal car sinon nos parents viendrais avec plein de gens nous venger, je poussais même jusqu'à faire appel à leur religion et sur le danger d'aller en enfer qu'ils encouraient en nous faisant du mal.

On était vraiment mal, plus Gerardo qui avait la serpe dans sa gorge et ne disait rien.

Mais ce fut rapide, celui qui fouillait la tente trouva rapidement ce qu'il cherchait et ils partirent d'où ils venaient en nous promettant de venir nous tuer si on se retournait avant cinq minutes, ou si on essayait de les suivre. Je peux vous dire que l'on a obéi.

Après ce fut le grand soulagement, on était au moins en vie et en un seul morceau.

Ils étaient juste venus nous voler le pistolet, on aurait jamais dû leur dire, car c'était sur que l'un des agresseurs était notre paysans avec qui nous avions bavardé l'après-midi, ou au moins c'est lui qui avait passé le message. On croyait les maintenir à distance et c'est le contraire qui c'est passé.

Je crois que le plus courageux fut Gerardo, car lui avait la serpe sur la gorge, même s'il n'a rien dit. Moi, après coup je me trouvais un peu ridicule d'avoir essayé de leur faire peur avec les pêchés de la religion.

On avait encore peur qu'ils reviennent, donc on fit des tours de garde armés d'un arc et des flèches, on ne restât pas longtemps réveillé , on était crevés avec toutes ces aventures.

C'était la première fois que j'étais affronté , ou croyais l'être, à la mort.

Mais c'est vrai que la peur partagée est plus supportable, le fait de sentir que l'on est pas seul face à un danger ou un malheur, nous fait sentir que le mal est moindre. Plusieurs choses que l'homme ne pourrait faire tout seul: Les soldats se lancent plus facilement dans la bataille à plusieurs que seuls, même s'ils sont presque sûrs d'y laisser leur peau. Ceci démontre un peu le besoin que l'on a entre nous de solidarité. Mais malheureusement l'envers est aussi vrai, lorsqu'il s'agit d'un prix ou d'une récompense, en général on préfère le recevoir seul, la solidarité humaine ne va pas aussi facilement dans les deux cas. On aime partager les malheurs, mais pas les succès.

Le lendemain on avait une sorte de gueule de bois, notre belle aventure se terminait dans un cauchemar, mais on avait également le sentiment d'avoir échappé à quelque chose de plus grave et que ce n'était pas encore fini. On ne savait pas où on était et par où aller, on était trop chargés pour aller à pied sur les sentiers, donc on décida de traîner le radeaux dans l'eau en marchant au bord du fleuve. C'était pas facile, à certains moments on y arrivait, mais à d'autres, on devait le décharger, le tirer sur terre et le remettre à l'eau. On avait fait moins d'un kilomètre et on savait plus quoi faire, on pensait chercher de l'aide mais on avait peur de tomber sur nos visiteurs de nuit.

On était là à essayer de prendre une décision, lorsque l'on voit sur l'autre rive une sorte de barrières à quelques mètres du bord, et on remarque plus haut des feuilles du type bananiers ordonnées, donc une plantation. Il nous faut traverser la rivière. Dans cette partie du fleuve il n'y avait pas beaucoup de courant, mais on n'avait pas pied, comme j'étais le meilleur nageur des trois, c'est moi qui va traverser. Je remonte un peu à pied le bord de la rivière de notre côté pour que lorsque je rentrerais dans l'eau en nageant vers l'autre bord, le courant m'emmène à l'endroit où l'on veut passer. Je tire avec moi la corde pour que de cette façon on puisse tirer les radeaux. C'est marrant, comme à cette époque je suis un fan de Bob Morane un héros de roman d'aventure, nos sérieux ennuis je les oublie lorsque je traverse à la nage, et je me sens un héro de mes bouquins.

La traversée est une réussite, on passe sur l'autre bord, et effectivement il s'agit d'une plantation, non de bananes mais de papayes. On en bouffe au moins deux grosses papayes, on a faim et soif. On emballe tout et on cherche quelqu'un, on trouve le gardien de la plantation qui nous emmène à la station de bus d'un petit village qui se trouve assez proche. On n'avait pas beaucoup avancé, on était à deux heures trente de la capitale !!!!

De retour à la maison on a fait un pacte de ne rien dire, pour que nos parents ne s'inquiètent pas.

Je m'en voulais à moi et à mes compagnons de ne pas avoir mieux préparer cette aventure, mais j'en voulais davantage à mes parents de nous avoir laissé faire, surtout à mon père qui se ventait de tout savoir sur la forêt vierge et de ses fleuves, puisqu'il y avait chassé plusieurs fois. Mais en y réfléchissant un peu et avec la chance que l'on a eu, on peut dire que l'on a pu profiter encore de la nature comme nos enfants ne peuvent plus le faire, d'un côté à cause du désastre écologique, et de l'autre à cause de la violence qui existe au Mexique actuellement.

CHAPITRE XVIII...... L'Écologie, science ou idéologie?...

Le père de l'écologie comme science fut l'allemand Haeckel, science qui est supposé étudier le milieu et les interactions entre les différentes populations d'espèces vivantes sur la planète. Celui qui lança l'écologie politique fut principalement le philosophe André Gorz, bien que marxiste il n'intègre pas le rapport humain/nature seulement au rapport de force capitaliste / travailleur.

Des lobbies écologistes et anti écologiste ont fini par mélanger sciences et idéologies dès lors que l'écologisme est apparu comme source de profits.

Lutter contre le réchauffement climatique est devenu un enjeu moral, social et politique en même temps que l'écologie verte pourrait devenir rentable.

Depuis, tous les courants politiques se sont emparés de l'écologie politique, de l'extrême gauche à l'extrême droite. Il existe des partis, appelés parti écologique ou vert, dans presque toute les élections des pays occidentaux. Mais ils n'ont pas tous les mêmes idées. Au Mexique il y avait un parti écologique, créé par une famille et dirigé comme une entreprise familiale comme les Le Pen en France, et presque avec la même idéologie.

Certains prônent la décroissance pour éviter la catastrophe, et d'autres pour une croissance verte. Mais tous veulent nous rendre responsables, pour que l'on change notre mode de vie, pour que l'on mange moins de viande mais de meilleur qualité, pour que l'on achète des poulets fermiers élevés en plein air, pour que l'on n'achète que des fruits et légumes bio,pour que l'on achète une voiture électrique etc.

Mais c'est une petite minorité qui peut se permettre ça. Comment voulez vous qu'un chômeur ou un travailleur pauvre, qui sont d'ailleur de plus en plus nombreux, ou un jeune étudiant boursier, puise, en allant faire ses courses, penser au bien être de la planète et acheter un beau poulet fermier, et après n'avoir plus du tout d'argent pour manger du poulet le reste du mois, au lieu d'un poulet premier prix, qui va lui permettre d'en remanger? Ou comment ferait la plupart des gens qui ne peuvent pas changer leur vieille voiture diesel pour une électrique?

On veut finir avec les énergies fossiles qui sont super polluantes et responsables en grande partie du réchauffement climatique, et que l'on se mette aux énergies renouvelables. Mais si les énergies fossiles ont prît une telle importance dans notre civilisation, ce n'est pas seulement par leur utilité, si on n'avait pas découvert leur combustion ceci ne veut pas dire que la civilisation n'aurait pas progressé techniquement, on aurait peut-être déjà contrôlé l'énergie solaire, mais c'est plutôt parce que c'était un grand business. Je vous rappelle que rien qu'aux Etats Unis a la fin du XIX siècle, des milliers de puits dans les champs utilisait l'énergie éolienne pour puiser l'eau.

Le pétrole II fallait juste se l'approprier et l'extraire. Toute notre société est basée sur cette énergie, et notre société est une société capitaliste financiarisé à l'extrême, donc pour remplacer cette énergie par une où plusieurs énergies non fossiles, il faudrait que celles -ci soient plus lucratives. Et ceci est impossible, on pourra gagner de l'argent dans les équipements solaires ou éolien, mais l'énergie solaire, comme l'éolienne, ou la géothermie, ne sont pas comme les énergies fossiles, un produits, on peut pas capter les rayons de soleil et les vendre, ni le vent, ni les vapeurs souterraines, donc jamais on ne sera compétitif, elles ne produiront jamais autant de bénéfices

Et si on veut capter ces énergies et les vendre en forme d'électricité, en ouvrant le marché à la concurrence et aux lois du capital, pour que ces entreprises soient lucratives, il faudrait obliger les gens installés prêt de ces centrales à acheter leur électricité à ce fournisseur et être obligé de consommer une certaine quantité pour le bénéfice de cette entreprise. Ce qui serait contre la libre entreprise.

La seule solution c'est que les etats contrôlent toutes les sources d'énergies, il faut que ceux qui utilisent les énergies pour produire et faire des bénéfices, payent suffisamment cette énergie pour que ceux qui la consomme par nécessité n'en manque pas.

La planète, son énergie et ses ressources appartiennent à tous les habitants de la terre, et j'inclus tous les êtres vivants, depuis les bactéries jusqu'à nous, en passant par les plantes, les animaux et autres.

Je ne suis pas du tout d'accord avec l'écologie dite politique, l'écologie est une science et doit le rester, ce n'est pas une idéologie. Seuls les scientifiques qui sont formés pour cette science et qui l'étudient, doivent nous éclairer sur ce qu'il faut faire pour maintenir une bonne relation avec les autres habitants de la planète et ses ressources.

Les politiques et autres n'ont aucun droit de se dire écologistes. C'est comme si on avait des partis de mathématiciens, de médecins, de plombiers etc. Sans être ni l'un ni l'autre.

Des gens comme Nicolas Hulot qui gagnent leur vie, et la gagnent très bien, en se disant qu'ils sont là, comme sauveur de la planète, et que c'est leur seul intérêt, tout en étant financés par les plus grands pollueurs de la planète, gagnent beaucoup par leurs bouquins et leurs documentaires *mais ne financent aucune étude écologique . L'écologie politique est devenue un grand business.*

La planète va mal, ce n'est pas l'humanité qui l'a mit dans cet état, mais seulement une partie de celle-ci. C'est à cette partie-là de financer la bonne conduite de l'humanité envers la planète, c'est elle qui s'est enrichie en exploitant les ressources, à elle maintenant de faire des sacrifices financiers et de structure.

L'agriculture, l'élevage, et tout ce qui a une relation avec l'alimentation, est soit disant gérer selon les lois du marché. Ce secteur est un des plus importants pour l'écologie et l'humanité. Mais ce n'est pas possible de continuer. L'alimentation n'est pas un produit que l'on peut laisser à l'offre et à la demande, les plus libéraux le savent, et c'est pour cela qu'ils mettent en place des subventions.

Le fait de mettre les produits alimentaires, sous la concurrence des différents acteurs, a provoqué des baisses de prix sur plusieurs produits ce qui fait que les gens ne peuvent plus vivre de leur travail. Un exemple, au E.U. pour aider les exploitants, le département américain de l'agriculture a acheté 20 millions de dollars de fromages pour faire monter le prix, pour ensuite les distribuer aux banques alimentaires.

Pourquoi ne pas en finir avec cette hypocrisie, reconnaître que le capitalisme et le libre marché ne fonctionnent pas avec l'alimentaire, et fixer des prix selon la nécessité des producteurs et des consommateurs pour chaque région et saison de l'année.

On veut que l'on consomme intelligemment, que nous soyons responsable de nos actes, que l'on éteigne tous les appareils, qu'ils ne soit pas mit en veille à cause du petit led allumé, que l'on choisisse des produits avec peu d'emballage, que l'on passe des heures à lire les étiquettes pour voir l'origine du produit de façon qu'il n'ait pas trop voyagé, son empreinte carbone, qu'il ne contienne pas de l'huile de palme etc.

Mais ce n'est pas nous qui fabriquons les appareils avec un led, ce n'est pas nous qui importons des produits de pays lointains, ni nous qui fabriquons des produits à l'huile de palme. Pourquoi si c'est si mauvais on ne l'interdit tout simplement pas. C'est aux industriels, aux producteurs, aux pêcheurs de faire des produits écologiques, et à l'Etat de les aider et de les obliger à le respecter. Ce n'est pas à nous de faire le tri.

L'écologie n'est pas une affaire de démocratie, de bien vouloir du peuple, c'est une obligation de l'humanité, donc imposons, en plus d'une dictature de la justice, une DICTATURE DE L'ÉCOLOGIE.

Petit exemple; la pollution du plastique est connue depuis longtemps, on a fini par interdire dans quelques pays le sac plastique jetable, on a même découvert le septième continent etc. Mais on n'en parlait pas trop, préférant parler du réchauffement climatique. Mais depuis quelques mois (j'écris ces ligne en septembre 2018) on n'arrête pas les articles de presse, les documentaires, etc de parler de cette pollution et de sa gravité, on essaye de nous conscientiser sur ce problème, de trier davantage, d'éviter l'achat de trop de produit sur emballé, de nettoyer les plages, etc on va même interdire les pailles (c'est le seul truc que les lobbyistes ont accepté) mais pourquoi maintenant ? Et bien tout simplement parce que la Chine a décidé de ne plus nous acheter nos déchets plastiques!! Et maintenant on est bien emmerdé et il faut donc mettre à contribution ce peuple en le culpabilisant, et que si ça va si mal c'est parce qu'il ne fait ce qu'il faut.

L'écologie est une science, et comme telle, elle doit être basée dans la vérité et la réalité. On est arrivé à un point de sophistication des calculs, des expériences, et des statistiques, que tout se prête à des vérités partielles au service de croyances convenues. On peut même les falsifier. En plus, dans des domaines où l'expérimentation n'est pas possible, ceux-ci deviennent source d'aveuglement et de croyance idéologiques.
La science est-elle vouée à se dissoudre elle aussi dans le mensonge?
Je vais ouvrir ici un sous chapitre pour parler un peu de celle-ci.

LES SCIENCES….une recherche du savoir? Ou une course aux profits ?

Au début de notre histoire humaine, nos premiers scientifiques étaient un peu touche à tout. Dans certaines sociétés c'était des sacerdotes, qui s'occupaient des recherches principalement d'astronomie et de mathématiques , pour mieux prédire les saisons et dominer de cette façon les peuples, des chamans dans la santé et la nature, des constructeurs dans la recherche de matériaux et techniques etc.
Ensuite les grands philosophes grecs, non seulement étudiaient la philosophie, mais beaucoup d'entre eux étaient de grands mathématiciens, physiciens, astronomes, médecins etc. Et même politiciens. Les romains, comme dans beaucoup d'autres domaines, suivirent leurs écoles de philosophie.
Après l'avènement du christianisme, et la domination de cette religion dans l'occident, cette partie du monde eut une grande parenthèse dans les recherches scientifiques pendant des siècles, tandis que dans certaines parties du monde elles avançaient.
Les philosophes et mathématiciens du moyen orient prendront un peu le relais des romains et grecs, et d'ailleurs c'est eux qui plus tard vont faire redécouvrir ces philosophes aux occidentaux.
Déjà dans l'antiquité, des philosophes grecques avaient une bonne idée de la réalité de notre monde, savoir que les religions allaient retarder pendant des siècles.
Le philosophe épicurien Lucrèce, (siècle I avant J.C.) dans son poème de la nature des choses, disait il y a plus de 2000 ans:

- *L'univers n'a pas de créateur et il est infini, et idem pour le temps*
- *Les premiers hommes ne connaissent ni le feu ni l'agriculture, ils utilisaient des cris inarticulés et des gestes pour communiquer*
- *La vie est gouvernée par le hasard*
- *Les êtres vivants sont produits par une évolution aléatoire*
- *Ils sont dotés de libre arbitre, et l'humanité disparaîtra un jour*
- *L'âme périt avec le corps et il n'y a pas de vie après la mort.*
- *Le monde est fait d'atomes, le vide est présent dans tout l'univers*
- *Les religions sont des illusions, destinées à asservir les hommes*
- *La vie ne vaut d'être vécue que si elle est consacrée à la poursuite du bonheur*

Beaucoup de ces réalités, la communauté scientifique, ne les reconnait que depuis le XXème siècle.

Un exemple qui montre que les sciences ont été très présent sur depuis les premières civilisations humaines, c'est le cas de la trigonométrie qui est née il y à plus de 4000 ans en Mésopotamie, Babylone (sumérien). On a trouvé une tablette qui permettait de calculer les côtés d'un triangle rectangle en utilisant des opérations à base 60, au lieu de celle à base 10 que l'on utilise actuellement. Celle à base 60 permet des calculs plus exact dans les fractions trigonométriques. Ces calculs étaient d'une grande utilité pour les bâtisseurs, qui par exemple leur permettaient de connaître le nombre de pierres ou de briques nécessaires pour faire un toit en pente.

On peut être sûr que d'autres grands bâtisseurs, comme les Mayas, Aztèques ou Égyptiens avaient aussi de leur côté eu connaissance des calculs trigonométriques.

On peut en conclure que les sciences sont universelles et ne dépendent ni de croyances ni de cultures, le cerveau humain a découvert les lois de l'univers indépendamment de sa culture.

On peut dire que les scientifiques en tant que tels, comme on les connaît maintenant, on tardé a existé. Les premières grandes découvertes furent l'œuvre de personnages que l'on pourrait appeler penseurs universels. Archimède, mathématicien, philosophe, astronome, physicien; Léonard da Vinci, artiste peintre, inventeur, anatomiste, ; ou Descartes, philosophe et mathématicien. Et de plus en plus, au fur et à mesure que les connaissances ont avancé, les spécialistes sont nés. Des professions ont été créées, des biologistes, des mathématiciens, des chimistes, des ingénieurs, des médecins, des physiciens, etc. Pour une seule personne, son cerveau n'était plus capable de dominer plusieurs disciplines. Et l'évolution de la connaissance de l'humanité s'est accélérée. Chez les médecins on a créé des psychiatres , des neurologues, des cardiologues, des dermatologues; chez les physiciens, les spécialistes du nucléaire, ceux des matériaux, les astronomes, les océanographes ; chez les biologistes, les généticiens, les botanistes, les zoologistes etc.

Plus l'humanité prend connaissance de l'univers, moins une seule personne est capable de connaître et comprendre tous ces savoirs.

Si avant un grand penseur pouvait à lui seul connaître et comprendre la quasi totalité des connaissances de l'humanité, on pourrait par exemple dire que Archimedes connaissait à peu prêt tout de la, physique, mathématique, biologie, astronomie que l'humanité avait jusqu'à lors découvert. Un penseur ou scientifique actuel est incapable à lui tout seul de comprendre et connaître dans sa seule spécialité tout ce que l'ensemble de l'humanité connaît. Ceci n'est pas à cause de temps ou manque d'informations, c'est simplement que notre cerveau ne peut pas accumulé autant de connaissances. On peut parler d'intelligence collective.

Mais jusqu'où iront nos connaissances de notre univers? Prenons l'infiniment petit. Que penser de la physique quantique ?

La physique classique, c'est-à-dire celle qui se trouve à notre échelle, peut très bien être comprise par nos cerveaux, la physique d'Archimède et celle de Newton par exemple. Lors de la théorie de la relativité d'Einstein il n'y avait que trois personnes qui comprenaient ses équations. Maintenant avec toutes les découvertes sur la physique quantique, plus personnes comprend toutes ces équations.

La physique quantique est devenue, non comme la physique classique qui est faite de faits vérifiables, mais de faits que l'on interprète de différentes façons, toutes justes. L'état d'une particule dans la physique quantique ne dépend pas d'un fait vérifiable mais du hasard...encore celui-ci !!!

L'étude de l'infiniment petit commença vraiment avec la découverte de l'électron qui fut la première particule élémentaire à la fin du XIX siècle. Depuis lors, de nouvelles particules furent découvertes à mesure des progrès techniques et scientifiques
La découverte du protón, puis du neutron en 1932 avec l'électron donne la possibilité de comprendre la structure de l'atome et d'expliquer la majorité des réactions nucléaires. Mais plusieurs phénomènes laissaient entendre que d'autres particules existaient.
L'hypothèse de quantification de Max Planck permit à Albert Einstein de donner les propriétés d'une particule au rayonnement électromagnétique: le photon. Ce fut le premier des bosons du modèle standard, une propriété purement quantique, le spin permet de classer les particules en boson, comme le photon, ou en fermion, comme l'électron. On découvrit ainsi le neutrino en 1953. La dernière particule à être découverte, grâce au fonctionnement du LHC, est le boson de Higgs en 2012.
Mais cette découverte à plus ouvert de nouvelles questions que de réponses.

Et maintenant l'infiniment grand, l'étude de notre univers. Un petit tour sur les chiffres exceptionnels associés.
Son âge estimé à ce jour est de 13,8 milliards d'années, trois fois plus que la terre, sa taille qui concerne l'Univers observable est estimée à 93 milliards d'années lumières, soit un quadrillions de kilomètres. Mais ce système à une densité extrêmement réduite, 0,1 quintillion de fois moindre que l'eau.
L'univers se compose de matière ordinaire, à savoir les atomes et molécules que l'on connaît, soit à peine 5% du total masse énergie de l'univers, et ceux appelés matière noire et énergie sombre, à priori 27 et 68 % respectivement.
La matière ordinaire observable apparaît répartie uniformément tout au long de l'univers. Pourtant on observe des étoiles (composée d'atomes et molécules), des galaxies (groupement d'étoiles) de groupes et d'amas (dizaines et milliers d'étoiles) des superamas (groupes d'amas et galaxie isolée) et des immenses structures à grandes échelles tels les complexes de superamas , les filaments et les murs, séparées par d'immense zones de vide.
L'Univers observable serait composé d'au moins 100 milliards de galaxies contenant chacune quelques dizaines de millions d'étoiles, dans le cas des galaxies naines, et plus de cent mille milliards, dans le cas des galaxies géantes, jusqu'à atteindre le quadrillions
Cet immense système à surgi, selon ce qui aujourd'hui est la théorie la plus fiable, du Big Bang, une anomalie de quelque chose d'infiniment petit, dense et chaud.
Pourquoi cette anomalie? Comment et d'où? Qu'est-ce qui existait avant? Nous n'en savons rien. Chaque découverte comme dans l'infiniment petit, apporte plus de questions que de réponses. On se trouve en face de mystère tel que les trous noirs, les univers parallèles, l'énergie noire, la matière noire, la théorie des cordes etc.

Est-ce que pour toutes les grosses inconnues et questions qui se posent de plus en plus dans les sciences et qui ne trouvent pas de réponse, l'explication ne serait que justement notre cerveau humain est en train d'arriver à son point maximal de compréhension ?

Est ce que la réalité des lois de l'univers est si complexe que le niveau évolutif de notre cerveau ne peut plus comprendre.

Les mathématiques sont-elles le langage dans lequel s'exprime la nature?, ou un simple instrument extraordinaire et particulièrement efficace pour le cerveau humain pour approcher la réalité naturelle ?

Un exemple: le paradoxe du temps. L'expérience nous dit que le temps s'écoule de façon irréversible dans un seul sens, du passé au futur, pourtant les lois fondamentales de la physique et des mathématiques ne semblent en aucune façon l'empêcher de changer son cours, alors ou est l'erreur? Dans les équations, ou dans notre perception du temps?

Les atomes sont à 99.9% du vide, même s'il y a un quadrillion d'étoiles, cela ne fait que 5 atomes par cm3 dans l'univers, donc la matière dont on est fait, est pratiquement inexistante?

Oublions un peu tout ça et regardons ce que les sciences représentent vraiment dans nos vies actuelles, et sa place dans notre société.

Comme on a vu, la recherche de la connaissance scientifique n'avait antérieurement qu'un but de simple curiosité et d'un besoin de savoir. Certaines connaissances pouvaient s'appliquer dans la vie de tout les jours même si dans l'antiquité certains profitaient de leur connaissance pour dominer leur semblable.

Archimède, Pythagore, Da Vinci, Newton etc. Ne cherchaient pas un bénéfice économique en faisant leur découverte. Mais dans l'actualité, faire des recherches revient très cher. Les Etats cherchent toujours à faire plus d'économies, le privé à faire de plus en plus de profits. Donc les scientifiques, payés par l'État, pour avoir plus de financement doivent montrer des résultats, ces résultats sont quantifiés dans le nombre de publications qu'ils réalisent dans les nombreuses revues scientifiques. Mais la pression est telle, que la plupart des résultats publiés sont faux ou truqués, la véracité d'une publication est évaluée par les autres collègues, qui ne disposent pas toujours du temps nécessaire. Les publications truquées sont énormes de l'ordre de 25%. En plus de leur travail scientifique, ceux-ci doivent passer une grande partie de leur temps à rechercher des financements. Et même si la recherche fondamentale est la base du progrès scientifique et technologique, ils doivent presque toujours démontrer que leur découverte aura une application pratique dans notre quotidien

Pour les scientifiques du privé c'est encore pire, ils doivent donner des résultats qui représenteront des bénéfices financiers immédiats à leur patron.

Il existe même une technique utilisée par l'industrie pharmaceutique et l'industrie alimentaire appelée "ghostwriting". Il s'agit de publications écrites par des travailleurs de ces industries et signées par des scientifiques de renom, moyennant finances, pour nier la toxicité de leurs produits.

Il existe aussi des master contrats, passés entre scientifiques et entreprises, de la même façon que font les avocats, pour défendre les intérêts de celle-ci. Mais au lieu de lois judiciaires, il s'agit ici de défendre l'entreprise de faits scientifiques qui contredisent la non toxicité de leurs produits.

Il faut découvrir des avancées qui permettront de faire des produits à grande consommation ou de grande valeur ajoutée. Comme par exemple, dans l'industrie pharmaceutique, on cherchera à faire des médicaments à grande valeur ajoutée pour guérir des maladies qui touchent les gens et les pays riches, ces médicaments seront payés, soit par des gens riches, ou des états avec une couverture maladie universelle, soit par des assurances, qui plus les médicaments sont chers, plus elles tirent des profits en élevant leur primes. Le prix est fixé par les laboratoires eux mêmes, ou dans certains pays, par une commission qui la plupart du temps est sous influence des lobbies.

Donc cette politique permet d'augmenter l'espérance de vie des pays riches, financée par l'Etat tout en enrichissant les laboratoires.

La recherche sur les médicaments à grande consommation, et la pression de sortir les brevets avant les autres, fait aussi que l'on néglige les effets secondaires avec tous les drames qui s'ensuivent.

La recherche du profit empêche les scientifiques de faire des recherches sur des médicaments vraiment efficaces sans effets secondaires nuisibles, et surtout des médicaments pour les pays pauvres qui souffrent de maladies que les pays riches ne connaissent plus. Je ne suis pas pharmacologue, mais je suis sûr que l'on pourrait découvrir un médicament, qui au lieu d'être un antibiotique que l'on utilise une fois le chóléra déclarer, serait un médicament préventif que l'on utiliserait lorsqu'une épidémie de choléra ce déclare suite à une catastrophe ou à une guerre, et cela gratuitement.

On nous rabat tout le temps que sans argent et sans profit, il ne peut y avoir de recherche pharmaceutique , alors comment ce fait il, qu'un tout petit pays pauvre, qui ne mets pas son économie aux lois du libre marché, soumis depuis plusieurs décennies à un blocus de la première puissance mondiale, et d'une grande partie de l'occident, ait put mettre au point un service médical un des meilleurs au monde? Et des médicaments d'une très grande efficacité ?

L'obésité est un grand fléau nous dit-on, qui coûte très cher à la société, c'est la cause de diabète, de maladie cardiaque etc. Mais dans ce système, lorsque quelqu'un dépense, un autre encaisse. Et qui encaisse ? Les laboratoires, et pas seulement eux.

Il faut voir toute l'industrie de la diététique, les fausses pilules amaigrissantes, les articles des centaines de revues pour garder la ligne, les livres, les diètes, les programmes TV, les gymnases, les coachs etc. Et surtout n'oublions pas les milliers de produits diététiques, les sodas light, les 0% graisses, les 0 % sucres etc. Toute cette industrie représente des milliards de dollars de bénéfices. Donc la sortie d'un véritable médicament amaigrissant, ou tout au moins qui éviterait de grossir, ne convient pas au marché. Jamais un médicament rapporterait autant de bénéfice financier.

Il n'y a pas très longtemps un médicament pour maigrir avait été lancé, sa vente avait été autorisée au EU, et on avait beaucoup d'espoir, mais elle fut interrompue très rapidement sous prétexte que les effets secondaires étaient trop nuisibles. Je me demande si les effets secondaires attendus n'étaient pas plutôt la baisse des profits de tous les produits de la diététique?

Les recherches scientifiques et technologiques, même si elles ont besoin de la recherche fondamentale, qui elle, donne source à la connaissance pure, elles sont instrumentalisées pour répondre aux lois du marché et du grand capital. Et pas du tout pour le bien de l'humanité.

Un exemple; il existe dans une caserne de pompier à Chicago, une ampoule électrique qui a plus de 100 ans toujours allumée, elle fut fabriquée au début de l'utilisation de l'électricité, elle est fabriquée avec un filaments de tusktene, donc ont sait comment fabriquer des ampoules qui ne brûlent pas depuis plus de 100 ans !! Les compagnies, comme Général Electric , se sont donc mis d'accord entre elles pour faire des ampoules qui ne dureraient plus de 5000 heures. Juste pour faire du profit sans se préoccuper des dégâts écologiques. Techniquement on peut faire des voitures, et toutes sortes d'appareils qui durent très longtemps, mais cela ne produit pas de la croissance.

Toutes les nouvelles technologies sont produites pour améliorer la vie de l'être humain, mais pour l'être humain qui a les moyens de se les payer. Si l'humanité continue dans ce chemin, les inégalités entre riches et pauvres, et avec le transhumanisme,vont diviser l'humanité en deux espèces, peut être pas biologiques, mais sûrement technologique

Toute ces avancées scientifiques et technologiques, non seulement n'ont profité qu'à quelques uns, mais en plus elles sont responsables du dérèglement climatique. Et celui ci a contribué à multiplier les désastres dans les pays du sud de la planète, provoquant une extrême inégalité entre pays pauvres et riches (Lire Disaster capitalism de Antony Loewenstein)
La moitié la plus pauvre de la population mondiale, c'est à dire 3,5 milliards de personne est responsable de seulement 10% des emissions de CO 2
Selon l'ONG Oxfam, entre 1990 et 1998, 94 % des catastrophes naturelles majeures se produisent dans le monde en développement. Tandis que 50% du CO2 est émis par les 10% de la population la plus riche, qui sont en plus les plus épargnés par le réchauffement climatique.
Deux économistes de l'université de Berkeley, Richard Norgaard et Thara Srinivasan ont calculé en 2007, que les pays riches ont une dette écologique envers les pays pauvres de 2300 milliards de dollars, montant supérieur à la dette du tiers monde évalué à l'époque à 1800 milliards de dollars.
Donc en plus de la division de l'humanité en deux espèces , on risque que celles ci soient également divisées géographiquement.

CHAPITRE XIX

ADOLESCENCE... AMOUR ET BANDE DE COPAINS.

Revenons au lycée, donc je redouble ma cinquième, et en quatrième, je commence à m'entendre beaucoup plus avec les compagnons qui m'avaient rattrapé en redoublant.
Un groupe de copains commence à se former. Un premier noyau composé de Mane (Emmanuel) de Ivo et de moi-même.

Avant de continuer, il faut que je vous explique mes chers lecteurs, j'espère qu'il y en aura quelques uns, qui étaient les élèves du lycée franco mexicain.
Le lycée, comme beaucoup d'autres dans les grandes capitales du monde, fut créé pour la promotion de la culture française, le système éducatif était exactement celui de la France métropolitaine. Les professeurs étaient tous français, le bac était corrigé en France et on dépendait de l'académie de Poitiers. À certains niveaux de scolarité on avait des cours spéciaux, car le lycée étant installé sur territoire mexicain, il devait suivre certaines règles du système éducatif mexicain, comme par exemple, en quatrième on nous donnait des cours de civisme en espagnol une après-midi par semaine.

Le lycée bien sûr était payant, et ce n'était pas donné. Donc les élèves du lycée étaient des enfants appartenant à la colonie française de Mexico, qui étaient des descendants d'immigrés venus faire fortune dans le commerce, et les textiles. Une très grande partie était originaire de Barcelonnette. Il y avait énormément de fils de diplomates, ou de cadres d'entreprises internationales qui profitaient du réseau des lycées français pour ne pas perdre d'années scolaires lors du transfert des parents. Ils y avaient bien sûr des enfants d' intellectuels mexicains, des fils de politiciens et des fils de riches tout simplement, qui voulaient éviter le système éducatif mexicain, et les écoles privées chères mais nulles. Le lycée se trouvait dans le quartier huppé appelé "Polanco", et c'est le quartier où habite la colonie juive de Mexico, donc beaucoup d'entre eux scolarisent leur enfants au lycée français.
Donc, mes compagnons étaient tout, sauf pauvres, des bien nées en quelque sorte. Moi même je n'appartiens pas à une famille pauvre, mais en comparaison avec les autres élèves, j'étais tout en bas de l'échelle sociale du lycée.

Retour à mes amis, Mane était fils d'intellectuels mexicains et originaire d'une famille très importante française venus s'installer au Mexique. Lors de la révolution mexicaine, des familles de propriétaires d' haciendas avaient migrés en France. Sa grande mère appartenait à une de ces familles qui avaient suivi le dictateur Porfirio Díaz à Paris. Et là bas elle s'est mariée avec le prince Poniatowski, puis ils sont revenus. Ivo était le fils unique, il avait deux sœurs, d'une famille juive venu s'installer à Mexico après la guerre, dont le père dentiste, côtoyait à son arrivée au Mexique l'intelligentsia de gauche.
Il avait beaucoup d'argent.

En élargissant le noyau, pas autant uni que nous, le groupe comptait en plus Naoki fils de japonais, dont le père travaillait dans une grande entreprise japonaise, il était au Mexique depuis l'âge de 6 ans. Roberto, fils d'une famille franco-mexicaine modeste, et Felipe, fils d'une famille française qui avait fait fortune dans l'industrie alimentaire, principalement dans la gélatine.
À cette époque, je ne voyais plus souvent Gerardo, comme moi, il s'était fait de nouveaux amis. Et vous allez voir, circonstance de la vie, ou autre chose, ces amis que j'étais en train de me faire et d'autres à venir, allaient devenir également plus tard, les meilleurs amis de Gerardo et de Jean Pierre.
Felipe était un ami un peu spécial, il n'était pas beaucoup aimé, il était peut être au début un peu timide et pour quelques uns antipathique, donc il me cherchait beaucoup. Il m'invitait assez souvent à Cuernavaca, où sa famille avait une belle résidence secondaire. De temps en temps il invitait aussi Roberto et un autre copain brésilien qui ne resta que deux ans au lycée.
Une fois il m'invita à Acapulco pendant les grandes vacances, dans une superbe villa perchée sur la falaise avec vue sur mer. La maison appartenait à des amis de la famille, ce fut des superbes vacances, c'était la première fois que je passais pendant 15 jours une vie de millionnaire, mais ce ne fut pas le style de vie qui fit que ce soit d'excellentes vacances, il y eu une superbe ambiance, j'avais déjà passé plusieurs week-end avec eux, mais ce fut especial cette fois-ci. La mère était super charmante avec nous, elle nous emmena même une foi en boite.
Son petit frère Dominique super sympa, sa petite sœur Valérie et Bénédicte, la fille des propriétaires, adorables, on s'amusa comme des fous. De la bouffe inutile de vous en parler, bon juste une fois.

En descendant du bateaux après avoir fait du ski nautique, des douzaines d'huîtres et d' almejas (coquillages) nous attendaient. En plus, pendant ces vacances, j'ai lu le livre du Parrain!!!

Si j'accepte les invitations de Felipe, ce n'était pas pour profiter de ce genre de vie, je l'aimais bien, ainsi que sa famille, sauf son père qui était un grand connard.
Mais je pense bien que lui, se sachant un peu chiant, c'était son caractère, profita un peu de la très bonne situation économique de ses parents pour s'attirer des amis, jusqu'à avoir parfois des doutes, sur qui étaient ses vrais et faux amis.

Les parents de Mane, ou plutôt ses grands parents, avait une très belle et grande propriété à Tequisquiapan, un petit village touristique, au nord de Mexico. Le fait que ce petit village se trouve prêt de l'ancienne hacienda des parents de sa grande mère qui avait fui la révolution avait quelque chose à voir avec ce choix.
Mane nous y invitait aussi quelques week-end, et le plus drôle c'est que comme Mane et Felipe ne s'entendaient pas trop, ils ne participaient pas aux week-end chez l'autre.

Ce fut cette année, que l'on commença à faire une petite fête de temps en temps les week-ends, et donc commença aussi, la terrible conquête des filles.
Une fille me plaisait beaucoup, Tania, une Libanaise de la communauté juive (communauté très importante à Polanco) belle comme tout. Mais il y avait aussi Annarella, une Péruvienne fille d'un diplomate, elle n'était pas très mignonne, mais avait un très joli corps, et elle, c'était après ma personne qu'elle en voulait. Et elle n'était pas du tout timide.
Tout commença dans une fête que Felipe organisa chez lui, comme c'était organisé par un garçon, très peu de fille y sont allées, Donc la danse n'était pas une option, et Annarella eu l'idée de faire une sorte de théâtre, dans laquelle, bien sûr, les acteurs principaux c'était elle et moi, je ne me rappelle plus très bien de son scénario, mais il s'agissait surtout de faire des scènes où on s'embrassait elle et moi chaudement. C'était pas mal, et ça aurait pu être super si elle n'avait pas son appareil dentaire.
Je suis rentré avec un gros sourire à la maison!!

Et à partir de la, à toute les fêtes suivantes, presque toutes organisé par des filles je fut tout le temps harcèle par Annarella, je voulais faire la cour à Tania, mais non, je réussis des fois à danser avec elle, mais à peine les slows commençaient, c'était Annarella qui s'imposait, et c'était à coup sûr les grosses pelles. Et comme on était les seuls à se donner en spectacle, on ne passait pas inaperçu, et surtout le pire fut que Tania m'encourageait à profiter de la situation. Donc foutu pour foutu, j'en profitais. Une fois la fête fut organisé près de l'appartement où habitait Annarella, et ses parents n'étant pas là, elle m'invita à aller chez elle. J'eu droit à appliquer la théorie des sciences du pelotage dont j'avais tant entendu parler.

Je n'aimais pas trop la situation, j'étais devenu un peu populaire, même des filles de la classe qui sortaient avec des mecs de seconde ou première venaient me voir pour me demander des nouvelles de ma relation avec Annarella, Si on avait déjà fait l'amour etc. D'autres filles un peu légères me cherchaient aussi, et j'en profitais de même.

Un jour ou il y eu une excursion pour visiter une pyramide précolombienne, laquelle fut très amusante d'ailleurs, je finis la journée avec Annarella et Sylvia à les embrasser à tour de rôle. C'était bien pour mon amour propre , les copains me regardaient avec envie, mais pour moi c'était des filles qui ne me plaisaient pas, et je sentais que les autres filles, surtout Tania, me trouvaient un peu profiteur des circonstances. Donc j'évitais Annarella, et elle ne tarda pas à me remplacer par un garçon extérieur à l'école. La fin de cette histoire fut drôlement triste pour moi, je réussi enfin à avoir un rendez vous avec Tania, et je l'invite au cinéma, on devait se voir à la rentré du cinéma près de chez elle, mais elle ne vint jamais, et le pire c'est que pendant que j'attendais, Annarella et son copain sont passés, et la connasse m'a dit "alors, on t'a posé un lapin?"

Cette année-là, je sortis de ma solitude et j'oubliais ma timidité, je ne m'arrêtais pas à ma déception avec Tania. Les fêtes continuaient, et lors d'une d'entre elles, chez Aline, fille de famille de Barcelonnette , qui était dans une autre quatrième, donc il y avait des filles que l'on ne côtoyait pas trop, je jetais mon choix sur Rocío, une blonde, fille de suisses.

On était en train de jouer à je ne sais quoi, et on se tenait par la main, et je commençais à lui faire de petites caresses avec les doigts, et elle y répondu favorablement.

Donc au moment des danses, je profitais d'un slow pour lui demander si elle voulait sortir avec moi. Mais que si elle voulait réfléchir elle pouvait me répondre le lendemain, lors d'une autre fête qui devait avoir lieu.

Ce fut un oui, il n'y eut que quelques baisers, mais je ne savais pas que ça allait être le début de grosses désillusions pour moi.

Rocío n'était pas du tout Annarella, bien au contraire, elle était plutôt coincé du côté sexe. Le mardi de la semaine suivante, elle me dit que l'on arrêtait, tu parles!...arrêter quoi?si rien n'avait commencé. C'est deux ans plus tard que ça allait vraiment commencé.

En troisième, ma vie sociale qui avait débuté depuis un an, s'accélère de plus en plus et devient mon activité principale. À part les copains et copines de l'année dernière, dans la classe il y a deux nouveaux, Alfonso, fils de diplomate mexicain qui rentre du Portugal et Donatien français née au Maroc et fils d'une modiste Parisienne.

Alfonso et moi on devient rapidement de très bons potes, il habite au sud de la ville tout comme moi, bien que dans un quartier beaucoup plus chic.

Comme les amis deviennent tout pour moi, je commence à être assez populaire, et je commence à prendre naturellement une facilité pour me faire des amis et d'être bien accueilli partout.

Deux groupes de copains se forment avec lesquels je passe tout mon temps. Même le week-end, car comme je n'avais auparavant aucun ami mes parents sont très contents que je sorte et ne m'interdisent aucune sortie, même si je ne rentre pas le soir. Je reste des fois absent depuis ma sortie le vendredi soir jusqu'au dimanche.

L'un des groupes se compose de Mane, Donatien, Alfonso et moi, et comme fille dans ce groupe il y a Claudia, Andrea et Liz. Claudia est une très gentille fille blonde, qui n'a pas une beauté classique, mais un charme fou, elle vient d'une famille très riche d'origine grecque, Andrea et une brune très copine depuis assez longtemps de Claudia, elle vient d'une famille d'intellectuels mexicains très aisé. Liz est une grande fille blonde danoise, elle est considérée comme une des filles les plus belles du lycée. C'est avec ce groupe que je passe souvent mon temps, dans les recrées on joue au volley ball, et les week-ends on passe de longues soirées chez Claudia, qui a une superbe maison dans laquelle il y a une pièce rien que pour nous ou l'on écoutait de la musique jusqu'à tard dans la soirée.

Ivo, Mane, Roberto, Naoki, Andy et moi formont l'autre groupe. Au début de la troisième je passe avec eux, durant les premiers mois, les petites sorties et les week-ends. Je dors très souvent le week-end, soit chez Mane soit chez Andi. Les deux ont de superbes maisons, Mane à Coyoacán, pas trop loin de chez moi, et Andi a las Lomas, le meilleur quartier de la capitale qui se trouve assez loin.

Rien ne comptait plus pour moi que mes amis, et mes amours, à ce moment j'étais amoureux d'Anna, une sœur d'Andy d'un an plus âgé que moi. J'étais tellement content d'aller au lycée, pour les voir, que même mes notes scolaires s'améliorent nettement.

Par contre, je m'en foutais complètement de ma famille et je m'éloignais d'elle. De toute façon je ne voyais plus un grand intérêt de leur part sur ma vie.

Je pense qu'en ce moment je paye tout ce que tous les parents payent, étant jeunes nous changeons l'amour et l'intérêt pour nos parents par l'amour et l'intérêt pour nos amis. On dit que l'amour le plus grand est celui que le père ou la mère ont pour leur fils ou fille, malheureusement le contraire n'est pas vrai.

Mais quoi de plus naturel, si le contraire serait vrai, on n'avancerait pas, le fait d'un si grand amour des parents à leurs fils fait que l'on les protège et que l'on fasse tout pour leur bien. Et le fait de préférer les amis ou les amours à nos parents, nous permet de nous détacher plus facilement, progresser et former à notre tour une famille.

Dans mon cas, ce fut sans conflit, car mon père avec son égoïsme se foutait de tout ce qui ne touchait pas directement sa routine. Et pour ma mère, tant qu'elle me voyait de temps en temps et que je suivais bien l'école, elle se foutait de ce que je fais, elle ne se préoccupait que de Patrick son chou-chou.

Mais maintenant que c'est mon tour, même si je suis convaincu que c'est naturel, je ressens comme une injustice, à la différence de mes parents je suis resté toujours très impliqué dans la vie de mes enfants, vous pourrez vous en rendre compte si vous continuez à me lire, j'espère qu'il y en aura au moins quelques uns qui le feront. J'ai même pris la plupart de mes décisions autour de leurs intérêts.

Mais l'un d'entre eux, ce n'est plus du désintérêt qu'il a envers nous, mais plutôt de la répulsion!! Peut-être qu'il voulait avoir des parents riches et en pleine santé, et comme ce n'est pas le cas, il nous rend responsable de ce fait accompli.

Malheureusement on ne décide pas de la vie que l'on veut avoir, si notre vie est déjà très prédéterminée par le berceau ou l'on est née. Le hasard continue tout au long de notre vie à gérer notre situation. Je ne veux pas dire par là que tout est de la chance, mais il faut la prendre en compte tout le temps. Par exemple, dans les études, il faut étudier bien sûr pour les réussir, mais lors d'un examen, il n'y a qu'une petite partie du cours qui va être questionné, pour celui qui connaît bien tout, aucun soucis, mais pour les autres un peu moins doué, ou qui ont moin travaillé, la chance va jouer un grand rôle, il suffit que la question fasse partie de ce que l'on a retenue ou non.

Autre exemple, ce qui déterminera les compagnons avec qui l'on va se retrouver dans les différentes étapes de nos études, ce sera le type d'école à laquelle nos parents nous aurons inscrit, dans certain cas, mais ce sera de la chance si un ou plusieurs de ces compagnons seront dans la possibilité de nous aider dans nos projets. On peut le voir dans la politique ou dans les postes importants dans l'industrie, la plupart on était pistonné ou recommandé par un ancien compagnon de classe.

Après les compagnons de route des études, viennent les coups de chance des rencontres, par exemple un mariage ou un anniversaire, ou n'importe où , où l'on rencontres des gens avec qui on peu sympathisé, il faut bien sûr savoir profiter du coup de chance, j'insiste, je ne dit pas que tout est dû au hasard. Et bien sûr il y a d'autres coup de chance que je ne vais pas détailler. Mais il y a aussi des coups de malchance que l'on ne peut pas toujours éviter. Comme une maladie qui nous touche ou à un de nos proches, ou un accident qui peut changer toute notre vie. Il y a aussi les fraudes ou les vols que l'on ne peut pas prévoir, etc. Donc mon cul...si quelqu'un pense que l'on a ce que l'on mérite. Personne n'est complètement coupable de sa misère, ni personne n'est complètement le créateur de son succès. Le hasard a énormément d'importance dans nos vies, comme dans la physique quantique,et dans l'évolution de l'univers ainsi que dans l'évolution du monde du vivant.

Bon revenons au début de la troisième, je disais que j'étais amoureux d'Ana, la sœur d'Andy, Je l'avais connue lors d'une petite fête qu'il avait organisé, j'avais dansé avec elle toute la soirée et j'ai crus que l'attirance était réciproque, mais j'appris plus tard qu'elle adorait ma façon de danser et de sourire, que j'étais un garçon très sympathique etc. Mais pas plus.
Comme j'étais tout le temps invité dans les maisons de mes potes, et que je n'invitais jamais chez moi, car j'avais honte de ma maison, je rappelle que j'étais tout en bas de l'échelle sociale du lycée, je décidais un jour d'organiser une sortie dans une pizzeria qui avait une chouette ambiance, et qui se trouve dans le sud de la ville, c'est à dire du côté de chez moi. J'ai réuni tout le monde chez Andi qui habitait las Lomas où presque tous les compagnons de la classe y habitaient. Personne bien sûr n'avait de voiture et ne savait pas conduire, on était trop jeunes, donc on irait en bus, mon transport officiel. Mais ce fut la catastrophe, puisque personne de mes amis de ma classe ne prenait jamais le bus, ils ont trouvé ça extrêmement long, l'attente et le trajet. Donc tout le monde se plaignait, même si le temps passé au restaurant fut très sympa, surtout pour le groupe de Claudia et Andrea qui n'étaient pas encore mes grandes amies, et j'avais même un peu peur d'elles car elles étaient assez populaires. Je rentrais chez moi, encore en bus, détestant toute cette bande de bourgeois à la con!!! Mais les jours suivants, je ne reçus que des félicitations, surtout des parents. Ils disaient que j'avais de l'autonomie, une grande connaissance des routes de bus, et surtout un grand courage. Tu parles, c'était plutôt eux qui vivaient sur une autre planète, à part Roberto et Mane qui prenaient également le bus.
Mais à partir de cette sortie, le groupe de Liz, Claudia, Andrea, Mane, Alfonso, Donatien et moi, devient un groupe inséparable et une relation très intense s'installa entre nous.

On était très unis, pendant les récréations on jouait au volley-ball, à la sortie de l'école on restait ensemble avant que l'on vienne les chercher. Et les week-end on se faisait toujours une sortie qui se terminait chez Claudia.

Nos conversations étaient plutôt du genre philosophiques...pour ado. On parlait d'amitié, d'amour, de justice etc...on était à un âge, et à un moment de la vie, où tout être humain devrait rester.

On est gentil avec tout le monde, on veut aider tout le monde, on pense que plus tard dans notre vie, on ne cherchera pas à gagner de l'argent comme nos parents se démènent à le faire, mais plutôt à faire quelque chose d'important pour l'humanité. Notre but c'est celui-là, avoir un idéal et trouver l'amour de notre vie.

Alors qu'est ce qui se passe dans la vie de l'être humain? Tous les jeunes sont comme nous on l'était? C'est à l'âge adulte que l'on change, parce qu'il s'agit de faire sa vie économique ? Ou c'est parce que l'on nous y oblige par les règles du jeu social? Ou à cause du lavage de cerveau médiatique? Ou peut-être que les autres jeunes ne sont ou n'étaient pas aussi idéalistes que nous.

Mes amis sont, je crois, restés un peu des penseurs de gauche, mais dans les faits ils sont tous bien rentrés dans le système. Pour ma part vous le découvrirez en continuant à me lire...j'espère.

Après ma petite déception avec Ana, la sœur d'Andy, aucune fille n'avait l'exclusivité de mon cœur. Dans le groupe, j'aimais bien les trois filles, mais c'était juste une très grande amitié, bien que Liz, étant une fille si belle, elle ne laissait personne indifférent.

Il y avait bien Lucrecia, une fille assez sympa, joli corps, assez mignonne, qui me plaisait pas mal physiquement et avec qui je m'entendais très bien. On flirtait souvent, on s'arrangeait pour étudier ensemble, mais à part des mains baladeuses, et des bisous, rien n'arrivait de sérieux, je savais qu'elle sortait avec un mec à l'extérieur de l'école.

Lucrecia
Photo offerte en troisième

Le fait d'avoir plein de copains et copines à l'école, fit que j'y prenne goût à y aller, et comme conséquence mes notes s'améliorèrent

En général j'avais toujours des propositions de certains professeurs pour figurer sur le tableau d'honneur, surtout de la part des profs de math, et des demandes d'avertissement des profs de français.

Donc ça s'équilibrait.

Mais cette année-là, un nouveau prof de français arriva, c'était un coopérant de 26 ans qui avait toutes ses agrégations. Un coopérant c'était un diplômé qui, au lieu de faire son service militaire dans l'armée, choisissait de le faire dans le service éducatif français à l'étranger. Il avait des idées très progressistes, surtout en éducation. La première chose qu'il fit en rentrant en classe fut de dire qu'il ne voulait pas que quelqu'un donne le dos à un autre, donc on fit un grand cercle avec les tables. Ensuite pour faire court, son système consistait à ce que l'on travaille sur ce que l'on avait envie de faire, si on voulait faire nos devoirs de math on faisait cela.

On a fait beaucoup de rédaction, et on a bien appris à les structurer, introduction qui doit donner une avance du développement etc..et surtout il nous obligeait à sortir des idées, à parler avec nos tripes, il disait qu'il fallait gueuler.

Et surtout il prenait en compte la structure de la rédaction et les idées, et pas l'orthographe ou j'étais bien sûr, archi nul, pas comme les autres qui à cause de mon orthographe ne me laissaient aucune chance.

Je me rappelle surtout une dernière rédaction qui allait compter beaucoup sur la note finale, bien qu'il était contre les notes, le système l'y obligeait, il s'agissait d'un sujet libre et c'était un autre compagnon de la classe qui allait le noter.

J'étais très inspiré, peut être en raison de mon état émotionnel a ce moment, donc je fis une rédaction sur la vie, je me rappelle d'avoir décrit celle ci avec trois métaphores dont je ne me rappelle pas trop, sauf d'une ou je compare la vie à une goutte qui s'écoule sur une vitre, et en laissant une trace, elle diminue de taille et lorsqu'elle rencontre une autre goûte elle grossit et les deux goûtes laissent une trace commune. Enfin c'était un truc dans le genre. Mon compagnon Donatien la corrige et me donne une note plus ou moins bonne, mais bien sûr le prof a relu les copies pour vérifier, et re-note si nécessaire les copies.

Il a dit que la meilleure rédaction était la mienne, que c'était un exemple d'écrire avec ses tripes, qu'il aurait aimé nous la lire en classe mais comme j'y écrivais des choses intimes, il s' abstenait. J'ai rarement été aussi fier de moi! Tu parles...surpassé les meilleurs de la classe...moi! Et surtout en français !!!. Bien sûr, ma note est de 20/20, en français ! et avec des fautes d'orthographes! J'aurai tant aimé garder cette rédaction, mais comme un con, je l'ai prêté à un collègue de la classe qui voulait en faire une chanson, et je ne la reverrai jamais.

Quelques jours plus tard ce fut le conseil de classe pour voir dans quelle seconde on était accepté, à l'époque on avait plusieurs options, et je fut seulement l'un des trois élèves sur trente à avoir " toutes options " comme choix, la professeur de math m'avait également bien noté

Puis ce furent les vacances d'été, tous mes collègues de l'école avec qui j'avais l'habitude de sortir, partirent en vacances à l'étranger, je vous rappelle qu'ils étaient tous d'une très bonne condition financière. Même si je restais en contact par courrier avec eux, mes sentiments se refroidirent un peu.

Je vis plus souvent Gerardo, et avec lui et mon frère, on passait notre temps à travailler à l'atelier de mon père. Ce fut également cet été nos aventures sur l'Amacusac, et nos randonnées au lac de Zempoala.

À la rentrée en seconde, comme j'avais choisi la sección T, pour faire un bac technique ou E (mathématique et technique) je me retrouvais dans une classe très peu nombreuse, 12 élèves, et que des hommes. On n'avait plus que des matières scientifiques ou techniques, à part un peu de français et d'anglais, donc mes notes étaient assez bonnes. Et de ce coté là j'étais plus que content à l'école. Mes amis continuaient à être les même, mais question fille, je commençais à m'intéresser à des filles plus jeunes, des filles de quatrième qui avaient dans les quinze ans

Il y en avait plusieurs qui n'étaient pas mal du tout.

Cécile, Frédérique, et deux Laurence, étaient mes préférées, mignonnes comme tout, je deviens rapidement leur ami.

Frédérique
Photo qu'elle m'envoie après son départ du lycée, c'est sa demi sœur qui est à gauche (à sa droite)

Cécile était une fille très et trop surveillée par ses parents, donc c'était à l'école ou elle pouvait un peu se libérer, pour quelques câlins de remerciement je lui arrangeais certains coups.
Frédérique était devenue également une très bonne copine de Katia, une des sœur de Gerardo, ce qui m'arrangeait beaucoup pour la voir, car elle restait assez souvent le week-end chez eux, on se plaisait mutuellement mais rien de sérieux, on flirtait, quelques câlins et bisous, mais c'est tout, bien qu'elle ne restât que cette année au lycée, elle retourna à Paris où habitait sa mère, je suis restait assez longtemps en communication avec elle.
Laurence était peut être la fille la plus jolie du lycée, elle était très copine avec Béatrice , qui avait un jolie corp, mais n'était pas très jolie, mais elles étaient tout le temps ensemble, donc difficile de flirter avec Laurence, mais on devins de très bon amis, et je peux l'affirmer ici, je fus le seul du lycée à lui peloter les seins...jeje. Elle aussi ne fait que cette année au lycée et je ne reste qu'un an ou deux de plus en contact avec elle.
L'autre Laurence, comme Cécile, appartenait à la colonie française de México, donc notre amitié fut de plus longue durée, et après être devenus de bons copains elle me confia que

Andy, mon copain, lui plaisait beaucoup. Et elle voulait que je lui arrange le coup, et si une de ses copines me plaisait, elle ferait de même.

En vérité, aucune ne me plaisait vraiment, mais je ne sais pas pourquoi, peut-être pour lui faire plaisir, j'acceptais. Elle me dit qu'Ana, une blonde, fille d'un gynécologue yougoslave et d'une mère française traductrice, voulait sortir avec moi.

Je n'étais pas très emballé, mais on a préparé quand même notre petit coup. Laurence put convaincre ses parents de nous inviter un week-end à leur maison de campagne de Valle de Bravo.

Pour ma part je n'eu aucune difficulté à convaincre Andy, Laurence était vraiment mignonne.

La maison était superbe, plus je connaissais des gens de la colonie française, plus j'étais convaincu qu'ils étaient tous riches.

On était dans la chambre d'amis, et après nous être installés, et avant le dîner je me dis que vraiment j'étais pas très emballé, et je ne sais pas trop pourquoi je sentais que Andy non plus. Mais lui je pense qu'il était plutôt nerveux.

Mais ce fut vite réglé, après un superbe dîner avec les parents, et l'interrogatoire obligé, que font tes parents?...etc...on est donc sortis dans le jardin et chacun de son côté on attaqua la séance des bisous langoureux. Et comme des garçons bien élevés on en est resté là.

Le lendemain ce fut la promenade à cheval dans les bois, on trouva un petit coin tranquille pour continuer nos câlins, mais ma compagne après quelques bisous se mit à pleurer. J'étais tombé sur une chialeuse!!! Et impossible de savoir pourquoi!!

Bien que je n'étais pas amoureux d'Ana, je continue cette relation de petits amis avec elle.

Laurence et Andy ont terminé leur relation très rapidement, Andy était très beau garçon, mais manquait de ce truc que les filles recherchent, un peu plus de virilité mélangée de: "je m'en fous de notre relation, mais je tiens à ton amour pour moi".

D'un autre côté je continuais à flirter avec d'autres filles, lors des fêtes on venait chercher assez tôt Ana, elle était fille unique, et comme ses parents étaient séparés, elle habitait chez sa mère qui la gatée beaucoup, mais en même temps lui laissait très peu de liberté. Malheureusement Ana n'était pas aussi belle que sa mère, qu'est-ce qu'elle était belle ma belle-mère!

Bon, donc je continue cette relation, je m'entendais bien avec elle, sauf que ce n'était pas le grand amour. Quelques jours avant qu'elle ne parte en colonie de vacances au USA, c'était très à la mode. J'étais passé chez elle pour lui dire au revoir avec Ivo, Mane, Naoki et Roberto. On était dans le salon de l'appartement et pendant que les amis jouaient aux cartes sur une table, Ana et moi étions assis sur le canapé, on bavardait et de temps en temps on s'embrassait.

Et à un moment, où on était justement en train de le faire, sa mère arrive...et là le grand drame, elle la traite de tous les noms et nous met à la porte. Au moment de se dire au revoir je lui dit que sa mère est complètement dingue, puisque vraiment il n'y avait rien de mal à ce que l'on faisait, comme pour la traiter de traînée en face de ses amis.

Je reçus une lettre une semaine plus tard dans laquelle elle me disait que tout était terminé, que je ne comprenais pas sa mère qui ne faisait que la protéger, alors que moi, qui était très populaire à l'école, selon elle, ne pensait qu'à m'amuser, qu'elle m'aimait toujours, que c'était elle qui allait souffrir, et pas moi etc.

Vraiment, bien qu' en vérité ça m'arrangeait, je trouvais ça ridicule, je ne connais personne, et vous allez le voir si vous continuez à lire ces mémoires, qui soit plus respectueux, amoureux et amis des femmes que moi.

Quelques jours plus tard, je suis parti en vacances à mon tour avec mes potes à Zihuatanejo.

Zihuatanejo c'est un petit village de pêcheurs sur la côte pacifique au nord d'Acapulco, c'est une petite baie, avec le port à droite, et à sa gauche une grande plage appelée la Ropa, puis séparée par des rochers une autre petite plage. Et juste de l'autre côté de de la baie, une toute petite baie avec une plage de galets.

Juste au-dessus de cette plage, il y avait une petite maison avec un porche, des amis des parents de Roberto nous ont permis de camper dessus, comme cela pas besoin de tente.

L'endroit était un véritable paradis pour nous tout seuls, mer bleue et transparente, climat parfait. Le problème c'est que l'on était assez éloigné de tout, du village pour manger et des plages où il y avait du monde donc des filles.

On trouva la solution en louant, à très bon marché, une barque en bois à rame, juste ce qu'il nous fallait pour les cinqs. Les matins on partait de notre plage à galets, et à coup de rames on arrivait au port en 20 minutes. On prenait un petit déjeuner-repas dans un des petits restaurants au bord de l'eau. Un vrai bonheur! Des huîtres sauvages de mer, des coquillages que l'on appelle en France des" vernis " au Mexique des " almeja viva de Zihuatanejo " pêchés le matin même, la douzaine était moins chère que des œufs au plat! Donc après s'être gavés de quelques douzaines d'huitres, de coquillages et de poissons frits, nous reprenions la mer pour aller sur les plages. Et en cherchant des filles on en a trouvé, mais des filles du lycée! Rocío, Sophie, Paty et Isabelle. Elles avaient loué une petite cabane sur la plage de la Ropa.

Et oui, Rocío, mon ex petite amie virtuelle, bien que je la voyais souvent au lycée, la voir ici au bord de la mer, dans un climat tropical, toute belle et bronzée, m'a fait de l'effet, et à elle aussi. Elle était amie avec Ana, car elles montaient ensembles dans le même club hippique, et quand je lui dit que je n'étais plus avec elle, je vis bien que ça lui fit plaisir.

On passait des heures à nager ensemble, à bavarder, à ce sourire, mais sans rien oser de plus, les amis étant toujours dans les environs.

Ce furent des vacances merveilleuses, pour tout le monde, on s'en rappelle toujours.

Je pensais qu' au retour des vacances, Rocío et moi pourrions entreprendre une nouvelle relation. Mais je me trompais, j'allais encore être débuté, Rocío avait trop peur d'une relation, elle m'avait encore donné des faux espoirs et je commençais mon année scolaire avec une déception amoureuse.

Du côté scolaire ça allait plutôt bien, ma seconde c'était très bien passé, je suis inscrit au tableau d'honneur tous les trimestres. Donc je passais en première E (mathématiques et techniques) sans problème.

Une classe de 9, tous des hommes.

Depuis la seconde T notre classe était dans un nouveau bâtiment qui s'appelait Lycée Tecnologique Franco Mexicain, c'etait une sorte de lycée dans le lycée. Des jeunes qui ne parlait un mot de français pouvait s'inscrire et ils passaient un ans à apprendre la langue et ce mettre à niveau en mathématiques.

Nous étions les seuls soi- disant français dans ce bâtiment et on n'était pas très bien accepté, mais tout changea lors d'un long week-end prolongé.

Par un drôle de hasard, sans se concerter, plusieurs groupes d'élèves décident d'aller camper à Valle del Bravo, petit village dont je vous ai déjà parlé, qui était l'endroit préféré de la colonie française. Très joli village avec un grand lac, des forêts de conifères, de jolies ruisseaux, des cascades etc.

Lucrecia, qui avait une maison secondaire avec ses oncles et cousins dans le village, me dit que je pouvais passer la première nuit chez elle car la famille arrivait que le lendemain. Donc j'y allais avec Alfonso et Donatien. À part nous, il n'y avait que Lucrecia et trois de ses cousines. On commence donc à picoler, et à un moment donné, on décide d'aller faire un tour au centre du village où il y avait une fontaine, et comme on été un peu bourré on fini à l'intérieur de celle-ci. De retour, je ne sais comment, mais je finis dans les bras de Carmen, une des cousines, et Donatien avec une autre des cousines, Alfonso dû se contenter de jouer au carte avec Lucrecia et l'autre cousine.

Ce fut la nuit la plus torride que j'avais eu jusque-là.

Le lendemain on alla camper à un endroit appelé "la lagartija" au bord du lac, et là on retrouva d'autres groupes du lycée.

C'était vraiment le grand rassemblement...même les autres élèves qui avaient une maison dans le village venait passer la journée avec nous. Ce fut le cas de Lucrecia et de sa cousine Carmen. Je pensais que notre relation avait été juste pour une nuit, mais non, elle voulait continuer. Moi j'hésitais, car bien sûr j'avais envie de sexe, mais je voulais également faire la fête avec les copains. Mais ce qui fout tout en l'air c'est la venue de Rocío et de ses copines au campement. On était là avec Carmen à s'embrasser sur l'herbe et Rocío m'invite à une promenade en forêt pour remonter le petit ruisseau qui débouchait tout près du campement...et qu'est-ce que fait ce con de moi?

Je pars avec elle! Je laisse la gentille Carmen... pourtant ce n'était peut être pas un canon mais elle n'était pas mal du tout. En plus la promenade se passe très mal, Rocío est de mauvaise humeur, moi je me rends compte que j'ai fait une grosse connerie, je ne m'éclate pas sexuellement et en plus je ne suis pas en train de faire la fête avec les copains.

Enfin le soir venu, je me retrouve avec tous les potes dans le village, on achète des bouteilles et on commence à drôlement s'amuser. Au billard on rencontre un groupe d'élèves mexicain du lycée technologique, cela même qui ne nous aiment pas trop, et les paris commencent. On boit, on joue, on s'amuse, je ne le sais pas en ce moment, mais je joue avec des mecs qui deviendront des amis pour la vie.

Il ce fait tard et on doit rentré au campement, il fait très noir, on est une treintaine, et on à qu'une seule lampe et le sentier est très étroit, on doit marcher en file indienne donc c'est très difficile de s'éclairer. On doit marcher près de deux kilomètres dans le noir prêt du lac et on est complètement bourré. On s'est rarement autant amusé.

En arrivant au campement pour sceller notre nouvelle amitié, on décide que chaque camp va choisir son champion pour se taper entre les deux une bouteille de Tequila jusqu'à ce que l'un des deux ne puisse plus boire. Je suis choisi par mes potes du lycée et Froylan par les élèves de technologie. Je fini par gagner, et bien sûr par être super malade. Notre amitié a commencé.

Le lendemain soir, Laurence, qui je vous rappelle a une maison à Valle del Bravo, nous invite tous chez elle. On joue des petites parties de rugby ce qui nous fait nous rapprocher encore plus des nouveaux copains, et je profite de cette soirée pour avoir une longue conversation avec Carmen, je lui explique bien tout, les conneries de Rocío etc. On finit très bon copain.

Paola et moi
Un jour à la récré.
On disait de Paola qu'elle avait les meilleurs cuisses du lycée.

Ma vie continua à tourner complètement autour du lycée, je n'étais pratiquement jamais chez moi. Le matin je partais au lycée à 7:30 du matin pour arriver vers 8:10 et faire la bise à toutes mes copines, ça prend du temps d' embrasser les plus belles filles du lycée! Ensuite , à 8:30, c'était les cours avec une demi heure de récré, dans laquelle j'avais le choix du flirt, puis la sortie des classes à 2 heures de l'après-midi.
On avait juste une heure pour manger, soit un repas que j'emmenais de la maison, soit un poulet rôti acheté à deux ou trois à la boutique d'en face.
À trois heures commencent les cours, soit de dessin industriel, soit d'atelier,,soit de gym, et à sept heures du soir retour à la maison en bus, entre une ou une heure et demi pour arriver, sauf les jours ou j'arrivais à me faire approcher en voiture avec un des potes qui habitait au sud.
Ceci tous les jours sauf le vendredi. Ce jour là j'allais avec quelques potes nous entraîner dans les terrains de sports de l'université nacional de México. On avait formé une équipe de rugby du lycée et on jouait dans un championnat junior contre des équipes principalement anglaises.

Équipe de rugby du lycée

De gauche à droite et de haut en bas, 3 Jean-Pierre, 4 Irma, 5 moi, 6 Dona, 7 Alejandro, 8 Andy, 9 Rocío, à l'extrême-droite, Claudia, juste en bas d'elle Roberto, juste en bas de moi, Max.

Le jour où on a gagnait un « seven at side «

Après l'entraînement, je rentrais me changer à la maison avec mon frère Jean Pierre qui était aussi dans l'équipe, puis le soir j'allais chez un de mes copains, puis on allait ensemble à la fête du vendredi soir, il y avait toujours quelqu'un, fille ou garçon, qui organisait une fête chez lui.

Je restais après la fête dormir chez un pote, j'y passais la journée et le soir rebelotte , soit une fête, soit une réunion en petit comité, et je rentrais à la maison que le dimanche matin.

Ce fut au début de cette année scolaire de première E, que je fit la connaissance d'une nouvelle élève qui était arrivée en première À. Elle s'appelait Oya, et était arrivée à Mexico car son père, ambassadeur de la Turquie, avait été nommé au Mexique.

Un jour à la sortie de l'école, je la vis assise toute seule sur un petit muret qui délimite le jardin d'enfant. Presque tout le monde était parti, donc je m'assis côté d'elle pour lui tenir compagnie pendant que son chauffeur venait la chercher.

Je la trouvais très sympathique, et nous commençons à nous entendre très bien depuis le début.

Je commençais à passer plus de temps avec elle qu'avec les autres filles pendant les récrés, et en dehors du lycée.

Elle m'invite souvent chez elle à passer des après-midi ensemble. On passait des heures à bavarder, et en plus de sa bonne compagnie, j'avais les bénéfices d'être dans une ambassade, elle m'offrait les meilleurs whiskys, des canapés de caviars d'Iran, et pour finir un petit verre de Chartreuse.

Je me rappelle même une fois, être resté avec elle jusqu'à deux ou trois heures du matin avant que son père ne lui dise qu'il était temps de mettre à la porte le petit copain.

Et comme je n'avais pas d'argent pour le taxi, je me farcis une vingtaine de kilomètres à pied jusqu'à chez moi!

C'était une très belle fille, un des plus beaux visages que j'ai connue, des yeux bleus magnifiques. Elle avait énormément de prétendants, mais restait très humble de ce côté là.

De mon côté, j'ignore encore si j'étais tombé amoureux d'elle, c'est vrai que je l'adorais, mais je n'avais pas d'attirance sexuelle pour elle.

Oya
Cette photo elle me la offerte durant les premiers jours de notre rencontre

Mais vous me connaissez, pour moi, les copains d'abords, je ne pouvais passer mon temps avec une seule fille, donc je l'introduis à mon groupe d'amis, et bien sûr elle fut bien acceptée. D'ailleurs je pense que vous vous demandez ce qui c'est passé avec mon pote Gerardo. Bien que l'on se voyait plus tellement souvent depuis la quatrième, en troisième je l'ai introduit également avec les amis et bien qu'il n'était pas toujours présent, il finira par très bien s'intégré au groupe.

Cette année-là, la classe de première fut une année bien remplie, mes notes continuaient à être assez bonnes, surtout dans les matières techniques, j'étais assez content de moi, bien que je savais pouvoir faire mieux, mais il aurait fallu faire moins la fête, et de cela pas question. Mais aussi j'ai vécu plusieurs moments très chouette et des relations très intenses à part celle de Oya.

Je vais raconter quelques-uns de ces moments.

CHAPITRE XX .....Des moments heureux et quelques fois tristes de mes deux dernières années au lycée.

Acapulco était à l'époque la ville portuaire touristique la plus connue et réputée du Mexique. Mais bien sûr elle n'était pas bon marché, surtout pour des lycéens. Mais l'oncle d'Alfonso était le gérant d'un hôtel, « Le Yacht Club », et il nous prêtait des chambres de bonnes, c'était des chambres un peu crade avec des toilettes communes, mais à cet âge là on ne fait pas le difícil. La première fois que l'on y est allé, pour un long week-end prolongé, on était, Ivo, Gil, Gerardo et bien sûr Alfonso et moi. On avait le droit d'accès à la piscine et à la plage, on y passait notre temps. Il y avait une fille du lycée, de deux ou trois ans plus jeune que nous, Maïté elle s'appelait, ses parents avaient un petit appart dans l'hôtel, elle avait un superbe corp et bien que pas d'une beauté classique elle avait un je ne sais quoi de très attirant. Bien que je n'étais pas intime avec elle, je la connaissais assez car je parlais beaucoup avec elle à la sortie du lycée car ses parents venaient la chercher très tard.
Donc mes amis me demandaient tout le temps d'aller la chercher pour l'inviter à faire bronzette et nager avec nous, ce qui ne me dérangeait pas. À cette époque je me sentais bien avec moi-même, je flirtais avec elle, je sentais que l'on se plaisait, mais encore une fois je ne franchis pas le pas, je faisais mon intéressant avec des plongeons, qui la faisait rire, mais étant très jeune et à la garde de ses petits demis frères, impossible de la faire sortir le soir. Donc tout resta sur un petit flirt, le seul résultat fut que Ivo, lui, tomba amoureux d'elle.
Un jour après avoir bu des cocktails offerts par le père d'Alfonso à la piscine, nous somme allés acheter des bouteilles de rhum pour boire dans la chambre, je ne sais pas ce qui m'arrive, peut être j'ai voulu impressionner Alfonso qui était le mec du savoir vivre puisque fils d'ambassadeur. Mais je picolais grave, et à un moment donné, je senti ma tête tournée et je me mit au lit, et bien sûr comme c'est la chose à surtout ne pas faire, cinq minutes plus tard ce fut le jet de vomis, et le plus drôle c'est que je n'est pas voulu faire de saleté et j'essayais de l'attraper avec mes mains!!en criant : je l'ai attrapé, je l'ai attrapé !!! Cette phrase allait me poursuivre toute ma vie, mes amis allaient me la sortir à tout bout de champ. Après il parait que je suis sorti aux toilettes pour me nettoyer, et de retour j'embrassais tous les poteaux en disant : Rocío comme je t'aime!! Ce fut ma première grosse cuite.

Une autre grosse cuite, mais pas mienne, ce fut lors d'un week-end chez la grand-mère d'Alfonso. Il habitait chez sa grande mère car ses parents habitaient Moscou en tant que consul.
Ce week-end j'avais oublié mon cartable chez Alfonso et j'allais le chercher le dimanche après-midi pour faire mes devoirs. J'arrive chez lui et je trouve Gil, Ivo et Alfonso dans la chambre de celui-ci, complètement bourrés. Ils étaient allés voir un match de fut et de retour ils avaient commencé à picoler. Le plus ivre était Ivo, au début je les trouve plutôt marrant, mais au

moment où, je ne sais pas pourquoi, ils commencent à pisser sur Ivo, je m'énerve mais ils ne me font aucun cas, et Ivo perd connaissance. Je descends pour téléphoner à la grande mère, qui était sortie avec son chauffeur jouer aux cartes , et les cons, pendant ce temps, font descendre Ivo des escaliers en le traînant par les pieds ce qui fait que sa tête rebondit sur chaque marche, impossible de les arrêter de faire des conneries. Je contacte enfin la grande mère qui arrive en vitesse, et elle appelle le médecin et les parents de Ivo.

Tout ce beau monde arrive, j'explique tout à la grande mère, les parents de Ivo gueulent que leur enfant va mourir, le médecin rigole et leur dit que leur fils est juste ivre.

Comme mes amis sont en plein cirage, c'est à moi que les parents d'Ivo s'en prennent, ils essayeront même de me faire virer du lycée, juste moi qui n'avais rien fait, Gil avait déjà été viré du lycée un ans auparavant, et Alfonso étant fils d'ambassadeur ne pouvait être coupable, je fut interdit à vie de rentrer chez Ivo et je ne revis jamais ses parents, pourtant j'étais un habitué de la maison.

On décida une fois de faire une escalade sur le Popocatepetl, le volcan encore en activité prêt de la ville, on nous avait dit que c'était facile. Donc on prît un bus pour arriver jusqu'au" refugió" qui était une sorte de stations pour les alpinistes pour se reposer avant l'ascension.

On dormait sous les tables et on commença la montée vers 6 heures du matin à l'aube, on devait arriver à "tres cruces" pour monter notre campement pour partir vers le sommet le lendemain de bonne heure.

Ce n'était pas une montée techniquement difficile, mais la pente était raide et ce n'était que du sable et des pierres roulantes, je n'ai jamais était aussi crevé, en plus on était à plus de 4000 mètres d'altitude alors la respiration était très difficile.

On arrive a « Tres cruces", une sorte de petite plate-forme où commencent les neiges éternelles, il fait un froid de canard mais on est content d'être arrivé. Le paysage et la vue son fantastiques, on se sent récompensé de nos efforts. Mais on gèle! Rien que de faire pipi on sent notre engin gelé, ce qui fait rire quelques-uns, il n'est que trois heures de l'après-midi, mais on monte notre tente en vitesse et on s'engouffre dedans pour ce réchauffer. Même si on est cinq dans la tente, on a pas de sac de couchage, seulement des couvertures, on gèle! On a jamais eu autant froid, on peut pas dormir, donc on n'arrête pas de blaguer, surtout Ivo, qui n'arrête pas de se plaindre de son malheur, sera pris pour cible, d'ailleurs on continuera à se moquer de lui pendant des années sur cette nuit.

Après une nuit sans dormir, on décide plutôt de descendre que de faire la montée, c'est dimanche et lorsque le jour se lève, il y a déjà beaucoup de gens en train de faire la montée jusqu'au sommet. La descente est un plaisir, rien que de voir tous ces gens monter et nous descendre. On nous reprendra plus à faire de l'alpinisme en amateur. Et les prochains campings ne risqueront pas d'être à la montagne.

J'ai toujours tenu très bien l'alcool. On était cette fois chez Mane, chez lui il y avait un grand studio au rez-de-chaussée, il faut dire que la maison de ses parents à Coyoacan (quartier résidentiel des artistes et des intellectuels) était assez grande. La mère de Mane était Elena Poniatowska, une grande journaliste et écrivaine très connue, et son père adoptif un astronome connu à l'international et directeur du plus grand observatoire du Mexique.

On était donc un vendredi soir chez lui, Gerardo, Mane et moi. On n'avait pas acheté à boire et Mane nous trouva une bouteille de Dranbui, c'est super bon, ça passe tout seul. En bavardant et en un rien de temps, la bouteille était presque finie, lorsque tout d'un coup une panne de courant survint. On reste dans le noir complet, Mane ne trouve ni lampe ni bougies. La panne a duré à peine 15 ou 20 Minutes, mais suffisant pour que la tête nous tourne, et en moins de cinq minutes nous nous somme retrouvés dans la salle de bain, à faire un concert de vomis, l'un au lavabo, l'autre à la cuvette et l'autre à la douche-baignoire. C'était tellement marrant que l'on ne savait plus si rire ou vomir.

Je n'ai plus bu de Dranbui depuis.

Ça fait longtemps que je ne fais pas de parenthèse, juste une petite pour parler encore un peu de nationalisme.

Dernièrement on parle beaucoup de nationalisme avec le cas de la Catalogne, et de la Corse. Le parti indépendantiste de Catalogne au pouvoir, décide de faire un référendum sur l'indépendance , lequel ils sont sur de gagner, Madrid, essayé de l'interdire, et réagit violemment le jour du vote. Le résultat est à plus de 90% pour, mais avec très peu de votants. Madrid ne reconnaît pas ce résultat, La Catalogne se déclare indépendante, et Madrid vote l'article de la constitution, qui rend hors la loi les dirigeants de la Catalogne et prend sous tutelle la gouvernance de celle-ci jusqu'à de nouvelles élections, lesquelles les indépendantistes gagneront également.

Cela est un petit résumé, mais pourquoi une région d'un pays veut elle devenir indépendante? C'est en général des régions qui ont une forte identité culturelle, une langue propre, une histoire ancienne, qui souvent ont déjà eu un souverain et surtout en générale sont une région riche. Et dans la société de ces régions apparaissent des groupes qui cherchent a se différencier des autres pour exister, et avoir un pouvoir, et donc ils prennent leurs différences avec les autres comme des caractéristiques supérieures et essayent de convaincre les habitants qu'ils seraient mieux en se séparant des autres. La plupart des gens ne se laisseraient pas convaincre si la reacción des autorités nationales ne serait pas si histerique. Au lieux de les laisser cultiver leur sois disant différence culturelle, le pouvoir central leur imposes des règles qu'ils peuvent resentir comme irrespectueuses. Ce fut le cas avec la Catalogne, avant l'arriver de l'actuel pouvoir, seulement 17% des catalans étaient pour l'indepandance. Il a suffit que ce gouvernement revienne sur des droits que l'ancien pouvoir leur avait donné, pour que le taux remonte à 70%.

Pour moi si on mettait en place la structure politique que je propose, ces problèmes d'indépendances ne se poseraient plus.

Je rappelle que la plus petite cellule politique serait la commune, celle ci vote des lois pour elle et a un représentant pour voter les lois de la région. La commune, de même que la région, prélève tout les impôts de ses habitants, ce qui lui permet de se financer directement, et ne doit pas attendre le reversement ou le versement de ressources financières de l'etat donc chaque commune et région peut se considèrer indépendante de fait. Elles sont seulement assujettis aux lois communes à tous, mais votées par leur représentant.

LE VOILE

Les voiles ont étés aussi bien des attributs tradicionnels des monothéismes que des marqueurs d'identite et des parures, réservoir de fantasme masculins. Le trouble qu'il suscite tient à ce que , en même temps qu'il cache, il exhibe. Il n'y a pas si longtemps que, tout au long de sa vie, la bonne chretienne ne sortait pas sans la tête couverte. Les communions, mariages, veuvages exigeaient le port d'un voile. La vierge voilée à était donnée en modèles à des générations de femmes. Dans certaines cultures c'est même l'homme qui est voilé. En se voilant la religieuse se sépare du monde, et Moise se voile fasse à son créateur. Le voile confère le sentiment d'etre à part. Certaine personnalité ont d'ailleurs regretté le voile, comme Ágatha Christie, qui se trouvée laide, pour pouvoir voire sans être vue, Virginia Wolf pour l'anonymat qu'il procure. Leur empathie contraste avec le mépris de celui de ces voyageuses occidentales qui déclinent toute communauté de destin avec leurs sœurs musulmanes, bien que leur corps ne soit pas plus libre. En y voyant que la soumission à une injonction, les femmes occidentales ont recouvert d'un voile d'oubli leur propre enveloppement. Le voile musulman, intemporel et inmutable, n'existait pas. Si le voile est devenu cela, c'est à la faveur d'un aveuglement entretenu par la condescendance à l'égard de l'Orient.

Et maintenant le voile est vu en France, et dans beaucoup de pays, comme un symbole de l'étranger, de l'autre, d'une autre culture qui veut remplacer la nôtre, tout ça pour préserver un nationalisme sous prétexte de défendre une culture. On oublie que les cultures ne sont pas inertes, elles bougent, elles changent, elles évoluent, et surtout elles se nourrissent les unes des autres.

Dans toute l'histoire de l'humanité les civilisations et les différentes cultures ont changé et évoluent selon les influences des autres cultures au fur et à mesure des migrations.

Le début des premières grandes civilisations, dans ce le que l'on appelle aujourd'hui le moyen orient, leurs cultures se sont créées avec plusieurs échanges, sans aucune frontière.

Les cultures grecques et romaines, qui sont, selon nous les basses de la nôtre, se sont nourris l'une de l'autre, la romaine a pris beaucoup de la grecque, cela ne l'a pas empêché d'être une grande civilisation.

Aucune culture ne peut vivre et se développer isolée, ça n'a jamais existé, et ça n'existera jamais, notre soit disant grande culture française c'est développée sans frontières, les états nations sont ressant, et même depuis qu'elles existent, celle-ci ne peuvent empêcher les influences des autres cultures, on est baigné de cultures américaines, on mange des hamburgers partout et ont vois des séries et des films créer par eux, et pourtant on n'est pas envahie par des hordes de nord américain!

Les gens voyagent, les gens s'informent et se laissent influencer sur les réseaux sociaux. Que l'on le veuille ou non, la fameuse gastronomie française est énormément influencée par la gastronomie italienne, espagnole, ou nord-africaine. Depuis le siècle dernier, le couscous est le deuxième plat préféré des français, les plats asiatiques ont aussi trouvé leurs places, on est des plus grands mangeurs de pizza au monde.

On voit plus de films et de séries et on lit plus de livres étrangers que de français, et c'est pareil pour de très nombreux pays.

Messieurs les nationalistes, ce n'est pas avec la fermeture de vos frontières, que vous pourrez empêcher l'évolution de vos cultures, et celles-ci deviendront un jour, pas trop lointain, une seule culture universelle.

Pendant les vacances scolaires, on avait 15 jour à Pâques et 15 jours à Noël, on essayait toujours de partir vers la plage en camping, c'était le groupe composé de Sophie, Paty, Rocío, Mane, Naoki, Roberto et moi, des fois Gerardo ou Ivo nous accompagnés, Ivo avait la peau très sensible et évitait le soleil.

Cette fois-là on était parti pour la côte de Oaxaca, vers Puerto escondido, une très belle plage pas encore très touristique.

Le voyage en bus vers la ville de Oaxaca se passa très bien, mais, par contre, le bus depuis la ville vers Pto Escondido fut un véritable enfer! Il fallait traverser la sierra sur des petites routes, dans un vieux bus rempli à bord, avec des poules, des bébés pleurant etc.. et en pleine nuit pendant plus de 10 heures, un véritable enfer!

On arrive au village, très joli, pauvre, avec une très belle et grande plage, et plein de petites cabanes qui font restaurant fruits de mers. Mais la première chose à laquelle on pense, c'est de ne plus refaire ce trajet en bus, donc pendant que l'on se restaure dans un de ces petits restos, les filles se renseignent, et on nous dit qu'il y a un petit aéroport au sud à trois ou quatre kilomètres.

Nous voilà parti à la recherche de celui-ci, effectivement c'est un tout petit aéroport avec une petite piste en terre battue, et une cabane pour acheter son billet, un avion à hélices pour 12 passagers décolle tous les jours vers Oaxaca. Mais le prix du billet n'est pas donné, pour pouvoir rentrer en avion, il faudrait nous priver de repas. On aurait droit à prendre un « licuado « sorte de milk-shake aux fruits, le matin, rien à midi et un dîner dans un des petits restos. Bien que lors de nos sorties on dormait à la belle étoile nous n'avions pas d'équipement de camping, donc on n'avait rien pour nous faire a manger.

 La bonne nouvelle c'est que juste en face de l'aéroport, caché par un petit bois, il y avait une petite crique très jolie. On accédait à une petite baie par un petit sentier, il y avait une petite plage au fond ou l'on pouvait camper.

On décida de voter, pour voir ce que l'on allait décider. Bien sûr les filles on voter pour le retour en avion et le régime forcé, Ivo également, Gerardo, Naoki et moi contre le régime et le con de Roberto ce laissa convaincre par les beaux yeux des filles.

Donc le retour en avion fut décidé! Gerardo fut si furieux qu'il décida carrément de ne pas aller manger du tout au village.

Donc on s'organisait de la manière suivante, le matin on mangeait des biscuits avec du lait concentré, et on passait la matinée à nager et à s'amuser dans la mer. À midi on remontait au village, on avait au moins une heure de marche au soleil. Une fois arrivé, on buvait notre « licuado », le mien je le demandais à la banane...délicieux.

Puis on se promenait dans le village et on nageait le reste de l'après-midi. Avant la nuit on choisissait un resto, et là avec la faim que l'on avait c'était le festin.

De retour à la plage de la petite baie, qui s'appelle d'ailleurs Angelito, on faisait un feu, les premiers jours le groupe resta divisé à cause du vote.

Ce qui me dérangeait le plus à moi , c'était la marche à pied au village, et j'étais sur que le chemin par la mer était beaucoup plus court, je pensais qu' en sortant de la petite baie, en contournant la falaise on tombait dans la baie de Pto Escondido, et que par la terre on faisait un gros détour.

Donc un jour, étant bon nageur, j'ai décidé de prendre cette voie et d'aller en nageant au village.

Je partais en même temps que mes compagnons, mais o surprise, en sortant de la baie ce n'est pas l'autre baie qui apparaît, mais le prolongement de la falaise!

Mais comme je suis lancé, autant continuer. Après, je ne sais combien de temps, je rentre dans la baie. Et je vois de loin la plage, et ce qui m'étonne c'est que personne n'est dans la mer, tout le monde est sur la plage debout et regarde vers le large, je me dit, un peu naïvement, que je suis peut être le premier à faire cette traversée. Je continue à nager et tout à coup je vois une ombre passer sous moi, je pense à un rocher, mais ce n'est pas possible, et tout à coup je vois un aileron à 5 mètres, je me vois déjà bouffé par un requin, et je me dit qu'il ne faut pas paniquer et je suis les instructions que j'ai lu au sujets des requins donc je nage doucement en plongeant pour qu'il voit ma taille.

Mais dans un autre passage je vois qu'il ne s'agit pas de requin mais d'une raie manta! Heureusement. J'arrive de toute façon en héros à la plage car tout le monde croyait au requin. Du coup mes compagnons décidèrent que j'avais droit cette fois-ci à une bière. Ce fut, et est à ce jour, la meilleure bière que je n'ai jamais bu.

Les jours s'écoulent, on fit connaissance de deux américains très sympathiques (ils disaient que je ressemblais à Marlon Brando, jeje), et Rocío me refit le coup, deux ou trois jours avant de partir, elle me refit du charme, de longue conversation sur la plage. Nous chantions, en nous regardant dans les yeux, une chanson d'amour chaque fois que l'on trouvait un jukebox. Elle me dit qu 'en rentrant elle voudrait me voir pour me confier quelque chose. Une fois rentré j'allais la voir, j'étais sûr que cette fois ci nous commencerons une relation, mais non, encore une fois ce fut la catastrophe.

Elle me dit qu'elle aimait un autre!

Qu'elle cuite je prît ce jour-là !

Quelque temps après elle me confia que c'était faux, qu'elle était réellement amoureuse de moi, mais comme elle n'avait jamais eu encore de petit amis, elle prit peur. Il n'y a pas encore très longtemps elle me dit toujours avoir regretté de ne pas avoir dit la vérité, que j'étais son premier amour, et qu'elle aurait aimé se marier avec moi.

Comme je l'ai déjà dit, je ne vivais que pour la reconnaissance de mes amis. Avec l'autre groupe de mes compagnons, Liz, Claudia, Andrea, Dona, Mane, Alfonso et Gerardo (avant l'arrivée d'Oya) on se voyait pratiquement tous les weekend. On parlait beaucoup d'amour, d'amitié, d'idéaux, de philosophie, de politique etc… et on a inventé un drôle de jeu. L'un d'entre nous se mettait au centre, parlait de sa vie et devait s'ouvrir dans toute son intimité et après les autres lui posaient des questions ou lui faisaient des commentaires. Une sorte de thérapie.

Donc quand ce fut mon tour, après avoir parlé de ma timidité, et d'autres trucs dont je ne me rappelle pas, j'ai parlé de l'histoire de ma mère, de sa schizophrénie, ses crises etc. Pour moi parler de ce sujet était très difficile, c'était un mélange de honte, de culpabilité, de déshonneur et de peur d'être le fils d'une folle. Je m'attendais à être réconforté par mes amis, au lieu de cela, leur réaction fut presque de me dire que j'étais complètement con de lui donner de l'importance, et que je devrais plutôt m'en foutre.

Le pire fut qu'après, ce fut le tour de Mane, lui il parla de son vrai père, il était fils d'une très fameuse journaliste et écrivaine, originaire d'une famille de la noblesse française et aussi d'une grande famille mexicaine des anciens hacendarios comme je l'ai déjà raconté, . Son père biologique, et ceci était secret du public, était un grand intellectuel. Leur liaison avait été caché à l'époque, et sa mère avait mis au monde Mane dans un couvent à Rome, et ses grand parent l'avait adopté. À l'époque sa mère venait de se marier au plus grand astronome mexicain et l'avait adopté. Et là, la réaction de mes amis fut de le consoler de son grand malheur, et lui, était très reconnaissant de s'être confié à nous, et mes amis lui disaient qu'il savaient très bien que ce n'était pas pour faire pitié, comme d'autre, qu'il nous avait raconté cela.

Je compris ou du moins j'étais sûr que l'on parlait de moi.

Ça m'a fait un drôle de coup, je ne comprenais pas en quoi c'était si dramatique d'être né dans une famille de riche, d'avoir comme parents biologiques des intellectuels, même si le père ne l'avait pas reconnu, il avait été adopté par ses grands parents qui lui avait tout donné, puisque leurs seul fils, ils avaient deux filles, était mort dans un accident de voiture, pour être adopté par un grand scientifique. Pour moi c'était bien plus dramatique d'être né dans une famille avec des problèmes d'argent, un père qui ne s'occupait pas de nous et avoir une mère qui est très malade.

Je comprenais que je me faisais des illusions, et que je n'appartenait pas vraiment à leur monde, j'en fut déprimé pendant très longtemps et je leur en voulais.

Les choses ne s'arrangent pas quelques jours plus tard. Comme je vous l'ai dit auparavant j'aimais beaucoup dessiner et je continuais à le faire de temps en temps. Il y avait même eu une exposition de peinture au lycée et j'y avais exposé quelques aquarelles. D'ailleurs j'étais très fier d'avoir été le seul à se faire voler un tableau.

Donc à l'époque j'avais pris l'habitude de dessiner des chats, que je trouvais très réussi, de même que mes proches. Je fait cadeau alors à chacune de mes copines, Liz, Claudia, Andrea, d'un dessin, lors d'une fête du samedi soir. J'étais encore déprimé et je pensais que leur gratitude pour le cadeau allait me faire du bien. Mais ce fut la catastrophe. Lorsque je retrouvais les dessins par terre derrière un banc, je me suis senti l'homme le plus malheureux du monde. Ce qui ne m'a pas aidait à retrouver la confiance en moi.

J'étais tellement déprimé que j'ai décidé de partir seul m'isoler dans la montagne, puisque le monde ne me méritait pas.

Un vendredi après-midi, je demande à Jean pierre de me laisser sur la route des Lagunas de Zempoala et de revenir me chercher le dimanche.

J'avais avec moi ma chienne Nika, quelques couvertures et ustensiles de cuisine et quelques vivres, mais pas de tente ni de sac de couchage.

Il me laissa à une quinzaine de kilomètres du lac, et après y être arrivé, je continuais à remonter le cours d'eau qui alimentait celui-ci pour m'éloigner le plus possible des campeurs.

Je trouvais, après m'être senti assez éloigné de la civilisation , deux gros rochers où je pouvais me faire un refuge.

Je fis un toit avec des branches et des grandes feuilles en guise de tuiles entre les deux, au cas où il pleuvrait. Crever de tant avoir marcher, je m'endormi très vite, sans aucune force pour manger quelque chose.Je fus réveillé vers deux heures du matin, car il pleuvait, et mon toit avait des fuites partout, je ne put pas me rendormir car j'avais très froid, heureusement que j'avais un manteau de l'armée américaine que j'avais acheté dans une brocante, et ce ne fut pas si grave, mais ce fut une très longue nuit.

Le lendemain matin, la pluie s'arrêta et un beau soleil l'a remplacé. J'ai mis des heures à allumer un feu, tout était trempé. Après beaucoup d'efforts je pu enfin me faire un super petit déjeuner avec des eaux aux bacons, qui fut un de mes meilleurs repas, car je crevais vraiment de faim. C'est vrai que plus on souffre pour obtenir quelque chose, plus grand est notre plaisir. Donc un conseil, quand vous avez très faim ou très soif, prenez votre temps pour vous préparer un repas, et ne commencez pas à assouvir votre faim, avant tout soit pres et à votre goût, le plaisir sera incomparable à celui de manger en vitesse quelque chose de déjà près. Après mon festin je pris la décision de laisser tout dans le petit campement, et je me mis à escalader une petite falaise où je pourrais avoir une superbe vue. Arrivé au sommet je me mit à méditer et à réfléchir sur ce que je faisais là.

Ma déprime avait disparu, le paysage fantastique, ma chienne était une merveilleuse compagnie, mais mes adorables amis me manquaient. Plus question de repasser une nuit dans ces conditions. Je savais que pas mal de gens venaient passer la journée au bord du lac et manger des quesadillas que préparaient et vendaient des indigènes, et ils repartaient en fin de journée.

Donc je décide de reprendre mes affaires et de demander à un de ces mangeurs de quesadillas de me ramener en ville. J'en trouve un facilement qui accepte ma chienne également.

De retour en marchant vers la maison, mon bénévole m'ayant laissé à plusieurs kilomètres de la maison et ne pouvant pas prendre le bus à cause de la chienne, je m'arrête de temps en temps pour téléphoner aux copains d'une cabine téléphonique.

Personne ne s'était rendu compte de mon absence, ce n'était pas eux qui avaient besoin de moi, mais moi j'avais énormément besoin d'eux.

UN JOUR A LA RECRE

De gauche a droite

Naoki, Mane, Alfonso, Claudia, Liz, Olivia, moi, Silvia, Roberto. Je ne porte pas l'uniforme comme les autres car je sors de l'atelier d'usinage, et je suis habillé d'un bleu de travail.

Presque tous mes amis étaient de la fumette, sauf le groupe de Mane, Naoki, Ivo et Roberto avec lesquels je faisais les voyages. Une fois, lors d'un week-end que l'on avait passé dans une grande et vieille baraque d'un oncle de Max. Parmis une vingtaine de copains j'étais le seul à ne pas fumer de la marijuana. Ça ne m'évitait pas du tout de m'amuser follement avec eux.
D'ailleurs, ce week-end, on a pris une photo de nous tous tout nu le cul en l'air. Cette photo a circulée dans tout le lycée pendant très longtemps, les filles font même des paris à qui reconnaîtrait le plus de fesses!
Ce n'était pas que j'étais contre l'herbe, mais je n'aimais ni son goût ni son odeur. Et pour ce qui est de l'effet je préférais mille fois celui de l'ivresse. Mais j'ai fais quand même un effort pour y prendre plaisir. Et un week-end on est parti Alfonso, Gerardo, El Orate et moi à Cuernavaca chez la maison abandonnée de la grande mère de celui-ci.
On est resté enfermé pendant deux jours, avec le plein d'alcool et d'herbe, à nous bourrer la gueule et à fumer, on sort juste pour acheter de la bouffe. Ce fut extrêmement amusant, on a fait plein de conneries, mais à la fin je décida que la marijuana n'était pas faite pour moi, je devenais trop con.

Pour les dernières vacances de Noël passées au lycée, nous décidâmes de visiter l'État de Veracruz, toujours avec le même groupe avec lequel je faisais les sorties de voyage. Mais cette fois-ci Rocío ne fut pas des nôtres, au moins je ne risquerais pas de me retrouver prît encore dans ses pièges. Nous prîmes le bus pour le port de Veracruz, une fois arrivé on trouva un petit hôtel avec une très grande chambre où nous pouvions nous tenir tous les sept. Je me rappelle que l'on a joué ce soir là dans la chambre, au « vencidas" mais au lieu des bras, avec les jambes, et ce fut Sophie qui nous a tous battu.

Le lendemain nous arrivâmes a Pto Alvarado en train. Pendant le voyage nous avons rencontré un habitant du port qui très gentiment nous invita manger chez lui pour une fête qu'il organisait pour un baptême. C'était la soirée et nous décidâmes de passer la nuit sur la plage. Ce fut une très belle nuit, on passa un très bon moment avec la guitare de Sophie et un feu de bois.
Chose étrange, dû au pur hasard, Dona nous retrouva ce jour-là sur la plage, il était parti de son côté en vacances en solitaire, et par le pur hasard sans savoir que l'on était là, il débarqua en plein feu de bois. Le lendemain il a continuait son voyage de son côté, mais avant, il nous pris tous en photo en face de la vieille gare, et le résultat fut une des meilleurs photos de tout le lycée.

De gauche a droite
Naoki, Paty, Roberto, moi, Ivo, Sophie, Mane

Le lendemain nous étions dans un petit restaurant du port et nous ne savions pas comment voyager, le train trop lent et ne desservant pas grande chose, le bus ne s'arrêtant pas ou l'on veut, et louer une voiture était trop chère.

Des voisins de table nous entendent discuter et s'invitent à notre table. C'était de jeunes garçons, mais bien plus âgés que nous, ils étaient deux et avaient dans les 25 ans, très sympathiques.

Ils nous proposent d'abord de nous emmener chez le monsieur qui nous avait invité a manger, car disaient ils, à Alvarado on ne refuse pas une invitation. Ils avaient une Combi Volkswagen, et nous rentrions tous très bien.

Donc bien sûr on accepte. La fête du baptême fut superbe, des gens très pauvres, mais super gentils, et la bouffe !!!Incroyable!!!des tamales de poissons!!jamais j'avais goûté.

Après ce délicieux repas, nos amis nous proposèrent de rester à Alvarado, ils avaient un peu de place chez leur mère, on pouvait dormir par terre dans nos sacs de couchages dans une chambre, et ils nous proposaient de nous promener aux alentours de la ville. Nous on accepte, sauf Mane et Ivo qui pensent que c'est trop beau pour être vrai, qu'ils ont sûrement quelque chose derrière la tête, comme vouloir coucher avec Paty ou Sophie, nous ont leur dit qu'ils sont complètement paranoïaque. Et la suite va nous donner raison, nous étions vraiment dans la capitale de la joie, c'est comme cela que l'on surnomme le Pto de Alvarado.

Ils nous firent visiter de très beaux endroits comme L'Antigua, site où Cortes construit la première église du continent Américain. Une fois, on alla même jusqu'au port de Veracruz pour chercher des crevettes fraîches, qu'un de leurs amis, qui était pêcheur, nous en avait fait cadeau, au moins quatre kilos, que l'on fit cuire dans un petit restaurant au bord de la plage. Ce furent de superbes vacances.

Un soir, on sort faire la fête, il s'agissait de suivre une tradition, on devait aller de porte en porte pour demander de l'argent, ou autre produit, en chantant. C'était une sorte de tradition comme celle des posadas, qui font référence à la galère de Joseph et Marie pour trouver un endroit pour la naissance de Jesus.

On était plusieurs dans la combi, au moins quince avec des amis de nos protecteurs, dont l'un très sympa qui était homosexuel, il faut dire qu'a Alvarado, ils n'étaient pas du tout mal vu, et plutôt bien accueillis dans la société.

La boisson coulait à flots, on rigolait comme des fous, une de mes soirées mémorables. On termine la soirée à trois heures du matin dans un restaurant à la sortie du port, au bord de la route, qui ne fermait jamais.

Après avoir mangé quelque chose, je commence à me sentir mal et je vais aux toilettes, je vomis, et en sortant, o ! surprise, plus personne, ils étaient partis ! J'étais mal parti, comment rentrer? j'étais à plus de 6 kilomètres de la ville et sans transport.

Je ne savais vraiment pas quoi faire, comment était- ce possible que l'on m'ait oublié ?

Et au moins une demi heure après, je vois la combi revenir, le seul qui c'était rappelé de moi, c'était notre copain homosexuel!!! J'en voulais énormément à mes amis.

Ils y eu bien sûr d'autres sorties en vacances, toujours avec les mêmes, comme notre voyage en train à Mérida puis en bus à Tulum, 40 heures de train puis 8 en bus, on a passait Noël sur la plage avec une pleine lune, sur le sable, avec en guise de verre à vin des moitiés de noix de coco et en mangeant des boites de conserves de luxes et des boissons que l'on avait piqué à nos parents. Et aussi d'autres moments tristes et joyeux, mais je ne veux pas n'on plus vous ennuyer.

Je vais juste finir ce chapitre en vous racontant mes amours de ces deux dernières années au lycée.
Je continuais à voir mes jolies copines, mais depuis que j'avais connu Oya au début de la première je passais presque tout mon temps avec elle. Comme je vous l'ai déjà dit on s'entendait très bien. Je connaissais sa mère et son père, l'ambassadeur, qui n'était pas très commode, il arrivait qu'elle m'invite à manger à table avec ses parents. Les week-ends, on sortait ensemble avec les copains ou on restait chez elle. Comme je vous le rappelle je n'avais jamais un sous c'est elle qui m'invitait parfois à sortir, soit à une discothèque ou à dîner au restaurant. Pendant les vacances d'été entre la première et la terminale, elle tombe malade d'hépatite, et je passais la voir presque tous les jours.
C'est pendant ces vacances que je fus pris une fois de plus au piège par Rocío au retour des vacances de Pto Escondido, c'est pourquoi je pensais ne pas être amoureux d'Oya..
Au début de la terminale, on sortait de plus en plus avec les copains, elle commençait à s'entendre très bien avec Claudia, avec laquelle j'étais devenu également assez intime, donc on se retrouvait assez souvent les trois ensemble.
C'était la période des slows, et pendant les fêtes on dansait ensemble Oya et moi, bien sûr nos slows étaient très, disons câlins. Claudia me disait, et a elle aussi, pourquoi on ne sortait pas ensemble en amoureux, puisque ça se voyait que l'on s'aimait. Mais je n'osais pas l'embrasser, je sentais que j'allais tout perdre et je le répète, je n'avais pas d'attirance sexuelle. Mais je crois que j'avais tort.
Un jour de fête chez Claudia, un garçon du lycée qui était très beau garçon mais un peu con, lui n'hésita pas, et Oya commença à sortir avec lui. Pour moi ce fut une terrible crise de jalousie, qui me fit très mal en même temps que ça m'étonnais.
Comment avais je pût croire, qu'une fille aussi jolie qu'elle, n'allait sortir avec personne, que je continuerai à être son compagnon, son amis etc, et qu'elle se prive de sexe juste parce que ni elle ni moi osions changer la situation.
Elle essaya de s'expliquer, bien sûr, on savait tous qu'il était un peu con, elle dit que c'était juste pour s'amuser , qu'elle en avait marre de toujours la même chose. C'est vrai qu'elle avait plein de prétendants, la moitié du lycée était amoureux d'elle.
Notre relation ne changea pas énormément, on continua à sortir avec les copains pareils et je continuai mes visites chez elle. Mais moi j'avais changé, je lui trouvais de plus en plus de défauts.
Quelques jours après, on organisait une sortie à Acapulco, là où j'avais quelques années auparavant pris ma première cuite.
On était plusieurs du lycée à aller passer un week-end prolongé à la ville de la vie nocturne.
Notre groupe comme d'habitude avait trouvé logement dans l'hôtel de l'oncle d´Alfonso, dans les chambres de bonnes.
Oya aussi était de la partie mais dans un autre hôtel avec ses parents, mais Armando n'y était pas. Bien sûr c'était moi qui devais aller chercher Oya tout le temps, car j'étais le seul à qui ses parents avaient confiance.

On était venus dans la voiture de mon frère, moi je m'étais tordu la cheville juste le jour avant de partir en jouant au handball. J'avais une horrible entorse toute gonflée, mais je n'avais pas voulu aller voir docteur, de peur qu'il m'interdise le voyage. Donc j'avais le privilège d'être, pour les transports, tout le temps dans la voiture avec les filles, puisque c'était le seul véhicule, tandis que les autres c'était bus ou taxi.

A l'hôtel de l'oncle, il y avait une petite discothèque pas chère, on y passait nos soirées. Et un soir je vais chercher Oya car elle voulait sortir avec nous et on va à la discothèque, moi bien sûr avec ma cheville je ne peux pas danser, et pendant un slow voilà que Oya et Max s'embrassent. Pour moi la ce n'est plus de la jalousie que j'éprouve mais de la colère.

Vraiment je ne sais plus quoi penser d'elle, elle s'explique qu'elle avait juste envie et que si je n'étais pas son super amis, elle serait sûrement sortie avec moi, mais elle ne voulait pas me perdre. Celui qui perdí fut Max, car bien qu'il n'arrêtait pas de crâner d'avoir embrassé Oya, il tomba amoureux et il n'eut plus droit à rien de plus.

Ce week-end ne fut pas le seul acte de cocus.

Mon frère depuis quelque temps m'accompagnait aux sorties avec la bande, il en avait marre de sortir avec les voisins, donc une fois que je le voyais un peu triste à la maison je lui dit de m'accompagner, moi ça me convenait aussi puisqu'il avait une voiture. Ça se passa très bien et depuis c'était devenue une habitude, c'est pour cela qu'il était venu à Acapulco. Et le même soir que Oya m'énerve, lui, il commença à sortir avec Maritsa, une copine du lycée dont Mario, un autre pote du lycée, était amoureux d'elle, mais celle-ci l'avait laissé tomber. Il était tellement amoureux qu'il vola la voiture de ses parents pour nous rejoindre à Acapulco pour essayer de la récupérer. Je passais toute cette soirée fâché contre Oya et en réconfortant Mario, lui disant que mon frère était un type bien, et que les filles sont toutes des salopes…
.

Quelques jours plus tard il y eu une fête chez Claudia ou plutôt une grande réunion, on était les habitués et quelques autres, surtout un couple formé par un mec de terminale très populaire qui sortait avec Françoise, une blonde, la fille du directeur.

Le mec se prenait pour un dieux et était assez grossier avec Françoise, il avait surtout envie de sortir avec Oya et ne le cachait pas, donc je me mit à tenir compagnie à Francoise.

Françoise était un peu petite, mais assez mignonne et bien faite. Pendant que son mec se saoule, et fait la cour a Oya, laquelle joue avec lui comme elle commence à en prendre l'habitude. Françoise et moi commençons à flirter. La soirée avance et sur un slow que je danse avec elle, sur la musique de Who, j'essaye de l'embrasser, elle m'évite et me dit: « c'est vrai que tu me plais et j'ai envie moi aussi...mais il y a mon mec. » à peine finit elle de me dire cela, que c'est elle qui m'embrasse.

On continuera tout le reste de la soirée à s'embrasser et danser des slows. Son mec complètement bourré qui n'arrive à rien avec Oya, va juste nous dire embrassez vous mais ne me faites pas d'enfant dans le dos.

Je n'ai jamais été d'accord avec ceux qui piquent les filles des autres, mais ce mec le méritait bien. Je l'aurais fait rien que pour le faire chier, mais Françoise me plaisait quand même. Bien sûr le lendemain après avoir récupéré de sa cuite, il mit fin à sa relation avec elle. Donc le lundi à l'école, Françoise me dit qu'elle était d'accord pour que l'on essaye une relation. Donc me voilà devenus le petit copain de la fille du directeur.

Le week-end suivant il y a une grande soirée chez une fille du lycée, tout le monde est là, j'emmène bien sur ma nouvelle copine. Et là dans cette fête c'est vraiment ma fête !!! Au début, on est avec tout le monde, danse, musique, premier slow et grandes embrassades, donc on cherche rapidement un endroit tranquille. On le trouve dans le jardin derrière une petite cabane ou une grande niche de chien, je ne sais plus ce que c'était , et la c'est le paradis, j'ai enfin une copine avec qui je m'entend tres bien et où ça marche super bien côté sexe. Après de long moments à nous donner du plaisir mutuellement, et d'être rassasiés de nos désirs, on ouvre nos cœurs. Francoise est vraiment superbe physiquement et intellectuellement.
On se livre intimement l'un à l'autre, tout en continuant à nous caresser. Cette nuit restera l'un de mes meilleures souvenirs. On aurait pu rester comme cela toute la nuit, mais son chauffeur vient la chercher trop tôt pour moi, même s'ils ont mis un peu de temps à nous retrouver.
Après qu'elle soit partie, la soirée continue, l'alcool se trouve dans la voiture d'Alfonso, donc on se retrouve plusieur à boire à l'intérieur de celle ci. Oya est avec Armando, on parle des horoscopes, et Armando dit qu'il est bélier, mon frère dit : « a celui avec des cornes? » et le con pense que l'on fait référence au fait qu'il a été fait cocu par Oya à Acapulco, donc il se fâche et nous envois le contenu de son verre à la figure, Et il part. Oya nous prît de l'excuser et dit que cette fois-ci c'est définitivement fini entre eux. Qu'elle merveilleuse soirée!!!

Quelques jours plus tard, lors d'une soirée chez Lis, la belle danoise, je suis avec Françoise. Oya qui ne sort plus avec personne, commence à me draguer en face de Françoise d'une façon assez éhontée, c'était bien elle maintenant. Vouloir que tout le monde soit sous ses charmes. Françoise n'étant pas à l'aise , on sort une fois de plus trouver refuge au jardin et faire des galipettes , pour mon bonheur.
Mais notre relation ne duras pas plus de deux ou trois mois, on avait des cercles différents, c'était toujours avec mes potes que l'on se voyait, chez elle c'était difficile, elle habitait avec ses parents un petit appart dans le lycée même, je suis rentré quelques fois mais pas question que le directeur me surprenne. Chez moi, pas question j'aurais trop honte, et je n'avais pas de voiture. Donc on décida de commun accord d'en rester là. De toute façon, elle était toujours amoureuse du con de son ex, et moi je l'aimais bien, mais ce n'était pas le grand amour.

Vers la deuxième moitié de la terminale , les fêtes se réalisaient beaucoup du côté des élèves de la partie technique du lycée, à cause du rugby, car la plupart de nos joueurs étaient de cette partie du lycée.
Je connaissais donc d'autres filles, mais j'étais devenu hyper exigeant, après m'être habitué à côtoyer les plus belles filles du lycée, je ne trouvais plus personne à mon goût.
D'ailleurs je commençais à ne plus me sentir vraiment à l'aise nulle part, comme Oya était devenue très copine avec Claudia, je ne la voyais plus souvent seul à seul, elles étaient tout le temps ensemble, elles commençaient à me bouder.
Un jour, je me retrouve seul avec Claudia à la récré, et je lui fais la remarque. Elle accepte que c'est vrai et me dit qu'elles pensaient que si je restais tout le temps avec elle j'allais jamais mûrir et je ne pourrais jamais rendre heureuse une fille.
Bien sûr je leur dit qu'elles étaient complètement connes, et je trouvais leurs raisonnements absurdes et sans fondement. Je pense plutôt de mon côté qu'il y avait plutôt une sorte de lassitude dans nos relations.

Ce soir là on est allé à une fête chez des élèves du tech, une très belle baraque, mais une fête emmerdante où on ne connaissait pas grand monde. On est resté dans le jardin à bavarder tout les trois. Oya et Claudia ont été extrêmement câlines avec moi, petits calins et bisous, comme des frangins !

Mais après ça, c'est moi qui me suis un peu éloigné. Il faut dire que ce groupe c'était un peu éloigné, Claudia et Andrea n'étaient plus aussi copine, Liz commençait à sortir avec un jeune coopérant.

Donc de mon côté, avec les autres copains on commence à traîner avec des filles de la tech. Si aucune ne me plaisait, par contre il y en avait surtout une qui me cherchait.

Elle s'appelait Irma, elle n'était pas mal, mais comme je l'ai déjà dit j'étais vraiment difficile. Mais je cédais de temps en temps. Les après midi de cours de sport, on se cachait dans les couloirs pour se peloter. Dans certaines fêtes, je profite d'elle également, tout en lui disant que je ne voulais pas sortir avec elle. Bien sûr elle finit par en avoir marre.

À cette époque je ne sais pas ce qui m'arrivait, rien ne me motivait ni dans mes relations personnelles ni en général dans ma vie.

Un autre exemple, à la fin de la première il y avait une autre fille qui me plaisait, elle s'appelait Maïté, pas celle d'Acapulco, une espagnole. Elle avait un type très spécial, attirante sans être belle. Je bavardais beaucoup avec elle pendant les récrés. L'année scolaire suivante, elle se fit opérer le nez, et là elle ne me plût plus. Puis ce fut elle qui commença à me chercher. Lors d'une soirée chez un pote qui habitait près de chez elle je vais la chercher, et je me dit que je vais en profiter, mais lors de cette soirée il y a aussi la sœur de la copine de mon frère qui me déclare son amour, donc je ne fais rien, j'aurais bien pu choisir, et je me comporte comme un imbécile. J'aurais vraiment aimé être un tombeur de filles, j'adorais comme tout le monde le sexe, mais je n'avais pas ce caractère, je m'en suis souvent voulu, mais c'est peu être grâce à ça que j'aurais tout au long de ma vie, de très bonnes relations avec le sexe féminin.

Le bac approchait, et je n'avais aucune idée de ce que je voulais faire après. J'aurais aimé faire une prépa en France pour rentrer à l'école d'officiers de marine. Je voulais à tout prix avoir une carrière qui ait une relation avec la mer. Mes prof me conseillent de faire une prépa pour rentrer à l'école des Arts et Métiers.

Mais pour moi c'était impossible de penser à faire des études en France, mes parents n'en avaient pas les moyens.

Cette fois ci je vivais en chair propre ce dont je vous ai parlé au début de ce livre, les bien nés et les mal nés, tous mes amis avaient comme projet de continuer leur études en France, comme je vous l'ai dit auparavant, dans ce lycée les élèves étaient en très grande majorité de famille très aisées. Je vous donne un exemple, moi j'avais de grande facilité en mathématiques, physique et technique, des matières où la logique s'impose. J'aurais pu être un grand ingénieur ou un grand physicien, ou faire mon rêve et devenir officier de la Marine française, si des études en France étaient possibles. Mais mes parents n'avaient pas la capacité économique pour m'envoyer en France.

Mon ami Mane n'était pas très fort dans ces matières, mais il était avec moi en seconde technique, un jour le professeur de physique nous a fait une interro surprise, de commun accord on se dit que personne ne rendra sa copie, mais en attendant que l'heure passe, tout le monde a essayé de répondre aux questions. Le professeur pas bête, s'était rendu compte que l'on allait pas rendre la copie, et il a commencé à nous arraché les copies 5 minutes avant la fin. Pendant la récré Mane s'est mît dans une rage folle, à commencer à m'engueler pour avoir rendu ma copie (bien que lui aussi c'est laissé arraché la sienne) moi j'étais sur que j'avais bien répondu à toute les questions, ainsi que Naoki qui étions les amis de Mane dans cette classe, et j'étais également sur que lui non, et que s'était pour cela qu'il était énervé, donc moi aussi je m'énerve et lui dit que s'il est énervé c'est juste parce qu'il est nul en physique. D'ailleurs il ne sera pas autorisé à suivre en première E, il fera un bac F2. Plus tard, Mane deviendra docteur en physique et je suis sûr qu'il a toujours rêvé de me rappeler cette journée. La réalité c'est qu' à part de ne jamais avoir eu besoin de travailler pour ce payer des études et étant le fils du plus grand astrophysicien du Mexique, reconnu internationalement, il a bénéficié énormément d'appuis, il n'y a pas seulement le berceau, aussi les circonstances et le hasard dans notre succès. Je reviendrai plus tard dans mon choix de carrière.

Quelques jours avant le bac une grande opportunité me fût offerte.
Le père de Gerardo était le représentant d'une grande entreprise multinationale qui équipait les bateaux en radars, eco sonde et autres appareils. Il avait comme client la Marine mexicaine. Celle-ci allait participer à un projet international appelé le G.A.T.E.(Général Atlantique Trópical Expériment) avec trente sept autres pays.
La marine mexicaine avait acheté au US un bateau de la deuxième guerre mondiale et le père de Gerardo leur vendait l'équipement pour qu'il puisse participer à l'opération. Le capitaine du bateau était aussi son ami et lui devait certaines faveurs.
Donc le père de Gerardo nous a proposé, à lui et à moi, de participer à ce voyage.
Moi je n'hésite pas une seule seconde et j'accepte.

Il ne reste qu'une semaine de lycée, je n'ai qu'une envie c'est de partir, même mes amies et amis ne me donnent plus l'envie de rester, je suis un peu aigris et je ne me sens plus appartenir à leur monde.
 C'est le bac de gym, j'ai réussi mes deux bacs blancs et le vrais bac je m'en fous, je ne vais pas étudier en France et pour le Mexique c'est les deux bacss blanc qui compte. Donc je participe de toute façon, mais sans aucune pression.
Je réussi très bien mes épreuves avec le meilleur temps en natation et le troisième meilleur saut en hauteur. C'est ma dernière journée au lycée, car je vais partir le même jour que les épreuves écrites. C'est la dernière fois que je vois plusieurs de mes collègues du lycée et je ne suis pas triste du tout, je pense, ou plutôt j'ai vraiment envie de tourner la page.
Le lycée n'a pas de grandes installations sportives, donc on part en bus de bonne heure pour la piscine.
Je me trouve assis à côté de Françoise, ça fait quelques mois que je n'avais pas parlé avec elle, on va passer toute cette journée ensemble, dans chaque transfert d'un site à l'autre on s'assoit ensemble dans le bus, et sur les cours de sport on restera ensemble en attendant notre tour, c'est vrai que l'on s'entend très bien, au point que je me demandais si l'on avait pas fait une erreur en se séparant .

Le week-end avant de partir je vois quelques amis lors d'une réunion mais beaucoup d'entre eux sont prît par la préparation du bac et moi par mes préparatifs. De toute façon je n'ai pas la tête aux festivités de départ.
Je vais partir seul pour ce voyage car Gerardo doit rester pour passer un examen d'anglais.

Terminale C,D,E cour de Physique Chimie

Personnages dont je parle dans ce bouquin
De gauche à droite et de haut en bas (sans compter les profs)
 1 Albert; 2 Naoki; 4 Rocio; 6 moi meme; 8 Paty; 17 Sophie; 19 Françoise;21 Lucrecia

CHAPITRE XXI
Après le lycée...ma grande aventure.

Mais avant un petit commentaire sur les dates du 14 et 15 mai 2018, jour du 70ème anniversaire de la création de l'État d'Israël et de la Nakba respectivement.

Le 15 mai 1948 l'ONU décide de donner au juif un état dans ce qui était la Palestine sous mandat britannique, il établit des frontières qui définiraient un état juif et un état palestinien. Décision prise à la suite de plusieurs événements. Ceux-ci commencent à la fin du XIX siècle avec l'apparition du sionisme qui demande la création d'un État juif pour que ceux-ci puissent vivre en paix et éviter les pogroms qui commencent dans la Russie tsariste.

Pour cela ils commencent à donner plusieurs justifications basées sur les textes sacrés, comme quoi le peuple juif aurait été chassé de ses terres et aurait errait depuis des millénaires un peu partout dans le monde formant une diaspora.

Ils essayent de démontrer qu'ils forment un peuple dans tout le sens du mot, comme le peuple kurde par exemple. Mais un peuple c'est une population qui partage une même origine, une même culture, une même religion, une même langue.

Et dans le cas de juif ce n'est pas du tout le cas. Les juifs d'Afrique du nord ou les juifs d'Europe de l'Ouest ou ceux de l'Europe de l'Est, n'ont pas du tout ni la même origine, ni la même culture, ni la même langue, ils ont juste la même religion.

Les juif sépharades et les juifs skenasades sont extrêmement différents.

Les sionistes en voulant démontrer qu'ils étaient tous génétiquement originaire de la Palestine, ont alimenté les mêmes raisons génétiques que les racistes du troisième Reich pour se vouloir différent, les sionistes et les antisémites se sont retroalimentés en utilisant les mêmes armes. Ils ont inventé le peuple juif!!

Je vous recommande, pour mieux comprendre, le livre de l'Israelien Shalom « Comment on a inventé le peuple juif ».

Herse invente donc le sionisme et appelle tous les juifs à émigrer en Palestine.

plusieurs juif, surtout des russes, commencent à émigrer en Palestine au début du XX siècle et commencent à acheter des terres aux arabes.

Les anglais, pendant la première guerre mondiale ont des vues colonialiste sur le moyen orient, puisqu'il voit la possibilité de battre l'empire Ottoman, mais ces intentions colonialiste inquiète les États Unis

Le ministre Anglais Baladour décide d'envoyer un message à M.Rothschild dans lequel il informe qu'il allait appuyer la formation d'un État juif en Palestine. De cette façon, il se met dans la poche les juifs des EU qui ont beaucoup d'influence.

Après il y a les accords Picot-Skype dans lequel les anglais et les français se divisent le moyen orient, et la Palestine revient au Anglais. La migration juive continue depuis le début du siècle et les problèmes avec les arabes commencent , avant cette immigration les musulman et les juifs de Palestine on vécut pendant des siècles en paix sur cette terre, donc les Anglais limitent la migration juive pour avoir la paix avec les arabes dont ils ont besoin pour embêter les français en Syrie (lire « une ligne dans le sable » de…).

Mais des organisations terroristes juives comme le « Lehi »,aidés par les français en cachette, qui veulent se venger des anglais qui ont aidé les arabes à les virer de Syrie, terrorisent les soldats anglais et les arabes. Leur attaque à l'hôtel Le Roi David, quartier des Anglais, sera le plus meurtrier avec 92 morts.

Le président Truman, qui est en phase d'élection, exhorte les anglais à ouvrir la Palestine au migrants juifs, pour s'attacher le vote des juifs, mais surtout le vote des Évangélistes qui croient au retour du grand Israël.

Suite également au massacre des juifs (le nom de Shoah n'est pas encore utilisé) dans la deuxième guerre mondiale la pression internationale se fait sur les anglais.

Ceux-ci finiront par céder et renonceront à leur protectorat sur la Palestine.

La création de l'État d'Israël est réalisée avec des frontières séparant les deux États et une administration internationale pour Jérusalem.

Le lendemain 800,000 palestiniens seront chassés de leurs terres c'est la Nakba ou catastrophe pour eux.

70 ans après, la commémoration du côté Israélien se fait avec l'installation de l'ambassade des US en Jérusalem contre le droit international et du côté palestinien avec le massacre de 52 palestiniens morts ce jour là, et en comptant ceux des jours d'avant, on arrive à plus de 100 morts et plus de 2500 blessés par balles. Contre aucun blessé côté Israélien.

70 ans après, l'état palestinien n'est toujours pas créé, les réfugiés palestiniens ne sont toujours pas de retour, Israël occupe tout les territoires et s'installe définitivement de plus en plus sur celui-ci, occupe tout Jérusalem, et le seul territoire qu'il n'occupe pas c'est Gaza, mais bloque complètement celui-ci et tiens prisonniers et affamés tout ses habitants .

Tout ceci se passe sous la bénédiction du monde entier. Un peuple qui ne l'est pas, et en train de refuser l'existence d'un peuple qui ne leur avait jamais fait de mal, avant qu'il n'occupe leur terre. Le terrorisme palestinien c'est crée pour défendre une terre, le terrorisme Israélien c'est créé pour conquérir une terre. Lequel est le plus juste?

Bon après ce tout petit résumé, le problème israélo palestinien est une situation qui me fait enragé, et que, si à moi ça me fait enragé, j'imagine aux arabes et aux gens proches des palestiniens, alors vraiment je ne comprends pas ceux qui disent que les israéliens n'ont rien à voir avec la création du terrorisme musulman. Et qui plus est, ils on bien fait eux du terrorisme pour avoir leur pays!

Les occidentaux ne comprennent pas qu'il y a un grand ressentiment envers l'occident qui est le fruit de la colonisation.

La domination de l'occident sur une grande partie du reste du monde a commencé au XVIe siècle avec la découverte de l'Amérique par les espagnols et les portugais. Et la dernière fut la colonisation de l'Ethiopie en 1936.

Du XVI e siècle à la fin du XVIII e siècle, l'extension coloniale fut d'une extrême violence: elle a entraîné la destruction des empires Aztèques et Incas, l'expropriation massives des terres des indigènes par les colons européens, le refoulement en Amérique du Nord des indiens, survivants de l'extermination, dans des réserves, la christianisation forcée, l'éradication des religions traditionnelles, le pillage des richesses et le travail forcé dans les plantations, et la diminution en un siècle de la population des indigènes habitant les Amérique de 50 millions à 5 millions.

À la fin du XVIII siècle, la puissance de l'occident a été décuplée par les révolutions scientifique, agricole et industrielle, la création de nouvelles colonies s'est alors étendue à l'Afrique tout entière,au moyen orient, à l'Inde et au sud est asiatique.

Du jour au lendemain, un état, ou une tribu, perdait la souveraineté qu'il exerçait sur sa population, son territoire et ses ressources.

Coloniser, ce n'était pas seulement soumettre par la force des peuples et des états, c'était éliminer les formes de gouvernement qui existaient avant l'arrivée des européens et les obliger à leur servir pour ensuite exploiter leurs ressources et s'enrichir à leur dépens.

Coloniser c'était aussi prétendre civiliser les peuples colonisés, comme le disait Jules Ferry, leur apporter les bienfaits de la vraie civilisation et de la vraie religion.

Dominer, exploiter, civiliser, engendre chez le colonisateur arrogance et mépris pour les modes de vie et pensées des populations soumises.

On comprend dès lors les formes de rejet et de résistance, les révoltes réprimées et surtout le sentiment douloureux chez les colonisés de la perte de leur identité par rapport à leur passé et leurs traditions méprisées, mutilées ou éradiquées de force. Et ce sentiment est au cœur des revendications actuelles.

L'occident a façonné le monde en exportant deux concepts qui étaient inconnus des peuples colonisés : le capitalisme moderne et l'état nation. Il a imposé l'économie de marché capitaliste, mais il a aussi exigé que tous les territoires conquis prennent forme d'un État aux frontières reconnues par le droit international. On a découpé les états à la conférence de Berlin, à la fin du XIXe siècle, les occidentaux se sont partagés l'Afrique noire en coupant de manière arbitraire à travers royaumes et tribus afin de fabriquer des états nations artificiels calqués sur le modèle occidental.

En Europe la nation avait précédé l'état ou c'était constitué en même temps. Pour les pays colonisés se fut à l'envers, ils ont été constitués en état, puis on a cherché à créer une nation. Par exemple le Gabon comprenait de nombreuses tribus et on les a rassemblés en un seul état. La Libye n'a jamais été un pays avant la colonisation, c'était un espace où vivaient au moins trente grandes tribus, dont certaines étaient arabes d'autres berbères, d'autres arabe-berbères d'autre toubou. Comment fondre toute cette diversité en un seul état nation à l'occidentale.

Au lendemain de l'indépendance après la deuxième guerre mondiale, une trentaine de nouveaux états ont ainsi été créés, taillés par les européens au mépris des réalités tribales ou ethniques, politiques ou religieuses, et des réseaux d'échanges et alliances.

Tous ces états restent très fragiles. Le cas d'Israël et de la Palestine n'est qu'un triste exemple.

DÉBUT DE L'AVENTURE

Cette aventure je peux la raconter dans le détail car à l'époque j'ai fait un journal.

Le jour du bac je prends le bus pour Veracruz, le port où je dois m'embarquer, les seuls à m'accompagner à la station ce sont mes potes Gerardo et Gil, mon frère Jean Pierre, mon petit neveu Luis Alfonso et ma mère.

Le voyage se passa sans problèmes, et en arrivant au port je me dirige vers l'embarcadère où se trouvaient les bateaux de guerre et je cherche le « Mariano Matamoros ». Celui ci ne se trouvait pas là, et en demandant je finis par savoir qu'il se trouvait dans « les astilleros » c'est où on répare les bateaux, l'entrée y est interdite.

J'ai réussi à téléphoner et le capitaine du bateau, José Luis Montalvo, m'a donné rendez-vous à 9 heures du soir en face de l'hôtel Diligencias, il était 8 heures.

Ne voulant pas dépenser de l'argent, je ne pris pas de place sur la terrasse de l'hôtel, et je restai debout à l'attendre. Il ne vient jamais. J'étais super inquiet puisque normalement le bateau partait le lendemain. Mais en réfléchissant un peu je me suis dit que s'il était en réparation, le départ serait sûrement repoussé, donc je me tranquillise et je me mets à la recherche d'un hôtel pas cher. J'en trouve un en face du zócalo.(place centrale)

Le lendemain je part très tôt pour le port. Au début, on ne me laisse pas entrer, mais après deux heures à insister avec les gardiens, ceux-ci me laissent passer. Et quelle fut ma surprise de trouver le bateau en cale sèche!
On m'expliqua que tout avait pris du retard à cause d'une grève et d'un incendie, mais que tout était près, d'ailleurs tout l'équipage était à bord, bien qu'il fut en cale sèche.
Je trouve enfin le capitaine, qui étant très occupé, me donne rendez-vous à 6 heures sur le bateau. Je mangeais avec les marins que je trouvais sympa, mais la cantine n'était pas du luxe.
J'eu enfin ma conversation avec le capitaine qui me dit qu'effectivement le père de Gerardo lui avait téléphoné. Mais il avait mal compris, il pensait que je voulais qu'il me débarque au Brésil. Mais pas de problème, il allait lui téléphoner et je pourrais le voir le lendemain pour nous arranger, le bateau ne partait que le vendredi.
Je rentrais donc en ville le cœur léger, et je m'installais dans la terrasse d'un bar juste en face de la place (zócalo). Je n'avais pas beaucoup d'argent, je faisais durer ma bière le plus longtemps possible, mais j'étais très content, aucun regret, personne me manquait et je voyais mon futur avec optimisme, j'étais fier de me trouvais seul dans un bar dans une ville portuaire au climat tropical, ville par laquelle étaient passé presque tout les migrants venu d'Europe, prêt à m'embarquer pour une aventure excitante. Je me sentais comme un des personnages de l'un de ces romans dont je raffole, auquel il allait lui arriver pleins de trucs exceptionnels et qui allait toujours s'en sortir.
Le lendemain le capitaine me dit que tout était arrangé, j'allais faire le voyage comme aide des scientifiques, et pour les détails il fallait que j'aille m'arranger avec le second.
À ma grande surprise il m'a dit que je devrais payer 12 pesos par jour pour payer ma nourriture ce qui était pour moi une grande somme, bien sûr je dis oui. En rentrant à l'hôtel je fais des comptes et il ne me restait pas suffisamment d'argent. Dépité, je suis allé réfléchir sur ma terrasse favorite au bar.
Le lendemain j'ai téléphoné au père de Gerardo car le capitaine m'avait dit de le faire. Et Katia, la sœur de Gerardo, m'annonçe que le lycée n'allait pas me donner mon certificat d'étude et que je devrais repasser le bac en septembre.
Le manque d'argent et cette nouvelle, me donnèrent envie de tout laisser tomber. Donc retour au bar, et une fois de plus le fait de me sentir un personnage de roman fait que je me ressaisisse et décide que foutu pour foutu, argent ou pas argent, je continuais l'aventure.
Je quittais l'hôtel pour aller me loger sur le bateau, celui-ci partirait soit disant samedi.
Je dit au second, en lui donnant 1000 pesos, tout ce qui me restait, que je payerai le reste au retour. Il me donna son accord et me dit de chercher une couchette libre pour m'installer.
J'en demandais une au contre maître, qui m'envoya me débrouiller tout seul, un marin me signala un casillero (casier pour ranger ses affaires) et une couchette libre. Celle-ci se trouvait à côté d'un transformateur qui était tout le temps chaud, et c'était la couchette supérieure d'une série de trois, donc juste au-dessous du pont qui était en acier, donc chauffé par le soleil. La température était insupportable.
Une fois installé je suis allé me doucher, et là aussi ce n'était pas le luxe, deux douches, 4 lavabos et 3 WC pour 90 marins et le tout en grand public, aucune porte.

Ma première nuit, impossible à dormir, j'avais juste un tout petit trou de 2cm par où entrait un peu d'air. Je suis donc sorti sur le pont, et comme on était en train de charger de l'huile (226000 litres) et que ça allait durer toute la nuit, j'ai pu faire la conversation à quelques marins et à un officier, et le fait de commencer à connaître mes compagnons m'a un peu relevé le moral.

Déjà dimanche et pas encore parti, toujours des problèmes, mais aucune communication. Il faut que je vous explique dans quelle galère le Mexique s'était mis.
Pour pouvoir participer au GATE, expérience unique dans l'histoire de l'humanité, ou plus d'une trentaine de pays allaient y participer pendant 6 mois en même temps, le Mexique avait acheté un bateau fabriqué pendant la seconde guerre mondiale pour garder l'entrée du fleuve Mississippi. Donc il n'était pas fait, ni pour de long voyage, ni pour des études océanographiques. Il avait même des problèmes de stabilité pour naviguer en haute mer, donc on a mis des tonnes de ciment dans les cales, mais cela a fait descendre d' un mètre le niveau de flottaison. On lui a installé une grue à l'arrière, enlever les canons, installé un laboratoire etc…
Un autre des problèmes c'était que le personnel n'était pas préparé. La Marine militaire mexicaine est presque inexistante, quelques bateaux, des petites sorties dans leur eaux territoriales, quelques voyages aux pays limitrophes, mais des voyages tout au plus d'une semaine.

Heureusement que je ne vais plus m'ennuyer à attendre, le second est venu me voir et à part de me dire que dorénavant je mangerai avec les officiers, il va me mettre, avec deux autres marins, à nettoyer le pont. J'aide également l'officier des opérations à diverses tâches comme celles de chercher et trier des cartes.
Je commence à connaître un peu tout le monde, le second m'a présenté aux autres officiers et leur a demandé de m'enseigner le plus possible leur spécialité.
Je comprends mieux l'environnement dans lequel je vivrai les prochains mois. Les officiers viennent tous d'une seule école de Marine militaire qui se trouve à Veracruz, pour rentrer il faut être parrainé, donc c'est une caste très fermée qui s'entraide, une sorte de mafia, et pour les marins c'est une sorte de légion étrangère, la plupart sont des gens qui se sont engagés parce qu'il avait échoué dans leur vie civile, et il rentre dans la Marine comme dernier recours. Je trouve déjà un changement chez moi, même si ça fait très peu de jours que je suis là, j'ai dû réprimer ma timidité, et je me sens mieux reçu et vu par les autres.

Les scientifiques sont arrivés, donc je pense que le départ ne va plus tarder, ils sont assez sympa, sauf les américains.
On a un souci avec les aliments que l'on a chargés, fautes d'expériences, on a trop chargé de bananes, elles ne sont pas rentrées dans les chambres froides, et elles commencent déjà à pourrir. Donc bananes à tous les repas, on goinfre les marins à la banane, n'empêche que ça sent très bon!!

Ça y est on est parti ! Je suis content, tout le monde me propose du travail, des fois, j'aide « Tontin » c'est l'aide cuisinier, il me cherche beaucoup et il est assez marrant, je l'aide à monter les vivres pour le repas, je continue également à aider à trier les cartes.
Le bateau bouge pas mal, et les scientifiques ont le mal de mer, j'avais peur de l'avoir moi aussi tellement on m'en avait parlé, mais pas du tout, j'en suis du coup très fier.

Il règne à bord une très bonne ambiance, et mes doutes sur ma décision se disipe de plus en plus. Après un peu plus d'une journée de navigation on est arrivé à Cayo Arcas, un petit récif corallien formé de trois petites îles, la plus grande ne fait pas un kilomètre de long. Ce récif sert de refuge à des bateaux de pêche à la crevette, qui pêchent la nuit et viennent se reposer ici pendant la journée. Je ne le sais pas encore à l'époque, mais ce récif va jouer un très grand rôle dans ma vie. On s'est arrêté ici car un des moteurs auxiliaires est en panne, les moteurs auxiliaires ne sont pas ce qui font naviguer le bateaux mais c'est ceux qui produisent l'énergie pour toutes les autres fonctions du bateau.

Les mécaniciens essayent de le réparer pendant deux jours, pendant ce temps il n'y rien à faire, juste profiter du paysage, le gardien du phare nous emmène des crevettes et une énorme langouste, elle pèse à elle seule plusieurs kilo, c'est la plus grande langouste que j'aurais jamais vu de ma vie. Comme les mécaniciens n'arrivent pas à réparer le moteur, on retourne à Veracruz.

On calcule une semaine de réparation. Donc les scientifiques en ont profité pour rentrer chez eux. Et comme moi j'appartiens maintenant à l'équipage des marins, ma vie comme marins au port va commencer.

Le jour de l'arrivée on nous donne quartier libre, donc je pars avec les autres au cinéma. Le soir on va au « Playa Bruja » typique cabaret tropical pour marins.

C'était un peu le retour à mes romans, dont j'étais le héros, bar typique de marins, alcool, musique tropicale, danses, et bien sûr des filles. l'aventure que l'on allait commencer était connue de tout le port, donc on avait en plus un traitement spécial.

Même le retour au petit matin me fait l'impression d'être dans un roman, le passage dans des petites rues mal éclairées, avec la petite pluie et les reflets de quelques lampadaires sur les flaques d'eau..

Les réparations prévues pour une semaine vont durer 3 semaines, les scientifiques vont également en profiter pour ramener plus d'équipements.

Je passe mes journées à travailler dans le laboratoire, à mettre tout en ordre et à déballer des équipements. Parfois, on me donne d'autres occupations, plus physiques, comme décaper un moteur à enrouler des câbles "winch" et le repeindre, ou aider à décharger du matériel. Au début je sors rarement, je n'ai plus d'argent, il me reste 30 pesos. Une fois je prend 6 pesos pour aller au cinéma, mais avec la chaleur qu'il fait, passer devant des restaurants avec une envie folle d'une bière devient une torture, donc je préfère ne pas sortir. Tontin m' invite à sortir de temps en temps, j'accepte quelques fois mais c'est dur de le supporter, il est très gentil, mais il parle trop, je préfère sortir avec Mugres, mais je n'ose pas trop accepter car ce sont des gens qui ne gagnent pas beaucoup.

D'ailleurs voilà encore un exemple de cette société. Cette attente m'a permis de comparer les trois groupes sociaux qui composent l'équipage du bateau.

D'abord il y a les marins, qui sont composés de gens métissés sans études et sans ressources, puis les officiers de la Marine, qui sont également métissés mais ont des études et proviennent de famille plus aisées, et les scientifiques qui eux sont blancs, et bien sûr on des études supérieures.

Les premiers, les marins sont les plus ouverts , les plus sympathiques et de loin les plus généraux, bien que je ne fasse pas partie de leur groupe, je suis blanc et je ne suis pas pauvre, ils me donnent tout ce qu' ils peuvent. En plus Tontin, étant l'aide cuisinier, je pouvais me servir de toutes les céréales que je voulais, le cuisinier également me laisse rentrer dans la cuisine me servir, et le serveur des officiers me prépare tous les cafés ou limonades que je veux, il faut bien savoir choisir ses amis, n'est-ce pas?.

Les officiers, bien que métis eux mêmes, sont raciste avec les marins et ne se mélangent pas avec les deux autres groupes, je ne vais pouvoir avoir une bonne relation qu'avec deux d'entre eux.

Les scientifiques sont les pires pour l'instant, la seule fois qu'ils m'ont invité à sortir avec eux au cinéma, j'ai dû payer ma part. Je ne sais pas si c'est à cause de l'âge, les deux plus jeunes ont la trentaine.

Quelques jours avant le grand départ, Gerardo est venu me rejoindre pour participer à l'expédition, il est décidé à partir. Je profite qu'il soit là, car à la fin de la journée on sort tous les soirs faire la tournée des bars et même dès fois, aussi, des filles de petites vertus (ou grande?). Mais deux jours avant de partir, le lendemain d'une de ces virés, quand je me lève, je le vois habillé et avec son sac, il m'annonce qu'il rentre à Mexico, qu'il ne supporterait jamais pendant plusieurs mois la compagnie de ces officiers hypocrites.

Mes premiers boulots à bord

On est le 11 juillet 1974, on est parti, ça fait un peu plus d'un mois de retard, et un mois que je suis sûr ce bateau. Les scientifiques sont malades pour la plupart, je me rends compte que j'aime cette sensation d'être sur un bateau, de voir la mer s'ouvrir sous la quille et se remettre en place à l'arrière, après avoir laissé une énorme stèle d'un bleu plus clair.
Deux jours plus tard, on passe le canal du Yucatan qui est très peu profond du côté du Mexique, la mer a une très belle couleur turquoise. On arrive l'après-midi à Isla Mujeres, c'est la première fois que je navigue sur les Caraïbes et j'adore la couleur de la mer au bord de la côte. On a accosté à 6 heures de l'après-midi et on a pu se promener en ville, dans cette très belle île.
Je n'étais pas près de penser qu'un jour j'y travaillerai.

On repart le lendemain matin. On passe à côté d'îles aux noms qui font rêver et je regrette que ce ne soit pas une croisière de plaisir pour s'arrêter à chacune d'entre elles.

La journée, pendant la navigation, se limite pendant la journée à préparer les expériences, et le soir on fait des tournées de dominos et d'échecs. On nous passe de temps en temps un film, mais il n'y a que deux film à bord. Donc on commencent à les connaître par cœur, l'un c'est un film comique argentin très drôle, et l'autre c'est une comédie musicale española , avec une très belle actrice en premier rôle, Rocío Dúrcal, on finira tous amoureux d'elle à la fin du voyage.

Pendant la traversée, avant d'arriver à Barbados, le lieutenant Vásquez, qui est le seul officier de la Marine à prendre part dans l'équipe scientifique, veux me faire participer à la vie des marins et m'enseigner ce métier. Pour cela il me fait participer au quart de 8 heures des marins. Bien sûr il me choisit celui de 8 heures du soir à 4 heures du matin, c'est le pire car on a pas le temps de dormir après le dîner et on a très peu de temps avant le petit déjeuner, à moins de le saper.

Donc je fais mon quart sur le pont de pilotage et j'apprends plein de trucs sur la navigation. J'ai même droit à tenir la barre, on peut croire que c'est facile, mais pas du tout, ces grands bateaux tardent à réagir au coup de barre donc il faut tourner, mais pas trop, voir d'où vient la vague pour réagir au cas où elle modifie la direction, et en même temps faire attention à l'inclinaison du bateau...trop compliqué.

Neuf jours après notre départ de Veracruz on arrive à Bridgetown, port et capitale de Barbados, après une journée de mise en quarantaine, pour l'inspection des autorités, on est autorisé à rentrer au port.

Je n'ai pas pensé à un petit détail avant de partir, le fait que l'on allait visiter des pays étrangers et je suis parti sans passeport, donc je ne peux pas descendre en civil, et si je veux descendre il faut que je le fasse en uniforme de marin . On m'en prête un qui est un peu juste.

Donc il faut que je sorte avec les autres marins, de mon côté je suis plutôt content, ça m'évitera d'accompagner les scientifiques.

Nous descendons et nous nous divisons par groupe de 4. La ville est belle, typique des colonies anglaises des Caraïbes. Après une légère visite, on finit rapidement dans un cabaret. Les marins n'attendent que ça.

Je vais vous expliquer ici la relation très spéciale qu'ont les marins avec les filles de joie des ports, lorsqu' un marin, ou des marins en uniforme rentre dans un de ces cabarets, les filles se dépêche à choisir ou se faire choisir, et une relation commence. Les filles savent que les marins en voyage on des sous à dépenser, donc c'est une sorte de relation de femme et mari qui s'établit. Pendant tout le séjour le marin qui a choisi, ne pourra que danser et couché avec la même, il ne sera pas question d'argent, au moment de partir c'est sûr que bien traité il laissera plus que ce qu'il faut.

Je me trouve donc avec Joséphine une fille noire, au cheveux court, très bien roulé, mais pas trop belle, mais sympa, le problème c'est que je n'ai pas de sous, Mugres et Tontin me paye tout pour l'instant. Cette soirée se passe tranquillement, on fait juste boire et danser.

Le lendemain on sort depuis le matin et on visite d'avantage la ville, la plage est superbe.

Et le soir on se retrouve au même cabaret qui est presque vide mais qui se remplit rapidement d'autres marins de notre bateau. La propriétaire, une jeune dame pas mal du tout, nous met de la musique mexicaine pour danser, c'est la grosse fête, l'alcool aidant, tout le monde s'amuse, les marins font de temps en temps des aller retour avec les filles dans les chambres.

Pour accéder au cabaret on monte un escalier qui débouche sur une salle ou se trouve le bar et où l'on danse aussi, au fond il y a une terrasse qui donne sur la rue, et de l'autre côté un couloir qui mène aux chambres. Même moi j'ai droit à mon passage avec Joséphine, bien que je lui ai répété mainte fois que j'étais fauché.

Donc tout se passe très bien, sauf pour une paire de clients, qui sont les seuls à ne pas être de notre groupe, je vois qu'ils ne sont pas contents du tout que l'on ne s'occupe pas d'eux. À un moment donné un des marins, un petit mécanicien, revient d'une des chambres avec une perruque de la fille, et commence à danser coiffer de celle ci, la fille essaye de la lui enlever et tout à coup un des clients, un énorme noir, deux mètres au moins, le crâne rasé et vêtu d'un débardeur, sans chemise, montrant tout ses muscles, lui enlève la perruque, un silence ce fait tout à coup, et puis tout les marins d'une seule voix, incitent le petit marin a demander le retour de la perruque, très courageux il s'approche du monstre, et celui-ci, tout d'un coup, casse une bouteille sur le comptoir en la tenant par le goulot.

Immédiatement un sous-officier qui était avec nous sonne le sifflet pour nous ordonner la retraite. On commence à descendre l'escalier et le salaud commence à envoyer des bouteilles de bière à ceux qui sont en train de prendre l'escalier. Quelques autres et moi même n'avons plus le temps de descendre, et on file vers les chambres, une fille m'ouvre sa porte et je me réfugie dans sa chambre, elle me dit de me cacher sous le lit, chose que je m'exécute inmediatamente de faire. L'énorme bête essaye de défoncer la porte, je pense que s'il rentre je suis foutu, heureusement la fille est costaud et persuasive, il arrête d'essayer de rentrer et continue à chercher les autres. C'est à ce moment que je me rends compte qu' en me cachant sous le lit, j'ai mis la tête dans une bassine avec de l'eau, je n'ai pas besoin de vous faire un dessin pour vous dire à quoi elle servait. Heureusement que la propriétaire du cabaret était la copine d'un capitaine de police, car celle-ci a vite fait pour arriver et contrôler la bête.

Bien que l'on soit encore resté un jour à Barbados, les marins n'ont plus voulu sortir en ville. Avant que l'on arrive sur l'île, les commentaires sur les noirs étaient assez positifs, surtout pour les noires. Mais maintenant les commentaires sont tous raciste, on veut plus les voir, même le garçon noir qui est sur le quai en train de superviser le chargement de fuel se fait insulter sans avoir rien fait, heureusement ils l'insultent en espagnol et il ne comprend rien.

Les gens sont comme ça, il suffit de leur faire peur et ils deviennent raciste. C'est ce que font les gens de droite et d'extrême droite, ils exaltent dans un premier temps les différences physiques, religieuses et culturelles, et ensuite ils inventent des dangers comme le grand remplacement, la perte de notre identité, de notre culture, de notre travail. Et les personnes les plus ignorantes et faibles tombent dans le panneau, et pense que l'entre-soi et la détestation de l'autre va les sauver de ce danger inexistant. Au début, on était tous noirs et africains, nous nous sommes isolés les uns des autres, et quelques différences physiques sont apparues entre nous, dut à des influences climatiques, et d'autres culturelles provoquées par les différentes sociétés qui se sont formées isolés géographiquement et temporellement.

Mais la globalisation et les technologies sont en train de faire un brassage culturel, que personne va pouvoir éviter, et dans pas très longtemps, on aura une seule culture et très peu de différence physique de groupe.

Ce ne sont pas des cultures et des peuples qui vont disparaître, se sont les cultures et les peuples qui vont évoluer en un seul peuple, et en une seule culture, on ne sera que des terriens.

Selon l'évolution Darwinienne se sont les isolements géographiques d'une espèce qui forment d'autres espèces. Donc nous continuerons, n'en déplaise à beaucoup d'idiots, à appartenir à la même espèce.

Départ de Barbados et route vers notre point fixe pour commencer nos expériences.
On y arrive le 24 juillet, il est situé au 6° 30' N et 48°30'O.
Les expériences commencent, il s'agit de prendre des mesures de températures, oxygènes, salinité et également de courant dans la mer, et plusieurs autres mesures dans l'atmosphère, tout ça simultanément, dans tout l'atlantique tropical. C'est pour cela que prêt de 37 pays se sont mobilisés avec des avions et des bateaux. Nous on se trouve à 200 milles de l'embouchure de l'amazone près du plus grand bateau océanographique du monde, un bateau russe.(au cas où quelque chose arrive au bateau des mexicains jaja).
Notre équipage scientifique est composé de deux chercheurs américains de la NOA, du patron d' Océanographie de l'université autonome du Mexique UNAM, le doctor ...le docteur Emilson spécialiste en océanographie, deux chercheurs en physique océanographique, et deux météorologues, et enfin d'un lieutenant de la Marine qui a fait des études d'océanographie à l'UNAM et qui représente la Marine parmis les scientifiques. C'est avec celui-ci que je vais faire équipe.
Le bateau est à l'arrêt, il met ses machines en route seulement lorsque l'on s'éloigne du point de la station. Le travail consiste à poser, le long d'un câble en acier, des bouteilles Niskin tous les dix mètres. Ce câble est descendu à une certaine profondeur et à un moment donné on envoie un messager qui va faire fermer les bouteilles l'une après l'autre et qui vont enfermer un échantillon d'eau a chaque niveaux de profondeur voulu, de même que le thermomètre va se bloquer, et ainsi nous donner la mesure de la température à chaque profondeur. Donc notre travail consiste à poser les bouteilles, les descendre, attendre un moment pour que les mesures se stabilisent puis les remonter. Après on les pose dans une sorte de rack qui nous permet de prendre la lecture de température de chaque bouteille, puis de prélever dans des tubes à essais des échantillons d'eau pour ensuite mesurer la quantité de sel et d'oxygène dans chacun. Comme il faut le faire 4 fois par jour, le lieutenant et moi on le fait à midi et à minuit.

Le soir les tournois d'échecs, de domino et de poker continuent, je n'y participe plus car je suis trop mauvais, et comme le domino se joue à deux, je me fait tout le temps engueuler. D'ailleurs pas étonnant que tous ces officiers soient très bons, il ne font que ça toute la journée, puisqu'ils naviguent presque jamais.
L'eau est très rationnée, la machine à dessaler est trop vieille et peu performante, on a droit à une douche par semaine, donc lorsque l'on voit au loin une averse, on dirige le bateau sur celle ci et on monte tous sur le pont à poil avec notre savon et serviette pour prendre une douche nature, c'est assez rigolo et sympa.
Cobos, un contre maître, est un excellent pêcheur, bien sûr il vient d'une famille de pêcheurs, et de temps en temps le soir il pêche un requins. Je me souviens lorsqu'il a pêché le premier, tout l'équipage était excité, c'est fou ce que cet animal peut fasciner. Au moins ça nous fait de la nourriture fraîche.

Il pêche également des calamars qui s'approchent de la lumière que l'on utilise lors de nos expériences.

Tout ce passe normalement, sauf la fois où il a fallu mettre à l'eau la grosse bouée qui allait prendre des mesures de je ne sais pas trop quoi, et qui allait être encrée à plus de 4000 m de fond, il a fallu si prendre à deux fois, la première a causait beaucoup de dégâts à cause de la houle et de fausse manœuvre qui ont provoqué une belle dispute entre le capitaine et le Dr Emilson.

Après une vingtaine de jours, on commence à se diriger vers Belem. On a récupéré la bouée avec encore des dégâts. Les expériences vont changer, on les fera tous les trente miles, et selon la profondeur. Toutes les heures on lance une caisse de bouteilles qui comportent un message pour celui qui l'a retrouvera, une façon d'étudier les courants, on sait où et quand on a lancé la bouteille, et si on la retrouve, l'endroit et la date nous donne une bonne information.

Plus on s'approche de la côte et plus les prises de Cobos sont belles, on a droit maintenant à des dorados, un très beau poisson qui est très spectaculaire à pécher, puisqu'il a une grande dorsale et se débat énormément, ce qui lui fait faire de gros sauts hors de l'eau, mais ce qu'il a de meilleur c'est son goût.

Boire de l'alcool est bien sûr interdit à bord, puisque bateau militaire, mais il y à quelques exceptions, le capitaine permet par exemple que l'on fête l'anniversaire du Dr Emilson. ils ne tiennent pas l'alcool ces scientifiques, ils finissent tous bourrés.

On passe l'équateur, et comme le veut la tradition, on fait une grosse fête. Pour l'occasion je me suis déguisé en sirène, je fais partie de la cour de Neptune, on a fait une sorte de représentation qui va finir par une baignade à la lance anti incendie.

Cette phase du GATE est terminée, on rentre dans l'embouchure de l'Amazone pour aller se reposer à Belém. Un pilote du pays conduit le bateau jusqu'au port. Je suis extrêmement ému de me retrouver à naviguer sur ce fleuve mythique qui m'a toujours fasciné.

On arrive dans l'après-midi, et peu de temps après, on a la permission de descendre en ville. C'est une jolie ville de style colonial, mais la première chose qui me frappe, c'est de voir une telle quantité de jolies filles, je ne sais pas si c'est réel ou c'est l'effet de ne pas avoir vu une fille depuis presque un mois. Enfin la soirée se passe très bien dans les cabarets.

Comme on sait que l'on va avoir une escale plus longue, on ne se précipite pas tout les jours faire la fête. D'ailleurs, après deux jours, dans un magasin, je fait connaissance d'Eloise, une jolie mulâtresse, et je préfère les soirées romantiques des restaurants que le cabaret.

Mais une fois, où l'on ne nous n'a pas laissé sortir tôt, car le bateau s'est déplacé pour charger du fioul, on sort à une heure du matin, donc directement au cabaret. Mais comme on est sortis tard, on ne voit pas le temps passer, et on rentre à sept heures du matin, une heure plus tard que le couvre feu, donc tous mes copains sont punis.

J'en profite pour aller visiter seul la ville, toujours en uniforme de marin, et je me rends au musée de l'Amazone que j'avais hâte de visiter, je vous l'ai déjà dit j'étais un passionné de l'Amazonie.

Là je vais faire une rencontre les plus étranges de ma vie.

En visitant le musée, j'entends à un moment donné parler français, c'est un monsieur d'une quarantaine d'années qui donne des explications sur les objets à un monsieur dans la soixantaine.

Je m'approche et demande si je peux me joindre à eux pour profiter des explications.

Je suis le bienvenu et je fais le tour avec eux. Lorsque l'on sort à l'extérieur, où se trouvent les animaux vivants, c'est le vieux qui prend le relais et c'est lui qui nous explique la vie de ces animaux, mais ce qu'il nous explique c'est leur vie sexuelle, du toucan à l'anaconda en passant par les singes, il sait tout sur leur sexualité. C'est un obsédé sexuel. Il est très riche, il gère pendant six mois de l'année ses affaires, et le reste du temps il voyage. Après la visite, le jeune qui s'avère être un agent de voyage, me demande de les accompagner prendre un café, j'accepte puisque je n'ai plus grande chose a faire. Puis on laisse le vieux à son hôtel, l'autre me demande de lui faire un service. Il veut que le soir j'accompagne le vieux monsieur, qui est son client. Il doit l'emmener à un bordel de japonaises et il voudrait que je l'accompagne. Il m'explique qu'il me paiera, qu' il ne supporte plus l'obsédé qui s'est mit dans la tête de faire l'amour avant de mourir avec toute les femmes des ethnies existantes sur terre et de tous les âges.

Pour l'instant j'accepte, un peu intéressé par les japonaises, et l'argent, je vous rappelle que je n'ai pas le sous et que mes collègues marins me payent tout. Mais à un moment donné où on est dans son bureau, pour qu'il passe des coups de fil, je réfléchis au risque, je n'ai pas de passeport, je suis illégalement au Brésil, je ne connais pas ces gens. Et je décide de lui fausser compagnie avant qu'il sache sur quel bateau je suis.

L'escale se prolonge, et je fais connaissance dans un café d'une étudiante en français, à laquelle je l'aide à faire un devoir, mon amour avec Mercis commence, grâce à elle je connais une vraie famille de Belém, c'est vraiment plus sympa que les cabarets.
Le jour du départ arrive, le matin, Fatima, une fille qui venait tous les jours en pirogue nous vendre des petits souvenirs, vient me dire adieux et me donne un poème écrit par elle en signe d'amour, ce poème je l'ai toujours.
Le commandant a commis une grande erreur en retardant le départ, j'ignore d'ailleurs s'il avait le choix, mais des liens se sont créés, il y a beaucoup de monde pour notre départ, et les jours suivants seront très tristes à bord. Adieux Eloïse, Médicis, Fatima…

Retour du bateau sur le site de recherche. Les premiers jours sont très mélancoliques, surtout le soir, pas de tournois de cartes ni de domino ni d'échec. Presque tout le monde reste dans son coin à écouter de la musique achetée à Belem. Je pense qu' ils se sont créés des histoires d'amour idyllique. Avoir passé quelques jours avec quelqu'un sans avoir à faire des projets d'avenirs ça aide. En plus une fois coupé le contact plus de risque de brouille, donc amour parfait. Pour ma part je ne suis pas mélancolique, au contraire, mes relations avec ces filles qui m'ont montré tant d'amour, et si rapidement, m' a sacrément remonté mon amour propre. Mais c'est à ce moment là que je découvre que je ne pourrais pas supporter la vie d'un marin, c'est vraiment trop triste d'être tout le temps éloigné des siens. Pour l'instant ça me va très bien, personne ne me manque, mais après?

La routine revient à bord. Pour les expériences je ne fais plus équipe avec le lieutenant Vásquez qui a dut rentrer au Mexique, ce qui me vas très bien, je ne le supportais plus. Je suis avec un des océanographes et c'est beaucoup plus sympa, on change d'horaire toute les semaines.

Je n'aime pas le tour de minuit qui se termine vers 4 ou 5 heures du matin, je ne sais jamais si rester au lit ou me lever à 7 heures pour ne pas rater le petit déjeuner.

Je fais de plus en plus de travail de laboratoire entre les stations et je bavarde de plus en plus avec les scientifiques, je suis en train de bien me donner une idée de ce que je pourrais étudier. Deux épidémies éclatent à bord quelques jours après le départ de Belem. L'une c'est une espèce d'insectes parasites des oiseaux tropicaux, qui a envahi toutes les couchettes, draps, vêtements etc. On doit tout sortir sur le pont et tout désinfecter et nettoyer. Je suis content, au moins ça va se sentir mieux là où on dort.

L'autre c'est beaucoup plus grave pour ceux qui l'ont. Pour ne pas avoir utilisé de préservatif, une quinzaine de matelot ont attrapé la gonorrhée, et deux des cas sont très graves, le médecin de bord est débordé.

Le soir Cobos pêche de plus en plus de Dorados et de requins, un des scientifiques américains de la NOAA, le jalouse de plus en plus. Il a une super canne et est un très grand amateur de pêche, tandis que Cobos utilise juste un fil et un hameçon. L'américain n'a pour l'instant pêché aucun Dorado ni de requin, il arrive tout juste à pêcher quelques calamars et ça l'énerve. Mais quelques jours avant la fin de la station, le voilà qu'il pêche le plus grand des Dorados que l'on a pêché. Il était heureux comme un gamin le jour de Noël.

Mais pas question de manger celui-là, il a dû donner une belle somme au cuisinier pour qu'il le garde bien congelé et en arrivant à Veracruz il va payer un service aérien pour que l'on emmène son dorado congelé jusqu'à Houston. Il avait bien sûr l'intention de faire disséquer son poisson pour en faire un trophée. Drôlement cher son orgueil, il y'a des gens qui vraiment son prêt à tout pour qu' on les admire. J'ai toujours dit que les gens qui tue des animaux pour en faire des trophées et les exhiber dans leur salon pour que l'on les admire, sont des personnes qui sont en manque d'amour propre, et on besoin de reconnaissance des autres, a part d'être de beaux salauds. Ce scientifique je ne l'aimais pas car il faisait toujours bande à part, jusqu'au jour où je suis allé chercher quelques chose dans le carré des scientifiques et que je l'ai trouvé en train de s'enfiler un whisky, et qu'il m'a invité à boire avec lui, il faut dire que les occasions de boire à bord était très rare.

Une autre occasion où on a pu boire, ce fut le 16 septembre, fête nationale du Mexique, les scientifiques sortent quelques bouteilles dans leur carré et quelques marins très discrètement se joignent à nous. Cette fois-ci ce ne fut pas seulement boire un petit coup, beaucoup vont terminer bourrés. Le lendemain j'appris qu'un peu partout des petits groupes s'étaient formés pour boire. Il y eu même un incident grave, le boulanger à bord, qui était homosexuel a accusé dès matelots de l'avoir violé profitant qu'il était saoul. Le pire pour moi c'est que ça c'est passé à trois couchettes de mon lit, mais je n'ai rien entendu, peut être parce que c'était faux, ou parce que j'étais trop bourré.

On a jamais su ce qu'a donné l'enquête, le capitaine a tout fait discrètement. Il faut savoir que déjà il l'avait interdit de sortie à Belem parce que l'on avait surpris, vêtu de son uniforme d'officier de la Marine mexicaine, en train d'embrasser sur la bouche un joli brésilien.

Le GÂTE pour nous c'est fini, on se dirige à Barbados pour rentrer, on y arrive le soir, et comme les marins gardent un mauvais souvenir et ne veulent pas descendre, les scientifiques m'invitent à les suivre pour aller dîner, mais je sais qu'avec eux c'est chacun qui paye sa part, donc je refuse. Le lendemain matin c'est le jour de mon anniversaire, les copains me réveillent en me chantant les mañanitas, c'est super sympa de leur part.

En passant en face du matelot qui fait la garde sur la passerelle, il me dit que le docteur Emilson m'a laissé une enveloppe. Dans celle-ci je trouve un petit mot pour me féliciter de mon anniversaire et me remercier pour l'aide que j'ai apporté au projet, il est accompagné de 500 dollars.

Súper, je vais chercher Mugres, qui avec Tontin m'ont toujours tout payer, et je l'invite en ville. Mon premier achat, dans la première boutique du port, c'est d'acheté un chocolat. Je m'assois sur le quai pour le manger tranquillement. Vous ne pouvez pas imaginer le niveau si élevé de plaisir que peut vous apporter un détail aussi simple. Un petit plaisir que vous avez l'habitude de vous faire devient presque un orgasme lorsqu'il devient très rare.

Ensuite j'achète quelques souvenirs pour la famille, et bien sûr du rhum de Barbade et des cigarettes anglaises. Puis on finit au cabaret, je cherche Joséphine mais elle n'est pas là, donc je prends une bonne cuite avec mon compagnon Mugres, ça me fait plaisir de pouvoir lui payer ça au moins.

Route vers Veracruz avec escale à Isla Mujeres, puisque certains scientifiques ont débarqué à Bridgetown, on me laisse prendre une place dans une cabine réservée à ces scientifiques , quelles différences!,

Le capitaine essaye de nous faire peur en nous disant qu'il a reçu l'ordre de monter jusqu'à Brownsville pour laisser des équipements, Donc un retard d'au moins quinze jours avant d'arriver au port, mais un des officiers vend la mèche très rapidement sur la blague.

Par contre les marins sont inquiet parce qu'ils disent que le capitaine ne veut pas donner la date de notre arrivée à Veracruz pour pouvoir surprendre sa femme avec son amant.

Et eux tout le contraire, ils veulent prévenir pour que Sancho, (c'est comme cela qu'ils appellent celui qui les remplace en leur absence) ai tout le temps de prendre ses affaires et partir pour ne pas être surpris. Et là les blagues n'arrêtent pas, il faut à tout pris éviter de le mettre mal à l'aise, car si non après, qui c'est qui va prendre soin des enfants, qui c'est qui va payer la scolarité etc. lorsque l'on est absent?. Donc plusieurs techniques sont recommandées. Comme crier que l'on est arrivé, mais que l'on va acheter des cigarettes avant d'entrer, pour lui laisser le temps de filer.

Après une escale sur Isla Mujeres, si vraiment a cette époque on m'avait dit qu'un jour je travaillerai sur cette île je ne l'aurais jamais cru, et j'aurais sauté de joie, bon comme je disais après cette escale, direction le Port de Veracruz.

Il me manquait une tempête en mer dans cette aventure, et bien me voilà servi, un norte (vents très violents du nord) nous rattrape deux jours avant l'arrivée, c'est spectaculaire, ça bouge drôlement, c'est très beaux à voir lorsque l'on est sur le pont, le bateaux pique du nez et plonge dans les vagues puis on dirait qu'il a du mal à ressortir de l'eau, ça souffle drôlement et on est trempé à peine on sort le bout du nez. C'est sympa à l'extérieur, ou sur le pont, mais à l'intérieur on a bien envie que ça s'arrête, difficile à manger calmement ou à lire tranquillement.

Enfin arrivé, tout le monde se tire en vitesse, beaucoup sans même dire au revoir, comme si on n'attendait que ça, se séparer.

Je pars dans une camionnette de l'armée avec trois autres scientifiques direction la capitale, et après 4 heures de route le chauffeur me laisse juste en face de chez moi!

CHAPITRE XXII

Intelligence artificielle....ou stupidité naturelle?..

Hier soir j'ai eu une discussion avec des voisins et amis, on parlait des problèmes de l'écologie. Eux tous disaient qu'il fallait changer nos habitudes pour éviter les catastrophes à venir, manger moins de viande, ne pas acheter des bouteilles d'eau, etc.
Mais moi je disais que c'était pas nous qui pourrions arranger les problèmes, que c'était à l'État et aux industriels de ne pas nuire à l'écologie. Je n'ai pas réussi à les convaincre, pour eux les décideurs vont nous suivre dans nos nouvelles habitudes si on les change.

Mes raisons sont simples, il ne s'agit pas de ne pas manger de viande, mais que celle-ci soit produite de manière écologique et respectueuse envers l'animal, et ceux-là ne peut ce faire dans ce système de recherche de profit. Pour eux, il suffirait de n'acheter que de la viande produite écologiquement, donc dans le système actuel, très cher. Je leur dit que pas tout le monde ne peut se permettre de choisir, réponse d'eux: en France oui.
Pour les bouteilles d'eau, je leur dit que la solution serait de revenir à la consigne, et que cela ne peut venir que d'une loi, réponse d'eux: il suffit de boire de l'eau du robinet, je leur répond que pas tout le monde a de l'eau potable dans son robinet, selon eux, en France oui.
Donc voilà où nous en somme, une écologie nationaliste, en sachant que celle-ci n'a pas de frontières, les océans et l'atmosphère sont planétaire. C'est une individualisation des solutions tandis que celles- ci ne peuvent n'être que communes.
On a une bonne conscience parce qu' on n'achète pas d'ananas, car ceux-ci viennent de loin. Mais on achète sans problème du café et du tabac qui viennent d'encore plus loin et qui représente plus de 3 fois le volume de transport de l'ananas. Et sans tenir compte qu' en achetant du tabac ou du café on enrichit des transnationales.
Il y a une grande ignorance des véritables problèmes écologiques, la plupart des personnes pensent qu'il suffit de ne pas acheter des légumes et des fruits qui ne sont pas de saisons ou qui ne se trouvent pas chez nous, pour être écologiquement correct, mais ils ignorent qu' à part le tabac et le café dont j'ai déjà parlé, il existe une grande quantité de produits, que l'on consomme tous les jours, qui viennent de très loins et ont donc une empreinte carbone élevé, comme le riz, les lentilles, ou le cacao pour ne mentionner que ceux-là.
Je ne dis pas que des actions individuelles ne sont pas nécessaires, mais celles-ci ne sont pas la solution. Les entreprises ne feront des produits écologiques que si on les y oblige ou que ça ne nuise pas à leur profit. L'économie capitaliste marche à l'offre, pas à la demande. Nous on demande de la qualité à un bon prix, eux nous offrent des produits sans qualité pour en obtenir un bon profit.
Mes amis ne sont pas idiots, et même s'ils se disent très réfractaires à la TV, ils sont victimes des mauvaises informations et surtout du manque d'information.
Michel Serres (le philosophe) dit qu'il faudrait que les décideurs (les politiques) aient une formation scientifique pour comprendre où l'on va. Mais je pense que c'est plutôt le contraire, les scientifiques, qui sont ceux qui font le progrès et les avancées technologiques devraient avoir une formation sociale et philosophique pour pouvoir gérer leur information.

Par exemple la fameuse intelligence artificielle ou AA. Depuis la nuit des temps, celle ci n'a pas arrêté d'être créé par l'homme.

On a inventé le marteau comme prolongement de notre bras pour frapper plus fort, l'arc a été le prolongement de la distance de notre force de lancement etc,

Les mathématiques étant l'outil principal des scientifiques, on a inventé d'abord l'abaco, puis la règle de calcul, puis la calculatrice, puis les ordinateurs, puis maintenant le deep learning pour avoir de plus en plus de force de calcul. Les algorithmes qui existent depuis la nuit des temps, puisqu'il ne s'agit que d'une suite d'instructions, une recette de cuisine peut être un algorithme, ils peuvent ainsi, avec cette force de calcul, être très sophistiqués. Mais il ne s'agit que de faire une machine pour réaliser quelque chose que l'homme ne peut pas faire, comme une grue qui soulève des tonnes.

Quant à l'intelligence artificielle, ce sont les mêmes qui sont en train de la réaliser qui annoncent qu'elle sera un danger pour l'homme.

Ces avertissements ,leur permettant de créer des organismes et récolter des fonds, qui vont leur permettre de mettre les bases du règlement de cette intelligence artificielle et ainsi l'escamoter aux politiques et donc aux peuples.

Les robots ne feront jamais rien d'autre que ce pour lesquels ils ont été programmés. Même le deep learning ne peut pas se passer des instructions initiales que l'homme va programmer. Même si un risque pourrait exister de dérive, un simple bouton on/off suffirait. Rappelons que tout mouvement et transformation dans l'univers a besoin d'énergie, il suffirait de leur enlever celle-ci.

Il faudrait en plus que ces machines aient l'instinct de se reproduire, la vie a mis des milliard d'années à se former, je vois mal une machine prendre vie au sens biologique du terme.

Donc le danger ne vient pas de l'intelligence artificielle, mais de ceux que les humains vont faire faire à ces machines, il faut plutôt avoir peur de la **stupidité naturelle** de l'homme.

Depuis quatre ou cinq milles ans l'humanité est organisé en triade, la propriété privée qui concentre d'énormes richesses dans quelques oligarchies; la famille ou les fortunes qui circulent par le biais de l'héritage, et l'état qui protège par la force la propriété privé et la famille. Cette triade définit l'âge néolithique, et le capitalisme est sa forme moderne, et son asservissement des techniques par la concurrence, le profit et la concentration de capital ne fait que des inégalités monstrueuses, des absurdités sociales, des massacres guerriers et des idéologies délétères qui accompagne depuis toujours, sous la hiérarchie des classes, le déploiement des techniques neuves.

L'agriculture sédentaire, l'élevage, la poterie, le bronze, les armes métalliques, l'écriture, les nationalités, l'architecture monumentale, les religions sont des inventions aussi importantes que l'avion ou l'ordinateur. Toutes ces inventions sont par définition artificielle et sont celles qui nous font entrer dans le néolithique . Après notre proximité avec l'animalité, qui sous la forme de petits groupes nomades, a duré plus de deux cent milles ans.

Par peur de ces techniques, on pourrait vouloir revenir au communisme primitif, où on vivait fraternellement sans rien d'artificiel en totale harmonie avec la nature, mais tout nous indique que ces sociétés ne pourrait pas existé actuellement.

Donc il ne s'agit pas d'un retour au primitivisme par peur des ravages de la technique ni d'une fascination pour celles-ci.

Il s'agit comme le dit Alain Badiou (philosophe) de sortir du néolithique. Il ne s'agit pas de choisir entre nature et technique, il s'agit de réorganiser la société à l'échelle du monde entier.

Donc pas de propriété privée de tout ce qui peut être commun, à savoir tout ce qui est nécessaire à la vie humaine, pas de famille d'héritier, pas d'état nation.

Une seule organisation collective à niveau planétaire, le capitalisme serait le dernier stade du néolithique, on sortirait de 5000 ans de techniques au services de quelques uns. Entrons dans un âge nouveau où les techniques seraient profitables à tous et pour que l'artificiel soit au service du naturel.

CHAPITRE XXIII

Je choisis...ou non la vie que je veux.

De retour à la maison, ma famille me reçoit avec énormément de joie, je pense que tout le monde est content et fier de moi. Je me sens également bien dans ma peau.

Mais je n'ai qu'une envie, revoir les potes et leur raconter mes aventures, je n'avais pas trop pensé à eux mais je ressens un besoin de les voir.

J'essaye de leur faire une surprise en arrivant à l'improviste chez Gerardo, mais c'est raté, le père de celui-ci les a toujours maintenu au courant de mon voyage, donc ils savaient que j'étais arrivé.

 Mais à ma grande surprise, il n'y a pratiquement personne en ville, Oya, Claudia, Andrea, Liz, Alfonso, Dona sont partis étudier en France. L' autre groupe Rocío, Sophie, Patricia sont également à l'étranger. Des proches, il reste Gerardo, Naoki, Mane, Yvo et Roberto, mais pas de copine.

Bien sûr il reste quelques copines du lycée, mais celles-ci je les voyais qu'à l'école ou dans les fêtes de celles-ci.

Donc cet automne, question relation et vie sociale, c'est plutôt pauvre. Je crois que de toute ma vie, je n'ai jamais resté si longtemps sans être amoureux.

En attendant l'entrée à l'université, mon père me fait travailler dans la petite entreprise familiale. Jean Pierre y travaille déjà depuis deux ans et il se charge de l'administration. Je vais être chargé de dessiner les motifs pour le papier peint. Il s'agit de dessiner à une certaine échelle compatible avec la circonférence du cylindre où va être grave le motif. Le dessiner également de façon à ce que celui-ci puisse se multiplier en plusieurs répétitions sans que celles-ci soit visible.

J'étais également chargé, avec un autre technicien, de la photogravure du dessin sur le cylindre dans un bain d'acide. Ce que je préférais dans ce travail c'était la partie photographique, ou l'on photographiait le dessin pour le transférer sur le cylindre.

Mon père aimait faire ses propres machines, il était assez doué pour cela, et je l'aidais sur le tournage des pièces. J'avais appris en technologie de la construction, au lycée, à tourner et j'étais assez doué, même si le tour de mon père n'était pas aussi performant que ceux que l'on avait à l'atelier de technologie du lycée.

Mon frère Jean-Pierre, comme je pense l'avoir déjà mentionné, avait une voiture que mon père lui avait filée, c'était une Renault 10, et comme il gagne maintenant un peu d'argent, il s'est acheté une Renault R12. Comme la R10 n'était pas à lui, mon père me l'a refilé. Donc j'avais maintenant une voiture!

Un privilège qui avait également des inconvénients, maintenant c'était à moi de faire toute les comissions pour ma mère et mon petit frère Patrick.

Je devais d'ailleurs l'emmener à l'école tous les matins. Il est rentré au lycée technologique Franco Mexicain. J'emmenais et allais chercher également trois filles, qui habitaient près de la maison. Cela me permettait de voir à la sortie de l'école mes copines du lycée.

Des filles que j'emmènais dans la voiture avec mon frère pour aller à l'école, j'en connaissais déjà une, Lupe, puisqu'elle habitait tout près de la maison, les deux autres non, Lorrena et Yvonne, elles habitaient sur le parcours pour aller au lycée. La première fois que je les ais vu, je me suis dit qu'Yvonne n'était pas mal du tout, même si elle était ce jour là un peu mal fagotée. (j'étais très loin de penser que je venais de connaître ma future femme). Cette routine continua pendant plusieurs mois.

Je continuais à voir régulièrement les potes le week-end, on faisait toujours de petites réunions. Et une fois qu'une petite fête s'organise chez Mane, on me dit qu'il allait y avoir une petite surprise.

On était tous là, sauf bien sûr ceux qui étaient à l'étranger, Rocío était également de retour. La fête avait déjà commencé, j'étais plutôt content, et on me dit que la surprise allait arriver et je me rendis compte que j'étais le seul à ne pas savoir de quoi il s'agissait. D'ailleurs je m'en foutais de leur surprise, je n'en avais aucune idée. Enfin il se décidèrent à me la dévoiler. Et, tenez vous bien...la surprise c'était que Rocío sortait avec Gerardo! Je n'en croyais pas mes oreilles… je ne sais pas qu'est-ce qui m'énerve le plus, le fait qu'ils sortent ensemble, le fait de ne pas me le dire au moment où cela est arrivé, de sa part à elle ou a lui, vu notre passé, ou le fait de me le cacher, et de m'en faire publiquement connaissance. Je trouvais tout ça extrêmement vicieux.

Je ne me suis jamais senti aussi déprimé de ma vie. Je n'étais plus du tout amoureux de Rocío, ce n'était pas du tout de la jalousie, mais je me sentais trahi par tous, et pour Rocío je ne sentais que du dégoût, pour Gerardo c'était tout juste encore une façon d'exprimer sa compétition contre moi. Les jours suivants je ne contactais personne, ils peuvent tous aller se faire foutre. Mane fut chargé de me chercher pour voir comment j'allais. Je lui ai dit ce que je pensais, et que j'allais bien et que c'est plutôt eux qui avaient complètement déraillé. Il me présente des excuses.

Je me moque de la relation Rocío Gerardo, ils sont ridicules, Gerardo veut vivre avec Rocío et pour cela il a trouvé un travail pendant 15 jours à Noël, il faut qu'il y aille en costume, sa mère lui achète un costume qui coûte le double du salaire qu'il va recevoir. Ridicule je vous dit.

Quelques jours plus tard, suivant toujours la même routine, j'avais emmené mon frère et les voisines au lycée, et comme toujours, en allant les chercher je les laissais poireauter dans la voiture pendant que je discutais avec mes copines.

De retour dans la voiture je ne vois que les filles, mon frère était parti avec des potes et m'avait laissé le message comme quoi il ne rentrera que le lendemain.

Donc le siège avant étant vide les filles font monter Yvonne à la place de mon frère.

Et pendant tout le trajet elles l'oblige à se rapprocher de moi, à mettre la main sur mes épaules, ou de me caresser les cheveux si elle ne le fait pas on lui brûlerait les siens avec une cigarette. Je trouvais ça enfantin mais je laissais faire tant qu'elles me laissaient conduire. Au moment de laisser Yvonne chez elle, elles l'obligent à m'embrasser sur la bouche, elle se fait prier un peu mais m'embrasse. Bien sûr, comme je suis un garçon bien éduqué.

Je ne dis jamais non à la bise d'une jolie fille surtout si c'est sur la bouche.

Pendant le reste du parcours, entre la maison d'Yvonne et celle des autres, Lupita et Lorena m'insistent pour que je sorte avec elle, elles disent qu'elle est hyper sympa et que lorsqu'elle se maquille on dirait une vedette. Je laisse faire et n'y pense plus.

Mais le lendemain, comme mon frère n'est pas là, Yvonne monte à l'avant, et tout de suite m'embrasse sur la bouche et me tiens la main pendant tout le trajet, elle c'est légèrement maquillée et si même l'uniforme scolaire n'est pas pour la bénéficié, je la trouve pas mal du tout.

Yvonne
Quelques mois après l'avoir connue

Pendant toute la matinée au travail je me demande quoi faire, arrêter le flirt ou au contraire pousser davantage le bouchon. C'est vrai qu'elle n'a que seize ans et moi je viens tout juste d'en avoir vingt et un. Mais c'est assez normal dans la société mexicaine. Donc je me dit pourquoi pas, et cette même après-midi je l'invite pour une sortie le samedi prochain à la discothèque. Et oui ce 28 janvier changea ma vie, je l'ignorais à ce moment-là, mais ce fut le début d'une relation qui dure encore au moment où j'écris ces lignes (43 ans).

Pour cette première sortie, je commis l'erreur d'en parler a Gerardo et celui-ci trouva génial l'idée de sortir ce soir là tous les quatres. Rocío, Yvonne Gerardo et moi.

La soirée ne fut pas géniale, Gerardo et Rocío n'arrêteront de toute la soirée de nous voir comme des animaux de cirque et à chaque allé aux toilettes des filles, Yvonne me le dira plus tard, c'était l'interrogatoire de la part de Rocío sur Yvonne.
Quelques jours plus tard, Rocio mit fin à leur relation, je n'ai jamais compris pourquoi ils étaient sortis ensemble.
Ma relation avec Yvonne me fut énormément critiquée par la bande de copains, ils étaient convaincus que je sortais avec une fille dont je n'étais pas amoureux par dépit de ce que m'avait fait Rocío, vraiment du n'importe quoi.

Cette relation avait beaucoup de nouveautés, pour moi, mais également pour notre petit cercle. C'était la première fois que je sortais avec une fille qui n'était pas de la société du lycée, même si maintenant elle allait au lycée, elle n'avait rien à voir avec la culture française. C'était également la première fois qu'une personne extérieure au lycée entrait dans notre groupe.
Ma vie changea, non seulement dans ma vie intime, je reviendrai dessus plus tard, mais dans la façon de voir mon pays.
Bien sûr je venais de passer une expérience avec des purs mexicains, pauvres et pas trop pauvres, j'avais également une relation de travail à l'atelier avec des ouvriers mexicains. Mais je n'étais jamais rentré dans l'intimité d'une famille mexicaine.
Yvonne appartenait à une famille mexicaine de la classe moyenne, mais de la partie base. Ils habitaient un petit appart, louer dans un vieux bâtiment. La famille était composée, de la grande mère, le grand-père, la mère, de la grande sœur Monica, d'Yvonne, d'un frère Jésus, et d'une petite sœur Claudia. Le père avait été viré deux ans plutôt par la mère pour cause d'infidélité, mais allait manger tous les dimanches.
Je me rends très vite compte que j'avais, jusqu'à ce jour, vécu dans une bulle, comme la plupart de mes compagnons du lycée.
Il y avait tout d'abord leurs relations avec la religion, qui à part de gérer leur quotidien et leur pensée, donnait énormément d'importance aux traditions . Les baptêmes, les premières, communions, les mariages, avaient énormément d'importance. Donc dans leur milieux il y avait toujours une fête où ils étaient invités, et plusieurs jours à l'avance tout tournait autour de cet événement, surtout de comment on allait s'habiller. L'apparence était extrêmement importante dans cette famille.
Les fêtes religieuses avaient également leur importance, comme par exemples, le mercredi de cendres qui annonçait le début de la carène, la semaine sainte, le jour des morts, le jour de la vierge de Guadalupe, Noël, les rois mages, etc. La nourriture tournait autour de ces traditions.

Justement en parlant de nourriture, bien que j'avais plus de vingt ans, je me rendis compte que je ne connaissais pas la véritable cuisine mexicaine. Maïna, c'est comme cela que l'on appelait la grande mère, était une excellente cuisinière. C'était elle qui gérait la maison. Elle avait eu un fils et une fille, son fils était mort à l'âge de 11 ans d'une maladie des poumons, et sa fille María Elena, lorsqu'elle se maria, garda chez elle son père et sa mère. Comme elle avait commencé à travailler comme professeur dès l'âge de 19 ans, elle chargeait sa mère de s'occuper des enfants et de l'entretien de la maison.
Le grand-père était à la retraite, il avait travaillé toute sa vie dans l'assurance maladie de l'État, et sa retraite n'était pas si mauvaise pour l'époque. Il aurait pu être joueur de Béisbol professionnel, mais il était trop poussé pour la bouteille. Il était originaire de Cuautla une ville à

deux heures à l'Est de Mexico, tout comme le père d'Yvonne, d'ailleurs je pense que de là vient leur rencontre.

Le père avait commencé très jeune à travailler dans l'entreprise Modelo S.A. qui produisait la bière Corona. Il travaillait dans le secteur de la publicité, ce qui lui a permis de devenir un des premiers chroniqueurs sportifs de la radio et de la télévision au Mexique, puisque c'était cette entreprise qui sponsorisait plusieurs événements sportifs.

 Juste quelques temps avant notre rencontre, il avait réussi à monter sa propre entreprise de fabrication d'articles publicitaires, avec comme principal client son ancienne entreprise. Il a également créé une émission radio sur le football, avec comme sponsor principal, devinait qui? La Corona.

Bien qu'il ait été viré de la maison et que madame travaillait, c'était lui qui payait tous les frais d'entretien de celle-ci comme ceux des enfants et de tout le reste d'ailleurs.

L'argent de madame était pour sa pomme. Tous les dimanches avant de partir il donnait l'argent à Maïna qui gérait tout.

La sœur aînée Monica est un drôle de cas, elle a tout juste un an et 5 mois de plus qu' Yvonne mais elle sont complètement différentes. Monica était la favorite de sa grande mère et celle-ci ne le cachait pas du tout, Yvonne était de loin la plus belle, mais si on disait cela en face de Monica c'était la tragédie.

Elle voulait à tout prix plaire aux hommes, donc elle était toujours habillée de manière provocante, mais son pire défaut, et je pense que ça venait justement de sa fixation pour plaire, c'était une jalousie maladive. Mais elle est bonne élève, et pas bête.

Son frère Jesus, de quatre ans son cadet, que l'on appelle Chucho (diminutif des Jesus) était très gâté par sa grande mère également. Il a un caractère de chien et ne s'intéresse qu'au sport, étant le seul homme, il est tout le temps avec ses amis.

Claudia la petite sœur, de 8 ans plus jeune qu' Yvonne, sera toujours la plus proche de nous, elle est la favorite de la maman, mais celle-ci n'est jamais à la maison. Elle part tôt à son travail, et donne des cours dans trois écoles, ne mange jamais à la maison, et passe son temps libre avec ses copines, sauf le dimanche.

La grande mère, en plus de s'occuper de la maison, gère un salon de coiffure qu'elle a créé depuis très longtemps, qui se trouve dans le voisinage, Yvonne depuis toute petite adore y aller.

Le grand-père à la retraite on ne le voit jamais, il sort tous les jours et revient empestant l'alcool et le reste du temps il est enfermé dans la chambre qu'il partage avec Chucho.

C'était une famille qui avait commencé très humblement, et qui montait petit à petit financièrement. Mais pas pour payer une scolarité aussi élevé que celle du lycée. Lorsque le lycée Franco Mexicain ouvrît ses portes du lycée technologique. Il offrit des bourses à des élèves mexicains, et celles ci etaient gérer par le syndicat de l'éducation, et il se trouvait que la maman d'Yvonne était très copine avec un des grands exécutifs de ce syndicat et il lui proposa une bourse pour Yvonne. Ce fut comme cela qu'elle rentra à aprendre le français et suivre une scolarité à la française. Pour le meilleur de mon monde.

Voilà dans quelle ambiance je commençais ma relation avec Yvonne. au début je n'avais aucune idée si ça allait durer ou pas, de même de son côté. Mais je la trouvais très sympathique et nous nous entendions très bien, ce n'était pas du tout une intellectuelle mais nos conversations étaient longues et fluide, côté sexe c'était génial, bien que nous y allions petit à petit, je vous rappelle qu'elle n'avait que seize ans.

Mais pour ne plus y revenir, et garder notre intimité, je veux seulement insister que notre relation physique fut très importante pour nous et que grâce à elle nous avons put surmonter plusieurs difficultés, de même que notre bonne entente affective nous a fait améliorer nos relations physiques. Je peux également vous affirmer que je me considère avoir été extrêmement gâté.

J'avais une copine, j'avais une voiture, j'avais un travail, il manquait les études.
Une nouvelle université venait d'être créée dans la capitale, elle appartenait à l'État mais à la différence de l'UNAM (qui était la grande université du pays) elle était payante, mais a un prix assez accessible. La formation, à la différence des autres universités, était divisée en trimestre au lieu de semestre, et on devait se réinscrire à chaque trimestre, c'était une façon pour les étudiants de ne pas être obligé d'attendre 6 mois au cas où on c'était planté ou trompé dans un cours.
Je voulais à tout prix avoir une carrière qui me permettrait de vivre au bord de la mer. Mais je ne voulais pas suivre le parcours des océanographes avec lesquels j'avais travaillé sur le Mariano Matamoros. C'est-à-dire une licence de physique, puis une maîtrise et un doctorat en océanographie. Bien que j'ai toujours été bon en physique. Je choisis une nouvelle carrière qui avait été créée dans cette université, elle s'appelait l'hydrobiologie. Qui était comme la biologie marine, sauf qu'elle ne s'intéressait pas seulement à la mer, mais à tout écosystème aquatique. Le très bon côté de cette nouvelle université c'est le fait que l'on était peu nombreux grâce a la nouveautés et les professeurs étaient de très bon niveau car, pour la plupart, c'étaient des scientifiques très connus et aussi les meilleurs dans leurs secteurs qui avaient été charmés par ce nouveaux système.
Je ne saurais jamais si j'ai fait le bon choix, j'étais nul en biologie, j'avais plutôt des dons pour tout ce qui était technique ou problème de logique. J'aurais sûrement fait une meilleure carrière et peut être j'aurais eu un très bon métier bien payé. Mais seulement le fait de penser à travailler dans une usine où dans un bourreau dans une grande ville me dégoûtait.
Donc je m'inscris. Depuis le début je compris l'exigence des profs qui voulait avoir un niveau bien supérieur à la UNAM (Universités Nationale Autonome du Mexique) il fallait acheter tel ou tel livre très cher, on avait 5 heures de cour le matin, mais les profs nous disent qu'il aller falloir étudier à la maison la même quantité de temps, si non plus, pour réussir. Difícil si l'on doit travailler en même temps. Mais les profs s'en foutent , ils voient bien que la plupart des élèves viennent de la classe moyenne aisée, d'écoles privées. Je pense que s'il y a besoin mon père me laissera saper quelques après-midi à l'atelier. Je me trompe, le premier jour que j'arrive de la UAM (Université Autonome Métropolitaine) à l'atelier et lui demande de l'argent pour un gros livre de biochimie, il me dit niet, si je veux étudier ça sera à moi de payer mes études, je n'ai qu'à travailler. Lui, il n'a jamais fait des études, et il n'aimait pas que l'on en fasse.
Ce fut un peu compliqué pour moi de suivre avec un bon niveau dans les cours, très souvent les autres élèves se réunissaient entre eux pour étudier en petit groupe.
Même avec Gerardo qui, vous pensez bien, s'était également inscrit dans cette filière, je n'avais jamais le temps de me réunir pour étudier.
J'avais beaucoup de mal surtout avec la botanique, par contre je m'en sortais très bien lorsque une matière avait quelques choses à voir avec un peu de mathématiques ou de physique. Comme par exemple l'aquaculture où il y avait des problèmes de filtrages, volume d'eau etc. Ou la biogéographie, ou l'écologie qui avait des problèmes de statistiques.

On n'avait pas de mathématiques, juste de la statistique, et là ça allait très bien.

Une matière ou j'ai même était le premier de la classe, fut « l'origine et l'évolution de la vie » dans l'examen final il fallait choisir trois mots pour décrire l'évolution et les développer. J'ai choisi la matière, le temps et le hasard. Pour le développement vous pouvez revenir au chapitre ou j'en parle. Depuis tout petit j'adorais ce sujet.

Ce que je n'aimais surtout pas, et ça m'a beaucoup changé du lycée, c'est que tout ou presque était basé sur des examens, et des examens sans problèmes à résoudre, juste des trucs à connaître de mémoire. Comme par hasard, les profs qui ne suivaient pas cette règle, comme la prof de l'évolution, avaient étudié à l'étranger. Celle-ci en France, celle de l'écologie également et celui de l'aquaculture au Japon.

Je profite également de cette université pour faire mon service militaire. Celui-ci était obligatoire au Mexique. On avait à l'âge de 18 ans un petit livret appelé « cartilla » qu'il fallait « libéré » en faisant son service militaire, et cette cartilla libérée, était obligatoire pour sortir du pays et même pour travailler dans certains postes.

Le service militaire consistait à passer toute la journée du samedi pendant un an à suivre une formation militaire.

En terminale, avec d'autres copains comme Ivo et Gil, je m'étais inscrit pour le faire avec le fils d'un député qui étudiait au lycée. Avec les contacts de son père, il avait reçu l'autorisation de former une équipe qui dépendrait de la police municipale pour faire des patrouilles la nuit dans les quartiers. Donc au lieu d'aller faire la formation, on va tous les samedis soir se promener dans les rues d'un quartier résidentiel, soit disant en patrouillant. Notre rôle bien sûr n'était pas d'intervenir au cas où quelque chose paraissait louche, mais juste d'informer la police. C'était extrêmement ennuyeux, mais il valait mieux ça que le truc des militaires. D'ailleurs le seul truc louche que l'on vit, c'est un mec en train de voler un pneu.

Le problème c'est que je ne finis pas mon service, à cause de mon voyage sur le bateau océanographique. Donc j'étais obligé de recommencer.

Je m'inscris donc à l'université à une formation pour le service tous les samedis dans les installations de celle-ci. J'ai assisté au deux premiers samedis, mais le troisième, sûrement dû à une gueule de bois, je ne me présente pas. Je savais qu'à la troisième faute sans raison j'allais être rayé. Le problème c'est que le jour où je fûs absent. Le commandant forma en bataillon tout le monde. C'est-à-dire qu'il donne une place à chacun et un chiffre par groupe de 15, trois files de cinq. Donc quand il passait la liste c'était en demandant un chiffre. Donc pour moi c'était foutu, à moins d'aller m'excuser avec le commandant, chose que je ne voulais pas faire, je déteste me faire engueuler surtout par un militaire.

Tous les lundis une liste était exposée à l'université, où on notait les noms des personnes qui étaient virées de la formation. Et mon nom n'apparaît jamais. Donc à la fin de l'année j'étais dans la liste de ceux qui avaient fini leur service militaire.

Ce qui a dut ce passer c'est que quelqu'un au lieu de donner son numéro assigné à son nom, donne mon numéro tous les samedis! Je lui serais éternellement reconnaissant, et je le plein car connaissant les militaires il a dû se retaper une année.

Ma routine de vie ces deux premières années était la suivante; Je me levai à 5:45 am je mettais mon slip de bain et mon survêtement et j'allais à la piscine olympique qui était près de chez nous, et je nageais avec l'équipe de natation de l'université jusqu'à 7 heures, je faisais en moyenne 1500 m. J'avais beaucoup de facilité pour la natation et je pense que si quelqu'un m'avait fait nager j'aurais pu devenir un très bon nageur. Mon meilleur temps fut 28 s sur les 50 m et 1:06 sur les 100 m. Ensuite je me douchais sur place et je prenais mon petit déjeuner à la cafétéria de l' université. Suivait les cours, et vers une heure de l'après-midi, je partais vers l'atelier de mon père, et en arrivant on allait manger, mon père, mon frère et moi, dans une petite fonda (restaurant pas cher). De retour à l'atelier je travaillais jusqu'à 6 heures, puis je partais voir Yvonne, je restais avec elle, et y dînait très souvent, jusqu'à 8 heures ou neuf heures, puis je rentrais à la maison, faire mes devoirs de l'université, et m'endormais vers onze heures ou onze heures ½.

Les samedis matin j'emmenais ma mère faire ses courses, puis j'allais chercher Yvonne, et en général on allait voir les copains presque toujours chez Gerardo.

Les dimanches je mangeais en général avec la famille d'Yvonne, quelques fois on était invité chez Gerardo dont la mère continuait à faire de grand repas ce jour-là. Mais bien sûr il y eu plusieurs journées où nous ne mangions pas ensemble, la famille d'Yvonne était souvent invitée chez une très bonne amie de la grande mère, qui d'ailleurs cuisinait très très bien, j'y ai goûté plusieurs fois à ses plats.

Revenons à ma relation avec Yvonne. Petit à petit, sans m'en rendre compte j'étais en train de tomber amoureux, et ma vie commença à tourner autour d'elle.

D'un autre côté, je commençais à avoir beaucoup d'influence sur elle. Toute sa vie, dans sa famille, elle avait été très dénigré à cause de sa grande mère, qui en exaltant tout le temps Monica, abaissait Yvonne, ce qui lui avait provoqué une sorte de complexe d'infériorité.

C'était ma première bataille que d'essayer de corriger cela, et le fait de la sortir de cette ambiance, où tout le superficiel avait plus d'importance que le reste, lui a fait beaucoup de bien. Faire la connaissance et participer au groupe de mes amis l'aide beaucoup, même si au début elle était un peu complexée, mais elle s'est adaptée très rapidement.

Yvonne était, et l'est toujours, une excellente danseuse. À cette époque une danse appelée « Bom » était très à la mode, et là première fois que j'invitais Yvonne chez Gerardo, elle est venue avec une amie, et après le repas elles nous ont fait un show de cette danse qui émerveilla tout le monde. Sa réputation était faite, rien que pour la voir danser, elle était bien reçue partout. D'ailleurs, moi aussi je me défendait pas mal comme danseur, ça nous a permis de gagner quelques prix et de faire le show de temps en temps. Je me rappelle surtout d'une fois chez des amis de la famille d'Yvonne, avec la danse du « Bomb », tout le monde s'était arrêté de danser pour nous laisser seuls sur la piste.

Ce fut à mon tour d'être accepté dans sa famille, disons un peu superficiellement.

La plupart des amis qui étaient partie étudier à l'étranger étaient de retour, ils avaient raté leur première année à l'université en France, où ne c'était pas adapté, ou peut être pour d'autres raisons. Donc j'avais encore une fois beaucoup de relations affectives et je voulais à tout prix partager avec eux mon bonheur d'être avec Yvonne.

Oya voulait revenir au Mexique, mais elle n'avait aucune justification légale pour y habiter. Elle allait rentrer pour les vacances d'été, son père étant encore ambassadeur au Mexique.

Elle m'envoya une lettre très gentille pour me dire qu'elle voulait se marier avec moi, comme cela elle pourrait rester au Mexique, je ne sais pas si elle parlait sérieusement.

Lorsqu'elle rentra, je suis allé la visiter toute une après-midi. Ce fut la première crise de jalousie que me fit Yvonne. Quelques jours plus tard on été invité chez Mane, donc je l'invitait à y aller. À cette fête Oya me fit du charme, c'était bien son caractère, bien sûr j'évitais la tentation en restant le plus près d'Yvonne. Mais je dois avouer que j'ai eu des doutes, de laisser tomber Yvonne et commencer une relation amoureuse avec Oya, que j'avais peut être toujours désiré? Je me suis posé la question et j'ai eu des doutes si j'avais bien fait.

J'étais amoureux d'Yvonne c'était un fait, mais elle, était t'elle amoureuse de moi?

Mes doutes s'évaporent quelques jours plus tard.

De retour d'un rallye, ou j'étais allé faire des contrôles avec mon frère et Max, j'ai commencé à avoir extrêmement mal au culs. J'avais tellement mal que je ne put dormir de toute la nuit, et je ne laissais pas mon frère dormir avec mes plaintes. Donc on m'emmena chez le médecin, mon oncle Turpin était notre médecin. Après m'avoir examiné, il me dictamina un énorme abcès, tout près de l'anus. Comme ça allait être très douloureux pour me l'enlever, il m'envoya directement à l'hôpital. Je n'ai jamais eu aussi mal de ma vie. Lorsque mon frère m'a laissé à l'entrée de l'hôpital pour aller se garer, je suis resté paralysé par la douleur, debout pendant plusieurs minutes.

Avant l'opération, je crois que la totalité des médecins de l'hôpital ont circulé dans ma chambre pour voir mon super abcès. On m'injecta des antidouleurs pour pouvoir dormir et on m'opérât le lendemain matin. De l'abcès Turpin en sortie un 1⁄4 de litre de pus, et remplit le trous avec 1 mètre de compresses.

Lors de mon réveil de l'opération, je trouvais Oya dans ma chambre, elle fut très gentille, on parla beaucoup et je lui promis de passer la voir à ma sortie. Je n'ai pas tenue ma promesse, et ce fut la dernière fois que je la vis.

Yvonne passa me voir avec sa mère, elle était en pleurs, sa mère me dit qu'elle était insupportable parce qu'elle n'avait pas arrêté de demander que l'on emmène me voir. Et qu'elle avait du ceder, et c'est pour cela qu'elle n'arrêtait pas de l'embêter et elle de pleurer, je détestais cette femme, bien que c'est vrai, Yvonne pleurait pour un rien.

De retour à la maison pour ma convalescence, comme c'étaient les vacances d'été, Yvonne allait me rendre visite tous les jours, même si pour que quelqu'un l'emmène elle devait se disputer avec toute sa famille. Elle me confesse que c'est la première fois qu'elle est amoureuse, et insiste comme tous les amoureux à être convaincus du retour de cet amour. Ce fut une très bonne semaine de convalescence, gâté par ma mère, beaucoup de lecture et toute les après-midi avec mon grand amour.

Pour vous montrer à quel point j'étais fou d'elle, pour ses 17 ans, c'était donc son premier anniversaire avec moi. J'ai commencé à mettre de l'argent de côté quatre mois à l'avance pour lui faire une super fête. La maman de Gerardo me permit de la faire chez elle. J'ai fait tuer 3 lapins par le jardinier, avec les peaux que j'ai moi même tanné avec les conseils de ma mère, je lui est fait un sac et une paire de pantoufles. J'ai cuisiné les lapins au vin rouge. J'ai acheté 4 kilos de crevettes géantes, que j'ai fait au vin blanc, et surtout j'ai commandé pour minuit un groupe de Mariachis (groupe de musiciens et chanteurs)pour lui chanter las mañanitas (chanson typique lors des anniversaires). Je voulais à tout prix lui démontrer mon amour et le faire voir à tout le monde.

Il fallait maintenant que je me concentre sur mon futur. Je devais a tout prix réussir à l'université pour réaliser mon rêve de vivre au bord de la mer. Je voulais monter une société maritime d'aquaculture, des huîtres ou autres. Mon plan était de finir ma licence, me marier avec Yvonne, faire une maîtrise ou un doctorat à l'étranger et revenir habiter le port de La Paz dans l'État de Basse Californie.

Je me demandais aussi si c'était vraiment ce qu'il fallait faire. J'avais comme je l'ai déjà dit beaucoup plus de facilité pour les techniques et mathématiques que pour la biologie, si je faisais de la physique ou de l'ingénierie, j'aurais beaucoup plus de chance de réussir et peut être d'inventer quelque chose qui apporterait quelque chose à l'humanité et à mon portefeuille.

A ce sujet j'aimerais faire un commentaire

Pour que quelqu'un puisse passer tout son temps et se dédier à découvrir ou à inventer ou à créer quelque chose, il faut bien qu'il y en est d'autres qui produisent ce qu'il va manger, avec quoi il va se transporter, avec quoi il va s'habiller ou tout simplement qui va lui nettoyer son laboratoire etc.

Mais lorsqu'il réussit, dans notre système, c'est seulement lui qui tirera les profits de son invention, découverte ou œuvre d'art. Donc je pense que toutes ces créations devraient être considérées comme des biens de l'humanité.

Lorsque que l'on est agriculteur, ouvrier, ou professeur on risque peu de pouvoir déposer un brevet et devenir rentier ou startupeur.

En plus ce sont ces privilégiés qui décideront quoi inventer, même si leur innovation va changer en mal l'humanité ce sont eux-mêmes qui décideront quoi en faire.

Les avancées actuelles de l'humanité ont libéré celle-ci de deux contraintes principales; La première est de caractère technique et scientifique, elle a été levé par les NBIC

(nanotechnologies, biotechnologies, informatique et sciences cognitives). La seconde contrainte est d'ordre moral, elle était contenue principalement par les institutions religieuses.

Au début de notre civilisation, on innovait pour la survie de notre espèce, pour s'adapter. Mais maintenant on innove pour une perspective de croissance dans un monde libéral, et pour une concurrence industrielle. De plus en plus toutes ces innovations sont financées par des structures privées.

On parle de trois types d'innovations: incrémentale, radicale et paradigmatique.

La incrémental est un juste une amélioration comme par exemple le numéro de pixels d'une caméra. La radicale est une technologie inédite, comme l'écran tactile ou le wifi. La paradigmatique est celle qui change complètement le mode de vie de l'homme, comme la machine à vapeur ou l'électricité, ou encore internet.

Le futur de l'humanité se retrouve donc entre les mains de ces privilégiés qui ont le pouvoir d'innover et celui-ci dépendra de leur bonne ou mauvaise décision.

Ce sont eux par exemple qui décident de mettre sur le marché des millions d'appareils à écrans tactiles qui utilisent des métaux rares extrêmement polluants et qui sont fabriqués par des peuples exploités. Ce sont eux qui fabriquent des vêtements avec des nanoparticules qui à chaque lavage se retrouvent dans les eaux usées et finissent dans la nature. Et encore une fois ce n'est pas aux consommateurs d'empêcher cela, c'est aux innovateurs qui savent avec quoi ils les fabriquent.

Le philosophe Xavier Pavie propose que les innovateurs soient formés à la philosophie antique- les voies de la sagesse, de la mesure, et de la tempérance - pour qu'ils puissent prendre les bonnes décisions et cela de manière très précoces. Je suis tout à fait d'accord, comme je l'ai dit auparavant, il faut que depuis son plus jeune âge les enfants soient éduqués à ces valeurs philosophiques, plus important pour moi que le simple fait de savoir lire, écrire et compter.

Mais en attendant les trois générations qu'il faudrait pour que toute l'humanité soit bien intégrée à cette philosophie, il faudrait qu'un conseil formé de sages avec ces valeurs, soit celui qui déciderait, quelles innovations sont viables au bien être de l'humanité.

Maintenant voyons, comment actuellement vous pouvez vous retrouver comme un innovateur ou simplement un accompagnateur silencieux de ceux-ci.

Depuis la révolution en France, on a voulu finir avec les privilèges de la naissance et mettre en place la méritocratie.

On a voulu instaurer l'égalité des chances à l'école. Mais comment mettre en place une vraie égalité des chances à l'école lorsqu'elle est inexistante à l'extérieur, dans la société.

Les parents d'élèves privilégiés aideront toujours leurs enfants en dehors de celle-ci, feront des recherches pour savoir quelles sont les meilleures chances pour ceux-ci, les aideront dans leurs devoirs, leur payent des aides, les inscrivent dans les meilleures écoles etc. On essayera toujours des réformes pour renforcer l'égalité des chances, mais les parents trouveront toujours comment les détourner.

On essaye par exemple avec le bac d'instaurer un égalité de diplôme, mais même si celui-ci est égalitaire, la manière pour s'y préparer antérieure à celui-ci, ne l'est pas du tout.

Le pire c'est que ces élèves privilégiés croient vraiment que c'est par leur mérite qu'ils sont arrivés là où ils sont, qu'ils y ont travaillé dur pour y arriver, mais en vérité ils n'ont jamais vraiment été mis en concurrence avec des élèves moins bien loti qu'eux. Et ceci fait qu'ils méprisent les autres qui n'ont pas réussi.

Le fait de dire que ceux qui ont une bonne note sont ceux qui ont travaillé et que la réussite se mérite, est très cruel pour ceux qui ne réussissent pas, ils ont le sentiment d'être moins et perdent tout. On les oblige à chercher l'excellence, à participer à une compétition que peut être ils n'en veulent pas.

Si on arrêtait une fois pour toute d'obliger les gens a devoir à gagner de l'argent pour réussir leur vie, tout changerait pour le mieux de la société. Avec l'installation du revenu universel on ne serait pas obligé à tout prix d'entrer dans le marché concurrentiel du travail et d'être obligé d'être formé depuis tout petit à un futur métier.

Notre formation à l'école serait exclusivement dirigée vers une émancipation personnel et sociale, on apprendrait, bien sur, les bases nécessaires à pouvoir être intégré à la société comme le fait de lire, écrire,et compter, mais surtout de savoir s'exprimer, ce qui est très délaissé aujourd'hui, et surtout une formation sur la justice, le respect et le bien être de tous.

Une connaissance réelle et non idéologique de notre histoire, une connaissance des sciences et mathématiques basique, une connaissance de la langue locale et au moins d'une autre internationale, et une connaissance des choses de tous les jours comme le sport, la cuisine, le jardinage, la conduite de machine de transports ou non etc. Et après, selon notre ambition nous nous formerons à un métier ou à plusieurs et à l'âge que l'on voudrait, et là, et uniquement là, on rentrerait si l'on veut dans la compétition et à la meritocratie.

Si on pouvait faire cela, on pourrait finir avec les « bullshitjobs » dont parle l'anthropologue David Graeber. Ces boulots qui ne servent à rien.

Comme le capitalisme a fait que le boulot soit devenu une valeur sociale, une vertu. Et comme l'automatisation des tâches, l'augmentation de la productivité etc. peuvent nous permettre de ne travailler que quelques heures, on a inventé des boulots qui ne servent à rien, comme le marketing, le droit des affaires, la publicité, les traders, les sondeurs politiques, certains chirurgiens plastiques, coach personnel etc..

Et des boulots comme musiciens, danseurs, ou bénévoles dans le social ne sont même pas payés. Faire du bien à autrui devrait être plus important.

Il ne s'agit pas d'égalitarisme mais de pouvoir vivre sa vie sans devoir être compétitif dans tout et à tout moment, seulement là où on le désire et quand on veut.

Pourquoi les héritiers et les rentiers seraient payés pour ne rien faire, de même tous ceux qui font des métiers qui ne servent à rien et on ne le serait pas en faisant ce que l'on aime, tout en faisant du bien à la société.

Revenons à mon choix de carrière.

J'avais un plan, est-ce que je pourrais réussir? Pas comme j'étais en train de faire ma vie. Je dormais et étudiais trop peu. J'aimais beaucoup nager mais je m'endormais pendant les cours, surtout ceux de botanique.

Chaque trimestre on avait droit à suivre quatre cours, et de passer deux en rattrapage. En deux ans j'étais en retard d'au moins 6 cours, donc de presque deux trimestres.

Je n'y arriverai jamais, je ne pouvais pas arrêter le travail et je ne voulais pas me passer de ma visite de tous les jours à Yvonne. Donc j'ai commencé par laisser la natation.

Comme d'habitude je continuais à donner priorité à ma vie sentimentale, que ce soit avec Yvonne ou avec mes amis.

Je l'ai déjà dit auparavant, la plupart des amis étaient de retour, beaucoup de mes amis du lycée étaient également rentrés à la UAM, mais pour une licence d'économie, et un groupe assez sympa était en train de se former. Je m'entendais beaucoup mieux avec eux, qu'avec mes compagnons de biologie qui étaient plutôt à droite.

Parmis ces compagnons beaucoup deviendront de grand amis dans ma vie, comme Quique, diminutif d'Enrique, fils de réfugiés espagnols comme d'autre que j'ai connu au lycée, parmis eux ma copine Lucrecia et sa cousine Marie Carmen. Froylan un autre du tec, Nacho un descendant d'allemand qui n'était pas au lycée, ou encore Nanuk un autre descendant d'espagnol réfugié qui n'on plus n'était pas au lycée.

Tous les vendredis on se réunissait après les cours derrière la cafétéria pour boire des bières. Et on discutait beaucoup politique.

Donc les week-ends j'avais encore plus de choix de sortie, c'était soit chez Gerardo soit chez Alfonso qui habitait maintenant un Appart avec son frère au sud de la ville.

Son père étant ambassadeur, et leur grande mère ou ils habitaient avant étant décédé, ils habitaient seuls, ce qui faisait un lieu de rencontre pour le groupe.

Mes priorités étaient donc toujours sociales et affectives.

CHAPITRE XXIV.   Mon indépendance....une dépendance de la liberté

Maintenant j'ai une voiture, un boulot, une carrière (formation), et une copine...donc qu'est-ce qui me manque....je vous le donne en mil...un chez moi !

A cette époque le gouvernement mexicain avait créé un organisme pour financer des logements sociaux. Une partie était financée par les entreprises, privées ou gouvernementales, et une autre partie était prélevée dans les salaires des travailleurs.
Chaque année, une certaine quantité de maisons ou appartements étaient adjugées au hasard aux travailleurs (théoriquement, vus la grande corruption existante au Mexique). Un des travailleurs de l'atelier de mon père s'était vu adjugé une petite maison dans un nouveau lotissement de logements sociaux pas très loin de l'atelier.
Mais lui, comme c'était un très bon employé il avait déjà réussi à se faire d'un petit terrain, à l'extérieur de la ville où il avait construit une petite maison assez humble où il vivait avec sa mère et quelques sœurs, et il n'était pas trop chaud de laisser cette habitation pour aller habiter une maison bien que beaucoup plus moderne et toute neuve, mais sans jardin et collé à d'autre maisons identiques. Sa mère ne pourrait pas avoir ses poules etc. Et comme il n'avait pas le droit de la louer officiellement, je lui propose de l'habiter à sa place et de lui payer un loyer, chose qu'il accepta immédiatement d'ailleurs on s'était toujours bien entendu.
Ce n'est pas à ce moment là que j'ai décidé de vivre seul, j'avais déjà parlé à ma mère et j'étais déjà à la recherche d'un studio où d'un petit appart. Mais tout était trop cher, ou ne me convenait pas, comme un petit studio que louerait une vieille amie de ma mère, et pour y accéder je devais passer dans sa cour, imaginez vous les commérages!

Je voulais habitait seul car j'en avais marre de me taper toutes les corvées de la maison et que mes frères ou mon père, chaque fois que ma mère avait besoin de quelque chose, et leur demandais, c'était toujours la même réponse " demande à Christian "
Je voulais aussi tourner la page de ma vie dans cette maison qui dernièrement n'avais pas du tout était agréable.

Je vous avais déjà raconté que mon père avait réussi à se faire de son entreprise grâce à l'argent du grand-père de ma mère, Papa Pierre. Jean Louis, le frère aîné de ma mère était déjà décédé et Jean Claude, son petit frère, était le seul à pouvoir s'occuper de mes grands-parents. Ceux-ci avaient lapidé leur fortune et étaient sans le sous et vieux.
Donc mon oncle demande de l'aide à ma mère, ou plutôt l'exige de celle-ci. Car à l'époque où mon père recevait tout cet argent, c'était lui qui aidait Papa Pierre avec ses finances, il était bien au courant de tout, donc avec tout l'argent que mon père avait reçu, il était convaincu que l'entreprise était prospère.
Mon père bien sûr ne voulait rien donner, d'ailleurs l'atelier à cette époque ne produisait pas assez de bénéfices, à peine pour vivre. Ma mère pour pouvoir donner de l'argent à son frère commença à faire beaucoup de sacrifices. De l'argent que l'on lui donnait pour les frais de la maison, la bouffe et pour elle, elle gardait tout juste le strict nécessaire et envoyait le reste.
On mangeait tous à l'extérieur, et pour le petit déjeuner et le dîner il y avait tout juste du pain, du lait, du café, des œufs et des quesadillas (tortillas et fromage). Ma pauvre mère ne mangeait que des soupes aux légumes et des œufs.

On lui disait tous qu'elle arrête d'envoyer de l'argent, que ses parents ne le méritaient pas. A l'époque, j'ignorais tout ce que Papa Pierre avait fait pour mon père.
A cause de cela et de beaucoup d'autres choses mes parents n'arrêtent pas de se disputer, mes frères également se disputent tout le temps, ils en sont même arrivés une fois aux mains. Donc à quoi bon continuer à vivre dans cette baraque. Même ma mère me soutient, à l'époque où je pars elle n'envoie plus d'argent, donc elle m'offre même mes premiers draps.
Mon père par contre, à mon grand étonnement, prend la chose très mal, c'est Jean Pierre qui lui annonce que je vais partir, et un jour de retour de l'université à l'atelier, il me reçoit avec une engueulade que rarement il lui arrivait de me faire. Je ne vais même pas manger avec eux, tellement je suis vexé et je reste travailler sur un problème à résoudre sur un dessin qu'il fallait adapter au rouleau d'imprimerie choisis. Je trouve la solution avant qu'ils ne reviennent, et mon père, qui je pense regrettait ses propos, profite de me féliciter, pour essayer d'arranger les choses.

Pas eu le temps d'écrire dernièrement, mais avant de continuer à vous raconter la suite de ma vie, je veux pousser un coup de gueule , au moment d'écrire ces lignes énormément de pays soit disants démocratiques sont en train d'élire des gouvernements d'extrême droite juste parce qu'ils sont anti migrants.

MIGRATIONS

La France et l'Europe en général se sont construit avec l'immigration et l'émigration. Lorsque les choses vont bien on a fait venir avec joie des étrangers, sans eux les pays n'auraient jamais réussi à être ce qu'ils sont. D'un autre côté, lorsque les choses tournaient à la catastrophe, guerre de religion en Allemagne ou au Pays Bas, famine en Irlande, crime et pauvreté en Italie, etc. si les gens n'auraient pas eu la possibilité de fuirent, des milliers d'entre eux seraient morts.
Mais maintenant on oublie tout et on ne raconte que des mensonges, il s'agit de faire peur aux gens pour rester entre sois et mieux contrôler tout ce monde, surtout par pur racisme idéologique, croire à une identité supérieure à laquelle on appartient et qui risque de disparaître remplacée par une autre.
Une des raisons répétées par les anti migrants c'est que l'étranger fait baisser les salaires et augmenter le chômage.
« L'étude de l'impact de l'immigration sur le marché du travail du pays d'accueil a donné lieu à une vaste littérature et est désormais tranché : les ajustements locaux des travailleurs et des entreprises conduisent à une quasi absence d'impact visible à l'échelle du pays qui accueille les flux » résument en 2010 Hillel Papoport, Xavier Chojnicki, Cecily Defoort, Carine Drapier et Lionel Ragot dans un rapport de la direction de la recherche des études, de l'évaluation et des statistiques (Drees).
La dernière étude sur les conséquences macroéconomiques des migrations date de juin de cette année (2018). Plusieurs économistes ont publié dans Sciences Advances une étude faite sur 15 pays de l'Europe de l'Ouest, et leur conclusion est claire: non seulement la migration n'a rien d'un fardeau mais pourrait bien être une opportunité économique.
Pendant les trente années concernées par l'étude, l'augmentation des flux migratoires a eu des conséquences positives sur les économies de l'Europe de l'Ouest. Ce "choc" a augmenté de

manière significative le revenu par habitant, réduit le chômage et amélioré l'équilibre des finances publiques.

Si l'immigration a des effets aussi positifs sur l'emploi, c'est parce que l'équation magique du Front National -1 million de chômeurs, 1 million d'immigrés -est une absurdité économique dit M.Albis, professeur à la Paris School of Economics (PSE).

La réalité de l'économie française est tout autre. « Les migrants nous rendent collectivement plus riche car ils travaillent, consomment, créent des entreprises et payent des impôts et des cotisations sociales » dit Hippolyte d'Albis. Et de toute façon ils ne prennent pas les emplois des français, car il y a énormément de postes non pourvus dans la restauration, le bâtiment et le service à la personne qui sont délaissés par les natifs parce que pénibles et mal payés. Ce sont les nouveaux arrivants qui les occupent

L'histoire n'est pas vraiment nouvelle, en 1887 Paul Lafargue racontait dans le journal « Le Socialiste » « ce sont les ouvriers étrangers qui se chargent dès besognes les plus répugnantes et dangereuses. Du temps que les ouvriers de Marseille et d'Arles pouvaient faire les délicats, c'était des paysans cévenols qui, après la moisson, venaient faire une campagne dans les huileries et les savonneries. Le dur travail des terrassements et des raffineries n'est pas accompli par les ouvriers de Paris ou d'autre villes mais des italiens ou des paysans bretons. » Loin d'accaparer les emplois, les immigrés comme l'a montré l'économiste Gregory Verdugo, permettent même aux français de se spécialiser dans les tâches les mieux rémunérées. En occupant les postes pénibles, mal payés, mal considérés mais indispensables, les immigrés font fonctionner la pompe de la mobilité, observe le chercheur Patrick Simon. Dans les années 1960 et 1970, les ouvriers algériens de Renault travaillaient sur les chaînes de montage, ce qui permettait aux français, espagnol, italiens et portugais de grimper dans l'échelle sociale en devenant contremaître ou responsable d'équipes. Les discriminations ont donc renforcé ce rôle de l'immigration non européenne: en restant au bas de l'échelle, ils ont permis la progression des autres.

Coordonné par Hillet Rapoport, le rapport de 2010 de la Drees, qui compare les bénéfices que les immigrés retirent du système public (dépenses sociales, éducation, santé, retraite) aux financements qu'ils apportent (impôts sur le revenu, CSG, TVA et cotisations sociales), évalue leur contribution nette globale à près de 4 milliards d'euros pour l'année 2005, le texte conclut que l'immigration a des effets positifs sur les finances de protection sociale.

Les travailleurs immigrés arrivent en France entre l'âge de 20 et 30 ans, les dépenses d'allocations familiales augmentent un peu car ils ont des taux de natalité et de chômage légèrement supérieurs. En revanche, ils reçoivent peu de prestations sociales qui coûtent le plus cher, les retraites et la santé. Ils finiront par vieillir, mais l'Etat n'aura jamais financé les dépenses liées à leur jeunesse, comme l'éducation et la formation qui sont des investissements très lourds.

En plus des raisons économiques, les anti migrants mettent en avant les problèmes de sécurité. Selon eux, car les statistiques le disent, le pourcentage des immigrants parmi les criminels est supérieur à celui qu'ils occupent parmi la population, donc ils ont un penchant pour le crime supérieur à celui des autochtones. Tout le monde le sait, les statistiques le disent, on tombe plus facilement dans le crime lorsque l'on est pauvre, par nécessité, et donc le pourcentage des pauvres parmis la population carcérale est également supérieur au reste de la population, les statistiques le disent aussi. Donc dire que les immigrants sont plus dangereux que les autochtones est d'une stupidité !!! Donc comme le pourcentage de jeunes est supérieur parmi les criminels (ils le sont également parmi les pauvres) on peut dire que les jeunes sont dangereux?.

Le même raisonnement est utilisé pour l'éducation, les fils des immigrants sont plus en difficulté que les autochtones. Les enfants des familles les plus démunies ont également plus de difficultés que les enfants de cadres. Si la plupart des immigrants ont des familles défavorisées, le constat est logique. D'ailleurs on s'est rendus compte que les enfants des immigrants qui réussissent sont majoritairement des enfants de migrants qui étaient dans leurs pays d'origine dans des familles avec un bon niveau scolaire.

Ils disent aussi que l'intégration a échoué, et bien sûr c'est de leur faute, ils n'acceptent pas nos lois, nos coutumes etc. Ils sont tellement anti intégration qu'ils continuent à s'appeler comme chez eux, à manger comme chez eux, à croire dans leur religions, ils n'essaient même pas de changer de couleur!!! Donc français si vous partez à l'étranger ne vous appelez plus comme vos parents vous ont appelé, oublié votre blanquette ou votre jabón beurre!!! Et oubliez vos coutumes. Ce serait plutôt aux habitants du pays hôte, d'accepter que tout le monde n'est pas comme eux, s'ils l'acceptaient ce serait plus simple pour les migrants, et ils se sentiraient bien reçus, et voudraient devenir français et adopter notre culture. Si on les rejette depuis le début, qu'on les discrimine pour leurs noms, pour leurs habits, leurs cultures et habitudes, alors on les force encore plus à se réfugier dans leur identité et à rejeter la France, puisque celle-ci ne les accepte pas comme de vrais français.

On ne les accepte pas chez nous, mais ont est très content que chez eux les fleuves soit pollués par nos usines que l'on y installe, ou ils y travaillent dans des conditions que jamais nous accepterions , tout ça pour que nous puissions jouir de produits bon marché et que notre pays ne soit pas pollué.

Il faut se rappeler que les frontières avec des bureaux de douane, de migration etc. Existent depuis très peu, le passeport fut inventé pendant la première guerre mondiale. Il y a à peine 100 ans les gens allaient et venaient selon leur moyen de transport, financiers et physiques, pas parce qu'ils avaient le permis ou non de migrer. Cela n'a pas empêché les cultures, les croyances et les langues de continuer à exister.

Le fameux remplacement dont parlent tous ces gens d'extrême droite raciste est une stupidité. Il y a eu des grands remplacements dans l'histoire, mais ceux-ci ont été dû à la civilisation occidentale. Au E.U. les immigrés d'Europe ont remplacé les indiens en les exterminant presque. Les français blanc on remplacé en majorité les Kanaks en Polynésie, les anglais les indigènes en Australie etc.

Si tous ces peuples colonisés et exploités pouvaient venir en Europe et remplacer ces européens ce ne serait que justice rendue, mais ne vous inquiétez pas cela n'arrivera jamais, ces peuples n'ont pas la culture de la supériorité. Et comme je l'ai déjà dit auparavant, les frontières, les murs, les barbelés ne pourront pas empêcher la formation d'une culture universelle ou tous les habitants de notre planète s'y reconnaîtront, tout en gardant leur identité individuelle, familiale et sociale.

C'est fait, le Brésil a élu un fasciste. Encore une preuve que la soi- disant démocratie à l'occidentale n'est qu'une chimère. Le favoris (qui a été mis en prison par une sorte de coup d'État judiciaire par la droite) n'a pas été autorisé à se présenter aux élections et son successeur qui était méconnu des électeurs, n'a pas fait le poids devant le représentant de l'extrême droite. Les brésiliens, dont le vote est obligatoire, ont dû choisir entre un représentant de la droite complètement corrompu, un représentant du partie des travailleurs PT méconnu, et un ancien militaire, misogyne, raciste, homophobe et nostalgique de la dictature.

Et ils ont choisi ce dernier juste parce que le PT est détesté car ils étaient au gouvernement lorsque la situation du Brésil s'est dégradée, bien qu'ils oublient que leur líder Lula est celui qui a produit le miracle brésilien tout en sortant plusieurs habitants de la pauvreté. Bien sûr le représentant de la droite classique n'avait aucune chance car trop corrompu. Le candidat d'extrême droite même s'il a été élu avec 55% des voix ce n'est pas la majorité des brésiliens. Une autre raison de son élection, c'est le pouvoir des évangélistes qui l'ont soutenu. Ils représentent plus de 50 millions d' électeurs.

Les deux plus grands pays et les plus peuplés de l'Amérique, du nord et du sud, sont maintenant dirigés par des fascistes, qui ont tout l'appui des évangélistes.

Ont entend partout la menace de l'Islam, le danger que cette religion représente, l'islamisation de la société occidentale etc.

Mais personne ne parle du danger des évangélistes!! C'est la religion la plus prosélytiste, des milliers de personnes sont convertis dans le monde chaque jour, surtout en Amérique latine et en Afrique, mais en Asie aussi. C'est une religion qui dispose énormément de moyens financiers. C'est les fameux New Born de Busch, qui l'ont poussé à provoquer la catastrophe de l'Irak, qui n'en finit plus. Ce sont encore ces évangélistes qui soutiennent la droite israélienne pour créer le grand Israël et en finir avec les Palestiniens.

Leur but étant qu'une fois le grand Israël créé, l'apocalypse adviendra, et seuls survivront les élus de dieux.

Les nationalistes parlent de leur pays comme d'une propriété qui appartiendrait à une population qui aurait le droit de faire ce qu'elle veut à l'intérieur de ses frontières. Mais ce n'est pas vrai, d'abord en général ces frontières sont toujours sujettes à interprétation, obtenues par la guerre (Asie), par des traités décidés par autoritarisme de quelques uns(moyen orient), par colonialisme(Afrique), par simple achat de territoire (U.S.) etc. Ensuite n'importe où, quel que soit le pays, l'air, l'eau, le sous-sol sont partagés, ces éléments ne s'arrêtent pas aux frontières. Alors tout ce que fait un pays va avoir de l'influence sur la planète et sur ses habitants, pas seulement écologiquement, mais économiquement et socialement. Si un pays pollue ses rivières ou sa nappe phréatique, il polluera la mer, ou l'eau qu'il partage en commun avec ses voisins. S'il ne pollue pas ses eaux, et pour cela il envoie ses usines à un autre pays pour ne rapatrier que les produits, il y provoquera de la misère donc de la migration . Si un pays veut une matière première qu'il ne possède pas à l'intérieur de ses frontières, pour l'obtenir, il est près à provoquer des guerres, à soudoyer des gouvernements, à exploiter des populations etc. Il provoquera des migrations.

Aucun pays ne peut vivre sans les autres, la planète n'est pas une somme de pays, c'est un tout indivisible. Et c'est la même chose pour les êtres vivants de cette planète,

Aucune espèce, végétales, animales, procaryote, eucaryote, ne peut survivre seule. De la même façon, aucun soi- disant peuple ne peut survivre seul. L'humanité n'est pas non plus une somme de peuples, c'est un tout indivisible.

Les hommes ont toujours migré, car ils ne trouvaient pas tout ce qu'ils voulaient dans un seul endroit, ils ont put se sédentarisés lorsqu'ils ont cultivé et élevé ce dont ils avaient besoin, mais une partie d'entre eux ont continué à migrer et de cette façon on pu communiquer avec d'autres populations et interchanger des produits, de cette façon des peuples entiers ont pu s'installer dans un territoire et en interchangeant avec d'autres peuples ils ont pu se pourvoir de ce dont ils avaient besoins et rester chez eux, mais toujours avec la liberté de partir.

La fausse démocratie occidentale est en train de mourir, mais au lieu de se transformer en une vraie démocratie comme je le propose, elle est en train de se transformer en dictatures élues. Les gens croient qu'ils élisent le meilleur candidat voulu par la majorité, mais l'élu est toujours un produit de la classe politique, des médias et des dirigeants de l'économie libérale. Ces élus, tous sortis de la même élite dirigeante, croient que leur système est pérenne. Pendant les trentes glorieuses, tout marche très bien pour eux, après la chute du mur de Berlin, comme le péril rouge est effacé et la gauche devient inexistante dans la plupart des pays occidentaux, plus besoin de lâcher du lest au courant socialiste pour les tranquilliser. On diminue les impôts des riches et les droits des travailleurs, donc les niveaux de vie de la classe moyenne et basse se dégradent et les inégalités explosent.

La colère gronde et les forces populistes se préparent à profiter de ce mécontentement.

En 2000 les votes populistes ne représentent que 8 % des votes en Europe contre 26 % aujourd'hui. Ils se disent champions de la démocratie, mais une fois élu ces populistes vont soit disant garder les libertés individuelles, mais vont attaquer toutes les institutions qui pourraient permettre au peuple de contester leur pouvoir. Beaucoup de ces institutions ne sont pas du tout démocratique, comme les banques centrales, la cour suprême au E.U. ou le conseil d'état en France, et les populistes vont en profiter, pour les détruire, mais elles servent de contre pouvoir si elles sont bien conduites. Même dans mon système il faudra des institutions conduites par des experts.

Les États Unis se sont construits dans un modèle monoculturel, et mono ethnique.

Dans des centaines de comtés la population est restée parfaitement homogène.

Et que nous disent les statistiques? Que ce n'est pas dans les États où il y a eu le plus d'immigration que l'on a voté pour Trump. 13% à Chicago, 17% à New York, mais par contre dans les zones rurales comprenant très peu d'étrangers comme le comté de Trinity (Californie), ou la population étrangère est de 3,8%, il a recueilli 48,6% des voix! Et dans celui de Gallantin (Illinois) avec 3% d'étrangers 72% des voix. Donc c'est faux que la migration fassent voter pour les populistes, c'est juste la perception du à la propagande faite par la droite et l'extrême droite. C'est ce qui se produit également en Europe centrale, ou la Pologne et la Hongrie ont très peu d'immigration.

Toutes ces propagandes, comme celle-ci, ou tous les problèmes des habitants sont imputés aux migrants. Sont maintenant très faciles à faire passer grâce à internet.

Avant la presse pouvait contrôler la véracité des informations, et bien qu'il existait une propagande elle était plus difficilement propagée.

Mais maintenant toutes les idées raciste contre toutes les minorités peuvent très facilement être relayées sans vérification. Un mensonge plus il est sensationnel, plus il aura de chance d'être relayé sur les réseaux sociaux.

Tous ces populistes d'extrême droite sont arrivés au pouvoir de la même façon, ils se sont attaqués aux minorités, qui difficilement peuvent se défendre, avec des mensonges, comme les immigrés, les femmes, les homosexuel, les minorités religieuses, et surtout les musulmans. Ils se sont appuyé sur une religion, évangélistes pour Trump et Jaír, musulmane pour Erdogan, catholique pour Orban le hongrois, et orthodoxe pour Poutine.

Et une fois au pouvoir, ils ne font rien pour améliorer le quotidien de ce peuple dont ils parlent tant de défendre, ils vont tout faire pour s'octroyer le plus de pouvoir, éliminer tout type d'opposition, politique ou civil, mais surtout, ils vont continuer à maintenir le système d'économie libérale qui est la véritable cause des problèmes de la société et de l'environnement.

Un exemple dans l'histoire des migrations, pour montrer que ce n'est pas le type de migrants qui est rejeté ni une seule cause la responsable des migrations, et qu'il faut en plus l'appât d'un territoire plein de promesses, c'est le cas de la conquête de l'Ouest de l'Amérique.

Au XIX siècle l'Amérique apparaît comme un éden, 30 % des enfants nés dans l'Ouest sont nés de parents étrangers.

Les noirs

Pour les anciens esclaves l'Ouest américain est une opportunité, après la découverte des gisements d'or en 1850 les premières vagues d'afro-américains arrivent. Ils cherchent une chance d'égalité raciale. Un espoir brisé par l'arrêt Dered Scott. On leur nie la citoyenneté américaine. Ils sont expropriés de leurs mines et cherchent refuge à San Francisco et à Sacramento comme ouvriers, dockers ou domestiques. La fin de la guerre de sécession et l'abolition de l'esclavage en 1865 allaient faire renaître leur espoir. Mais malgré tout, les états du sud reste un enfer pour eux, lynchage et pendaison perpétré par les supremaciste du Ku Klux Klan, renforcement de la segregación par les lois Jim Crow. Plusieurs d'entre eux cherchent la paix dans l'Ouest de la Californie et du Kansas, ils trouvent du travail, dans les exploitations agricoles des blancs et plusieurs d'entre eux se spécialisent dans le convoyage de troupeaux, un cow-boy sur quatre est un afro-américain.

Les juifs

On dit que la conquête de l'Ouest a été l'âge d'or du peuple élu. Ces migrants juifs venaient majoritairement de la confédération germanique. En Bavière, un édit promulgué en 1813 leur avait permis d'acquérir des biens fonciers sous conditions d'abandonner les métiers traditionnellement « juifs ». En 1822 en Prusse les emplois publics leurs étaient interdits, sauf s'ils se convertissent. Donc plusieurs ont décidé de tenter leur chance de l'autre côté de l'Atlantique. Cette diaspora de la première partie du XIX siècle s'intégrera parfaitement à l'économie américaine en plein essor, deux familles en sont l'exemple, Lehman et Guggenheim. Plutôt que de creuser des mines, les pionniers juifs on fait fortune en équipant les mineurs. Un autre nom illustre les succès de ces migrants, Lévi Strauss, bavarois d'origine, fonde des établissements commerciaux à San Francisco avant de créer la pièce essentielle de l'habit des bûcherons et des mineurs: le blue-jean.

Les irlandais
Rarement des individus issus d'une même nation ont déferlé en si grand nombre et en si peu de temps aux États Unis. Pour eux c'était question de vie ou de mort.
En 1840 la famine de la pomme de terre a fait baisser de plus du tiers les 8,5 millions d'habitants de l'île verte, un million est mort et deux millions ont fui le pays. Presque la totalité de ceux-là est arrivée au EU entre 1845 et 1855.
Moins qualifiés que les migrants d'origine allemande ou anglaise, ils ont été parqués dans les quartiers insalubres de New-york, Boston, Chicago, et travaillaient comme dockers ou terrassiers. On les appelait les Bog-trotters (les bouseux) et étaient l'objet d'incessantes attaque xenophobes. Donc l'Ouest leur a offrît une occasion de repartir à zéro.
Entre 1860 et 1880 ils deviennent la communauté étrangère la plus importante du sud-ouest américain. De 1860 à 1869 les fidèles de Saint Patrick ont construit depuis Omaha, dans le Nebraska, le tronçons « est-Ouest » de la première ligne de fer transcontinental. Tandis que leurs homologues chinois ont construit depuis Sacramento le tronçons « ouest est ». C'est donc grâce à la migration sino-irlandaise que New York et San Francisco se trouvent à une semaine de voyage au lieu de six mois.

Les chinois
Ils se faisaient appeler eux même les « Gamsaan-haak » les invités de la montagne d'or, référence à la Californie plongée dans la fièvre de l'or depuis 1848.
Ces paysans pauvres venaient pour la plupart du delta de la "rivière des perles" dans la province de Guangdong, au sud de la Chine, région en proie à la famine et à la guerre civile, la révolte des Taiping (1851-1864).
Ils voulaient, comme la plupart des migrants, s'enrichir et retourner au pays, la réalité fut une autre. Ils étaient souvent endettés auprès des associations qui avaient financé leur voyage, et se trouvaient pieds et poings liés à leur employeurs pendant plusieurs années. Travailleurs agricoles, cuisiniers, blanchisseurs autour des gisements, ou ouvriers, ils se distinguaient par leur endurance.c'est pour cela qu'ils furent des candidats parfait pour la construction du chemin de fer en 1863.
Ils étaient tellement efficaces que les recruteurs allaient jusqu'en Chine les chercher.
Au total ils furent plus de 250,000 chinois a débarquer en Californie entre 1849 et 1882. Ce qui ne fut pas du goût des ouvriers américains et européens qui les accusèrent d'accepter des salaires de misère et d'être des briseurs de grèves. Donc une haine ne tarde pas à s'installer ce qui provoque des émeutes et lynchages contre ces orientaux trop différents pour être acceptés. Le gouvernement fédéral promulgue le 6 mai 1882 une loi d'exclusion, le Chinese Exclusion Act, qui interdit l'entrée de nouveaux ressortissants chinois et l'expulsion de beaucoup d'entre eux.
Plusieurs passèrent la frontière du Mexique et s'installèrent au Sinaloa. On dit même que se sont certain d'entre eux qui commencèrent la culture du poivot dans cette région. Qui fera de cette région plusieurs années plutard le centre des narcos mexicains.

Les mexicains

Une grosse poignée de dollars (15 millions) c'est tout ce qu'il a fallu aux États Unis pour s'offrir la moitié du Mexique. Le 2 février 1848, le traité de Guadalupe Hidalgo mettait fin à deux années de conflits territoriaux entre les EU et le Mexique.
Désormais, la Californie, le Nevada, l'Utah, le Texas, ainsi qu'une grande partie de l'Arizona, du Nouveau Mexique, du Colorado, et du Wyoming, tombaient dans la région de l'oncle Sam. Au même moment on découvrait de l'or à Sacramento, mais pour les quelques 70,000 mexicains restés sur place même s'ils eurent beau retracer leur généalogie depuis la création de la nouvelle Espagne, ils furent considérés comme des étrangers en imposant la légende d'une terre vierge. Les Greasers (graisseux) comme les blanc nomment les Mexicains restent des citoyens de second ordre. Au fil des ans, leurs droits fonciers garantis par le traité de 1843 furent méthodiquement grignotés. Seulement 6% de leurs revendications foncières des mexicains ont été reconnues par le tribunal. Quant aux Mexicains venus du Mexique, ils constituent le cinquième groupe d'étrangers au cours de la seconde partie du XIX siècle. Recrutés comme saisonniers dans les champs de maïs et de coton, ils étaient payés 50% de moins que les anglos.

Les français

Quelque 30000 français arrivèrent en Californie entre 1849 et 1851. Contrairement à leur homologues européens comme les italiens et les irlandais, ils ne fuyaient pas la pauvreté, c'est les opportunités de faire fortune qui ont attiré ces commerçants, investisseurs et banquiers. Quelques-uns réussissent, et ont même donné des rues à leurs noms. Les premiers convois transportent aussi des militants de la révolution de 1848.
Certains fondèrent des communautés utopiques, comme celle de Coverdale en 1880, patronnée par Georges Sand. Mais la plupart s'installèrent dans des villes qui se peuplèrent de cafés, restaurants, théâtres. En 1851, la population de San Francisco est faite d'un cinquième de français. A cause de leur manque d'entrain pour la langue anglaise ils étaient appelés les « keskidi ».

Les britanniques

En 1790, lors du premier recensement effectué au EU, 6% de la population de souche européenne se revendiquent d'origine britannique.
Aux cours du XIX siècle, la Grande Bretagne constitue le troisième foyer de l'émigration transatlantique après l'Irlande et l'Allemagne. Celle-ci est à l'époque la première puissance du monde, alors pourquoi ils émigrent.
Avant tout c'est pour l'espace, entre 1800 et 1850 la population de l'île a doublé. Au cours des années 1860, 50000 anglais franchissent annuellement l'Atlantique. Dans l'Ouest ils représentent en 1870 le troisième groupe d'étrangers après les Irlandais et les chinois. Ils sont de plusieurs profils, paysans chassés par la famine de la pomme de terre, fermiers chassés par la révolution industrielle, des upper classe qui viennent investir dans le bétail, et miniers du charbon reconverti en chasseur d'or.
Un cas particulier a profondément marqué l'histoire de l'Ouest: les mormons britanniques venus bâtir « la nouvelle Jérusalem ». Entre 1840 et 1870, 38000 convertis, prévenants des bassins

miniers se sont installés dans l'Utah. Dans la région du lac salé, leur politique nataliste a fait que les villes de Utah concentrent à l'échelle nationale le plus haut pourcentage de descendants British.

Bon, je continue, j'étais resté au moment où je pars de la maison pour vivre seul.
C'était bien de vouloir son indépendance, mais petit détail, il faut des sous...la maison est toute neuve. Mais bien vide.
Le quartier s'était construit sur des champs agricoles, donc loin de tout. Ils y avait des petites maisons individuelles plein pied, comme celle que j'allais habiter, avec un tout petit jardin en face. La maison était composée de deux petites chambres, une cuisine, une salle de douche avec wc et lavabo extérieur, un salon avec, entre les deux chambres, un espace ouvert, et derrière une petite cour, le tout faisait 55 m2.
Quatre petites maisons exactement pareilles étaient alignées, puis suivit deux maisons à un étage et un bâtiment à quatre appartements et ainsi de suite. Le tout forme un espace de plusieurs hectares. Quelques petites places étaient éparpillées par ci par là , mais il n'y avait pas de végétation, les arbres venaient tout juste d'être plantés.
Donc c'était pas très joli et un peu triste, tout était peint en beige avec interdiction de re peindre avec une autre couleur.
Pour accéder à ma petite maison, je devais me garer sur une petite place et marcher sur une petite allée à peu près deux cents mètres. L'avantage c'est que j'étais à dix minutes de l'atelier et à 15 mn de l'université, mais à une demi-heure de chez Yvonne.

J'ai de temps en temps des doutes et si j'ai bien fait de déménager ici. L'endroit est un peu triste, pas de végétation, énormément de poussière à cause des champs aux alentours. Et je sais que je ne vais pas vivre dans le milieu social ou jusqu'à maintenant j'ai vécu. Le quartier où j'habitais avec mes parents, est un quartier de la classe moyenne plutôt tendance vers le bas, mais pas trop, c'est où habitent les amis de mes frangins. Et moi, ou plutôt mes amis se trouvent dans la classe moyenne haute voir quelques-uns très haute. Je vous explique, les inégalités sociales à cette époque au Mexique sont déjà énormes, il y a les très riches , puis la classe moyenne représentée par les blancs, qui ont très peu de mélange métissé, ils ont plutôt tous des ascendances espagnoles, avec des revenus très variés. Puis les métis et les indiens qui vont de la classe moyenne très basse, à la pauvreté extrême. Si par exemple on note la classe moyenne de 5 à 15, 5 les plus pauvres et 15 les plus riches, les amis de mes frères et nos voisins de chez mes parents sont dans le 9 ou 10, mes amis , la plupart, sont dans les 12 à 14, et quelques uns 15 et même un ou deux carrément dans les riches.
Et là où je vais habiter se sont tous des ouvriers ou des employés, donc je me sens un peu comme un intrus. Je ne sais comment on va me percevoir, je n'ai pas du tout une belle voiture, ni me m'habille avec des super fringues, mais je suis blanc.
Et de l'autre côté, je ne sais pas comment vont le prendre mes amis, ils ne sont pas raciste du tout, ni classiste, tout le contraire, c'est plutôt la classe moyenne basse qui est très raciste au Mexique, la famille d'Yvonne par exemple est un bon exemple.
Mais le futur dira que je m'inquiète pour rien.

Il me faut maintenant financer mon projet d'indépendance. L'avantage c'est qu' à cette époque la plupart des magasins vous faisait crédit assez facilement, donc la première chose je prends c'est un crédit pour un frigo et une cuisinière, que je devais aller payer une fois par mois en centre ville. Le problème c'était comment faire pour les meubles. Plusieurs petits artisans vendaient des meubles en bois de sapin dans le style colonial, c'était des meubles solides, pas chers, et ils proposent tout le nécessaire , le lit, la tête de lit, les bureaux, la salle à manger complète, avec table, chaises, et buffet, le salon avec fauteuil double, individuel, plus la table basse etc. Et ils vous faisaient un prix et crédit pour l'achat de tous les meubles de la maison. Mais avec mon salaire je n'y arriverais jamais à payer un tel crédit.

Un jour, le lendemain ou j'étais allé avec mon frère Jean Pierre voir les meubles pour choisir ceux que je pourrais acheter. Il m'annonce qu'il aimerait lui aussi partir de la maison et s'installer avec moi.

Avec mon frère, on avait à cette époque fait pas mal de rallyes. C'était lui le fan de courses automobile, on avait un peu hérité ce goût pour les autos, de mon père qui nous racontait tout le temps ses exploits. Car il avait été un des pionniers à faire des rallyes au Mexique avec d'autres représentants de la colonie française du Mexique.

C'était mon frère qui finançait tout, moi j'étais son copilote. On a eu quelques réussites, troisième place dans le Rallye « Valle de Mexico » et sixième place dans le Rallye « Acapulco » a 20 seconde du premier, qui était un pilote professionnel. Jean-Pierre avait piloté comme un pro. Mais la voiture n' était pas assez performante, et quand il décida de buster le moteur, pour pouvoir disputer les premières places, la voiture, bien que puissante, ne finit plus jamais un rallye et Jean Pierre décida d'arrêter les frais.

Mais toutes ces heures passées ensemble dans la voiture, nous avaient assez rapproché et c'est peu être pour cela qu'il prit cette décision.

R 12 de Jean-Pierre
Rallye d'Acapulco

Donc plus de soucis pour les meubles, puisque mon frère gagnait bien plus que moi, on achète donc tout le paquet. Mais quelques jours après il change d'avis, je ne me rappelle plus très bien les raisons qu'il m'a donné, mais en plus il me dit que je ne m'inquiète pas, qu'il va m'aider pour payer les meubles!! Toujours prêt à m'aider le frangin.
Donc me voilà indépendant, mais je deviens plutôt dépendant de mes dettes. Mais je suis content, j'arrange super bien la baraque, dans le coin entre les deux chambres je fais un bar avec moquette. Je tisse un rideau avec des cordes avec des nœuds marins,que j'avais appris à faire lors de mon voyage au Brésil, pour séparer le bar du salon.
À cette époque j'avais dans les 22 ans, je crois, et ma vie va se dérouler entre mon amour pour Yvonne, les relations avec les copains, qui ont toujours une grande importance pour moi, l'université et le boulot.

Lors des vacances on va commencer à aller, chaque fois qu'il y aura des jours de repos, dans un super endroit au bord de la mer.
Cet endroit, ce sont des amis de Jean Pierre qui nous en ont parlé, l'endroit où ils vont aller camper avec mon père s'appelle « Balsapote ». Ils emmènent mon père car il pense qu'il est un grand expert en forêt vierge car il n'arrête pas de se vanter de ses aventures.

Ils y passent une semaine, le lieu se situe à l'embouchure d'un fleuve dans l'État de Veracruz, à 7 heures de la capitale. Là, ils entendent parler d'un super endroit où personne y vas, car on ne peut y aller que par la mer ou à cheval, cet endroit s'appelle Montepio.

Un grand projet se crée pour préparer ce campement, je n'avais pas pu aller à l'autre campement, je ne me rappelle pas pourquoi, mais cette foi ci je voulais y être.

Mon père décide même de construire un petit voilier en fibre de verre.

Mais aux prochaines vacances nous ne sommes que 5 à pouvoir faire le voyage, et on a qu'une voiture d'un ami de Jean Pierre, laquelle n'est pas très en forme, mon père ne peut pas y aller.

On emmène le voilier et un radeau pour faire le voyage de Balsapote à Montepio. On arrive à Balsapote après avoir roulé toute la nuit, et on se prépare pour la traversée.

On tire au sort pour savoir qui va aller par le chemin, à cheval avec les affaires et qui nous fera signe depuis la terre ferme pour nous dire que c'est là où on doit accoster. C'est Gerardo qui a perdu (ou gagné).

On avait un vieux petit moteur de mon père pour le voilier, mais celui-ci ne démarre pas.

Il n'y a pas de vent, donc on va ramer, deux sur le voilier, un pote de mon frère et moi, et sur le radeau mon frère et Jaime, le propriétaire de la voiture.

On avance pas mal, on a le courant à notre faveur. Passer un promontoire, on a des doutes si c'est là, aucun signe de Gerardo. On décide que ceux du radeau s'approchent un peut plus de la côte pour vérifier, le voilier est assez lourd et pas facile à manœuvrer.

Pendant ce temps, nous on se laisse dériver. Mais bientôt je ne les vois plus et le courant nous fait nous éloigner , donc je dit à mon coéquipier de ramer pour revenir à l'endroit où ils nous on laisser et de la on s'approchera de la côte. On avance très lentement et il commence à obscurcir, je vois la côte derrière le dos des vagues, donc je ne m'inquiète pas, mais mon compagnon commence à paniquer, il a arrêté de ramer et ne dit que des absurdités. Je sais que pour moi il me suffirait de m'approcher des vagues, et quitte à renverser le voilier j'arriverai facilement à la nage, je m'inquiète plutôt pour nos affaires et mon collègue. Je vois enfin les lumières d'un feu de bois. Je redouble d'effort, il fait tout à fait noir maintenant et peu avant d'arriver sur les vagues, Jaime et mon frère nous rejoignent sur le canot neumatique. Je dit à mon frère de prendre en charge son copain car le voilier va sûrement chavirer, je prends avec moi la caméra et mes affaires personnelles dans une poche en plastique, et on se dirige sur les vagues, on surfe un petit peu et c'est le plongeon. Si j'ai très souvent joué dans les grosses vagues, c'est différent dans le noir total. Très rapidement je tombe à l'eau, mais j'ai pied tout de suite.

Plusieurs habitants du petit hameau sont là pour nous aider. Mon frère avait ameuté tout le monde pour nous secourir.

La première chose que je fais c'est chercher Gerardo pour l'engueuler de ne pas nous avoir fait signe avec un feu de bois comme prévu. Il s'était endormi !!!

L'endroit est superbe! C'est un petit delta où se rejoignent deux rivières. L'une, à gauche, qui vient des collines, est un torrent peu profond, et elle est alimentée plutôt par des eaux de pluies. Celle de droite vient de la forêt vierge et doit prendre sa source pas très loin, car l'eau est fraîche et limpide. Cette dernière est séparée de la mer par une langue de sable fin d'un peu plus de 100 mètres de large et de 500 mètres de long, un vrai paradis.

L'endroit n'est habité que par un tout petit groupe de paysans qui sont installés dans les hauteurs près des ruines d'un « ingenio », ancienne fabrique à traiter la canne à sucre.

On reste seulement trois jours, car il faut retourner travailler, on laisse le voilier et son moteur qui ne marche pas, mon père nous ne le pardonnera jamais.
Mais on est bien décidé à y retourner. Le voyage de retour est un cauchemar. La voiture chauffe et on doit s'arrêter tout le temps, on est en train de perdre le tuyau d'échappement et on doit le tenir, chacun son tour, par un câble depuis l'intérieur.

Mon père veut sa revanche et va préparer un autre voyage, cette fois-ci il va y mettre le paquet, il achète deux tentes, plusieurs sacs de couchages, tout un équipement de camping avec lampes à gaz, cuisinière à gaz etc. Il achète même deux canoës et un moteur hors bord de 4 cv. Une fortune qu'il investit, en plus d'un appareil pour filmer format super huit.
Au départ on n'est que quatre, mon père, Gerardo, Roberto et moi-même. On conduit une Dodge Charger qu'un client a acheté à mon père (il ne sait toujours pas se faire payer avec de l'argent). Les canoës sont installés sur le toit et on a une remorque à l'arrière.
Tout se passe très bien, on est rejoint deux jours après par Gil et sa sœur, puis par ma sœur et ses enfants. La semaine suivante c'est la semaine sainte, une semaine ou au Mexique tout le monde est en vacances, on est rejoints par deux frères de mon père et quelques-uns de mes cousins qui habitent Orizaba, une grande ville pas très loin, et quelques-uns de leurs copains et copines.
C'est vraiment un paradis, je passe mes journées à nager et à essayer de prendre des photos avec un appareil pour faire des photos submarines, qu'un de mes oncles m'a offert, un des premiers appareil photo sous marins qui a existé.
On n'a pas besoin de douche, après la mer on se baigne à l'eau douce fraîche dans la rivière.
Les paysans nous vendent de la viande d'armadillo ou d'iguanes, et une boisson alcoolisée qui s'appelle Chingalapoli, mélange d'eau de vie de cannes à sucre avec ce fruit, mon père et mes oncles sont bourrés toute la journée.
Le soir, on se retrouve tous les jeunes autour d'un feu à chanter et à jouer. C'est l'époque où je nageais, donc tout bronzé avec mon short en jeans et mes cheveux bouclés par l'humidité, je fais un certain effet à une des copines de mes cousins.
Je sens que j'ai toutes mes chances le soir autour du feu. Mais non, je reste fidèle à Yvonne.
D'ailleurs au retour de ces trois semaines que je vais passer là-bas, en arrivant à la maison, je prends ma voiture pour ramener Roberto chez lui, et je profite pour passer voir Yvonne. Je suis habillé comme là-bas, mon short en jean et un T-shirt. Lorsqu'elle me voit depuis sa fenêtre, descendre de la voiture, je vois en elle une grande joie, elle sort en courant et m'embrasse avec fougue, non de dieux que c'est bon de se sentir aimé et désiré!!!

L'année suivante tout le monde veut y aller, on organise un super campement.
Cette fois-ci c'est Katia, Ingrid, Mane et un copain à lui, qui viennent invités par moi. Yvonne aussi est de la partie. Ma sœur et mes neveux également, mon frère Patrick et un copain à lui viennent aussi. On va passer une semaine ensemble. Puis, pour la semaine sainte, on sera rejoint par toute la bande d'amis de mon frère et de mon beau frère Marco Antonio, le maris de ma sœur. On sera une trentaine. De superbes vacances, Yvonne a mes côtés, mes copains, ma famille, on va s'amuser comme des fous, faire des concours, des jeux, se bourrér la gueule.
On va même faire un film en super 8 que l'on repassera très souvent à la maison en se marrant. Ces vacances seront parmi les meilleures de ma vie .

Je continuais à voir voir Yvonne tous les jours après le boulot, mais on n'avait pas dit à leur parents que j'habitais maintenant tout seul, par peur que l'on ne la laisse pas sortir aussi souvent avec moi, pour éviter qu'elle se retrouve toute seule chez moi.

Après ma visite à Yvonne je rentrais un peu tard le soir, l'avantage c'était la proximité du boulot et de l'université.
J'aimais bien me faire à dîner, ma mère, qui cuisinait assez bien , ne faisait plus que des choses très simples, et chez Yvonne, sa grande mère faisait de super trucs, mais je ne pouvais quand même pas dîner chez eux tous les jours.
Je n'étais pas trop apprécié par ma belle-mère. Donc, étant un grand gourmand, je commençais à me faire le soir des repas avec des plats dont je raffolais, comme les raviolis, les piments farcies, et d'autres délices. Et comme je ne faisais pratiquement plus de sport j'ai commencé à prendre du poids.

Quelques mois suffirent pour que ne je sois plus tout seul, d'abord ce fut deux petites chattes que je ramenais de chez ma mère « Atalanta » et « Medea ». Puis un soir vers minuit, j'entends des petits cris poussés par un chiot (je dormais dans la chambre avec fenêtre sur l'allée) je me lève, et à peine j'ouvre la porte une petite boule avec des taches noires, marrons et blanches, rentre en courant, ou plutôt en roulant. Je regarde immédiatement dehors s'il y a quelqu'un, mais personne, donc je referme, je regarde le petit chiot qui arrête de pleurer lorsque je le prends dans mes bras et je lui donne du lait, après s'être bien nourri, je le pose sur un cousin et Il s'endort immédiatement. Je vais me coucher, en pensant que demain sûrement quelqu'un va venir le chercher.
Plusieurs jours passent et personne le réclame, et mes voisins ignorent d'ou il peut venir, je décide de le garder et l'appel « Pulques », à cause de son gros bid, qui est caractéristique des buveurs de pulque (boisson fermenté du maguey) il serat un très grand compagnon.
Et comme je n'aimais pas le laisser seul toute la journée, je lui ai trouvé rapidement une petite compagne, une petite chienne toute noire.

J'étais le premier aussi de mes amis à sortir du cocon familial, sans compter bien sûr Alfonso et son frère qui avait un appartement, car leur parents était diplomate à l'étranger, bien que pour eux tout était payé par leur parents et pouvaient se consacrer à leurs études. Bientôt Max et Gil me suivirent, mais eux avaient abandonné les études et travaillaient tous les deux. Donc les fêtes et réunions étaient soit chez eux, soit chez Alfonso, soit chez Gerardo qui avaient toujours le droit de tout faire chez lui, soit chez moi, mais pas trop souvent car c'était assez loin.
Max et Gil étaient très copains depuis longtemps, mais habiter ensemble ne fut pas évident pour eux et ils finirent par se disputer. Gil décida de venir habiter avec moi, ça me permis de diviser les frais et en plus, il acheta une télé.
Il resta avec moi un peu moin d'un ans, puis il partit travailler au consulat du Mexique en France, ça n'allait plus du tout pour lui au Mexique et grâce au père d'Alfonso, il trouva ce poste.
Un autre qui habita chez moi ce fut Felipe. Il voulait prendre son indépendance et en plus l'université était près de chez moi. Ses parents habitaient assez loin dans les beaux quartiers du nord de la ville. Mais ça ne dura pas trop, il partait le week-end chez ses parents pour laver

son linge, mais petit à petit il arrêta de revenir, mais très gentiment il me laissa les meubles qu'il avait achetés pour la chambre et un stéréo.

J'aimais bien habiter avec un compagnon, mais ce que je n'aimais pas, c'est que c'était toujours moi qui devait faire a manger.

Ma voiture avait de plus en plus de mal a rouler, je tombais tout le temps en panne, bien que j'étais assez bon en mécanique, puisque depuis que j'avais cette voiture je lui avais toujours fait toutes les réparations, avec les conseils de mon père. Je lui avait changé le moteur etc. Mais j'en avais marre de passer mon temps à la réparer chaque fois que je faisais de la route. Ma sœur avait une Renault 4 L dont j'avais une fois renouvelé le moteur, et elle voulait me la vendre mais j'avais pas l'argent.

Katia et Dominique, les sœurs de Gerardo, me disaient de demander de l'argent à leur père. C'est vrai qu'il m'aimait beaucoup à cette époque, depuis que j'avais fait le voyage sur le "Mariano Matamoros". En plus, les affaires marchaient très bien pour lui depuis quelque temps, ils étaient en train de construire un super appart dans un édifice luxueux dans un nouveau quartier pour très riches. Et en attendant qu'il soit prêt , la famille avait déménagé dans une grande maison dans un joli quartier.

Le père était très spécial et moi très timide, j'hésitais beaucoup et je mis une éternité à oser lui demander, mais lorsque je me décida, bien sûr il accepta. Grâce à cette voiture j'ai pu faire mes sorties avec l'université. on faisait pas mal d'expériences au bord de la mer ou sur des lacs . Cette voiture je l'ai eu à peut prêt une ou deux ans après ma nouvelle maison.

CHAPITRE XXV

1979….année catastrophique

On est en 1976, trois années vont se passer, avec ce même genre de vie. Au boulot il va y avoir des changements, l'atelier se trouvait dans un grand bâtiment où coexistent trois entreprises. Pour comprendre je fait faire un peu d'histoire sur la vie de cette entreprise de mon père.

Vous vous rappelez que mon père était devenus propriétaire de l'atelier de ma tante Yvonne et de mon grand père Paternel, avec l'argent de Papa Pierre, mon arrière grand père. Mais mon père était un très mauvais dirigeant d'entreprise, il ne pensait qu'à ses inventions et rêvait de devenir riche grâce à l'une d'elle. Il était très bon technicien.

Mon père fait faillite quelques années après avoir fait le rachat de l'entreprise à sa famille. Mais peu de temps avant de faire faillite, auparavant il avait beaucoup aidé un de ses clients, un fils de libanais , à monter une entreprise de papiers peints. Grâce en grande partie à mon père et aussi à ses sous à lui, il avait remonté et mit en marche des vieilles machines allemandes. Donc quand la faillite de mon pere fut évidente, il lui proposa de s'associer et ils firent disparaître l'ancienne entreprise et ils instalairent les machines de mon père dans un local situé dans une une propriété à lui, ou il installa aussi dans deux autres locaux ses deux autres entreprises.

 Pendant quelque temps tout marcha bien, et c'est à cette époque que je rentrais travailler avec eux. Mais l'associé de mon père, M. Dagdug, bien qu'il avait besoin de mon père comme technicien pour ces deux autres entreprises, perdait espoir de gagner des sous avec son association avec lui. Et comme il avait construit d'autres locaux pas très loin de là, il charge mon frère de transférer l'entreprise dans un de ces nouveaux locaux et de faire disparaître fiscalement la société. Le premier nom de l'entreprise était « gravados textiles S.A. » lors de l'achat à sa famille, puis ce fut "Papel Tapis S.A. » lors de l'association avec le libanais, puis à « Indecor S.A. » pour cette nouvelle vie de l'entreprise.

On payerait à notre ancien associé un loyer mais il continuerait à être notre client, mais plus question de nous subventionner. Je ne sais pas comment étaient vraiment les chiffres de l'entreprise, et pourquoi il a voulu se séparer. Mais Jean Pierre réussit ce transfert et une nouvelle entreprise fut créée. Lors de la formation de la société, il n'inscrit comme associés que des membres de la famille, plus le mari de ma sœur. Le pourcentage pour chacun , je ne me le rappelle plus.

Les affaires au début ne marchaient pas si mal. Même une fois je crois, M. Dagdug demanda à mon frère de redevenir associé.

L'entreprise était gérée par mon frère, mon père comme d'habitude continue à rêver, mais il était plutôt toujours en train d'aider des industriels qui avaient besoin de lui. Soit pour arranger des machines, soit pour en rémonter d'autres où a les transformer, etc.. Il était presque jamais à l'atelier. Mais le pire c'était qu'au moment de se faire payer, il ne leur demandait jamais rien, et il se contentait le plus souvent d'une bouteille de Cognac.

Puis un ou deux ans après la situation commença à se dégrader, on avait de moins en moins de travail et très souvent il n'y avait pas assez pour payer tous les salaires. Bien sûr on paierait d'abord les ouvriers qui n'étaient que 3 ou 4, ensuite l'argent pour ma mère.

Le maris de ma sœur avait trouvé un bon poste dans l'administration du métro géré par la ville, et invita Jean Pierre a travailler a ½ temps, donc pour lui ça allait. Mon père s'il ne recevait pas toujours ses sous il s'en sortait avec ses amis industriels qui de toute façon l'exploitaient. Par contre moi, j'étais de plus en plus dans la merde.

Je décide de ne pas m'inscrire à l'université le trimestre suivant et de chercher un autre travail pour m'en sortir.

Pour comprendre un peu mieux la situation dans laquelle je vais me retrouver, je vais revenir un peu en arrière.

Pour le deuxième anniversaire de notre rencontre, Yvonne et moi avions décidé de fêter ça chez ses parents. Ils se plaignaient qu'ils ne connaissaient pas nos amis, c'était une des raisons pour laquelle ils m'aimaient pas, car pour eux, j'avais sorti leur fille de leur milieu social, et je n'avais pas du tout la même culture, ni le même rapport qu'ont les jeunes de la classe moyenne avec leur belle-mère.

Cette réunion avec tous nos copains chez Yvonne fut une grave erreur, nos amis étaient habitués à parler avec des gros mots, ou de s'embrasser sur la bouche avec sa ou son petit ami sans gêne. Donc le lendemain, la conclusion, pour ma belle mère et la grande mère d'Yvonne, fut que l'on côtoyait des dégénérés.

À cette réunion Gerardo invita une fille de l'université, quelques jours après ils sortaient ensemble. Comme Gerardo et moi étions très souvent ensemble, à l'université et avec les amis, Ana (sa nouvelle copine) et moi sommes très vite devenus très copains.

Ma mère avait une location de vacances à Cancun une fois par an, et Yvonne et moi, et quelques fois un ou deux copains, on l'accompagnait. Ana se joint à nous une fois. Comme je vous l'ai déjà dit j'avais une certaine facilité à me faire des relations avec le sexe féminin. Mais cette fois ci Yvonne me fit quelques crises de jalousie, c'est vrais qu'Ana était un peu charmeuse, mais j'ai toujours put me contrôlé, et Yvonne fini par comprendre.

Quelque temps plus tard, ce fut le tour de Gerardo de piquer sa crise. Mais il ne me dit rien a moi. Il organisa une réunion avec toute la bande chez lui, sans rien me dire, pour traiter mon cas. Il était persuadé que j'étais amoureux d'Ana et que toute la bande devait faire quelque chose, quelle connerie, en plus du manque de respect pour Yvonne, Ana et moi, de faire ça dans notre dos.

A partir de là, ma relation avec Gerardo se dégrada, moi j'étais vexé, et lui était persuadé d'avoir raison. Ana arrêta de me chercher pour ne pas avoir de problème avec Gerardo, ce qui n'était pas grave du tout pour moi.

Et quelques jours plus tard, il me le fit payer. Notre professeur d'Aquaculture de l'université organisait une sortie à La Paz, un port dans l'État de la Basse Californie, où il y avait un centre de recherche marine. Mais chacun devait se financer le voyage. Comme d'habitude je n'avais pas un sous, c'était le moment où l'atelier se dégradait et où la famille de Gerardo s'enrichissait de plus en plus. J'étais convaincu que je n'irai pas, mais Dominique, la sœur de Gerardo me finança le voyage, et ce fut aussi un peu grâce à Ana qui lui dit que j'avais besoin d'argent pour y aller, car moi je ne voulais plus demander de l'argent.

Pour cette sortie, j'avais payé le billet transport et la bouffe à la cantine du centre de recherche, mais j'avais presque pas un sous d'argent de poche, et donc je ne pouvais pas m'acheter une bière ni rien du tout, pendant que Gerardo lui se payait la bonne vie. Le dernier jour surtout. On avait dû attendre toute la journée le départ de l'autobus en ville, on était allés tous à un restaurant manger quelque chose, moi je n'avais plus un sous, tout juste de quoi me payer une boisson, tandis que Gerardo se payait les fruits de mer les plus chers. Mes autres compagnons mangeaient aussi quelque chose, eux ne savaient pas que j'étais fauché, mais Gerardo oui, et il le faisait exprès de rien m'inviter et de se goinfrer. Quelques potes me demandent pourquoi je ne mange rien, mais je préfèrerais dire que je n'avais pas faim que de me déclarer sans le sous,. je me suis senti une merde, mais en même temps je me dit que Gerardo était un beau salaud.

Donc, lorsque ce qui va suivre arrive, je suis déjà un peu prédisposé à être une victime.

Mon père, qui passe toutes ses soirées au bowling, ne partage plus du tout une vie commune avec ma mère, depuis très longtemps ils font chambre à part. Et je crois qu'il est en plein dans sa crise de la cinquantaine, et c'est pourquoi il décide de se louer un petit appartement. C'est bien sûr un de ses amis industriels, qui l'exploite, qui va le meubler et payer le loyer.

Ceci se passe dans la période où l'entreprise décline.

Un jour, en allant manger comme d'habitude au petit restaurant, la cuisinière nous dit que mon père est malade, il était devenu très copains avec elle.

Elle avait envoyé un médecin le voir et il parait qu'il a une infection intestinale, et a beaucoup de fièvre. Je passe le voir un jours plus tard, et le vois très mal au point. Je lui fais un bon bouillon de poulet, lui lave sa vaisselle, qui date d'une dizaine de jours. J'y passe presque toute la journée. Et bien que c'est mon père, je me demande encore pourquoi c'est moi qui me tape les corvées, il a plein d'amis et mes frères sont encore à la maison. Je vous le dis, mon sentiment victimaire augmente. Comme je le vois très mal, je téléphone à mon oncle le médecin pour lui demander conseil, et il me dit de passer le chercher le lendemain soir pour aller lui rendre visite.

Je vais donc chercher mon oncle dans sa résidence dans un quartier très chic et je l'emmène chez mon père dans ma petite 4L toute pourrie, lui qui roule sur une Austin Martin.

Il a toujours était sympa, moi j'ai un peu honte, mais tout se passe bien, il me parle de sa belle voiture et a l'air de s'amuser d'être, je pense, pour la première fois de sa vie sur une 4L.

Il ausculte juste 5 minutes mon père, et nous dit qu'il faut l'emmener à l'hôpital demain matin, c'est paraît-il le foie. De retour chez lui, il me dit que rien qu'à voir ses yeux, il a tout de suite su que c'était le foie. On saura deux jours plus tard qu'il a la moitié de son foie bouffé par des amibes, et qu'il risque d'y rester.

Mais ce n'est pas tout. Mon père, extrêmement malade, l'entreprise qui ne marche plus et donc je ne suis presque pas payé, en plus j'ai dû laisser l'université pour chercher du travail et je n'en trouve pas. Et il y a aussi Yvonne.

Quelques jours avant, Yvonne et moi avions décidé que l'on avait fait le tour, que l'amour n'y était plus, on s'entendait bien, mais qu'il n'y avait plus le petit feu. Quatre ans que l'on était ensemble.

Donc on va un vendredi soir à une réunion chez Gerardo et on leur commente que l'on ne sort plus ensemble, on passe d'ailleurs la soirée chacun de son côté.

Je pense que très peu de gens nous croient.

Je la ramène comme d'habitude chez elle et le samedi on ne se voit pas. Le dimanche matin elle débarque chez moi en pleur et me dit qu'elle vient de partir de chez elle, qu'elle ne veut plus y retourner. Sa mère l'a insultée, elle l'a traité de sale pute etc. Il paraît que deux ou trois jours auparavant elle avait écouté au téléphone une conversation d'Yvonne avec moi dans laquelle je lui rappelais de faire attention à bien prendre sa pilule.

Ce n'était surtout pas le moment de se mettre à vivre ensemble, pour plusieurs raisons. Donc je lui dit d'aller chez Max, le seul ami qui habite seul, et que je la rejoindrai après.

Bien que ma belle mère ne savait toujours pas que j'habitais seul, et comme Yvonne avait laissé un message comme quoi elle partait de la maison, et qu'en plus Claudia, la petite sœur d'Yvonne, savait où j'habitais, elle ne tarda pas à arriver. Bien sûr elle ne descendit pas de la voiture et m'envoya sa fille, je leur dit que j'ignorais tout, et j'étais bien content de la faire chier.

Quelques heures après j'allais rejoindre Yvonne chez Max. Il avait une chambre libre puisque je vous rappelle que Gil qui habitait avec lui était parti. Max était d'accord pour la loger dans l'urgence. Yvonne avait arrêté ses études à cette époque (elle s'était inscrite à une licence d'histoire, mais ça ne lui avait pas plus) elle travaillait avec son père à temps plein. Donc elle devrait chercher un autre boulot.

Mais rien ne marchera comme on voulait. Yvonne trouva un travail à mi-temps dans une école comme prof de français, mais comme elle n'était pas préparée, elle était hiper stressée et au bord de la crise de nerf. En plus Max ne pouvait pas continuer à la loger, sa copine lui faisait des crises de jalousie.

Donc plus de solution et Yvonne du venir vivre avec moi. La situation n'était pas facile, on était les deux dans la merde et notre relation que l'on avait voulu arrêter devait continuer.

Yvonne réussit à trouver un travail dans une galerie de peinture près de la maison d'Ana, comme réceptionniste. Moi je ne réussissais pas, quand je voulais me faire embaucher comme tourneur fraiseur, les DRH ne comprenaient pas comment un jeune homme de peau claire voulait faire un boulot de technicien, que faisaient des métis pour pas grande chose, et ne me rappellaient jamais. Pour les dessinateurs dans ma spécialité il n'y avait pas de boulot, et je n'étais pas assez bon pour faire d'autres types de dessins. J'ai même fait un essai comme dessinateur publicitaire, et bien sûr je l'ai raté.

Un jour que la mère de Gerardo nous invite à manger au restaurant, ces filles Gerardo Ana et moi, ils discutent pendant le repas de leur prochain voyage à Cancun. Et à un moment, ils m'invitent et insiste beaucoup pour que j'aille avec eux.

Avec tous mes soucis je me dit que ça me ferait du bien et j'accepte. Ça me fait de la peine de laisser Yvonne, mais je me dit que c'est juste une semaine, et que pour les deux c'est peut-être pour le mieux.

Au moment où je lui dit au revoir, je sens quelque chose, comme si j'étais en train de faire une grosse connerie. Et le futur immédiat va me donner raison. Je viens d'envoyer Yvonne dans les bras d'un salaud.

À mon retour, il me suffira de quelques jours pour reconnaître que je suis toujours follement amoureux d'Yvonne ou du moins, je vais souffrir comme jamais j'ai souffert.

Elle partira habiter chez une copine du lycée qui habite seule, mais reviendra habiter chez sa mère un mois après.

Autour de moi tout dégringole, je travaille mais je suis à peine payé, j'ai laissé les études, mon père est toujours à l'hôpital très malade, et surtout j'ai perdu Yvonne.

J'ai toujours mes amis, bien que pour beaucoup d'entre eux qui me critique, c'est ma faute si je n'ai pas d'argent. Mon frère est de ceux qui me critique pour le boulot, j'ai fait plus d'une vingtaine de demande d'embauche, tandis que lui, son premier boulot en dehors de l'entreprise c'est mon beaux frère qui lui a trouvé, et le suivant c'est le père d'une de mes copines du lycée qui va lui proposer.

On me critique également mon désespoir d'amour, de continuer à être déprimé, comme si j'aimais ça.

Je me trouve au fond du puit, c'est une année noir ce 1979. Les gens n'aiment pas voir des personnes tristes ou malheureuses, même si elles sont proches de nous, et ont tendance à vouloir les culpabiliser. Et cette personne, se déprime encore plus, bien que très souvent elle n'y est pour rien. Ces mêmes gens aiment les gens heureux qui réussissent, et les félicitent pour leur grande valeur. Mais le hasard très souvent est seul responsable, pour que l'on soit l'une ou l'autre, la personne triste ou l'heureuse.

Je sais qu'il y a beaucoup plus à plaindre que moi à cette époque, mais les peines d'amours ne se guérissent pas en pensant qu'il y a plus malheureux que soi.

CENTENAIRES DE L'ARMISTICE

On vient de fêter le centenaire de la fin de la Première Guerre mondiale. Cette armistice a, bien sur, mis fin à la guerre en Europe occidentale, mais celle-ci a continué dans plusieurs autres parties du globe. Mais c'est aussi le moment où la France et l'Angleterre vont provoquer le conflit au moyen orient qui dure encore, et qui est pourtant le responsable des actes terroristes qui nous ont touchés ici en France.
Et pourtant, aucune référence mémorielle, pour ces actes qui sont le début de cette tragédie qui est encore loin de trouver une fin.

« Le 13 novembre 1918, une délégation de nationalistes égyptiens, menée par l'ancien ministre Saad Zaghloul, est reçue par le Haut-Commissaire britannique au Caire. La Grande-Bretagne, qui occupe militairement le pays depuis 1882, y a imposé son protectorat en 1914. C'est le Haut-Commissaire en Egypte qui a négocié en 1915 avec le gouverneur arabe de La Mecque, le chérif Hussein, l'entrée en guerre de ses partisans aux côtés des Alliés, en contrepartie de l'établissement d'un « Royaume arabe » sur les territoires libérés. Cette « Révolte arabe », lancée en 1916, a joué un rôle déterminant dans le reflux progressif des troupes ottomanes, souvent encadrées par des officiers allemands. Alors que l'armée britannique piétinait aux portes de Gaza, verrou de la Palestine, au printemps 1917, les insurgés arabes s'emparaient du port d'Aqaba et entamaient leur progression vers Amman. Les deux contingents venus de Palestine et de Transjordanie font jonction à l'automne 1918. Fayçal, le fils du chérif Hussein, est acclamé à la tête de 1500 cavaliers arabes, lors de son entrée à Damas, le 3 octobre 1918.

Deux semaines après l'armistice signé avec les Ottomans et deux jours après celui signé avec l'Allemagne, Zaghloul demande au Haut-Commissaire Wingate que l'Egypte ait sa propre délégation à la conférence de paix prévue à Paris. Le protectorat britannique ayant été imposé à l'ouverture du premier conflit mondial, Zaghloul revendique la restauration de l'indépendance égyptienne, ainsi que la levée de la loi martiale et l'abolition de la censure, toutes deux liées à l'état de guerre. Wingate balaie ces exigences en mettant en cause la légitimité même de Zaghloul et de ses camarades. Le dialogue est rompu, mais les nationalistes rédigent un mandat pour la future délégation égyptienne à Paris, mandat validé par une vaste campagne de pétitions. L'arrestation de Zaghloul et sa déportation à Malte entraînent, en mars 1919, une vague de protestations anti-britanniques, dont de nombreuses caractéristiques se retrouveront dans le soulèvement anti-Moubarak de janvier-février 2011: choix stratégique de la non-violence face à un pouvoir supérieurement armé; mobilisation associant Musulmans et Chrétiens au nom d'un patriotisme partagé; occupation symbolique et populaire des espaces publics. Huit cents Égyptiens périssent dans la répression de ces manifestations pourtant pacifiques.

Londres impose son administration militaire et la loi martiale qui en découle sur le Moyen-Orient post-ottoman. Ce régime d'exception lui permet de différer l'accomplissement des promesses contradictoires émises par la Grande-Bretagne au cours de la Première guerre mondiale : engagement auprès du chérif Hussein en faveur d'un « Royaume arabe » en 1915 ; accords de 1916 dits « Sykes-Picot » (du nom de leurs négociateurs britannique et français), attribuant à la

France le littoral syrien et libanais, ainsi que le sud-est de la Turquie, tandis que la Palestine serait internationalisée ; « déclaration Balfour » de 1917 sur le soutien britannique à « un foyer national pour le peuple juif » en Palestine. Mais le Royaume-Uni se sait incapable de contrôler la Syrie sans le concours de Faysal et de ses partisans armés. D'où une situation de double pouvoir où les nationalistes arabes réunissent à Damas, en juin 1919, une Assemblée de 84 élus. Ils opposent ainsi la légitimité du suffrage universel, direct ou indirect, à l'arbitraire du Royaume-Uni, déjà défié par la campagne pétitionnaire en Egypte.

En mars 1920, l'Assemblée de Damas proclame Fayçal souverain constitutionnel d'une Syrie garantissant l'égalité des citoyens et les droits des minorités. Au même moment, le Sénat américain vote contre l'entrée des Etats-Unis dans la Société des nations (SDN), dont le président Wilson avait pourtant été l'inspirateur. La Grande-Bretagne et la France sont ainsi libérées de l'hypothèque que ferait peser sur leur hégémonie moyen-orientale l'insistance de Wilson sur le droit à l'autodétermination des peuples. En avril 1920, les deux puissances impériales reçoivent de la SDN, au cours de la conférence de San Remo, des mandats sur la Syrie et le Liban (pour la France), sur la Palestine et l'Irak (pour la Grande-Bretagne). Ces mandats ne peuvent être imposés que par la force militaire, avec des dizaines de milliers de victimes en Syrie et en Irak. Ce n'est pourtant que le début d'un long cycle de violence coloniale, marqué par la répression sanglante des soulèvements arabes de Syrie, en 1925-26, et de Palestine, en 1936-39. »

Mais la conséquence la plus marquante de la guerre est la révolution de 1917 et ses répliques mondiales de 1918 et 1919. Si le nationalisme a asphyxié le mouvement ouvrier du début du siècle , la guerre avec ses malheureux endeuillés, ses blessés, ses famines et les conditions de vie dans les tranchées et le travail à l'arrière, vont le réveiller. On va exiger une vie et une société meilleures. Ce qui va obliger les élites dirigeantes à trouver une solution pour éviter la tentation de la promesse bolchevique.

On va essayer de faire plus de distribution des revenus, de créer des systèmes d'assurance et d'aide sociale . En France, droit aux congés et à la formation en 1919, maternité et retraite en 1930, allocations familiales en 1932. Avant d'être généralisé en 1945 l'article 13 du traité de Versailles affirme déjà qu'il ne peut y avoir de paix sans justice sociale.
De même l'idée que l'état soit légitime à intervenir dans la vie économique, comme il l'a fait pour planifier l'effort de guerre, est totalement légitime,
L'apparition de l'inflation qui a permis de financer l'effort de guerre, opère une redistribution des revenus en ruinant les rentiers de la terre et de l'immobilier et en enrichissant (relativement) les paysans fermiers et les ouvriers. Cette diminution des rentiers produit une explosion du nombre de cadres et d'ingénieurs, les fils de famille étant obligés d'avoir une activité professionnelle salariée, ils organisent les grandes entreprises et diffusent l'innovation technique.
Ce mélange d'états providence et d'inflation permanente façonne l'économie et les sociétés occidentales jusqu'en 1990 lors de la chute de l'union soviétique. Ainsi commence le triomphe de la finance, des services et du moins état. Puisque la tentation du communisme est anéantie, plus besoin de faire du social et on libère tout pour que l'ultra capitalisme enfin s'installe sans limite.

CHAPITRES XXVI

Lorsque l'on a presque tout perdu…on a beaucoup à gagner…

Mon père a fini par guérir, mais il fallait payer l'hôpital, et je l'ai assez répété, on n'avait pas d'argent. Mon oncle bien sûr ne nous faisait pas payer du tout ses honoraires.
Mais vous croyez que quelqu'un de sa famille allait l'aider? Tu parles! Pourtant ils avaient des sous.
Là, je dois une fois de plus remercier les parents de mes amis. Les parents d'Alfonso, de Gerardo et de Felipe nous prêtèrent l'argent. Je crois qu' un ou deux amis de mon frère ont participé aussi. Mon père va passer sa convalescence avec ses frères et sœurs, ça va nous faire des vacances.

L'atelier commence un peu à se relever, on a un autre client, qui permet au moins de que l'on me paye mon salaire de nouveaux.
Donc je me réinscrit à l'université, et puisque j'ai laissé passer un an, je me retrouve avec d'autres étudiants, ce qui va me permettre de connaître de nouvelles personnes, et quelques-unes vont devenir de grands amis.
Ma routine reprend, sauf bien sûr avec Yvonne. Je sors beaucoup avec les amis, je passe presque tous les week-ends, soit chez Gerardo, soit chez Alphonse.
Je suis toujours invité quelque part, soit avec les amis du lycée, soit avec les nouveaux copains de l'université, soit avec le groupe des économistes de l'université qui se faisait appeler maintenant « Seagrams », à cause des grosses quantités d'alcool que l'on buvait lors des réunions.
Je fais pas mal aussi de réunions chez moi. Je n'ai plus que mon chien Pulques et la chatte Atalanta. La chienne un jour je ne l'ai plus revue, comme lorsque je pars je les laisse dehors, elle c'est peut être fait écraser, je ne sais pas, du coup Pulques me suit partout. Je l'emmène des fois à l'université. Et des fois également pour les sorties de l'université ce qui ne plait pas toujours aux profs.

Mon désespoir amoureux passe assez rapidement, je sais que j'aime toujours Yvonne, et que même lorsque l'on avait décidé de faire une pause, on n'avait pas arrêté de s'aimer. C'est un peu la passion qui s'est éteinte, et le sentiment de ne rien découvrir de nouveau. Voir des couples nouveaux se former et leur envier cette sensation de se découvrir l' un et l'autre, peut également nous faire douter . Et puis aussi on reste toujours attiré physiquement par d'autres jolies filles pour moi ou garçons pour elle, on aimerait goûter à de nouvelles aventures sexuelles avec d'autres partenaires, mais cela ne signifie pas que l'on ne s'aime plus.
C'est à ce moment-là que l'amour a besoin de rationnel, c'est là que le cœur a besoin du cerveau. On peut penser qu'une simple aventure sexuelle d'un soir ne fait de mal à personne, et c'est peut-être vrais, mais ce n'est plus lorsque l'un des deux ne peut supporter le fait

qu'une tierce personne vienne goûter au même plaisir et à la même intimité que l'on partage avec notre couple.

Donc le cerveau doit prendre la place du cœur dans ces moments là pour maintenir une relation amoureuse et chercher à ce que notre relation rationnelle alimente nos sentiments du cœur dit irrationnels et passionnels.

Ma grande souffrance fut le résultat de toutes ces raisons ajoutées à tous les autres malheurs qui me tombaient dessus, peut- être parce que je sais que j'ai un manque de confiance en moi, et plus que l'amour pour Yvonne, c'était une panique de me retrouver seul, plus ma jalousie.

Mais on reste liés, je suis toujours son confident, à part sa relation qu'elle a eu avec ce salaud, elle ne sort avec personne, moi non plus je ne trouve aucune autre relation sérieuse.

On se téléphone assez souvent et on se voit à peu près tous les quinze jours, dans des cafés où chez moi. Chez ma belle-mère, je suis bien sûr interdit. Yvonne travaille chez son père et vient de recommencer à faire de la danse contemporaine tous les soirs. C'est une nouvelle école de chorégraphie que vient d'ouvrir le gouvernement Mexicain dans des installations super modernes au sud de la ville, donc près de chez moi. C'est l'époque où le pays découvre son pétrole et se sent riche, donc investi.

Avec Yvonne je ne vais pas aux réunion des week-end, ça la vexe un peu de voir que nos amis sont plutôt mes amis, mais elle n'ont plus ne cherche pas à les voir.

Donc tout commence à s'arranger, mon père est guéri et a fini sa convalescence, après deux mois chez son frère, il est de retour à la maison avec ma mère pour le malheur de celle-ci.

Un jour mon frère m'annonce en douce que mon père va me demander s'il peut vivre chez moi!
Mais avant il faut que je vous explique comment il a eu cette idée.

Un jour ou comme d'habitude je passais le week-end chez Gerardo, celui ci va chercher ou acheter une bouteille pour que l'on puisse continuer à boire tard un soir, comme d'habitude on ne prévoyait jamais assez de bouteilles, il revient avec une aigle que lui a vendu pour trois sous un gosse qui la trouvée. Je vous rappelle qu'il habite une zone résidentielle et c'est très probable qu'elle se soit échappée d'une maison où le propriétaire est un aficionado de l'art de la fauconnerie.

Et comme il connaît mon amour pour les animaux, il me l'offre. Avant de partir pour aller chez moi, je dépose l'aigle sur le dossier de ma 4 L, et je vais chercher la viande que Gerardo m'offre en attendant que j'en achète. De retour à la voiture je m'assois et au bout d'un moment je sens que je me suis assis sur un truc humide, c'est-à-dire sur les excréments de mon aigle.

Cela n'aurait eu aucune importance, sauf que quatre jours après, j'ai une couille qui gonfle et j'ai beaucoup de température. Le père d'Ana, qui est médecin, me dit que j'ai été contaminé par les défections d'une espèce d'aigle qui habite au Chiapas, ou, dans la forêt vierge, existe un arbre qui a une toxine qui fait cet effet. Donc je me fait soigner chez ma mère et je demande à mon père d'aller chez moi pour s'occuper de mes animaux, chat, chien et maintenant aigle.

C'est comme cela qu'il a eu cette idée d'aller habiter chez moi. Donc un jour que l'on mangeait comme d'habitude dans notre petit resto près de l'atelier, il me fait sa demande, que je n'aime pas du tout mais que je ne peux refuser. Je sais que ça va être la même chose qu'avec les deux autres, je vais devenir sa boniche et son cuisinier.

Et les choses vont encore s'améliorer...un dimanche matin de bonne heure je reçois un coup de téléphone chez Gerardo, j'y habite presque tous les week-ends.

C'est Claudia la sœur d'Yvonne, elle me demande si Yvonne est avec moi car elle n'est pas rentrée de toute la nuit. Je suis bien content que mon ex belle mère soit bien inquiète et qu'elle pense qu'Yvonne sort avec moi. Mais d'un autre côté je suis inquiet aussi.

Mais quelques instants plus tard, c'est Yvonne qui me téléphone, elle est rentré chez elle, et lorsque je lui demande où elle a passé la nuit, pour pas lui demander avec qui, elle me répond: « chez toi »! Si je m'y attendais ! Et oui elle lui a pris un besoin de me voir et comme je n'étais pas là, elle est passée par le toit comme je lui avait montré une fois que j'avais oublié mes clés.

Ce même jour on se donne rendez-vous, et de retour de chez Gerardo en allant chez moi je passe la voir dans le petit parc à côté de chez elle. On parle longuement et on décide, plutôt elle décide, car moi je crois que j'étais déjà décidé, de ressortir ensemble.

Et voilà c'est reparti, notre rupture aura duré un an. Durant cette année on avait eu de temps en temps des relations sexuelles donc ce n'était pas tellement de ce côté là qu'aller venir mon plus grand bonheur.

C'était le grand amour qu'elle allait me montrait ces jours-là, il me produisait autant de bonheur que mon amour pour elle m'avait fait souffrir. Je crois que c'est surtout ça, ce n'est pas qu'elle m'aimait davantage mais c'était le contraste avec ma souffrance.

Prenez une bière bien fraîche par temps froid et pluvieux, et prenez la même bière par temps très chaud après avoir couru en plein soleil. Vous verrez que la sensation n'est pas la même. Drôle d'exemple, voilà que je compare Yvonne à une bière !

On suivra en cachette de sa famille notre relation et je vais rester encore une année à ne pas être reçu chez ma belle mère, on se verra en cachette au parc, elle dira toujours qu'elle va promener le chien, d'autre fois on se voit au restaurant. C'est elle qui paye, son père lui a donné une carte de crédit pour son argent de poche en plus de son salaire qui n'était pas énorme, bien sûr elle se faisait engueuler de temps en temps par le montant de la carte. J'adorais ces moments-là, ces dîners dans ce restaurant en tête à tête. Moi, avec ma vie financière et professionnelle dans la merde, être aimé et me faire payer de bons dîners par l'amour de ma vie, je me sentais très chanceux. Aucun doute possible que son amour est privé d'intérêts matériels, c'est l'avantage des fauchés, lorsque l'on nous aime on ne peux pas douter de leur sincérité.

Et ce sera dans ce restaurant qu'elle va m'annoncer la grande nouvelle. Un jour elle va me retrouver à l'université, elle savait qu'à une certaine heure on se réunissait dans une sorte de cafétéria à côté de l'université. Elle arrive en pleurs et me dit que sa vie ne peut plus continuer comme cela. Je la calme et on se donne rendez-vous au restaurant Sanborns comme d'habitude, et là elle me dit qu'elle veut se marier avec moi.

Ça me fait un drôle d'effet, car vraiment je n'y pensais guère, je ne gagnais pas bien ma vie, je n'avais pas fini mes études et en plus, sûr de sûr sa mère s'opposerait.

Donc je lui explique que je serais ravi, mais qu'il faudra attendre que j'ai mon titre de biologiste. Je fais le calcul, si je m'inscris aux quatres matières par trimestre à lesquels j'ai le droit, et je passe deux autres matières en rattrapage par trimestre, surtout les matières de botanique que j'ai laissé traîner, j'aurais mon titre en deux trimestres, avec les vacances entre trimestre ça fait 7 ou 8 mois.

Tout d'un coup je trouve un peu plus de sens à ma vie, et surtout à notre vie, je commence à rêver à notre futur. Je nous vois vivre en Europe, à Marseille ou en Norvège pendant que je fais ma maîtrise. Puis habiter La Paz en Basse Californie, j'aurais une petite exploitation d'huîtres et nous vivrions une vie simple au bord de la mer avec nos trois enfants.

Le projet est fait, il faut le réaliser. Je donne une priorité absolue à mes études, même au travail si j'ai quelque chose à étudier, je sors mon livre sur ma table de dessin. Je sais que c'est la seule chance que j'ai de passer toutes les matières, les cours sont fait pour des étudiants à temps pleins, pas pour des étudiants qui travaillent. C'est pour cela que j'ai pris tant de retard. Je vais même sacrifier des sorties en week-end. À cette époque, on sortait de temps en temps faire de la plongée avec Gerardo. Le père d'Yvonne nous prêtait une camionnette Combi et on allait sur une petite île appelée "Isla Verde" en face de Veracruz. Une fois, je refuse d'y aller, car j'ai deux examens cette semaine. Pour moi c'est un énorme sacrifice, car en plus d'adorer la plongée, j'adore faire l'amour avec ma belle Yvonne sur la plage.

Yvonne a Isla Verde

Du côté de ma belle-mère, on n'ose rien lui dire. Mais quelques temps après qu'Yvonne me fasse sa déclaration, d'ailleurs elle déteste que je le lui rappelle que c'est elle qui m'a demandé en mariage , on s'était, comme d'habitude, donné rendez-vous au parc. Lorsque Yvonne arrive de chez elle, elle me dit que sa mère dit que ça suffit. Il ne faut plus que l'on se voit comme cela en cachette et que je ferais mieux de monter chez eux.

Moi vraiment je n'ai pas trop envie, mais si on va se marier il faut bien passer par là.

Et à ma grande surprise ça se passe plutôt bien, aucune remontrance et je suis bien accueilli. Même lorsque quelques jours plus tard Yvonne leur annonce notre intention de nous marier, la grande mère et ma belle mère sont plutôt ravies. Après ça la seule chose qui les intéresse c'est la fête du mariage. Mon beau père est plus réservé, il ne sait pas comment je vais pouvoir entretenir sa fille.

Mes beaux-parents
Après leur mariage (elle n'a que 19 ans)

Les jours passent et je réussi mon paris, après un dernier examen en rattrapage d'une matière sur la diversité des plantes, matière que j'aurais du passer dès ma deuxième année de fac, je suis enfin biologiste marin.

L'entreprise de mon père marche de mieux en mieux, ce n'est plus Jean Pierre qui l'administre, c'est Patrick qui a abandonné ses études en Électronique à l'université, qui a pris la direction. Jean Pierre travaille à temps plein avec le père de ma copine Ariane, comme représentant d' industriels français au Mexique.
Donc avec mon titre en poche, je n'ai qu'une envie, changer de boulot. Je décortique tous les jours les annonces de travail dans les journaux.

A peine quelques jours après avoir fini mes études je trouve une annonce dans un journal, une entreprise à besoin d'embaucher des océanologues. Il n'existe qu'une école au Mexique qui formait ces professionnels, c'était une école au nord du Mexique à Ensenada. Ça avait été une de mes possibilités d'études mais comme c'était une école privée, donc payante, je l'ai rapidement écarté. Mais je savais qu'il y avait assez de similitudes de cette formation avec la mienne.
Donc je prends rendez-vous. C'était un bâtiment tout neuf et très moderne dans un des nouveaux quartiers chic de la ville, là où justement le papa de Gerardo était en train de se construire un très bel appartement.
J'eu un entretien avec un des chefs du secteur qui embauchait, puisqu'il connaissait bien la formation des océanologues mais pas la mienne, il me demanda de lui ramener pour le lendemain le plan d'étude de ma formation.
De retour le jour suivant, j'étais embauché. L'entreprise s'appelait « Proyectos Marinos" c'était une entreprise qui faisait des études pour l'institut du pétrole, qui était la partie scientifique de l'entreprise d'état PEMEX (petroleos mexicanos) entreprise créé dans les années 30 par le président Venustiano Carranza après avoir nationalisé les entreprises pétrolières étrangères, principalement anglaises et américaines.

Le secteur où je travaillerai a trois grands projets, Laguna del Ostion, Dos Bocas et Cayo Arcas. J'allais être incorporé à ce dernier.

CAYO ARCAS

Le bâtiment bleu c'est où on se logeait, derrière c'est la petite maison de l'officier de marine chargé de l'île. On voit l'hélicoptère , seul moyen d'arriver sur l'île.

Je vous ai déjà parlé de Cayo Arcas, c'est le petit récif de coraux au plein milieu du Golfe du Mexique, c'est là où le bateau de mon voyage au Brésil s'était arrêté.
Le salaire n'était pas énorme, mais c'était le triple de ce que je gagnais, et j'avais des primes et des frais de déplacement en plus.
Le projet consistait à faire des études océanographiques autour de ce récif, PEMEX avait installé une bouée géante de manière à quelle soit protégé par l'île. Celle-ci permettait de pomper le pétrole des plateformes pétrolières qui se trouvaient sur la plate-forme continentale dans des eaux peu profondes pour l'arrivée des bateaux citernes.
Le pétrole de la bouée était à son tour pompé sur un bateaux citerne qui se trouve ancré en permanence à côté de celle ci, les pétroliers acostent sur ce bateau pour pomper à leur tour le pétrole. Il y a presque tout le temps 5 ou 6 bateaux en attente, et il parait que PEMEX doit payer des amendes s'il fait attendre les pétroliers pour charger.
C'est pour cela l'importance des études océanographiques sur le récifs, pour voir si on peut augmenter le nombre de bouées.

Sur l'île on a une station météo et un lotissement préfabriqué où on peut dormir et qui nous sert d'entrepôt. Une équipe de trois personnes est en permanence sur le site. Toute les heures on fait des relevés de direction et hauteurs des vagues depuis le phare de l'île. Cette équipe est remplacée par une autre tous les quinze jours.

Autour de l'île on a trois appareils qui mesurent les vagues et les marées (des marégraphes) ce sont des sortes de cylindres qui ont à l'intérieur une cassette qui enregistre les données, ils sont fixés à une structure métallique qui est plongée entre 20 et 30 mètres de profondeur. Et il faut changer la cassette tous les mois.

Les repas on les prend sur l'île avec une brigade de PEMEX qui est chargée du nettoyage sur l'îlot.

Pour arriver sur l'île il faut prendre un avion de la capitale à Ciudad del Carmen et de là, aller à l'héliport de PEMEX pour prendre un hélicoptère qui nous mènera sur l'île.

Lorsque je suis embauché, il se trouve que c'est le moment où l'on va installer de nouveaux appareils pour mesurer les courants. Il s'agit de gros cylindres beaucoup plus grands que les marégraphes et qui sont installés entre la structure qui détient ceux-ci et une bouée à la surface.

Leur système a un problème, le site des appareils est signalé par la bouée, mais l'endroit est très fréquenté par les bateaux de pêche à la crevette, « les camaroneros »

Donc il se peut que la nuit la bouée soit prise dans l'hélice des bateaux, ou que celle-ci soit volé par les pêcheurs car ces bouées ne sont pas données et les pêcheurs sont pauvres. Donc il arrive très souvent que lors du repérage des appareils ont ne voit plus la bouée et que l'on soit obligé de la chercher par des coordonnées, ce qui fait que l'on mette du temps à les repérer en plongée.

Même si les profondeurs ne sont pas énorme,et que l'on ne doive pas faire des paliers de décompression, lorsque l'on plonge, on ressort avec un niveau d'azote dans le sang, et donc quand on doit replonger, ce n'est pas comme si on plongeait la première fois. Il existe une table qui s'appelle table de plongées répétitives qui nous permet de savoir, à l'aide d'une lettre, quand, combien de temps, et à quelle profondeur on peut replonger.

Ces appareils étaient tout récents, et c'était la première fois qu'ils étaient utilisés au Mexique. Pour toutes ces raisons, ma formation a énormément plu à mes chefs. Sans fausse modestie j'étais bien préparé techniquement grâce à mon parcours au lycée en première et terminale E, et physiquement en tant qu'excellent nageur et plongeur.

Donc mes chefs voulaient à tout prix que je fasse partie de l'équipe qui devait tous les mois sortir et replacer les appareils. Donc je ne fis que très peu de garde sur l'île de 15 jours pour 15 de repos, je faisais plutôt de 5 à 8 jours de bateaux et plongée de maintenance des appareils pour 20 de repos.

Me voici à côté d'un des appareils à mesurer vagues et marées

Donc tout va pour le mieux. Pour le mariage, on fixe une date, on fait toutes les démarches pour l'église, car bien sûr on va se marier à l'église, c'est une condition impossible de nous défaire pour avoir la paix. Et c'est extrêmement compliqué, car on veut se marier dans une petite église proche de là où on va faire la fête. Il a fallu que l'on demande la permission à nos paroisses respectives etc...
Pour l'endroit où on va faire la fête, la mère de Gerardo nous propose de nous prêter la salle de fête de la résidence où ils viennent d'aménager. Il s'agit de l'appartement de luxe que le père de Gerardo était en train de construire et dont il a énormément investi et dont il ne pourra jamais profiter car il vient de décéder quelques jours avant le déménagement.

Un jour, à la fin d'une misión sur l'île, je téléphone à Yvonne depuis Ciudad del Carmen pour lui dire que je rentre le lendemain, et elle me repond en pleurs car elle me dit que l'on doit repousser notre mariage car Ana et Gerardo ont décidé de se marier le 17 octobre, nous ont avez fixé notre date pour le 10.
Gerardo a même poussé la méchanceté en invitant Yvonne chez Ana pour sa demande en mariage, sans rien lui dire, comme pour lui montrer que eux faisaient les choses en grand avec demande avec gros diamant. Nous, nous n'avions rien fait de tel, bien sûr. Pour Gerardo, dont tout était compétitions, il s'agissait de me dépasser et que l'on ne parle plus de notre mariage.

Je dis à Yvonne de se calmer, que l'on ne va rien annuler du tout. Et en rentrant je mets, comme on le dit, les pendules à l'heure, je parle avec la mère de Gerardo pour lui dire que je continue à bien vouloir accepter le prêt de la salle. Je parle à Gerardo et à Ana pour les féliciter de leur décision et je leur souhaite bien du courage car je sais qu'ils font une grande connerie, et que rien ne va empêcher notre mariage.

Donc maintenant tout est prêt, l'église est réglée, le curé est très sympa et l'église moderne possède un très joli vitrail d'un artiste italien. Pour la voiture, M. Dagdug, l'associé de mon père me prête une superbe Packard 1956, qu'il vient d'arranger pour le mariage de son fils

La Packard 1956

Pour le cocktail c'est le frère de Donatien qui va s'en charger, il sera payé par mon beau-père. Pour la musique c'est ma belle-mère qui nous a trouvé un super groupe de rock et c'est elle qui le paye. Pour mon costume j'ai trouvé ce que je voulais pas trop cher. Mais là où il y a eu problème, c'est bien sûr le gros truc que c'était à moi de payer, la robe de la mariée !! Yvonne avait voulu une belle robe trouvée dans une revue et après avoir fait venir le tissus des États Unis, elle l'a fait faire par une couturière amie de ne je ne sais qui. Mais voilà que juste une semaine avant le mariage la robe est un désastre et ne lui plaît pas du tout. Grosse crise, pleurs etc. Qui dureront toute une journée.
Sa mère lui trouve une autre couturière qui va lui faire une nouvelle robe, très simple et 5 fois moins chère. Je payerais donc deux robes.

Le grand jour arrive, je me prépare chez mes parents et je suis beaucoup plus nerveux, de peur que ma 4L tombe en panne lors de mon parcours vers l'église, que du mariage, je me vois déjà avec mon costume couleur ivoire en train de la réparer et arriver tout sale à la cérémonie.
Tout se déroule parfaitement bien, tout le monde s'amuse énormément, personne ne fait de connerie, les deux familles se comportent très convenablement. Comme le mariage se déroule en fin d'après-midi. On a fini la soirée chez Felipe avec les amis intimes. Ce soir on dort chez Gerardo, et le lendemain on part avec la voiture de Felipe dans leur belle villa de Cuernavaca. On aura la villa pour nous tout seul pendant une semaine...merci à Felipe qui va nous permettre de passer un voyage de noce superbe

Pour moi ce mariage n'est qu'une simple étape dans ma relation avec Yvonne, il ne va en aucune manière me changer. Pour Yvonne, je crois que ça va lui donner un peu plus d'assurance sur elle-même, et cela va modifier la façon de vivre notre relation et aussi celle qu'elle a avec sa famille.
Pour eux, Yvonne et sa famille, notre relation est maintenant un fait dont on ne peut plus revenir. Leur culture de classe moyenne mexicaine traditionnelle, vas faire que l'on va me donner beaucoup plus d'importance. Je suis maintenant le chef de la famille pour eux, et on va me montrer un respect qui ne devrait être pour moi ni plus ni moins important qu'auparavant .

Villa de Felipe à Cuernavaca et Yvonne

Après une semaine, de ne voir personne et de profiter amplement l'un de l'autre dans ce petit paradis qu'est cette villa, on rentre à Mexico juste à temps pour le mariage de Ana et Gerardo.

Je les ai toujours aimés ces deux-là, surtout Gerardo dont vous avez pu remarquer qu'il a toujours été présent dans ma vie. Mais il n'aurait pas dû se marier, ou tout du moins pas à ce moment-là.

Ana était comme Yvonne issue de la classe moyenne Mexicaine base, donc d'une société très matérialiste qui avait une trouille bleu de se voir déclassé et tomber dans la classe occupée par les métis. Les blancs devaient être mieux classés, et parmis les blancs il fallait à tout prix chercher à être parmis les riches, c'était pour eux une obligation naturelle en tant que blanc. Ils donnent donc énormément d'importance à l'argent.

Gerardo venait d'une famille issue de la migration aisée européenne, mais son cas était particulier, la famille comme je vous l'ai déjà raconté, avait vécu sous le protectorat de la grande mère, jusqu'au moment où le papa commence à gagner énormément d'argent. Donc pour lui aussi l'intérêt pour l'argent devient important, il sait ce que c'est de ne pas en avoir de trop (même s' ils n'ont jamais manqué de rien) et il sait maintenant ce que c'est de pouvoir s'acheter tout ce qu'il veut ou presque.

Son père est décédé il n'y a pas très longtemps, ses affaires marchaient très bien. Mais c'était un business très personnel, il représentait des entreprises belges d'armes et d'autres américaines. Mais surtout, il n'avait qu'un client, la marine militaire mexicaine. Son principal bénéfice, il le tire de l'achat et de la revente à la marine de produit militaire, avec une énorme marge. Cela grâce à la complicité de quelques amiraux haut placés.
C'était donc une affaire de confiance et d'intérêt entre personnes physiques pas morales.
On sut juste après sa mort qu'il avait une garçonnière dans la "zona rosa" de Mexico, un peu comme Pigalle à Paris, où il organisait des petites festivités pour gâter ses clients, les amiraux. D'ailleurs Gerardo m'a filé plusieurs truc de cet Appart, à l'époque j'étais le seul à vivre indépendamment.
Donc pour moi c'était impossible qu'il puisse reprendre l'affaire. Les officiers de marines, qui décident des achats, n'auraient pas la même confiance avec le fils. Mais lui, il voulut le faire, un peu pour la mémoire de son père, car à un moment donné, son père lui avait demandé de l'accompagner dans des rendez-vous d'affaires et lui, il avait toujours refusé. Et il le regrette maintenant.
Sa mère ne voulait pas l'en empêcher, car elle disait que lorsque sa belle-mère avait refusé à son père l'administration de la dernière usine textile qui restait de l'héritage, cela avait traumatisé le père de Gerardo.

Revenons à leur mariage, déjà la semaine avant celle-ci, ils n'arrêtaient pas de se disputer. Après la cérémonie et la fête qui se déroule dans le même salon que nous, ils partent en voyage de noces à Paris et dans toute l'Europe pour un mois.
À cette époque je mange très souvent chez la mère de Gerardo car les bureaux de mon entreprise sont très prêt de chez elle. Et là je suis au courant de tout ce qui se passe lors de leur voyage, car sa mère parle presque tous les jours avec lui.
Dominique est à table avec nous, elle n'aime pas trop Ana. Elle l'a trouve trop superficielle. Et tous les jours, toute la conversation tourne autour des dépenses que les deux font durant leur voyage, ou plutôt sur les dépenses qu'Ana fait faire à Gerardo.
Dominique est convaincu qu'Ana s'est mariée pour l'argent, la mère doute et moi je sais que ce n'est pas vrai, mais je sais aussi que si elle le peut, elle fera tout pour avoir tout ce qu'elle veut matériellement. C'est vrai que tous les caprices d'Ana n'aident pas à la défendre. Et aussi on pourrait croire que Dominique ne pense qu'à son intérêt financier, elle voit bien que l'héritage de son père s'envole. Je profite pour vous parler un peu plus de Dominique, qui est une personne qui a toujours eut une grande importance dans ma vie et que pour l'instant j'ai laissé un peu de côté dans mes mémoires.
J'ai connu, bien sûr, Dominique et Katia, les sœurs jumelles de Gerardo en même temps que lui, elles avaient à peu près 7 ou 8 ans. C'était des filles qui physiquement n'étaient pas soignées, elles avaient une nounou qui se chargeait d'elles. Et ce fait, d'être négligé dans leur apparence, m'étonnait beaucoup, car leur mère, ancienne mannequin était tout le contraire. Je me rappelle que les samedis matin, la salle de bains était accaparée par elle pour se faire belle pendant au moins trois heures. Donc elles étaient en surpoids et mal coiffées tout le temps.
Dominique m'aimait beaucoup et était toujours prête à me rendre service, moi aussi je l'aimais et ça me chagrinait de la voir si malheureuse. Elle était tombée amoureuse de moi d'un amour de petite fille.

Et un beau jour elle décida de changer, c'était l'époque où le père commençait à faire des sous. Elle se mit à un régime drastique, qui ne commença à avoir les premiers résultats que plus de six mois après, elle commençait à sortir pour la première fois avec quelqu'un, et depuis, elle continue à suivre ce régime à vie. Elle est devenue une très belle fille, et je suis très content d'avoir été le premier (après son premier copain) a avoir goûté et pris plaisir de cette transformation.

J'ai une grande admiration pour elle et pour sa grande volonté. Et cette même volonté et discipline, elle l'a pour tout ce qu'elle fait, c'est pour cela que sa grande critique au comportement financier de sa belle sœur Ana pouvait être prise pour un intérêt purement égoïste. Mais c'est faux, Dominique était toujours prête à aider les gens financièrement.

Comme exemple, j'avais, lors de contrôles de rallyes, eu un accident avec ma 4L, j'étais tombé dans un trou et la suspension c'était tordu, réparation que seul le concessionnaire Renault pouvait faire, dont le prix était élevé.

J'avais réussi à ce que le concessionnaire Renault me fasse crédit et que je paye en plusieurs fois (le propriétaire était dans le même club de rallye que moi). Bien sûr que je n'avais pas de quoi payer, c'était l'époque tragique. Dominique me prêta toujours de l'argent à chaque traite. Jamais elle ne me demanda le remboursement.

C'était ma deuxième dette avec la famille de Gerardo, la première, vous vous en rappelez, c'était l'achat de la 4L. Le père de Gerardo bien sûr ne me demanda jamais le remboursement. Mais par contre Gerardo jusqu'à aujourd'hui me rappelle cette dette.

Je voudrais ici éclaircir ce que je pense des dettes entre amis ou entre famille, plutôt, entres des gens qui s'aiment, et aimer c'est vouloir le bien de l'autre.

Lorsque quelqu'un a besoin d'argent, je dit ici bien sûr besoin, pas un caprice, et que nous, on l'a, cet argent, et qu'on n'en n'a pas besoin pour l'instant ni dans un futur proche, on est dans l'obligation morale de lui donner, j'ai dit donner pas prêté. Mais de l'autre côté celui qui le reçoit, lorsqu'il aura l'argent qu'ont lui a donné et qu'à son tour il n'en a pas besoin, il doit le lui rendre. Mais si entre temps l'ami qui a donné l'argent en a tout à coup besoin de cet argent, celui qui a reçu l'argent doit le lui rendre à tout prix, même s'il doit s'endetter avec un tiers. Ici en France il existe une loi qui pénalise les gens pour non assistance à personne en danger, pour moi il existe une loi morale qui nous oblige à porter assistance financière aux amis dans le besoin d'argent.

Retournons à Ana et Gerardo, de retour de leur voyage de noce, ils s'installent dans un appartement dans le quartier de Polanco, quartier, dont je vous l'ai déjà mentionné est un quartier riche donc cher.

Gerardo continue à travailler dans l'affaire de son père qui va de plus en plus mal, et Ana ne sait pas trop, elle ne travaille pas ni cherche du travail, elle veut faire de la danse ou de l'expression corporelle, mais entre eux c'est de pire en pire, infidélité, insultes, manque de respect, et surtout un grand égoïsme de la part d'Ana sur leur futur, elle ne veut faire aucun sacrifice et ne pense qu'au sien, de futur. Ils divorceront moins de deux ans plus tard.

De retour de notre voyage de noce, on s'installe dans ma petite maison. J'ai réussi à virer mon père qui ne voulait pas partir, il a trouvé une autre maison pas loin qu'un pote lui loue.

Nos premières semaines de mariage sont superbes, Yvonne reste à la maison, elle ne travaille plus chez son père, car on habite trop loin. Lorsque je pars sur l'île, Yvonne rentre chez sa mère pendant ces jours-là.

On c'est marié par l'église, pour le mariage civil on a décidé d'aller à Paris pour que Gil nous marie dans le consulat mexicain, de cette façon tous nos amis qui n'ont pas pu venir à notre mariage, car ils habitent en France, pourront assister. On s'est mariés en Octobre et on ira se marier et passer Noël à Paris.

Vous allez dire comment aller à Paris si on a pas d'argent ? La situation économique du pays n'était pas trop mauvaise , donc pour les billets je trouve avec Air France un crédit à un an, donc les mensualités sont payables avec mon salaire. En plus, on a reçu quelques sous comme cadeau de mariage.
Dans l'entreprise où je travaille, j'ai fait rentrer deux collègues de l'université, Juan et Manuel appelé « El Chuper », en remerciement il vont me prêter leurs treizièmes mois.
Les copains qui habitent Paris vont nous filer des sous comme cadeaux de mariage.
Mais le principal du budget va venir d'un coup du sort. Lors d'une des semaines pour la maintenance des équipements sur l'île, en descendant de l'hélicoptère je me foule la cheville. J'étais en train de porter sur le dos deux bouteilles de plongée, et en sautant de l'hélicoptère j'ai mal atterri. Ma cheville gonfle en une seconde et on me rapatrie dans le même hélicoptère. Je suis bon pour un arrêt maladie d'un mois, donc je suis payé à 100% par l'assurance maladie car se fut un accident. Mais comme mon boulot ne se passe pas dans les bureaux de l'entreprise et qu' aucun de mes chefs n'a reporté mon accident. Je reçois également mon chèque du mois!
J'hésite à le reporter, mais je me dit que c'est une opportunité, et ce n'est pas à une petite entreprise que je prend de l'argent non gagné, c'est à une entreprise qui appartient à l'ex ministre du pétrole et qui a eu les contrats sûrement par corruption.
Donc grâce à tout cela notre voyage a Paris ce passe super bien, on se marie en petit comité avec les copains dans le consulat, et on fête avec un bon dîner dans un restaurant pas trop cher que j'ai adoré « la moule en folie ». On s'est logé chez Gil et Alphonso.
À cette époque habitent Paris cinq de mes meilleurs amis, Gil, Alfonso et Max travaillent au consulat ,et à l'ambassade du Mexique, Mane fait un stage chez Thomson, et Naoki travaille chez Pemex. Mon frère est aussi présent, il a profité d'un voyage d'affaires pour rester et passer Noël avec nous. À cette époque, il commençait à sortir avec la sœur d'Ana, Marta. Il avait essayé avec Norma, une cousine d'Ana, mais ça n'avait pas marché (Norma pensait à l'époque que Jean-Pierre avait trop d'amis communiste, et pensait que lui aussi en était un, jaja) il s'est donc tourné vers la sœur.
Avec eux deux, on a passé quelques jours en Normandie, on voulait revoir le pensionnat, on l'a retrouvé un soir mais c'était devenu une caserne militaire.
Le voyage a été superbe, visite du Mont St Michel vide de touriste, avec un guide pour nous tout seul, superbe dîner à St Malo avec la plus grande cuite d'Yvonne de sa vie, et une magnifique journée à Honfleur avec un très bon repas

Le soir du 30 décembre 1981, jour de notre mariage au consulat du Mexique à Paris.

De gauche à droite et de haut en bas.
Naoki, Marta, une cousine de Marta, Jean-Pierre, Yvonne, Alfonso, Selene, Gil, Mane, moi,
Max.

Mes amis avaient connu à Paris un groupe de mexicaines, qui y travaillaient ou étudiaient ,
Alfonso et Gil sortaient avec deux sœurs et Max allait sortir avec la cousine, on formait un
groupe très joyeux et on s'est amusé comme des fous pendant ces 20 jours. Mais mes amis
allaient commettre une grande erreur, ils allaient se marier tous les trois avec ces mexicaines.
Je l'ai déjà trop répété, la mentalité mexicaine de classe moyenne, et celle-ci étaient de classe
moyenne supérieure, ce qui est pire, est très poussée vers le matérialisme économique et le
statut de classe.
Tant qu'ils habitaient Paris, leur statut et salaire de diplomates leur convenaient parfaitement.
Mais les filles ont voulu rentrer au pays et eux aussi d'ailleurs. Et au Mexique ils sont devenus
Monsieur tout le monde. Eux ils ne se sentaient pas rétrogradés, mais leur compagne, après
avoir eu chacune deux enfants avec eux, demandent le divorce, toutes donnent la même
raison, leur manque d'ambition.
Après ce voyage qui m'a énormément plus, et qui m'a donné un peu de nostalgie sur ma culture
française, nous sommes de retour dans notre nid d'amour.

CHAPITRE XXVII

Ainsi commence...ce que j'appelle une vie commune réussie.

De retour au Mexique, on revient à notre petite maison. Mais les choses vont changer.
Jean Pierre qui est amoureux de Marta cherche un appart pour vivre tout seul, pas pour vivre avec elle, c'est parents a elle ne voudraient jamais. Mais je pense que c'est pour être plus indépendant. Donc il loue un appart dans un quartier très chouette un peu bohémien, pas très loin du centre.
Mais les choses ne se passent pas comme il veut, et il me propose de me le céder.
Pour nous ça serait parfait mais je lui dit que c'est un peu cher pour mon salaire, mais il offre en même temps du boulot à Yvonne comme sa secrétaire. La sienne va partir et il a besoin d'une secrétaire trilingue. Yvonne peut bien faire l'affaire car elle a fait un bac de gestion et est trilingue. Le seul problème c'est là vitesse à la machine à écrire. Mais Jean Pierre est prêt à lui payer une formation intensive. Le salaire d'ailleurs est superbe, ce genre de secrétaires sont bien payées, un peu plus que moi d'ailleurs.
Donc on déménage avec nos chats.
Pulques, mon chien, c'est perdu un peu avant que je finisse mes études. Je l'emmenais partout, université, boulot, Yvonne. Et un jour que j'étais au boulot, et que je me prépare pour partir chez Yvonne, je ne vois pas Pulques, ça lui arrivait de sortir de l'atelier et se promener dans les terrains vides d'à côté. Je l'appelle mais il ne vient pas, donc tant pis, je le reprendrai au retour, il lui arrivait, soit de rester à la porte de l'atelier à m'attendre, soit de rentrer seul à la maison.
Mais le soir en rentrant je passe à l'atelier et je ne le trouve pas, et il n'est pas à la maison non plus. Je suis sûr qu'il a essayé de trouver le chemin pour l'université qui n'était pas loin et quelque chose lui est arrivé. Je passerai tous les soirs pendant tout un mois à le rechercher dans toutes les rues. Rarement un être vivant m'a tant manqué j'ai ressenti une immense tristesse.

L'appartement était bien situé, à quatre blocs de Reforma, la plus belle avenue de la capitale, à 10mn en voiture du bureau de Jean Pierre et à une demi-heure du mien.
C'était un vieux édifice mais en très bon état. On a remis du papier peint que j'ai eu à très bon prix avec nos anciens clients, et je l'ai décoré avec plein de motifs marins.
Il était composé d'une cuisine fermée, d'un salon- salle à manger assez spacieux avec un balcon au premier étage, d'une chambre et d'une salle de bain. Et comme, je viens de vous le dire, il était très bien situé, on y a fait beaucoup de réunions.

À cette époque, on avait tous fini nos études, donc les grosses beuveries du week-end c'était fini. On était assez peu à être mariés, mais presque tout le monde en couple, donc on faisait des soirées plutôt en petit comité. Il faut dire aussi que plus on s'éloigne de l'âge de notre adolescence, et de l'époque où seuls nos amis comptent, plus on revient à la famille.
Plusieurs d'entre nous qui n'habitaient plus chez leur parents profitent des week-ends pour visiter la famille. De notre côté, on allait de temps en temps le dimanche chez ma belle-mère, mais j'évitais, c'était encore beaucoup de dispute dans cette famille. Je ne voyais plus si souvent Gerardo, Ana était très famille et ils étaient très souvent avec celle-ci, ils nous invitent

de temps en temps, mais je ne raffolais pas d'y aller, on y mangeait bien et buvaient bien, certains de ses nombreux frères étaient sympa, mais on ne se sentait pas à l'aise. En plus Marta qui sortait avec mon frère, lui avait fait un sale coup et mon frère en était sorti très blessé.

Des fois, les week-ends, Yvonne et moi nous ne savions pas trop quoi faire, mais Felipe qui était célibataire, était toujours dispo pour nous inviter voir le foot américain, et on finissait tres souvent à passer la journée avec lui. J'ai toujours beaucoup aimé Felipe, quand ça n'allait pas trop pour lui j'étais toujours celui qui l'écoutait patiemment, il avait une forte tendance à me prendre pour son confident. De temps en temps on passait le week-end chez lui à Cuernavaca Sa sœur Valérie était devenue une jeune adulte et avec une autre très bonne copine à elle de l'enfance, Paty, on s'entendait très bien. Yvonne avait une très bonne relation avec elles et moi je les aimais comme des petites sœurs.
Je me rappelle surtout d'un week-end où on était tout juste les cinq, Felipe, Valérie, Paty Yvonne et moi. Felipe avait un peu de marihuana et on décida de faire un gâteau.
Donc je fît le gâteau et nous en mangeons tous un peu. Et cette fois-ci on prît les bonnes quantités, nous passâmes toute l'après-midi à rire comme des fous, en montant des châteaux de cartes, inventant des jeux.
Rarement j'ai vu et vécu une ambiance si rigolote, on était en communion parfaite tous les cinq.

Cette année, il y aura un nouveau drame dans la famille. La maison où habitaient, encore à cette époque, ma mère et mes deux frères était celle où Patrick était né, et lorsque l'on y a déménagé, moi je n'avais qu'un ou deux ans. Donc ma mère y habitait depuis plus de 25 ans. Elle n'était pas à nous, on la louait. Mais je vous rappelle que l'on avait eu de gros problèmes d'argent. Et le loyer n'avait pas été payé ou en retard. Je n'étais pas très au courant car je vous rappelle que je n'habitais plus depuis longtemps à la maison, et je n'avais jamais administré l'atelier de mon père qui était le pourvoyeur de l'argent pour la maison. Donc il parait que l'on avait jamais payé les loyers en retard et le propriétaire ou plutôt le gendre de la propriétaire avait réussi à mettre ma famille à la rue.
J'étais dans les bureaux de l'entreprise Proyectos Marinos où je travaillais, lorsque j'ai reçu la nouvelle, je me suis rendu là-bas en vitesse. Le spectacle était atroce, la police avait sorti toute les affaires de la famille dans la rue. Ma mère ne jetait rien, 25 ans de sa vie et de sa famille était à la vue de tous les voisins. Plus de 150 m2 de la rue étaient occupés.
Patrick fit venir les ouvriers de l'atelier avec le camion pour tout ramasser. La mère de Gerardo nous prêta une des deux caves qu'ils avaient dans le bâtiment de leur appartement de luxe. Et une autre partie fut stockée dans l'atelier.
C'était extrêmement triste, je vis quelques unes de mes BD, surtout mes Tintin que j'ai gardé dans ma 4L.
Comme vous le savez, ma mère était très fragile, on attendait le moment où elle allait craquer. Pour l'instant elle résistait. Pour être solidaire avec ma famille je restais avec eux dormir dans la petite baraque de mon père.
Ma mère tombe malade le lendemain, on ne l'enferme pas tout de suite à l'hôpital, on essaye de la soigner nous mêmes avec des injections

Ma sœur habitait à l'époque à Tequisquiapan, mais son mari ne voulait pas recevoir ma mère malade. Avec mon père ça ce passait mal, on essaya chez moi avec Yvonne, mais ce fut horrible, elle piqua une grosse crise et on finit par la mettre à l'hôpital.
Une fois guéri elle alla passer un temps chez ma sœur.
Jean-Pierre cette fois-ci chercha pour de vrai un appartement et en trouva un, propriété de la tante d'Ana et Marta son ex. Patrick resta un temps avec mon père.

Un architecte venait de terminer la construction de 4 petits chalets en bois, pas très loin du centre de Tequisquiapan. Ils étaient très jolis, mais c'était plutôt une construction pour une zone boisée en montagne entouré de pins. Pas dans un village avec un climat semi désertique et avec des constructions de style colonial espagnol. Ma mère les adora. Et comme je pense que l'architecte n'arrivait pas à les vendre, car en plus qu' ils n'allaient pas avec l'endroit, les mexicains n'avaient pas confiance dans les constructions en bois, ils sont habitués à la brique et au béton armé, les chalets étaient donc à un très bon prix et avec financement.
Lorsque l'on se réunit chez Jean Pierre pour savoir si les finances de l'atelier de mon père permettaient l'achat, Patrick dit que l'achat est possible mais il veut que le chalet soit à son nom.
Patrick est en train de relancer l'atelier de mon père, il gagne de l'argent. Cette amélioration ce doit à une bonne idée de sa part, au lieu de faire de l'impression pour papier peint, qui n'est plus à la mode, il met de la cire sur du papier pour faire des autocollants, les machines et toute la logistique reste la même.
C'est à dire que même si grâce à sa bonne administration l'atelier s'enrichit, celui-ci reste la propriété de mes parents.
Je sens qu'il veut s'approprier les bénéfices. Les disputes commencent entre mes frères, moi je suis énervé et préfère partir. De toute façon le principal c'est que ma mère ai ou habiter.
Personnellement de tout ce foutoir, je ne récupère que deux malles qui ont appartenu à mon grand père, et mes BD et livres. Énormément d'affaires vont se perdre. Quelques-unes dans la rue, d'autres dans l'atelier et dans la cave.

Jean-Pierre à donc son propre appartement, il est assez grand et très bien situé, et en plus pas très loin du nôtre. Comme la plupart de ses amis sont également les miens, à part ceux qu'il a toujours gardés depuis son enfance, c'est à dire des voisins, de toutes les réunions qu'il fait nous sommes de la fête.
Vers cette époque Alfonso est venu se marier au Mexique avec Selene, on a donc fait connaissance avec la famille de la fiancé, une famille nombreuse, 3 garçons et 5 filles
On organisa plusieurs fêtes pour mieux ce connaître, et ce fut assez marrant, Selene sortait avec Alfonso, comme je l'ai dit auparavant, Gil avec sa sœur Monica, et la sœur aîné Céleste, qui était célibataire, eu un faible pour Felipe qui en profita, Suzana, la seule qui était marié, mais avec des problèmes de couple fini dans les bras de Froylan, et la plus jeune Angelica c'était eprît pour mon frère Jean-Pierre qui lui n'en profita pas, ou un petit peu. J'essaye de l'aider car elle est assez sympa, et je m'entends bien avec elle, mais mon frère a d'autres projets. Cette situation me fait rire, les frangines ont fait carton plein dans le groupe. On s'amuse pas mal et on fait énormément de sorties tous ensemble, Cuernavaca, Tequisquiapan et surtout Morelia d'où est originaire la famille des frangines.

C'est vers cette époque que mon frère va instituer une grosse fête pour son anniversaire. Comme il est né un 9 janvier c'est très proche de Noël, donc même les gens qui n'habitent plus la ville, mais viennent passer les fêtes chez leurs familles seront toujours présents. La première se fait dans son nouvel appartement et dure 48 heures.

Je l'ai déjà mentionné, l'île où je travaillais était un refuge pour les pêcheurs de crevettes pendant la journée. Et il arrivait des fois que l'un des bateaux, en faisant une fausse manœuvre, bloque son hélice avec son filet. Les seuls à avoir un équipement de plongée c'était nous, donc ils nous demandaient de les dépanner, chose que l'on faisait avec plaisir et ils nous payaient avec quelques kilos de superbes crevettes. Chaque fois que je revenais de l'île, j'emmenais donc énormément de crevettes, et je profitais pour inviter les copains. On invitait bien sûr de temps en temps ma famille ou la famille d'Yvonne.

Bateau de pêche à la crevette
Derrière on peut observer là bateau citerne fixe, à côté de la mono bouée.

J'adore mon travail sur l'île, mes chefs ont énormément confiance en moi et ils se reposent sur moi pour tous les problèmes techniques et pour diriger les autres, je m'entends d'ailleurs super bien avec tous les autres plongeurs, surtout avec un péruvien qui est très marrant et avec qui je fais équipe presque tout le temps.

Le fait que mon travail soit de plonger et de faire un travail technique sous l'eau me comble de plaisir, mais surtout de plonger dans ce paradis. A chaque plongée c'est un émerveillement de plus. C'est un endroit qui est à plus de 200 milles de la côte continentale, il a été vierge de plongeur jusqu'à notre arrivée, on peut croiser des énormes poissons perroquet avec des couleurs incroyables qui se laissent presque toucher. Des tortues, d'énormes barracudas, des langoustes et toutes sortes de poissons fantastiques etc.

L'entreprise loue un petit yacht qui s'appelle « Antares », c'est un bateau spécialement équipé pour la plongée. Il s'agit du bateau qui a été utilisé dans un film qui s'appelle « tintorera » filmé par le meilleur photographe sous-marin du Mexique. Film réalisé après le grand succès du film Shaw de Steven Spielberg. Sauf que Tintorera était plutôt un film de cul.

L'Antares

Donc tout était parfait, je me sentais fait pour ce travail et je me voyais déjà devenir un expert dans l'installation de ces équipements au Mexique. Lorsqu'il y aura un souci à qui fera t'on appel ? Bien sûr à moi.

Un jour, alors que je suis en train de récupérer un des appareils, lorsque je remonte à la surface, un mécanicien me dit qu'il vient de faire tomber à l'eau un des moteurs hors-bord, et le patron va vouloir lui faire payer. Je sais qu'il ne me reste plus beaucoup d'air dans la bouteille , et même si j'en prends une autre, je n'ai plus beaucoup de temps pour pouvoir chercher le moteur, car on est à peu près à 38 mètres de profondeur et je devrais faire des paliers. Il me change la bouteille et je redescends, mais je n'ai pas beaucoup d'espoir, je ne sais pas si le bateau a dérivé. Mais coup de chance, je descends et le trouve au premier coup, le temps de remonter prendre un filin et de l'attacher et je sauve ce pauvre marin.

Un autre exploit, j'aime bien les raconter, lors de la récupération des appareils on prend du retard, il ne reste qu'un appareil à ressortir et il commence à faire nuit. Cet appareil est un de ceux qui sont au nord de l'île, donc ils ne sont pas protégés par l'île et le vent est en train de se lever .
Pour mieux manœuvrer on avait un petit bateau de quatre mètres de long avec un moteur hors-bord, c'est de là que l'on plongeait et donc tout l'équipement de plongée se trouvait à bord.

Bateau pour opération de plongée

Pour aller du site ou l'on avait fini, qui était à l'autre bout au Nord, il suffisait de passer entre les deux îles, donc pas besoin de remonter le bateau. On charge un des marins d'y conduire le bateau avec l'équipement pendant que nous on lève l'ancre de l'Antares. Mais la mer devient houleuse et dans la passe, le marin prend peur et retourne sur l'île avec tous les équipements. Notre chef ne veut pas perdre une autre journée, car les cassettes doivent partir avec le premier hélicoptère le lendemain. Alors à qui on fait appel ? A moi!!

A bord il y a des bouteilles que l'on vient de recharger, un régulateur de mon chef, un vieux masque d'un des marins, mais pas de palmes, ni harnais, ni lampe. On m'attache avec une corde la bouteille et des plombs. Il commence sérieusement à obscurcir, je nage comme je peux jusqu'au site en traînant la corde pour attacher l'appareil et la poche en plastique que je doit remplir d'air pour leur signaler qu'ils peuvent faire marcher le winch pour remonter l'appareil. Je commence ma plongée en me guidant du câble de la bouée qui signale l'emplacement. Là, il commence à faire noir à peine à 5 mètres. Mais tout d'un coup le câble qui gigote à cause de la houle s'illumine, tous mes mouvements sont également illuminés. Plein de petits points lumineux dansent autour de moi, j'avais bien sûr étudié le phénomène à l'école et l'avais vu plusieurs fois sur les plages où en nageant. Mais pas encore sous l'eau, c'est surtout le câble qui comme un serpent vibre et s'illumine, je suis fasciné, et j'ai un peu l'ivresse des profondeurs, j'ai envie de rester à admirer le spectacle. Je me ressaisis, détache les écrous qui détiennent l'appareil, attache le câble, et gonfle le sac pour leur dire que tout est prêt.

Et la, j'ai un moment de lucidité, si je fait comme d'habitude et je remonte, une fois, en arrivant à la superficie il va faire noir, et avec la houle, ils risquent de pas me voir, en plus sans la barque, comment me rechercher, et s'il y a des courants je risque de ne pas pouvoir nager jusqu'au bateau. Donc je me dis qu'il vaut mieux que je reste accroché à l'appareil et que je remonte en même temps que lui.

La remontée est lente car elle se fait avec un winch, et mes collègues en voyant que je ne fait pas surface commence à s'inquiéter, mon chef me dira plus tard qu'il a eu la peur de sa vie et a pensé que j'étais remonter trop loin du bateau et qu'ils m'avaient perdu. Plus grand fut leur soulagement lorsqu'il me voit apparaître accroché au système. Cette plongée reste l'une des meilleures expériences de ma vie.

Lors de mes séjours sur l'île je fut pris de la passion de la Photographie, c'est vrai que les beautés qui s'y trouvaient étaient magnifiques, surtout les oiseaux.

Il y avait deux espèces qui dominaient, les fous et les frégates. Les fous qui sont d'excellents pêcheurs et plongeurs, dominent la partie sud. Les frégates qui sont d'excellents voltigeurs et voleurs de proie, habitent plutôt l'est et le nord de l'île, où il y a des arbustes. A la différence des fous qui font leur nid dans le sable, les frégates font leur nid surélevé dans les branches.

Les fous se nourrissent de poissons et les frégates aussi, mais celles-ci ne peuvent pas plonger dans l'eau, donc elles sont obligées de voler leurs proies aux fous et aux mouettes, pour cela elles dominent les airs et leur qualité de vol est bien supérieure aux autres. Mais les fous et même les frégates doivent faire très attention à ne pas laisser un de leurs nouveaux nés sans garde, car il serait inmediatament prît et manger par une frégate.

Voici quelques photos que j'ai prise sur l'île

Frégate prenant son envol.
Photo prise à contre jour
J'ai reçu le premier prix avec cette photo lors d'un concours organisé par le principal quotidien de Cancun peu de temps après notre arrivée.

Jeunes fous prêt à commencer à apprendre à voler

Ils se trouvent sur les restes d'une vieille barque en bois.

Frégate sur son nid

Compagnon de plongée

Plusieurs de ces photos, je les ai envoyées à un concours que proposait une revue qui était l'équivalent du National Géographique au Mexique. En beaucoup, mais beaucoup moins prestigieux. Je ne reçois jamais de nouvelles sur mes photos. Jusqu'à ce qu'un jour, Juan mon pote de l'université, me dit que trois de mes photos avaient été publiées dans un article de cette revue. Lors d'un de mes passage à Mexico, je suis allé les voir. Il m'ont expliqué que c'était le journaliste qui avait écrit l'article qui avait pioché dans les archives photographiques de la revue pour l'illustrer. Mais ils étaient disposés à me payer les photos. Il me donnerais le prix officiel chez eux pour les photos, qui était extrêmement bas. On ne voulut jamais me donner ni l'adresse ni le téléphone du journaliste qui s'était approprié mais photos, soit disant parce qu'il était américain et n'habitait pas au Mexique, ils n'avaient pas la possibilité de le contacter. Pour moi ce fut un orgueil de voir mes photos publiées, même volées.

Homo sapiens dans une colonie de fous
Remarquez l'insouciance des oiseaux face à ce prédateur

Plongeur qui se la pète

Mais après presque deux ans que j'y travaille, le projet Cayo Arcas se termine.
Notre secteur ne garde que le projet Dos Bocas, il s'agit de la construction d'un port pétrolier.
On a très peu d'équipement de notre part, car la plupart des études sont faites par des
entreprises étrangères. Je ne vais que rarement sur le terrain, les plongée n'ont rien à voir avec
celles de Cayo Arcas, on plonge presque dans de la boue, cero visibilité et très peu profond.
Je fais presque que du travail de bureau, c' est chiant comme tout.

Mon rêve s'évanouit, la crise pétrolière et financière du Mexique à mi fin à mes rêves de devenir
un spécialiste de ces équipements et de faire carrière dans les technologies des études
océanographiques
J'oublie également les études, master et doctorat, les bourses pour étudier à l'étranger sont
devenues très rares, dû également à la crise. Le père de Mane qui est dans l'organisation qui
les promeut me l'a clairement dit. Reste à rechercher un autre travail plus intéressant.

À cette époque, Dominique sort avec Felipe, un étudiant chilien en math, qu'elle a connu à l'université où elle fait un master. Un jour que l'on joue au domino chez elle, on parle de mon travail qui m'emmerde et il me commente que la fille du ministre de la pêche fait une maîtrise avec son père, et qu'il sortait il y a pas très longtemps avec elle, en plus ils sont restés très bon amis.

Je les invite donc un jour à manger à la maison, c'est une fille très sympathique, d'ailleurs Felipe aussi, qui dit en passant ne sort plus avec Dominique. Ça se passe très agréablement. Bien que je trouve la situation drôlement étrange. On est en train de manger avec une fille dont j'ai fait connaissance parce qu'elle sortait, mais ne sort plus, avec un garçon que j'ai connu parce qu'il sortait, mais ne sort plus, avec une amie.

Le lendemain, je reçois un coup de téléphone de cette fille pour me dire que j'ai rendez-vous avec son père, le ministre. Je n'en croyais pas mes oreilles, je pensais pas qu'elle le ferait, au Mexique on vous dit toujours oui, mais jamais quand.

La semaine d'après j'ai le rendez vous. J'arrive dans la salle d'attente, elle est remplie à craquer, et je suis sûr que j'y vais passé des heures et peut-être sans résultat. Je vous rappelle que j'ai eu une grande époque où je passais ma vie à chercher du travail, donc ces salles d'attente je m'y connais.

Mais qu'elle est ma surprise lorsque j'ai à peine 15 mn d'être arrivé et qu' on m'appelle. Et je me trouve face à face avec le ministre que j'ai tellement vu à la TV, c'est son troisième ministère, donc il est très connu. Il me salue très courtoisement et me demande ce que je veux, je lui dis qui je suis professionnellement et que je voudrais travailler dans un des centres de recherche de l'institut de la pêche. Il me répond que c'est bon, appelle son secrétaire et lui dit de m'emmener avec le responsable des recrutements de l'institut. 10 mn plus tard, je suis dans le bureau de celui-ci. Il m'annonce qu'il a deux postes, un à Mazatlan (c'est dans le pacifique, un port de pêche surtout de crevette et de thon, et un peu touristique aussi) et une autre place à Isla Mujeres (je vous en ai déjà parlé).

J'ai jusqu'au lendemain pour choisir, il faut que je revienne avec tous mes papiers.

Je ne m'y attendais pas du tout, en une après-midi ma vie a changé.

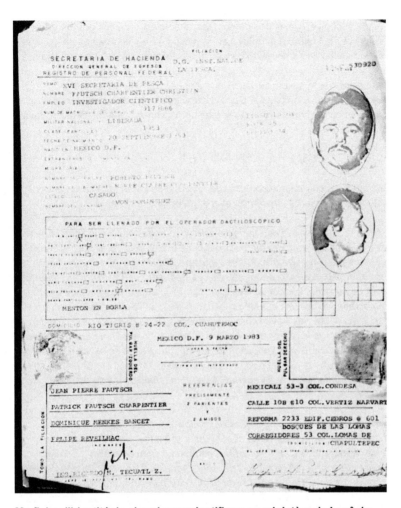

Ma fiche d'identité de chercheur scientifique au ministère de la pêche

Voici un exemple de l'importance du hasard dans nos vies, je n'aurais jamais eu un de ces postes en me postulant comme un simple biologiste. Ces postes de fonctionnaires ne peuvent se donner au Mexique que par un contact ou un parrainage à l'intérieur du gouvernement ou dans un syndicat. Et que moi je trouve un contact était, disons le, très peu probable, puisque je ne suis pas de ce milieu.

Il a fallu une série de circonstances pour que je me retrouve avec cette opportunité, et c'est plus le fait que des gens m'aiment ou me trouvent sympathique, que mes capacités de biologiste qui m'ont fait trouver ce travail. Le seul mérite que j'avais c'était d'avoir réussi ma licence et d'être sympa, et bien sûr de profiter des circonstances.

Pour décider quel poste accepter, j'avais des doutes, Mazatlan c'est une plus grande ville et j'étais toujours intéressé par la culture des huîtres et je savais qu'il n'y en avait pas à Cancún. Mais par décision de la famille, des amis et d'Yvonne j'ai pris le poste de chercheur à Isla Mujeres.

L'autre gros avantage c'est que je savais que mon entreprise Proyectos Marinos était en difficulté et qu'ils devaient virer des employés. Donc comme je m'entendais très bien avec le chef de mon secteur, je lui dit qu'il me renvoie au lieu de démissionner, comme cela je pouvais partir avec une bonne indemnité.

FIN DE LA DÉMOCRATIE LIBÉRALE À L'OCCIDENTALE ?

Le mouvement gilets jaunes a commencé comme une rébellion contre la taxe carburant et est devenu une crise de la représentation démocratique, du pouvoir d'achat et des inégalités.

On veut situer ces gilets jaunes dans la catégorie travailleurs pauvres et principalement blanc, c'est à dire à peu près la même catégorie que ceux qui ont élu Trump et voter pour le Brexit. C'est peut-être le cas lorsque l'on parle d'économie, mais pas du tout de question culturelle. Les brexisteurs et les pro trumps parlent eux beaucoup de cultures, peur de l'immigration, peur de perdre leur identité, et de moralité, surtout les évangélistes de Trump. Les gilets jaunes eux, parlent plutôt de démocratie, ce qui m'a étonné un peu, car si c'est vrais ce que l'on dit, que la majorité vote Le Pen, c'est à dire des travailleurs qui votaient avant à gauche, mais que depuis que celle-ci est conforme avec le libre marché et le capitalisme, ne cherchent plus qui va les sortir de leurs problèmes financiers, mais qui va protéger leur culture. Car c'est ce que la droite a compris, mieux vaut leur parler d'identité que de pouvoir d'achat. Mais si c'était le cas, ces gilets jaunes parleraient d'inmigration, et de culture d'islam etc.. mais ce n'est pas le cas. Ils parlent de démocratie!!!

Depuis la nuit des temps, l'humanité a dû s'organiser politiquement depuis que les communautés ont commencé à grandir et à se sédentariser. Au début on a voulu vivre en théocratie puisque les dieux nous ont créés etc. Mais comme les dieux n'étaient pas présents physiquement, on a inventé leur représentant, et puis on a vécu en monarchie, les rois et ses semblables étant choisis par dieu. Peu à peu les dieux ont perdu de leur force et on a inventé les monarchies parlementaires et les républiques. On a, soit disant, donné le pouvoir au peuple.

Premier exemple, la démocratie d'Athènes. Dans cette organisation politique le pouvoir est intégralement confié aux citoyens, mais seuls sont considérés comme citoyens les hommes libres nés d'un père athénien et d'une mère fille de père athénien. Or ces citoyens représentent une petite minorité, 9% de la population entière, soit 36000 citoyens pour une population d'Athènes et de l'Attique estimée à 380,000 habitants au temps de Périclès. L'esclave ne peut bien sûr pas être citoyen. La femme est semblable sur ce point à l'esclave, l'un et l'autre étant assimilables à des instruments domestiques dont le chef de famille doit pouvoir tirer usage. L'esclave n'est pas une personne mais une propriété de son maître. Ils sont environ 120,000, trois par famille en moyenne. Les travailleurs ne peuvent pas non plus être citoyens. Car, un homme qui doit travailler pour assurer son existence et celle de sa famille ne peut pas être considéré comme homme libre. Donc on ne peut pas dire que c'était une démocratie qui inclut toute la société athénienne. Mais plutôt une oligarchie qui était très égalitaire à son intérieur. Pour Aristote, il faut considérer qu'un homme qui travaille et qui connaît le besoin n'est pas fiable en matière d'engagement et de jugement; il est par nature corruptible, car le travail corrompt.

Puisque Athènes n'était pas très riche en ressources naturelles, il fallait chercher ces richesses dehors, pour maintenir une démocratie comme celle-ci, il fallait de plus en plus de richesse donc d'esclaves. Athènes passa en quelques années du statut de petite démocratie réduite à l'Attique, à celui d'empire colonial.

La différence des démocraties occidentales actuelles avec celle d'Athènes, c'est que dans celle-ci, juste l'élite peut voter et être élue, et dans celle d'aujourd'hui , tout le monde peut voter mais juste l'élite peut être élue.

Les élites veulent croire et nous faire croire que le peuple décide, que les dirigeants sont au pouvoir par volonté du peuple exprimée par un vote. Et que le pouvoir est contrôlé par celui-ci, grâce aux institutions comme sont la division des pouvoirs en législative, judiciaire et exécutif.

Sur le papier tout est très joli, mais dans la réalité tout est faux, le pouvoir de la finance et l'idéologie capitaliste a tout faussé.

Lorsque que l'on est pas content et que l'on veut changer le système, on nous dit: de former un parti, de faire une liste et de se présenter aux prochaines élections. C'est ce que l'on dit aux gilets jaune. Mais les élections partout dans le monde sont devenues une affaire d'argent. Avec l'argent on achète des médias, on fait passer des idées, on construit et on fait passer des mensonges etc.. mais qui a l'argent ? Les élites, et que veulent ces élites ? Rester au pouvoir pour rester à être les gagnants. Donc à moins que les élites décident par eux même qu'ils ne veulent plus le pouvoir, c'est impossible de changer.

Pour faire une apparence de légitimité ils laissent et même aident à ce qu'il y est un grand choix de partis et vont faire que le peuple par son vote arbitre la compétition et crois que c'est lui qui a choisi. Et bien sûr il va choisir, mais de la même façon qu'il choisit une marque de lessive à une autre, par des promesses annoncées par les médias. Et pour ne pas se risquer à n'avoir pas suffisamment de juri pour légitimer la compétition on ne compte ni l'abstention ni le vote blanc.

Un autre exemple de vraie démocratie dans l'histoire de l'humanité se trouve dans la piraterie des Caraïbes.

Les pirates élisent leurs officiers, divisent leur butin de façon égale. Ils limitent l'autorité du capitaine et résistent à de nombreuses pratiques en vigueur dans la Marine marchande capitaliste et entretiennent un ordre social multiculturel, multiracial et multinational.

Les ancêtres directs des pirates, les boucaniers, ne comportaient pas uniquement des repris de justice, des prostituées, des esclaves, des vagabonds et d'autres fuyards. Mais ils comptaient aussi parmi eux bon nombres d'exilés civils ou politiques d'Irlande et d'Angleterre, de protestant français en fuite et de rebelles contre l'autorité royale.

Ils ne sont pas seulement instruits mais ce sont également des penseurs d'un monde alternatif. Ils prônent chacun à leur façon une révolution selon des objectifs assez proches de ce que seront plus tard les idéaux libertaires.

Ceux qui se font appeler les frères de la côte, forment une société plus juste entre eux, mais ils vivent de la piraterie, c'est-à-dire du vol, un peu comme la démocratie d'Athènes vivait de son impérialisme. Mais les bateaux qu'ils pillaient, les vaisseaux de la marine marchande anglaise, hollandaise, française, portugaise ou espagnole étaient des bateaux de voleurs et de criminels à grande échelle, qu'il s'agisse du pillage des peuples des Amériques ou de la traite des esclaves africains, et cela n'à échappé à aucun marins soit-il pirate ou non. Il n'y a rien de digne dans le comportement conquérant d'une aristocratie fondée sur le courage, la noblesse du cœur et le désintéressement dans le fait de piller et massacrer les peuples des Amériques.

Il peut sembler pour le moin déroutant, et sans doute difficile à admettre, que ce soit chez des hors la loi, ces brigand des mers, ces êtres les plus réprouvés et à la marge de la société qu'ait été appliquée il y a si longtemps la forme de démocratie la plus digne de ce nom.

Est ce que la démocratie aurait la piraterie dans l'âme comme l'explique Jean-Paul Curnier dans son livre "la piraterie dans l'âme "

Après la démocratie athénienne et la piraterie, on pourrait remarquer que les annexions coloniales du XIX siècle ont été faites par des régimes parlementaires, soit disant démocratique, ceux-ci veut-il dire que les démocraties sont partie liée avec la prédation et le crime? En tout cas on a un autre exemple avec la plus grande démocratie du monde, celle que l'on veut imposer partout dans le monde: les États Unis d'Amérique.

Le peuple des États Unis, peuple par essence venus d'ailleurs, au prix de la quasi disparition des peuples qui y habitaient et sans y avoir été invités, va créer cette démocratie. Lors de sa création après la guerre d'indépendance, la population coloniale américaine comporte 2,2 millions d'habitants européens principalement d'origine britannique, plus 600,000 esclaves. Cinquante ans plus tard, en 1830 ils sont 13 millions et 2 millions d'esclaves, et ils occupent toujours seulement la côte Est en 13 états. Il y a alors de 10 à 12 millions d'indiens natifs qui habitent dans ce qui serait les E.U. Vivant selon tout autres codes de sociabilité et de civilisation.

Après l'annexion, sans retenue et au mépris de toute légalité, de plus de 10 millions de km 2 et après le massacre de Wounded Knee qui marque la fin des guerres indiennes, il ne reste qu'un peu plus de 500,000 survivants.

Donc comment ne pas croire en dieux lorsqu'on est citoyen des USA? Selon le livre de Lauric Henneton il n'y a que deux voie possible pour les USA de se constituer une histoire: soit une explication par la mission divine d'un peuple élu et civilisateur, annoncée par les pères pèlerins du Mayflower, soit celle du pillage pur et simple commis par une horde toujours plus grande de prédateurs sans scrupules ni conscience.

Dieux existe donc en Amérique, car si dieux n'existait pas nous ne serions pas là.

L'athéisme serait une sorte d'accusation pour nuire et de souiller l'âme inocente des citoyens Une expression " la destinée manifeste" est directement liée à une conquête américaine particulièrement brutale, l'annexion du texas en 1845, elle est produite par la presse, et est inventée par un journaliste John O'Sullivan pour légitimer cette annexion.

Car le concept de Destinée manifeste est d'essence prédicatrice, il rassemble les pères fondateurs missionnaires avec le futur fait de furie, de haine, d'avidité et de sang de la colonisation en marche. Il désigne comme une volonté divine les meurtres et les pillages en cours et à venir. Surtout il exempt tous citoyens passés, présents et à venir de toute *responsabilité et de tout état d'âme dans ce pillage à grande échelle, en raccordant toute action d'expansion coloniale à une fin voulue par Dieu lui-même.*

La fraternité américaine, cette valeur citoyenne cardinal, ne serait t'elle pas en fin de compte celle issue du partage du butin? Une sorte de lien d'omerta.

Mais plus encore que d'une justification divine et de motivation prédatrice maquillée en civilisatrice, il a fallu pour arriver là, un mode d'organisation collective parfaitement efficace. Et ce mode d'organisation, dès l'origine, c'est la démocratie.

C'est avec " Nous, le peuple" que commence la constitution américaine, mais ça va devenir très rapidement un état d'intervention avec un appétit de conquête de la société américaine dès la fin du XVIII siècle.

Mais qu'en est-il aujourd'hui de l'horizon démocratique, avec ce besoin d'enrichissement continu, dès que l'on voit l'appauvrissement du butin.

Les capitaines des vaisseaux démocratiques contemporains n'ont plus la direction ni l'obéissance de l'équipage, donc plus la main sur le butin ni le partage.

Ce ne sont plus les États qui exploitent les richesses des peuples et nations plus faibles, ce sont maintenant des multinationales.

La morale de toute démocratie, ce n'est pas de réunir honnêtement un butin, c'est de le partager le plus équitablement possible, tout en garantissant l'enrichissement des plus nantis. L'équilibre de toute démocratie libérale de type oligarchique est là.

On peut penser que le capitalisme est immoral et que seule la démocratie pourrait juguler l'immoralité du capitalisme. Mais la démocratie veut que le partage soit moral, mais ne met jamais en cause le fait que soit louable et même légitime d'exploiter, et de produire du profit. Les êtres malfaisants comme les autres peuvent prospérer en démocratie, un criminel qui soit habile à se conduire en société et soit instruit du rôle des lois et des institutions peut même survivre et opérer en démocratie mieux qu'ailleurs.

Par contre la démocratie ne sourit pas aux rêveurs, timides, introvertis et indifférents au pouvoir et à la richesse et peu enclins à la sociabilité. Ce qui met un doute sur sa nature bénéfique à l'humanité.

On dira alors pourquoi la démocratie occidentale attire et séduit les peuples, mais est ce qu'il s'agit effectivement de démocratie? Mais ce qui fait modèle et attire tant de sympathie ce n'est pas la démocratie mais le consumérisme de masse et le style de vie qui va avec et que promeuvent les oligarchies démocratiques.

Et de ce goût que l'on nous chante pour la démocratie, pour l'instant en réalité ce que l'on voit ce sont des expéditions militaires sous formes d'alliances au nom de la démocratie et des libertés publiques. Ce sont des ingérences au nom des droits de l'homme ou des tentatives d'installer des régimes démocratiques, mais en réalité de paille pour bénéficier de facilités économiques et stratégiques. C'est ce qui fit Athènes en créant la Ligue de Délos pour cette fin, pas pour propager sa civilisation et les œuvres de ses philosophes.

Le résultat c'est la nouvelle formule de "pays émergents" qui est l'apparition d'un territoire national jusqu'à lors situé entre colonialisme et néocolonialisme dans lequel on a réussi à aiguiser les appétits d'argent et de pouvoir d'un certain nombre d'affairistes dépourvus de scrupules et de morale. Cela provoque la destruction libérée des anciennes coutumes et des valeurs ancestrales qui restaient comme civilisation au sens strict du terme.

C'est ce qui ce passe en Indonésie par le déboisement pour fabriquer de la crème de chocolat à l'huile de palme pour les tartines des enfants d'Europe, d'USA et autres. C'est au Brésil l'anéantissement du peuple Guarani qui se fait au yeux de tous par des bandes armées aux ordres de planteur de soja qui leur tire comme des lapins pour leur spolier leur territoire ancestral. Ce soja qui se retrouve dans les réfrigérateurs de ceux qui s'indignent de « vrais causes » comme la protection des animaux. Mais s'assureront que le soja soit bio, on tolère toujours plus facilement les insectes que les indiens chez les entreprises alimentaires.

En France et en Europe on a voulu nous faire croire que des pans entiers des populations du Maghreb et du Moyen-Orient étaient séduites par la démocratie, lors de leur insurrection en Libye, des manifestations en Tunisie, au Yémen, en Égypte, des émeutes au Barheim et bien sûr en Syrie. On voit bien ce qui en a résulté.

La démocratie libérale a l'occidental ne pourra plus survivre très longtemps, on arrive à un point où la course a la productivité et au profit ne peu plus durer donc le butin ne peut plus être réparti sans que les nantis cessent de s'enrichir.

Depuis que l'homme a abandonné sa condition de chasseur collecteur et que sa condition d'existence s'est trouvée associé à la propriété individuelle, à l'épargne et à l'exploitation, il a suivi ce chemin qui l'a emmené à la destruction de son habitat et de celui de toutes espèces vivantes, en poursuivant une fausse démocratie qui l'a aidé à se justifier.

La démocratie représentative n'a pas besoin de citoyens mais d'électeurs. Le système libéral n'a pas besoin non plus de citoyens, mais de travailleurs et de consommateurs.

Pour installer une vraie démocratie, une démocratie continue,comme je l'ai proposé auparavant, il faudra faire des gens de vrais citoyens par l'éducation, il faudra que les valeurs de l'humanité reviennent au commun, pas au partage, car toute richesse appartient à la communauté. Il faudra réinventer un autre système économique ou l'exploitation, l'épargne et la propriété n'existerait pas. Et construire tout cela à l'international, car tous les sujets importants pour l'humanité sont globaux, le réchauffement climatique, l'évasion fiscale, la corruption, les inégalités sont devenus globales.

Ce n'est pas un retour en arrière, au contraire, l'humanité doit évoluer, nous existons depuis plus de 300,000 ans et seulement 3 % de ce temps comme cultivateurs, on peut bien chercher autre chose.

Les nouvelles recherche archéologiques et anthropologique nous ont appris que l'homme a déjà inventé d'autres systèmes d'organisation sociale, que celles de nos états nations, il y a bien longtemps, comme l'ont démontré dans leur livre « Au commencement était…la nouvelle histoire de l'humanité » David Groeber et David Wengrow. Je le recommande énormément. On a beaucoup évolué techniquement mais très peu politiquement et socialement.

Il est grand temps de faire ce pas et de changer.

Le vote ne veut rien dire, surtout le vote binaire que l'on utilise dans les référendums. Si on vous demande vos goût pour deux fruits, vous répondez que vous préférez la pomme à la banane, et aussi que vous préférez la banane à la poire donc :

POMME>POIRE

On pose la même question mais à plusieurs personnes pour qu'elles votent.

51 % préfèrent la pomme à la banane, 51% préfèrent la banane à la poire, et 51 % préfèrent la poire à la pomme donc la formule qui fonctionne pour un individu

POMME >POIRE n'est plus valable pour une population donnée d'individus.

C'est le paradoxe de Condorcet, mathématicien du XVIII qui a découvert cette bizarrerie de la démocratie.

Mais dans ces temps modernes ce n'est de loin pas la seule. Pourquoi faut-il des centaines de millions de dollars pour gagner une élection au EU ? Des dizaines de millions en France même si les frais y sont contrôlés ? Pourquoi toutes les suspicions de manipulation des élections depuis l'étranger?

Tout simplement parce que le vote des électeurs est très facilement manipulable avec les nouvelles technologies, il suffit d'avoir suffisamment d'argent.

Si ce n'était pas le cas, pourquoi toutes les grandes entreprises dépensent des fortunes en publicité, pour manipuler les achats des consommateurs?

Alors, une fois pour toutes, arrêtons de dire que l'on vit dans des démocraties et que nos dirigeants élus soit-il député, maire, sénateur, gouverneur, président etc sont choisis par volonté populaire!

On ne peut voter par volonté propre que de ce que l'on connaît personnellement, pas par des intermédiaires, d'où l'importance que dans mon système démocratique on ne vote que pour un individu que l'on connaît personnellement. Et de façon qualificative.

Non, la démocratie libérale n'est pas une démocratie.

C'est une dictature ou la direction de celle-ci se joue entre l'élite qui a le pouvoir de l'argent, tout comme la Chine est une dictature ou le pouvoir se joue entre les gens du parti.

Quelques jours avant de partir on a pu assister au mariage d'Afonso et de Gil avec les sœurs Monica et Selene. Cela nous a permis de voir tous les copains, car on aurait plus l'occasion de se rencontrer aussi souvent. Isla Mujeres se trouve à un peu plus de 2000 km de la capitale.

Je suis parti d'abord tout seul en avion. L'aéroport se trouve à Cancún, pour arriver sur l'île il faut prendre un petit bateau qui part de Pto Juarez, ce port se trouve à l'extérieur de Cancún. Il faut savoir que Cancún est une ville toute neuve construite à partir de 1973. Avant dans la région, il n'existait que Isla Mujeres, qui était une petite ville de pêcheurs très touristique, et Pto Juarez, petit port qui sert de liaison entre le continent et l'île . Lorsque j'étais passé quelques années auparavant, lors de mon voyage sur le bateau océanographique, Cancún était tout juste à ses débuts.

Donc je prends le bateau qui met une quarantaine de minutes pour traverser et accoster au petit port de l'île. Là, il faut prendre un taxi pour aller jusqu'au centre de recherche. Il se trouve à peu près à quatre km du port sur un petit bras de terre qui sépare une petite lagune de la mer.

Les installations sont assez modernes, le centre a été construit lors du boum pétrolier, donc ça ne fait pas très longtemps. Il se trouve sur une plage de sable blanc avec un petit quai. On rentre par une petite cour. Du côté gauche se trouve 4 laboratoires avec bureau, et au fond, un bâtiment qui abrite les équipements de pêche. Du côté droit on a d'abord les bureaux administratifs puis suivent des habitations pour le personnel et au fond un petit appartement pour le directeur du centre. A l'arrière des laboratoires se trouve un autre grand laboratoire bien équipé avec un petit bureau séparé.

Je me présente au directeur, qui depuis le début, je trouve nul. Puis il me présente quelques uns des autres biologistes. A ce moment il n'y en a que deux. Luis, qui a fait ses études dans la même université que moi, mais dans une autre faculté, et qui est chargé du projet sur la pêche de la langouste. Julio César qui a fait ses études à l'université autonome de Mexico et qui est chargé de la tortue. Ils habitent dans le centre avec Enrique l'administrateur. Ils ont à peu près mon âge, sauf Enrique qui est plus jeune. Julio César est célibataire, bon en théorie non, mais sa copine est au E.U. et Luis vient tout juste de se marier avec Rina, une autre biologiste qui va arriver dans une quinzaine de jours, elle est chargée du projet sur la pêche des poissons pélagiques. Il existe deux autres projets dans ce centre, la pêche du requin et la pêche d'un coquillage qui s'appelle Caracol. Mais comme pour celui-ci sa pêche est pour l'instant interdite, car trop péché, je choisis donc le projet de la pêche du requin.

On m'assigne un des laboratoires qui donnent sur la plage et un technicien pêcheur va m'épauler sur mon travail, d'ailleurs c'est un mec très sympathique, on l'appelle « El campechano » car il est originaire de la ville de Campêche, à la différence des autres techniciens (une dizaine) qui sont originaire de l'île. L'endroit est vraiment paradisiaque.

Je vais bien sûr rester habiter au centre ces premiers jours. Tout le monde est très sympathique, sauf le directeur. On mange dans le centre où il y a une cuisine et le soir on fait un tour en ville. Il y a un cinéma qui passe deux films différents tous les soirs, c'est un vieux cinéma tout délabré et les films sont un peu vieillots, mais c'est marrant et ça nous distrait. Mais ce que je préfère de cette sortie, c'est qu' à l'entrée du cinéma, il y a une dame qui vend des cacahuètes qu'elle vient de griller, ils sont tout chaud avec un peu de piment et de citron, délicieux.

Mais je commence à m'inquiéter pour savoir qu'est-ce que je vais pouvoir louer pour habiter avec Yvonne.
Sur l'île il n'y a aucune offre, Luis à réussi à trouver une petite baraque pour habiter avec Rina, qu'il loue à un commerçant de l'île, mais même si je réussissais à en trouver une pareil, Yvonne ne supporterai pas, Luis et Rina passent toute la journée sous l'air conditionné des laboratoires, tandis qu'Yvonne n'aurait rien a faire et ne supporterait pas d'être enfermé dans ce genre de baraque, surtout que pour elle il n'y aurait aucune possibilité de travail sur cette île.
Donc la solution serait d'habiter Cancun et que je prenne le petit bateau tous les jours.
Donc quand j'ai le temps je traverse pendant l'après-midi pour aller sur le continent chercher une maison à louer.
Mais gros problèmes, il n'y a presque rien à louer. Cancun a a peine une dizaines d'années d'existence, la première étape hôtelière vient à peine d'être terminée et il n'y a rien qui se construit en habitations, et une grande population des autres centres touristiques du pays et de la capitale veut venir tenter sa chance ici. Je commence à me désespérer car en plus je ne connais personne dans cette ville.
Quelques jours après, la Soeur d'Yvonne, Monica, m'informe qu'une de ses copines qui vient de se marier est venue habiter à Cancun, et que son mari, qui est comptable, y a de très bonne relation. Il travaille pour une famille de politiciens de Tabasco qui ont plusieurs négoces à Cancun. Donc je vais la voir pour lui demander de l'aide pour me trouver un logement.
Je veux profiter des vacances de Pâques pour faire le déménagement, et juste quelques jours avant, elle me trouve une maison!
La maison n'est pas très belle mais elle est très bien, trois chambres avec salle de bains chacune, une grande cuisine et salle à manger et salon de taille correctes. Une seule chambre possède

l'air conditionné et elle est énorme. Il y a juste un petit jardin à l'entrée et un grand garage ouvert et couvert, et une toute petite cour à l'arrière.

Mais elle est trop chère pour moi, je n'arriverai pas à la payer tout seul. Donc comme toute ma famille est très contente que j'habite à Cancun, car il ne faut pas oublier que Cancun est devenu le centre touristique par excellence et y venir en vacances c'est très cher, je leur donne la bonne nouvelle que j'ai trouvé une grande maison et qu'il y a de la place pour tout le monde, mais qu'il faudra casquer.

Patrick qui gère l'atelier est d'accord pour m'aider pour le loyer, donc c'est super ! Le problème est résolu.

Je reviens à la capitale pour finir le déménagement avec Yvonne. Comme Cancun se trouve à plus de 2000 kilomètres, louer un camion rien que pour nous serait trop cher, donc on loue un transport partagé, bien que nos affaires remplissent presque la totalité du camion.

On vend la voiture d'Yvonne, la mienne aussi, mais ma 4L ne vaut plus rien, et on achète une Renault 12 break d'occasion qui nous permet de voyager moins serré.

On emmène 3 chats, ma chatte Atalanta, ma compagne depuis que j'habite tout seul, un de ses fils, Atos, et un autre petit chaton dont je ne me rappelle plus du nom.

On arrive sans problème après deux jours de voyage, et on prend possession de notre foyer. Dans notre déménagement on n'avait pas de matelas ni de frigo ni de cuisinière, l'appartement de Mexico était équipé. Donc on achète immédiatement ces équipements qui vont nous permettre de rendre notre maison habitable.

Heureusement que l'on devait acheter tout cela car si normalement notre déménagement devrait arriver au bout de 4 ou 5 jours, il arrivera un mois après !!!

Ce fut un peu difficile, heureusement qu'il y avait la copine de Monica. Yvonne pouvait passer sa journée avec elle, pendant que moi j'allais travailler.

Elle est très contente, pour elle ce changement c'était comme de longues vacances. Pour l'instant, l'éloignement de la famille et des amis ne se fait pas sentir. Au bout de 15 jours, Gerardo et Ana sont déjà venus nous rendre visite, mais ils n'ont pas logé à la maison faute de meubles, mais comme Gerardo a des sous, ils sont descendus à un hôtel sur la plage, ce qui nous permet d'en profiter aussi.

Les week-ends, nous les passons avec Rina et Luis qui fuient l'île où il n'y a rien a faire, une bonne amitié est en train de naître entre nous.

Mais à peine le déménagement est arrivé, les visites des amis et de la famille arrive aussi. Rien que Felipe, qui est toujours célibataire, va nous visiter au moins 5 fois la première année. On ne sera seul que 6 semaines en tout cette année, ce sont les amis, la famille d'Yvonne et la mienne qui viendront. La grande mère d'Yvonne en profite et invite des amies à elle lorsqu'elle vient nous voir, mon frère vient également avec ses amis. Tout le monde veut profiter que l'on habite à Cancún pour se payer des vacances dans ce paradis.

Notre chambre
Vous pouvez voir, pas de meubles, un matelas acheté sur place, deux tables de chevets fabriqués avec des troncs de palmiers et une vitre, et un vieux filet de pêche en guise de tête de chevet.

Au boulot tout vas bien, sauf que je suis pas encore payé, normalement l'argent devait commencer à arriver dans les deux à trois mois après mon embauche, à cause de la bureaucratie du gouvernement, mais l' argent vas tarder 6 mois, heureusement, une fois notre argent de nos anciens boulots fini, Rina et Luis nous aiderons à survivre.
 Pour aller au boulot, au début Yvonne m'emmène au port, et de la je prends le bateau, une fois arrivé sur l'île, soit je prends un taxi pour arriver au centre de recherche, soit quelqu'un qui a pris la camionnette du centre ce trouve en ville et je peux rentrer avec lui. Pour le retour c'est plus simple, car tout le monde part à 3 heure de l'après-midi et, soit je pars avec Luis, soit avec les autres sur la camionnette.
Le problème c'est que le taxi devient trop cher . Julio César a un bon vélo italien que sa copine a laissé sur l'île, et il va me le prêter. Donc je commence à prendre le vélo de la maison pour aller au port, ça fait 7 km, je passe le vélo sur le bateau et une fois sur l'île, il me reste 4 km pour arriver au centre, ce n'est pas trop dur, sauf lorsque le vent souffle sur l'île car le vent prédominant dans la région

vient du sud-est, et c'est justement cette direction que prend la route pour aller à mon laboratoire, et c'est très souvent que ça arrive. La première fois que je fais ce parcours, j'arrive en nage et complètement crevé, je reste au moins pendant une demi heure sous l'air conditionné à me récupérer, je suis la risée de tous les collègues.

L'autre souci c'est que pour passer avec le vélo sur le bateau, je dois payer un autre billet, ce qui commence à faire également cher. La solution c'est de faire le passage pour l'île un peu plus loin que Puerto Juarez, c'est-à-dire jusqu'à Punta Sam ou ce trouve le quai du ferry qui fait la navette pour les voitures et les camions entre le continent et l'île.

Le prix pour les personnes est dérisoire et le vélo gratuit, donc ce sera mon nouveau parcours. Et comme cela je me maintien en forme.

Lorsque l'on a déménagé à Cancún, Yvonne et moi on a décidé qu'il était temps d'avoir un enfant, on était marié depuis presque deux ans et j'avais un boulot que je ne pouvais perdre étant fonctionnaire titulaire. Elle arrêta la pastille les premiers mois de notre arrivée et elle me donna la bonne nouvelle au mois de juin, ce fut un enfant conçu en mer.

Yvonne au début était un peu apeurée mais rapidement elle en fît une raison d'être. De mon côté je n'arrivais pas à me projeter.

Heureusement pour nos finances, mes anciens patrons me contactent pour m'offrir un petit boulot. Il s'agissait de la maintenance de trois marégraphes qui étaient installés dans certains sites stratégiques de la lagune Nichupte, lagune qui sépare la presqu'île de Cancún, c'est-à-dire la zone hôtelière de la ville.

C'était des marégraphes traditionnels, ils marquaient une courbe des marées sur une feuille de papier millimétrée, donc je devais une fois par semaine remplacer les feuilles, vérifier l'encre et remonter le moteur. Le seul souci c'était l'accès aux appareils, j'avais un accès par la terre, mais ils étaient à peu près à une trentaine de mètres du bord de la lagune. J'avais pied, mais l'un d'entre eux était entouré de vases, et j'avais toujours peur de marcher sur une bestiole.

Mais ça me faisait une petite entrée et je ne perdais que mes samedis matin.

Les plages et la lagune de Cancún sont un vrai paradis, et avoir un bateau ce serait le top du top. Un biologiste que j'ai connu là-bas, un super gars, qui était chargé d'un projet sur la protection de la tortue, me propose de lui acheter une vieille Zodiac pour quatre personnes dont il n'en veut plus. Elle était un peu en mauvais état, mais j'ai réussi a retaper le fond en bois et à réparer quelques fuites, il me fait un super prix. En plus au centre de recherche il y avait un petit moteur de 6 chevaux hors-bord qui n'avait aucune utilité dans le centre, donc je me fit un prêt du moteur pour mon usage, ce n'était pas trop étique, mais qu'il pourrisse dans le hangar, où que son usage permette qu'un des directeurs de projets soit content et ainsi il puisse mieux travailler, ce n'est que bénéfique pour le centre.

R12 et zodiaque

Donc on avait un moyen de profiter de la mer, mais surtout de la lagune. La Zodiaque, on la montait sur le porte bagage du toit de la voiture. Sur le bord de la route vers la zone hôtelière, il y avait une petite entrée vers la lagune où on pouvait descendre la zodiac et monter à bord. La zodiaque étant petite, et avec un moteur pas puissant du tout, on n'allait pas trop loin. Mais on pouvait aller se promener dans les petits canaux tout près, on traversait la mangrove par ces petits canaux à l'eau turquoise. On était entouré d'arbre, de liane, et de branches qui Plongeaient dans l'eau. Et grâce à la petite taille de notre transport on avait trouvé un endroit à l'abri des regards où on pouvait nager et s'asseoir sur les branches. On mangeait, on buvait, on rigolait dans ce paradis, et on rentrait très souvent complètement bourré.
Une fois, on a fait cette promenade avec Christophe, qui venait de se marier avec Patricia, et on a vraiment pensé que ce serait incroyable de pouvoir se faire une cabane dans ces arbres pour y habiter.

On était a Cancún depuis à peu près trois mois, quand Jesus, le frère d'Yvonne, nous demande de bien vouloir accueillir une chienne, de race grand danois, car il ne peut l'avoir dans l'appartement. Yvonne et moi avons toujours aimé les animaux et nous avions chacun perdu nos chiens, donc on acceptait.

C'était une super chienne, très câline et obéissante elle s'appellait Tabata. Et même si cette race de chiens est assez impressionnante et fait un peu peur, avec elle c'était différent, elle accompagnait Yvonne partout, même à la banque, personne n'avait peur d'elle. Lorsque on prenait le bateau pour l'île avec elle, les gens la carréssaient et l'admiraient.

La gestation de notre bébé allait très bien, Yvonne n'avait pas eu trop de malaises et ne grossissait pas trop. On eu un seul souci.

On allait passer notre premier Noël à Cancun, ma mère était venue nous rendre visite et elle allait passer le réveillon avec nous, Jesus aussi était venu.

Ce jour de Noël en début d'après-midi, j'étais en train de préparer le dîner, lorsque on entend des bruits d'animaux dans le petit jardin en face de la maison.

C'était un Coati qui avait une laisse attachée à son collier et celle-ci c'était accrochée à une branche de notre arbre, lorsqu'il était monté. Plusieurs personnes à Cancun avaient des Coatis comme mascotte, un voisin en avait un, et je suppose que celui-ci c'était échappé.

Je monte sur l'arbre et je détache la courroie. Mais quelques instants après il remonte sur l'arbre et sa courroie s'accroche encore. La solution est donc de lui décrocher la courroie de son collier, mais le Coati est très nerveux et je sais qu'il peut mordre. Je sais également qu'ils raffolent des œufs, puisque rappelez-vous que j'en ai eu un.

Je fais chercher un œuf et lorsqu'il est en train de le manger je lui décroche sa courroie. Tout content de ma bonne action, je retourne à la cuisine.

Pour comprendre ce qui va se passer je vais vous expliquer comment la maison était distribuée. Une grille séparait le jardin de la rue, l'arbre était en rentrant à gauche et l'entrée de la maison juste en face, de ce même côté, tout à gauche, il y avait un passage entre la maison et le mur qui séparait la propriété du voisin, ce passage menait à la petite cour arrière, et là, il y avait une porte qui menait à la cuisine.

Donc Yvonne et moi nous nous trouvons dans la cuisine, Jesus est dans notre chambre et regarde la TV, ma mère est partie à la pharmacie. Le Coati, au lieu de partir, est en train de rentrer par la porte de la cuisine et s'approche d'Yvonne, je lui de rester tranquille que les Coatis ne sont pas méchants, mais tout à coup il lui mort à la jambe, elle pousse bien sur un terrible cris qui fait sortir Jesus de la chambre comme un fou et il rentre dans la cuisine, et le Coati lui saute dessus, lui mords à la main et s'enfuit par la porte qui mène au salon, tout ça en quelques secondes. Je ferme en vitesse la porte pour l'enfermer.

Mais je me rappelle que nos chats sont dans le salon, et je suis sûr qu'il va les tuer. Je contourne la maison par le passage dont je vous ai parlé plutôt, pour ouvrir la porte d'en face pour qu'il sorte. Tabata m'accompagne, mais à peine j'ouvre la porte il est là et veut m'attaquer. Je file à toute vitesse par où je suis venu, mais au moment de tourner dans la petite cour il me rattrape. Je vous jure que ces moment là, je les ai vécus en ralenti, comme dans les films d'horreur, je savais qu'au moment où il fallait que je me retourne, il allait me rattraper. Je me retourne donc, et collé au mur j'essaie de me défendre à coup de pieds, mais il me mord à deux reprises la jambe avant de prendre la fuite.

Dans la cuisine, il y a du sang partout. La morsure d'Yvonne n'est pas grave, deux petits centimètres et pas profonde, Celle de Jesús à la main est assez grande et profonde, les miennes, il y a une petite pas grave du tout, mais l'autre est assez grande et profonde.

Étant travailleur au gouvernement fédéral on est assuré par une structure spéciale, mais à Cancún elle est très petite puisque presque pas d'assurés. Lorsqu'on arrive, il n'y a qu'une infirmière car c'est le réveillon, elle fait venir un docteur qui est chez lui. Yvonne ne peut pas être vaccinée et ne peut prendre d'antibiotiques car elle est enceinte. On lui fait juste deux points de sutures. Jesús et moi on a droit à plusieurs point de sutures et de piqûres et on devra aller tout les jours pour le traitement et pour surveiller les plaies, car les point de sutures nous sont enlevés car le médecin c'est rendus compte que l'on ne doit pas suturer les morsures de bêtes sauvages, bon c'est ce qu'il nous dit. Après j'ai cherché à me renseigner d'où venait ce Coati, et j'ai appris que le voisin qui en possédait un, était parti pour Noël et avait laissé l'animal attaché.

Je comprends maintenant pourquoi cette pauvre bête nous détestait tellement, nous les humains, et n'avait absolument rien fait, ni aux chats ni à la chienne. Je ne lui en voulais pas.. Heureusement que ma mère n'était pas là. Mais à part ça, on a passé un très bon Noël.

Un autre drame allait survenir avant la naissance de notre enfant. Notre chienne Tabata était enceinte. Quelques semaines auparavant on était allé à Mexico pour le mariage de mon frère Patrick avec Marcia une copine de Marta, l'ex de Jean Pierre. Et on avait laissé la chienne sur l'île avec Luis et Rina. Comme elle était en chaleur ils l'enfermaient dans leur laboratoire, mais elle réussit à s'échapper et elle se croisa avec le chien du centre.

Un jour en rentrant de l'île Yvonne me dit qu'elle avait engueulé Tabata car elle était montée sur le lit et avait tout taché de sang. Je vais voir la chienne et je la trouve toute tristounette. Je lui ouvre la gueule et je vois ses gencives couleur rose claire, au lieu d'être presque noires, je crains le pire et je l'emmène au vétérinaire en vitesse. Le vétérinaire est d'accord avec moi, elle est anémique et à perdu beaucoup de sang, elle a sûrement une hémorragie interne à cause d'une fausse couche, il décide de l'opérait immédiatement.

Je rentre à la maison car l'opération va durer plusieurs heures me dit le vétérinaire. Yvonne s'en veut de l'avoir maltraité. Je retourne vers 8 heures du soir et personne n'est dans la salle d'attente, mais il y a du bruit et de la lumière dans la salle de soins.

Je reste dehors à attendre, et je crains le pire, il se passe au moins une heure de plus. Lorsque le vétérinaire sort et me donne la nouvelle de sa mort, je sens une énorme tristesse et je suis sur le point de pleurer, jamais j'aurais imaginé être si touché. Selon lui, elle était trop faible et n'a pas pu résister à l'anesthésie. Tabata est couché sur la table d'opération, il a recousu la plaie, bien sûr pour me taxer l'opération en complet. Il me montre les deux petits chiots qui étaient déjà morts. Il m'aide à la porter dans la voiture. Je m'en veux de n'être pas arriver à tant pour la sauver, et j'en veux au vétérinaire, je pense qu'il n'aurait pas dû l'anesthésie complètement il aurait pus je pense lui faire une anesthésie local, mais je ne sais pas.

Je ne peux pas emmener le cadavre à la maison donc je cherche un chemin qui puisse m'emmener vers un endroit dans la forêt. Tout en pleurant comme un gamin je trouve un sentier nouvellement ouvert dans une zone qui va se construire. Je dépose Tabata sur un monticule, je ne dispose pas d'outils pour l'enterrer, je vous rappelle qu'elle est de race grand danois. De toute façon, qu'elle soit mangée par des charognards, ou par des vers, ça n'a aucune importance. De retour vers la maison je ne me rappelle pas d'avoir été aussi triste de ma vie.

Lorsque Yvonne me voit, elle comprend tout de suite, et nous fondont en larmes dans les bras l'un de l'autre. Yvonne ne va presque pas dormir de toute la nuit et pareil la nuit suivante, ça fait des mois qu'elle et Tabata ne se séparaient jamais.

Je m'inquiète pour elle et notre enfant qui ne va plus tarder à naître.

Je demande donc au vétérinaire de me chercher un chien. Il ne tarde pas, le lendemain il me dit qu'une de ses clientes ne supporte pas le chien de son mari, un chiot de race grand Danois, gris comme Tabata, et elle veut le changer par un chiot de race french puddle, que le vétérinaire vend. Donc il me suffit de lui payer le french puddle. Je n'ai pas un sous, l'opération m'a coûté très chère. Mais mon père se porte à notre secours et me paye le chien.

Ce chiot, bien qu'il n'a encore que quatre mois, et physiquement identique à Tabata, mais par contre il est vraiment insupportable, il abois sur tout et a tout le monde, veut tout le temps jouer en mordant les gens et il fait mal, en plus, tout le contraire de Tabata, lui, il fait peur.

Mais ça marche, Yvonne est plus calme, et au moins ce chien la distrait, bien qu'il ne remplaçera jamais sa chienne.

CHAPITRE XXVIII Et ainsi commence ma grande et belle famille

LA VALEUR D'UNE CHOSE ? UNE INVENTION DE L'HOMME

L'homme a inventé les monnaies pour pouvoir interchanger des produits, celle-ci sert d'intermédiaire pour pouvoir acquérir une chose que l'autre possède.

Le troc est suffisant si je possède quelque chose que l'autre désire, et l'autre possède quelque chose que moi je désire, il suffit de les interchanger.

Mais si ce n'est pas le cas, je lui échange ce que je désire par quelque chose, que lui a son tour pourrait interchanger contre quelque chose qu'il désire.

Ainsi est née la monnaie.

Durant très longtemps elle n'a pas été nécessaire, car le fait de posséder n'était pas très naturel,, tant que l'homme a été chasseur cueilleur, tout était mis en commun.

A partir du moment où il s'est sédentarisé et les activités se sont spécialisées, agriculteurs, éleveurs, artisans etc., les gens devaient acquérir des articles qu'eux même ne produisaient pas. Ainsi le commerce et la propriété sont nés, et avec, le besoin des monnaies. Celles-ci ont pris plusieurs formes, de simples coquillages en Afrique où des graines de cacao dans le Mexique pré hispanique jusqu'au pièces métalliques en Europe Asie et Chine.

La première monnaie fut l'orge en Summer en 3000 avant JC, on payer par une mesure d'orge, le sila. On pouvait alors soit le manger soit l'utiliser pour acheter un autre produit.

Toutes ces monnaies étaient basées sur la confiance, mais pour que celle-ci soit la même entre culture différente on a eu recours aux pièces réalisées en métaux précieux comme l'or et l'argent qui mettaient à peu près tout le monde d'accord.

Il suffit, dans une relation comercial, qu'une des deux parties donne de la confiance a une monnaie pour que l'autre en fasse de même

Mais pour cela il ne suffit pas de donner une quantité d'or et ou d'argent par pièce, il fallait que la pièce soit frappée par une autorité à laquelle on pouvait faire confiance. C'était comme une signature de cette autorité qui garantissait la teneur en métaux précieux de la pièce. De cette façon on n'était pas obligé à peser les monnaies comme on serait obligé si on nous payer avec de l'or ou de l'argent en lingots.

L'autre fonction de la monnaie devient alors l'unité de compte, c'est-à-dire de donner une valeur chiffrée à un produit, exemple un sac de blé vaut t'elle quantité de monnaies. C'est donc un prix. Mais qui va établir le prix? Le producteur ? Qui décide de ce que vaut son travail, le marchand, qui veut gagner des plus values ? Où le client qui achète, et qui veut ou ne veut pas payer tel prix?

On dira que ce sont les lois du marché qui font les prix, mais on verra que ce ne sera que rarement vrai.

La monnaie a été inventée aussi pour payer des services, surtout pour payer les soldats. Le sel a été utilisé comme monnaie dans plusieurs cultures. Il était utilisé par les romains pour payer les soldats, d'où l'origine du mot salaire.

La monnaie étant physiquement tangible, doit être transportable, hors ceci devient un problème lorsque l'on veut payer de grande somme à l'autre bout du monde.

Les templiers inventent alors la lettre de change, avec une simple lettre un templier pouvait disposé de ses richesses en France où au Moyen Orient et vise versa.

L'autre fonction que l'on demande aux monnaies c'est celle de réserve de valeur. C'est-à-dire accumuler de la richesse. Lorsque l'on reçoit de la monnaie pour un produit ou un service et que l'on a pas besoin dans l'immédiat de l'interchanger pour un autre produit ou service, on garde cette monnaie pour plus tard, ou comme diront les économistes si on produit plus que ce que l'on consomme on peut accumuler des richesses.

Avec l'internationalisation des échanges, les monnaies métalliques sont donc anexé a la valeur de l'or et l'argent. Au moyen âge on donnera même le permis à certains seigneurs de frapper leur propre monnaie.

Les billets de banque, plus simples à manipuler surtout lorsqu' il s'agit de grande quantité, seront inventés très tôt, en Chine. Comme ils reposent plus ,que les pièces métalliques, sur la confiance, ils seront vite abandonnés lorsque les désaccords dans la société apparaissent, ils reviendront beaucoup plus tard et devront être annexé à l'or.

A la Renaissance apparaissent les premières banques, la plus connue est la banque de Venise qui essayera d'arbitrer les valeurs monétaires entre occident et orients en relation avec l'argent et l'or.

Mais après la première guerre mondiale, les monnaies ne peuvent plus être indexées à l'or, les anglais l'ont déjà fait pour la livre, car les dettes sont si grandes que les pays européens ne peuvent plus payer leurs dettes en or. Le dollar reste la seule monnaie indexé à l'or et le reste des autres monnaies sont indexé au dollar, se sont les accord de Brentwood

En 1976 Nixon met fin à l'étalon or ,et avec les accords de Kingston, le cours des monnaies devient flottant.

Donc toutes les monnaies reposent maintenant sur la pure confiance.

Je vais vous parler d'un exemple de monnaie qui illustre très bien le fonctionnement de la confiance dans celle-ci.

Ce sont les pierres de Yap, une monnaie qui a fasciné les économistes du XX siècle. Yap est l'un des quatre Etats de l' archipel de Micronésie.

Les yapais utilisent des pierres percées en leur centre comme intermédiaire des échanges. La plupart mesurent entre 80 centimètres et 1.50 mètres, les plus petites 30cm et les plus grandes jusqu'à 4 mètres avec un poids de plus de 7 tonnes! Pour les plus grandes inutiles de les déplacer pour les interchanger, il suffit d'inscrire une marque dessus pour indiquer le changement de propriétaire. Donc exactement comme maintenant, dans le monde occidental, on fait avec la monnaie scripturale. C'est-à-dire la quantité en chiffres notés dans un compte courant. Il suffit que je fasse un virement pour que ce chiffre noté dans mon compte courant à mon nom, apparaisse dans le compte courant au nom d'une autre personne.

On peut donc penser qu'il suffirait de tailler une pierre pour gagner de l'argent, mais justement ces pierres sont faites d'aragonite, une roche qui n'existe pas sur l'île.

Elles proviennent d'une île voisine située à 400 kilomètres, donc on pense qu' on leur a donné de la valeur à cause du travail et de la peine endurée par les navigateurs, qui au risque de leur vie ont amené ces pierres sur l'île. On estime également chez les économistes classiques que la valeur d'une chose est liée au travail nécessaire à sa production.

L'anthropologue William Furness raconte une anecdote sur cette monnaie. Une famille était considérée particulièrement riche bien même qu'elle ne possédait aucune pierre sur l'île. La raison été que des générations auparavant, une misión au compte de cette famille qui rapportait une grosse pierre de l'île a été prit dans une tempête et a été obligé de se débarrasser de celle-ci pour sauver leur vie.

En arrivant sur l'île ils racontèrent leur mésaventure et jurèrent que la pierre qu'ils transportée était de très bonne taille et de superbe qualité. Il fut accepté par toute la communauté que l'histoire été vraie et donc la famille était dorénavant riche, car propriétaire d'une pierre de grande valeur, même si celle-ci était au fond de la mer.

Une autre anecdote: l'île de Yap fait partie des possessions espagnoles jusqu'en 1899 date à laquelle elle est vendue à l'Allemagne (la colonisation européenne n'a vraiment laissé libre aucun territoire). Les Allemands, nouveaux propriétaires, demandent à la population de réparer les routes qui sont en mauvais état. Mais ceux-ci refusent . Les allemand décident donc de mettre une croix noire sur les pierres, indiquant que celles-ci appartiennent désormais au gouvernement. Les Yapais se mettent immédiatement à réparer les routes et une fois le travail terminé les croix sont effacées et les propriétaires retrouvent leurs pierres. Exactement comme font maintenant les gouvernements lorsqu'ils bloquent un compte bancaire.

On pourrait croire que la quantité d'une monnaie en circulation est la quantité de billets et monnaie qui existe. Mais non, tout est devenu de plus en plus compliqué. Il y a les dépôts à vue, les dépôts à termes, les certificats de dépôts, les bons de trésor etc. Etc. La quantité de billets et monnaie est minoritaire. Autour de 10%.

Pour augmenter la masse monétaire à l'origine il fallait chercher de l'or et le transformer en monnaie ou du moins l'avoir en possession pour transformer nos billets ou pièces en équivalent or.

Mais maintenant la création de monnaie se fait par les banques centrales qui prêtent de l'argent aux banques commerciales en échange de reconnaissance de dette ou en achetant des bons du trésor.

Les banques centrales créent également de la monnaie en prêtant aux particuliers ou aux entreprises. De même font les banques de dépôts lorsqu'elles font un prêt.

Les limites pour la création de monnaie sont extrêmement compliquées, elles dépendent des décisions des politiques des banques centrales, de traités entre les pays et de disputes entre les différentes théories des économistes.

C'est le cas de la TMM (Théorie Monétaire Mondiale), cette théorie, très à la mode, montre que les Etats étant ceux qui produisent et désignent la monnaie et la contrôlent, ceux-ci peuvent dépenser sans contrainte, donc ni les déficits ni la dette ne sont un problème.

Et cela serait vrai si les Etats gardent ce contrôle. Mais ils sont en train de le perdre. Puisque ce n'est plus seulement eux qui produisent la monnaie au moyen des banques centrales, il y a aussi les banques commerciales, et celles-ci ne dépendent plus seulement des prêts de la banque centrale. Celle-ci produit d'ailleurs plus de monnaie en rachetant de la dette, ce qui fait entrer les fonds spéculatifs, et autres acteurs financiers, dans la danse. C'est donc la finance qui dirige tout. Il faut donc tout faire pour que ce soit la TMM qui ait raison.

La finance est devenue extrêmement compliquée et en même temps extrêmement profitable à ceux qui la contrôle, les meilleurs cerveaux qui auparavant allaient travailler dans l'aéronautique ou la haute technologie vont maintenant travailler chez les financiers pour inventer des systèmes toujours plus compliqués et profitables à une élite. C'est devenu un jeu que plus personne ne contrôle. On a inventé un truc que lorsqu'il y a une crise, elle fait plus de dégâts à l'économie qu'une catastrophe naturelle !!! Pourtant si c'est une invention humaine on devrait pouvoir la contrôler. Mais les financiers ne veulent pas, car ça permet de s'enrichir sans avoir à produire aucun bien ni service!!!

Le gros problème n'est pas dans la monnaie elle-même, le problème est venu avec l'invention du prêt avec intérêt, c'est-à-dire l'usure. Prêter de l'argent avec l'intention que l'on nous le rende avec sa même valeur est tout à fait normal. Pourquoi avoir conditionné un prêt avec un retour supérieur en valeur? L'intérêt de la personne qui a inventé ceci c'était dit: l'autre à besoin de mon argent, donc je vais profiter de sa nécessité pour m'enrichir sans avoir à produire absolument rien et en lui demandant un bénéfice au remboursement , tandis que lui, pour me rembourser devra produire davantage que ce dont il avait besoin au début.

Ainsi est né le besoin de croissance.

Les grandes religions monothéiste ont critiqué l'enrichissement, sauf le judaïsme.

Le catholicisme condamne la richesse et le matérialisme, et surtout l'usure, mais sans l'interdire et il valorise plutôt la pauvreté , les évangélistes au contraire ont plutôt encouragé le monde de l'argent. l'islam encourage le commerce mais interdit l'usure. Pour Le judaïsme l'enrichissement est plutôt un signe d'élection divine et n'ont aucun problème avec l'usure, c'est pour cela que c'était les seuls avec les Lombard à servir comme des banquiers au moyen âge.

Maintenant comme toute la masse monétaire est créé par le crédit, ont est tombé dans une spirale sans fin, nous somme le serpent qui se mord la queue.

La dette de tous les pays augmente et la richesse de quelques- uns va de pair avec celle ci. Les intérêts des dettes augmentent en volume et en taux pour plusieurs pays, il faut bien que quelques-uns encaissent ces sommes.

Pour que l'humanité puisse s'en sortir, il faut arrêter ce système et remettre tout à plat. Réinventer un système politique qui ait une logique de justice. Qui ne soit pas une sorte de jeu inventé par quelques-uns, qui changent les règles pour que seulement eux y gagnent.

On a inventé beaucoup de métiers qui ne produisent rien d'utile à l'humanité, ce sont seulement des métiers pour faire fonctionner un système capitaliste néolibéral hyper financier. Par exemple:

Les banquiers, trader et autres
Les publicistes
Les avocats d'affaires
Les politiciens en tant que parti
Les commerciaux
Les assureurs
Les coach de vie
Les
intermédiaires

On éliminerait ces métiers. On profiterait de l'avancement des technologies modernes pour inventer un nouveau système qui remplacerait la monnaie et aurait les mêmes fonctions d'intermédiaires d'interchangeabilité , de réserve de valeur et d'unité de compte.

Ce changement bien sûr devrait se faire au niveau mondial, l'humanité et complètement interconnectée et il est temps de faire tout les progrès ensemble ou on s'en sort tous, ou on met un terme au passage de l'humanité sur la terre et sur l'univers pour ceux qui croient encore aux conneries que l'homme peut coloniser d'autres planètes.

Les prix dans notre économie sont fixés par ce que l'on appelle les lois du marché, pourquoi? Juste parce que certains l'on décidé et affirment que c'est le seul système qui marche, comme si on en avait essayé plusieurs.

Ces lois disent que lorsque l'offre d'un produit est supérieur à sa demande son prix baisse, et augmente si c'est l'inverse. Mais c'est pas si simple puisque plusieurs autres facteurs entrent en jeu, comme le monopole dans la fabrication, la propriété du brevet , la publicité mensongère ou non, la spéculation, les coûts de production faussés par des subventions ou différences fiscales et laborieuses entre pays, contrôle de qualité etc.

Mais le plus grave c'est les prix dans l'alimentaire. Les prix des céréales sont fixés à l'international par les bourses, c'est-à-dire par la confiance des investisseurs qui jouent à gagner de l'argent selon le climat qui pourrait faire diminuer des récoltes ou non.

Un kilo de maïs, sera toujours un kilo de maïs qu'il soit produit en chine ou au Mexique ça reste un kilo de maïs (je parle bien sûr du même genre de maïs, en sachant qu'il en existe plusieurs, depuis le maïs indigène du Mexique au Maïs transgéniques de Monsanto). Donc il devrait avoir la même valeur où le même prix qu'il pleuve ou non, ou qu'il fasse partie d'une récolte de 1000 tonnes ou de 100 kilos.

Ce prix devrait être fixé par une commission internationale, mais le prix serait en quoi ? En dollars? En euros? En pesos pour le Mexique ? En Yan pour la Chine?

Non, il faut finir avec toutes ces monnaies sous prétexte d'autonomie économique et budgétaire, le nationalisme ne peut être économique non plus, ça ne donne aucune liberté supplémentaire, si on universalise les prix il faut universaliser la monnaie.

Mais quelle monnaie ? La plupart des paiements sont déjà dématérialisés, donc on pourrait très bien le généraliser. Au lieu d'euros ou de dollars, on aurait des points, d'ailleurs si on ne veut pas les appeler point on pourrait les appeler autrement, par exemple « sila » en honneur à la mesure de grain d'orge du pays de Sumer que l'on peut considérer comme l'ancêtre commun à toute les monnaies.

Tout le monde à sa naissance aurait un compte qui serait alimenté chaque mois avec un montant nécessaire pour vivre, le revenu universel, un certain montant avant les 18 ans et un autre après ses 18 ans. C'est-à-dire que l'on serait payé parce que l'on vit, tandis que maintenant on doit travailler pour être payé pour vivre. Le marché continuerait d'exister, mais avec des prix fixes, surtout pour l'alimentation.

Pour l'agriculture, les paysans auraient bien sûr le revenu universel comme tout le monde. Mais pour empêcher l'agriculture extensive, puisque les prix sont fixes et ne dépendent ni de l'offre ni de la demande, on mettra des quotas à ne pas dépasser par exploitation et ainsi éviter le gaspillage. Mais pour éviter aussi le manque de production, on aurait également des quotas minimum à produire, à ajuster bien sûr selon les facteurs climatiques. Pour les produits que l'on peut stocker comme les céréales on choisira les cuotas pour avoir suffisamment de ressources au cas de mauvaise récolte.

Pour l'élevage se sera de même, prix fixe, interdit les élevages industriels, retour au respect de l'animal et abattage à la ferme par des abattoirs mobiles. Et cuotas pour provisionner la population en protéines animales suffisantes tout en permettant les plaisir festifs de la table en qualité. Augmenter l'élevage d'insectes pour diminuer l'impact sur l'écologie de la production de protéines animales.

La terre à cultiver serait mise en commun, comme les forêts aussi, qui l'étaient encore il n'y a pas longtemps. L'agriculture et l'élevage seraient organisés en coopératives.

Les produits seront vendus dans des magasins en libre-service par des commerçants qui payeront le prix fixé aux producteurs et eux auront une plus value fixe sur les produits, déterminés à l'avance, qui leur permettra de payer leur frais de ventes et gagner des « sila ». Les gens sauront sans surprise combien d' argent (silas) ils doivent dépenser pour ce nourrir. Pour éviter les mauvaises gestion personnelles qui pourraient exister pour des gens perdus dans leur vie pour plusieurs raisons, une partie du revenu universel ne se débloquerait du compte que pour l'achat de nourriture, ça évitera par exemple qu'un malade d'alcoolisme dépense tout en alcool. Bien sûr les grands gourmands pourront dépenser plus en nourriture s'ils le veulent. Les dépenses de santé et d'éducation seraient gratuites. Pour le logement, celui-ci serait subventionné pour les plus démunis et ceux qui s'enrichissent par leur travail et ont la possibilité de se construire de belles maisons, ils n'auraient aucun souci, la propriété privée se maintiendrait selon certaines modalités.

Par exemple être propriétaire de son habitation principale et d'une seule maison secondaire. Et peut-être une autre habitation à la condition de la louer, se sera a voir par les économistes. Il s'agit de respecter la propriété privée mais d'empêcher l'accumulation de richesse.

La bourse reviendra à ses origines, ce sera juste un mécanisme de financement.

Une entreprise se créerait par l'apport de ses associés, qui forment un capital divisé en une quantité d'actions. Ces actions auront toujours le même prix. Les actionnaires se répartissent les bénéfices selon le nombre d'actions qu'ils possèdent. Si l'entreprise veut lever des fonds pour s'agrandir elle mettra une certaine quantité d'actions sur le marché boursier au même prix que celle qui existes. Ce capital obtenu devra être intégralement investi dans l'entreprise, l'administration doit être transparente pour tous. La vente et l'achat des actions de l'entreprise se feront dans le marché boursier mais toujours au même prix. On gagne de l'argent juste avec les dividendes obtenus sur les bénéfices pas sur l'achat ou ventes des actions.

Les employés d'une entreprise devront par force de loi posséder au moins trente pour cent des actions. Si l'employé arrête de travailler dans cette entreprise, il partira avec ses actions et les vendra si bon lui semble. Pour devenir actionnaire, l'employé achètera ses actions s'il dispose d'argent, sinon il les achètera avec son travail.

Le contrôle de l'argent, c'est-à-dire de la masse monétaire en circulation, se fera par une plateforme au niveau mondial, l'administratif se fera par des plateformes des états, régionales et communales.

L'augmentation de la masse monétaire doit croître en relation avec la démographie. Si la différence entre naissance et mortalité est positive, celle-ci augmenterait dans la même proportion.

Pour qu'il y est une autre augmentation de la masse monétaire qui ne dépendent pas de la population, mais qu'on veuille l'augmenter pour que la population s'enrichisse.

Elle ne serait possible que si cet enrichissement ne venait pas à l'encontre de l'écologie planétaire.

On ne permettra pas par exemple d'augmenter celle-ci pour faire plus d'avion pour que plus de monde puisse voyager.

Le progrès doit être contrôlé. Nous devons continuer les progrès en santé, mais pas pour faire du transhumanisme, sinon pour que tout le monde ait accès aux soins.

Continuer le progrès dans le transport, pas pour faire de plus en plus de belles voitures toujours plus performantes, mais pour faire des véhicules qui polluent moins mais qui durent beaucoup plus longtemps. On oublie qu'une voiture pollue énormément dans sa fabrication, donc avant d' avoir parcouru le moindre kilomètre elle a déjà énormément pollué. Le fait de changer de voiture tout le temps pour une qui pollue moins n'est pas la bonne solution. Il nous faut des transports en commun gratuits et des véhicules personnels à vie.

Les prix alimentaires ne seront pas les seuls à être fixés, tous les prix des matières premières également, il n'y a aucune logique à ce qu'un litre de pétrole coûte aujourd'hui un autre prix que *celui d'hier ou celui de demain. Il a mis les mêmes millions d'années à être formé. De même pour un kilo de fer.*

D'ailleurs les matières premières seront une ressource mise en commun, la planète terre n'appartient à aucun groupe d'individus. L'exploitation, c'est-à-dire l'extraction de ces matières premières par une société ou coopérative sera bien sûr rémunérée, mais le produit appartiendra à tous. C'est tout à fait normal que ces ressources profitent à tout le monde, pas à ceux qui ont l'argent pour l'extraire comme c'est le cas maintenant. Pareille pour les ressources de la mer, on vous paye pour l'extraction, mais le produit est mis en commun.

Lors de la vente d'un kilo de poisson, ou d'un baril de pétrole, ou d'un kilo de cuivre, le revenu viendra en entier à l'état, lequel aura déjà payé l'extracteur et payera le commerçant. Avec ces revenus, l'État aura bien de quoi financer le revenu universel.

Ce que produit la nature ne peut appartenir à un individu ou à un groupe d'individus, l'humanité toute entière doit en profiter tout en laissant leur part aux autres espèces vivantes de la planète. Leurs laisser des territoires pour qu'ils puissent vivre selon la loi de la nature, sur terre comme en mer. Et surtout éviter toute surexploitation des matières premières non renouvelables.

Puisque les matières premières coûteront le même montant pour tout le monde, les prix pour se nourrir et se loger de même. La différence des prix des objets manufacturés dépendra exclusivement de la qualité et des heures de travail nécessaires pour sa création. Le salaire horaire dépendra d'une négociation directe mais sera pratiquement le même partout dans le monde puisque le coût de la vie et le revenu universel sera identique
Un travailleur ou une entreprise s'enrichit davantage que leurs concurrents s'ils produisent mieux et en moins d'heures travaillées. Et non comme c'est le cas maintenant, par des facteurs qui n'ont rien à voir avec la production de l'objet.
En France on a bien instauré le prix unique du livre, et ça marche très bien. ça a permis de sauver les petites librairies. On pourrait parfaitement faire de même avec tous les produits manufacturés et sortir les prix des spéculations.

La création d'inventions technologiques pour que nous vivions de plus en plus confortablement a suivi une courbe exponentielle. Il est temps de l'arrêter.
L'humanité n'a pas besoin de plus de confort, elle a besoin de plus d'égalité.

Chaque individus n'aura droit qu'à un seul compte, mais ce compte comprend certains sous compte, qui se débloquerait différemment, par exemple par des codes différents, les paiements entre particuliers se feront par les techniques moderne, virement, Smartphone etc,
La délinquance diminuerait énormément puisque plus aucune liquidité de monnaie matérielle. Bien sûr il existera toujours ceux qui essayeront de pirater des comptes etc,

Les intérêts n'existeront plus, le prix de l'argent sera toujours le même, donc l'inflation, croissance, déflation, récession etc ne sera que mauvais souvenir.

Ceci n'implique pas que l'on ne peut pas cumuler des silas, bien sûr que oui, et on peut également faire et recevoir des prêts, mais cela auront toujours la même valeur, on rembourse sans intérêt. On ne perd ni on gagne, puisque pas d'intérêt et pas d'inflation. Les gens ne pourront plus s'enrichir sans rien faire, on pourra vivre sans rien faire si l'on veut, bien que je ne connaisse personne qui ne veut rien faire, et pour s'enrichir il faudra produire ce que les gens veulent et en ont besoin.

La commercialisation se fera de manière informatique, pas publicitaire, on informera les gens de tel produit nouveaux accessible à tel endroit, de telle façon et à tel prix. Mais aucune liberté pour influencer les individus à faire des achats inutiles.

Les communes, les régions et les états auront également leur comptes ou plutôt leur plateforme. Les communes alimentent les comptes de leurs citoyens pour le revenu universel et payent les services publics qui sont sous leur responsabilité et leurs fonctionnaires.

Comme l'argent du revenu universel va retourner sur l'économie locale puisqu'il représente le montant que l'on dépense pour vivre, le logement et la nourriture. Et on peut difficilement dormir ou manger là où on ne vit pas! Cet argent retournera à la commune par l'impôt.

On gardera l'impôt sur le revenu, l'impôt foncier, et l'impôt sur l'héritage dans les conditions que j'ai déjà indiqué, 0 impôts sur le patrimoine créé dans notre vie par notre travail, et jusqu'à 100% pour le patrimoine que l'on a hérité. Pas de TVA qui est une arnaque.

L'impôt sur le revenu sera progressif ainsi que le foncier.

Tous les impôts sont prélevés par la commune, qui elle, payera sa part à la région pour les services publiques régionaux et ainsi de suite.

Pas de niche fiscale, on arrête de payer aux riches leur servante et jardinier. Si on veut que les riches investissent quelque part, on les y obligent, si c'est pour le bien de la communauté. Normalement comme le jeu est fermé, plus de perte de valeurs, plus d'accumulations de richesses familiales. Le financement de l'État est garanti. Parce que s'il fallait créer de la monnaie au-delà de l'augmentation démographique, ça voudrait dire que quelques-uns sont en train d'accumuler des richesses.

Les raisons que donne les nationalistes pour maintenir les frontières c'est là soit disante souveraineté du peuple. Je rappelle que dans mon système chaque commune garde sa souveraineté dans la proclamation de ses lois, tant que celle-ci respecterait la constitution universelle, qui serait, comme je l'ai indiqué auparavant, surveillée par une assemblée. Une commune peut très bien voter des lois comme les horaires d'ouverture de ses magasins, construction d'une école, subvention sur la culture ou plus de sport, enseignement de telle langue. De même pour la région et l'Etat, il pourront décider de leur jour férié ou de la vitesse dans leur route, etc.

Mais par exemple des lois sur la peine de mort, mariage pour tous, droit à l'avortement, gratuité de l'éducation et de la santé, revenu universel, organisation politique, droit des minorités etc, seront intouchables. Seule l'assemblée mondiale pourrait faire des changements.

Il faut que les gens comprennent une fois pour toutes que les frontières n'ont jamais fait les peuples. Il n'y a jamais existé une frontière entre le Yucatan et le Michoacán, pourtant encore de nos jours, les yucatecos parlent Maya et les michoacanos parle zapotèque, les femmes au Yucatán s'habillent avec le huipil, et au Michoacan avec la sabanilla. Leur cuisine n'a rien à voir l'une avec l'autre.

Ça fait des centaines d'années que le pays basque est divisé par une frontière, entre sa partie espagnole et sa partie française, pourtant il sont toujours un même peuple avec leur langue. Les frontières ont toujours été créées par des politiques pour dominer une région et y installer leur pouvoir, jamais pour garder l'intégrité d'un peuple. D'ailleurs comme je l'ai déjà dit auparavant la plupart des soit disants peuples sont des inventions.

Mon système, qui n'est ici qu'une simple ébauche et qu'il faudrait approfondir, peut paraître très utopique. Mais tout est utopique tant que l'on ne l'essaie pas. C'est fort possible qu'il ne marche pas, mais ce qui est sûr c'est que le système actuel non seulement ne marche pas, mais il est suicidaire pour homo sapiens, et pour l'énorme quantité d'' autre espèces que l'on entraîne à la catastrophe.

LA NAISSANCE

Ça y est, Yvonne commence à avoir ses contractions. Maïna, la grand- mère d'Yvonne est venue pour assister à la naissance.

Il est quatre heures de l'après-midi, je l'emmène aux urgences de l'hôpital de l'assurance maladie, le seul hôpital de la ville d'ailleurs.

Le médecin l'a révisé et il paraît que le col n'est pas encore dilaté, mais préfère la garder car il a vu un peu de sang. Je vais à la maison pour lui rapporter ses affaires et mettre au courant Maïna.

Atalanta, notre chatte, est toute triste et fait de drôles de bruits, elle n'arrive pas à avaler sa nourriture même si elle essaie. Je retourne plusieurs fois à l'hôpital dans la soirée, on n'a pas le droit de voir les patients, il y a juste une petite fenêtre ou une infirmière m'informe de la situation.

Vers minuit, l'infirmière me conseille de rentrer dormir car le col n'est pas encore dilaté et que ça va prendre du temps, et qu'elle me téléphonera s'il y a du nouveau.

Vers six heures du matin Maïna me réveille, elle est en pleurs et me dit qu'elle revient de l'hôpital et qu'on lui a dit qu'Yvonne a des problèmes.

Vous imaginez mon angoisse !!! Je file à l'hôpital

Lorsque je me renseigne, on me dit qu'Yvonne est toujours dans la salle de travail.

Je demande alors pourquoi on a donné cette information à la grand- mère.

Le problème c'est qu'elle n'est pas passer par les urgences et elle est allé directement à l'entrée de l'hôpital pour demander à la voir, et elle a donné juste le nom de famille Dominguez, et il y avait justement une Dominguez hospitalisée pour une toute autre raison qui était dans état délicat, tandis qu'Yvonne n'était pas enregistré dans l'hôpital car elle était toujours en urgence dans la salle de travail et n'avais pas encore de chambre.

Mais quelle angoisse !!!

Je vais passer toute la journée entre le vétérinaire et l'hôpital, l'état d'Atalanta c'est agravé, le vétérinaire me dit qu'elle a dut manger un crapaud venimeux.

Yvonne va bien mais son col se dilate très lentement. Je suis assis dans la salle d'attente et tout me passe dans la tête, elle est peut-être dans un état grave et on ne me le dit pas.

Je me dit que ce n'est pas normal, ça fait 24 heures qu'elle est en salle de travail.

Je suis en train de ruminer mes idées noires lorsque vers 11 heures du soir on m'appelle pour m'annoncer que je suis père d'un garçon de 3 kilos ½ en parfaite santé et que madame va très bien et a était très courageuse, elle à mit au monde son fils sans aucun type d'anesthésie. Je pourrais les voir le lendemain matin.

J'ai une envie folle de fêter ça, mais il est tard, Luis et Rina sont sur l'île. Je me décide d'aller voir Nacho, c'est un ami de l'université, qui a trouvé du boulot sur une petite île au nord de Isla Mujeres, c'est un île habitée juste par quelques marins militaires et un petit poste de scientifiques. Comme il est marié, ça femme est venue habiter chez nous quelques mois en attendant de trouver un appartement. Au moment où notre fils est né, ils habitent un petit appartement tout près de l'hôpital, donc j'achète des bières et je vais le réveiller. Nous buvons nos bières en fêtant la naissance de Ian, c'est à ce moment là que je réalise que je suis père.

Le lendemain je passe voir le vétérinaire pour voir comment va Atalanta avant de passer à l'hôpital. Atalanta est morte dans la nuit, je déteste ce vétérinaire, mais c'est le seul en ville. Je ne peux être triste car mon bonheur d'être père est trop grand, je le sens plutôt comme un symbole de la part d'Atalanta, comme si elle me disait, je pars mais mon esprit reste dans celui de ton fils.

Yvonne est très contente et très fatiguée, elle a vécu hier toute la journée un enfer.

Elle me racontera toutes les anecdotes des infirmières, docteurs et autres patientes.

Comme c'est le seul hôpital à plusieurs centaines de kilomètres, des femmes très pauvres arrivent de lieu très éloigné dans un état grave des fois. Ce n'est pas une clinique de confort donc on anesthésie que si c'est vraiment nécessaire. Yvonne donne naissance à son fils de façon tout à fait naturelle. Au cris de certaines femmes, des aides soignants leurs disaient : « si tu ne voulait pas souffrir, il fallait garder les jambes fermées !!! »

Bien que c'était le seul hôpital, comme je l'avais déjà dit, il y avait très peu de naissances par jour, car cette zone est très peu peuplée, donc le service était assez bon.

Yvonne sort le lendemain matin vers 8 heures, Maïna fut d'une très grande utilité pour l'aider pour le bain et plusieurs petits conseils. Bien que j'étais contre plusieurs de ses techniques anciennes, comme celui d'enrober le bébé avec un drap de façon à lui maintenir les bras collés au corps pour qu'il ne se griffe pas. Donc chaque fois qu'elle le faisait je passais derrière pour détacher mon bébé et le dévêtir, on était en mars et il commençait à faire très chaud. On dit qu'il faut suivre les conseils des anciens qui sont plein de sagesse. Si on devait suivre tout ce qu'ils disent, la société n'évoluerait pas puisque rien ne changerait. Il faut bien sûr les écouter pour leur expérience, mais il faut suivre les nouveautés. A la fin, les vieux apprennent plus, des nouveautés que découvrent les jeunes, que ceux-ci apprennent des vieux.

La sensation d'être père ou mère est indescriptible, tout change, même l'amour entre nous deux. Notre amour devient comme beaucoup plus naturel, comme un fait. Comme le ciel est bleu. Notre bébé sera toujours le plus beau. Yvonne n'eut aucun problème pour allaiter. Donc de ce côté là je n'avais aucun travail à faire au début, si Ian avait faim, mois je ne pouvais rien faire, et comme Maïna voulait tout le temps aider, j'étais plutôt observateur au début, bien que l'on est très anxieux comme nouveau papa, j' allais tout le temps voir s'il respirait lorsqu'il dormait.

Lorsque Maïna rentra chez elle, je participais d'avantage, surtout pour le bain, et les couches.

Le petit Ian et ses heureux parents

Mais comme jeunes parents, nous continuâmes à sortir comme avant, tous les week-ends on allait à la plage, même quand Ian n'avait que quelques semaines. On était tellement inconscient, que Ian n'ayant que deux mois, on reprit nos sorties sur le zodiaque en mer et dans la lagune. On lui m'était juste un parapluie pour le protéger du soleil et des embruns.

Je me rappelle surtout d'une sortie. Christina, ma sœur était venue nous rendre visite. En générale je n'aimais pas sortir La zodiaque s'il n'y avait pas avec moi un autre homme pour m'aider à la monter. Mais je me dis qu'avec Yvonne et Chistina ça pourrait marcher. Pour l'aller tout ce passa très bien, on descendi la zodiaque de la voiture, le moteur, on chargea la glacière et on fit une belle promenade vers une petite île dans la lagune près du club de golf, on picnica là-bas et on se servit des Cubas, (coca cola et rhum) Ian n'avait pas plus de trois mois, et Yvonne l'allaiter tout en buvant ses cubas.

Ce fut très rigolo jusqu'au moment où au retour, il fallut sortir là Zodiaque de l'eau et là monter sur le toit de la voiture. Yvonne et Christina étaient complètement bourrées et n'arrêtaient pas de rigoler. J'ai dû monter tout seul tout le bazar et m'occuper de Ian.

J'étais bien énervé, mais en même temps je passais un super moment de rigolade, et j'ai réussi à tout finir avant l'arrivée des moustiques!!!!

l'arrivée de la croisière des saoulardes
Remarquez la taille des verres

On dit au Mexique que les enfants quand ils naissent ils apportent leur « Torta » (sorte de sandwich) ce qui veut dire qu'ils amènent de la chance avec eux.

Ce fut le cas de Ian, lorsqu'il est né, notre contrat de location d'un an de la maison arrivait à son terme. Et le propriétaire voulait une grosse augmentation.

Cancún comme je vous l'ai dit avait des problèmes de logement dû à sa forte croissance, et tout près de la maison on construisait des petits édifices à trois appartement, et on était en train de les finaliser

J'ai toujours été ambitieux au sujet de l'endroit où je voulais habiter, mais j'ai quand même pris un rendez-vous avec une vendeuse, je ne me voyais jamais habiter avec ma famille dans un si petit appartement.

Chaque appartement avait 65 m2, il y en avait un au rez-de-chaussée, un au milieu, et un autre au penthouse.

La vendeuse nous fait visiter un édifice qui donne sur une avenue et est au coin d'une petite rue, et n'a pas de vis à vis à l'arrière non plus.

On nous dit que ces appartements sont faits pour être achetés comme investissement, et pour les louer à des tiers. Pour cela, l'entreprise qui les a fabriqués dispose de crédits d'une banque de l'État, pour les transférer aux clients.

Je me renseigne sur les prix et le financement, et à mon grand étonnement, ce n'est pas cher du tout et le financement est très intéressant.

Il faut payer un apport de 10% et le reste à vingt ans à un taux fixe. En plus, le 10% peut être payé en trois fois, 5%, puis deux de 2,5% mensuel. Je ne suis pas chaud du tout pour habiter un petit appartement, mais si on était propriétaire des trois? Ça changerait tout, je pense que je pourrais convaincre la famille de l'acheter ensemble et ça leur ferait un pied à terre pour les vacances. En plus la vendeuse me dit que les appartements, de cet édifice, aucun n'est vendu, et dans presque tous les autres il y en a au moins un de vendu. Elle me demande gentiment si je suis intéressé et si je veux qu'elle me le mette de côté, elle peut m'attendre un mois. Je répond par l'affirmative. La visite, je l'ai faite avec Yvonne et Ian, et on a beaucoup aimé l'emplacement. La superficie du terrain est de 400 m2 et l'édifice est au milieu, à la différence des autres édifices qui ont en face un parking pour trois voitures, notre parking et sur le côté à l'arrière dans la petite rue, donc ça nous fait un jardin en face et un autre petit à l'arrière. Et surtout on est entouré de trois rues, et on a un seul côté collé au terrain de l'autre édifice. Mais je ne suis pas du tout sûr que la famille va suivre.

C'était un dimanche et en rentrant je téléphone le soir même à Patrick, qui je vous rappelle c'est lui qui administre l'atelier de mon père.

A mon grand étonnement il ne discute presque pas et est d'accord pour m'envoyer le premier paiement.

Juste à temps, je n'ai pas eu à rompre le nouveau bail puisqu'il n'avait pas encore commencé. Nous déménageons le lendemain, après avoir reçu les clés le jour de l'acompte. Nous n'avons d'ailleurs pas encore grand chose, les trucs que l'on a depuis Mexico et les meubles que je me suis fait depuis que l'on est arrivé à Cancun, le lit, une salle à manger et un libraire. Maintenant on a trois appartement à meubler.

Ian va continuer à apporter son sandwich comme on dit au Mexique. Un de mes ex patron va venir me voir quelques jours après le déménagement. Ils ont encore besoin de mes services. On va implanter un appareil comme ceux que l'on utilisait à Cayo Arcas, prêt d'une petite baie appelée Pamul. C'est pour une étude du littoral car on va faire un petit port pour recevoir des bateaux qui vont exporter du « sascab » une sorte de sable très fin qui a un grand pouvoir de compaction et qui est utilisé pour les routes, et dont la région est riche.

Je dois une fois par mois aller à Pamul, puis par bateau aller sur le site ou l'appareil est installé, plonger, le sortir de l'eau, le ramener sur la plage pour qu' un technicien sorte la cassette avec les enregistrements des données collectées, et fasse la maintenance. Puis le ramener sur le site replonger et le réinstaller à sa structure.

La paye pour cette seule journée est l'équivalent de ce que je gagne en un mois au centre, mais avec cette somme je dois financer mes frais.

Pour la première fois, je loue les services de deux frères qui ont une barque à quelques kilomètres du site dans un endroit appelé Xcaret, où ils ont un petit business de plongée pour touristes. Mais ils prennent trop cher, donc une fois que j'ai vu où c'était, je me dit que ce n'est pas très loin et que je pourrais sortir avec ma Zodiaque depuis Pamul. Pour m'aider je fais appel a Nacho mon pote de l'université que j'ai logé un moment et qui sait très bien plonger.

Ma zodiaque
Vous pouvez remarquer à l'intérieur de la zodiaque, à côté de ma bouteille de plongée, l'appareil à mesurer vagues et marées, que je viens de récupérer.

Mais ça ne va pas marcher, il a le mal de mer et ce jour-là il ne m'aide pas du tout. Donc les prochains sorties je les fait tout seul, je désobéis à la règle de plongée qui dit que l'on ne doit pas plonger tout seul. Pour m'aider à monter l'appareil sur La zodiaque, j'emmène un garçon qui nous aide pour le jardin.

Donc mes frais diminuent vachement et je profite pour emmener à chaque sortie Yvonne et Ian. Pamul est une superbe petite baie à une heure et demie de Cancun, on y loue 3 petits bungalows et il y a un petit restaurant. On y mange très bien, surtout le ceviche de Caracol. Et c'est là que je vais goûter une délice, un petit gibier appelé Tepesquincle, une sorte de mélange de petit porc et de lapin.

L'endroit où je plonge pour chercher l'appareil n'est pas aussi magnifique que Cayo Arcas, mais ça va. C'est une longue journée chaque fois que je la fait,et je fini crever, mais ça vaut le coup, ça durera un an.

Cette entrée extra va me permettre d'emménager un peu l'édifice. Je vais faire une palapa pour faire un toit dans le parking pour trois voitures. Mettre des moustiquaires, des rideaux, poser des ventilateurs, faire des lits pour les invités, et faire pousser une haie autour de notre propriété. Je n'achète pas de balón d'eau chaude, on se baignera à l'eau froide pendant encore un an et demi.

Question copains il y a du nouveau, Nacho qui bosse pour le ministère de l'écologie nous présente un couple de biologiste qui viennent d'être embauchés pour travailler dans une nouvelle réserve au centre de l'État. Ils s'appellent Laura et Miguel Angel. Il viennent également de la même université que nous, et viennent de sortir de celle-ci. Ils sont très sympas, les parents de Laura sont assez riches et lui ont acheté deux appartements comme les nôtres, un pour elle et Miguel Ángel, et un autre pour les personnes qui viendront les visiter.

Et eux-mêmes nous ont présenté un autre couple qui sont également venu habiter la région ils sont également des étudiants de notre université mais en bio ingénierie.

Mais ils sont venus monter une affaire de guides touristique pour VIP, lui s'appelle Fernando et elle Lolita, et ses parents ont également pas mal de sous et ont financé le début de leur entreprise. Donc on forme un groupe assez sympa, tous les week-ends on va a la plage. À cette époque, on a encore de superbes plages vierges tout près de la ville.

On picnic sur place et le soir on fini de se soûler chez quelqu'un. On s'amuse vraiment comme des fous, on fait des jeux, ils y en a qui joue à la guitare etc. On est assez nombreux à chaque fois ,car à part nous, les jeunes couples, nous avons toujours en visite, de la famille ou des amis. Tout le monde veut venir à Cancun.

Ian a à peu près 4 mois lorsque Jean-Pierre vient nous rendre visite, il vient avec Norma, la cousine de Marta son ex et de Ana. Norma c'est la fille qui lui plaisait. Elle s'est mariée entre-temps, mais ça n'a pas marché du tout, je crois qu'il s'est séparés au bout d'un an. Et maintenant elle sort avec mon frère, je trouve ça très drôle. On fait avec eux la visite que l'on fait avec tous les copains qui viennent nous visiter. C'est-à dire visite des ruines de Tulum à une heure et demie, se sont des ruines très belles au bord de la mer. Puis de retour on s'arrête à un endroit pour nager. Cette fois-ci on choisit de s'arrêter à Chel Ha, un aquarium naturel très beau. A un moment donné, Norma et Yvonne sont rentrées dans l'eau se rafraîchir, et Jean-Pierre et moi on est resté avec Ian sur les transats. Je ne sais pourquoi mais j'ai Ian dans les bras et je le lui passe à Jean Pierre. Je ne sais comment il fait, il est debout et le laisse tomber. Il tombe sur le transat en plastique et va rebondir sur les pierres mais je réussi à l'attraper. Jean-Pierre est tout blanc, il ne sait que faire, je ne l'ai jamais vu comme ça. Il a peur et honte je crois. Bien sûr j'essaye de lui dire que c'est sans importance, Ian n'a absolument rien, les bébés sont en caoutchouc je crois. Mais Jean-Pierre va être traumatisé à vie, lorsqu'il aura sa première fille il va avoir peur de la porter.

Un soir, pendant leur séjour, on est Jean-Pierre et moi en train de picoler tout seuls. Et il me dit qu'il a une grande annonce à me faire, je crois qu'il va m'annoncer qu'il va se marier, mais non, il me dit qu'il a gagné au loto!!
Je crois qu'il blague, je sais qu'il a toujours joué à la loterie, mais je ne le crois pas...mais c'est vraiment vrai, il a gagné une grosse somme.
Je suis le seul à le savoir, il ne veut rien dire à Norma car il a peur que le jour où il va la demander en mariage elle soit influencée par ce gain. Ses plans sont les suivants, il veut prendre sont indépendance dans son travail, ses patrons se désintéressent de cette affaire, ils ont leur propre entreprise, et lui il pourrait reprendre quelques clients. Il va louer le bureau du père de Gerardo, puisque celui-ci et sa mère ont fini par fermer.
Il va s'acheter la voiture dernier cris, un terrain dans un quartier résidentiel pour y construire une maison, va se marier avec Norma après l'avoir aidé pour le divorce, et faire un beau voyage de noce en Europe.

Ils se marieront quelques mois plus tard à Tequisquiapan dans le terrain qui est juste à côté du chalet de ma mère, il est en train de l'acheter, il l'entoure de murs en briques et fait une sorte de petit porche ou va se dérouler la cérémonie civile.
Ils on fait un truc simple, quelques tables et on va servir des fromages français fabriqués à San Juan Del Río, un petit bled près de Tequisquiapan, ou un suisse les produits.
Mais au moment où on va servir les fromages, Jean-Pierre me demande un service, il faut que j'aille chercher, là où il a acheté les fromages, le dessert, des fraises à la crème chantilly. Le problème c'est que lorsque j'arrive le dessert n'est pas prêt, je vais attendre en total avec la route plus de deux heures.
Donc quand je reviens il n'y a plus de fromages, rien à manger !!! Plus de vins!!!
Je me rappellerai de ce mariage !!!!

CHAPITRE XXIX   ....la famille grandi et je me recycle

Yvonne est de nouveau enceinte, on voulait que nos deux premiers enfants soit assez proche en âge, et après avoir allaité un peu plus de six mois elle a pu retomber enceinte.
Comme vous avez pu vous en rendre compte on n'est pas catholiques pour deux sous, mais nos famille oui, donc pour le baptême de Ian, nous on s'en foutait, mais on eu beaucoup de pression et Patrick voulait à tout prît être le parrain. On accepte mais à condition que moi je ne dépense pas un sous. On le fait à Mexico, Patrick se charge de l'église et pour la fête Gerardo me prête son jardin. Il vient de déménager de son appartement cher à Polanco, pour une belle petite maison avec jardin dans un quartier très éloigné du centre ville et dans les hauteurs aux

limites de la ville. Il est très éloigné de tout, mais très chouette et je le suppose pas trop cher. Tout se passe très bien, mon beau-père nous a envoyé une quantité industrielle de bière, puisqu'il travaille pour la Corona.

Je vous rappelle que l'argent pour l'apport de l'achat de l'édifice était sorti de l'atelier de mes parents. Patrick profite de notre voyage à Mexico pour faire une réunion de toute la famille. Comme l'entreprise gagne de l'argent, il veut tout simplement se l'approprier, et il dit que l'achat de l'édifice c'etait pour payer notre part. Un appartement pour moi, un autre pour Jean-Pierre et un autre pour mes parents, Christina n'aura rien car elle a son mari. C'est du n'importe quoi. Mon père dit que l'on est en train de l'enterrer vivant. Jean-Pierre n'est pas du tout d'accord, il s'en fout de l'appart de Cancun, il voudrait plutôt de l'argent ou que Patrick paye le terrain d'à côté de la maison de ma mère qu'il est en train d'acheter. Christina crie à l'injustice. Ma mère s'en fout complètement. Et moi je dit que l'on a pas du tout acheté un édifice, que l'on a juste payé le 10%, que le reste c'est moi qui est en train de le payer, donc je suis d'accord si Patrick ou l'atelier prend en charge les mensualités. Tout le monde m'envoie chier. Je déprime et me jure à moi -même de leur rembourser, chose que je ferais quatre années plus tard. La suite sera une éternelle dispute entre Jean-Pierre et Patrick, qui jusqu'à aujourd'hui n'est toujours pas réglée et une autre entre Christina et Patrick qui n'est pas non plus résolue. Mon père prendra la défense de Patrick contre Jean-Pierre au début, pour ce retourner quelques années plus tard, lorsque Patrick fera faillite.
Je ne sais d'où lui sorti à Patrick l'idée, que lorsque l'on fait prospérer une entreprise qui n'est pas à lui, les bénéfices lui reviennent et pas à nos parents qui sont les propriétaires. Mais pas seulement les bénéfices, la propriété aussi.

LES REQUINS ET MOI

Mon boulot était super, le seul inconvénient c'était le temps que je perdais pour y aller.
Le travail principal consiste à aller dans les entreprises qui achetent aux pêcheurs de requins leurs produits. J'allais presque toujours avec le « Campechano«, mon technicien. Il fallait être présent lorsque le pêcheur déchargeait ses requins, car le requin pourris très vite, il sent très vite l'ammoniaque. On commençait par identifier l'espèce et le sexe, assez facilement car on ne compte pas plus d'une huitaine d'espèces dans la région. On essaye d'avoir des renseignements avec le pêcheur sur le lieu de la pêche, mais ils donnent rarement les renseignements par jalousie, et quand ils le donnent je me méfie de la véracité. Ensuite on procède à des mesures morphologiques, puis on attend que l'on commence à les découper pour voir leurs contenus estomacal ou s'ils sont chargés de leurs petits, puis on prélève des vertèbres pour qu'une fois dans le laboratoire on cherche leur âge.
Il n'y avait sur l'île que deux Coopératives qui achetaient ou pêchaient le requin. Une autres très grande à Pto Juarez et une autre à Pto Morelos. Donc des fois je ne traversais pas pour aller sur l'île et c'était le Campechano qui traversait pour faire les prélèvements.

Requins pêchés
Ces requins viennent d'être pêchés pendant la nuit et sont vendus à la coopérative

Le reste c'était travail de bureau et de laboratoire. La partie très agréable c'était quand, pas toujours mais de temps en temps, après le travail on allait avec les pêcheurs boire une bière à La cantina. C'est une sorte de bar avec des tables en tôle de fer avec des logos de la Superior (marqué de bière), c'est d'ailleurs cette entreprise qui offre les chaises et les tables. On n'offre que de la bière, et seulement de cette marque, un seul type de bière, la bière blonde marque Superior. Et chaque fois que l'on commande une tournée on a droit à un plat. C'est du poisson frit, des escargots de mer, du ceviche, ou des beignets de cazón (petit requin) ou du bouillon de crevette, ou tout ce que les pêcheurs offrent. C'est délicieux, mais toujours très piquants ce qui fait que l'on boit encore plus de bière.
 Ce qui me faisait marrer, c'est que la loi interdit les bars à moins de 500 mètres d'une école. Et le local de cette cantina, le matin c'est un jardin d'enfant et à partir de midi ça devient un bar! Plusieurs fois j'ai retraversé sur le petit bateau vers le continent bien chargé en bière.
Un autre bénéfice de faire les prélèvements, c'était que lorsque le requin avait des petits, en general on nous en offrait quelques uns, c'est délicieux. D'autres fois les autres pêcheurs qui connaissent très bien el Campechano nous offraient des calamars ou des soles, espèces qui viennent en accompagnement de la pêche de la crevette et qui n'était pas très valorisé à l'époque.
Parfois le Campechano me demande la permission de faire un petit travail pendant les horaires de boulot. Il est le seul sur l'île avec son père, à pouvoir faire les accords à la main sur les câbles d'aciers des bateaux de pêche. Donc de temps, en urgence, les camaroneros (bateaux

qui pêchent la crevette) font appel à lui. Et pour me remercier il m'offre quelques kilos de crevettes.
Au moins on mange beaucoup de fruits de mer à l'époque.

Désolé je ne voulais pas faire de parenthèse maintenant ….mais trop c'est trop…on est le 9 mai et on fête en Russie la victoire de la deuxième guerre mondiale

GROS MENSONGES DE L'OCCIDENT… par peur du communisme

Au lieu de remercier l'URSS pour sa victoire contre l'Allemagne qui nous a évité que l'on parle allemand actuellement en France. Toutes les TV et radio, ce 9 mai, ne parlent que du pacte germano soviétique comme une alliance entre le nazisme et le communisme !!!! Je vous le disais au début de ce livre qu'ils finiraient par dire que les nazis et les communiste étaient alliés et que c'est la même idéologie.

Mettons les choses au clair et voyons la vérité.
Le pacte germano soviétique, aussi appelé pacte Molotov-Ribbentrop (noms des ministres des relations extérieures de l'URSS et de l'Allemagne) signé le 23 août 1939 à Moscou, est un pacte de non agression pas un pacte d'alliance
Ce pacte, outre l'engagement de neutralité en cas d'agression d'une puissance occidentale, comportait un protocole secret qui répartissait entre les signataires un certain nombre de pays et territoires à annexer, la Finlande, la Pologne, les pays baltes et la Bessarabie. C'est surtout cette partie qui sert la propagande occidentale.

Mais voyons le pourquoi de ce pacte. En 1932, le ministre des affaires étrangères russes Maxime Litvinov avertissait Staline que l'Allemagne de Weimar était en phase terminale et que l'avancée du nazisme rendait nécessaire un changement des relations de Moscou avec le royaume unis et la France.
Le ministre français des affaires étrangères Louis Barthou était d'accord, et fit rentrer l'union soviétique à la société des Nations SDN en 1934. La France signa en 1935 avec L'URSS un traité d'assistance mutuelle.
Mais cette bonne entente prit fin quand le 9 octobre 1934, à Marseille fut assassiné Barthou en même temps que le roi de Yougoslavie Alexandre 1, et fut remplacé par Pierre Laval, pas du tout pro russes. La montée des conflits sociaux en France durant les années trente fit craindre à Moscou un virage à droite des élites avec un risque de conversion au fascisme.
En même temps l'ambassadeur soviétique à Londres, Ivan Maiski, essayerait vainement de 1934 à 1936 de finir avec l'hostilité britannique. C'était plutôt un accord franco-germano-britannique au dépend de la Russie qui se dessinait.
En mai 1937 la nomination de Chamberlain comme chef de l'état Britannique empira les choses. Il était sûr que les Soviétiques voulaient une guerre pour répandre le communisme. En 1938 Éden démissionne de son poste et est remplacé par Lord Halifax, dont sa conduite de la diplomatie va permettre à Chamberlain de court-circuiter le Foreign office pour s'appuyer sur ses propres conseillers. La faible réaction de Londres, Lorsque Hitler annexe l'Autriche le 12 mars 1938, ne fait qu'agrandir les craintes de Maiski que Chamberlain, guider par ses

penchants anticommunistes, ne tente de ressusciter l'accord quadripartite de 1933 excluant l'union soviétique
(accord signé en juin 1933 entre l'Allemagne, la France, l'Italie et le Royaume Unis).

Litimov continue à Genève d'essayer de constituer une alliance au sein de la SDN anti nazie. Mais lorsqu'il rencontre en avril 1938 Léon Blum, il trouve un homme fatigué pas sûr de son avenir. Et les discussions militaires franco soviétique, toujours reportées par les français, sont sabotées par les généraux et surtout par Édouard Daladier, son ministre de La Défense qui va le remplacer et s'allier avec la droite.

Lors du sommet Franco Britannique à Londres, les français veulent résister à Hitler en Tchécoslovaquie, même avec l'aide de l'URSS si nécessaire, mais les anglais n'en veulent pas en entendre parler. Halifax raya en quelque sorte la Tchécoslovaquie, la traitant d'état artificiel. Maiski promet cependant que au cas où la France et le Royaume unis aideront la Tchécoslovaquie, l'URSS sera de leur côté, mais Litimov fait le constat amer que sans l'aide des occidentaux, ils ne peuvent faire quoi que se soit, car ceux-ci les ignorent et les mantienent à l'écart.

En préparation à la réunion de la SDN, Litimov fait savoir à Bonnet que si la France remplit ses obligations envers la Tchécoslovaquie, L'URSS était également engagée à remplir les siennes en application du pacte theco -soviétiques.

Le 4 septembre Maisky, dépité de n'avoir pas de réponse des français, va voir Churchill, lui montre les détails de la note envoyée à Payart et demande de la transmettre à Halifax.

La réponse arrive, vía The Times, au non du cabinet britannique qui conseille au gouvernement de Prague de céder à L'Allemagne la région des Sudete.

Le 8 septembre, Halifax convoque Maiski et lui dit qu'il fasse savoir à Litimov que compte tenu de la crise Tchécoslovaque, sa présence n'est pas souhaitée à Genève.

Halifax est soucieux de ne pas provoquer Hitler en dialoguant avec les rouges.

La session de la SDN qui enterrima la crise Tchèque coïncida avec l'annonce de Chamberlain de sa décision de rencontrer Hitler. Litimov laissa libre cour à sa frustration dans un discours où il réitérait l'engagement soviétique tout en signalant prémonitoirement : la capitulation franco-Britannique aura d'incalculables et désastreuses conséquences. Il demanda une réunion d'urgence à Paris ou Londres avec les experts militaires des trois pays, mais celle-ci fut écartée d'un revers de la main par le foreign office, sous prétexte que cette mesure pouvait provoquer l'Allemagne.

Pendant ce temps, l'URSS était prête à sa frontière occidentale pour intervenir, mais pour aider la Tchécoslovaquie, l'armée rouge devait traverser la Roumanie et la Pologne, mais la France ne fit rien pour persuader son vieil allier la Pologne pour permettre aux russes d'emprunter l'itinéraire de loin le plus accesible.

Le 27 septembre Chamberlain déclarait dans la BBC « il est vraiment horrible, fantastique et incroyable d'essayer ici des masques à gaz à cause d'un conflit dans un pays entre des gens d'où ne savons rien »

Le lendemain, il annonce au parlement son intention de répondre favorablement à l'invitation d'Hitler du sommet de Munich.

Pendant que Chamberlain vole vers l'Allemagne, Halifax convoque Maisky pour s'excuser de ne pas avoir soulevé l'envois d'une invitation à l'URSS « parce que les délais étaient trop court et le plus important, il connaissait à l'avance la réponse d'Hitler »

Les accords de Munich sont signés le 30 septembre 1938 par Daladier, Chamberlain, Hitler et Mussolini

Les mêmes qu'en 1933. Ceux-ci donnent le champ libre à l'Allemagne d'annexer la région des Sudètes. La proposition de Staline de venir aider la Tchécoslovaquie se heurte à la négative de la Pologne du colonel Beck et la Roumanie du roi Carol de laisser passer l'armée rouge.

La France et l'Allemagne signeront également (et de cela on en parle jamais) une déclaration exprimant une collaboration pacifique, les deux parties s'engagent à se concerter mutuellement en cas de difficultés internationales, et à garantir la frontière franco-allemande. Il sera signé le 6 décembre 1938 et sera appelé pacte Bonnet - Ribbentrop.

On voit bien ici que Hitler voulait pacifier ses relations avec les occidentaux pour avoir les mains libres pour conquérir l'est, habité par les peuples slaves qu'il considérait comme des sous-hommes, ce qui menaçait non seulement la Tchécoslovaquie et la Pologne, mais l'URSS également. Et ce n'était un secret pour personne, puisque c'était écrit dans son livre « mein Kampf »

On peut conclure qu'après tout ce que l'on vient de voir, Staline n'avait d'autres solutions que de signer ce pacte.

Mais il y en a qui, comme Henry Kissinger, connu de tous comme un anti communiste, pense que Staline voulait récupérer les territoires perdus par les tsars comme la Finlande, les pays baltes, la Pologne orientale et Bessarabie. Et pouvait convaincre Hitler d'obtenir davantage, en restant en paix avec eux que de passer à l'attaque.

Les politiques franco-Britannique favorisent le fascisme Allemand et ne veulent pas de pactes avec l'URSS, ils espèrent plutôt que le nazisme vaincra le Bolchevisme.

Même Churchill, pourtant pas pro URSS, écrit dans ses mémoires « l'offre des soviétiques fut ignorée dans les faits, ils ne furent pas consultés face à la menace hitlérienne et furent traités avec indifférence, pour ne pas dire un dédain qui marqua l'esprit de Staline. Les événements se déroulaient comme si la Russie n'existait pas. Nous avons après coup terriblement payé pour cela »

En fait, ce qui ouvrit la voie au pacte Germano Soviétique et à la seconde guerre mondiale, fut la garantie unilatérale que donna la Grande Bretagne à la Pologne le 31 mars 1939. Ce fut une réaction spontanée et émotionnelle de l'humiliation infligée par Hitler à Chamberlain en s'emparant de Prague le 15 mars 1939.

Ces garanties pouvaient avoir deux conséquences, soit elles avaient un effet dissuasif et ramenaient Hitler à la table de négociations. Soit il maintient ses revendications sur la Pologne et pour éviter la guerre sur deux fronts, il devra impérativement neutraliser l'URSS.

Du coup pour Moscou s'offrent une opción allemande, et Chamberlain a contre cœur devrait pour maintenir ses engagements avec la Pologne chercher la coopération de l'URSS.

Les révisionnistes présente ce pacte comme s'il existait une communauté d'intérêt et d'affinités politiques entre les régimes nazi et communiste, menaçant la démocratie et la civilisation occidentale.

Vansittard, sous-secrétaire d'état français aux affaires étrangères dit: « maintenant que le Gouvernement de sa majesté a donné ses garanties, le gouvernement soviétique va s'asseoir et se laver les mains de cette affaire »
Mais l'intervention militaire alliée en Russie en 1920-1921, donne une grande méfiance à l'égard de l'Allemagne et de la Grande Bretagne, qui pourrait faire block et lancer une croisade contre la Russie communiste.

Staline, depuis le 31 mars, était hanté par la crainte que Londres abandonne la Pologne comme elle avait fait avec la Tchécoslovaquie et facilitant ainsi une agression allemande. Cette peur le conduisit à essayer de convaincre Londres de changer ses garanties unilatérales à la Pologne par une alliance militaire entre la Russie et l'Occident.
Les négociations traînaient presque cinq mois, l'union soviétique voulait une zone tampon comprenant l'Estonie, la Lituanie, la Lettonie, la Pologne, la Roumanie et la Bulgarie, et ce par le biais d'accord avec ces États soutenus par l'Angleterre et la France. Ces projets supposent une véritable menace allemande et l'inévitabilité de la guerre.
Cette démarche reposait sur des renseignements fiables arrivés sur le bureau de Staline. Le plus important est apparu en août 1938 d'une source sûre, implantée chez Hermann Goring, elle décrivait en détail les plans militaires présentés par le maréchal Gerd von Rundstedt, le commandant qui allait envahir la Pologne, aux autres officiers. La cible étant clairement l'Est : « l'Allemagne n'a pas besoin de colonies en Afrique, mais en Europe de l'Est; elle a besoin d'un grenier, L'Ukraine »

A partir de mai 1939, en même temps que Staline recevait des informations sur les intentions de Hitler d'envahir la Pologne sans ce soucier des réactions occidentales, il négociait avec Lord Halifax une coopération russe limitée à une fastidieuse déclaration « en cas d'agression contre un voisin européen de l'union soviétique et auquel ce pays résisterait, l'assistance du gouvernement soviétique serait accordée si le désir en était exprimé et serait fournie suivant le mode le plus approprié » il espérait un effet dissuasif de celle-ci. Lord Halifax évoluait à pas comptés pour tenir compte des demandes soviétiques. Cette alliance ne put se conclure car la Pologne refusait tout transit des troupes soviétiques sur son territoire et Londres répugnait à reconnaître l'Union soviétique comme son principal allié en Europe orientale.

Cette position rigide de la Grande Bretagne conduisit Staline à explorer la voie du dialogue avec L'Allemagne. Et lorsqu'il reçu un rapport de renseignement sur les objectifs de Hitler à long et à court terme comme quoi celui-ci était déterminé à « résoudre » le problème polonais quel qu'en fut le coût, même s'il devait combattre sur deux fronts. Il était sûr que la Russie n'avait aucun intérêt dans un conflit avec l'Allemagne et ne voulait pas être vaincue aux nom d'intérêt Anglais et français.
Ceux qui pensent qu'il y avait une communauté de destin entre Berlin et Moscou devraient noter que Staline n'ignorait pas que cette collaboration, Hitler voulait la limiter.
Depuis le pacte de Munich les Allemands contrôlent la situation, Hitler conseille Staline d'accepter sa proposition des accords, car le comportement de la Pologne à l'égard de L'Allemagne était tel qu'une crise pouvait éclater à n'importe quel moment et lui disait de ne plus perdre de temps.

Staline ne considérait pas ce pacte comme une garantie de ses frontières, il reflétait surtout la faiblesse de la Russie.

L'historien soviétique Roy Medvedev, qui est très critique envers Staline, juge que ce pacte ne doit pas être ajouté à la liste des erreurs de Staline, « le gouvernement soviétique se trouva obligé de signer ce pacte parce que l'Angleterre et la France favorisent le fascisme Allemand, et empêchaient l'aboutissement des négociations qui devaient sceller un pacte d'assistance mutuelle avec l'URSS » les politiques de la France et de la Grande Bretagne favorisent le réarmement de l'Allemagne nazie « dans l'espoir que cette force se retournerait contre le Bolchevisme ».

Le 23 août est signé le pacte de non agression entre l'Allemagne et l'union des républiques socialistes soviétiques et Hitler ordonne l'invasion de la Pologne pour le 26 août qui sera finalement envahie le 1 septembre.

Ce pacte, à part la clause de non agression, comportait également plusieurs protocoles restés longtemps secrets, ils délimitent les sphères d'influences de L'Allemagne et de l'URSS entre les pays situés entre eux (Scandinavie, pays baltes, Pologne, Roumanie).

Ces protocoles sont ceux qui servent maintenant au révisionnistes pour démontrer le caractère impérialiste des Russes, mais on voit mal comment Staline n'aurait pas demandé une zone tampon sachant qu'il savait parfaitement que tôt ou tard L'Allemagne attaquerait. Molotov, au moment de la signature, dit qu'il espérait gagner un an avant l'attaque allemande. Staline croyait, à tort, que Hitler n'attaquera pas avant de s'être assuré la victoire à l'ouest. Ce qui explique sa position défensive pour garder ses unités les plus performantes en réserves, ainsi que les lourdes pertes initiales.

Le pacte est rompu par les nazis le 22 juin 1941. Staline a tout fait pour ne pas provoquer Hitler, et a même fait la sourde oreille à ses conseillers et informations des services secrets étranger qui lui annonçaient une attaque imminente, par conséquent, l'invasion allemande va prendre par surprise les militaires soviétiques.

Les Allemands donneront à cette attaque le nom de l'opération Barbarosa.

Cette guerre qui s'ouvre sur le front de l'Est sera le théâtre principal de la seconde guerre mondiale et de toute l'histoire militaire. Elle durera du 22 juin 1941 au 9 mai 1945, elle fera plus de la moitié des victimes de la totalité de la deuxième guerre mondiale, toutes régions confondues, incluant le théâtre du pacifique et de l'Asie.

Le fait que les nazis prennent toute la population slave comme des sous-hommes fera cette guerre particulièrement meurtrière dans la population civile, 30 millions de morts. Pour Hitler c'est une guerre d'annihilation, une guerre totale. Sans commune mesure avec le front de l'ouest.

Discour de Hitler le jour de l'attaque « À l'instant même, une offensive est en cours, qui, par son ambition et son envergure, est la plus grande que le monde est connue. Elle aura pour objectif de sauver l'ensemble de la civilisation et de la culture européenne » « depuis plus de vingt ans, le pouvoir judeo-bolchevique a cherché à mettre à feu et à sang non seulement l'Allemagne, mais aussi toute l'Europe »

Des 1918, à la fin de la première guerre mondiale et un ans après la révolution d'octobre en Russie, cette association de concepts avait lieu dans les milieux nationalistes.

Quand les nazis arrivent au pouvoir en 1933, ils se positionnent immédiatement comme des adversaires du bolchevisme. Ce qui leur vaut la sympathie des cercles anticommunistes d'Europe occidentale.

Dans un discours tenu secret, le 30 mars 1941, Hitler annonce aux généraux qui commanderont sur le front de l'Est, qu'il compte mener une guerre d'extermination idéologique et raciale contre le judéo- bolchévisme. « il s'agit d'annihiler la sous humanité rouge incarnée par les dirigeants de Moscou »

L'attaque allemande contre l'Union Soviétique ne suscite pas que le rejet dans le reste de l'Europe. Goebbels note dans son journal de juin 1941 « Il règne comme une atmosphère de croisade en Europe, ce qui nous sera fort utile »
Effectivement, de grande unités de volontaires commencent alors à se rassembler: en Italie, en Finlande, en Roumanie, en Hongrie, en Slovaquie, en Espagne, en France, en Scandinavie, dans les États de Benelux et en Croatie. Dans presque tout les pays des contingents se forment.
Sous commandement allemand, au début de la campagne de l'Est, ils sont près de 600,000 hommes et ils seront plus tard presque 2 millions. Presque un combattant sur trois n'est pas Allemand.
A ce jour, l'opération Barbarosa reste la plus grande offensive jamais lancée: 3,8 millions de soldats de la force de l'Axe (dont 320,000 Roumains et 300,000 Finlandais) attaquent 2,9 millions de soviétiques. Les combats sont d'une violence inouïe et les troupes de l'Axe se livrent à de terribles exactions: durant les cinq premiers mois de l'opération, les Allemands ont perdu 890,000 hommes (toutes leurs offensives dans le reste de l'Europe, de septembre 1939 à juin 1941 leur avait coûté 230,000 au total). Côté soviétique, les pertes sont d'environ 5 millions.

Le début de la guerre froide permet de préserver cette image traditionnelle de l'Union soviétique en tant qu'ennemi - ce qui engendre un immense soulagement. La majorité des anciens nazis et des soldats de la Wehrmacht, peuvent désormais l'affirmer : nous avons toujours été du bon côté!

Cette guerre sera gagné par l'union soviétique, ce qui permettra la destruction du nazisme et la libération de tous les pays occupés par les nazis, la France inclus, n'en déplaise au révisionniste, le débarquement du 6 juin 1944 ouvre le front de l'ouest 3 ans après le déclenchement du front de l'Est, et lorsque l'Allemagne est désespérée et sa défaite est plus qu'une réalité. Les occidentaux ouvrent surtout ce front pour éviter que les soviétiques occupent toute l'Allemagne, et que celle-ci se rendent sans condition à l'URSS. Ils vont tout faire pour essayer d'arriver à Berlin avant Stalin.

L'union soviétique sortira du conflit comme la deuxième puissance militaire au monde. Mais c'est un pays détruit, l'invasion allemande en Russie a entraîné la destruction de 1710 villes, 70000 villages, 2500 églises, 31 850 établissements industriels, 40 000 hôpitaux, 84 000 écoles et 60000 km de voies de chemins de fer.

Je ne comprends pas comment peut-on affirmer que l'occident a gagné la guerre, qu'Hitler et Staline c'est la même chose, ce dernier n'a jamais voulu détruire le peuple Allemand.

Ou plutôt, je sais très bien pourquoi tout ce révisionnisme, il faut une fois pour toute faire du communisme une idéologie pire que le nazisme ou le fascisme, et la rendre à tous comme une idéologie extrêmement dangereuse.

Bon j'ai fini mon coup de gueule, revenons à mes requins.

Donc, après le travail pour obtenir des données, il y avait le travail au laboratoire, qui était de déterminer l'âge des requins grâce aux vertèbres. Des fois un peu de recherche sur les livres au cas où j'aurais des doutes sur une espèce.
Le plus important, c'était de tout mettre en statistiques. Et de préparer mes sorties en mer lorsque le budget de mon projet sera débloqué, ce qui arrivait rarement avant avril-mai. Vous voyez, je n'étais pas débordé. Et avec la belle vue que j'avais depuis mon laboratoire, il m'arrivait de passer beaucoup de temps à rêvasser.

Une fois le budget arrivé, je pouvais faire mes sorties en mer. Le centre possédait un petit bateau de pêche. A part le capitaine et le scientifique, trois marins étaient à bord. Avec mes collègues on se disputait pour les sorties. L'argent de tous les projets arrivait en même temps, donc on voulait tous sortir les premiers puisque pour profiter du beau temps de l'été, en automne c'est la saison des pluies et des grands vents.

Les durées des sorties durent entre 5 et 8 jours, le bateau n'avait pas trop d'autonomie, donc on ne partait pas trop loin. D'ailleurs comme la pêche du requin ce fait avec un palangre qui est un art de pêche statique on ne dépensait pas trop de fuel.
Après le chargement du fuel le capitaine venait nous chercher au centre, on chargeait les vivres puis on allait à la fabrique de glace pour remplir les bacs ou on allait mettre le produit de la pêche. Une fois tout cela réglé, on se dirigeait à l'endroit choisi à prospecter.
Cet endroit je le choisissais avec l'aide du capitaine qui était un pêcheur qui connaissait la région très très bien. Il est né sur l'île et il y pêchait depuis l'âge de 10 ans. Il avait une quarantaine d'années et n'avait jamais de sa vie mit des chaussures, il était tout le temps pieds nus et seulement de temps en temps il mettait des tongs.
Lorsque l'on était assez éloigné de la côte on diminuait la vitesse pour commencer à pêcher le poisson qui allait nous servir d'appât. Celui-ci on le pêchait à la ligne et à la traîne.
On n'avait pas de canne à pêche, donc l'hameçon était attaché à un câble d'acier pour que le poisson ne casse pas avec ses dents le fil en nylon, puis celui ci était directement ténu avec la main par le pêcheur. Il n'avait qu'un bout de caoutchouc autour du doigt pour que le fil ne lui coupe pas le doigt. On accrochait à l'hameçon des petits poissons comme appât que l'on avait achetés précédament au port.

L'appât idéal pour pêcher le requin c'est la bonite, et il est abondant en été, donc on s'amusait bien à ce moment de la sortie, surtout que certaines fois on avait la chance de pêcher un Dorado, ou un espadon.

Une fois que l'on avait pêché suffisamment d'appât, on le gardait au frais, puis pendant le trajet qu'il nous restait à faire, on coupait le poisson en gros morceaux.

Arrivés au lieux de pêche voulu, on préparait le palangre qui était de 100 hameçons et faisait un peu plus d'un kilomètre de long.

Découpage des bonites pour l'appât

On jetait la première ancre qui était attachée à une bouée, qui elle-même portait un mât avec un drapeau pour que l'on puisse la voir de loin. Puis on commençait à laisser glisser le palangre depuis le bateau en accrochant à chaque hameçon un bout d'appât.

Une fois toutes la ligne à l'eau avec ses 100 hameçons, on l'attachait à l'autre bouée identique à la première.

Cette opération on la réalisait juste avant le coucher du soleil, sous l'eau il parait que c'est la nuit que les carnivores sortent se faire un bon repas.

Palangre
En bas sur la photo on voit le filin qui est d'une grande résistance et est en général fabriqué au Japon, les bouées orange avec drapeau sont posées à chaque extrémité.

Pour passer la soirée, le capitaine qui était un fou de pêche, cherchait un endroit où jeter l'ancre, puis on se mettait tous à pêcher avec des lignes de fond. En général on ne pêchait pas grande chose, car pour jeter un palangre de fond, il faut que le fond soit sablonneux pour qu'il ne s'accroche pas à des pierres, et pour pêcher avec un ligne de fond, il faut en général un fond avec de grosse pierres où le poisson peut se cacher.

Donc parfois le capitaine préférait laisser le bateau à la dérive pour trouver par hasard une pierre ce qui arrivait de temps en temps et alors c'était à qui remonter le plus de poissons. Après cette petite récré, on se cuisinait quelques poissons pêchés. Puis après dîner, on bavardait un moment sur le pont arrière, et on allait se coucher.

Le lendemain matin , au levé du soleil on levait l'ancre et on se dirigeait vers le drapeau d'une des deux bouées. On accrochait la ligne, et grâce au winch on commençait à la remonter. A chaque embranchement de la ligne avec une ligne d'hameçons l'émotion montait pour savoir s'il y aurait une prise ou juste le morceau d'appât.

Requin attrapé au palangre
Juste avant de le monter à bord

Lorsque un requin avait mordu à l'hameçon il y avait une sorte d'hysterie parmis mes collègues, une sorte de sentiments de triomphe sur le tueur des mers. Avant de le monter à bord il fallait l'assommer avec un gourdin fait exprès pour, car le requin était presque toujours vivant. Même une fois à bord, après avoir fini de le tuer, il fallait faire attention car des réflexes post mortems apparaissent et il est déjà arrivé que des pêcheurs se fassent mordre. On continuait ainsi jusqu'aux derniers hameçons puis on relevait la deuxième bouée.

A part des requins, des fois on attrapait d'autre poissons, comme des gros mérous.

Une fois d'ailleurs, ce qui est rare, une énorme raie manta avait mordu à l'hameçon et en se débattant nous avait emmêlés toute la ligne. Elle devait peser entre une tonne, tonne et demi, impossible de la monter à bord, on a dû la découper au bord du bateau.

Raie Manta prît dans le palangre.
Vous pouvez remarquer tout le palangre complètement défait

Un de mes meilleurs souvenirs de ces sorties de pêche du requin, fut lorsqu'un matin, ou l'on se préparait à lever l'ancre au moment du levé du soleil. La mer était extrêmement calme, un plat complet, pas la moindre petite onde . Mais un spectacle fabuleux, à perte de vue la superficie de la mer était pleine de requins baleine qui prenaient leur ration matinale de plancton. C'était fabuleux, des centaines d'énormes animaux de plusieurs tonnes. Ils nageaient tous dans la même direction, sans faire aucun cas de notre bateau, il nous fallut naviguer avec précaution pour ne pas en toucher un.

Requin baleine mangeant son plancton

Remarquez comme la mer est plate

Une fois le palangre à bord, en se dirigeant vers notre lieux de pêche suivant, on prenait notre petit déjeuner fait d'œuf brouillés et de pain avec un café.

Pendant que les autres préparaient le palangre pour la prochaine pêche, El Campechano et moi-même identifions les requins, prenions les différentes mesures et faisions les prélèvements. Puis on mettait tous les poissons dans la glace. Et une fois sur l'autre point choisi avec le capitaine, nous recommençons la même routine. Ces sorties durent entre 4 et 6 jours.

Une fois rentrés au port, on se répartissait un peu du produit de la pêche des poissons pour nos familles et les requins on les vendait à la coopérative de l'île, et l'argent allait au centre de recherche. Ce qu'en faisait notre directeur je l'ignore.

A part mes sorties en mer pour mon projet, il y eu une autre sortie sur notre bateau, très spéciale.

C'était dans les premiers mois de l'année, donc lorsque le centre est sans argent.

Au début du XX siècle, dans le nord de la péninsule du Yucatan, du côté de la mer des Caraïbes, dans un endroit qui s'appelle Isla Blanca, il y avait des colonies d'éponges de mer qui étaient exploitées. Mais dans les années 1920 une grande marée rouge les extermina presque complètement.

Un jour, un grec qui habitait Miami et qui travaillait dans la pêche des éponges marines, arriva au centre. Il était recommandé par le directeur de notre institut, on devait lui apporter notre aide en tout.

Il était sûr que, depuis la marée rouge, la colonie d'éponges d'Isla Blanca s'était récupéré et devait être exploitable a nouveau.

Il était prêt à financer une sortie avec notre bateau pour aller prospecter la zone. Aucun d'entre nous n'avait jamais pêché l'éponge ,sauf Fernando, un technicien très sympathique qui était arrivé sur l'île il y a plusieurs années comme plongeur pour les touristes, mais qui travaillait maintenant avec nous.

Il y a quelques années, il était allé à Isla Blanca avec un européen qui lui avait montré comment on les pêchait.

Donc le grec et Fernando nous on donné un petit cours sur cette pêche qui n'a rien d'évident comme on pourrait le croire.

Si vous avez déjà vu une éponge de mer, ou que vous vous êtes baigné avec, ben ça n'a rien à voir avec une éponge dans son milieu naturel.

L'éponge que l'on utilise est de couleur marron clair et est très douce. L'éponge au fond de l'eau est couverte d'un film blanchâtre avec des orifices noirs et n'est pas du tout douce.

Mes compagnons lors de cette sortie

De gauche à droite
Le directeur, le marin du bateau, Julio César et le Capitaine

Nous voilà donc partis pour six jours de prospection, on est à bord, le capitaine, un marin, Fernando le plongeur, Julio César, le directeur du centre, qui a voulu à tout prix venir, et moi. Cette fois-ci inutile de prendre de la glace pour conserver le produit. On met au moins six heures pour arriver à Isla Blanca. C'est une baie entourée de mangroves, pas de plages de sable fin. Le profondeur dans la baie ne fait pas plus de 5 m, le fond est sablonneux avec quelques pierres.

Voici comment on procédait. Le matin de bonheur, après une collation, on montait dans une barque à moteur hors-bord, que l'on avait emmené avec nous. Trois d'entre nous, équipés de scuba et de palmes, nageons en superficie. Il fallait chercher une forme blanche avec des gros points noirs. Puis lorsque l'on croyait en avoir trouvé une, on plongeait la chercher. Si s'en était une, on la prenait et on la mettait dans un filet que l'on portait avec nous. Le moment atroce c'était le moment de soulever l'éponge. Il y avait une infinité de petites bestioles qui se détachaient et nous piquaient partout. Ce n'était pas du tout évident au début. A part Fernando qui si connaissait on se trompait huit fois sur dix, c'était presque toujours des pierres ou des bouts de coraux. Quand notre filet devenait trop lourd, on le vidait dans la barque.
On se reposait toutes les deux heures. Et vers quatorze heures de l'après-midi on arrêtait.
Après un bon repas, on vidait les éponges sur le pont du bateau, à ce moment celles-ci sont devenues noires à cause de l'air, elles sont couvertes d'une sorte de film très obscur. Il faut donc leur enlever ce film pour qu'elles ne pourrissent pas, et les vider de tous ces organismes qui habitent en elles. Il faut savoir qu'à l'intérieur d'une éponge on peut trouver jusqu'à 3000 espèces différentes.
Pour cela on mettait plusieurs éponges dans un filet, et on attachait celui-ci par-dessus bord de façon à ce qu'il soit à moitié sous l'eau et on tapait dessus très fort avec un gros bâton en bois dur. Ceci permettait en plus de nettoyer l'éponge, de caser le squelette de l'éponge (spicule), de cette façon l'éponge devient douce.

Éponges sortie de l'eau.

Éponges après lavages

C'était une pêche pas drôle du tout, tout le corps me grattait et j'avais une sorte de brûlure au ventre provoquée par je ne sais quelle bestiole.

L'ambiance a bord aurait put être très bonne si le directeur ne serait pas venu avec nous, c'est un être vraiment très antipathique. Mais dés fois il allait se coucher tôt, et on pouvait bavarder tranquillement. Les nuits étaient superbes, on était à l'intérieur d'une baie, donc une mer plate. Et puisqu'il n'y avait pas le moindre petit village à des dizaines de kilomètres, aucune lumière venait perturbé la voûte céleste.

Au bout de cinq jours, le total de la pêche n'était pas sensationnel. Mais le dernier jour une trouvaille allait nous remonter le moral.

En cherchant des éponges on tomba sur une "sombra", c'est une structure en bois faite de deux carrés de deux mètres par deux mètres construits avec dès rouleaux de bois ou de bambou. Ils sont séparés de vingt centimètres à peu prêt et maintenus au fond avec des pierres. Ces structures étaient construites il y a quelques années pour permettre aux langoustes de se réfugier entre les deux couches de bois. Les langoustes cherchent à se cacher de leurs prédateurs pendant la journée. Donc on peut les pêcher tranquillement avec un crochet. Cette façon de pêcher la langouste était celle qui prévalait avant que Cousteau introduise sur l'île la plongée sous-marine et que le système de la comercialización de cette pêche devienne du chacun pour sois.

Cet art de pêche est le plus efficace pour réguler les populations et le moins dangereux pour le pêcheur, il faut savoir qu'il y a des morts par manque de décompression et que quelques-uns disparaissent dus aux forts courants. Mais elle ne peut être mise en place que sous la forme de coopératives qui se répartissent équitablement le produit de la pêche de chaque associé. Cette pêche n'est pratiquée au Caraïbes qu'à Cuba, ce qui fait de cette île le premier producteur de la zone. Encore un exemple que le commun marche mieux que le chacun pour soi.

Grâce à cette trouvaille on a eu droit à un superbe banquet, on c'est gavé littéralement de Langouste, et juste sorties de l'eau c'est vraiment un régal!

On ne pouvait en ramener à nos familles puisque c'est une pêche réservée au coopérative et ça ne ferait pas bien du tout que le bateau de l'institut de la pêche casse cette règle.

De retour au centre, nous on n'étaient pas trop mécontents, on est rentrés avec quelques centaines d'éponges. Mais le grecque, a peine avait-il vu ce que l'on avait ramené, a fait demi tour et on ne le vit plus jamais. On a finit de nettoyer les éponges et on les a gardées dans mon laboratoire. J'en prît quelques-unes pour moi et pour offrir, ce que tout le monde a fait.

Une autre sortie, différente à mes pêches au requin, fut celle où on m'invita à participer sur le bateau océanographique de l'université nationale de Mexico, Le Puma. Il s'agissait d'essayer de prouver une théorie, qui disait que l'espèce de thon appelé Aleta Amarilla (aileron jaune) faisait un passage par la mer des Caraïbes pour arriver plus tard dans le golfe du Mexique. Donc pendant quelques jours on allait pêcher entre Cuba et là péninsule du Yucatan le thon avec des palangres que l'on appelle palangre à la dérive. C'est le même principe que l'autre, sauf que celui-ci est en superficie et que les bouées sont laissées à la dérive, et ils sont en général beaucoup plus long.

On était invité, Rina, qui avait en charge le projet des poissons pélagiques, et moi, puisqu'il arrive que des requins soient également pêchés.

Ce bateau était un vrai bateau de recherches scientifiques, il était équipé de laboratoire, de tous les arts de la pêche, de bonnes cabines pour les scientifiques, d'une équipe d'une dizaine de pêcheurs en plus de l'équipage, de tout le matériel moderne de navigation, etc.
Ma cabine est superbe, il y a 4 couchettes, mais comme je suis le seul scientifique homme, elle est pour moi tout seul.

Le procédé est très similaire au palangre pour les requins. Mais on le met à l'eau dans la matinée de très bonne heure, avant le lever du soleil. Les poissons pélagiques mangent pendant la journée. Et on le récupère avant le coucher du soleil. Comme il est à la dérive, il faut faire attention aux courants et aux vents pour qu'il ne s'emmêle pas.
La mise à l'eau, même si le palangre est plus grand, se fait plus rapidement grâce à l'équipement du bateau et au nombre de pêcheurs. Des fois, un des pêcheurs, après avoir fini l'opération, coupait la moitié d'un thon frais et nous faisait un ceviche. Je vous souhaite un jour de goûter ce plat préparé avec un poisson tout juste péché , j'ai rarement goûté quelque chose d'aussi bon!
En quelques lignes je vous ai déjà parlé deux fois de délicieuses expériences culinaires, c'est vrai que ma profession et mon parcours m'ont permis d'avoir ce privilège. C'est d'ailleurs peut-être pour cela que j'ai choisi cette carrière, he he!

Comme voyage, Il n'y avait pas que les sorties en mer, notre centre de recherche devait participer à des réunions de travail avec les autres centres de la région. On se réunissait en général au port de Progreso, à 15 km de Mérida, la capitale du Yucatan.
Au début j'aimais ces réunions, j'emmenais Yvonne, puis Ian lorsqu' il était né. Ils prenaient du bon temps à l'hôtel pendant que j'étais dans les réunions. Chacun exposait ses travaux et recevait des conseils ou des critiques. Donc au début quand je sentais que mon projet avançait j'étais content d'y participer. Mais après quatre années, mon projet commença à faire du surplace. J'avais réalisé une étude pour que l'on interdise la pêche au filet dans la Laguna de Chiquila en hiver, car les femelles requins venaient jeter à bas leurs petits, et ils étaient prît dans les filets en même temps que les autres poissons que les pêcheurs recherchaient.
Toutes les lagunes de la zone étaient des lieux où les requins s' approchaient pour faire naître leurs petits, pour qu'ils puissent se nourrir de petites proies.
Mais la majorité de ces sites étaient de plus en plus occupés par le tourisme qui, avec tous ces moteurs hors-bord et autres, faisait peur aux requins, et les pêcheurs côtiers avec leurs filets attrapaient une grande partie de ces petits requins
Mais bien sûr, on ne pouvait pas interdire la pêche à ces pêcheurs, puisque le gouvernement n'avait pas les moyens de remplacer leur revenus de cette activité.
Donc je commençais à me demander si tout mon travail servait à quelque chose.

La goutte de trop qui me fit comprendre que mon futur comme chercheur n'était pas très clair fut le jour où la conférence internationale sur la recherche maritime du golfe du Mexique se réalisa au centre de conférences de Cancun.

Une semaine avant que la conférence ait lieu, on fut averti qu'elle se réaliserait à Cancun, le directeur nous convoqua pour nous annoncer que notre centre devait présenter un projet, car c'était toujours le cas, le lieu où se produisait la conférence devait présenter un projet. Et le directeur décida que c'était à moi de présenter le mien, car c'était le plus avancé. J'étais furieux car je n'avais que quelques jours, mais aussi un peu fier d'aller me présenter dans ce centre de conférence très prestigieux, car il faut savoir que celui-ci fut construit pour recevoir la fameuse conférence Nord-Sud où se sont rencontrés la plupart des présidents du monde entier, dont Mitterrand, Reagan, Thacher, et même Castro fut invité.

Pour moi ce fut une torture, je suis timide et je ne sais pas parler en public, ma nervosité était très visible, au moin c'est ce que je sentais, en plus je savais que mes paroles étaient traduites simultanément en anglais et pour les traductrices il fallait que je parle clairement.

Le pire c'est que les américains qui avaient fait leur conférence avant moi, appuyaient leur parole et leurs raisonnements avec des mesures prises par satellite et des graphiques sur ordinateur. Et moi j'avais de simples diapositives et des graphiques faites à la main sur du papier millimétré. Je me sentais nul et archaïque. Je fut de toute façon félicité par les collègues qui disaient que ma conférence était la seule à être compréhensive et parlait de science classique. C'est vrai que celles des scientifiques américains étaient très techniques et sur des sujets très particuliers, il fallait vraiment être un grand connaisseur du sujet pour y comprendre quelque chose.

Donc je concluais que faire de la science dans un pays sans le sous, n'était possible que dans les universités de la capitale, et pas dans un centre de recherche où le gouvernement n'avait rien à foutre des opinions et des résultats qui en ressortaient. Ils envoient juste l'argent nécessaire pour faire tourner la boutique.

J'ai appris à aimer et à respecter les requins, je les trouve parfait dans tous les sens du terme et je pense que l'on a beaucoup à apprendre d'eux. Voici un peu de leur histoire dont on devrait s'inspirer

LES REQUINS…..pourquoi changer, lorsque l'on est presque parfait

Les requins sont des poissons cartilagineux, ils sont apparus sur terre dans le Dévonien, c'est-à-dire il y a plus de 400 millions d'années. Ce sont les premiers grands prédateurs marins, à part le Dunkleosteus, un poisson placoderme de 10 mètres de long qui disparut avec l'extinction massive du dévonien, à laquelle survivent les requins. Ils continuent à dominer cette niche écologique jusqu'à nos jours.

Ils forment le super ordre des Selachimorpha et on connaît aujourd'hui 529 espèces, mais on pense qu'il en aurait à peu près 2000. Ils peuvent mesurer de 14 cm jusqu'à 20 m. Bien sûr les espèces actuelles ont évolué, mais elles n'ont pratiquement pas changé depuis 400 millions d'années.

Pour leur reproduction ils suivent la stratégie « K », c'est à dire temps de gestation long, de 7 mois à deux ans pour certaines espèces, nombre de petits peu élevé, un seul individus parfois, et âge de procréation très tardif, 150 ans pour le requin du Groenland. Cette stratégie est utilisée pour les organismes vivants, qui ont peu de prédateurs et un taux de survie assurée. A la différence de la stratégie « r » utilisée par la plupart des autres poissons, qui consiste à faire au contraire beaucoup de petits car ils ont beaucoup de prédateurs et un petit taux de survie.

Mais par contre ils possèdent les trois types de reproduction, vivipare (placentaire, comme les mammifères) ovipare (œuf) ovovivipare (œuf qui éclose à l'intérieur de l'utérus).

On a même identifié des espèces qui réussissent à se reproduire par parthénogenèse (reproduction asexuée).

Ils ont un odorat super développé, les deux tiers de leur cerveau est occupé par cette fonction, ils peuvent détecter des quantités infimes diluées dans l'eau de mer de sang ou des composants de viande ou d'excrétions d'autres animaux.

On ne sait pas trop s'ils ont une bonne vue, mais puisqu'ils ont un système qui protège leurs yeux lorsqu'ils attaquent, on peut supposer que c'est le cas.

Par contre, ils ont une ouïe qui leur permet d' entendre un son à plus de 2 km de distance. Les requins possèdent aussi un autre système sensoriel appelé ampoules de Lorenzini, celui-ci leurs permet de détecter des champs magnétiques et des changements de température.

Leur peau est formée d'une sorte de corset fait de fibre de collagène et cela fonctionne comme un squelette externe. Et les denticules de leur peau sont si serrés qu'ils empêchent les micro-organismes de s'installer. Ces denticules leurs donnent également un avantage hydrodynamique car ils empêchent la turbulence de l'eau.

Mais une de leur caractéristique qui leur donne un grand avantage comme prédateurs, et qui est unique dans le monde animal, c'est leur mâchoire qui est indépendante et volante, ce qui leur permet une grande ouverture. Ses dents, dont la forme est très variée, et qui dépendent de la façon de s'alimenter, sont en grand nombre distribuées en plusieurs rangées dont la dernière est la seule fonctionnelle, les autres sont des dents de remplacement. Celles-ci seront remplacées durant toute la vie du requin.

La forme de la dent est d' une grande aide pour l'identification de l'espèce.

La force de la mâchoire du requin a été mesurée et elle est de 3 tonnes par cm2, pour vous faire une idée celle de l'homme est de 30 kg par cm2

Les requins sont tous carnivores, mais ce régime va du plancton aux baleines et autres mammifères marins, en passant par des coquillages, des mollusques et toutes sortes de poissons.

Les mangeurs de plancton, comme le requin baleine ou le requin pèlerin, n'ont presque pas de dents mais utilisent plutôt des branchiospines.

Et les mangeurs de mollusques à coquilles ont leur dents en forme de molaires pour écraser leur proie, comme le requin nourrice.

La plupart des autres, soit ils avalent leurs proies en entier, soit ils arrachent des morceaux grâce à leur dents acérés et à la force de leur mâchoire.

Leur forme hydrodynamique leur permet de nager avec le moindre effort, ils sont capables de nager de très longues distances, et également de faire de la vitesse pour attaquer, certaines espèces font partie des poissons les plus rapides.

Pour leur flottabilité, ils ont d'une part un foie très développé, puisque très gras il pèse moins que l'eau. En plus ils ont des ailerons latéraux qui fonctionnent comme des ailes d'avion, certains requins doivent continuer à nager pour ne pas couler, et la marche arrière leur est interdite.

Leur forme constitue un triomphe de simplicité évolutive. Ils ont acquéri leurs caractéristiques il y a bien longtemps et ils n'ont radicalement pas changé depuis des centaines de millions d'années.

On pense toujours que le requin est un prédateur solitaire, mais seulement quelques espèces le sont. De nombreux requins chassent en groupe et ils ont une vie sociale.

Toutes ces caractéristiques ont fait que les requins soient présents dans toutes les mers, jusqu'à 2500 m de profondeur. Le requin du Groenland est l'animal qui vit le plus longtemps, plus de 400 ans.

Malheureusement pour lui, l'homme est en train de mettre fin à la longue réussite de ce groupe d'êtres vivants. Il pêche le requin depuis très longtemps pour plusieurs raisons, puisque dans le requin tout est bon.

Sa viande est comestible, mais à cause de son urea elle doit être consommée rapidement ou séchée et salée.

Sa peau très rugueuse était utilisée comme papier de verre avant l'invention de celui-ci, elle est toujours utilisée pour des bottes, portefeuilles ceintures etc.

Son foie était très apprécié pour faire de l'huile. Et son exploitation intensive commença lorsque l'on découvrit la grande concentration de vitamines A et de squalène, très utilisée en pharmacie et en cosmétique.

On pensait également que les requins ne pouvaient avoir de cancer, mais bien qu'il puissent en avoir ils possèdent une molécule qui retarde l'angionese, c'est à dire la formation de vaisseaux sanguins qui alimente les tumeurs, cette substance c'est la squaline qui se trouve dans l'estomac du requin.

Ses dents et sa mâchoire, ainsi que ses vertèbres sont également appréciés pour l'artisanat.

Mais la raison principale pour sa surexploitation c'est la valeur qu'ont ses nageoires pour faire la fameuse soupe très appréciée en Asie. Celles-ci ont tellement de valeur que certains pêcheurs rejettent les requins vivants à la mer après leur avoir coupé les nageoires. On calcule que plus de 100 millions de requins sont tués chaque année.

Et vu leur type de reproduction, cette pêche risque de leur être fatale.

Depuis la grande extinction du dévonien, les requins ont survécu à d'autres extinctions, surtout celle de la fin du permien qui élimine 90% des espèces marines.

Ils survivent également à deux autres grandes extinctions, mais survivront-ils à l'actuelle extinction de l'Holocène provoquée par la colonisation de l'homme de la planète?. On dit que 80% des requins sont déjà exterminés par l'homme.

Bien que l'on ne connaisse pas toutes les espèces vivantes sur notre planète, je pense que les espèces de requins sont celles qui ont le mieux réussi.

Ils existent depuis plus de 400 millions d'années sans pratiquement avoir changé car parfaitement adapté, ils ont survécu à plusieurs extinction de masses, ils ont une fonction écologique extrêmement importante, car tout animal malade ou blessé a de très fortes chance de se retrouver dans l'estomac d'un requin, les poissons morts également, car le requin est également charognard. S'ils n'existaient pas, la mer serait remplie de cadavres en putréfaction.

Par contre l'homme n'existe que depuis trois millions d'années et homo sapiens depuis un peu plus de 300,000 ans. Et celui-ci a déjà réussi à finir avec les autres homo, c'est pas sûr mais c'est très probable.
En plus, partout où il est passé, il a exterminé les grands mammifères, en Europe, en Australie, en Amérique du Nord, et cela avant de se doter de ses grandes technologies, qui maintenant font de lui le responsable de la prochaine grande extinction, qui a d'ailleurs déjà commencé. Et nous nous disons l'animal le plus évolué !!!
L'évolution nous a doté d'un cerveau qui nous permet de choisir notre mode de vie et vers quoi nous voulons évoluer. Alors pourquoi ne pas apprendre du requin? Pourquoi vouloir changer,

On fait des progrès technologiques pour soit disant mieux vivre, mais c'est faux, notre système économique et de société actuel fait que ces progrès sont uniquement pour faire de nous des consommateurs de ces progrès, très souvent non nécessaires à notre « mieux vivre ». Et dont les bénéfices ne profitent qu'à une très très petite minorité de l'humanité.
Il faudrait que nous ayons l'intelligence d'inventer un système qui nous permette de faire des progrès technologiques juste pour la survie de tous les hommes, en harmonie avec toutes les autres êtres vivants de la planète. Que ces technologies nous permettent à tous d'avoir une bonne qualité de vie physique, mentale et spirituelle.Sans avoir besoin de croissance économique qui nous fait détruire la planète. Et une fois réussi, nous maintenir dans ce mode de vie sans vouloir soit disant progresser techniquement toujours plus. Faisons comme les requins, une fois qu'ils ont obtenu leurs caractéristiques qui leur ont permis d'avoir ce succès dans leur écosystème, ils n'ont pratiquement plus évolué. Disons que l'évolution n'a plus eu à choisir des changements évolutifs dans les requins, puisque tout changement n'améliorent plus leur survie. L'évolution maintient un changement dans une espèce seulement et seulement si celui- ci améliore sa survie.
On devrait faire pareil. On accepte tout progrès si seulement et seulement si, celui-ci améliore la qualité de vie de toute la population. Et il y aura un moment où plus aucun progrès ne sera nécessaire, juste comme chez les requins.

RETOUR À LA FAMILLE

Donc comme je vous disais avant de vous décrire mon boulot, Yvonne était de nouveau enceinte. Jean-Pierre, qui comme je vous l'ai dit avait gagné une grosse somme, veux investir. Depuis que j'étais arrivé à Cancun mes frères et d'autres me demandaient s'il y avait un business à faire ici. Je leur ai parlé d'un mec qui vendait des meubles fabriqués à Tequisquiapan. Il faut que je vous dise ici, si je ne l'ai pas fait auparavant (je n'ai pas envie de vérifier) que Tequisquiapan a part ses eaux thermales était réputé pour son artisanat et ses meubles. Ils étaient spécialisés dans les meubles en rotin. Mais comme ces meubles sont chers, pour les démocratiser, ils avaient fait de bonnes imitations en bois de sapins pas cher du tout. Et a Cancún il n'y avait que deux magasins de meubles et leurs produits n'étaient pas donnés. Donc il y avait une grosse demande.

Ce gars- là venait tout juste de commencer lorsque Jean-Pierre me dit qu'il voulait monter l'affaire.

On décide que lui fournira les meubles, il va les acheter aux petits fabricants.

De mon côté je met à sa disposition le rez-de-chaussée de l'édifice plus le jardin d'en face. Je me chargerais de la vente. Ces meubles sont très simples et on nous les vends sans coussins, donc je profite du voyage à Mexico lors de son mariage, pour acheter des tissus et des produits pour rembourrer des coussins. Bien entendu c'est Jean-Pierre qui paye.

C'est Yvonne qui va faire les coussins.

Donc il m'envoie un grand camion bien plein de meubles. Le magasin va s'appeler « Bazar Fauzer" qui est la combinaison de Fautsch et de Zertuche, lequel est le nom de Norma.

Le bâtiment avec le magasin au rez-de-chaussée
Pour augmenter la superficie d'exposition j'avais fait une petite palapa a l'avant et une autre à côté du bâtiment.

On ouvre le premier samedi après l'arrivée du camion, c'est un grand succès.

J'ai embauché un jeune garçon pour qu'il tienne le magasin, comme cela je peux continuer mon travail. Pour les coussins j'aide Yvonne et ça ne nous prend pas trop de temps.

Mais rapidement on va ne pas avoir assez d'offres de meubles et le camion suivant prend trop de temps pour faire le renouvellement . Jean-Pierre n'arrive plus à financer, il n'a plus suffisamment d'argent, je pense que son voyage de noce par toute l'Europe lui a coûté une blinde. Et je lui dit que les personnes qui lui fabriquent lui prennent trop cher, on a pas assez de marche, pour maintenir les mêmes prix que notre concourant.

Meubles en bois de sapins imitation rotin
Les coussins sont fait par Yvonne

À cette époque Miguel Ángel, le biologiste que j'avais connu grâce à Nacho, comme il habitait à côté avec sa femme Laura, venait très souvent me voir après la fermeture du Bazar. Il apportait toujours une bouteille de rhum qu'il achetait dans le magasin d'à côté après lui avoir changé l'étiquette pour un prix inférieur bien sûr.

Il ne voulait plus travailler comme biologiste, il était sûr que son beau-père pouvait lui financer une affaire. Je lui proposais de s'associer avec mon frère pour fabriquer les meubles ici à Cancun, je lui expliquais que c'était des meubles très fácil à faire.

Ils se rencontrent à Mexico mais Jean-Pierre insiste pour fabriquer à Tequisquiapan, puisque la main-d'œuvre spécialisée était là-bas.

Donc ils s'associaient et Jean-Pierre construisit un petit atelier dans le terrain où il s'était marié. Le détail de l'association je l'ai toujours ignoré.

J'avais donné également précédemment l'idée à Jean-Pierre, que l'on pouvait également chercher le marché d'entretien des meubles de rotin des hôtels. La très grande majorité des hôtels avaient de vrais meubles en rotin, puisqu'ils étaient à la mode et ils étaient parfaits pour le climat et l'ambiance tropicale. Ces meubles on des nœuds fait en écorce de rotin, et c'est ce qui ce qui se dégrade en premier. Pour trouver cette écorce, il existe plusieurs fournisseurs à Tequisquiapan. Et pour apprendre à les faire, je me suis appuyé sur mon apprentissage des nœuds marins lorsque j'étais sur le bateau océanographique, un des marins m'a appris une grande gamme de nœuds.

Puis je l'ai enseigné à Milton, le garçon que j'avais embauché pour la vente des meubles. Il faut que je vous explique ici une façon de vivre que j'ai toujours eu, pour mieux comprendre ce qui va suivre.

Lorsque j'ai acheté l'édifice, et vu ce qui c'était passé avec la famille, je savais que je ne pouvais pas payer les mensualités avec mon salaire si je ne faisais rien. Mais je me suis lancé dans l'achat quand même. Dès les premiers jours j'ai fait des dépenses pour améliorer cet édifice. J'ai payé un jardinier pour faire une haie pour limiter la propriété. J'ai fait faire le toit sur tout le parking qui pouvait accueillir jusqu'à 3 voitures, etc. Des frais non urgents, mais je voulais faire tout mon possible pour rendre plus jolie et confortable notre maison. Le toit du garage était très utile, car je devais très souvent mettre la main pour réparer notre voiture, elle n'était plus toute neuve, et la réparer en plein soleil c'était un calvaire, surtout avec la chaleur qu'il fait à Cancun. Donc j'ai toujours pris des décisions et initié des frais sans savoir comment j'allais faire pour payer. Donc j'étais toujours à la recherche de nouveaux revenus. C'est pour cela que je m'investis dans des boulots extra autre que ma carrière de chercheur.

Ce fut à cette époque, l'association avec Jean-Pierre, que Guy est né. Je venais de laisser Yvonne à l'hôpital, car les contractions avaient commencé le matin au levé du soleil, et de retour à la maison je m'étais mis à continuer de faire une fontaine, plutôt une sorte de cascade, avec des bambous coupés à la moitié. Je voulais faire couler de l'eau depuis le toit de l'édifice de façon que celle-ci coule dans les bambous en suivant les escaliers jusqu'au rez-de-chaussée. Puis le remonter. Ça ferait de la fraîcheur dans les escaliers. J'étais tellement pris dans mon truc que je n'ai pas vu passer le temps. Je me dit qu'il était temps d'aller voir comment allait Yvonne. Lorsque j'arrivai à l'hôpital, Guy était né depuis une heure.

Yvonne n'était pas contente du tout, elle avait raison. Mais je n'avais jamais crus que ça irait très vite, vu ce qui c'était passé avec Ian. Mais j'étais très content d'avoir un autre garçon, et que tout c'était passé à merveille, Yvonne une fois de plus avait étée très courageuse et n'avait reçu aucun type d'anesthésie n'y de blocage. Bien sûr tout c'était passé dans le même hôpital, et elle sortit sans problème le lendemain matin de bonheur. Le soir même comme c'était le 15 septembre (le soir ou on fête l'indépendance du Mexique) on fit même la fête à la maison. J'avais mes garçons, Ian et Guy, j'étais sur qu'ils feraient une bonne équipe. Donc maintenant j'ai deux enfants à élevé.

Je réussi donc, après avoir visité plusieurs hôtels, à trouver un hôtel qui voulait bien qu'on lui répare les nœuds de ses fauteuils en rotin.

J'allais avec Milton et Miguel a qui j'avais également montré comment faire des nœuds, à la cour arrière de l'hôtel, et des employés nous descendaient les fauteuils des chambres, puis les remontaient au fur et à mesure.

Mais là commencent les problèmes avec Jean-Pierre et Miguel. Moi je voulais le tiers de ce contrat. Je trouvais cela juste car c'était moi qui avait obtenu le contrat, mais eux voulaient seulement continuer à me payer un loyer pour l'emplacement de la boutique dans l'édifice. Donc le fait que je cherchais à vendre, que l'on faisait les coussins, ça ça ne comptait pas. Leur version c'était, que ce contrat, je l'avais obtenu grâce à l'existence de leur entreprise. Jean-Pierre me disait que c'était Miguel qui avait pris la décision et Miguel me disait le contraire. Ainsi commença ma brouille avec Miguel et mon frère. Je refuse de travailler pour des prunes et je leur donne jusqu'à la fin du mois pour sortir leur meubles. Un fils en plus et de l'argent en moins, j'étais pas très bien.

Ce qui vas me sauvait c'est le fait suivant. Depuis que j'étais rentré travailler à l'institut de la pêche, les chercheurs de cet institut luttaient pour que leur statut et leurs salaires soit homologués avec ceux des autres institutions de recherche du pays comme les universités. Et quelques jours avant la fin de ma collaboration avec les meubles, le directeur de l'institut avait accepté. Et pour voir comment chacun aller être classé, on nous a fait remplir un questionnaire et envoyé un cv. Ce qui les intéressait beaucoup c'était les publications scientifiques à l'international et le temps passé sur le terrain, c'est-à-dire pour nous biologistes marins, le temps passé à bord d'un bateau de recherches. Et moi, avec tous ces mois passer sur un bateau océanographique, toutes les croisières lorsque je travaillais pour Proyectos Marinos, et mes sorties pour le requins, etc,

Ça me faisait beaucoup de points, et j'avais également une publication à l'international (l'écrit sur ma conférence du requin).

La tabulación était faite de la façon suivante:

Chercheur Auxiliaire À
Chercheur Auxiliaire B
Chercheur Auxiliaire C

Chercheur Associé A
Chercheur Associé B
Chercheur Associé C

Chercheur Titulaire A
Chercheur Titulaire B
Chercheur Titulaire C

Je suis classifié Chercheur Titulaire A, deux places seulement du maximum. On ne fut que deux dans le centre a avoir cette classification, l'autre fut un des techniciens avec plus de vingt ans de services.

Pour moi ça impliquait une augmentation d'à peu près de 150 %. L'augmentation ne fut pas immédiate, elle tarda à peu près deux mois, mais comme elle était rétroactive. Cet argent m'a permis de mettre en place mon idée que Jean-Pierre ne voulait pas, fabriquer sur place.

En attendant cet argent, on a eu l'opportunité de nous faire quelques sous Yvonne et moi.
Je l'avais déjà mentionné auparavant, dans le groupe de jeunes mariés et juste arrivé à Cancun il y avait Fernando qui avait monté une affaire de guides touristique VIP. Il les emmenait avec une grosse voiture de luxe visiter les ruines de Tulum ou de Chichén Itzá puis un repas dans un bon restaurant, ensuite une baignade sur une belle plage, puis de retour à leur hôtel.
Il m'avait déjà embauché deux fois pour des touristes français. C'était une bonne paye pour une journée, plus un très bon pourboire.
Donc Fernando nous a mis en contact avec une agence touristique qui devait organiser le séjour d'un groupe de français. C'étaient des vendeurs de tracteurs de la marque « John Deep" qui avaient reçu un prix de l'entreprise pour un séjour de trois jour à Cancún. L'agence avait besoin de personnes bilingues espagnol-français.
C'était une très bonne paye, plus le pourboire, le problème c'est que moi je devais m'absenter deux jours du boulot et Yvonne donnait le sein à Guy qui n'avait que trois mois. Et le boulot était de 8 heures du matin à minuit ou plus, car il fallait les accompagner pour la sortie du soir.
Mais on avait vraiment besoin de cet argent, heureusement qu' à cette époque la sœur d'Yvonne , Claudia, et mon père étaient de visite et ils ont pu s'occuper de Guy.
C'était ça qui me gênait le plus, qu'Yvonne n'arrive pas à son terme d'allaiter.
De mon côté j'inventais un souci personnel, mais avec une peur bleue, que lors de la visite de l'île je me retrouve face à mon directeur, en uniforme de guide de touriste .

Les cinqs jours, car on a eu une formation de deux jours, se passeront très bien, les gens étaient sympa, des couples d'âge moyen dans la cinquantaine, mais ce fut crevant. Et pour Yvonne ce ne fut pas toujours facile, elle est très fragile mentalement, et surtout elle n'était pas tranquille pour Guy, et certains stress provoqué par les chefs la firent pleurer.

Lorsque l'argent arrive , Je commence par fermer une partie du parking. Il avait déjà un toit en palme comme je vous l'avais précédemment dit, donc avec du bois tropical je fait une sorte de petite cabane sur l'emplacement d'une voiture.
J'achète une perceuse, une scie circulaire et une toupie électrique. Je me fait un petit établi dans la cabane pour fixer la scie et la toupie, et comme je n'avais qu'une seule voiture, je pouvais travailler dans un des emplacements pour l'autre voiture, en plus de la cabane.
Milton, le garçon que j'avais embauché pour l'affaire de mon frère, revient travailler avec moi, il avait continué à travailler avec Miguel Angel. Mon premier client arrive rapidement.
 Depuis que j'étais arrivé sur l'île j'avais fait connaissance avec un mec très sympathique, on s'était rencontré dans les « empacadoras » les entreprises qui transforment les produits de la pêche ou qui les emballent. Moi j'allais prendre des échantillons de mes requins et lui, comme il travaillait pour une grande entreprise appelée Oceangarden, qui exportait principalement des crevettes, il allait superviser les emballages de ses produits. Et on se retrouvait très souvent sur le bateau pour la traversée de l'île.

Il habitait Pto Morelos. Il appartient à une des deux familles qui ont fondé ce village au XIX siècle pour exploiter la sève des arbres qui sert à faire le caoutchouc.
Lui, un cousin et un de ses oncles, avaient décidé de monter un restaurant au bord de mer dans le village même.
Donc il me fit une commande de 30 chaises en imitation rotin, comme celle que mon frère vendait. Je lui fit un super design, qui n'avait rien à voir avec les trucs que l'on fabriquait à Tequisquiapan. Les unions des meubles faites là-bas étaient unis par des vis ou des clous, et moi j'inventais une union faite avec la toupie qui n'avait besoin que de colle. Ce n'est pas pour me la péter, mais j'étais très content et fier de mes premières chaises. Wilmo, puisqu'il s'appelle comme ça ,était très content aussi. D'ailleurs nos familles sont devenus très amis et on passait chez eux très souvent le dimanche à Pto Morelos, il avait des jumeaux de l'âge de Ian. Ces chaises restèrent en très bon état jusqu'à la destruction du restaurant plus de 3 années plus tard par un ouragan.

CHANGEMENT DE BARRE TOUTE

Pour m'organiser avec mon boulot de chercheur, je restais sur le continent deux jours par semaine faire de la prospection dans les « empacadoras » et je rentrais pour manger, et l'après-midi et la soirée je la passais à l'atelier. Les autres jours je traversais, et le soir de retour, s'il y avait du boulot je travaillais à l'atelier.
Pour ne pas trop perdre de temps dans la traversée, j'avais pris une des barques du centre avec un moteur de 40 chevaux hors-bord. Je le laissais dans un campement de pêcheurs à côté du port de Pto Juarez. La traversée se faisait en 20 mn au lieu de 40 , mais je devais payer l'essence qui me revenait beaucoup plus chère que le billet pour la traversée. Mais il y avait aussi deux autres problèmes. Il suffisait qu'il y ait un peu de houle pour que j'arrive trempé. Et l'autre, c'était les moustiques, ou je laissais la barque le soir en rentrant et en attendant Yvonne, il y en avait des milliers et je me faisais dévorer.
Pour aider Yvonne, lorsque je ne partais pas pour l'île, j'emmenais Ian avec moi pour prendre mes échantillons. C'était marrant de voir un gosse de deux ans s'asseoir sur ces machines à tuer ou de leur donner des coups de pied.
Mes clients de l'atelier étaient des amis ou des collègues du centre. Par exemple à cette époque, Gerardo qui venait de divorcer et qui ne travaillait plus, me demanda de lui acheter un appartement à Cancun (avec son argent bien sûr). La même entreprise avec qui j'avais acheté avait fait de nouveaux appartements plus grands. Je lui en choisit un au penthouse d'un édifice de trois appartements. Et il vient habiter donc à Cancun. Et il me demanda de lui faire quelques placards et des meubles de cuisine.
Yvonne, qui était toujours en manque de danse et avec une envie de faire quelque chose, se plaignait. Donc tout le monde insistait pour qu'elle mette en place des cours de danse. On avait de la place à l'arrière du bâtiment. Felipe qui continuait à nous visiter très souvent lui proposa de lui financer le local. On construit un truc très rustique fait d'un toit de palmes et des murs de branches de palmiers, avec une entrée par le rue de derrière.
Je connaissais très bien Yvonne, j'étais sur qu'elle ne se lancerait jamais, elle n'était pas du tout sur d'elle, et n'avait aucun sens de l'administration, du relationnel ou du sens des affaires, bien qu'elle était une merveilleuse danseuse, et elle ne prenait jamais d'initiative.

Peu de temps après elle n'avait encore rien entrepris, et voyant que je galèrerais avec l'espace pour travailler, elle me dit d'occuper le local rustique.

Petit à petit, plus j'avais de commandes, plus je me rendais compte que je n'étais pas un vrai menuisier. Je savais bricoler, et j'avais des idées, mais delà à être un vrai menuisier il y avait une grosse différence.
Je me rendis compte quand la femme d'un compagnon du lycée qui venait de s'installer à Cancun, me commanda des meubles pour sa cuisine et que l'une de ses belles sœur me commanda un meuble à tiroir laqué en noir. Je n'aurais pas dû accepter, mais elle était trop mignonne (la belle sœur) et je n'ai jamais su dire non aux belles filles.
Le meuble à tiroir bien que très solide et avec des tiroirs qui coulissent très bien, fut une catastrophe dans sa finition. Le noir complètement raté laissait voir tout les défauts du ponçage. Je n'y connaissais rien. J'ai dû lui faire cadeau du meuble, qu'elle a d'ailleurs offert à son mari pour son garage, j'avais drôlement honte.
Je devais demander de l'aide, avec Milton et moi on n'arriverait jamais.

En plus un soir, que j'étais en train de bricoler, un de mes voisins que j'apercevais de temps en temps, vient me voir. Il voulait savoir si je pouvais lui faire deux cents verres en bambou. Il travaillait comme chef des achats dans l'hôtel Hyatt Caraïbes, et c'était pour le bar de la piscine qu'il avait besoin des verres . Vu la simplicité du boulot, et sachant où je pouvais trouver le bambou à Cuernavaca où l'on fabriquait des meubles avec cette plante, je lui dis donc oui. Ce fut une bonne affaire que je conclus dans les termes.
 Une semaine après, il me commande un petit meuble en acrylique transparent pour accrocher des verres à vin dans le bar de l'hôtel Hyatt Regency, lequel je réussis. Miguel, ainsi s'appelait mon voisin, me dit que je pourrais trouver plus de boulot dans les hôtels.
 Je me retrouve donc dans une situation intenable. Je ne pouvais plus faire mon boulot de chercheur correctement, les sorties en mer de la saison allaient commencer. Si je recevais une commande je ne pourrais pas la livrer. Je devais embaucher quelqu'un, mais j'avais déjà parfois du mal à payer Milton. Je devais choisir. Rester comme chercheur ou me dédier complètement à la menuiserie? Mais pour l'instant aucun des deux ne m'apportait suffisamment de revenus pour vivre.
Comme chercheur je savais que je n'arriverai à rien, je n'étais pas un bon biologiste, et pour m'améliorer il aurait fallu que je reprenne des études et avec quel financement ? Continuer dans le centre de recherche en sachant que je ne pourrais rien apporter de nouveau avec la politique scientifique du pays? même si j'avais le poste à vie.
Et si je renonçais, je sautais dans l'inconnu, avec une femme et deux enfants à nourrir et endetter avec cette propriété, surtout que je n'avais pas un sous mit de côté, et qu'après ma dernière paye je devrais vivre des commandes. Et pas de commande, pas de bouffe. J'allais peut être prendre la décision la plus importante de ma vie.
 Je choisis de laisser l'assurance de la survie et de vivre sans aucune autre ambition, pour aller dans l'inconnu. Mais je savais, même si je n'étais pas menuisier, que j'aimais ça, que j'aimais créer et que cela aussi me permettrait de donner une meilleure vie à mes enfants qui n'avait pas demandé à venir dans ce monde et que je me devais de les préparer le mieux possible à vivre leur vie.

CHAPITRE XXX

MES DÉBUTS COMME ENTREPRENEUR ...De mon premier contrat de 30 chaises dans mon garage avec un employé....à mon atelier de 300 m2 avec 20 employés.

Donc je fis part de mon intention de démissionner à notre tout nouveau directeur, qui d'ailleurs était un copain d'un mec très sympathique que je venais de connaître qui était biologiste au centre de recherche de Pto Morelos.
Je fais tout pour retarder la signature de ma démission. Tellement d'ailleurs que mon directeur fut obligé de venir chez moi un dimanche pour que je lui signe le papier.
Je me rappellerai toute ma vie de ce moment. J'étais dans la piscine avec des potes en train de picoler et de voir le match de football France Brésil du mondial 86. J'étais déjà un peu dans les vapes lorsqu'il arrive. Je me doute immédiatement pourquoi il est venu, c'est un pote, il rigole un peu mais me dit qu' il leur faut donner en urgence mon poste a un autre biologiste. Lorsque je signe, tout trempé et à moitié soul, j'ai l'impression que je signe mon arrêt de mort. Les jours suivants je vais me dire que j'ai fait une grosse connerie.

Je vais très vite avoir un nouvel employé en la personne d'un petit monsieur qui nous voyant travailler nous propose ses services. Il venait de la capitale et était venu à Cancun pour la construction d'un hôtel et voudrait rester sur place. Ce n'était pas un menuisier mais un « barnisador » c'est-à-dire qu'il faisait les finitions. Ah si je l'avais eu pour mon meuble noir!!!!
Il était très bon dans son travail, mais je ne pouvais lui offrir un bon salaire, mais il accepta quand même.
Au moment de démissionner je n'avais comme commande que le placard du voisin, ça allait être à peine suffisant pour payer Milton. Je commençais le début de l'enfer des samedis pour trouver de l'argent pour payer les employés. Cette semaine-là je pensais que je serais obligé de demander de l'argent prêtée. Mais le commentaire de Gerardo comme quoi je ne payerais jamais mes dettes m'enleva cette envie. Je lui avais demandé 500 pesos un jour où je n'avais pas le sous tout juste après ma dispute avec mon frère. Et il vient me demander de le rembourser cette semaine-là. Au moment de lui dire que je manquais d'argent, il est parti en me rappelant mes dettes pas payées, sûrement l'argent de son père pour m'acheter la voiture et l'argent de sa sœur pour la réparation de la même voiture.
Pourquoi les gens, et surtout les héritiers, croient que si tu perds de l'argent pour aider quelqu'un c'est mal, surtout s'il n'en a aucunement besoin? Comme je l'ai dit auparavant si tu vois quelqu'un en train de se noyer, si tu ne lui porte pas secours tu risque d'être condamné pour non assistance à personne en danger, si tu sais nager bien sûr. Alors pourquoi ne serait-il pas la même chose avec l'argent? Si tu vois quelqu'un avec un problème d'argent et toi tu en as et tu n'en a pas besoin, alors de même on devrait être pénalisé, pour non assistance à personne dans la merde.

Mon premier mois fut très difficile, mais deux contrats allaient me sauver la vie...bon pas la vie...disons au moins remplir le frigo.

Miguel mon voisin, le directeur d'achat, me présenta un pote a lui qui était chef du secteur aliment et boisson de l'hôtel VIVA celui là même où j'avais obtenu le contrat pour réparer les fauteuils de rotins des chambres, qui avait provoqué mon désaccord avec mon frère et Miguel Ángel. Et comme il s'entendait très bien avec La directrice du nettoyage des chambres et l'ingénieur de la maintenance, on me redonna le contrat, (Miguel Angel avait perdu ce contrat très rapidement) mais cette fois je devais emmener à mon atelier 20 chaises et les ramener réparées le lendemain, vernis et avec les noeuds refaits. Le problème avec les hôtels c'est qu'il n'y a pas d' avance sur travaux, et on est payé, si tout va bien, une semaine après avoir déposé la facture. Si nous, à notre tour, n'avons pas de crédit avec nos fournisseurs, c'est difficile. Mais au même moment que j'obtenais ce contrat, j'ai fais la connaissance d'un français qui venait de s'installer à Cancun pour monter une alliance française. Il s'était acheté une des premières maisons faites à Cancun et il était en train de la retaper. Il me chargeait de lui faire quelque portes d'intérieurs, un placard et du socle sur tous les murs. L'avance que je lui demandai me permit de financer les réparations des chaises du VIVA.

L'autre gros problèmes que j'avais, c'était que je n'avais pas de camion utilitaire pour transporter les chaises et le matériel nécessaire, comme le contreplaqué.

Véhicule familial transformé en utilitaire
Derrière le véhicule, se trouve le parking transformé en partie en atelier, vous pouvez observer sur la plate-forme en bois Ian, comme d'habitude à poil.
Et les dégâts pour avoir prêté ma voiture à un pote.

Je construisais donc une plate-forme en bois sur notre R12, qui allait du pare-choc avant au pare-chocs arrière, ce qui me faisait une superficie de 4 m X 1 m 30. Elle avait une drôle d'allure mais je transportais facilement les 20 fauteuils.

C'était très drôle de voir une simple voiture avec toutes ces chaises et fauteuils. Mais j'étais dans les règles du code de la route, puisque rien ne dépassait de la longueur et de la largeur de la voiture.

Pour pouvoir bien faire les travaux du français, j'embauchais deux vrais menuisiers.

Mes frais de main d'œuvre commençaient à s'alourdir. Pendant que Milton et Juan faisaient la maintenance des chaises, mes deux nouveaux menuisiers, Jorge et Alonso qui étaient tous les deux des yucatecos, m'accompagnaient chez le français.

Revenons un peu à ma vie familiale et sociale à cette époque.

Pour aider Yvonne à la maison avec les enfants, je cherchais quelqu'un. Milton me dit qu'il avait plusieurs sœurs. Et il nous invita à connaître sa famille. On décida d'aller passer un week-end. Ils habitaient une petite ville appelée Tizimín réputée pour être la ville des ganaderos, c'est-à-dire des éleveurs de bovins.

Chez la famille de Milton
Yvonne aide à la préparation des tortillas

Et on s'arrange avec deux de ses sœurs, une pour faire le ménage et l'autre pour s'occuper de Guy, ainsi Yvonne pourrait travailler en donnant des cours d'aérobic.

Ian venait d'entrer en maternelle. D'ailleurs le jour où je l'emmena au jardin d'enfant fut l'un de me pire de ma vie. Ça se passa très mal, Ian n'était pas timide envers les adultes mais il était trop attaché à nous pour l'instant. Pour ma part, depuis que Ian est né, je ne supportais pas de voir un enfant triste, ou en danger ou malheureux. Je me rappelle même, que lorsque Ian était bébé encore, on été allé voir le nouveau film de tarzan, et à un moment dans le film, on voit le petit bébé (qui deviendra tarzan) tout seul dans son berceau, car son père vient de succomber aux fièvres, je ne pût m'empêcher de penser que ça pourrait être Ian et ça me fit un drôle de noeud à l'estomac.

Donc les deux sœurs commençaient à aider Yvonne, mais l'une d'elle, l'aînée ne dura pas très longtemps, elle ne pouvait vivre sans ses parents.

Donc lorsque je laissai Ian, en lui mentant qu'il resterait juste un moment avec le monsieur (le directeur de la maternelle, qui était encore un français marié à une mexicaine) et que je reviendrai immédiatement. Et quand je le vis pleurer avec désespoir en essayant de lâcher la main de ce monsieur, lorsque je m'éloigne, j'ai moi aussi envie de pleurer.

Heureusement ce ne fut que ce jour-là, le lendemain tout allait bien.

Gerardo, comme je vous l'ai déjà mentionné, était venu habiter Cancún. Il allait moralement très mal, il venait de divorcer, sa mère et lui avait dû fermer la boîte du père avec beaucoup de pertes. Financièrement ça allait, car ses sœurs et lui en plus de l'héritage du père avait également hérité de Mamalota, leur grande mère. Ils n'étaient pas millionnaires mais c'était suffisant pour vivre sans soucis. Donc son problème n'était pas de quoi vivre, mais quoi faire de sa vie. A Mexico il ne voyait les copains que pour boire et ses lendemain était très pénibles, il frisait la dépression.

A Cancún a part moi il ne connaissait personne, sauf Luis un pote que l'on avait connu lors des mariages d'Alfonso et Gil avec les sœurs, c'était un très bon amis de la famille. Luis venait juste de monté une petite entreprise de dératisation, il pensait qu'il y avait du futur à Cancun, puisque des restaurants et autres négoces ouvraient de plus en plus, et il n'y avait pas trop de concurrence. Pour l'instant il était tout seul sans employés. Il invita donc Gerardo pour faire ce boulot avec lui.

Le problème c'était que Luis était aussi un gros fêtard et en plus il était très pote avec un couple et sa fille qui buvait des litres de tequila avec du coca cola, ça s'appelle le « charro negro ». Comme la dératisation se fait lorsque le restaurant est fermé, c'est à dire pas avant minuit ou une heure du matin, en attendant d'y aller c'était la fête et tequila a go go. Nous on participait aussi de temps en temps à ces soirées les week-ends.

Donc ce genre de vie n'arrangera en rien la santé de Gerardo, et il déprimait de plus en plus, heureusement l'arrivée de ce français à qui je faisais des travaux va permettre que je le lui présente pour lui demander du travail dans son école.

Je ne me rappelle pas pourquoi ça ne marchera pas, mais ce monsieur va lui présenter une dame, une espagnole, qui possède une école d'anglais et celle-ci va l'embaucher comme professeur d'anglais. Ils deviendront assez rapidement amants et cela va le sauver de sa dépression.

Nous on va le voir un peu moins, car Carmen, ainsi s'appelle sa patronne et amante, au début n'est pas très à l'aise avec nous car elle est plus âgée.

Je voyais aussi de moins en moins les jeunes couples avec qui l'on sortait auparavant, à cause de mon problème avec Miguel Angel, bien que lors des grands rendez-vous on se voyait toujours, anniversaire etc.

Je profite, puisque je parle de Miguel Angel, pour vous dire que là société entre lui et mon frère n'a pas marchait.

Un autre copain qui vient s'installer aussi à Cancun, c'est José Luis, un pote du lycée et du rugby. Il vient juste de se marier et est venu ouvrir une boutique de fleurs. Comme le reste a Cancún il n'y a pas beaucoup de concurrence. Et on commence à le fréquenter assez souvent.

Sa spécialité et son défaut, c'est de vouloir tout organiser sans demander l'avis des autres, alors il arrivait à l'improviste le soir, même s'il était tard, avec des provisions et il faisait la cuisine. Il est très bon cuisinier, et c'était toujours très bon. Mais il changeait tous nos plans et nous obligeait parfois à dormir tard et il fallait travailler le lendemain.

Des fois c'est le week-end qu'il arrivait le matin de bonheur pour dire que l'on partait immédiatement faire un picNic à Pamul, et sans demander si on avait envie ou pas. Et lorsqu'il m'arrivait de refuser, il piquait une crise et disait que j'obéissais à Yvonne car sûrement c'était elle qui ne voulait pas.

Et pour aller à Pamul, puisque ma voiture n'était plus en forme pour faire ce voyage, on y allait dans sa combi, mais comme celle-ci lui servait pour la livraison des fleurs, même en week-end, je prêtais à son chauffeur ma voiture, jusqu'à ce qu'un jour il se face rentré dedans comme vous pouvez le voir dans la photo.

Comme il voyait que j'avais des problèmes de transport. Une fois pris d'un coup de cœur il acheta une vieille Ford Galaxie en parfait état, et une fois passé son caprice il essaya de me la vendre, mais comme je n'avais pas d'argent je refusais, mais après avoir beaucoup insisté je fini par lui acheter en plusieurs paiements.

J'ai bien fait, car quelques jours après, ma voiture avec sa plate-forme en bois, tomba en panne, j'avais toujours des problèmes avec son moteur, le joint de culasse se foutait en l'air. Et j'étais dans l'urgence de livrer les chaises en rotin de l'hôtel.

Donc me voilà en train de tirer la R12 avec sa plateforme plaine de chaises, avec la Ford, c'était assez rigolo et je faisais sensation avec les touristes dans la zone hôtelière. Mais je réussi à ne pas trouver de policier en route et les chaises furent livrées à temps. L'après-midi je démonte le moteur pour changer le joint de culasse et tout est remis en place pour le lendemain.

Cette voiture nous permet aussi de faire un petit voyage que je rêvais de faire, aller à Mérida et revenir par les petits villages à l'intérieur des terres qui ne sont pas sur la route principale. On part un week-end, et ce retour me fascina, car pour la première fois je voyais le véritable Yucatan. Et j'achetais plein de pièces de véritable artisanat.

Mais qu'est-ce qu'elle consommait comme essence cette grosse voiture.

J'avais fait plusieurs démarches dans les hôtels pour proposer mais services et lorsque je me présenta à l'hôtel ou ma mère avait ses 15 jours de vacances, je tombais pile au moment où ils étaient à la recherche d'un menuisier. Il venait de refaire le troisième étage et il fallait installer les portes d'entrée des chambres et les portes des placards

Ce contrat m'a permis d'acheter un peu plus d'outillages, mais pas de vraies machines pour une menuiserie. L'outillage que j'avais était fait pour bricoler pas pour des professionnels menuisier. Tant que c'était pour des installations et de la petite maintenance ça suffisait, mais si j'arrivais à avoir un contrat pour fabriquer des meubles ou des portes je ne pourrais pas l'honorer. Je cherchais des financements, mais je pense que mes amis n'avaient pas confiance en moi. Ma réputation de n'avoir jamais d'argent et de ne pas avoir pu rembourser le père de Gerardo n'aidait pas.

Avec l'argent du contrat du Carrousel on pût aller passer Noël avec la famille ce qui n'arrivait pas depuis la naissance des enfants.
Je n'aimais pas trop aller à Mexico, c'était trop compliqué avec la famille et les copains.
Tout le monde voulait qu'on les visite. Comme mes frères passaient le réveillon avec la famille de leur épouse, ils voulaient faire un pré réveillon de la famille FAUTSCH deux jours avant Noël. Les parents d'Yvonne voulaient que l'on soit tout le temps avec eux, surtout avec les enfants. Dominique, la sœur de Gerardo, voulait que je passe là voir plus souvent, Felipe de même. Je les aimais tous, et comme je ne voulais vexer personne et que je ne savais pas dire non, je finissais par vexer tout le monde. Pour le nouvel an c'était pire encore. Il y avait la famille qui voulait que l'on dîne avec eux, puis deux ou trois fêtes avec les différents groupes d'amis, ceux de l'université, les amis d'enfance, le club seagram's etc.
Au début de janvier il y avait en plus les anniversaires de mes deux frères, le 8 et le 9 janvier, et il fallait surtout ne pas rater celle de Jean Pierre. La au moins j'étais sûr de rencontrer tout le monde.
En plus pour compliquer davantage les choses ils habitaient extrêmement loin les uns des autres. La ville de Mexico est extrêmement grande, de la maison de Patrick à celle de Jean-Pierre il fallait au moins une heure et demie.
Je préférais qu'ils nous rendent visite à Cancún.
L'autre gros problème que j'avais, c'était le transport pour ma petite entreprise.
Mon beau père, qui bien sûr ne voulait pas me financer non plus, avait une vieille Volkswagen combi utilitaire, il en avait une autre, qui lorsqu'elle était toute neuve, c'était celle qu'il nous prêtait pour aller à Veracruz faire de la plongée. Elle lui servait pour livrer les dominos et autres articles de promotion. Donc il nous offrit la vieille combi, pour s'acheter une autre.

On fit le retour a Cancún sur cette camionnette, ce fut un super voyage, ça faisait très longtemps que l'on ne faisait le voyage par la route.
Ana profita du voyage pour nous accompagner, pour les enfants ce fut leur premier long voyage par la route. Une fois dans les états au climat tropical, ce voyage était un véritable plaisir. Dans l'État de Veracruz on achetait sur la route des énormes écrevisses délicieuses. Dans l'État de Tabasco on achetait des bananes de toutes sortes et on mangeait de délicieux repas dans des petits restaurants pas cher au bord de la rivière. Dans l'état de chiapas on achetait des fromages fabriqués dans des petites fermes artisanales. Et dans l'État de Campêche on s'arrêtait à Champoton au bord de la mer dans des petites cabanes qui offraient les meilleurs fruits de mer de tout le sud-est.

La carrosserie de la combi était en mauvais état, mais le pire c'était la fuite d'huile dans le moteur, à chaque plein il fallait remettre de l'huile. L'arrière de la camionnette finissait toute crasseuse d'huile. La réparation me coûta extrêmement chère, et j'ai dû la faire à peine un mois après, et 4 mois après ce fut le tour de la boîte de vitesses.

Quand je pense que quelques années plus tard, les parents d'Yvonne allaient lui dire que c'était son héritage.

Bon de retour les choses vont s'accélérer. L'hôtel Carrousel continue a me donner quelques boulots comme l' ameublement des bureaux, mais surtout la menuiserie du nouveau restaurant bar, et la rénovation de la réception. J'ai toujours mes deux menuisiers, plus Juan et Milton. Mais pour certains travaux très délicats, comme le comptoir du bar, je fais appel à un menuisier ami de Juan qui vient comme lui de la capitale. C'est un excellent menuisier, mais trop cher pour l'avoir à temps plein. D'ailleurs lui non plus ne veut pas, il aime trop sa liberté.

Miguel, mon voisin chef des achats, m'a présenté à son chef de maintenance de l'hôtel où il travaille, le Hyatt Cancún Caribe. Son adjoint est un français qui était venu travailler au Club Med de Cancún et s'est marié avec une mexicaine, et donc il est resté, il s'appelle Jeff.

Lorsque je finis avec les chaises de l'hôtel Viva, le Hyatt me passe à son tour la maintenance de ses chaises et fauteuils en rotin.

Miguel et Jeff me présentent à leur tour le chef des boissons et des aliments de l'hôtel, Philippe un belge, il est à la tête de tous les resto de l'hôtel, Éric, un français en est le chef principal. Tous les deux sont super sympa et je m'entends très bien avec eux. Du coup eux aussi me donnent du boulot.

Donc les affaires commencent à bien tourner, je n'ai plus les gros problèmes que j'avais au début pour trouver l'argent le vendredi ou samedi pour payer mes employés. Bien que les hôtels avaient des fois la mauvaise habitude de retarder les paiements. J'augmente mon personnel de deux autres menuisiers, car à part les hôtels j'ai aussi des commandes de quelques particuliers. Et je commence à être mieux équipé en machine.

J'embauche même un chauffeur, qui est l'oncle du chauffeur de Miguel à l'hôtel.

Et chez nous ça change aussi. J' ai remodelé l'édifice. Dans l'appartement d'en bas, une des chambres je l' utilisé comme bureau, j'ai ouvert une porte qui débouche du côté du parking ou se trouve l'atelier. L'autre chambre ser pour loger notre servante.

Le reste de cet appart je l'ai emménagé comme petit salon extérieur pour la piscine.

D'un côté du bâtiment, j'ai changé les fenêtres en portes fenêtres qui donnent sur des balcons en bois rustiques avec un toit en palme. Ça donne au bâtiment un joli aspect moderne et rustique en même temps.

A Cancún on recevait à la TV que très peu de chaînes, et en plus par câble, ce qui n'était pas donné. On recevait deux chaînes nationales, une chaîne de Chicago, et ESPN qui était à ses débuts avant de devenir ce que l'on connaît maintenant.

C'était le début des antennes paraboliques. Lors d'un week-end que l'on a passé à Chetumal, qui est la capitale de l'État et se trouve à la frontière du Belize, et comme c'est un port franc, on y trouve plein d'objets d'importation, de l'électronique aux conserves, je m'achète un super décodeur. Et a Cancún je me fait installer une antenne parabolique, celle ci est fabriquée à Monterrey au nord du Mexique. A la différence des antennes américaines, qui sont faites en aluminium, celle-ci était faite en fer. Mais le technicien me l'avait recommandé car elle était plus grande et seulement faite en deux pièces donc beaucoup plus solide. Ce fut assez dur de la monter jusqu'au toit.

Maintenant on pouvait voir plus de deux cents chaînes et gratuitement. Aux E.U. c'était très réglementé, et on devait payer, mais au Mexique pour l'instant et surtout dans l'état de QRoo qui était une zone franche, rien du tout. Donc on voyait les grandes chaînes américaines comme Fox et HBO qui passait dés film récents. Même les pornos.

Milton et sa famille étaient très contents avec nous, de même moi j'aimais bien Milton et sa famille. Les terres agricoles mexicaines à cette époque étaient encore divisées en ejidos, sorte de Coopératives héritées de la révolution. Chaque paysan avait droit à une parcelle et devait la cultiver. Comme c'était une zone d'élevage de bovins la plupart étaient dédiées au pâturage. Le père de Milton qui n'avait pas de bétail, devait s'associer avec d' autres éleveurs pour les laisser paître leur bétail dans sa parcelle. Mais pour survivre il demandait des avances à son associé, et lors de la vente des quelques têtes de bêtails, entre 10 et 15 , qui était dans sa parcelle il ne restait rien pour lui.

Milton et son frère aîné qui venait de terminer une formation d'éleveur, voulaient que j'aide leur père en devenant associé, ils voulaient que j'achète des petites vaches pour faire des veaux et les vendre, soit disant meilleure affaire que de les faire grossir.

Je n'y croyais rien, à ce petit niveau ça m'étonnerais que ce soit rentable. Mais j'aimais bien, en plus de la famille, l'endroit.

La parcelle était située à deux kilomètres, par un petit chemin en terre battue, d'un tout petit village appelé Kikil. Et ce village était à 4 kilomètres de la ville de Tizimín.

Yvonne à la cuisine de la cabane.

Kikil avait était fondé bien avant Tizimín, les ruines d'une ancienne églises du XVI et d'un couvent, attestaient de l'ancienneté du site. Il parait que lors de la Guerre des Castas (soulèvement des mayas) les espagnols fuirent le village et s'installèrent à Tizimín.

Il y avait également à côté du village un cenote, avec une entrée cachée ce qui faisait qu'il n'y avait jamais personne, et on pouvait se baigner tranquillement.

Je proposais donc à la famille de les aider. Pour l'instant il gardera le bétail de son associé du moment. Et on commencera par acheter le taureau.

Et pour pouvoir venir assez souvent je leur demandais de me construire une petite cabane. Le père me dit qu'il en était capable. Je pensais que c'était vrai car les mayas étaient très doués avec leur mains et je savais que leur maison était construite par eux en général.

Il me fait bien la cabane, mais toute de travers avec le toit trop bas. La partie cuisine et chiottes était bien. Le maçon qu'il avait embauché était bon. Pour l'eau il a fallu faire un puits. Et comme il y avait énormément de rochers, comme dans toute la péninsule du Yucatan, il a fallu que j'achète de la dynamite. Mais il faut un permis de l'armée. Donc un voyage à Mérida pour le demander, puis un autre pour aller le chercher une fois prêt, et ramener la dynamite. Et pour l'électricité j'achetais un petit groupe électrogène, mais en général on préférait la bougie. Enfin, notre villa à la campagne fut prête.

Notre cabane de Kikil
Ma sœur avec Guy et Ian dans le porche de la villa (petits fauteuils fait dans notre atelier)

Nous y allions au moins une fois par mois et lorsqu'il y avait un long week-end.
En plus Kikil n'était qu'à une demi-heure de route de Rio Lagartos, l'embouchure paradisiaque d'un fleuve qui est une réserve de flamants roses.
Nous y allions souvent passer la journée là-bas. Du village une barque nous emmenait sur les plages sauvages à l'extérieur de l'embouchure. On y restait quelques heures en buvant des bières et d'autres boissons plus alcoolisées. Puis on revenait manger au village où il y avait des petits restaurants de fruits de mer pas chers du tout et très très bons, surtout les petites crevettes pêchées dans l'embouchure et des escargots de mer appelée chivitas.

A Kikil, tous les mercredis, un des ejidatarios avait le droit de tuer un veau, et de vendre aux habitants sa viande. Lorsque l'on était là-bas je profitais pour lui acheter les filets et des morceaux de choix, je ramenais plusieurs kilos que je congèle en arrivant et que l'on mangeait petit à petit. Comme cela on avait toute l'année une viande pas chère et de très bonne qualité.

Rio Lagartos
Sur le ponton pour prendre la barque.
De gauche à droite
Yvonne avec Guy, la sœur aîné de Milton, le père de Milton, Ian, Milton, sa petite sœur et un petit garçon inconnu.

Vache race indo-brésilienne
Guy et Ian comme éleveurs

Je commence par acheter un jeune taureau que Ian nomma « Perico », puis petit à petit on achète des petites génisses jusqu'à en avoir une douzaine. Je donnais également un salaire au père pour qu'il n'ai plus besoin d'argent.

Donc mon entreprise s'agrandit, mais aussi certains problèmes, il m'a fallu trouver un comptable, puisque les salariés augmentaient Au début ce fut une entreprise externe, mais rapidement j'embaucherais un fixe à temps plein. Il a fallu trouver des crédits avec les fournisseurs, car avec les hôtels on n'était jamais sûr de recevoir son chèque à temps. Tous les fins de semaine j'étais inquiet pour savoir si j'allais avoir la liquidité suffisante pour payer les salaires (au Mexique la paie se fait toutes les semaines pour la main d'œuvre). Des fois, quand je n'avais rien en banque, et que l'hôtel nous donnait le chèque le vendredi alors que les banques étaient fermées, il fallait chercher quelqu'un qui disposait de liquidités et voulait bien nous changer un chèque.
J'y passais des fois toute la matinée du samedi.

Mais j'allais recevoir encore un petit coup de pouce de la déesse Tyché.
Comme je vous l'ai déjà mentionné auparavant, je m'entendais très bien avec Éric et Philippe du Hyatt, d'ailleurs ils nous offraient de temps en temps des passes pour dîner au Blue Bayou,

le restaurant chic de l'hôtel où on mangeait une excellente cuisine de la Nouvelle Orléans. Ces sorties avec Yvonne je les adorais, après dîner on allait danser dans les grandes discothèques de Cancun. C'est dans ces moments là que je prenais conscience que j'étais marié à une très belle femme. Bon je me perd un peu.

Donc je reviens à ma relation avec Éric. Il sortait depuis pas très longtemps avec une belle fille de très bonne famille, mexicaine. Et voilà que tout d'un coup ils décident de se marier. j'ai su un peu plus tard, que ce fut parce qu'elle était tombée en ceinte.

Ils vont faire un mariage assez intime à l'hôtel, et je m'étonne même que l'on soit invité, Yvonne et moi. C'est aussi peut être qu'il voulait équilibrer ses invités avec ceux de la mariée, puisque avec la rapidité qu'il l'avait organisée c'était difficile de les faire venir de France.

Le mariage est simple mais très réussi, après une petite cérémonie sur la plage, on passe à un superbe buffet autour de la piscine. Vous imaginez bien que ce fut délicieux. La soirée se termina sur la plage, où la nuit tombée, on installa des tables et on servit des cocktails à volonté, accompagné d'une musique jouée par petit groupe de musiciens.

Le hasard fit que l'on comparti la table avec un architecte français et sa compagne.

Il s'appelait Jean Yves , il était sympa bien qu'avec un tendance à se la péter, comme il était beau garçon et avait l'air d'avoir des sous.

Dans la conversation il apprit que j'avais une menuiserie. Et au moment de nous dire adieu, il me donne sa carte et me dit de l'appeler le lendemain.

Chose que je fait et il me donne rendez-vous au Club Med, il m'avait déjà dit que c'était un de ses clients.

Je dois vous avouer que je me rendais avec beaucoup d'optimisme. Il me dit qu'il était en train de retaper plusieurs chambres de l'hôtel. Mais pour l'instant il avait juste besoin que je lui fasse quelques étagères bon marché pour les placards de quelques chambres des GO (gentils organisateurs). Son menuisier lui avait fait faux bon. Donc un tout petit contrat. C'était vraiment une déception.

Ma seule consolation c'était que j'enlevais à mon principal concurrent, une boîte de menuisiers qui travaillait que pour les hôtels, un autre contrat.

Je leur avais déjà enlevé celui du Hyatt, ils n'avaient pas assez de ressources, et leur problème, c'était qu'ils voulaient tout prendre et du coup, ils manquaient à leurs obligations. Mon plaisir de leur prendre des contrats était d'ailleurs augmenter car un des associés de cette boite était un ancien collègue des rallyes que j'aimais pas du tout.

Bon, j'allais me rendre compte que mon architecte français était un mauvais payeur, une fois fini les placards, je n'arrivais pas à le retrouver. Le téléphone que j'avais de lui, c'était celui de son bureau et il n'y était jamais. Et aller le chercher au Club Med ça me faisait une quarantaine de kilomètres, pour en plus de n'être pas sûr de le retrouver.

Donc je téléphonais plusieurs fois au Club Med, j'avais le téléphone de la maintenance que lui même m'avait donné. Et après trois jours d'appels, le monsieur qui me répondait au téléphone, un français, après m'avoir dit que Jean Yves n'était pas là, me demanda si j'avais vraiment une entreprise de menuiserie. Et après confirmation, me demande d'aller le voir le plus rapidement possible.

J'arrive le lendemain à son bureau. C'est un monsieur d'une quarantaine d'années qui est chargé des rénovations.

C'est la première fois que j'entre vraiment au Club Med, les chambres des GO ou j'ai arrangé les placards sont à l'entrée.

Il faut que je vous explique comment est organisé le Club Med. C'est le premier hôtel à avoir été construit à Cancún. La zone hôtelière de Cancún se trouve sur une barrière de terre qui sépare la lagune de la mer. La barrière a deux pointes, une au nord qui s'appelle Punta Cancún et l'autre au sud qui s'appelle punta Nizuk, elles sont séparées par une vingtaine de kilomètres, et c'est sur cette dernière que le club Med est construit en 1973 au tout début de la création de Cancun, par le gouvernement Mexicain par une entreprise nationale appelée Fonatur. Elle s'associe avec le Club Med pour l'opérer, 30% pour Fonatur et 70 % pour le Club Med.

Mais le gouvernement reste le propriétaire.

A l'entrée du Club Med, il y a les chambres des GO, puis suit l'aire de la maintenance avec bureau, ateliers et dépôts. Une route continue tout le long de la côte, sur une distance d'au moin un kilomètre. Du côté de la plage on trouve les installations de la plongée avec bouteille ou non, celles ci disposent d'un quai en bois pour les bateaux de plongée. Ensuite suivent les installations de la voile, puis du Ski nautique. Enfin on arrive à un grand restaurant avec presque les pieds dans l'eau. Cinq cents mètres plus loin on a le premier bâtiment avec une cinquantaine de chambres, et un peu plus loin on arrive à une petite place où la route s'arrête, du côté droit c'est les machines, comme les chaudières, groupes électrogènes etc. Au fond encore un restaurant au bord de l'eau.

Et à droite, après le parking des cars de touristes, c'est le théâtre. Ensuite on continue par une allée et on arrive à un grand bar.

A côté du bar il y a une grande piscine et du côté gauche on trouve le grand restaurant sûr élevé.

Et derrière encore un autre bâtiment avec des chambres qui donne sur la lagune.

Derrière la piscine, l'allée continue et suivent encore deux bâtiments avec chambres.

Et enfin derrière le dernier bâtiment on arrive sur un petit îlot de 600 m2 à peu près. Et tout autour il n'y a que la lagune. Et c'est justement sur cet îlot qu'il m'emmène.

Il m'explique que le dernier bâtiment que l'on vient de traverser est en train d'être retapé. Tout le mobilier et les portes des chambres a été rangé sous une énorme palapa construite exprès, le gros problème c'est que la palapa s'est effondrée sur tout le mobilier et les portes, faisant d'énormes dégâts. C'est vrai qu'il y a eu un gros coup de vent pendant le week-end avec des pointes à plus de 100 kilomètres. Mais une palapa résiste normalement à cette force des vents et bien plus. Bien sûr elle était mal construite, et c'était l'architecte Jean Yves qui avait eu le contrat.

Le monsieur qui m'avait fait venir, qui s'appelle George, m'explique que lui il était envoyé par le Club Med pour superviser ces travaux, que son chef est le chef de la maintenance de tous les Club Med du Mexique. Et qu'il arrive le lundi, on est jeudi, et me demande de lui faire un devis pour réparer tous les meubles et les portes, avec des nouvelles couleurs pour les portes, et qu'il faut que tout soit prêt pour le 15 décembre date où les touristes arrivent. Et le devis doit être prêt pour lundi.

Je me dit , voilà une chance d'avoir mon premier grand chantier.

À cette époque j'avais embauché un nouveau menuisier, c'était un menuisier très expérimenté il venait également de la capitale, avait travaillé à Uxmal avec les premiers investisseurs de la région. Mais suite à certains problèmes il était devenu taxiste, mais à cause de la boisson, il avait là encore perdu son taxi. Question boisson Il me dit qu'il arrivait maintenant à se contrôler.

Donc je profite de son expérience et je reviens avec lui pour faire un état des dégâts,

Puis je passe tout le week-end à faire le devis, avec Yvonne pour m'aider à le taper à la machine.

Ce n'est pas facile de faire un devis pour des réparations multiples sur des chaises par exemple, donc je décide de monter les prix pour les réparations et je fais un meilleur prix pour du neuf, espérant que je sois plus bas que la concurrence.

Donc j'arrive avec mon devis lundi matin au Club Med. Au moment d'arriver en face du bureau de la maintenance, George descend de la navette (petit véhicule qui transporte les touristes et autre personne le long du bord de mer) accompagné d'un blond bien costaud moustachu, qui me fait tout de suite pensé à Astérix, mais en plus grand.

George me présente à son chef qui se nomme Patrice, et lui dit: "je te présente l'entrepreneur dont je t'ai parlé, il nous apporte son devis pour les portes et mobilier. »

Patrice m'arrache presque le devis des mains et on rentre au bureau s'asseoir.

Il lit rapidement les chiffres pendant que je lui explique mon devis. Donc il me dit que ça lui revient moins cher avec du neuf, je lui donne les raisons.

Après quelques secondes, il me dit : " où je signe? car c'est bon pour moi". Je n'en crois pas mes oreilles et George non plus. Il lui demande s'il ne vas pas attendre les autres devis. Il lui répond que non, que le devis lui plaît et qu'il n'y a pas de temps à perdre. Il me dit de passer immédiatement chercher mon chèque pour l'avance.

Il s'agit quand même d'une belle somme, je ne me rappelle plus exactement de la quantité exacte mais c'était à peu près l'équivalent de 100,000 euros actuels.

J'arrive au bureau de la compta, qui est tout à fait de l'autre côté du Club. Et une dame très sympathique me reçoit, je lui dit qui je suis, elle me répond que l'on vient de l'appeler et qu'elle est au courant. Elle me fait un chèque pour 50 % de mon devis.

Et elle le fait à la main!! Je vous explique mon étonnement. Dans les autres hôtels pour recevoir un chèque il fallait donner la facture une semaine en avance au moins, la facture devait être signée et tamponnée par le chef de la maintenance, puis par le gestionnaire. Puis il fallait passer un jour fixe à une heure fixe chercher son chèque, et celui-ci était rempli avec une machine et imprimante spéciales, pour éviter toute modification ou falsification, en plus le chèque était signé par trois personnes.

Je croyais rêver, en moins d'une heure, je ressortais avec mon plus gros contrat et en plus, mon plus gros chèque jamais reçu.

Il s'agissait maintenant de ne pas se planter.

Les meubles neufs, c'était principalement des chaises, et assez simples, on pouvait les faire à l'atelier, mais la peinture des portes tables, étagères etc. Il fallait mieux le faire sur place.

Antonio, mon nouveau menuisier, me présente un spécialiste en finition très bon et qui avait sa propre équipe donc je l'embauche pour toutes les finitions.

La palapa a été refaite, donc on peut travailler à l'ombre sur la petite île. Mais comme le Club est assez loin de l'atelier, je demande la permission qu'ils puissent dormir sur place et gagner du temps. C'est une course contre la montre. Les occupations des chambres sont vendues donc impossible de changer la date de fin du contrat. Je sais que tout va dépendre de mon organisation. Il faut maintenir l'approvisionnement des travailleurs qui sont sur l'île en produits, comme les vernis, peinture, solvant etc, ceci pour le travail, mais également en nourriture pour le personnel. Même à un moment donné, le chef me demande de lui trouver de la Marijuana, car il n'en a plus, et ses travailleurs vont se trouver à snifer du thinner, heureusement que j'ai des amis amateurs qui vont m'en trouver. Du côté de l'atelier c'est devenu critique aussi, on a plus trop de place et les voisins commencent à se plaindre du bruit.

Ça a commencé un jour où le Hyatt Regency m'a commandé en urgence des estrades pour un spectacle. L'hôtel n'avait pas de théâtre et ils allaient recevoir le fameux groupe des Suprêmes et il leur fallait une estrade pour une des salles.

On a passé toute la nuit à monter 9 grands modules pour former la plate-forme et en raison de la taille on a dû faire ça dehors, avec tout le bruit des scies, perceuses et marteaux. Depuis, les plaintes n'arrêtent pas. Je cherche un local pour déménager l'atelier.

Une fois les chaises finies, il faut leur faire faire un siège en tissu. Donc revoyage à Mérida (a Cancún a l'époque il n'y a rien) pour en trouver un qui plaise au client.

Puis trouver un tapicier, donc encore un truc à coordonner. En plus je commençais à être inquiet. Dans mon contrat j'avais commis une erreur, j'avais demandé 50 % en avance et le reste à la livraison . Mais il me restait très peu de l'argent avancé, et je ne pouvais tenir jusqu'à la fin. Je devais demander une autre avance et je ne savais pas comment ils réagiraient. Mais j'avais eu peur pour rien, lorsque je demande ça à George il me dit qu'il était plutôt étonné que je ne l'avais pas demandé avant vu l'avancé des travaux.

Normalement mon contrat était pour les meubles, réparer et peindre les portes.

La pose des étagères dans les placards et les portes n'était pas incluse, ça devait être le boulot de l'entreprise embauché par Fonatur pour refaire les chambres, celle qui avait posé le nouveau carrelage et repeint les murs. Mais 15 jours avant la date limite Fonatur demanda au Club de s'en charger et celui-ci à son tour me passa la patate chaude.

Bien sûr j'ai dit oui mais après avoir consulté mes menuisiers, ici je dois dire merci à Antonio, à mon chauffeur Abelardo, et à Alfonso, qui venait d'entrer dans l'équipe (cousin de mon menuisier Jorge). On forme deux équipes pour travailler jour et nuit pendant dix jours, Antonio gera parfaitement les équipes et ne dormi presque pas, j'avais une peur bleu qu'il ne se remette à boire, mon chauffeur fit je ne sais combien de fois l'aller retour de la ville à l'hôtel, pour emmener les travailleurs, les fournitures, et les repas, à n'importe qu'elle heure de la journée et de la nuit. Et Alfonso qui sans expérience sut parfaitement gérer plus de 60 cerrures de clés différentes posées dans la porte adéquate. Les chambres, auparavant au Club Med ne se fermaient pas à clé, c'était une nouveauté.

Le jour J arrive, je peux vous dire que j'avais toujours cru que c'était un mensonge que les clients allaient arriver ce jour-là, je pensais qu'ils avaient prévu quelques jours de plus par précaution. Donc lorsque je les vois venir, je sais que j'ai du monde dans les chambres en train de finir des détails sur les portes et placards. Heureusement tout se passe très bien et je ne vous ment pas si je vous dis qu'il y a eu des cas où lorsque le client ouvrait la porte mon employé était en train de sortir par le balcon.

Mais ce fut un succès et lorsque George me dit qu'il n'avait pas cru que j'y arriverai et que je reçu les félicitations de Patrice, j'étais extrêmement fier.

Je veux faire un petit point ici. Comme je l'ai toujours dit au cours de ce livre, le hasard a une grande importance dans notre vie, pas seulement à la naissance.

En 79, lorsque j'étais dans le trou, qu'Yvonne et moi étions séparés, mes parents malades, et sans le sous. Je n'étais pas différent de ce que j'étais maintenant après ce succès.

À cette époque tout le monde me critiquait, on disait que j'étais dans la merde par ma faute, que je ne faisait rien pour en sortir, pourtant aucunes des personnes que je connaissais avait fait plus d'entretien d'embauche que moi.

Et comment je m'en suis sorti ? Mes parents ont guéri, je n'y suis pour rien, Yvonne est revenue vers moi, ce n'était pas une décision unique de ma part. L'atelier de mon père a pu me payer de nouveau mon salaire, c'est très bien mais ce n'est pas parce que je travaillais davantage.

Ce que je peux bien mettre à mon crédit c'est d'avoir fini mes études, mais j'avais une bonne récompense pour le faire en si peu de temps. Pour le boulot à Proyectos Marinos c'est à mon crédit également car je n'ai pas été pistonné, bien que j'ai eu la chance que juste au moment de finir mes études cette entreprise ai eut besoin d'un employé avec mes caractéristiques.

Pour le poste de recherche à Isla Mujeres j'ai profité de certaines circonstances, mais si celles-ci ne se seraient pas présentées, je n'y serais jamais allé à Isla Mujeres.

Si Miguel n'était pas devenu mon voisin, ce n'est pas sûr que j'aurais connu les chefs du Hyatt, et eux ne m'auraient pas invité à un mariage et je n'aurais pas connu L'architecte, et si le vent n'avait pas détruit la palapa qui heureusement était mal faite, et si l'architecte m'avait payé immédiatement, George ne m'aurait jamais appelé. Et si je n'étais pas arrivé juste au moment où Patrice descendait de la navette pour lui remettre mon devis avant les autres.

Vous voyez, il faut énormément de circonstances pour réussir, pas seulement de la volonté et du talent. Pour certaines personnes il ne faut qu' un coup de chance pour réussir, comme naître dans un berceau de riche. Mais des fois aussi un seul coup de malchance peut tout faire capoter, comme un accident ou une maladie.

Donc soyons humble dans notre réussite et soyons compréhensifs envers ceux qui n'ont pas ces coups de pouces, et aidons les lorsque nous avons eu des coups de chance. J'étais le même dans la merde que maintenant avec le succès. j'avais le même mérite.

En plus d'avoir fait du bon boulot et d'avoir gagné des sous, je passais de très bon moment au Club Med. J'avais fait de très bonne relation avec George et Patrice, ils m'invitent au bar prendre l'apéro à midi (on payer avec les fameuses boules quand le barman voulait, mais en général le barman ne faisait pas payer les chefs ni leur accompagnateur) des fois même je restais manger avec eux, surtout lorsque tous mes employés étaient sur le site.

C'était vraiment sympa de travailler comme cela, avec de la bonne bouffe, des apéros à volonté et avec des clients très sympathiques et surtout très bien payé.

Je me sentais même parfois un peu gêné que Yvonne ne participe pas avec moi à ces moments. Donc quand je le pouvais, j'essayais de l'emmener passer des soirées avec moi au Club.

Je profite pour vous parler de notre vie familiale à cette époque.

Le matin Ian continuait à aller à la maternelle et des fois, l'après-midi, il m'accompagnait des fois visiter les hôtels , le problème c'est qu'il s'endormait des fois dans la voiture. Donc je le laissais dormir, mais je devais revenir toutes les cinq minutes, car je savais que s'il se réveillait sans me voir il serait pris de panique.

Ian avait une peur bleu de se retrouver seul. Je ne sais si c'était simplement son caractère, ou si c'était de notre faute.

Lorsqu'il était bébé, il allait à peine avoir ses neuf mois, on a avait fait la fête du nouvel an à la maison, dans le jardin avec les copains. Et on s'était couché au petit matin vers 8 heures à l'heure où Ian se réveille, et comme Yvonne était complètement bourré et moi de même. Ian est resté tout seul réveillé dans la chambre jusqu'à 12 quand on s'est réveillé. Qu'est-ce qu'il a fait pendant tout ce temps-là? on l'ignore, mais il ne pleurait pas à notre réveil.

Une autre fois Ian dormait déjà, je crois que c'était un peu avant la naissance de Guy, un ami est passé pour nous inviter des tacos. On a pas voulu le réveiller, et d'ailleurs il ne se réveillait jamais. Donc on est parti. Et on était arrivé depuis à peine une quinzaine de minutes que l'on voit notre voisin arrivé avec Ian en pleur.

De sa fenêtre il avait vu Ian dans le jardin en pleur. Et comme on lui avait dit où on allait il nous l'a emmené. On est des fois des irresponsables.

Un autre exemple de sa peur qu'il avait gardée: Le première grande surface venait d'ouvrir à Cancun, et on était allé la visiter. Yvonne était dans je ne sais quel rayon, et moi j'étais avec Ian et Guy dans le rayon jouets. A un moment donné je suis passé de l'autre côté de l'allée, où était le rayon articles pour voiture. Mais même pas cinq minutes c'était écoulé, que j'entends dans le haut parleurs que mes enfants m'attendent à la caisse. A peine ils m'avaient perdu de vue que Ian avait pris par la main son frère et avait demandé de l'aide. Je m'en voulais de lui avoir fait passer ces moments-là.

Si je devais prendre Ian l'après-midi, c'était surtout parce que Yvonne donnait tout les après-midi des cours d'aérobic dans un Club de sport, le « Club Campestre », c'était un nouveau Club qui venait de s'ouvrir tout près de la maison. On m'avait vendu des actions de ce Club et on était donc associés. Guy restait avec la servante. Et dans la soirée on allait tous au Club, moi j'en profitai pour nager, mon sport favori.

À cette époque, les week-ends, on sortait parfois avec les gens des hôtels comme Miguel ou Jeff. Et pour les sorties de week-end, mes employés voulaient toujours m'inviter dans leur village.

Mon menuisier Jorge, allait se marier et voulait que je soit son parrain, avec une fille de Campêche, un état limitrophe avec le Yucatan. Jorge était originaire de Itzamna dans le nord-est du Yucatan et elle était de Calkini, à la frontière des deux états. Dans ce village on tissait des chapeaux de paille très spéciaux. On les tissait dans des grottes faites par l'homme pour pouvoir travailler la paille dans l'humidité. Le chapeau était indéformable. On pouvait le mettre en boule, il reprenait sa forme.

La cérémonie fut toute simple à la mairie, mais la fête fut grandiose.

La famille de la mariée habitait à l'extérieur de Calkini, c'était une famille très modeste qui vivait de l'artisanat des chapeaux. Il y avait deux ou trois huttes typiques des mayas. A l'intérieur il se trouve juste un brasier pour cuisiner et une ou deux tables, et on dort dans des hamacs que l'on accroche juste la nuit.

Les gens sont super simples et sympa, on va manger le meilleur « relleno negro « que je n'ai mangé de ma vie. C'est une recette pré hispanique qui se sert surtout dans les mariages. Il s'agit d' une dinde cuisinée dans un récipient en terre cuite qui est farcie de viande de porc (a l'origine on utilisé du jabalí) et cette farce est condimentée d'une pâte faite avec des piments qui reste accrochée tout au long de l'année au dessus du brasier, et deviennent tout noir, d'où le nom. Et le tout est cuit sous terre comme font les mayas, on appelle cela en « pib ».

C'était très piquant, mais un délice. Après ils ont chanté des poèmes composés par eux. On dit que dans chaque Yucateco y a un poète. J'ai adoré ce voyage, le seul mauvais côté, c'était ma belle mère qui nous avait accompagné, elle n'avait pas arrêté de se plaindre que Ian ne l'aimait pas et que nous on ne faisait rien à ce sujet. Vraiment n'importe quoi, l'amour ça se gagne ça ne s'impose pas.

On a été également souvent invité à Izamal, plusieurs de mes menuisiers étaient de là-bas. Surtout le frère de Jorge qui m'a fait le parrain de baptême de son fils. Je commençais à me prendre pour « le parrain » comme le film. D'ailleurs tout mes employés, fournisseurs et clients m'appelaient Don Christian, même si je n'avais que 35 ans.

Cette ville est un peu plus éloignée de Cancún que Tizimín. Elle a la seule église fortifiée du pays, celle-ci date du XVI, mais les fortifications sont de la guerre des castas (rébellion des mayas) elles sont impressionnantes et majestueuses. Cette ville est restée fixée dans le temps. C'est la ville oubliée de la région. Tizimín est prospère grâce au éleveur de bovins, Valladolid la ville la plus ancienne du Yucatan est prospère grâce au tourisme, elle est toute proche de Chichén Itzá, et elle est sur la route Merida Cancún. Tandis que Izamal a prospéré aux XIX et début XX, grâce aux fameuses Haciendas qui cultivaient le henequen, fibre végétale pour fabriquer des cordes que l'on obtient d'une plante grâsse qui ressemble à l'Aloe et au Maguey. Mais maintenant ses habitants travaillaient à l'extérieur et ne rentraient que le week-end voir la famille. Pour vous faire une idée de cette ville, les taxis sont encore des calèches tirées par un cheval.

D'ailleurs lors d'une de notre visite, après avoir mangé une tête de bœuf cuite sous terre, délicieuse. On nous fait visiter une de ces anciennes haciendas. Alfonso (le cousin de Jorge) habitait un peu à l'extérieur de la petite ville et on a put aller à pied visiter les ruines de cette hacienda.

On suivait un chemin en terre et avant d'entrer par une énorme grille en fer qui n'était pas en si mauvais état, du côté gauche on voyait les ruines des petites habitations où vivaient les travailleurs de l'hacienda. Les parents et grands-parents de Jorge et Alfonso sont nés dans cette hacienda. L'esclavage n'existait pas à l'époque de ces haciendas, mais c'était presque pareil, c'était le pionage a vie. Ils étaient logés et nourris, mais extrêmement mal payés. De cette façon, ils n' avaient pas la possibilité de quitter l'hacienda, ce qu'ils gagnaient ne leur permettait pas de payer la dette qu'ils avaient avec le patron, souvent d'ailleurs une dette hérédité. Ils devaient sûrement s'endetter auprès du patron lorsqu'ils tombaient malade ou pour n'importe quelle autre raison . De cette façon, les enfants devenaient à leur tour des employés captifs.

Le bâtiment des habitations des propriétaires était sur un seul étage. Il n'y avait plus de meubles mais le carrelage et le toit étaient encore en bon état. Mes employés me montrèrent une salle de bain où il y avait encore une belle baignoire avec des robinets dorés, cette pièce avait été construite exclusivement pour la visite d'un cardinal à l'hacienda. Dans une autre pièce, il y avait un matelas par terre, avec des draps. Il parait qu'un des héritiers venait de temps en temps. Il voulait vendre l'hacienda mais il avait des problèmes de testament. Et pour l'instant il louait les jardins à un éleveur de bovins pour que ses bêtes mangent l'herbe.

Au sous-sol on nous montra une grande pièce de seulement 1,20 m de hauteur avec de toute petites fenêtres . C'était, paraît- il, une sorte de prison où on mettait les employés punis. Ils ne pouvaient pas se mettre debout en plus de devoir supporter la grosse chaleur. Beaucoup d'installations étaient encore en bon état, l'énorme cheminée de l'atelier de transformation était intacte.

Après la révolution toutes les terres des haciendas furent répartie entre les paysans sous forme d'ejidos. Mais les bâtiments et les jardins resteront privés. La plupart des haciendas, au moins celles qui ne furent pas détruites, sont devenus des hôtels.

Je passais plus souvent mes week-ends avec mes employés qu'avec mes amis.

C'était beaucoup pour la bouffe que j'aimais ces sorties, mes employés me gâtait question bouffe. C'était les moutons cuit sous terre, les têtes de bœuf avec le même style de cuisson, les bouillons de viande, les mugi pollos (sorte de tamales géant cuit sous terre, typique de la fête des morts) etc.

Mais, également certains restaurants qui se trouvent sur notre passage étaient très bon. A Tizimín il y avait près du zocalo, un restaurant appelé « Tres reyes » avec une très bonne cuisine du Yucatan, sa spécialité les papadzules, les salbutes etc.

On y passait à chaque fois.

Lorsque l'on partait vers Mérida, on s'arrêtait à Valladolid au restaurant « Los Arcos », je demandai toujours le relleno negro, pas aussi bon que celui du mariage de Jorge, mais très bon,

Et à Mérida, on allait à un restaurant appelé « El tío Ricardo » . La c'était le grand changement. Leur spécialité, la cuisine du nord du Mexique, de la viande de bœuf ou de carnero (sorte de chèvre) très très bon, surtout la tête de carnero.

A Mérida aussi il y avait "La prosperidad" « une cantina » c'est une sorte de bar qui vous sert avec les boissons (payante) des amuses gueule et apéros très variés (gratuits) très bons. Et surtout à l'hôtel où on descendait à Mérida, lorsque l'on prenait l'apéro à côté de la piscine, le barman qui commençait à nous connaître. Nous gâtait avec de très bon amuses gueule.

J'adore manger ou plutôt savourer. Comme le bonheur, en tant qu'un état constant, ne peut exister, il faut chercher ce bonheur dans tous les petits plaisirs de la vie. Comme embrasser une belle fille ou lui faire l'amour. Comme se réveiller au bord de la mer avec le levé du soleil. Comme plonger dans de l'eau transparente et fraîche après avoir transpiré. Comme boire une bière bien fraîche après une heure de plongée. Comme chanter avec des copains complètement bourré. Mais les plaisirs de la table sont peut-être les seuls où on peut, soit les savourer tout seul, soit les partager, soit créer ce plaisir pour les autres. Mais surtout on peut construire ce plaisir ensemble pour le partager entre nous. Et pour tous ces plaisirs et moments de bonheur pas besoin d'accumuler des fortunes, n'y d'avoir de religion ni d'idéologie.

Je vous promets d'ailleurs, à la fin de ce livre, de faire un chapitre de recettes de cuisine festive.

PETIT COUP DE GUEULE SUR L'ACTUALITÉ

On parle dernièrement de plus en plus de politique écologique, dans les dernières élections européennes les écologistes ont fait un bon score, mais seront loin d'avoir une majorité au parlement.

Dans les librairies les livres sur la catastrophe écologique que l'on voit venir abondent. Une de mes auteurs favorites de romans policiers vient aussi de faire un livre sur le sujet très bien documenté.

La nouvelle icône des écologistes, la suédoise de 16 ans fait la une des quotidiens et hebdomadaires du monde entier.

Les collapsologues sortent des nouveaux livres.

Les rapports du GIEC sont de plus en plus inquiétants.

Et pour illustrer tout cela il y a des canicules à répétition partout, en France, au E.U, et sûrement dans beaucoup d'autres pays dont on n'en n'entend pas parler car ils sont habités par des gens qui ne sont pas des blancs occidentaux, donc moins important.
La Sibérie est en feu, les glaciers fondent comme jamais, la calotte glaciaire rompe des records de fonte.
Les insectes disparaissent, surtout les pollinisateurs, donc les oiseaux aussi. Toute la biodiversité donne des signes de plus en plus grave de disparition.
Depuis que les chinois n'achètent plus nos déchets plastiques on se rend compte que nos mers en sont remplies, et que bientôt il y aura plus de plastique que de poissons.

Donc tout le monde crie à la catastrophe, c'est l'effondrement de la civilisation si nous ne faisons rien. Certains espèrent que cette peur va faire bouger les choses, d'autres, les collapsologues, sont plutôt pour penser l'après catastrophe. Ils pensent que ce serait l'occasion de renouer des rapports vrais avec la nature, et à l'entre -soi.
Une sorte de retour au bon sauvage. Il s'agit pour eux de se préparer à l'effondrement, tant matériellement que spirituellement en rejoignant la vie rurale, frugale et contemplative de petites communautés, celles des « transitionneurs « qui pratiquent déjà la permaculture. Où le survivalisme, ce mouvement individualiste et paranoïaque né aux États Unis pendant la guerre froide, revient en force.

La collapsologie propose de renouer avec la tradition religieuse, en reformulant pour la laïciser, la promesse millénariste d'une régénération de la société par la catastrophe. Du déluge aux plaies d'Egypte, de l'apocalypse du nouveau testament au sourate du coran annonçant des tremblements de terre, le décrochement du soleil, les monothéismes ont accouché ces deux derniers millénaires de communautés de l'attente qui guettent les fléaux dans l'espérance qu'ils conduiront à une résurrection de la société, ou à un affrontement entre le bien et le mal.
Les collapsologues promettent une apocalypse heureuse « Nous seront traversés par la peine et la joie. La peine d'observer l'effondrement du vivant, de nos lieux de vie, de nos avenirs et de nos attachements; la joie de voir (enfin !) l'effondrement du monde thermo-industriel et de bien d'autres choses toxiques, de pouvoir inventer de nouveaux monde, de retourner à une existence simple, de retrouver une mémoire contre l'amnésie et des sens contre l'anesthésie, de regagner en autonomie et en puissance, de cultiver la beauté et l'authenticité, et de tisser des liens réels avec le sauvage retrouvé. Il n'y a rien d'incompatible à vivre une apocalypse et un happy collapse. »
Un effondrement heureux? Comment les croire si leur même définition de celui ci qu'ils donnent " il s'agit d'un processus irréversible à l'issue duquel les besoins de base (eau, alimentation, logement, habillement, énergie, etc) ne seront plus fournis à une majorité de la population par des services encadrés par la loi"
C'est ce que vivent déjà des centaines de millions d'êtres humains
821 millions de personnes sous alimentées; 1 milliard de personnes vivant dans les bidonvilles; 2,1 milliards sans accès à des services d'alimentation domestique en eau potable, presque autant utilisant des points d'eau contaminés, 900 millions sans toilettes.

Ceci pour les collapsologues. Maintenant voyons les solutions des autres.

La grande majorité de la population, au moins ceux qui ont conscience que ça ne vas pas du tout, parce que malheureusement il y a encore des négationnistes, pense que ce qu'il faut c'est changer notre mode de vie, que ceci suffira à éviter la catastrophe et à faire changer la production des entreprises.

Je trouve cela aussi dangereux et stupides que les collapsologues.

Nous faire penser que nous sommes responsables par notre mode de vie du réchauffement climatique, c'est déresponsabiliser les entreprises et les politiques de leurs décisions. Coca cola peut nous dire j'enbouteille en plastique parce que vous l'achetez et ce n'est pas moi qui jette les bouteilles, vous n'avez qu'à recycler. Les personnes qui aiment le Coca l'achètent en bouteille de plastique à cause de la publicité et parce qu'ils n'ont pas le choix, la consigne n'existe plus, pas parce que nous on a changé d'habitude, sinon parce qu'on nous l' a imposé. La responsabilité du recyclage n'est pas individuelle, il faut pour cela que la municipalité mette en place tout un système que beaucoup de municipalités pauvres dans le monde ne peuvent pas faire, soit par manque de financement ou parce qu'elles ont d'autres priorités.

Lorsque l'on achète un produit, quel qu'il soit, il faut être super informé pour savoir quels effets négatifs peut avoir notre geste sur l'écologie. On veut être très écolo responsable, on nous dit de ne plus brûler des carburants fossiles, donc on s'achète une voiture qui fonctionne à l'éthanol (biocarburant). Mais on ne sait pas, où on l'apprend trop tard, que la fabrication de biocarburants provoque une déforestation intolérable et une agriculture intensive. On veut produire de l'énergie propre, donc on s'achète des panneaux solaires, mais on ignore que ceux-ci comportent dans leur fabrication un gaz qui a un pouvoir à effet de serre plusieurs milliers de fois supérieur au CO2.

On ne peut pas demander aux gens d' être des experts, en chimie, physique, biologie, agriculture, informatique etc. Pour qu'ils sachent quoi acheter, comment ce comporter, que faire pour ne pas nuire au climat et à la diversité.

Il y a aussi les fans de la fameuse croissance verte, très chère aux politiques et certains économistes. Pour eux il ne faut rien changer à notre économie productiviste, il suffit qu'au lieu de produire des énergies polluantes il suffirait de produire des énergies renouvelables qui donneraient plusieurs emplois puisqu'il faudrait changer tous nos systèmes énergétiques actuels. Imaginez la quantité d'éoliennes à fabriquer, de panneaux solaires à installer, de moteur propre a créér, de centrales nucléaires à démanteler. Tout cela créerait des millions d'emplois.

On dirait, lorsque on les écoute, que ces nouvelles industries ne polluent pas, et ils ne disent rien des travailleurs actuels qui travaillent dans toute cette industrie de l'énergie fossile et nucléaire. Il faut plus d'emplois pour faire de l'énergie propre que pour les autres? Je doute. Je ne pense pas que ce soit la solution. Je ne dis pas qu'il ne faut pas chercher à faire des énergies propres, au contraire, c'est indispensable et surtout d'en chercher de nouvelles. Je dis juste que ce n'est pas faisable et soutenable dans le système productiviste économique actuel.

Toutes les solutions que l'on propose veulent agir sur l'impact écologique, sur le réchauffement climatique, sur la biodiversité. Consommer plus de tel produit, moins de tel autres etc. Mais très peu de gens se rendent compte que ce que l'on est en train de faire c'est de faire descendre la fièvre du patient, mais on ne fait rien pour le soigner de sa maladie. On lui donne du paracétamol au lieu de lui donner des antibiotiques.

L'américain Jared Diamond soutient dans son livre « effondrement », qui a eu un succès planétaire, que plusieurs civilisations anciennes se seraient écroulées à la suite de dégradations écologiques qu'ils auraient infligé à leur milieu naturel. Il dit qu'il s'agit juste d'un choix que doivent faire les sociétés contemporaines, ceux de la préservation de l'environnement et du contrôle démographique.
Ses thèses ont depuis été contredites par des spécialistes des sociétés, mais bien sûr ces publications n'ont pas eu la même divulgation. Diamond instruit à tort le procès de sociétés anciennes plutôt que de dresser celui des sociétés capitalistes actuelles.
On dit par exemple que l'effondrement de la culture maya a été provoqué par une surexploitation de ses ressources et à une augmentation démographique.
Mais s'il s'agissait d'une augmentation de la population, il suffisait que les bouches de trop migrent vers d'autres terres qui pourraient les nourrir. Ils n'y avait pas de frontière, ni besoin de visas pour bouger!!! Et une surexploitation des sols, ça ne tient pas non plus, la majorité de la civilisation maya se trouve dans la péninsule du Yucatan, et c'est une terre calcaire, il y des pierres partout, pas de fleuves, toute l'eau circule par le sous sol, d'où l'existence des fameux cenotes. L'agriculture intensive est impossible, ils cultivaient au moyen de « Milpa » (mélange de culture de plusieurs plantes au même endroit, principalement maïs, courgettes et haricots) et le maïs n'est pas une plante qui appauvrit les sol.
Il faut d'ailleurs remarquer que les mayas n'ont jamais disparus, c'est leur société et culture qui a disparu
Selon moi, et ce n'est qu'une idée. Ce qui c'est passé, c'est que justement à l'époque ou les grands centres culturels commençaient à être abandonnés on sait qu'il y a eu plusieurs saisons de grande sécheresse. Si on se rappelle le fonctionnement de leur croyances, l'homme était chargé de faire tourner la terre de manière que le soleil se lève tous les jours, et pour cela leur dieux leur demandaient des sacrifices humains, car ceux-ci avaient créés le monde avec leur sang et c'était maintenant aux hommes de donner leur sang. De même pour leur dieux de la pluie pour qu'il pleuve etc.
Toutes ces croyances, la construction des pyramides, le culte des dieux, l'obéissance aux chefs, aux sacerdoces etc. elles marchent tant que le peuple y trouve ou croit y trouver un bénéfice. Mais si après tant de sacrifices rien ne marche, la pluie ne tombe pas, la faim arrive, etc. Ben on arrête de croire, on n'obéit plus, soit on se rebelle, soit on fuit. Et ainsi je pense que c'est pour ça que les grands sites cérémoniales furent abandonnés. Ce n'est pas les privilégiés, comme la noblesse, les sacerdotes, les chefs militaires etc qui allaient entretenir ces monuments.
Et c'est ce qui devrait se passer de nos jours. L'effondrement du capitalisme, car le peuple se rendrait enfin compte de l'arnaque de ce système. De cette façon on pourrait éviter l'effondrement de l'humanité.

L'homme est sur terre depuis plus de trois millions d'années et homo sapiens au moins depuis 300,000 ans, mais la crise provoquée par le capitalocene à moins de deux cents ans. Cette crise provient d'un régime économique qui se base sur l'extraction, de ressources gratuites, par quelques-uns qui les font payer aux autres. Le profit des ressources non renouvelables doit bénéficier à tous les habitants de cette planète.

Ce système provoque une accumulation illimitée de quelques-unes de ces ressources et ne peut survivre qu'avec une croissance infinie du toujours plus qui n'est pas physiquement soutenable. Aucune des solutions n'obtiendra un succès avec ce même système économique et politique. Et la preuve est évidente, la seule année où la production de gaz à effet de serre a diminué, c'est 2008, l'année de la crise des subprimes où la production mondiale a chuté. Le seul endroit de la planète, qui tout en étant habité, conserve sa faune et sa flore intactes et ses espèces endémiques ne sont pas en danger c'est l'île de Cuba. Un excellent documentaire britannique vient de sortir qui montre ces merveilles. Ceci est dû au fait que cette île a été épargnée de toute industrie et production de masse. A cause où peut-être grâce au blocus économique occidental depuis plus d'un demi-siècle. Voilà deux exemples très clairs de ce qu'il faut faire.

Cuba a pour l'instant réussi à avoir un des meilleurs systèmes de santé, d'éducation, culturel et sportif au monde tout en ne produisant aucune industrie. Mais cela elle le doit aussi à l'aide de l'URSS a une certaine époque et du Venezuela à une autre. Elle va être obligée de s'ouvrir davantage et ce sera fini de ce paradis. Il ne s'agit pas comme beaucoup de personnes veulent le prétendre, le triomphe du capitalisme sur le socialisme, c'est juste qu'aucun pays ne peut survivre isolé. On a tous besoin les uns des autres, depuis que les civilisations existent, elles ont toujours été interconnectées, c'est pour cela qu'il y eu tant de guerre, invasion etc, ça a été toujours la loi du plus fort pas du meilleur.

Jason W.Moore (professeur à l'université de Binghamton) dit: « Nous sommes en train de vivre l'effondrement du capitalisme. C'est la position la plus optimiste que l'on puisse embrasser. Il ne faut pas craindre l'effondrement. Il faut l'accepter. Ce n'est pas l'effondrement des gens et des habitants, mais des relations de pouvoir qui ont transformé les humains et le reste de la nature en objets mis au travail gratuitement pour le capitalisme. »

Lorsque l'on voit les idées des collapsologues, ceux du changement de mode de vie, ceux de la croissance verte. On se demande si ce qu'ils cherchent c'est de sauver la planète et ses êtres vivants. Ou s'ils veulent plutôt sauver le capitalisme?
Car si leurs solutions marchent sans changer de système, celui-ci sera sauvé,non?

Je suis tout à fait d'accord qu'il faut sonner l'alerte, que les scientifiques continuent à nous informer. Mais tout cela ce ne sont que des conséquences, donc il faut vraiment s'attaquer à la cause. Les manifestations ne doivent pas être pour le climat, ou contre une taxe carbone, ou contre tel ou tel pollueur. Ils faut manifester pour un changement économique, manifester contre la finance, contre le pouvoir des lobbyistes sur les politiques, pour une véritable démocratie, pour une assemblée constituante au niveau mondial, pour l'unification des droits au niveau mondial, pour une seule monnaie mondiale, pour l'abolition des frontières nationales, l'abolition de l'héritage dès la deuxième génération, pour le revenu universel. Le climat et la biodiversité s'amélioreront en conséquence.

Tout cela est possible et peut se faire en douceur, il faut juste de la volonté et changer les règles du jeu.
Si dans les règles actuelles une banque a par exemple trois clients qui chacun a ouvert un compte de 1000 euros, elle possède un capital de 3000 euros. Et un autre client lui demande un

prêt de 3000 euros, elle lui accordera. Mais cela ne veut pas dire que les autres n'auront plus
leur 1000 euros sur leur compte.
Cela s'appelle de la création de monnaie. Et la banque a ce moment n'a créé aucune richesse
matérielle. Alors pourquoi ne pas inventer un système où tout le monde peut recevoir un
revenu minimum, sans avoir créé aucune richesse non plus.

Ce qui se passe avec l'écologie est similaire à la soi- disant démocratie occidentale. On nous
parle de liberté, on est libre de choisir notre candidat pour telle élection, c'est à nous de choisir
le bon, et de même pour l'écologie, on est libre de choisir notre mode de vie, c'est à nous de
polluer où pas.
Mais si quelques-uns peuvent avoir la connaissance et être bien informés de ce qui peut être
bon politiquement pour la majorité. La plupart des votants vont choisir par ignorance et voteront
selon les informations publicitaires des lobbyistes, des médias et des différents partis, et ne
pourront jamais différencier une fake News d'une vérité.
De même pour l'écologie. Très peu de gens sont et peuvent être bien informés des dégâts
écologiques de tel produit acheté ou de telle façon de vivre. Ils choisiront ce qui leur est
proposé par le libre marché sous influence des bénéficiaires du système et si ça pollue c'est
leur faute, comme dans la soit disante démocratie, s'ils choisissent le mauvais gouvernement
c'est leur faute.
Des études sur l'intelligence de masses ont fait une expérience. On a montré à 1000 personnes
la photo d'une vache. Ces personnes n'y connaissent rien en vache. On leur a posé la question:
combien de kilos pensez-vous que pèse cette vache?
Les réponses données individuellement , et sans connaître la réponse des autres, fait que la
moyenne de celles-ci se rapproche assez de la vérité. Mais si avant de donner leur réponse ils
connaissent celle des autres, ils vont être influencés et la moyenne sera ou trop basse s'y les
premiers à répondre se sont trompés vers le bas, ou le contraire.
Lorsque l'on va faire un choix, on décide parce que l'on est parfaitement en connaissance de
cause et si l'on est pas sûr, on se laisse influencer.
C'est pour cela que tant pour l'écologie que pour la démocratie, il est préférable une dictature
du bon sens.

Retour à ma petite histoire

Avec l'argent gagné sur ce contrat j'ai réussi enfin à trouver un local pour l'atelier. Il est situé sur
une nouvelle avenue, que l'on va nommer, non officiellement, l'avenue des ateliers, car le
gouvernement, donc Fonatur est en train de vendre ces terrains pour ouvrir des commerces et
ateliers d'artisanat. Celui que j'achetais n'était pas trop grand, c'était une construction rustique
avec un toit de palme, ce qui était bien pour la fraîcheur. Comme son propriétaire voulait en
faire une sorte de cantina (bar restaurant) mais n'avait pas eu les permis, il y avait des toilettes.
Le local n'était pas cher puisqu'il n'y avait pas encore de titre officiel. Et comme il n'était pas
assez grand, j'ai réussi à acheter en plusieurs paiements le terrain d'à côté, ce qui m'a permis
d'avoir un atelier de 300 m2. Un peu rustique mais fonctionnel. Un autre coup de chance fut que
juste en face un très grand commerce en bois venait d'ouvrir, plus besoin de se faire livrer ou
de stocker du bois.

Il suffisait de traverser la rue pour se fournir en bois. Comme ça faisait déjà un moment que je grandissais en besoin, j'avais déjà acheté des machines à moteur triphasé, et j'ai eu encore la chance que les trois lignes avaient déjà été prolongées jusqu'à un transformateur à deux mètres de mon local pour fournir en électricité le commerce en bois. Heureusement que je connaissais le sous directeur de la compagnie d'électricité de Cancun, et il m'a permis de me brancher dessus sans rien payer de plus. Je l'avais connu lorsque durant un week-end on m'avait injustement coupé le courant électrique à la maison, et j'avais fait un scandale.

Le bénéfice du Club Med nous avait aussi permis d'aller passer Noël à Mexico et j'en profitai pour nous acheter une combi d'occasion, équipée avec un frigo, un lavabo, des sièges autonomes rotatifs et un fauteuil lit.

CHAPITRE XXXI

Tychee joue à qui perd gagne...

Ian

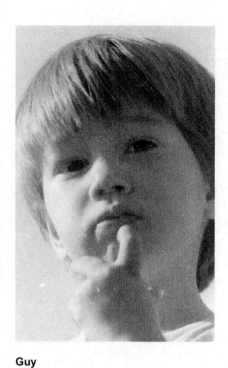

Guy

Nos deux enfants

J'avais mis nos enfants, puisque j'avais les moyens à l'époque, dans un jardin d'enfant qui avait le système d'éducation Montessori. L'école s'appelle Itzamna, c'est la première école privée qui s'est créée a Cancún et la plus connue, elle est assez chère, mais pas autant que les nouvelles écoles privées qui s'ouvrent partout.

Ian, après sa terrible première journée au jardin d'enfant, aime assez aller à l'école. Lorsque j'emmène Guy pour la première fois, j'ai peur que ce soit comme Ian, une tragédie. Je lui ai bien expliqué qu'il allait rencontrer des amis et que la maîtresse était très gentille. Mais lorsque je le laisse à la porte avec les maîtresses, il ne pleure pas mais reste à la porte, donc je le laisse, et quand plus tard je reviendrai le chercher, on me dira qu'il est resté deux heures à l'entrée avant de rentrer dans le salon des cours.

L'entrée de l'école, pour les tout petits, donne par une grille sur la rue, et on rentre par celle-ci pour traverser un jardin et pouvoir accéder aux salles. Le matin pour recevoir les élèves, deux maîtresses se trouvent à la grille, et disent bonjour aux petits à leur passage. Guy, depuis son premier jour, ne répondra jamais au « bonjour Guy » de ses maîtresses. Je ne sais pourquoi Guy sera tout le temps taciturne, on c'est toujours demandé si c'était parce qu'Yvonne n'avait pas été aussi présente lorsqu'il était bébé. Mais je ne crois pas, car au contraire ça l'aurait habitué aux contacts de personnes différentes. Plus que de la timidité c'était une sorte d'indifférence des adultes, car avec ses amis il n'était pas comme cela. Ian au contraire était très ouvert avec tout le monde, adulte ou pas.

Les deux avaient appris à marcher assez rapidement, à neuf mois, comme leur père, haha. Mais Guy, avait tardé beaucoup plus à parler. Peut-être parce que justement ça ne l'intéressait pas trop.

Par contre ils étaient habiles. J'ai toujours été partisan du laisser faire. A la maison il y avait les escaliers, les gens (surtout ma belle-mère) me disaient de mettre des protections pour que les enfants ne tombent pas. Pour moi, cela n'était pas la solution, la solution c'était qu'ils apprennent à ne pas tomber et de préférence l'apprendre tout seul.

Je n'étais pas de ceux qui disent à longueur de journée, « fait pas ça, fait ceci depêche toi, ne me répond pas, etc ». Et je remercie beaucoup Yvonne d'être comme moi dans cet aspect. De cette façon, ils ont toujours été sûr de leur mouvement, et je n'ai pas bridé leur imagination.

Lorsque j'allais nager le soir, lorsque je faisais mes longueurs, Guy avec sa trottinette m'attendait d'un côté ou de l'autre, il faisait le parcours avec une habileté surprenante.

Les deux étaient très complices, jamais de dispute entre eux. Ian bien sûr étant l'aîné était le líder. Et comme Ian n'aimait vraiment pas du tout être seul, le pauvre Guy devait l'accompagner même dans les toilettes. Les deux fois où ils se sont senti perdus. La fois dans la grande surface et une autre fois lorsque j'étais parti avec Yvonne à pied, acheter quelques choses dans un magasin derrière le paquet de maison près de chez nous, et qu'ils avaient essayé de nous suivre, à chaque fois c'est Ian qui a eu très peur, mais il n'a jamais lâché son petit frère.

Ian y Guy en train de jouer à l'entrée de la maison
À droite notre première piscine

De retour de Mexico avec notre combi, j'étais un peu inquiet pour mon entreprise, j'avais tout investi et j'avais pas mal embauché, il fallait pouvoir maintenir le rythme de travail. George du Club Med, me dit que le Club Med avait toujours un peu de travail mais pas pour une grosse équipe.

Ces jours-là, l'hôtel Hyatt Regency, me donna un contrat pour modifier ses commodes des chambres. Une nouvelle réglementation hôtelière venait d'être mise en place et un hôtel pour être dans la catégorie des cinq étoiles devait avoir une commode d'aux moins 6 tiroirs. Et les leurs n'avaient que deux. Donc il fallait les transformer pour compléter les tiroirs et mettre une plate-forme giratoire au-dessus pour la TV. Mais en plus ils voulaient que le dessus ait une finition laqué.

Je devais en faire deux toutes neuves, pour pouvoir remplacer deux chambres à chaque fois, elles étaient assez grandes et seulement deux pouvaient rentrées dans la combi.

Le prix était bien, mais il y avait ici encore des grandes complications, se coordonner avec la cheffe des chambres, je n'avais qu'un seul employé capable de faire cette finition, s'il s'absentait, j'étais foutus.

Je prît ce contrat surtout parce que ça faisait travailler mon personnel et pour le curriculum de mon entreprise, le Hyatt Regency était un des meilleurs hôtels de Cancun à l'époque.

En plus il fallait que je sois présent le plus souvent possible au Club Med, les travaux là-bas ils les donnaient en coup de cœur, c'était très souvent selon l'envie du nouveau chef du village, qui d'ailleurs changeait tous les six mois.

Le restaurant des spécialités avait brûlé a cause d'un feu d'artifice du 4 juillet, fête nationale des E.U., c'était une immense palapa. Le toit et les cuisines étaient déjà réparer, il fallait refaire les fenêtres, le bar et remeubler. L'entreprise qui leur faisait la menuiserie, c'était toujours mon même concurrent, l'ancien pilote de rallye, n'avait même pas fait les devis.

Ici il faut que je vous explique, les travaux que je leur avais fait jusqu'à maintenant étaient des travaux de rénovation, qui était au bout du compte payés par le propriétaire, c'est-à-dire FONATUR, et maintenant ils s'agissait de travaux payés par le Club Med.
Patrice, celui qui m'avait donné les contrats, était chef matos au niveau de tout le Mexique, donc il n'était pas tout le temps surplace . Et George était juste là pour superviser les travaux de rénovation, le chef matos du village c'était Joel, et il était habitué à travailler avec cette entreprise et un autre architecte.
Donc il s'agissait de m'imposer petit à petit, George me demanda de lui faire le devis, juste pour la porte et les fenêtres de l'entrée, celles qui donnait face à la mer, serait pour plus tard car ils ne savaient pas comment faire pour garder complètement tout ouvert pour la vue et pouvoir fermer pour la pluie et le vent fort, ce restaurant faisait au moin 800 m2 au sol avec au moin 45 m face à la mer.
Je fit rapidement le devis, et comme mon concurrent n'avait pas encore donné le sien, Joël me fila le boulot. Quelques jours après, mon concurrent passa au Club et se prit la tête avec Joël qui lui demanda de ne plus y mettre les pieds.
J'avais la porte ouverte, il s'agissait maintenant de rester à l'intérieur.
Après les fenêtres de l'entrée du nouveau restaurant, on me demanda en urgence des tables en bois avec sieges inclus type picnic extérieur. C'était pour pouvoir commencer à faire manger des GM (gentils membres) dans le nouveau restaurant.

Ils commençaient à avoir tellement confiance en moi, qu' ils ne m'ont plus demandé de devis pour ces tables, juste que je les face en vitesse.
Pour les fenêtres face à la mer, ils ne savent pas toujours comment faire et Patrice me demande enfin si j'ai une idée. Et bien sûr que j'ai des idées. Mes années d'étude en section E, m'ont bien servi a quelque chose. Je leur en propose une, qu'ils ne comprennent pas beaucoup et ne sont pas sûrs que ça marche, mais je vous dit, ils sont en complète confiance, ils me donnent carte blanche et toujours sans devis !
L'espace que l'on doit couvrir pour chaque fenêtre est à peu près de 2,50 par 1,50 m.
Donc premièrement je fais un cadre en acajous sur lequel je vais poser une fenêtre à bascule, mais pour que la fenêtre ne bascule pas horizontalement au centre, ce qui gâcherait la vue.
Je vais mettre du surpoid avec des plaques en acier sur le dessus de la fenêtre, et à la place du verre je fait mettre du plexiglas, beaucoup plus léger, de cette manière le point d'équilibre ou de bascule sera très décalé vers le haut. Et à l'aide de deux roulements à bille, on pourra la faire basculer facilement.
Ils sont ravis de ma solution. Je la mets en place et ça marche très bien. Donc ils me donnent également carte blanche pour faire le bar. Tout en acajou !!
Au-dessus des fenêtres que je viens de faire, il reste un espace entre le toit en palmes et la fenêtre, il fait à peu près de 80 cm par les 2,50 m. Et font tout le tour de la palapa au total une quinzaine. Et ça fait un peu vide. Patrice me demande une solution pour garnir cet espace. Je vais faire différents dessins géométriques à l'aide de rondins en bois et des nœuds en cordes de fibres naturelles. Chaque espace aura un dessin différent. Une sorte de cathédrale rustique avec ses vitraux. De l'art moderne rustique.
Je suis très très content, je gagne ma vie en créant, ce que j'ai toujours voulu faire.

Comme je vous l'ai déjà dit, j'avais déménagé l'atelier de la maison, mais j'avais gardé tout sur la fabrication des meubles de rotins et les imitations, a la maison. Les employés de mon frère, de son ancien atelier de Tequisquiapan, étaient même venu travailler avec moi, j'étais content car ils travailler très bien le rotin.

Cela va me permettre de continuer à travailler avec d'autres hôtels, mais surtout de faire le meublier pour le Club Med.

Une fois fenêtres et bar fini, il ne manquait plus que le meublier pour inaugurer le restaurant, et encore une fois Patrice me donna carte blanche, liberté totale, couleur design et tout, même le prix.

Ce fut une course contre la montre, on livra les dernières chaises une heure avant l'inauguration. Il faut dire que l'argent n'était pas un problème pour le Club Med s'il s'agissait de son village de Cancun. Cet hôtel était sur bouclé toute l'année, c'était le plus cher, donc celui qui apportait le plus d'argent, pas seulement du Mexique mais de toutes les Amériques, bien plus que les villages de la Martinique ou de Guadeloupe.

Donc mes prix n'étaient pas l'essentiel, mais mon temps de livraison et la qualité de mes produits oui.

La fille du propriétaire du Club Med, était venue de Paris pour l'inauguration du nouveau restaurant, et lorsque Patrice me reporta que le chef du village l'avait entendu dire à son père que l'inauguration c'était très bien passé et que l'on avait mit un mobilier du tonnerre, je peux vous dire que je n'avais jamais été si fier.

J'avais vraiment fait du bon travail, les chaises étaient à dossier haut et le rotin patiné en bleu turquoise. Les chaises du bar avaient la même couleur avec siège tournant.

Je continuais donc à travailler pour le Club Med et les deux Hyatts. Le bureau je l'avais gardé à la maison. J'avais emménagé une des chambres d'en bas et j'avais fait une ouverture qui donnait sur l'atelier de rotin.

Un jour la fille qui m'avait vendu les actions du Club sportif où travaillait Yvonne vient me voir et me propose à la vente un terrain en bord de mer. C'était le rêve de ma vie d'avoir une maison au bord de la mer. C'était un petit terrain situé à Punta Brava à 4 km de Pto Morelos vers le sud. On accédait par une piste entre la mer et la mangrove.

Il faisait 10 m de front de mer et 40 m de fond entre la plage et la mangrove.

Bien sûr aucun service. Aucun des autres lotissements n'était construit. Celui que l'on me propose est à 200 mètres à peu près de la pointe où il y a une balise, puis suit une petite baie. Le prix est assez raisonnable puisqu'il est un peu perdu et à 4 km des premières habitations. Le propriétaire accepte que je lui paye en deux fois, puisque je ne dispose que de la moitié. Le problème c'est qu' en cas d'urgence je reste sans le sous. Mais j'ai toujours été comme cela. Je me mettais toujours dans des problèmes d'argent.

Le mois suivant devient pour moi un cauchemar, je ne sais pas comment je vais faire pour me refaire en un mois de 9000 dollars de bénéfices. Le contrat a été fait avec le notaire. Après un mois d'angoisse je demande un délai au propriétaire, qui me le donne sans soucis ni pénalité puisque le prix est fixé en dollars et non en pesos.

J'aurais dû commencer par faire ça, au lieu de me torturer. Je me rappelle, une semaine avant le délai, on était allé passer le dimanche au Club Med. J'étais très nerveux, je n'arrêtais pas de me traiter de pauvre con, normalement je ne devais plus avoir de problème d'argent et voilà que tout seul je m'étais foutu dans la merde. Je ne savais vraiment pas comment j'allais m'en sortir. J'étais très mal et pour calmer mes inquiétudes, j'avais demandé au bar un Dry Martini, et au lieu de me le faire avec du gin ou de la vodka, on me l'avait fait avec du whisky. Je ne sais pas pourquoi mais après trois verres je me suis calmé et je me sentais bien. Et ce moment là, avec l'angoisse, la boisson, le sentiment de bien être, et assis au bord de la mer avec la famille, me restera gravés toute la vie.

Ce fut le lendemain que je demandais le délai.

Un mois après j'ai réussi à réunir l'argent.

Le fait de travailler avec ces hôtels et d'entretenir de très bonnes relations avec les responsables de ces mêmes hôtels avait de très bons avantages. Surtout pour Yvonne et moi qui adorions les petits plaisirs de la vie.

A l'hôtel Hyatt Cancún Caribe il y avait un très bon restaurant de spécialités appelé le Blue Bayou. C'était la grande création du chef Éric, c'était un des meilleurs restaurants de Cancun, on y servait de la gastronomie de la Nouvelle Orléans.

Si je voulais y dîner, il me suffisait de demander un passe soit à Éric le chef, soit à Philippe le responsable des boissons et aliments de l'hôtel, soit au chef de la maintenance. C'était un super restaurant, trois plats étaient excellents, la soupe d'huîtres et d'artichaut, les crevettes géantes panées avec de la noix de coco servies avec une sauce de mandarine, et le soufflé de Grand Marnier. En général nous y allions que les deux, mais il m'est arrivé d'inviter mes parents.

Mais c'était surtout au Club Med où j'en profitai. Les boissons du bar se payent avec des petites boules jaunes, blanches ou oranges, celles ci sont vendu aux clients, et pour les GO ils ont droit à une certaine quantité et s'ils en veulent d'avantage il faut payer.

Moi je me fournis à un prix dérisoire avec un jardinier du Club qui en trouve un peu partout. Donc boire au bar du Club me revient pour ainsi dire gratuit et j'en profite. Lorsque je prends l'apéro à midi avec les chefs du club, ce qui se fait presque tous les jours, je ne paye rien, puisque ni eux ni leurs invités ne payent. En plus lorsque j'ai du travail avec eux, ou que Patrice est de visite de travail au club, ils m'invitent pour parler d'affaires et je reste manger avec eux au restaurant, superbe bouffe aussi et à volonté. Et comme ils mangent tôt, je peux rentrer à temps pour être présent à l'heure du repas avec la famille. Ne croyez pas que je re mange, mais je trouve essentiel de partager cette heure là avec la famille.

Et comme j'avais honte de profiter de ces avantages tout seul, j'essayais d'en faire profiter Yvonne aussi les week-ends, bien que la discothèque du Club n'était pas superbe, mais nous dînions abondamment dans le restaurant de spécialités et nous buvions énormément au bar. De temps en temps, je faisais également profiter des copains.

Lorsque l'on était en train de terminer le restaurant, il y eut changement d'équipe au Club Med. Joel fut remplacé par Jean-Pierre, un nouveau chef de maintenance, pas sympathique du tout, George était également parti. J'avais donc un peu peur de ce nouveau. Heureusement que le reste des nouveaux chefs des autres secteurs étaient très bien.

Le nouveau chef du village était un mauricien très jeune et sympathique, le chef de l'administratif également, heureusement car c'est lui qui paye. Le chef du bar, un jeune marocain qui venait tout juste de se marier, était extrêmement gentil et j'allais très bien m'entendre avec lui. Je n'allais plus jamais payer quoi que ce soit au bar. Il me demandait seulement de temps en temps, pour les fêtes musulmanes, que je lui envoie un mouton mâle vivant. Mon chauffeur était parfait pour me trouver toujours ces petites commandes. Mais la meilleure de tous ces nouveaux chefs, c'était là chef des hôtesses !

Une très belle fille, très bien roulée et très gentille, normalement je n'avais pas trop contact avec les hôtesses. Mais celle-ci avait beaucoup d'expérience et Patrice me dit qu'elle était reconnue dans le Club comme une des meilleures cheffe hôtesse. Donc elle s'implique beaucoup dans le fonctionnement de l'hôtel, et en discutant boulot, on sympathisa. Toujours cette facilité de devenir copain des belles filles.

Avec toutes ces bonnes relations, tous les travaux commencent à me tomber dans les mains, même si Jean-Pierre ne m'aime pas trop. Ça ne lui a pas trop plu que je lui sois presque imposé.

Il continue de toute façon à donner des petits boulots de maçonnerie et des toits de Palapa à l'autre architecte, qui a part moi reste le seul entrepreneur externe dans les travaux de rénovations.

Pour les travaux, une fois la commande passée, je m'exécute et je passe la facture à Jean-Pierre qui doit l'autoriser et la passer au chef de l'économat pour qu'il me paye les jours de paye, soit le vendredi.

Le problème c'est que, comme avec Jean-Pierre on n'est pas très copain, soit il ne les passe pas, soit il les passe très en retard. Heureusement que Philippe (le chef economat) est très cool, lorsque le vendredi après-midi je passe à son bureau pour chercher le chèque, avec lui c'est toujours la même chanson, il me dit :- je n'ai pas eu le temps de voir tes factures ou si tu en as, mais de combien d'argents a tu besoin?

Alors il me donne un reçu pour que je passe à sa petite banque interne (un guichet où les clients peuvent changer des dollars ou des chèques, ou se faire envoyer de l'argent) et avec ce petit papier on me donne en espèces ce que je lui ai demandé !

Plus besoin de passer à la banque ou de faire changer un chèque pour payer mes employés !

L'architecte qui fait aussi des travaux de maintenance au Club Med en externe, n'est qu'un intermédiaire, c'est-à-dire qu'il fait travailler d'autres entreprises, il n'a pas lui-même d'employé. Les travaux qu' on lui donne, lui sont donc facturés par les entreprises et lui il les facture au Club. Ce qui n'est pas mon cas, donc il ne peut pas concurrencer avec moi sur les travaux du bois. Et comme il voudrait bien avoir plus de boulot, il a comme idée de prendre les contrats et que ce soit moi qui les réalise et lui les facture. Pour lui ce serait gagnant gagnant, on aurait tous les deux tout le gâteau. Je trouve moi ça complètement con, et je ne vois pas pourquoi le client devrait payer plus pour un intermédiaire, et moi je n'en ai nullement besoin.

Mais pour ne pas avoir de problème je lui dit qu'avec plaisir je ferais les travaux qu'il me donnerait à faire.

Et là il commet une grosse erreur, le Club lui passe la construction d'une palapa dans le club de voile. Et il va me la fait faire. Le personnel du club va voir parfaitement que ce sont mes employés qui font les travaux.

Jean-Pierre, même s'il ne m'aime pas trop, va me demander le prix que j'ai donné à l'architecte.
Moi je pensais qu'il augmenterait 20 ou 30 %, mais il l'augmente de 100% !!
Du coup Jean-Pierre va me filer aussi les autres palapas.
Du coup l'architecte est venu à l'atelier me traiter de tous les noms. Moi j'étais tranquille avec
ma conscience, je n'avais rien fait de mal. Si au lieu de vouloir profiter du travail des autres, il
m'avait proposé que l'on s'arrange sur le prix, pour faire un bénéfice correct et parler d'une
même voix avec le client. Il aurait eu tout à gagner.
Du coup au moment de refaire les bureaux de l'administration du Club, je ne fus pas seulement
requis pour les meubles, mais on m'offrait également les travaux d'aluminium et de faux
plafond. Je fais travailler sur ce chantier, un très bon technicien que j'avais connu au Hyatt,
c'était déjà lui qui me fournissait en vitres.

Après avoir fini avec le restaurant de spécialités. Patrice me chargea du meublier des bureaux.
Là aussi je m'éclate avec toute la liberté sur le design des meubles.
Puis il me donne toutes libertés pour faire le design et les fauteuils du grand bar.
Le grand bar c'est vraiment le centre du village, il est à côté de la grande piscine et donne sur la
plage principale. Le comptoir fait à peu près un carré de huit mètres de côté .
Et la superficie totale du bar fait entre 250 et 300 m2, une belle superficie à remplir.
Le mobilier actuel est tout pourri et très vieux.
Je fais faire fort, des fauteuils en rotin patinés en orange sont à la fois moderne, colonial
classique, et style tropical. Patrice va encore être enchanté avec le résultat. Mais il vas me dire
qu'ils ont un gros défaut, quelques minutes après être assis, les clients s'endorment, tellement
ils sont confortables et ne boivent plus!!
C'est vrai que ça arrive, mais c'est après le repas, on en voit plusieurs roupiller.
Mais mon chef-d'œuvre, ça sera une petite construction.
Un jour, ou j'étais au bar avec Patrice et ma belle jeffe hôtesse, il me dit qu'il faut faire une
petite cabane pour que les hôtesses puissent recevoir les Clients. Pour l'instant, les clients
doivent chercher les hôtesses où qu'elles se trouvent.
Il veut quelque chose de simple en bois, mais pas de palapa, il me dit qu'il a vu en Martinique
des petites cabanes avec des tuiles en bois. Elle, comment ai je pus oublier son nom!
m'explique aussi ce qu'elle veut. Donc je dit à Patrice que je fait lui faire le devis, et là,
sûrement en voulant faire le beau en face d'elle, il prend un bout de papier sur le comptoir et
griffonne : « devis autorisé pour la cabane » et signe.
L'emplacement sera juste à côté du bar principal.

Ce sera une réussite, bien que très difficile de création, car il fallait travailler presque en plein
bar, qui ne ferme jamais, et on ne pouvait pas travailler la nuit à cause du bruit. On était,
comme j'aime à le répéter, comme des gynécologues, on travaillait là ou les autres
s'amusaient. On était tout le temps entouré de touristes et de filles en bikini, dur dur de travailler
comme cela. Surtout que ma belle hôtesse venait très souvent, très légèrement vêtue, voir la
construction de son futur bureau.
Tout était en bois, le toit, le sol et le tout entouré de fenêtres et de portes vitrées en bois et
vitres. J'avais meublé avec un fauteuil style Emmanuelle (le film erotique) que Juan, un des
anciens travailleurs de Jean Pierre m'avait fabriqué, plus une belle table et un libraire.

Question argent bien sûr ça allait, j'avais le vendredi de l'argent pour payer mes employés et le matériel, mais les factures s'accumulent.

C'est encore Patrice qui va me sauver. Il vient pour rester un mois pour remplacer Jean-Pierre qui part en vacances. Et un jour sans rien lui demander, il me dit qu'il a vu énormément de factures en retard, mais que je ne m'inquiète pas, il vient de tout passer à l'administration pour payements. Il y avait une belle quantité, le soir de cette annonce, je me rappelle que je suis resté jusqu'à tard dans la piscine à la maison en buvant mes vodka pamplemousse. Je me disais fini les problèmes d'argent.

J'étais très content.

Mais j'avais tort, non, je n' ai pas eu mon gros chèque. Philippe, l'economat, renvoyait toujours le paiement à la semaine suivante. J'avais même fait le compromis avec un général à la retraite qui vendait les machines d'une menuiserie d'un de ses amis qui n'avait jamais fonctionné, je ne sais pas pourquoi. Et je lui avais promis un chèque pour la semaine suivante pour l'achat du total des machines. Et j'avais insisté avec Philippe sur l'urgence de ce chèque. Il me donne bien le chèque. Mais lorsque le général voulut l'encaisser, celui-ci était en bois!!!

C'était un enfoirer mon pote Philippe, c'était ridicule qu'un tel hôtel puisse faire un chèque en bois, je fus obligé de me promener avec une grosse quantité d'argent en espèces pour payer le général.

Pendant que tout ceci se déroule du côté de mon entreprise, du côté social, comme je l'ai déjà dit auparavant, beaucoup de week-ends on les passe avec des sorties dans notre petite cabane de Kikil où dans les petits villages des autres employés.

Mais comme on a acheté notre terrain à la plage et on veut en profiter, on y va assez souvent. Je décide de construire le plus rapidement possible une maison.

Comme je n'ai pas non plus énormément d'argent pour faire une maison en dur, je vais encore une fois inventer une nouvelle façon de construire.

Le privilège lorsque que l'on voit que vous commencez à avoir du succès dans une petite ville, c'est que l'on vous propose plein de trucs.

Et dans toutes ces propositions on m'avait offert des dormants en bois de chemin de fer. Les chemins de fer au Mexique étaient très développés avant la révolution, mais au milieu du XX siècle on avait donné préférence au réseau routier. Donc beaucoup de voies ferrées se trouvaient abandonnées, surtout au sud-est. Donc j'en ai acheté plusieurs centaines à un prix dérisoire. Le bois de ces dormants était du bois tropical.

Je décide donc de les utiliser pour construire notre maison.

Alec et Ian dans notre maison de la plage en construction
On peut voir à l'arrière plan le mur des travers de train pour faire les murs

La grosse structure sera faite en poutre de bois de zapote, c'est une essence de bois très résistante à l'humidité et au parasite. Ces arbres sont très abondants dans les forêts de Qroo, c'est l'arbre dont on extrait le « chicle » (caoutchouc). Les premiers villages de cet état du Mexique, comme Pto Morelos et Carrillo Puerto, ont d'ailleurs été fondés par des « chicleros ». Le toit on allait le faire en palme. Au Rez de chaussée une cuisine ouverte à l'américaine avec ouverture également à la terrasse qui donne sur la plage. Deux salles de bain, et le reste c'est la salle à manger et la pièce de séjour. A l'étage, on monte par un escalier en colimaçon. Les chambres sont toutes à l'étage avec un balcon qui donne sur la mer.

Je vais faire travailler, à temps complet sur ce chantier, 4 de mes employés, il y resterons dormir sur place du mardi au vendredi.

La maison de la plage en construction

Comme vous voyez j'ai mon emploi du temps bien chargé. Et comme si ce n'était pas assez, Gerardo va me convaincre de faire un autre achat qui va m'occuper davantage. Ça faisait un moment que l'on ne sortait plus avec la zodiaque, trop petite maintenant pour toute la famille plus les copains.

Gerardo passe donc un jour me voir et il m'emmène voir un bateau à moteur que l'on vend dans une des Marine de Cancun. C'est vrai qu'il est bon marché. Et la raison pour laquelle son prix est bas, c'est que ce n'est pas un bateau de série fait pour la plaisance. Il s'agit d'un essai que des espagnols ont fait au nord de Pto Morelos.

Ils avaient apporté de l'Espagne des moules pour faire des bateaux de pêche en fibre de verre. Le problème c'est que ces bateaux étaient dessinés pour fonctionner avec des moteurs diesel montés à l'intérieur, et pas pour des moteurs hors-bord. Et ils avaient fait des changements pour les utiliser avec des moteurs hors-bord.

En plus ils étaient construits je pense pour la haute mer, car le bateau était extrêmement stable. Donc ils étaient très lourds, et avec un moteur de 65 HP comme celui qui était posé sur celui-ci, on n'allait pas vite du tout. Tandis que les bateaux fait par les chantiers de Mérida, avec un tel moteur filaient très vite, bien que beaucoup moins stable. Donc ce fut un bide complet auquel aucun pêcheur ne fut intéressé, d'où le prix.

Je décide donc de l'acheter. Le problème avec un bateau c'est qu'il faut un endroit pour l'amarrage. Et dans un endroit touristique comme Cancun, les marinas n'étaient pas données. Je choisis de toute façon une qui était a l'entrée de la zone hôtelière, donc pas loin de la maison, et où Rafael, un pote de l'université, avait son bateau. Il était biologiste comme moi, et avait également laissé le métier, lui pour se dédier aux touristes.
On dit qu'avec un bateau il n'y a que deux jours heureux, le jour où tu l'achètes et le jour où tu le vends. Je vous jure que c'est vrai. Bon, bien sûr que c'est figuratif.
Une fois la glacière à bord, avec boissons et bouffe, canne à pêche etc. c'est vraiment superbe. Surtout à Cancún, avec sa mer turquoise et sa lagune avec le mangrove.
Mais avant, il faut tout préparer, et là il n'y a pas grand monde. Et une fois que l'on revient de la promenade, et qu'il faut tout vider et nettoyer le bateau, là il n'y a plus personne!
Surtout au début, quand je l'ai acheté je n'avais vraiment pas le temps. Presque Chaque fois que Gerardo me proposait de faire une sortie je n'avais pas le temps à cause du boulot.
Je sus après qu'il prenait la liberté d'aller lui même faire des sorties sans rien me dire, Rafael qui était également son copain le laisser faire en pensant que j'étais averti. Et deux fois ça a mal tourné. Une fois il monta sur un récif, et cassa la marche arrière du moteur, une autre fois Rafael dû aller le secourir à Isla Mujeres. Ce fut bien plus tard qu'il me confessa ses méfaits.

Les visites de l'extérieur continuent bien sûr. La grande mère d'Yvonne, ou sa mère ou mes parents venaient passer dès séjour de deux mois parfois.
Mon frère Jean-Pierre avec Norma avait donné naissance à Michelle et plus tard à Didier.
Patrick et Marcia avaient deux filles, Yvette puis Aline.
Lorsque Patrick venait, il allait à l'hôtel mais on se promenait de temps en temps avec lui. Il était très souvent au golf.
Jean-Pierre et sa famille ne venaient pas très souvent, ses affaires ne marchaient pas toujours au top. Mais eux venaient à la maison et on faisait toujours des promenades ensemble.
De la part des amis, celui qui nous visitait le plus souvent c'était toujours Felipe mais maintenant il venait avec Claudia, une amie de sa sœur et fille d'un de nos collègues des rallyes. Elle est super sympa et ils forment un jolie couple
Il y avait aussi Dona, qui depuis que nous étions arrivés à Cancun, nous rend visite immanquablement tous les mois de janvier pendant une semaine. Il sort maintenant avec une américaine qui s'appelle Elisabeth. Eux aussi formaient un couple très sympathique.

Les promenades avaient maintenant un peu varié, on allait encore à Tulum des fois et on passait bien sûr à Xcaret nager dans le cenote. Mais on avait maintenant le bateau et notre plage, bien que la maison était en chantier. Je les invitais de temps en temps au Club Med aussi, lorsque l'on était pas trop nombreux.
Maintenant que j'avais un peu d'argent, et pour changer des restaurants où on pouvait aller gratos, on allait pour les grands événements, Yvonne et moi dîner dans un très bon restaurant de cuisine française, " Le Maxim's", très cher mais très bon. Il était décoré tout en blanc, les tables étaient assez séparées, et un pianiste joué de la très bonne musique romantique dans un jolie piano au milieu de la sale. Les desserts étaient excellents. Et une fois bien bu et bien mangé, on allait faire la tournée de la vie nocturne de Cancun.

Je l'emmenais danser dans la meilleure discothèque de Cancún "La Boom". Elle était toujours de plus en plus belle Yvonne.

Yvonne avec les enfants avant la fête de fin d'année de l'école
C'est au dernier étage, où j'avais fait le salon TV

Pour inviter de temps en temps quelqu'un de la famille, j'avais trouvé un très bon restaurant appelé " Du Mexique", il appartenait à un chef français que j'avais connu dans une réunion avec les autres français des hôtels. Il m'avait demandé de lui réparer le plancher de son restaurant qui était en bois tropical, on lui avait réparé plusieurs fois mais il continuer à se soulever. Comme je lui avait réparé et trouvé le problème pour que ça n'arrive plus, son parquet manquait d'aération et je lui avais fait des grilles tout autour de la sale du restaurant pour aéré par en bas le parquet, il m'était reconnaissant. Et s'il ne me faisait pas de rabais, il m' offrait toujours les digestifs de la maison. Il mélangeait très bien la gastronomie française et mexicaine.
Si je parle beaucoup de restaurants, c'est que pour moi c'était nouveau l'accès à ce genre de restaurant. Lorsque j'étais étudiant, jamais je n'y avais eu accès. Lorsque je sortais avec Yvonne, avant notre mariage, on y était allé, je crois, trois ou quatre fois pour fêter notre anniversaire. Et à chaque fois il fallait que j'économise plusieurs semaines avant.

Au tout début de mon entreprise, j'ai voulu inviter Yvonne à un restaurant chic de Cancún, c'était bien sûr avant de connaître mes contacts, c'était le restaurant le plus réputé à l'époque , il se trouvait à l'hôtel Cristal Palace et s'appelait Le Bogart's . J'ai pris, selon moi, assez d'argent, et j'ai laissé à la maison la paye de mes premiers employés. C'était très bon et je

342

croyais avoir bien calculé la note, mais elle a dépassé ma prévision. J'ai dû laisser Yvonne au restaurant pendant que j'allais chercher de l'argent à la maison. Vous pouvez vous imaginer ma honte, je ne sais pas comment Yvonne me pardonnait mes conneries.

Vous comprenez maintenant pourquoi pour moi c'était assez représentatif cette faculté que l'on avait maintenant de pouvoir ce payer le luxe du restaurant.

C'est à cette époque que j'ai eu ma première crise.

Une nuit, vers une heure du matin, j'ai commencé à avoir extrêmement mal au niveau de ma cheville de ma jambe droite, la douleur ne partait pas, je pouvais changer mille fois de position, rien ne la diminuait.

Vers 5 où 6 heures du matin je n'en pouvais plus, et je demandai à Yvonne de m'emmener dans la nouvelle clinique privé de Cancún, je n'avais pas envie du tout de passer des heures aux urgences de l'hôpital de la sécurité sociale.

Je réussi à descendre sur un pied les escaliers et à monter dans la voiture.

En arrivant à la clinique, le médecin de garde pensa que c'était une crise de goutte, mais après voir que le reste de la jambe au dessous du genoux était cartonné et gonflé, il pensait que c'était peu être dû à un parasite des tropiques, et qu'après avoir fait les analyses on sera fixé.

Je passais toute la matinée à la clinique pour les analyses.

Mais rien n'en ressortira, je n'avais pas d'acide urique ni d'infection. C'était le début d'une maladie qui me poursuivra toute ma vie.

Comme ils ne savaient pas trop quoi faire, on me traita avec les médicaments pour la crise de goutte. Deux jours plus tard, la douleur avait disparu.

Trois mois après, la même chose, vers une heure du matin, la crise se déclare. Je prends les médicaments, surtout de la colchicine qui est faite pour la stopper.

Je prends même une forte dose, mais rien n'y fait, la douleur est insupportable. Cette fois-ci je téléphone au médecin pour qu'il vienne, je ne peux pas marcher. Vu tout ce que j'ai pris, et que la douleur ne se calme pas, il décide de m'injecter de la morphine.

C'est la meilleure des drogues, on se sent super bien et on s'endort délicieusement.

Une autre chose, a part les restaurants, que l'on n'avait jamais fait, à cause du manque d'argent, c'était partir en vacances. On était bien sûr déjà parti en week-end, où en week-end prolongé de quatre jours, ou passer Noël à Mexico. Mais jamais en vacances d'une semaine ou plus avec les enfants

Je décidais donc de partir pour 15 jours ou deux semaines, et faire le tour, avec notre combi, dans les États du Yucatan, de Campêche et du Chiapas. Tout le sud-est du Mexique. On commencera par passer deux jours chez nous, dans notre petite cabane de Kikil.

Ce furent de belles vacances.

Après les premiers deux jours à Kikil, où la famille de Milton nous fait d' excellent repas yucatecos, du relleno negro et du Chilimole, sorte de pot au feu avec des légumes de la région et des morceaux de viande gras, délicieux. Donc après cela, je n'avais qu'une idée c'était d'aller jusqu'à Champoton. C'était un petit port du Golf du Mexique situé dans l'état de Campeche, il y avait sur la route, au bord de la mer, juste avant d'arriver une demi douzaine de petits restaurants très humbles et rustiques, juste une cuisine, une terrasse, un toit en palme, sans mur, juste quelques tables et chaises en plastique offertes par les grandes enseigne de bière ou de sodas.

On y mangeait les meilleurs fruits de mer à un petit prix. Après ce délicieux repas, on passe la nuit au seul petit hôtel du village. Le lendemain, on s'installe dans un des meilleurs hôtels de la ville de Campêche. C'est la seule ville fortifiée du Mexique. Au XVI et XVII la ville fut plusieurs fois la proie des pirates. A l'époque, C'était une ville prospère grâce à l'exploitation d'essences de bois rares.

J'étais très content de pouvoir payer cet hôtel à la famille. D'ailleurs une anecdote vas vous montrer mon manque d'habitude à ces endroits.

On venait de s'installer dans la chambre qui était assez grande et composée de deux lits doubles. Une baie vitrée donnait accès à un balcon. Je m'étais servi un vodka pamplemousse pour me relaxer, c'était l'époque où je commençais à boire assez souvent. Les enfants, après tout le temps passé dans la camionnette s'amusaient, ils n'arrêtaient pas d'entrer et de sortir du balcon, et à un moment donné, Ian qui croyait que la baie vitrée était ouverte, traversa la vitre en la cassant. On a eu une peur bleue, mais heureusement Ian n'avait rien, juste une toute petite coupure derrière l'oreille.

Je pensais que j'étais bon pour devoir payer une grande somme en dégâts.

On décida de rien dire pour l'instant et on partit pour aller manger au restaurant.

Mais à notre retour en allant chercher les clés de la chambre, on nous fit plein d'excuses, en nous disant que l'on nous avait changé de chambre à cause de quelques dégâts qui étaient survenus dans notre habitation.

Je ne comprenais pas, pourquoi ne pas m'avoir fait payer. Ce n'est que bien plus tard que je compris que c'est moi qui aurait dû leur faire un procès, bien que Ian était très costaud tout petit, cette vitre n'aurait jamais dû se casser si elle était au norme.

C'est un réflexe de classe, lorsque l'on ne se sent pas dans notre milieu naturel on se sent toujours fautif avec un complexe d'infériorité.

Yvonne et les enfants à Palenque

Après Campêche, on fait plusieurs jours aux Chiapas, Palenque, San Cristóbal de las casas, agua azul etc. Yvonne détestait la route pour monter à San Cristobal, c'est vrai que c'était une route très dangereuse, très étroite, plein de petits virages avec des ravins sans fin. Mais moi ce que j'ai détesté, c'était une promenade que l'on avait faite dans un village très haut dans la montagne, je ne me rappelle plus du nom. Mais on était passé devant l'église avec la combi et des habitants ont commencé à nous insulter, je ne m'arrêtais pas bien sûr, mais je ne me sentais plus très à l'aise, en plus le soir je me fit voler un rétroviseur de la camionnette.

La combi équipée et Yvonne en face de l'hôtel à San Cristobal

Je ne savais pas ce que j'avais, je ne me sentais pas bien, ce n'était pas seulement le fait de ne pas me sentir le bienvenu dans cette ville , mais c'était comme si je n'arrivais pas à me déconnecter de mon entreprise. J'avais bien laissé les ordres et le travail pour tout le monde, il n'y avait rien d'urgent avec les clients, mais je n'arrivais pas à être tranquille. Je m'étais tellement investi dans mon entreprise que je l'avais dans la peau. Je crois qu'il m'aurait fallu plusieurs jours de vacances pour me déconnecter. J'étais comme un drogué en manque.
Ce n'est pas que je ne m'amusais pas avec mes enfants, ou que je ne profitais pas des délicieux repas, ou que je n'étais pas émerveillé des sites de la culture maya ou de son artisanat. C'était juste une sensation. Mais au lieu de prolonger les vacances je les raccourcissais. D'ailleurs un exemple pour vous dire que l'on s'amusait bien. Ian, depuis tout petit, quand il aimait quelque chose il la voulait tout de suite. Un soir à San Cristobal, après dîner, on faisait les boutiques et Ian avait vu des bottes de style cowboy et les voulait à tout prix, on lui disait qu'il ne les mettrait jamais, qu'il était toujours pieds nus, et que c'était pour des climat froid. Rien ni fait, il les veut et dit qu'il les mettra tout le temps, même inmediatamente. Donc on lui achète. Mais à peine il sort de la boutique avec ses bottes, il se casse la gueule. Les semelles en cuir et les pavés mouillés c'était comme une patinoire. Il restait tout sérieux, mais tombant tout le temps, on a bien rigolé et on a dû le tenir par la main Yvonne et moi tout le reste de la promenade, Guy se moquait bien de lui.

Cet investissement pour mon travail était en plus en train d'influencer ma santé.

Le soir, après dîner, je passais un moment avec les enfants, et après ils allaient se coucher et Yvonne ne tardait pas non plus, car elle se levait tôt pour ses cours d'aérobic, moi je restais voir un film à la TV (avec le satellite j'avais un drôle de choix) et à boire des vodkas pamplemousse. J'avais bien besoin de décompresser, mais entre l'apéritif avant le dîner et le film, je me tapais une demi bouteille de vodka tout les jours, c'est là où j'ai commencé à prendre trop de poids

Bon, revenons à mon boulot. Pour moi ça devenait de plus en plus difficile de contrôler et de superviser mes travailleurs de plus en plus nombreux, car j'avais les visites aux clients à faire, le travail de bureau, faire les devis, factures, et chercher des fournisseurs etc, en plus l'atelier était divisé en deux, le rotin à la maison et le nouveau atelier de menuiserie sur l'avenue des artisans.

En général je payais des salaires plus élevés que la concurrence. Mais il y avait toujours ceux qui ne faisaient pas grand-chose si on n'était pas derrière eux. En plus comme ils étaient bien payé, ils y en avaient qui arrivaient travailler que le mardi et même des fois le mercredi. À cette époque, la plupart de mes employés venaient et vivaient encore dans des villages proches de Cancún et allaient passer leur week-end chez eux. Donc pour moi c'était très difficile de planifier le travail et les clients étaient toujours pressés. J'ai essayé de payer à la tâche. De ce côté là, je n'avais en général pas besoin d'être derrière eux. Mais il fallait tout le temps négocier. Et pour les absences c'était pire, car ils partaient le week-end avec pas mal d'argent et ne revenaient que lorsqu'ils en avaient plus. Enfin vraiment c'était très difficile.

Je mets à Milton comme responsable de l'atelier de rotin et Antonio comme responsable de la menuiserie car il était l'aîné de tous, le plus expérimenté et le ´meilleur menuisier. J'avais même acheté une vieille pick up Chevrolet pour qu'il se déplace sur les chantiers. Mais le gros problème c'est qu'il s'était remis à boire.

Il s' absentait de longues heures et revenait avec une haleine à vous soûler à votre tour. Plusieurs fois on m'a rapporté avoir vu la pickup en face d'un bar. J'essayais plusieurs fois de le résonner, mais il était vraiment malade.

Quelques semaines après la rechute de mon chef d'atelier, un biologiste marin qui travaillait à Pto Morelos, à qui je prêtais de temps en temps les machines de l'atelier car il avait le béguin de la menuiserie, vint me voir. Il avait démissionné et cherchait du travail, à ce moment je n'avais pas besoin de plus de menuisier et surtout d'un apprenti menuisier, il pouvait être doué, mais il était loin d'être menuisier.

Dans l'artisanat on peut former un maçon ou un travailleur de l'aluminium ou un vitrier en 3 ou 4 ans, mais un menuisier il faut au moins 10 ans.

Mais j'eu une idée. Ma relation personnelle avec mes travailleurs était toujours excellente, mais entre eux il y avait des problèmes. Ils se mettaient des bâtons dans les roues, et il y avait toujours des combines avec le responsable. Je me dis qu'en mettant un responsable qui ne soit pas de leur condition, celui-ci ne pourra pas entrer dans leur système. Le Mexique, et surtout la province, particulièrement cet État du sud-ouest, est très marqué par les classes sociales. Il y a les vrais indigènes, les mayas, puis il y a les métis qui ont un peu de sang espagnol, et les descendants d'espagnol ou d'européens c'est-à-dire des blancs. La plupart de mes employés étaient de la première catégorie et quelques peu de la deuxième dont Antonio. Alonso, le biologiste et moi même bien sûr, on été les blancs, les méchants blanc pour quelques uns. Donc je me suis dit que je pourrais embaucher Alonso comme chef d'atelier, il y avait moins de chance pour que des employés se lie avec lui et qu'ils me cachent quelque chose. Mais surtout Antonio devrait réagir, car ça ne pouvait plus continuer comme cela.

Donc je l'ai embauché et comme prévu, Antonio se vexa et démissionna, j'aurais préféré qu'il reste, mais c'était mieux comme cela, il était trop malade pour travailler.

Au Club le travail continue. On m'a demandé de refaire le bureau du chef du village. Je me suis vraiment impliqué. J'ai fait toute une série de meubles, bureaux, fauteuils, chaises, libraires, tables basses, sofa etc. Tout en rotin patiné en bleu ciel. Très réussi.

Lorsque j'ai fini, le chef du Club Med de toutes les Amériques Canada, E.U Mexique et Caraïbes fit une visite à Cancún.

Il était très content et impressionné par tous les meubles que j'avais fait, et Patrice me téléphona pour me donner rendez-vous, car le chef voulait me connaître.

On fait la réunion dans le nouveau bureau du chef. Il me congratule pour mes œuvres. J'étais pas peu fier de les recevoir d'un tel personnage. Après il me demanda conseils pour voir qu'est-ce que l'on pouvait faire avec le meublier du théâtre, à peu près 500 chaises. C'était de très bonne chaises très solides donc je leur propose de juste les peindre avec une couleur plus gaie et de changer le tissu. Et au moment de parler de sous, Patrice ressort que l'on me doit de l'argent, et là il dit que ce n'est pas possible et que la dette doit être payée le plus rapidement possible. Pour mon plus grand bonheur. En plus on m'annonce que la construction de la discothèque a été autorisée et on attend que les plans. Elle va se construire à côté du restaurant de spécialités que l'on vient de finir. Et ça va être également une grande palapa, ils veulent que ce soit moi qui la fasse mais je vais être en concurrence pour le devis avec l'architecte mexicain. Ce qui ne m'inquiète pas du tout car étant un intermédiaire, il ne peut pas faire de meilleur prix. Je sors de cet entretien très très optimiste pour notre futur.

On vient également de finir notre maison de la plage. On a la visite de mes parents, d'un ami de mon père qui s'appelle Miguel Ángel qui a comme surnom " El negro", et de ma sœur.

C'est un week-end et on va emmener à la maison de la plage les matelas des lits, le frigo, et la cuisinière. La table à manger et les chaises je les ai déjà fait livrer. Je me suis fait faire une table en bois de Chechem en marqueterie, une œuvre d'art de mon meilleur menuisier.

Pour l'électricité j'ai acheté un groupe électrogène portatif, et pour l'eau on a fait un puits, mais l'eau ne sert que pour la douche et les WC.

On passe une superbe journée, on boit, on mange, je fais des crevettes sur ma nouvelle cuisinière et on s'amuse beaucoup, les enfants sont très contents.

Le soir en rentrant j' allume la TV et je regarde la chaîne américaine de météo pour voir le temps qu'il va faire dans la semaine car mon travail y dépend à cause des chantiers à l'extérieur.

Et là je vois une information qui va changer notre vie.

Maison de la plage
Balcón en face des chambres et terrasse en bas avec hamacs et barbecue

Salle à manger à la maison de la plage

Table en bois de Chechem, chaises en rotin,(le tout fabriquer à l'atelier) mur en travers de train que l'on trouve également au sol. De gauche à droite: Guy, Ian, mon père, moi, ma mère, Christine, Yvonne

CHAPITRE **XXXII**

Gilbert arrive...détruit mon rêve...notre vie change

Comme je vous le disais auparavant, en rentrant de la maison de la plage j'ai allumé la télévision et la chaîne Météo. On était en train de parler d'un ouragan force 5 qui était au-dessus de la Jamaïque, il se dirigeait vers le nord de la péninsule du Yucatan, c'est-à-dire vers nous. Il serait sur Cancún dans la nuit du lundi au mardi, on était dimanche soir.
De mémoire d'homme il n'y avait jamais eu d'ouragan dans la région. Dans les années 50 il y avait eu juste la queue d'un ouragan qui avait frappé Chetumal, capitale de l'État à 400 kilomètres au sud, il avait provoqué quelques inondations.
On parlait beaucoup qu'un jour un ouragan finirait par nous tomber dessus. Plusieurs fois les îles des Antilles, où la Floride aux États unis, qui sont nos voisins, on était touché par des ouragans, et maintenant notre tour est arrivé.

Le lendemain matin, j'emmène les enfants à l'école et je m'étonne que rien ne soit dit à la radio. Une fois à l'atelier j'annonce la nouvelle à mes travailleurs qui ont du mal à me croire, surtout lorsque je leur dit la force avec laquelle il arrive. Ils sont encore plus étonnés quand je leur dit de ne travailler que jusqu'à midi et de rentrer chez eux pour se préparer. Je donne également des ordres pour que deux d'entre eux aillent chez nous renforcer les fenêtres avec des planches.
A Yvonne et ma sœur, qui doivent aller à l'aéroport chercher Maïna, la grande mère, dans la matinée, je leur est dit que de retour elles passent au supermarché acheter une grosse liste de marchandises que je leur ai faite.
Après je prends la pickup Ford (une nouvelle camionnette d'occasion que je viens d'acheter) avec mon père et El Negro. Il faut aller à la marina faire quelque chose pour le bateau. A la marina ils sont au courant, et ne savent pas trop quoi faire, la plupart vont essayer de protéger leur bateau dans la mangrove de la lagune.
Nous on va juste enlever le moteur hors-bord et essayer de faire rentrer le plus d'eau possible dans le bateau pour qu'il soit plus lourd et éviter la prise du vent.
Après, direction la maison de la plage pour y récupérer le groupe électrogène, là je me dit qu'elle va prendre un sacré coup. El Negro et mon père mettent du sparadrap sur les vitres des chambres comme ils ont vu faire à la TV, bien que je leur dise que c'est complètement inutile. Ils veulent même rester passer l'ouragan dans la maison.
Pourquoi personne ne me croit du danger qui arrive? Ils n'ont jamais vu une tempête?
La tempête que j'ai passée sur le bateau océanographique avait des vents de 120 km/h et l'ouragan qui arrive est annoncé force 5, c'est à dire plus de 280 km/h.
Donc je ne me fais pas d'illusion pour la maison.

De retour je passe à l'atelier pour vérifier que les travailleurs qui vont y rester (il y a 4 ou 5 qui y dorment dans la semaine) aient des vivres. Pour celui-ci je ne suis pas trop inquiet il est assez loin de la mer. Je dis également aux autres travailleurs qui ont des maisons trop fragiles de venir à la maison.

Il ne nous reste plus qu' à nous préparer. L'antenne parabolique est trop grande et trop lourde pour la descendre du toit, donc on l'attache très fortement avec des cordes et je la laisse fixe sur un des satellites. On prépare le groupe électrogène pour qu'il prenne le relais lorsque le courant sera coupé.

L'annonce de l'ouragan n'a été annoncée que dans l'après-midi, donc nous, on a évité la panique des achats.

On dîne normalement et tout le monde va se coucher, je reste voir la TV en attendant la coupure. Mais bien que c'est annoncé pour minuit, le vent commence à souffler à peine à une heure du matin et je décide d'aller me coucher.

Je n'arrive pas à bien dormir, vers trois heures je me lève, le bruit du vent inquiète, lorsque je pose la main sur le mur on sent des vibrations. Pour l'instant le vent vient de la mer et arrive sur l'édifice par la partie ou on a moins de fenêtres, donc ça va. El Negro n'arrive pas à dormir, je le suspecte d'avoir peur.

Au levé du soleil le vent tourne et on peut prendre l'escalier qui monte vers le toit et on peut voir un peu la force du vent. De l'autre côté de la rue, un mur s'est écroulé. Et des petites cabanes où habitait des travailleurs du bâtiment sont en train de s'envoler. Et les travailleurs crient à l'aide. Je dit à Alfonso, un de mes travailleurs qui habite une chambre d'en bas avec sa femme qui nous fait le ménage, de leur faire signe pour qu'ils rentrent chez nous. A un moment donné on sera une vingtaine de personnes dans l'édifice.

A l'intérieur on prend nos repas normalement, c'est l'anniversaire de Guy, il a ses trois ans. On a de l'électricité grâce au groupe électrogène et de l'eau pour la douche et les WC grâce à la piscine. Un peu après midi, on a l'impression que le vent souffle encore plus fort. Mais c'est juste qu'il tourne encore et il est maintenant en face de la maison où il y a le plus de fenêtres. Je suis inquiet pour les terrasses en bois si le vent tourne encore. Mais avant que cela arrive, le vent commence à se calmer.

En fin d'après-midi on peut commencer à ouvrir les fenêtres. Les réfugiés d'en bas peuvent sortir et partir. Quelques voisins viennent nous demander de l'eau de la piscine. Il est un peu tard pour sortir pour voir les dégâts, donc puisque que l'on a de tout, je vous rappelle que l'on s'est très bien fourni avant la panique, on décide de voir les olympiades à la TV, l'antenne ayant parfaitement résistée. On se sert des Cuba libre (rhum coca) bien fraîches puisque le frigo marche très bien et on a des glaçons.

Nous sommes la seule maison illuminée dans le quartier. Le clou de la soirée c'est lorsque Rafael passe nous voir pour nous dire qu'il fait un tour pour voir si les amis ont besoin de quelque chose. Lorsqu'il nous voit bien tranquille avec TV et apéro, il n'en croit pas ses yeux et décide d'en profiter. Je suis sûr que nous sommes la seule famille en train de voir les jeux olympiques. Ceux qui avaient des antennes paraboliques en aluminium ou en fibres de verre, soit ils les ont démontées soit elles sont détruites.

La maison le lendemain
Vous pouvez voir notre antenne héroïque sur le toit, et les balcons qui n'ont rien eu car le vent n'a pas soufflé de ce côté

Le jardin et la piscine le lendemain de l'ouragan
Piscine qui nous a sauvés du manque d'eaux

Le lendemain matin je pars faire un tour avec Alfonso pour voir les dégâts. On prend la pickup. La ville n'as pas trop de dégâts, plusieurs vitrines de magasins sont détruites, mais l'armée a déjà déployé ses soldats et surveille pour éviter le pillage.

Tous les poteaux d'électricité, qui amènent celle-ci de la centrale à la ville, sont tombés.

Par contre, dans la zone hôtelière il y a énormément de dégâts. Presque tous les palmiers sont couchés, les bateaux des marinas sont les uns sur les autres. De la route où l'on circule on ne voit pas les gros dégâts qui sont plutôt du côté mer des hôtels. L'énorme plage de 30 km de la zone hôtelière qui avait une trentaine de mètres de largeur n'a plus que 5 m, et dans certains endroits les vagues déferlent directement sur les murs des hôtels. Du côté nord qui est face à Isla Mujeres il y a un bateau de pêche cubain qui a traversé un bâtiment de trois étages, composé d' appartements de luxe. C'est assez impressionnant. Les pêcheurs ont offert leur cargaison de poissons à la population avant qu'elle ne pourrisse. Mais il y aura des gens qui ne retiendront, de ces mêmes pêcheurs, que le fait qu'ils ont bu les bouteilles du bar de ces riches propriétaires.

Après bien des détours, en évitant des arbres et des pierres sur la route, on arrive enfin au Club Med.

Les dégâts sur la côte sont atroces. Il ne reste rien de toutes les installations au bord de l'eau, le ponton de plongée est détruit, tout comme les bâtiments de la voile, de la plongée, du scuba et du Ski nautique. Le fameux restaurant de spécialités dans lequel j'avais tellement travaillé est complètement détruit. Le restaurant de la pointe qui faisait également discothèque n'existe plus. Tous les porte-fenêtres en aluminium des chambres ont éclaté, celles du grand restaurant central principal aussi.

La piscine est pleine de sable. Les chambres du rez-de-chaussée ont du sable jusqu'à 30 cm du toit. On dirait que tout le sable de la plage de Cancún a fini dans la pointe sud qui s'appelle "Punta Nichupte" où est construit le Club Med.

Le grand bar de la plage a aussi subi beaucoup de dégâts. Les fauteuils que j'ai fabriqués sont un peu partout. Mais vous vous rappelez la petite cabane en bois et verre que j'avais faite pour les hôtesses? Et bien elle est intacte! Aucune des tuiles n'est partie, aucune vitre brisée, rien, juste le fauteuil Emmanuelle est renversé, les livres sont à leurs places et secs. On aurait pu resté à l'intérieur, tout le temps qu'a duré l'ouragan, tranquillement assis, en regardant comment des vents de 300 km/h avec des rafales à 330 détruisait tout. En plus avec une très bonne vue puisque tout est vitré.

Tous les touristes du Club, ainsi que de toute la zone hôtelière, avaient bien sûr été évacués. Donc je ne trouve au Club que Jean-Pierre, le chef maintenance et son équipe.

Il était de très mauvaise humeur et je ne reste pas longtemps à bavarder avec lui.

Je n'arrivais pas encore à y croire. Mais le fait de voir, tout ce que j'avais réalisé ces derniers mois, détruit, bien que ça ne m'appartenait plus, me déprimait. Bien que j'étais pas peu fier de voir que ma cabane avait résisté à cette catastrophe

Cabane des hôtesses
Aucune vitre cassée. Les fauteuils en rotin que vous voyez renversés sont ceux que j'avais fabriqués pour le bar

Ensuite on se dirigea vers la marine pour voir l'état de notre bateau. Et là, plutôt bonne nouvelle, le bateau était très peu endommagé. Juste un petit coup à la proue.
Mais il faudra bien du travail pour le remettre à flot.

Notre bateau n'a pas trop de mal.

J'essayais d'aller à Pto Morelos pour voir la maison de la plage. Mais impossible, l'armée interdisait l'entrée au village. Les soldats qui protégeaient la route me disaient qu'il allait falloir attendre au moins 4 jours, ils étaient en train de vérifier qu'il n'y ait plus de danger, fuites de gaz, risque d'effondrement etc. toute la côte était complètement détruite. C'est vrai que l'œil de l'ouragan était passé par là.

De retour je passais par l'atelier, et là aussi pas trop de dégâts. Mais les employés qui y étaient restés avaient juste un peu faim car les vivres que je leur avais laissé étaient finis et pour l'instant tout restait fermé pour pouvoir en racheter. Je fît le nécessaire.

L'atelier après l'ouragan
Juste quelques palmes se sont envolées

En rentrant à la maison tout le monde était content sauf Maïna qui ne comprenait pas comment la ligne d'aviation ne lui avait rien dit sur l'arrivée de l'ouragan le jour même de son arrivée.
C'est vrai qu'elle aimait beaucoup sortir faire les marchés. Et pour l'instant elle devait rester enfermée.
El Negro n'était pas content du tout non plus, il était venu avec mon père pour jouer au golf et là aussi rien à faire.
D'autres personnes, qui n'étaient pas du tout contentes, c'était la sœur et la mère de Gerardo, qui avaient leur semaine de vacances juste à ce moment-là. Elles avaient été délogées le soir de l'ouragan et étaient maintenant chez Gerardo. Mais il n'y avait pas d'eau pour se baigner ni d'air conditionné. Pour Dominique ça allait, mais pour sa mère habituée au tout confort c'était l'enfer. Donc j'ai eu l'idée de dire à mon père de prêter sa voiture à El Negro pour qu'il emmène les deux femmes à la capitale par la route, puisque ni avion ni bus ne marche.
Et pour le retour de mes parents chez eux, je leur payerais l'avion. Tout le monde est content. Je leur devais bien ça à Dominique qui m'avait tant aidé, et à ma seconde mère. Je sus plus tard qu'ils n'étaient pas rentrés immédiatement, et comme ils étaient en vacances ils ont profité pour passer une semaine à Huatulco, un autre centre touristique du sud du Mexique.

Le lendemain matin, j'étais avec mon équipe dans le bureau, pour voir ce que l'on allait faire, lorsque, O surprise! qui vois-je arriver? Rien de moins que Patrice du Club Med. Et qui c'est qui l'a emmené? L'architecte mexicain qui me déteste. Patrice c'est la première fois qu'il vient, et comme il ne connaissait pas mon adresse, il a dû se faire conduire par l'architecte, qui a sûrement beaucoup souffert en l'emmenant chez moi. Ce qui fait que mon plaisir est double. Patrice vient juste me dire que ma présence est urgente au Club et que je le suive. Donc j'obéis, et le suis dans mon véhicule. J'allais quand même pas monter dans la jeep de mon concurrent.

Pour comprendre ce qui va suivre, il faut que je vous rappelle l'importance qu'avait cet hôtel. Il était sur bouclé toute l'année , il rapportait énormément à Fonatur (gouvernement mexicain) comme propriétaire, et au Club Med comme opérateur.

Une fois sur place Patrice me fait part de son idée, sur place est restée l'équipe de maintenance et une équipe, pour superviser la construction, va arriver. Donc il faut faire habitable une vingtaine de chambres. Pour manger et avoir un endroit où se distraire ensemble, il faut réhabiliter 3 des 5 grandes salles du grand restaurant principal. Toutes les vitres et l'aluminium ayant été détruites il faut que je les remplace en bois. De même pour le restaurant. Il veut que je commence dans l'immédiat pour qu'ils puissent quitter l'hôtel (les hôtels du centre-ville ont put rouvrir dans l'immédiat).
Mais comme il n'y a pas d'électricité en ville, je demande à Patrice la permission d'emmener plusieurs de mes machines au Club pour monter un atelier sur place, puisque le Club possède un grand groupe électrogène.
Moi qui pensais que l'on allait rester un moment sans travail, nous voilà lancés dans un grand chantier.
On monte donc un atelier dans un des couloirs du bâtiment où l'on va arranger les chambres, les électriciens du Club nous branchent les machines au groupe électrogène et on attaque immédiatement, le lendemain tout est mis en place et on commence à travailler sur les chambres . Heureusement mes fournisseurs, même sans électricité, ont ouvert.
Le problème c'est qu'encore une fois, Patrice n'a pas parlé d'argent, et moi je n'ai pas assez en banque pour payer mes employés le samedi. J'ai promis à Patrice de ne pas arrêter avant que tout soit prêt, même si on devait travailler le week-end.
Mais mes ouvriers veulent être payés le samedi à midi comme d'habitude, même s'ils vont continuer à travailler. Ils s'arrêtent donc.
Je les connais et je sais qu'il est inutile d'insister. Jean-Pierre savait parfaitement que tous les vendredis je demandais que l'on me paye au moins une partie de la dette pour payer mes employés. Mais ils étaient tous, l'équipe du Club Med, en train de manger à côté de la chambre des machines, qui était le seul endroit à peu près correct. Et personne ne s'inquiétait pour nous, je n'avais même pas de quoi aller leur acheter de la nourriture.
A un moment donné, ils se rendent compte que l'on est tous à l'arrêt, mes employés et moi, et ils envoient quelqu'un me demander ce qui se passe. C'est simple je leur dit on a pas de quoi manger et mes employés ne travaillent pas gratuitement.
J'entends de loin une discussion et Jean-Pierre est obligé de reconnaître qu'il ne m'a jamais fini de payer la dette. Ça s'engueule un peu, et Philippe le gestionnaire vient me voir, me dit qu'il va tout de suite me filer du liquide, et que Jean-Pierre vas lui passer toutes les factures impayées et que celle-ci seront réglées sans faute lundi.
Ça c 'est une bonne chose, au moins je suis tranquille pour un bout de temps.

Une des bonnes choses que l'ouragan nous apporte, c'est que l'on va manger énormément de langoustes. Près de chez nous habite un copain, ex biologiste, qui s'est recyclé en marchand de produits de la mer pour les hôtels. Et au moment de l'ouragan, il avait pas mal de queues de langouste dans son congélateur, et comme il n'a plus d'énergie électrique, il nous file plusieurs kilos, car nous, on a beaucoup d'appétit et avons un frigo qui marche.

En plus, comme le récif corallien en face de Cancun est détruit, plusieurs langouste on fini dans la lagune, et comme l'eau de celle-ci est saumâtre, elle ne sont pas bien du tout, et elles se laissent facilement rattraper. On va se goinfrer toute la semaine de langouste préparer à toutes les sauces.

Quelques ouvriers sont restés travailler le week-end, d'autres sont allés voir leur famille. Moi je profite de ce dimanche pour aller visiter les dégâts de notre maison de la plage.

On y va tous. Les enfants, ma mère, ma sœur, il n'y a que Maïna et mon père qui restent à la maison.

On doit laisser la combi dans le port, la petite route en terre qui reliait Punta Brava au port n'existe plus. Tout n'est que sable. On dirait que le sable disparu de Cancún est là, un peu comme pour le Club Med. La jetée qui était construite avec des blocs de ciment de plus de 2 tonnes est à moitié détruite. On trouve de ces blocs jusqu'à 50 mètres à l'intérieur. A 500 mètres du port, vers notre maison un gros bateau de plus de 1000 tonnes et posé sur le sable à plus de 50 m de la mer. Il est intact, c'est comme si une main gigantesque l'avait posé sur la plage, c'est impressionnant.

On doit faire à pied les 4 kilomètres par la plage. Avec un soleil de plomb et une chaleur atroce. Lorsque l'on arrive enfin, c'est la constatation de la catastrophe que je m'attendais.

La mer a complètement balayé le rez -de -chaussée et le deuxième étage s'est écroulé.

Tout est enseveli par le sable, impossible de trouver un meuble. La cuisinière, qui n'est plus qu'un tas de ferraille, et la bouteille de gaz, sont dans le mangrove. Je ne récupère qu'une des hamacs. Ça m'a foutu une claque de voir la maison comme cela, même si je m'y attendais, le rêve de ma vie d'habiter au bord de la mer ne sera pas encore réalisé. C'est drôle, le fait d'avoir perdu énormément d'argent ne met pas tellement en rogne, je me dit que je vais la reconstruire, et cette fois-ci aucun ouragan me la détruira car je pense la faire sur pilotis, avec ceux-ci bien enterrés.

Maison de la plage à Pta Brava après Gilberto
Le balcon du premier étage se retrouve sur la plage, Ian et Guy sont à gauche

CHAPITRE XXXIII
La reconstruction du Club Med….sera mon triomphe et….ma perte?

Pendant que l'on finalise les travaux en urgence, on voit quelques employés d'une entreprise de construction de la capitale commencer à déblayer un peu partout.
J'apprends que c'est une grande entreprise qui a l'habitude de travailler pour le gouvernement, et on pense que c'est elle qui va faire la reconstruction.
L'équipe dirigeante du Club qui était sur place avant l'ouragan est partie. Une équipe qui va diriger pendant la reconstruction vient d'arriver. À part les techniciens, il y a un grand directeur, Bernard, qui est un des grands dirigeants du Club à Paris, puis Claude, un pilote de chantier indépendant qui va diriger le chantier, puis Patrice que l'on connaît, puis deux chefs de maintenance, Alain et Jean Louis. Et comme gestionnaire la même dame qui m'a donné mon premier chèque du Club Med.

Mais les vrais chefs se sont deux ingénieurs de Fonatur, car il ne faut pas oublier que ce sont eux les propriétaires, donc c'est eux qui vont reconstruire, donc payer, donc choisir qui reconstruit.
Patrice me dit que c'est sûrement Codesa, la grande entreprise de construction de Mexico, qui va faire les travaux, à cause de l'urgence Fonatur n'a pas le temps de faire un appel d'offres. Ils

ont même mit un peu de monde un peu partout, comme pour dire qu'ils sont déjà au travail. Je suis inquiet mais je suis sûr qu'il va y avoir du boulot pour moi.

Le problème c'est qu'il n'existe pas de plan de tout ce qui était construit sur la côte, et en plus, tout est détruit. Donc Patrice et Victor vont tout faire pour que ce soit l'architecte mexicain, mon adorable ennemi, et moi-même que nous faisions cette reconstruction
.

Après marchandage des Ingénieurs de Fonatur avec les chefs du Club Med, ceux-ci décident de faire une sorte d'appel d'offre pour la reconstruction des structures de la côte, entre Codesa, l'architecte mon cher ennemi, et moi. Donc on a trois jours pour faire notre offre chacun.
On se met à travailler dur sur le devis avec Alonso, Victor et moi.

Victor est un tout jeune garçon qui vient de terminer une école technique de comptabilité et que j'ai embauché pour aider Pedro mon comptable.

Il s'agit quand même de refaire le "Rancho" (le resto-disco de la pointe) le site pour le snorkeling avec son petit ponton, le site pour la voile avec ses deux bâtiments, le site pour la plongée sous marine avec son ponton de 70 mètres de long, et refaire le mur de pierre qui longe tout ses sites. Et surtout la grande palapa, le grand restaurant de spécialités et son bar, qui possède aussi un petit ponton.

Une fois terminé, je pense que notre devis est juste, mais avec une petite inquiétude d'être un peu cher. Je le donne dans la matinée à Patrice comme convenu. Mais dans l'après-midi Patrice me rappelle, Victor, le pilote du chantier et lui, veulent me parler.

Donc je m'y rend en urgence. En arrivant ils me prennent discrètement à part.

Et là, ils me demandent si je suis sûr de mon montant, et si j'ai bien fait mes calculs. Ils me laisse voir que je suis trop bas, mais sans aller non plus jusqu'à me dire de combien

Je leur réponds que j'en suis sûr. Je sais qu'il y a plusieurs travaux que je vais sous-traiter, mais je me suis bien renseigné sur leur prix, j'ai déjà deux ingénieurs qui ont leurs propres équipes et qui m'ont proposé leur travail. En plus, je connais des Palaperos qui peuvent me faire du bon travail.

Ils décident de me laisser encore 24 heures pour bien vérifier mes comptes, les ingénieurs de Fonatur qui vont prendre la décision arrivent que le lendemain. Bien sûr ils me demandent d'être discret.

Avec mes collègues on se remet au travail et on vérifie tout. Selon moi, nos chiffres sont corrects, mais je pense que si Patrice a pris le risque de m'avertir, c'est bien qu'il y a une grande différence de devis avec celui de mes autres concurrents.

Je prends donc le risque d'augmenter de 20 % les prix.

En finalisant le devis, je commence à avoir une crise de douleur à ma cheville, donc Alonso m'emmène dans la soirée livrer le devis, je ne peux plus marcher et lui fait porter le document à Claude et Patrice en m'excusant auprès d'eux. De retour la douleur est insupportable et en arrivant à la maison je fais faire venir le docteur pour qu'il m'injecte de la morphine, ce n'est vraiment pas le moment de rester cloué au lit.

Je continue à aller tous les jours au Club Med car on fait encore quelques petits boulots pour rendre plus agréable le séjour des techniciens du club.

Deux jours plus tard, je me dirige vers les escaliers qui mènent au grand restaurant, où on m'a fait faire les différentes salles, pour manger, pour les loisirs, et pour faire un bureau et travailler. Et je me trouve face à face avec l'ingénieur de Fonatur chargé de la construction. Il m'annonce que mon devis est le moins cher et qu'il m'a choisi pour faire toute la construction de la côte. Je n'en crois mes oreilles. J'avais toujours pensé qu'ils allaient diviser le travail car c'est ce que voulaient Patrice et Claude.

D'ailleurs quelques minutes après je rencontre Patrice qui me demande si je fais y arriver, bien sûr, je lui dit, je ne t'ai jamais déçu et ce ne sera pas maintenant.

Mais pendant toute la journée ils vont se moquer de mon sourire. Ils me diront tout le temps que je devrais être préoccupé au lieu de sourire.

Je demande au chef de Fonatur comment ça va se passer. Il me demande si j'ai le certificat de fournisseur de l'état, et comme je ne l'ai pas, il se demande si je vais pouvoir l'obtenir, car je n'ai jamais créé une société. Mon entreprise c'est une entreprise personnelle, je suis une identité physique non morale.

Donc c'est la première chose à faire, et ensuite aller signer le contrat et demander une avance. L'ingénieur me dit que c'est presque impossible que l'on me donne une avance de 50%, mais je peux le demander, et que ça prend du temps. Donc qu'il va falloir financer.

Je prends le lendemain un avion pour la capitale avec tous les papiers de mon entreprise. Je vais d'abord au ministère de l'industrie et du commerce pour essayer d'obtenir mon numéro de fournisseur de l'état. J'ai peur que ça prenne du temps, mais je me trouve en face d'un fonctionnaire très sympathique qui me dit que c'est très rare que ce document soit demandé à titre individuel, mais que du coup ça va être plus rapide. Il me fait remplir plusieurs papiers et un reçu pour aller payer à la banque. Je fais tout ça rapidement et l'après- midi, mon dossier est prêt. Mon numéro je l'aurais le lendemain. Je ne le sais pas encore mais cette réussite va beaucoup m'aider.

Le lendemain je passe au ministère chercher mon autorisation de fournisseur de l'état, et sitôt celui-ci en main je vais aux bureaux de Fonatur.

Le fonctionnaire avec qui j'ai affaire là est plutôt négatif , au début il ne crois pas que ce soit possible de faire un contrat à une personne physique. Que ça ne s'est jamais fait, qu'ils ne travaillent qu'avec des sociétés. Il va demander à tous ses supérieurs et chercher dans leur règlement. Mais ne vas rien trouver qui l'interdisent. Donc on va bien me faire mon contrat et ma demande d'avance de 50% va être acceptée. Le problème est que l'argent risque de prendre du temps à être débloqué. On me parle d' un mois ou d'un mois et demi.

De toute façon, je suis très content de moi, j'ai réussi !!!

Maintenant il s'agit de trouver de l'argent pour financer le début des travaux.

Norma et Jean Pierre on fait une petite fête chez eux en mon honneur, pour que je puisse voir tous les copains.

Ça me fait super plaisir de rencontrer les copains. Je leur montre mon contrat dont je suis très fier et je leur propose d'investir. Mais même si je sais que plusieurs d'entre eux en ont les moyens, étant des héritiers, personne ne va faire un geste. Je ne suis pas du tout déçu car je m'y attendais, je n'ai jamais rembourser ma dette au père de Gerardo et ça a suffit à me faire une mauvaise réputation. Et comme ils m'ont toujours connu avec des problèmes d'argent, ça reste marqué. Même si depuis pas mal de temps ils savent que ça va mieux. Jean-Pierre non

Plus ne peut pas. Ils se sont construit une belle maison dans la propriété qu'il s'est achetée lorsqu' il a gagné au loto. Mais il n'a pu finir de la construire qu'avec l'argent de Norma qui avait vendu un appartement qu'elle s'était acheté lors de son premier mariage (c'est du moins ce que j'ai cru comprendre). Et bien que son entreprise commençait à bien fonctionner, il était toujours en manque de liquidités. À cette époque il y avait un grand contrôle pour les achats de dollars, et comme ses commissions des ventes lui était payé en dollars, il obtient des financements avec des amis qui voulait acheter des dollars. C'est-à-dire on lui avançait des pesos et lorsqu'il était payé, il remboursait en dollars. Donc il n'avait pas de quoi me financer, d'ailleurs quelques mois avant, c'était moi qui lui avait déjà prêté de l'argent.

Quoiqu'il en soit on a passé une très bonne soirée, ça faisait très longtemps que l'on n'était pas tous réunis, car enfin tous ceux qui étaient partis en France étaient de retour.

De mon voyage rapide à Mexico je ne reviens, comme financement, que d'un peu d'argent de mon beau-père. Mais très content d'avoir surmonté les problèmes avec l'administration.

Il me fallait alors m'organiser pour pouvoir commencer comme l'exigeait le contrat.

La situation après l'ouragan était assez particulière. Toutes les entreprises avaient intérêt que Cancun redevienne le grand site touristique pour survivre, donc je n'eu aucune difficulté pour que des fournisseurs me fassent crédit en plus de ceux qui me le faisaient déjà. Pour commencer, j'embauchais un des Ingénieurs qui étaient venus me voir, pour reconstruire le mur en pierres tout au long de la côte tout en lui expliquant la situation, pas d'argent dans l'immédiat, il fallait qu'il finance le salaire de son personnel au début, moi je me chargerais du matériel. Je fais de même avec l'autre ingénieur pour commencer la reconstruction du bâtiment de la plongée. Pour La palapa du "Rancho" je mets une équipe de maçons à moi, supervisée par Alfonso, mon employé qui avait une formation dans la construction. Et mon équipe de menuisiers commença à attaquer la grande palapa.

Pour reconstruire les toits en palmes, c'est-à-dire les palapas, je contactais le fils de mon premier Palapero que j'avais connu, celui-ci étant mort. Je le chargeais de commencer par le Rancho, car ceux du Club voulaient que celui-ci soit reconstruit assez vite, pour pouvoir libérer les salles du grand restaurant.

Pour la grande palapa, j'engageais un autre Palapero dont je ne connaissais pas son travail.

Claude qui pilotait le chantier nous a demandé aux entreprises de faire une réunion tous les jours avec lui à 8 heures du matin, au début il n' y avait que lui, un ingénieur de Fonatur, Patrice, deux ingénieurs de Codesa et moi. Comme cela il était au courant de tout et pouvait facilement nous mettre la pression. Quelques jours plus tard, une nouvelle entreprise s'était jointe à nous, cette entreprise allait être chargée de contrôler nos prix et nos travaux.

Claude ne parlait pas très bien espagnol et me demanda de lui trouver un traducteur. Je pensais immédiatement à Gerardo, bien que je ne le voyais pas si souvent. Le soir même j'allais le chercher et il fut embauché le lendemain avec un très bon salaire (j'attends toujours ses remerciements)

Claude et Patrice n'était pas très sûr que je puisse réussir à honorer mon contrat, et ont demandé à Fonatur de passer une partie des travaux à mon cher concurrent, l'architecte. J'ai appris cela par un des Ingénieurs de Fonatur qui avait accepté la demande des gens du Club. Mais la chose ne put se faire, car comme je le savais, il n'avait pas le statut de fournisseur de l'état et ne pouvait pas l'obtenir car il n'avait aucune entreprise formelle, c'était juste un intermédiaire. Je n'en voulais pas à Patrice, bien que je ne l'avais jamais déçu, mais il savait que j'étais une petite entreprise et que le contrat était difficile à réaliser par son volume, l'urgence et sa difficulté, car aucun plan n'existait.

Donc j'attaquai le chantier. Le travail allait être supervisé par l'entreprise dont j'ai mentionné sa présence, donc il a fallu que j'embauche un architecte pour négocier nos prix unitaire avec cette entreprise. Je vous explique, le gouvernement mexicain, pour éviter la corruption, travaillait au prix unitaire, c'est-à-dire si on allait construire un mur il fallait expliquer notre prix au m2, combien de ciment il faut, à quel prix on l'achète, combien de sable, de gravier etc. Et le salaire du maçon, avec charge et impôt détaillés et le temps qu'il lui fallait pour faire le m2. Et cela pour tout ! Les prix unitaires de plomberie, d'électricité, menuiserie, etc.
En plus il fallait également quelqu'un pour superviser avec cette même entreprise le volume réalisé, pour pouvoir faire des projections. Pour cette tâche, je charge Alfonso de ne faire que ça, puisqu'il a fait des études dans le bâtiment.
Pour les achats du matériel, c'est Victor, l'aide comptable, qui va être chargé de trouver les meilleurs prix et les fournisseurs et va passer les ordres d'achats à Rolando mon chauffeur qui va faire les livraisons après avoir laissé nos travailleurs au chantier. Je vais également recycler un de mes apprentis menuisier en chauffeur pour aider aux courses et aux allées -retour atelier-chantier.

J'ai une chance inouïe, au moment où je ne sais pas comment je vais pouvoir faire pour payer les salaires un peu plus d'un mois après la signature de mon contrat. Fonatur me téléphone pour me dire que mon chèque est prêt, et en plus c'est bien le 50% du total initial. J'ai laissé à Claudia, ma belle sœur, un pouvoir pour qu'elle puisse aller chercher le chèque. Je lui donne l'autorisation de rembourser mon beau-père, la mère d'Alonso qui nous a également prêté, et je profite également pour payer ma dette envers Patrick mon frère. Je paye également Gerardo qui m'a prêté 1000 dollars en liquide, et oui comme il travaille au Club, il s'est bien rendu compte que je vais bien avoir de quoi le rembourser, aucun risque.
Tout marche très bien, mais quelque chose va changer. Un lundi en arrivant au chantier Claude m'annonce qu'il va y avoir du changement. Le Club Med va prendre à son compte tout le chantier. C'est à dire qu'il vont tout financer et tout diriger, ils ne veulent plus que les entreprises justifient leur retard à cause des paiements en retard.
Les ingénieurs de Fonatur me disent que je suis le seul à avoir eu le 50% d'avance et que c'est très rare. Donc à partir de ce moment, les seuls maîtres à bord sont le Club Med, ils se feront rembourser après. Le Club veut réouvrir le plus rapidement possible la poule aux œufs d'or.

Pour moi je pense que ce sera mieux, puisque j'ai de très bonnes relations avec eux.
Mais c'est sans penser à une contre attaque de mon concurrent éternel.
Victor et Patrice reviennent me questionner si je vais vraiment y arriver. Et quelques jours après me donnent un rendez-vous. Je suis un peu inquiet car je suis sûr qu'ils veulent que je passe la main dans certains secteurs du chantier à l'architecte.
A peine commencé le rendez-vous avec eux deux, ils me disent carrément cela.

Je refuse immédiatement, et je me justifie en leur disant que j'ai gagné ce contrat à la régulière, si lui n'a rien eut c'est justement car il a été incapable de suivre les règles. Ils n'ont aucune raison de penser que je ne vais pas y arriver. A un moment donné il disent que j'ai sûrement eu tout le contrat car j'ai soudoyé les ingénieurs de Fonatur comme ça se fait au Mexique, qu'ils m'ont demandé un pot de vins et que j'ai accepté.

Lorsque j'entends ça, je me mets en colère, je suis extrêmement vexé et je leur sors un discours où la voix me tremble, tellement je suis ému. Je leur dit qu'ils m'insultent, et leur démontre tout ce que j'ai fait administrativement pour être accepté à Fonatur, je lui fait voir à Patrice, qu'il me connaît depuis deux ans, et que je n'ai jamais manqué à mes devoirs. Ils sont tellement scotchés par mon discours, car j'ai vraiment envie de pleurer tellement j'ai la rage. Qu'ils me disent que c'est bon qu'ils ont compris et que je reste le seul dans ce chantier. Quelques heures plus tard, Patrice me dira que je n'ai pas idée de ce que j'ai gagné ce jour-là.

Donc le Club va gérer de la manière suivante le chantier; Codesa, la grande entreprise vas faire les chambres, une entreprise de Cancun de construction qui appartient au propriétaire du club sportif où Yvonne donne ses cours, vas se charger des extérieurs, ICSA la plus grande entreprise mexicaine de construction vas refaire la route, et les chemins goudronnés, la plus grande entreprise d'électricité nationale, qui a été créé par un français le siècle dernier, vas faire toute l'électricité. Une entreprise de Guadalajara au nord du Mexique va refaire les jardins, et moi toute la côte. Je suis extrêmement fier de me retrouver dans un chantier avec ces grandes entreprises.

Celui qui va me superviser, c'est à dire, mon chef immédiat va être Jean Louis, c'est lui qui va rester comme chef de la maintenance, au-dessus de lui, le chef suivant, c'est Victor et le chef de tous, Bernard.

Ils me redemandent de refaire un autre devis plus ajusté maintenant que l'on voit plus clair.
Il faut que je l'ajuste au système de prix unitaire mis en place par Fonatur, car ce système, pour que le Club Med puis se faire rembourser, va continuer, sinon le Club Med ne pourra jamais démontrer les frais. Ce système, bien qu'il est très pratique pour pouvoir contrôler la gestion des coûts, fait augmenter les prix.

Car chaque prix unitaire prend en compte le prix des matériaux dans sa fourchette haute que l'on trouve en place, tous les impôts municipaux, régionaux et fédéraux, toutes les charges sur les salaires et le temps de travail.

Par exemple moi, dans mon devis, je n'avais pas inclus tous les impôts, puisque n'étant pas une société je ne paye pas l'impôt sur les sociétés, plusieurs travaux je les sous traité à des individus qui ne sont même pas déclarés et ne payent aucun impôts ni charge, donc j'obtiens un prix inférieur à l'officiel.

Donc mon nouveau devis est beaucoup plus élevé que l'initiale et ça ne plait pas du tout à mes clients du Club Med. Je leur explique la raison, le directeur de l'entreprise qui gère les prix leur explique aussi et que c'est comme cela que travaille le gouvernement. Ce système, même s'il fait augmenter les prix, permet de contrôler un chantier. Dans un pays avec autant de corruption, les prix pourraient très bien monter d'avantage sans aucune justification.

Je leur propose qu'ils m'exonèrent de ce contrôle et mon devis sera inférieur. Bien sûr ils commencent à comprendre et sont bien obligés d'accepter.

Je sais que je dois être super organisé pour m'en sortir, j'achète un camion de trois tonnes pour pouvoir transporter mon personnel de l'atelier au chantier et aussi pour le matériel qui devient chaque jours plus important. Un nouveau chauffeur le conduit, Armando, le seul problème c'est que lui il bois.

Le matin de bonheur c'est lui qui fait le transport du personnel et qui va faire les allers retour, atelier - chantier, de pièces et de personnel. Rolando avec la combi se charge des achats dirigés par Victor, la Ford l'utilise Alonso pour son transport et pour qu'il puisse diriger tout ce qui a rapport avec notre menuiserie. Et sert aussi pour certains achats. Moi je pars vers le Club après avoir laissé les enfants à l'école à 7h du matin j'arrive pour la réunion avec Claude. Puis je vais voir l'avancement dans chaque secteur du chantier et donner des ordres. Vers 10 heures je fais un parcours, avec Jean Louis, du chantier pour qu'il me donne son avis sur tout. Ici entre nous, il n'est pas très connaisseur et il est bien obligé d'être d'accord avec moi. On fini vers 11 heures et je continue à donner des ordres. Vers midi je vais boire l'apéro avec tous les chefs du Club, ils m'aiment bien, donc je suis le bienvenu et ça me permet d'être au courant des ragots. Lorsqu'ils vont manger, j'en profite pour partir et je vais à l'atelier. Je vois l'avancement des travaux de l'atelier et je discute avec Alonso. A l'atelier j'ai dû m'organiser aussi et j'ai transformé un apprenti menuisier en chef de magasins, tout le matériel est sous clé et l'outillage aussi, il gère tout et passe ses ordres d'achat à Victor lorsqu'il y a besoin. Chaque menuisier doit rendre le soir ça boîte à outils au magasinier , comme cela pas de problème d'excuse, qu'une fois sur le chantier il lui manque un outil pour travailler

Ensuite je passe chercher les enfants si j'ai le temps ou sinon c'est Yvonne. Je mange avec la famille et je fais ma sieste de 20 minutes.

Puis retour au chantier vers 3 ou 4 heures, et petite supervision des avances, mais surtout voir les besoins de chacun pour le lendemain. Petit tour aux chefs du Club au cas où ils auraient un besoin. Puis retour au bureau vers 18 heures pour mettre tout au clair. Puis réunion avec tous les chefs, Pedro le comptable, Victor des achats, Rolando pour les courses, Alonso pour l'atelier, Ariel (c'est le jeune architecte que j'avais embauché pour les prix unitaires, c'était le petit frère de la fille qui s'était mariée avec le chef Eric) pour la gestion des prix et avance des paiements, Alfonso pour l'avancement des travaux supervisés avec l'entreprise.

Une fois fini, je mets un peu d'ordre dans mes idées, seul dans mon bureau, puis je monte dîner avec Yvonne et les enfants. Je vois un peu de TV avec eux, mais Yvonne se couche tôt, car elle donne des cours à 6 heures du matin d'aérobic. Je reste seul à décompresser avec un film et ma bouteille de vodka. Je me couche après une 1/2 bouteille.

Quelques jours après l'arrivée de l'argent, Gerardo me demande si je ne peux pas donner du boulot à un de ses amis, c'est surtout un amis de Carmen, un espagnol qui a travaillé avec des espagnols qui ont beaucoup construit à Cancun de manière frauduleuse et qui se trouvent soit en prison soit en fuite. Lui il était rentré en Espagne, il était juste employé. Je n'ai pas de boulot pour lui et en plus j'ai drôlement augmenté ma masse salariale de cadre, c'est-à-dire de dirigeants, pas producteurs directs donc frais indirects. Je fini par céder car je ne suis pas bon pour refuser un service à un ami.

Comme les travaux de plomberie et d'électricité ne vont pas trop tarder, je le charge de s'occuper de commencer à préparer la plomberie.

Il s'appelle Roberto, il est comme beaucoup d'espagnol très imbu de lui-même, mais assez facile de contact.

Le problème, et je n'y avais pas pensé, c'est que pour trouver le matériel dont on a besoin, il est en train de me bloquer, rien que pour lui, une des camionnettes avec chauffeur pour plusieurs heures. Et comme il n'a pas de véhicule personnel, je me vois obligé d'acheter une autre pickup. J'achète une Nissan pick up à double cabine, elle pourra également servir pour du personnel.

Pour les travaux de plomberie et d'électricité, Roberto me dit connaître de bons techniciens qui ont travaillé avec ses anciens patrons.

Je m'entretiens avec eux, ils ont l'air très bien, mais le plombier n'est pas intéressé car trop peu de boulot. Mais par contre j'embauche l'électricien. Ce qui est bien chez lui, c'est qu'il est très bien organisé et que je n'ai pas besoin de lui acheter son matériel, il va me facturer à l'acte. Tandis que pour la plomberie ce sera à Roberto de trouver la main d'œuvre nécessaire et d'acheter le matériel.

Il me reste un gros problème à résoudre. La communication !
On a le téléphone qu'au bureau, s'il y a un pépin quelque part, on ne peut communiquer qu'en mobilisant un véhicule. Je décide donc d' investir dans un système de radio en bande VHF. Le même système que la police. Je sais qu'il faut un permis et que certains l'utilisent sans. Mais j'envoie Pedro faire la demande à Chetumal, la capitale de l'État. A mon grand étonnement le permis nous est donné assez rapidement. J'achète donc un super équipement Kenwood et j'équipe chaque véhicule avec une radio, et également le bureau et l'atelier. Le ministre des communications et des transports nous donne une fréquence exclusive pour nous.

Tout marche pour le mieux, le chantier avance bien. Noël approche et Patrice m'annonce que la semaine avant Noël, le second après le grand patron du Club va venir de Paris pour encourager ces employés qui vont passer les fêtes loin de leur famille. Et bien sûr vérifier le chantier. Il veut me le présenter, et je me trouve avec eux un soir dans la salle où on boit l'apéro à l'attendre.

Il arrive la nuit tombée, après que l'on me l'ai présenté, et qu'on est en train de prendre l'apéro, il commente, que c'est bien avancer, et il en est très content, car il a vue sur tout le parcour depuis l'entrée du club jusqu'à l'endroit où on est, plusieurs site illuminés avec des travailleurs en activité, et il était près de 10 heures du soir. Patrice lui dit que c'était tous des travailleurs à moi. J'avais beaucoup d'équipes de maçons payer à la tâche, qui préféreraient rester sur place que de rentrer chez eux (le Club est à 20 km de la ville) et pour finir rapidement, travaillaient la nuit. Et bien sûr, sur tous les sites à la fois. Et lorsqu'il sut que c'était juste mon entreprise qui travaillait à ces heures si tardives, il me remercia pour être si bien engagé.

Après dîner il discuta avec Bernard sur mes prix, et de blague en blague il se moqua de moi, en disant que c'était plus cher de construire une palapa a Cancún, qu'un toit à Paris, je lui répondis qu'à Paris un ouragan n'avait pas détruit tous les accès à la forêt vierge pour récupérer du bois et des palmes.

Mais à mon grand étonnement, je suis sorti avec un chèque de 50% d'avance sur mon nouveau devis. Je ne m'y attendais vraiment pas.

En rentrant à la maison je me dit que cette fois-ci, je n'aurais plus de problème d'argent. Je n'avais jamais ressenti une sensation pareille, en plus il y avait une belle ambiance de Noël.

COUP DE GUEULE SUR LA DETTE

On parle partout, surtout les libéraux, qu'il faut à tout prix payer la dette, que l'on ne peut continuer comme cela , laisser filer la dette et laisser en héritage ce fardeau à la génération suivante.

Mais on le sait, que maintenant, la création de monnaie se fait par la dette. C'est pour cela que les banques centrales ont mit en place une politique ultra expansionniste, avec des taux de 2% pour la réserve fédérale des US , de 0% à -0,5% de la banque européenne, de 0,75% pour la banque d'Angleterre et de 0% pour celle du Japon. Dans tous les cas inférieur aux taux de croissance.

La taille des bilans des banques centrales est passée de 2200 milliard de dollars en 1996 à 23000 milliard de dollars aujourd'hui. Soit une multiplication par 10!

Et ça va continuer.

Les intentions des banques centrales, c'est d'obliger les banques à prêter aux entreprises et aux particuliers pour relancer l'économie. Avec ces taux négatifs on évite que les banques déposent leur argent dans la banque centrale, à moins qu'elles veulent perdre de l'argent.

Le gros problème c'est que les entreprises qui s'endettent à ces taux si bas ne profite pas pour investir, mais préfèrent acheter leur propre actions pour faire monter leur cotisations en bourse. Et les particuliers, au lieu de dépenser et consommer, préfèrent épargner. En France le livret A, épargne préférée, paye un taux de 0,75% inférieur à l'inflation. Donc ils préfèrent perdre de l'argent que dépenser.

Selon les règles de l'économie, l'énorme masse monétaire en circulation devrait faire augmenter l'inflation mais ce n'est pas le cas.

Profiter des taux actuels et investir en s'endettant pour pouvoir améliorer les infrastructures, les services publics, la lutte contre le réchauffement et le bien-être de la population, et après en obtenir les bénéfices, devrait être une priorité pour les gouvernements actuels. Les équipements publics améliorent l'efficacité et le bien-être de tous les acteurs de l'économie, ce qui est bon pour l'activité économique dans son ensemble et apporter des recettes fiscales plus abondantes pour la suite.

Mais au lieu de cela, ils essayent de se désendetter et c'est la course pour diminuer les dépenses publiques au détriment des services publics.

Et si vraiment on veut se désendetter, il suffit d'aller chercher l'argent où il est, dans les paradis fiscaux, dans l'énorme épargne des pays riches, dans les fortunes des plus riches. Et pour éviter, que le pays qui voudrait mettre cela en place, voit la fuite de tous ses capitaux, il suffirait que tous les pays le fassent en même temps.

Un autre risque de l'expansion de la monnaie c'est la crainte de la valeur de celle-ci et que les agents économiques se protègent en se réfugiant dans des monnaies étrangères, en particulier le dollar. C'est ce qui arrive dans plusieurs pays émergents.

En Turquie, sa base monétaire est passée de 120 milliard de livres en 2012 à 530 milliard en 2019 et son taux de change est passé de 1,9 à 5,80 livres par dollars. De même en Argentine la base monétaire est passé de 200 milliard de pesos à 1250 milliard de pesos et le taux de change de 5 à 58 pesos par dollars. Ceci dû à la fuite de capitaux.

Mais c'est aussi un problème à l'envers pour les économies des pays émergents attractifs.

Puisque les taux négatifs avec les monnaies, les capitaux se déplacent pour trouver de meilleurs rendements dans des pays, comme le Brésil ou la Chine, ou les taux sont plus élevés et poussent à la hausse le cours de leur monnaie et pénalisent leur compétitivité. Cela oblige leur banque centrale a puisé dans leur réserve de change.

Celles-ci ont diminué de 514,1 milliard de dollars en 2015 pour les 15 premiers pays émergents. Donc les agents économiques se détournent vers des actifs qui pensent qu'ils vont les protéger contre l'excès de création monétaire, comme l'immobilier.

Ce qui fait que les prix ont augmenté de 33% dans le résidentiel dans les pays de l'OCDE et le commercial de 44%. Ce qui provoque qu'il est devenu impossible pour une grande partie de la population d'habiter dans les grandes villes.

Un autre refuge pour les investisseurs c'est l'or ou les crypto-monnaies comme le bitcoin qui ne sont pas manipulé par les banques centrales, ce qui a également provoqué la hausse des prix, pour l'or de 1150 à 1500 dollars l'once, et le bitcoin de 3000 à 10000. Mais comme l'offre de ces actifs est quasi fixe , les prix sont trop variables.

D'où l'intérêt nouveau de la création d'un nouveau actif privé, une monnaie internationale globale. Mais les nouveaux penseurs veulent en faire une crypto monnaie vers laquelle les monnaies nationales convergeront leur taux d'intérêt donc leur taux de change, tandis que mon idée est d'abolir les taux d'intérêt et laisser la création de la monnaie internationale à une banque centrale mondiale et d'abolir également les monnaie nationales.

Les règles inventées par l'homme de son jeu de société de l'économie et de la finance lui ont échappé.

Depuis la crise de 2007 la finance et le néolibéralisme s'est collapsé et la solution des politiques monétaires est tombée dans un impasse. Leur solution de relancer l'économie par l'énorme création de masse monétaire a été un échec. Pour que cette politique de crédit presque gratuit puisse fonctionner il aurait fallu qu'il y est une demande de crédits, et il y en a pas, les entreprises ne sont plus tellement optimistes pour créer de la véritables richesses, tout le monde préfère spéculer.

Le gros problème c'est que les banques centrales ne peuvent plus reculer, si elles commencent à remonter leur taux il y a de gros risque de provoquer une grosse crise.

Énormément d' entreprises fragiles ne supporteront pas la montée des taux et feront faillite, certains pays ne pourront plus se financer, et une guerre des monnaies éclatera.

RETOUR AU NOËL 1989

Donc comme je vous disais avant ce nouveau coup de gueule tout allait très bien. Deux jours avant Noël je passe à l'agence de la Nissan pour acheter une autre petite pickup. La vieille combi n'en pouvait plus, et toute panne d'un véhicule devenait catastrophique, donc je la met en réparation.

Et en négociant cet achat, je vis en exposition la nouvelle Nissan Ikari, une petite sportive qui venait de sortir, elle était très belle, une superbe ligne.

Je leur avais déjà acheté deux véhicules, et le commercial me proposa un très bon prix.

Je pensais à Yvonne, ce serait une superbe surprise comme cadeau de Noël. Jamais elle n'avait eu une voiture neuve, ni moi non plus d'ailleurs. Le commercial, pour faire la vente me promis de me la livrer sans faute le 24 au matin. J'appris plus tard qu'il avait fait des miracles.

Pour ce Noël j'avais payé le billet d'avion à mes parents, à ma belle-mère, à Maïna et à Claudia. Ils étaient donc avec nous pour le réveillon. Roberto, qui savait du cadeau, car il m'avait accompagné à l'achat de la voiture, s'auto invita, car jamais il avait vu quelqu'un se faire offrir une voiture à Noël par surprise.

D'ailleurs moi aussi j'avais hâte de voir la réaction d'Yvonne.

Une fois que l'heure des cadeaux arrive, je donne à Yvonne une petite boîte contenant les clés de la voiture. Ça réaction...c'est la même que si je lui avais offert un simple petit bracelet. J'étais estomaqué ! Tout ça pour ça ? Roberto, déçu, part dans la seconde suivante. Tous ceux qui connaissaient la surprise étaient étonnés de sa réaction.

Mais Yvonne ne sait pas faire semblant, et elle avait vu arriver le commercial avec la voiture et moi en train de la cacher, donc elle avait eu toute la journée pour se faire à l'idée de sa voiture, d'où sa réaction, bien que moi, j'ai continué très longtemps à être vexé. Bien que le lendemain elle a essayé de se rattraper. On a fait un tour ensemble, c'était une superbe voiture.

Sur le chantier tout n'était pas rose, mais j'arrivais à surmonter les problèmes, moi qui avait été toute ma vie très calme, je commençais à piquer de drôle de colère avec mes sous traitants lorsque les choses n'étaient pas faites dans les temps et comme je voulais. Une fois, Felipe étant de visite avec sa copine Claudia, et m'ayant accompagné au chantier, Gerardo étant tout le temps dans le chantier surtout au bar, car il travaillait plutôt dans les relations publiques que comme traducteur. Je lui avais dit de s'amuser avec lui car moi j'avais trop de choses à faire. Enfin à un moment donné, lorsqu' il me cherchait, il assista à une scène où j'étais vraiment énervé, car le Palapero qui était chargé de la grande palapa était en retard et en plus ne respectait pas les mesures que je lui avez donné, et je décida de le renvoyer en l'enguelant, même si je perdais de l'argent car je lui avait donné une bonne avance. Depuis cette scène, Felipe a commenté à tout le monde que j'avais changé.

Mais ce n'est pas moi qui avait changé, c'est juste mon rôle dans la société à ce moment-là. J'étais chargé par des gens qui m'avaient donné leur confiance et je faisais tout pour ne pas les décevoir. Par exemple je continuais à traité mes travailleurs de la meme façon, j'étais incapable d'en renvoyer un seul, si quelque choses n'allaient pas, je tirais les oreilles du responsable c'est tout. J'avais renvoyé le Palapero pas comme un employé, mais comme un sous-traitant qui ne tient pas son contrat.

D'ailleurs, un exemple comme quoi que je continuais à être un mauvais patron dans le sens des règles du libéralisme. Je m'étais donné un salaire en espèces que je touchais comme tout le monde le samedi, un salaire pour avoir de quoi payer mes frais d'essence et petit plaisir etc. Et le mardi je n'avais plus un sous, plusieurs de mes ouvriers, surtout ceux qui avaient de la famille, quand il me voyait sur le chantier, se plaignaient de soucis d'argent et je finissais toujours par leur filer un billet.

D'ailleurs, comme dans ma vie, toujours sans le sous, j'avais plusieurs fois était invité au restaurant, surtout par Felipe et Gerardo. Donc maintenant que j'avais des sous, je profitais de la visite de Felipe et de sa copine Claudia, pour aller dîner dans un des restaurants français chic, et lorsque la note arriva, je la pris en charge pour moi tout seul. Payer en espèces. Et lorsque nous allâmes avec les amis de mon père dîner au restaurant Du Mexique j'ai fais de même.

Si tout allait bien dans notre chantier, ce n'était pas de même pour le reste du chantier. Moi j'avais bien commencé à respecter les temps, par exemple j'avais déjà livré le restaurant « El Rancho » à temps pour que les gens du club puisse y faire leur repas.

Pour la décoration de l'hôtel, ils avaient fait venir des E.U. un architecte, les meubles des chambres en rotin allaient être fabriqués par une grosse boîte de meubles de Mérida. Mais pour les lits, qui était en bois d'acajou, que d'ailleurs j'en avais déjà fait, si vous vous en souvenez, au début de mes travaux avec le Club. Patrice, qui je vous rappelle était chargé des habitations, ne trouvait personne pour les lui faire. Il ne s'agissait pas de les faire tous, il y en avait qui étaient en bon état et que ceux-ci il fallait juste les peindre.
Donc un jour que j'étais avec Claude, le pilote du chantier, en train d'affiner des mises à jour de la feuille de route du chantier dans les bureaux que je leur avais aménagés, Patrice me demande si je peux le tirer d'affaires et lui réparer, peindre et fabriquer des lits. Tout le monde l'écoute et le prennent pour un fou, tous sauf Bernard, le chef. Comment peut-il me donner davantage de travail lorsque quelques jours avant il avait peur que ce soit de trop.
J'avais effectivement beaucoup de travail, mais pas particulièrement en menuiserie, et je savais que c'était quelque chose de facile à gérer et donc j'accepte.
Dix jours plus tard ce fut le tour des tables du grand restaurant, c'était des tables carrées de 1.30 m. avec des gros pieds en acajou, et le dessus en marqueterie.
Patrice avait passé le contrat à un français de la capitale qui avait une entreprise de meuble, c'était d'ailleurs le père d'une élève du lycée qui avait été ma collègue.
Mais il avait dû renoncer, trop compliqué pour lui de gérer cela depuis la capitale avec des prix et des résultats contrôlés par une entreprise sur place.
Patrice me demanda également de m'en charger, et bien sûr j'accepta.
Ce n'était pas un grand nombre de tables, ici c'était également en réparer quelques-unes et en fabriquer d'autres. Je mis mes deux meilleurs menuisiers sur l'affaire, puisque c'était un travail délicat et la menuiserie dans le reste du chantier n'était pas trop compliqué. En voyant mes premières tables Claude et Bernard n'en croyaient pas leurs yeux, ils ne pensaient pas que mes employés en étaient capables. C'était du très beaux travail de marqueterie, je garderai deux tables pour moi.

Je vous ai déjà dit que la partie électrique était faite par une grosse entreprise. Mon entreprise était chargée de faire l'électricité de ma partie du chantier. Claude avait également voulu

m'enlever cette partie de mon chantier , il n'avait pas confiance en mon électricien. Bernard, Claude, et Patrice étaient très fiers des systèmes électriques français et voulaient les installer partout dans tout l'hôtel. Ils allaient faire venir de France tous les équipements de contrôles.
Et un jour il y a eu un soucis, mon électricien avait remarqué un truc pas trop catholique dans l'installation des câbles dans une tranchée. Et en avait discuté avec les ingénieurs de cette grande entreprise qui avaient fini par reconnaître leurs erreurs.
L'incident est arrivé aux oreilles de Claude, qui avait piqué une grosse colère contre cette boîte. J'appris plus tard qu'il leur avait dit : "comment c'est possible qu'une petite entreprise soit plus efficace et donne l'exemple à une entreprise qui a une telle notoriété?".
Si je vous explique cela, c'est qu'en même temps, Claude et Jean Louis me mettaient la pression, pour eux rien n'était bien fait, j'étais en retard tout le temps selon Jean Louis.
Mais je savais bien, un peu par Patrice et beaucoup par Gerardo, qui traînait tout le temps par là, que les chefs étaient plutôt contents, bien que l'on ne voulait pas me le faire savoir.
Gerardo avait vraiment un travail de luxe. Il n'avait presque rien à traduire. Claude avait fait venir sa petite amie de Paris. Une superbe haïtienne, très très belle avec un corps de rêve, et Claude avait peur qu'elle s'ennuie à traîner sur le chantier. Et comme il est occupé toute la journée, il demande à Gerardo de la promener. Donc le travail de Gerardo se résume à aller à la plage avec Carmen et la copine de Claude, faire les magasins et terminer sa soirée au bar du Club.

Toutes les semaines il y avait un rapport de l'avancement des travaux fait par mes gens, Alfonso sur le terrain et l'architecte dans les bureaux, coordonné par le personnel de l'entreprise de gestion. On facturait cet avancement et la gestionnaire du Club me payer cet avancement en enlevant le 50% de l'avance que j'avais déjà touché. Le samedi je payais mes employés et donnais à mes sous-traitants de quoi payer leur employés si l'avancement n'était pas encore contrôlé , et une fois contrôlé, je leur liquidais ce que je leur devais. Je payais les fournisseurs le mardi, après avoir vérifié leurs factures avec Pedro le lundi soir.

Bien sûr pendant tout ces travaux, je n'arrêtais pas de penser à notre maison détruite et je n'avais qu'une envie c'était de la reconstruire. J'étais allé faire un tour pour voir si on allait reconstruire le chemin. Et le gros bateau qui avait été déposé par la mer près de la jetée du port était toujours là. Il y avait un gros bulldozer qui était en train de creuser le sable autour du bateau. Le technicien de celui-ci nous dit que l'idée était de creuser pour faire rentrer la mer et remettre le bateau à flotter pour le sortir de là.
J'ai eu l'idée de lui proposer qu'une fois sa journée finie, il pourrait travailler une heure de plus à refaire les 4 kilomètres du chemin menant à Pta Brava. Il accepta contre quelques sous. Plutôt beaucoup de sous.

Je vais également réaliser un petit rêve, m'acheter une voiture sportive. Le commercial de Nissan qui m'avait déjà vendu trois véhicules vient me voir au bureau pour m'offrir, à un super prix, la voiture que j'avais offert à Yvonne mais dans un modèle encore plus sportif, avec un moteur turbo plus puissant et un toit décapotable. Je cède avec un peu de honte, car je n'en avais vraiment pas besoin, je venais d'acheter à mon beau frère Marco Antonio sa R18 Renault noire.

Très bonne voiture, bien que la couleur noire dans les tropiques ce n'est pas l'idéal. Donc me voilà avec une superbe Hicarry blanche turbot.

Je vais également acheter un terrain sur la même rue ou j'ai l'atelier, car je ne peux pas m'agrandir là où je suis, puisque les terrains d'à côté sont occupés.
Et je n'ai vraiment plus de place. La fille qui m'a vendu le terrain de la plage m'a trouvé un super terrain qui fait coin de 800 m2 au lieu des 300 m2 que j'ai pour l'instant. Ce terrain je l'achète en deux payements avec l'aval d'un notaire. Pour l'instant je n'ai pas le titre de propriété car tous ces terrains sont en phase de régulation par Fonatur, car ils appartenaient à un ejido (sorte de coopérative agricole). Mais une fois obtenu, le propriétaire doit me le faire parvenir selon le contrat signé avec le notaire.

Roberto, le copain de Gerardo et Carmen, me propose d'aller voir un terrain sur la plage à quelques kilomètres plus loin de Pto Morelos. Ce terrain, on est en train de le lui vendre.
On profite d'un repos d'un dimanche pour y aller tous, on passe presque tous les jours de repos ensemble avec mon équipe.
Le terrain est assez grand, 2500 m2. La propriété, du côté forêt vierge, est limitée par un joli mur de pierre. Le rez-de-chaussée d'une maison en pierre est en construction au milieu du terrain, elle est de forme octogonale, et à côté il y a un cenote qui a été recouvert de sable par l'ouragan, le rez-de-chaussée est également couvert de sable. Le reste de la propriété n'est que du sable, la plage est pleine de pierres, mais Roberto m'explique que c'est à cause de l'ouragan, normalement ce n'est que du sable.
Ce que je n'aime pas c'est la construction d'une maison en ciment, très moche, qui est construite juste dans la limite de la propriété en face de la mer, elle gâche toute la vue.
Il y a sur les autres lotissements deux ou trois maisons à demi détruites. Le chemin pour y arriver est en terre battue, mais ne fait qu' un peu plus d'un kilomètre depuis la route. Pto Morelos se trouve à 10 km, à peu près à 15 mn, et Playa del Carmen à une vingtaine de km. Et de Cancún on est à 48 km, à peu près 40-45 mn.
Roberto m'explique que le propriétaire est un ami à lui, c'est un avocat et a besoin d'argent. C'est pour cela qu'il la vend. Il me dit qu'il lui a déjà versé 8000 dollars, son ami en veut 100,000. Roberto attend de l'argent de la part de son frère qui doit lui envoyer d'Espagne. Il me propose qu'on l'achète entre les deux.
Moi je doute, j'ai déjà investi pas mal et c'est une grosse somme. En plus, j'ai déjà notre petite propriété de la plage. Yvonne non plus n'a pas beaucoup aimé.
Tout le monde me dit que ce n'est pas cher, que c'est une opportunité.
Roberto à la pression de son pote, qui a un besoin urgent de 20,000 dollars. Je fini par accepter et je le lui donne.

Comme je l'avais déjà indiqué auparavant, mon frère Jean-Pierre avait acheté le terrain à côté du chalet de ma mère à Tequisquiapan, là où il s'était marié. Il lui avait construit un mur en briques tout autour et une petite construction dans un coin où il avait installé l'atelier de meubles. Il avait laissé un accès direct du chalet de ma mere à la propriété.
Mon père était allé vivre avec ma mère à cette époque, car son pote qui lui prêtait la maison à Mexico l'avait vendue.

Mes parents bien sûr profitent de ce terrain. Jean-Pierre et Norma, et leur petite fille Michelle, qui était née quelque mois après Guy, passaient souvent le week-end là-bas.
Mais un jour la relation entre Norma et ma mère se dégrade, je ne me rappelle plus la raison, je crois que c'était une histoire de plante,(ma mère entretenait le jardin) mais je crois que c'était surtout l'attitude de ma mère, qui se comportait comme la propriétaire, qui déplut à Norma, mais le pire fut que dans la dispute ma mère gifla Norma. Elle avait vraiment la gifle facile ma mère. Bien sûr Jean-Pierre se mit du côté de Norma et dit à ma mère qu'il en avait marre et qu'il allait vendre le terrain et que ça lui ferait les pieds, puisqu'elle n'aurait plus accès à la propriété. Mon père se plaignit avec moi, que ma mère allait beaucoup souffrir et que lui n'avait aucun autre endroit où ranger ses affaires. Dans l'ancien atelier il avait mit tout ça, c'était surtout son tour mécanique et la table d'horlogerie de son père, plus quelques meubles.
Donc je téléphone à Jean Pierre pour savoir de quoi il s'agit, et si c'est vraiment vrai qu'il va vendre. Il m'explique tout et me confirme que c'est vraiment son intention. Je lui demande à quel prix il va vendre, et me le donne, je ne discute pas le prix et je lui dit que le lendemain il aura son argent, 60 millions de pesos, il n'en croit pas ses oreilles.

Sur le chantier je cherche toujours des solutions pour gagner du temps. Comme je vous le répète, le Club se trouve très loin de la ville. Et l'entrée de l'hôtel se trouve assez loin des habitations et construction. Donc pour manger les travailleurs doivent sortir de l'hôtel où a l'entrée se sont installés deux cantines qui vendent des repas pas cher. Et ça leur fait de la marche et de la perte de temps. Je décide donc de monter dans la cuisine de la grande palapa qui n'est pas encore refaite, une cuisine de façon que mes employés puissent y manger sans se déplacer hors de l'hôtel. Rolando mon chauffeur me trouve une bonne cuisinière avec deux de ses filles qui vont l'aider. J'achète le matériel pour faire de la cuisine et les ustensiles (cuisinières, casseroles etc.). Rolando feras les achats dans la matinée avant l'heure d'embauche, le marché alimentaire ouvre à 5 heures du matin à Cancun.
Je ferais un super prix à mes employés, bien au-dessous du coût de revient. Aux autres travailleurs, ceux de mes sous traitants, je leur fait le même prix que les cantines à l'extérieur, ce qui me permet de récupérer un peu le coût. Je perd un peu d'argent mais j'y gagne énormément en temps de travail.
La cuisinière et ses filles restent dormir sur place, comme beaucoup de travailleurs.
Cette sorte de cantine va me valoir des moqueries de la part du personnel du Club Med. Ils me disent que pas content de gagner de l'argent dans la construction avec eux, j'ai installé un restaurant cabaret, à l'intérieur du chantier, il parait que les filles de la cuisinière, le soir venu, font tarifer des services sexuels aux travailleurs!

Le chantier suit son chemin, la partie la plus importante est bien sur la grande palapa. Claude et Bernard me mettent la pression, ils veulent qu'elle soit prête pour qu'il puissent y manger pour bientôt, ils me donnent une date pour qu'elle soit prête pour un dîner.
Je vais, avec toute la pression que j'ai déjà, être obligé de faire travailler davantage mes employés. On va travailler pendant une vingtaine de jours sans journée de repos, et de 8 heures à minuit, tous mes menuisiers, moi inclus, car c'est la partie que j'avais très bien réussi la première fois, le bar, les fenêtres etc. Et je veux que ce soit encore meilleur.
Je paye une fortune en heures supplémentaires. Les samedi et les dimanches j'emmène la famille picknicker dans le chantier et mon équipe de chefs également, ils emmènent leur

copines, car aucun n'a d'enfants. A un moment donné, je vais définitivement gagner la confiance du directeur du chantier, Bernard.

On est un dimanche et il est onze heures du soir, je suis dans la grande palapa, on est en train de monter la séparation en acajou et vitres qui sépare la salle du restaurant au bar. Et je vois entrer Bernard, il me dit qu'il sortait du dîner, et qu'il a voulu se promener et a vu des lumières et il est venu voir. Je crois qu'il est étonné de nous voir travailler à cette heure tardive et surtout un dimanche. Et en plus, que moi, le patron, y soit présent. En partant il me fait part d'un petit bravo. Je ne sais pas pourquoi ils sont tellement réticents à m'encourager. On dirait qu'ils ont peur que je ne m'implique pas autant.

Reconstruction de la grande palapa

Un problème va surgir. Comme je l'ai déjà expliqué, les paiements se faisaient selon l'avancement des travaux contrôlés par une entreprise de gestion, et on m'enlevait le % de l'avancement.

Un vendredi, jour de paye, lorsque je suis à l'atelier je reçois un appel radio de mon architecte qui se charge de nous faire payer. Il m'annonce qu'il n'y a plus de chèque pour moi car on a dépassé le devis initial. Je n'en crois pas mes oreilles et lui dit de leur demander de payer les factures autorisées par l'entreprise et que j'irai parler avec eux plus tard. Il me répond qu'ils ne veulent rien savoir. Je lui demande de me passer par radio Jean Louis qui est chargé de notre chantier. Qui une fois mit en contact me confirme qu'il n'y auras pas un sous car j'ai dépassé le devis

Je suis furieux, et je lui dis que je pars à l'instant pour le Club. Il m'attend au abord de la grande palapa, avec son petit aire que c'est lui le patron. Il veut me parler et je l'envoie se faire foutre, il ne s'y attendait pas du tout. Je lui dit que ce n'est pas avec lui que je veux parler, sinon avec le chef. Je rentre furieux dans les bureaux, je dis à mes gens d'attendre dehors. Bernard n'est pas là, il y a Claude, le pilote de chantier, Patrice, Jean Louis, et le directeur de l'entreprise gestionnaire avec son personnel.

Je suis vraiment furieux et je m'adresse directement à Claude qui est le chef et lui demande avec un ton très ferme pourquoi je n'ai pas mes sous? Même Réponse, j'ai dépassé le devis. Alors je commence à lui énumérer plusieurs travaux qu'ils ont demandé en cours de route et qui n'étaient pas inclus dans le devis, comme des lampes que Jean-Louis vient de commander à mon électricien, comme la longueur d'un mur de pierre du côté de la lagune qu'ils viennent de me demander de prolonger, comme les lumières au bout du grand ponton qui n'étaient pas prévus etc, en plus de la variation des prix qui ont étés ajustés par l'entrepris. Il me répond que c'est à moi de les chiffrer, je lui dit que c'est eux qui m'ont imposé de travailler avec cette entreprise gestionnaire, que c'est leur règles pas les miennes, que j'ai trois personnes qui travaillent à temps plein pour pouvoir facturer selon leurs règles. Donc si c'est comme cela, je n'obéirais plus à leur demande tant que ce n'est autorisé par l'entreprise gestionnaire. A ce moment ils commencent à comprendre qu'ils ont fait une connerie et demande leur avis à la gestionnaire qui me donne raison, et leur explique qu'ils sont là justement pour cela.

Il faut qu'il comprennent que le chantier qu'il m'ont donné est sans plans, et que tout ce fait au fur et à mesure, pas comme dans les bâtiments qui on résisté.

Claude me dit qu'il voudrait que je lui refasse une autre estimation, je lui répond que je n'est pas le temps, où on oublie l'entreprise gestionnaire, et on travail qu'avec des devis, où on continue simplement comme on était. Et que j'ai besoin immédiatement d'argent pour payer les salaires. Je fais rentrer l'architecte pour qu'il leur donne la quantité.

Les choses s'arrangent, on donne les ordres pour le chèque et de mon côté pour tranquilliser un peu Claude je lui donne une quantité approximative de ce qui manque pour terminer.

Un autre petit détail dont je suis très fier. C'est le moment où ils envoient l'architecte américain, qui décide de toute la nouvelle décoration de l'hôtel, vérifier la décoration et l'aménagement que je suis en train de faire dans la grande palapa.

Il fait un tour dans tout le chantier avec Bernard, Claude, Patrice et Jean Louis. Une fois qu'il est parti, Je m'attendais à ce que Jean Louis revienne avec une longue liste de changements et de recommandations, mais c'est Patrice qui revient, et qui me dit que l'architecte n'a rien trouvé à redire. Il est content de notre réussite, c'est un peu grâce à lui que je travaille pour eux, je suis un peu sa découverte.

Le jour est venu où ils vont utiliser la grande palapa. Pour nous tout est prêt.
Mais ça va être la catastrophe!
Au moment où le chef de la cuisine arrive à vérifier les réchauds, au moment d'essayer de les allumer il trouve des fuites, et rien ne marche de l'installation de gaz.
Roberto était pourtant chargé de cette partie des travaux, le plombier qu' il a embauché est complètement perdu. Je file chercher le plombier qui n'avait pas voulu travailler avec nous car le travail était très peu important . J'ai du mal à le convaincre

mais il accepte de nous aider. Je l'emmène en vitesse au Club.

Le problème c'était que le plombier de Roberto était juste un plombier habitué à des petits travaux domestiques, pas à des cuisines industrielles. Il n'avait installé aucun régulateur pour les différents réseaux et sorties de gaz, d'où les différentes pressions incontrôlées.

Je me fais passer un savon par Jean Louis, trop content de m'avoir trouvé une erreur. Le pire c'est qu'il me le passe en présence de Roberto, qui au lieu de reconnaître en face de Jean Louis que c'est une erreur à lui, il reste silencieux. De mon côté, bien sûr je ne vais pas l'engueuler à ce moment , car c'est à moi en tant que chef que revient toute responsabilité. Mais qu'est-ce que je lui en veut, et je lui fait bien savoir après.

Les vacances de Pâques approchent, nous on a presque fini, il nous reste quelques détails à finir, et le grand ponton à terminer. C'est une énorme quantité de bois nécessaire pour ce ponton et à cause de l'ouragan ça n'a pas été facile à trouver.

Je commence à être très fatigué, et je ne supporte plus mon superviseur Jean Louis. Comme on se moque de lui, ses collègues l'appelle l'inspecteur des travaux finis, car il a pour ainsi dire plus rien à me superviser. Et d'un autre côté il ne peut pas se vanter d'avoir fini avant les autres, car lorsqu'il a essayé, on lui a réfuté que c'était juste parce qu'il avait eu la chance de m'avoir comme entrepreneur, donc il me cherche des puces.

Les chefs veulent me voir en urgence un matin lorsque que je suis en train de discuter avec lui de certains détails, et comme je me prépare à y aller, il me dit que l'on a pas fini et que je me trompe si je pense que mon chantier est fini. Et là je m'énerve. Je m'étonne moi-même. Je lui dit d'arrêter de me faire chier, qu'il cherche à s'occuper d' autre chose, que je ne supporte plus sa pression inutile. Et je pars voir ce que me veulent les autres. Je sais qu'il va me le faire payer mais je n'en pouvais plus.

J'arrive au bureau. Je suis le seul à avoir pour ainsi dire fini, et ils me demandent si je peux les aider. Coyser a beaucoup de retard dans les chambres, et ils me demandent si je peux me charger de finir deux bâtiments, une cinquantaine de chambres.

Il s'agit de la peinture des chambres en 5 couleurs différentes , poncer et repeindre les portes et placard, et le nettoyage complet de tout.

Il leur faut juste la main d'œuvre, la peinture, le vernis, etc. sont déjà sur place. Ils veulent que ce soit fait en une semaine. D'abord je refuse d'enlever du travail aux autres entreprises, mais ils disent que Coyser est d'accord. Donc a cause de l'urgence on va travailler en administration, c'est-à-dire que je vais me faire payer juste le salaire net des travailleurs plus 30%.

Je leur dit que c'est possible seulement s'ils sont prêts à payer le triple salaire, car c'est la semaine sainte au Mexique et c'est la seule semaine au Mexique où personne ne travaille. C'est une semaine sacrée pour la plupart des mexicains. Bien sûr ils acceptent, ils n'ont plus le choix.

Réunion en vitesse avec mon équipe. Je demande à Mario, le frère de Milton qui est chargé de la peinture dans notre chantier, s'il peut trouver plus de monde, s'il peut faire venir ses potes de Tizimín qui vont sûrement être en vacances cette semaine pour se faire quelques sous. Alonso va s'occuper, avec du personnel à nous, des portes et des placards. Roberto s'occupera de la liaison avec le personnel du Club, et comme d'habitude c'est à mon architecte de superviser le nombre de travailleurs, et les salaires pour nous faire payer.

Je demande à Rolando de chercher des travailleurs là où les chômeurs se pointent à la recherche d'un travail pour la journée. Il nous faut du personnel pour le nettoyage. Mais il va faire mieux, puisqu'il ne trouve pas de travailleurs journaliers à cause de la semaine sainte, sous le conseil d'une travailleuse du sexe, il va aller chercher d'autres travailleuses du sexe au grand cabaret de la ville. Ces dames sont un peu au chômage cette semaine, car le mexicain étant très catholique, il se comporte un peu plus convenablement durant cette semaine. Donc un bon petit salaire pour une semaine de nettoyage c'est intéressant. En plus pour le nettoyage il n'y a rien de mieux. Je vais encore me faire traiter de gigolo par les gens du Club lorsqu'ils vont voir toutes ces filles, bien maquillées et en mini jupe, faire le nettoyage. Elles vont très bien travailler et ma réputation de gigolo restera pour longtemps.

On a réussi à monter l'équipe durant le week-end. Les copains de Mario sont venus en nombre, mes employés vernisseurs sont contents de travailler avec un salaire triplé, et l'équipe des filles pour le nettoyage est assez nombreuse.

On va bien sûr réussir, et le Club Med pour la première fois, plutôt les chefs du chantier vont me féliciter et féliciter mon équipe. Je n'ai pas aimé du tout qu'ils félicitent Roberto, car il n'y était presque pour rien, tandis que c'est Mario qui a très bien géré son personnel de peinture, car c'était la partie la plus importante, gérer la peinture à cinq couleurs pour chaque chambre sans erreur ce n'est pas facil.

Mais en même temps , durant cette semaine, mon frère Jean-Pierre et sa famille vont venir nous rendre visite. Depuis que l'on a acheté la propriété de Playa del Secreto, j'ai mis du personnel à travailler pour la rendre habitable. La partie d'en bas est déjà presque prête, avec une chambre, une salle de bain, une petite cuisine et une salle à manger et salon. L'eau provient d'un puits avec eau non potable et l'électricité avec mon groupe électrogène.

Mon frère vient avec son beau frère et la femme de celui-ci et un jeune cousin de Norma. Ils sont venus en voiture, celle du beau frère. Il y a également Norma, Michelle et le petit Didier qui a un an et demi, Norma est enceinte de deux ou trois mois de leur troisième enfant.

Donc une partie campe en face de la maison, les autres s'entassent dans la chambre d'en bas et dans le salon. Moi je dors dans une des chambres en haut, qui ne sont pas fini, qui n'ont ni porte ni fenêtres et personne veut y dormir à cause des moustiques.

Pendant la journée je suis au chantier mais je rentre le soir avec eux à la maison de la plage. Mais je ne me sens pas du tout à l'aise. Depuis septembre, le lendemain de l'ouragan, jusqu'à ce mois de début avril, c'est-à-dire près de 6 mois, je suis sous tension, je ne pense qu'au chantier et à ne pas rater ce à quoi je me suis engagé. Avec mes enfants et Yvonne ça va, je m'occupe d'eux, tout naturellement je les ai dans la peau, avec mon équipe avec qui je passe les jours de repos pas de soucis ils font partie du projet.

Mais avec mon frère, sa famille et sa famille politique, je me sens bloqué. C'est drôle, je n'arrive pas pour ainsi dire à communiquer, ni à m'amuser avec eux. J'ai l'impression d'être avec des étrangers qui parlent une autre langue. Je suis très mal à l'aise, pourtant j'ai tout pour être heureux et je pourrais le montrer. Mais je n'arrive pas à débloquer.

Trois ou quatre jours avant la fin de cette semaine sainte, ils décident d'aller un soir dans une discothèque de Cancún. Yvonne et moi, nous n' avons pas tellement envie. Donc les seuls qui iront à cette soirée seront mon frère, Norma, son frère, sa belle sœur et son cousin, ils prendront la voiture du frère.

Nous, nous restons avec les enfants.

Il fait jour très tôt à Cancún, car on vit à l'horaire du faisceau de Mexico au lieu de celui de Miami. Je me réveille vers 5 heures du matin et il commence à faire jour. Je remarque qu'ils ne sont pas encore rentrés. Je ne m'inquiète pas encore car c'est très habituel de sortir au petit matin de ces boîtes de nuit. Mais vers 6 heures je commence à m'inquiéter, je ne sais que faire et je peste de que ma radio VHS ne reçoive pas le signal jusqu'à la maison de Secreto. Vers 6 1/2 arrive un taxi et en descend le cousin de Norma. Il m'annonce d'un coup qu'ils ont eu un accident et que c'est grave. Ils sont tous à l'hôpital, sauf lui et le frère qui conduisait. Je réveille discrètement Yvonne et lui fait part de l'accident sans lui dire de la gravité et lui dit que j'y vais en vitesse et que je vais envoyer quelqu'un la chercher avec les enfants.

Je pars en vitesse avec le cousin, et en chemin il commence à me raconter ce qui c'est passé. En sortant de la zone hôtelière de Cancún par le sud, il y a un croisement où débouche la petite route qui vient des hôtels sur la route principale de Cancún. Ce croisement est très mal signalé, surtout de nuit,(l'accident a eu lieu vers 4 1/2) et si on le connaît pas c'est très dangereux. Il paraît qu'il n'a pas vu qu'il arrivait sur le croisement et a traversé la grande route sans voir, juste au moment où un autobus arrivait et qui les a pris de plein fouet. Il ne sait pas très bien dans quel état sont les autres, sauf que Norma est inconsciente. On est à peu près à une demi-heure de ce croisement, je ne sais que penser mais je ne veux pas croire au pire. Dix minutes avant d'arriver je rentre en contact par radio avec Roberto qui est déjà sur place. La police a téléphoné chez moi et Claudia, ma belle sœur, et Mario sont allés le chercher. Il est avec le beau frère et m'attend mais ne me dit pas plus.

Lorsque j'arrive sur les lieux et que je vois le véhicule, je me demande comment quelqu'un en a pu sortir vivant. Le beau-frère n'a que quelques coupures au visage. La première chose qu'il me dit c'est pardon. Puis lui et Roberto m'annoncent que Norma et mon frère sont gravement blessés et qu'ils se trouvent à l'hôpital de Cancun.

Je sens mon monde s'écrouler. Je file, toujours avec le cousin, à l'hôpital.

Je rentre bien sûr par les urgences et je demande à l'accueil pour mon frère et sa femme, il font venir en vitesse le médecin qui les a soignés. Il m'annonce que pour mon frère tout est ok, sauf plusieurs coups, des coupures et qu'il devra porter un corset plusieurs jours, mais que pour Norma c'est très grave. Elle est dans le comas et ils ont dû l'envoyer vers Mérida, car il faut lui faire passer en vitesse un scanner du cerveau et a Cancún il n'y a pas d'équipement. L'ambulance est partie depuis une heure.

Je rentre à la maison prendre une douche, je demande à Claudia de préparer des vêtements pour moi, mais également pour mon frère. On cherche des vêtements pour le cousin aussi et on prend un petit déjeuner en vitesse. Mes employés du bureau commencent à arriver, je prends des sous et je pars avec le cousin vers Mérida, je commence à donner des instructions par radio à toute mon équipe, je mets de l'ordre dans la hiérarchie car je les entends par radio se disputer sur les priorités.

Normalement, il faut a une voiture trois heures et demie pour arriver à Mérida. Mais avec ma petite voiture sportive turbo je vais faire 2 heures 40. Heureusement pour le cousin il a dormi pendant tout le voyage, sur ces petites routes je poussais des pointes à 180 km/h.
Je vais arriver à l'hôpital en même temps que l'ambulance. Lorsque que je rentre à l'accueil, mon frère commence à peine à montrer sa carte avec ses droits de l'assurance sociale.

Tout juste sortie Norma de l'ambulance, on la monte sur une autre pour l'emmener au laboratoire où ils ont l'appareil. Elle est sur une civière et à l'air de dormir tranquillement, elle n'a aucune marque sur le visage. On la suit partout avec notre voiture, et de retour à l'hôpital on la place au service de soins intensifs, et on dit à mon frère qu'il pourra la voir dans l'après-midi. Je profite pour aller prendre une chambre à l'hôtel où je descends d'habitude avec la famille, pour que mon frère puisse prendre une douche et se changer, il a encore les habits plein de sang. On mange au restaurant de l'hôtel puis on retourne à l'hôpital.
Bien sûr, comme Norma est dans le service de soins intensifs, il n'y a que Jean-Pierre qui peut passer la voir après s'être équipé correctement d'une blouse stérile.
Les médecins lui annoncent qu'elle a reçu un coup très fort à la tête qui a gonflé son cerveau ce qui a provoqué le coma. Pour l'instant elle est stabilisée. Mais on ne sait pas comment ça va évoluer. Elle peut sortir du comas dans trois jours comme dans deux semaines ou dans plusieurs mois. Pour l'instant la tomographie n'a pas montré de dégâts dans le cerveau, c'est la bonne nouvelle.
On rentre à l'hôtel et on commence une série d'appels. Il faut téléphoner à toute la famille pour tranquilliser tout le monde. Mes chauffeurs ont récupéré toute la famille à Playa del Secreto. Le frère de Norma et sa femme sont également à la maison, celles si est sortie de l'hôpital, elle a des coups et une coupure au visage qui risque de laisser des traces.
Mon frère doit prendre une décision, l'hôpital de Mérida ou ce trouve Norma à très bonne réputation et on sait qu'elle sera bien soignée. Mais le problème c'est que Jean-Pierre ne peut pas laisser son travail, pas question non plus qu'elle reste seule, et faire venir de la famille c'est compliqué. Nous non plus on ne peut pas s'en charger, Cancún est trop loin. L'autre solution c'est de transporter Norma à Mexico. C'est ce que veut toute sa famille. Jean-Pierre a une assurance et va essayer de la faire valoir pour qu'une ambulance aérienne vienne la chercher. Il faut également trouver un moyen de rapatrier tout le monde à Mexico, le problème c'est que c'est la semaine sainte et tous les transports son plein, avions, bus etc.
Je charge l' équipe de mon bureau pour s'en charger.
Les médecins de Mérida ne sont pas d'accord pour le transport, ils disent qu'il y a un risque à cause des différentes pressions. Mais bien sûr ils ne peuvent s'opposer à la décision de mon frère.
Après une journée et demie d'appels et de négociations, la décision est prise, une ambulance aérienne transportera Norma et mon frère dimanche matin pour Mexico, et elle sera admise dans un hôpital où travaille un grand neurologue mexicain.
Pour le reste de la famille on leur a trouvé un vol dans la soirée depuis Mérida vers Mexico. Rolando mon chauffeur va les transporter dans la combi de Cancún à Mérida . Le cousin va rester à l'hôtel pour les attendre. Je lui laisse les billets d'avion, lesquels je suis allé chercher et payer dans une agence de voyage. J'attends que Norma et Jean-Pierre soit monter dans l'ambulance pour partir a mon tour de retour à Cancún et je lui file de l'argent en espèces à

mon frère pour qu'il puisse s'en sortir en arrivant car il va avoir des frais. Sur la route je croise ma combi avec la famille et je la fais arrêter pour dire au revoir à la famille. Le frère de Norma est très désolé de ce qui est arrivé, comme je sais qu'ils n'ont pas d'argent, je lui file également des sous. je me sens bien d'aider, ça ne m'arrivait pas souvent. D'ailleurs je pense que dans la tragédie qui leur est arrivé, ils ont eu du pot que je sois dans une période avec des possibilités financières et d'organisation.

Lorsque j'arrive à Cancún, je pense que tout est réglé, mais j'apprend que peu de temps après les avoir croisés, le moteur de la combi a prix feu, heureusement ils ont réussi à l'éteindre et les passagers, après avoir trouvé un autre transport, je ne me rappelle plus lequel, ont réussi à trouver le cousin avec les billets et arriver à temps pour prendre l'avion.

Norma va rester deux mois dans le comas, ça va être une période très difficile pour Jean-Pierre. Pour que les médecins puissent bien soigner Norma, ils vont demander la permission à mon frère pour la faire avorter. Mon frère ne va pas hésiter bien sûr, mais il va se faire critiquer très sévèrement par sa belle famille.

Retour au boulot. Cette tragédie a fait que je réussisse à me sortir un moment de la tête ce Chantier.

D'ailleurs il arrive à sa fin, de mon côté j'ai presque tout fini. Je n'ai que du personnel sur le grand ponton qui n'est pas dans ma fiche de paye, ils sont sous contrat.

Mon Palapero est en train de reconstruire ma petite cabane de Pta Brava, j'ai plusieurs de mes menuisiers qui travaillent sur la maison de Playa del Secreto. Mon électricien travaille sur les nouveaux lampadaires extérieurs de l'hôtel. Les peintres sont dans des détails. Les lits et les tables sont livrés.

Bernard me demande plusieurs détails de dernière minute. Surtout deux qui ne sont pas du tout des détails. Juste deux ou trois jours avant l'inauguration, il veut un passe main en bois pour l'escalier en colimaçon qui monte vers le grand restaurant. Pas facile à faire car tout est en courbe et il le veut en bois précieux. Je dois y mettre deux de mes meilleurs menuisiers qui y travaillent toute la nuit. Et l'autre « détail » qu'il me demande, c'est de défaire un ponton qui traverse une partie de la lagune qui uni la piscine à un des bâtiments, celui-ci avait été construit par Fonatur pour faciliter le passage lors des travaux sur un autre bâtiment. Mais il n'était plus nécessaire, il fait au moins 100 m de long. Et Bernard voulait éviter de devoir faire la demande à Fonatur pour l'enlever. Donc il me demande de le démonter et avec le bois obtenu faire trois petits pontons au-dessus du grand restaurant pour attacher les vedettes rapides du Ski nautique.

Mais pour que Fonatur ne puisse si opposé, il veut que je le fasse en une nuit. Pour que les ingénieurs se trouvent sur le fait accompli. Heureusement que j'ai toute l'équipe qui vient de terminer le grand ponton. Et en leur promettant une bonne récompense j'arrive à convaincre leur chef. Et ils vont réussir cet exploit. On commence vers 5 heures de l'après-midi lorsque les ingénieurs sont partis, et on finit vers 10 heures du matin. Et là je suis vraiment claqué, je n'en peux plus.

Pendant ce temps le chemin à la maison de Pta Brava a été terminé, profitant d'un dimanche de repos nous l'avons tous essayé avec plusieurs véhicules, car il y avait des passages assez difficiles avec du sable ou on s'enlisait facilement. On réussit à arriver jusqu'à la maison,

ou plutôt les ruines de la maison. Une fois sur place, je me rends compte que les pêcheurs, par la mer, m'avaient piqué pas mal de choses, surtout du bois.
Mais comme je l'ai dit auparavant, mon Palapero avait recommencé à la reconstruire.

Du côté de la maison de Playa del Secreto les maçons avaient fini le deuxième étage et mes menuisiers finissaient portes et fenêtres. Je laissai un maçon et son aide finir de terminer le mur de pierre pour entourer la propriété. Les pierres, il fallait les transporter de Pta Brava, ou il y en avait de très belles, à Secreto, ou il n'en restait presque pas, sauf à les prendre d'un reste de ruines Maya, ce qu'avait fait l'ancien propriétaire.
Roberto ne recevait pas son argent d'Espagne. Donc comme le propriétaire avait besoin d'argent je fini par payer le nécessaire pour compléter le 50 % du prix.
Comme Roberto disait qu'il allait recevoir le reste des sous pour payer son 50%.
Le contrat d'achat fut fait au nom de tous les deux. Étant un très bon ami de Gerardo et Carmen, j'avais confiance. Je ne le savais pas à ce moment-là , mais j'avais commis une énorme erreur.

On n'avait pas eu le temps d'aller passer un week-end à notre petite cabane de Kikil.
Comme les vaches que l'on avait acheté ne tombaient pas enceinte, selon le père de Mario c'était la faute de notre taureau, moi j'en doutais car il y avait eu deux naissances je décide donc avec Mario que ce serait plus rentable d'acheter des veaux et de les faire grossir.
Avec du pâturage plus de l'alimentation. Mais pour cela il fallait investir. Donc je pars avec les enfants un samedi, pour faire un aller retour jusqu'à Kikil, emmener l'argent et tout mettre en place pour aménager l'enclos etc.

L'enclos avec les vaches avant
Investissement

L'enclos après investissement avec les veaux

Claudia, ma belle sœur, était restée habiter avec nous après Noël, elle m'aidait un peu pour vérifier les factures, ça me permettait de lui payer un salaire, mais elle aidait plutôt Yvonne pour les courses de la maison.
Ce qui me faisait plaisir, c'est qu'elle avait commencé à sortir avec Mario le frère de Milton, c'était un mec très bien . Et comme ma belle famille était plutôt raciste je crevais d'envie de leur annoncer. Dommage que Yvonne ne me laissa jamais faire.

À cette époque, l'importation de voitures était interdite au Mexique. Mais ils venaient d'autoriser l'importation de Pickup pour les paysans. Aux US les véhicules d'occasion sont très bon marché. Mon neveu Luis Antonio, le fils aîné de ma sœur, avait réussi à en importer une avec un faux permis d'une coopérative paysanne (viva Mexico).
Et il voulait me la vendre. J'en avais vraiment pas besoin, j'avais déjà, avec les véhicules persos et ceux de mon entreprise, 10 véhicules. Mais j'acceptais de lui acheter pour l'aider, et comme c'était une 4X4 elle pourrait nous être utile pour la plage.

La pickup 4x4 lors d'une promenade avec les enfants et les chiens
Sur une plage déserte

La maison de Playa del Secreto était parfaitement habitable maintenant, donc Roberto pour pas payer de loyer y allá y habiter. Il occupe une des chambres supérieures, et nous, pour y passer les week-ends, la chambre d'en bas pour Yvonne et moi et les enfants dans l'autre chambre du premier étage. J'installais comme gardien, dans une petite cabane dans le terrain derrière la propriété, le frère d'un de mes chauffeurs avec sa famille, sa femme et ses deux enfants. On y allait presque tous les week-ends.

CHAPITRE XXXIV
Après le sommet ...le déclin?

Le chantier du Club Med se terminait. Les touristes arrivaient dans quelques jours.
Les chefs des 5 entreprises qui y ont participé étaient convoqués pour la liquidation des travaux. De mon côté, mon architecte, celui qui était chargé des prix et des factures avec l'entreprise gestionnaire, était parti chez ses parents à Cuernavaca pour préparer son mariage. Je vous rappelle qu'il était de famille très riche. Je lui avais pour l'instant donné que la moitié de sa prime promise.

A la convocation on passe un par un. Et on reçoit chacun sa petite surprise. Le Club Med nous informe qu'il ne peut payer le montant final validé par l'entreprise gestionnaire, que Fonatur ne l'a pas autorisé. Je m'y attendais un peu car les ingénieurs de Fonatur, bien qu'ils n'étaient pas dans la confidence des grands patrons, savaient que lors du passage du chantier au Club Med, ceux-ci avaient donné une limite à ne pas dépasser. Claude veut revoir des prix avec moi, je ne suis pas d'accord, on avait décidé de passer par cette entreprise gestionnaire et il fallait s'en tenir. Il me donne comme exemple le prix que j'ai demandé pour le passe main en bois d'acajou. Il dit que c'est impossible que l'ouvrage est utilisé la quantité de bois que j'ai mis dans le détail du prix, ainsi que le prix de la main d'œuvre. Je lui explique que le passe main est en courbe , et que le bois ne se torde pas, donc il faut découper en courbe sur un gros morceau de bois avec comme résultat beaucoup de chute. Et le prix de la main d'œuvre est dû à la demande de dernière minute qui a obligé à mes menuisiers à travailler toute la nuit donc payé en heures supplémentaires. Je me rends compte que c'est une excuse, et qu'il cherche au hasard, il trouve tout trop cher. Je leur dit que s'ils sont si satisfaits de mon travail c'est parce que j'ai très bien payé mon personnel en salaire et en prime. Donc cette réussite a un prix.
 Je n'ai pas à mon côté mon architecte qui a négocié les prix, donc je ne peux offrir de réviser et de justifier encore une fois les prix. D'ailleurs je suis sûr que ce serait inutile.
Bernard me donne la quantité qu'il est autorisé à me payer et si j'accepte il me donne immédiatement le chèque. Sinon on se verra au tribunal. J'ai trois jours pour me décider, c'est le même délai qu'il a donné aux autres patrons. J'ai également plusieurs factures à faire passer, mais directement au Club Med car il s'agit de plusieurs demandes de la partie opérative de l'hôtel qui est du ressort du Club. Bernard me donne rendez-vous le lendemain pour les vérifier et les régler.

Je suis dans la merde. Le lendemain, je vois juste Bernard dans le bureau de celle qui fait les chèques. Je lui passe les factures, il y en a une quinzaine . Il commence à les vérifier une par une, et me demande des explications pour chacune. Je lui donne toutes les explications du donneur d'ordre et du montant. A la cinquième, il arrête et me demande de reconnaître que j'ai gagné beaucoup d'argent dans l'affaire.
Il sait que j'ai acheté une belle propriété au bord de mer et une voiture sportive. Gerardo les a emmené voir la maison de Playa del Secreto. Je n'en crois pas mes oreilles. Donc il décide de m'enlever 20% sur le total de ces factures. Et ne veut rien entendre de mes explications et donne l'ordre de me faire le chèque pour cette quantité. Je ne proteste même pas, tellement je suis choqué et étonné que Gerardo ait fait ça.
Le délai terminé on est de nouveau convoqué. Tous les autres patrons ont cédé. Ce sont tous de grosses boîtes qui travaillent pour le gouvernement, donc ils préfèrent éviter un procès, sauf l'entreprise Coyser, qui avait le plus gros contrat, décide de les poursuivre en justice. Ils me font passer en dernier. Et ils me reçoivent avec un gros sourire en disant qu'ils ont réservé pour la fin la meilleure des entreprises. Je sais que je ne peux pas aller en justice, j'ai trop dépensé et je n'ai pas d'argent pour financer un procès, même si j'ai beaucoup de chance de gagner. Je vais essayer de toutes façons de gagner un peu plus de ce qu'ils offrent. J'insiste que si j'ai pu réussir si bien dans les temps, c'est qu'il y a eu un coût supplémentaire. Eux de leur côté me refont le coup de la propriété de la plage, ce qui implique donc que j' ai obtenu un grand bénéfice.

Puis le fait qu'ils sont très contents avec mon travail, sur ce chantier et sur tous les autres, implique qu'ils me garderont toujours comme fournisseur. Surtout ils me promettent, si j'accepte leur offre, de me prendre comme première option pour la construction d'un nouvel hôtel qu'ils pensent construire sur la Riviera Maya. Ils sont déjà à la recherche d'un terrain. C'est surtout cette promesse qui va finir par me convaincre. Et le fait aussi que les autres entreprises ont cédé, entreprises plus grandes et expertes dans ce type de contrat. Car je sais bien sûr, que pour l'instant il n'y aura plus de gros travaux sur cet hôtel. Donc je signe la fin du contrat, avec le refus des deux parties d'avoir recours à la justice et la conclusion satisfaite pour tout le monde.

C'est un gros coup pour moi, je pensais sortir de ce contrat avec une grande marche financière. Le total des contrats a dépassé légèrement le million de dollars, la coupure sur le solde est de presque 100,000 dollars. Je pensais ressortir avec un bénéfice de plus de 30 % je n' arrive pas à 25 %. Ce n'est pas une mauvaise affaire, ça non, en 5 mois je me suis fait presque 250,000 dollars!
Une grande partie est partie sur la villa de Playa del Secreto 92,000 dollars car Roberto n'a jamais reçu sa soit disante participation.
J'ai également prêté de l'argent à mon frère.
Je voulais faire un voyage en France avec toute la famille pour le deuxième centenaires de la révolution française, j'avais déjà fait faire les passeports de tous.
J'annule ce voyage. Mais je ne veux pas punir Yvonne qui voulait faire un voyage, et on décide de passer 4 jours à la Nouvelle Orléans. J'en mourrai d'envie.

La première soirée en arrivant fut superbe, on dîna dans un très bon restaurant très chic et délicieux, puis ensuite nous somme allés finir la soirée dans un bar où jouait un quartet de jazz. Moi j'y aurais bien passé toute la nuit, puisque j'étais déjà bien servi en whisky, mais Yvonne n'étant pas aussi " joyeuse " que moi, nous rentrâmes à l'hôtel plus tôt que ce que j'aurais voulu.
L'hôtel étant en plein "French quarter" nous pouvions tout faire à pied, donc le lendemain nous nous sommes promenés dans tout ce vieux quartier. Dans le marché aux puces j'ai acheté de superbes figurines de la Côte d'Ivoire, puis on a fini dans un bistrot. De l'autre côté de la rue, un groupe de jazz jouait du jazz classique. On nous sert une montagne de Crawfischs (écrevisses) bien épicées! Délicieuses, puis des huîtres. Tout ça avec un, ou plutôt, plusieurs whisky pour moi, et du blanc pour Yvonne. Ça faisait longtemps que je ne me sentais pas aussi bien. Bonne bouffe, délicieux whisky, très bonne musique et ambiance années quarante, en plus de la compagnie d'Yvonne.
Le lendemain, tout change avec l'arrivée de Felipe et de Claudia. Il m'avait prévenu qu'il essayerait de nous joindre, lorsque je lui avais annoncé notre voyage. J'aimais bien Felipe, mais ce n'était pas ce que je voulais, je voulais profiter d'être seul avec Yvonne. Donc ce voyage se transforma en visite des Malls et des boutiques, pour Yvonne et Claudia, et pour moi ce fut picoler avec Felipe. Mais le soir le dîner fut très sympa, on nous avait recommandé un excellent restaurant de viande et la soirée fut superbe.
La dernière journée, car ils sont partis assez rapidement, nous reprenons notre voyage comme nous l'avions voulu, des promenades dans le vieux quartier et un dîner simple.

Il y avait un de mes projets que je voulais pas abandonner, c'était celui de construire des bureaux derrière la maison de Cancún. L'atelier de rotin n'avait plus lieu d'être. Il n' y aurait plus de grand contrat pour retaper des meubles puisque tous les hôtels avaient profité de cette catastrophe pour rénover leur mobilier. Les anciens employés de Jean-Pierre qui travaillaient très bien le rotin étaient retournés à Tequisquiapan. Les machines et le reste de travailleurs de rotin je les fît installer à l'atelier de menuiserie.

Après avoir fait les plans et obtenu le permis de construire, je charge Alfonso de la construction. Comme les grandes vacances des enfants arrivent, je décide que l'on va faire un tour avec la combi à Mexico visiter la famille et de retour on va visiter l'État de Oaxaca.

Yvonne et moi avions également décidé de chercher notre troisième enfant, une fille était notre ambition. Nous commençons le voyage directement vers Mexico, pour passer quelques jours avec ma belle famille.

Mon frère Patrick et ma cousine Patricia (qui était la fille de ma tante Yvonne et de Turpin le chirurgien) étaient en train d'organiser une grande réunion de tout les descendants des frères Émile et Eugène Fautsch. Et ils avaient choisis Tequisquiapan, la fête se ferait dans le terrain que je venais d'acheter à mon frère.

On décida donc d'attendre la date de cette réunion avant de faire notre voyage à Oaxaca.

Je n'ai jamais aimé la famille de mon père, la plupart était de sale facho catholique, raciste anticommuniste etc. Mais j'étais content de retrouver mon cousin Jorge que l'on appelait Jojo. C'était celui avec qui Jean-Pierre et moi on s'entendait le plus lorsque l'on était petits. Leur père, mon oncle Jeannot, était décédé assez jeune. A 55 ans, d'une pneumonie attrapé à l'hôpital lorsqu'il était soigné d'un problème circulatoire des jambes. Il avait laissé sa famille avec un petit atelier de bâches pour camions, affaire que Jojo avait reprise puisqu'il n'avait pas fait d'études. C'était le seul cousin sans le sous, c'est peut-être pour cela qu'il était sympa. Son père était le seul à avoir épousé une femme sans le sous. Une petite française d'origine juive qui avait perdu sa famille dans les camps de concentration, sauf sa mère qui habitait chez eux. Tous les autres avaient épousé des conjoints avec de l'argent, pas des supers riches mais des familles aisées. Je vous rappelle que mon père ne fut pas l'exception.

Mais de tout mes cousins, seulement les premiers enfants de ma tante Yvonne, ceux de ma tante Clara et nous-mêmes, avions une éducation dans la langue de Molière. Aucun des descendants du frère de mon grand-père, Eugène ne parlera Français, il se mariera deux fois avec des mexicaines.

Les autres cousins que j'aimais bien c'était justement les enfants de la tante Clara, Richard et Jean-Pierre, car je les avais beaucoup traités au lycée. Mais ils ne furent pas présents à cette réunion.

Le lendemain de la réunion nous partîmes vers Cuautla pour visiter la famille du père d'Yvonne. Nous avons passé la journée avec sa grande mère, qui était une petite dame assez âgée mais très indépendante, elle habitait très humblement une petite maison avec une grande cour, élevait des poules et un ou deux porcs, et avait un petit magasin où elle vendait un peu de tout. Le matin on était allé au marché, c'est un marché très typique du Mexique, on a acheté de la « cecina », c'est de la viande de porcs ou de bœuf, salé et légèrement séché, l'une des meilleurs du Mexique. On achète également de la crème fraîche qui est également délicieuse dans cette région et ce mari très bien avec cette viande.

Après ce grand festin, on trouve un hôtel pour passer la nuit. Le plan est de téléphoner au père d'Yvonne pour aller dîner avec lui, ça fait longtemps que Yvonne ne le voit pas.
Mais je ne sais pas ce qui arrive à Yvonne, elle n'a envie de rien, elle ne veut pas téléphoner à son père, ne veut même pas sortir. Moi j'insiste, je lui dit que ce n'était pas le plan, alors a quoi ça sert que l'on paye un hôtel ici si elle ne veut pas voir son père, on aurait pu filer jusqu'à Cuernavaca qui est tout juste à 20 mn.
Mais rien n'y changera. Yvonne est en train de faire une dépression. Je pense que la raison, ou l'une des raisons, c'est qu'elle ne donne presque plus de classe d'aérobic, elle s'en est un peu lassée. L'autre raison, c'est je crois, que Ian et Guy n'ont plus tellement besoin d'elle, et elle ne se sent plus indispensable.
Le lendemain on prend la route, heureusement qu'il y a une nouvelle route et celle-ci n'est pas aussi dangereuse que l'ancienne qui n'était que virage très serré et des ravins. J'ai réservé dans le meilleur hôtel de la ville. On a une belle suite avec une superbe vue sur la ville, elle a de très beaux jardins et une cour de tennis. La capitale de Oaxaca n'est pas une ville touristique très importante, la route pour y arriver était un obstacle, mais aussi son éloignement de tout autre centre d'intérêt. La mer est très éloignée et pas de ruines pré hispanique très importante à côté.
Mais c'est une très belle ville coloniale avec de très belles églises. Et son grand intérêt, c'est sa gastronomie. Son marché est grandiose, on peut y manger des délices pour pas cher. C'est également la ville du mezcal, ou il est le plus connu. Son plat principal, c'est le mole negro. Mais ce que je préfère c'est ses sauterelles grillées.
Donc le soir pendant que les enfants jouent, on s'installe au balcon de la suite avec le mescal et les sauterelles grillées. Mais Yvonne est toujours sans envie de rien le soir, la journée ça va, elle profite. Mais la nuit elle s'endort très tôt.
J'enrage, car j'aime les plaisirs partagés, et tout est parfait pour passer de belles soirées. On y passera de toutes façons un très bon séjour et Yvonne fera son plein de vêtements typiques de la région, et moi d'artisanat pour la maison. Oaxaca est également très connu pour celui-ci.

De retour à Cancun après deux semaines, je ne pense qu'à décompresser, ces six derniers mois m'ont cassé. Je sais que ça va être dur de maintenir cette équipe, mais j'ai confiance.
Pour l'instant je ne veux pas y penser, je veux rester à Playa del Secreto avec les enfants et Yvonne, au moins quelques jours pendant les vacances.
Donc je commence à déléguer beaucoup plus. A Alonso je vais faire qu'il se charge complètement de l'atelier de menuiserie et fera même les devis. Roberto sera chargé d'aller voir les clients déjà connus et en cherchera d'autres, puisqu'il connaît du monde dans le secteur de la construction, car ça fait pas mal de temps qu'il se trouve à Cancun, et y a travaillé avec ses anciens patrons espagnols. Pedro se charge de la comptabilité et Victor des achats.

J'essaye donc de profiter de cette maison à la plage avec la famille. Avec un groupe de mes employés, on vide le cenote du sable que l'ouragan qui l'en a rempli. On y passe une semaine avec l'aide d'une pompe avec un moteur d'essence de 14 CV. Mais malheureusement l'eau du cenote restera toujours trouble. Car il est connecté à un grand cenote ouvert, ou tombe toutes sortes de végétaux qui y pourrissent. Les cenotes à eaux claires sont connectées à des cours d'eau souterraine. On va continuer, et terminer d'entourer tout le terrain d'un très joli mur de pierres . Je vais également faire une palapa pour mettre des hamacs près de la mer.

Pour l'instant j'arrête là les frais, j'ai plusieurs idées. Mais je ne veux plus dépenser.

J'arrive peu à peu à décompresser, le matin de bonheur je vais avec Yvonne marcher sur le bord de mer jusqu'au bout de la grande plage. Elle, elle revient à la maison en courant, et moi à la nage. Puis on prend le petit déjeuner avec les enfants dans une table sous les palmiers. Je communique avec le bureau par radio pour voir si tout va bien. La seule radio en marche tout le temps est celle de ma voiture grâce à sa batterie. Je suis joignable à la radio de la maison seulement lorsque le groupe électrogène est en marche. Donc comme je ne suis pas près de la voiture tout le temps, ça me permet d'être un peu tranquille.

Je passe mon temps à peindre de vieilles chaises du Club Med pour nous faire un petit coin pour manger à l'extérieur. Et à cuisiner.

Yvonne sortant de la maison vers la plage

Pour l'approvisionnement, on va généralement à Pto Morelos, le petit village de pêcheurs. Les pêcheurs reviennent vers une heure de l'après-midi de la pêche et on peut acheter leur produit dans le local de leur coopérative. Du poisson plus frais c'est impossible, et bon marché en plus, bien qu'ils n'aient pas beaucoup de choix d'espèces de poissons. Pour la viande, fruits et légumes et il y a une petite supérette avec tout ce qui est basique.

La boulangerie du village est délicieuse, ils vendent surtout des petits vol au vent au fromage et jambon extraordinaire, j'en salive rien que d'y penser.

Une camionnette passait également tous les jours apporter des vivres aux différents gardiens des propriétés du site. Et on pouvait lui commander des produits pour le lendemain. A Playa del Secreto il y avait, en plus de la nôtre, quatre autres propriétés.

Mais juste notre voisin de droite y habitait. C'était un vieux alcoolique très con et méchant, il y habitait tout seul et sa femme et ses filles avec leur famille venaient le week-end.

Bien sûr je ne vais pas pouvoir rester tous les jours à la plage, très souvent je vais partir après le petit déjeuner et revenir pour le dîner.

Le coup de rabot que m'a fait le Club Med me remet encore en manque de liquidités.
Je dois négocier avec mes fournisseurs le montant de mes dettes et les échéances, pour qu'ils ne me coupent pas les crédits.
Je n'ai viré personne. Je ne sais pas le faire. J'aurais dû le faire, si je ne pensais qu'aux bénéfices, mais si j'ai gagné de l'argent c'est aussi grâce à eux. Mais j'ai expliqué aux nouveaux qui avait été embauché au moment du commencement du chantier du Club Med, qu'il allait y avoir des moments difficiles.
Au moment le plus critique du chantier, on était monté à presque 120 travailleurs, desquels 70 avaient des contrats avec d'autres entrepreneurs.
Donc un ou deux mois après la fin du gros chantier, il restait entre 35 et 40 employés.
C'était encore un gros budget en salaire et il fallait le trouver tous les vendredis pour payer tout le monde.
J'ai bien prévenu toute mon équipe qu'il nous fallait trouver de gros chantiers pour s'en sortir. Je le demandais spécialement à Roberto. Puisqu'il n'était payé que pour cela.
Le premier chantier qu'il nous trouva fut la menuiserie de deux villas qui se construisaient à Pto Aventuras. C'était un nouveau projet touristique qui s'était créé au sud de Playa del Carmen, donc il fallait trois heures à peu près pour l'aller retour depuis l'atelier.
Alfonso se chargea du devis qui fut accepté, il partit un jour avec deux menuisiers parmis les bons pour prendre les mesures. Il faut que je vous dise que dans la menuiserie, la prise de mesures est très importante c'est pourquoi il faut qu'elles soient prises par ceux qui vont faire le boulot.
Tout allait bien sur le papier, mais Alonso ne pris pas assez en compte cet éloignement. À part une journée perdue pour prendre les mesures par du personnel payé très cher. Une fois les premières portes et fenêtres finies, ont envoient le camion avec celle-ci et des menuisiers pour les poser. Ils devaient emmener le groupe électrogène car il n'y avait pas encore d'électricité dans ces villas. Mais grosse erreur il ne l'ont pas prise, et ils se sont rendu compte après que le camion était reparti pour Cancún, car le chauffeur avait d'autres choses à faire. Donc ils n'ont absolument rien fait pendant toute la journée. Mais ce n'est pas tout. Dans un autre voyage sur le chantier, pour finir de poser les pièces de menuiserie, Alonso, qui cette fois ci est allé superviser, ne voit pas les portes des placards nul part, et doute s'il a ordonné de les fabriquer. Il demande à un des menuisiers qui est avec lui, qui lui dit qu'il n'a vu personne les faires. Donc de retour à l'atelier il y met des menuisiers au travail. Une fois fini, ils trouveront les portes des placards qui avaient déjà été fabriqués, ils étaient derrière je ne sais pas trop quoi. Alonso avait oublié de demander à tous les menuisiers si personne ne les avait faites. Et le menuisier qui les avait fabriqués s'est complètement désintéressé de leur sort.
Tout le bénéfice s'évapore sur ces conneries. Je ne comprends pas comment mon personnel si efficace dans un chantier difficile, se prend les pattes sur un chantier tout ce qui est de plus simple.

Roberto nous trouve enfin un grand chantier. Il s'agit de faire les portes d'intercommunication des suites de l'hôtel Cancún Palace. Ce sont une cinquantaine de portes qui communique deux suites, qui une fois ouvertes, transforment les suites de façon à en faire un véritable appartement. Elles sont coulissantes et couvrent une ouverture de 2,10 m x 1,50 m, elles sont faites de deux panneaux, un dans chaque suite, mais l'encadrement est commun au deux.

Puisque c'est un hôtel de luxe, le bois c'est de l'acajou et la finition de très grande qualité doit être faite avec les meilleurs produits et les meilleurs vernisseurs.

Comme prévu dans mon organigramme, Alonso fait le devis et dirige l'atelier.

Pour trouver le bois au meilleur prix je vais le chercher directement avec le producteur. De l'acajou, il n'y en a en quantité au sud de l'État à la frontière avec l'État de Campeche. J'y ai un contact car il m'ont déjà proposé du bois, j'ai réussi à avoir un bon prix et ils ont en stock du bois sec, ce qui n'est pas toujours le cas.

On passe commande et ils nous envoient le bois que l'on paye avec l'avance du contrat. De très bonne qualité, on peut faire du bon travail. Pour la finition on fait plusieurs essais avec les produits de très bonne qualité et on nous accepte le résultat. J'ai de très bons menuisiers et de très bon ébénistes.

Nous montons la première suite, que je supervise personnellement, on a quelques difficultés mais on y arrive et le résultat plaît à l'architecte. On peut lancer la série.

Plusieurs jours après, on m'appelle par radio de l'atelier pour me dire qu'il n'y a presque plus de bois. Je suis très étonné, car je sais que l'on a à peine dépassé la moitié des portes. Je vérifie la quantité de bois reçue, et elle est correcte.

Donc je vérifie le devis qu'avait fait Alonso, et là je trouve la grosse erreur, il a bien compté le bois pour le cadre de la porte, mais pour le bois des deux panneaux de 2,10 m x 1,50 m, il a compté comme s'il n'y en avait qu'un!

Catastrophe! Je n'ai pas l'argent pour acheter le reste du bois. Heureusement, les directeurs de l'ejido (coopérative agricole) qui m'a fourni le bois, accepte de me le fournir en échange de mon camion qui est presque neuf.

La, je ne vais pas seulement perdre le bénéfice, car bien sur ce n'est pas que le bois de la porte qu'il a oublié, mais tout ce qui fait le cout de ce panneau, c'est à dire main d'œuvre, finition etc. Mais je vais perdre mon camion.

Ça devient très inquiétant, j'ai de très grandes difficultés pour payer les salaires et les fournisseurs. Je décide de reprendre tout en main, mais en laissant le même organigramme. C'est-à-dire tout le monde continue à faire ce dont je les ai chargés, mais je refais ce que je faisais avant, je rends visite à mes anciens clients, comme les Hyatt, et je supervise ce qui se fait à l'atelier le plus souvent possible.

Je vais même faire des visites au Club Med qui ne m'a pas appelé dernièrement. Ça ne m'étonne pas du tout, car à part que tout a été refait a neuf, Jean-Louis, qui est resté comme responsable de la maintenance, a un peu de ressentiment contre moi. Depuis que le crédit sur le succès du chantier m'a été totalement octroyé, et pas à sa supervision, donc il m'en veut. Il me reçoit de toutes façons très cordialement, et je remarque qu'il y a des nouvelles barrières en bois qui ont été construites près de la piscine. J'apprends que c'est mon concourant favori, l'architecte mexicain qui les a faites. Il n'est pas resté inactif lui.

Jean Louis me dit qu'il va me rappeler lorsqu'il aura quelque chose à me faire cotiser.

Moins d'une semaine après il me rappelle, pour faire d'autres barrières en bois dans les jardins autour de la piscine. J'évite de lui demander pourquoi mon concurrent ne les fait plus, mais l'une de ses employés va me donner l'information. La femme de Jean Louis est la cheffe des hôtesses, c'est une fille pas belle du tout, mais très sexi, toujours un peu provocante avec des mini jupes et des décolletés. Et selon l'employé de Jean Louis, celui ci à surpris l'architecte avec sa femme.

Bruno va naître à peu près un an après la fin du grand chantier. Comme je ne suis plus fonctionnaire cette fois-ci c'est un médecin du privé qui a suivi Yvonne, donc Bruno va naître dans une clinique privée, cette fois-ci également, Yvonne veut accoucher sans aucune sorte d'anesthésie. Je vais pouvoir être présent à l'accouchement, c'est assez impressionnant, surtout lorsque le docteur fait une incision pour soulager la sortie du bébé. Après tout vas très vite, on me passe les ciseaux pour couper le cordon, comme si c'était une inauguration, puis le médecin passe le bébé aux infirmières qui lui font le premier lavage. Je suis peut-être trop cartésien, mais les symboles que l'on fait maintenant dans les accouchements dans les sociétés bourgeoises occidentales pour que l' homme soit davantage impliqué dans la naissance, je les trouve un peu superficiels. D'accord pour accompagner sa compagne dans cette épreuve si douloureuse et de vraiment comprendre la nature de ce moment si important, mais le truc de couper le cordon par le père et de lui demander s'il est fier de son enfant si parfait, je trouve ça trop superficiel et on a l'impression dans ces cliniques privées que l'on vous traite comme cela parce que c'est vous qui payez.
En plus, dans la clinique de l'État, un pédiatre vérifiait le bébé juste après sa naissance.

Bruno ressemble beaucoup à Ian. Dans les photos il m'arrive encore de les confondre. Ce qui est triste c'est que l'on possède davantage que lors des naissances de IAN et de Guy, mais moi je dispose de beaucoup moins de temps.

Les trois soeurs

Comme nous n'avons pas eu de fille, comme c'était notre désir d'avoir deux garçons et une fille. On décide de faire un petit frère à Bruno. Car l'écart entre lui et Guy est trop grand et il sera isolé. Et avec un autre petit frère séparé seulement de moins de deux ans, on aura deux couples de garçons pour s'entraider.

ÉNIÈMES COUP DE GUEULE

On entend à longueur de journée que des coupes budgétaires sont nécessaires pour stimuler la compétitivité et l'innovation. Les entrepreneurs c'est ce qui a de mieux, l'état ne sert à rien, juste à lever des impôts pour nourrir une bande de fainéant et d'assister. C'est grâce à ces entreprises que les innovations existent.
Mais l'économiste Mariana Mazzuco, spécialiste de l'économie de l'innovation et des hautes technologies, démontre une autre perspective.
Par exemple, le développement de l'algorithme de recherche de Google a été financé par une bourse d'une agence fédérale américaine. Le constructeur de voitures Tesla n'attire pas des investisseurs jusqu'à ce que le ministère américain de l'énergie lui accorde un prêt de 465 millions de dollars. D'ailleurs les trois sociétés fondées par Elon Musk- Tesla, SolarCity et SpaceX- ont bénéficié de 4,9 milliard de dollars d'argent public.
Elle remonte également aux origines de toutes les technologies présentes sur l'iPhone.
Le protocole HTTP a été développé par l'informaticien britannique Tim Berners-Lee et mis en œuvre sur les ordinateurs du CERN, à Genève.
Internet était un réseau d'ordinateurs baptisé Arpanet et financé par le ministère américain de La Défense. C'est aussi grâce à ce ministère que le GPS a été mis au point dans les années 1970, pour localiser des équipements militaires. Même chose pour le disque dur, les microprocesseurs, les puces, les écrans LCD, tous financés par le Pentagone. L'assistant virtuel Siri est l'aboutissement d'un projet mené par la Stanford research institute financé par Darpa, une agence de projets de recherche pour La Défense. L'écran tactile est le fruit d'étudiants de l'université du Delaware financer par la National Sciences Foundation et la CIA.
Entre 2003 et 2013, les 500 entreprises de l'indice boursier S&P 500 aux EU, ont consacré plus de la moitié de leur bénéfice à racheter leurs actions pour en faire grimper le cours en bourse plutôt que d'investir cet argent dans la recherche et le développement.
Le groupe pharmaceutique Pfizer a dépensé 139 milliards de dollars en rachats d'actions.
Apple, qui ne faisait pas ça du temps de Steve Jobs, s'y est mis depuis 2012 et avait racheté 1000 milliard de dollars en 2018.
Si c'est l'État qui a traditionnellement assumé le risque de développer des technologies balbutiantes qui ont plus tard donné naissance à l'aviation, l'énergie nucléaire, l'informatique, les nanotechnologies, les biotechnologies et internet.
Alors maintenant que l'on veut l'en empêcher, qui va financer la prochaine génération de technologies dont on a besoin?, pour trouver de nouvelles sources d'énergie, de l'épidémie des résistances aux antibiotiques etc...

J'arrive donc à retrouver quelques commandes avec les anciens clients. Avec le Hyatt, ils me donnent l'adaptation d'un de leur restaurant en Seafood Market, nouveau mode de restaurant très à la mode.

Mais je n'arrive pas à trouver un un gros contrat pour sortir du manque de liquidités. On arrive un peu à se mettre à jour avec les fournisseurs grâce à Alonso qui nous a trouvé un contrat pour construire des palapas avec l'entreprise Calica. C'est l'entreprise qui exploite et exporte le "sascab" sorte de sable très fin qui se trouve dans des carrières près de Pamul. C'est pour cette entreprise que l'on a fait l'étude océanographique à laquelle j'ai participé avec ma zodiaque. Le frère d'un pote à Alonso y travaille comme ingénieur, et ils ont besoin de trois palapas pour les activités des familles des travailleurs.

C'est un bon contrat mais que je dois sous-traiter avec mes palaperos.

Et pour pouvoir enfin retrouver nos crédits avec nos fournisseurs, ce qui pourrait nous relancer pour pouvoir travailler avec les hôtels, lesquels je vous rappelle payent en retard, j'arrive à un accord avec mes employés pour que pendant trois semaines on ne paye que la moitié des salaires. Puis on reviendrait au 100% et pour payer le restant dû dans deux mois, le temps de pouvoir répondre aux commandes des hôtels avec le crédit des fournisseurs et les facturer pour se les faire payer.

Tout fonctionne et est accepté par tout le monde, sauf quelques exceptions. Les employés comprennent que je les ai très souvent payés sans rien faire, par manque de travail. Et ils sont parfaitement conscients qu'ils ne pourront pas trouver du travail ailleurs, car la situation est très difficile à Cancún.

Mais à mon grand étonnement, celui qui ne va pas le supporter c'est Alonso. On se dispute un matin ou il m'annonce sa démission, car il ne pense pas que son travail ne vaut pas un salaire à 50%. Je suis sûr que cette actitud vient de sa femme, que je n'ai jamais aimé car elle est tout le temps en train de le dénigrer.

Dans la discussion, il me sort que grâce à lui on a eu le contrat des palapas et je ne lui ai rien donné de %, je lui répond que je ne lui ai pas demandé de me rembourser sur toutes les pertes que j'ai eu avec son erreur sur le devis des portes

Dont le camion. Je suis triste de son départ parce que le trouvai sympathique et je l'aimais bien. Mais d'un autre côté content car à part ses erreurs de devis, il n'était pas un grand connaisseur des difficultés en menuiserie . Et les menuisiers en profitaient pour lui demander des temps plus long qu'il ne le fallait pour faire une pièce.

Avec Roberto on arrive à un autre accord, au lieu de lui donner un salaire, je vais lui donner un pourcentage pour chaque contrat qu'il apporterait, je lui laisse pour l'instant un véhicule, la Nissan pickup blanche. Il n'habite plus à playa del Secreto. Un soir en rentrant du bureau il a eu un accident, il n'a pas vu un troupeau de vache traverser la route et à écraser une vache, heureusement il n'a rien eu, le capot de la voiture, le par choc et le pare-brise sont foutu mais, heureusement le moteur n'est pas touché. Il a eu très peur. Nous, au bureau on c'est bien marré, car il disait qu'en Espagne il n'y avait pas de vache noire. Du coup il a déménagé à Cancún pour ne plus faire cette route de nuit.

Comme le travail est très bas, j'en ai profité pour transformer l'édifice de Cancun. L'appartement d'en bas est devenu une sorte de terrasse pour le jardin, avec sa table de ping-pong, j'ai fait une pergola avec grille pour barbecue. Des chambres de cet appartement l'une est devenue la chambre du service et l'autre un petit atelier. Sur le toit j'ai construit une grande chambre avec une fontaine, une grande fenêtre qui donne une belle vue sur la ville de Cancún et une salle de bain avec yakushi.

De la maison de Pta Brava, j'ai arrêté de la construire pour plutôt arranger celle de Playa del Secreto. Ça m'a fait un coup, j'étais très attaché à ce terrain, mais je ne pouvais avoir les deux constructions pour l'instant. Toutes les poutres et les dormants que j'avais sur ce chantier je les ai déplacés pour faire une modification à Secreto. J'ai construit en face du cenote une grande salle à manger faite de pierres et de poutres de 40 m2.

Dans la maison principale, j'ai transformé la terrasse qui était en face de la maison en prolongeant le salon, en y faisant des murs de pierres et de dormants. Et le toit de ce salon est devenu une belle terrasse.

A l'entrée de la propriété en entrant à droite j'ai construit une habitation de 72 m2 où j'ai fait une grande cuisine et un studio avec mezzanine.

Maison de Pta Brava
J'avais voulu la faire cette fois-ci sur pilotis, tout était près pour faire le plancher et les murs. A l'arrière on peut voir la petite pickup 4x4 et la combi

Au bord de la plage on a fait une palapa pour des hamacs. Et pour ne pas avoir trop de sable à l'intérieur de la maison j'ai fait une superficie de pierres de près de 100 m2 entre la maison et la nouvelle salle à manger. Et dans le toit de celle-ci j'ai fait une terrasse très chouette pour voir les étoiles, le soir. Playa del Secreto est idéal pour cela car il y a peu de maisons qui sont habitées et pas d'éclairage public.

En parlant d'éclairage, on nous a enfin apporté l'électricité, mais pour cela il a fallu que je paye une participation pour les poteaux électriques, et que j'achete un transformateur que je devrais ensuite faire don à la compagnie d'électricité, pour qu'elle puisse se charger de la maintenance.

J'avais également acheté une grande parabole, donc on avait également le luxe de pouvoir voir la TV.

On passait tous les week-ends à la villa et les jours fériés. On avait beaucoup de mobilier de plage, puisque le Club Med m'avait demandé de les débarrasser d'une énorme quantité d'équipements, qui la plupart étaient en mauvais état à cause de l'ouragan et je pouvais garder celui qui était en bon état. A part les chaises, les chaises longues parasols etc. J'avais également récupéré des planches à voile et même un petit voilier, un laser, le problème pour le voilier, c'est que pour le mettre à l'eau en face de la maison, il fallait attendre qu'il n'y est pas de vent pour qu'il n'y est pas trop de vague. Donc faire de la voile sans vent ce n'était pas top. Mais c'était sympa de sortir même presque sans vent.

Ian et Guy avec des langoustes et poissons
Le gardien de mon voisin était un excellent pêcheur et comme je lui prêter mon équipement il m'offrait une partie de sa pêche. A l'arrière c'est notre combi pour voyager

Question amis, avec la maison à la plage il ne nous en manque pas. Presque tous les dimanches, on a la visite de quelqu'un. Comme il n'y a pas le téléphone, les gens ne peuvent pas nous prévenir. Des fois c'est sympa, mais parfois je commence à en avoir marre, on n'a pas de week-end à nous.

Une autre dépense que j'avais faite, c'est la réparation de notre bateau. On avait réparé la proue et j'avais fait monter deux moteurs au lieu d'un seul et fait installé une barre (volant) pour les diriger et un levier pour contrôler la vitesse et la marche arrière. Le toit aussi avait été changé.

Mais pour ne pas le garder à la Marine où il était, car c'était très cher, j'avais décidé de le déplacer à Pto Morelos.

J'avais encore mon pote Wilmo, a qui j'avais fait les chaises pour son restaurant. Il habitait une petite maison à vingt mètres de la plage. Je lui demande donc la permission d'ancrer mon bateau face à sa maison, de cette façon il pourrait lui jeter un œil de temps en temps.

La traversée de Cancún à Pto Morelos avec le bateau fut très amusant. Mon père était encore de visite à la maison avec ma mère. Il était venu avec son ami Miguel (El Negro) et il venait de rencontrer un ami de la guerre, un franco mexicain comme lui, Armando. Il habitait également périodiquement Cancún car son fils unique y habitait aussi. Son fils se dédie à la pêche au gros pour les touristes.

Donc pour la traversée on monte sur le bateau Gerardo, Roberto, Miguel, le fils d'Armando qui s'appelait comme son père, à la mode espagnole, et moi.

On emmène bien sûr des cannes à pêche et tous les équipements pour la pêche aux gros, puisque Armando est un expert, mais aussi une grosse dotation de boissons alcoolisées. Pendant le parcours on pêchera une seule Barracuda, bien qu'on ait eu plusieurs touches. On longeait la côte entre la plage et le récif ce n'est donc pas le meilleur endroit pour la pêche au gros. A un moment donné Roberto et Gerardo sont à l'arrière avec les cannes à pêche, et Gerardo décide de se lever pour se servir une boisson, et il oublie d'assurer sa canne. Au moment où il finit de se servir, on voit tout à coup sa canne s'envoler par-dessus bord !! Il aura perdu une belle canne et sûrement un bon poisson, et nous on a gagné une bonne rigolade accompagné d'une très belle cuite.

Pêche au gros sur mon bateau
On voit Gerardo et Roberto en train de sortir une barracuda

COUR, MAIS GROS COUP DE GUEULE

C'est l'anniversaire de la libération du camp de concentration d'Auschwitz, 75 ans. Et bien sûr ça fait que dans toutes les chaînes d'info on parle de la Shoah, en insistant que l'on en parle pas assez.
Je suis d'accord qu'il faut en parler, comme il faut parler de tout les autres crimes contre l'humanité, surtout tous les crimes réalisés par les pays colonisateurs, que se soit l'anéantissement des indigènes dans les Amériques, ou les crimes perpétrés dans le Congo belge, ou le Maghreb colonialise, ou en Australie etc.
Mais encore faut-il en parler avec la vérité, ou au moins éviter les omissions qui cachent celle-ci. Par exemple, on parle de la haine des juifs par les nazis, en omettant sa haine pour toute autre soit disant race humaine autre que la aryenne, surtout le peuple slave qu'il jure exterminer dans son livre « mains kempf ». On parle de l'antisemitisme communiste surtout dans l'après-guerre de la part de Staline, et pas un mot que c'est justement l'armée rouge qui a libéré ces camps.
Que serait-il arrivé à tout ces survivants juifs, si les communistes n'avaient pas gagné là guerre contre l'Allemagne nazi ? Ou s'ils avaient mît quelques mois ou une année de plus? Mais silence complet.

Aucune reconnaissance au contraire. On ne parle que de l'antiseministe de gauche. Ils oublient
que Staline avait appuyé la création de l'État d'Israël.
Mais le plus triste, c'est qu' au lieu de parler de l'antiseministe des Allemands nazis ou non,
des antisemites francais ou Polonais ou autres, qui les ont beaucoup aidés, on parle de
l'antiseministe des musulmans, surtout des palestiniens, eux qui sont en train de payer de leur
propre existente un crime qu'il n' ont pas commis. Les coupables, les européens, ont donné un
état à leur victime sur les terres qui ne leur appartiennent pas. Et il ne sont pas capables de
donner un état au Palestinien sur leur propres terres.

Deux de mes menuisiers font du cyclisme de route comme sport. Je les aime bien, se sont deux
de mes meilleurs éléments , et comme ils sont sportifs, ils n'arrivent pas comme les autres avec
des gueules de bois tous les matins et n'ont pas beaucoup d'absences. Ils me proposent de les
sponsoriser, c'est-à-dire de leur payer juste leur tenue et en retour ils mettraient sur celle-ci le
nom de mon entreprise (qui est tout juste mon nom).
Je suis d'accord, mais ils m'envoient leur entraîneur, qui fait des petits boulots de bijouterie, et
qui a été coach à une époque de l'équipe de l'université nationale de Mexico. Et lui il me
propose de monter une équipe de cyclisme, qu'en plus de mes employés il peut en former une
de 5 individus. Tous les matins à 6:30, ils parcourent la zone hôtelière en entier et rentrent vers
8 heures, donc tous les chefs de maintenance des hôtels les voient passer en allant a leur
bureau puisqu'il n'y qu'un seul boulevards et à un moment donné ils doivent obligatoirement les
croiser, en plus il y a aussi les courses.
Donc je paye les uniformes, je prête un véhicule le week-end pour les protéger lorsqu'ils font
leur entraînement sur route et je leur paye des pneus lors des courses.

L'équipe vas donc être ceée. Au début je les accompagne lorsqu'il y a une course, ils vont très
vite devenir la meilleure équipe de la péninsule, l'entraîneur veut des financements pour
participer à des courses plus lointaines, mais je me refuse car pas d'argent, c'est trop chère, et
une publicité si lointaine ne me sert à rien. Je doute d'ailleurs que ça m'ai servi à quelque
chose.
L'équipe durera deux ans et on passera qu'en même de très bons moments.

Un de mes cyclistes lors d'une course
L'uniforme sur le short avait d'un côté « Christian » et de l'autre « Fautsch »
De même sur le maillot

J'oubliais aussi un autre investissement que j'avais fait, Miguel, mon voisin qui était chef des achats du Hyatt, m'avait présenté un de ses fournisseurs. Il habitait l'État de Jalisco. Il possède un atelier de verres soufflés. C'est très à la mode au Mexique et a beaucoup de succès avec les touristes. Il fournit les verres au Hyatt et d'autres hôtels. Il possède également une boutique dans un centre commercial de Cancún en ville, où il vend ses produits et des pièces en papier mâché très belles.

Il veut vendre cette boutique car il ne peut pas s'en occuper. Il l'a vend à un super prix, c'est à peine le prix de la marchandise. Le problème c'est que le centre commercial où elle se situe n'a pas eu de succès. On l'a inauguré un an à peu près avant l'ouragan, et cela n'a pas aidé. Mais j'aime beaucoup ce produit, et j'ai Claudia ma belle sœur à la maison qui n'a pas d'activités, et elle pourrait se charger de la boutique. Je décide donc d'acheter. Et lui verse la moitié, en lui demandant trois mois pour le prochain versement.

Pas étonnant que je sois sans le sous avec tout ces investissements, pour ma défense, je n'avais jamais pensé que le Club allait me faire ce coup tordu, et toutes ces dépenses je les ai faites avant.

CHAPITRE XXXV
Nos dernières années à Cancún...je pensais pourtant y rester toute notre vie....

Le boulot continue, il y a de bon moment, mais les jours de paye difficiles à trouver l'argent sont plutôt la norme. J'ai toujours quelques petits travaux au Club Med, mais rien à voir avec le passé. Les Hyatt n'ont pas non plus beaucoup de travail. Et la donne a changé, avant il y avait plus de travail que de menuisiers. Maintenant c'est le contraire, beaucoup d'entreprises qui sont venues faire des réparations pour l'ouragan sont restées. Donc les prix ont également chuté. Et beaucoup de ces petites entreprises qui viennent juste de s'installer ne sont pas en règle et ne payent pas toutes leurs charges ce qui n'est pas mon cas, et grâce à ça, ils font de meilleurs prix. J'arrive de temps en temps à trouver un petit contrat dans d'autres hôtels quand même. Mais le boulot intéressant est celui des nouveaux hôtels. Mais c'est très difficile, la plupart des nouveaux hôtels qui se construisent à Cancún sont d' énormes hôtels de luxe, et le contrat pour leur menuiserie est disputé par d'énormes entreprises de la capitale ou de Monterey, qui est une ville industrielle du nord du Mexique.

Roberto nous a trouvé un chantier ou on va pouvoir participer au concours pour obtenir le contrat. Il s'agit de la menuiserie d'une villa, ou plutôt de 4 villas, en pleine zone hôtelière, juste à côté de l'hôtel Marriott Cancún, qui est dans les dernières finitions de sa construction. C'est un terrain normalement réservé à un hôtel. Mais le propriétaire, qui est l'ingénieur Zambrano, qui est aussi propriétaire de la plus grande entreprise de ciment du Mexique, et d'autres usines de ciment aux USA, en plus de la chaîne d'hôtels internationale Marriott, a décidé de se construire une villa pour lui et ses tantes. Ce millionnaire est célibataire sans enfant, et a été élevé par ses tantes. Le projet comprend une grande villa au bord de la plage et trois autres petites villas un peu en hauteur derrière la grande.
Je vais mettre une semaine entière ne faisant que ça pour faire le devis. Le gros problème c'est qu'il n'y a pas deux portes ou deux fenêtres semblables . En plus je suis presque sûr de ne pas obtenir le contrat. La compagnie qui construit cette villa est la même qui a construit l'hôtel à côté, le Marriot, une entreprise de Guadalajara. Et je crois bien qu'elle va vouloir donner le contrat à là même entreprise qui a fait la menuiserie de cet hôtel. Je connais cette entreprise, car deux de ses anciens employés ont travaillé avec moi, c'est des gens de la capitale qui ont déjà eu plusieurs hôtels de Cancún comme client. Si j'ai eu le droit à participer au concours c'est parce que l'architecte, qui n'est pas le même que pour l'hôtel, a demandé une autre option. Je ne peux pas faire un bon prix, je n'ai pas l'équipement nécessaire et suffisamment de menuisiers de très bonne qualité pour ce travail, donc je préfère prendre un peu de sécurité sur les prix pour être sûr de ne pas me planter au cas où je gagnerai.

Tout ce passe comme je l'avais prévu, c'est l'entreprise de la capitale qui a le contrat. Mais l'architecte du projet avec qui je m'entends bien, même s'il vient rarement, il est aussi de Guadalajara tout comme le millionnaire, me passe le contrat pour faire une sorte de pergola en forme de pyramide près de la piscine et quelques autres détails dans le jardin. C'est mieux que rien.

Le chantier a des problèmes. J'entends les différents chefs ingénieurs dire que ça ne vas pas du tout, ils sont extrêmement en retard et ont déjà dépassé de beaucoup le budget initial.

Et ce retard va faire qu'il vont prendre ce qu'ils ont sous la main et vont nous filer le contrat de la peinture.

C'est un bon contrat, bien que je ne vais pas faire travailler la plupart de mes salariés, puisque l'équipe de peintres, à part Mario et son frère, les autres sont des employés occasionnels. Le temps presse, donc j'y mets du monde. Mais un gros problème va survenir. La couleur choisis pour l'extérieur est une sorte de couleur saumon. Donc il y a du rouge. Et trois jours après avoir appliqué la peinture, la couleur a changé !!! Le rouge du saumon disparaît avec le soleil, donc catastrophe, ce n'est plus la couleur choisie.

Pourtant j'ai acheté la meilleure marque de peinture avec le fournisseur de peinture le plus reconnu. Ils envoient un technicien qui voit les dégâts. Bien sûr ils changent toutes la peinture défectueuse et me fournissent la bonne couleur, mais impossible de me faire rembourser toute ma main-d'œuvre. Pour le retard, les clients ne me tiennent pas rigueur car ils ont bien vu que ce n'était pas de ma faute.

Un ultimatum est donné par le propriétaire, il va faire une visite au chantier ce samedi et il veut que tout soit fini. Donc branle bas de combats. Pour ma part mes contrats pour la pergola et autres détails c'est fini, en peinture il me reste que quelques détails d'intérieur. Mais on me demande de l'aide pour l'installation de quelques pièces de menuiserie dans des cuisines des petites villas, et aussi du vernissage. On va travailler jour et nuit.

L'avant dernière nuit il c'est passé un truc incroyable. Dans la villa principale, un salon s'ouvrait sur la mer avec une énorme baie vitrée, donc on avait une super vue sur celle-ci. Vers 2 heures du matin, une tempête électrique eclate au large, on a droit à une dizaine de minutes d'une danse d'éclairs fantastique. On s'arrête bien sûr de travailler tellement c'est beau, je n'ai jamais vu ça de ma vie, c'est magnifique, le ciel iluminé plus les reflets des éclaires sur la mer donne un effet de feu d'artifice.

Plus tard, j'apprendrai que pour Yvonne et sa sœur ça était plutôt un cauchemar car elles ne voyaient pas les éclairs, elles entendaient juste le bruit.

La dernière nuit c'est la pagaille, les décorations et les meubles arrivent avec les décoratrices, tout le monde est crevé, il manque plusieurs détails, mais le personnel n'en peut plus, moi même je suis crevé, on me demande par exemple de mettre quelqu'un pour arranger un placard de cuisine qui ferme mal, mais je ne le fais pas, je c'est que mon personnel ne suivra plus.

Le millionnaire arrive, bien sur je ne participe pas au parcours. Les villas sont superbes, je pense que l'architecte a fait un super boulot, surtout sur les intérieurs, les chambres sont très réussies, les sols sont plein de dessins réalisés avec des mini galets de toutes les couleurs. Toutes les illuminations sont indirectes, on ne voit aucune lampe. Très beau.

A un moment donné je suis dans le jardin de l'entrée assis près d'une fontaine, et le millionnaire, l'ingénieur Zambrano passe et s'arrête pour téléphoner. C'est un personnage à l'air sympathique, il est petit, un peu enveloppé, la quarantaine. On ne dirait pas que c'est à ce moment-là, la première fortune du Mexique, dommage que ce ne soit pas contagieux.

Il parait que ça ne s'est pas si mal passé. Cette entreprise m'avait toujours bien payé. Mais ils ne me paieront jamais les heures extras de cette semaine, pendant 15 jours ils me diront - reviens demain-

Gabriel, un des frères, l'aîné, des sœurs qui se sont mariés avec Gil et Alfonso, est venu s'installer à Cancún. Il travaille avec Luis, son meilleur ami, celui qui travaillait avec Gerardo au

401

début dans la fumigation. Un autre des frères travaille dans la banque « Bancomer ». Celle-ci construit un hôtel à côté du Club Med, le Conrad Hôtel.

Donc il me disent qu'ils ont assez de contact pour me faire entrer dans la construction, bien sûr de façon légale.

Gabriel me présente le directeur du chantier. Lui il est après le contrat pour la fumigation, et moi je vais participer au concours pour obtenir le contrat pour les palapas des restaurants de la plage et autres constructions en bois à l'extérieur. Je vais passer des heures en salle d'attente chaque fois qu'il faut que je le vois pour obtenir des informations, des fois avec Gabriel, des fois sans lui.

En même temps j'ai connu à une réunion chez Carmen et Gerardo, un architecte qui travaille dans la construction d'un autre hôtel de luxe, il faut rappeler que sur cette deuxième étape de la construction de la zone hôtelière, on ne construisait que des hôtels de plus de 400 chambres de grand standing. Cet hôtel s'appelle le Coral Beach.

Il me dit de passer le voir, là aussi je vais faire plusieurs fois des salles d'attente avant de pouvoir être reçus par les dirigeants du chantier pour avoir accès aux plans pour pouvoir cotiser.

Je me rappelle encore toutes ces après-midi, où après avoir mangé avec Yvonne et les enfants je pars sur la zone hôtelière et je commence mes visites de mes possibles clients. D'abord le Conrad qui est le plus éloigné puis je passe voir le chef de maintenance de quelques hôtels et je termine par le Coral Beach. J'appelle par radio à l'atelier pour voir si tout vas bien et s'il n'y a pas de nouveauté et pour qu'ils ferment, et de même pour le bureau

Je rentre vers 7:30 content de retrouver la famille et désespéré de ne pas avancer.

Pendant ce temps, Roberto voulait sa part du terrain en argent. Au début quand j'avais fini de payer et lui n'avait pas donné sa part, je lui avais dit que sans problème il pouvait se construire sur la propriété une petite maison. Mais à la fin du chantier, il opta plutôt pour que je lui paye sa part. Donc je lui ai offert 20,000 dollars. Ce serait 8000 dollars plus une prime pour le chantier. Il était d'accord. Mais comme moi je n'avais pas de liquidités, il fallait que son ami, qui nous avait vendu, nous fasse officiellement les papiers pour que je puisse obtenir un prêt sous garantie, pour lui donner ses sous. Ils se mettent d'accord avec son ami, et celui-ci nous dit que sans aucun problème il allait s'occuper de nous faire ça.

Je ne sens pas du tout les concours de ces deux grands hôtels. Je sais très bien que les directeurs de chantier trouvent que je suis de trop. Ils acceptent mon dossier parce qu'ils ne peuvent pas faire autrement.

Le résultat du Conrad tombe le premier. Mon pote me téléphone pour me donner la nouvelle depuis Mexico. Je suis le moins cher, de près de 30 millions de pesos c'est à dire de plus de 20%, mais je n'ai pas été choisis parce que soit disant, il n' y a rien qui puisse garantir la qualité de mon travail, c'est le rapport du directeur du chantier. Il dit ça, lorsque à moins de 500 mètres de son hôtel il y a la plus grande palapa de Cancún construite par mon entreprise, plus des œuvres qui représentent plus de 10 fois celles pour lesquelles je suis en concurrence.

On dit qu'au Mexique le gouvernement est totalement corrompu, les gens du Club Med m'accusaient même d' avoir donné des pots-de-vin pour qu'ils me donnent le contrat, alors que je n'avais presque aucun contact avec eux. Et que c'était pour leur faire plaisir qu'ils m'avaient filer le boulot.

Mais le problème au Mexique, c'est que toute la société est corrompue, et comme l'économie est principalement du secteur privé, la corruption est d'avantage dans celui-ci.

Le pire c'est que la famille de Selene et Monica, les frangins qui soit disant voulaient m'aider, m'ont critiqué en disant que c'était ma faute, qu' il aurait fallu que j'invite le directeur du chantier dîner puis l' inviter à un cabaret et lui payer une prostituée, puis lui offrir une participation. Je n' ai jamais été comme cela.

Il m'arrive de manger ou boire avec des collègues de travail. Ou d'inviter des clients à manger, comme je l'ai fait avec ceux du Club Med ou les ingénieurs de Fonatur. Mais je ne vais jamais inviter à boire, où à sortir dans un cabaret, quelqu'un pour le corrompre. J'ai toujours détesté le truc d'aller chez les " putes " comme disent les machos mexicains, habitude très instaurée dans la société machiste mexicaine. Dans les affaires j'invitais les clients pour les remercier, pas pour les corrompre.

Pour l'hôtel Coral Beach, c'était un peu différent. Après avoir donné mon devis, quelques jours plus tard on me dit de le vérifier, c'est un des Ingénieurs qui me le dit, ce n'est pas le directeur du chantier, il le trouve trop bon marché et il a peur que je me plante, il préfère me le dire avant de le passer au chef. Je lui confirme que mon devis est bien vérifié. Je suis sûr qu' il veut que j'augmente mes prix pour qu' il soit refusé pour en bénéficier un autre.

Je vais passer plusieurs fois les jours suivants pour connaître les résultats.

À chaque fois, après des heures d'attente, ils me diront que c'est pas décidé, après que c'est remis à plus tard. A la fin, je vais apprendre que les œuvres sont en train d'être réalisées par un Palapero que je connais bien pour être très cher. Je suis écœurée.

Dans la zone hôtelière j'arrive encore à obtenir quelques contrats intéressants.

Par exemple des tables basses en acajou patiné et des incrustations en tôle de laiton très jolies et super design, pour le lobby d' un hôtel. La remodelación d'un restaurant dans un des nouveaux hôtels, mais on doit le faire par étape et de nuit, car le restaurant reste ouvert jusqu'à minuit. Mais ça devient de plus en plus difficile.

Roberto me met la pression pour que je lui donne son argent, je lui dit que c'est son pote qu' il faut pressionner. Enfin, il finit par nous donner rendez-vous à son bureau qui se trouve dans un bâtiment, que je vais finir par trop connaître, il a comme nom "edificio Madrid".

On lui explique la situation, on a besoin des papiers pour faire un crédit avec garantie sur la propriété pour que je puisse donner sa part à Roberto. Il envoie chercher un autre avocat qui est son ami et qui a son bureau dans le même bâtiment. Il s'appelle Rafael Corona et il le charge d'organiser les papiers.

Une semaine plus tard, il me téléphone pour me dire que les papiers sont prêts, et qu' il faut de l'argent pour le notaire et les impôts. C'est une grosse somme et je ne l'ai pas. Je me rappelle qu'à cette époque j'avais même le téléphone coupé.

Il faut que je demande de l'argent prêté et comme vous le savez, je déteste ça. Avec ma réputation ça va être dur. Mon frère n'a pas d'argent, Gerardo c'est inutile. Je vais donc téléphoner à mes amis à Mexico depuis la maison de Roberto.

Mane va accepter de me prêter l'argent, il me dira après, qu' il avait eu des regrets de ne pas me prêter de l'argent quand j'avais obtenu le contrat du club.

Je vais voir donc l'avocat Rafael et lui donne l'argent. Quelques jours plus tard, il m'appelle pour que j'aille signer. Il a dans son bureau le protocole d' un notaire de Mérida. Il m' explique que c'est beaucoup moins cher que de faire appel à un notaire de Cancun, il me donne mes reçus et je signe le protocole. Il m'annonce que Miguel Cardozo (celui qui me vend) n' est pas là pour le moment, mais qu' il va lui faire signer lorsqu'il arrivera. Après, il fera tout enregistré et me donnera mon titre de propriété.

Une semaine après, je lui téléphone pour voir où on en est. Il me répond qu'il manque un document pour pouvoir enregistrer le titre dans le registre public de la propriété (un peu comme le cadastre). Un mois passe, je rappelle, et on me dit que la propriété étant hypothéquée lorsque je l'ai acheté, d'ailleurs c'est pour cela que Miguel Cardozo nous l'a vendue, le papier pour libérer cette hypothèque prend du temps. Je ne me fâche pas, mais je me rends compte que je me suis fait avoir, d'abord parce que Miguel ne nous a jamais parlé de l'hypothèque et puis par Rafael qui m'a soutiré l'argent de l' opération avant que les papiers soient prêts. Roberto commence à me faire pression pour ses sous, mais je le renvoie à son pote qui ne respecte pas ses engagements. Il va soit disant lui faire un procès s'il ne nous donne pas les papiers immédiatement. Il parle beaucoup mais ne fait jamais rien.

Ça va nous prendre encore plus de trois mois. Rafael me dira plus tard la vérité.

Lorsque Miguel nous vend, effectivement la propriété est hypothéquée. Mais en plus cette hypothèque était pour une propriété plus grande, c'est-à-dire une superficie 5000 m2 que Miguel avait divisé en deux de 2500. Lorsqu' on lui achète, non seulement elle est hypothéquée, mais la division n' est pas encore faite légalement.

Donc lorsque je signe l'acte de propriété, ils ont dû lever l' hypothèque puis faire la division au cadastre et c'est tout ça qui a mis du temps.

Et c'est là que mes gros problèmes vont commencer. Je ne veux plus travailler pour les hôtels, qu'ils soient en construction ou en maintenance. Je veux travailler pour les particuliers, faire des meubles etc. Mais pour cela il me faut de l'argent. Donc j'ai beaucoup d'espoir pour hypothéquer la villa de la plage et ainsi obtenir un crédit pour payer Roberto et ouvrir un magasin de meubles.

Lorsque que Rafael me dit que c'est près, il m'avertit également que Miguel Cardozo n'a pas encore signé, donc je lui téléphone pour lui demander qu'est-ce qu'il attend pour le faire, et me dit qu'il lui faut l'autorisation de Roberto pour me signer le certificat d'achat à mon nom puisque le compromis de vente a été fait au nom des deux. Je trouve cela ridicule puisque c'est en présence de Roberto que l'on lui a dit que ça allait se faire en mon nom, puisque lui il n'avait pas réuni sa part, et que j'allais lui rembourser sa mise plus un extra. Mais je comprends peut être qu' il lui faut par écrit.

Je vais donc voir Roberto. Et lorsque je lui demande d'aller voir Cardozo pour lui autoriser qu'il signe, à ma grande surprise il me dit que non!

Les choses ont changé me dit-il, -"j'ai parlé avec Cardozo et il me dit que comme le compromis de vente est au nom des deux, j'ai donc le droit à la moitié de la propriété"- de quel droit lui je lui demande? Puisque c'est moi qui est presque tout payé- " c'est comme ça me dit il, si je lui dit de signer tu pourrais bien ne jamais me payer, il me faut une garantie et je veux la moitié" J'ai bon lui dire qu'il est en train de trahir la confiance que j'avais en lui, que je l'ai aidé en lui donnant du travail et surtout qu'il trahi l'amitié de Carmen et de Gerardo et que ce qu'il fait ça a un nom, et ça s'appelle du vol.

Je suis désespéré, je ne m'y attendais pas du tout. Je sais que c'est un coup de Cardozo, Roberto est trop con. Je n'ai pas d'avocat ni d'argent pour en embaucher un.
Un voisin, qui a une " taquerías" à côté, et que je connais bien, me présente un compagnon à lui, des alcooliques anonymes, qui est avocat et qui veut bien me conseiller.
D'abord il me dit que c'est très rare qu'il n'ait pas signé, car lorsque un notaire prête son protocole pour y déposer une écriture, il risque de grand ennuis si l' opération ne se réalise pas, puisqu'il ne peut l'utiliser que lorsque les signataires sont présents. Donc il pense qu' il a signé et que c'est pour me soutirer plus de sous. Donc il me demande juste ses frais pour aller à Mérida vérifier. Résultat il n'a vraiment pas signé.

À cette époque, au même moment, j'ai obtenu un contrat pour le club Med. Ce n'est pas pour l'hôtel de Cancun. A l'époque où le club Med c'est installé au Mexique, et c'est associé à FONATUR, à part des grands hôtels comme celui de Cancún, ils ont également construit de petits hôtels, d' une trentaine de chambres, à côté des sites archéologiques, appelées « Villas Arquelogicas ». Dans la région du Yucatán il y en avait deux, celle de Coba et celle de Chichén Itzá. Sur celle de Coba j'avais déjà meublé les deux suites présidentielles et la suite du chef du village, c'est aussi dans cette villa où j'avais trouvé du travail à Jeff, mon pote francais de l'hôtel Hyatt Cancún Caribe, car il y avait démissionné après l'ouragan. Et celle de Chichén Itzá, je la connaissais parce que l'on y avait été invité pour passer un week-end du 14 juillet avec les chefs français que l'on connaissait.

Il venait d'y avoir un changement de chef de village dans celle de Chichén Itzá. Les chefs de ces villages, à la différence des grands villages, comme celui de Cancún, étaient changés tous les deux ans, au lieu de tous les 6 mois. C'était d'ailleurs en général d'anciens chefs des grands villages qui n'avaient plus la force de faire des grosses saisons avec beaucoup de GO et on les envoyait dans ces petits hôtels avant de les mettre à la retraite. Donc ils aimaient bien faire des améliorations en arrivant pour être à leur aise pendant leur long séjour.
Celui-ci s'appellerait Fernand, il voulait agrandir la buanderie et modifier la boutique. Le problème c'est que FONATUR qui était également le propriétaire de ces petits hôtels ne voulait pas investir, donc Fernand voulait financer ces travaux avec son propre budget opérationnel. J'avais donc un budget assez serré, mais j'acceptais car j'avais très peu de travail. Ce n'était que du travail de maçonnerie, enfin presque tout, et comme le site est éloigné de tout et à deux heures de Cancún, Fernand me proposa de me loger à l'hôtel, et pour que je reste sur place il me permettrait de loger la famille le week-end, on mangerait également à l'hôtel. C'est surtout ça qui me convaincra. Pour le boulot je le fait faire par deux de mes employés qui étaient originaires d'un village pas trop loin de Chichén Itzá, de cette façon ils pouvaient loger chez eux. Le travail était très simple et je m'ennuyais, mais manger les trois repas au restaurant qui

était très bon c'était super, surtout le soir au bar. Les enfants et Yvonne profitaient du séjour et de la belle piscine.

J'avais pas du tout le moral quand même. En profitant de la proximité du site archéologique avec Mérida j'étais allé moi même voir le protocole du notaire, et effectivement il était bien là mais il manquait la signature de Cardozo.

Ce qui me fait chuter encore le moral, c'est lorsque IAN, qui avait vu un truc qui lui plaisait beaucoup dans la boutique de l'hôtel, et que je ne pu lui acheter, se mit à pleurer.

J'ai juré à ce moment-là de lui faire payer à Roberto son sale coup.

A la fin de ce petit chantier, dans lequel j'avais presque rien gagné, et de retour à Cancún, je suis allé voir un copain de mon beau-frère Marco Antonio, qui était avocat.

Il m'a dit que je pouvais bien sûr faire un procès car tous les paiements de ma part avait été fait par des chèques de mon compte personnel, mais il faudrait de l'argent et du temps, et je n'avais ni l'un ni l'autre. L'autre solution c'était de lui promettre de lui payer sa part après la signature de Cardozo. Mais il lui faudrait une garantie et il pense que la signature d'une traite ne sera pas suffisante pour eux, et il pourrait me demander de leur signer un document comme quoi j'ai reçu cet argent en dépôt de la part de Roberto, de cette façon si je ne lui paye pas sa part il pourrait me dénoncer pour vol. Autre solution lui donner un chèque pour qu'il l'encaisse après l'obtention du crédit, si le chèque est en bois c'est une fraude caractérisée. Donc je suis foutu, où je paye ce qu'ils veulent, ou je reste sans titre de propriété et du coup sans crédit. Tant que je n'aurais pas d'argent pour un procès.

Mais l'avocat me dit qu'il y a un petit détail que peu de gens connaissent, un chèque donné en paiement sans provisions est une fraude caractéristique et ça tombe dans le pénal. Mais un chèque donné non comme paiement, mais comme garantie de paiement, c'est très différent, car il est conditionné à une autre action qui doit se réaliser. Et juridiquement c'est plus difficile à faire valoir qu'une traite. Le problème c'est que Cardozo est avocat et est sûrement conscient de ce détail.

Je pense que c'est une solution, mais je dois attendre leur proposition, car si moi j'ai besoin d'argent, Roberto aussi, et moi au moins je suis en possession de la villa.

Deux mois sont passés depuis que j'ai dit à Roberto d'aller se faire foutre.

Enfin Cardozo m'appelle pour me donner rendez-vous à son bureau et que Roberto sera présent. Qu'il faut que je le comprenne de ne pas m'avoir signé le document, que s'il l'aurait fait Roberto aurait pu lui faire un procès. Tu parles! Pourquoi il n'a rien dit lorsque Roberto et moi somme allés le voir pour la première fois pour les papiers?

En arrivant à son bureau j'ai une envie folle de lui peté la gueule à ce Roberto, je n'ai jamais détesté aussi fort quelqu'un.

Cardozo fait le soi-disant médiateur impartial, comme si je ne savais pas que c'était lui qui est derrière tout ça. Il dit s'étonner que Rafael m'ai demandé le payement de tous les frais et qu'il veut juste éviter des problèmes, car lui ne sait rien de notre accord et qu'il a signé un contrat au nom des deux à 50%.

Je lui répond qu'il sait très bien qui a payé, puisque, à part les 8000 dollars de Roberto, les paiements suivants ont été faits avec des chèques à mon nom de mon compte en banque. Je demande à Roberto qu'il me dise pourquoi devrais-je lui donner la moitié de la propriété, car à part les 92000 dollars j'ai investi au moins 20,000 de plus dans la construction. Il me répond que c'est le fruit de son travail dans le chantier du Club Med. Je lui rit au nez, et lui fait savoir que je l'ai embauché juste pour faire un service à mes amis, et que la seule chose qu'il ait faite dans le chantier c'est d'être responsable de la catastrophe de l'installation du gaz à la grande Palapa qui avait failli tout faire brûler. Il commence par ne savoir quoi dire, et me propose que je lui donne 50,000 dollars. Donc, moins les 8000 qu'il a investi, ça vaudrait dire qu'il reçoit seulement 42,000. Je refuse également bien sûr et j'insiste que ma première proposition de 20,000 dollars est déjà généreuse.

Comme ils ne veulent rien entendre, je commence à me lever en leur disant qu'ils s'attendent à recevoir une notification du juge puisque je leur vait faire un procès.

A ce moment là, Cardozo se lève et me demande la permission de s'entretenir à huis clos dans la pièce à côté avec Roberto, bien sûr j'accepte, et je rigole bien dans mon intérieur, car ce seul geste démontre l'hypocrisie de là soit disant impartialité de Cardozo. Ils s'entretiennent une dizaine de minutes et reviennent. La proposition de Roberto descend à 40,000. Je refuse catégoriquement et leur dit que je ne passerai pas de 30,000 et c'est déjà un vol. Cardozo lui fait un signe de la tête d'accepter. Et il obéit. Donc on décide de prendre un rendez-vous avec le notaire à Mérida, là Cardozo me signera le titre de propriété, et moi je donnerais un chèque pour les 30,000 dollars en garantie, a encaissé une fois le crédit obtenu.

Il s'agit de jouer serré, car si je le peux, je ne vais rien lui payer.

Cardozo veut que je signe à Roberto un papier comme quoi j'ai reçu de sa part les 30,000 dollars. Mais je sais que si je fais cela, Roberto peut me réclamer à n'importe quel moment cet argent et si je ne le lui donne pas, il peut me faire un procès pénal. Je me suis bien renseigné, donc je refuse et lui dit que je n'ai aucune confiance en Roberto car il peut très bien ne pas vouloir attendre le crédit. Je reste donc sur le chèque.

On fixe donc une date. Et quelques jours après, Roberto passe me chercher et on va à Mérida. Une fois chez le notaire, Cardozo se fait un peu attendre, donc on profite avec la secrétaire pour qu'elle fasse un reçu comme quoi Roberto a reçu de ma part un chèque de 180,000 pesos (équivalent à l'époque des 30,000 dollars) en garantie de paiement une fois que j'aurai mis en hypothèque la propriété. C'est moi qui lui dicte et Roberto est d'accord. Cardozo arrive enfin, il a une belle gueule de bois. Il s'excuse. On lui apporte le protocole du notaire pour qu'il signe à côté de ma signature faite déjà depuis plusieurs mois. Il lit le reçu du chèque, voit le chèque, et j'ai peur qu'il veuille y changer le texte. Surtout que le mot garantie soit enlevé. Mais non, il a trop la gueule de bois pour réfléchir. Il hésite quand même à signer, en disant que c'est beaucoup d'argent, mais il signe.

Pendant tout le trajet de retour avec Roberto, on bavarde de n'importe quoi, je le vois très confiant. Mais moi je ne pense, à ce moment-là, qu'à l'écriture de ma propriété que j'ai dans les mains, et du papier signé par lui qui dit qu'il a reçu le chèque en garantie de paiement, et non comme paiement.

J'avais déjà commencé à traiter avec une sorte de courtier pour m'aider à trouver un crédit auprès des banques en hypothéquant l'édifice ou la propriété de Playa del Secreto lorsque j'aurai les papiers.

C'était un mec assez sympa, à peu près de mon âge, un peu plus âgé. Il venait d'une famille de la bourgeoisie de Guanajuato, la plus belle ville de l'époque coloniale au Mexique.

Mon projet était de laisser tomber la maintenance des hôtels et la construction, j'en avais marre de tous ces ingénieurs et des architectes corrompus. Je voulais faire des meubles et ouvrir une sorte de boutique où je les vendrais. Il y aurait aussi des articles de décoration, comme des lampes, des tableaux, des étagères etc. Et je revendrai même de l'artisanat de tout le Mexique. Je voulais transformer l'édifice en un grand bazar. Tout l'espace serait utilisé. Les chambres d'en bas, l'une resterait l'habitation d'Alfonso et sa femme. Qui ferait office de gardien, bien que Alfonso continuerait à travailler à l'atelier. La cuisine d'en bas serait la caisse. Et les deux étages supérieurs seraient pour les articles de décoration et d'artisanat. Sur le toit des bureaux j'allais mettre des graviers et une structure en fer pour supporter un store imperméable.
Les français venaient d'inventer un tissus acrylique qui supportait tout , soleil , eau, et gardait parfaitement ses couleurs et très résistant, un peu cher d'ailleurs. Et sur cet espace on mettrait la plupart des meubles. Pour y accéder je prolongeait le toit des bureaux du côté droit de l'édifice et on construisit un grand escalier qui montait depuis le jardin.
De cette façon, la cuisine de l'appartement du premier étage, qui était la cuisine que l'on utilisait, se retrouvait au milieu et avait accès de deux côtés. Donc sur le toit que j'avais prolongé, on mit quatre petites tables faites avec des troncs d'arbre et des petits bancs similaires. Et je créais de cette façon une petite cafétéria au centre du magasin, on y vendait des sandwichs, des jus et du café. J'avais acheté tout l'équipement nécessaire à mon voisin qui venait de fermer un petit négoce de vente de jus.

Il fallait que ça marche pour que je puisse rembourser le prêt. J'étais dans une situation difficile, très peu de travail. J'avais déjà dû me défaire de la voiture sportive d'Yvonne une fin d'année pour pouvoir payer le treizième mois des employés. L'année suivante fut la mienne. La Renault 18, je l'avais donné en paiement à un des Palapero, la Ford galaxie je l'avais soit disant vendu à Miguel, mon voisin, car il ne l'acceptait pas en cadeau, mais ne me la payait pas non plus. Ma première combi, qui avait brûlé, le jour où elle sortait de l'atelier, mon comptable a eu un accident avec une Jeep, et comme il était responsable de l'accident, j'ai dû la donner à l'autre conducteur pour les réparations de sa Jeep. La pick up Nissan neuve et celle qu' utilisait Roberto, je l'ai changée contre un camion de trois tonnes d'occasion. Il me restait la combi, la pickup Ford et une petite Nissan que j'achetais au même voisin qui avait fait faillite dans la vente de jus. Le terrain de Punta Brava je l'avais également vendu, il ne valait pas grand- chose mais il me permit de commencer mon projet.

Comme les discussions avec mes deux banques avançaient, je voulais accélérer mon projet. Mon courtier, qui s'appelait Jorge, avait des techniques très à la mexicaine pour faire les affaires. Il fallait que j'invite son pote qui était gérant d'une des banques, plusieurs fois manger à la villa de la plage. D'autre fois c'est allé aux bars boire, puis après l'emmener dans une boîte de nuit. D'autre fois payer un restaurant. Ils étaient sympa, mais je détestais cela. Donc lorsque j'ai eu les papiers, je suis allé voir un prêteur sur gages. C'était un gros risque. Mais j'étais sûr que Jorge réussirais à obtenir les prêts, comme beaucoup des habitants de Cancun il était dans la merde financièrement, et avait énormément besoin de sa commission.

Mon projet avançait. J'avais arrêté de chercher du travail pour l'atelier. Avec mes employés j'étais arrivé à un accord. Plus de salaire, mais je les laissais travailler dans l'atelier avec mon équipement et avoir leurs propres clients. Comme on avait pignon sur rue, et c'était une zone d'ateliers, il y avait quelques particuliers qui demandaient des petits travaux. Et eux me payaient une commission ou me fabriquaient des meubles dont j'avais besoin.

J'avais créé une ligne de meubles d'un style rustique avec des détails patinés en couleurs vert turquoise. Le bois, au lieu de l'acheter neuf, je recyclais des stocks qui avaient servis dans la construction pour le moulage de toitures ou de colonnes en ciment. Ce bois était gratuit, les ingénieurs et architectes payaient des fois pour que l'on les en débarrasse. Le seul problème c'est qu'il fallait faire attention aux nombreux clous qui venaient avec, pour ne pas esquinter les machines.

Je passais donc mon temps à obtenir les crédits, monter mon projet et créer mes meubles et objets de décoration.

Table de salle à manger
Table en bois de construction de récupération, détails des pieds en tôle de laiton et rainures patinées en vert. Support pour vitre de 6mm.

Un samedi soir, ou on était en train de faire la fête dans la palapa de Playa Secreto qui était à la limite de la plage et du terrain du voisin, le mari de la fille du propriétaire vient boire un coup avec nous. Je l'avais vue plusieurs fois de loin, mais je n'étais jamais rentré en contact avec lui. Il s'appelle Sergio Vidal.

C'était un avocat originaire de Guadalajara, mais qui fessait des affaires a Cancún depuis sa création. Et il s'était installé définitivement à Cancún et avait monté un cabinet avec un autre avocat, originaire aussi de Guadalajara, qu'il connaissait depuis très longtemps. Cet avocat, son associé, était réputé être excellent, le meilleur de Cancún selon lui. Il avait d'ailleurs été à l'époque du commencement de Cancún, le directeur juridique de FONATUR.

Je lui fit part de mon problème avec Roberto et Cardozo, et lui raconta toute l'histoire.

Ça ne lui étonna pas du tout, il connaissait Cardozo et toute l'histoire des terrains de Playa Del Secreto et les fraudes qui sont arrivés avec.

Lui et son associé avaient une dent contre Cardozo, car sur une affaire de terrains près de Pta Brava, il avait arnaqué un client à eux.

Comme le crédit n'allait plus tarder à être autorisé, et il allait falloir, soit payer ce salaud de Roberto, soit l'affronter dans les tribunaux. J'allais donc dans la semaine rendre visite à cet avocat à son cabinet.

Comme il était absent, ce fut son associé Jesus Gonzalez Zaragoza qui me reçut, le génial avocat. Je lui décrit toute la situation et lui fait part de ma stratégie du chèque donné en garantie de paiement. Il me confirme que ce n'est pas une situation de fraude.

Je réfléchis encore quelques jours à la stratégie à suivre et je reviens les voir pour plus de conseils. Cette fois-ci ils sont tous les deux. Et après quelques discussions, Sergio me propose de leur payer 3000 dollars et ils se charge de me défendre dans les tribunaux de façon à que je n'ai jamais l'obligation de payer un sous à Roberto.

Je leur donne donc un chèque avec l'équivalent en pesos pour qu'ils encaissent lorsque l'argent du crédit sera sur le compte.

Je voudrai ici ouvrir une parenthèse pour essayer de voir comment un type comme Roberto, qui lorsque tu l'as côtoyé, est assez sympa, ce n'est pas un méchant, assez généreux et serviable. Puisse faire une telle saloperie; de même que Cardozo.

L'Éducation…..coopération ou concurrence.

Si on veut un changement, c'est dans l'éducation qu'il doit s'opérer. Notre éducation est basée sur la concurrence, pas sur la coopération.

On note les élèves, même si le type de notation a changé à plusieurs reprises, et diffère d'un pays à l'autre, la note te dit que tu es moins bon que l'autre ou meilleur, en plus de te donner une soit disant valeur sur la connaissance de la matière ou le sujet enseigné. En plus de la note, en général celle ci est comparée à la moyenne du groupe ou de la classe, ce qui classe immédiatement l'élève soit dans ceux qui tire vers le bas le groupe soit dans ceux qui le valorise.

Donc cela n'oblige pas à être bon, mais plutôt à être meilleur que l'autre. Un élève qui a obtenu 20/20 ne vas pas être aussi fier de sa note si la moyenne de la classe est de 19/20 que si elle est de 10/20. De même, un autre élève qui a eu 5/20 ne sera pas aussi déçu si la moyenne est de 6/20 que si elle est de 10/20.

Obliger une personne à être meilleur ou plus forte qu'une autre ne sert pas l'harmonie sociale. Surtout lorsque, comme je l'ai déjà répété plusieurs fois auparavant, on n'a pas tous les mêmes chances, et la méritocratie étant faussée, elle ne peut être la base de notre éducation.

Au lieu de noter chaque individu et de le comparer aux autres, il faudrait évaluer le groupe, sans pour autant le comparer à un autre groupe. Par exemple, dans un groupe de 20 élèves il y aura ceux qui sont bons en math, ceux qui sont bons en français (rédaction , grammaire, orthographe etc) et ceux qui sont bons en technologies etc. On leur donne un problème à résoudre, construire une maquette d'un pont suspendu, en faire une description de l'œuvre et de sa réalisation. Les bons en maths feront les calculs des matériaux et structures, les bons en technologies le construiront et les bons en français feront les rapports, les bons en sociologies organisent et coordonnent tout le monde. Personne ne se sentira supérieur à l'autre et chacun se sentira indispensable, et si la maquette et description sont réussies tous en seront fiers, si elle est ratée tous se sentiront déçus. Dans une classe noté individuellement, il y aurait eu ceux qui auraient réussi les calculs mais ratés la construction et à l'inverse. Il peut y avoir une exception, et un petit génie aurait tout réussi, mais c'est beaucoup moins probable que la réussite du groupe. En fomentant la Coopération et l'entraide on est plus fort, tout en acceptant nos différences et nos différentes capacités, on a toujours besoin de l'autre. Einstein avait aussi besoin de quelqu'un qui fabrique ses vêtements et sa nourriture, s'il avait dû le faire lui-même, pas sûr qu'il ait découvert quoi que ce soit.

On devrait d'ailleurs changer les priorités de l'enseignement. Pour l'instant les priorités sont d'apprendre à compter et à écrire dans sa langue. Je ne comprends pas du tout ces priorités. Compter c'est peut être important, mais ce qui est important dans les mathématique, ce n'est pas tellement le fait de savoir résoudre une équation que le fait que les mathématiques nous forme un esprit logique et une discipline dans la résolution des problèmes, donc enseignons celle-ci de façon à obtenir ce résultat plutôt qu'un résultat de connaissance. Savoir écrire dans sa langue sans faire de faute d'orthographe, c'est ce qui est demandé à l'élève actuellement. Pour quel intérêt? Si vous ne faites pas de faute, celui qui vous lit va déduire que vous êtes une personne cultivée. C'est d'ailleurs pour cela que l'on a toujours voulu compliquer plus que nécessaire l'orthographe, ainsi on pouvait différencier très facilement une personne éduquée d'une autre, surtout de la part des classes supérieures, toujours plus éduqués car ayant accès à l'école. Mais ce n'est pas tellement le fait de bien s'exprimer à l'écrit qui devrait être important, sinon le fait de communiquer avec autrui et avec le reste de la société, de façon à exprimer clairement ses idées et de comprendre respectueusement celles des autres. L'enseignement de l'esprit critique doit être la principale matière enseignée et cela depuis le plus jeune âge.

Les inégalités de naissances se creusent à l'école actuellement. Les enfants rentrent à l'école avec un capital culturel très inégalitaire. Un enfant dont ses parents et ses grands-parents ont déjà fait des études supérieures, est habitué à écouter des phrases bien construites, à entendre parler de culture, de théâtre, de cinéma, à aller aux musées. Il voyage, à accès à une nourriture saine etc. Et le pire c'est que l'on fait croire à ces enfants qu'ils méritent ces privilèges.

C'est urgent que l'école, au lieux d'augmenter ces inégalités en évaluant sur les mêmes critères des élèves qui n'ont pas les mêmes moyens, devrait équilibrer leurs chance en leur offrant plus d'effort pédagogique, c'est à dire, leur donner à l'école ce qu'ils n'ont pas reçu à la maison. C'est comme si dans une course de 100 m, vous avez des athlètes qui courent pieds nus, sans entraînement et sans star block, et d'autres qui courent avec tout l'équipement et un super entraîneur. Et qu'à la fin vous déclarez que les meilleurs ont gagné.

À part les autres matières que l'on doit enseigner, telles que l'histoire, la géographie, les sciences humaines, la philosophie, les technologies et autres sciences. Il y a une matière très importante qui est complètement oubliée, car elle était auparavant enseignée à la maison, et qui ne l'ai plus à cause des changements dans la société que je ne traiterai pas ici. C'est donner des cours de cuisine ! La nourriture est la base de notre vie. Et on ne sait plus cuisiner! Et si on ne sait plus cuisiner, on dépend des entreprises, restaurants, cantine et producteurs alimentaires qui nous empoisonnent.
Il suffirait de deux heures de cuisine par semaine. On pourrait enseigner dans ces cours l'origine des aliments, leur histoire, la façon de les produire, les caractéristiques de chacun, leur bien fait dans notre santé, puis au moment de les cuisiner on pourra démontrer l'importance et le plaisir de la coopération pour réussir un bon plat, puis la joie de partager la récompense en mangeant ensemble.

On croit, ou du moins plusieurs le pense, que la guerre a fait faire des progrès tecnologiques à l'humanité, dans la medicine, dans l'aviation, dans l'énergie etc.
Comme la découverte des antibiotiques ou l'invention des radars. On croit à la concurrence pour nous rendre meilleur. Mais si c'est vrai que des progrès ont eu lieu pendant ces épisodes, ils ne sont pas dus à ce que l'on devient plus créatif, c'est juste que l'on y met plus de moyens. Par exemple, plusieurs des dernières technologies ont été inventées par le pentagone, comme internet, les écrans plats, GPS etc. Mais ce n'est pas parce que les USA sont en guerre, sinon parce qu'ils ont des crédits illimités.
Mais par contre, énormément d'études et de progrès n'ont pu et ne peuvent se faire sans coopération entre plusieurs nations.
Quelques exemples, le GATE (Général Atlantic Tropical Experiment) auquel j'ai participé, la station spatiale internationale, le GIEC, L'accélérateur de particules etc.

Mais à cause du nationalisme et de la violence interne aux sociétés, depuis quelques décennies " la guerre de tous contre tous" a été remise au premier plan: une société, une nation, voire une union de nations, ne doit plus fonctionner selon le principe de solidarité, et comme une communauté de citoyens. Mais selon la concurrence libre et non faussée qui, dans le droit fil du philosophe anglais Adam Smith à la fin du XVIII siècle serait la seule capable de porter le bien être, chacun rivalisant avec son voisin pour produire les biens et les services les meilleurs et au moindre prix, ce qui, on peut le constater, ne marche pas, ne serait que par manque d'une information complète, puisque les inégalités se creusent.

Tout le monde connaît l'entreprise Walmart, qui a un modèle qui compresse les salaires et qui a une grande responsabilité dans le phénomène des travailleurs pauvres des E.U. Mais si Walmart avait une organisation socialiste?

C'est ce que s'est posé comme question l'intellectuel Frédéric Jameson dans un texte en 2005. Au début du XX siècle l'économiste Von Mises disait que les systèmes de planification socialiste étaient incapables de savoir quoi produire, quelle quantité et quand. Ce système ne provoquerait que pénurie et famines. Pour lui le seul prix du marché refléterait à la fois l'état de l'offre et de la demande pour chaque ressource, le coût des entrants, l'évolution des goûts des acheteurs « le socialisme fonctionne en théorie, pas dans la vraie vie ».

Mais Walmart va démontrer le contraire. Samuel Walton a ouvert sa première boutique Wal-Mart Discount City, a Rogers, dans l'Arkansas en 1962, le 2 juillet. Depuis son entreprise est devenue la plus grande du monde. Depuis sa création, elle affiche un taux de croissance annuel moyen de 8%. Premier employeur privé du monde, elle pèse aussi lourd que la Suède ou la Suisse. Les entreprises de Walmart opèrent bien sûr sur des marchés, mais en interne elles opèrent dans les grands principes de la planification. Les divisions, boutiques, camions, fournisseurs ne sont pas en concurrence les uns avec les autres, tout est coordonné. C'est un modèle d'économie planifié presque à l'échelle de celle de l'URSS, en 1970 le PIB de celle-ci atteignait environ 800 milliards de dollars actuels contre 485 milliard pour Walmart en 2017. Si les conservateurs comme Miles avaient raison, Walmart n'existerait pas.

Je ne vais pas rentrer dans les détails, car il existe beaucoup de technicité dans la chaîne de commercialisation du fournisseur au client, il s'agit de gérer des stocks ni trop importants ni trop faibles. Par exemple, un magasin se trouve sans stock, donc il réajuste ses commandes auprès du distributeur, celui-ci fait de même auprès du revendeur en gros et puis celui-ci au fabricant. Mais à chaque étape la variation enfle à cause du stock de sécurité. On estime qu'un ajustement de 5% à la demande devient de 40% au producteur. Grâce au partage de l'information en temps réel cela n'arrive pas chez Walmart. Si Walmart met beaucoup de pression envers ses fournisseurs pour obtenir les prix qu'elle décide, ils ont d'autres avantages. Le premier c'est que le groupe met en place des partenariats de long terme, impliquant d'importants volumes, avec la plupart de ses fournisseurs, il en découle un niveau de transparence et de planification qui réduit les frais de marketing, d'inventaires, de logistique et de transports pour l'ensemble des acteurs. L'allocation des ressources au sein de l'immense réseau de fournisseurs de hangars et de magasins de la société nous conduit à considérer l'ensemble comme une seule et même entité.

Walmart bien sûr utilise toutes les nouvelles technologies pour sa planification. C'est la première à avoir utilisé les codes barre. Elle a une gigantesque base de données, Retail Link connecté par satellite. Celle-ci permet à tous les acteurs un accès en temps réel sur les ventes, compilées par les caisses enregistreuses. C'est bien une planification économique à grande échelle.

En contre exemple on peut comparer avec ce qui est arrivé à un des concurrents de Walmart, l'entreprise Sears Roebuck and Company, fondée il y a 130 ans. Celle-ci s'est effondrée par là décision du président directeur général Edward Lambert de désagréger les divisions de la société dans l'optique de les mettre en concurrence et de créer un marché interne. D'un point de vue capitaliste, l'opération semble sensée puisque les chefs d'entreprise ne cessent de répéter que le marché est la source de la richesse dans la société moderne.

Mais les services informatiques, le marketing et les ressources humaines doivent fonctionner de façon autonome, chacun se facture ses services, mais d'autres préfèrent faire appel à des prestataires extérieurs, donc en voulant améliorer le bilan financier de la société on détériore ceux du groupe en son ensemble.

A la fin, chaque entité prend le large ne voyant plus aucun intérêt à l'intégration au sein du même groupe. Certaines quittent le navire, d'autres s'effondrent. Le modèle concurrentiel a échoué.

On a appris, ou du moins on a voulu croire que la théorie de l'évolution de Darwin, c'est-à-dire la sélection naturelle, bénéficie au plus fort. Si c'est vrai que les individus qui ont obtenu une modification de leur gènes qui les rendent plus aptes, survivront aux autres. Cela ne veut pas dire que ce changement soit de le rendre plus fort ou plus rapide de façon à le mettre en compétition avec un autre individu de la même espèce.

La survie d'une espèce ne dépend pas de la compétition entre individus de celle-ci, ni avec une autre espèce, ou exceptionnellement.

Par exemple un loup mâle, que ses caractéristiques obtenu par naissance, vont lui permettre de devenir le mâle Alpha du troupeau, et qui va faire hériter celle-ci à ses descendants. Cette sélection naturelle de ses gènes n'est pas faite pour le bénéficier lui, mais pour lui permettre de prendre le rôle du mâle Alpha nécessaire à la survie du troupeau. Si ces caractéristiques n'étaient sélectionnées que pour le bénéficier lui individuellement, il n'y aurait aucun avantage pour l'espèce et celle-ci disparaîtra.

Plus les études avancent en éthologie, et plus on découvre l'importance de la coopération inter espèces et entre espèces. L'empathie joue également un très grand rôle entre individus et entre espèces.

Et on ne parle pas seulement des animaux, chaque jour on découvre davantage de coopération dans le monde végétal. Et surtout entre les différents règnes. Entre le végétaux et le fungi, comment les arbres communiquent entre eux grâce à des champignons. La coopération entre insectes et plantes. Et surtout pour nous, entre notre biotique et nous mêmes. Sans certaines bactéries, nos bébés ne pourraient pas digérer les sucres du lait maternel !!!!

Les grandes disparitions d'espèces ne sont pas du, ou très rarement à la compétition entre espèces dans un milieu stable, celle-ci rentre en compétition lorsqu'il y a un changement. Par exemple lorsque deux niches écologiques auparavant séparées sont réunies. Comme lorsque une île se rattache au continent par la descente des eaux.

 La plupart des disparitions sont dues à des bouleversements du milieu où elles habitaient, très souvent par des changements climatiques au niveau planétaire provoqués par différentes causes. Plusieurs espèces disparaissent, mais de nouvelles surgissent pour occuper la niche écologique laissée vide, mais pas pour rentrer en compétition avec celles qui ont survécu.

Un cas très particulier d'espèces disparues est le cas des grands mammifères.

Il en existait encore il n'y a pas très longtemps, 15,000 ou 20,000 ans, plusieurs espèces de grands mammifères, en Europe, Australie et Amérique du Nord, comme les mammouths. Mais la conquête d'homo sapiens de ces territoires a fait que celui-ci les extermines. Ces espèces

qui n'avaient pas de grand prédateur, avaient une stratégie de reproduction très lente, du type
« r » c'est a dire, un petit nombre d'individus dans chaque portée , gestation très lente et
espacée dans le temps. Ce qui ne permet pas d'équilibrer, le nombre d'individus chassés
par l'homme, par les naissances.
C'est d'ailleurs peut-être une des raisons qui ont poussé l'homme à domestiquer des espèces
d'animaux de façon à pouvoir satisfaire ses besoins en viande.

Donc l'éducation que Roberto a reçu, comme la grande majorité des gens, le pousse plutôt à s'enrichir au dépend des autres, plutôt que de chercher à obtenir le meilleur pour lui, mais sans porter préjudice a autrui. Les gens peuvent être très sympathique, chaleureux et sois disant serviteur et généreux, tant qu'ils ne sentent pas qu'ils y perdent quelques chose.

Noël approche et le crédit ne va pas tarder à être débloqué, l'argent que m'a prêté le prêteur sur gages m'a permis de finir de préparer l'édifice qui deviendra boutique.
Celui qui finira par m'aider à débloquer le crédit c'est le même prêteur, comme il est en très bonne relation avec le gérant de la banque, car avec tout l'argent qu'il brasse il est un très bon client de celle-ci.

Au moment où l'argent est sur mon compte, je vais voir les avocats pour leur dire d'encaisser le chèque, et de se préparer, car je vais annoncer à Roberto que je ne vais pas honorer son chèque.
Je paye immédiatement le prêteur, et plusieurs dettes que je commence à accumuler. Je donne aussi de l'argent à mon courtier pour finir de payer le crédit de l'édifice. J'achète également une combi toute neuve, car la dernière est foutue.

Nous nous sommes donc installés à la villa de Secreto pour y habiter, pour les enfants c'est superbe.
Le seul problème c'est qu'il faut se lever très tôt le matin pour emmener les enfants à l'école. Je les réveille à 6 heures du matin, la rentrée est à 7 heures et comme il n'y a pas de trafic je ne mets que 40 minutes. Pour aller les chercher c'est Abraham le gardien de playa del Secreto qui vient les chercher avec Yvonne. De cette façon je peux rester à Cancún et je ne rentre que le soir.
À Roberto qui est venu me voir, je lui ai dit que j'étais désolé, mais que je ne pouvais pas lui payer car le prêteur sur gages m'avait fait une fraude et que je n'avais plus d'argent, et que je devais arranger le problème avec mes avocats, et le tiendrai au courant.

Une semaine avant Noël j'ai reçu la convocation de la police pour me rendre à l'équivalent de la gendarmerie au Mexique pour répondre à une dénonciation pour fraude. Le jour même je vait voir les avocats, ils me disent d'attendre la seconde convocation, pendant qu'ils préparent un document qui me protège contre toutes actions à mon encontre de la police tant que je n'ai pas été jugé. La seconde convocation arrive le même jour pour que je me présente le lendemain matin de bonne heure.

Jesus l'avocat, va prendre l'avion le lendemain pour passer Noël avec les siens à Guadalajara. Je vais rester toute l'après-midi de ce jour-là avec lui au bureau pendant que Sergio se charge de faire circuler le papier me protégeant dans tous les bureaux officiels de justice et police. On avait déjà eu une très bonne approche, mais à partir de cet après-midi on va très bien s'entendre, et ça m'inspire énormément de confiance. Avant de partir, il me donne même une petite avance pour que je lui adapte un bureau dans un local dans une zone commerciale de la zone hôtelière.

Le lendemain je me présente à la police accompagné de mon avocat Sergio, puisque Jesus n'est pas là. Je ne la mène pas large, bien que j'ai confiance en Jesus. Je suis extrêmement nerveux car au moment où l'agent du ministère public va me demander pourquoi je n'honore pas ce chèque, je vais officiellement nier que je dois quelque chose à Roberto. Et c'est ce que je fais, je dit qu'effectivement que j'ai donné ce chèque à Roberto mais en garantie pour un paiement d'une opération qui ne s'est jamais réalisée, et je nie la dette. Roberto qui est présent avec son avocat n'en croit pas ses oreilles. Ils s'attendaient à ce que je demande un report de la dette ou un échelonnement.

Le policier est aussi étonné. Mais ils ne peuvent rien faire, pour l'instant il n'y a aucune dénonciation officielle, l'avocat de Roberto a voulu surtout me faire peur.

L'agent me dit de toute façon de ne pas sortir de l'état pendant qu'un procès contre moi se met en place. Ce que j'ai gagné à faire tout ça, c'est d'obligé à Roberto

à que ce soit lui qui fasse les frais de la procédure. C'est à lui de démontrer que c'est une fraude, et pour cela il doit démontrer que j'ai obtenu un bénéfice en contrepartie du chèque. Donc on pense qu'il va plutôt oublier le pénal et m'attaquer au civil.

Ce soir là on a une grosse fête à la villa de la plage, j'ai été tellement tendu depuis les derniers jours que je vais me défouler comme peut de fois je l'ai fait, alcool, marihuana, cocaïne, ... etc.

Noël est passé, ce fut un chouette Noël passé à la plage, j'ai fait de jolie cadeaux aux enfants, je leur ai acheté des voitures électriques, sortes de jeeps. Ça faisait un bout de temps que je ne les gâtais pas. Je me suis également acheté un téléphone portable, ou plutôt deux, ils viennent tout juste de sortir. Un c'est pour moi et l'autre pour la maison, j'ai besoin d'être bien communiqué et la radio ne passe pas bien des fois.

Roberto n'a pour l'instant pas encore fait ce procès, je suis presque sûr qu'il est allé passer les fêtes en Espagne. Mon projet avance, j'ai hypothéqué également l'édifice pour pouvoir acheter toutes les marchandises pour le magasin qui va s'appeler « El Bazar ».

Le lendemain du jour où je signe le crédit avec la banque, Alfonso m'appelle pour me dire qu'un document officiel a été déposé au magasin. C'est l' accusation de Roberto.

Il me fait le procès au civil comme une affaire mercantile et demande au juge de me saisir l'édifice pour garantir le paiement du chèque. Je vais immédiatement voir le notaire ou j'ai signé l'hypothèque, et demande à un des clercs si l'avis préventif a bien été envoyé au registre public. Le registre public de la propriété est au Mexique une institution où sont enregistrées tous les titres de propriété, les hypothèques, ou également les saisies. Donc lorsqu' une opération va se faire sur une propriété, soit une vente ou une hypothèque, le notaire avant de procéder , envoie un avis préventif, de façon à bloquer toute autre opération qui pourrait se faire en simultanée.

Mon hypothèque n'est pas encore inscrite, car il faut au moins un mois pour payer les impôts et taxes, mais l'avis a bien été envoyé ce jour même . Donc pour que l'avocat de Roberto ait demandé la saisie de l'édifice c'est qu'il a vérifier que rien n'y était inscrit, mais il a commis l'erreur de ne pas aller inscrire la saisie ordonné par le juge avant de me notifier, de cette façon l'hypothèque de la banque passe en premier, avant la saisi. Lorsque l'avocat va vouloir l'enregistrer il va se rendre compte qu'il s'est fait devancer. Il va piquer une drôle de colère et va traiter le notaire de vendu. Il ne peuvent plus me saisir puisque la banque est prioritaire sur ma propriété.

Le procès va commencer, la preuve de Roberto c'est le chèque, la mienne c'est le reçu signé de sa main comme quoi il a reçu ce chèque, non pas en paiement, mais en garantie de paiement suite à un acte qui devait se produire.
Il va nier l'avoir signé et on va commencer un long processus avec expertise etc.

La banque vas me faire des problèmes pour me virer l'argent sur mon compte, à cause de la saisie, mais je vais leur montrer par avocats intermédiaire qu'ils n'ont aucun soucis à se faire, mais je vais réussir à que le gérant me vire au moins une partie pour que je puisse aller acheter l'artisanat que je vais vendre.
J'ai déjà tout préparé. Je vais partir en avion jusqu'à Guanajuato d'où est la famille de mon courtier. Un de ses frères va aller me chercher et va me présenter plusieurs fabriquant, Guanajuato est une grande región productrice d'artisanat. Un de ses frères produit de la vaisselle faite et peint à la main, très jolie, d'une grande qualité.
Le soir ou j'arrive à Guanajuato et que m'ont laissé à l'hôtel. Je vais sentir une énorme paix. Je suis seul dans le restaurant de l'hôtel en train de boire un téquila en apéro avant le dîner, et je me sens pour la première fois, depuis très très longtemps, tranquille, content..pas heureux mais satisfait. Je crois, et je sens que la tempête est passée. En plus, Yvonne est de nouveau enceinte.

Victor, mon chef d'achat, et le chauffeur de mon camion on fait la route sur celui-ci, pour pouvoir charger tous mes achats et ils m'ont rejoint à Guanajuato. Je fait acheter de la vaisselle et des pierres taillées aux frères de Jorge, mon courtier. Puis je vais descendre à San Miguel de Allende pour acheter des pièces en papier mâché et en laiton, je vais passer à Dolores Hidalgo pour acheter de la poterie appelée Talavera, je vais passer à Tequisquiapan dire bonjour à mes parents. Je vais y acheter des paniers en rotin. Toujours en descendant je passe à Mexico et je vais au grand marché de l'artisanat où j'achète des aquarelles, des vêtements artisanaux, et plusieurs pièces fabriquées dans toutes la république. Dernière escale à Oaxaca, où je vais acheter des pièces en terre cuite noire, unique au monde et des tapis très connus.

Tout était prêt enfin pour ouvrir notre magasin « El Bazar ». Il y avait nos meubles, des salles à manger, des buffets, des commodes, des têtes de lits, des bureaux etc. De l'artisanat de presque tout le Mexique, des tapis, des tableaux, j'avais encadré les aquarelles et des tapisseries péruviennes et mexicaines, et mis en vente les vêtements pour pays chauds. Trois étages et le toit des bureaux bien remplis de marchandises, plus la petite cafétéria avec 4 tables.

On a fait une belle inauguration. Ce fut un succès, l'inauguration, mais à part un premier mois potable, les ventes ne furent pas les souhaitées.

Un gros problème auquel je n'y avais pas pensé, la boutique était trop grande, trois étages, donc il me fallait trois vendeuses ce qui fait élever les coûts. Je dépensais une fortune en publicité, espérant ramener du monde. Bien que l'édifice était sur une avenue, ce n'était pas une zone où il y avait beaucoup de commerce à l'époque.

Une autre mauvaise surprise fut que, bien que j'avais acheté à de très bon prix, et que les meubles étaient de ma production, je me rendis compte que les habitants de Cancún n'avaient pas un grand pouvoir d'achat. Si les hôtels commençaient à être une nouvelle fois pleins, ils n'étaient pas remplis avec la même qualité de tourisme qu'avant l'ouragan. Avant c'était des touristes avec un grand pouvoir d'achat, et ils sortaient des hôtels pour consommer des produits ou des services offerts par les habitants de Cancún. Maintenant les hôtels étaient remplis par des agences de voyage qui offraient des paquets tout inclus à bas prix. Il y a avait donc très peu de ruissellement de ce tourisme vers la ville. L'avenue principale, Tulum, qui auparavant avait, des boutiques de luxe pleines, qui payaient des loyers proches au Champs Élysée, avait maintenant des locaux vides et presque plus aucun passage de touristes.

J'avais prévu la baisse des revenus touristiques, mais je croyais que l'énormité d'hôtels que l'on venait de construire et qui n'était pas fini, allait apporter du pouvoir d'achat. En plus, on construisait pas mal de maisons d'habitations pour les employés de ces hôtels.

Mais le résultat est que tout était construit par des entreprises extérieures à l'État, donc presque tout l'argent repartait.

La boutique aurait très bien pu marcher si j'avais eu plus de capitaux pour pouvoir me refournir, les vêtements s'étaient très bien vendus au début par exemple, la propriétaire d'un restaurant français de isla mujeres, de très grand standing, m'en avait acheté pour plusieurs milliers de pesos, elle est passée deux fois, mais à son troisième passage, où elle a vue qu'il n'y avait plus aucune nouveauté, et elle n'est plus revenue.

Les meilleures pièces de poterie de Talavera sont également parties en vitesse, les plus belles vaisselles, les plus beaux tapis etc. Mais comme les ventes étaient trop espacées, tout partait en frais de ventes et je ne pouvais utiliser le produit des ventes pour renouveler le stock.

Lorsque j'ai ouvert le magasin, j'ai commencé en même temps un chantier de maçonnerie. Un ancien professeur du lycée, que j'avais déjà vu plusieurs fois à Cancún, me contacta pour retaper une maison. C'était un professeur qui nous avait donné des cours d' atelier de construction. Il était venu de France comme coopérant pour passer son service militaire mais le pays lui avait plu et il était resté. Il s'était recyclé comme cuisinier et c'est comme cela que je l'avais vu plusieurs fois à Cancun. Il venait d'hériter une bonne somme d'argent, et c'était acheté avec son frère une propriété au bord de la mer. Il y avait sur la propriété une vieille maison à moitié pourrie. Comme tout se savait dans la petite colonie française de Cancún, et que c'était du domaine public que j'avais fait du bon travail au Club Med, il me charge de la reconstruction de leur maison. Je ne voulais pas me prendre la tête, je n' avais plus de maçon dans mon équipe, bien que certain de mes menuisiers pouvais faire le boulot, je lui fit donc un devis de façon à que je puisse sous traiter, et recevoir une partie pour payer mes frais.

Il accepte donc. La propriété est à une quinzaine de kilomètres de Playa del Secreto vers Cancún. Je prends une équipe de maçons de Pto Morelos qui est tout près. Les samedis matin, je vois sur le chantier mon ancien prof et son frère pour faire le point.

Les lundis après-midi je donne les ordres au maçon et je fais les achats de matériaux. Des fois je passe aussi les autres jours, pour voir s'il y a un souci.

Ma routine change un peu. Les matin de bonne heure c'est la course pour emmener les enfants à l'école, puis je vais nager au Club et j'arrive au bureau à 8 heures. Je vois avec Alfonso s'il y a des commandes de meubles et j'attends 9 heures pour voir les ventes du bazar. Puis je fais un tour à l'atelier pour voir les commandes que gèrent les autres menuisiers. Je fais de temps en temps un tour voir le chantier du bureau de mon avocat. Puis je passe ensuite faire des achats pour la maison, je vais chercher les enfants et en route pour la maison, en arrivant je prends l'apéritif avec Yvonne pendant que je cuisine si elle ne l'a pas déjà fait. Les enfants jouent ou vont nager à la mer. Ensuite on mange, puis le digestif dure des heures avec Yvonne en train de siroter un café frappé, je communique ensuite par radio avec l'atelier, puis vient l'heure des devoirs, puis du dîner.

Je vais adorer cette époque, même si j'ai des problèmes d'argent. On a un nouvel habitant à la maison de la plage, il s'appelle Palomo, c'est un âne. Au dernier Noël, le club m'a demandé si je pouvais lui monter une crèche vivante. Pour les poules, les moutons, et la vache pas de soucis, je les loue dans les fermes à côté, mais pour l'âne c'est très difficile. La péninsule du Yucatan est une terre très plate, donc les ânes n'ont pas été très utilisés dans la région. Mais mon chauffeur Rolando a réussi à m'en dénicher un dans un petit village du Yucatan très éloigné. Donc j'ai dû l'acheter pour pouvoir leur louer la crèche tous les ans. On charge les animaux dans notre camion le 24 décembre au matin et on va les chercher le 25 dans la soirée, et pour ce simple service je leur facture une petite fortune. Je n'aurais jamais gagné si facilement de l'argent. Dommage que ce ne soit qu'une fois par an. Donc Palomo est avec nous toute l'année pour un jour de travail, parfois deux. C'est arrivé une fois qu' en allant chercher les animaux, on n'avait pas trouvé Palomo, sûrement les GO lui avait trouvé quoi faire…

J'organise une grosse fête à la plage en mars pour l'anniversaire de IAN et Bruno, j'invite les amis des enfants et bien sûr leurs parents. Les enfants jouent avec Palomo.

Cela m'a permis de renouveler avec des amis que je ne voyais plus très souvent, et qui ont également des enfants, comme Miguel Ángel et Laura, Rafael et Béatrice (compagnons biologistes de l'université) Nacho et Laura et d'autres.

Tous les week-ends il y a du monde les dimanches, et des fois c'est organisé pour tout le week-end, et ils restent dormir sur place, on est en général trois ou quatre couples et on s'amuse énormément et les enfants aussi.

Guy est très doué pour l'activité physique, il est très fort pour attraper des crabes, à l'époque des migrations des crabes de mangrove, on ce fait des orgies de crabes, on passe au moins deux heures à table pour les manger, il n'y a pas trop de viande.

IAN par contre est bon pour la pêche. Ça ne veut pas dire que chacun a son activité, les deux pêchent, et les deux attrapent des crabes

Préparation du produit de la pêche des enfants

Alec est né, lors de sa naissance, dans la même clinique que Bruno, on a opéré Yvonne pour la stérilisée. La famille est enfin au complet et on restera à 6. Ce n'était pas notre plan, on voulait deux garçons et une fille, mais on est très content de nos quatre beaux garçons.
C'est à ce moment que je vais me brouiller avec Gerardo.
Gerardo avait avec Carmen une école de langues, mais quelques mois auparavant ils avaient décidé de la transformer en boutique de cassettes de films à louer. Et Gerardo m'avait demandé de lui prêter 10,000.
Comme j'avais besoin d'argent pour payer la clinique, je lui demande de me rembourser ce qu'il peut. Il me donne 4,000
Plusieurs semaines passent, et une fois, un ami commun, qui était passé me voir, me dit qu'il va aller dîner avec eux, je lui dit de dire à Gerardo qu'il se rappelle de ma dette. Dans la soirée je reçois un appel de Carmen furieuse, qui me demande combien me doit Gerardo, et qu'elle va m'envoyer un chèque mais que je n'ai pas besoin de dire à tout le monde qu'il me doit de l'argent. Le lendemain je reçois un chèque en dollars d'un compte à Miami. L'équivalent en pesos est le type officiel du change, mais Carmen sait bien que la seule façon que j'ai de changer ce chèque c'est dans un bureau de change, qui va me prendre une commission et me donner un change à leur faveur. Je trouve ça dégueulasse, ils avaient l'argent pour leur affaire, mais cet argent était à Miami, et pour rapatrier une partie il fallait payer des commissions et ils ne voulaient pas, et à la fin c'est moi qui, à part leur avoir prêté de l'argent, je vais finir par payer les commissions !!!!

Lors de la naissance de Ian et Guy, la chance me souriait. Mais pour Bruno et Alec, pour l'instant ce n'était pas le cas.

Je le dis en relation avec l'économie, mais pas du tout pour le reste. J'étais très gâté avec la femme et les enfants que j'avais. Et je ne pouvais pas me plaindre de mon patrimoine, bien que mon endettement n'était pas du tout négligeable.

J'avais hypothéqué la villa de la plage, et l'édifice, et vendu la propriété de Pta. Brava.

Comme j'avais besoin d'argent je décide de mettre en vente le grand terrain que j'avais acheté dans l'avenue des ateliers, l'ancien propriétaire devait me faire parvenir le certificat de propriété définitif, lorsque le cadastre lui donnerait.

Je suis allé le voir, et il a commencé à me donner des raisons un peu farfelues du pourquoi il ne l'avait pas encore. Soit disant parce que je n'y avais pas construit. Ce qui était faux car j'y avait construit une cabane pour un de mes employés qui me servait en même temps de gardien de la propriété, et un entrepôt que je louais à l'ami de mon père qu'on appelait El Negro. Si ce n'était pas des constructions en dur, c'était quand même des constructions. Il me dit quand même qu'il allait s'en charger. J'allais souvent le voir et il avait toujours une excuse, je commençais à m'inquiéter. Pendant ce temps j'essaye de me trouver un client pour l'acheter. Mon voisin qui faisait des tacos de têtes de bœuf était intéressé, je lui ai fait un prix intéressant. Il m'envoya son avocat que je connaissais, puisque c'est lui qui était allé voir si la signature de Cardozo manquée. Je lui montre le contrat que j'avais signé lors de l'achat et lui donne les explications que me donne l'ancien propriétaire au sujet du certificat qui n'arrivait pas.

Une semaine plus tard, il me donne rendez-vous chez un notaire, que je connaissais pour y avoir signé une des hypothèques, pour préparer la vente. Et c'est là qu'il m'annonce que mon terrain est hypothéqué. Je suis victime d'une fraude, encore une, le propriétaire a reçu, peu de temps après que je lui ai acheté, le certificat, et au lieu de me le donner il a hypothéqué la propriété. Ils me conseillent de lui parler mais de ne pas lui faire de procès, car même si c'est sûr que je gagne, ça prendra du temps. Eux ils le connaissent et vont l'obliger à résoudre le problème, il faut juste que je lui donne une semaine. Ils se chargent de tout, et disent que moi je pourrais être accusé de complicité pour essayer de vendre un terrain hypothéqué. C'est pour me mettre la pression pour que je fasse une vente qui bénéficiera à mon voisin. Et c'est ce qui se passe, je le lui vend à crédit.

Il va me payer une bonne partie en tacos.

Le procès avec Roberto continue, j'ai fait ma déclaration au juge, c'était le jour de la naissance d'Alec mais Jesus a réussi à la repousser. Ce jour-là j'étais nerveux mais j'ai réussi à tout expliquer. Le pourquoi du chèque et surtout montrer mon reçu signé de la main de Roberto. Comme au Mexique, dans ces cas-là, mon avocat ne peut être présent et c'est seulement l'avocat de l'autre partie qui me pose des questions, j'ai peur qu'il me pose une question sur le reçu que je ne puisse bien répondre. A mon grand étonnement il ne me posait aucune question sur celui-ci, c'est moi qui en parla. Et comme ses questions doivent être données à l'avance au juge, il ne peut les formuler à ce moment. C'est là que je compris que Roberto n'avait pas parlé de ce document à son avocat. Et je crois bien que je ne lui avais laissé aucune copie. A la sortie du tribunal, je vis l'avocat de Roberto en train de l'engueler.

Je ne sais si ce fut l'idée de l'avocat, ou bien si Roberto lui niait aussi de l'avoir signé, mais leur stratégie dans le procès fut de nier la signature de ce document.

Ma belle-mère lors de la naissance d'Alec.
Ils sont assis sur une de mes créations, dans la pièce que j'avais prolongée à l'aide des « dormants » de chemin de fer, que l'on voit à l'arrière plans.

La famille continuait à nous visiter, ma belle mère était venue pour la naissance d'Alec. Elle était maintenant à la retraite. Elle avait commencé à travailler à 19 ans comme professeur dans l'éducation nationale, donc à 49 ans, après trente années de services, elle avait droit à la retraite. C'était parti pour qu'elle fasse de longues périodes chez nous. Ma mère aussi venait passer des saisons de deux mois au moins.
Ce qui était étrange c'est que la visite des amis d'enfance de l'école et de l'université se faisait de plus en plus rare. Maintenant que l'on habitait à la plage, je pensais que ça allait être le contraire.
Mais une des raisons c'était peut-être que la plupart s'était marié et une autre que ça faisait déjà pas mal de temps que l'on ne se côtoyait plus.
Jean Pierre non plus ne venait plus très souvent, mais pendant les vacances d'été il venait passer aussi avec sa famille au moins une vingtaine de jours.
D'ailleurs c'était de très bonnes vacances pour tous, il avait eu un troisième enfant, une fille appelée Stéphanie. On prenait tous ensemble nos repas dans la grande salle à manger externe que j'avais construite, ou il y avait la grande table de 4m de long que j'avais fabriqué avec les restes de l'épave du bateau que l'on avait trouvé sur la plage avec les enfants après l'ouragan. On avait à l'époque une cuisinière de Tabasco, très bonne. Mais pendant la journée

Norma préférait aller dans la propriété d'un de mes voisins qui était l'oncle de Paty, l'amie de la sœur de Felipe, Valérie, qui était devenue également amie de Norma. Comme leur maison était toute neuve, avec piscine et air conditionné, pour elle c'était parfait, tandis que ma maison était rustique, sans piscine et pleine de mouches, car on cuisinait du poisson au barbecue, et comme c'était l'époque de la naissance des petites tortues c'était aussi la saison des mouches. Même si j'avais des employés qui nettoyaient tous. Donc quand je revenais du travail je n'aimais pas trop voir notre maison vide, les gens ne rentraient que pour dîner. Mais une fois la soirée venue, c'était super de rester jusqu'à tard tous ensemble sur la terrasse.

En parlant de Felipe, lui aussi s'était marié. Et comme il m'avait choisi comme témoin, ce fut une occasion de retourner avec la famille à Mexico après l'ouragan.
Le mariage se fait en trois jours, le premier un vendredi après-midi c'était la fête religieuse suivi par un cocktail juste avec les copains dans un hôtel où il nous avait tous logés, et le samedi mariage au civil chez lui, suivi d'un grand repas dans le jardin de la superbe villa.

On arriva Yvonne et moi en retard à la cérémonie religieuse, par ma faute et celle de Jean Pierre. Il m'avait invité à un restaurant pour que l'on se voit et on avait un peu trop poussé sur le digestif, donc le temps de passer chercher Yvonne et faire la route jusqu'à Cuernavaca, on arriva à la fin de la cérémonie. Je pensais que Felipe allait m'en vouloir, mais non, et je passe avec lui une de mes meilleures soirées, on reste très longtemps tous les deux après le cocktail entre copains, à converser jusqu'à très tard. Le lendemain, pour le mariage et la grande fête, on avait une bonne gueule de bois. Cette fête me permet de voir énormément de copains que je n'avais pas vus depuis longtemps. La plupart étaient mariés et comme ils habitent si loin je n'avais pas pus assister à leur mariage. C'est ainsi que je fit la connaissance de l'épouse de Mane. Mes copains qui habitaient en France étaient tous rentrés au pays, et avaient des enfants dont je put faire la connaissance. Mais en même temps j'ai pu me rendre compte par moi même, et aussi parce qu'ils m'en firent la confidence, que les relations avec leurs femmes se dégradaient en vitesse. En France ils avaient un très bon salaire en tant que diplomate, et au Mexique ils avaient des petits boulots et étaient à la recherche du bon. Surtout ils avaient la pression de leur famille politique et de l'ambition de leur épouse.
Ce que je n'aimais pas du tout, c'est que plusieurs des individus de la famille des épouses, pensaient que je n'avais pas eu les contrats des hôtels Conrad, parce que je ne savais pas me vendre, que j'étais trop timide, tandis que la vérité c'était plutôt que je ne savais pas acheter et corrompre les directeurs des chantiers. Et il y avait aussi la rumeur que je n'avais plus le succès dans mon entreprise car c'était juste de la chance que j'avais eu.
Effectivement j'ai eu de la chance au début et j'ai su en profiter. Mais celle-ci c'est retourné, et je serais dans une autre situation si j'étais tombée sur des chantiers avec des directeurs honnêtes, il en existent. Et de mettre si les propriétés que j'ai achetées étaient en règle et non frauduleuses.
Peut être le problème c'est que je ne sais pas travailler avec des gens qui ne sont pas honnêtes, car avec les autres, mexicains ou français ça c'est toujours bien passé.

De retour à Cancún, mon voisin, le taquero m'annonce qu'il a vendu la propriété et donc il peut me payer ce qu'il me doit. Ce n'est pas énorme mais j'ai une idée. Comme je n'est pas réussi à faire travailler l'édifice, je vais faire travailler la maison de la plage.

Avec cet argent je vais construire une piscine, une terrasse et une salle de bain près de la plage. Je vais arranger toute la propriété avec des plantes, des petits chemins, une fontaine, un court de volley-ball. Et surtout une cuisine qui prolongera la salle à manger extérieure. Et je vais louer tout ça, avec la combi, chauffeur, service de nettoyage façon hôtel , et si les clients le veulent , avec cuisiniers.

J'ai tout le personnel, le chauffeur qui est un de mes anciens cyclistes, la femme de chambres qui est actuellement celle qui nous fait le service et la cuisine, Carlos qui est mon homme à tous faire et servira de jardinier, plus un jeune garçon qui est apprentis maçon mais cuisine à merveille. Et tout ça, sera géré par Mario, le frère de Milton avec qui j'ai énormément confiance. Il ne sort plus avec Claudia, qui vu la situation a préféré retourner chez sa mère à Mexico.

Le bazar est pratiquement fermé, on a quelques client pour les meubles et des commandes pour faire du sur mesure, surtout pour des cuisines. Mais je n'ai plus aucune vendeuse. Je prends donc tout mon personnel qui si connait un peu en maçonneries pour remodeler la villa. Je ne fais pas une piscine avec tout l'équipement que l'on vend sur le marché, qui est très cher et je n'ai pas l'argent. Mais j'utilise mes connaissances d'aquacultures pour me faire un système de filtrage et de pompage pour pouvoir maintenir une bonne qualité de l'eau. Tout est dans un style rustique mais j'aime le résultat. Comme l'argent manque, je décide de vendre tout mon bétail. J'envoie Mario pour qu'il procède. Je ne suis pas mécontent de m'en défaire car je ne sais pas ce que fait son père mais les résultats ne sont pas là. Pour finir le chantier, je dois même demander à ma belle mère, qui est de passage, le montant pour payer une semaine de salaire. Ça va être une de mes grosses erreurs. Ma belle mère va toujours me le rappeler et mentir sur le montant.

Noël approche, je veux profiter de ces vacances pour commencer à louer. J'ai fixé le prix à 350 dollars par jour. Je suis allé voir Fernando. Je vous rappelle que c'est celui qui a une agence de voyage, qui lorsqu'il a commencé, me demandait de temps en temps de lui faire le guide touristique. Je ne le vois plus très souvent, mais je sais que son agence prospère et qu'il y fait travailler toute sa famille. Je lui ai donc fait part de mon projet et il m'a mis en relation avec son frère qui se charge de louer des villas. Il m'appelle deux jours après, et me dit qu'elle est louée pour une semaine à une famille de texans du 26 au 2 janvier. Il me demande même si j'en est pas une autre à louer tellement il ont de la demande. Pour les américains c'est une semaine ou tout le monde part en vacances. Je suis très content. La villa est prête, j'ai envoyé tout le monde passer Noël chez eux pour être prêt pour les touristes.

Ce Noël on va le passer à la villa, pour la première fois depuis que l'on est marié on n'aura pas de visite, ce sera notre premier Noël ou nous somme que nous six, se sera un de mes meilleurs Noël, sauf que Guy a mangé presque toutes les huîtres à lui seul… on se couchera même très tard tellement on est bien.

On profite de la villa et on inaugure notre piscine J'ai pu décorer la villa avec plein d'articles de la boutique, tapis, tableaux couvres lits etc. On doit la laisser le 25 au soir car les touristes arrivent le lendemain.

Vue extérieur de la villa depuis la terrasse du toit de la salle à manger
A gauche le cour de volley ball, la construction de couleur saumon c'est où ce trouve les toilettes et la salle de bain, au fond la palapa des hamacs.

Détail de la terrasse
Salle de bain de la piscine. En arrière plan le ferry Pto Morelos / Isla de Cozumel

La famille de texans va être très contente de son séjour, le fait d'avoir un véhicule avec chauffeur pour 9 passagers est vraiment un plus, car si la villa à tous les bénéfices d'être isolée, plage déserte, grand espace etc. Elle en a aussi les inconvénients, pas de magasins ni de distraction sur place.

Après ces clients, je vais avoir la réservation d'un oncle de Donatien. Dona a un oncle qui est peintre, et qui a eu deux fils. J'ai connu l'oncle avec sa femme et un de ses fils lorsque je travaillais encore sur l'île. Ses fils ont la trentaine, l'un c'est un play-boy aventurier, c'est celui que j'ai connu, il était en vacances sur l'île avec un amis Chilien, ils venaient de faire le tour du monde en voilier. Dona leur avait parlé de moi et ils m'avaient retrouvé à mon laboratoire dans le centre de recherches sur l'île. Comme ses parents arrivaient, je les ai invités à la maison. Le chilien avait emmené une copine française qu'il avait connue sur l'île. Elle était assez mignonne. Si je vous raconte ceci ce n'est pas seulement pour vous dire d'où je connaissais mes clients suivants.
C'est aussi pour mon égo, car à la fin de la soirée, lorsque je leur dit au revoir dans le jardin prêt de la sortie, la fille qui était restée à côté de la piscine pour être la dernière à me dire au revoir, en m'embrassant elle m'avait dit à l'oreille que je lui plaisais et me donna rendez vous sur le quai de l'île le lendemain. Voilà, c'est fait, mon ego est flatté. D'ailleurs le chilien voulait faire des affaires avec moi, il avait des amis aux US qui importaient du poisson, et il voulait que j'essaye de lui trouver du produit dans les coopératives de pêcheurs que je visitais pour mon travail sur les requins. Mais bien que j'ai essayé ça ne pouvait marcher. La pêche de poissons

dans la région était trop peu importante, elle satisfaisait à peine la demande locale, la pêche sur l'île étant plutôt tournée vers l'exportation de langoustes et de crevettes.

Une bonne relation s'était établie avec les oncles et cousins de Dona. Je leur fais un bon prix lorsque l'autre cousin me contacte pour louer la villa une semaine. Il était propriétaire de deux restaurants à New York, et il voulait inviter son équipe principale à passer des vacances. Dans le groupe il y avait une dame un peu âgée, qui était la comptable, un jeune couple, le cousin et trois autre amis homosexuel comme lui.
Tout se passe impeccablement, ils nous invitèrent même une fois pour aller dîner Yvonne et moi, c'était un groupe très sympa. Je sus après qu'ils étaient tous contaminés par le sida. Sauf bien sûr la dame âgée et le couple. À cette époque on n'avait pas encore de traitement et ils décédèrent tous quelques années plus tard.
Nous on avait bien sûr déménagé dans l'édifice de Cancún, la boutique était définitivement fermée.
Je continuais à avoir de petit boulot de temps en temps au Club Med, mais rien de grand ni de bien payé. L'atelier de menuiserie continuait à fonctionner, une demi-douzaine de mes menuisiers faisant quelques boulots pour le grand public. Ils me donnaient une participation de leur chiffre d'affaires. C'était bien sûr à leur bonne volonté car je n'avais pas de contrôle sur leur accord financier avec les clients.
Si je n'avais pas eu besoin d' autant d'argent, pour les mensualités des banques, frais scolaires des enfants, salaires du personnel de la villa et les frais d'avocat, j'aurais pu vivre seulement de l'atelier de menuiserie en y consacrant tout mon temps. Mais pour que Jesus continue à s'occuper de mon cas je devais investir dans son bureau et ça devenait cher, il m'avait bien eu avec ses 3000 dollars seulement pour tout le procès. Pour moi c'était très Important de ne pas perdre ce procès, pas autant pour l'argent, mais surtout, pour que ce salaud ne s'en sorte pas gagnant de sa fraude.

On passait, bien sûr, nos week-ends à la plage lorsque la villa n'était pas occupée, ce qui était presque tout le temps. J'avais énormément besoin de ces week-ends, c'était le seul moment de bonheur que j'avais, même si on n'avait pas beaucoup d'argent, je tenais à nous faire plaisir avec de bon repas, on avait beaucoup moins de visite, le bruit s'était répandu sur nos difficultés financières. Gerardo qu'on ne voyait déjà plus, depuis que Carmen c'était fâchée pour la dette, était reparti vivre à Mexico, il était juste passé me dire au revoir.

Pendant l'un de ces week- ends, je commis une des plus grosse faute de ma vie, j'étais en train de lire au bord de la piscine, dans la partie pour enfants, celle-ci était vide car pour éviter les frais je la remplissais que lorsqu'elle était louée. Yvonne vient me laisser à mes côtés, Alec pour que fasses attention à lui, car elle avait quelque chose à faire. Il ne marchait pas encore. A un moment donné il s'approche à quatre pattes du bord de la piscine, je ne m'inquiète pas, mais au moment de vouloir s'asseoir c'est du côté de la piscine qu'il se retourne, il s'assoit donc dans le vide et fait une chute de 70 cm, mais tombe sur sa tête. Il pleure un bon coup mais n'a pas de blessures comme Ian lorsqu'il est tombé. J'ai eu peur, et bien sûr je me suis fait engueuler. Le soir, lorsque Yvonne lui fait prendre son bain, elle sent qu'il a une sorte d'inflammation à la tête. Le lendemain on l'emmène à la clinique et après une radio, le véridique tombe, fracture du crâne. Mais comme sa boîte crânienne n'est pas encore formée, ce n'est pas grave, juste faire très attention pour que durant au moins un mois, il ne se cogne pas à cet endroit. Je me sens toujours très mal quand j'y pense.

Ces jours là, j'ai connus, dans un repas des chefs français de Cancún où on nous avait invité, un français marié à une mexicaine, très sympathique tout les deux. Lui il gagnait sa vie en faisant des articles en terre cuite. C'était des lampes, des cendriers ou des petites pièces juste décoratives. Tout était dans la représentation d'oiseaux marins. Une des pièces qu'il vendait le plus c'était une représentation d'un énorme œuf d'où sortaient des petits oiseaux en cassant la coquille en plusieurs endroits, et il en faisait une lampe. Il n'avait aucune boutique à Cancún, il en avait eu une mais il l'avait fermé. Pour vendre ses pièces il allait les exposer à Mexico, deux fois par ans, dans une exposition d'objets de décoration et de cadeaux, qui s'appelait « Feria del regalo » (foire aux cadeaux). Elle était réservée aux professionnels et ce tenait en janvier et en août. Les commandes qu'il obtenait dans ces foires lui suffisait à écouler toute sa production.
Ces clients étaient des boutiques de tout le pays. Les propriétaires de ces boutiques allaient à ces foires pour renouveler leur stocks et chercher les nouveautés. Il me dit qu'il s'y vendait de toutes sortes de produits, ferronnerie, poterie, cuir, bijoux, bois, quelques meubles, luminaires, tableaux, etc.
La foire durait du mercredi, jour du montage, au dimanche, seul jour ouvert au public. Mais le prix n'était pas donné.

Je commence à me demander si ce ne serait pas une idée pour pouvoir vendre mes meubles, et d'autres articles que je fabrique et que je vendais dans la boutique. je pourrais également faire des articles plus petits pour la décoration et les vendre aussi.
Je me mît donc à créé des nouveautés. Des objets que je vendait dans le bazar, il y avait les tableaux et les meubles. Je me mît donc à réfléchir sur quel objet en bois on pourrait fabriquer. On commence donc à faire des échantillons de support pour oeuf a la coque, de moulins à poivre, des jeux en bois, des lampes, des boîtes, même des petites mallettes, des planches à découper en bois précieux, et d'autres objets de cuisine. Je commence également à mélanger des tubes en laiton, pour des lampes.
Un des papa des compagnons de l'école des enfants, qui est photographe, va m'aider à prendre des photos des articles pour faire un catalogue.

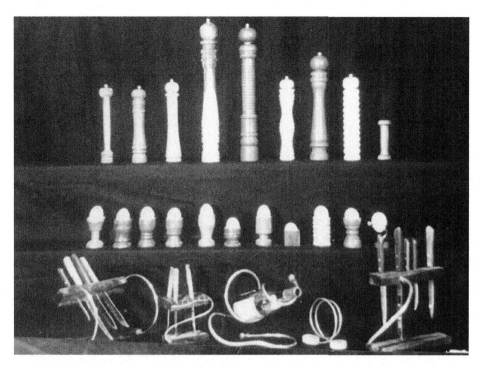

Objet de cuisine que je créé pour l'expo
Moulins à poivre et cocotiers en bois tropicaux. Portes couteaux, portes serviettes et porte bouteille en bois tropicaux et laitons.

Pendant ce temps, je continue à louer la villa, mais ça ne se passe pas comme au début. Je pense que l'agence de mon pote qui la loue ne l'a vend pas comme il faut, et ma villa a certains défauts pour les touristes américains. Mes amis en sont bien conscients. Mais Fernando et son frère sont en train de déléguer toute la gestion de leur agence de tourisme, car ils ont pris la gestion de la continuation de la construction d'un grand hôtel qui était abandonné, et sont très occupés pour se charger de ma villa.
L'agence va louer la villa a une famille qui a un petit bébé. Et bien que l'eau du puits n'est pas contaminée elle n'est pas potable, nous on y baignait bien nos bébés, mais je comprends les gens car des fois elle avait une petite odeur de soufre . Donc ils se plaignent car l'agence ne les avait pas prévenus que l'eau venait d'un puits. Et une autre fois ce fut à une famille qui s'y plut beaucoup, mais dont le papa voulait à tout prix de l'air conditionné, l'agence ne leur avait rien dit. Cette famille demande à être relogée. Je me refuse à rembourser l'agence, car ce n'est pas ma faute. Elle ne me louera plus la villa. Fernando me dira qu'il n'a jamais donné l'ordre de me boycotter.

J'essaye de faire de la publicité pour d'autres agences et je fais un triptyque, ou à l'intérieur je mets un plan un peu caricatural de la villa. L'impression de ce triptyque m'a été financé, grâce à un amis, par le fabricant de la bière Corona.

Plan de la villa

Ce plan je l'ai dessiné, car c'était impossible en une seule photo de voir l'ensemble des installations. Il figurait au centre du triptyque, et sur la couverture il y avait des photos de l'intérieur des chambres.

La prochaine date pour l'expo est en août, j'ai réussi à trouver une place et à envoyer l'avance de 50% sur le prix du stand.
Comme la villa n'est pas loué, on est en train d'y passer les vacances d'été . Ma belle-mère est encore venue.
Je vais tout les jours à Cancún pour préparer l'exposition, je reviens vers 2 heures de l'après-midi pour manger et apporter les vivres, on n'a plus qu'un seul véhicule, la combi, la petite Nissan que j'avais, m'a lâché, et la réparation étant trop chère je l'ai vendue dans l'état pour trois sous. J'ai également fini par vendre le camion.

L'heure est arrivée de partir, comme ma belle-mère va payer les billets d'avion, on vas y aller toute la famille, je lui ai payer à elle et à Mahina plusieurs fois le billet, mais ça ne l'empêchera pas de me jeter son geste à la figure tout le reste de ma vie.

J'ai envoyé par la route, Victor et un autre employé dans la combi avec toutes les pièces pour l'expo.

CHAPITRE XXXVI On recommence à zéro.......une autre vie

L'exposition va être une catastrophe. Notre stand est trop petit pour tout ce que j'ai emmené, il est au milieu d'un couloir. Mais c'est surtout, parce que par manque d'expérience, je m'y suis mal pris. J'ai trop de produits et de modèles différents qui n'ont rien à voir l'un avec l'autre. J'ai un buffet, des tableaux, des lampes, des articles de cuisine, des jeux, des boites en bois etc. Les gens qui s'arrêtent, se perdent dans tout ce bric-à brac.
En voulant m'offrir le plus de possibilités j'ai plutôt embrouillé les clients.
Les clients qui s'intéressent à mes meubles, font la gueule lorsque je leur dit ou se trouve l'entreprise, trop loin donc trop cher le transport. La grande majorité ont leur boutique au centre ou au nord du pays.
J'ai également apporté un devis pour refaire les chambres froides du Club Med, elle n'ont pas été refaite durant la rénovation, et bien que j'ai déjà donné le devis au Club Med à Cancún, il ne m'ont jamais rien dit car ils attendaient la réponse de FONATUR. J'ai donc décidé de profiter de ma venue à Mexico pour leur apporter le devis. Il m'ont donné rendez-vous, mais lors de mon entretien ils m'ont fait comprendre qu'ils n'avaient nullement l'intention de débloquer de l'argent pour ces travaux et ils m'ont dit de les recontacter l'année prochaine.
Le troisième jour de l'exposition, je me trouve tout seul dans le stand, j'ai envoyé Victor manger. Je me sens désespéré, je sais que ça ne va pas marcher, je suis trop déprimé. Je ne vois plus aucune solution.
En rentrant à Cancún il faut que j'inscrive les enfants à l'école et c'est au tour de Bruno de rentrer à son tour. Et je n'ai pas d'argent, la directrice de l'école m'a averti que cette fois-ci elle n'a plus besoin de travaux de menuiserie et qu'il faut que je paye les frais scolaires qui ne sont pas donnés. Je refuse de les scolarisés dans les écoles de l'État qui sont extrêmement mauvaises et je sais l'importance que l'entourage a pour les enfants dans cette société inégalitaire. Même si je suis contre ces privilèges, je ne suis pas prêt de sacrifier la formation de mes enfants à mes idées.

A Cancún il n'y a pas d'argent, le tourisme qui arrive depuis l'ouragan, est un tourisme de masse qui reste captif dans les hôtels, les touristes ne sortent plus en ville et ne consomment presque plus les services des particuliers. C'est un tourisme sans trop pouvoir d'achat. En plus c'est une ville isolée, Mérida est à presque 4 heures et n'est pas une ville très riche, de même que Chetumal qui est aussi à 4 heures, et est encore moins riche. Après c'est Villahermosa, une ville un peu plus riche mais à 12 heures. Toutes les villes riches du Mexique se trouvent au centre, Mexico, Toluca, Querétaro, Leon, et au Nord, Guadalajara la deuxième ville du Mexique, Monterrey, Ciudad Juárez, Tijuana.
Donc je prends une très grosse décision. On ne va pas retourner à Cancún. Je vais monter l'atelier à Tequisquiapan sur la propriété que j'ai achetée à mon frère, on va au début habiter chez ma mère. De cette façon, je pourrais offrir mes produits sans trop de frais de transport. Et

je vais chercher des agences pour louer la villa depuis ici. Et je vais également louer l'édifice.

Ma décision est donc prise. Yvonne et les enfants sont d'accord.

J'ai eu deux ou trois petites commandes , j'ai très peu d'argent, je renvoie Victor et son collègue par le bus de retour. J'envois de l'argent à Alfonso pour payer le téléphone, je veux rester bien en contact avec lui, et il a été coupé faute de payement. Je lui ai dit de mettre une annonce pour louer des chambres de l'édifice de Cancun. Et lui dit d'aller tous les jours à l'atelier pour surveiller et essayer de faire payer les menuisiers.

Nous on part à Tequisquiapan avec Christina, ma sœur, on arrive chez ma mère qui n'est pas là car elle est en vacances avec la famille de Patrick. Christina a habité deux ans à Tequisquiapan, elle connaît pas mal de monde et je lui demande de nous aider à trouver une école pour les enfants.

On va faire le tour des écoles privées. Je ne les trouve pas aussi bien que celles de Cancun. Elles sont moins chères, et soi- disant bilingues. On hésite entre deux écoles, et pour nous aider, on va visiter le beau-frère de ma sœur, il habite Tequisquiapan depuis pas mal de temps. Son père, c'est -à -dire le beau père de ma sœur, a investi dans le village depuis une trentaine d'années, il est propriétaire de plusieurs locaux dans le centre ville. Ils sont une famille assez connue dans la société locale. Donc je cherche également à ce qu'il me donne des conseils pour notre nouvelle vie.

En lui demandant laquelle des deux écoles il considère la meilleure, il nous informe d'une autre option. Un groupe de professeurs anglais ont pour projet de monter une école dans la région. Ils veulent créer une école avec internat et tout le grand jeu avec le système scolaire de Cambridge. L'ejido Hacienda Grande (coopérative agricole), qui a ses terres tout autour de Tequisquiapan, est prêt à leur faire don de quelques hectares. Mais comme le décret du président qui autorise la vente ou le don de ces terres, est tout récent, l'opération n'a pas encore pu ce faire. Et comme l' un de ces prof anglais lui donne des cours, il est au courant qu'ils vont ouvrir quand même cette année scolaire, il ont loué une grande maison dans le quartier de la Magdalena, qui est dans la petite ville mais dans une partie résidentiel.

On est dans la dernière semaine des vacances scolaires. Les cours commencent lundi. On va donc visiter cette école. Ils sont enchantés de nous recevoir. De tout les professeurs, il y en n'a qu'un qui parle espagnol , c'est Patrick Drum. Je lui expose ma situation, l'âge de mes enfants et le genre d'école d'où ils viennent, ils me proposent de leur faire un examen d'anglais et de mathématiques pour voir leur niveau. C'est pour Ian et Guy, puisque pour Bruno ce sera sa première entrée scolaire.

Le lendemain, ils passent leur épreuve. Le niveau de mathématiques est très bon et l'anglais correct. C'est vrai qu'ils étaient dans une bonne école, chère mais bonne. Donc ils sont acceptés, mais voilà c'est une fortune!!!! leur prix de la scolarité. Ian et Guy payent le taux plein, et pour Bruno j'aurais 25 % de rabais.

Mes enfants seront les élèves # 12,13,14. Et oui il n'y a que 14 élèves dans toute l'école. Le personnel se compose, du directeur Richard Gilby et de sa femme qui est également professeur, d'un autre couple de professeurs , les Nevett, puis les Drum, Patrick et Alejandra qui elle, fait la secrétaire. Et Monica une professeur mexicaine pour les cours d'espagnol. Tout ce joli monde fait l'école. Dans la classe de Ian, ils ne sont que deux élèves, Regina et lui. La classe de Guy est la plus nombreuse, ils sont six. Dans la classe de Bruno, ils sont trois élèves. Pour les tout petits comme Bruno ils utilisent la méthode Montessori, donc c'est super. Ils rentrent à l'école à 8 heures, deux récréations de 15 mn et une de 30 minutes. Terminent les cours à 14 heures, puis suit une heure d'une activité extra, laquelle ils peuvent choisir, comme colection de timbres, peinture, etc. Ils sortent à 15 heures. Mes enfants adorent, même Bruno n'a pas eu d'entrée traumatisante. Ils sont extrêmement contents. Rien que pour l'école, ils ne veulent pas revenir à Cancun.

Mais comment faire pour payer????

Heureusement je vais recevoir, juste le dernier weekend des vacances, de bonne nouvelle de Cancun.

A peine Alfonso a mis l'annonce, pour les habitations de l'édifice, qu'une personne s'est intéressé. Il s'agit d'un jeune danseur. On vient d'ouvrir à Cancun un centre avec plusieurs spectacles culturels, financés en partie par l'Etat, et ils ont fait venir des jeunes artistes de plusieurs endroits de la république.

Il veut louer la chambre tout en haut ou on dormait Yvonne et moi. Et deux jours après, trois autres de ses collègues louent les autres chambres. Mais ce qui est super c'est que ce mec se porte garant des autres et c'est lui qui collecte l'argent de tous pour nous payer ponctuellement. Alfonso gère l'envoi de l'argent. Cet argent suffit à peine pour payer la scolarité, et il me reste très peu pour vivre . Je comprends pourquoi les anglais nous ont si bien reçus. Des 14 élèves, 3 appartiennent à l'ejido Hacienda Grande et comme ils vont recevoir des terres de leur part, ils ne payent pas de frais de scolarité, 2 autres sont les enfants des Drum, donc ne payent pas non plus. Conclusion, à moi tout seul je paye 33 % des entrées de l'école.

Lorsque j'avais de l'argent, et que j'avais acheté le terrain de mon frère à côté de la maison de ma mère, mon père, qui habitait à l'époque avec elle, m'avait demandé de l'argent pour arranger la petite construction que mon frère avait bâti pour son atelier de meubles. Il avait au début fabriquer une machine pour faire des bâtons en pins de 5 cm de diamètre que l'on utilise pour faire les meubles en imitation rotin, machine que je lui avais acheté . Mon père était comme vous le savez très doué pour les inventions mécaniques, dû à son ancien métier d'horloger et à son intelligence pratique. C'est, je pense, la seule machine de sa fabrication qu'il ait vendue en argent comptant. La plupart du temps, c'était des machines pour lui, ou pour ses potes qui lui payaient par des tapes dans le dos ou des bouteilles de cognac.

 Revenons au terrain, il avait une idée pour une construction en bois dans ce même atelier, donc je lui avais donné l'argent pour acheter du bois et des machines à bois.

A l'époque où l'on arrive, il habite chez ma sœur qui est en plein divorce, et va travailler à l'atelier avec mon frère Patrick.

Mon père a bien acheté un peu de machines à bois avec l'argent que je lui avais envoyé. Donc dans l'ancien atelier de mon frère je peux travailler un peu, il y a juste le nécessaire en équipement et un peu de bois. Je fais les objets des petites commandes que j'ai eu à l'exposition. J'ai quelques nouvelles idées de créations. J'ai fait un nouveau porte bouteille qui va bien se vendre dans le futur, mais pour l'instant je ne l'ai vendu qu'à un restaurant et à un caviste de la petite ville.

Yvonne travaille les matins en donnant des cours d'aérobic dans un gymnase d'une ancienne chanteuse, mais on lui paye très peu, et trop souvent en troc contre de la viande. Donc les matins c'est moi qui me charge d'Alec de bonne heure . Après lui faire prendre son petit déjeuner je sors marcher avec lui, dans les petits chemin de la campagne près de la maison, puis je le porte sur mes épaules, on marche au moins une heure, après je le laisse avec ma mère ou Yvonne si elle est déjà de retour, puis je vais à l'atelier faire mes créations.

J'ai envoyé des triptyques de la villa à plusieurs agences, mais aucun retour, je n'insiste plus beaucoup car je ne sais même pas si je pourrais contrôler la location depuis ici.

Pour tout le monde, ma famille, mes amis, la famille d'Yvonne, notre retour à Mexico ou plutôt à Tequisquiapan, est le résultat d'un échec. Celui de ma faillite à Cancún.
Yvonne, même si elle est contente de vivre à Tequisquiapan, ça faisait longtemps qu'elle n'aimait plus Cancun, commence à être influencée et je sens qu'elle m'en veut de notre situation économique. Les seuls qui ne me regardent pas de travers ce sont mes enfants

Personnellement je ne le considère pas comme un échec, aux lieux d'avoir eu les coups de chance ou de hasard, qui, avec une part de mon talent, m'ont aidé à réussir. Ce même hasard s'est retourné contre moi, un ouragan m'a empêché de poursuivre tranquillement mon entreprise de menuiserie. Et Les investissements que j'ai fait pour pouvoir pérenniser les bénéfices de ma réussite sur le contrat du Club Med, se sont trouvés être frauduleux. Même si mon talent reste le même, j'ai également comís des erreurs, comme celui de vouloir monter ma boutique sans les capitaux nécessaires, ou de ne pas être capable d'entrer dans le système de pots-de-vin de l'industrie de la construction, ou penser qu'à ma première exposition je réussirais. Il faut le coup de chance, ou au moins ne pas avoir de malchance. **La nymphe océanide TYCHÉ, qui décide du destin des mortels**, la voulu ainsi

Une des raisons qui m'a également poussé à m'installer à Tequisquiapan c'est la proximité que je vais avoir avec mes amis. Je pense que je vais pouvoir les voir souvent et que eux viendront passer des week-ends à la maison lorsque j'en aurai une. Les premières semaines je vais, où plutôt on va souvent à la capitale, et je vois les copains et surtout mon frère Jean Pierre. Ils sont bien sûr contents que l'on se voit, on me demande les raisons de mon retour et de mes projets. J'ai énormément besoin d'argent, pas seulement pour vivre, mais pour faire venir mes machines à bois, nos meubles et nos affaires.
Et bien que je ne leur demande pas directement, j'espérais quelques gestes. Mais personne ne m'offre une aide. Bien que plusieurs d'entre eux sont dans des situations fort confortables. Ils sont tous employés, aucun, à part mon frère, n'a sa propre entreprise. Les boulots qu'ils ont, ils les ont obtenus par des contacts. Froylan et Naoki grâce aux parents de Felipe. Ceux qui travaillent dans la politique, c'est grâce à Alfonso Caso, qui est le fils d'un grand politicien. Je ne veux pas dire par là qu'ils ne méritent pas ce qu'ils gagnent. J'insiste seulement sur le fait qu' ils ont eu ce petit coup de chance. Même Felipe qui travaille dans l'entreprise de son père mérite sûrement son salaire, qu'il soit le fils du patron ne veut pas dire qu'il n'a pas de talent.
Seul Jean Pierre me dépanne de temps en temps. Mais il faut que je trouve une solution.

Ma belle sœur Monica me demande de lui faire un meuble sur mesure dans le salon de son appartement. Elle gagne assez bien sa vie, je sais qu'ils ont de l'argent dans cette famille. Mais même s'ils sont contents que les enfants soit près d'eux, ils me considèrent comme un perdant, et ne veulent pas me prêter l'argent pour le déménagement. J'ai préparé la plus grande partie du meuble à l'atelier, mais j'ai mis trois jours à le monter. Lorsque j'ai fini, au moment où Monica va me payer, elle ne me donne pas la quantité du meuble, mais le montant dont j'avais besoin pour le déménagement. Je pense qu'en voyant le mal que j'avais à lui finir le meuble, elle a eu pitié de moi. Mais je dois lui rembourser la différence le plus rapidement possible.

Je vais enfin pouvoir faire venir nos affaires. Je donne la liste à Alfonso pour charger le camion. Des machines de l'atelier, je vais leur laisser les machines nécessaires pour qu'ils puissent continuer à travailler. J'avais accumulé assez de machines pour faire deux ateliers. De playa del Secreto je fais venir juste nos affaires personnelles et tout ce qui se trouvait dans mon studio de la plage. Je laisse tout pour pouvoir la louer meublé. De l'édifice, je prends également toutes nos affaires personnelles, les décorations, livres et notre grand lit. Le reste on le laisse pour les clients qui louent.

Je ne veux pas rester vivre dans la maison de ma mère, pas que ça la dérange, en aucune façon. Mais mes belles sœurs et mon frère Patrick sont en train de dire que notre présence dans sa maison va provoquer une rechute de la skyzophrènie de ma mère. Je ne veux pas de problème avec la famille.
Donc je décide qu'il vaut mieux que l'on aille louer une maison.
Le village touristique de Tequisquiapan à trois quartiers résidentiels fermés, où ne sont construites que des maisons secondaires ou des villas de repos. « Los claustros » et «manantiales » sont les plus vieux, et sont en plein centre ville, puis il y a le Club De Golf à l'extérieur. On va louer une maison meublée d'une amie de ma sœur à l'entrée de Los Claustros.
Pour pouvoir payer il va falloir que j'aille travailler. J'accepte donc une proposition de mon frère Patrick pour retourner travailler à l'atelier de mon père. Retour en arrière de 13 ans.
Le salaire est très bas, ça me permet à peine de payer le loyer et un peu plus, j'embauche du mardi matin au vendredi soir, je vais habiter chez ma sœur, ou habite également mon père pendant la semaine et je rentre avec lui à Tequisquiapan le week-end.
Patrick veut que je contrôle son personnel et que je lui organise mieux sa chaîne de production. Je n'aime pas du tout ce travail, ni habiter chez ma sœur qui n'arrête pas de se disputer avec ses enfants et aussi de temps avec mon père qui a un caractère de chien.
A Tequisquiapan j'ai également retrouvé mes anciens employés qui travaillaient avec Jean Pierre. Ils m'aident à faire mes nouvelles créations. Le samedi je travaille avec eux et pendant la semaine ils me font quelques pièces. Et la semaine suivante je leur donne quelques sous. Ils ne travaillent pas à temps plein avec moi. Ils ne sont que deux « La negra » c'est ainsi que l'on l'appelle, et Juan, ils font cela surtout pour m'aider.

Les week-ends à Tequisquiapan se passent très bien pour les enfants, on habite à 500 m de la place centrale du village, là où il y a l'église et les deux ou trois restaurants, deux hôtels et quelques boutiques. Donc les enfants vont à pied et se retrouvent avec leurs copains. Ils peuvent avoir une grande liberté. Tout le monde se connaît et on se sent en très grande sécurité. Yvonne se trouve également très à l'aise et fait énormément de connaissances.

Pendant la semaine, la société bourgeoise, c'est -à -dire les gens de notre communauté , se compose plutôt de femmes. Car la plupart des hommes travaillent dans la capitale. Beaucoup ont préféré faire vivre leur famille dans ce petit village pas trop loin de la grande ville pour leur donner une très bonne qualité de vie, bien que leur travail reste en ville.

Quique, un de nos copains m'a loué la villa pour quelques jours, ils sont peu nombreux et ont un véhicule. Il m'a convaincu de la leur louer à un très bon prix car il a invité un de ses copains qui a plein d'argent et connaît plein de monde dans le milieu artistique et qui pourrait me la louer très souvent. Mais résultat, la villa lui a énormément plus à lui, mais pas à son pote. Trop rustique.

Mais grâce à ses commentaires, Valérie la petite sœur de Felipe va me la louer avec d'autres copains. Elle m'avance les sous, j'envoie une partie de l'argent à Alfonso à Cancún pour payer la facture d'électricité car elle a été coupé, et comme c'est les vacances de Noël, je demande à Marcos, un des enfants de ma sœur de conduire la combi jusqu'à Cancún et faire le chauffeur là-bas pour Valérie.

Mais, ce ne sont vraiment pas mes jours de chance, Alfonso ne va pas payer l'électricité. Il va connecter le compteur sans autorisation. Le fournisseur d'électricité va se rendre compte et va couper le courant avec les clients à l'intérieur, et pas d'électricité signifie également pas d'eau. Donc catastrophe, on récupéra l'électricité 24 heures après, avec en plus une grosse amende. Je vais être obligé de leur offrir un autre séjour l'année suivante.

Mais ce n'est pas fini, une autre catastrophe m'attend. Quelques jours après Noël, Jesus, mon avocat, me téléphone, et tout tranquillement il me dit qu'il faut que je déménage ! Roberto a changé d'avocat et m'a fait un procès au pénal, un agent du ministère public est en train de demander à un juge un ordre pour me faire arrêter. Jesus me dit qu'il a appris ça par hasard. Bien sûr, je lui dis qu'il n'en est pas question et lui réclame comment ça se fait qu'il ne fasse rien, il m'a bien assuré que je ne risquais rien.

Il me répond que bien sûr ça peut s'arranger mais il faut que je fasse attention à ne pas me faire arrêter pendant ce temps.

Je me rappelle que l'avocat qui m'avait conseillé de donner un chèque sous garantie, est maintenant juge au pénal à Cancún. Je l'appelle pour qu'il vérifie la véracité des faits. Et après vérification il me le confirme et me dit qu'il va voir ce qu'il peut faire.

Le lendemain il m'appelle et me dit que le juge qui s'occupe de cette affaire demande une certaine somme d'argent pour tout régler et refuser l'ordre de m'arrêter. Je suis tombé dans un sale engrenage. Légalement on ne peut pas me faire ça, ce n'est pas un délit, pour qu'il y ait fraude, il faut démontrer que j'ai obtenu un bénéfice contre ce chèque et Roberto n'a aucun document, il lui faudrait un titre de propriété qu'il n'a pas. Mais avec la corruption qui existe, ce juge est en train de profiter de cette demande pour me soutirer de l'argent.

Je n'avais pas voulu demander de l'argent aux amis, mais là il y a urgence.

Je vais d'abord voir Felipe, qui a de l'argent, j'ai beaucoup parlé dernièrement avec lui car il vient de divorcer et comme il s'est toujours beaucoup confié à moi il cherchait du réconfort. Il a aussi des problèmes dans l'entreprise de son père. Leur associé, qui est majoritaire, est en désaccord avec eux et ils sont en plein litige, donc il ne travaille pas. Il m'invite à le voir un soir dans son appartement de luxe. Toute la soirée il ne vas parler que de ses problèmes, j'ai même emmené deux de mes nouveaux modèles de portes bouteilles pour essayer qu'il s'intéresse à leur production. Mais rien vas y faire, il n'a pas un sous selon lui, bien que j'ai entendu sa conversation téléphonique. Lorsque j'étais avec lui il a reçu un appel d'acheteurs d'Australie qui s'intéressent à leur usine, et comme son père, même s'il est minoritaire dans l'affaire, doit aussi signer la vente, il leur conditionne celle ci, et dit que s'ils veulent acheter ça vas coûter une belle somme à l'associé en plus de l'arrêt du conflit qu'il a lancé contre eux. Felipe et son père vont recevoir une fortune dans l'opération . Je me sens humilié, le fait qu'un soit disant amis te nie ce genre d'aide, lorsqu'ils en ont la possibilité, démontre le peu de considération qu'il te porte.

Je vais demander à tout le monde, 4 personne vont me donner de l'argent, mais des sommes dérisoires. Naoki qui lui n'est pas riche vas au moin me donner l'équivalent à un demi loyer de la maison que l'on habite, Claudia, une de mes amies du lycée que je ne vois plus depuis une éternité, la même quantité, elle est la fille d'un magnat du vêtement au Mexique, Max, un amis de l'université bien qu'il n'a jamais été un très proche amis, la même quantité, Mane quatre fois plus, mais depuis, sa femme me déteste, bien que question sous, il n'est pas à se plaindre grâce à ses héritages. Yvonne va demander de l'aide à Carmen et à Gerardo, car elle les considère en partie responsables, ça va finir en dispute, déjà que depuis l'inconfort de Carmen au sujet du prêt que je leur avais fait, notre relation n'était pas au beau fixe. Et c'est tout ce que j'obtiens , même pas le quart de ce dont j'ai besoin.

Que puis-je vendre? Tout est hypothéqué. Il ne me reste que l'atelier, je contacte celui qui m'a vendu les terrains de l'atelier, je sais qu'il a une bonne position dans le gouvernement actuel de Cancún, il a été chef de la police municipale et maintenant il est directeur de la prison. Il est intéressé, je lui fait un super prix, le double de ce que le juge veut. Après plusieurs pressions de ma part il accepte enfin, avec en plus du local, les machines également partent. Il me donne 50 % pour que je puisse payer le juge.
Depuis que j'ai eu la mauvaise nouvelle j'ai mis plus d'un mois et demi à réunir l'argent.
Avec tous les jours l'angoisse de voir débarquer des agents de police.
Le juge, comme il aurait dû le faire selon la loi, sans me soutirer des sous, va expliquer dans le refus de l'ordre d'arrêt, qu'il n'y a pas de fraude car Roberto ne justifie nulle part sa propriété.
Le reste des 50% de la vente de l'atelier je ne le verrai jamais, même si j'ai insisté, je n'allais quand même pas faire un procès au chef de la prison. Pour mes employés ce n'est pas grave. Ils n'utilisaient plus l'atelier car ils ne s'étaient pas put se mettre d'accord pour renouveler les licences et payer les taxes de fonctionnement. Ils auraient dû monter une entreprise et l'a gérée en coopérative

Avec Jésus, je vais avoir une petite vengeance, un jour qu'il était dans les tribunaux avec son associé Sergio, on a arrêté celui-ci, à cause de je ne sais quel problème avec un de leur client italien. Jésus m'a immédiatement téléphoné pour que je demande à mon copains le juge, s'il y avait un ordre d'arrêt également contre lui. Le juge m'a confirmé deux jour après que ce n'était pas le cas. Mais moi de mon côté j'ai fait poireauter Jésus pendant 15 jours avant de lui confirmer. Ce qui l'a obligé à rester chez lui tout ce temps sans sortir avec la peur de voir débarquer les flics à tout moment.
Et le con de Roberto va se faire arnaquer par son avocat, qui va lui dire qu'il a bien obtenu l'ordre d'arrêt mais qu'il a besoin d'argent pour payer deux agents de police pour aller m'arrêter à Tequisquiapan, plus les billets d'avions, aller-retour, pour lui et les agents, plus une nuit d'hôtel. Déjà l'un de mes employés lui avait soutiré des sous pour lui donner mon adresse. Un exemple pour comprendre que la connerie peut être très dangereuse. La somme que lui a soutiré l'avocat, je l'apprendrais plus tard, est presque l'équivalent de ce que le juge m'a demandé.

Quelques mois passent, je ne supporte plus le travail à l'atelier. Celui-ci s'approche de plus en plus de la faillite. Lorsque Patrick avait changé la fabrication de papier peint pour du papier pour autocollants. Ça avait très bien marché, ça lui avait permis d'avoir la grande vie et de s'acheter une maison. Mais lorsque la concurrence est devenue très forte, il a voulu garder la même clientèle en cassant les prix. Il avait pu résister et maintenir sa production grâce à des crédits. C'était l'époque ou au Mexique on donnait des crédits très facilement, sans aucune garantie, on voyait juste le chiffre d'affaires, sans regarder les bénéfices. Il avait obtenu un crédit énorme, beaucoup plus que la valeur de l'entreprise. Il me confia un jour que lorsqu'il avait reçu ce crédit il aurait dû tout laisser tomber et partir avec les sous. Il venait encore d'en obtenir un autre. C'était impossible qu'il puisse rembourser à un moment donné ça allait partir en vrille.

J'avais fabriqué avec l'aide de La Negra et Juan, des échantillons d'une ligne de meubles pliables en bois imitation rotin et de toile. Genre chaise directeur de cinéma et chaise longue.

J'avais un cousin à Cuernavaca qui fabriquait des toits roulants et des stores en toile acrylique imperméable, la même que moi j'utilisais pour mes meubles . Il avait une bonne clientèle de gens aisés. Et une boutique. Donc je lui avais parlé et il était d'accord pour que je lui laisse quelques meubles en dépôt pour vendre.

J'avais déjà averti Patrick que je ne continuerai plus à travailler avec lui, et que j'irai lui apporter mon rapport sur mon analyse de la situation de l'entreprise. Je lui démontrerai que même en payant des salaires si bas il travaillait à perte, il ne s'en rendait pas trop compte dans l'immédiat car il avait beaucoup de stock de matière première. Ses rentrées payaient les frais d'opérations et un peu de matières premières, mais pas pour renouveler le stock. Encore moin pour payer les crédits

Donc je suis parti très tôt un matin pour aller directement à Cuernavaca, j'ai laissé les meubles à mon cousin, et j'arrive vers une heure de l'après-midi à l'atelier. C'est à peu près l'heure où les vendredi Patrick part à la banque pour chercher la paye des ouvriers, donc tout juste arrivé, il me demande de l'accompagner pour que l'on bavarde pendant le trajet. Comme j'ai mon porte document à la main, je n'ai pas le temps de le laisser, et je l'emmène avec moi dans sa voiture. Tout se passe normalement, on bavarde sur la situation de l'entreprise. A la banque, comme ce n'est pas des sommes énormes en liquide, on met les billets de banque dans nos poches. On remonte dans la voiture, on arrive à l'atelier et on se gare comme d'habitude en face de la grande porte d'entrée, j'ai toujours mon porte document. Avant que l'on puisse descendre deux individus s'approchent de chaque côté de la voiture et nous braquent de gros calibres sur la tête à chacun, pendant que le troisième met en joue les travailleurs de l'atelier. Il nous crient immédiatement de leur donner l'argent que l'on vient de sortir de la banque, on est pétrifié, et sans pouvoir dire un mot, on commence à mettre la main dans la poche pour sortir les billets, mais à cet instant celui de mon côté vois mon porte document, et crie aux autres : « çà y est j'ai l'argent ». Il nous ordonne de baisser la tête et commence à partir, mais moi avec mon gros ventre, et la voiture étant petite (une Renault) je n'arrive pas et me relève, à ce moment celui qui est de mon côté reviens, me fait sortir, me braque le pistolet sur la tempe, à ce moment je suis sûr que c'est fini,

Je sens que le coup va partir, mais il m'oblige à monter à l'arrière et a me baisser sur la banquette. Et ils partent en courant. On attend quelques secondes puis on rentre dans l'atelier. Jamais j'ai eu si peur, j'ai revécu la même sensation que l'autre fois au bord de la rivière, mais cette fois j'étais sûr d'y passer. On a un peu le réconfort qu'ils n'ont pas pris l'argent. Patrick va être très content, il a juste eu peur. Mais moi, à part le porte document auquel j'y tenais, j'avais à l'intérieur une calculatrice programmable Hewlett-Packard qui valait très chère, tout mon rapport dont je n'avais pas fait de copie. Et tout le descriptif et mesures de mes meubles avec photos pour les enregistrer aux droits d'auteur.

Ce soir je reste à Mexico chez Patrick, j'espère qu'il va me dépanner un peu pour mes pertes, car il sait très bien que je suis dans la merde, et que s'il n'a pas perdu ses sous c'est un peu grâce à moi et à mon porte document.

Mais je n'aurais rien.

C'est réglé, je ne dois plus aller travailler à Mexico, je peux me dédier à essayer de lancer la production de mes meubles, mais aussi je n'ai plus d'entrée d'argent en salaire. Et la propriétaire de la maison que l'on loue est très tatillonne, elle veut ses sous le premier du mois sans faute, et quand je prend du retard il faut qu'elle aille se plaindre avec ma sœur ou le beau-frère de celle-ci.

Je cherche et je trouve une maison moins chère et à mon grand étonnement c'est au club de golf où je la trouve. Mais cette zone résidentielle est énorme et la maison est tout au bout. Impossible sans voiture, les enfants seront dépendant de nous. Mais la maison est très bien, assez isolée, pas de voisin et d'une architecture moderne, avec assez de jardin, moin chère et plus confortables que l'autre.

Yvonne ne donne plus de cours, le gymnase de la dame à fermé.
J'ai quelques petites commandes, surtout une grande bibliothèque pour la meilleure amie de ma sœur. Ces dernières années à Cancún je ne travaillais jamais à l'atelier. Donc j'ai un peu de mal pour faire les meubles rapidement et bien terminé. Mais de celui-là je serai particulièrement fier, dans sa composition il a 8 tiroirs, et bien, je les ai si bien fait que l'on peut les interchanger, et ils coulissent parfaitement, sans l'aide d'aucun des systèmes modernes de glisse.
J'arrive à peine à m'en sortir financièrement.
J'ai assez de produits pour lancer ma ligne, je la baptise « Safari ». Comme Yvonne ne travaille plus, c'est elle qui me fait les coutures des toiles pour mes meubles.

A l'école il y a quelques nouveaux élèves qui sont entrés pendant l'année scolaire, mais il y a qu'une vingtaine d'élèves. Notre vie sociale tourne autour de l'école, on commence à connaître quelques-uns des parents d'élèves. Yvonne est assez contente. Mais il y a quelques soucis qu'il faut que je gère. Il existe un dicton au Mexique qui dit : « petit village, grand enfer » Et c'est vrai, comme tout le monde se connaît, les gens parlent, critiquent, inventent etc.
A un moment donné on va même accusé d'agression sexuelle Ian et Guy envers Regina, la collègue de Ian de sa classe. La femme d'un pilote, qui est amis des parents de Regina, va leur dire qu'elle les a vu entrain d'essayer d'abuser d'elle.
Et Regina va dire que c'est vrai!! Tito, le père, c'est ainsi que l'on l'appelle, va me le réclamer un matin que je viens de laisser les enfants à l'école.

Il n'est pas agressif, il est même un peu honteux. Je lui dit que je n'ai même pas besoin de demander quoique ce soit à mes enfants, je nie une telle possibilité.

Le lendemain il me fait des excuses, sa fille a reconnu que c'est un mensonge inventé par cette femme.

Un soir à une fête chez Tito je demande à cette femme de nous faire des excuses, elle va me les refuser même en fasse de son mari. Je suis dégoûté.

La vérité c'est que, même si la plupart sont sympathiques, on est tombé dans une communauté de bourgeois réactionnaires.

Nos premières vacances d'été on va les passer à la maison. Le Noël dernier j'ai acheté des vélos aux enfants. Guy et IAN sortent en vélo toute la journée, et vont aux terrains de football jouer avec des copains. Bruno s'est fait un amis qui est fils unique d'un jeune couple d'architectes qui travaillent beaucoup à l'étranger. Il a une gouvernante égyptienne qui s'est prit de beaucoup d'amitié pour Yvonne, donc ils sont tout le temps ensemble. Et Alec toujours avec sa mère.

J'ai oublié d'ailleurs de vous raconter une petite histoire sur les vélos qui m'a beaucoup touché et appris sur Ian.

Les vélos étaient tous crevés, il y avait énormément d'épines près de la maison de ma mère, donc on les emmène dans la combi pour les faire réparer. Mais là où se trouve le réparateur de vélos près du marché en plein centre ville, c'est impossible de trouver une place pour se garer. Donc on s'est garé en double file et on a laissé les vélos à côté de tous les autres vélos du magasin, et j'ai dit à Ian de dire au monsieur qu'on lui laisser les deux vélos à dépanner et qu'on repassera un autre jour.

C'était l'époque où j'allais travailler avec mon frère. Donc le week-end prochain je vais chercher les vélos. Mais le monsieur me dit qu'il n'a vu aucun vélo et que personne ne lui a rien dit. Je commence à m'énerver et lui dit que je vais revenir avec mon fils pour qu'il le lui dise en fase. Le soir je vois Ian, et lui demande s'il lui a bien dit au Monsieur, il me confirme que oui. Je lui dis donc que demain il va m'accompagner voir ce monsieur. Et je commence à dire à Yvonne et aux autres, on est tous dans le salon, que ce monsieur va voir de quel bois je me chauffe etc etc. Mais après un petit moment, IAN tout à coup se met à pleurer et nous confesse qu'il ne lui a rien dit. Il nous a menti parce qu'il savait qu'il avait mal fait, et il se traite de mauvais fils etc. Ça me fend le cœur de le voir ainsi se faire du mal. Il sera toujours aussi sensible, il voudra toujours faire plaisir aux autres, mais pas pour recevoir quelque chose d'eux en retour, mais juste pour être bien avec lui-même.

Le lendemain je reviens chercher les vélos et voyant ma détermination, le propriétaire du magasin va me rendre les vélos.

*

ARRÊT URGENT

j'interromps ma narration, car un gros truc est arrivé. *Un virus extrêmement contagieux est en train d'infecter toute la planète. Même s'il n'a pas un grand pourcentage de mortalité, c'est un virus qui attaque le système respiratoire et qui est plus nocif aux personnes ayant d'autres problèmes de santé. Et j'ai un gros facteur de risque. C'est -à -dire que si je suis contaminé, j'ai de forte probabilité de ne pas y survivre.*
C'est pour cela que je préfère écrire ces lignes, au cas où je n'aurais plus la possibilité de le faire.

D'abord un petit résumé de la situation. Ce virus est un coronavirus, que l'on a appelé covid 19. Il est apparu à Wuhan en Chine dans un marché d'animaux. Il a probablement muté en passant de la chauve-souris à l'homme en passant d'abord par une espèce intermédiaire inconnue.
Un médecin chinois a sonné l'alerte, mais n'a pas été écouté. On l'a plutôt punie.
Mais une fois l'épidémie déclarée, le gouvernement chinois a mis les gros moyens. Ils ont complètement isolé la province. Autoroute bloquée, tout transport bloqué. Les gens sont confinés chez eux, interdiction de sortie, sauf dérogation. Construction d'un hôpital en trois semaines. Alimentation apporter directement chez l'habitant et usines fermées .
Le reste du monde a regarder faire. Les autres pays ont juste pensé à rapatrier leurs citoyens. Et se sont inquiétés du problème de ralentissement de l'économie. Aucun pays n'a voulu déclencher leur plan anti-pandémie. En 2003 le SARS avait seulement touché les pays asiatiques, en 2010 le H1N1 avait créé la panique et rien ne s'était passé, en 2014 l'Ebola avait été confiné à l'Afrique de l'Ouest. Donc personne ne s'est inquiété.
L'économie étant si mondialisée, énormément de pièces nécessaires à la fabrication d'objets dans l'industrie occidentale, sont fabriqués en Chine, et les usines étant à l'arrêt là-bas, l'économie ralentissait ici. C'est ça qui a inquiété, la dépendance envers la Chine.
Et bien sûr les anti mondialistes s'en sont donné à cœur joie. Mais personne ne s'inquiétait pour la propagation du virus, la Corée du sud a été touchée à son tour, mais à réagit rapidement, puisqu'ils avaient étés touchés fortement précédemment par le SARS. L'Iran a été touché également et c'est également confiné, mais n'arrive pas à s'en sortir à cause des sanctions internationales.
L'occident a cru que ça allait être comme les autres épidémies qui restaient assez localisées. Mais l'Italie a été touchée à son tour. Un match de football a lancé l'épidémie en Lombardie. On a alors commencé à prendre un peu plus au sérieux cette épidémie. Des événements internationaux ont commencé à être annulés. Une messe évangélique a déclenché l'épidémie dans l'est de la France, puis les 2000 croyants en rentrant chez eux ont propagé le virus. Les rassemblements de plus de 1000 personnes interdites, puis de 500 etc.
Mais un rapport scientifique est venu enfin ouvrir les yeux aux dirigeants de la planète. Si rien n'était fait, c'était le crash test pour tout le système hospitalier de la planète. Résultat, tout événement sportif culturel supprimé , fermetures des écoles et universités, restaurants bars etc, confinement généralisé.
Près de deux milliards d'êtres humains ont été confinés début mars. Trois milliards mi mars.
Les nationalistes jettent la faute à la non existence des frontières, qu'il fallait les fermer avant. Mais les chinois n'ont pas fermé leur frontière, ils ont isolé Wuhan, là où était le cluster, ont doit

isoler là où est le virus, n'importe où ou ce trouve ce cluster. C'est la Lombardie en Italie qu'il fallait fermer pas l'Italie.
La Chine n'a pas confiné Pékin ni Shanghai. En France tout le pays était confiné, non pas parce que le virus circulait partout, mais parce que c'était le territoire de la France. Tous les hôpitaux ont suspendu les chirurgies programmées pour laisser la place aux malades du Covid. Donc tandis qu'en Alsace et dans la région parisienne, les centres de ré animations étaient débordés, des médecins de l'ouest de la France jouaient aux cartes dans leurs centres aux lits pratiquement vides. Comme si le virus en attaquant quelques français aller s'en prendre immédiatement à tout possesseur du passeport Français.

Cette épidémie était prévisible, d'ailleurs énormément de personnes l'attendaient. On avait déjà eu plusieurs alertes. La dégradation de l'environnement fait que l'on soit de plus en plus en contact avec des espèces sauvages qui peuvent nous transmettre leur virus en passant par ce que l'on appelle une espèce pont. Dans ce cas présent on croit que c'est le pangolin qui a servi de pont entre la chauve-souris et l'homme. Donc c'est ce que l'on appelle une zoonose, c'est à dire une maladie d'origine animale, soit un virus ou une bactérie. Le mélange de l'élevage et la dégradation de l'environnement fait que ce genre d'épidémie devienne de plus en plus commune. Mais je pense que le problème n'est pas tellement le contact avec les animaux sauvages, puisque avant la sédentarisation de l'homme, et même actuellement les chasseurs cueilleurs étaient et sont en contact avec ces animaux. Ce serait plutôt la proximité de l'élevage intensif avec la
faune sauvage qui serait responsable, et non celle de l'homme directement. La plupart des virus ou bactéries responsables d'épidémies nous sont transmises par des animaux d'élevages, comme les bovins, les poules ou canard et aussi par d'autres animaux qui ne sont pas d'élevage, mais qui doivent leur existence à la sédentarisation, comme ce sont les rats, souris ou moineaux, eux mêmes infectés par le contact aux animaux sauvages.
Les premières traces d'épidémie que l'on connaît viennent historiquement de quelques centaines d'années avant notre ère. Elles se trouvent dans des endroits très peuplés comme à Athènes, une des premières dont on ait connaissance. L'épidémie la plus importante dans l'histoire de l'homme c'est sans doute celle de la peste, propagée par la puce du rat et d'origine bactérienne. Elle a ravagé l'humanité pendant des siècles, -430 à Athènes, en 542 elle tue ⅓ de la population de Byzance, 1340 Turkestan, puis Constantinople, 1348 Marseille puis le reste de l'Europe, en 3 où 4 ans elle en tue 25 millions. Puis Barcelone 1590, Milan 1630, Londres 1665, Marseille 1720 etc.

Les premières grandes épidémies sont d'origine bactérienne, la lèpre, la Diphtérie, la Syphilis , la tuberculose , le choléra etc.
Mais elles sont toutes, au début, localisées en Europe et moyen orient, là où se trouve la grande concentration d'humains et d'animaux d'élevages, et aussi un grand manque d'hygiène.
C'est pour cela que l'on ne retrouve aucune trace d'épidémie en Amérique avant la conquête. L'élevage y est pratiquement inexistant, bien qu'ils aient une alimentation très carnivore. Les bovins étaient inexistants, et c'est surtout de ces espèces que les maladies responsables des épidémies sont parties. Les bisons au Nord, dindes, porcs sauvages et canards au centre, sont les principaux produits carnés. Mais ils n'ont pas d'élevage intensif, et là où les habitants sont nombreux, dans les grandes cités Mayas ou Aztèques, il y règne un certain hygiène.
A Tenochtitlán, a l'arrivée des espagnols, bien que c'était la ville la plus peuplée du monde, la ville avait un système d'égout et une culture de l'hygiène très avancée.

Bien que tout cela n'empêche pas la destruction, par les maladies infectieuses apportées par les espagnol, de 90% de la population indigène. Puisque étant épargnés de ces maladies ils n'avaient formé aucun anticorps.

Mais bien que les maladies d'origine bactérienne fassent encore beaucoup de dégâts dans certains pays sous développés, les grandes épidémies depuis le XX siècle sont d'origine virale. Grippe espagnole, sida, ebola , SARS etc. J'ignore à quoi ceci pourrait être dû, pour l'instant je n'ai trouvé aucun document qui en parle. Peut-être les virus n'étant pas vraiment tout à fait des êtres vivants, ils sont plus susceptibles aux mutations et passent plus facilement d'une espèce à une autre, et vu le nombre en augmentation d'individus et d'espèces mises en contact entre elles cela facilite énormément la formation de nouveaux virus.

Un autre effet que provoque cette crise, c'est la recherche de coupables et d'excuses de chaque gouvernement et de type de gouvernements pour leur manque de préparation.
Principal coupable pour les pays occidentaux c'est bien sûr la Chine. On arrive même à l'accuser d'avoir créé ce virus, soit volontairement ou accidentellement, dans un laboratoire dont il s'est échappé ! Aussi on l'accuse d'avoir caché sa dangerosité. Comme si le fait de mettre depuis janvier une ville de 15 millions d'habitants en quarantaine, avec forte publicité, n'avait pas suffi au monde, pour comprendre de quoi il s'agissait. C'est peut être vrai qu'elle a tardé à prendre les mesures nécessaires, mais une fois prise, il fallait que le monde entier se prépare. Certains pays s'en sortent mieux que d'autres, donc on se compare, on a peur que nos citoyens voient qu'un autre système politique s'en sort mieux et du coup qu'ils aillent vouloir l'adopter, il faut donc lui trouver plein d'autres défauts. Par exemple les démocraties occidentales contre le totalitarisme chinois.
En France et dans d'autres pays comme l'Espagne, les critiques du gouvernement n'arrêtent pas de remplir d'éloges le gouvernement allemand, qui s'en sort mieux. C'est complètement idiot. C'est vrais que les gouvernements ont en général mal géré la crise, mais pour ceux qui s'en sorte mieux ça ne veut pas dire forcément que c'est dû à des actions ou non de ces gouvernements, c'est tout simplement que le virus a une action tout à fait aléatoire qui dépend d'énormément de facteurs. Si non alors pourquoi ne pas conclure que la Grèce, dont on ne dit rien, a le meilleur système anti-pandémie?, puisque au jour d'aujourd'hui, pour 100,000 habitants elle n'a que 2,6 morts, tandis que l'Allemagne dont on vante tant leur modèle, en a 6,8? Et la France 20.

Au moment où j'écris, l'Europe est très touchée, l'Italie, l'Espagne et la France surtout, dans cet ordre là. Rien qu' hier soir, l'Espagne a eu 850 morts.
Je ne vais pas décrire maintenant les dégâts, mais si les É.U. sont maintenant les plus touchés, on ne sait pas ce qui va arriver lorsque la pandémie frappera l'Afrique et l'Amérique Latine. Car si les pays riches n'ont pas assez de lit de réanimation, on imagine la catastrophe dans les pays pauvres. Bien que j'espère que le virus ne soit pas aussi contagieux dans les pays chauds. Et ce qui peut également les aider c'est le fait qu'ils ont une population beaucoup plus jeune, donc moins vulnérable.
Donc je vais juste donner mon opinion sur ce qui va suivre dans l'après pandémie.

Une fois le virus contrôlé, soit par une immunité générale de la population mondiale, que l'on établit à 60 ou 70 % pour stopper le virus, soit par la découverte du vaccin. Il faudra analyser pourquoi tant de dégâts.

Les gouvernements, pour essayer de stopper la catastrophe économique qui arrive, sont en train de débloquer des sommes stratosphériques . Mais c'est surtout pour stopper les chutes des bourses qui ont rompu tous les records. Comme je l'ai plusieurs fois répété, les valeurs de la bourse n'ont rien de réel et de tangible et il suffit d'une déclaration d'un gouverneur d'une banque centrale, ou d'un chef de gouvernement pour les faire chuter ou rebondir. On parle enfin sérieusement de mettre en place « l'argent hélicoptère ».

D'ailleurs il est pratiquement mis en place, les US offrent 1200 dollars à tous les citoyens plus 200 pour chaque enfant. L'Allemagne 5000 euros aux autoentrepreneurs, la France 1500.

Les états creusent leur déficit 10% pour la France 19% pour les états-unis pour financer la perte du revenu national, Pour financer ce déficit, l'état empreinte, mais comme les sommes sont énormes, les intérêts risque de s'envoler et l'état ne pourrait plus emprunter. Et pour cela les banques centrales interviennent et rachètent cette dette et la remplace par de la monnaie, donc pas de problème de dette.

Mais normalement cette quantité de monnaie devrait provoquer de l'inflation. Mais plus maintenant car la monnaie n'est plus utilisée pour acheter des biens et des services mais pour acheter des actifs. Comme des actions et de l'immobilier. Ce qui fait augmenter les cours boursiers et les prix immobiliers. Donc on a un grand risque de fabriquer une grande bulle immobilière.

Il y aura également des capitaux de grande taille qui circulent dans le monde et qui entrent et sortent surtout dans les pays émergents , déstabilisant leur économie et le taux de change. Ceci va provoquer une grande instabilité financière et encore une hausse plus importante des inégalités.

Plusieurs voix se lèvent pour dire que le système ne peut plus continuer comme cela, c'est vrai, on le savait déjà. Mais va t'on changer ? Une fois la crise passée, les entreprises ne vont-elles plus chercher le profit à tout prix ? Les gouvernements ne vont plus être influencés par les lobbyistes ? La finance et les investisseurs ne vont-ils plus faire du chantage aux gouvernements, en leur conditionnant les ressources financières? Les riches ne vont-ils plus financer les partis politiques ? Des lois vont-elles réglementer les impacts écologiques de l'économie ?

Non seulement le monde d'après ne sera peut- être pas pour demain, mais si on n'y prend pas garde, il pourrait ressembler à celui d'avant hier.

LE REVENUS UNIVERSEL ? on commence à en parler. S'il était déjà mis en place, il n'y aurait aucune répercussion économique à cette crise sanitaire. Et d'ailleurs elle serait beaucoup moins grave car avec le RU il y aurait beaucoup moins de concentration de population. La population serait davantage répartie. Beaucoup auraient choisi de vivre à la campagne.

On aurait également moins de risque de production de virus, puisqu'en évitant la production capitaliste des ressources, on éviterait la dégradation de l'environnement et ainsi le contact direct de certaines populations avec les animaux sauvages tel que la chauve souris.

On va voir pendant cette crise qu'il est possible de vivre sans consommer à tout va.

Et qu'il suffit de le décider pour donner aux gens de quoi vivre. On va se rendre compte que ce qui est nécessaire, c'est juste la production alimentaire, les besoins sanitaires et l'éducation de nos enfants. Le reste n'est qu'artifice pour fabriquer des privilégiés.

On voit que les étrangers nous sont indispensables, puisque c'est eux que l'on embauche pour les récoltes. On appelle à des volontaires pour le faire. Mais un agriculteur ne peut pas embaucher des bénévoles, il faut qu'il les déclare, c'est la loi.
Et les payer combien, comme les étrangers ? Oui mais ces travailleurs qui veulent aider, ont en général déjà un travail, et si ils sont disponibles c'est parce qu'ils sont au chômage partiel, donc payés . Et ils n'ont pas le droit de percevoir un autre salaire. Et ils ne vont pas changer de boulot pour un travail si mal payé. En raison du respect de la concurrence, une entreprise ne peut accepter l'aide de bénévoles, elle est obligée de les payer, donc de les embaucher. Avec un système comme je le propose, un individu peut passer d'une entreprise à une autre sans soucis. Cela permet la coopération entre entreprises du même secteur ou non, on peut s'entraider pour le bien de la société, comme c'est le cas aujourd'hui avec cette crise
Lorsque que c'est la saison dans certains secteur de l'agriculture ou ils ont besoin de main d'œuvre, des professeurs en vacances pourraient les aider. Puisque on a tous un revenu, le surplus de salaire pourrait être payé pour les professeurs par l'éducation nationale lors des cours puis par un agriculteur si le professeur décide de l'aider.
Le système actuel est tellement ridicule qu'en temps de crise il empêche les gens de travailler dans les secteurs vitaux!

Je ne suis pas optimiste du tout. Au contraire, je pense que les pays développés vont se renfermer sur eux. D'abord parce que lorsque la Chine s'est arrêtée, ils ont reçu en plein fouet leur dépendance de leur économie envers celle-ci. Et ensuite parce que ces grands pays européens, et autres, non pas été capables d'avoir suffisamment de stocks de masques qui sont essentiels et vitaux en cas d'épidémie, surtout qu'ils ont un prix à l'achat de moins de 40 ct.! Et ils les achètent en Chine. Résultat, notre président libéral est devenu souverainiste !
Mais aucune souveraineté d'État au monde ne permettra de prévenir, outre le retour d'une pandémie, la catastrophe climatique et la dégradation de la biodiversité.

On va donc essayer de relocaliser la production et fermer les frontières. Mais la finance que va t-elle décider ? Elle ne veut pas de frontières pour les capitaux et surtout elle va vouloir financer seulement les pays qui offrent les meilleurs rendements et retour sur investissements, c'est à dire les gouvernements qui prélèvent le moins d'impôts, réduisent les dépenses publiques, et qui sont ouverts au commerce international.
On critique les gouvernements de ne pas avoir assez de masques, de test, de respirateurs, de réactifs et de médicaments Et c'est vrai que c'est leur faute. Mais la raison que l'on donne, c'est que c'est dû à ce que la production est délocalisée en Chine ou en Inde. Mais ce n'est pas la décision des gouvernements que de délocaliser!
Ce sont les entreprises qui délocalisent, ces mêmes entreprises que l'on admire tant car elles sont soit disant les pourvoyeuses d'emploi. Le pétrole est produit à l'étranger, comment ce fait il que l'on est du stock de pétrole ?
On nous dit qu'il faut relocaliser la production de ces articles pour protéger notre souveraineté. Toujours cet égoïsme, on ne comprend toujours pas que l'on habite une seule planète, quel que soit le problème, qu'il soit climatique, sanitaire, guerre, financier, il nous touche tous.

La mondialisation ce n'est pas que du commerce. Je ne suis pas pour délocaliser, si on peut fabriquer localement il faut à tout prix le faire. Il faut juste harmoniser les coûts . Mais on aura toujours des produits qui viennent d'ailleurs, ou on va interdire de boire du café en Europe ? De manger du chocolat ? On ne pourra plus boire de vin dans les pays tropicaux?.

Trump a pu faire du protectionnisme car il a une balance commerciale déficitaire, et dispose du dollar. Mais a, en même temps, casser la croissance internationale.
La solution n'est pas de retourner aux frontières, au contraire. Avant, les frontières étaient très importantes pour les états, c'était le nationalisme. Et la concurrence se faisait par la guerre. La coopération existait juste pour se défaire d'un ennemi commun. Puis on a ouvert les frontières pour pouvoir nous faire de la concurrence en paix. La coopération existe seulement pour consommer davantage , comme le Marché commun de l'Union européenne et différents traités commerciaux.

Mais cette soit disant abolition des frontières, car elles sont bien réelles lorsqu'il ne s'agit pas de commerce, n'a fait que tirer par le bas les salaires des pays riches et augmenter les inégalités dans les pays en développement. Car si les salaires ont bien augmenté dans ces pays formant une classe moyenne, ça n'a pas été le cas pour toute la population, maintenant une grande partie dans l'extrême pauvreté. Un petit nombre s'est extrêmement enrichi. Les inégalités ont augmenté partout. La concurrence fiscale a obligé les gouvernements à diminuer les services publics. L'ingénierie financière a optimisé l'évasion fiscale. Et notre fausse démocratie a ouvert la voie à plusieurs democratures de droite nationaliste qui ferment leur frontières aux migrants et à l'étranger pauvre (l'étranger riche est toujours le bienvenu) mais les laissent ouvertes au marché et à la finance.

Ce qu'il faut faire, ce n'est pas de fermer les frontières, sinon de les ouvrir davantage, non à la concurrence, mais à la coopération.
Aujourd'hui nous avons plusieurs ennemis en commun, un c'est le virus actuel et les prochaines pandémies, car il n'y a aucune raison que ça s'arrête, un autre c'est le réchauffement climatique, un autre les inégalités, un autre la faim dans le monde, un autre les fanatiques religieux (pas seulement les islamistes, mais surtout les fanatiques évangélistes, qui ne font peut être pas trop de terrorisme, mais qui font bien plus de dégâts) et surtout la haine de l'autre. On est en train de voir dans cette pandémie qu'une institution créée pour coopérer, fait tout le contraire. L'Union européenne ne coopère pas du tout, l'Italie, le premier touché, a eu besoin de médecins, et c'est la Chine et Cuba qui leur ont envoyé des médecins. Les pays du Nord où l'Allemagne, pas encore touchés, n'ont rien fait. Il y a une certaine coopération entre hôpitaux de différents pays mais seulement frontaliers qui aident la France. Les principaux hôpitaux européens viennent de lancer un appel à leur gouvernement de coopérer car ils s'attendent à une rupture du stock de médicaments nécessaire à la réanimation. Un bateau de croisière de luxe d'une compagnie anglaise qui naviguait dans les Caraïbes avait à bord plusieurs contaminés, aucun pays ne voulait l'accueillir, même pas les É.U. grand allié des anglais, c'est Cuba, pays pestiféré par ces deux nations, qui les a accueilli, soigné et renvoyé chez eux. Aucune note dans les journaux occidentaux. Par contre une demande de 5000 millions demandé en aide au FMI par le Venezuela pour faire face à l'épidémie lui a été refusée. Les É.U. au lieu d'alléger les sanctions contre l'Iran, durement touché par la pandémie, et du

Venezuela, pour des raisons sanitaires et humanitaires, les a renforcées. Et pour répondre à l'appel de l'ONU, du pape etc. Pour que ces sanctions soient levées, Trump a trouvé la parade en accusant le Venezuela de trafic de drogue et a même envoyé sa marine face aux côtes de ce pays, et ceci dit t'il pour protéger le peuple américain.

Je pense que si le gouvernement, et tous les autres gouvernements ne font pas quelque chose pour tous les habitants qui ne sont pas dans l'économie formelle, et ils sont extrêmement nombreux, surtout dans les pays sous-développés, mais pas seulement, il va y avoir de gros dégâts tels que des famines.
Il suffit de voir en France toute l'économie qui dépend dans les cités du marché de la drogue, mais également du travail au noir. Ou aux EU tous les travailleurs précaires, ou sans papiers. Mais surtout dans les pays d'Asie Centrale et d'Amérique Latine.
Tous ces habitants ne vont pas pouvoir survivre à un confinement qui stoppe tous leurs moyens de subsistance et la violence va éclater car ils n'auront plus le choix.
Le virus ne distingue ni statut social ni culturel, mais nous ne sommes pas tous égaux face à celui-ci. Il fait augmenter les inégalités.
Deux grands facteurs s'accumulent. L'un c'est que les pauvres sont plus fragiles, les taux d'obésité, de diabète ou cardiovasculaire sont bien supérieurs dans les classes populaires que dans les classes aisées. Et ces maladies sont des facteurs aggravants. Le second, c'est que les gens pauvres ne peuvent être confinés chez eux, ils sont obligés de sortir pour ce nourrir, en plus d'avoir des lieux de vie très dégradés pour y habiter toute la journée. Aux États Unis cette inégalité devient même raciale, car les noirs sont surreprésentés dans ces niveaux sociaux. Rien que dans le Milwaukee les noirs représentent 81% des décès, alors qu'ils ne sont que 26 % de la population.
En France, comme les statistiques ethniques sont interdites, on a pas de chiffre mais on sait que la Seine St Denis, cité ou les personnes d'origines maghrébines sont majoritaires, est la plus touchée de la région parisienne. La mortalité y a augmenté de 65 %.
Les personnes qui doivent sortir travailler pour que les autres puissent vivre, viennent de ces catégories fragiles, infirmières, aides soignantes, caissières, routiers, policiers, éboueurs etc. Ils sont obligés de sortir, de prendre les transports en commun etc. Tandis que les cadres et autres peuvent très bien travailler chez eux.
Tous les messages dans les médias, les « restez chez vous » « protégez vous » etc. Donnent la sensation d'être faite pour les privilégiés. Les conseils et même les blagues sur internet aussi. Et on dirait que plusieurs dirigeants politiques et des médias ne s'en rendent pas compte. Certains maires veulent imposer des couvre-feu dans les quartiers populaires parce qu'il n'y a pas de respect du confinement et des journalistes critiquent le manque d'obéissance de ces classes populaires, toujours prêtes selon eux à contrer l'autorité. Si ça continue je ne sais comment elles vont réagir.

Ce serait très simple si on le voudrait, pour un pays qui est touché, on sait que le problème c'est le manque de moyen matériel et de personnel, pourquoi ne pas lui envoyer du matériel et du personnel, on peut très vite réquisitionner des hôtels pour loger le personnel et des transports pour le matériel et une fois la crise contrôlée dans ce pays on s'entraide pour le suivant. Les laboratoires pourraient se mettre d'accord pour qui fabrique quoi, et on oublie les brevets. Tel laboratoire pourrait essayer telle molécule, un autre une autre, éviter les doublons.

Des pays sont plus fragiles économiquement que d'autres. Les prêts pour ces gouvernements vont être octroyés à des taux plus élevés. Ce qui vas encore les pénaliser davantage.

L'Allemagne et les pays bas ne veulent pas entendre parler des corona bons qui permettrait de partager la dette. C'est le pur égoïsme d'état, qui grâce à leur gestion soit disant vertueuse de leur économie, leur permet un budget à l'équilibre sans réfléchir qu'il c'est construit au dépend des autres. Pourquoi ne pas permettre que les banques centrales puissent prêter directement aux états ? Ainsi ils seraient financés aux mêmes taux.

L'austérité mise en place en 2010 pour remédier à la crise de 2008 a mis à mal les systèmes de santé des pays endettés.

On voit dans les graphiques, qui circulent partout, la courbe du pic de la pandémie, d'un côté le nombre de malades, et de l'autre le temps, puis une ligne droite qui signale le nombre de lits disponibles. Il s'agit donc de maintenir la courbe au-dessous de cette ligne, pour ne pas faire exploser l'hôpital. Mais cette ligne n'est pas située à ce niveau par hasard, elle est à ce niveau très bas, pour plusieurs pays, à cause de l'austérité qui a fait descendre le niveau de lits disponibles, l'hôpital a été géré comme un hôtel. Le manque de matériel sanitaire, comme les masques, est dû au système de flux tendus que préconise l'économie de marché. Encore une preuve que le capitalisme et le néolibéralisme ne protègent pas l'humanité.

Il risque d'ailleurs d'avoir une crise alimentaire dans le monde, non pas par manque de nourriture, les récoltes ont été bonnes et les stocks sont pleins.

Mais à cause de l'inaptitude des gouvernements, qui pensant protéger leurs peuples, risquent d'interdire les exportations, ce qui va faire monter les prix, et provoquer des achats de panique. Plusieurs habitants de la planète risquent de ne pas avoir accès à des produits de première nécessité. Déjà plusieurs commerçants, grossistes spéculent sur les prix, et le transport et circulation des marchandises est très perturbé.

Il faut que les gouvernements se parlent et coopèrent pour éviter le chaos. Et là, où il est nécessaire, fixer les prix.

Pour lutter contre tous les autres ennemis c'est très facile. Il faut juste le vouloir. Il faut oublier que l'on est, par exemple: un nantais, un breton, un français, un européen, un habitant de la planète terre. Il faut penser le contraire, par ordre d'importance, qu'on est d'abord un habitant de la planète terre, puis un européen, puis un français, puis un breton, puis un nantais.

Donc je vais d'abord m'occuper des problèmes des habitants de la planète, puis des européens, puis des français, puis des bretons , puis des nantais.

Pourquoi une chemise en coton du même modèle, même couleur, même taille, fabriquée au Bangladesh aurait un autre coût que si elle était fabriquée en France? Pour cela il suffit d'unifier le prix du coton, des salaires, des impôts, de toutes les matières premières dans le monde, de supprimer les brevets, supprimer les différentes monnaies pour les remplacer par une seule, supprimer les frontières etc. Donnez moi une véritable raison pour que ceci ne soit pas possible, qui ne soit pas celle de dire que c'est utopique. Démontrer moi que la concurrence est meilleure que la coopération. Ce n'est pas parce que l'on n'a jamais essayé que c'est impossible.

Mais que vas t'il vraiment se passer? Les dettes des pays vont bien sûr exploser, mais en % du PIB on a vu pire, comme cela a été le cas après la seconde guerre mondiale. Mais à cette

époque les usines avaient été détruites, il a fallu du temps pour que l'offre soit mise en place, il y a eu donc inflation et dévaluation des monnaies, ce qui a fait que le poids de la dette soit négligeable et même négatif. La France par exemple à la sortie de la guerre avait un taux d'endettement de plus de 200% et quelques années plus tard il était de 15%.
Mais ce n'est pas le cas aujourd'hui. Les usines n'ont pas été détruites. Donc l'offre va être présentée rapidement avec des prix poussés à la baisse par le volume de l'offre, et par la baisse du pétrole. Le % de la dette vas diminuer légèrement en 2021, par la reprise du travail, mais les Banques centrales ont déjà racheté énormément de dettes, la BCE est prête à aller jusqu'à 1/4 de la dette de tous les états. Mais les investisseurs et épargnants risquent de ne plus avoir confiance. Donc il reste l'annulation de cette dette rachetée, car de toute façon ce n'est que des chiffres comptables. Mais ce sera reconnaître que tout cela n'est qu'un jeu de dupes. Ce serait le moment de remettre à plat tout le système.
J'espère que l'humanité va profiter de cette opportunité, mais je le doute, il faudrait que les gagnants du système reconnaissent que ça ne peut pas continuer et renoncer à tous leurs bénéfices.

Ce qui risque aussi d'arriver, c'est que la Chine soit à nouveau touchée et qu'une terrible deuxième vague déferle cette automne ou cet hiver. Que l'on fasse un confinement désorganisé car chacun se procurerait dès test sérologique mis sur le marché par les laboratoires de façon anarchiste, et il y aurait des vagues de contamination un peu partout et sur des mois et des mois. Et si un mois de confinement coûte 3% du PIB...
La découverte d'un vaccin n'est pas du tout sûre. Il a fallu plus de vingt ans pour celui du dengue et d' Ebola, dix ans pour celui du chikungunya.
Même pour les traitements ont a mit vingt ans pour élaborer celui de l'hépatite C. Et le virus risque de muter et devenir comme la peste.

Ceci du côté sanitaire, mais du côté économique il y aura une crise qui prendra sa propre vie indépendamment du virus.
Les EU risquent gros avec la « gig economy » (petits boulots) en trois semaines le chômage est passé de 3 millions à 17 millions, et ceux qui perdent leur boulot perdent leur assurance sociale. En économie la défiance est un virus bien plus dangereux que le Covid 19. Les pays vont s'affronter, l'Union européenne va se disloquer, les partis populistes vont prendre le pouvoir partout dans le monde, tout en gardant l'économie néolibérale comme sous Pinochet.
Un des principaux problèmes c'est la dette privée Américaine: 150% du PIB.
Endettées, de nombreuses entreprises vont mettre la clé sous la porte. L'économiste Patrick Artus explique: « les grandes entreprises américaines sont financées par les marchés financiers, via les obligations qu'elles émettent. En Europe, l'Etat peut pousser les banques à prêter aux entreprises mais les américains, eux, ne peuvent pas forcer leurs marchés à acheter des obligations! Il y aura beaucoup de faillites et de chômage. Et si les entreprises et les chômeurs cessent de rembourser leurs dettes, une crise bancaire devient possible et elle entraînerait une crise majeure »

L'autre solution c'est que le peuple se réveille. Cette pandémie va nous faire voir quels sont les vrais métiers indispensables, et qui doivent être revalorisés. Principalement les personnels soignants, les éducateurs, les agriculteurs, les éleveurs, les transporteurs et la chaîne qui permet

notre accès à la nourriture. La sensation de faire un bulshit job va augmenter. On risque de voir plusieurs professionnels se recycler.
On vas se rendre compte que le monde peut parfaitement tourner sans que tout le monde travaille
L'augmentation des aides au chômage, la monnaie hélicoptère qui va sûrement être mise en place dans certains pays, le déblocage d'argent, que l'on disait inexistant il y a seulement quelques semaines, tout cela devrait nous faire comprendre que le financement n'est pas le problème.
Toutes ces réalités doivent nous ouvrir les yeux. Un autre monde est possible, et il faut exiger un changement.

Dans la lutte contre cette crise sanitaire nous devons suivre les lois de la nature, et aucun gouvernement ni personne ne peuvent les changer. Mais dans la lutte contre la crise économique qui va suivre, nous obéissons à des lois créées par l'humanité et celles-ci peuvent très bien être changées par les gouvernements, de façon à éviter une catastrophe.

Je fini cette dépêche urgente par un coup de gueule.
Comme la saison de collecte de produits agricoles en Europe occidentale entre dans sa phase critique et que l'on ne trouve pas de main d'œuvre pour y faire face.
Des pays comme l'Autriche, l'Allemagne ou l'Angleterre, ont trouvé un accord avec la Roumanie et la Hongrie pour faire venir des trains remplis de travailleurs saisonniers.
Avec la Roumanie pour laisser ses travailleurs sortir, et la Hongrie pour les laisser traverser leur territoire. Et tant pis pour le risque de propager le virus.
Ce n'est pas tellement que les citoyens de l'Europe occidentale ne veulent pas travailler dans les champs, ou, bien que ce soient des emplois non qualifiés , qu'ils ne soient pas assez efficaces car ils n'ont pas d'expérience, comme aiment à le dire les agriculteurs. Mais c'est surtout que les Roumains et autres travailleurs sont beaucoup moins cher. Ils sont payés 9 euros de l'heure, travaillent dix heures par jour sans interruption, sont logés et nourris, et ceci leur est décompté de leur salaire.
C'est à dire qu'après 3 mois ils rentrent avec seulement 1800 euros, une misère, bien que ceci leur permettent de survivre le reste de l'année dans leur pays. Les pays riches d'Europe mangent grâce aux pays pauvres de cette même Europe.

Dans un récent article sur Le Nouvel Obs, un historien très connu écrit un article avec pour titre « comment Poutine réécrit l'histoire » il commente qu'à la sortie de la deuxième guerre mondiale, lorsque les alliés se sont divisés le monde, les pays qui se sont retrouvés sous influence Soviétique se sont retrouvés sans le vouloir sous une dictature et ont beaucoup souffert. Tandis que les autres ont eu la chance de se retrouver en démocratie. Il ne mentionne pas l'Espagne et le Portugal sous dictature militaire, et surtout la Grèce que le grand héro Churchill a empêché que le peuple choisisse un gouvernement de gauche et à mis au pouvoir les militaires. La grande majorité des habitants de ces trois pays ne regrette pas du tout cette époque des militaires. Tandis qu'une majorité des habitants des pays de l'Est regrettent l'époque communiste en dépit de la propagande de l'Ouest. Une grande majorité de ces habitants s'est appauvrie depuis la chute du mur de Berlin et les inégalités ont explosées. Tout au non de la sacro-sainte liberté, liberté qui n'existe que pour ceux qui ont de l'argent.

Pourquoi, si ceci n'était pas vrai, pourquoi tous les gouvernements populiste ou de droite qui gouvernent, insiste tellement à mettre sur le même plan nazisme et communisme ? Pourquoi Rendre responsable Staline et Hitler de la deuxième guerre mondiale ? Pourquoi insister sur le pacte entre ces deux là comme élément principal de la guerre?
Ils ont énormément peur de perdre leur pouvoir et que le peuple cherche une vraie démocratie plus égalitaire. Il faut se rappeler que les révoltes à l'intérieur du rideau de fer, comme en Hongrie ou en Tchécoslovaquie, n'étaient pas des révoltes pour un système libéral capitaliste, mais pour un système avec davantage de socialisme et d'égalité avec participation du peuple. Au sujet du pacte Hitler Staline j'ai déjà expliqué longuement ce que disent les vrais historiens. Juste un rappel, c'est bien la France, l'Angleterre et la Pologne qui n'ont laissé aucun autre choix à Staline. Ils l'ont écarté de tous les autres traités et l'ont laissé seul. Et c'était de la connaissance de tous que l'idée d'Hitler était depuis le début, qui est écrit dans son livre Mein kampf, que sont but était de conquérir tout le territoire qu'occupait l'URSS et d'exterminer sa population qu'il considère comme des sous-hommes. Tandis qu'il considérait les Français et les Anglais comme des futurs alliés.

CHAPITRE XXXVII ..... une nouvelle vie...... une nouvelle entreprise.

A la rentrée scolaire, on allait avoir une bonne surprise, comme l'école n'avait pas trop d'inscriptions, d'ailleurs j'ai oublié de vous dire son nom, elle s'appelle « Victoria » comme la reine anglaise. Donc comme je vous disais, les inscriptions n'étant pas bonnes, les anglais vont faire une offre pour de nouvelles inscriptions à moitié prix, ils vont maintenir la scolarité à 50% pendant deux ans après ils reviendront aux prix actuels
Et pour nous, les pionniers, ils nous offrent deux possibilités, soit on continue à payer durant trois ans le taux plein, et après on est exonérés de frais scolaires. Soit on paye comme les autres, et pour nous remercier d'être pionnier on restera avec ce rabais le reste de la scolarité des enfants. Je vais bien sûr choisir la deuxième option. C'est un grand soulagement, moi qui ai trois enfants scolarisés, et un quatrième qui ne va plus tarder à rentrer.

Je cherche une façon de pouvoir exposer mes meubles pour les vendre. Pour l'instant, ma seule solution c'est de les sortir de l'atelier dans la rue pour essayer que les gens les voient le week-end. La propriété que j'ai achetée à mon frère a deux entrées, elle donne sur deux rues. Une rue, où est la porte principale en fer forgé, est aussi celle de la maison de ma mère. Et l'autre porte donne sur l'autre rue parallèle en sortant de l'atelier. Les deux rues sont des impasses, mais dans celle de ma mère, bien qu'il y ai très peu de maisons construites, il y a deux maisons habitées donc je ne peux pas la bloquer avec mes meubles. Mais dans l'autre, à part l'atelier, il y a juste une autre maison, mais elle n'est pas habitée, donc je peux utiliser cette rue pour mettre les meubles. Le seul inconvénient c'est que justement comme il n'y a pas de passage, on peut pas les voir, seulement de loin car on est au bout de la rue.

Le deuxième week-end que je vais faire ça, un jeune homme vient me voir. Il ne vient pas pour acheter des meubles, pour l'instant je n'ai eu aucune approche.

Mais il me propose d'exposer mes meubles dans une petite boutique qu'il loue en plein centre ville. Il faut que je vous explique un peu comment sont localisées les boutiques à Tequisquiapan. Les boutiques qui marchent très bien, sont bien sûr, celles qui sont autour de la place principale.

Puis il y a une rue piétonne assez large qui donne sur la place, où se trouve l'auditoire et un restaurant. Ces boutiques marchent un peu moins bien, mais c'est encore une bonne zone.

Puis perpendiculairement à celle ci, une autre qui n'est pas piétonne comme l'antérieur.

Puis derrière l'église qui donne sur la place il y a l'hôtel « El Relox » un des premiers hôtel de Tequisquiapan qui date d'avant la révolution. Et sur la rue qui le sépare de l'église, l'hôtel possède 4 locaux commerciaux, le premier, le plus petit est celui que loue mon jeune homme, les deux suivants sont vides et le dernier c'est une librairie.

L'hôtel possède également 4 autres locaux de l'autre côté dans une rue perpendiculaire, mais ils sont vides car très peu visibles puisque la municipalité a laissé aux artisans du village la possibilité de monter des stands pour vendre leur production de paniers et autres artisanats dont Tequisquiapan est réputé.

Donc je vais voir la boutique avec lui et je lui dit que je suis intéressé. Elle est petite mais j'aurais la possibilité d'exposer mes meubles devant la boutique où il y a un corridor, sorte de terrasse, partagé avec les autres boutiques, mais comme elles sont vides…

Le lundi suivant on se voit pour se mettre d'accord, mais là il me dit qu'il préfère me laisser la boutique entière, qu'il a d'autres projets. Et me dit d'aller voir le directeur de l'hôtel qu'il lui a déjà parlé de moi et qu'il est d'accord . Le loyer n'est pas très élevé.

Le directeur est assez jeune. Il est l'un des petits fils, parmi une cinquantaine, qui ont hérité à la mort de leur grand père de cet hôtel il n'y a pas très longtemps . Mais il parait que c'était un grand n'importe quoi, tous les petits fils venaient passer le week-end et personne ne payait, donc on l'a chargé de mettre un peu d'ordre.

Il est très sympathique et m'a dit de ne pas m'inquiéter, il sait que les temps sont difficiles et que si j'ai des problèmes pour le loyer que j'aille le voir, on s'arrangera.

Je pense qu'il veut surtout donner un peu plus de vie à cette rue et si j'ai du succès ça lui permettra de valoriser les autres locaux qui sont vides depuis longtemps.

A part mes meubles, je vais pouvoir mettre en vente quelques produits qui me reste de notre boutique de Cancún, comme des vêtements, de la vaisselle et du verre soufflé.

On va ouvrir tous les jours, sauf les lundis. Mais on n'avait des ventes que le week-end.

Yvonne pour l'instant tenait la boutique et les week-ends on était aidé par une vendeuse. C'est un grand avantage pour les entrepreneurs, les salaires sont très bas dans ces petits villages, puisque les gens habitent dans leur famille jusqu'à leur mariage, pendants la semaine elles font un peu d'artisanat chez elles, surtout des paniers et les week-ends elles se font des extras comme vendeuses.

Notre boutique

Tous nos meubles étaient pliables. L'entrée de la boutique était au fond, on pouvait s'étaler dehors car les autres locaux étaient vides. J'ai gardé le nom de la boutique de Cancún avec la même typographie peinte au fond du mur. Les lettres sur le poteau sont de l'occupant antérieur.

Les ventes ne sont pas bien fameuses, mais ça me permet de travailler avec deux employés, payer les salaires et acheter de la matière première pour renouveler les stock, mais j'ai de grands soucis pour payer les loyers et les frais scolaires. Je commence donc à prendre du retard sur celui de la boutique, je continue à privilégier l'école.
D'ailleurs l'école a déménagé. Ils n'ont pas encore trouvé une solution légale pour obtenir le terrain. Et comme ils ont eu du succès avec leur offre, ils ont une cinquantaine d'élèves. Ils ont loué un grand bâtiment qui appartient au beau-frère de ma sœur. L'école est plus près de chez nous.

Notre vie sociale est devenue plus riche à Tequisquiapan, j'ai fait une grosse fête en mars pour l'anniversaire des enfants. On a tué un mouton avec le frère aîné de Juan qui sait faire de la barbacoa, il s'agit de cuire un mouton ou agneau ou chevreuil sous terre, avec un chaudron avec de l'eau et des pois chiches, ce qui fait que la viande est cuite à la vapeur et on récupère dans le chaudron un bouillon délicieux avec le jus qui tombe du mouton,

J'ai invité tous les compagnons de l'école des enfants et leurs parents, ainsi que les professeurs. Ce sera un gros succès cette fête, la propriété si prête.

La fameuse Barbacoa, Juan soulève la grille ou il avait déposé la viande
qui se trouve maintenant cuite dans la cuve en aluminium sur des feuilles d'agave
sous la grille se trouve le chaudron avec le bouillon,

On va rencontrer parmi les invités, plusieurs personnages avec qui on va avoir une bonne relation, un petit groupe très sympathique va se former. Parmi les professeurs il y aura surtout les Nevetts et les Drums, puis plus tard Phil un anglais ami des Drums. Parmis les autres parents il y aura surtout Tito et sa femme Angeles, Toño et sa femme Margarita, qui ont un fils unique qui est dans la classe de Guy, Enrique et Elsa, parents d'une fille de la classe de Guy, et Xavier et Paty parents de deux filles, eux sont les plus jeunes et avec qui on va le plus s'identifier.

En janvier de cette année-là, je reçois l'offre pour une nouvelle exposition qui vient de se créer. Cette exposition est spécialisée dans les meubles. L'offre est intéressante car les prix sont beaucoup plus bas que les autres expo de cadeaux. Et il y a des facilités de paiement, et en plus l'endroit est super, c'est le palais des sports, une énorme construction très moderne que tout le monde connaît, les stands sont assez grands car fait pour des meubles.
Je réussi à trouver l'argent et avec Yvonne on va tenir le stand pendant quatre jours. Je n'ai pas pu amener beaucoup de meuble car je n'est que la combi pour transporter.
Cette fois-ci, même si l'exposition, pour sa première, n'est pas un gros succès, trop de stands vides et pas beaucoup d'acheteurs professionnels. Pour moi ce sera un succès en demi teinte. Je n'aurais pas beaucoup de commandes, mais j'en aurais deux grandes, la plus importante c'est pour un énorme magasin de meubles qui se trouve au centre ville de la capitale, et l'autre c'est pour la sœur d'une de mes anciennes collègues du lycée. Je n'ai reçu que très peu d'avance sur les commandes, la sœur de ma copine expose mes meubles et me paye à la vente, c'est un énorme magasin très bien situé sur une grande avenue

à proximité de grands quartiers résidentiels. Donc je suis content. Et l'autre grand magasin me paye une semaine après la livraison.

Donc il me faut encore trouver de l'argent pour pouvoir financer cette production.

Je vais récupérer les meubles chez mon cousin, il n'a rien vendu, puisque je suis sûr qu'il ne les a même pas exposés. Lorsque j'arrive sans l'avertir les meubles sont à l'intérieur d'un hangar, soit disant il vient de les stocker car ils ne se vendaient pas. Mais je le suspecte de ne pas avoir voulu les exposer car la toile acrylique que j'ai utilisé pour les faires et d'une marque espagnole qu'il ne vend pas, et il n'aurait pas aimé du tout qu'un client lui en commande. Je déteste la famille de mon père.

Les affaires de mon frère Jean Pierre s'améliorent. Lorsque je lui ai acheté la propriété , il s'est acheté un grand terrain à Tepeji Del Río, un village à une demi-heure de la sortie nord de la capitale. Et maintenant il veut construire. Il veut commencer par arranger très bien l'extérieur, faire des allées, planter des arbres etc. Il veut construire une petite maison à l'entrée qu'ils utiliseront au début en attendant que la grande maison soit construite.

Il va me demander de lui faire une grande porte à l'entrée, et la menuiserie de la maison.

Je lui en suis très reconnaissant, ça va me permettre de lancer un peu plus l'entreprise, mais je reste fragile financièrement.

On a encore déménagé, j'ai trouvé presque à côté une autre maison beaucoup plus petite mais à moitié prix. Ça m'aide beaucoup. En plus à l'école ils m'ont commandé une scène démontable en bois, assez grande, et ils vont me l'échanger contre des frais de scolarité.

Toute cette situation va nous permettre de faire un voyage à Cancún pour les 15 jours de vacances de Pâques. On va aller par la route avec la combi, et vont venir avec nous Christina, ma belle-mère et ma mère. Après deux jours de route, on arrive tard le soir.

Carlos, le dernier gardien, est parti à Noël et n'est plus revenu. Lorsque je rentre j'ai une drôle de sensation, je suis très content d'être là, mais en même temps je ressens une forte angoisse. je ne sais pas si c'est tout les problèmes, et les grands plaisirs, que m'a donné cette villa, qui me reviennent d'un coup, puisque je les avais laissé un peu de côté dans ma tête, mais après avoir fait un tour de la propriété je me met à vomir comme un malade et j'ai même de la fièvre.

La villa est tout à fait habitable et il ne manque rien, sauf la pompe, qui sert à sortir l'eau du puits, qui ne marche pas, donc je vais le lendemain à la première heure en acheter une, et après avoir bricolé toute la matinée, ça y est, on peut profiter de la villa. Je vais même remplir la piscine avec l'eau du cenote, je n'ai pas d'argent pour acheter de l'eau potable. L'eau est un peu verte et opaque, je vais acheter du chlore pour piscine pour faire un choc de chlore puis de l'algicide, j'interdis la baignade, et deux jours après on a une belle piscine.

Ça fait presque deux ans que l'on est parti, et on commence à se rendre compte à peine de ce que l'on a laissé. Yvonne surtout se traite de conne, elle se demande comment est ce possible qu'elle ait voulu laisser tout cela?, elle dit prendre conscience de tout ce qu'elle avait. C'est vrai que c'est un paradis, mais je sais que posséder une telle propriété, c'est pour les riches, pas pour nous.

On va passer de super vacances, les soirs sont très agréables, puisqu'il n'y pas de TV on passe toute la soirée dehors sur la terrasse à jouer aux jeux de société avec les enfants, Christina et ma mère. Ma belle mère, toujours de mauvaise humeur, se couche tôt.

Je vais profiter de ce séjour à Cancún, pour voir la situation de l'édifice. On a que deux personnes qui louent des chambres, j'ai prêté mes anciens bureaux à mon ex comptable Pedro pour qu'il installe un petit atelier de couture pour faire des stores et toits en toile. En échange il me surveille les locataires, paie les frais et m'envoie le reste.

Dans le déménagement il y a beaucoup de choses qui ne nous sont pas parvenues et que je pensais retrouver ici. Mais non, je vais en retrouver quelques-unes, mais d'autres, dont j'y tenais beaucoup, ont disparues. Comme un jeux de vaisselle de porcelaine que mon frère et Gerardo nous avaient offert pour notre mariage, une chaîne stéréo, plusieurs articles de décorations comme ma collection de masques de félins en bois, laquelle je vais pouvoir récupérer presque complète, des vêtements, dont un manteau de l'armée américaine, des livres etc. J'ai toujours été correct avec mes employés, deux d'entre eux, je les ai aidé à construire leur maison, je me sens un peu trahi. Mais en même temps je comprends.

J'ai également restructuré mes dettes avec les banques, puisque j'ai pris énormément de retard, mais vu que les propriétés valent beaucoup plus que la dette, il ont bien voulu me capitaliser les intérêts. Je ne peux pas vendre l'édifice à cause du procès avec Roberto qui dure encore. Et bien sûr la propriété de la plage je voudrais bien la vendre mais ce n'est pas facile pour l'instant. La situation au Mexique est très grave depuis l'assassinat du candidat du parti au pouvoir, l'année dernière.

Comme je n'ai pas d'argent pour pouvoir embaucher un gardien pour la villa, avant de partir, je vais convaincre Rafael et Betty, qui nous ont rendu visite plusieurs fois pendant ce séjour, de se charger de la villa. Je leur dit d'essayer de la louer pour des événements, ou à des amis, et de passer le plus souvent de week-ends, pour qu'elle n'ait pas l'air déshabitée.

Après ce bon repos, de retour au boulot pour essayer de s'en sortir.
Je veux construire quelque chose pour pouvoir habiter la propriété, j'en ai marre des loyers. J'ai beaucoup d'idées pour faire une maison pas chère. Je voudrais faire un loft. Mon idée est de le faire sur toute la largeur du terrain, c'est à dire 20 m et 10 m de large.
Mais je ne veux plus attendre d'avoir autant d'argent. Et j'ai eu une nouvelle idée. Et ce serait la moitié de la superficie, 10 m x 10 m et je vais construire sur le toit de l'atelier. Mon idée c'est de faire des murs qui ferait toit également, comme un château de cartes, de façon à ce que chaque mur soit soutenu par un autre mur.
J'utiliserai des poutres en bois et des briques plates, que l'on utilise dans cette zone du pays pour faire des toitures. J'ai un crédit pour le bois avec le fournisseur à qui j'achète mon matériel pour l'atelier. Pour les briques en terre cuite, elles sont très bon marché car elles sont fabriquées dans un petit village à côté. Et pour la main d'œuvre il me suffira de trois personnes, le frère de Juan et de deux autres copains à lui. Ils savent très bien travailler, tous les paysans construisent eux seuls leur maison en briques.
Je vais en profiter pour la construire car je vais avoir au moins pendant deux mois des entrées d'argent régulières, pas énormes mais régulières.
La petite maison a Tepeji de Jean Pierre est finie et il veut attaquer la construction de la piscine plus une chambre et des vestiaires avant de construire une grande villa.

Il va également construire un petit lac artificiel au milieu du terrain, c'est vrai que c'est un grand terrain. L'idée du lac vient de moi et j'en suis fier, jaja.

Comme mon travail de sa maison lui a plu, il m'a dit qu'il hésitait à me donner à moi ou à l'architecte, son copain, le chantier de la piscine. L'architecte, qui s'appelle Lalo est le meilleur ami d'enfance du frère de Norma, rappellez vous l'accident, et Norma l'aime beaucoup, ils font très souvent la fête ensemble. Donc je ne m'étonne pas du tout, lorsque leur choix est porté sur lui, bien qu'il n'ait jamais construit de piscine.

Mais mon frère me donne quand même la menuiserie, l'électricité et la plomberie du chantier. C'est une jolie piscine qui est dessinée avec son bar etc. Mais moi, si Jean Pierre m'avait donné le chantier, j'aurais profité du terrain en pente, pour faire une piscine à débordement avec une belle vue.

On va construire notre maison en deux mois, mais comme je n'ai pas suffisamment d'argent, je vais couvrir le toit avec une toile acrylique imperméable que ma couturière va me coudre. La saison des pluies va être catastrophique pour nous. Car petit à petit la toile va faire des poches d'eau qui vont finir par lâcher et faire de belles cascades à l'intérieur. Ce qui va provoquer des crises de nerfs à Yvonne. Mais ça va également donner des excuses aux enfants, pour ne pas faire leur devoirs de l'école. Les professeurs rigolent bien lorsque les enfants leur disent : « pas pu faire mes devoirs à cause d'une cascade d'eau chez nous hier ». On en rigole maintenant mais c'était dur.

Je vais faire un plan pour vous montrer mon invention. Une cheminée centrale, pour chauffer la maison un peu en hiver, quatre grands triangles de baies vitrés donnent de chaque côté de la maison, un dans la chambre d'Yvonne et moi, une autre dans le salon, une autre dans la cuisine et une autre dans la salle de bain. La partie supérieure des baies vitrées donnait sur le mezzanine qui servait de chambre aux enfants. La cuisine donne sur une salle à manger à travers un plan de travail, et de l'autre côté elle donne sur le salon séparé par un bar, la cuisinière et le four à gaz était également fabriqué par mes soins, c'était vraiment la débrouille pour dépenser le moins possible . Sous le mezzanine d'un côté c'est notre chambre, et de l'autre la salle de bain. Dans celle-ci se trouvent deux cabines de douches et deux cabinets de WC et au milieu un vestiaire avec un double bac et un grand miroir.

Lorsque j'ai eu plus d'argent, j'ai pu terminer le toit en dur. Par la partie interne c'était du bois, et en externe du ciment. Et juste au centre, autour de la cheminée, une pyramide en acrylique transparent, qui permettait de voir les étoiles le soir une fois les lumières éteintes. Grâce à ce toit transparent j'avais des pots de plantes qui pendait du toit.

A l'extérieur j'avais fait un jolie coin pour manger. Une belle pergola de 4 m x 8 m. Avec une cuisinière à gaz faite par moi, une plancha, une grille pour barbecue et un super four en brique pour cuire au bois, construit également par mes soins avec l'aide d'un maçon. Sous la pergola une grande table, pour douze, en bois dur et des bancs du même bois. Il y avait également de la place pour des hamacs.

A la fin lorsque je fais les comptes de ce qu'a coûté la maison, personne ne me croit, moi même je suis étonné.

Coupe centrale de la maison a droite c'est la cuisine et le bar qui donne sur le salon, derrière la cheminée c'est la salle à manger qui donne à droite sur la cuisine, à gauche à l'avant c'est notre chambre et derrière la salle de bains. Un mezzanine fait le tour de la maison sauf sur le salon, et sert de chambre et de studio pour les enfants.

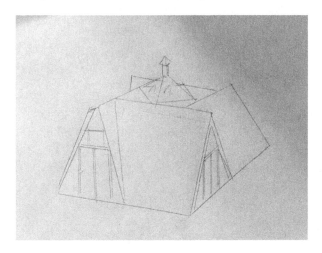

Perspective de la maison

Celle- ci est construite sur l'atelier que mon frère avait construit. Les quatre côtés de la maison ont la même perspective, seule les fenêtres qui donnent sur la salle de bains ne sont pas transparente.

459

La maison fini

Cette photo est prise après que j'ai pu déménager l'atelier, à gauche on a la pergola et ses hamacs

Intérieur de la maison
Derrière Ian on voit du côté gauche la partie de la cuisine qui donne dans la salle à manger, et du côté droit la partie qui donne sur le salon et qui fait office de bar.
Au-dessus de sa tête on voit un pot de terre cuite avec une plante, ce qui est possible grâce à la pyramide transparente du toit. Il y en a quatre, une dans chaque angle de la pyramide.

Le chantier chez mon frère à Tepeji se passe en général assez convenablement, bien qu'il me faut au moins une heure et demi pour y aller et c'est presque que de l'autoroute, donc on essaye de regrouper tout ce que l'on doit faire. Lalo, l'architecte, bien que l'on s'entende bien entre nous, n'a pas beaucoup apprécié que Jean Pierre me file une partie du boulot. Il travaille, comme on dit, par administration, c'est-à-dire que pour lui administrer et diriger la construction il lui prend 10% de toutes les dépenses, matériel et main d'œuvre. Donc plus il dépense, plus il y gagne. Mon frère est sûr qu'il l'a surfacturé, mais il s'en fout, c'est une façon de l'aider car Lalo à ce moment n'a que ce boulot et comme il l'aime bien…
Mais je pense qu'il exagère, lorsqu'il va couler le mortier pour la piscine je vois le diamètre de la ferraille qu'il est en train de poser, c'est au moin 4 fois plus de ce qu'il faut, il construit la piscine

comme s'il était en train de construire un réservoir de milliers de barils de pétrole. Il a acheté plus de 15 tonnes de ferraille, pour une piscine de 35000 litres d'eau !!!!
C'est surtout son chef de chantier que je suspecte de vouloir me boycotter. Et je vais avoir la preuve à la fin du chantier. À cette époque, la construction de la grande maison était toujours prévue.
C'est moi qui est fait le design du système de chauffage et de filtrage de la piscine, Jean Pierre a acheté tout ce que je lui ai demandé à un de ces potes des rallyes, qui vend ce genre de matériel, j'ai également fait toute l'installation personnellement avec l'aide d'un de mes employés, une fois le design fait, il s'agit que de découper et de coller des tubes et des accords en PVC et des valves, rien de bien difficile. Mais la partie qui va autour de la piscine il faut la poser avant que les maçons fassent leur travail, comme dans la plomberie ou l'électricité dans une maison. Après c'est au maçon de tout couvrir.

Donc arrive le jour où Jean Pierre fait remplir la piscine, et catastrophe celle-ci se vide de moitié. On m'appelle, j'arrive. Je n'en mène pas large car c'est sûrement un de mes tuyaux, car avec tout ce que ce mec a mis de ferraille et de ciment impossible que ce soit une fissure. On trouve des traces d'humidité sur le sol à côté du bar qui se trouve sous le niveau de la piscine, c'est un joli sol en pierres mais tampis on commence à caser, on vas trouver trois fuites une là où on a commencé à casser, une autre dans les escaliers qui descendent au bar et une autre à côté d'un des pièges de superficie de la piscine. Ce ne sont pas des fuites pour mauvais collages, se sont des trous dans les tubes de PVC. Lorsque je suis en train de chercher d'autres fuites, avec un de mes employés et un maçon , il fait déjà nuit et Jean Pierre et Norma sont avec des amis dans la maison. Norma descend voir comment ça se passe et après lui avoir dit où se trouve la fuite, elle me passe un savon, en me responsabilisant de la fuite et que ceci n'aurait pas dû arriver. Je n'ai rien dit pour éviter des problèmes et parce que je n'avais pas encore fini. Ce furent les seules fuites. Les trois, juste où les maçons étaient passés après moi. Aucune fuite tout autour de la piscine où il n'y a que de la terre, pourtant beaucoup plus de tubes et d'accord, sans parler de tous les accords dans la chambre des machines. Trois fuites de tube cassés. Sans être paranoïaque, qu'elle coïncidence. Si ce n'était pas pour que Jean Pierre ou Norma ne me donne plus de boulot, alors c'est qu'il sont très maladroit ces maçons. Je suis sûr qu'ils l'on fait exprès pour être sur d'avoir le chantier de la maison.
La piscine n'aura jamais aucun souci technique de son filtrage ni chauffage.
Mais il y a aussi une autre raison, pour expliquer mon manque de réaction.

Depuis notre retour de Cancun, je ne voyais presque pas les copains. Une de mes raisons qui m'avait poussé à laisser Cancún, c'était justement que je j'allais pouvoir les voir plus souvent. Mais le fait que je sois revenu fauché et avec des problèmes, ne faisait pas de moi un personnage très désirable, on avait peur que je leur demande de l'aide. C'est du moins l'idée que je m'en faisais.
Je sais que cela était faux, ou plutôt pas vrai pour tout le monde. La vérité c'est que si on n'habitait plus à 2000 km de la capitale, comme à Cancún, on était quand même à deux heures sans compter les bouchons. Et je n'avais pas où les recevoir pour passer le week-end. De même, c'était un peu illogique que l'on m'invite à dîner si on est si loin. Une autre raison c'était que, bien que l'ancien groupe restait en contact, tous avais des amis et des habitudes à part.
Un exemple que j'étais le bienvenu: C'est l'anniversaire de Felipe, et Dominique, son frère,

organise une grande fête à Cuernavaca dans leur grande villa (là où on a passé notre lune de miel). Il m'a invité, mais je n'ai pas d'argent, il faut d'ailleurs faire deux heures pour la capitale, puis la traverser, et encore une heure de route, au moins quatre heures au total. D'abord je me suis excusé de ne pas pouvoir y aller, mais il a tellement insisté que j'ai dit que j'y allais, en voyant que je n'arrivais pas le jour venus, il me téléphone, je m'excuse de ne pas pouvoir y aller, mais il vas téléphoner au moins trois fois pour essayer de me convaincre. J'y serai peut être aller si un sentiment de complexe d'infériorité ne s'était installé en mois depuis mon retour de Cancún.

Le fait que les circonstances se soient retournées contre moi, que j'ai dû payer cash mes erreurs, que je sois riche en propriétés sans pouvoir les transformer en argent contant, me donne un sentiment de victime. En plus le manque de solidarité de mes amis m'avait beaucoup fait mal. Surtout que le fait que mes appels a l'aide ne soit pas entendu m'avait fait ressentir une humiliation. Je voyais que tout le monde, sauf mes enfants, me voyait comme un perdant. C'était le total de tout cela qui a fait qu'à Tepeji je n'avais pas réagi à Norma, surtout que Tepeji était l'endroit qui me rattachait et me rappelait ce statut d'infériorité envers mes proches. C'était aux fêtes et réunions du dimanche à Tepeji, qui étaient de plus en plus nombreuses, que je rencontrais les amis et la famille. Le plus drôle c'est que je me disais que c'était grâce à l'argent que j'avais payé à Jean Pierre pour la propriété de Tequisquiapan qu'il s'était acheté ce terrain que les gens lui enviaient. Bien sûr que ce qu'il y mettait dessus c'était ce qui lui donnait de la valeur. Mais quand même.

Cette situation n'était pas seulement vécue par moi, mes enfants aussi avaient un sentiment d'être traités en infériorité. Avec ses cousins, ils se voyaient, lorsque l'on habitait à Cancún, tous les deux ou trois ans, donc depuis notre retour ils commencent à se voir plus souvent. Mais si nous on est dans une position économique inconfortable, ce n'est pas le cas de mes frères, Patrick a de gros problèmes, mais en apparence il mène une grande vie, vacances et plusieurs week-ends à la plage dans de chics hôtels, belle maison et belle voiture. Jean Pierre est dans un bon moment de son entreprise, belle maison, belle voiture et belle propriété de week-ends en construction, et vacances de Ski au Canada. Donc leurs cousins et cousines leur montre bien, sans être complètement discriminés, ils leur font sentir la différence. Pour Yvonne c'est difficile aussi, après avoir eu tout ce qu'elle avait de bien matériel, elle se sent décalée. Et elle me le fait savoir.

En plus pour illustrer le tout, j'eu un jour une discussion avec Jean Pierre et Norma sur le sujet. Pour Norma on est pauvre parce que l'on mérite, pour s'en sortir il suffit de le vouloir et de le mériter . Pour l'illustrer elle donne l'exemple de Benito Juárez, un indien de l'État de Oaxaca, qui de la pauvreté, est passé à devenir le président de la république du Mexique, inutile de discuter avec elle, si l'un le peut tout le monde le peut. Pour Jean Pierre, lui il me dit qu'on ne se fait pas des amis pour attendre de recevoir quelque chose de leur part. Un ami n'est pas obligé de prêter de l'argent. On ne doit rien attendre de sa part, une amitié doit être totalement désintéressée.

Que voulais vous répondre à de tels arguments? Au cours de ce livre j'ai beaucoup traité le sujet. On ne peut d'un cas particulier faire une loi, pour le cas de Benito Juárez, énormément de circonstances aurait pu bloquer son parcours. Juste deux circonstances, s'il n'avait pas connu le prêtre franciscain qui l'a pris sous son aile pour lui permettre de faire des études, et s'il n'avait pas connu une fille de la grande société de Oaxaca pour se marier avec elle, ce qui lui permis de rentrer dans les hauts cercles de la politique, il n'aurait jamais réussi et serait resté un autochtone de plus sans importance pour l'histoire.

Dans une véritable amitié, le sentiment d'aimer et d'être aimé par un ami, n'a bien sûr rien à voir avec ce que l'on attend ou pourrait attendre de lui. L'amitié c'est un sentiment et ne doit pas être rationnel. Mais dans la vie et dans les relations tout n'est pas sentiment. On peut avoir faim, tomber et se faire mal, avoir un accident etc.
Et en tant qu'animal social, on a besoin d'empathie, et de qui attend- on le plus d'empathie ? Si ce n'est des gens qui nous entourent, et ces gens sont normalement nos amis et famille non? Ce ne sont pas les habitants du village voisin. Et très souvent on a besoin d'autre choses de plus que de l'empathie. Si je marche à côté d'un ami, je tombe et ne peut plus me relever, attendre de lui qu'il s'arrête pour m'aider à me relever, est-ce trop demandé de notre amitié ?, s'il ne s'arrête pas et me laisse, lui en vouloir c'est trahir notre amitié? Même si pour m'aider, il devait abandonner sur le chemin son sac? Plusieurs me répondent qu'avec l'argent c'est différent, que l'on ne prête pas aux amis. Je suis sûr que si mon problème avait été de santé, et non d'argent, par exemple un besoin de sang pour une opération, tous mes amis n'auraient pas hésité à me faire un don de sang. Ici, en France, ne pas prêter secours à personne en danger est un délit, mais si le danger vient d'une perte de ressources alors là pas du tout, car la société en temps que danger ne pense qu'à des dangers corporels. Crever de faim ou être malade par manque de ressources n'est pas considéré comme un danger.

Vous allez dire que je suis en contradiction, si je ne suis pas d'accord à la valeur que l'on donne à l'argent, pourquoi moi je lui en donne en me plaignant de ne pas être aidé financièrement? C'est très simple, je vis dans cette société, et à moins d'être un misanthrope et partir vivre avec ma famille dans une île, il faut que je suive ses règles. J'aurais également pu me trouver un petit travail comme professeur de biologie par exemple, avec un petit salaire et mettre mes enfants à l'école publique. Mais si j'ai eu des enfants et formé une famille, c'est pour leur donner les meilleurs moyens pour vivre dans cette société, et cela est essentiellement une bonne formation.
Les problèmes d'argent sont devenus dans notre société des sujets de discorde très courants entre famille et entre amis, c'est parce que l'argent et la richesse matérielle sont devenus notre dieux, notre but, notre valeur suprême, notre pouvoir, notre place dans la société. Mais comment en est-on arrivé là ? L'argent n'était il pas seulement le moyen et non le but?

QUAND L'HUMANITÉ A PERDU…le bon sens

Je ne vais pas refaire toute l'histoire de l'humanité, mais un petit rappel pour comprendre ne nous ferait pas de mal.

Commençons par le genre Homo auquel nous appartenons. Entre 3 et 2,6 millions d'années, l'Afrique connaît une crise climatique qui va accroître l'aridité et réduire les surfaces arborées.

C'est à cette époque qu'à partir des Australopithèques vont surgir deux nouvelles adaptations à ce changement et vont apparaître les genres Parenthropus et Homo.

Vers 1,9 - 1,8 millions d'années on compte trois formes bien distinctes d'Homo: Homo habiles, Homo rudolfensis et Homo erectus.

Homo erectus, qui est notre ancêtre direct, sortira très tôt d'Afrique. Les premières traces en Afrique datent de 1,87 millions d'années, et on trouve en Europe des traces de 1,6 millions d'années.

Cette espèce va connaître une longévité exceptionnelle, puisque on trouve encore des traces en extrême Orient qui datent de 400,000- 300,000 ans, elle vas également avoir la première expansion transcontinental d'une espèce de genre Homo. Ce développement remarquable résulte du succès d'un nouveau modèle adaptatif: la capacité à la course d'endurance dans des terrains découverts et par forte chaleur, qui va lui permettre de se libérer des milieux arborées, développer sa capacité de prédation et d'avoir un accès plus rapide aux charognes. Et comme résultat une alimentation plus carnée.

Tout au long de son histoire, erectus, comme toute espèce vivante se diversifie et évolue, notamment l'accroissement de la taille du cerveau.

Parmi ces hominidés à grand cerveau, vont apparaître dans le Pléistocène moyen (780,000-130,000) les Néandertaliens, les Denisoviens et les Sapiens.

On découvrira également une espèces, sur une île de l'Indonésie (île de Flores), Homo floresiensis qui a survécu jusqu'à il y 50,000 ans. Cette espèce, dû à son
Isolement, à évolué vers une forme naine. Une trentaine de kilos pour un cerveau de 426 cm3. On pense que c'est une descendance des premiers Homo erectus sortis d'Afrique qui se sont retrouvés isolés. On a également découvert en 2013 une autre lignée contemporaine d'erectus, Homo naledi. De petite taille et de cerveau compris entre 465 et 560 cm3, on a trouvé des traces seulement dans deux grottes très proches l'une de l'autre. Aucune explication pour l'instant.

L'accroissement de l'encéphale chez les premiers Homo avait été en grande partie lié au changement de corpulence. Mais au cœur du dernier demi-million d'années, ce n'est plus le cas. On constate qu'à partir de là, la taille et la corpulence se stabilisent autour des valeurs proches d'Homo sapiens. Mais la taille du cerveau continue d'augmenter. Cette évolution s'observe dans toutes les lignées et peut être expliquée par des pressions de sélection similaires liées au développement technologique et à l'augmentation de la complexité sociale. Le cerveau est un organe extrêmement gourmand en énergie, et son développement jusqu'à des volumes dépassant 1500 cm3, est rendu possible par une modification du rythme de croissance et par de nouveaux procédés de préparation de la nourriture. Dans les premiers Homo, le rythme de croissance est similaire à celui des grands singes, avec une taille adulte de 1,76 à 1,80 m a l'âge de 12 ans et un sevrage plus tardif que l'homme actuel. L'autre grande innovation est la cuisson des aliments. La cuisson permet de réduire le coût énergétique de la mastication et de la digestion et permet à l'organisme d'extraire plus de calories, notamment de la viande.

L'homme de Néandertal est, des espèces disparues d'Homo contemporaine de Sapiens, la plus étudiée. On calcule leur séparation avec Sapiens autour de 600,000 ans, en Eurasie pour la lignée de Neandertal et en Afrique pour Sapiens. Une seconde séparation a eu lieu pour la branche néandertalienne, une sœur asiatique tout juste reconnue depuis 2010 baptisée « denisovienne » elle est estimée avoir eu lieu il y a 400,000 ans.

Ces deux lignées ont divergé morphologiquement très rapidement, ceci est dû très sûrement à la situation climatique en Europe, de fait, 95% du dernier demi-million d'années ont connu des climats plus froids que l'actuel. Et aussi les populations de Neandertal sont sans doute passées par de sévères goulots d'étranglement qui ont réduit leur diversité génétique.

Sapiens et Néandertal évoluent en parallèle , l'un en Eurasie et l'autre en Afrique, les deux se caractérisant par un développement de leur capacité cérébrale, et des innovations technologiques comparables apparaissent dans les deux groupes.

Les denisoviens sont beaucoup moins étudiés car leur découverte est récente, et n'est pas dû à la découverte de plusieurs fossiles si non plutôt à l'étude génétique de quelques fossiles découverts dans la grotte denisova. Mais les études de l'ADN des populations actuelles a permis d'apporter quelques lumières sur leur distribution géographique passée. Ce groupe est un groupe frère des néandertaliens qui se seraient séparés il y a moins d'un demi-million d'années. L'isolement et la distance auraient provoqué cette dichotomie de leur population ancestrale. L'un en Europe l'autre en Asie.

En Afrique on a pour l'instant trouvé un nombre limité de fossiles datés entre 1 et 0,3 millions d'années. Mais là aussi Homo erectus a évolué vers des formes ayant acquis un grand cerveau comme sapiens, on les nomme Homo heidelbergensis ou Homo rhodesiensis. Mais la rareté des restes osseux et de leur chronologie rend difficile les interprétations.

Les premiers fossiles attribués à Homo sapiens date entre 300,000 et 200,000 ans et ont une relation directe avec la diffusion des nouvelles techniques de taille de pierres.

Au Nord Ouest de l'Afrique, a Jebel Irhoud au Maroc, c'est où on a trouvé les plus anciennes traces d'Homo sapiens, en 1960 mais c'est à peine en 2017 qu'ils ont été datés véritablement leur donnant 300,000 ans.

Le climat en Afrique pendant le Pléistocène va alterné en période humide dite de « Sahara vert » et de longues périodes plus aride.

Les périodes humides avec leur végétation, leur réseau de rivière et de lac sont propices aux contacts et aux échanges entre populations humaines.

Selon une étude très récente, on estime qu'il y a 200,000 ans, justement durant une période très longue de grande sécheresse, un immense lac situé au Botswana a permis à une population d'Homo sapiens de survivre, ce lac s'est transformé en plusieurs lacs et îlot et à était un refuge pour les organismes vivants.

Cette étude génétique, linguistique et climatique démontre que tous les hommes actuels de la planète descendent de ce groupe de sapiens, d'un nombre estimé à 120,000 individus, donc que l'humanité a bien un berceau à Makgadikgadi. Cette population aurait peu à peu émigré et occupée d'autres espaces.

Homo sapiens continue à évoluer, il va ressembler de plus en plus à l'homme actuel sans pour autant dire qu'il existe une frontière entre des hommes anatomiquement modernes et leurs ancêtres. Mais c'est sur le plan du comportement qu'il y a des changements. On diversifie toujours plus la taille des pierres. On produit une grande quantité de pointes, les plus légères d'entre elles pour équiper des armes de jet pour tuer à distance. Mais, une grande innovation de l'époque, c'est l'apparition il y a 100,000 ans, pour la première fois d' objets à signification symbolique. C'est le cas de coquilles de gastéropodes marins du genre Nassarius qui sont percés pour être attachés ou pendus. On ne connaît pas bien leur usage, juste ornemental ou marquant un statut individuel ou de groupe. Mais en tout cas ce ne sont pas des objets utiles à la survie comme les outils, habits ou aliments . Mais ce qui frappe c'est leur apparition presque simultanée en Afrique du Nord, du Sud et même au Moyen Orient. Certaines explications peuvent être le fait que, les périodes de Sahara vert, très propice à la diffusion de ce comportement et aussi à celui de gènes à l'échelle de toute l'Afrique, ont permis la généralisation de cette culture.

Donc tous ces échanges biologiques et culturels se sont répandus dans toute l'Afrique jusqu'à ce que certains descendants du groupe de Makgadikgadi quittent celle-ci.

C'est en Israël que l'on trouve les plus anciens vestiges d'Homo sapiens, l'un datant de 130,000 - 110,000 ans et l'autre de 110,000 - 90,000 ans, se sont également les plus anciennes inhumations intentionnelles. C'est une période humide du Sahara et de l'Arabie qui facilite ces échanges, qui ont eu dans les deux sens, de descendants de groupes ayant passé au moyen orient sont très probablement retournés en Afrique. Ces découvertes ne veulent en rien dire qu'il n'y a pas eu de passage avant cette date.
Une fois au moyen orient les migrations ont continué vers l'est, on sait juste que Homo sapiens a conquis l'Asie bien avant de pénétrer dans les zones tempérées de l'Eurasie.
On trouve des traces de ces hommes au Laos, Sumatra et sud de la Chine, quoiqu'il en soit ils devaient être présents dès avant 60,000 ans car c'est vers cette époque qu'ils ont atteint l'Australie.
Peu après 50,000 ans des sapiens se sont aventurés plus au nord de l'Eurasie et ont commencé le remplacement des néandertaliens et des denisoviens. Mais pendant longtemps encore, dans l'extrémité occidentale du continent, des Néandertaliens vont vivre encore pendant plusieurs milliers d'années.

Des recherches en paléogénétique ont démontré qu'une petite partie du génome des hommes actuels non africains, est en fait hérité des Néandertaliens pour les européens et des denisoviens pour les asiatiques. Mais à partir des premières rencontres, au-delà de quelques générations, les effets de ces hybridations se sont vite estompés. La proportion, pour les premiers européens modernes, était de 4% et pour leur descendants actuels de 2%. C'est sûrement dû à une reproduction limitée entre les groupes qu'elle est si faible, puisqu'elle devait donner des hybrides mâle ou femelle à la fécondation très réduite.
Les dernières études paléontologiques ont également montré que dans notre génome ils existent des séquences que l'on a baptisées fantômes puisqu'elles proviennent d'hybridation méconnue. Une théorie très répandue est que Neandertal et denisova, avant d'hybrider avec sapiens, avaient déjà hybridé avec un prédécesseur. Qui ne serait autres que des Homo erectus, qui n'auraient pas évolué en une autre lignée. Ceci ne peut être prouvé puisque l'ADN d'erectus n'est plus détectable. Ainsi il nous aurait transmis ce génome. Il est également probable que ces séquences nous viennent également d'hybridation avec Nadeli et Heidelbergensis ou Habilis. Ou peut-être une autre espèce non découverte.

Au cours des derniers 40,000 ans toutes les autres espèces humaines ont disparu. Plus que sa capacité physique, ses capacités techniques lui permettent de s'adapter à des environnements de plus en plus extrêmes. Un site archéologique, daté de 31,000 années en Sibérie orientale, témoigne de sa présence au-delà du cercle arctique, par 71 degrés de latitude nord.

Quelques millénaires plus tard, grâce à la baisse des niveaux marins, c'est les terres comprises entre l'Alaska et l'Asie qui sont à leur tour occupées. On trouve des ossements vieux de 24000 ans dans le yukon au Nord Ouest du Canada qui témoignent de la présence épisodique des hommes. Mais la présence d'une calotte glaciaire entre Atlantique et pacifique épaisse par endroit de plusieurs milliers de mètres empêche les migrants de descendre vers le sud. Ce n'est qu'à partir de 13000 ans que des implantations de la « culture de Clovis » se multiplièrent aux territoires des États Unis actuels.

C'est le long de la côte du pacifique que se font les premiers peuplements et qu'un corridor jusqu'au sud de l'Amérique du Sud est ouvert.

Comme des dizaines de milliers d'années auparavant en Australie (je l'ai déjà commenté auparavant) l'arrivée de Sapiens en Amérique a eu un effet néfaste sur la faune. A la différence de l'Afrique, de l'Europe et de l'Asie, ces deux continents n'ont pas eu de coévolution entre peuplement humain et faune sauvage. Ce sont les grands mammifères qui disparaissent et les autres déprédateurs carnivores concurrents de l'homme sont touchés. Les chasseurs cueilleurs modernes finiront par conquérir toutes les terres immergées. Dans les îles lointaines, qui seront occupées après l'invention de la navigation, les extinctions seront encore plus massives.

L'expansion de Homo sapiens depuis qu'il est sortie de l'Afrique, provoquera l'extinction des dernières populations d'Hominides archaïques et de plusieurs d'autres espèces d'animaux.

Pour l'instant donc, dans l'histoire de l'humanité tout va pour le mieux, bien que pour la planète, du côté de la faune, l'anthropocène a commencé.

Jusqu'ici on peut dire que l'on a parlé d'évolution biologique de l'homme, mais à partir du néolithique un autre type d'évolution va devenir primordial pour l'humanité.

C'est l'évolution culturelle. Celle-ci va se développer différemment dans tous les coins de la planète où il existe des hommes. Chaque culture s'affirme comme la seule véritable et digne d'être vécue. De l'hostilité, parfois même la guerre, pouvait aussi régner entre elles. Mais qui ne vont jamais, ou exceptionnel jusqu'à la destruction d'une culture. Tant que les cultures se tiennent simplement comme diverses, elles peuvent soit s'ignorer, soit se considérer comme des partenaires en vue d'un dialogue. Mais tout change lorsque à cette diversité se substitue chez l'une d'elle le sentiment de sa supériorité. Et cette supériorité est justifiée par des populations qui avaient une réussite pratique, par une soit disante supériorité génétique.

Les espagnols du XVI siècle se sont montrés supérieurs aux mexicains et aux péruviens parce qu'ils possédaient des bateaux capables de transporter des soldats, des cuirassés et des armes à feu. Les européens du XIX siècle se sont proclamés supérieurs au reste du monde grâce à la machine à vapeur et autres techniques. Cette supériorité n'est en aucun cas génétique.

D'ailleurs certaines cultures ont possédés, et possèdent, des techniques que les occidentaux ne possèdent pas, mais ces techniques ne donnent pas un avantage guerrier. En plus ces cultures n'ont pas eu une volonté d'asservir d'autres, à la différence de la culture européenne.

Ceci ne veut pas dire que les cultures n'ont aucune influence sur l'évolution biologique. La culture d'un groupe détermine les limites géographiques qu'il s'assigne ou qu'il subit, les relations d'amitié ou d'hostilité qu'il entretient avec les peuples voisins, donc l'importance des échanges génétiques grâce aux Inters mariages, permis, encouragés ou défendus. Des tout premiers débuts de la vie en société, nos ancêtres ont dû connaître et appliquer des règles très strictes de mariage.
De telles règles appliquées pendant plusieurs générations, on agit de façon différentielle sur la transmission du patrimoine génétique.

Les patrimoines culturels évoluent beaucoup plus vite que les patrimoines génétiques, un monde sépare la culture de nos grands parents de la nôtre, mais pas notre génome. Le nombre de cultures qui existent ou existaient sur la surface de la terre surpasse incomparablement celui des races, plusieurs milliers contre quelques dizaines. Ce que l'hérédité détermine chez l'homme, c'est l'aptitude générale à acquérir une culture quelconque, mais celle qui sera la sienne dépendra des hasards de sa naissance et de la société dont il recevra son éducation. C'est cette évolution culturelle qui a permis à l'homme, plus que son évolution biologique, de prendre une telle place dans le monde des êtres vivants.
Mais vers quoi doit se diriger maintenant l'évolution des différentes cultures ? Lutter contre les discriminations en assimilant toutes les cultures en une civilisation mondiale, avec comme résultat effacer nos différences et nos originalités? Ou essayer de maintenir vive toutes les cultures séparées avec une égalité relative entre elles? Mais comment faire sans la possibilité d'une distance physique suffisante, avec une communication intégrale, avec la jouissance de l'autre, et en s'identifiant à lui tout en se maintenant différent?

C'est le début du néolithique. Jusqu'à maintenant, le climat comme on l'a déjà vu, changeait entre période glaciaire et interglaciaire. Une longue période glaciaire se termine il y a environ 12,000 ans. Et apparaissent un peu partout des circonstances très favorables à la vie.
Pourquoi à cette époque l'homme vas commencer l'agriculture et la domestication d'animaux est encore très discuté, il y a bien sûr consensus sur le climat favorable, mais d'autre donnent également comme raison une évolution psychique de l'homme, car à ce moment plusieurs inventions de l'homme apparaissent, comme l'arc, la pirogue, la poterie, les nasses et filet de pêche, des habitations en dur etc.
Mais l'homme, déjà depuis des millénaires, avait démontré des capacités psychomotrices similaires aux nôtres. Il n'y a qu'à voir les réalisations artistiques comme les dessins et figures et l'outillage que l'on retrouve vieilles de plus de 40,000 ans. Donc un bon aussi rapide dans le temps si court, ou commence l'agriculture et l'élevage est inconcevable. D'ailleurs toutes ces inventions apparaissent différemment dans plusieurs endroits du monde, on trouve des poteries au Japon depuis 14,000 ans et en Chine depuis 18,000 ans sans que l'agriculture ait commencé. Et des habitations en dur en Russie vieille de 25000 ans. Donc pas de relation directe avec l'agriculture.
Si l'agriculture et l'élevage n'ont pu évidemment apparaître que dans des régions où existaient des espèces sauvages végétales et animales susceptibles d'être domestiquées , ce n'a pas été le cas partout où cela était possible. Donc on peut conclure que les populations, qui en plus d'avoir les techniques nécessaires, avaient l'opportunité de la nature, sont devenus agriculteurs

par choix, conscient ou non. Mais pourquoi avoir fait ce choix qui demande beaucoup plus d'effort que la chasse, la pêche et la cueillette, sans parler des effets à long terme comme les maladies et l'esclavage.

L'explication peut se trouver dans le même procès de domestication des espèces.
Le loup fut la première espèce à être domestiquée. Celui-ci chasse en meute comme l'homme, donc le début est peut-être plus une collaboration. Les loups en suivant des hommes à la chasse pouvaient être récompensés par des restes de gibier, puis peu à peu ils participèrent à la chasse. Puis une fois domestiqué servirent également de protection. Pour les autres animaux, il est fort probable que sur des gibiers migrateurs qui vivaient en troupeaux, l'homme commence à comprendre qu'au lieu d'attendre que ce gibier revienne à la prochaine saison, il est plus intéressant de le capturer, de le nourrir et de le tuer au fur et à mesure du besoin. Bien que des techniques de conservation de viande existent à l'époque, elle ne remplace pas la viande fraîche.
Les changements des principaux animaux domestiqués, en nouvelle espèces, comparés au temps de l'évolution, c'est fait en un clin d'œil. Puisque c'est l'être humain qui a fait le choix en faisant se reproduire les individus qui avaient les caractéristiques qui lui plaisait, il n'a pas fallu attendre la sélection naturelle. L'expérience faite en Russie avec des renards argentés est un exemple saisissant.
Parmi 130 renards, ils ont choisi les plus dociles, et en les faisant s'accoupler, au terme de 20 générations ils ont obtenu 35% de renards extrêmement dociles, et pas seulement des changements comportementaux sinon morphologiques également : oreilles pendantes et regard tendre.

Une exception dans la domestication de nos animaux est digne d'être notée. Il s'agit de l'un de nos animaux de compagnie préféré, le chat.
Avec l'agriculture certaines espèces d'animaux sont devenues synanthropes, ceci veut dire que sans être domestiqué, ces animaux vivent et s'alimentent grâce à l'homme. C'est le cas des souris et des rats, ou des moineaux et pigeons. Ils vivent grâce à la récolte de l'homme. Et les chats sauvages ont suivi leur proie (rat et moineaux) et par conséquent l'homme.
Le chat n'était pas un animal de compagnie à son origine, les analyses isotopiques ont montré qu'il ne dépendait pas de l'homme pour se nourrir, et les traces archéologiques, qu'il ne s'était pas installé dans les habitations.
Dans chacunes des domestications, l'humain a transformé les espèces sauvages en plus dociles, plus utiles et plus dépendantes. Mais le chat a gardé ses distances et est resté dans un cas de synanthropie.
Le chat trouve un intérêt à vivre dans l'environnement humain, mais n'en dépend pas. Et les agriculteurs ont très vite apprécié ces chasseurs de nuisibles, qui couraient après les rongeurs, serpents et scorpions.
La domestication qui s'accompagne en général de beaucoup de changements morphologiques, comportementaux, et génétiques, n'a pas eu d'impact sur sa biologie. Il est resté très semblable à ses cousins sauvages. La sélection artificielle, de caractères particuliers, a permis aux humains de créer des races différentes. Mais les différences restent subtiles. A la différence des autres animaux domestiques, qui sont ceux qui vivent en troupeau, ou en meute, et qui sont habitués à une hiérarchie - une condition pour qu'ils acceptent l'humain comme animal alpha,

c'est à dire dominant- ce n'est pas le cas du chat, les spécimens sauvages sont des animaux solitaires. Le chat domestique a développé un langage particulier avec l'humain. Le ronronnement et les miaulements sont moins fréquents chez les espèces sauvages. Ils ont donc développé un moyen de nous parler, de nous attendrir et de nous charmer, pour leurs propres bénéfices. C'est eux qui nous ont domestiqué...

Mais à l'origine de toutes ces domestications, il y a sûrement celle du feu. L'usage du feu par les hominidés remonte très loin dans l'histoire, les premiers feux remontent au moins a 400,000 ans, donc avant sapiens. Nos ancêtres se sont rendus compte que les incendies naturels transformaient le paysage en éliminant la végétation antérieure et en encourageant la colonisation rapide des sols ainsi disponibles par une quantité d'herbes et d'arbustes, dont beaucoup étaient porteurs de graines de baies, de fruits et de noix. Et ces espaces devenaient également attirants pour le futur gibier de l'homme. Un exemple est ce que réalisaient les indiens d'Amérique du Nord en utilisant le feu pour moduler des paysages fréquentés par l'Élan, le castor, le lièvre, la dinde etc. Et de fait, après ils n'avaient qu'à y prélever leur proies. Il existe également des preuves qu'il y a environ 20,000 ans, bien avant l'arc et les flèches, ils utilisaient le feu pour chasser et acculer le gibier.
En temps que monopole d'une seule espèce, et atout universel, le feu est la clé de l'influence croissante de l'humanité sur le monde naturel.

La domestication de plantes et d'animaux ce n'est pas produite partout, juste dans un très petit nombre de régions du monde, comme le proche orient, la Chine du nord, la Chine du sud, les Andes, le Mexique, la Nouvelle Guinée et peut être l'Afrique du Nord. Ce fut un choix. Et c'est à cause de cette rupture avec leur vie passée que ces humains vont radicalement changer leur culture. Auparavant les chasseurs cueilleurs se pensaient comme étant une espèce de plus dans le monde vivant. Avant de tuer un animal à la chasse, il faut s' excuser auprès d'un être surnaturel, soit un dieux, soit un esprit. L'être humain ne se pense pas comme un être spécial choisi par les dieux. Et au moment de domestiquer d'autres espèces il a fallu qu'il se sente en droit d'en prendre possession. Ce qui a radicalement changé ses croyances et à fabriquer des dieux qui l'ont mis au centre et au sommet de la nature.
Mais pourquoi avoir fait ce choix si, comme nous le disent les anthropologues, si les chasseurs cueilleurs ne consacrent en moyenne que trois heures par jour pour l'acquisition de nourriture? Soit 21 heures par semaine, et aujourd'hui on veut, dans un pays super développé, avec toutes les technologies ultra modernes pour produire, revenir sur une semaine de 35 heures de travail pour l'augmenter ?
On interprète le récit biblique de l'expulsion d'Adam du paradis et sa condamnation à travailler à la sueur de son front comme une métaphore de cette transition.

Bien sûr ce ne fut pas du jour au lendemain que certains humains passeront à la domestication et à devenir sédentaires. Ils se peut qu'ils migrent de façon saisonnière, tout en plantant des graines à une saison, puis allant faire praire leur troupeau ailleurs et revenir récolter.

L'agriculture et l'élevage ont commencé à vraiment se développer dans certaines régions avec la sédentarisation. Grâce au changement climatique, certaines régions sont devenues de vrais paradis pour y vivre, riches en coquillages, poissons, crustacés, et ou en petits gibiers et aussi en fruits, noix et plantes. Des groupes d'humains se sont sédentarisés. Comme ils connaissent depuis longtemps comment fonctionne la nature. Ils ont peut-être commencé à cultiver certaines plantes médicinales près de leur habitat, pour ne pas être obligés d'aller les chercher. Puis les ressources diminuent et, pour ne pas avoir à migrer, ils commencent à cultiver des céréales, et continuent avec la chasse pour les protéines. Et peut-être que certains gibiers disparaissent aux alentours du village. Et le régime alimentaire très carné commence à changer pour être principalement céréalier. Ils apprennent à stocker les produits agricoles car à la différence d'autres produits, la récolte des céréales est très courte et il faut stocker les graines pour pouvoir les manger durant toute l'année.

Ce stockage de graines va faire la domestication d'autres espèces d'animaux. Les synanthrope dont on a déjà parlé, il s'agit des souris, des rats, des moineaux, pigeons et autres.

Le changement alimentaire va faire des dégâts nutritionnels, surtout en carence de fer. Le régime alimentaire des femmes de l'ère pré agricole contenait des quantités abondantes d'acides gras oméga -6 et oméga-3 provenant du gibier, du poisson et de certaines huiles végétales. Ces acides gras sont importants car ils facilitent l'absorption de fer. Et le régime céréalier est déficient en acides gras et en plus inhibent l'assimilation du fer.

Dans beaucoup de régions du monde, les peuples sédentarisés ont continué à être chasseurs cueilleurs. En Australie, en Amazonie, en Asie et dans d'autres endroits d'Amérique et d'Afrique, ils ont continué leur mode de vie jusqu'à l'arrivée des colons blancs, et de nos jours encore ils en restent quelques uns. Et s'ils n'ont pas changé, c'est par choix, car la domestication des animaux ils la connaissent, puisqu'ils ont domestiqué le chien, et connaissent parfaitement le cycle de la vie des plantes. Et techniquement ils ont les mêmes inventions qu'ont les agriculteurs éleveurs au moment de leur création. L'arc, la pirogue, les filets etc. Pour quelles raisons ils n'ont pas fait le choix de la domestication ? On l'ignore, pour des motivations idéologiques ? Difficiles à prouver, mais peut-être tout simplement parce que leurs ressources ont continué à être suffisantes.

La plus vieille agriculture du monde s'est produite au Levant. Environ -10,000 ans des chasseurs cueilleurs se sont sédentarisés dans le Nord Ouest de l'Irak actuel et l'extrême sud de la Turquie. On appelle cette époque le néolithique précéramique car ils ne connaissent pas la céramique bien que des chasseurs cueilleurs de Chine et du Japon la connaisse depuis 18,000 ans.

Ceci va provoquer une poussée démographique. Les études ethnographiques nous montrent que les chasseuses cueilleuses avaient en moyenne un enfant tous les trois ans contre un an pour les agricultrices.

L'élevage ne va jamais remplacer l'apport de la chasse et de la pêche dans le régime alimentaire des nouveaux sédentaires. Et le pire ce sera l'apparition de maladies inconnues auparavant, qui proviennent des animaux domestiques, que l'on appelle zoonoses. D'après des données, les humains ont en commun vingt-six maladies avec les poules, trente-deux avec les rats et souris, trente-cinq avec les chevaux, quarante-six avec les moutons et chèvres , *quarante-deux avec les cochons, quarante avec les bovins et soixante-cinq avec le chien. Par exemple, la grippe est liée à la domestication des oiseaux aquatiques voici 4500 ans. Cette augmentation de la démographie va emmener avec elle la création des premières villes et états.*

Seuls les sols les plus riches possèdent une productivité par hectare suffisante pour faire vivre une population nombreuse. Les plaines alluviales, cadeaux historiques des crues annuelles du Tigre et de l'Euphrate, sont le berceau de la formation du premier état en Mésopotamie. Même chose en Égypte avec le Nil et en Chine avec le fleuve Jaune.

Au moment où ce créé l'état, les différences sociales apparaissent. Avant la sédentarisation il y avait sûrement déjà des chefs, rien que pour diriger la chasse par exemple, mais aussi pour organiser le groupe et régler les différends. Puis lors de la sédentarisation et la domestication, il y a eu également augmentation de la divisions du travail, donc nécessité d'une plus grande organisation de celui-ci, mais également de l'activité culturelle et spirituelle, comme de la protection. Puis avec l'augmentation de la démographie l'organisation devenant plus compliqué, on arrive à la création d'une classe dirigeante non productive donc de l'État. Pour avoir une idée de l'immense diversité de mode d'organisation politique et économique qui ont existé durant tout le néolithique, et sur toute la planète voir le livre de David Groeber et David … « Au commencement …une nouvelle histoire de l'humanité » ces intellectuels démontrent avec toutes les nouvelles études archéologiques, paléontologiques et anthropologique que l'humanité avait déjà exploré différents types de sociétés, égalitaires, autoritaires, hiérarchisés etc.

Les états archaïques étaient tous des états agraires et avaient besoin d'un excédent appropriable de produits agropastoraux pour nourrir les non producteurs: les clercs, artisans, soldats, prêtres, aristocrates.

Mais pourquoi ces premiers états étaient tous céréaliers? , on avait bien domestiqué d'autres espèces végétales, comme des légumineuses au Moyen Orient, ou le soja en Chine. On cultivait également de l'igname, du manioc, de la pomme de terre, des cacahuètes ou de la banane.

Tous ces produits, aussi bien que le céréales, ont les réquisits agroalimentaire de densité de la population et de valeur nutritionnelle.

La réponse c'est que les céréales ont toutes les qualités pour servir de base à l'impôt de l'État. Ils sont visibles, ils poussent hors sol, pas comme les pommes de terre ou le manioc. On peut le diviser, l'évaluer, le stocker, le transporter. Ils mûrissent à peu près au même moment, donc on sait à quel moment on peut prélever. Tandis que les légumineuses viennent à maturation de façon continue, donc elles peuvent être recueillies sur une longue période, le précepteur d'impôt ne pourra pas vérifier la production.

Donc d'un côté, une série de petits groupes de prêtres, d'hommes de guerre et de chefs locaux s'employèrent à renforcer et institutionnaliser des structures de pouvoir. Il créèrent ce que nous appelons maintenant un état. Et de l'autre, des milliers de cultivateurs, d'artisans, de commerçants et de travailleurs seraient convertis en sujets et comme tel, comptabilisés, taxés, mis au travail et sous contrôle.

Auparavant, en l'absence de contraintes ou de possibilités d'accumulation capitaliste, il n'y avait pas d'incitation à produire au-delà du nécessaire pour la subsistance et le bien-être. Une fois le niveau de satisfaction des besoins atteint, il n'y avait aucune raison d'accroître l'intensité du travail agricole et donc de sa pénalité.

Donc pour avoir un excédent il fallait contraindre la population, par la servitude, le servage, le paiement d'un tribut ou différentes formes d'esclavage. L'état a donc institutionnalisé l'esclavage pour augmenter la population productive et maximiser l'excédent appropriable

La centralité de la servitude dans le développement de l'État peut se voir jusqu'à une époque récente. Comme l'a observé Adam Hochschild, autour de 1800 encore, près des trois quarts de la population mondiale pouvait être considérés comme asservis.
Et une fois que que l'esclavage et la servitude furent institutionnalisés, la classe dirigeante ne se limita pas seulement à obtenir de cette main d'œuvre des produits alimentaires. Mais l'utilisa pour des mines, des carrières, pour construire des palais, des monuments religieux tous plus inutiles les uns que les autres.
Bertolt Brecht écrit dans son poème « Question que se pose un ouvrier qui lit »:

« Qui a construit Thèbes aux sept portes?
Dans les livres, on donne les noms des rois.
Les rois ont-ils traîné les blocs de pierres ?
Babylone plusieurs fois détruite,
Qui tant de fois l'a reconstruite? »

J'ai fait ce résumé de l'histoire de l'humanité, pour montrer comment on avait vécu les 300,000 dernières années, jusqu'à la création des premiers états il y a moin de 3000 ans, car pour moi, c'est à ce moment là où l'humanité a perdu...le sens de la vie.
Lorsque une minorité s'est rendu compte que, par la force et la contrainte, elle pouvait s'approprier de la force de travail d'une majorité.
Ce fut le début des guerres pour faire des esclaves pour avoir l'effort de travail nécessaire à obtenir un excédent qui se traduit en richesse.
Ces richesses sont le début d'un marchandage et d'un commerce pour s'enrichir encore davantage, en remplacement du troc ou du don nécessaire à l'harmonie entre les différentes communautés de chasseurs cueilleurs.
Ces richesses vont créer des différentes classes et groupes sociaux et créer des inégalités. Et pour chaque individu c'est sa richesse qui déterminera dans quel groupe il appartient.
Depuis, l'homme gardera son empathie et altérité naturelle pour son prochain, sauf lorsqu'il s'agira de don d'argent ou de bien matériel. C'est pour cela que n'importe qui, lorsqu'il s'agit d'aider son prochain qui se noie, ou à besoin de soins, ou de don de sang ou d'un organe, etc n'hésite pas à l'aider. C'est pour cela qu' en cas de catastrophe naturelle on voit partout une grande solidarité. Mais lorsqu'il s'agit de faire un don de richesse, même à un être cher, l'empathie et la générosité disparaissent. Car depuis la création de la société marchande on nous enseigne que les malheurs de l'argent sont mérités, donc ne mérite pas une aide, tandis que les autres malheurs, santé, accident, deuil, amour sont dû au hasard et ne se mérite pas, donc nécessite une aide.
Bien sûr il y a des dons d'argent de riches ou moins riches, mais remarquez qu'ils sont toujours faits à des associations, à des écoles, des hôpitaux, des églises ou des partis. Mais jamais à une personne ou des personnes identifiées. On ne peut pas voir une personne recevoir un don qui va améliorer son sort, car on a immédiatement le réflexe de dire, ou de penser, pourquoi lui? Une petite aumône peut-être, tant qu'elle reste insignifiante à elle seule, mais surtout pas f

lui? Une petite aumône peut-être, tant qu'elle reste insignifiante à elle seule, mais surtout pas faire un assisté.

Si c'est un héritage, pas de problème c'est mérité. Alors pourquoi un don ne le serait pas? Être le fils d'un riche, c'est mérité ?

Mais est ce que la création des premiers états, et de la, à une société marchande était inévitable ? C'est à voir.

Ces états archaïques ont surgi dans différentes parties de la planète, sans contact entre eux. Donc on peut conclure que c'est une évolution logique, sinon comment expliquer que ça c'est produit à quelques centaines d'années de différence seulement. Mais d'un autre côté on peut également dire que ça ne s'est pas produit partout.

En 2500 avant notre ère, les premiers états de Mésopotamie, d'Égypte et de la vallée de l'Indus auraient été pratiquement invisibles pour un extraterrestre qui nous observe. Puis ver - 1500 il aurait constaté quelques centres étatiques supplémentaires, les mayas, les olmèques et la région du fleuve jaune. Même après avec l'empire romain et les súper-états Han il aurait vu que leur étendue était très modeste. Et enfin il aurait remarqué que la population mondiale, au moins jusqu'en 1600, est restée constituée en son immense majorité par des peuples sans état: des chasseurs cueilleurs, des pasteurs nomades, des pêcheurs, des agriculteurs itinérants, des agriculteurs autonomes etc.

Cette création de ce type de société ne s'est pas fait sans mal, la plupart des premiers états archaïques se sont effondrés, ils ont dû s'y mettre à plusieurs fois.

La population fuyait la guerre, les impôts, les épidémies, les mauvaises récoltes et la conscription.

Mais pourquoi alors les peuples qui restent chasseurs cueilleurs sont si minoritaires actuellement ? Plusieurs raisons à ça, en premier lieu ce qui n'étaient pas dans ces états, étaient considérés comme des barbares, des sauvages, des ennemis qui pouvaient êtres dangereux pour eux. C'est vrai que certains peuples ont trouvé qu'il était plus facile d'aller prélever leur subsistance dans les villages de ces états, plutôt que dans la nature, et ce pillage a accéléré leur disparition. Une autre raison c'est que ces barbares représentaient une force de travail que l'on pouvait asservir pour créer leur richesses. Une autre raison, et on a un grand exemple lors de la découverte de l'Amérique, c'est que les épidémies créer par des zoonoses, devenant de plus en plus endémiques dans les villes, ses habitants devenaient de plus en plus immunisés. Mais pas les barbares, et il se peut que ces maladies se soient également propagées dans ces peuples et les ont décimés, mais ont a pas de registre puisque pas d'administration dans ces sociétés.

Et c'est ce qui c'est passé chez les peuples amérindiens qui ont été décimés et vaincus , le virus circulant plus rapidement que les troupes espagnoles.

Mais le fait que la culture des sociétés étatiques se soit généralisée sur toute la planète, ne veut pas dire que celle-ci soit meilleure. Ce n'est pas seulement cette culture qui prédomine, c'est également la culture occidentale.

Depuis le début du XVII siècle et le commencement de la colonisation, la culture occidentale a commencé à s'imposer par la force dans les colonies, puis cette culture a imposé la supériorité blanche, puis ceux-ci ont imposé le capitalisme, puis le néolibéralisme.

Donc l'humanité se trouve sous l'emprise d'une société étatique, occidentale, blanche, capitaliste et néolibérale. Est ce que c'était inévitable ? L'évolution de l'humanité n'avait-elle pas un autre chemin ?

La formation de l'état inévitable ? Puisque qu' une minorité a su s'approprier de la force de travail d'une majorité

La colonisation inévitable ? Puisque la culture occidentale a voulu s'approprier de terres et de richesses des barbares.

La supériorité, et donc le privilège blanc, inévitable ? Puisque la culture et la religion des blancs est raciste.

Le capitaliste inévitable ? Puisque l'accumulation de la richesse permet d'obtenir plus de richesses

Le néolibéralisme inévitable ? Puisque la liberté du plus fort est supérieure à la fragilité du faible.

Non je ne le crois pas, 350 millions de Homo sapiens résistent à cette culture.
Ce n'est pas le fait qu'une culture s'impose qui la rend juste et inévitable.
Énormément de cultures étatiques se sont créées puis ont disparu. Égyptienne, grecque, romaine, olmèque, maya etc. et leur peuple survécu. Certaines ont dépassé 1000 ans. Mais c'est la première fois qu'une seule culture domine la planète. On pourrait, en exagérant un peu, dire que la civilisation occidentale et blanche domine depuis 500 ans. Le capitalisme depuis 200 et le néolibéralisme depuis 40. Ce n'est rien si on le compare au 300,000 ans de notre espèce. Je suis certain que l'on aurait pu suivre un autre chemin. On a bien essayé de revenir sur l'esclavage, sur les guerres de masse, et ont à reussi. On aurait pu éviter le colonialisme, et certains essaient de le réparer. Je ne pense pas qu'arriver au point où nous en sommes était inévitable. Je pense qu'il est possible, ou encore possible de réparer nos dégâts. Mais plus pour très longtemps. J'ai de l'espoir que les personnes pensantes vont se faire écouter des jeunes générations.

Plusieurs points sont urgent de réparer
Mais il y en a un qui est très urgent, c'est celui de l'esclavage. Puis suit celui du colonialisme, puis celui des inégalités, puis celui de la vraie démocratie, puis celui de la biodiversité et enfin le climat.

Mais revenons à l'esclavage.
Lors de la Guerre de sécession Lincoln promis aux Esclaves, qu'après la victoire chaque esclave aurait une mule et 16 hectares de terres pour les dédommager. Et pour qu'ils puissent commencer une nouvelle vie. Mais comme cette redistribution des terres se serait faite au détriment des grands propriétaires, rien ne fut fait. Par contre les japonais emprisonnés aux états-unis pendant la deuxième guerre mondiale furent indemnisés de 20,000 dollars chacun pour un total de 1,6 milliards de dollars.
Le Royaume Unis et la France, lors de l'abolition de l'esclavage, indemniserent les propriétaires, tandis que les Esclaves une fois libre devait trouver un travail sous peine d'être arrêté par vagabondage s'ils n'avaient pas un contrat de travail sur eux.

En 1833 les britanniques versent l'équivalent actuel de 120 milliards d'euros d'aujourd'hui à 4000 propriétaires. 30 millions d'euros en moyenne. Qui sont encore aujourd'hui à l'origine de plusieurs fortunes.

La France aussi applica une compensation en 1848, aux propriétaires de la Réunion, Martinique, Guadeloupe et Guyane
La terre et la propriété restent très concentrées parmi les descendants des esclavagistes. Les cas d' Haïti est très parlant sur ces injustices. En 1791, sur l'île de saint Domingue, les Esclaves se révoltent et proclament leur indépendance en 1804, c'est le premier pays hors les états-unis à proclamer son indépendance en Amérique. Mais on leur fera payer très cher. En 1825 l'État français va leur imposer une dette considérable (300 % du PIB de l'époque) pour compenser les propriétaires français. Menacé de toute part le pays fut obligé de rembourser cette dette, jusqu'à 1950, après mil renégociation et intérêts versés au banquiers Français et Américains.
Haïti demande aujourd'hui le remboursement de ce tribut (30 milliards d'euros sans compter les intérêts) qu'ils ont été obligés de payer juste parce qu'ils ne voulaient plus être esclaves.

Pour la colonisation de même, les peuples colonisés ont été spoliés de terrains et de richesses, on pourrait compenser les descendants, plusieurs familles doivent leur fortunes actuelles à ce vol, elles devraient prendre leur responsabilité. Certaines entreprises britanniques, dont leurs fondateurs se sont enrichis avec l'esclavage ont commencé à faire un geste, mais il faudrait aller plus loin et légiférer. Les musées occidentaux sont plein d'objets, de valeur matériel ou symbolique, qui appartiennent à ces pays, pourquoi ne pas les rendre ? Que dirions nous si un musée de Dakar, par exemple, possédait les bijoux de la reine ou La Joconde?
Aujourd'hui on pratique des compensations pour les spoliations qui ont eu durant la deuxième guerre mondiale. Et le fait de ne même pas en parler, va inévitablement créer un immense sentiment d'injustice.
On parle énormément des œuvres d'art ou d'argent, qui appartenaient aux juifs, et qui leur ont été pris par les Nazis, que ce n'est que justice de leur restituer. Alors ? Mais si des noirs ou des colonisés se plaignent, et comparent la différence de traitement, ils vont encore une fois se faire traiter d'antisemite.
Si on ne commence pas rapidement à réparer ou du moins à arrêter d'augmenter les dégâts que cette culture occidentale, blanche, capitaliste et néolibérale a fait et fait, on court à la catastrophe, les injustices du au racisme, au colonialisme, aux inégalités et les dégâts à l'écologie ne vont plus être supportable.

CHAPITRE XXXVIII

Notre vie à Tequis….

Donc notre vie est assez plaisante en qualité. Les enfants sont très contents à l'école, Yvonne s'entend bien avec les autres mamans. Les week-end se passent très bien. Le vendredi soir tout le monde se retrouve sur la place du village, les enfants jouent en toute sécurité. Plusieurs générations se mélangent et les enfants de différents âges également. Plus tard, des groupes se forment, et on se réunit dans un bar ou un restaurant. Notre groupe se réunit dans le restaurant de Claudia, la mère de deux garçons de l'école. C'est un petit restaurant sans grande prétention, mais qui nous permet le vendredi soir de nous réunir, chacun apporte ce qu'il veut, et on ne dépense pas des fortunes dans un bar. Très souvent les week-end quelqu'un du groupe fait un repas qui commence le samedi à midi et se termine très tard le soir ou très tôt le dimanche matin. Tout le monde a un grand jardin, et comme à Tequisquiapan il fait toujours beau c'est toujours à l'extérieur. Très souvent c'est Toño qui fait la fête chez lui. C"est un très bon hôte, il adore recevoir et sa propriété si prête.

Moi, des fêtes , j'en fait trois ou quatre par an. C'est superbe, car pendant que nous on fait la fête, les enfants, après avoir manger avec nous, font ce qu'ils veulent, car on peut aller à pied sans problème d'une maison à l'autre, même si elles sont de l'autre côté du village. Et le village est très sûr.

Il fait presque toujours beau à Tequisquiapan, mais en hiver il fait parfois très froid le matin. La température descend sous zéro. Et comme il n'y a pas de chauffage, je me lève de bonheur pour allumer la cheminée. Après leur douche, Yvonne habille les petits, Bruno et Alec, autour de la cheminée, c'est une scène assez marrante. De la fumée sort de leurs corps tellement il fait froid. Et Yvonne, qui commence très gentiment à les réveiller, à cette heure-là, elle est devenue une ogre, car le temps presse pour les emmener à l'école.

S'il n'y a rien de prévu, on mange en famille le dimanche sous la pergola, je fais toujours quelques plats dans mon four à bois. Mais je tiens beaucoup à ce que les enfants participent à la préparation du repas et que l'on soit ensemble. Ils ont bien sûr le droit d'inviter qui ils veulent.

Tout va très bien, sauf les finances. Je n'arrive pas à payer les mensualités de l'école. C'est même très dur, des fois, de trouver de quoi payer les salaires de mes travailleurs le samedi, ils sont peu nombreux 3 ou 4 tout au plus, ça varie beaucoup, ils sont très irresponsables et passe d'un atelier à un autre sans prévenir. La boutique ne vend rien pendant la semaine et le week-end très peu, sauf les week-ends ou lorsqu'il y a un jour férié et donc un week-end prolongé. C'est les moments où je peux me relever. Je passe mon temps à essayer de nouveaux modèles en espérant que le nouveau sera celui qui fera un carton.

A un moment j'ai cru pouvoir m'en sortir. Mon beau père a une usine d'articles publicitaires et il fait des jeux de domino pour la bière Corona. La boîte des dominos est en bois d'acajou, et des fois ils ont des soucis avec le seul fournisseur qu'ils ont. Mon beau-frère Chucho est responsable de l'usine. Une fois déjà, lorsque j'étais encore à Cancún, il m'avait demandé de lui faire quelques boites, je lui avais fait un super prix car c'était l'époque où je n'avais presque pas de travail, et cela me permettait d'occuper un ou deux employés et j'avais de l'acajou en stock, je lui est juste demandé de me les payer en avance. Il accepte mais ne tient pas parole, il m'envoie juste le 50 %. Donc je ne fais que la moitié des 3000 boîtes commandées. Il pica sa crise et mon beau-père aussi lorsqu'ils les reçurent. En me disant que l'on ne paye jamais la totalité, juste un acompte et le reste à la livraison. Bien que je leur ai répété plusieurs fois que mon prix était à cette condition, puisqu'il était presque à moitié prix de celui de leur ancien fournisseur, mais cela je le sus plus tard.

Cette fois-ci, il me dit qu'il allait me payer le même prix que celui de son fournisseur, moins le 10 % pour lui, il commençait déjà à se voler lui-même. Cette fois je lui dit très clairement que j'avais besoin de l'argent des boîtes le vendredi et il pouvait envoyer son chauffeur les récupérer le samedi. Ça marcha durant un mois, à la quatrième semaine je ne reçois pas l'argent le vendredi, il me dit que c'était parce que quelques boîtes étaient défectueuses. Bien que je lui ai dit qu'il pouvait très bien me les renvoyer au prochain envoi et les décompter de la facture suivante, mais avec son sale caractère on finit par se disputer. Yvonne se réconciliera avec lui lors de son mariage cette même année, ce mariage ne durera que trois mois, c'est vous dire le genre de personnage.

Yvonne et son père le jour du mariage de son frère

Pour l'instant à Cancún tout restait pareil, sauf que je recevais de l'édifice de moins en moins d'argent.
Rafael n'avait réussi à louer la villa qu'une seule fois, à des vétérans handicapés du Vietnam. Mais ç'avait été une catastrophe, ils avaient fait plus de dégâts qu'autre chose, bourrés et drogues a fond.
Un jour il me téléphone pour me dire qu'il a emmené un copain à la villa et qu'il est intéressé de faire affaire avec moi pour s'en occuper. C'est un mec qui s'appelle Andres, je le connais de vue, il possède une boutique de plongée, une des premières à Cancun, dans un des premiers hôtels qui se sont construit, c'est là où je remplissais mes bouteilles de plongée, car Rafael y travaillait. Je connaissais ses sœurs, car j'avais nagé avec elles à l'université, elles étaient également dans l'équipe de natation.

Il voulait opérer la villa pour l'utiliser dans le parcours d'un tour de plongée libre pour touriste. Après avoir emmené les touristes faire de la plongée avec masque et tuba dans les récifs en face de Pto Morelos, il voulait les emmener à la villa manger et boire à volonté, puis les laisser se reposer sur la plage ou la piscine. Des tours d'une vingtaine de personnes à la fois.

Les vacances de la Toussaint approchent, donc je lui ai dit que je profiterai de cette occasion pour aller à Cancun et tout mettre au point avec lui. Celui qui allait s'occuper de l'affaire est un très bon ami à lui, je le connaissais bien, car c'était aussi un des meilleurs amis de Raphaël, et je l'avais déjà côtoyé à plusieurs reprises et on s'était très bien entendu.
Trois semaines avant les vacances, un ouragan a ravagé la péninsule du Yucatán. Il va entrer sur le continent un peu en dessous de Pto Morelos, sans trop faire de dégâts, et va ressortir sur le Golfe du Mexique, par Ciudad del Carmen, la ville où je prenais l'hélicoptère pour aller sur l'île de Cayo Arcas. Et là, il va faire énormément de dégâts.

Nous partîmes dans la combi, seulement la famille, je ne voulais pas m'encombrer de personne d'autre, car c'était pour affaires que j'y allais, et pour que ma famille en profite un peu. On y allait avec un budget très serré car les affaires comme je vous le disais n'allait pas bien du tout. On a pris la route très tôt, je voulais arriver pour passer la nuit à Villahermosa. Tout allait pour le mieux, on avait construit une nouvelle autoroute qui reliait Veracruz à Villahermosa et qui permettait d'éviter le passage par les montagnes de la Sierra de Veracruz. Mais 20 km après le premier péage de l'autoroute on crève un pneu, j'ai ma roue de secours et je la change en vitesse, mais à peine j'ai fait 5 km que celle-ci crève. On est loin de tout, cette autoroute est construite en pleine campagne sans aucune habitation en vue, il n'y a quasiment aucune voiture ni camion qui passe.
On va essayer d'arrêter un véhicule, ils sont très rares, et roulent très vite, ce n'est qu'une longue ligne droite, je pense qu'il y a ceux qui ont peur de s'arrêter en pleine campagne desserte et ceux qui s'en foutent. Je commence à désespérer, il va bientôt faire nuit. Donc je décide de partir en roulant sur le côté de l'autoroute à 20 km heure où il n'y a que du gravier. IAN m'aide beaucoup pour me signaler les obstacles. J'espère que la jante va tenir. On va faire plus de 60 km comme cela, et au moment où on voit les lumières, au loin, d'un péage, la camionnette qui patrouille l'autoroute nous rejoint. Avec l'aide de ce monsieur je vais enlever ce qui reste de la roue, et il va m'emmener dans un petit bled pour réparer la première roue crevée, et je vais lui acheter une autre d'occasion, heureusement que la jante n'est pas trop esquintée.

Après avoir remis la voiture en marche, on va chercher un petit hôtel dans le même bled pour passer la nuit, on en trouve un pas trop mal, je suis crevé, il est plus de minuit, Yvonne et les enfants ont put dormir dans la voiture.
Le lendemain, il va falloir que je me tape près de 1500 kilomètres d'une traite, je n'ai pas suffisamment d'argent pour payer une autre nuit d'hôtel.
Les problèmes vont apparaître après avoir dépassé Ciudad del Carmen. La route qui mène de cette ville à Campêche, l'autre ville du Golfe du Mexique qu'il faut atteindre avant de traverser la péninsule pour arriver à Cancún, est très très endommagé par l'ouragan, il y a d'énormes crevasses partout, il faut rouler doucement. Lorsque l'on arrive enfin sur l'autoroute qui mène de

Merida à Cancún il est minuit passé et je suis crevé, ces trois dernières heures du voyage vont être un enfer, je dois m'arrêter tout le temps car je m'endors, je passe le volant à Yvonne de temps en temps, mais je ne peux pas dormir car je vois qu'elle aussi s'endort. Enfin, on va réussir à arriver.

La villa n'a pas eu trop de dégâts à cause de l'ouragan. Raul, c'est le copain de Rafael qui va être à la charge de l'opération, est déjà arrivé. Il s'est installé dans la chambre d'en bas et nous, on prend l'étage où il y a plusieurs chambres.
Plusieurs objets ont disparu. Des masques en bois que je collectionnais et de grandes pièces en papier mâché. Et surtout deux beaux vitraux que j'avais installés dans la terrasse de la piscine. Ce n'est pas l'ouragan qui les a détruits car il y aurait des débris, je pense plutôt aux gardiens des villas de mes voisins qui se sont servi.
Je vais finir par récupérer juste les têtes de jaguars en bois que je collectionne, grâce à un des gardiens qui va accuser ses collègues, ceux-ci les ont soit disant acheter à mon ancien gardien car il n'avait pas d'argent pour rentrer chez lui.

Je fais plusieurs réunions avec Andres et Raul pour établir notre association, mais rien n'est fixé. Andres se plaint qu'il doit mettre plein de sous pour réparer la villa, Raul de ne pas savoir comment il va être payé. De mon côté je leur propose, pour qu'ils ne courent aucun risque, de leur prendre un fixe par touriste qui rentre à la villa, disons 1,5 dollars. La vérité c'est que c'est très peu l'argent que doit investir Andres sur la villa, car les touristes n'utilisent que la piscine, les extérieurs, la grande salle à manger près du cénote, et la cuisine extérieure, qui fera office de bar. La grande cuisine sera utilisée pour préparer le repas, mais elle est en parfait état. Il faut juste réparer la piscine et arranger le jardin.

On ne peut rester qu'une semaine, à cause de l'école des enfants. Donc je vais également profiter pour voir les banques, j'arrive encore à gagner du temps grâce à la situation des banques du à la crise qui vient de passer. Une des banques a commencé un procès contre moi, mais je m'entend très bien avec l'avocate chargée de l'affaire et elle m'aide beaucoup, Yolanda qu'elle s'appelle, et essaye de gagner du temps.
Je vois également Pedro pour qu'il me file de l'argent, il m'en promet pour avant que je parte. Avec Andres rien n'a été décidé lorsque je dois partir, il me dit qu'il va me contacter lorsque tout sera mis en place. J'ai totalement confiance en Raul et avant de partir je lui demande de me tenir au courant de tout et de défendre mes intérêts.
Le retour ne va pas être simple non plus, Pedro ne m'as pas donné de l'argent, mais m'assure que ce même jour il va me faire un dépôt. J'ai très peu d'argent, mais j'espère qu'il va me payer. Nous partons et j'arrive à rouler jusqu'à San Andres, il ne manque que 600 km pour la capitale. J'essaye de payer l'hôtel avec la carte, mais elle est refusée, je paye donc en espèces, que je gardais pour l'essence. Je téléphone à Pedro, qui me dit que sans faute le lendemain il fera le dépôt . Je prends la route pour Mexico, mais à l'embranchement de l'autoroute qui relie Veracruz je tourne à droite pour aller à Veracruz qui est à 20 km, car si je tourne à gauche vers la Capitale il me faut faire plus de 300 km et payer le péage et je n'ai pas assez d'argent.
Donc on rentre dans le port de Veracruz pour trouver un distributeur et sortir des espèces si Pedro m'a fait le dépôt.
Mais il n'y a rien sur mon compte, j'essaye de l'avoir par téléphone, mais rien, il répond pas. On est bloqué. J'essaye de trouver mon frère à son bureau, heureusement qu'il est là et va pouvoir

me dépanner, en attendant on va passer quelques heures sur une plage au sud de la ville. Ce sera notre récréation dans ce retour de merde. Heureusement qu'il y a sur cette plage beaucoup de vendeurs ambulants qui nous offrent un grand choix de nourriture pour pas cher. On repartira dans la soirée et on arrivera à Tequisquiapan vers deux heures du matin. J'ai détesté ce voyage, j'aurais aimé revenir avec un résultat plus tangible. J'ai dépensé de l'argent que je n'ai pas, mais je garde espoir.

Ma situation ne s'améliore pas énormément, le directeur de l'hôtel El Relox, va me faire déménager la boutique dans un autre local de sa propriété, comme je lui doit de l'argent je ne peux m'opposer. Le local est plus grand mais ne se voit pas de la rue, il faut traverser le marché artisanal de paniers pour le voir, mais je peux exposer davantage de meubles.
Les ventes ne sont pas fameuse, mais le lendemain d'un week-end prolongé, je reçois un appel d'un monsieur qui a vu mes meubles pendant ce week-end. Il me dit être intéressé par mes parasols en bois et toile en coton. Il me fait une commande de 4 parasols pour voir la qualité. Et me donne rendez-vous à son bureau lorsqu'ils seront prêts.
Je les lui livre personnellement, heureusement que son bureau est à l'entrée de la ville. Les parasols lui ont plu, Il va les vendre dans une grande surface. Il me propose de me passer commande une fois par semaine, car le magasin fait de même avec lui, après vérification du montant du stock. On tombe d'accord sur le prix, je ne vais pour l'instant lui livrer que deux tailles de parasol et les supports de ceux-ci en fer.
Ce monsieur est un basque très sympathique et très sérieux. Je ne sais pas pourquoi, mais lorsque je travaille avec des européens je n'ai pas de soucis, tandis qu'avec les mexicains j'ai toujours des soucis. C'est peut être à cause de mon éducation française.
Ses commandes ne sont pas énormes, mais elles me permettent d'assurer les salaires le vendredi. Il me passe la commande le mardi, et je lui livre chez une entreprise de transport qui se trouve à San Juan Del Río a 15 km de Tequisquiapan, le vendredi.
Puis je lui passe par téléphone le numéro d'envois, et lui me fait le virement sur mon compte qui passe en instantané. Ce contrat me permet de voir plus tranquillement l'avenir, le seul truc qui m'inquiète c'est les frais scolaires dont je prends de plus en plus de retard.

Un événement va me permettre de me rattraper un peu. L'événement majeur a Tequisquiapan c'est la foire du vin et du fromage. Cet événement a perdu un peu de sa superbe les dernières années, car mal organisé, il est devenu une sorte de beuverie à l'air libre.
Mais cette année, l'organisation va être dirigée par le « Club de Leones » (club des lions) c'est une sorte de secte athée genre maçonnique. Il y en a un peu partout. Le chef de la congrégation de Tequisquiapan est un catalan qui possède une cave et une boutique gastronomique, c'est lui qui m'a acheté ma première porte bouteille lorsque j'ai commencé a les faire a Tequisquiapan. Ils vont faire ça en grand, ils vont fermer toute la place du centre du village. Les stands de vins et de fromage se trouvent à l'intérieur, pour y accéder il faudra payer. Ainsi ils pensent éviter les personnes qui viennent juste pour boire, ils vont louer des emplacements pour 4 restaurants à l'intérieur. Les stands ne seront pas donnés, car ils veulent de la qualité.
Comme je vous l'ai dit auparavant, j'avais beaucoup créé de nouveaux produits pour chercher celui qui ferait un tabac. Donc j'avais énormément de variétés en caves et portes bouteilles.

Pour moi c'était le moment idéal pour les exposer, j'étais sûr d'en vendre car il y aurait plein d'amateurs de vins.

Mais c'était trop cher pour moi. Je me suis rappelle que le frère de Norma, celui de l'accident, travaille dans une entreprise qui commercialise les vins de la marque « Cetto » se sont des vins produits en Basse Californie dans le Valle de Guadalupe, une zone très propice pour les vignobles, par des descendants d'Italiens.

Je lui demande s'ils vont exposer cette fois-ci et si je pourrais leur fournir les caves.

Il me dit que non, la direction ne croit plus à cette foire. Mais il me dit que si moi je veux exposer il peut me fournir le vin et je paye seulement le produit vendu. C'est eux qui fixent les prix et mon %, c'est intéressant. Le % est bon pour les vins de premier prix, par contre il est seulement de 10 % pour les bons crus. Le problème reste le même, il me faut la place de deux stands pour pouvoir tout exposer . Et je n'est pas le sous. Je vais proposer une association à Tito et à d'autres, mais tout le monde se dérobe. La femme de Poujol (le président du club de Leones) va me sauver, elle vas louer un des emplacements réservés aux restaurants et elle veut des bancs que je fabrique en fer et bois. Cette commande va me permettre de payer un stand, et pour l'autre, Poujol m'accepte un chèque pour encaisser après la fin de la foire. J'ai réussi.

Les vins Ceto m'envoie une bonne quantité de bouteilles, il y a de tout, vin blanc, rouge, et surtout des petites bouteilles de 300 ml de rosé, de là cèpe petit Sirah, et des bouteilles de 500 ml de blanc mousseux.

La foire dure 10 jours, on ouvre un vendredi soir, jusqu'au dimanche de la semaine suivante. Ceto me fournit également, des banderoles et autres décorations, et l'uniforme pour 4 hôtesses. Ils payent le salaire de deux, moi celui des autres.

Je prends comme hôtesse la patronne d'une équipe d'hôtesses qui a été embauché par l'organisation, comme elle n'a plus d'hôtesses sous la main, c'est elle qui si colle, une très jolie brune avec un corps de rêve, je prend également la mère d'un petite fille qui va dans la même classe à l'école qu'Alec, elle est copine avec Yvonne car elle va souvent à la maison, elle est jeune divorcée, et même si son ancien mari fait qu'elle ne manque de rien, elle a besoin de quelque sous à elle, c'est une très jolie blonde. On connaît également une allemande qui rentre dans la quarantaine, qui en plus d'être belle est très élégante, elle parle trois langues. Et pour finir l'équipe, m'a très belle femme Yvonne. Je me sens le roi, très envié, dans mon stand, entouré de ces quatres beautés. Le stand est super et très bien placé, juste au centre de la place.

Ça vas être un grand succès, surtout les petites bouteilles de Syrah et de blanc.

Il fait très chaud en ce mois de juin, donc j'ai mis une grande glacière, décorée avec du bois, au centre du stand remplie de petites bouteilles de Syrah . Donc c'est très tentant et ça part très vite. Si vite que je suis en rupture de stock deux jours après, le dimanche soir je n'ai plus ni rosé ni blanc ni de rouge premier prix. Heureusement, l'entreprise qui a ses entrepôts au nord de la capitale, à deux heures de route, va me refournir en vitesse. Je vais tout stocker dans la boutique.

Je vais passer une de mes meilleures semaines. On ouvre à 10 heure du matin et on ferme à minuit. C'est pour cela qu'il faut quatre hôtesses. Je me suis fait très copain avec un oenologue qui expose du vin et qui tous les matin donne des cours sur le vin et des dégustations. J'ai payé la première fois pour m'instruire, et pour les autres, il ne me fait plus payer. Donc les matins j'ouvre et je donne des instructions aux filles, je fais les comptes, puis à midi ce sont les cours. J'y vais des fois avec Yvonne, c'est très instructif et délicieux, on sort à moitié bourré. Puis on va manger avec les enfants, et je profite pour faire une sieste pour pouvoir tenir jusqu'à tard dans la nuit.

Le soir, je vois circuler toute la société de Tequisquiapan sur mon stand, tous les professeurs et parents d'élèves. Mon frère et sa famille avec le frère de Norma sont également venus passer le week-end. Ça va d'ailleurs me permettre de lui rendre le service qu'il m'a fait en m'envoyant des sous lorsque l'on été bloqué à Veracruz. Il va se retrouver sans le sous en faisant la fête et ça va être à moi de le dépanner.
Je vais également pouvoir dîner un soir en tête à tête avec Yvonne dans un bon restaurant. Des fois, le soir, je dois mettre un peu d'ordre, à cause de gens un peu trop entreprenants avec la copine d' Yvonne qui ne sait pas se faire respecter.

A la fin, le dimanche dans la soirée, il ne reste aucune bouteille, les grands crus sont également partis, les portes bouteilles et caves se sont également vendues, surtout les deux derniers jours. Mais je n'ai pas de grosses commandes, c'est un succès surtout pour les vins Ceto.
Tout le bénéfice de cette foire je vais le verser à l'école des enfants pour me rattraper. Le directeur va me faire savoir qu'il trouve le montant du paiement trop inférieur à ce qu'il attendait, vu le succès de mon stand. Je vous le disais bien, petit village, grand enfer. Je vais lui envoyer la totalité des factures que j'ai payé et le % de ma commission, pour qu'il se rende compte. Je commence à le détester.

Le travail continue tranquillement, j'ai comme clientèle mon basque, à qui j'ai réussi à ce qu'il m'achète aussi des chaises style directeur de cinéma et de petites chaises démontables en deux parties, très pratiques pour les pick nick, ét aussi le grossiste de la capitale. Celui là il vend un peu, le problème c'est qu'il faut être très souvent sur place pour voir si les meubles sont bien exposés, se battre avec les employés pour qu'ils ne donnent pas de préférence à d'autres fournisseurs, puis essayer de faire passer une commande s'il y a des ruptures de stock, puis revenir déposer la facture, puis retourner ce faire payer, ça marcherait si j'étais installé à la capitale.
Ma copine du lycée c'est mi dans la merde en ouvrant une autre boutique et n'arrive pas à gérer, là aussi il faudrait que je soit sur place. Donc je survis, mais ne progresse pas.

Les affaires pour Patrick mon frère ne se sont pas arrangées. Il décide de partir pour le Canada. Ce pays donne quelques facilités pour s'installer. Mais il faut certaines conditions, surtout avoir des enfants, parler la langue et avoir de l'argent. Il vend sa maison et abandonne l'atelier. Quelques ouvriers étaient là depuis des années, heureusement que la loi mexicaine leur donne la priorité dans le remboursement de la dette de l'entreprise par la vente des actifs. Mais je ne pense pas qu'ils réussissent à se faire payer tout ce qu'ils méritent.
Pour mon père c'est un coup dur. Toutes les machines de l'entreprise, c'est lui qui les a fabriquées. La vieille caméra de photo gravure, qu'il avait acheté avec l'argent de Papa Pierre (le grand-père de ma mère) est également perdue. Il se plaint et jette la faute à Patrick. Mais il n'a qu'à se prendre à lui-même, c'est bien lui qui n'a jamais su gérer cette entreprise. Si ce

n'était pas, premièrement, grâce à Jean Pierre et puis à Patrick ça fait très longtemps qu'il aurait tout perdu. Le départ de Patrick et de ses petites filles ne lui fait pas trop de chagrin. Pour ma mère c'est différent, bien qu'elle ne les voyait plus très souvent. Patrick a été son grand chouchou, et Yvette sa petite fille préférée.

De notre côté on ne les voyait plus depuis longtemps, depuis une fête chez mon frère à Tepeji, Yvonne avait trop bu, et quand elle boit, tout sort de sa bouche sans filtre. Et je ne me rappelle plus la raison, Yvonne l'avait agressé. Donc ça n'a pas changé grande chose pour nous.

Je téléphone de temps en temps à Cancún pour voir comment ça avance, on me donne tout le temps des informations très floues. Pas encore de permis, problème avec le bateau, la villa n'est pas encore prête, problème avec les agences de voyage.

Mais les vacances d'été arrivent et je décide d'aller faire un tour à Cancún.

Nous partons cette fois-ci avec Santiago, un très bon ami de Ian. Il va également à l'école Victoria. Il est dans la classe supérieure car il a un an de plus. C'est également un voisin. Ils ont la même passion du foot. C'est d'ailleurs lui qui a fait rentrer Ian et Guy dans l' équipe de foot du village.

Je n'emmène personne d'autre, car on va partager la maison puisque Raul et sa compagne y habite plus le fils à lui, qu' il a de son précédent mariage, et qui est en vacances avec eux. Cette fois-ci le voyage se passe très bien.

On arrive un peu tard le soir, Raul nous ouvre, je pense qu'il va être très content de nous voir. Mais pas du tout, il a une sale gueule, je ne sais pas pourquoi. Il nous a laissé le rez-de-chaussée et il a pris le premier étage. Je trouve ça idiot, car ils sont trois et nous on est sept. Et en bas il n'y a qu'une chambre. Je me dis qu'il doit avoir ses raisons mais je m'en fous. Plus tard, je saurai pourquoi il a fait ce choix.

Le lendemain matin, c'est un dimanche, on apprend qu'il va y avoir un mariage. C'est le petit frère d'Andres qui se marie. Il lui a fait une petite réception avec un Tívoli, une cinquantaine de personnes. Boissons à volonté et viande grillée. Yvonne profite pour se faire belle, mais on se tient un peu à l'écart, puisque on ne connaît personne et on n'a vraiment pas été invité.

Mais pour ma part je trouve ça un peu étrange, que l'on ne m'ai rien dit, c'est quand même ma villa. Je commence à avoir de très mauvaises sensations.

On va quand même participer à la fête discrètement, sous l'insistance d'Andres, qui, je le vois clairement, est tombé sous le charme d'Yvonne. Raul est très froid avec nous, il a quasiment essayer de nous priver l'accès à la viande grillée.

Le soir je me suis allé servir un verre de rhum des bouteilles qui étaient restées du mariage, et au moment de vouloir me resservir, ce n'était plus possible, Raul les avait cachés.

Pour l'instant je n'ai pas voulu toucher le sujet de ma part dans l'affaire. Andres, est occupé avec sa famille et Raul m'évite et me montre juste les améliorations dans la villa. Ils ont juste fait des changements extérieurs. Ils ont peint la piscine, construit un muret pour éviter que le sable, en cas de coup de vent, tombe dans la piscine, et Ils ont changé de place la pergola des hamacs et le cour de volley- ball.

Piscine retapée

Les meubles de jardins et les parasols de la plage m'appartiennent, je les ai récupérés du Club Med. La colonne blanche avec sa cascade c'est également le filtre de sable de mon invention.

Le lendemain je vois, à mon grand étonnement, que le service de repas et de bar pour le tour touristique de plongée, est mit en place. Une cuisinière arrive le matin et prépare la nourriture dans la grande cuisine: entrée, poulet au barbecue sauce aigre doux, et riz mexicain.
Les boissons sont servis dans la cuisine extérieure qui a été changée en bar, et le repas, style buffet dans la grande salle à manger.
Une douzaine de touristes arrivent vers 13 heures de l'après-midi, dans un minibus accompagné d'un guide, ils se font servir des boissons, s'installent pour manger, puis se reposent, vont à la plage ou à la piscine ou jouent au volley. Mon studio, Raul l'a transformé en boutique, il leur vend des T-shirt avec le logo de la villa et des photos qui leur ont étés prise lors de leur plongée.
Le guide, c'est un français, me confirme, que ça fait plusieurs semaines qu'ils opèrent.
Raul nous interdit de manger avec les touristes. Je comprends maintenant pourquoi il nous a laissé le premier étage, puisque la cuisine est là. De cette façon, c'est à nous de nous faire à manger. Le soir il va quand même nous donner du riz qui est resté du repas. Il est d'ailleurs délicieux c'est une grande cuisinière.
Lorsque je demande à Raul où on en est avec les chiffres, il me dit qu'il n'en sait rien que je vois ça avec Andres. Selon lui, le business ne marche pas bien car ils ont des fois très peu de gens, et qu'ils travaillent à perte. Lui il se limite à téléphoner à l'agence d'Andres, plutôt à sa femme, pour lui demander la quantité de touristes qui vont arriver le lendemain pour faire les achats respectifs selon leurs nombres et aller chercher la cuisinière.
 Avec Raul on se parle peu, il m'évite. Je demande à Rafael ce qu'il a, pourquoi cette attitude envers nous, car il est ainsi aussi avec mes enfants. Selon lui, du moins ce qu'il a compris, c'est qu'il est fâché parce que je suis venu avec ma famille, et puisque je suis en train de louer la villa je n'en ai pas le droit. Ça m'a fait rire!! Si je ne reçois rien, comment peut-il dire que je loue ? Je demande un rendez-vous urgent ce même jour pour voir Andres, il me reçoit le surlendemain.

La première chose qu'il me dit c'est qu'il s'excuse pour ce qu'a fait Raul de m'enlever les bouteilles. Comme si c'était ça mon inquiétude. Je lui demande quand est-ce que nous allons nous asseoir enfin pour mettre les choses au clair. Il me sort que ça marche mal, qu'il a investi beaucoup d'argent etcetera, mais que l'on va faire ça rapidement.

Pendant ce temps, je profite pour voir Jesus, mon avocat, pour voir comment avance le dossier Roberto, il parait qu'il a encore changé d'avocat, et que c'est très lent. Avec les banques pour l'instant je ne fais que gagner du temps. J'ai dit à Yolanda l'avocate de la banque de m'en faire gagner un peu plus, et si la banque veut saisir quelque chose que ce soit l'édifice.
Je me permets également d'inviter mes amis hors l'horaire des touristes. On fait même un grand dîner un samedi (les dimanches pas de touristes) Jeff et sa famille vont même rester passer la nuit. On n'utilisera pas évidemment l'étage de Raul, qui ne participera même pas aux festivités, au contraire d'Andres qui va être bien présent, je suis sûr qu'il a un faible pour Yvonne. Je pense que Raul est également énervé à cause de son fils qu'il voudrait parfait. Mais qui, tout le contraire, est un petit con gâté (fils unique) que personne aime et qui est la risée de mes enfants, mais également des enfants d'Andres.
Le temps passe, et il va falloir rentrer pour l'école des enfants et rien ne se concrétise. Je donne ma date de départ et puisqu'il n'y a pas d'offre de leur part, je leur dit que je veux 1,50 dollars pour chaque touriste. (ils vendent le tour a environ 12 dollars par personne) .
Je vais faire faire un contrat à Jesus, pour légaliser le tout. Je montre le contrat à Raul et après l'avoir lu, il me dit un truc dont je ne me rappelle plus très bien, du genre de on ne le signera pas, mais ça m'a mit dans une colère atroce, on était dans la grande table de la grande cuisine, j'ai envoyé mon verre se fracasser dans l'évier, je me suis levé et je lui ai crié que si c'est comme ça, je ne partirai pas, puisque j'étais chez moi, tant que je ne serais pas payer et le contrat signé.

Le lendemain matin Raul me dit qu'Andres m'attend à son bureau, il va me filer un peu d'argent en me disant qu'il me fera un virement toute les semaines et me signe le contrat avec juste un changement, j'avais mit 2 ans de durée du contrat et lui en veut 5. Nous retournons tranquillement à Tequisquiapan , en nous promenant sur le chemin de retour en touriste.

Au retour, lors de notre passage à Catemaco, Yvonne a un masque de boue.
De gauche à droite: Santiago, Yvonne, Ian, Guy, en bas Bruno et Alec.

 On fait le voyage en trois jours. C'est à 200 kilomètres de l'arrivée que notre combi nous lâche.
La biele du quatrième piston pete. On va passer des heures sur l'autoroute jusqu'à ce que l'on
soit remorqué. Je vais laisser la camionnette chez un mécanicien pour qu'il me la retape. Et
nous devons rentrer en bus après avoir passé la nuit dans la station routière à attendre le
premier bus pour Tequisquiapan.
La combi m'avait déjà lâché du même piston une fois que l'on allait à Tepeji.
Cette fois-ci je vais carrément changer tout le moteur. Mais gros mystère, deux ans plus tard ce
sera encore ce piston qui va encore lâcher. Je vais encore la réparer mais cette fois-ci je la
vendrai juste après. Et j'apprendrai plus tard que le nouveau propriétaire aura le même souci, le
quatrième piston aussi. Gros gros mystère, je me connais un peu en mécanique, mais j'ai
également demandé un peu par tout une explication, et personne n'a résolu ce mystère.

Après un mois difficile, on va enfin recevoir régulièrement un virement de la part d'Andres, tous
les vendredis. Ils ont trouvé une agence de voyage qui leur remplit régulièrement leur tour de
plongée. Je sais que ça doit être moins que le prix que je leur avais demandé, mais c'est
correct, ça me permet de voir tranquillement et de payer l'école.
Question boulot, on vit surtout grace a la boutique qui marche un peu mieux. Et de mon client le
basque. Cette manne, les parasols et autres produits pour lui, va se tarir lorsqu'il va vendre sa
petite entreprise à un couple de jeunes. Au début ça va bien marcher avec eux, mais
rapidement ils vont augmenter les ventes car ils sont très dynamiques, mais faute de payement
je ne vais pas pouvoir suivre. Avec le basque je n'avais pas d'avance mais il me payer en

totalité le vendredi. Il n'attendait pas de se faire payer la marchandise à son tour. Tandis que les nouveaux augmentent rapidement les commandes, mais les payements ne suivent pas, et ils veulent que je leur fabrique de grosses quantités mais que je leur donnent plus de temps pour qu'ils me payent, mais je ne peux pas, je n'ai aucun accès à un financement, et en plus ils ne me donnent pas le temps, ils ont les commandes sur les bras. Donc à ma grande détresse ça s'arrête.

Les enfants sont très contents à Tequisquiapan, Ian a beaucoup d'amis, surtout son pote Santiago et un groupe qui tourne autour d'eux. Il joue beaucoup au fut avec ses copains, mais à cause de son poids on ne le prend pas trop en compte dans les équipes officielles. Je lui ai payé également des cours de tennis à lui et à Guy, ils jouent bien et ont des facilités, mais le professeur arrête d'habiter à Tequisquiapan et viens trop rarement.
Pour l'école, Ian est un très bon élève, et ses professeurs l'aime beaucoup, sauf sa professeur d'espagnol. Je reviendrai plus tard sur elle.
Mais IAN a un problème que je n'ai pas détecté et je m'en veux. Les premières années à l'école, la classe n'est pas très nombreuse et il s'entend très bien avec tous. Mais quelques nouveaux élèves, qui habitent une petite ville à côté, dans l'État voisin d'Hidalgo, sont rentrés . Ce sont des enfants de familles très aisées. Donc ils se sentent un peu supérieurs aux autres. C'est un nouveau professeur anglais , de sciences, qui lors d'une des nombreuses fêtes, ou l'on se retrouvait entre parents d'élèves, élèves et professeurs, va me dire qu'il va se charger des problèmes de IAN avec ses compagnons. Je n'ose rien lui demander par honte de ne pas être au courant.
Le lendemain matin avant d'aller à l'école je parle avec Ian, il m'avoue qu'il y a un petit groupe de gens de Tecozautla, surtout l'un d'entre eux, qui l'embête. Je sens qu'il est dans une situation de fragilité et d'insécurité. Je lui dit que pour l'arrêter il suffit que juste une fois il ne se laisse pas faire, même s'il se fait tabasser. Sinon ça ne va pas s'arrêter. Quelques jours plus tard, il se bat avec ce garçon, et depuis on ne l'a plus molesté. Mais ça ne les a pas soignés de leur connerie a ces gamins, même si Ian est devenu très ami avec eux.

Guy est très content aussi à Tequisquiapan, il a perdu une année scolaire à cause de Patrick Drum qui n'a pas fait attention. Il était une année derrière Ian, mais comme il est né le 14 septembre au début de l'année scolaire Drum n'a pas fait attention, et moi je me suis rendu compte que trois ans après, comme toute leur organisation est copiée du système anglais, je n'avais pas fait attention à l'équivalence.
Il est comme Ian très fort dans tous les sports, mais lui il a l'avantage de son physique. En classe il est également assez bon élève, mais il est très réservé et ça ne l'aide pas dans sa relation avec les professeurs. Sa classe est une des plus nombreuses de l'école, et il s'entend très bien avec eux, comme il n'est pas très expressif et sociable, il n'aura que ce groupe d'amis, mais ce seront de très bon amis. Il joue très bien au foot, il participe à ses débuts dans une petite équipe de Tequisquiapan, mais après, un de ses compagnons va le faire rentrer dans une équipe de San Juan Del Río. C'est une très bonne équipe qui joue dans la ligue de football des 12 - 15 ans, ils n'ont pas perdu depuis 5 ans. Il se fait connaître par ses tirs de longue distance et il est très aimé dans l'équipe, le problème c'est qu'il faut l'emmener à l'entraînement une après-midi dans la semaine, et tous les dimanches à 8 heures du matin pour le match. C'est

atroce pour moi, car c'est très souvent le dimanche que j'ai la gueule de bois. Il me dira 10 ans plus tard que lui non plus n'aimait pas ça !!!!.

Le problème avec lui c'est que des fois son caractère lui fait subir des injustices. Une fois par exemple, les élèves de sa classe doivent rendre un travail de Géographie, et sa professeur, qui est une amie, mais qui n'est pas très douée comme enseignante, me signale qu'il a bâclé son travail. Je ne suis pas sévère avec mes enfants, mais je suit de près leur évolution, donc lorsqu'ils rentrent de l'école je le prends à part de ses frères et lui dit ce que m'a dit sa prof. Et là il se met à pleurer et me dit que la prof c'est tromper de devoir, que ce n'était pas le sien, mais comme il est très timide il n'a rien dit. C'est l'une des fois où il m'a fait beaucoup de peine, et je l'ai trouvé fragile.

Un autre exemple, dans sa classe, les meilleurs étudiants dans une matière obtenaient 20/20 dans celle-ci. Lui il était le meilleur en sport, mais il n'avait jamais 20/20, une bonne note mais pas là plus haute. Et il ne comprenait pas, un jour il ironise et me dit: qu'est-ce qu'ils veulent que je fasse pour avoir le 20/20? Que je vole?

Donc je vais voir sa professeur, je ne dérange jamais les professeurs, mais là je suis allé parce que je savais depuis longtemps que ce n'était pas juste, mais je pensais que Guy n'était pas trop d'accord. La prof de sport est également l'épouse du directeur, Mme Gilby, lorsque je lui dit que Guy est vexé de cette injustice, mais n'ose pas réclamer, elle s'étonne que je lui dise que Guy est fragile et timide. Car comment peut l'être un garçon si populaire, si beau garçon, agile, athlétique et doué pour le sport.

Après ça, la justice sera faite, et il aura ses 20/20.

Bruno est également très content à Tequisquiapan. Mais la plupart de ses amis et compagnons de l'école n'habitent pas Tequisquiapan. A la différence de ses frères.

Il a commencé son parcours scolaire dans cette école. L'école primaire a la même technique Montessori que l'école de Cancun. Mais elle manque de professeurs spécialistes de cette technique. Au début les élèves sont très peu nombreux, mais petit à petit avec les nouvelles offres de l'école ils augmentent avec des élèves d'autres villes. Bruno à cette époque avait comme professeur Monica, professeur d'espagnol des petits, et Patrick Drum un des associés. Je remarque que Bruno ne c'est pas lire ni écrire, lorsque ça devrait déjà être le cas. Je suis sûr que Monica n'est pas une très bonne prof. Et Patrick ne s'intéresse pas à mon fils, car ils ont maintenant beaucoup d'autres enfants de riches, et moi je suis toujours en retard.

Lorsqu'il passe dans les classes supérieures, sa professeur Mme Nevett, qui elle, est une excellente professeur, me convoque. Elle me dit penser que Bruno a besoin d'aide psychiatrique, car ce n'est pas normal qu'il soit si en retard. Je lui dis carrément que je suis content qu'elle me convoque car si mon fils est en retard la faute revient à Patrick Drum, qui c'est complètement désintéressé de lui. Et je lui explique que Bruno bat ses frères aux échecs et que tous les amis de IAN, donc plus âgé de 6 ans, viennent lui demander de l'aide pour résoudre des jeux vidéo. Donc il va très bien avec son cerveau. Mme Nevett le fera travailler davantage en lui supprimant une des deux grandes récréations. Le problème c'est que sa nouvelle professeur d'espagnol fera de même avec l'autre récréation et Bruno se trouvera sans récréation. Bruno ne dit rien au début, mais je me rends compte parce qu'il n'a pas fini son lunch. Je vais immédiatement me plaindre, et ce qu'il c'est passé c'est que les professeurs ne savaient pas que l'autre le retenait également. Elles se mettront d'accord et Bruno se remettra au niveau très rapidement et deviendra également un bon élève. Bien qu'il aime beaucoup le sport, il adore les jeux vidéos où il excelle. Pour l'instant j'ai résisté à leur acheter une console, mais il joue sur l'ordinateur ou chez les amis.

Les inseparables Bruno et Alec

Pour Alec toute sa vie ça été Tequisquiapan, donc il ne pouvait comparer car il avait un an et demi lorsque l'on est arrivé. Mais il était très content d'y habiter, en plus de s'amuser tous les week-ends avec toute la bande d'élèves du Victoria, tous âges confondues, il s'entendait très bien avec Bruno.
Il avait deux grands copains. L'un d'entre eux était un des enfants de l'ejido (coopérative) Hacienda grande, qui était boursier. Il habitait à l'extérieur du village dans une maison très humble. Et l'autre c'était le fils d'un couple très sympathique qui habitait une très belle propriété dans un quartier résidentiel aux alentours du village. Ils appartenaient à une famille riche, sauf qu'eux ne l'étaient pas. La mère ne travaillait pas, mais faisait de superbes gâteaux qu'elle vendait à ses copines, et le père était chargé d'entretenir les chevaux et la propriété de sa famille. C'était un grand contraste entre les deux types de maison, bien qu'Alec ne s'en rendait même pas compte.
Alec n'aura aucun souci à l'école et sera toujours bon élève. Sauf une fois, je vais avoir un problème avec sa maîtresse d'espagnol. Un jour elle m'envoie une note comme quoi, Alec et un autre copain, ont manqué de respect à un autre professeur qui est un peu enveloppé en le traitant de gros, et elle me dit qu'Alec manque de maturité.
Je sais très bien qu'Alec n'a pas fait ça méchamment, moi étant beaucoup plus gros. Par contre dire qu'un enfant de 5 ans est immature, c'est plutôt immature. Et je le lui ai dit. Mais elle ne le prend pas du tout bien, heureusement je pense qu'elle ne s'est pas défoulée sur mon fils. Par contre elle ne laissera plus très facilement son mari venir chez moi, on était assez bon copain et on regardait ensemble la formule 1.

Alec et Bruno sont également assez doués pour le sport, comme leurs frères ils ont une bonne coordination. Alec a deux grandes passions. Une c'est celle de se déguiser et de faire le pitre devant le miroir et l'autre c'est le dessin, il est très doué.

Presque deux ans après l'accord avec Andres, l'envoi du loyer de la villa va se faire rare et va finir par s'arrêter. On va retomber dans une crise financière dure.
Yvonne, depuis quelque temps, travaille à l'école des enfants. L'école lui avait, en premier lieu, demandé de préparer un spectacle de fin d'année avec les élèves de certaines classes. Donc elle leur avait préparé 6 chorégraphies de danse, une pour chaque classe de primaire. Les enfants avaient adoré danser pour la préparation du spectacle, donc l'école avait décidé de l'embaucher pour instaurer des cours de danse toute l'année. L'école donnait normalement des bourses à leur professeur pour leurs enfants. Mais comme j'étais pas mal en retard sur les frais scolaires je n'avais pas demandé de m'entretenir avec Richard Gilby pour connaître le salaire d'Yvonne n'y des bourses, j'avais peur qu'il me mette la pression, d'ailleurs je savais que les professeurs locaux et sans titres étaient mal payés. Tant que les enfants continuent à l'école, tout va bien.
J'ai peur que Raul et Andres veuillent me faire un coup tordu avec la villa, surtout comme les affaires s'étaient présentées la dernière fois. Personne me répond au téléphone, seule la femme d'Andres me dit que les affaires vont mal, et qu'ils me tiendront au courant lorsque ça s'arrangera.

Je décide donc de partir seul à Cancún sans les prévenir. Pour moi c'est urgent de trouver une solution. Les banques me mettent la pression. J'ai demandé à tous mes copains de m'acheter la villa. Elle ne vaut pas encore très cher à l'époque et je demande juste 100,000 dollars en plus de reprendre la dette des banques. La villa vaut à l'époque plus de 350,000 dollars et les crédits peuvent, soit se restructurer, soit liquider avec un peu plus de 100,000. J'ai des amis qui ont cette quantité et bien plus, mais étant tous des héritiers et à cause de ma réputation, ils ne veulent rien savoir.
Claudia, ma belle sœur travaille dans un gymnase, et dans leur clientèle ils ont des hôtesses de l'air qui leur payent leur abonnement en échange de billets. Donc elle me trouve un billet pas cher aller retour pour Cancún.
J'ai appelé mon avocat Jésus pour l'avertir de mon voyage . Mon idée est d'arriver à Cancún et dormir dans l'édifice, puis partir sur Playa del Secreto et m'introduire au petit matin par la plage dans la villa, et une fois à l'intérieur leur demander par écrit la restitution de la villa sinon je ne part pas.

J'arrive a Cancún dans la soirée et je pense que Rafael va venir me chercher, je n'ai pas beaucoup d'argent et le taxi de l'aéroport à Cancún coûte une fortune, mais il ne vient pas, je l'avais pourtant prévenu. J'attends des heures et je fini par payer une navette partagée pour aller en ville.
Dans l'édifice il n'y a que mon neveu Marco Antonio qui y habite dans une chambre au rez-de- chaussée.

Je vais juste faire une petite parenthèse pour vous mettre un peu au courant de la situation de la famille de ma sœur, chose que j'aurais déjà dû faire.

Mon beau frère a étudié l'économie à l'université autonome du Mexique et a commencé à travailler dans le système bancaire peu de temps après s'être marié avec ma sœur.
Ils se sont mariés très jeunes, comme je crois vous l'avoir déjà dit, lui, il s'était senti obligé de l'épouser pour l'avoir mise enceinte.
Ils ont longtemps habité un joli appartement dans un quartier de classe moyenne, j'y ai beaucoup de souvenirs , on y passait très souvent les dimanches avec mes parents à l'époque où j'allais au lycée. Mon beau frère y organisait beaucoup de fêtes, il était très fêtard. C'est là aussi où j'ai présenté Yvonne à la famille.
Ils ont eu deux garçons, Luis Alfonso et Marco Antonio, très proches en âge et en affinité. Puis mon beau-frère a été muté à Mazatlan, ils y ont vécu deux ans. Il a été renvoyé et ils se sont installés à Tequisquiapan. Ma sœur avait adoré sa vie à Mazatlan mais a détesté l'époque de Tequisquiapan car son mari travaillait à Mexico et ne rentrait que le week-end. Et elle, a Tequisquiapan, était entourée de ses beaux- parents et de sa belle sœur, ce qu'elle détestait. C'est là quand ma mère est allée habiter à Tequisquiapan.
Deux ans plus tard, ils ont réussi à construire une maison à côté de la maison de la sœur de mon beau frère, dans la banlieue de Mexico. C'était l'époque où on habitait Cancún.
Lui il continue à travailler dans la banque, et je suppose à des postes de plus en plus importants. Puisque à un moment donné il a pu aider Jean Pierre à financer son entreprise. Mais je ne connais pas les détails.
Puis ça va être la catastrophe, il va être arrêté avec deux autres de ses collègues pour détournement de fonds. J'ignore tout du dossier, coupable ou non, je ne sais pas.
Il va y passer presque deux ans, je crois. Pour ma sœur c'est un peu dur d'un côté, mais d'un autre côté je la vois contente, car pour une fois elle sait bien ou est son mari. Il faut savoir qu'il est très fêtard, porté sur la bouteille mais très mauvais buveur. Il rentre très souvent très tard et complètement bourré. Côté fidélité, il ne le serait pas du tout, mais comme il a un physique très peu attirant, je ne pense pas que ça se produise très souvent.
Mais à peine sorti de la prison rien ne vas plus, et Marco Antonio (mon beau frère) part de la maison et s'installe chez son amante. Une amie à lui de l'université, il parait qu'ils se voyaient de temps en temps, mais que leur relation s'est intensifiée lorsqu'il était en prison! Ce n'est qu'au Mexique que l'on peut voir ça, en plus des visites conjugales avec votre femme, la prison vous permet des visites extra conjugales !!!
6 mois après, la demande de divorce va commencer. Et c'est un peu après que l'on va rentrer de Cancún. Donc quand j'habite quelque jours chez ma sœur, elle est seule avec ses enfants qui finissent leurs études.
Lorsque Marco Antonio (mon neveu) termine ses études de cuisine. Son grand-père va lui trouver un travail à Cancún et moi je lui propose d'habiter chez nous dans l'édifice. À partir de ce moment-là, le beau-père de ma sœur va enfin me parler lorsque l'on se croise dans le village.
Au moment où je fais ce voyage à Cancún, Le mari de ma sœur lui a proposé de lui laisser la maison pour qu'elle lui signe le divorce, et il vient de lui faire la proposition par écrit, moi je lui dit d'accepter. Ma sœur qui n'a jamais digéré la trahison de Marco Antonio veut en plus de la maison une pension alimentaire. Pour l'instant, comme les enfants sont à la maison, même s'ils sont majeurs, il lui file un peu d'argent et elle, pour compléter ses fins de mois, loue deux chambres à des étudiants.

Retour à mon arrivée à Cancún. Donc j'arrive dans la soirée et je retrouve mon neveu. Je me met d'accord avec Antonio, mon ancien chef des menuisiers, qui est devenu taxiste, et à qui je prête mes anciens bureaux pour y habiter avec sa nouvelle femme. Il va m'emmener à Playa del Secreto vers 4 heures du matin dans son taxi.

Il me laisse à peu près à 500 mètres avant la maison, où il y a une propriété qui est abandonnée et où on peut passer pour accéder à la plage. Je marche donc sur la plage vers ma maison, il fait encore nuit. Je rentre sans problème par la porte de la plage qui n'est pas fermée et je me dirige vers la maison principale. La porte heureusement n'est pas fermée et je rentre sans bruit et je peux m'étendre sur le fauteuil double du salon. Il est à peu près 5 heures ½. Je ne sais quelle va être la réaction de Raul, je n'ai pas parlé avec lui depuis presque deux ans lors de mon précédent séjour. Je prépare mon discours et je vais lui dire que je suis arrivé très tôt le matin depuis l'aéroport et que je suis rentré en douceur pour ne pas le déranger. Je fais tout ça car j'ai peur qu'ils ne veulent pas me rendre l'occupation de la villa et ne me laisse pas rentrer.

Raul descend vers 7 heures ½, et à mon grand étonnement, il a l'air très content de me recevoir. Ce n'est pas du tout le même accueil. Il m'offre le petit déjeuner et me demande le pourquoi de mon voyage. Je lui explique que je suis venu pour voir quand ils vont me restituer la villa puisque le business ne marche plus et que je ne reçois pas un sous. De son côté il m'explique pourquoi ça ne marche plus, il parait que c'est à cause de l'agence de voyage qui vendait le tour. Andres s'est disputé avec eux pour une raison dont je ne me rappelle plus ce que c'était. Et ils n'ont pas trouvé d'autre agence qui leur vende le minimum de clients pour opérer.

Et bien sûr je lui dit que je ne vais pas rentrer que jusqu'à ce que j'aurais un accord par écrit. Raul va donc voir Andres pour un rendez-vous et s'arranger. Comme j'avais dit à Antonio de venir me chercher dans la journée, j'en profite pour faire le tour des avocats. Antonio est d'une grande aide, il me fait le taxi pour tous mes déplacements, et en plus il m'attend.

Je vois Jésus et lui demande de venir le lendemain à la villa pour parler avec Raul pour lui dire ce qu'on veut faire pour qu'ils nous rendent la propriété. Je profite de notre entretien pour lui demander son avis sur le cas de ma sœur. Il me confirme ce que je pensais, son maris n'est obligé à rien, puisque ses enfants sont majeurs, et qu'il faut qu'elle signe immédiatement, mais pas seulement, elle doit aller en vitesse voir un notaire pour certifier la lettre ou son mari lui donne en propriété la maison, comme cela il ne pourra pas revenir sur sa décision. Ma sœur ne va pas m'obéir ni me croire, et elle va donner la lettre à son fils Luis Alfonso pour qu'il voit d'autres avocats pour se renseigner. Entre temps son mari ne vas plus attendre et va revenir sur sa décision, il va vendre la maison et lui filer juste le 30%.

Andres ne vas jamais me recevoir, après une réunion avec Raul et Jésus, nous nous mettons d'accord pour faire un écrit comme quoi la villa nous sera restituée avec tout ce qu'elle contenait dans trois mois. C'est-à-dire en pleine vacances d'été. Pour que cela se fasse formellement, on le fera devant un notaire et je donnerais un pouvoir à Jésus également pour administrer la propriété.

Raul me dit qu'Andrés est furieux qu'il ait signé ce papier, a ce que lui lui a répondu qu'il n'avait qu'à se présenter pour régler le problème. Ce n'est qu'un enfoiré et un lâche. Il ira même essayer de s'entendre avec Jésus une fois que je serai parti.

Je donne rendez-vous donc à Raul et à Jesús pour dans trois mois. Celui-ci me dit avant de partir qu'il aurait peut-être la possibilité de m'aider dans trois mois si une affaire qu'il a se concrétise.

Les affaires ne vont pas très bien, la situation au Mexique se dégrade, il y a une récession. Les affaires tournent mal également pour mon frère Jean Pierre. Ils perdent leur belle maison de Mexico, et sont obligés d'aller vivre à Tepeji. C'est dur pour les enfants et pour eux, ils doivent se lever très tôt pour arriver à temps à l'école.

L'affaire de mon frère comme je vous l'avez dit, c'est la vente de machines européennes pour emballage et embouteillage. Ce sont des machines très chères et donc ses commissions, lorsqu'il y a vente, sont très élevées, mais elles arrivent après un long processus qu'il faut financer. Et ces machines ne les achètent pas n'importe qui. A cette époque où tout marchait très bien pour lui, ses ventes provenaient presque toutes du même client, donc quand celui-ci lui a fait défaut, tout s'est effondré pour lui.

Heureusement qu'il avait déjà depuis quelques années monté une autre affaire avec des copains. Il avait acheté avec Froylan, Gil, Max, je crois, et Gabriel (un très bon ami à lui) une des machines qu'il vendait. C'est une machine qui sert à emballer des produits en les enveloppant d'un film en plastique pour en faire un seul paquet. Des clients apportent leur produit en unité et repartent avec des paquets. L'affaire ne marchait pas trop bien au début je crois, donc Gabriel et mon frère finissent par racheter les parts des autres qui perdent foi dans cette entreprise.

Gabriel va décéder d'une longue maladie, et comme il n'est ni marié ni à des enfants. Jean Pierre finira seul propriétaire. Lorsqu'ils perdent leur maison, c'est Norma qui va prendre en charge cette affaire.

Au bout de quelque temps ils vont en avoir marre de cette situation et vont chercher à migrer à Montréal, ils y mettront quelque temps mais y arriveront.

Quelques jours avant le grand déménagement je vais leur organiser à la maison une grosse fête pour leur départ. On va inviter absolument tous les amis et ils passeront le week-end à Tequisquiapan. Je leur ai réservé des chambres à l'hôtel Relox. J'ai également invité mes amis de Tequisquiapan. Ça va être une super fête, on a tué un porc et un mouton. Le porc on le fait en carnitas et le mouton en barbacoa. Boissons à volonté et j'embauche même un serveur. Les viandes sont délicieuses, c'est vrai que j'ai une très bonne équipe pour ce genre de repas. Et l'alcool va couler à flot. Tout le monde s'amuse comme des fous.

Mais à la fin de la soirée, les festivités ont commencé à midi, et après minuit, il va y avoir de la friture sur la ligne. Comme le groupe de mes amis de Tequisquiapan ne se connaissent pas avec mes amis d'enfances, et qu'il va y avoir beaucoup de conversation entre personnes de sexe différent entre les deux groupes, certains de mes amis conservateurs de Tequisquiapan vont faire des crises de jalousie, je dit amis et amies. On va drôlement se marrer, Yvonne et moi. Le lendemain, je vais également apprendre que plusieurs des couples de mes amis vont se prendre la tête pendant la nuit à l'hôtel. C'est une fête dont on va entendre parler pendant très longtemps. Il devait y avoir quelque chose dans les boissons.

Vers ces jours-là, j'ai revu Alfonso, un de mes grands potes du lycée et de l'université. Comme je vous l'ai dit je ne voyais pas grand monde de mes anciens amis à cette époque. Alfonso qui n'avait jamais eu une bonne relation avec l'alcool avait, depuis son divorce, sombré dans l'alcoolisme. Ses parents avaient dû le faire enfermé, dans des centres spécialisés, plusieurs fois. Ils avaient renoncé à avoir à la maison de l'alcool, même pas une bouteille de vin. j'imagine que cela devait être très difficile pour un ancien ambassadeur habitué à la bonne table. Ses parents habitaient une zone résidentielle pas très loin de notre village. Un jour il m'appelle pour me dire que j'aille le chercher pour passer la journée ensemble, je sais que pour l'instant il habite avec ses parents, car il est à jeun et en récupération. Je passe le chercher avec la famille, laquelle je présente aux parents avec qui j'ai toujours eu une bonne relation, puis nous partons vers la maison. En route, il me demande de m'arrêter dans une petite supérette pour acheter des cigarettes, mais il en ressort avec en plus un six pack de bière. Là je me rends compte que je me suis fait avoir, ce qu'il voulait c'est quelqu'un qui le sorte de chez lui pour boire. J'essaye de le dissuader, mais il me répond qu'il n' y a pas de soucis qu'il va juste boire un petit peu.

J'adore boire, mais là je refuse d'être complice. A la maison je ne vais rien boire pendant le repas, lui il va insister pour boire un peu de tequila. Je me sens mal de lui céder et davantage lorsque je le ramène chez ses parents, c'est la dernière fois que je les vois. Après ça, Alfonso est venu deux mois plus tard à cette fête du départ de mon frère. Il sera avec nous vendredi soir dans le dîner que j'ai préparé pour la sœur de Felipe, a qui ont vient d'annoncer un cancer. Il ne boira pas, il sera présent tout le samedi jusqu'à tard le soir sans boire, et reviendra le dimanche manger avec nous, toujours à jeun. Ce sera la dernière fois que je le verrai. Il se suicidera quelques années plus tard. Je me suis toujours voulu un peu de ne pas avoir pu l'aider. Mais j'en veux davantage à tous nos amis qui l'ont abandonné.

Alfonso était, au lycée et à l'université, très populaire. Il était très cultivé, avait beaucoup de succès avec les filles, il était sportif, il avait tout. Donc il avait soit disant beaucoup d'amis, mais beaucoup l'enviait. Je suis sûr qu'énormément d'entre eux étaient contents de le voir sombrer. Et on n'a jamais envie d'être avec quelqu'un qui souffre et a besoin d'aide. On préfère les gens qui ont du succès et qui sont heureux. Je sais très bien que c'est lui le principal responsable de son malheur, mais je crois que l'on aurait dû faire beaucoup plus pour l'aider.

Les vacances d'été approchent et en même temps le moment d'aller récupérer la villa. Jésus m'a dit qu'il allait me faire une proposition pour la villa. Je n'ai pas de sous pour pouvoir aller à Cancun et la combi n'est plus en état de faire ce voyage. Jésus va m'envoyer 20,000 pesos pour faire le voyage en bus avec toute la famille.

Et je vais avoir un petit coup de chance. Je suis cloué au lit à cause d'une crise au genoux de ma soit disant goutte. J'envoie Yvonne à la banque pour voir combien on a, elle me téléphone pour me dire qu'il y a un peu plus de 20,000. Pourtant Jésus ne devait envoyer l'argent que dans deux jours, je pense qu'il l'a déjà fait et je donne l'instruction à Yvonne de tout sortir. Mais ce n'était pas Jesús, il s'agissait d'une erreur. Le lendemain, Jésus me téléphone pour me dire que l'argent est sur le compte, donc on partira avec le double de budget.

Le voyage en bus est très long, 23 heures de route, 3 arrêts de 15 mn et un de 30 minutes. Ce sont des bus de luxe, on est beaucoup plus confortable que dans un avion, il y a des TV ou on nous passe des films, des sodas et cafés à volonté, et des toilettes.

Mais c'est quand même long.

Jesús va nous chercher à la gare routière dans une Suburban, c'est une grande camionnette break pour neuf personnes, avec tout le luxe. C'est la camionnette que l'on voit dans tous les films hollywoodiens qui transporte les politiciens. Il nous invite à prendre un petit déjeuner dans un hôtel de la ville. On est arrivé le matin de bonne heure. Ce petit déjeuner qui est un buffet à volonté sera un de mes meilleurs souvenirs. Puis il nous emmène à la villa ou on va prendre immédiatement une douche bien nécessaire. Cette douche que l'on va prendre ensemble Yvonne et moi restera également un moment inoubliable. J'étais vraiment dans un nuage, pour la première fois, depuis des mois, j'avais l'agréable sensation que nos problèmes arrivaient à la fin. Même Raul nous a fait un très bon accueil. Il a déjà déménagé, il me laisse les clés, nous laisse nous installer et me dit qu'il repassera le lendemain.

Je ramène Jesus chez lui. Il va me laisser la Suburban, me dit que je peux la considérer mienne. Il m'annonce qu'il va partir avec sa famille en vacances à Guadalajara par la route. C'est au moins a trois jours par la route. Et de retour on parlera au sujet de la villa.

Nous nous retrouvons donc, toute la famille, dans notre villa, en vacances, avec une superbe voiture, et surtout avec des sous!

On va passer une vingtaine de jours paradisiaques. Bonne bouffe, plage, soleil, piscine. Le soir, on ira passer les soirées à Playa del Carmen, qui est devenue une très belle ville, et qui a énormément grandi. Mais reste, à cette époque encore, libre du tourisme de masse. Les étrangers qui y vont sont encore des européens un peu bohème. Une rue parallèle à la plage est devenue l'endroit à ne pas rater. Le soir, il y a au moins un kilomètre qui est purement piéton. On y trouve, depuis le petit bar typique, en passant par le bar restaurant jusqu'au bar style discothèque. De la petite boutique de souvenirs bon marché, en passant par la vente de vêtements et T-shirt à la mode, jusqu'à la parfumerie de luxe où les boutiques de bijoux en argent . Les gens que l'on voit vont du clochard au couple de touristes superbement bien vêtu qui transpire les dollars , en passant par les filles à demi vêtues et les touristes à l'apparence bohémienne.

J'étais très content de ne plus avoir à dire tout le temps à mes enfants lorsqu'il voulait un T-shirt ou un pendentif en argent, « non, on n'a pas d'argent » donc on s'éclate et les enfants vont pouvoir acheter leur petites envies et Yvonne ses robes et certains bijoux en argent.

Jésus revient une vingtaine de jours après, heureusement, car le budget est presque à sec.

Donc il me propose de me donner les 100,000 dollars que je demandais et de prendre en charge les dettes des banques. L'argent il va me le donner à sa façon, et c'est un peu ce qui m'inquiète. Une partie sera la camionnette, la je pense que le prix qu'il me fait d'elle est assez correct, une autre partie il me la donne en un seul chèque encaissable immédiatement qui représente le 25%, et le reste en deux payements dans deux et trois mois.

Auparavant, pendant que Jésus n'était pas là, j'étais allé voir Yolanda l'avocate de la banque pour lui dire que j'allais transférer la dette à Jesús, mais qu'il l'allait payer immédiatement, donc je lui ai demandé de me trouver la meilleure offre de la banque pour liquider la dette. Il faut savoir qu'avec la crise les banques étaient en très mauvaise posture et proposaient des rabais sur la dette pour récupérer le plus possible de liquidités. Yolanda s'était mis en couple avec un cadre de la banque et était enceinte et allait devoir laisser ce dossier, mais elle m'avait dit de m'attendre à de bonnes nouvelles.

Le jour où je vais la voir avec Jesús , elle m'annonce qu'il a beaucoup de possibilités pour qu'elle puisse convaincre la banque d'accepter que je ne paye que le principal de la dette. C'est une très très bonne nouvelle, dans un pays à une inflation à deux chiffres, puisque ma dette date de 6 ans. J'ai eu énormément de chance avec cette avocate, elle m'aime bien et m'a toujours aidé sans contrepartie, elle va même appeler son fils Christian !

Si j'avais su que le rabais allait être si important j'aurais pu augmenter le prix à Jesus.

Je vais également aller voir l'autre banque avec Jesus pour leur mettre au courant que c'est celui-ci qui va payer la dette.

Nous passons quelques jours encore à la villa, je vais vendre quelques meubles aux voisins, en donner ou en vendre quelques autres à Raul, qui est redevenu le grand pote sympathique. Et je laisse le reste à Jesús. Avant de partir, on fait la fête avec Jésus chez lui. Et me dit que l'on peut venir à la villa quand l'on voudra, que s'il a fait cette opération c'est juste pour m'aider car il me considère un grand ami. Et que d'amis il en a très peu.

Après un retour très agréable, on a fait le voyage dans notre nouvelle camionnette de luxe, en s'arrêtant lorsque l'on voulait, en mangeant ce qui nous plaisait et en prenant notre temps. On arrive enfin à Tequisquiapan.

L'entrée à l'école se fait dans la nouvelle école que les anglais se sont construite en s'associant avec un architecte que tout le monde déteste. Il n'ont plus voulu attendre les ejidatarios d'Hacienda Grande. Je leur dois toujours des sous et je sais que lorsqu'ils nous verront arriver avec la nouvelle camionnette, ils vont penser que j'ai plein d'argent. Je leur avais déjà parlé de ma maison à la plage que j'essayais de vendre pour payer mes dettes. Heureusement que la camionnette a encore sur les portières avant le logo en petites lettres dorées de l'hôtel qui a donné le véhicule à Jesus, et il peuvent en conclure qu'elle n'est pas neuve. Il faut savoir que même s'il y a presque que des riches dans cette école, à part nous, il n'y a que la propriétaire de l'hôtel de la place qui a la même camionnette.

Mais je ne veux pas utiliser l'argent que j'ai actuellement pour payer ma dette de l'école, car j'en ai besoin pour relancer mon entreprise, je leur payerais avec les prochains virements de Jesús. En plus je suis très vexé car ils n'ont pas honoré leurs promesses sur les frais scolaires. Ils ne sont jamais revenus sur les prix d'avant, comme ils l'avaient promis, l'offre de rabais de 50% pour faire rentrer de nouveaux élèves, c'est pérennisé. Donc la promesse de que les pionniers de l'école allaient payer 50% des frais étaient fausse, puisque on paye la même quantité que les nouveaux car ils ne sont jamais remontés au prix initial que l'on payait. Je vais quand même leur donner un peu et essayer de ne plus prendre du retard.

Je vais acheter le terrain qui est à côté du nôtre et qui donne sur la rue de l'atelier, il fait 400 m2 je vais construire un mur tout autour pour y faire mon atelier.

Le petit atelier en bas de la maison est vraiment trop petit et avec toutes les machines ont est les uns sur les autres. Les murs je les fais avec mon personnel, également la structure en fer du toit pour supporter les tôles que j'ai ramené de Cancun, lesquelles j'avais acheté pour remplacer celle de l'atelier de là-bas, mais que je n'avais plus eu location de les utiliser. Elles sont faites avec un matériel qui laisse passer une certaine quantité de lumière, mais pas la chaleur. Je vais juste embaucher un couple de maçons pour couler une grosse chape de béton pour le sol, de façon qu'il puisse résister à l'entrée d'un véhicule lourd au cas où se serait nécessaire

On aura enfin un atelier bien équipé et très pratique. En bas de la maison je vais faire tomber deux murs. On se trouve avec un grand espace ouvert au jardin, pour faire de grandes réunions. Entre la maison et l'atelier je construis également un atelier de couture avec deux machines à coudre industrielle. On est donc prêt à produire, il ne me manque plus qu'aller chercher les clients.

Je vais donc refaire une exposition, que je vais pouvoir financer avec l'argent de la villa. Je me prépare pour faire celle que j'avais déjà faite, l'exposition du meuble qui se tient, au début de l'année dans le Palais Des Sports.

Je m'applique bien, cette fois-ci je crois avoir bien compris. Je ne vais plus utiliser la toile acrylique qui est de très bonne qualité, mais qui est trop chère, et je pense que les gens cherchent plutôt le prix. Mes produits auront donc tous la toile en coton écru de bonne qualité et bien résistante. Tous les meubles seront en bois de sapins, teinté en vernis couleur cèdre et pliable. Ceux fait en fer rond de calibre de 10 mm sont peint en noir mat, et sont superposables. De cette façon toute ma ligne sera uniforme, elle donnera l'effet d'une seule marque avec une seule finalité, meubler les terrasses et jardins.

Cette fois-ci j'emmène un de mes employés qui est devenu mon bras droit. Il s'appelle Roman. Je l'ai connu un jour où je suis allé sortir de prison mon chauffeur Alonso que j'avais ramené de Cancún. C'est vrai que j'ai oublié de vous mentionner cette petite histoire. Alonso était un des cyclistes de mon équipe, c'est un mécanicien qui me faisait certaines réparations de mes véhicules, et lors d'un de nos voyages à Cancún il m'a demandé si je n'avais pas du boulot pour lui à Tequisquiapan, à Cancún la situation était difficile pour tout le monde. Donc je l'ai pris comme chauffeur et il est rentré avec nous à Tequisquiapan. Et comme tous mes employés, il fait la fête les samedis soir, et ils finissent complètement ivres dans la voie publique, et la police, quand il les trouve, les fait dormir en prison jusqu'à ce que quelqu'un vienne les chercher et paye la contravention. Donc un jour ils se sont rencontrés tous les deux en tôle, et Roman lui a demandé si j'avais du travail pour lui. N'étant ni menuisier, ni forgeron, je l'ai pris comme homme à tout faire et petit à petit il est devenu mon homme de confiance. Il était chargé de la boutique et d'acheter le matériel pour l'atelier. Il avait une très bonne approche avec les clients, et était bien meilleur vendeur que moi.

Le salon va durer cinq jours, les trois premiers je suis seul avec Roman, et Yvonne me rattrape le samedi avec les enfants.

Cette fois-ci c'est un succès, on prend pas mal de commandes, quelques unes petites, mais la plupart assez conséquentes, et deux assez grande, dont une de mes anciennes clientes de Cancún qui à monter un grand magasin de meubles. Ce qui est parfait c'est qu'une bonne partie des commandes viennent avec un acompte.

Le samedi c'est notre anniversaire d'Yvonne et moi, on fête plutôt le jour de notre rencontre que celui du mariage. On va pouvoir le fêter en grande pompe, je vais l'amener au restaurant « La Casserole » qui est notre restaurant favori de la capitale, où on a fêté souvent cet anniversaire. Nous sommes heureux, je sens que cette fois-ci nous sommes enfin sur le bon chemin.

PERCHERO FIERRO
LONA F-44

COMEDA FIERRO MADERA F-10

MESEDORA
FIERRO LONA F-66

SILLA MODELO CHESTER F-30
MESA CANTERA F-32

MESEDRA F-13
TUMBONA FIERRO LONA F-15

PERCHERO VALET F-14

GARBA DE SERVICIO 3 N F-11

PERCHERO
SEBAS
F-69

LAMPARA GDE F-18
LAMPARA MEDIANA F-30
LAMPARA CHICA F-18

SILLON SAFARI S-51

MAXI SOMBRILLA 3 G S-23

BANCO DIRECTOR S-2

PATIO GRANDE S-44

CAVA SAFARI
PLEGADERA S-64

CAVA SAFARI S-11

CAJONERA PLEGADERA S-62

SILLA TIJERA S-31

501

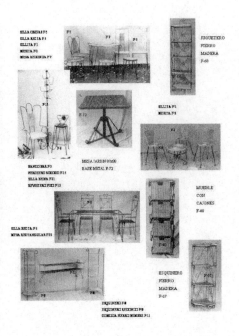

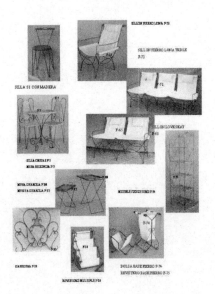

Quelques meubles de notre catalogue

On va commencer une époque assez tranquille, je ne prend pas davantage de retard sur les frais scolaires mais je n'arrive pas non plus à leur payer ce que je leur dois. Comme je m'y attendais, Jésus ne m'a plus rien payer. Je sais juste qu'il a liquidé la dette de la banque de Yolanda.

Ma petite entreprise marche, mais ne grandit pas. Mes produits sont bon marché, mais je ne peux pas augmenter mes prix, car mes clients double le prix dans leurs boutiques, et si j'augmente, le prix final serait trop élevé. Notre boutique n'est pas du tout bien placée pour faire de bonnes ventes. Pour descendre les prix et augmenter les ventes il me faudrait fabriquer en série, et là je ne fabrique que sur commande et ce ne sont que des petites commandes avec beaucoup de produits différents. Ils me faudrait beaucoup investir ou trouver des grossistes. Et je n'arrive pas à dégager suffisamment de bénéfices.

La vie à Tequisquiapan suit son cours.
Yvonne donne des cours de français maintenant à l'école, en plus des cours de danse. Juste quelques heures aux élèves de terminale et à ceux qui voulaient apprendre le français comme activité extrascolaire.
Mais elle n'est pas payée à cause de ma dette. Je pense qu'à un moment donné Richard va vouloir faire des comptes avec moi.
Vu mes dettes avec eux, on essaie d'aider le plus que l'on peut.
Comme j'ai une grande camionnette, on participe beaucoup aux sorties scolaires.
Quand ils font les sorties pour faire du camping, c'est Claudia, une des mères qui a un restaurant qui s'occupe de leur préparer les repas après rémunération.

L'école veut faire une grande sortie de 4 jours à Tuxpan, c'est un port de la côte du golfe du Mexique, j'y allais souvent avec l'université. C'est pour les classes de Ian et supérieures, une quinzaine d'élèves. Les professeurs seront ceux de biologie, de physique chimie, et d'Espagnol. Se sont Mme Pruneda, Mrs Nevett et Mrs Bynis, très sympathiques les deux, mais pas du tout elle. Ils vont me demander un grand service, les accompagner pour les aider au transport, mais également pour leur faire la cuisine. J'avais une très bonne réputation de cuisinier dans tout le village.
Je vais bien sûr accepter. On met au moins 4 ou 5 heures pour y arriver, ils ont loué des bungalow sur la plage, mais l'idée, c'est de camper. Au départ ils m'ont demandé si je voulais une chambre où si je pouvais camper, je leur ai demandé si eux allaient camper, ils m'ont dit que oui. Qu'ils allaient louer une chambre pour l'équipement scientifique et une autre pour les filles, elles ne sont que 4 avec la prof. Donc je leur dit que je ferais comme eux et que je camperai.
J'aurais jamais dû dire ça. On m'a prêté une tente, les garçons dorment dans deux grandes tentes et les profs en ont monté une. Mais je vais me rendre compte qu'ils n'y vont pas dormir. Ils dormiront dans la chambre avec les équipements.
Trois nuits je vais passer, deux convenablement mais la troisième il va pleuvoir toute la nuit et ma tente vas prendre l'eau, je vais être obligé de dormir dans la voiture et choisir de crever de chaleur avec les fenêtres fermées ou piqué par les moustiques avec les fenêtres ouvertes.

Pour la bouffe tout va être impeccable. Pour acheter la bouffe on va me donner la même quantité que Claudia leur demandait, ils faut que je m'arrange avec ça me disent ils. Moi je trouve cette quantité largement suffisante, je vois qu'ils n'y connaissent rien en bouffe et que Claudia en profitait, et à part de ce qu'elle demandait pour le service, elle y gagnait beaucoup dans l'achat.

Je vais même leur faire de la très bonne cuisine, avec du poulpe, du poisson grillé etc.

Avec ce qui me reste après les achats, je vais même pouvoir donner un peu d'argent de poche à Ian pour qu'il puisse s'acheter quelque chose, car ses collègues riches n'hésitent pas. Le retour sera un cauchemar car une camionnette qu'on leur à louer va tomber en panne. Et on va mettre plus de 10 heures pour rentrer.

Un soir on a été invité à un cocktail dans un des hôtels du centre, c'était en fait une réunion pour nous vendre des vacances. Ce genre de vacances où on nous vend une chambre ou un petit appartement du quel on est propriétaire pendant une semaine ou deux à l'année. Je me laisse convaincre pour deux raisons, une c'est parce que l'hôtel où se trouve le petit appartement est à Pto Vallarta qui se trouve à 5 heure de route sur la côte pacifique. Comme les vacances à Cancun ne seront plus possibles, si Jésus fini par payer, ce sera une bonne option, en plus que Pto Vallarta est un très chouette port touristique. L'autre raison c'est qu'ils ont servi un très bon whisky et j'en avais pris plusieurs. Dans l'offre de l'achat, ils nous invitent à passer une semaine à los Cabos dans un de leur hôtel de luxe, billets d'avion inclus. Comme vous le savez, Cabo San Lucas est dans l'État de Basse Californie, c'est un site touristique très élitiste du Mexique. Ce sera la première fois que l'on laisse les enfants seuls. Pour leur donner à manger il y a Juana notre servante, et pour les emmener à l'école on se met d'accord avec une amie. Je n'ai aucune crainte, Ian est assez responsable et ses frères lui obéissent.

Yvonne avec en arrière plan notre hotel

Pour Yvonne et moi, ce sera une nouvelle lune de miel. L'hôtel est superbe, il a reçu un prix pour son architecture. Mais tout est extrêmement cher ! Je pensais que Cancún était cher, mais Los Cabos l'est trois fois plus. L'hôtel est entre l'aéroport et la ville de Cabo San Lucas, rien que le prix du taxi à l'hôtel coûte le salaire d'une semaine d'un de mes ouvriers. Heureusement qu'il y a un bus qui fait la navette en ville trois ou cinq fois par jour. Donc le premier jour on ne déjeune même pas à l'hôtel et on prend le bus pour passer la journée en ville et faire des achats pour cuisiner dans l'appartement. On profite pour aller à la plage nager, car à la plage de l'hôtel il est impossible de se mettre à l'eau, les vagues sont énormes et les courants trop puissants, même pour les surfeurs, on est en plein front de mer dans le pacifique, puisque los Cabos se trouve juste à la pointe de la péninsule de la Basse Californie.
L'eau est assez froide d'ailleurs, mais très claire puisque pas de fleuve, et le paysage est très très beau. C'est le dessert qui rentre dans la mer. Le restaurant est cher également, mais je me

donne le luxe de commander dans un petit restaurant, hors la zone touristique, des huîtres sauvages. Se sont les meilleurs huîtres du monde. Elles sont énormes, on vous en sert que trois et c'est largement suffisant, elles sont très charnues et ont un goût iodé très puissant, je n'ai jamais goûté rien de meilleur.

On va passer une semaine délicieuse, le matin on se lève assez tôt et on va nager dans la piscine avant qu'il y ait du monde, et on fait plusieurs longueurs. On rentre se doucher, puis on prend un très substantiel petit déjeuner. Puis on va à la piscine ou à la plage et on prend le soleil en lisant . On nage et on bronze pendant un bout de temps et on rentre pour prendre un apéro sur la terrasse de l'hôtel, celui-ci prend assez de temps en général et se termine par une partie de jambes en l'air avant un repas-dîner, suivie d'une soirée TV ou terrasse. Notre dernière nuit restera inoubliable pour notre couple.

On ira passer une autre journée en ville, c'est la seule depense que l'on se permet. Je nous trouve un peu ridicule, nous passons des vacances dans un hôtel de luxe, mais on ne peut pas se payer un seul verre dans le bar de la piscine tellement c'est cher. On a téléphoné tous les jours aux enfants pour voir comment ça se passait pour eux, j'ai pris soin de le faire de façon à ce que le coût de la communication soit payé à la maison. Mais le dernier jour lorsque l'on quitte l'hôtel on nous fait payer un forfait pour chaque appel ! Et très élevé, du coup je reste presque sans argent. Et pour notre malheur, lorsque l'on va prendre l'avion de retour, on voyage en première, on nous offre de nous payer un jour de plus à l'hôtel, un hôtel 5 étoiles, car l'avion est survendu en première classe. Je suis obligé de refuser, car si on reste je n'aurai pas de quoi bouffer, d'autres passagers accepterons.

Lorsque nous arrivons à la gare routière de la capitale pour prendre le bus pour Tequisquiapan, je n'ai pas assez d'argent pour payer les deux billets. Encore une fois je me sens, très, très ridicule. Je ne sais que faire, jusqu'à ce que Yvonne se rappelle qu'elle a sa carte de professeur et donc droit à un rabais sur le prix de son billet.

Retour enfin de cette merveilleuse lune de miel de luxe et austère.

Les enfants vont également profiter lors des vacances de Pâques de notre achat des vacances. On va donc aller passer une semaine à Pto Vallarta dans l'hôtel Regina où on dispose de cette semaine à l'année. Les enfants sont ravis, c'est la première fois qu'ils vont profiter d'un hôtel de cette classe. La suite est bien meilleure que celle de Los Cabos. Deux chambres, une grande cuisine américaine et salon de séjour, deux salles de bain, et un jacuzzi sur la terrasse, qui elle, est un peu trop petite à mon goût.

L'hôtel a une petite plage, mais comme on est venu dans notre camionnette de luxe on peut aller au centre ville qui est très joli, c'est un village de l'époque coloniale avec ses rues pavées avec beaucoup de charme. J'aime beaucoup cette ville, dommage qu'elle soit envahie d'américains. Ici, de même on ne va rien consommer à l'hôtel, mais on pourra aller manger au restaurant en ville hors zone touristique, manger très bien en cuisinant à l'hôtel, et surtout manger de délicieuses huîtres du pacifique, bien meilleur que celle du golfe.

Mais ce sera la dernière, je vais arrêter de payer ce type de vacances. Ce n'est pas pour nous, tant que je resterai sur le fil économiquement.

Les enfants grandissent en très bonne santé avec leurs copains. Et nous on continue à côtoyer le même groupe d'amis.

Mes enfants sont toujours très bien vus à l'école. Ils sont bons élèves, bien éduqués et aimés de tout le monde.

Mais à un moment ça va changer. Un jour Guy a eu l'idée, sortie de je ne sais d'où, de se teindre les cheveux en rouge. Il a donc fait sensation à l'école. Le directeur et les autres professeurs n'ont rien dit, ils ne pouvaient rien dire puisqu'ils se proclamaient d'être une école libérale. Mais le lendemain, d'autres élèves ont suivi, parmi lesquels Ian. Et quelques parents d'élèves ont un peu rouspété.

J'ai senti que la bienveillance de l'école envers mes enfants avait pris un coup.

Quelques temps après, Richard qui avait longtemps dirigé une école au Caire va organiser un voyage en Egypte avec la classe de Ian, ils sont une dizaine d'étudiants. Chaque élève doit payer son billet d'avion et la nourriture, le logement est pris en charge par son ancienne école je crois.

Depuis le début de l'organisation il exclut Ian, car il me sait sans argent. Je me sens très triste pour Ian. Et je vais voir Richard pour lui dire mon désaccord.

Bien que c'est vrai que je dois de l'argent à l'école, et que je n'ai pas l'argent pour le billet d'avion, je trouve injuste qu'il n'ait rien essayer pour qu'il puisse y participer. Il savait que ce voyage allait rendre évidentes les différences économiques des parents, il s'en foutait, car aux prix des frais scolaires qu'il demandait, seulement des familles très aisées pouvaient avoir accès à son établissement. Il aurait peut-être suffit qu'il m'informe à l'avance, et j'aurais peut-être trouvé un prêt pour lui financer son voyage.

Le groupe des professeurs propriétaires du collège, avec qui je m'entendais très bien, on faisait très souvent la fête ensemble, me conseillèrent de m'approcher de Richard, pour qu'il m'aide dans l'administration de mon entreprise, il avait une formation sur le sujet. Je leur réponds que si Richard voit mes comptes, il me dirait, comme n'importe quel autre administrateur, d'arrêter de saigner la trésorerie de l'entreprise en payant les frais scolaires de mes enfants!!!.

Un autre problème allait surgir avec mes enfants et l'école.

Dans les classes supérieures de celle de IAN il y avait peu d'élèves, parmi eux le meilleur ami de Ian, Santiago, et un de ses cousins qui venait de San Cristobal dans le Chiapas, ou sa famille assez riche avait des hôtels. Santiago n'était pas aimé du directeur, mais son cousin, lui, était très apprécié. Il devait être au courant que la scolarité des deux élèves était payée par le père du cousin, qui était le frère de la mère de Santiago, qui elle, était séparée de son mari, un peintre assez connu. Lors d'une des nombreuses soirées du samedi il y eut une dispute typique entre adolescents.

Éric, le fils aîné d'un entrepreneur dans le commerce des vins et spiritueux, qui sortait à ce moment là avec Regina, une élève de la classe de Ian, frappe d'un coup de poing Argel un autre élève de la classe de IAN, parce qu'il s'approchait trop de celle-ci. Éric est deux ans plus vieux que Argel, donc beaucoup plus grand et lui fait assez mal. Sa mère (sous mon conseil) va porter plainte. Pour me comprendre il faut que je vous dise que je déteste cet entrepreneur. Je lui avais laissé une fois dans sa boutique de Tequisquiapan, un de mes modèles de porte-bouteilles, pour voir si ça l'intéressait. Mais au lieu de m'en commander, il les avait fait copier.

Donc la mère va porter plainte à la police et à l'école. Et le père d'Eric pour le défendre, vas dire à l'école que son fils a frappé Argel car celui-ci voulait vendre de la drogue, du cannabis, à Regina et qu'il y a un groupe de drogues à l'école, et qu'il s'agit d'Argel, de Santiago et de Ian. Je vais être convoqué à l'école. Donc dispute avec Richard le directeur, car pour accusé il faut des preuves et voir d'où vient l'accusation, et tant que leur comportement à l'école soit sans aucun reproche celle-ci ne doit pas interférer à l'extérieur.

J'ai une longue conversation avec Ian, et il me dit qu'ils ont commencé la fumette lors de l'arrivée, l'année dernière, du cousin de Santiago qui est un grand fumeur, c'est lui qui les a fournis en marijuana . Donc c'est celui qui est leur petit préféré qui les a initiés. Qu'est-ce que j'aimerais leur dire!!!.

Je vais une fois de plus me fâcher avec le papa de Oliver. Je lui fait comprendre qu'aller moucharder à l'école au lieu de m'avertir, n'est pas digne d'une personne qui veut donner des leçons.

Pour ma part ma santé ne s'améliore pas beaucoup, je continue d'avoir de temps en temps de forte crise très douloureuse, ce n'est plus les chevilles, c'est les genoux.

Le seul médicament qui m'aide un peut c'est un anti-inflammatoire ou une injection de cortisone.

Je vais pouvoir retourner faire de la natation car un nouveau club sportif vient d'ouvrir avec une piscine de 25 m. Ça va beaucoup m'aider. Je vais y inscrire Toute la famille, le prix n'est pas trop élevé.

Je vais faire une parenthèse, car ces derniers jours, après encore un assassinat d'un noir par la police au E.U., plusieurs manifestations se sont produites dans le monde, et l'importance de l'esclavage et de la colonisation dans les violences actuelles a resurgi dans les débats avec plein de contre vérité.

L'ESCLAVAGE ET LE PASSÉ COLONIAL ….dans le présent

Je ne vais pas parler de l'esclavage en général ni du colonialisme comme tel, ni de tous les empires qui ont existé dans l'histoire de l'humanité.
On c'est bien que des esclaves il y en eu dans presque toutes les sociétés où il avait besoin de main d'œuvre pour cultiver, construire et guerroyer par personne intermédiaire. Donc je ne parlerai que de l'esclavage produit par l'occident car c'est de celui-ci qui nous importe pour comprendre les problèmes raciales dans les pays occidentaux.
Par colonisation on peut comprendre et inclure plein d'actions. Par exemple la colonisation par certaines plantes de tel espace, ou la colonisation d'homo erectus de l'Europe. Je vais parler de colonisation par l'homme blanc occidental de territoires occupés par d'autres peuples, car c'est aussi ce qui nous intéresse dans le sujet actuel.
Je sais bien qu'il y eu énormément d'autres empires que les empires britanniques, français ou espagnols, mais pour les mêmes raisons on se limitera aux empires occidentaux.

On a, en général, de L'empire et de la colonisation deux visions bien différentes.
Les uns parlent de grandeur et de prospérité exportée par le pays colonisateur dans de vastes aires géographiques. Et les autres mettent en avant un projet d'accumulation de la puissance et de la richesse par la guerre, le pillage, l'expropriation, la torture et le massacre.
La première vision c'est celle racontée aux populations métropolitaines, on leur parlait de navigateurs intrépides et d'investisseurs audacieux qui ouvrent des routes commerciales. Comment des pionniers déchiffrent des plaines vierges pour les rendre fertiles, et comment des administrateurs éclairés leur succèdent et établissent au loin le gouvernement bienveillant de la mère patrie. Ceux-ci pour leur faire accepter le coût et le risque de guerre.
Mais la réalité était tout autre. Le commerce le plus rentable au XVIII siècle fut la traite des esclaves qui procurait aux colonies américaines et des Caraïbes la main-d'œuvre dont ils avaient besoin. C'est par la force que le commerce était imposé.
Pour assurer des traités inégaux on employait les canonnières pour assurer les privilèges des européens.
Les colonies ne s'établissaient pas dans des terres vierges, elles impliquaient le déplacement et souvent le massacre des populations indigènes, ainsi que la soumission et la ségrégation des lois d'exception. Si les empires se plurent à collaborer avec les souverains locaux et les chefs tribaux. Les populations indigènes furent exclues du pouvoir et durement réprimées si elles revendiquaient d'y avoir part.
Tous ces territoires colonisés étaient considérés comme faisant partie du territoire national . L'Algérie était un département français. Mais leurs habitants n'avaient pas droit à la citoyenneté nationale. Ils avaient toutes les obligations d'un citoyen, mais aucun droit.

Au moment où les empires britanniques, français, belges, allemands, italiens, et russes étaient probablement à l'apogée de leur puissance, à l'envers de l'empire ottoman qui était en pleine décadence, la première guerre mondiale fut déclarée, la rivalité entre ces puissances fut un des principaux facteurs.
Ces puissances impériales combattaient soi-disant pour la liberté et la civilisation, donc les peuples colonisés qu'ils ont enrôlés dans leurs armées par centaines de milliers ne tardent pas à revendiquer la même cause de justice. Ces formes de légitimité étaient portées par les États Unis sous la présidence de Wilson et par la société des nations qui reconnaissaient l'égalité entre toutes les nations et le droit à se gouverner elles même. Mais après 1918 les territoires pris à l'empire Ottoman furent divisés parmi les vainqueurs. Je vous ai déjà raconté cette situation dans une autre parenthèse. Mais cette fois-ci, pour simuler la colonisation, ils appellent cette forme d'occupation, des mandats. Soit disant ces territoires sont en procès d'indépendance et les pays colonisateurs sont juste là pour les accompagner dans ce processus. Mais les concessions sont minimes et chaque fois qu'un territoire veut s'émanciper, il est violemment réprimé.
Un exemple tragique, avec ses conséquences actuelles, de la colonisation et des frontières créées par celle-ci, c'est le Liban. Les catholiques français ont toujours soutenu les maronites, et lors des massacres anti-chrétiens en 1860, ils ont soutenu l'envoi d'un contingent français, basé à la résidence des Pins de Beyrouth. C'est sous cette pression de Paris que l'empire

Ottoman a concédé l'autonomie du Mont-Liban, géré par un conseil intercommunautaire, 7 chrétiens dont 4 maronites, et 5 musulmans.

En novembre 1919 la droite catholique, pousse le gouvernement, au nom d'un Liban majoritairement chrétien, à combattre le « Royaume Arabe » installé à Damas. C'est alors que le général Gouraud arrive à Beyrouth. C'est l'époque du partage du moyen orient par les français et les anglais par un mandat de la SDN (société des nations) mais on ne parle pas du Liban. Le 24 juillet, les troupes françaises écrasent les nationalistes arabes à l'ouest de Damas. Le général Gouraud entre dans Damas le 7 août et le 1 septembre, il proclame le Grand-Liban. Mais ses frontières ne se limitent plus au mont Liban et à Beyrouth, elles incluent la plaine de la Bekaa, Saïda, Tyr et l'arrière pays, ainsi que Tripoli et le Akkar au nord. La France veut maintenir le confessionnalisme de l'autonomie du seul Mont Liban. Les élections reposent sur une proportionnelle communautaire combinant scrutin démocratique et quotas confessionnels. En 1941 De Gaulle refuse de donner l'indépendance pleine et entière à ces deux pays (Liban et Syrie). Mais la répression au Liban amène les dirigeants nationalistes de toutes confessions à conclure un pacte national sur la base duquel l'indépendance est enfin proclamée le 22 novembre 1943. Le président sera chrétien et le premier ministre musulman. Les chrétiens qui seraient restés majoritaires dans un petit Liban, perdent progressivement leur position dominante dans ce Liban créé en 1920, résultat à cause de ce basculement démographique une guerre civile éclate en 1975. En 1990 elle se conclut par un nouveau pacte à la faveur du premier ministre musulman. Mais un nouveau basculement démographique se produit cette fois-ci à l'intérieur de la communauté musulman entre chiites et sunnites et le Hezbollah est créé, ce qui compliquera encore plus ce système confessionnel de plus en plus rigide. Le peuple Libanais n'en peut plus de ce système totalement corrompu et clientéliste et manifeste en 2019. Toutes ces tragédies des populations qui habitent le Liban actuel, sont victimes de ces décisions des gouvernements colonialistes prises au cours de l'histoire, pour leur seul intérêt particulier sans jamais calculer les conséquences.

Dans la deuxième guerre mondiale l'Allemagne va essayer de récupérer son empire européen et le Japon va pratiquement détruire la partie de l'empire français et anglais qui se trouve en Asie de l'Est. Durant cette guerre, comme dans la première, la lutte des britanniques et des français va se faire sous la bannière de la liberté et la libération. Churchill et De Gaulle vont s'appuyer sur leurs colonies pour lutter pour la victoire. Dans le débarquement de Provence, les troupes de Le Clerc sont majoritairement venues des colonies d'Afrique. De nombreuses troupes anglaises ont des soldats venus de l'Inde. De nombreux pays colonisés vont vouloir suivre cette tendance de la libération, et le plus triste, c'est que nombreux de nos héros de la résistance et de la libération, seront les mêmes qui quelques années plus tard dirigeront la répression des forces de libération de ces peuples colonisés.

L'Organisation des Nations unies créée en 1945 fait sien le programme de décolonisations au terme duquel l'autodétermination va finalement être accordée aux colonies .

La France et la Grande Bretagne vont êtres contraintes d'en céder certaines, mais vont se cramponner à leurs autres possessions coloniales avec force et tromperie. Les français vont mener une guerre brutale en Algérie de 1956 à 1962 et les anglais vont commettre des atrocités au Kenya.

Pour contrôler leurs colonies, ils appliquent des politiques telle que la division des territoires pour empêcher les différents groupes ethniques ou religieux de s'unir, et soumettent les populations indigènes à la ségrégation et à la justice arbitraire.

L'empire s'appuya toujours sur la fraude et la force pour dominer les peuples. Il cherchait à assurer sa légitimité aux yeux, non seulement des peuples assujettis, mais également à ceux des opinions publiques métropolitaines, qui souvent étaient contre la brutalité et le coût de l'empire. On prétendait que l'empire apportait les bienfaits de l'économie capitaliste et son commerce aux lieux les plus reculés de la planète, où les richesses étaient inexploitées et dont les populations étaient dans la misère. On prétendait qu'il emmenait la civilisation là où il n'y en avait aucune, un ordre naturel au sein duquel comme disait Jules Ferry, « les races supérieures» font leur devoir au profit des « races inférieures ». Ce discours de légitimation s'appuie sur ce que W.E.B.Du Bois a appelé « la religion de la blancheur de peau » qui justifiait des empires européens les plus terribles actes d'oppression et d'exclusion et les pires atrocités. Après s'être battus pour la liberté du pays de leurs souverains, les milliers de soldats recrutés dans les colonies britanniques et françaises voulaient que leurs souverains coloniaux leurs accordent leur propre liberté. De nombreux dirigeants arabes et asiatiques ne manquèrent pas de se rendre à Paris et à Londres pour exiger leur part de liberté et de souveraineté. Mais ce fut une occasion manquée. Au lieu de la liberté, on discuta de faire des concessions en Algérie et en Inde, mais rien ne changea. Les indiens qui protestaient furent massacrés à Amritsar. Les anciennes colonies allemandes devinrent des mandats, comme les anciens territoires de l'empire ottoman, administrés par la France et la Grande Bretagne. On testa des bombardements aériens en Irak en 1920 et en Syrie en 1925. Une nouvelle génération de sujets coloniaux se radicalisa: Ho Chi Minh devint un communiste anticolonialiste et Sayyid Abul Ala Maududi publia son Djihâd en Islam en 1927.

Comme on l'a vu auparavant, la seconde guerre mondiale mit les deux grandes puissances coloniales à genoux, et en 1940 l'Allemagne vainquit, puis occupa la France, et le Japon s'empara de son territoire indochinois. En 1942 ce fut le tour de la citadelle coloniale de Singapour de tomber aux mains japonaises. Les principes de liberté et d'égalité pour les peuples, inscrits depuis 1917-1919 dans la société des nations, furent de nouveau inscrits dans la charte de l'Atlantique en 1941, et en 1945, dans la Charte des nations unis. La décolonisation était maintenant sérieusement au programme. Mais le 8 mai 1945, jour de la victoire en Europe, les français massacrèrent à Sétif des Algériens qui exigeaient leur indépendance. Puis en Indochine ils livrent une guerre longue et meurtrière contre Ho Chi Minh, pour être finalement battu à Dien Bien Phu en 1954.

Et comme ils avaient perdu l'Indochine, ils étaient encore moins disposés à perdre d'Algérie, où les colons contrôlaient tout. Ils s'engageront dans une guerre de 6 ans en recourant à la torture. Les britanniques durent renoncer à l'Inde et livrèrent la Palestine à Israël, qui devint un nouveau pouvoir colonial dans la région. Mais ils étaient déterminés à conserver leurs possessions d'Afrique orientale et méridionale.

Au cours des années 1960 le tiers monde colonisé se souleva, en Amérique Latine, en Afrique, au Moyen-Orient, en Asie. De nouveau pays indépendants s'affirment à la conférence de Bandung en 1956 et à l'ONU. Mais les puissances coloniales faisaient de la résistance pour ne pas céder. La crise de Suez en est un exemple.

La France finit par être obligée d'abandonner ses colons algériens. Mais assura la promotion de la Françafrique. La grande Bretagne rendit leurs libertés à ses colons du Kenia et de la Rhodesie, mais elle continua à défendre ses intérêts en Afrique du sud, laquelle une fois hors du Commonwealth durci son régime d'apartheid. Elle utilisa ses troupes issues de l'empire pour défendre les protestants d'Irlande du Nord et un petit groupe d'éleveurs de moutons de l'autre côté de l'Atlantique pour se sentir encore une puissance coloniale. C'était la naissance du néocolonialisme. Les anciennes colonies étaient libérées légalement, mais leurs économies étaient complètement dépendantes de leurs anciens souverains. C'était eux qui disposaient des technologies nécessaires à leur développement, les colons blanc qui étaient restés, continuaient à être les propriétaires des moyens de productions.

Et les nouveaux dirigeants de ces anciennes colonies étaient contrôlés par l'ancien pouvoir.

Les anciennes colonies auraient pu s'émanciper du néocolonialisme lors de la crise pétrolière de 1973, avec l'augmentation des matières premières le pouvoir des nations s'était un peu équilibré.

Mais les pays industrialisés réagirent en exploitant la dette des pays du tiers monde.

Ils les contraignirent à prendre des mesures de privatisation et à déréguler les échanges commerciaux aux profits de leurs entreprises publiques ou de leur multinationale.

Lors de la fin de la guerre froide et le soi-disant triomphe du capitalisme sur le communisme, les puissances occidentales auraient pu bâtir un nouvel ordre mondial fondé sur le marché et la démocratie, tel qu'ils l'avaient toujours présenté comme étant le meilleur système contre le communisme. Et au lieu de cela, ils poussèrent à fond le néolibéralisme impérialiste a toute la mondialisation.

Et maintenant, comme beaucoup de pays du tiers monde ne pouvaient plus chercher un appui sur le communisme, puisque du simple fait d'une crise économique de l'URSS on en avait fait la fin de toute une idéologie, pour lutter contre l'impérialisme des E.U. en particulier, et les pays occidentaux en général, ils trouvèrent cette résistance dans leur religion.

L'Iran, où c'était installé une république Islamiste, au moyen d'une révolution pour résister à des années de dictadure d'un Sha d'Iran installé au pouvoir de ce pays par les anglais et les américains, s'en prit au « grand Satan » qui était pour eux les US.

Ceux ci avait en plus formé des guérillas islamiste pour contrer les communistes en Afganistán. Ces islamistes étaient des musulmans sunnites d'idéologie wahhabiste, les iraniens étant chiites, mais tous anti-impérialiste, bien qu'ennemi entre eux. Mais le wahhabisme tient son origine dans l'Arabie saoudite allié de toujours des E.U.

Cet islamisme mondial mena aux attentats du 11 septembre 2001 qui poussa les E.U. et leurs alliés à déclencher la guerre contre le terrorisme. Mais cette guerre livrée avec une supériorité militaire écrasante en Afganistán, en Irak et en Libye n'était qu'une guerre néo-impérialiste. Les dirigeants qui prirent les décisions de ces guerres ne réfléchirent pas aux conséquences de ces interventions, qui pour les habitants de ces régions ce n'était qu'une simple répétition des crimes coloniaux du passé. C'est ce qui provoque les attentats de Madrid en 2004, à Londres en 2005, ceux de Charlie Hebdo et du Bataclan en 2015 et ceux de Londres et Manchester au printemps 2017.

Les effets de la colonisation sur la société métropolitaine étaient à l'œuvre depuis des décennies. La colonisation avait provoqué ce que Louise Bennett qualifia de « colonisation à *l'envers » ou comme disait l'écrivain sri lankais Ambalavaner Sivanandan: « Nous sommes ici, parce que vous étiez là bas ».*

Après la seconde guerre mondiale, maints immigrants issus des anciennes colonies qui avaient combattu dans les forces armées avaient été encouragés à rebâtir les économies de la France et de la Grande Bretagne. Toutefois, loin d'être les bienvenue par la société d'accueil, ces immigrés étaient soumis à la discrimination et à la violence raciale.

Les hiérarchies coloniales qui avaient cours là-bas étaient de retour ici, la mentalité des colons était implantée également en métropole. Elle se manifestait par la ségrégation dans les quartiers défavorisés où dans certaines banlieues, par l'impossibilité d'accéder à des logements, à des emplois et des études, et par la violence et le harcèlement dont ils faisaient l'objet de la part de la police. La perte de l'empire fit naître en Grande Bretagne comme en France le sentiment d'avoir subi une défaite non seulement dans les colonies, mais aussi dans le sol français et britannique. Cela engendra un sentiment d'hostilité envers l'immigration vu comme des envahisseurs. Des mouvements politiques se formèrent pour réaffirmer la suprématie blanche. On s'appuyait sur un nationalisme mono culturel pour contrer toute tentative d'une société multiraciale et multiculturelle.

Derrière le discours de la liberté d'expression qui s'en prenait aux autodafés dont firent l'objet « les versets sataniques » de Salman Rushdie, derrière le discours de laïcité qui s'en prenait au port du voile par des élèves musulmanes, se jouaient des stratégies colonialistes visant à redéfinir les identités britanniques et françaises, et cela au détriment de minorités qui identifiées à l'islam souffraient d'exclusion.

Les immigrants avaient beau tenter et essayer de s'intégrer à leurs sociétés d'accueil depuis des générations, l'exclusion qu'ils enduraient les en empêchaient, ce qui les forçait à bâtir leur propre identité et la chercher dans les origines de leurs parents.

Chaque intervention meurtrière au moyen orient, chaque mesure de restriction de l'immigration, chaque durcissement des mesures de détention, chaque invocation des valeurs occidentales, chaque invocation de la laïcité pour critiquer l'islam et chaque offensive ou violence policière les aliénait d'avantage. Les guerres coloniales et l'esclavage se rejouaient dans leurs têtes.

L'expression de « fracture coloniale » fut créé pour décrire l'opposition entre ceux qui s'identifient aux créateurs d'empire et ceux qui s'identifient aux peuples colonisés dont ils sont issus. L'assemblée nationale adopta en 2005 une loi enjoignant aux écoles et aux universités d'enseigner les aspects positifs du pouvoir colonial français, en particulier en Afrique du Nord, cela suscita la création par un groupe de jeunes français d'origine nord africaine, des Indigènes de la République, qui annoncèrent que le massacre de Sétif en 1945 représentait pour eux un moment fondateur et Dien Bien Phu une victoire.

Toute action implique une réaction. La trahison de la Grande Bretagne et de la France aux arabes après la première guerre mondiale a laissé un grand sentiment d'humiliation aux Moyen Orient. Ce sentiment a augmenté après la deuxième guerre mondiale par l'implantation, sans leur avis, de l'état d''Israël dans le territoire de la Palestine par les puissances coloniales, même si peu de temps auparavant ils avaient obtenu leur indépendance.

Ne pas respecter et discuter avec l'OLP (organisation pour la libération de la Palestine) a produit le HAMAS, organisation d'avantage intégriste. L'attaque par Israël du Liban pour poursuivre des palestiniens a produit le Hezbollah. La dictature du Shah d'Iran, installé par les occidentaux, a produit une révolution islamiste en Iran. La formation et l'aide apportée au wahhabisme de l'Arabie Saoudite pour attaquer les russes en Afganistán, a produit Al Qaïda et a installé les Talismans au pouvoir. Attaquer l'Irak, et démanteler son armée, a provoqué une guerre civile dans le pays. Aider les rebelles islamistes Syriens pour détrôner Haddad a produit DAESH et avec lui le drame de centaines de milliers d'habitants de la région de différentes ethnies. L'attaque de la Libye pour tuer Kadhafi a provoqué une autre guerre civil, et l'accès au armes de celui-ci, a permis la création d'autre groupes terroristes ou juste délinquants, qui mettent à feu et à sang toute l'Afrique centrale et qui a obligé la France à intervenir avec l'opération Serval et de s'installer dans un bourbier d'où elle ne peut plus s'en sortir. L'occident n'arrête pas de commettre erreur après erreur par excès de supériorité envers les pays musulmans, une sorte de complexe de croisés.Il n'arrive pas à leur donner leur place d'égal à égal. La culture occidentale n'est en aucune façon supérieure à la culture du moyen orient. Si celle-ci se fait riche des cultures gréco-romaines, n'oublions pas que les occidentaux, dans leur moyen âge, avaient complètement effacé cette culture, et que c'est les arabes qui l'ont ressorti de son oubli et l'ont de nouveau fait connaître aux occidentaux.

Aujourd'hui s'ouvre le procès des attentats de Charlie Hebdo, et le journal satirique n'as rien trouvé de mieux que de répéter les caricatures qui sont la raison de l'attentat. Sous le droit de la liberté d'expression ont continue à stigmatiser et à provoquer.
Si c'est vrai que Charlie Hebdo a critiqué et moqué les autres religions, la situation où se trouve les croyants de celles-cis n'est pas là même. Les juifs ne sont pas exclus et opprimés de la société, ni les Israéliens bombardés par l'occident, tout le contraire. Les catholiques ou les chrétiens en général non plus. On ne peut pas mettre toutes les religions dans le même sac. Je ne défend pas ici cet acte terroriste, tuer des innocents est un acte affreux. Je le ressens d'ailleurs davantage , car dans cet attentat sont morts Wolinski et Cabu, deux de mes auteurs de dessins de BD et de presse favoris. Je ne veux pas dire que je les ai admirés ou idolâtrés, car pour moi, idolâtrer quelqu'un c'est un peu manquer de respect à soi même. Et j'en veux particulièrement au directeur du journal, Phillippe Val qui encore sous prétexte de laïcité était islamophobe. Il ne mettait pas du tout les religions au même niveau. N'avait t'il pas viré du Journal le très connu dessinateur Siné ? Par soi- disant antisémitismes.

Voici ce qu'écrivit Siné dans Charlie Hebdo:
« Jean Sarkozy, digne fils de son paternel et déjà conseiller général de l'UMP, est sorti presque sous les applaudissements de son procès en correctionnelle pour délit de fuite en scooter. Le Parquet a même demandé sa relaxe ! Il faut dire que le plaignant est arabe ! Ce n'est pas tout : il vient de déclarer vouloir se convertir au judaïsme avant d'épouser sa fiancée, juive, et héritière des fondateurs de Darty. Il fera du chemin dans la vie, ce petit ! »
Et c'est pour cela qu'il est traité d'antisemite! Il reçut l'appui de plusieurs intellectuels et du public, ce qui le poussa à former son propre journal qui a beaucoup de succès.
D'autres intellectuels écrivirent contre lui, inutile de vous dire lesquels, je vais en nommer juste deux, ça suffira pour comprendre, parmi eux Bernard Henry Lévy et Alain Freinquelcrut.
Comme Siné avait été viré sans raison valable, Charlie Hebdo fut condamné à payer à Sine 40,000 euros de dommage et intérêt, le journal fit appel et fut de nouveau condamné, cette fois-ci à 90,000 euros.

Personnellement je rend responsable de la mort de mes auteurs préférés à Philippe Val pour son islamophobie!

La réunification de l'Allemagne en 1990 provoca autant d'inquiétude en France qu' en Grande Bretagne. On redoutait que l'Allemagne ne cherche à imposer sa domination en Europe comme elle l'avait fait en 1870, en 1914 et en 1939. La défaite en 1870 et en 1940 était des cauchemars en France, tandis que la Grande Bretagne pensait avec effrois avoir gagné la guerre en vain. Dans les deux pays, des partis de la droite nationaliste s'opposaient non seulement à l'immigration mais aussi à l'intégration européenne. Les positions eurosceptiques gagnent du terrain appelant à défendre l'identité du pays contre l'immigration et la souveraineté contre l'Europe.

La France et la Grande Bretagne sont toutes deux dotées d'un passé impérialiste qui fait leur fierté, mais elles ont toutes deux cessé d'être des grandes puissances, même si elles restent deux membres permanents des Nations Unis. Elles ont été entretenues dans la croyance que leur grandeur n'était pas perdue. Et ceci a créé un sentiment d'angoisse de la perte de l'empire donc de leur grandeur. Mais l'angoisse des anciens colonisés, qui sont venus vivre et travailler dans la métropole, est bien supérieure à celle des anciens colonisateurs. Une angoisse qui leur vient de l'exclusion et de l'oppression autrefois endurées dans les colonies, mais qu'ils continuent à endurer maintenant dans cette même métropole.

Aux U.S. c'est un peu différent, même s'il y a beaucoup de similitudes. Le problème racial ne vient pas de la colonisation. Les colons blancs n'ont pas colonisé les indigènes de la région, ils les ont exterminés !

Donc ils ont fait venir leur esclaves pour la main d'œuvre nécessaire à leurs plantations. Ces noirs ont été traités pendant des siècles comme des êtres inférieurs. C'est d'ailleurs une des raisons du racisme, on s'est convaincu que les noirs étaient une race inférieure pour se donner bonne conscience et pouvoir les réduire en esclavage. L'extrême droite essaie de nos jours de justifier ou de minimiser l'esclavage en mettant en avant le fait que c'était des noirs et des arabes qui avaient commencé l'esclavage bien avant, et que c'était eux qui capturaient les autres noirs pour les vendre aux commerçants européens. Si c'est vrai que ce n'est pas les trafiquants d'esclaves du XVII siècle (les esclaves existent depuis que l'agriculture existe) qui ont commencé l'esclavage, en quoi cela peut-il excuser le commerce de 15 millions d'africains vers les Amériques ? Bien sûr qu'il y a eu de l'esclavage de l'Afrique vers le moyen orient, mais en quelles quantités ? On a pas les chiffres tandis que le commerce triangulaire est bien chiffré. Mais en aucun cas on peut les comparer. Est-ce que l'on voit au moyen orient des descendants d'esclaves comme on les voit en Amérique ? Ou dans certains pays, comme dans les Antilles, ils sont majoritaires. Cette justification et aussi ridicule que celle que je donnerais en disant que j'ai le droit de tué ma femme sous prétexte que le voisin frappe bien la sienne !!

Après la libération de l'esclavage, les mentalités n'ont pas put changer du jour au lendemain. Comme au moment de la décolonisation elles sont restés figés sur la supériorité de l'homme blanc. Les noirs, comme les décolonisés, ont continué à être opprimés et exclus. Et aux U.S. ils l'ont été durant très longtemps par un apartheid réglementé, pas de citoyenneté, écoles différentes, transport différent etc.

Et si les choses ont changé avec les droits civiques et les mesures de quotas, les mentalités tardent à suivre. Le racisme dans la société et surtout dans la police n'est plus tolérable. Depuis des décennies il y a aux E.U. des émeutes raciales suites à des violences policières. Mais ces derniers jours ce ne sont plus que les noirs qui protestent, c'est une grande partie de la société. Et un autre fait nouveau, le sport américain professionnel qui est majoritairement formé de sportifs noirs, s'est mis en grève.

La situation ne peut plus continuer, l'épidémie est en train d'accroître les inégalités entre blancs et descendants d'esclaves et de colonisés. De nombreux occidentaux doivent changer leur mentalité pour permettre enfin une véritable intégration de ces populations dans la société. Pour cela, ils doivent reconnaître une fois pour toutes que leurs ascendants ont commis des atrocités envers les ascendants des non blancs, et essayer de réparer cet héritage en éliminant toutes sortes de discriminations et d'oppressions. Cela ne ferait que rendre leur pays plus grand.

La grandeur de leur empire était une grandeur volée aux autres.

CHAPITRE XXXIX
Un autre cycle ....va se terminer avec le début du millénaire.

On va retourner à Cancún pour les vacances d'été. On va y aller tranquillement en prenant les vieilles routes et avec un passage par Tecolutla, un petit village touristique de pêcheurs dans le nord de l'État de Veracruz, où on allait souvent avec ma mère lorsqu'on était enfants. On va y aller avec un copain de la classe de Ian, on l'appelle Slapy, c'est le petit génie de la classe. Le fait que je choisisse de passer par ce village c'est que je cherche un endroit où on puisse aller à la mer sans aller jusqu'à Cancún. Le problème de Tequisquiapan, c'est qu'il est très éloigné des deux océans, Atlantique et Pacifique. J'adore vivre à Tequisquiapan, le grand village où petite ville, est de taille parfaite, il est très joli, et son climat parfait, il fait presque tout le temps un soleil radieux sur un ciel presque sans nuage, il n'est pas trop loin d'une grande ville (Querétaro) où on trouve de tout et où on peut aller au cinéma. Mais pour moi qui ai toujours voulu vivre sur la côte, c'est très dur que les plages soient si loin. Tequisquiapan serait un paradis si c'était un port.

Donc je veux voir dans quel état se trouve Tecolutla. Pour y aller c'est presque 5 heures de route, mais il y a un projet de faire une nouvelle route qui réduirait le trajet à 3 heures.

Le village me plaît, les habitants sont beaucoup plus gaie que ceux de l'état de Querétaro, que je trouve qu'ils sont toujours de mauvaise humeur. On y mange toujours très bien, les fruits de mer et poissons sont excellents. La plage immense est toujours la même et le fleuve également. Il y a beaucoup plus d'hôtels mais ils sont petits et n'ont rien à voir avec le tourisme de masse et étranger de Cancún, ici ça reste un tourisme national et de proximité, donc beaucoup plus économe. Nous y resterons deux jours. On mettra encore deux jours pour arriver à la villa car j'ai décidé que l'on ferait un voyage gastronomique. Avant Veracruz on mangera des pinces de crabes, après Veracruz on s'arrêtera à Mandinga, petit village très connu pour ses fruits de mer, sa cuisine de Veracruz et ses « toritos », eau de vie de canne à sucre mélangé à des fruits, accompagnés de musique de la région jouée par des « trios veracruzanos », une harpe et deux guitares. A ne pas manquer. Puis après Villahermosa on s'arrêtera au bord du fleuve dans un tout petit restaurant que l'on a découvert dans nos précédents voyages. On y mange une cuisine de Tabasco très particulière, très autochtone et pas chère du tout car c'est un restaurant très humble, un vrai délice. Dans cette région on trouve également de superbes écrevisses que l'on appelle Acamayas, délicieuses, on vous les vend au bord de la route, elles sont beaucoup plus grandes que les Crawfish de la Nouvelle Orléans, ou les écrevisses européennes. Enfin, avant d'arriver à Mérida, on s'arrête à la sortie de Champoton, un autre village de pêcheurs ou sur le bord de la route, une demi douzaine de restaurants servent du poisson frit et des fruits de mers aux routiers. Un paradis pour manger des produits de la mer très frais, très bons et très peu cher!!!

Après 1500 kilomètres de tour gastronomique, on arrive à la villa. Comme je vous l'avais dit auparavant, Jésus n'avait pas tenu sa promesse sur le paiement, il me disait qu'il était en attente d'une entrée conséquente d'argent. Mais, par contre, en arrivant je me rends compte qu'il a fait plein de travaux, il a changé tout le carrelage de la maison et modifié les salles de bains. Il a également changé quelques fenêtres.
C'est vrai qu'un autre ouragan avait fait plein de dégâts, il avait détruit la piscine et la salle de bain adjacente. La cuisine extérieure avait été également endommagée.
Mais Jesús n'avait rien réparé de l'extérieur. Il n'aimait d'ailleurs pas la plage, je ne l'ai jamais vu en short.
Yvonne et moi étions vachement vexés de voir ces dépenses et pas d'argent pour nous. Enfin on passe quand même de bonnes vacances et Jésus me promet des sous pour dans peu de temps.

De retour à Tequisquiapan, une autre exposition s'approchait. Il me restait quelques clients fidèles de l'autre expo. Les commerçants de meubles et d'articles de decorations, sont habitués à faire leur commande dans les expositions, de cette façon ils rencontrent leurs fournisseurs, voient leurs nouveaux produits et trouvent de nouveaux fournisseurs. Donc il faut être présent.

Deux jeunes filles sont venues me voir quelques semaines avant la date de la nouvelle expo. Elles me proposent de faire la vente à l'expo à ma place. Elles payent l'emplacement et lèvent les commandes. Puis après elles me les font transmettre, une fois reçu l'acompte. Puis je fais l'envoie où elles me l'indiquent, se font payer puis me règlent. Elles demandent pour cela un 25% du prix. Si moi je fais la vente, au total, mes frais de ventes sont inférieurs aux 25% qu'elles me demandent. Mais moi je suis un très mauvais vendeur. Et ces jolies jeunes filles ont l'air d'être très dynamiques, et doivent être bonne vendeuses, surtout l'une d'entre elles, dont je remarque que c'est celle qui dirige. En plus je fait l'économie du temps dépensé à traiter avec le client.
Donc j'accepte.
Elles vont faire un tabac, pas de très grosses commandes mais plusieurs petites et moyennes.
Le seul gros problème, c'est que quelques jours après l'exposition, la jeune fille, la plus débrouillarde et la plus jolie, va me téléphoner pour me dire qu'avec beaucoup de regret elle me laisse tomber car elle a été appelée à un poste, dans une entreprise, très important pour elle. Mais que sa copine est capable de tout gérer toute seule.
Je le souhaite. Heureusement, à cette époque aussi, Jean Pierre et sa famille, qui sont définitivement installés au Canada, ont ouvert un magasin d'artisanat mexicain.
Et ils m'ont fait une bonne commande.
Donc ma petite entreprise reprend un peu de couleur.

Question famille, tout va pour le mieux. Ian, a plus de ses copains de l'école, a aussi un groupe d'amis, certains sont des voisins comme Monin le fils d'un médecin et politicien de droite, deux autres, Santiago D. et Diego, qui auparavant habitaient Tequisquiapan, mais sont partis à Querétaro, et ont gardé leur maison dans le village et viennent le week-end. Avec son grand copain Santiago, ils forment tous les cinq un groupe très uni. Tous les week-ends ils se réunissent pour jouer à Dragons & Donjons. Un jeu qui mélange un peu de hasard mais beaucoup d'imagination autour de la mythologie du moyen âge, ils y passent des heures. Ils font bien sûr la fête tous les vendredis et samedi soir avec tous les autres adolescents du village. Il y a de l'alcool et de la marihuana, mais rien de très excessif. Nous les parents, ou au moins moi, savons où ils sont. Ce qui est bien du village, c'est qu'il y a des petits parcs où ils peuvent faire la fête à l'extérieur, le climat le permet et la police les laisse tranquille. Ils aiment beaucoup la nature, donc des fois ils font des sorties pour grimper dans les collines qui entourent le village.

Au sujet de la marihuana, j'ai des discussions avec Ian, il s'énerve quand je lui dit de faire attention que les excès sont mauvais et le cannabis peut avoir des effets sur le cerveau des adolescents, il m'attaque en disant que l'alcool est bien pire. Je sais qu'il n'a pas tort. Mais j'ai confiance en lui, mais pas trop sur son copain Diego qui est mal parti et consomme trop.

 Au foot Guy n'est plus dans la catégorie des petits et est passé chez les grands, il joue dans l'équipe de Hacienda Grande avec un de ses copains de son école qui s'appelle Aldo, et là il s'éclate bien car il est ami avec ses compagnons. Il est très aimé dans l'équipe, il continue à très bien jouer et est enfin content d'aller jouer les dimanches.

Il a également son groupe d'amis, mais tous de l'école. Ses meilleurs copains s'appellent Alan, qui est le fils d'un des professeurs et Toñito, fils unique de nos amis Toño et Margarita, pour eux également c'est la fête tous les week-ends avec les autres adolescents du village. Étant plus jeunes que le groupe de Ian, l'alcool coule moins et question cannabis ils sont beaucoup plus surveillé par leur parents.

Bruno a également beaucoup d'amis. Mais son problème à lui c'est que presque tous ses amis de l'école habitent hors de Tequisquiapan. Il y a Gerardo, son copain descendants de famille allemande qui habite San Juan Del Río a 15 km, puis David qui habite San Gil une zone résidentielle avec club de Golf à ½ heure de route

Je dois l'emmener et le chercher, donc des fois il reste dormir sur place.

Mais son meilleur ami c'est Pablo, le petit frère de Santiago, l'ami de Ian qui habite à côté. Lui il ne vas pas au Victoria, je ne sais plus pourquoi. Mais ils sont très souvent ensemble, Pablo est presque tout le temps à la maison. Leur papa, à Santiago et à Pablo, les a abandonnés lorsque celui-ci allait naître. C'est un peintre espagnol Catalan assez connu. Leur mère Inès ne s'est pas remariée, mais elle vient d'une famille assez riche, comme je l'ai déjà dit auparavant. Avant son mariage avec le peintre, elle s'était mariée assez jeune avec un garçon d'une famille de la haute société de Querétaro. Elle a eu un garçon avec lui avant qu'il la laisse veuve. C'est la grand-mère de ce fils qui a pris en charge son éducation. Il est responsable de la ferme de la famille, une très grande propriété. Et je suppose qu'il appuis financièrement sa mère lorsque c'est nécessaire. Comme sa mère est un peu perdue, car son compagnon, lorsqu'on l'a connue, vient de la changer pour une copine à elle, Pablo est très souvent seul.

 Alec a toujours ses deux copains, Éric et surtout Emiliano, qui l'invite très souvent à dormir chez lui et dont sa mère est très copine avec Yvonne. Mais la plupart du temps Bruno et lui sont ensemble avec nous.

Yvonne est devenue très copine avec là professeur d'espagnol de l'école, qui d'ailleurs est très détestée par mes enfants. Elles vont courir tous les matins jusqu'à l'ancienne gare. Et de temps en temps font de longues randonnées en vélo. A l'école, elle continue ses cours de danse . Elle voit également beaucoup Laura, la mère d'Alexander, qui était partie pour un temps mais qui est revenue vivre à Tequisquiapan.
Je ne sais si je vous l'ai déjà mentionné, mais la famille de Laura est également de la haute société de Querétaro, son père a eut un temps un poste très important au gouvernement, il c'est d'ailleurs acheté une des plus grandes hacienda de la région. Elle s'est remariée à un jeune Chilien, de 10 ans son cadet, également de bonne famille, et de droite bien sûr car son père était très copain avec Pinochet. Ce couple nous cherche beaucoup, Laura parce qu'elle aime bien Yvonne, et son mari Gustavo, parce qu' étant amateur de fruits de mer, veut que je lui apprenne à les cuisiner. J'évite bien sûr de parler de politique.

De mon côté, les week-ends, c'est toujours aller boire un coup avec les mêmes couples de copains. Et lorsqu'il n'y a pas de grosses bouffes chez quelqu'un du groupe, il y en a une au moins chaque mois, j'organise un bon repas tous les dimanches sous la pergola, très souvent j'utilise mon petit four à bois. Je fais toujours participer les enfants à la préparation des plats. Ils ont le droit d' inviter qui ils veulent.
Ma mère mange tous les dimanches avec nous, ça lui fait beaucoup de bien. Même si elle n'est pas du tout câline, et peu démonstrative, elle est très contente d'être entourée de ses petits enfants, et bien sûr d'Yvonne et de moi-même. Durant tout notre séjour à Tequisquiapan elle n'aura plus jamais de crise.
Je ne fais plus d'exercice, la piscine a fermé, ils ont préféré transformer le club sportif en école. Ils ont vu la fortune que l'école Victoria était en train de faire et n'ont pas hésité.
Nous avons depuis quelques mois une servante qui s'appelle Juana, qui vient nous aider à la maison. Au début, elle ne faisait pas la cuisine, mais Yvonne n'a presque plus le temps. Mais maintenant c'est elle qui s'en charge. J'ai pris l'habitude d'arrêter le travail à 2 heures de l'après-midi et je monte à cette heure-là à la maison. Je m'installe à mon bar où j'ai vu au salon et à la TV et je regarde un talk-show de débats sur le sport que j'adore. Comme de l'autre côté du bar c'est la cuisine, Juana me prépare des amuse-gueules pendant qu'elle fait la cuisine. Et durant l'heure ½ que dure le programme, je m'enfile des « cubas ». (ron coca) jusqu'à l'arrivée des enfants et d'Yvonne pour manger avec eux. Avec comme résultat encore une prise de kilos. Puis à 4 heures je vais à l'atelier, puis à mon bureau jusqu'à 7:½ - 8 heures pour dîner avec les enfants et les aider si possible à leur devoir.

Comme je m'y attendais, la jeune fille qui est restée, n'a pas fait le boulot. On a fini de livrer les commandes qu'elles avaient prises puis elle m'a dit qu'elle n'avait plus le temps de faire le suivi des clients. Donc elle m'a passé les contacts et je me suis mit à voir si j'en pouvais récupérer, dans le tas il y a en eu deux qui sont devenus des clients fidèles
Je n'ai plus jamais pu répéter mon exploit de la foire aux vins et fromages. Les années suivantes, l'entreprise du beau frère de Jean Pierre « productos de uva » ne me donne plus l'opportunité de vendre ses produits, car le père d' Oliver avec qui je m'étais déjà disputé à plusieurs reprises, leur exigeait la représentation. Il furent obligé de la lui donner car c'était un gros client pour eux puisqu'il était propriétaire de plusieurs magasins de vins et spiritueux. À chaque nouvelle édition je trouvai un producteur de vins pour exposer mes caves et portes bouteilles avec leur vins, mais ce n'était pas du tout pareil. En général ils utilisaient mes produits pour mettre en valeur leurs bouteilles sans mettre l'accent sur la vente du support.

Une de ces foires va me permettre de connaître un couple d'espagnol, très gentils, qui viennent administrer les installations de productions de vin mousseux de Freixenet, entreprise espagnole de renommée mondiale, qui ont installé il y a quelques années une superbe cave à une demi-heure de Tequisquiapan. La vallée de San Juan, où on se trouve, est un des endroits du Mexique qui est vinicole. Leur produit sur place n'a pas beaucoup de renommée, mais les installations sont tellement magnifiques, qu'elles reçoivent énormément de visites touristiques. Et comme ils y possèdent une boutique, ils vont devenir de très bon clients.

Notre boutique avait encore déménagé. Les propriétaires avaient fermé les locaux pour en faire des bureaux. J'ai pris un local pas cher dans un autre petit centre commercial qui n'avait jamais marché, mais je pouvais exposer les meubles à l'extérieur et on pouvait bien les voir en arrivant au centre ville. Deux seulement des 10 locaux étaient occupés, un par nous et un autre pour des cours de yoga. Mais les ventes étaient les mêmes, très basses. Sauf les longs week-ends.

Claudia, ma belle sœur, sort avec un nouveau copain, Carlos il s'appelle. Ma famille politique est très contente avec lui et ils viennent tous lors d'un dimanche nous le présenter. Depuis l'instant où on me le présente je me rends compte que c'est un faux-cul. Il se la pète tout le temps, il fait du charme à ma belle mère et à Maïna d'une manière éhontée, il envoie chercher une bouteille de vodka pour moi parce qu'on lui a dit que j'adore ça. Et lorsqu'il s'en va, il donne des sous à mes enfants. Yvonne et les enfants l'on trouvé très sympathique, je leur fait voir que ce n'est qu'un hypocrite, mais je ne dis rien à Claudia lorsqu'elle me demande mon avis, j'ai assez de problèmes comme cela avec cette famille.

Mon autre belle sœur, Monica, avait divorcé depuis longtemps de son mari français, ils avaient duré deux ans. Après elle a eu, comme à son habitude, plusieurs petit copains, mais ne s'est pas remis en couple officiellement. Mais on peut dire qu'après son mariage, deux garçons ont eu une certaine importance à ses yeux. Un blond à moitié chauve qui était mannequin, assez sympa. Il sortait avec lui lorsqu'elle s'était acheté le petit appart où je lui avais fait le meuble, puis lorsqu'elle revend celui-ci pour s'acheter une petite maison dans un quartier résidentiel de la périphérie, avec l'aide d'un apport de son père (même si elle le déteste) et d'un crédit. C'est d'ailleurs dans cette nouvelle maison où j'ai eu ma plus grande dispute avec Yvonne.

Ma famille politique voulait que l'on passe toujours les Noël avec eux dans la capitale. J'essayais souvent de refuser d'y aller, mais pas toujours avec succès.

Ce Noël la, Monica venait d'acheter sa maison et voulait à tout prix faire le réveillon chez elle. Je n'ai pas trouvé suffisamment d'excuses pour refuser. Et mes parents, comme d'habitude, furent également conviés. Lorsque c'était Noël chez eux, je me consolais en pensant aux repas que Maïna allait faire. Comme je l'ai déjà dit, c'était une excellente cuisinière. Et à Noël c'était son délicieux « Bacalao » mais surtout les « romeritos » avec les tortitas de camarón. J'étais déjà de mauvaise humeur pour avoir été obligé d'y aller, mais lorsque juste avant le dîner, j'apprends que Maïna n'a pas cuisiné et que c'est Monica qui a juste fait des spaghettis bolognaises!! Je suis au bord de la crise de nerfs. Et lorsque Yvonne se trompe, et offre comme cadeau de Noël à Maïna, le cadeau que j'avais acheté à ma mère, je pète un plomb.

Le pire Noël de ma vie, en plus ce jour-là, Monica offre à mes enfants leur première console de jeux. Mais ce fut le dernier Noël que j'accepta de passer chez eux.

Monica commence à sortir à ce moment-là, avec le deuxième, un Iranien, Mansur il s'appelle, qui habite depuis tout petit au Mexique, mais qui fait dans l'import export depuis le moyen orient. Un gars très sympathique aussi, il faut un très bon caractère pour supporter ma belle sœur.

Il a pas mal d'argent, mais commence à avoir des problèmes économiques, avec des prêts et avec le fisc. La crise est de plus en plus forte au Mexique depuis l'accord de libre échange avec le Canada et les EU. Donc deux ans après être le petit copain de Monica, il décide de partir au E.U. où il connaît des amis à Phœnix en Arizona. Il paye plusieurs fois le voyage à Monica pour aller le visiter. Et lors d'un de ces voyages, Monica va rencontrer le voisin de Mansur et va se marier avec celui-ci !!! Coup de foudre d'amour? Ou recherche de la Green Card? Connaissant ma belle sœur, elle a vu l'opportunité de devenir américaine et de garantir son futur, puisque Rich, c'est le nom du voisin, est le fils d'un couple de retraités plein au as. Et n'a qu'une sœur. Le problème de Monica c'est que pour avoir la nationalité par mariage elle ne peut pas sortir du territoire américain pendant deux ans. Et elle a le problème de sa maison, elle n'a plus payé le crédit et veut la vendre. C'est là que Carlos, le nouveau copain de Claudia, va montrer tout ses talents. Il lui propose de lui arranger le problème, il peut lui trouver un client, mais pour la vendre il faut lever l'hypothèque du crédit ou le payer. Mais si Monica lui file une certaine quantité d'argent, il connaît quelqu'un dans le cadastre qui peut falsifier le document pour le notaire pour que l'hypothèque n'apparaisse pas. Monica accepte et paye. Et lors de la vente, Carlos va vendre plus chère la maison que le prix qu'il va annoncer à Monica en prenant un bon pactole pour lui et pour Claudia. De tout cela, personne ne sait, sauf les intéressés bien sûr. Moi j'en ai connaissance, au fur et à mesure, car Claudia me raconte tout. Ah la belle famille!

Un week-end arrive, et de nouveau la belle famille vient nous rendre visite. Cette fois-ci c'est pour nous annoncer que Claudia est enceinte! Et qu'ils vont se marier.
Pour moi Claudia vient de faire la plus grande connerie de sa vie. J'avais déjà auparavant, il y a quelques années, vous vous rappelez, pu éviter qu'elle fasse une idiotie pareille, mais cette fois elle ne m'a pas demandé mon opinion.
La famille veut faire le mariage chez nous. Comme le jardin est assez grand et qu'ils ont déjà assisté à l'une des grosses fêtes que j'ai produite, il me demande de l'organiser. D'un côté du terrain, il y a la petite construction que Jean Pierre a faite pour son mariage, et qui peut également refaire sa fonction pour la cérémonie civile, et servir de piste de danse et de bar. La pergola, ou j'ai mon four et cuisine extérieure, peut très bien être utilisée pour préparer le repas et servir les boissons. Le problème c'est les toilettes. Faire monter les gens dans la maison pour aller aux toilettes, ce n'est pas pratique. De mon côté j'avais commencé à faire les toilettes de mon atelier à côté, mais faute d'argent je ne l'avais pas fini. Donc elles me proposent de payer ce qui manque pour les terminer. Elles veulent, pour le banquet, de la barbacoa et des carnitas. Et comme gâteau, que je leur fasse une pièce montée.
Je me charge de tout, une de nos amies à une affaire pour louer des équipements pour banquets. Je loue un grand Tívoli tout blanc avec rideau, que l'on plante au centre du jardin, il tient tout juste dans les limites du terrain. Je loue également des tables, chaises, couverts etc pour une centaine d'invités. Un barman, un de nos amis, et un de mes ouvriers vont faire le service. Une dame va faire sur place des tortillas faites à la main. Et comme d'habitude le frère de Juan et ses amis vont préparer le mouton et le porc, que je suis allé chercher à l'abattoir. Les boissons sont de qualité moyenne, ils ne veulent pas trop dépenser.

Deux jours avant le mariage, depuis l'annonce il s'est écoulé un peu plus d'un mois, j'ai presque tout payer, Yvonne leur a demandé l'argent au fur et à mesure, on leur demandait ce que le fournisseur nous demandait, ces jour là, comme d'habitude j'ai des problèmes d'argent. Yvonne, donc, leur demande quelques sous pour nous.

Mais ces dames ne sont pas d'accord, elles n'ont soit disant plus d'argent. Elles m'ont bien payé mes toilettes disent elles. Yvonne est furieuse et bien sûr moi aussi, car elle sait très bien combien leur père leur a donné pour le mariage. Et avec ce qu'ils nous ont payé , elles ne sont même pas à la moitié. La veille du mariage nous recevons la demi-sœur d'Yvonne et sa famille qui viennent de Guadalajara, on les aime bien ceux-là. Durant toute la soirée, avec eux, pendant que je fais la pièce montée, je ne vais pas arrêter de fulminer et de dire des peste sur la famille. Si elles avaient dû louer un jardin, acheter un service de banquet pour le repas et les boissons etc.. c'est bien plus du double qu'elles auraient dû payer. Je n'ose pas le dire à tout le monde, je le dis seulement à Béni, le beau frère d'Yvonne de Guadalajara qui est psychiatre, d'ailleurs je ne donne pas un an à ce mariage.

Dans la salle à manger de la maison avant le mariage. De gauche à droite;
Andres (fils de Lydia) moi, Alec, Yvonne et sa soeur Lydia

Le mariage va très bien se passer, tout va être un succès, la barbacoa délicieuse, ma pièce montée, une réussite. On nous a laissé inviter quelques-uns de nos amis. Mais, moi je n'ai pas pu m'amuser. J'ai du tout supervisé durant toute la durée du mariage, les boissons, la bouffe, tout. Car Yvonne a passé toute la journée avec sa copine Lourdes. Maïna, la grande mère avec ses amis qui ont fait le voyage depuis les E.U., ma belle mère avec ses copines, ma belle sœur Monica également avec ses amis.
Et juste quand tout est calme et que les gens commencent à partir et que je vais pouvoir m'asseoir et prendre plaisir à la fête. Ce con de Carlos, le mari, décide de fermer le bar!!!! Il n'a rien dépensé ...pourquoi est-il si con.
Après ce mariage, et la dispute d'Yvonne avec sa mère, on va être tranquille et plus les voir pendant quelques mois. Leur fille Sarahí va naître 4 mois plus tard et ils vont divorcer 6 mois après.
Ce Carlos, et son père qui est médecin à l'assurance maladie du Mexique, gagnent leur vie en faisant des fraudes à l'institution. Le père vend des arrêts maladie, et Carlos monte de fausses

sociétés, pour embaucher de faux travailleurs et les mettre un certain temps en arrêt maladie, puis les fait disparaître.

Quelle famille!! des deux sœurs et le frère d'Yvonne, en accumulant leur temps qu'ils ont été mariés, on n'arrive même pas à trois ans.

Après le divorse on vient nous présenter la petite Sarahi
De gauche à droite; Alec, ma belle-mère, en bas Mahina, Guy, en bas Bruno, puis Yvonne avec Sarahi dans ses bras

Le nouveau mari de Monica on va le rencontrer lors du baptême de Sarahí. Celui là c'est un cas aussi. On va partager avec lui une soirée en plus du temps du baptême. Suffisant pour nous rendre compte de son niveau intellectuel. Pendant la soirée, les enfants jouent aux cartes avec lui. Même Alec qui a 8 ans a l'époque c'est jouer au poker. Mais lui il nous dit qu'il est très fort a ce jeux, qu'il joue toute les semaines pour de l'argent avec ses copains. Mais on se rend compte immédiatement qu'il ne sait pas jouer, il croit par exemple que deux paires sont supérieures à un tiercé !! Et ne sait pas ce que c'est qu'une même couleur. Mes enfants veulent lui expliquer, mais je leur dit de laisser passer pour ne pas le vexer. Mais le plus marrant arrive le lendemain. Après le baptême, Monica nous invite boire un coup chez une de ses copines où elle est logée avec Rick. Après quelques heures, Yvonne a trop bu, elle commence à parler de Van Gogh (elle raffole de son œuvre et de l'histoire de sa vie) et elle se met à pleurer lorsqu'elle parle de sa mort. Rick, qui est à côté d'elle, lui demande si c'était un bon ami à elle !!!! Jajaja !!!!
Maintenant je suis convaincu que Monica c'est marié juste pour l'argent et la nationalité.

Bon, c'est la fin du millénaire. On a passé Noël à la maison avec mes parents.
Mais pour la grande fête de fin d'années et du millénaire, nous sommes invités à une grosse fête chez Felipe et Valérie dans la maison de Cuernavaca. Nous étions allés auparavant dans le courant de l'année, pour le baptême du fils de Felipe (Sébastien) une belle fête où j'avais vu pour la dernière fois Valérie, la sœur de Felipe qui venait de décéder de cancer. En son honneur, Valérie, la femme de Felipe, voulait faire pendant la soirée un jeux d'énigmes sur un crime fictif. Elle nous avait envoyé auparavant a chacun notre personnage et les relations fictives entre nous, et on devait jouer notre rôle pendant la soirée et chercher des pistes sur place. Celui qui découvre l'assassin aurait une petite télé couleur en prime.

Ils ont invité tous leurs amis intimes et même fait venir de Paris une grande amie des deux Valérie, Delphine elle s'appelle, et je ne le savais pas à l'époque, elle allait devenir très importante dans notre future vie. A mon grand étonnement, Felipe me donne la meilleure chambre de la maison, il y a deux autres maisons, celle des parents et celle de Felipe, celle-ci où on fait la fête, c'est la première qui a été construite, celle où on a passé notre lune de miel. Je sais que Felipe m'aime beaucoup, moi aussi, tout serait parfait si j'avais aussi des sous.

C'est une superbe soirée, elle aurait été mieux réussi, si les gens avaient joué davantage leur rôle dans le jeu et si Valérie nous aurait donné plus d'informations sur les relations entre nous. Le résultat du jeu fut que c'était moi l'assassin et Ian gagna la TV couleur.

J'ai revu plusieurs de mes amis dont je n'avais plus de nouvelles. Mes enfants s'amusaient énormément, Yvonne dansa toute la soirée, on mangea comme d'habitude très bien. On eut droit également à passer tout le week-end chez eux avec les parents de Felipe, Carmen et Gerardo, plus Delphine et une amie de Carmen de Cancun.

Pendant la soirée du nouvel an, j'ai fait connaissance avec Delphine et elle me plut beaucoup. Et pendant le week-end je fais également connaissance avec l'amie de Carmen, une jolie fille, qui c'est trouvé être la veuve d'un de mes anciens cyclistes qui fut tué par un chauffard un jour où il s'entraînait. Comme elle n'avait pas de travail, on fit des plans pour voir si elle pouvait vendre mes meubles à Cancún, puisqu'elle avait déjà travaillé avec une de mes clientes.

Les affaires continuent à être difficile, je suis toujours stressé de ne pas pouvoir payer les salaires le samedi. A l'école aussi je prends du retard.

Je respire un peu lors des longs week-end avec les ventes de la boutique. J'essaye de continuer à faire une expo par an, mais ce n'est plus le même succès qu'auparavant. On voit dans ces expos de plus en plus de produits importés à bas prix.

Jesus m'avait envoyé un peu d'argent après notre dernier voyage à Cancún, comme il répond rarement au téléphone. Je décide d'y retourner pour les prochaines vacances.

Ian veut inviter ses amis à faire le voyage, ils pourraient faire du camping dans la propriété. Ils vont être au total une quinzaine. La plupart sont de sa classe, et quelques voisins, trois filles dont deux sœurs, Nancy et Tania, celle-ci et Ana sont de sa classe et Nancy est de la classe de Guy. Ils vont tous y aller en bus, sauf trois d'entre eux a qui leur parents vont leur payer le billet d'avion, très cher à cette époque. Dans notre véhicule on sera toute la famille, sauf Ian qui accompagne en bus ses amis, et Toño l'ami de Guy.

Voyage sans problème, avec les arrêts habituels pour se régaler de fruits de mer.

Jesús n'est pas du tout content, il me demande de quel droit j'ai emmené tant de monde. Je lui réponds, pas de soucis, tu me payes ta dette et je les emmène autre part, en plus c'est bien toi qui m'a dit que je l'on serait toujours les bienvenue. Bien sûr il ferme sa gueule. La seule journée où il ira nous voir, il va être extrêmement gentil avec les adolescents et surtout les adolescentes les invitant à revenir quand ils veulent.

De mon côté, j'ai de plus en plus le sentiment de m'être fait avoir.

J'adore cohabiter avec les copains de mes enfants, mais pour Yvonne et moi les quinze jours que l'on va passer avec eux ne seront pas de tout repos.

Pour la bouffe, j'ai fait avec Ian un devis, pour un petit déjeuner très copieux le matin et un repas tardif dans la journée qui fait effet de dîner également. Et on le divise entre ses copains.

Comme c'est Yvonne et moi qui ferons les courses et la cuisine tous les jours, nous serons avec mes enfants dispensés d'apport.

J'aime cette heure du repas, car tous les enfants y participent et on passe un moment très agréable tous ensemble.

Tout se passe très bien, mais très souvent je dois mettre un stop au fils des riches. Je les laisse une fois aller se promener à Cancún et je les emmène pour cela au bus et leur demande de me téléphoner pour aller les chercher. Et un peu plus tard ils me téléphonent comme quoi ils vont louer une voiture et que donc ce n'est plus nécessaire d'aller les chercher. Je leur passe donc un savon car je suis responsable d'eux envers leur parents car ils sont mineurs et leur interdit de louer la voiture, au Mexique on arrive à avoir le permis à 16 ans et même si c'est interdit de louer une voiture à des mineurs les loueurs s'en foutent. C'est surtout Oliver qui sort avec Tania qui fout le bordel et Fonsi aussi, ils ont un crédit illimité de leur parents et se croient tout permis. Une autre fois, ils veulent aller faire la fête le soir à Playa del Carmen. Je fais deux tours pour les emmener. Je leur donne rendez-vous pour deux heures du matin au coin d'une rue à côté d'un magasin très connu.

Donc je reviens, j'arrive un peu après 2 heures, et personne n'est là, j'attends un peu et rien. Je pense que je suis peut-être arrivé trop tard et je rentre à la villa pour voir s'ils sont rentrés en taxi. Mais personne n'est rentré. Là je commence à m'inquiéter sérieusement et je retourne à Playa del Carmen. Il est déjà presque trois heures du matin. Lorsque j'arrive au coin de la rue, je vois Guy qui sort du chemin qui va à la plage. Je lui demande qu'est-ce qui ce passe, en pensant pourquoi personne n'était au rendez-vous, et il me répond que lui n'a rien fait, je ne comprends pas ce qu'il veut dire, jusqu'au moment où je vois Nancy arriver derrière lui par le même chemin.

Ce qui c'était passé, je ne parle pas de ce qu'on fait ou pas fait Nancy et Guy, mais pourquoi il n'y avait personne au rendez-vous. C'est qu' ils s'étaient tous séparés, chacun a pensé que les autres étaient au rendez-vous, et que eux pouvaient arriver plus en retard, puisque de toute façon je devais faire deux aller retour.

Comme Nancy sortait avec un autre garçon de l'école plus âgé, on n'arrête pas de se moquer de lui pendant le reste du voyage en lui disant qu'il était un homme mort, qu'il allait se faire tuer en rentrant.

Bien sûr tout se passa très bien et Nancy et Guy commencèrent leur relation à l'âge de 15 ans, amour qui allait durer.

On revient tous bien content de ces vacances, et moi avec une nouvelle promesse d'un prochain paiement.

Une nouvelle discipline sportive est très à la mode au Mexique, c'est le football de salon. Ça se joue dans une sorte de cour de Hockey sur glace, mais au lieu de la glace c'est du gazon artificiel. Ils ont construit un cour à Tequisquiapan dans la zone sportive. Comme le directeur de l'école est un fan de foot, le Victoria y est très impliquée dans les tournois. Ian et Guy font partie de l'équipe des grands qui joue dans le tournois des adultes. Ian comme gardien de but. Bruno et Alec jouent aussi avec les petits mais il n'y a pas de tournois officiels pour eux, et chaque fois qu'il y a match amical, l'entraîneur veut faire jouer tout le monde, garçons et filles. Mais les enfants n'aiment pas trop car ils jouent trop peu.

Yvonne joue également dans l'équipe des jeunes filles et elles sont inscrites au tournoi de la ville. Elle est très bonne comme arrière gauche.

Ian est un très bon gardien et Guy est un très bon avant. Aller au match est devenu une activité très importante. À chaque fois le public est du côté de l'équipe du Victoria puisque les élèves sont très nombreux de même que les parents d'élèves qui vont voir le match.
Les filles seront championnes après avoir battu l'équipe des vendeuses du marché du village.
Les jeunes qui ont entre 15 et 17 ans arriveront en finale contre des équipes d'adultes.
Ils vont perdre ce match dans les penalties. Guy en va rater un, mais finira meilleur buteur de la saison.
Je ne suis pas allé voir le match, mais lorsqu'ils sont rentrés, j'ai eu très mal pour eux. Je ne les avais jamais vu si abattus.

Christina ma sœur a fini par divorcer. Son mari lui a donné 30% de la vente de la maison. Elle est venue habiter à Tequisquiapan, elle qui jurait ne jamais retourner dans ce village.
Elle va louer une maison près de chez nous à côté de la maison des amis de mes enfants, Santiago et Pablo. Elle ne sait pas quoi faire avec son argent pour pouvoir en vivre. Acheter une maison et la louer, n'est pas rentable. Trop chère à l'achat et loyer trop bas. Je lui conseille un local commercial.
Et c'est à ce moment que je vais faire une grosse connerie.
J'ai des problèmes de trésorerie, je voudrais investir dans une prochaine expo, avoir un stock de meubles pour pouvoir les placer en dépôt vente et payer un peu de mon retard des frais scolaires. Je vais donc proposer à Christina de m'acheter les installations de l'atelier, et je lui verserai un loyer qui lui permettra de vivre.
Le prix que je lui propose est très correct, je vais récupérer mon investissement de l'achat du terrain, la construction et les tôles du toit, plus une plus value. Mais pour que Christina puisse vivre du loyer, je vais lui offrir de lui payer un loyer trop élevé. Je suis trop confiant.

Je refais donc une autre expo. Mais je n'arrive pas à obtenir les ventes nécessaires. J'ai eu deux grosses commandes, mais pour la plus grande des deux je vais avoir des difficultés pour me faire payer. Je ne livre jamais une commande sans avoir été payé au préalable, surtout pour un nouveau client. Le 50% de la commande a été payé à l'expo, ce qui est rare, en général c'est quelques jours après que les clients font les virements. Comme la commande est assez conséquente, on va louer un camion juste pour la livrer et j'envoie Roman avec le chauffeur. Le client m'a dit paiement contre livraison. Mais Il ne donnera pas de chèque et Roman reviendra avec la promesse d'un virement dans quelques jours. Je vais passer des semaines à téléphoner pour le relancer, il ne me répondra jamais. Le téléphone au Mexique à cette époque pour les longues distances est extrêmement cher. Pour mon entreprise, sans trésorerie, un coup pareil est extrêmement dur. Il me paiera deux mois plus tard, car je le menace de le dénoncer pour qu'il soit interdit d'expo.
Les clients qui étaient bon payeurs deviennent de plus en plus difficile. J'ai comme cliente une dame très sympathique qui m'achète des produits pour revendre, mais je ne sais jamais quand elle va me payer, des fois c'est même en avance, mais je perd énormément de temps à la relancer la plupart du temps. Elle me fait toujours des promesses de grandes affaires. C'est une dame de la haute société de Mexico, qui a eu un mauvais divorce, c'est pour cela qu' elle n'a pas beaucoup de liquidités, mais connaît pas mal de gens. Elle va d'ailleurs m'obtenir un grand stock de bois de manguier qui va me permettre de ne pas acheter du bois pendant un bon moment.

J'ai de plus en plus de problèmes à payer l'école et je prends du retard, mais je pense que les anglais vont être patients. Yvonne et moi les avons aidé lorsque l'on a pu, mes enfants sont de très bon élèves et Guy et Ian sont les meilleurs joueurs de l'équipe du directeur.
En plus de l'école, maintenant c'est aussi le loyer pour Christina, et à peine j'ai du retard elle commence à m'engueuler. Je lui ai promis ce loyer pour l'aider et elle fait comme si c'était elle qui m'aidait.

En plus de tous ces problèmes, une autre tuile va me tomber sur la tête. Je n'avais pas les papiers de la propriété. Jean Pierre ne me les avait jamais donnés puisque lui-même ne les avait pas. Un jour un avocat arrive avec une citation à comparaître pour mon frère, les anciens propriétaires l'accusent de ne jamais avoir payé les 6 dernières traites de l'achat du terrain. Le problème c'est que Jean Pierre n'a jamais demandé la dévolution des traites lorsqu'il les a payés en retard. Et il les a payés au fils du propriétaire, donc sûrement celui-ci n'a jamais informé son père et c'est celui-ci qui réclame l'argent. Jean Pierre habite au Canada donc on demande un délai pour qu'il puisse venir discuter avec eux. Pendant ce temps, je prends un avocat, qui est le fils de mon boucher et le neveu de ma cliente de Cancún, Marisol. Et je vais commencer un procès pour qu'un juge me régularise le titre de la propriété à mon nom.
Encore un frais en plus.

J'ai dut fermer la boutique définitivement, les ventes ne suivent pas et j'ai trop de mal pour payer le loyer et je commence à suspecter Roman de piquer de temps en temps à la caisse, je n'ai pas un contrôle strict du stock. Je vais donc fournir plusieurs boutiques du village avec mes produits pour que ce soit eux qui vendent.
Parmis toutes ces mauvaises nouvelles je vais en recevoir enfin une bonne. Un jour, je reçois un appel d'une fille pour que je lui fasse un devis pour un jeu de meubles pour jardin, composé de quatre chaises style directeur de cinéma, et une table pliante avec un parasol au centre de celle-ci. Tout en bois vernis et en tissus de coton écru. Avec aussi imprimé aux dos de chaque chaise et sur le parasol le logo de « MasterCard ».
Il faut que je lui envoie un exemplaire à son bureau dans la capitale, et si ça plait à son client elle m'en commandera une cinquantaine. Au début j'y crois pas trop, c'est une dame qui m'a vu dans une des expo il y a deux ans, et je suis sûr qu'elle va trouver moin cher pour son client dans les produits chinois. Mais à ma grande surprise l'ensemble de meubles de jardin est accepté. Mais je n'ai qu'un mois pour les fabriquer.
Cette commande va me permettre de mettre à jour sur ma dette envers Christine que je ne supporte plus, elle dit à tout le monde que je l'ai arnaqué car je lui paye en retard son loyer, mais ne se rend pas compte que je lui paye le double de ce que je devrais payer, en plus de lui avoir vendu ma propriété à un très bon prix.

C'est la dernière année de Ian à l'école, il va passer en juin les examens de Cambridge, l'équivalent du Bac français. Pour son futur je ne sais que faire, les universités publiques du Mexique sont assez mauvaises, et il faudrait qu'il aille habiter à Querétaro ou à Mexico. Il y a aussi les universités privées, mais elles sont très chères. On fait avec lui des recherches sur les universités à Montréal, il pourrait aller vivre avec ses oncles. Je leur en parle et ils sont d'accord. Le problème c'est également le coût, bien qu'elle soit moin chère que les universités américaines, elles ne sont pas données, même s'il font un meilleur prix pour les français que pour les autres étrangers.

L'année dernière j'avais traduit pour les parents d'une des filles du Victoria, les propriétaires d'un des hôtels de la ville, un règlement et des instructions sur un foyer pour étudiant de la ville de Poitiers. Ils allaient envoyer leur fille à l'université de Poitiers pour apprendre le français. Je me rappelle que le prix n'était pas trop cher.
Donc je fais mes recherches sur internet et je vois que c'est très possible de l'envoyer.

Pendant ce temps Jean Pierre a pu venir du Canada pour affaires, et on va profiter pour aller voir ces messieurs, à Querétaro, qui disent qu' on leur a pas payé la propriété. Même s'ils vivaient au Canada, Norma et Jean Pierre avaient leur entreprise au Mexique et faisaient souvent le voyage. Comme Jean Pierre n'a pas de preuves du paiement, et eux on mit très longtemps à réagir, ils vont se mettre d'accord sur un montant payable dans deux mois, et après ça ils signent le titres de propriété. On se donne rendez-vous le lendemain chez un notaire de San Juan pour mettre tout ça par écrit, de cette façon ils arrêtent le procès contre Jean Pierre. Bien sûr, moi je ne dis rien sur le procès que j'ai initié.

Mes relations avec l'école vont encore se dégrader. Un jour mes enfants sont refusés à l'entrée de l'école, et le directeur m'envoie une lettre avec le montant de ma dette. Dans ses comptes, rien sur les cours de danse et de français qu' Yvonne a donnés à l'école. Rien non plus sur le service de chauffeur et de cuisinier que je leur ai livré.
Je lui téléphone pour lui demander un rendez-vous et lui demander pourquoi il n'a pas envoyé de préavis. Je vais le voir l'après-midi même. Je lui fais part de ses oublis, et lui demande pourquoi mes enfants n'ont pas une bourse? Puisqu'ils sont parmi les meilleurs élèves de l'école, et qu'il y a parmi les élèves boursiers de bien moins bons élèves. L'école a depuis le début donné une bourse aux enfants de l'ejido hacienda Grande, ceux qui allaient leur faire don d'un terrain. Ces enfants, sont comme presque tous les paysans mexicains des métis, ce sont bien sûr en général des familles pauvres. Il me demande de lui refaire une proposition de paiement, qu'il va revoir le salaire d'Yvonne non payé. Mes enfants peuvent revenir le jour suivant. Mais la professeur de Bruno, Mme Nevett, qui avec son mari sont les principaux actionnaires, va les renvoyer encore une fois. Je vais leur écrire une longue lettre, mais ils manquent l'ecole encore deux autres jours, je vais avoir rendez-vous avec tous les actionnaires de l'école pour le samedi matin.
Dans ma lettre je vais leur indiquer les points suivants.
- Je vais leur rappeler leurs promesses lors de leur offres, pour les nouvelles inscriptions, qu'ils avaient faites aux pionniers de l'école, ceux qui ont continué à payer le taux plein, ne payant plus rien après trois ans. Mais ceux qui comme moi, on choisis de payer, comme les nouveaux, un rabais de 50%, et qu'après deux ans lorsque les frais reviendraient à leur taux plein pour tout le monde, nous on continuerait à payer au rabais, mais les frais scolaires ne sont jamais revenus à leurs niveaux d'avant. Donc le bénéfice que l'on devait recevoir, comme pionniers, en relation avec les autres, était du coup annulé. Et s'ils ne voulaient pas remonter les frais des nouveaux , ils auraient dû nous rabaisser les nôtres pour maintenir leur promesse.(on était que deux familles dans ce cas la)
- Ils ont fait bosser Yvonne comme professeur de français pendant un an, et de danse pendant trois ans sans salaire. Puisque à aucun moment ils nous ont enlevés des frais scolaires en contrepartie.
- Et les 4 jours que j'ai fait le cuisinier et le chauffeur a Tuxpan avec ma camionnette aucune reconnaissance.

-La loi mexicaine pour les écoles privées les oblige à donner des bourses au 10% de ses élèves sous critères d' excellence et de ressources financières. Comme l' école est assez petite encore et que tout se sait dans le village je leur ai dit que j'étais sûr qu'il ne respectaient pas le cuota. Mes enfants étant chacun parmi les trois meilleurs de leur classe, la condition de bon élève était respectée pour la bourse. Et pour celle des ressources financières, mes problèmes étaient connus de tout le village est ils pouvaient vérifier. Je leur dit également que les bourses étaient en train de les octroyer exclusivement aux élèves de l'Ejido Hacienda Grande, parce qu'ils étaient métis, et de cette façon ils voulaient démontrer à tous que l'école était ouverte à toutes les classes sociales. (au Mexique je vous le rappelle les métis appartiennent très majoritairement aux classes pauvres). Je leur rappelle que ces élèves ne sont pas tous de bons élèves, et que certains de leurs parents sont loin d'être sans ressources. Depuis que le gouvernement de droite leur a permis de vendre leurs terres, certains d'entre eux se sont enrichis, et je pense surtout au père de deux de ces élèves, qui en vendant des parcelles, est devenu propriétaire de plusieurs taxis et est loin d'être sans ressources. Je leur dit que c'est un genre de racisme à l'envers.
Lors du rendez-vous le samedi ça se passe mal, ma lettre ne leur a pas plu du tout.
Le couple des Nevett avec qui je m'entendais très bien sont fâchés, car ils disent qu'ils me croyaient leur amis. Je leur dit que moi aussi, mais à un ami on le laisse pas dormir dans sa voiture lorsqu'il pleut et que nous on est confortablement dans une chambre. A un amis on fout pas ses enfants sans préavis à la porte de l'école.
Bien qu'il ne peuvent réfuter mes réclamation, ils insistent que le montant de ma dette est très élevé. Et ça fait longtemps que je prends de plus en plus de retard. Richard le directeur me dit qu'il va refaire les comptes, mais ils veulent une proposition de ma part, je leur promets qu'à partir du mois prochain je ne prendrais plus de retard, et que je suis toujours en attente du paiement de ma maison. Mais mes enfants peuvent retourner à l'école. Ce qui leur fait peur c'est mes menaces de porter le cas d' Yvonne au tribunal du travail et le cas des bourses au ministère de l'éducation. Ils refusent les bourses par orgueil.
Après cet événement on ne verra plus jamais les professeurs de l'école participer à nos fêtes de notre groupe de parents d'élèves, où ils étaient toujours les bienvenus, pas parce que l'on ne les invite plus mais plutôt parce qu'ils préfèrent garder leur distance pour agir plus indépendamment. Cette indépendance se verra au courant de l'année par le renvoi de Tonito, l'ami de Guy, pour cause de mauvais niveau scolaire. C'était bien chez lui où ils allaient le plus souvent aux fêtes.

Après avoir bien réfléchi je décide d'envoyer IAN a Poitiers après ses examens. Je commence donc à faire les démarches.
Ian est devenu très copain avec Michelle, sa cousine. Qui depuis qu'ils sont au Canada essaye de passer ses vacances au Mexique. Pour elle ça a été très dur de quitter le Mexique, car c'était déjà une adolescente et on sait l'importance que les amitiés ont à cet âge là. Elle a d'ailleurs mit du temps à pardonner à mon frère cette décision. Guy sort toujours avec Nancy, c'est le grand amour. On a même établi des relations avec les parents, invitation des deux parties à des repas etc. J'ai même enseigné à Guy à conduire pour qu'il puisse ramener chez elle Nancy lors des soirées.
Ian est un peu jaloux que je prête la camionnette à Guy et pas à lui, mais je suis sûr qu'il comprend. Guy est beaucoup moins fêtard que lui et je lui prête juste la voiture avec Nancy, tandis que Ian est toujours entouré de ses copains.

Au Mexique on a une fête nationale le 5 mai, qui commémore la bataille de Puebla ou l'armée mexicaine bat l'armée de Napoléon. Et avec la fête du premier mai ça fait en général presque une semaine de vacances. Je décide d'aller faire un tour à Tecolutla pour voir si on pourrait trouver un terrain à construire pour passer nos futures vacances. Ian ne veut pas nous accompagner car avec ses copains ils veulent aller à Acapulco pour fêter leur dernière année à l'école. Et Guy est invité, par le père d'un de ses collègues qui est propriétaire d'un des hôtels de Tequisquiapan, pour faire un tour des plages du côté du pacifique.
Donc nous allons avec Bruno et Alec. C'est la vie, plus les enfants grandissent, moins ils veulent passer du temps avec leurs parents, je ne leur en veux pas du tout. Mais c'est plutôt Ian qui va m'en vouloir. Car si Guy est en partie invité , Ian doit payer ses vacances. Comme je l'ai très souvent dit, ses amis sont fils de riches, et s'ils ne sont pas fils de riche, c'est leur grand père ou grande mère qui sont riches. J'essaye de faire de mon mieux, mais ce que je lui donne est très inférieur à ses besoins pour suivre le rythme de ses potes. Et je sens de plus en plus qu'il m'en veut.
Mes enfants étaient toujours au courant de notre situation financière. Avec Yvonne on parle sans tabou en leur présence. Ils ne s'en sont jamais plaint. Guy qui est le filleul de Monica, qui n'a pas d'enfant ni veut en avoir, et lorsqu'elle lui donne de l'argent, il nous le donne. Mais je comprends la situation de Ian pour l'avoir déjà vécu.

A Tecolutla on a loué une chambre dans un petit hôtel au bord de la mer. Tout est bon marché là-bas, rien à voir avec Cancún, Pto Vallarta et encore moins Los Cabos.
On passe la journée sur la plage, à la différence des autres hôtels des autres villes touristiques, ici on peut emmener une glacière à la plage. J'emmène donc mes bières, boissons pour les enfants et ma vodka. Sur la plage, il y a des vendeurs ambulants de toutes sortes. On vous vend des cacahuètes juste grillées, du poisson frit, des crabes farcis, des crevettes, des cocktails de fruits de mer, des empanadas (petits gâteaux salés farcis), des fruits, des crudités etcetera. Mais je vais tellement manger que je vais être malade toute la nuit et que les prochains jours je ne pourrais plus manger avec le même plaisir. Les enfants vont attraper de sérieux coups de soleil, mais vont s'éclater, surtout lors d'une promenade sur un petit bateau de pêche sur l'embouchure du fleuve parmi la mangrove. Le pêcheur va nous sortir plusieurs douzaines d'huîtres sauvages que l'on mangera sur le bateau. Le dernier jour on ira chercher sur la côte, s'il y a des terrains à vendre, mais la côte vers le sud où je pensais trouver, est très affectée par le passage récent d'un ouragan qui a provoqué d'énormes inondations et la côte est pleine de boue. La promenade vaudra le déplacement de toute façon car on trouvera une petite palapa où on se va se régaler de pinces de crabes.

Les documents pour Ian sont arrivés, assez vite d'ailleurs, c'est l'avantage d'une petite ville, le facteur me connaît et il suffit de mon nom pour que la lettre arrive, même avec une mauvaise adresse.
Je remplis les papiers et les renvois avec les documents demandés.
Il me faut juste payer. J'arrive à payer l'université, mais pas assez d'argent pour payer le foyer. Encore une fois encore, ce sera Jean Pierre qui va m'aider. Il aime beaucoup Ian et est très content qu'il puisse partir en France.

Ian a passé ses examens de Cambridge, on attend les résultats, car ils sont corrigés en Angleterre. Je ne peux plus faire d'expo, car je suis sans liquidités. Mais une des deux entreprises qui gèrent celles-ci va ouvrir dans la prochaine expo, un secteur dédié exclusivement aux vins et spiritueux.

Ils m'invitent à y participer, sans frais d'inscription, mais juste avec mes produits pour les bouteilles, c'est-à dire les caves et portes bouteilles.

Je vais rencontrer tous les grands producteurs de vins et spiritueux du Mexique, je vais vendre trois de mes portes bouteilles « méduses » de 36 bouteilles chacunes. Elles sont impressionnantes, et celui qui me les a achetés va les poser à l'entrée de ses restaurants gastronomiques. Je vais également faire la connaissance d'un producteur français de vins du « valle de Guadalupe » la zone par excellence du vins au Mexique qui se trouve en Basse Californie. Leur vin s'appelle Monte Chanic et est réputé un des meilleurs du Mexique. Je vais également réussir à leur vendre des porte- bouteilles méduse et des caves de capacités de 60 bouteilles.

Bien que je vais vendre toutes les portes bouteilles que j'ai ramené, je ne vais recevoir aucune grosse commande. Bien que je garde espoir pour en recevoir prochainement du fait que je sois plus connu parmis les fabricants . Le porte bouteille « Méduse » est un modèle un fer plat que j'ai inventé il y a un ans. Il se décline pour une seule bouteille jusqu'à 36. Les plus vendeurs et les plus élégants sont les modèles de 3, 6, et 12 bouteilles. Freixenet qui est devenu mon meilleur client pour les portes bouteilles, m'achète des 3,4,5, et 6.

Celui de trois a été choisi l'année dernière dans une expo meilleur design de cette année et cette photo à été choisie pour illustrer les triptyques publicitaires de leur prochaine expo.

Comme je vous l'ai déjà dit auparavant, ma belle sœur Claudia a divorcé. Mais elle ne veut pas revenir habiter chez sa mère. Donc elle nous demande si on peut l'accueillir à la maison pendant qu' elle se trouve un logement à Tequisquiapan.

Bien sûr on accepte, elle dormira au début dans le clic clac du salon, puis je vais lui transformer mon bureau en chambre et je m'en ferai un autre dans une petite cabane au fond du jardin. Et ses meubles on les rangera dans la partie du rez-de-chaussée ou j'avais auparavant l'atelier.

Pour gagner sa vie, elle veut ouvrir une boutique pour vendre des tableaux italiens fait en métal modelé représentant des scènes religieuses ou de la renaissance. C'est son frère Jesus qui les importe. Il y a un local à louer situé très près de la place centrale. Et il est au coin d'une rue très utilisée par les touristes. Mais je ne sais pas pourquoi, les boutiques qui s' étaient installées jusqu'ici, n'ont pas eu de succès. C'était toujours de la vente de fringues. Le loyer n'est pas trop cher et le propriétaire est le père d'une amie de ma sœur. Claudia veut le louer, mais comme ses tableaux ne remplissent pas le local et que moi je n'ai plus de boutique elle veut vendre également mes meubles. Puisqu'en plus le local possède une terrasse où on peut exposer les meubles de jardins. Yvonne est contente d'avoir sa sœur avec elle et le bébé aussi. Les enfants aussi sont d'accord. Les premiers mois ça va bien se passer, mais les ventes des tableaux ne marchent pas, mes meubles se vendent comme d'habitude, mais ne suffisent pas pour qu'elle puisse en vivre. Elle a fait des études de cuisine et son père a de l'argent, je lui dit d'essayer d'ouvrir un restaurant dans ce même local. Il n' y a pas de restaurant de cuisine yucatèque dans la région et cette cuisine est très appréciée. Et si elle ne veut pas prendre le risque, elle pourrait commencer par vendre sur la terrasse des tacos de "cochinita et de pollo pibil" que je sais très bien préparer. Son père est très content de l'idée et lui promet de lui obtenir de l'aide de l'entreprise de la Corona.

Elle décide de se lancer et on vas commencer un samedi, je lui cuisine le vendredi soir deux grande casseroles en terre cuite, une de "cochinita pibil" et un autre de "pollo pibil" elle va faire la vente avec Roman à qui j'ai dit de l'aider.

Les ventes ne vont pas être fabuleuses, mais il va y en avoir, c'est normal, on a pas fait de publicité ni rien. Lorsque les casseroles vont revenir à la maison je fais manger des tacos aux enfants pour le dîner. Lorsque je lui demande de l'argent à Claudia pour acheter de la viande et faire plus de pibil, elle me dit que ce que je lui demande c'est davantage d'argent que celui qu'elle a vendu. Bien que j'essaye de lui expliquer qu'elle ne doit pas s'attendre à avoir des bénéfices depuis la première journée. Elle laisse entendre à Yvonne que je n'aurais pas dû me servir du produit de la vente. Je ne la comprends pas, elle a été pour moi comme ma petite sœur et elle m'a toujours pris comme son grand frère. Elle n'est pas du tout contente d'elle et de sa vie et s'en prend à tout le monde. Nos relations commencent à se dégrader à ce moment-là. Et après avoir vécu chez nous elle va habiter avec ma sœur.

Les résultats sont arrivés, ce sont 5 matières différentes qu'ils ont eu à valider, ils peuvent en rater une pour réussir leur rentrée à l'université. Ils ont tous raté les maths. Ian me dit qu'il est reçu.

C'est un samedi où ils vont voir les résultats, on est en train de manger sous la pergola. Ian est avec deux de ses amis, je ne les sens pas très heureux ou soulagés. Ian me regarde de façon étrange de temps en temps. Je sens que quelque chose ne va pas.

Le dimanche soir je suis en train de boire un coup sur la terrasse d'en bas, Ian était chez ses copains et au moment de rentrer il s'assoit avec moi, pour bavarder, nous sommes tous les deux seuls. Les autres sont déjà montés. Je sens qu' il veut me dire quelque chose, donc je l'aide, lui dit que je pense que son attitude cache quelque chose et que c'est sûrement qu'il n'a pas réussi ses examens. Il me confesse qu'ils ont également raté la physique. Il me dit qu'il veut essayer le rattrapage en novembre, où bien passer les examens mexicains en candidat libre.

Je lui dit qu'il n'est pas question d'annuler son voyage à Poitiers, tout est payé, et s'il veut passer le rattrapage, on trouvera une solution pour qu' il puisse le passer en France, puisque c'est un examen international. Je vois que Ian est très soulagé, il pensait peut-être que j'allais me fâcher, mais je ne pourrais jamais en vouloir à un de mes enfants pour avoir raté quoi que ce soit, j'ai trop de fois échoué moi-même pour savoir ce que c'est. J'en veux plutôt à l'école des anglais, il n'y a qu'un des élèves qui a réussi la physique, et Ian suspecte qu'il a été aidé par le professeur. Ce n'est pas normal qu'il y ait 100% de recalé en mathématiques. Surtout que dans cette classe il y avait au moins deux élèves très sérieux et appliqué. Le problème avec le système de Cambridge, c'est que l'on doit choisir 5 disciplines parmi beaucoup d'autres. Et réussir au moins 4 pour entrer à l'université. Mais la profession choisie dépendra bien sûr des disciplines que l'on a réussi. Dans le cas de l'école Victoria c'est le directeur qui choisit, car ils n'ont pas suffisamment de professeurs pour proposer un grand choix, et dans les différentes sections des mathématiques il a choisi la statistique en pensant qu'elle est la plus facile mais il se trompe. Lorsque je vais voir le directeur pour lui annoncer que Ian va de toutes façon partir en France malgré les résultats, je lui demande pourquoi il ne donne pas le certificat d'étude mexicain du dernier degré à ceux qui ont eu la moyenne des examens durant toute l'année c'est à dire en contrôle continu, comme font toutes les autres écoles certifiées par l'éducation nationale du Mexique? Ce certificat leur permettant de poursuivre leurs études s'ils le veulent au Mexique. Le lycée franco mexicain, comme le lycée allemand le font, les examens comme le bac ou celui de Cambridge servent pour faire les études dans les pays ou ils sont reconnus. Mais il préfère foutre en l' air une année où plus de la vie des enfants que de vouloir reconnaître le manque de préparation de ses professeurs.

Encore une parenthèse pour vous expliquer pourquoi j'insiste tellement sur l'éducation et la scolarité de nos enfants

L'Elite héréditaire ...ou la démocratie des diplômés

En 1957 le sociologue anglais a publié un roman de sciences fiction, son titre " L'Ascension de la méritocratie " avec 500 mil exemplaires vendus, le mot "méritocratie" va rentrer dans le langage courant. L'ouvrage de Young qui est écrit dans le sillage de 1984 de George Orwell, et du meilleur des mondes d' Adolphe Huxley, décrit un cauchemar d'un monde moderne dirigé non pas tant par le peuple que par les gens les plus intelligents. Un gouvernement des intellectuels.
Quoi de plus juste vous direz , et je suis d'accord. Mais vous verrez que ce n'est pas juste du tout la façon dont ça se passe.
Dans le livre, au prétexte de l'égalité des chances, les hiérarchies s'échelonnent en fonction de l'intelligence. "Les talentueux ont eut l'occasion de s'élever au niveau qui correspond à leurs capacités, et les classes inférieures ont donc été réservées aux moins capables"

La composition des "intelligents": des professionnels littéraires ou scientifiques chargés de produire des connaissances et administrer l'État et les entreprises.
En France l'INSEE les rassemble dans la catégorie cadres et professions intellectuelles supérieures, c'est à dire par exemple, directeurs des ressources humaines, préfets, notaires, astronomes, journalistes, magistrats, publicitaires, médecins, ingénieurs etc. C'est la catégorie socioprofessionnelle qui a le plus vu ses effectifs croître. Ils étaient 900,000 en 1962 (4,6% de la population active) aujourd'hui ils sont plus de 5 millions (18%).
Sorties des universités et des écoles les plus prestigieuses, la fraction supérieure de ce groupe représente 5 à 10% des populations actives occidentales. Il y sont inclus le 1% des plus riches.
Dans les intellectuels on compte aussi les penseurs qui critiquent l'ordre établi. Mais combien compte-t-on de Sartre, de Simone de Beauvoir et de Pierre Bourdieu face aux millions de manageurs et de financiers?
Pour les classes sociales inférieures, on a tendance à les classifier en catégorie générique, comme les agriculteurs, les ouvriers, les services à la personne. Mais pour les classes les plus instruites on détaille leurs courants de pensée. Il faut rétablir l'équilibre et les considérer non plus comme des individus mais comme une classe sociale.
L'histoire retient le rôle progressiste des couches lettrés, comme les savants, les encyclopédistes, avocats révolutionnaires, écrivains. Mais minimise les épisodes les moins glorieux. Vichy fut par exemple la création d'experts et de l'élite française.

En occident médiéval, c'est le haut clergé détenteur du monopole d'accès aux écritures, légitimant le pouvoir des propriétaires fonciers et possèdant lui-même le quart des terres.
En Chine impériale la classe des fonctionnaires lettrés (les mandarins) très infime quand à son nombre, est la seule détentrice du pouvoir, et le plus grand propriétaire.
En Inde précoloniale, le système de castes, violemment inégalitaire, repose sur la domination exercée par des intellectuels, les brahmanes. Ce sont eux et non les rois et les princes qui ont le pouvoir.

Ces têtes débordantes de cervelle ne possèdent pas les moyens de production, mais un savoir qu'elles monnayent aux propriétaires qui leur délèguent le contrôle de la production et organisation du travail avec le soin d'augmenter la productivité par la technique.

A l'Est, le système éducatif soviétique produit des millions d'ingénieurs et de cadres administratifs sur diplômés, entraînant une poussée vers le haut des éléments sociaux les plus instruits. A l'ouest, en 1920 la production industrielle lancée par Frederick Taylor et augmentée par le New Deal de Franklin D.Roosevelt, va produire une intelligentsia: la technostructure. Dans cette néo bourgeoisie cultivée se recrute la nouvelle basse contestataire de gauche et les brillants diplômés de l'époque de Kennedy qui penseront la guerre du Vietnam. Ils nourrissent une même défiance des extrêmes, du collectivisme et du traditionaliste. Ils veulent finir avec les idéologies et monnayer de belles carrières.
"La nouvelle classe est la force la plus progressiste des sociétés modernes" écrit en 1979 le sociologue Alvin Gouldner.

Le livre " L'ascension de la méritocratie" vire au cauchemar. Le gouvernement des classes cultivées n'est plus composé que d'experts. La masse des non diplômés rendus inemployables à cause de l'automatisation, se voit enrôlé de force comme employés domestiques des intellectuels " une fois que tous les génies sont parmis l'élite et tous les crétins parmi les ouvriers, que signifie l'égalité?" interroge le narrateur.
Dans la fiction de Young le gouvernement des intellectuels parvient au début du XXI siècle. La classe éduquée, nantie de tous les privilèges en nature, ne se reproduit plus qu'en son sein. " l'élite est en passe de devenir héréditaire; les principes de l'hérédité et du mérite se rejoignent" observe le narrateur. Le monde dystopique exposé dans cette science-fiction critique il y a plus de 60 ans ressemble au nôtre.

Aux États Unis comme en Europe, un fossé sépare la petite minorité des cycles supérieurs longs et sélectifs (10 à 15%) et les autres. L' opposition mis en avant entre les 99% et les 1% les plus riches, cache le groupe plus large qui bénéficie depuis un demi-siècle de la compétition méritocratique, et sans lequel les 1% ne peuvent ni installer ni perpétuer leurs dominations, ceci permet à certains meritocrates de se placer eux-mêmes dans le camp des opprimés à côté des femmes de ménages.

Auteurs d'une enquête sur les dirigeants politiques de 6 pays d'Europe, Mark Bowens et Anchrit Wille confirment que les régimes représentatifs actuels s'apparentent à des « démocraties de diplômés »
En 2016, 100% des ministres belges et allemands sont passés par l'enseignement supérieur, comme 95% des ministres français. Au royaume unis, 60% proviennent des deux universités d'élite, Oxford et Cambridge. Mais les citoyens non diplômés du supérieur représentent 70% de l'électorat.

Mais comment maintenir la domination d'une petite couche de savants dominants lorsque la proportion des diplômés du supérieur est passée du début du XIX siècle de 1% à environ 35%? Il suffit d'instaurer de nouveaux obstacles culturels et financiers pour les moins instruits et pour les diplômés surnuméraires.
Aux États Unis, les tamis combinés du savoir et de l'argent assurent un trio social, que la crème des méritocrates se reproduisent de génération en génération comme une classe dominante héréditaire. Tous les diplômés ne sont pas riches mais tous les riches sont diplômés. En 2017 les américains qui gagnaient deux fois et demi le salaire médian avait un diplôme supérieur ou égal au bac. Pour que sa descendance ne décroche pas, la bourgeoisie éclairée dépense une grande

partie de ses revenus et de son temps, dans l'instruction, le bien être, la culture, la santé. Des nounous bilingues, des crèches à 50,000 dollars etc.
En 2014 les 1% les plus riches ont dépensé 3,5% de plus dans l'éducation qu'en 1996 et 8,6 fois plus que la moyenne. Pour entrer à Harvard, Yale, Princeton et Stanford il faut débourser 40,000 et 70,000 dollars par an. Le revenu moyen annuel est de 63700 dollars. Pour le professeur de droit Daniel Markovits le surcroît des dépenses éducatives du 1% des plus riches correspond à un héritage de 10 millions de dollars par enfants pour une famille de classe moyenne « le mérite est une escroquerie » conclut il.
Mais au-delà du point de vue financier, il y a d'autres types de transmission.
La transmission du capital culturel débute dès la naissance sous la forme du temps d'attention porté à l'enfant surtout celui des femmes. Les intellectuelles passent deux ou trois fois plus de temps à jouer avec leurs nouveaux nés et à les instruire. Elles les allaitent plus fréquemment et plus longtemps. A 3 ans, un rejeton de profession libérale a entendu en moyenne vingt millions de mots prononcés par un humain de plus qu'un enfant d'un autre milieu. Son vocabulaire est 49% plus diversifié.

« A ses 18 ans un enfant de riche aura reçu cinq milles heures d'attention de plus qu'un enfant de classe moyenne sous forme d'histoire lues, de conversations, d'évènements culturels, d'entraînement sportif, etc, au même âge un enfant de classe moyenne sera resté 5000 heures de plus devant un écran qu'un enfant de riche » écrit Markovits. « les investissements massifs de l'élite dans l'éducation, ont porté leur fruits. Le fossé scolaire entre étudiants riches et pauvres dépasse aujourd'hui celui qui dépasse celui qui séparait blanc et noir en 1954 (année où la cour suprême a rendu inconstitutionnelle la ségrégation à l'école). L'inégalité économique produit aujourd'hui une inégalité éducative plus grande que ne le fit l'apartheid américain » observe Markovits.

Les intellectuels les plus prospères jugeront avec mépris les parents forcément moins ouverts, moins progressistes,qui n'observent pas les mêmes rites culturels, sociaux et alimentaires. « Il n'avait qu'à faire des études » sera leur verdict.

Mais tout n'est pas simple pour les enfants de riches, car le darwinisme social qu'ils imposent et qui écarte les pauvres, les place eux aussi en concurrence. Depuis la surcharge scolaire des l'âge de trois ans, à la journée de 12 heures de travail comme associé dans un cabinet d'avocats, a fait que les méritocrates s'aperçoivent que leur aliénation à des entreprises souvent dépourvues d'utilité sociale, qui érigent l'autodestruction par épuisement en critère d'excellence professionnelle, incite une fraction minime mais croissante, à faire défection pour se reconvertir dans l'artisanat, l'humanitaire et même en lanceurs de pavés. Mais ça reste l'exception une fois installé dans un établissement d'élite le destin est tracé.

Aux États Unis, la moitié des étudiants des douze universités les plus prestigieuses descend des 10% des ménages les plus riches. En France, la bourgeoisie cultivée n'a pas atteint ce degré. Le faible coût de l'enseignement supérieur contraste avec les frais exorbitants des USA. Mais l'exclusivisme bourgeois des établissements d'élite est également très prononcé en France . L'ENA compte 6% d'ouvriers et d'employés alors qu'ils représentent la moitié des actifs. A Polytechnique 1,1% de ses élèves ont un parent ouvrier, contre 93% d'enfants de cadres ou

professionnels intellectuels supérieurs. C'est un apartheid meritocratique qui s'accélère depuis 1950. C'est un centre de tri chargé de séparer les 10% qui domineront.
L'emprise croissante des intellectuels prospères a reconfiguré le paysage politique occidental. Après le seconde guerre mondiale, les populations les moins diplômés et les moins riches votaient majoritairement pour les partis de gauche ainsi qu'une petite partie des professions d'intellectuels liés au services publics. Mais ce n'est plus le cas, démocrates, socialistes, verts sont depuis 1990 des partis de diplômés. Ouvriers et employés s'abstiennent ou votent pour des partis qui ne représentent pas leurs intérêts, mais qui se présentent comme anti élite libérale. « Si l'on veut comprendre la montée du populisme, il n'est pas inutile de commencer par analyser cette montée en puissance de l'élitisme » écrit Piketty.
En France, la détention d'un master reste étroitement liée à l'origine sociale. En 2017, 40% des actifs nés d'un parent de profession libérale étaient détenteurs d'un bac +5 ou d'une école d'ingénieur, contre moins de 4% des enfants d'ouvriers.
C'est une véritable lutte de classes on ne peut plus traditionnelle.

Une ilustración tragique aux E U c'est les morts par désespoir (suicide, alcool, drogue). Selon les chercheurs Anne Case et Angus Deaton, ce surcroît de décès estimé à 600,000 entre 1999 et 2017 au sein de la population blanche âgée de 45 à 54 ans concerne presque exclusivement les non diplômés. Depuis 1990 leur taux de mortalité a augmenté de 25% alors que celui des détenteurs d'un « bachelor » (licence en 4 ans) a diminué de 40%. Pour les sans diplôme l'écart se creuse également en revenus et stabilité familiale.

Ce qui est en train de se passer, Young la raconte il y a 60 ans dans son ouvrage. Mais celui-ci se termine sur une note optimiste. En mai 2033 éclate un grand mouvement " populiste" déclenché par les femmes écartées de la redistribution des pouvoirs méritocratiques au profit des hommes. Une minorité dissidente va s'allier aux classes inférieures jusqu'ici isolées et dociles.

C'est pour tout ce que je vous ai décrit que je fais tout mon possible pour que mes enfants puissent être du côté des gagnants. Mais je préférerais que ce système héréditaire n'existe pas.

Le jour où IAN va partir s'approche, il va d'abord passer 15 jours avec la famille de Jean Pierre à Montréal, je lui ai fait faire son passeport mexicain et le français, son avion fait escale à New York et comme mexicain il n'a pas le droit d'entrer au US mais comme français oui. Et de Montréal il prendra un avion pour Paris, on en trouve de très économiques.
Comme d'habitude j'ai des soucis d'argent et Yvonne va demander à son père de nous aider pour le billet d'avion. A cette époque, j'ai eu un souci avec ma belle-mère. Lors de notre exposition pour la vente de nos portes bouteilles, comme le stand était gratuit pour innovation de ce secteur, on nous a quand même demandé une carte de crédit pour être sûr de notre participation, mais sans prélèvement de l'argent si on était présent. Comme je n'avais pas de carte ma belle mère nous en avait prêté une. Mais ils ont fait une erreur avec moi. Comme j'avais déjà participé auparavant à cette exposition, mais dans le secteur de meubles, l'administration ne s'est pas rendu compte que j'étais venu comme caviste est a fait le prélèvement. Lorsque ma belle mère

s'est rendu compte elle nous a fait une scène par téléphone. Et bien que quelques jours après j'ai solutionné le problème avec soit un remboursement ou rien payer à la prochaine expo. Elle n'a rien voulu savoir. Déjà les relations d'Yvonne avec elle s'étaient dégradées avec la fête du mariage, elle devenait de pire en pire. Lorsqu'elle sut que mon beau-frère Jesus, par ordre de son père, devait donner l'argent à Ian, lors de son passage chez eux pour prendre l'avion, elle dit à Jesus qu' on lui avait extorqué de l'argent par des mensonges. Jesús me téléphone le soir même, et sans me laisser donner un seul moment pour m'expliquer, il commence à me crier dessus et à m'insulter d'une façon extrêmement grossière et fini par me raccrocher.
Le lendemain, je dois emmener Claudia au bus car elle a décidé de rentrer chez sa mère, je vais la chercher chez ma sœur. Elle est au courant des insultes de Jesús. Donc pendant le trajet je lui explique que comme sa mère a essayé d'empêcher le voyage de Ian en faisant ce qu'elle a fait, elle et son frère Jesus, qui m'a drôlement manqué de respect ne verront plus jamais mes enfants tant qu'ils seront mineurs et qu'ils peuvent nous oublier Yvonne et moi.

Ça y est, Ian va partir, il va prendre l'avion un lundi matin depuis l'aéroport de Mexico. Je lui ai préparé une grande casserole de pozole pour qu'il fête son départ avec ses copains. Nous, on est invité à une grosse soirée chez des amis, donc on ne gênera pas sa dernière soirée.
Le dimanche, avant son départ, on va manger en famille sous notre pergola, et je lui fais de la tête de bœuf qu'il adore. L'après-midi vers 6 heures on l'emmène à la gare routière. Il a dit adieu à sa mère à la maison, avant il est allé faire ses adieux à ses grands- parents. Il ne s'attendait pas à voir une telle tristesse chez ma mère. On va aller avec ses frères à la gare.
Pendant le trajet, il est assis à l'avant, je vois qu'il détourne la tête et regarde de côté, je ne sais pas ce qui se passe dans sa tête, mais je crois bien qu'il pense à tous ces endroits qu'il est en train de voir, peut-être pour la dernière fois, et où il a passé ses 10 dernières années, je pense même qu'il lâche quelques larmes. Arrive le moment où il doit monter dans le bus. Les quatres frères blaguent entre eux, mais je sens qu'il font surtout ça pour cacher leurs vrais sentiments. Moi je lui dit juste au revoir car je vais le voir le lendemain matin à l'aéroport, car j'ai un rendez-vous à Mexico.

Le matin , je prends tôt le bus pour arriver à l'aéroport, car je veux être en place pour l'attendre et voir si quelqu'un de ma famille politique est venu l'accompagner et pouvoir éviter une altercation. Heureusement ils n'ont pas osé et Ian arrive seul. Je l'accompagne pour faire tous ses papiers, tout se passe bien car on avait peur, il n'a pas de visa pour son escale à New York, mais son passeport français sera suffisant.
Avant qu'il passe le contrôle de sécurité, on a le temps d'aller prendre un café. Comme je ne savais quoi lui offrir pour son voyage, je lui offre un briquet d'amadou qu'un très bon pote m'avait offert lorsque j'étais parti pour mon aventure sur le Matamoros au Brésil, comme un symbole que c'est son tour de laisser le cocon familial pour partir à l'aventure. Le moment venu de se dire adieu, on se donnera l' " abrazó" pour la première fois. Je me sens très triste, mais je ne suis pas trop inquiet car il va à d'abord passer une dizaine de jours chez ses oncles et cousins de Montréal.
En sortant de l'aéroport, je vais à mon rendez-vous dans les bureaux des vignobles français, qui m'achètent des porte-bouteilles, pour chercher un chèque et j'espère aussi une nouvelle commande.

C'est au retour vers Tequisquiapan, dans le bus, que le départ de Ian va me tomber sur la tête et que je vais même verser des larmes.

Une semaine plus tard, après son séjour très agréable à Montréal en compagnie de sa cousine Michelle avec qui il s'entend très bien, on lui trouve un vol à Paris pas cher.
Et c'est ce moment qui m'inquiète, il va arriver dans un pays qu'il ne connaît pas et dont il ne parle pas la langue, il doit se transférer de l'aéroport à la Gare Montparnasse en métro et acheter son billet pour Poitiers.
Si tout se passe bien, j'ai calculé qu'il devrait arriver au foyer entre 14:30 et 16 heures, comme je lui ai dit de m'appeler en arrivant, j'attends son coup de téléphone vers 8 ou 11 heures du soir. A minuit, rien encore. Toute la famille dort, mais moi je ne fais que m'inquiéter et j'attends assis dans mon bureau dévoré par l'incertitude.
L'appel va arriver vers 2 heures et demi du matin. Tout s'était bien passé au début, une fille qui parlait espagnol et qu'il l'a rencontrée dans l'avion, le dépose dans une station de métro où il a pu prendre celui-ci jusqu'à la gare. Une fois dans le TGV pour Poitiers, il a eu très soif, et lorsque le train s'est arrêté à Tours, il a vu un distributeur de boissons et il est descendu pour s'en acheter un coca, sans savoir que le train ne s'arrête qu'une ou deux minutes. Donc lorsqu' il voit le train partir avec ses affaires je m'imagine le choc et l'angoisse. Jusqu'à aujourd'hui, lorsque j'essaye de m'imaginer ce qu'il a ressenti j'ai encore un pincement au cœur pour lui.
Il va réussir à communiquer avec le contrôleur avec quelques mots d'espagnol et d'anglais que comprend celui-ci. Et il va prendre le train suivant et il attendra à Poitiers que ses affaires repêché à Bordeaux lui reviennent. Voilà la raison de son retard. Comme il est arrivé très loin de l'heure que l' on avait indiqué, le gardien lui a passé un savon, bien que Ian n'a rien compris, plus tard il se vengera.
J'ai rarement été si soulagé après un coup de téléphone. Le lendemain on communiquera plus longuement par mails. Avec la facilité que Ian a de se faire des amis, il ne tardera pas à s'en faire de très bon, un japonais et surtout un français avec qui à l'heure actuelle où j'écris, est un de ses meilleurs potes. Je suis tranquille.

CHAPITRE XL... la plus grande décision de ma vie

Une fois Ian parti, les affaires ne s'améliorent pas, au contraire. Ma relation avec mes créanciers s'empire de plus en plus, c'est-à dire ma sœur Christina et l'école.
On dépend des ventes de nos clients des boutiques de Tequisquiapan, principalement d'une boutique en pleine place centrale. J'ai aussi trois clients fidèles qui ont leurs boutiques en province et qui me font encore de temps en temps de bonnes commandes, c'est tout ce qui me reste des expositions. Le caviste Freixenet me reste fidèle aussi et m'achète régulièrement mes portes bouteilles « méduses ».
J'ai quelques produits qui se vendent très bien, une demi douzaine de mes designs représentent 80 % de mon chiffre d'affaires. Si je réussissais à trouver un financement ou un associé pour pouvoir les fabriquer en série et les vendre dans les grands magasins je pourrais m'en sortir et gagner pas mal d'argent.
J'ai même eu des problèmes avec certains des fabricants de meubles de Tequisquiapan qui ont également une boutique, certains d'entre eux ont commencé à copier mes modèles. J'ai dû donc protéger légalement mes designs ce qui m'a encore coûté de l'argent. Ce n'est pas des brevets,

car c'est très cher, mais juste une protection pour que personne puisse les breveter, mais l'avocat du cabinet spécialisé en protection des œuvres a été très sympa et a appelé mes concurrents qui voulaient me copier pour les menacer de poursuites, ils ont immédiatement arrêté.
Je pourrais facilement vivre ainsi si je n'avais pas les frais de l'école et le loyer de Christina à payer. Quelle connerie j'ai faite en lui vendant l'atelier!!!

Quelques semaines après le départ de Ian, Felipe et Valérie sont passés un dimanche pour nous voir. Je leur ai fait un super repas. Une salade de gésier que je sais que Felipe adore puisque je lui en faisais lorsqu'il habitait avec moi, puis du canard au miel et ananas. Ils ont été très sympa durant toute leur visite. Felipe ne travaille plus, les australiens, qui avaient acheté l'entreprise de son père et son associé, avaient fini par le virer. Valérie dédie tout son temps à leur fils Sébastien. Il commence à me parler de projets qu'il voudrait mettre en place, mais il ne savait pas trop quoi. Mais il voudrait que j'y participe. Il commence à me trouver plein de vertus, il dit que je suis le seul parmis toute la bande à avoir monté sa propre affaire sans aides, donc je suis, pour lui, absolument nécessaire au futur projet. De mon côté je n'ai rien proposé, ce jour là je ne croyais en rien, je lui es juste dit que j'étais à sa disposition.

Ma priorité était bien sûr d'envoyer de l'argent à Ian, ce n'était pas énorme car comme tout était payé, c'était juste pour son transport et sa bouffe, et celle-ci n'était pas beaucoup plus cher qu'ici. Il pouvait même nous appeler par téléphone. Il s'était acheté un portable et grâce à une carte, l'appel était très économique. C'était vraiment scandaleux la différence de prix de la téléphonie en France avec le Mexique, presque 10 fois plus cher ici. Résultat du Monopole obtenu par le milliardaire Carlos Slim lors de la privatisation de la compagnie des télécommunications mexicaine.

J'ai toujours de temps en temps des crises de douleurs, avec une injection que me fait Yvonne ça passe, mais c'est presque toujours la nuit que ça arrive et je dois attendre l'ouverture de la pharmacie pour pouvoir me soulager de cette douleur. Et maintenant, pour empirer ma santé, j'ai des ulcères dans le bas de la jambe droite, elles me font mal et la lymphe coule sans arrêt. Je ne déprime pas, ce n'ai pas mon style, mais je suis très découragé. Yvonne par contre déprime de plus en plus et pleure de plus en plus souvent. Bien qu'elle a toujours eu la larme facile. Une des ses copines, Laura, lui a payé un cours de couture, puis un autre de coiffure pour qu'elle cherche à s'occuper.
J'ai déjà vu plusieurs docteurs pour mes douleurs, chaque docteur à son idée et tous disent que ce n'est pas de la goutte, mais après les analyses ils finissent par me donner un traitement contre celle-ci.
On m'a recommandé un médecin spécialiste en maladie tropicale, c'est un médecin très taciturne qui ne parle pratiquement pas, il est convaincu que ce n'est pas la goutte, mais ne se prononce pas sur un autre diagnostic. Il me donne un traitement qui pour l'instant marche, et après un deuxième rendez-vous je n'y retourne plus, par faute d'argent. Mais je continue ce traitement. Mais sans me rendre compte je vais m'empoisonner de cortisone, car le traitement qu'il m'a donné est à base de ce produit et il ne m'a jamais averti. Je vais encore grossir.

Gerardo et Carmen vont se marier, ils l'ont décidé juste pour avoir les nationalités. Carmen a besoin de devenir française pour ne pas payer une grosse somme d'argent pour être admise au Club France, et Gerardo la nationalité espagnole pour être admis sans trop de frais à l'hôpital espagnol.

Ils vont faire ça en très petit comité, juste un mariage à la mairie avec les témoins. Mais Felipe leur a préparé une petite fête intime avec les amis les plus proches dans son appartement. On va bien sûr y aller. Je vais voir des amis que je n'avais pas vu depuis longtemps, comme Naoki qui habite à Atlanta maintenant et Claudia que je n'avais vu qu'une fois depuis mon retour à Tequisquiapan. Ça m'a fait du bien, je sentais que j'avais perdu le lien fort que j'avais avec eux, et le fait de me rapprocher en déménageant à Tequisquiapan n'avait rien arrangé. Mais j'ai senti que même si on ne se voyait pratiquement jamais, notre amitié et nos sentiments restaient aussi forts.

Comme d'habitude nous partîmes les derniers. Et lorsque l'on restait juste Felipe, Valérie, Yvonne et moi. Felipe recommence à parler de faire un projet ensemble, dans lequel on inviterait Delphine à participer vu qu'elle avait besoin de travailler, il insiste qu'il faut vraiment se lancer. On parle de plusieurs projets comme fabriquer ou acheter de l'artisanat pour l'exporter en France. Je lui dit que j'ai plusieurs idées et que je vais me mettre à y réfléchir sérieusement. On se sépare en se disant que l'on se mettra en contact prochainement et que je n'hésite pas à le contacter si j'ai besoin de quelque chose.

En novembre, Ian a trouvé du travail dans la réception d'un hôtel. Il doit rester toute la nuit pour répondre au téléphone, recevoir des clients s'il y en a qui arrivent en retard et servir les petits déjeuners. Il n'a pas trop besoin de parler français puisque la plupart des clients sont étrangers et avec son anglais il s'en sort.
Avec son premier salaire il va acheter des cadeaux pour nous et ses frères , il va tout dépensé. Ça me fait chaud au cœur. Il nous les faire parvenir avec son compagnon du Victoria, Fonsi, qui est passé le voir lors de son passage en France.
C'est le premier Noël où on ne va pas être tous ensemble. Ignés, la mère de Santiago et de Pablo, amis et voisins. Va nous inviter passer les fêtes de Noël à la ferme de son premier fils Javier. On y était déjà allé plusieurs fois passer des week-ends. Je m'entends très bien avec Javier et il m'aime beaucoup, d'ailleurs Santiago et Pablo également. Bien sûr ils me demanderont de faire la cuisine, on est allé tous ensemble au grand marché traditionnel de Querétaro pour acheter les produits et on a fait un super réveillon. C'était vraiment très chouette. Et surtout avec personne de ma belle famille vue la situation.
Ian nous a téléphoné vers une heure du matin, pour lui il était 8 heures du matin, mais il ne s'était pas encore couché, il avait fait la fête avec deux de ses nouveaux copains. Il a pu parler longuement avec son pote Santiago. On a également passé le nouvel an là-bas, mais j'avais complètement oublié mon ami Max. Depuis qu'il avait divorcé il y a quelques années, il venait, avec ses enfants, passer la Saint Sylvestre à Tequisquiapan avec nous. Je lui dit d'aller de toute façon à la maison pour qu'il y passe ses vacances comme bon lui semble. Encore un ami que je ne reverrai plus.

Jean Pierre n'a pas pu m'envoyer l'argent pour payer les propriétaires, il ne dispose que de la moitié, et me dit qu'il faut que je m'arrange avec ça. Mon avocat n'a pas continué le procès pour m'arranger les papiers car je n'ai pas pu continuer à le payer.
Donc je tente le tout pour le tout. Je vais voir l'avocat et je lui donne l'argent que Jean Pierre m'a envoyé, pour qu'il arrange en vitesse le certificat de propriété avant que les autres réagissent.

Au boulot j'ai un petit coup de pouce. Le fils de ma cliente qui m'a trouvé le bois de mangue, a une grosse commande et veut qu'on l'a produise ensemble. Il s'agit de faire 5000 croix en bois peinte en blanc. C'est son oncle, qui travaille dans une entreprise de ciment, qui tous les ans, le

jour de la fête des massons, fait une grosse fête dans un stade et leur offre cette croix. On va donc essayer de les faire à temps avec mes employés et mes machines, ça va me permettre de tenir deux ou trois mois.
Mais ça va mal. Je n'ai plus de voiture, on m'a saisie la camionnette pour faute de paiement d'impôts. Les week-ends on voit plus très souvent les copains, il y a eu des disputes entre deux couples et on ne fait plus de réunions.
Un jour je vais téléphoner à Felipe pour voir ce que l'on peut faire, mais j'essaye de l'avoir plusieurs fois, mais il ne me répond jamais. C'est peut être parce qu'une fois j'ai laissé le message à Valérie comme quoi j'avais besoin d'argent.
Je suis allé à l'école pour leur demander une dernière fois de donner une bourse à mes enfants, pas de réponse favorable.
Yvonne a un pólype qu'il faut lui enlever et je viens de perdre mon assurance maladie et je n'ai pas d'argent pour la renouveler.

Gerardo nous a surpris, il est arrivé un dimanche sur sa moto, il a acheté une bouteille de rhum et on a bus et parlé longuement. J'avais ma jambe pleine de plaies qui souintaient énormément. Je lui confiais mes soucis et dans la discussion surgit le commentaire comme quoi je n'avais jamais reçu d'aide de la part des amis. Lorsque l'on a des soucis d'argent c'est toujours notre faute, donc pas d'aide, si c'est une maladie peut-être. Le lendemain il me téléphone pour me dire que j'aille à Mexico pour me soigner la jambe, et qu'il me paye le dermatologue. Je le remercie mais je n'ai pas d'argent pour le bus.

J'ai réussi mon paris, j'ai le jugement du tribunal et l'ordre du juge pour qu'un notaire me fasse le certificat de la propriété.
Donc je dois prendre une décision, je peux vendre la moitié de la propriété et de cette façon je rachète l'atelier a Christina et ainsi plus de loyer à payer. Il ne me manque seulement de convaincre l'école pour la bourse des enfants et de cette façon, même en marchant à très bas régime, l'atelier nous donnera de quoi manger.

Mais je commence aussi à réfléchir à une autre solution. Et si je vendais tout et qu'on parte tous en France ? J'ai déjà, depuis que Ian est en France, recherchais sur différents sites les conditions pour y aller s'installer en tant que français rapatriés. En plus, envoyer de l'argent à Ian devient de plus en plus cher. On avait un euro pour huit pesos lorsqu'il est parti et à peine 5 mois après il en faut douze. J'ai regardé sur internet le site de la ville de La Rochelle, qui est le port le plus près de Poitiers où se trouve Ian. Et je commence à rêver, c'est une ville qui a plein d'atouts. Une ville universitaire pour les études des enfants. Les meilleurs fruits de mer, surtout des huîtres que j'adore.

J'en parle longuement avec Yvonne .Elle, elle a toujours voulu que l'on parte en France, mais moi je trouvais que c'était impossible, mais maintenant que je regarde tout en détail je pense que c'est faisable, risqué mais faisable. Donc je prends la décision et j'annonce aux enfants que l'on va partir, mais pour l'instant silence total à l'école. Je veux gagner du temps pour qu'ils finissent au moins l'année.
Si j'ai pris cette décision avant d'attendre la réponse de l'école, c'est que je pense également aux études supérieures des enfants. Car même si je réussi à ce qu'ils finissent leurs études jusqu'au bac à l'école Victoria, je vois mal comment les envoyer en France. Déjà il me faudra envoyer Guy l'année prochaine.

Je sens que les enfants ne me croient pas, ou plutôt ne sont pas sûr que l'on réussisse à partir. Mais lorsque j'arrive à vendre la moitié du terrain et que j'achète les billets d'avion pour que l'on parte début juin, une drôle de frénésie s'empare de nous.

Nancy, la copine de Guy, qui ne croyait pas du tout, est même venue pour me demander si c'était vrai que j'avais les billets. Je sais que ça va être dur pour eux.

Juste à cette époque, j'avais recommencé à voir plus souvent Juan, un ami de l'université qui habitait Querétaro, ce qui nous facilitera les démarches pour arranger les passeports dans la capitale de l'État. Les quatre mois qui nous séparent du grand voyage vont être riches en relation humaine. C'est fou le fait que, une fois que tu n'a pas l'énorme nécessité d'appuis des amis, c'est à ce moment que tu te trouves entouré de ceux-ci. Je me sentais bien, j'étais sur d'avoir pris la bonne décision, même si certains de mes amis me conseillent de ne pas tout vendre, au cas où ça ne marcherait pas en France. Mais je devais tout vendre pour pouvoir réussir, je le savais.

Il me faut également arranger les papiers de la famille au près de l'administration française. J'avais déjà une fois enregistré la naissance de Ian et de Guy au consulat français à Mexico lorsque l'on habitait à Cancún. Donc j'ai enregistré Bruno et Alec.

Mais je n'ai pas pu enregistrer notre mariage, car il avait été prononcé dans un consulat étranger en France, et il y a une loi de je ne sais quelle année qui l'interdisait.

Après plusieurs voyages au consulat à Mexico, j'ai fini par arranger les papiers et avoir le livret de famille et les actes de naissances. Sauf pour Yvonne. Le consulat me conseilla de ne pas mentionner notre mariage et de nous remarier en rentrant en France. Je profitais de ces voyages au consulat pour obtenir un permis pour pouvoir importer en France mon ménage. Je ne voulais pas faire un grand déménagement, mais j'avais, et on avait, certains objets dont on ne voulait pas se séparer.

Pour cela je pris contact avec une entreprise spécialisée en déménagements internationaux qu'avait pris mes frères lors de leur déménagement au Canada. C'était un luxembourgeois très sympathique qui tenait cette affaire. Un très bon service, c'est eux qui emballent tout chez vous et vous déballe tout dans votre maison à l'arrivée. Cher mais très efficace. Avec emballage et tout on allait déménager 5 m3.

Un truc me chagrine beaucoup, ma mère. Elle ne va plus avoir accès à notre jardin, elle y passait toutes ses matinées et elle mangeait tous les dimanches avec nous. Je pense qu'elle aussi ne croit pas à notre départ. À plusieurs reprises je lui ai demandé si elle voudrait retourner en France, des fois elle me répond que peut-être. A la fin je lui dit qu' une fois bien installé je la ferais venir avec nous, et fini par me dire que ça lui plairait bien.

Depuis que j'ai confirmé notre départ, Christina ne me met plus la pression sur son loyer, elle a fini par comprendre, car elle a vu à quel prix j'ai vendu et que si elle vend, elle triplera son investissement.

J'ai eu un rendez-vous avec le directeur de l'école, et je lui ai une fois de plus demandé la bourse pour mes enfants. Et cette fois-ci je lui ai dit que si sa réponse continuait à être négative j'allais devoir partir en France pour pouvoir offrir une bonne éducation à mes enfants. Et je continuais, pas à le menacer, mais à lui rappeler qu'il était dans l'illégalité, et que de ne pas accorder aux élèves de terminale l'option du certificat de fin d'étude mexicain, allait lui donner de gros problèmes.

La semaine suivante il m'informe qu'il m'accordera la bourse pour Guy, mais pas pour les autres. Je lui répond que nous sommes une famille, et que les bonnes choses comme les mauvaises, on les passe tous ensemble.

Le départ approche, les amis de Tequisquiapan vont nous faire une fête de départ.
Mais amis d'enfance, qui habite Mexico, et que je ne vois pratiquement plus s'en foute un peu. Mon ami le plus proche parmis eux, Gerardo est reparti vivre à Cancún, Felipe depuis que j'ai essayé de le contacter, ne m'a plus donné de nouvelles, Mane depuis que je lui doit de l'argent ne me cherche plus, je sais qu'il vient de temps en temps à Tequisquiapan puisqu'il y a toujours la maison de ses grands-parents, ou lui et ses cousins sont propriétaires, et bien qu'elle soit à 500 mètres de chez nous il ne passe jamais me voir. Naoki est parti vivre aux US. Je ne vois pas pourquoi inviter à une fête des personnes que je ne vois pratiquement plus.

Maïna, la grand- mère d'Yvonne, est la seule qui est venue nous voir avant le départ. Elle a essayé d'excuser les autres, mais la vérité c'est que toute la famille est bien contente de ne pas voir ma belle-mère ni mon beau-frère, vu que notre relation avec eux est très dégradée.

La vente de nos affaires que l'on ne peut pas emmener , va se faire parmi nos amis de Tequisquiapan, qui nous prouve un peu d'amour en se disputant nos objets comme souvenirs. Laisser toutes mes encyclopédies me fait mal au cœur, même si je réussi à les vendre. J'aimerais emmener l'édition des « Misérables » qui a appartenu à mon arrière grande mère, mais je n'ose le demander à ma mère, j'ai peur qu'elle pense que je ne vais plus la revoir.

Ma chance tourne, des compagnons de l'université de Juan, des professeurs comme lui, vont m'acheter l'autre partie de la maison. Ils n'ont pas tout l'argent, ils doivent faire un crédit mais peuvent me donner un apport assez substantiel. Je vais donner à Juan un pouvoir pour faire l'opération.
J'ai fait un virement sur le compte de Ian en France pour transférer l'argent. J'ai loué une location saisonnière, une petite maison à La Rochelle. Ian qui a fini ses études à Poitiers va payer le propriétaire et prendre possession des lieux deux jours avant notre arrivée.
Mon affaire de meubles j'ai failli réussir à la vendre, mais je n'ai pas réussi. Donc on va déménager toutes les machines dans le rez-de-chaussée comme c'était avant. Et Roman va continuer à gérer l'entreprise et il devra m'envoyer de l'argent. Je sais très bien qu'il ne va pas me donner ce qui me revient, surtout lorsqu'il devra déménager les machines et louer un local. Je charge également un de mes copains pour qu'il y jette un coup d'œil de temps en temps.

La fête c'est très bien passé, les amis qui y ont participé ont été nombreux, il y a eu des larmes et des rires. Je suis également dire adieu aux professeurs de l'école, ils n'y s'entendaient pas, mais je ne suis pas rancunier, ça leur a fait plaisir .
Le jour est arrivé. Une amie va nous emmener à la gare routière de San Juan del Río pour que l'on prenne le bus qui va nous emmener directement à l'aéroport.
Nancy n'arrête pas de pleurer, Guy me dit qu'elle pleure depuis hier soir, ça fait très mal au cœur de la voir ainsi. Mes employés versent même une petite larmes, surtout Roman. Christina est en pleurs aussi, mais c'est surtout de laisser mes parents qui me fait mal, surtout ma mère. Lorsque

l'on monte dans la camionnette, Nancy est vraiment défaite et en larmes. A la gare routière, les deux meilleurs amis de Ian sont venus nous voir partir, et nous ont donné des cadeaux pour Ian. A l'aéroport Claudia vas aller nous retrouver. Une fois les formalités terminées, on a le temps de prendre un repas au restaurant de l'aéroport. Je suis content, ou plutôt nous sommes tous content, pendant le repas, je me rends compte que ça faisait très longtemps que l'on n'avait pas été au restaurant tous ensemble et surtout en consommant sans s'inquiéter de la note.
Nous voilà donc parti, et je pense à ce moment-là ne jamais revenir.

CHAPITRE XLI…..La France….retour à mes origines.

Le voyage va bien se passer, on vole avec Air France, donc on a un bon service. Je n'arrive pas à dormir même si c'est un voyage de nuit, j'ai trop mal a mes plaies de ma jambe droite. J'ai un peu honte car je laisse des traces de lymphe sur la moquette de l'avion. Une fois à l'aéroport, on va prendre un taxi pour la Gare Montparnasse. On pourrait essayer le RER mais on est très chargé de bagages et on n'y connaît rien au transport. Heureusement qu'un taxi nous prend tous avec nos bagages, bien que ça me coûte 100 dollars. A la gare je me permets même d'acheter des billets en première pour La Rochelle, elle n'est pas énorme la différence et ce n'est pas tous les jours que l'on change de pays. On n'attend pas longtemps, un TGV sort dans quelques minutes. On avait entendu parler du TGV bien sûr, mais c'était la première fois que l'on en prenait un, c'était superbe, en plus on était les seuls dans le wagon, heureusement car avec tous les bagages qu'on l'on avait ça aurait été difficile de les ranger. On était bien content. Ça va drôlement vite un TGV pour des petits mexicains villageois.

A l'arrivée à La Rochelle Ian nous attend, les retrouvailles avec ses frères sont belles à voir, c'est surtout avec son petit frère Alec qu'ils s'étreignent, de la même façon que ça s'était passé il y a presque un ans à la gare routière de Tequisquiapan. Aucun de nous à cette époque aurait imaginé que l'on se retrouverait 10 mois plus tard à La Rochelle tous ensemble.
Il a loué un vélo, la maison que l'on a trouvé n'est pas loin, mais comme on a trop d'équipage, on va le suivre en taxi. On en prend deux et on le suit sur son vélo. Tout est étrange pour nous, les taxis ne ressemblent en rien à nos voitures au Mexique. A cette époque il n'y a pas encore d'importations de voitures européennes au Mexique. L'architecture, tout est tellement différent. Ça fait plus de vingt ans, depuis notre lune de miel que je ne mets pas les pieds en France. Une fois arrivé à la maison et les taxis partis, les enfants enfin réalisent et jettent des cris : « nous sommes en France!!! »

La maison est petite mais mignonne, les enfants ont une chambre et nous, la notre a l'étage. En bas, on trouve une cuisine style américaine avec un salon avec clic clac et salle à manger. Une grande salle de bain et un petit cabinet de toilette près de l'entrée. Et à l'arrière il y a une petite cour où l'on peut se faire un barbecue.Tout est neuf, le propriétaire vient de la retaper et nous sommes ses premiers locataires. Elle se trouve dans un beau quartier appelé La Genette. On est près du vieux port. Donc on s'installe en vitesse et on va à pied au port pour dîner. On est à peu près à 20 mn à pied.
Comme on ne connaît rien, on s'assoit à la terrasse du premier restaurant du vieux port. Pour moi c'est un rêve, je me souviendrai toujours de ce moment. On se retrouve installé dans un restaurant du vieux port, lequel j'ai tellement vu en photos ces derniers temps sur internet, et

dont je rêvais, sans trop y croire, d'être un jour installé à une table en train de déguster des moules frites. Et c'était fait, le rêve s'était réalisé !

Je me rappelle que ça m'avait coûté une fortune, avec Calvados et tout le reste. Mais ça en valait la peine. Un petit détail m'a frappé, le garçon qui nous servait était un jeune blond au yeux bleu, au Mexique, d'où l'on venait, on ne verrait jamais ça, la couleur de peau et la classe sociale sont extrêmement liées. J'aime ce changement, ici un blanc pouvait servir un noir.

Le lendemain, vient le problème du changement d'horaire, on se réveille tard, et lorsque j'envoie les garçons acheter quelque chose pour le petit déjeuner, à l'épicerie qui se trouve à deux rues, elle est fermée. Grosse surprise aussi pour nous que les magasins ferment à midi, impossible de voir ça au Mexique.

Première chose à faire, je vais avec Ian ouvrir un compte bancaire à sa banque qui a une succursale près de la maison, c'est la BNP. Pas de problème, je trouve même étrange que l'on puisse ouvrir un compte si facilement. Deuxième chose à faire: acheter un véhicule. J'ai toujours voulu avoir une espace, lorsque sur des revues françaises je voyais les premiers modèles de l'Espace Renault. Donc je cherche une d'occasion sur un journal et j'en trouve une qui n'a pas l'air trop chère.

Une partie de la vente de la maison, la copine de Juan, nous l'a donné en espèces en billets de 100 dollars. Il nous faut donc pour cela les changer en Euros. Mais gros problème, les banques ne veulent pas nous échanger les billets de 100, car il parait qu'il y a plusieurs faux billets de cette nomination.

Ian avec son vélo va réussir pendant toute une journée à faire presque toutes les banques pour les échanger et enfin pouvoir aller chercher notre espace. Elle n'est pas toute neuve mais en très bon état.

Il me faut l'assurer, et comme je n'ai pas d'historique d'assurance en France, ça va me coûter une fortune, 150 euros par mois rien que pour une assurance aux tiers.

Je vais acheter à Ian et à Guy deux bons vélos pour qu'ils puissent se déplacer en toute indépendance. Ian parle parfaitement le Français. Avant de faire le voyage j'avais essayé de leur enseigner un peu le français depuis que l'on avait pris la décision. Mais on pouvait dire qu'ils n'avaient rien appris. Pour Alec et Bruno j'étais pas trop inquiet, ils l'apprendront à l'école. J'étais davantage inquiet pour Guy. Normalement il lui reste la terminale à passer et c'était impossible qu'il puisse réussir sans la langue. Je suis même allé voir un directeur de lycée et il nous a confirmé qu'il ne pouvait pas l'accepter. C'était le seul d'ailleurs de mes enfants qui essayait encore d'apprendre à la maison avec des livres que l'on avait emmené. En m'informant je réussi à lui trouver des cours de français. C'était une organisation qui dépendait de la mairie et qui enseignait la langue à des réfugiés. La plupart étaient des adultes européens de l'est. Mais même si le cas de Guy était atypique, un français qui ne parlait pas sa langue, la dame très gentille me l'accepte.

Ces premiers jours pour nous ont été comme des vacances, ça faisait deux ans que l'on n'en avait pas pris. Les enfants pouvaient aller à la plage en marchant, on était à 5 blocs de maison de la plage de la concurrence. Mais on allait assez souvent sur l'île de Ré où à Châtelaillon. En plus il faisait très chaud, c'était la canicule de 2003, pour nous c'était parfait. Au supermarché on achetait tout ce dont on avait envie. Il existe un effet psychologique, et l'on trouve tout moin cher si on ne fait pas tout le temps la conversion d'une monnaie à une autre. Au Mexique un poulet coûte disons 40 pesos, ici il nous coûte 5 euros. On sait que l'euro vaut beaucoup plus mais si on est influencé par le chiffre et on va le trouver moins cher. Mais si on fait la conversion il vaut vraiment en France 60 pesos. Donc on dépensait comme des fous.

Avec Ian on avait l'idée qu'il étudie pour devenir chef, c'est ce qu'il avait envie au Mexique. En regardant le site de La Rochelle j'avais remarqué qu'il y était installé un lycée hôtelier très reconnu. Même si Ian n'avait pas suivi la formation au lycée il y avait une possibilité de faire un BTS de 2 ans après une année de mise à niveau. On prend donc un rendez-vous avec la directrice pour lui expliquer la situation de Ian. En rentrant au lycée qui soit dit en passant à très belle allure et très bonne réputation, on voit que tous les élèves sont en uniforme. Et c'est un uniforme très strict. Les filles sont en jupes grises avec bas, blouse blanche et vestes bleus. Les hommes pantalons gris, chemises blanches, cravates noires et vestes bleu. Ian s'était fait faire un piercing. Donc après l'entretien ou la directrice nous explique le fonctionnement et la philosophie du lycée, où il est interdit tout tatouage ou piercing, Ian décide que jamais il ne pourra se soumettre à une telle dictature. Après réflexion, il décide de s'inscrire à une licence de biologie à l'université. J'ai peur que l'université nous demande une traduction officielle des papiers de son école, mais tout se passe très bien et il est accepté.
En plus, il trouve un travail saisonnier comme apprentis dans un des restaurants du vieux port.

De mon côté, je me dépêche de régulariser nos papiers. Je commence par aller à la CAF avec mon livret de famille pour nous inscrire, là ils m'indique que je dois m'inscrire en vitesse à l'assurance santé. Et eux me demande de justifier mes revenus, mais à mon grand étonnement ce sont les revenus de deux ans auparavant. Là je commence à m'étonner du fonctionnement de l'administration française. Pourquoi demander nos revenus vieux de deux ans quand on a besoin de l'aide dans le présent ?
Donc comme je n'étais pas salarié au Mexique et donc pas de fiche de paye, je dois demander à un ami de Tequisquiapan pour qu'il m'envoie des déclarations d'impôts au Mexique et ça va prendre du temps. Le problème pour moi est que je n'ai presque plus de médicaments, et il me faut une ordonnance. Deux semaines après notre arrivée je vais avoir une crise de goutte au poignet extrêmement douloureuse et je vais finir toute une journée aux urgences de l'hôpital qui est saturé à cause de la canicule. Mais je sortirai avec mon ordonnance.
J'ai également pris rendez-vous avec une assistante sociale pour qu'elle me conseille.
Elle me demande bien sûr les raisons de notre retour en France. Je donne donc les mêmes raisons que je donne à tout le monde. Les études des enfants, la situation économique et sécuritaire du Mexique et mes problèmes de santé. Et aussi qu'elles sont mes intentions. Je lui dit que je suis trop vieux pour chercher un travail d'ouvrier, et bien que suis biologiste de formation ça va faire 30 ans que j'ai abandonné cette profession et que ça m'étonnerait que je retrouve du travail comme biologiste. Donc mon intention est de faire ce que je faisais au Mexique, c'est-à-dire monter ma propre boîte de meubles. Elle va donc me faire un dossier pour recevoir le RMI, (revenu minimum d'intégration).

Alec, quelques mois avant que l'on fasse ce voyage, avait pris l'habitude de dessiner.
Tous dessinaient très bien, mais Alec était en train de me bluffer avec son style et son imagination. Et comme je cherchais aussi à leur trouver des occupations pour passer l'été, je lui ai trouvé un cours pour quelques jours pour apprendre à faire de la BD. Lorsqu'il finit, le professeur lui trouva beaucoup de talent. Donc à part Guy dans ses cours de français, Alec son dessin, et Ian son boulot au restaurant, le reste c'était des vacances.

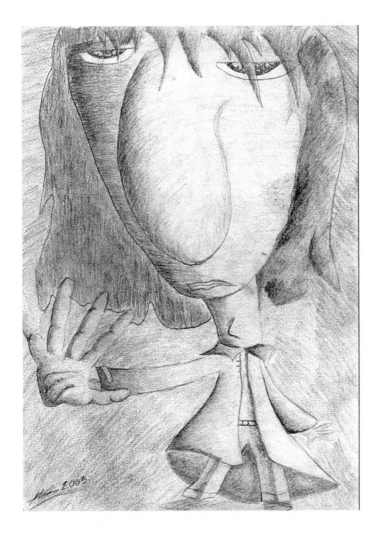

Un des dessins d'Alec
Qu'il a fait juste avant de quitter le Mexique

Il me restait à résoudre le problème principal, le logement. Comme je vous ai dit, la maison que l'on avait louée était une location saisonnière à la semaine. Et on l'avait loué que trois semaines. Je n'arrivais pas à trouver une location à l'année car pour cela il fallait une fiche de paie que je n'avais pas, et bien que j'expliquais ma situation et que j'étais près à payer à l'avance le loyer, on me disait que c'était interdit de faire payer en avance le loyer.

Je loue donc un petit appartement pour Yvonne, Bruno, Alec et moi et un studio pour Ian et Guy. Le studio de Ian, on allait le louer à l'année car il aurait le droit à l'aide au logement en tant qu'étudiant, et le propriétaire ne me demanda pas de fiche de paie.

Notre appartement est loué en tant que saisonnier, il est assez petit, salle de bain et chambre en haut et petite cuisine américaine, salon et salle à manger en une seule pièce. Les deux locations sont très proches l'une de l'autre, elles se trouvent aux minimes et la plage est à côté.

Après avoir fait toutes les formalités et en attente des réponses de l'administration, nous allons faire comme si l'on était en vacances. On va acheter tout ce qui nous fait envie pour manger. Surtout les fromages et la charcuterie comme les saucissons et les pâtés que l'on ne trouve pas au Mexique. Les enfants ont adoré le cidre.

On va visiter plusieurs fois l'île de ré, car pour nous c'est ce qui a de moins pire comme plages, étant habitué aux plages des Caraïbes. Et en plus il fait très chaud, pour nous la chaleur c'est l'équivalent de vacances. On adore ces longues soirées où le soleil se couche très tard, c'est aussi très nouveau pour nous. J'ai hâte que l'on puisse habiter une bonne maison et passer ces soirées à boire et manger avec des copains tard dans la soirée. Ces plaisirs vont me faire prendre encore plusieurs kilos.

Je réussi à trouver enfin une location, pas pour l'année mais au moins de septembre à juin. La Rochelle étant une ville étudiante et touristique, beaucoup de locations sont des saisonnières en été pour les touristes et des meublées pour les étudiants de septembre à juin. Les propriétaires, des boulangers d'un petit village, ont accepté que je leur paye 6 mois à l'avance au lieu de la fiche de paie. Mais la location se trouve à Châtelaillon Plage. Ce n'est pas La Rochelle, mais c'est un joli village avec une très grande et belle plage. Un casino très connu. La maison est à peine à 50 mètres de la plage, elle n'a pas de jardin, juste un petit patio d'un côté. Au rez-de-chaussée, une cuisine américaine avec salle à manger et un petit salon avec une fenêtre qui donne sur la rue. Au premier étage, il y a une grande chambre qui donne sur la rue, une salle de bain et une deuxième chambre. Et au deuxième étage, la chambre pour les enfants, puisque juste Bruno et Alec vont rester avec nous.

Ça fait moins d'un mois que l'on est arrivé lorsque Nancy arrive, elle a convaincu son grand-père de lui payer le voyage !! Ça c'est de l'amour.

Le pauvre Ian va être obligé de venir habiter avec nous, et dormir dans le clic clac du salon de notre appartement, pour laisser le studio à Nancy et Guy.

J'ai enfin réussi à avoir droit à l'assurance maladie pour toute la famille. J'ai dû payer une certaine somme, un certain apport qu'ils ont calculé selon mes revenus des deux dernières années au Mexique. C'est un truc que j'ai eu du mal à comprendre en arrivant, pourquoi les aides étaient calculées avec des revenus vieux de deux ans si c'est dans l'instant présent que l'on a pas de revenus et donc le besoin des aides.

Comme mes plaies ne guérissent pas, loin de là. Je prends un rendez-vous avec le premier médecin que je trouve sur les Pages jaunes et qui ne soit pas trop loin.

J'ai eu de la chance, je suis tombé sur un bon médecin qui reste jusqu'à aujourd'hui mon médecin.

Après m'avoir ausculté et vu mes jambes, il pense que j'ai vraiment un problème d'acide urique même si les analystes ne montrent pas un niveau élevé, il dit que ça arrive. Par contre le problème de voir mes jambes avec ces plaies et le liquide qui coule de la plaie et de ma peau, il n'a jamais vu ça. Je vais donc commencer à faire des analyses et prendre rendez-vous avec d'autres spécialistes. Yvonne va également aller le voir et pourra se faire enlever le polype, opération que l'on n' avait pas pu faire au Mexique.

En arrivant je m'avais immédiatement acheté un portable, j'avais pris une offre chez la boutique d'orange qui était à deux pas de notre première maison, j'avais un des premiers Smartphone sorties sur le marché. Très peu de gens avaient mon numéro de téléphone. Mais Felipe me téléphona quelques jours après notre arrivée, il était à Paris pour plusieurs jours et il m'annonce qu'il pourrait peut-être venir nous visiter. Il n'avait pas cru que j'étais vraiment parti pour la France lorsque l'on lui avait annoncé. C'est vrai que je n'avais plus eu aucun contact avec lui depuis qu'il ne prenait plus mes coup de téléphone.
Il m'annonce sa visite lorsque l'on habite dans le petit appartement des minimes.
Il est avec une de ses copines que j'ai connu à Cuernavaca, Delphine. Elle vient tout juste de venir habiter, avec son copain, un petit village près de La Rochelle qui s'appelle Clavette. Felipe, Valérie et leur fils Sebastian sont descendus chez elle.
Je leur dit que l'appartement est vraiment trop petit pour les recevoir. Ils viennent quand même, et lorsqu'ils voient la réalité, ils pensaient peut-être que je ne voulais pas les recevoir, on décide d'aller faire un pique-nique dans le parc. C'est un très joli parc avec des tables et des bancs et tout ce qu'il faut. On passe au supermarché et on s'achète tout ce qu'il faut pour un bon repas à l'aire libre, vins, saucissons, fromages fruits de mer etc. Pendant ce repas Felipe va encore relancer son idée de monter une affaire ensemble. Je ne relève pas. Delphine qui est aussi concernée , ne me semble pas très enthousiaste. Enfin on verra bien, c'est peut-être la boisson qui le fait s'enthousiasmer.
Puisque l'on a un peu bu, on va finir la soirée chez Delphine. Je la trouvai déjà sympathique lorsque je l'ai rencontrée la première fois à Cuernavaca, mais je commence vraiment à l'apprécier beaucoup. Elle est très gaie, de bonnes idées de gauche, charmante et en plus elle est mignonne. On ne connaîtra pas son copain ce soir-là car il est, comme elle, intermittente du spectacle et il travaille sur un événement en Suisse. Après cette bonne soirée on se donne rendez-vous pour passer la journée de demain ensemble.

On va aller à la plage de Châtelaillon, mais elle est trop bondée et on décide d'aller connaître Fouras qu' aucun d'entre nous connaît, mais Felipe veut à tout prix qu' on lui montre la maison où l'on va habiter, il s'étonne que je sois bien installé en France, lorsque je sors mon chéquier pour payer à la supérette pour acheter le pinard, il n'en revient pas que j'ai un compte en banque. La plage à Fouras est aussi pleine de monde, mais on décide d'y rester. On va passer une très bonne journée, Valérie va même prendre une bonne cuite, et elle est de si bonne humeur qu' elle va même nous inviter à dîner dans un bon restaurant près de la plage. Très bon restaurant d'ailleurs, je me rappelle beaucoup du dessert que j'ai pris, une glace de poire noyée dans de l'eau de vie de poire. Felipe n'est pas du tout content de la générosité de Valérie. On se dit au revoir tard dans la nuit et Felipe promet de nous revoir bientôt.

Puisque j'ai une adresse où l'on va habiter, je vais donc inscrire Bruno et Alec au collège de Chatelaillon. Je m'attendais à avoir des soucis, mais la dame à qui j'ai eu affaire n'a pas trouvé de problème et les a pré inscrit, en me donnant une date à la rentrée pour finaliser l'inscription. Je vais recevoir une mauvaise nouvelle, mon dossier pour recevoir le RMI est refusé, sans vraiment d'explications, une simple note: « votre situation ne vous permet d'être bénéficiaire du

RMI » aucune référence à un article ou une loi. Je téléphone à mon assistante sociale qui me dit qu'elle s' y attendait un peu, mais elle ne peut plus m'aider car j'ai changé d'adresse et il me faudrait contacter celle chargée du quartier des Minimes, mais me conseille de faire appel. Je vais donc écrire une belle lettre à l'administration dans laquelle j'explique que je ne suis pas rentré en France pour vivre des aides sociales, que mon intention est de monter ma petite entreprise, que j'avais au Mexique, ici. Je leur rappelle que j'ai quatres enfants qui sont français comme moi, et si je n'ai pour l'instant payé aucun impôts en France, l'éducation de mes enfants, ma formation professionnelle et notre santé, n'avait pour l'instant coûté aucun centime à la France. Et donc si on me refuse l'allocation, je serai un SDF en plus, et si on me l'accorde, celle-ci me permettrait de voir venir avant de créer mon entreprise.

Le mois d'août est fini, Nancy est reparti au Mexique. Donc IAN et Guy habitent leur studio, et nous on est parti vivre à Châtelaillon. Ian a fini son boulot et je l'ai aidé à s'inscrire à l'université, à obtenir sa bourse et ses APL pour son logement. Guy continue à apprendre le français, je l'ai également inscrit à l'équipe de foot de la ville.
J'avais toujours pensé qu'il pouvait arriver à devenir footballeur professionnel, depuis que je l'emmenait tous les dimanches jouer à San Juan Del Río. Tous ses entraîneurs, depuis que l'on était arrivé à Tequisquiapan, dans toutes les équipes où il avait jouer, me disait qu'il pouvait très bien y arriver, même Richard le directeur de l'école fan de foot et entraîneur de l'équipe de l'école ou Guy avait gagné le prix de meilleur buteur me le dit avant de partir. La ville n'avait pas une bonne équipe de football, de Rugby oui, mais celle de foot jouait dans l'équivalent d'une troisième division. Enfin peut-être quelqu'un le remarquera.

Nous déménageons enfin à la maison de Châtelaillon. Je peux enfin faire venir toutes nos affaires qui étaient bloquées à Marseille, car j'avais donné des instructions pour qu'ils attendent avant de me livrer. Tout est très bien arrivé, je peux enfin utiliser mon ordinateur.
Je suis allé inscrire les enfants au collège. Mais gros problème, cette fois-ci c'est la directrice qui prend notre cas, et elle me dit que mes enfants auraient trop de difficultés à suivre dans son école. Mais il existe un collège à La Rochelle, qui est situé dans le quartier de Villeneuve, et qui dispose d'un système pour mettre à niveau des étudiants venus de l'étranger. La directrice téléphone immédiatement à l'autre directrice qui veut me recevoir immédiatement. Je file vers ce nouveau collège, heureusement il se trouve juste en sortant de la quatre voies, il est à peine à quinze minutes de la maison. La dame est extrêmement gentille et après une petite explication, mes enfants sont finalement inscrits, j'ai juste dû payer la cantine pour le premier bimestre.
Le lendemain c'est la rentrée des sixièmes, donc Alec va commencer. Lorsque je vais le laisser, la directrice m'attend à la rentrée de l'école et le prend en charge. Je vois Alec assez tranquille. Je vais le chercher l'après-midi accompagné de Bruno, et en montant dans la voiture, il nous dit avec un gros sourire qu'il n'a rien compris de tout ce qu'on lui a dit de toute la journée!
C'est le tour de Bruno. Avec lui je dois rentrer pour l'accompagner car il va y avoir des annonces dans le Rez de chaussée de l'école pour voir dans quelle quatrième il va se retrouver, lui il est beaucoup plus nerveux qu'Alec, et au moment de le laisser il pleure. Ça me fend le cœur.
Mais la suite va très bien se passer, ils vont se retrouver avec un groupe d'enfants qui ne parle pas le français pour diverses raisons, il y a des réfugiés Tchétchènes, un franco américain, un portugais et je ne me rappelle plus quoi d'autre. Lorsque le cours c'est des maths, ou sciences de la vie, ils sont avec leur classe normale, et pour tous les autres cours ils sont avec les étrangers pour apprendre le français.

Question santé, le médecin a commencé à m'envoyer chez des spécialistes. J'ai fait en premier des radios sur ma main qui a des déformations dans les articulations du à la sois disant goutte. Le radiologue va déterminer un début d'arthrose. Ensuite j'ai vu une angiologue pour vérifier si mes artères et mes veines vont bien. J'en avais déjà vu un au Mexique qui n'avait rien trouvé. Mais ici ils ont de superbes appareillages. D'ailleurs quand j'arrive chez la docteure, elle est avec un technicien en train d'apprendre à utiliser son tout nouveau scanner. Elle est très étonnée de mes jambes, elle n'a jamais vu ça, car l'écoulement n'est pas seulement par les plaies, mais à travers la peau. Résultat de ses examens c'est qu'il n'y a aucun problème avec mon réseau sanguin. Le docteur Alric m'envoie chez un dermatologue à qui il a confiance et qui a beaucoup travaillé dans les hôpitaux. A peine le docteur me voit les jambes qu'il m'annonce qu'il ne peut rien faire pour moi. Je souffre d'oedèmes lymphatiques et la seule solution pour arrêter l'écoulement c'est de mettre mes jambes en l'air.

Il me file donc une ordonnance pour mettre durant deux heures, matin et après-midi, mes jambes à 45 degrés et un traitement d'antibiotiques préventif pour éviter une infection.

Mais bien que comparé à mes frères, c'est moi qui ai eu des problèmes de santé. Cette fois-ci c'est mon frère Jean Pierre qui m'annonce qu' on lui a détecté une Leucémie. Ça m'a fait un drôle de coup. Je pense immédiatement à mes neveux et à Norma. Mais il parait qu'il y a des nouveaux traitements qui marchent. Surtout un médicament extrêmement cher, mais le système de santé étant ce qu'il est au Canada, mon frère ne devra presque rien payer.

Une nouvelle routine va donc s'installer pour nous en France. Le matin j'emmène les enfants à l'école, de retour je prends un petit déjeuner avec Yvonne puis je monte me coucher pour mettre les jambes à 45 degrés. Pendant ce temps, je dessine ou je lis.
Je me mets après un moment sur l'ordinateur pour communiquer avec Roman pour lui conseiller sur l'entreprise. Yvonne cuisine, puis nous mangeons ensemble. Ça nous rend tout drôle de prendre nos repas tous les deux tout seul. Depuis que les enfants sont nés on n'avait plus l'habitude. Je fais attention maintenant à ce que je mange. Il s'agit au moins de reprendre mon poids. Après le repas je remets ma séance de deux heures les jambes surélevées. Puis c'est l'heure d'aller chercher les garçons.
En arrivant ils profitent des beaux jours encore pour aller à la plage toute proche.
Puis ils vont faire un peu de devoirs et on dîne ensemble, puis un peu de TV.

Les mercredis je fais un grand marché, je le fais dans un supermarché discount que l'on a découvert. Puis je vais chercher Bruno et Alec à midi, et on va laisser ensemble leur victuaille à Ian et Guy pour la semaine. Ils ont reçu un ami de Tequisquiapan et sont trois dans le petit studio. On a acheté un lit en bois qui permet d'avoir deux lits doubles superposés. De nombreuses fois les week-ends Bruno et Alec resteront dormir avec eux pour jouer aux jeux vidéos. Ils sont cinq dans un studio de 24 m2!

Les finances commencent à aller mal. La vente de la maison n'a pas encore pu se réaliser. Des problèmes avec le cadastre qui a fait une erreur sur la valeur de la propriété et du coup elle a une valeur supérieure à la vente. Il faut que j'attende encore.
Je n'ai plus de réserves, le loyer est payé mais il me faut payer les assurances, voiture, maison, école, la cantine de l'école, l'électricité, essence et bouffe. Je reçois encore un peu d'argent du

Mexique de mon affaire plus les allocations familiales pour les enfants et l'aide au logement. Si Roman m'envoie assez d'argent ça va, mais c'est très critique lorsqu'il n'y arrive pas. Je suis allé voir l'assistante sociale de Châtelaillon à sa permanence pour voir si mon recours avance et elle me dit qu'il faut attendre on ne peut pas savoir. Mais elle me conseille d'aller demander de l'aide à la banque alimentaire pour au moins avoir un minimum de sécurité alimentaire.

Mais j'ai honte d'aller demander de l'aide, comme je suppose que ça arrive à la majorité des gens dans le besoin. Un mercredi ou je n'ai pas reçu d'argent du Mexique je me décide à y aller. C'est les mercredis à midi qu'ils font la distribution à la salle polyvalente. J'ai la lettre que l'assistante sociale m'a donnée pour pouvoir y avoir droit.

Je suis venu après être allé chercher les enfants à l'école, donc je suis avec eux et Yvonne. Je donne la lettre à une bénévole qui me dit d'attendre après l'avoir reçue. Il y a beaucoup de mouvement, on attend mais personne ne s'occupe de nous, je sens les enfants mal à l'aise, et d'ailleurs je commence à me sentir de trop et la honte me revient. Je décide de partir. Je laisse Yvonne et les enfants à la maison et je vais au supermarché discount pour acheter un minimum et en donner une part à Ian et Guy.

De retour à la maison, Yvonne me dit que le président de la banque alimentaire est passé quelque temps après mon départ, et qu'il nous a laissé des vivres tout en s'excusant de ne pas nous avoir bien accueilli, mais il avait eu des problèmes à résoudre avec quelques bénéficiaires. Je peux le dire maintenant, sans cette aide jamais nous nous en serions sortis. Et je comprends tous ces pauvres gens qui doivent avaler leur amour propre pour demander une sorte de charité. C'est les gouvernements qui sont dans l'obligation morale de redistribuer les richesses pour que tout le monde ait le minimum, pas des associations. Ça ne devrait pas exister des gens qui pensent qu'ils reçoivent une charité quand ce n'est qu'un droit fondamental.

J'ai commencé les papiers pour pouvoir nous marier de façon à ce que Yvonne puisse avoir sa carte de séjour.

Socialement on commence à voir des gens. Delphine nous a invité un jour à passer la journée chez elle pour nous présenter à son copain Pascal. Il y a également la sœur à celui-ci ce jour-là, elle s'appelle Michelle et elle est infirmière à l'hôpital psychiatrique de La Rochelle. Les deux sont super sympathiques. J'adore déjà Delphine. Ce qui me plaît surtout, c'est qu'ils ont des idées de gauche. Bon ce n'est pas pour ça qu'on les trouve sympathiques mais c'est vraiment un plus. A Tequisquiapan la plupart de mes amis étaient plutôt réactionnaires. On va passer une très bonne journée.

Et petit à petit grâce à eux on va connaître plein de gens de leur entourage. Delphine et Pascal viennent d'arriver dans la région, mais Michelle ça fait des années qu'elle a migré dans ces terres, toute la famille venant de Normandie. Donc elle connait plein de monde. Il y a également leur grand frère Jean qui est venu également habiter la région bien qu'il ne soit pas aussi sympathique que les autres.

Pour les remercier de leur accueil, on va leur préparer avec les enfants une bonne paella. On la fera dans leur jardin car chez nous on a pas de jardin.

La femme de Juan a été invité à un cours à Paris en collaboration avec son université.

Donc Juan va profiter de ce voyage pour la retrouver et venir nous voir dans quelques jours.

Ça tombe bien car ça y est, on a tous les papiers en règle et on va pouvoir se marier à la mairie de Châtelaillon. On a pris comme témoin Delphine et Pascal. A la cérémonie assisteront nos quatres enfants, nos témoins et Juan et sa femme. Une cérémonie courte mais sympathique, le maire s'est amusé à chercher combien de Dominguez et de Fautsch habitent en France. Et bien que mon nom soit français (alsacien) et celui d'Yvonne espagnol, il se trouve qu'il n'y a qu'une cinquantaine de Fautsch contre plus de 1500 Dominguez ! J'ai bien aimé cette cérémonie, peut-être davantage que les deux autres. Et oui on était à notre troisième mariage ! Au moins à celui-ci je n'étais pas nerveux. Après la cérémonie on est allé manger et boire un coup, ou plutôt plusieurs. On a fait pour l'occasion des « sopes ». C'est marrant cette situation, au Mexique chaque fois qu'il y avait quelque chose à fêter je cuisinais français, avec tous les problèmes pour trouver les ingrédients. Et maintenant que l'on est en France je vais faire le contraire. Pour fêter quelque chose, dorénavant ce sera un repas mexicain.

Enfin on est tous en règle, Yvonne a sa carte de séjour pour dix ans et l' adjoint au maire m'a arrangé la filiation dans les actes de naissance de mes enfants, ce qui n'avait pas été fait au consulat de Mexico

A la sortie de notre mariage a la mairie

La routine continue, je commence à guérir des jambes. Les enfants apprennent bien le français, ils passent très souvent les week-ends ensemble. Ils se déplacent tous en vélo. Ian s'est déjà fait voler le sien au moins deux fois, car il oublie de le rentrer dans le studio, c'est vrai qu'il est trop petit pour les trois ce studio. Je passe mon temps à faire des plans et des nouveaux design pour Roman. Yvonne s'occupe de la maison et des enfants. C'est elle qui cuisine.

Guy ne peut plus jouer au foot, un genou lui fait très mal. Je l'ai emmené voir à l'hôpital un spécialiste qui lui a fait un IRM et lui a trouvé des problèmes aux ménisques. Il va falloir l'opérer.

L'opération se passe bien et il vient habiter avec nous pour sa réhabilitation, je l'emmène plusieurs fois à ses séances de kinésithérapie, mais il va mettre beaucoup de temps à se rétablir.

Noël est arrivé et nous l'avons passé ensemble tous les six, avec peu de cadeaux, crise oblige. Mais les enfants ont leur console de jeux et ils ont pu passer les vacances à jouer au jeux vidéo. Mais début janvier je vais recevoir une bonne nouvelle, je me rappelle beaucoup de ce moment-là. J'étais inquiet sur notre futur, je devais me dépêcher à lancer ma petite entreprise, mais sans les sous de la maison c'était impossible. Pendant que j'étais avec Yvonne en train de laver la voiture au supermarché un après-midi, j'ai reçu un appel d'une dame qui me signalait que mon dossier du RMI était accepté! Mais elle s'inquiétait de savoir comment je survivais jusqu'à maintenant, puisque ça faisait 6 mois depuis ma première demande. Je lui expliquais la situation et que nos économies nous ont permis de tenir les premiers mois. Elle me dit de ne plus m'inquiéter et que j'aurais le premier virement dans une vingtaine de jours. Ce fut un de mes meilleurs moments depuis notre arrivée. Je pensais que j'avais réussi.

Les bonnes nouvelles n'arrivent jamais seules, quelques jours plus tard, Juan me signale que le crédit pour l'achat de la maison est autorisé. Et que l'opération va se faire très rapidement. L'opération effectivement va se faire, mais lorsque Juan me donne la quantité qu'il va m'envoyer je vois qu'il y a un problème, les impôts que l'on m'a prélevé sont, de beaucoup, plus élevés à ce que je m'attendais. Juan ne sait pas quoi me dire. Je téléphone au notaire et je découvre qu'il y a une erreur sur la valeur de la propriété et qu'il est trop tard pour la rectifier. Je me fâche et je demande aux amis qui m'ont acheté pourquoi ils n'ont pas vu cette énorme erreur puisque eux aussi ont dû être pénalisés. Ils ne savent quoi me dire et ils s'en sortent en me disant qu'ils n'auraient pas dû acheter parce qu'il parait qu'il y a plusieurs voleurs dans le quartier. N'importe quoi !!! Enfin tant pis, Je dit à Juan de donner une partie de l'argent à mes parents (a mon père) et une certaine quantité au père de Nancy qui m'a promis qu'avec cet argent il va pouvoir récupérer ma Suburban, il n'en sera rien. Et mon père va dépenser tout l'argent dans un ordinateur trop cher.

L'argent, au lieu d'arriver en trois jours, arrivera en plus de dix. Il va falloir que je passe un millier de coup de téléphone à la banque. Pour qu'ils me disent à la fin, que l'argent était bloqué, car ils ignoraient sa provenance. Alors qu'ils leur suffisaient d'un simple appel pour que je leur informe. Saloperie de banque.

Enfin j'avais l'argent !!! Je voulais commencer à fabriquer quelques pièces pour m'entraîner. Ça faisait des années que je ne produisais presque rien personnellement. C'était mes employés, surtout le fer. Comme je n'avais pas de place, sauf la toute petite cour à côté de la maison. Je m'achète un petit poste à souder à l'arc électrique et une tronçonneuse. Et je commence à faire quelques portes bouteilles méduses.

Je vais en offrir une de trois bouteilles à Delphine et Pascal. Ce modèle de porte- bouteilles, tient les bouteilles inclinées le bouchon vers le bas. Et c'est là, à mon grand étonnement que je vais me rendre compte que les français, si sont de grands buveurs de vins, et surtout producteur des meilleurs vins du monde, ne sont pas du tout de grands connaisseurs. Ce porte-bouteilles, je l'ai vendu et exposé à tous les meilleurs cavistes et producteurs de vins du Mexique. Le caviste Freixenet español, un des plus connus au monde, le vend dans sa boutique. Et c'est ici en France,

que des amis de Delphine, vont lui dire que la position d'une bouteille de vins inclinée vers la tête en bas n'est pas la bonne position !!! Que ça va donner le goût du bouchon au vin!! Lorsque la seule règle sur la position c'est que le bouchon soit au contact avec le vin pour qu'il ne sèche pas!! En plus celui qui lui a dit ça, c'est un ami qui travaille en été dans un restaurant, donc qui reçoit des caisses de vins, et il devrait savoir que dans les caisses les bouteilles sont soit couchées, soit tête en bas. Je suis scandalisé, j'ai même du mal à convaincre mes amis.
Heureusement que l'année suivante je vais être invité chez une amie de Michelle qui organise une dégustation de vins avec des producteurs, pour que tous ses amis fassent leur achat pour l'année, et que je vais y exposer mes portes bouteilles.
Et là ils vont entendre dire de la bouche de leur amis viticulteurs que c'est une position parfaite celle de mes portes bouteilles.

Maintenant il fallait que je trouve un logement, car notre bail se termine fin juin. J'essaye de trouver quelque chose sur La Rochelle pour ne pas à faire trop de route.
Je cherche une maison qui nous permettra d'avoir une ou deux chambres à louer pour les étudiants étrangers. En regardant sur le site de La Rochelle j'avais remarqué que c'était une ville qui était assez recherchée pour apprendre le français pour les étrangers. Il y avait deux structures, l'université et une entreprise privée. Et les deux recherchaient des familles d'accueil et c'était assez bien payé.
Je vais en trouver une idéale, la maison n'est pas très belle, mais elle est très pratique.
Mais mon dossier va être refusé par manque de fiche de paie. Et ce sera la même chose pour deux autres maisons.

Un jour que j'attends que les enfants achètent un hamburger au McDo des minimes, je me promène et je regarde les annonces de maison à louer et à vendre dans la vitrine d'une agence. Et je vois qu'il y a un appartement qui se loue dans une résidence des minimes. Le loyer n'est pas trop cher par rapport aux prestations. Mais c'est surtout l'emplacement qui est très bien, je le sais puisque l'on a déjà habité le quartier.
Je décide de rentrer et de me renseigner auprès d'une jolie fille. Je lui dit que je suis intéressé, mais cette fois-ci je vais droit au but et je lui dit que je n'ai pas de fiche de paie car mon entreprise est au Mexique et que je pense en monter une autre ici pour que mes enfants puissent faire leur études en France, je leur dit que je suis disposé de leur montrer mes comptes bancaires pour qu'ils puissent voir mes entrées depuis le début de l'année. La fille me dit que ça pourrait le faire et on prend rendez-vous pour une visite le lendemain.
L'appartement est superbe! 110 m2 au rez-de-chaussée en face de la mer, avec un jardin de 400 m2, dans une résidence de standing appelée « Porte Océane ».
3 chambres, dont une avec sa salle de bain et entrée directe de l'extérieur. Une autre salle de bain plus un cabinet de toilette. Cuisine américaine et salon de séjour avec une grande baie vitrée avec vue sur la mer. La grande chambre est idéale pour louer à un étudiant.
On donne notre accord à la vendeuse et elle nous donne rendez-vous pour monter le dossier. Je lui porte tous les documents, parmi lesquels, un résumé de la banque où apparaissent mes entrées, mais pas leur origine. Par exemple, les plus de 3000 euros que j'ai reçus en janvier dès 6 mois de RMI ne disent pas qu'ils proviennent de la CAF. La fille me demande s'il ne serait pas possible que je trouve quelqu'un pour nous cautionner
Je lui dit que je ne connais pas grand monde, mes amis les plus proches sont intermittents du spectacle donc ne seront pas viable, mais je lui mentionne que je connais deux infirmiers , mais

ils ne gagnent pas énormément. Elle me dit que ça ferait l'affaire puisqu'il sont fonctionnaires. Je vais donc leur demander. C'est Michelle la sœur de Palou et Manu, un très bon ami à elle. Je l'ai connais depuis plusieurs mois déjà et je m'entends très bien avec eux. Ils sont d'accord pour nous aider.

Mais le jour où ils vont se présenter à l'agence, je ne sais pas ce qu'elle leur a dit, sûrement les risques qu'ils encourent si j'honorerai pas mes loyers, et en sortant de la réunion, ils me disent qu'ils ne sont plus si sûrs, que c'est prendre trop de risques.

Ce soir là on va fêter l'anniversaire de Delphine, Michelle et Manu sont là, je pense que depuis le matin ils ont eu le temps de réfléchir et qu'ils vont me dire quelque chose. Mais rien, ils m'ignorent toute la soirée. J'ai sûrement une tête d'enterrement, heureusement que l'on est dehors dans le jardin et c'est un peu obscur. Mais à un moment donné je ne supporte plus et je vais discrètement me réfugier dans ma voiture. Yvonne est très contente dans la fête et s'amuse bien, puisque pour l'instant je ne lui ai rien dit. Mais moi j'ai un gros coup de cafard, ces gens se disent de gauche, donc solidaires des personnes qui ont besoin d'aide, mais comme tout le monde, tant qu'il ne s'agit pas d'argent. On est solidaire. Je pense que si je ne réussis pas ce coup si, on risque de se retrouver à la rue. C'est alors que toutes les phrases qui m'ont été dites par plusieurs personnes, comme quoi ma décision de partir en France était très courageuse mais trop risquée, depuis le personnel du consulat, en passant par mes amis et jusqu'aux assistantes sociales en France, me viennent à l'esprit..

J'ai bien envie de pleurer.

J'ai bien lut les lois française sur le logement, et j'ai trouvé que la seule solution pour tranquilliser mes cautions, c'est de faire des préavis, comme quoi je quitte l'appartement, sans date, et signés par moi, de façon à ce qu'ils puissent les envoyer à l'agence, comme si c'était moi qui les envoyer. De cette façon, je serais obligé de laisser la propriété dans les trois mois suivants l'envoi, de cette façon la dette du loyer ne pourra en aucun cas être supérieure à ces trois mois car l'agence est obligée de les prévenir à mon premier manquement. Donc le risque qu'ils ont de se retrouver avec une grosse dette n'existe plus.

Le lendemain je leur téléphone donc pour leur expliquer la loi et leur exposer mon idée. Ils me disent de ne pas m'inquiéter qu'ils vont aller signer aujourd'hui même, je suis très content et je leur fait savoir. Je leur envoie de toutes façons les lettres de préavis. Reste maintenant à attendre la réponse de l'agence qui a envoyé mon dossier à la propriétaire pour voir si on est accepté, elle nous a promis une réponse le lendemain. J'ai rarement été si nerveux pendant une journée. Je suis en train de faire ma séance de jambes à la verticale lorsque je reçois le coup de téléphone. C'est fait! On a enfin, après un an d'être arrivé en France, un véritable chez-soi!!!

Je signe le contrat, je paye une fortune pour les deux mois de logement plus le premier mois. Et nous déménageons dans la semaine.

On a pas grande chose à nous, donc on va dans un magasin qui s'appelle Troc de Lille où on vend un peu de tout d'occasion, les gens y vendent leur affaire. On achète donc un vieux sofa double, une superbe table basse, fabriquée avec un support de panier que l'on pose en Inde sur le dos des éléphants, un lave linge, un sèche linge et un frigo d'occasion. On achète également, mais ceux-ci dans un magasin spécialisé, deux lits doubles, un pour la chambre que l'on pense louer aux étudiants, et un autre pour nous. Pour les enfants j'achète des litières superposées et deux petits bureaux. Heureusement tout l'appartement est plein de placard de rangement.

Cuisine américaine de l'appartement

Je vais à l'université et à l'école de langue pour leur proposer notre chambre d'amis, ils sont intéressés, mais bien sûr c'est trop tard pour cette saison. Mais j'ai la chance que Gerardo me mette au courant de l'intention de Marisol d'envoyer sa fille Natalia en France apprendre le français, et elle sera plus tranquille si elle vient chez moi. Je vous rappelle que Marisol est une de mes anciennes clientes, et elle provient d'une famille très riche de Mérida. Elle va donc venir chez nous pendant 6 mois, je vais lui faire le prix que propose Eurocenter (l'école de langue) sur son site. Je lui offre la chambre et trois repas, ça me permet de voir venir.

Nancy va également venir apprendre le français, elle va habiter de nouveau avec Guy dans le studio. L'ami de mes enfants est retourné au Mexique, et va louer un nouvel appartement pas loin de la maison, il ne supportait plus ce minuscule studio toujours plein de monde. Il a beaucoup de facilité pour se faire des amis, donc il est toujours entouré de copains. On a de la chance, c'est un T1, dans une jolie résidence, de plus de 40m2 avec en plus un mezzanine, et les propriétaires ne m'ont pas demandé de fiche de paie, j'ai pu être caution sans souci.

Donc enfin nous voici finalement tous bien installés en France.

557

CHAPITRE XLII….je recommence mon entreprise à zéro.

Question santé je n'ai plus rien dans les jambes, mais à cause du déménagement ou j'ai sûrement forcé, j'ai un éventrement. Le médecin dit que ce n'est pas grave, mais il ne faut pas que m'éloigne trop d'un hôpital car à n'importe quel moment un blocage intestinal peut survenir. Il m'a envoyé de toute façon me faire réviser par un spécialiste à l'hôpital, le docteur Smirnoff (mon vodka préféré). Celui-ci me dit la même chose, mais qu'il vaudra un jour l'opérer, mais qu'il va falloir que je maigrisse pour cela. Les crises de goutte sont moins nombreuses.

J'ai acheté l' équipement nécessaire pour travailler le fer, mon intention est également de travailler le bois, mais les machines sont très chères. Donc je vais commencer par le bois. Je commence à préparer également tous les pré requis légaux pour créer mon entreprise, qui sont ici beaucoup plus complexes qu'au Mexique.
Delphine et Palou vont m'être encore d'une grande aide. Comme je n'ai pas d'endroit où travailler ils vont me proposer de me faire une place dans le chai qui se trouve dans la propriété qu'il loue à Clavette. Cette partie de la propriété n'est pas comprise dans le bail, puisque le propriétaire y stocke plein de vieux outillages de fermiers. Mais en poussant un peu les ferrailles je réussi à me faire un petit coin où travailler. Et je peux rentrer directement par le jardin sans déranger, ni Delphine ni Palou. Pour l'électricité je tire un câble depuis leur maison et je leur offre de payer leur facture.
Je peux donc commencer à faire des créations en fer. Je fabrique de nouveaux modèles de porte-bouteilles, et des portes revues, des portes CD etc. Je cherche à fabriquer des articles utiles, pour les meubles j'attendrai d'avoir de la place. Guy m'aide quand il peut.
Je suis allé à la Chambre de l'artisanat pour déclarer mon entreprise, mais il faut d'abord passer certains cours. En tant que bénéficiaire du RMI j'ai le droit de m'inscrire à des ateliers pour la création d'entreprise. Ce que je vais faire. Je trouve que ces ateliers sont plutôt fait pour te décourager, de monter ton entreprise, tellement ils te mettent le doute sur ton projet. Donc après avoir fait ces ateliers, je vais suivre tout un parcours du combattant, faire une étude de marché, s'inscrire dans une couveuse d'entreprise qui vous permet de facturer avant la création de votre entreprise, suivre un cour d'administration obligatoire donné par la chambre des métiers et de l'artisanat, monter des dossiers de financement pour avoir un micro crédit etc. Et tous ces pas sont supervisés par une conseillère.

Logo de ma nouvelle entreprise

Ian a retrouvé son emploi d'été de l'année dernière. Mais en général, entre le service de midi et celui du soir, il vient se reposer à la maison, ou jouer avec ses frères. Nancy et Natalia s'entendent assez bien, elles ont exactement le même âge, heureusement qu'elles s'entendent bien, car personne d'autre n'aime Natalia. C'est la petite bourgeoise que rien lui plait, et qui a l'habitude de tout avoir. Et le plus problématique, c'est qu'elle ne veut manger que des filets de poulet avec des salades. Ce qui revient très cher pour tout le monde, donc très souvent il faut faire deux menus. Je ne comprends pas comment une fille qui vient de Mérida, capitale de la gastronomie de Yucatan, ne connaît rien à cette culture. Lorsque Marisol me demande ce que je veux qu'elle m'envoie avec sa fille, je lui demande des épices que l'on ne trouve que là-bas. Je lui demande surtout la pâte pour faire le « relleno negro ». Elle m'envoie une pâte de première qualité que sa mère lui a acheté, car elle aussi ne cuisine pas. Et ben Natalia n'avait jamais goûté ce plat, et c'est en France qu'elle le goûtera pour la première fois!!!! Je trouve ça scandaleux. Je vais encore avoir un autre exemple.

Natalia, pendant cet été, va assister aux cours de français a Eurocenter, et il se trouve que pas mal de mexicains et mexicaines, fils et filles de la classe aisée y assistent aussi. Donc Natalia a l'idée, car elle les entend se plaindre que la nourriture mexicaine leur manque, de les inviter un jour manger à la maison et leur préparer un repas mexicain qu'on leur fera payer. Elle est comme ses parents et ne pense qu'aux affaires. Je vais donc leur préparer le repas, je vais faire un buffet avec une demi douzaine de plats typiques. Et bien ô surprise, il y avait au moins deux plats qu'ils n'avaient jamais goûtés!! C'est très triste que la culture du bien manger ne se transmette plus.

Les enfants vont passer de bonnes vacances, et nous tous en général, un très bon été.

On a la plage en face, bien qu'avec la marée on ne peut pas aller nager à l'heure que l'on veut, mais ça permet aussi la pêche à pied et ainsi on a de temps en temps des huîtres sauvages. L'appartement est très confortable et la résidence est très bien entretenue, lorsque l'on rentre on se croirait à l'hôtel, il y a toujours une odeur de propreté. Notre bâtiment se trouve un peu

en retrait du reste de la résidence et à par notre appartement qui est un T4, il est composé d'un T3 qui est à côté du nôtre avec aussi un jardin, mais plus petit que l'autre, plus un T2 qui donne sur le parking et au dessus de nous un T3 avec balcon sur la mer et un autre T2. Le T3 voisin du notre est loué par un gendarme Homo qui vit avec son compagnon, ils sont très sympathiques, le T2 du rez-de-chaussée appartient à un jeune handicapé (son bras droit paralysé suite à une chute de moto) qui y habite, le T3 au dessus de chez nous appartient à des parisiens qui ne viennent
jamais. Le T2 appartient à une vieille femme à la retraite que l'on ne voit jamais.
On a très souvent du monde à la maison. À part nos nouveaux amis en France, on va recevoir cet été la sœur de Javier notre ami de Tequisquiapan qui vient pour quinze jours avec ses enfants et Georgina la fille de Javier et Paty, je leur ai trouvé une location saisonnière. Et on mangera souvent avec eux, elle est très sympathique.
Felipe et Valérie viendront également nous rendre visite, ils viennent d'acheter avec les parents de Valérie une maison aux Sables d'Olonne qui n'est pas très loin de La Rochelle. Ils vont juste passer une journée et une nuit, ils partiront le lendemain après le petit déjeuner. Je leur ai préparé un grand repas de fruits de mers que l'on mangera sur la terrasse, on commencera l'apéro à midi et le repas continuera jusqu'à 2 heures du matin. Cette fois-ci ce sera Felipe qui boira de trop et non Valérie, donc ce sera lui le généraux et il enverra Guy acheter une bouteille de Calvados. On parlera bien sûr de tout et Felipe reviendra sur notre future soi- disant association, mais toujours sans plan. De toute façon je savais que jamais ça ne se ferait. Mais il a été assez gentil pour m'acheter avant de partir un porte bouteille de 6 et une sculpture qui montre un personnage couché en train de boire et de porter une vraie bouteille.

Une fois les vacances d'été passées, la routine change. Guy et Nancy se sont inscrits à l'université pour les cours de français, de même que Natalia. Le problème c'est que même si Guy est français il doit payer le cours, qui est un diplôme universitaire. Et bien que je cherche dans toutes les structures, aucun moyen pour trouver un financement. Et c'est une belle somme. La banque, comme elle a vu que pas mal d'argent a circulé, va m'ouvrir un crédit renouvelable. C'est le début de mes dettes en France.
Ian va s'inscrire cette fois ci en Langues Étrangères Appliquées version Amérique, c'est -à -dire, Anglais, Espagnol et Portugais. Et comme il en parle déjà couramment l'espagnol et l'anglais, je pense qu'il n'aura aucun souci. En plus, il a trouvé un travail avec un contrat étudiant dans une boutique de vêtements pour hommes.

Donc les matins je vais laisser les enfants à l'école et là, je file à Clavette pour travailler dans mon petit atelier niché entre les vieilles ferrailles des agriculteurs, je rentre pour manger avec Yvonne, Natalia, et des fois Guy et Nancy aussi. L'après-midi je fais la paperasserie et où les rendez-vous pour réussir à monter la boîte Je continue à faire les courses le mercredi car ce jour là je vais chercher l'aide alimentaire, et après, je passe à la grande surface discount, puis je vais chercher les enfants et ainsi tout le mond aide à descendre les courses, car le petit inconvénient, c'est que l'on ne peut pas approcher l'appartement en voiture. Et de l'emplacement de parking que l'on dispose, il est au sous-sol et il faut monter des escaliers. Donc je me gare dans un endroit interdit pendant que les enfants déchargent.

Ainsi continue la routine. Et un peu avant Noël, Marisol va venir chercher sa fille Natalia. Elle vient avec son décorateur de vitrine et conseiller, et son fils qui administre son entreprise. Elle veut que je lui fasse visiter des fabricants de meubles dans la région, auparavant ils ont passé voir une expo à Paris. Je leur ai fait une réservation dans un petit hôtel près de la maison. Le premier jour, on va aller visiter les fabricants que j'ai trouvés, ils ne sont pas nombreux. Le fils ne veut pas nous accompagner car il se sent un peu mal, donc ils le laissent se reposer. On va en faire que deux, en fin de matinée son fils l'appelle pour lui dire qu'il se sent vraiment mal.

Comme de toute façon les visites se passent assez mal, elle trouve tout trop cher et pas assez de production, se sont de petits artisans, je l'avais prévenu, comme au Mexique ils réussissent à les exploiter, ils pensent que c'est pareil ici, donc on prend le chemin du retour.

Il se sent vraiment mal, on l'emmène aux urgences. On le reçoit assez vite, mais on ne nous laisse pas passer, Marisol veut payer pour qu'il soit bien soigné, les infirmières lui répondent qu'ici ce n'est pas les EU, ici on soigne d'abord après on voit. Et puisqu'ils vont lui faire des examens , je dis à Marisol que c'est inutile d'attendre et que je la ramènerai plus tard. C'est chose faite. Je la laisse et je rentre. J'attends qu'elle m'appelle, mais elle ne va pas m'appeler, elle le fera que le lendemain à 6 heures du matin, elle a dormi dans la salle d'attente, elle n'a pas osé me réveiller après minuit lorsqu' on lui a demandé de sortir. Le fils est resté à l'hôpital, on ne sait pas trop ce qu'il a, donc on va lui faire des analyses.

Je vais avoir honte pour mon pays (le Mexique). Natalia et son frère, pendant les trois jours qu'il va rester à l'hôpital, ne vont pas arrêter d'insulter les infirmières et les médecins parce qu'ils ne leur diagnostique pas dans l'immédiat sa maladie. Je ne sais pas comment une femme si gentille comme Marisol avait put éduquer ces monstres. C'est sûrement le fait d'appartenir à cette classe sociale de la haute bourgeoisie mexicaine, qui les formatent en des individus hautains, qui pensent qu'ils appartiennent à une classe supérieure et que tout le monde est là pour les servir. Mais enfin bon débarras, Natalia est enfin parti avec sa mère faire un tour d'Europe, et l'autre idiot est reparti avec le sympathique décorateur de retour à Cancun.

 La salle à manger que j'avais acheté sur Troc de Lille pour la maison, qui nous avait coûté quelques dizaines d'euros, avait énormément plut au décorateur.

J'allais donc leur proposer qu' au lieu de chercher un fabricant de meubles dans la région. Il suffirait de chercher des meubles d'occasions comme notre salle à manger dans toutes les brocantes puis de les stocker dans un hangar jusqu'à remplir un container. Une fois au Mexique il suffirait de les retaper et de les revendre à des riches, comme des meubles de grande classe européenne. Il existe une grande quantité de meubles, qui ne sont pas de luxe ou des antiquités , mais qui sont très bien faits, dont la classe moyenne se défait car ils sont passés de mode, où appartenait à leurs parents. Je suis sûr que c'était une bonne affaire sans trop d'investissement. Mais pour rien au monde je voulais travailler avec ce type de personnages.

Noël approche. J'ai reçu une invitation pour un marché de Noël pas cher, et c'est à l'entrée d'une grande surface. Mais il est à Angoulême. C'est trop loin pour faire l'aller retour tous les jours. Ian me propose de faire la vente car il a des copains qui habitent la ville et ils peuvent le recevoir.

Ça ne va pas marcher du tout, c'est un très mauvais marché. Ce n'est qu'une petite grande surface dans un quartier populaire, où les gens vont juste acheter ce dont ils ont besoin. On est d'ailleurs que trois artisans. Ça me rend triste pour Ian qui a juste perdu trois journées sans rien faire. Guy ne pouvait pas le remplacer car il était parti à Bordeaux laisser Nancy à l'aéroport car elle rentrait au Mexique. Cette fois-ci ce ne fut plus le drame, les deux étaient maintenant bien conscients et avaient finalement intégré leur séparation comme un fait.

Jean Pierre avec toute sa famille viennent passer Noël chez nous. Ils viennent parce que Michelle va venir faire ses études en France. La leucémie de mon frère est contrôlée, les médicaments fonctionnent. Norma m'a fait rire, car elle dit que comme Jean Pierre ne va plus mourir, elle ne va pas toucher l'assurance vie, donc ils doivent trouver une solution pour gagner plus d'argent.

Moi, je me suis laissé vendre une collection de casseroles en acier chirurgical à crédit, ce n'est pas un mauvais achat. Seulement il s'accumule avec une dette que j'ai acquise en achetant un superbe tableau, lorsqu' on a déménagé dans l'appartement, j'ai ce grand défaut, si je vois une opportunité qui me plait énormément et qui ne se reproduira pas, je fais tout pour ne pas la laisser passer. Et de ces casseroles j'en avais déjà envie au Mexique, mais elles coûtent une fortune là- bas, et aujourd'hui, au moment où j'écris ces lignes, je suis très content de l'avoir fait, les deux achats, le tableau et les casseroles . Pour me remercier de l'achat, le commercial m'a fait cadeau de 4 caisses de 6 bouteilles de vins de Bordeaux.
Donc comme moi j'ai mis le vin, Jean Pierre va mettre le whisky et le Calvados. On va se faire des repas qui vont commencer par des apéritifs au whisky, puis du vin pendant le repas, puis des digestifs pour le pousse café. Le problème c'est que lorsque l'on va finir avec les digestifs, ce sera le moment de passer à l'apéritif du soir!
Ça faisait très longtemps que nos enfants ne s'étaient pas vu, ils s'étaient un peu côtoyés, lorsque nous habitions Tequisquiapan et eux avaient Tepeji pour les week-ends . Mais depuis qu'ils étaient partis au Canada, plus rien. À part Michelle qui avait un peu côtoyé Ian, à Tequisquiapan lors de ses vacances au Mexique.
Norma et moi, et Yvonne aussi , on ne se voyait plus depuis longtemps. J'avais, ou plutôt on n'avait pas la même façon de penser qu'elle.
Mais on allait de toute façon passer de superbe vacances de Noël. Qui allait être un peu gâté à la fin, car Norma reçut l'annonce de la mort de sa mère et pris un avion de retour en vitesse. Ce Noël allait marquer le début d'une très bonne relation entre les cousins.

La famille de Jean Pierre retourna au Canadá et Michelle qui restait avec nous vas louer le studio où habitaient Nancy et Guy. Guy vient vivre avec nous.
Comme Michelle était arrivée alors que l'année scolaire avait commencé, elle alla à l'université comme étudiante libre. Son projet était de faire des études d'archéologie à l'université de Montpellier.
Guy continue à suivre ses cours de Français à l'université, et il m'aide quand il est libre.

Quelques jours plus tard, je me rends compte d'un petit manège de la part de Guy. Je l'ai vu plusieurs fois sortir le soir après dîner. Je laisse un temps couler. Mais un jour, où on va à l'atelier, pendant le trajet en voiture, je lui demande quelles sont ses intentions avec Michelle. Il commence par me dire que rien ne se passe et je lui répond que je ne suis pas idiot, qu'il ne va pas le soir visiter Michelle pour jouer au cartes. Il finit par accepter qu'ils sortent ensemble. Je lui dit de faire attention à ne pas rendre cette relation trop serieuse, car beaucoup de gens ne vont pas l'accepter et comme il paraît que l'on a peut-être un antécédent dans la famille (a cette époque je n'avais pas encore découvert quelle était la relation entre mes deux arrières grands-parents, on pensait qu'ils étaient peut être cousins germains) il me dit qu'ils n'avaient aucune intention de faire des enfants. Je lui dis donc que pour moi il n'y a aucun problème et je leur souhaite bon courage avec les autres.

Manu, l'infirmier, ami de Michelle, me dit qu'il connaît quelqu'un qui loue un local.

Cet ami me téléphone ce jour même. Il me dit qu'un local va se libérer dans la zone commercial de L'Houmeaux, c'est un 125 m2, avec bureau et toilettes . Le prix n'est pas trop cher, c'est le prix du studio où habite maintenant Michelle. Pour l'instant c'est un menuisier de bateau qui l'occupe et il me permet de le visiter. Il est très bien, tout neuf, un peu loin de la maison mais beaucoup plus près que Clavette. Je téléphone donc au propriétaire qui n'est pas du tout au courant que son locataire va partir, mais me promet de le réserver.

Deux mois plus tard je suis installé, je peux enfin aller chercher une machine à coudre industrielle que j'avais acheté depuis presque 6 mois mais je n'avais pas de place pour l'installer. Je m'achète également une scie pour pouvoir travailler un peu le bois.

Je m'excuse, je voulais le laisser pour plus tard, mais les événements actuels me poussent à pousser un énième coup de gueule.

LAÏCITÉ.....une excuse pour justifier l'islamophobie.

Le procès de l'attentat de Charlie Hebdo et de l'épicerie casher de 2015 est en train de se dérouler à Paris. Les actuels dirigeants du journal n'ont rien trouvé de mieux que de republier les caricatures de Mahomet qui avaient provoqué les assassinats des dessinateurs.
Comme c'était à prévoir, de nouveaux attentats ont eu lieu. Deux journalistes ont été attaqués près des anciens locaux du journal à coup de hachoirs, heureusement sans grande gravité, l'attaquant, un jeune pakistanais, n'était même pas au courant que le journal avait déménagé. Puis quelques jours après, un professeur a été décapité en sortant de son école, par un jeune Tchétchène. Ce professeur était en conflit avec un certain parent d'élève car il avait, lors d'un cours sur la liberté d'expression, montrer les fameuses caricatures. Comme les réclamations ont été publiées sur les réseaux sociaux, le terroriste a pu trouver la cible, qu'il recherchait pour faire un attentat, depuis la nouvelle publication des caricatures. Quelques jours après, ce fut le tour d'un jeune tunisien, arrivé le même jour sur le territoire français depuis l'Italie, de faire un massacre dans la cathédrale de Nice, et de tuer à coup de couteau trois personnes,et en blesser d'autres . Le nombre de victimes de cet attentat aurait pu être plus élevé sans le courage d'une des victimes, une brésilienne qui réussit à donner l'alerte. Ces trois jeunes n'étaient pas connus de la police, ils n'appartiennent à aucun réseau terroriste, et non pas porté allégeance à aucune organisation. Ils ont juste passé à l'acte en réaction à la publication des caricatures.
Je demande aux dirigeants actuels de Charlie Hebdo, ça valait le coup ? Tous ces morts pour une publication?
Ces publications avaient déjà causé la mort d'innocents. Est ce que vraiment ils croyaient qu'il n'y aurait aucune réaction cette fois-ci ?
Leur justification c'est le droit au blasphème et la liberté d'expression. Est-ce vraiment nécessaire de blasphémer de cette façon? Au risque d'avoir des morts. Est ce si important pour la liberté d'expression de publier une caricature qui offense des millions d'être humains. Si ce blasphème apporte du bien, ou améliore quelque situation d'une population on pourrait peser le pour et le contre. De même Si la non publication de cette caricature aurait des conséquences graves sur le droit à une information vitale pour une population qui y verra une grave atteinte à sa liberté.
Mais non! Personne n'aurait rien perdu.

Le président a même déclaré que l'on n'arrêtera pas les caricatures, provoquant la ire de millions de musulmans du monde entier, et mettant en danger la vie des français qui vivent ou se rendent dans ces pays.
Je ne défends pas ces terroristes, n'y justifie ces attentats. Je ne suis pas athée, je suis antithéiste. Je suis contre l'existence des religions à notre époque. Je comprends pourquoi elles ont existé, mais je suis convaincu qu'elles doivent disparaître.

« Toi qui serines à longueur de journée que dieux est partout présent, pourquoi, imbécile, distinguer entre la mosquée et la taverne » (Imadeddin Nasimi)

Mais voyons pourquoi la France, au nom de la laïcité, est devenue si hystérique.
Avant la France, d'autres pays ont séparé la religion de l'État, les États Unis et le Mexique. Mais aucun des deux n'a cette relation si figée avec la religion. Pourtant les deux sont des peuples très religieux. Les E.U. dans le protestantisme et le Mexique dans le catholicisme.
La laïcité va mener une séparation entre foi et loi jusqu'à la racine. L'autorité publique doit s'abstenir de toute manifestation, caution ou reconnaissance en matière de culte, de croyances et d'incroyances. Mais partout ailleurs, y compris en public, la liberté d'expression s'exerce dans le cadre du droit commun.
Mais au moment des débats qui aboutissent à la loi de 1905, deux courants vont s'affronter. Les partisans d'une laïcité intégrale, représentés par Émile Combes, aspirent à cantonner le religieux dans l'espace privé. C'est surtout pour supprimer aux catholiques tout moyen d'organisation autonome. De l'autre côté c'est le courant libéral, incarné par Jean Jaurès et Aristide Briand, qui délivrerait l'état de l'emprise politique de la religion mais sans s'ingérer dans la manière dont le culte doit s'organiser.

Le courant libéral va finir par s'imposer. La loi qui organise les relations entre l'État et les trois cultes- catholicisme, protestantisme et judaïsme - s'ouvre par l'affirmation du principe de liberté de conscience et de culte. « la république ne reconnaît, ne salarie ni ne subventionne aucun culte »
Mais dès 1905 les législateurs introduisent des exceptions à la règle de non-subventions. Donc peuvent être inscrites dans le budget de l'État les dépenses relatives à assurer le libre exercice des cultes dans les établissements publics, tels que les lycées, collèges, écoles, hospices, asiles et prisons. Tout au long du XX siècle, les législateurs et les politiques vont privilégier le courant libéral. De l'autorisation des processions religieuses à celle de la sonnerie des cloches des églises, les arrêtés vont ainsi privilégier la liberté à la restriction. Ces établissements ont aussi conservé le droit de choisir librement leurs élèves, sans respecter la moindre règle commune en termes de mixité sociale. Ils contribuent puissamment à l'évitement scolaire et à la ghettoïsation. Les lieux de culte peuvent recevoir des financements de l'État s'ils ont été construits avant 1905, ce qui représente presque exclusivement des églises.
Ainsi, adoptée le 29 décembre 1959, la loi Debré instaure un système de contrats qui va enfreindre l'article 2 de la loi de 1905 interdisant toute subvention directe de l'État à un culte quel qu'il soit. En échange d'aides publiques, les écoles catholiques s'engagent à suivre le programme de l'enseignement public. Une partie de la gauche ne pardonnera jamais cet accroc au contrat initial. En 1984 Alain Savary tentera d'intégrer ces écoles privées dans un grand service public, mais les manifestations pour une « école libre » le feront reculer.

Il existe un autre type de financement de la part de l'Etat aux cultes. C'est celui des subventions fiscales. Si vous faites un don à l'église ou à la mosquée, vous obtenez une réduction d'impôts égale à 66% de votre don. Ce système est totalement et extrêmement inégalitaire. Comme il ne concerne que l'impôt sur le revenu, c'est les plus riches qui décident à quel culte va la subvention de l'État, et les plus pauvres payent de plein pots leurs dons. (la subvention publique est d'environ 200 millions d'euros, essentiellement en faveur de l'église catholique, qui a davantage de riches donateurs)

À partir des années 1960 la laïcité séparatiste n'existe plus. C'est une laïcité de la reconnaissance ou l'État soutient positivement les religions. Le financement des écoles privées est bien supérieur à celui des autres pays. On voit cela aussi à travers les rencontres régulières des pouvoirs publics avec les représentants des confessions, sans que cela produise des débats.

Mais à la fin des années 1980 s'installe l'Islam dans le paysage religieux et va boulversé une laïcité pensée et modelée sans lui.
La pratique religieuse en France qui est l' une des plus basses d'Europe, va se retrouver confrontée à une partie de la population musulmane qui revendique une visibilité publique. L'histoire de France est marqué par des relations difficiles avec l'Islam. Il existe en France une hantise de son expansion, amplifiée en raison de l'histoire coloniale. Pour les mêmes raisons, ou pendant tout le XIX siècle, on a déclaré les noirs comme une race inférieure pour défendre l'esclavage, on a dénigré la religion musulmane pour justifier le colonialisme. Un exemple de cette infériorisation c'est que, alors que la république a accordé en 1870 la citoyenneté aux juifs d'Algérie avec le décret Crémieux, elle ne l'a pas fait pour les musulmans, qui sont restés en dehors, avec le statut d'indigènes.
Avec l'affaire des foulards aux collège de Creil en 1989, Commence alors une une série de débats. Cette affaire est à l'origine de la loi de 2004 qui va interdire les signes religieux dans les écoles publiques, celle du voile intégral qui aboutit à l'interdiction de la dissimulation du visage dans l'espace public en 2010, puis la bataille judiciaire de la crèche Baby-Loup, qui conduit en 2016 a autorisé les entreprises à introduire dans leur règlement intérieur le principe de neutralité. Tout cela questionne l'équilibre entre liberté et neutralité.
Les excuses ou raisons que l'on donne à ces interdictions sont les notions d'égalité femme - homme ou dignité humaine, qui se focalisent sur la frontière « espace public » et « espace privé ».
En 2018 Marine le Pen propose même l'interdiction du voile dans l'intégralité de l'espace public. Le ministre de l'éducation, Jean Michel Blanquer, affirme en 2019 que « le voile en soi n'est pas souhaitable dans notre société, tout simplement ».
Cette néo laïcité voudrait circonscrire la pratique religieuse à la seule sphère privée, alors que l'exercice public du culte est, avec la liberté de conscience, garanti par la loi de 1905.
Pour l'historien Jean Baubérot, ce retour à une laïcité radicale témoigne de la nostalgie d'une pureté laïque qui n'a jamais été mise en pratique. Cette évolution est politiquement dangereuse car en instrumentalisant la laïcité contre une religion, qu'elle devrait au contraire protéger, on risque d'accroître chez les musulmans un sentiment d'exclusion.
Cette évolution se heurte régulièrement au cadre législatif international- Pacte international relatif aux droits civils et politiques des Nations Unies, Convention européenne des droits de l'homme - qui protège la liberté religieuse et que la France a ratifié. Le comité des droits de l'homme des Nations Unies a interpellé à plusieurs reprises la France sur ce qu'il considère des

violations à la liberté de religion des femmes musulmanes, précisant que, « pour respecter une culture publique de laïcité, il ne devrait pas être besoin d'interdire le port de ces signes religieux courant »

Le sociologue Philippe Portier voit dans cette évolution « la fin de la lecture libérale de la loi de 1905, qui durait depuis quatre vingt dix ans sous le conseil d'Etat. Depuis les années 2000, la laïcité libérale a laissé place à une laïcité de contrôle. Comme le catholicisme au XIX siècle pour les partisans d'une laïcité stricte, l'Islam est devenu un objet de méfiance qu'il faut circonvenir » on se retrouve face à une forme de fondamentalisme républicain, d'approche religieuse de la laïcité.

De la même façon que Aristide Briand et Jean Jaurès en voulant rédiger une loi suffisamment inclusive pour que la majorité des catholiques puissent pratiquer leurs cultes à leur manière, étaient traités de « socialo -paladins », les personnalités actuelles qui s'inscrivent dans la loi de 1905 pour permettre la même chose aux musulmans, sont traité « d'islamo-gauchiste »

La sociologue Agnès De Feo a démontré que la loi d'interdiction de dissimulation du visage dans l'espace public du 11 octobre 2010 avait, paradoxalement, eu un effet incitatif sur le port du niqab. L'interdit a créé un désir de transgression chez des femmes qui ont pour point commun de ne pas avoir reçu l'islam de leurs parents. Elles ont ainsi usé de l'objet prohibé pour affirmer leur identité, d'autant plus valorisante qu'elle était subversive. La démarche était inoffensive au départ. Mais les agressions, physiques et verbales, qu'elles ont subies dans la rue les ont contraintes à s'enfermer dans une logique négative. La plupart ont eu assez de résilience pour s'en sortir. Mais quelques-unes sont parties en Irak ou en Syrie et d'autres ont commis des tentatives d' attentat sur le sol français.

Durant tout le XIX siècle on a dénigré les populations arabo musulmanes. Lors de la chute de l'empire Ottoman on les à utiliser pour vaincre celui-ci en leur promettant un grand territoire , puis avec les accords Skype Picot on les a trahis et colonisés.

En Afrique ont les exploite, eux et leurs territoires, sans jamais leur donner un autre droit que celui d'indigènes. On les a utilisés pour lutter contre nos ennemis en Europe dans les deux guerres mondiales. On les a fait venir en métropole pour reconstruire le pays. A la fin du XX siècle et début du XXI on intervient dans leur pays à coup de bombardements sous prétexte d'humanisme tout en armant les dictatures de la région.

Comment peut-on s'étonner que des groupes terroristes se soient formés tel que DAECH lors de l'invasion de l'Irak par les EU ou AL QAIDA lors de l'invasion de l'Afghanistan par l'URSS ? Mais si nous, ici en France, on continue à amalgamer les musulmans, dans leur ensemble, avec les terroristes, qu'ils soient isolés comme ceux qui viennent de faire ses derniers attentats, ou organisés, plus on fera que d'autres musulmans adhèrent à cette idéologie mortifère.

Une grande quantité d'intellectuels, d'hommes politiques et de médias, sous couvert de laïcité et de liberté d'expression, s'en prennent aux musulmans. Ils créent des lois soit disant contre l'islamisme, mais qui ne font que stigmatiser une religion. Et toutes critiques qui leur sont adressées par d'autres intellectuels, hommes politiques ou médias font de ceux-ci des islamo-gauchistes. Tandis qu'eux, même s'ils nient toute sorte d'islamophobie, ils font tout pour pousser les musulmans vers le radicalisme.

Ce sont en général ces mêmes islamophobe qui n'acceptent aucune critique sur le sionisme ou sur Israël, et qui traite ces critiques d'antisemite.

J'avance sur mon projet. Il me faut trouver une clientèle, mais comme je ne sais pas trop qui cibler, je commence à faire un peu de tout. Je fais quelques meubles comme des libraires, des tables basses, je me fais un bureau etc. J'utilise que du fer rond et des planches en bois. Je continue également de faire toutes sortes d' articles de décorations. Des lampes, des portes revues, des portes CD, des portes manteaux etc.

Je continue bien sûr avec mes portes bouteilles. J'ai réussi à en placer quelques-unes chez des cavistes, en général en Dépôt vente, mais certains m'en ont acheté pour décorer leur boutique. Comme mon projet n' est pas intéressant pour les banques, je vais me faire financer par l'ADIE qui est une association de micro crédits au niveau national.

Si le microcrédit a bonne presse à l'époque, c'est surtout parce que l'inventeur de ce système a eu beaucoup de succès au Paquistán, surtout auprès des femmes, Il a même reçu le prix Nobel de la paix. Mais personnellement je pense que c'est un peu une arnaque dans un pays développé comme la France. Je m'explique. Ce sont des montants très inférieurs aux vrais besoins pour monter une entreprise aussi petite soit-elle en France, avec toutes les formalités et charges que l'on impose depuis le début. Mais pour l'obtenir, il faut quand même monter un sacré dossier, passer par d'innombrables interviews, puis trouver quand même deux personnes qui se portent caution. Le montant que l'ADIE me propose est de moitié inférieur au crédit renouvelable que la BNP m'a ouvert !! En plus, le prêt est viré par une banque partenaire à l'ADIE avec des ressources de la banque. L'intérêt est supérieur à celui d'une banque. Car bien sûr l'ADIE doit se financer grâce à ce surplus des intérêts.

Pendant ce temps, Yvonne s' inscrit à Pôle Emplois. Notre idée c'est qu'elle donne des cours de danse folklorique mexicaine. Elle n'a jamais fait ça. Mais pour donner des cours de danse classique ou contemporaine ou d'aérobic, discipline qu'elle domine, elle devrait passer un CAP, et on ne peut se le financer.

Elle se distrait pour l'instant en prenant des cours de danse orientale. C'est Delphine qui l'a amenée à s'inscrire, car elle aussi veut en faire. Yvonne adore et est très douée, même si elle n'en a jamais fait elle devient rapidement une très bonne élève.

La professeure pense même dans un futur pas trop lointain la faire participer à des spectacles. L'achat de la robe nous a coûté un peu cher. Mais on va quand même en profiter car une association a trouvé quelques heures de cours de danse folklorique mexicaine dans une école de CM2, et la robe ressemble beaucoup aux robes mexicaines. Ce n'est que quelques heures durant deux jours, mais très bien payés.

Malheureusement le contact qui nous a trouvé ça, nous dit que c'est très difficile qu'il nous en trouve d'autres, car c'était très occasionnel.

Lors d'un de ces rendez-vous à pôle emplois, elle va connaître un péruvien qui va lui présenter deux sœurs péruviennes qui habitent La Rochelle depuis pas mal de temps, l'une d'elle est mariée à un soldat. Elle est contente de trouver des amies qui parlent espagnol, bien que déjà elle s'est fait copine d'une française qui parle très bien espagnol, puisqu'elle a habitée au Mexique, elles se sont rencontrées cet été à la plage.

Personnellement je ne les trouve pas sympathique du tout, ni le péruvien ni les deux sœurs. Je suis sûr, je le vois à leur façon comme elle parle et leurs idées, qu'elles viennent de la classe moyenne pauvre du Pérou, mais comme elles habitent maintenant en France, elles ont comme un sentiment de supériorité.

Elles vont convaincre Yvonne d'aller demander du travail dans une société d'insertion qui fait du recyclage de vêtements. Cette organisation donne des contrats de travail pour deux ans à des personnes qui sont sorties du marché du travail, ou à des réfugiés politiques ou immigrés.

Je ne suis pas d'accord, je n'aime pas cette ambiance pour Yvonne, je ne pense pas qu'elle puisse supporter un train de travail comme ouvrière. Non qu'elle ne le supporte pas physiquement, mais plutôt dans l'ambiance triste et conflictuelle de travailler avec toutes sortes de gens asociaux.

Après un premier refus, la directrice pensait que Yvonne n'était pas un cas de personne en détresse sociale et qui pouvait trouver un travail. Elle avait vraiment raison mais ses copines Péruviennes ont insisté car elle voulait à tout prix aider Yvonne, et comme la directrice était copine avec l'une d'entre elles. Décide de lui donner le boulot. Donc Yvonne a commencé à travailler. Son boulot était près de mon atelier. Je l'emmène le matin après avoir laissé les enfants et je passe la chercher vers 17 heures. Elle était crevée en sortant, mais elle était très contente de sa journée. Donc c'était moi qui me collait pour faire le dîner et préparer le lunch pour Yvonne et moi pour le lendemain, et avec les enfants on nettoyait un peu l'appartement.

Comme il s'agissait d'une boîte qui recycle des vêtements, Yvonne pouvait nous trouver et acheter des habits pas chers.

Elle va se faire une bonne copine dans l'entreprise, une réfugiée politique du Kurdistan russophone. Elle est arrivée en France depuis un an et parlait assez bien le français, elle avait deux filles adolescentes qui étudiaient, l'une à l'université, et l'autre au lycée, qui parlaient également bien le français. Le mari ne parlait pas un mot de français et passait ses journées à pêcher dans un petit lac à côté des HLM où ils habitaient.

On est allé dîner chez eux dans leur petit appartement. Lorsque j'ai vu le milieu où ils habitaient. J'ai compris que jamais Yvonne supporterait d'y vivre, ni moi ni les enfants, après avoir toujours vécu dans des habitations indépendantes.

J'avais fait une demande de logement social et j'étais en attente, mais c'était quasi impossible de l'obtenir et Yvonne voulait à tout prix que j'insiste pour ne plus payer des loyers si importants.

On sentait immédiatement les problèmes entre voisins. C'était une famille très sympathique qui avait juste très peur de ne pas obtenir leur renouvellement de leur carte de séjour. J'étais d'ailleurs content que cette famille me confirme que l'époque de l'URSS était, de beaucoup, meilleure à vivre pour eux et pour la plupart des habitants de cette région, et que la fin de ce régime avait amené énormément de pauvreté.

Avec le salaire d'Yvonne, la pression financière que j'avais, diminua un peu.

Je continuais à être suivi par L'ADIE et par l'autre association.

Lorsque l'on est suivi par eux, ils nous proposent un parrain. C'est en général des bénévoles qui travaillent ou ont travaillé en indépendant ou ont, où ont eu, une entreprise. Ces parrains sont là pour nous conseiller et nous aider. Lors d'une réunion où je devais exposer ma stratégie de vente, laquelle était principalement centrée à démarcher des boutiques de décoration et des cavistes, on me présente mon parrain.

C'est un ancien dentiste qui a aussi travaillé à la mairie, je ne sais pas si comme élu dans une liste, mais il connaît beaucoup de monde dans l'équipe actuelle. Il est très sympathique, il est du genre rigolo.

Il pense que le démarchage des boutiques ne va pas m'apporter grande chose. Je suis d'accord avec lui, pour l'instant je n'ai que deux cavistes comme clients et une petite boutique. Je leur dit que mon intention est de peut-être réussir à avoir ma propre boutique ou de pouvoir participer à une exposition pour professionnels.

Il me propose que pour commencer je pourrais participer au marché d'été des créateurs du Cour des Dames à La Rochelle. Le dossier pour y participer doit être présenté avant fin février. Il paraît que c'est très difficile d'y rentrer, mais comme il n'y a pas pour l'instant de ferronnier, il y a des possibilités. Donc on se met d'accord pour que je fasse mon dossier, mais qu' il faut que je lui donne pour que ce soit lui qui le fasse parvenir à la personne concernée.

Donc je commence à réfléchir à ce que je pourrais fabriquer pour vendre sur un marché, donc des petites pièces. Et cibler des touristes.

Puisque l'on se trouve au bord de la mer, je pense faire des bateaux et des poissons.

Je ne suis ni un sculpteur ni vraiment un ferronnier, je fais donc des pièces très très simples. Pour les bateaux je fais de petites sculptures avec un socle en bois. Et j'ai l'idée de faire des socles en bois flottés qui se marient bien avec le style des bateaux.

Pour les poissons je fais des pièces à accrocher.

Guy m'aide pas mal, c'est lui qui découpe la tôle de 1 mm pour faire les voiles pour les bateaux et pour faire les poissons. Et c'est un sacré boulot.

Si c'est lui qui fait le boulot le plus chiant, le découpage et le vernissage, je vois qu'il prend plaisir à choisir le bois flotté pour chaque sculpture, de cette façon c'est lui qui met la touche finale à chaque sculpture de bateaux. Il faut dire que chaque pièce est unique.

Une expo se réalise tous les ans à l'espace Encan, au printemps, il s'agit d'une expo de décoration pas trop chère. Je m'inscris au dernier moment mais j'arrive à avoir de la place. Je n'ai pas le temps de faire un beau stand mais je veux voir la réaction du public à mes pièces. Il y a surtout des meubles en vente, et les produits de décoration sont majoritairement importés. Je me rends compte que ce n'est pas une expo pour mes produits. Mais je vois qu'il y a un secteur réservé aux créateurs, qui pourrait me convenir pour une prochaine fois. Comme je suis à côté d'eux je vais faire de belles rencontres, il y a des peintres, des bijoutiers, un graveur sur bois etc.

Je prends conscience de la difficulté des ventes des artisans. Je ne vais pas faire de supers ventes, mais suffisantes pour payer le stand et un peu plus. Ce qui a le plus plût, c'est bien sûr les portes bouteilles, surtout le modèle Méduse. Et de mes autres articles utilitaires , c'est les portes revues qui ont eu du succès. Un des vendeurs de meubles qui a un magasin à La Rochelle, va m'acheter plusieurs portes bouteilles méduses de 6 bouteilles pour son magasin.

Heureusement que j'ai les enfants, puisque ce n'est pas comme au Mexique que j'avais des employés pour m'aider dans les expositions. Je les appelle mes esclaves.

CHAPITRES XLIII....je deviens marchand de rues

Mon dossier est accepté, je pourrais commencer à vendre à partir de Pâques, mais je ne suis pas prêt. Je n'ai pas de parasol et autres structures nécessaires pour monter un stand.

Comme je n'ai pas de quoi me l'acheter, je vais le fabriquer. J'achète le tissu et Yvonne va me coudre le parasol. Je fais une structure en fer et j'invente un stand où le parasol s'accroche à quatre tours lesquelles me servent de bases pour supporter des planches ou je pourrais exposer les sculptures. Sur les tours je peux également poser des étagères. Et le tout rentre très bien dans la Renault Espace en enlevant les sièges arrière.

Même si je ne suis pas prêt, je vais voir avec Yvonne, sur place le week-end, mes prochains collègues du marché. Il n'y a que très peu de stands installés. Une créatrice de bijoux en bois, Alexandra, au milieu du cours et deux autres stands à l'autre bout.

Je me présente à Alexandra, elle me souhaite la bienvenue et m'explique un peu le fonctionnement. Elle m'annonce également qu'elle n'est pas très aimée des autres, sans me donner d'explication.

Yvonne est toujours contente dans son travail, mais elle maigrit à vue d'œil, elle ne mange rien du lunch que je lui prépare.

Un jour elle me raconte qu'elle est en train de se rendre compte que des employés volent des vêtements, je lui dit de laisser faire et de ne rien dire. Mais elle en parle avec sa copine russophone. Elle devient de plus en plus nerveuse. Et un jour que je passe la chercher elle me dit qu'elle ne veut pas revenir travailler. Je lui demande si il a quelque chose de grave qui est arrivé, elle me dit que non, mais que c'est un nid de voleur et que sûrement la directrice est complice, je lui répond qu'il n'y a aucun problème même si c'est vrai et que l'on a besoin de l'argent. Elle retourne donc travailler le lendemain. Mais cette fois-ci elle me dit qu'un des employés lui a dit de faire attention. Là je lui dit que maintenant il n'est plus question qu'elle retourne travailler, d'ailleurs elle n'en avait aucune intention. Je lui ai dit que j'irai lundi parler à la directrice. On est mercredi aujourd'hui et c'est notre premier jour sur le marché.

Premier jour de marché

Le grand jour est arrivé, comme dans le véhicule il n'y a pas de place que pour deux. Je pars avec Yvonne. Les enfants qui vont m'aider à monter le stand, vont aller en vélo. Yvonne devient tout à coup très nerveuse, elle dit qu'elle a vu un des employés de la boîte où elle travaillait. Comme moi même je suis nerveux je lui dit d'arrêter de voir du mal partout. On arrive sur le cour des Dames, et je commence à m'installer dans l'emplacement que l'on m'a donné, c'est -à - dire au bout à l' Est. Mais à peine installé un artisan vient me dire qu'ils ont reçu l'ordre de la mairie de ne pas occuper le Cour car vu que c'est le 8 mai et on fête les 60 ans de la libération de La Rochelle il va y avoir des festivités. Je dois donc m'installer sur la place des sardiniers , c'est-à- dire prêt des tours. Comme il n'y a pas où laisser la voiture et que je vois Yvonne trop nerveuse, je lui dit de rentrer avec la voiture à la maison. Les enfants m'aident à monter le stand. Même si je l'ai essayé et monté plusieurs fois dans l'atelier, ce n'est pas la même chose sur du pavé en pente et avec du vent. J'ai toujours peur qu'il ne se casse la figure. En plus, le vent fait tomber mes sculptures de voiliers.

Plusieurs des autres artisans vont venir se présenter, ils ont l'air sympathique. Je suis à côté d' un peintre qui s'appelle Sylvain qui va me donner des conseils toute la journée. Les artisans sont soulagés de voir ce que je vends, ils ont toujours peur que la mairie fasse rentrer des faux artisans qui ne sont que des revendeurs. C'est pour ça qu'ils n'aiment pas Alexandra, car ils disent qu'elle ne fabrique pas, qu'elle fait que du montage et elle est rentrée grâce à la mairie, comme moi. Donc ils sont contents de voir que mon produit est bien de la création. Je vais également avoir de bons commentaires des touristes, je vais vendre quelques portes bouteilles et des petits bateaux. Je ne vais pas faire le chiffre d'affaires que j'ai calculé pour réussir, mais je vais quand même vendre plus de 100 euros et je suis content pour ma première journée.

Mais le soir, lorsque j'appelle les enfants pour qu'ils viennent m'aider à remballer et dire à Yvonne d'emmener la voiture. Ils m'annoncent que leur mère a pété les plombs.

Elle n'arrête pas de dire que la société où elle travaille est une secte qui lui veut du mal. Elle a même téléphoné à mon frère au Canada pour lui dire qu'elle voulait partir chez eux pour leur échapper, et savoir s'ils étaient prêts à la recevoir. Ça m'a fait un drôle de coup, je lui demande si elle est capable de conduire, elle m'affirme que oui, mais elle vient avec Ian. Je me souviens encore de toutes les mauvaises pensées qui me sont venues en attendant qu'ils arrivent, depuis la peur qu'elle commette une folie dans la voiture, ou qu'elle se fasse arrêter, ou a ce qu'en arrivant elle fasse un scandale. Je me suis souvenu de tous les pétages de plomb de ma mère et de ses scandales. Heureusement rien ne se passe et la trouve plutôt tranquille.

Pendant tout le parcours du retour je la laisse parler, elle n'est pas hystérique, mais elle raconte une histoire à dormir debout. Elle est sûr que l'employé qu'elle a vu le matin en sortant de l'appartement, et celui qu'elle a vu sur le Cours des Dames était là pour la surveiller. Je lui demande pourquoi elle ne me les a pas montrés, elle me dit qu'elle ne voulait pas m'inquiéter. En arrivant à la maison je reste avec elle dans le parking du sous-sol de l'appartement pour essayer de la raisonner, pour éviter que les enfants et Michelle qui sont dans l'appartement n'entendent.

J'essaye tout, la compréhension, la logique, l'autorité, la menace, rien n'y fait.

On monte, et en rentrant dans l'appartement, Ian me demande: ``Ça y est? Ma mère est devenue folle ? » comme si ça devait arriver tôt ou tard.

Yvonne ne vas pas pouvoir dormir, du coup moi n'on plus. Je me rappelle que les crises de ma mère venaient comme cela, impossibilité de dormir. Du coup moi non plus je ne dors pas. Le lendemain c'est dimanche et je ne peux pas voir notre médecin. Je sais qu'il y a une maison médicale avec des médecins de garde qui ouvre le dimanche. Je l'emmène avant huit heures et on est reçu un peu plus tard, Yvonne explique son état et bien sûr, parle du complot contre elle, je vois immédiatement dans l'attitude du médecin qu'il voit de la folie dans les paroles d'Yvonne et j'y vois même de la peur. Il fait rapidement une ordonnance d'un médicament et nous dit qu'avec ça elle va pouvoir dormir, et je vois qu'il est pressé de nous voir partir.

Je passe à une pharmacie de garde pour chercher le médicament et on rentre à la maison, grâce à ce médicament Yvonne va dormir presque toute la journée et une grande partie de la nuit. Moi bien sûr je ne vais pas aller installer le stand et je me repose également. Le lendemain je vais l'emmener voir de bonne heure notre médecin.

Le Dr Alric nous reçoit assez tôt. Yvonne ressort son histoire de complot contre elle, qui bien sûr étonne tout le monde. Je vois dans son visage la peur qu'il a d'Yvonne, comme l'autre médecin. Lorsqu'ils essaient de raisonner Yvonne, celle-ci ne comprend pas pourquoi on ne la croit pas et ils prennent peur qu'elle s'énerve. Alric nous dit d'aller immédiatement au service d'urgence psychiatrique de l'hôpital, j'ignorais qu'il en existait un, il se trouve dans un étage au-dessus des urgences.

On est reçu immédiatement. Yvonne passe en premier toute seule, après une quinzaine de minutes, et d'avoir parler avec elle, on me fait rentrer. On me demande si c'est la première fois que ça lui arrive, je leur confirme, tout en signalant qu'Yvonne a toujours eu tendance à pleurer facilement et qu'elle pense, comme presque toute sa famille, que les gens font toujours exprès de leur faire du mal.

A ma grande surprise, la psychiatre en chef des urgences, qui fait l'interview, est une copine de Michelle, l'infirmière. Je l'avais connue à une réunion chez Delphine. C'est une petite dame dans la cinquantaine, homosexuelle qui est en couple avec une autre copine de Michelle.

On propose à Yvonne de rester quelques jours dans leur structure, ils disposent de quelques chambres. Mais Yvonne a peur et refuse. On va lui prescrire un traitement à base d'un médicament qui évite d'imaginer des choses, médicaments qu'une fois commencé à être administré ne peut plus être suspendu.

Je demande à la psychiatre de me conseiller un psychiatre pour la suivre, elle me répond que éthiquement elle ne peut me conseiller et que c'est à nous de choisir.

Mais juste avant de partir, elle va me dire à voix basse, de contacter le Dr. Beaudiment.

Yvonne va un peu mieux depuis qu'elle prend les médicaments. Je n'ai pas pu avoir un rendez-vous avec le Dr Beaudiment, car je suis le mari, et c'est à la patiente de le faire. Yvonne ne voulait pas au début, mais j'ai fini par la convaincre. Je suis allé à son boulot pour leur expliquer sa situation et leur apporter le certificat médical pour son arrêt de travail pour un mois.

Avec Beaudiment le premier rendez-vous se passe exactement comme aux urgences.

Yvonne est vue toute seule au début, puis on me fait entrer. Il lui donne le même médicament que la psychiatre, mais le complète avec plusieurs autres antidépresseurs.

Yvonne ne veut pas rester seule à la maison, donc elle m'accompagne faire des courses pour le stand. On est en train d'acheter du tissu, et je vois dans ça tête et je le ressens moi même qu'elle a peur des gens. Trois jours après, elle décide d'accepter de passer quelques jours aux urgences psychiatriques. Elle y rentre le jeudi pour en sortir le mardi, je vais la voir tous les après-midi, sauf le samedi et le dimanche ou je vais sur le Cours Des Dames.

Les enfants m'aident à monter et à démonter le stand. Ils y viennent en vélo. Je suis assez content des ventes de ce week-end, j'ai fait plus de 400 euros. Les gens aiment bien mes portes bouteilles et les sculptures de bateaux sur du bois flotté. Le directeur de la section sportive de l'université de La Rochelle m'a même donné rendez-vous pour m'acheter deux grandes sculptures de bateaux pour des trophées pour la régate à niveau européen qu'ils organisent tous les ans. Les trophées seront permanents, le champion le gardera un an dans son université et le mettra en jeu l'année suivante, mais chaque année je vais faire une vingtaine de petits trophées pour que les équipes de navigateur puissent les garder. Je vais faire ça pendant plusieurs années.

Yvonne va beaucoup mieux depuis qu'elle est sortie de l'hôpital. Elle reçoit la moitié de son salaire, ce qui nous aide beaucoup.
Les week-ends se passent assez bien sur le Cours, je ne vends pas ce que je voudrais mais c'est un bon début. On est pas nombreux pour l'avant saison, où on expose que les week-ends et jours fériés, mais il parait que ça va être complet à partir du 1 juillet ou tout le monde va être là.
L'université m'a trouvé un client pour louer notre chambre d'amis avec repas inclus.
Ce ne sera que pour l'été. C'est un jeune allemand qui vient perfectionner son français.

Le premier juillet arrive. Sur le Cour Des Dames je me retrouve coincé entre deux stands. D'un côté une fille, Alice, qui vient de Toulouse qui fait de la peinture sur verre, et de l'autre, Sophie, une dame qui fait des bijoux en cristal. On est tellement collé que pour prendre une pièce que veut un client, et qui se trouve au bord de mon stand en face, il faut que je fasse le détour sur le stand de Sophie. Nos parasols sont même l'un sur l'autre.

Je ne vais rien vendre ce jour-là!!!! Toute la journée je déprime de plus en plus au fur et à mesure que la journée avance. Normalement ce devait être le contraire, mes ventes devraient augmenter en pleine saison, je suis inquiet.
Les premières journées, c'est moi qui fait la vente, mais bientôt comme Yvonne se sent mieux, c'est elle qui va commencer à tenir le stand.
Le matin on est à la maison avec les enfants, puis on mange et on va monter le stand vers 14 heures. Après avoir monté le stand, Guy et moi on part travailler à l'atelier, on revient à huit heures du soir car après cette heure la, je ne peux plus rentrer la voiture car on ferme le port pour le rendre piéton. Le soir vers 1h du matin j'appelle les enfants pour que l'un d'entre eux m'aide à démonter le stand. Et ainsi toute la semaine. Le samedi je ne vais pas à l'atelier, juste le montage et le démontage du stand avec les enfants, Yvonne fait la vente. Et moi je profite pour me reposer, et je vais à la plage avec les enfants. Le dimanche Yvonne reste à la maison et c'est moi qui fait la vente. Mais le dimanche il faut monter le stand avant midi car le port devient piéton à cette heure là.
Cette été IAN a retravaillé dans un restaurant, Michelle à travaillé chez un glacier très connu à La Rochelle « chez Ernest », mais ça c'est mal passé avec sa patronne, Guy m'aide, et Bruno et Alec aide à la maison et à monter et démonter le stand.
Après des ventes très faibles, celles-ci ont augmentées fin juillet après le festival des Francofolies, et elles ont étés assez bonnes en Août.
On va travailler également les week-ends de septembre jusqu'au Grand Pavois. Les ventes de ces week-ends-là sont moins bonnes que celles du printemps, sauf le week-end du grand pavois. Je vais faire un chiffre d'affaires d'un peu plus de 15,000 euros.

Michelle et Guy sont partis étudier à Montpellier, juste au début septembre. Ils ont trouvé un petit appartement en plein centre. Dans une très vieille construction, avec beaucoup de charme. On va leur apporter leur déménagement après la fin du marché.

On va y aller, Yvonne et moi avec Alec et Bruno, ça va nous faire quelques jours de vacances. Et comme on a un peu d'argent du marché, ça va nous permettre de leur acheter une petite télé et d'autres articles dont ils ont besoin.

En août j'ai inscrit mon entreprise à la la chambre des métiers, l'année dans la couveuse étant arrivée à sa fin. J'ai inscrit également Yvonne comme conjointe collaboratrice, pour qu'elle ait également droit à une protection. Le mauvais côté des choses c'est qu'elle devra arrêter son arrêt maladie et on ne percevra plus les indemnités salariales. Mais c'était trop risqué de la faire faire les ventes en arrêt maladie.

Il y a une nouvelle Expo à l'espace Encan, il s'agit de celle des métiers d'arts qui se fait tous les deux ans. Je m'inscris à temps, et cette fois-ci j'ai un stand en forme.
L'exposition est plus en accord avec mes produits, pas comme l'autre . Mais je ne fais pas de super ventes. L'entrée est payante et il n'y a pas grand monde. Je pensais avoir des professionnels comme clients, mais non. Juste le dernier jour où l'entrée est gratuite je vais bien vendre. Mais comme l'autre fois, je vais faire de bonnes rencontres.
L'expo est partiellement organisée par l' association des métiers d'art de Niort.
Ils vont m'inviter à m'inscrire chez eux. Et comme j'ai eu un bon contact avec un des organisateurs de l'association, ils m'ont invité à participer à un marché de Noël qu'ils vont faire pour la première fois à La Rochelle. Ils en font un tous les ans à Niort qui marche bien.

Mon médecin, comme il voit que ma santé ne me permet pas de travailler à 100%, me conseille de demander l'Allocation Aux Adultes Handicapés, c'est une allocation du même montant que le RSI, donc financièrement ça ne change pas grande chose. Mais il me dit que ça peut être intéressant au cas où une entreprise voudrait m'embaucher.
Ma conseillère m'a également dit qu'il existe une aide pour les handicapés qui montent leur entreprise.
Je fais la demande et on me fait passer un examen médical. Et bien sûr, vu mon état, je suis immédiatement accepté comme travailleur handicapé.
Au début je vais me repentir, car je ne vais plus recevoir ma prime de Noël, mais l'année suivante je vais recevoir l'aide qui va me permettre d'acheter mon découpage au plasma, qui va me changer la vie dans l'atelier.

Yvonne dans son Chalet du marché de Noel.

Noël arrive, le marché de Noël va se tenir en face de l'hôtel de ville. Nous ne sommes pas nombreux, une dizaine de petits chalets en bois. Plusieurs d'entre nous, sommes des artisans du marché de l'été. Mes collègues vont se plaindre des ventes, mais Yvonne va faire un bon chiffre d'affaires . On va exposer que des portes bouteilles, et ça va être une très bonne idée cadeau pour plusieurs clients. Guy est venu de Montpellier pour passer Noël avec nous. On va passer un très bon réveillon, et comme j'ai bien vendu, je vais être généreux, et comme Ian à commencé à travailler dans un magasin de vêtements pour homme, et qu'il a des rabais, il va gâter ses frères.

Le début de l'année suivante va marquer le début des problèmes avec les banques.
Comme je vous l'ai dit auparavant, les prêts de l'ADIE proviennent des banques associées à celle-ci , ainsi le premier prêt a été versé par BNP ou j'avais déjà un compte professionnel. Mais lorsque l'ADIE m'a accepté un nouveau prêt, celui-ci allait être versé par la Société Générale, donc l'ADIE m'a fortement conseillé d'y ouvrir un compte.
Donc lorsque l'argent m'a été transféré à mon nouveau compte de la Société Générale, j'ai fait un virement de celui-ci à mon compte Pro de la BNP.
Mes comptes personnels et professionnels sont presque toujours en découvert autorisé, et il faut qu'ils passent en positifs tous les 15 jours. Mon conseiller a la BNP ne m'aime pas beaucoup car une fois je me suis énervé avec lui. C'était le début de mon entreprise, et comme j'avais mon compte professionnel et personnel dans la même banque je pensais qu'un virement d'un compte à l'autre ce fait dans l'imm**é**diat.
Et un vendredi après-midi j'ai fait un virement de tout ce que j'avais sur mon compte pro sur mon compte perso, et comme le virement ne s'est pas fait à l'instant, je me suis retrouvé sans un sous tout le week-end. J'ai bien sûr fait une réclamation à mon conseiller. Je lui est dit que comment c'était possible, si dans un pays pauvre comme le Mexique les virements sont instantanés entre deux banques, la BNP ne pouvait pas le faire entre deux comptes internes? Ironiquement je lui

dit: « si la banque à besoin que je lui prête de l'argent pendant le week-end il fallait juste le demander ».

Donc quand j'ai fait le transfert entre la Société Générale et la BNP , mon conseiller c'est rendu compte que j'avais un autre compte dans une autre banque, et m'a accusé de faire du chevauchement. (ce qui consiste à couvrir un découvert d'un compte en créant un autre découvert dans un autre compte et cela sur plusieurs comptes, cela pouvait se faire auparavant grâce au retard de recouvrement d'un chèque d'une autre banque, on pouvait gagner plusieurs jours. Ce qui ne peut plus se faire grâce à la rapidité des traitements). Et il a utilisé cette excuse pour annuler mes cartes de paiement et résilier mon compte pro, sans écouter mes explications. Après cela, il a continué à me mettre des bâtons dans les roues, refusant mes chèques pour quelques centimes, me prélevant des frais bancaires à tout va et ignorant mes réclamations. Donc j'ai fait appel à la médiatrice de la banque qui m'a donné raison et l'a obligé à me rembourser une bonne partie des frais. Mais après, selon les dires de mon conseiller, la directrice n'était pas contente du fait que j'ai fait appel à la médiatrice, et allait annuler mon découvert autorisé, J'ai donc juste gardé le compte personnel de la BNP pour faire les dépôts et rembourser mon crédit. Heureusement que dans la Société Générale je m'entendais très bien avec la directrice de l'agence qui était en même temps ma conseillère.

CHAPITRE XLIV…..la famille avant tout

La situation de mes parents à Tequisquiapan n'était pas très bonne. Mes frères, comme moi, étaient dans une mauvaise passe économique. Ma sœur vivait avec eux, elle avait bien vendu le terrain où était mon atelier, ce qui dit en passant, avait fermé la gueule de tous ceux qui disaient que je l'avais trompé, mais son argent c'est son fils qui le gérait pour qu'elle ne fasse pas de bêtises.

Mes frères ne pouvaient plus leur envoyer de l'argent et moi non plus depuis l'argent que je leur avais donné lors de la vente de la maison. Mon père recevait une toute petite retraite. De mon côté je ne voyais pas d'autre solution que de les faire venir en France.

Depuis notre départ, la santé de ma mère s'était beaucoup dégradée. Je suis sûr que le fait de ne plus avoir l'accès au grand jardin que l'on avait, de ne plus voir jouer ses petits enfants, de ne plus manger avec nous tous les dimanches et surtout de ne plus être en compagnie d'Yvonne et de moi, là énormément abattue. Aussi le fait d'être entre ma sœur et mon père qui n'arrêtent pas de se disputer, la chagrine énormément.

Ma mère commence à maigrir très rapidement. Elle va se casser le fémur juste en montant dans la voiture. Mon père ne fait rien pour aider Christine dans les soins dont ma mère a besoin. Peut être que ma sœur exagère, mais je connais mon père et son égoïsme, et je suis sûr qu'il pourrait faire d'avantage.

Pendant ce temps, nous en France on est de plus en plus adapté. Les enfants vont bien à l'école et ont de bonnes notes. Ian se plaît bien dans ses études, et travaille avec un contrat étudiant à Celio, la boutique de vêtements pour hommes. Il a de plus en plus d'amis, c'est fou la facilité qu'il a à s'en faire. Michelle et Guy ont déménagé dans un autre petit appartement moins cher et plus près de la fac de Guy. Ils sont voisins avec un autre couple qui provient de la Nouvelle Calédonie et qui étudie avec Guy. Ils s'entendent très bien avec eux.

Pour l'instant c'est encore très dur pour moi, tout l'argent sert à payer les loyers et les prêts. L'ADIE ne veut plus me financer, elle dit que c'est la banque qui doit prendre le relais. Mais la banque trouve très pratique que ce soit l'ADIE qui prenne le risque même si l'argent sort de chez elle.

Ma conseillère va réussir à convaincre ses supérieurs pour un petit prêt de 5000 euros qui va m'aider en plus de l'aide pour les handicapés pour acheter un meilleur outillage et survivre jusqu'au début du marché d'été.

Je vais également m'acheter un vrai parasol pour le marché. Cette fois-ci je vais pouvoir commencer les ventes depuis Pâques. On va faire une meilleure saison.

Et je vais commencer à avoir de bonnes relations avec les autres collègues.

L'année dernière j'étais coincé entre des filles qui se détestaient et l'ambiance n'était pas bonne. Une des filles à mauvais caractère n'est plus revenue, et on ne l'a pas remplacé, ce qui fait que l'on est moins serré.

Je m'entends bien avec mes deux voisines qui se n'aime pas entre elles, et surtout avec Bruno, un sculpteur en pierres, et Polo, un peintre sur bois flotté. Aucun des deux ne vend beaucoup, ils vendent à peu près comme moi, même si ça fait des années qu'il sont sur le marché. D'ailleurs ils disent tous que c'est de moins en moins bien. Il y a à peine quelques années c'était la poule aux œufs d'or. Ils remballaient vers deux heures ou trois heures du matin. Mais avec toutes les importations à bas prix, les gens ont de plus en plus de choix parmis des objets bon marché .

A la fin de la saison, à part les trophées que je fais pour l'université, les organisateurs du Grand Pavois, la plus grande exposition de bateaux de plaisance à flot d'Europe, m'ont également commandé des trophées pour une régate qui fait La Rochelle - Porto Alegre. C'est une très bonne commande puisque les trophées sont plus grands. D'ailleurs la femme qui me fait la commande est extrêmement belle, ce qui augmente mon plaisir de travailler pour eux, en plus que dans ce cas il n'y a pas de problème de budget, vu le succès de l'entreprise.

La leucémie de mon frère Jean Pierre s'est aggravée. Les médicaments ne font plus d'effet. Les médecins disent que la solution c'est la greffe de moelle. Il faut tester la compatibilité des frères et sœurs, il existe un 25% de chance. Mon frère Patrick étant le seul au Canada, c'est sur lui que l'on fait le test. Malheureusement il n'est pas compatible. Je vais faire le test à l'hôpital de La Rochelle, l' assurance maladie de France va envoyer les résultats à l'hôpital à Montréal. Heureusement je suis compatible.

On prévoit le voyage juste après la saison, je dois faire mon passeport en vitesse.

J'ai une certaine difficulté à l'obtenir car une nouvelle loi est passée pour les français nés à l'étranger et de parents dont un des deux est aussi né à l'étranger, ils doivent apporter un certificat de nationalité. Et la dame a l'accueil ne veut pas recevoir mon dossier. Je m'énerve, leur dit que j'ai ma carte d'identité française délivrée par la préfecture de La Rochelle, que ma mère est née à Paris et que mon père est français de naissance pas naturalisé et la nouvelle loi c'est pour les naturalisés, en plus je fait par de l'urgence et de l'importance du voyage. Elle finit par accepter mon dossier. Il me sera même délivré en un temps record.

Jean Pierre va payer les frais de l'avion. Je laisse tout l'argent que j'ai à Yvonne et je pars avec un petit peu. Et comme c'est la première fois que je fais le voyage, je vais me planter. Je dois partir un jour avant car le vol part le matin de bonne heure , et lorsque je vais acheter mon billet de train, la dame me propose de me réserver l'hôtel à l'aéroport , mais elle ne trouve rien au- dessous de 180 euros la nuit, soit disant à cause de je ne sais quel événement à Paris. En arrivant à l'hôtel avec la navette je crève de faim et je dîne au seul restaurant ouvert à l'hôtel et j'en ai pour 40 euros. D'ailleurs j'en garde un bon souvenir, j'avais des années de ne pas aller au restaurant. Le problème c'est qu'en arrivant à Montréal je n'ai plus un sous.

Lorsque je descends de l'avion et qu'à la sortie, je ne vois personne. J'ai un moment de panique, je ne connais pas le téléphone de Jean Pierre et je n'ai pas un sous. Me suis-je trompé de jour ou d'heure? 15 minutes de panique avant que Jean Pierre arrive tranquillement.

Avant de rentrer à leur maison, Jean Pierre veut passer chercher du vin. Au Canada le commerce de l'alcool est exclusivement géré par le gouvernement et ils ont des boutiques spécialisés. Où l'on va on peut acheter du vin en vrac, il achète quelques bouteilles et me dit que c'est en cachette de Norma. En arrivant à la maison il se fait prendre, et il reçoit une bonne engueulade de Madame. Nous les Fautsch on est très dépensier pour les plaisirs, et on mérite des fois que l'on nous le fasse savoir. Mais je n'ai pas aimé qu'elle le fasse en ma présence.

On va aller dès les premiers jours à l'hôpital pour faire des analyses complètes .
Mais on m'a détecté un petit truc au fond de la gorge, et le médecin de Jean Pierre a peur que ce soit un cancer, donc on va prendre du retard avant qu'un spécialiste me voit.
Je vais profiter de ce séjour à Montréal pour voir Patrick que je ne vois plus depuis des éternités.
Il s'est séparé de Marcia depuis déjà quelques années. Je vais également la voir, elle est plus sympathique depuis qu'ils sont séparés. Je revois également Aline et Yvette qui sont maintenant de jeunes adultes. C'est bon de renouveler avec la famille.
Avec les enfants de Jean Pierre, j'ai déjà une très bonne relation avec Michelle, que j'adore.
Mais vivre quelques jours chez eux va me permettre de mieux connaître Stéphanie et Didier, surtout avec Stéphanie ça va très bien se passer, Didier est un peu comme moi quand j'étais jeune, pas trop expressif et pas un grand communiquant.
Mais c'est un très bon gars.

Après tous les examens, enfin tout est prêt, tout est ok. Je vais devoir me faire trois injections par jour, dans le ventre et dans la jambe, pendant une quinzaine de jours.
Pendant la journée je m'occupe sur un ordinateur à faire des feuilles Excel pour organiser mes affaires pendant que Norma et Jean Pierre suivent leurs occupations.
C'est un traitement pour que je produise davantage de cellules souches. Au début tout va bien, mais au fur et à mesure qu'avance le traitement je me sens de plus en plus mal, surtout les matins. J'ai de terribles nausées, une très grande envie de vomir mais sans y arriver, la tête qui tourne et la sensation que je vais tomber dans les pommes.

Le jour enfin est arrivé ou je dois aller me faire extraire les cellules. Ce jour là je me sens particulièrement mal, je me rappelle avoir eu même des difficultés à monter dans la voiture de Jean Pierre. Et j'ai mis du temps à y descendre tellement la tête me tourne.
Arrivé enfin dans la salle des chimios, on me branche à une machine qui me sort le sang d'un bras pour me le rendre par l'autre. L'infirmière me dit qu'il faudra rester au moins cinq heures pour prélever les cellules nécessaires. Je m'en fous du moins que je ne vais plus me sentir mal.
Mais au bout de trois heures et demi, ils ont rempli les poches nécessaires. C'est vrai que je suis tellement gros que je dois avoir au moins 8 litres de sang au lieu des 5 normalement !

Ce que je n'aime pas c'est qu'ils ont donné encore des injections à Jean Pierre, car ils doivent vérifier que la quantité de cellules souches est suffisante, sinon je vais devoir m'injecter encore un jour de plus et revenir le lendemain. Heureusement le soir on nous téléphone de l'hôpital, et on nous annonce qu'ils en ont largement assez. Heureusement, car lors de la décongélation quelques mois plus tard, une des poches des cellules souches va se rompre.

Après le don, je vais me sentir mieux, seulement une extrême fatigue, le moindre effort me coûte énormément. Avant mon retour en France, je vais passer toute une journée avec mes deux frères. Ils vont m'emmener à une station de ski très connue près de Montréal, et Jean Pierre va réussir à ce que Patrick nous paye un dîner. Je vous rappelle que depuis longtemps ce n'était pas arrivé que tous les trois, en même temps, soyons à court d'argent. Avant de partir, Norma va vouloir que je lui dise de quelle sorte est la relation entre Michelle et Guy, car dans sa famille des bruits courent entre les cousines de Michelle. Au début, je vais hésiter à lui dire la vérité, car je sais que Michelle ne voulait pas. Mais je ne vais pas nier qu'ils sortent ensemble et Jean Pierre et Norma vont tout de suite comprendre. Norma, même si sa famille va en faire un scandale, d'un côté elle est contente, car elle préfère que sa fille soit accompagnée, pour ses premiers d'indépendante, d'un garçon dont elle a pleine confiance.

Pendant mon absence, le frère de Palou, Jean et sa copine Christine, ont beaucoup aidé Yvonne, bien qu'elle n'a eu aucun problème à gérer.
Pour faire venir mes parents en France, on attendait que ma mère aille mieux , surtout qu'elle guérisse de sa jambe. Pendant ce temps j'essayais de louer encore la chambre. J'avais reçu un mexicain très gentil, fils d'un associé d'Angeles, le femme de Tito, pendant quelques semaines. Ça ne fait qu'un mois que je suis de retour du Canada, d'où j'ai appelé ma mère pour la dernière fois, que l'on nous annonce sa mort. Elle avait extrêmement mal et ma sœur l'a emmenée aux urgences. Avant de rentrer à l'hôpital, ma sœur m'a dit, que la dernière chose qu'elle a prononcé, c'est : « je ne vais donc plus revoir Yvonne et Christian ».
Ça m'a fait extrêmement mal, je me suis dit que j'aurais dû l'emmener depuis le début avec nous, bien que c'était impossible avec tout ce que l'on avait vécu. Mais j'aurais dû la faire venir avant qu'elle ne se casse la jambe. Le lendemain c'est l'annonce de la mort de Maïna, la grande mère d'Yvonne. Mes enfants ont perdu deux grandes mères en deux jours.
Jusqu'à aujourd'hui, à part la tristesse, je sens que j'aurais pu lui donner une meilleure fin de vie, que celle qu'elle a eu.

Dans le boulot j'ai réussi à être reçu pour le marché de Noël à Niort qui a bonne réputation. Il est organisé par l'association régionale des métiers d'art. Yvonne et moi ont va sortir dans le journal de Niort comme des artisans venus du Mexique. Dès mon retour je prépare donc mon stock. Le problème de Niort c'est que ça fait un bon bout de route pour la faire tous les jours, et le marché c'est deux semaines et trois week-ends. On arrive à s'organiser avec trois autres créatrices qui vont exposer et qui habitent comme nous à La Rochelle. Donc chacun fait le voyage à son tour, c'est-à-dire tous les 4 jours. On s'organise comme sur le marché, Yvonne fait la vente tous les jours et moi je reste à l'atelier, elle se repose les dimanches et c'est moi qui fait la vente. Là je vois que j'ai bien fait d' inscrire Yvonne comme conjointe collaboratrice, car on eu un contrôle de l'URSSAF. Je suis assez content du chiffre d'affaires, surtout un dimanche ou j'ai très bien vendu. Les portes bouteilles se vendent très bien. En plus il y a un producteur de cognac qui vend ses produits sur le même marché, et les portes bouteilles lui ont beaucoup plus. Ils m'en a acheté quelques-unes et on en a également interchangé. Ce qui fait que l'on va passer un bon Noël plein de cognac.

Je ne vous ai pas mentionné la situation avec mon avocat Jesus. Depuis que j'étais en France j'avais plusieurs fois essayé de le contacter, mais son téléphone était tout le temps en dérangement, jusqu'à ce qu'il soit tout à fait hors service, sans abonnement. Son courrier électronique ne répondait pas non plus. J'avais même envoyé un courrier postal. Les seules informations que j'avais sur mes propriétés, c'est que la villa de Playa del Secreto était complètement à l'abandon depuis l'ouragan de 2006. Gerardo m'avait envoyé des photos. Et l'édifice de Cancún était habité mais dans un sale état.
Puis un jour je reçois un appel de Cancún de la part du directeur de l'agence de la banque qui a l'hypothèque sur la maison de la plage. Je le connais bien car c'est avec lui que j'ai toujours renégocié le prêt. Il a trouvé mon téléphone grâce au contact avec ma sœur qui se trouve sur les pages blanches du téléphone. Il m'annonce que mon avocat ne paye plus l'hypothèque depuis un bon moment et qu'il est prêt à me proposer une superbe offre pour liquider l'hypothèque. Son offre est réellement alléchante, elle ne représente même pas 30% de la dette avec les intérêts inclus.
Seul problème je n'ai pas un sous, mais lui promet de trouver une solution, sans trop y croire. Cela s'était passé au début de cette année 2006.
Et voilà qu' en cette fin d'année je reçois un coup de téléphone de mon voisin de Playa del Secreto, Sergio, l'ancien associé de Jesús. Il m'annonce qu'il a un client pour acheter Playa del Secreto. Et qu'il se charge de payer à Jesus son dû, ou de s'en débarrasser, et de payer la dette des deux banques et il m'offre une certaine quantité. Je lui dis que je suis d'accord, mais comme je sais qu'une des banques est déjà payé je veux en plus cette quantité qui reviendrait à cette banque, il me donne son accord sous conditions que je lui démontre que cette dette est liquidée.

Début janvier il me contacte pour me dire qu'il m'envoie la semaine prochaine les billets d'avion pour aller à Cancún pour faire la vente.
Nous partons donc Yvonne et moi pour Cancún, sans rien dire à la famille ni aux amis, puisqu'on ne sait pas si on aura le temps de passer les voir.
Presque 4 ans que l'on a pas mis les pieds au Mexique et presque 6 ans à Cancún.
La ville a beaucoup changé. Après être allé nous chercher à l'aéroport, Sergio nous amène directement au bureau du directeur de l'agence pour que je signe l'offre pour payer la dette. Il est déjà assez tard, mais le directeur veut le faire vite car il part pour une autre officine, et le bureau des hypothèques va fermer à Cancún. Il nous laisse ensuite dans un hôtel du centre ville assez correct.
Le lendemain matin il vient me chercher pour me présenter au notaire et lui donner les instructions pour la vente qui se fera le lendemain. Je retourne à l'hôtel et Sergio me donne des sous pour que nous puissions commander au bar et au restaurant. Il viendra nous chercher le lendemain car les acheteurs arrivent dans la soirée. Nous passons Yvonne et moi une très bonne journée au bar et on mange un très bon repas mexicain.
Sergio vient nous chercher pour nous emmener aux bureaux d'un avocat de sa connaissance ou il a rendez-vous avec les acheteurs. Il nous les présente et on reste avec les trois, qui ne sont que des représentants du véritable acheteur qui est un grand industriel du nord du Mexique. Son avocat de Cancún, son avocat de Mexicali (ville du nord) et son représentant. Et c'est là que tout va foirer, ils me demandent si Jesus, ils savent que c'est lui qui est en possession de la propriété car

il a un pouvoir de ma part comme administrateur, voudrait les recevoir pour s'avoir s'il est d'accord avec ce que Sergio va lui offrir. Je leur réponds que je ne suis plus en contact avec lui, qu'il m'a trahi, et que c'est Sergio qui gère. L'avocat, ami de Sergio, me fait rentrer dans le bureau avec lui, il s'agit de me demander les coordonnées du notaire avec qui j'ai fait le pouvoir pour Jesus pour l'annuler. On est en train de téléphoner au notaire pour qu'il envoie une copie, lorsque les trois avocats entrent dans le bureau et disent à Sergio qu'ils suspendent la vente, car ils n'ont plus confiance, et ne veulent pas avoir de problème avec Jesús. Ça discute dur, Sergio et son ami leur disent qu'ils sont justement en train d'annuler le pouvoir, les autres repondent par des oui et des mais. Et disent à Sergio qu'ils vont boire un coup et qu'ils l'attendent là-bas. Je comprends ce qui c'est passé. Sergio leur a sûrement dit que j'avais parlé avec Jesus pour m'arranger avec lui après la vente, et Sergio ce qu'il voulait c'est ne rien donner à Jesús car j'ai su après que maintenant ils se détestent.

Sergio nous laisse de nouveau à l'hôtel et va rejoindre les avocats, j'en rage, je m'étais fait des illusions et je ne sais pas ce qui va se passer. Au moins il y a le bar et le restaurant pour se réconforter. Le soir je lui téléphone pour savoir ce qu'il y en est, et il me dit que cette vente est foutue, que ce ne sont que des cons comme ce n'est pas leur argent etc. Mais il me dit qu'il a un autre client. Et qu'ils faut que l'on fasse nos valises car comme c'est un week-end prolongé et il va nous emmener les trois jours du week-end dans un petit hôtel à Playa del Carmen.

Nous aurions pu passer un très bon séjour à Playa si ce n'était à cause de mon inquiétude pour ce qui allait arriver, on avait tout l'hôtel pour nous, il était désert, on avait la piscine pour nous seul, la chambre avait une cuisine et la plage à côté. On était à côté de la cinquième avenue, donc avec les boutiques pour se promener le soir.

Le mardi il vient nous chercher et nous ramène à l'hôtel. Je vois qu'il est inquiet. Notre vol de retour pour la France est dans quatre jours. Pendant deux jours il va me maintenir en suspense. La seule chose que je vais faire c'est d'accompagner l'avocat au tribunal pour voir à quel point se trouve le procès dont Jesus me défend de Roberto.

J'ai une peur bleue de rentrer sans le sous en France. J'ai promis de l'argent à la banque, si je n'en ramène pas je vais avoir de sérieux problèmes.

Le jour avant de partir, il me dit qu'il va me donner une certaine quantité de ce qu'il m'avait promis et je dois signer un pouvoir à Ignacio Ordóñez, c'est son ami avocat, pour qu'il puisse réaliser la vente en mon nom. Je l'accompagne à sa banque pour faire le virement, je verse la moitié à la BNP et l'autre à la Société Générale. Et je lui demande 1000 euros en espèces.

On signe les papiers le matin du départ, on va manger de superbes fruits de mer, puis on prend l'avion. Arrivé à Paris, à cause de l'heure tardive, on doit dormir à l'hôtel pour prendre le train le lendemain. On dîne très bien, le matin grand buffet à l'hôtel pour le petit déjeuner. On prend le train de retour en première classe (ce n'était pas exprès j'avais déjà réservé avant d'avoir les sous et c'était une offre de la SNCF) je me sens extrêmement bien, on est super bronzés, je vois l'envie dans les yeux des parisiens en plein hiver, et je suis riche,... j'ai 25,000 euros en poche.

Cet argent va me permettre de payer plusieurs petits crédits, et mettre à jour les grands, surtout celui de la Société Générale, car la directrice a toujours été là pour m'aider et je ne voulais pas qu'elle ait des problèmes. On a également payé des petits crédits à la consommation qu'avait Ian. Et on a pu également lui acheter son vol pour aller faire son stage de 6 mois au Brésil.

Mon stand a un peu évolué, toujours avec le parasol fait maison.
L'emplacement est celui que je garderais pendant toutes les saisons.

Je suis dans ma troisième année depuis la création de mon entreprise. A part les ventes sur le marché, et une autre grosse commande de trophées pour une autre régate, je vends également mes produits dans la boutique du Centre Régional des Métiers d'Art à Niort.
Deux filles, très sympathiques, mon également contacté pour vendre mes produits dans leur boutique qu'elles vont ouvrir à Saint Jean d'Angély, « Pourquoi Pas » elle s'appelle.
Elles prennent 30% sur les ventes, donc j'augmente mes prix en relation à ceux du marché. Une autre fille, une peintre, a ouvert une galerie d'art à Tonnay Charente, et veut également certaines de mes sculptures pour les exposer.

Je commence à y voir plus clair. On va même aller en février visiter Michelle et Guy, à Montpellier. Ils ont déménagé dans un appart plus grand, on va passer quelques jours avec eux. Ils vont d'ailleurs très bien et j'annonce à Michelle que ses parents sont au courant de leur relation, et que ça c'est bien passé. Ça fait de petites vacances pour les enfants qui ne sortent jamais en voyage.

La famille d'Yvonne va lui payer le voyage au Mexique en Avril. Elle va partir un mois. C'est la première fois que l'on se sépare si longtemps depuis notre mariage.
Ça me fait un drôle d'effet. Je me rends compte à quel point je suis dépendant d'elle. Pas pour mes activités, mais juste sa présence. Surtout le soir et la nuit je ressent son absence. Bien que l'on se téléphone tous les jours, je n'arrête pas de penser à elle.

A la fin des vacances de pâque, on aura également la surprise de recevoir la visite de Jeff. Mon copain de Cancún. Il était venu en vacances avec sa nouvelle copine, il venait de divorcer. Dommage que Yvonne ne soit pas là, je pense qu'elle aurait aimer.
Il m'avait trouvé sur le butin téléphonique d'internet. Ce fut une drôle de surprise. Jeff s'est toujours senti redevable à mon égard, depuis que je l'ai aidé pour qu'il puisse rentrer en France. Et maintenant qu'il a un très bon poste à Cancún, il est directeur de la maintenance de trois hôtels, il cherche un peu à vouloir me rendre service. Comme il va se rendre compte que j'ai des problèmes d'argent, il va me filer quelques billets lors de son départ. Tout argent est le bienvenu dans mon cas, mais ce n'est pas très bon pour mon amour propre.

Il n'y aura pas grand monde qui va venir du Mexique nous visiter en France. Déjà lorsque l'on habitait Tequisquiapan, nos amis de Mexico ne nous rendaient pas trop souvent visite . A part Felipe qui était déjà venu, et Jeff qui venait de passer. On aura la visite pour un seul jour, de Jorge , l'opticien du village, avec qui je partage le goût pour la gastronomie, je lui ferai un festin de fruits de mer. Nacho viendra également passer quelques jours avec Sucette et ses enfants. Ce sera également un séjour gastronomique. Gerardo viendra aussi deux ou trois jours, il a fait la traversée de l'Atlantique en voilier, avec des anciens pilotes d'Air France qu'il a connu à Cancun. Carmen est venue le retrouver et ils en ont profité pour venir nous voir.
Les autres visites ce seront des amis des enfants, surtout de Ian, qui avaient les amis les plus riches.

Notre troisième marché va commencer, j'ai fait plusieurs nouveautés. Des masques de fer et des lampes.
J'ai également varié mes sculptures de poissons. Je ne faisais que des poissons pour accrocher aux murs, et des sculptures murales d'un ou plusieurs poissons. J'ai commencé à faire des sculptures en trois dimensions de plusieurs tailles. J'ai fait également des sculptures de bateaux plus élaborés, donc avec plus de plus value.
Cette année l'ambiance est meilleure, même si sur le marché, il y a plein de personnages qui ne s'entendent pas, surtout des filles. Nous on a une très bonne relation avec tous et on commence à prendre plaisir à aller sur le cour . On a même formé un groupe pour prendre nos repas ensemble les week-ends. C'est à chacun son tour pour cuisiner. Donc tout le monde s'applique pour être le meilleur et on s'éclate.

Yvonne au marché, sur le Cour des Dames

Normalement je n'ai pas le droit de le faire, mais j'ai de temps en temps des commandes de ferronnerie pour des maisons. J'ai fait une petite pergola d'abord dans un jardin à un ami de Delphine. J'ai drôlement galéré car je n'avais personne pour m'aider. Et je n'ai pas été très content du résultat.

J'ai également fait, à un jeune couple qui m'avait acheté auparavant plusieurs sculptures, et qui venait de construire sa maison, la rambarde de ses escaliers et d'un mezzanine. Ici j'ai été plutôt satisfait du résultat, Bruno et Alec m'on aidé pour le transport et j'ai pu fixer le tout, tout seul. En plus ils m'ont bien payé.

Puis les derniers travaux de ce genre que j'ai fait, c'est chez un client du voisin de l'atelier qui fait du placo plâtre. Une belle baraque en construction, c'était juste des trappes en inox pour l'aire de la piscine et une rambarde pour l'escalier. Pas grande chose artistique sauf la rambarde, il m'a également bien payé mais je ne l'ai pas supporté comme client. Je voulais lui livrer les trappes un lundi au lieu du samedi car j'avais le marché sur le Cours, et il m'a insulté comme quoi j'étais un voleur sans parole, car il était sûr que je ne les avait pas terminé. Après son coup de téléphone, je me suis présenté 15 minutes plus tard chez lui avec les trappes. Il ne savait plus comment s'excuser, mais ça m'a suffit pour ne plus accepter ce genre de commandes. D'ailleurs je risquais qu'un accident arrive, et comme officiellement je n'ai pas le droit de faire de la construction, je pouvais avoir de gros problèmes.

Mon père ne voulait plus venir en France, une fois ma mère morte il ne sentait plus le besoin. Mais Christina ne voulait pas s'occuper de lui et mes autres frères ne pouvaient pas lui envoyer de l'argent. Et sa petite retraite ne lui suffisait pas.
On l'oblige donc à venir en France.
Une fois sur place je commence à faire les démarches pour qu'il ait son assurance maladie et sa mutuelle. Je réussi également à ce que le gouvernement lui donne la différence de sa retraite du Mexique pour qu'il puisse recevoir le minimum vieillesse.
On lui donne notre chambre et nous on récupère la chambre qu'on louait.
Ian n'est pas content, car il voulait venir vivre avec nous un temps pour faire des économies. Il reste quand même un peu de temps chez nous sur le canapé avant de recevoir un studio de là par du CROUS. Mes frères me critiqueront pour avoir déclaré les revenus de mon père au Mexique.
Mais s'ils pensent que l'administration française vous croit sur paroles, ils se trompent drôlement. J'ai dû montrer tous les relevés de sa banque depuis deux ans. J'ai pas réussi à lui obtenir la CMU, mais une aide à la mutuelle oui.

Il ne peut pas recevoir la pension d'ancien combattant, car il faut démontrer qu'il a été au front, ce qui n'est pas le cas.

Mon père, très content d'être en France, va me dire au début que je peux compter sur tous ses revenus, qu'il n'a pas besoin d'argent. Au début, avant qu'il ne reçoive sa pension française, je vais le prendre à la lettre car je m'en sors toujours très difficilement. Une fois son virement mis en place, sur un compte français qu'on lui a ouvert, je lui propose de garder la partie française de sa retraite comme apport aux frais de la maison, et que lui garde sa retraite mexicaine comme argent de poche.
Il est tout à fait d'accord.
Au début, pour qu'il s'occupe, je le fais lire. Comme c'est un fanatique et un nationaliste français je lui passe tout mes livre sur l'histoire de France. Mais il s'ennuie, et il commence à faire des plans pour sa fameuse invention de la brique de construction en papier. Il croit qu'il a inventé la solution magique pour construire et qu'il va nous rendre millionnaire.
Il a vendu l'ordinateur qu'il s'était acheté, avec les sous que je leur avais donné, à un de ses neveux. Mais celui-ci ne lui a pas encore payé , pourtant il a plein d'argent. Comme mon père a honte de lui rappeler la dette, je dois l'obliger à lui téléphoner.
Enfin on réussi à ce qu'il vire l'argent. Et avec ces sous je lui achète un ordinateur.
Ça va l'occuper, il nous embêtera moins avec ses inventions.

Le problème avec mon père, c'est qu'il ne pense qu'à lui. Je me rappelle déjà, chaque fois qu'il partait en voyage, à son retour il ne nous ramenait rien du tout, il n'achetait que des choses pour lui.
Donc au début, il est assez content, mais bientôt il commence à se plaindre avec tout le monde. Il dit que je le laisse sans argent. Je le sais parce que ma sœur me le réclame. Mes frères eux n'osent rien me réclamer car ils sont bien content de ne plus s'occuper de lui. Je sais par contre que mes belles sœurs sont d'accord avec lui. D'ailleurs moi même je l'ai entendu se plaindre avec sa famille, car pour pouvoir communiquer au Mexique de façon très économique, je lui ai téléchargé une aplicación qui permet de téléphoner depuis son ordinateur à n'importe quel numéro de téléphone, et lorsqu'il téléphone on entend presque tout ce qu'il dit car les murs de cet appartement sont très mince. Même si je lui explique que si je lui fais payer c'est parce que nous n'avons pas assez d'argent, que si j'en avais il pourrait garder tous ses sous. Avant son arrivée je pouvais louer une chambre.
Je lui ai fait toutes les démarches pour sa retraite, son assurance maladie, sa mutuelle, son compte en banque etc. Et il ne reconnaît rien. Même pas merci.
Je l'emmène d'ailleurs où il veut aller. Les visites au docteur également. La seule fois où il va me remercier, c'est lorsqu'il va se faire opérer des cataractes. Il va récupérer une bonne vue. Et là, il va me dire que c'est grâce à moi.

Après la bonne saison du marché d'été, je me prépare pour le marché de Noël. Une de nos collègues du marché de Noël de Niort nous a dit qu'elle faisait aussi le marché de Noël de la Roche sur Yon. Je fais donc une demande pour chaque marché.
Le marché de Niort c'est des petits chalets, on ne peut pas mettre de grande pièce ni un trop grand volume, mais à la Roche sur Yon ce sont des tripolis assez grands 5x5 m ont peut le louer entier ou en partager la moitié. Je décide d'en prendre un en entier.

Comme cela je pourrais mettre en exposition mes nouvelles sculptures de poissons de grandes tailles et mes portes bouteilles méduse pour plusieurs bouteilles, j'en ferais même pour 15 bouteilles. Donc je passe tous les mois, après la saison et avant Noël, à produire pour ces deux marchés.

Pour pouvoir faire les deux marchés, il faut que je m'organise, celui de Niort je vais faire avec Yvonne de la même façon que l'année précédente, celui-ci dure 15 jours, et celui de la Roche sur Yon 5 jours, en comptant celui du montage et celui du démontage. Je vais demander à Guy et Michelle de faire la vente de celui-ci. Michelle vient passer Noël avec nous car toute sa famille va venir depuis le Canada. Pour qu'ils n'aient pas à faire l'aller retour de La Rochelle, je vais leur louer une chambre dans un hôtel pas très loin du marché.

Le marché de Niort va un peu moins vendre que l'année précédente, notre chalet n'est pas aussi bien placé que celui de l'année dernière. On se trouve à côté d'un endroit très prisé par les SDF et les clients évitent de rester en face de notre stand. Par contre on va très bien vendre à La Roche sur Yon. Mes grandes sculptures vont toutes partir, également les grandes portes bouteilles méduses. Ils vont même rester en rupture de stock de porte- bouteilles. Les marchés de Noël se terminent le 24, le jour du réveillon. Jean Pierre et la famille arrivent ce même jour.

Pendant que moi je vais chercher Michelle et Guy, Jean Pierre et sa famille, qui vont louer un grand véhicule à l'aéroport, vont chercher Yvonne à Niort. Puis on va se retrouver à la maison pour le réveillon. Ils ont payé le voyage a Christina, donc on va se retrouver toute la famille au complet, sauf la famille de Patrick.

Avant de partir pour les Pyrénées, de gauche à droite; Guy, mon père, Christina, moi, Stephanie, Jean-Pierre, Michelle

Jean Pierre à louer une maison pour une semaine aux Pyrénées, dans le village de Cucugnan en terre cathare

On va y aller depuis le 26 pour y passer le nouvel an. On se répartit entre notre Renault Espace et leur camionnette. Le voyage est un peu long, surtout pour moi, car après avoir les jambes pliées pendant plus de deux heures, les genoux me font très mal.

La maison est superbe, de très grands espaces, une grande salle de séjour, et une grande cuisine avec une énorme cheminée et une énorme table, où on pourra s'asseoir les treize. Yvonne et moi on a même une grande chambre au rez-de-chaussée avec salle de bain.

Ian va rester au début à La Rochelle car il travaille et veut fêter le nouvel an avec ses copains, il nous rejoindra le 1 janvier.

On va passer de très bonnes vacances, on va visiter plusieurs endroits aux alentours, comme Carcassonne, et les principaux châteaux ou place fortifiée de la croisade contre les cathares.On va même aller en Espagne visiter le musée de Dali, qui ce jour là se retrouvera fermé.

Les enfants iront avec leurs cousins et Jean Pierre passer une journée au ski. C'est la première fois de leur vie qu'ils y vont. Ils reviennent très contents de leur expérience mais en piteux état. Bruno s'est fait très mal au poignet, Ian au genoux et les autres ont mal partout.

On va également très bien manger, c'est moi qui fait la cuisine….haha. On va jouer à des jeux de société, faire un jeu de mystère pour chercher qui est l'assassin, Didier va nous filmer. Enfin beaucoup de plaisir.

De retour on va passer par Montpellier pour laisser Michelle et Guy chez eux. Avant de nous séparer, nous pour rentrer à La Rochelle, et eux pour partir pour Paris pour rentrer à Montréal, on va tous passer une nuit dans le studio de Michelle et Guy.

Les enfants vont dormir dans le studio de leur voisins et amis, et ma sœur, mon père, et nous deux on va dormir par terre et Jean Pierre et Norma dans le clic clac. Je ne vais pas dormir car je vais avoir une de mes crises de goutte, et à cause de ça je vais assister à un brouhaha nocturne. Entre ceux qui ronflent, et ceux qui sifflent pour les faire taire, c'est un drôle de spectacle. Ce voyage va unir très fortement les cousins.

Christina va rentrer avec nous à La Rochelle, son billet de retour est ouvert.

Elle veut rester avec nous et son père quelques jours. Mon père ne se sent pas très bien depuis qu'on l'a fait marcher un peu trop lors de la promenade en Espagne.

Je l'emmène au docteur qui est le même que le mien, le docteur Alric. Il va lui trouver de l'eau dans les poumons. Donc on l'emmène aux urgences. Il va rester 20 jours à l'hôpital. Donc Christina va profiter pour rester, elle ne partira qu'en février. Des fois je ne la supporte pas. Je la tolère, mais il y à des moments ou elle commence à s'en prendre à Yvonne et à l'engueuler.

Une nouvelle année commence, en général c'est là où mes problèmes d'argent commencent, à la fin de l'hiver ça devient tragique. Les boutiques qui vendent mes produits c'est en général vers Noël qu'elles me vendent le mieux. Je décide donc de faire le tour des boutiques de l'île de Ré. Je sais qu'elle commence à ouvrir en mars pour se préparer pour la saison. J'emmène des pièces en plus de mon catalogue, car j'espère pouvoir vendre un peu car j'ai besoin d'argent.

Je déteste démarcher, je ne sais pas vendre. Je vais réussir à faire deux ventes, une à Saint Martin dans une belle boutique tenue par une jeune très sympathique qui fait des muettes en bois, il va me commander des grandes pièces, deux fauteuils et un fauteuil à accrocher au toit, que je fabriquais déjà à Tequisquiapan, plus quelques portes bouteilles. Et à une autre boutique au bout de l'île qui va beaucoup aimer mes petites sculptures de bateaux monter sur du bois flotté. Mais ce sera des commandes payées à la livraison. Je vais juste réussir, avec la dame qui va me commander les sculptures de bateaux, à ce qu'elle m'achète une des pièces que je lui montre. Je reviens donc avec un tout petit peu de liquide et avec la honte d'avoir dû demander du liquide.

Je vais un peu galéré pour faire les fauteuils, au Mexique ce n'était pas moi qui les faisait, Yvonne vas faire la partie couture.
Avant la saison, le centre régional des métiers d'art de Niort va m'inviter à participer à un cours pour analyser les tendances dans la décoration. Ce cours le donne un décorateur espagnol et est financé par la région. Nous sommes dix artisans de plusieurs disciplines à être choisi. S'il m'on choisi, c'est un peu parce que je suis le seul à travailler le fer et qui expose dans leur boutique. Mais c'est surtout parce qu'ils veulent que je traduise.
Le cours dure 5 jours, nous sommes logés dans un superbe manoir qui appartient à la ville et qui se trouve sur un petit îlot sur la rivière en plein centre ville. Et nous mangeons tous les jours dans de bons restaurants en ville. Le cours est intéressant, mais difficilement applicable pour un seul artisan. Le décorateur espagnol n'est pas très sympathique, il se la pète un peu comme beaucoup d'espagnol. Mais je vais passer de bons moments , surtout avec une jeune fille qui fait de la mosaïque et un jeune homme qui est orfèvre. D'ailleurs je vais très peu traduire car le monsieur parle un peu de français, et le bon côté c'est qu' ils vont très bien me payer les 5 jours de traduction. Tout ça va se terminer avec une soirée dans le jardin du manoir avec du champagne.

J'ai également investi sur un site internet, le prix pour le design et le monter en ligne n'est pas trop cher, mais pour être bien référencé en ligne je dois payer une mensualité. Même si elle n'est pas trop élevée, à la fin de l'année ça fait un budget.
www.deco-design.com

Je vais avoir par ce site deux bonnes commandes. Une d'entre elles vient d'une entreprise événementielle située à Lyon. Elle va me commander 500 petites sculptures de bateaux que je vends sur le marché à 5 euros. Elles sont montées sur bois. Je leur fais bien sûr un rabais de 25%.

Heureusement qu'à cette époque j'ai un petit stagiaire portugais de 18 ans que m'a envoyé une association de La Croix Rouge qui aide les personnes en difficulté. Il va beaucoup m'aider. Surtout pour polir et vernir les supports en bois, et peindre les bateaux. Seul problème, le client paye un mois après la livraison.
L'autre commande vient d'un caviste de l'Hérault. Ils ont plusieurs boutiques et m'achètent plusieurs portes bouteilles d'une bouteille et quelques unes de 5 bouteilles. C'est une bonne commande, car les portes bouteilles c'est très simple à faire, peu de soudure et de découpage, en plus elles ont une bonne plus value. Payable également à la livraison. J'ai beaucoup d'espoir sur cette commande. Je pense que c'est peut être un futur bon client.
Malheureusement ils ne feront plus de commande, je vais les relancer mais la personne qui m'avait fait la commande ne travaille plus dans cette boîte et on ne s'intéresse plus à mes produits.
Je vais finir par ne plus payer le référencement, car je n'ai pas assez de retour pour le prix que je paye.

La chambre des Arts et Métiers va me proposer un cours pour faire moi même mon site. Le cours va durer trois jours et après un mois de travail intensif, je vais réussir à me faire un superbe site. Je ne vais pas payer de référencement, mais je veux l'utiliser comme catalogue. Comme cela, avec ma carte, mes clients pourront voir tout ce que je fais en allant sur le site, et pas seulement ce que j'expose sur le stand. Le site s'appelle www.sculpturesenfer.com

Yvonne ne va plus très bien depuis qu'elle est revenue du Mexique. Elle s'est encore disputée avec ses parents lorsqu' elle était là-bas. Sa mère, qui est séparée de son père depuis très longtemps mais non divorcée, s'est mise d'accord avec lui sur leur patrimoine. Le père garde tout ce qui appartient à son entreprise et tout ce qu'il a acheté avec sa nouvelle famille avec qui il vit, deux garçons et une fille, et il héritera cela à ses enfants, sauf deux grands terrains, où était installée auparavant l'entreprise et qu'il donne à Jesus, le frère d'Yvonne. La mère garde l'appartement où elle habite et un autre appartement qu'elle avait acheté pour louer et où a habité Monica, la sœur d'Yvonne, lorsqu'elle s'est mariée la première fois. Ce dernier appartement reviendra à Monica, et l'autre à Claudia. Donc Yvonne est déshéritée. L'excuse que lui donne sa mère, c'est qu'elle a un mari et c'est à lui de veiller sur elle. Je vais revenir plus tard sur le féminisme et le machisme. En plus on lui dit que l'on a déjà trop reçu de leur part. On a reçu de leur part une vieille combi que j'ai dû réparer, un prêt pour payer le salaire d'une semaine de 4 maçons. De mon côté j'ai entretenu Claudia plusieurs années, j'ai financer une partie des vacances en Europe de la belle mère, j'ai payé une grosse somme à Miguel mon copain chef des achats du Hyatt pour qu'il fasse un faux témoignage, etc.. Et d'un autre côté ils ont aidé Monica pour l'achat de son premier appartement et acheter à Claudia une voiture neuve en plus du mariage. Lors de notre mariage, ils ont seulement payé la musique et le cocktail. De tout cela moi je m'en fous, moins je leur dois, plus je suis heureux. Mais pour Yvonne c'est dur.

ORIGINE DU PATRIARCAT… ..ou du machisme.

Aucune preuve archéologique prouve que les femmes avaient un statut inférieur à celui des hommes dans le paléolithique. L'énorme quantité de petites sculptures féminines, avec les traits sexuels exagérés, que l'on a retrouvé un peu partout dans le monde, certaines vieilles de 70,000 ans, pourraient suggérer qu'elles avaient plutôt une position élevé dans ces sociétés. Mais on confond souvent la société matriarcale, où les femmes détiennent l'autorité sociale et juridique avec la société matrilinéaire, qui est un système de parenté reposant sur la filiation par la mère.

Si une hiérarchie fondée sur la femelle dominante et sa descendance a été observée chez plusieurs espèces animales, en particulier chez nos cousins les bonobos, et si les Na, peuple d'origine tibétaine des vallées reculés du Yunnan en Chine, étaient encore une société matriarcale en 1990, le matriarcat à aujourd'hui disparu. Par contre, de nombreuses sociétés sur tous les continents ont été et certaines sont encore matrilinéaires.

Dans la promiscuité du clan, qui ne permettait pas de savoir avec certitude qui était le père de l'enfant, la transmission de la parenté ne pouvait se faire que par la mère. Johann Bachofen, Un juriste suisse, en 1861 suggère que l'époque primitive est l'ère de la gynécocratie par le droit maternel. Il soutient que les femmes auraient utilisé le mystère de la maternité pour organiser la tribu autour du culte de « la grande déesse ». Cette théorie du matriarcat primitif fut soutenue par plusieurs anthropologues et philosophes de la fin du XIX siècle.

Les structures sociales des sociétés préhistoriques se seraient modifiées au cours du temps. Elles auraient été d'abord claniques, puis matriarcales et sédentaires , puis familiales (couple) et nomades et enfin patriarcales lors de la production (agro-pastoral). Ce schéma évolutif linéaire est aujourd'hui totalement abandonné.

Dans les années 1980-1990, plusieurs historiennes américaines soutiennent à leur tour que les cultures préhistoriques étaient matrilinéaires, mais aussi égalitaires, plus pacifiques et moins hiérarchisées que les sociétés patriarcales. Ce que contestent plusieurs chercheurs. Pour plusieurs d' entre eux ces sociétés matrilinéaires ,où il n'existait pas la domination d'un sexe sur l'autre, relèvent de mythologies savantes.

Même si elles n'étaient pas nombreuses, on ne peut nier qu'il existait des sociétés dans lesquelles les relations entre sexes étaient équilibrées (chez les Sans d'Afrique du Sud, par exemple).

Dans les sociétés paléolithiques, en procréant et en élevant leurs enfants en bas âge, les femmes avaient une fonction primordiale dans la pérennité du clan. Étant donné qu'il était impossible de connaître avec certitudes le véritable père, la filiation matrilinéaire paraît plus que probable. Participant à de nombreuses activités, les femmes avaient un réel rôle dans la société et possédaient un statut social au moins équivalent à celui des hommes, voire, peut-être plus élevé dans la sphère domestique et symbolique comme le prouvent la place centrale qu'occupent les représentations féminines dans l'art paléolithique. Si on peut raisonnablement penser que dans ces sociétés les relations entre sexe étaient équilibrées, nous n'avons aucun indice qui permet de croire à l'existence de sociétés matriarcales...et même patriarcales.

Il est tout à fait probable que le changement progressif d'une filiation maternelle à une paternelle ait bien eu cours au néolithique, mais pas partout puisque des sociétés matrilinéaires existent encore.

Au tout début du néolithique, les femmes agricultrices seraient à l'origine de la domestication des plantes et d'outils agricoles. Avec le développement de l'élevage et la maîtrise de nouvelles techniques agraires, les hommes auraient progressivement remplacé les femmes dans les travaux liés à l'agriculture. L'exploitation des animaux pour la laine ou le lait aurait cantonné les femmes dans l'espace domestique.

L'accumulation de biens, quasi inexistants dans le paléolithique, favorisés par la sédentarité et la domestication des plantes et des animaux, auraient entraîné une nouvelle activité, celle de les protéger, fonction qui reviendra aux hommes, supposés physiquement plus forts. Devenus propriétaires de récoltes et de troupeaux, les hommes auraient institué la filiation patrilinéaire afin d'assurer cette propriété à leurs enfants et cette substitution de filiation aurait conduit au système patriarcal.

Ces transformations, qui bouleversent la place des femmes dans la société, sont perceptibles à partir de 5000 ans avant notre ère dans les tombes en examinant les squelettes féminins . On note une augmentation des pathologies liées au dur labeur, au port de lourdes charges, à des grossesses à répétition et surtout à des carences dues à une alimentation sous-protéinée. Mais bien sûr pas dans toutes les femmes, puisqu'avec l'apparition de castes et des élites, des femmes ont pu bénéficier d'un meilleur traitement. Le fait également que durant le paléolithique les grossesses de la femme étaient en moyenne tout les trois ans, leur a permis que la division du travail soit moins sexués à cette époque.

La situation n'était, évidemment, pas partout pareille. C'est sûr qu'il y avait des femmes chasseresses dans des clans au paléolithique, et des femmes guerrières dans le néolithique. Des femmes ont eu le pouvoir politique et économique dans certaines sociétés patriarcales, comme des reines. Mais la femme, c'est une évidence, a été et est dans une situation d'infériorité depuis le début du néolithique.

Depuis, les sociétés sont devenues un peu partout patriarcales, et l'apparition des religions monothéiste n'ont fait qu'empirer le déséquilibre entre les sexes.
Mais je veux relativiser un peu et ne pas donner la responsabilité uniquement à l'homme. La femme a accepté cette condition pendant des siècles. L'éducation des enfants est faite par les parents et la société, et la mère a énormément d'influence. Encore de nos jours dans plusieurs pays catholiques ou non, la mère conseille à sa fille d'obéir à son mari et de lui être soumise, et ceci depuis des siècles. On apprend aux fils qu'ils sont les seuls responsables de la survie et de la protection du couple.
Les filles, par exemple, à mon époque de jeune adulte ou je courtisais des filles, celles-ci avaient une nette préférence pour les hommes macho. Plus le mec était infidèle, plus il les ignorait, plus il était hautain, plus il avait du succès auprès des filles. Trois de mes copains ont divorcé parce que leurs femmes ne les trouvaient pas assez ambitieux et qu'ils n'apportaient pas assez d'argent. Même si la famille n'en avait pas besoin, puisqu'elles avaient de bons revenus. Mais elles ne supportaient pas d'en gagner davantage que leur maris, même si cela permettait qu'ils puissent s'occuper des enfants. Cette situation du patriarcat a été acceptée, bien évidemment, par les hommes, mais également par une grande majorité des femmes. C'est également pour cette raison que la famille d'Yvonne me critiquait. En tant qu'homme j'étais responsable de notre situation économique, même si chez eux, la grande mère, la mère et les sœurs ont toujours travaillé.
Yvonne qui se sentait victime d'un complot pour avoir travaillé, m'en veut toujours d'être tombée malade, car si elle a dû travailler, c'était, dit elle, à cause de moi car je l'ai obligé à travailler car on n'avait pas assez d'argent. Je ne lui ai jamais demandé de travailler, et moins dans une telle entreprise, je savais qu'elle n' arriverait pas. Je voulais qu'elle puisse, soit donner des cours de danse, soit devenir coiffeuse à domicile, mais c'est également vrai qu'elle recevait une pression de la part de ses enfants, car ils voyaient qu'en France l'homme et la femme travaillent.

Les droits des femmes ont été très longtemps ignorés. Le féminisme, c'est -à -dire la lutte pour obtenir ces droits, n'est que très récent, si on le compare aux luttes anti raciste ou anticolonialistes.
Actuellement les occidentaux, qui se sentent comme toujours, détenteurs des valeurs universelles et précurseurs de celles-ci, critiquent surtout les pays musulmans pour leur manque de respect des droits des femmes et semblent ignorer leur propre manquement à ces mêmes droits, dans le présent et dans le passé récent.
Pour rappel la France a donné le droit de vote aux françaises en 1946, en Turquie ce fut e1934, le droit à l'avortement en 1973, en URSS en 1920, le droit à un compte bancaire et pouvoir faire un métier sans permis du mari en 1965. L'Iran, État islamique, a un pourcentage supérieur de femmes à l'université que celui de la France, 60% et elles représentent la moitié de la population.
Les occidentaux ne veulent pas accepter que le système capitaliste protège la forme patriarcale de la société.
Ils ont tendance à ignorer que la modernisation rapide de la Russie et de certains pays de l'Europe de l'Est a coïncidé avec le socialisme d'État. Par exemple en 1910 l'espérance de vie était en Russie Tsariste voisine de 33 ans contre 49 en France, en 1970 elle a plus que doublé, atteignant en URSS 68 ans, soit seulement trois ans de moins qu'en France. Le principe

d'égalité juridique entre les sexes est inscrit dans la constitution de 1918, et comme je l'ai déjà dit autorise l'avortement en 1920, première mondiale.

L'union Soviétique finance des modes de garde d'enfants collectifs bien avant que l'ouest ne s'en préoccupe et investit dans la formation et instruction des femmes.

Après 1945, les femmes vivant en Union Soviétique et en Europe de l'Est intègrent largement la population active, tandis qu'en Occident elles restent souvent cantonnés à la cuisine et à l'église.

En 1942, les américains sont fascinés par les exploits d'une jeune tireuse d'élite soviétique, Lioudmila Pavlitchenko (309 nazis tués par elle). Elle fera une tournée au USA accompagnée de la première dame Eléonore Roosevelt.

Après le lancement du satellite Spoutnik, en 1957, Washington commence à s'inquiéter que l'URSS mobilise deux fois plus de matière grise que les USA, celles des hommes et des femmes. Donc l'année suivante au lancement, ils adoptent une loi pour La Défense nationale pour la formation des femmes. Le 14 décembre 1961, le président Kennedy signe un décret pour une commission sur la condition des femmes, parce que les dirigeants américains redoutent que les idéaux socialistes séduisent les femmes au foyer frustrées et ne se jettent dans les bras des rouges.

Le 17 juin 1963, tandis que les dirigeants occidentaux continuent de craindre les conséquences de la libération des femmes sur la vie familiale traditionnelle, les Soviétiques envoient en orbite leur première cosmonette, une blonde de 26 ans, Valentina Terechkova.

En réaction à toutes les médailles d'or obtenues lors des jeux olympiques de Munich, des sportives Soviétiques en 1972, les américains adoptent cette même année, une loi sur l'athlétisme féminin.

L'union soviétique et ses alliés dominent les débats sur la condition féminine à l'ONU, jusqu'au début des années 1970. En janvier 1951, le siège de la FDIF (fédération démocratique international des femmes) doit quitter Paris, car sa présidente, Eugénie Cotton, a fait campagne contre la guerre coloniale en Indochine.

Les féministes des pays alliés aux soviétiques qui sont fondatrices de cette fédération sont également anticolonialistes. A la fin des années 1960, cette organisation et ses affiliés encouragent les nations qui naissent en Afrique et en Asie à créer des organisations de femmes sur le modèle de celles qui existent en Europe de l'Est, leur apportant un soutien financier et logistique.

A l'initiative de la FDIH L'ONU déclare 1975 Année international de la femme, et s'en suivent trois conférences clés à Mexico (1975),Copenhague (1980), et Nairobi (1985). En travaillant de concert aux Nations Unis, une coalition de femmes de l'Est et du Sud impose un programme progressiste dont les échos perdurent.

Les femmes avaient plus de pouvoirs, au moins du point de vue juridique, dans le bloc socialiste. Aux États Unis, par exemple, celles-ci n'ont obtenu que récemment le droit d'étudier à Harvard, Yale et Princeton; Columbia n'autorise la mixité qu'en 1981.

En 1980, à Copenhague, plusieurs pays membres de l'ONU signent une convention sur l'élimination de toutes les formes de discrimination à l'égard des femmes, un traité que les États Unis ainsi qu'une poignée de pays comme l'Iran, le Soudan et la Somalie n'ont pas encore ratifié.

Mais actuellement, lorsque l'on veut rendre hommage aux femmes qui ont participé à l'histoire des conquêtes du féminisme, la contribution de celles du bloc de l'Est et du Sud sont effacées. Lors de la transition brutale des régimes communistes, la plupart de ces femmes se sont retrouvées sans le sous et n'ont plus eu le moyen de communiquer. Tandis que la plupart des américaines qui ont participé aux trois conférences mondiales appartenaient aux classes supérieures et jouissaient du privilège de vivre dans un pays qui fonctionnait.
En plus, elles sont également victimes de la propagande dont souffrent les anciens pays communistes. On ne parle d'eux que de Goulag, de dictature d'État, de police politique, de famines, etc. Et jamais d'accès à l'éducation, à la santé, à la culture, d'égalité, du droit au logement etc. Et surtout les meilleures conditions des femmes et aides à la décolonisation.

Yvonne n'aime plus m'aider à l'atelier. Même la vente sur le stand ne lui plaît plus. Elle commence à boire même un peu trop.
Elle va demander, et ce mettre d'accord avec son psychiatre pour qu'elle puisse se faire soigner à l'hôpital psychiatrique de La Rochelle, après une attente de 3 semaines pour avoir de la place, elle y sera admise. Sa famille une fois de plus va s'en prendre à moi. Ils vont dire à tous que c'est moi qui l'ai rendue alcoolique car moi même je le suis, et que cela l'a rendu folle. D'abord elle n'est pas du tout alcoolique, elle boit seulement un peu plus que d'habitude, et si moi je bois tous les jours un peu de vin, et le mercredi et les week-ends quand je suis à la maison, des apéritifs, je n'ai jamais eu des problèmes avec l'alcool du type de ne pas pouvoir m'arrêter de boir, de ne pas pouvoir travailler, ou de m'enivrer ou devenir violent ou conduire en état d'ivresse etc. Je n'ai jamais perdu le contrôle sur moi-même à cause de l'alcool.
Je passe la voir tous les jours en sortant de l'atelier, les week-ends, elle vient à la maison.

Les enfants suivent leurs études avec succès, Ian a terminé sa licence et à entamer un master en affaires internationales, Guy a également terminé sa licence et lui il a entamé un master en administration sportive.
Bruno est actuellement au lycée Valin en sciences et vie de la terre. Alec a choisi sciences de l'ingénieur et a dû aller au lycée Vieljeux

Comme Guy s'est lancé sur le tennis, et a fait sa licence dans cette discipline, il a passé sa passion pour ce sport à ses deux petits frères. Je les ai donc inscrits dans un club.
Mes quatres fils sont très doués pour les sports, ils ont l'agilité et la coordination nécessaire. Par contre Bruno et Alec sont de mauvais perdants, et lorsqu'ils commencent à jouer des tournois, leurs premières défaites ce sont des tragédies. Surtout lorsque ce sont dès match facilement gagnables pour eux, mais qu'ils perdent car trop nerveux pour leurs premiers matchs.
Je me souviens surtout de son premier match perdu à Alec, j'étais allé le voir et à la sortie je devais passer voir Yvonne, et je l'ai emmené. Je suis sûr que ça été très dur pour lui, il pleurait de rage pour avoir perdu, et sa tristesse de voir sa mère à l'hôpital n'a fait qu'empirer sa détresse.
Bruno a eu également un premier match tragique, il a également perdu et est sorti en pleur, mais lui c'est sa timidité qui l'a rendu extrêmement nerveux et il a complètement déjoué. Je n'ai pas vu les

premiers matchs de Guy puisqu'il était à Montpellier, mais comme il faisait déjà beaucoup de tennis à l'université avant de faire son premier tournoi, il était donc sous classé, Michelle nous a raconté qu'il avait gagné tous ses premiers matchs allant même jusqu'à perdre des points exprès, pour ne pas vexer ses adversaires.

Ian était très sportif également, mais lui c'était le foot, il avait monté sa propre équipe, à l'université, il était très bon joueur, et il aurait été bien meilleur, s'il n'avait pas eu de surpoids. Je pense que s'il était arrivé en France plus jeune, il aurait fait un excellent joueur de rugby.

CHAPITRE XLV… si Dieu existe c'est un salaud.

Je commence ma quatrième saison de printemps. Comme Yvonne est toujours à l'hôpital, c'est moi qui fait la vente le samedi et le dimanche tout seul. Avec l'aide des enfants pour déballer et remballer bien sûr.

Question santé ces derniers temps ça a été, pas de problème dans les jambes et pas de crises fortes. Mais en ce début de saison je ne me sens pas bien, j'ai du mal à manger.

Un dimanche ou j'ai emmené un sandwich pour manger sur le stand, je n'arrive pas à l'avaler et j'ai un peu mal au ventre. J'en parle à Alexandra, ma voisine.

J'ai laissé la voiture avec l'arrière monté sur le trottoir comme je le fais chaque a fois que je déballe ou remballe. Je ne suis pas allé la garer comme d'habitude, car les places handicapées à côté du stand sont prises.

Ça fait un peu plus de deux heures que l'on a commencé la vente. Je suis content, même si je me sens mal, car j'ai vendu une de mes grosses sculptures de poissons, c'est ma pièce la plus chère que je n'ai jamais vendue.

Lorsque tout à coup Alexandra crie. Je me retourne et je vois ma Renault Espace qui roule doucement vers le bord du quai! Elle passe entre deux voitures garées, puis entre deux bornes, arrive au bord, bascule sur une plate-forme, je pense qu'elle va s'arrêter là avec l'avant écrasé, mais continue sa course jusqu'à tomber dans l'eau. Elle flotte un petit moment, puis disparaît sous l'eau sous l'applaudissement des touristes.

Depuis que je l'ai vu partir vers l'eau, je n'ai pas pu croire que c'était en train de m'arriver. C'est le pire moment de ma vie, avec les deux fois où je me suis fait braquer, au bord de la rivière avec Gerardo et Jean Pierre, et dans la voiture avec mon frère Patrick.

Comme c'était un dimanche, ils ont dû faire venir une grue de Rochefort pour sortir la voiture de l'eau. Des plongeurs sont également venus. Je ne comprenais pas comment cela avait pu arriver. Je ne mettais jamais le frein à main, car je ne pouvais pas l'enlever à cause de ma main, mais je laissais la vitesse enclenché, en plus la voiture était depuis plus de deux heures à cette place !!!!

Mes collègues du marché se sont montrés très solidaires, ils ont commencé à faire une quête auprès des touristes qui étaient réunis mais la police l'a interdite. Un des restaurants m'a envoyé un verre de whisky qui m'a fait du bien.

Un ami de Ian qui était assis au bord du quai quand c'est arrivé lui a téléphoné pour qu'il vienne, la copine de celui-ci s'est offerte à me prêter sa petite voiture quelques jours. Jérôme, le mari d'Alejandra, nous a aidé à emmener le stand et les pièces à l'atelier.

Le lendemain, grâce à la voiture de l'amie de Ian, je vais faire les papiers pour régler l'accident. L'assurance ne m'a payé que 150 euros de la grue, c'est le maximum qu'ils payent, soit disant. La grue a facturé 1500 euros, et l'association des artisans à laquelle j'appartiens, a vidé sa caisse et a participé avec 400 euros. Je reste endetté de 950 euros en plus d'avoir perdu la voiture. Je vais donc à l'entreprise où est stockée ma voiture pour sortir de celle- ci mes affaires personnelles et leur signer deux chèques à encaisser plus tard pour payer le solde. Je vais également vendre pour 50 euros la voiture a une casse.

L'après-midi je vais voir Yvonne mais je ne lui ai rien dit. Ce lundi soir je continue à me sentir mal, je n'arrive pas à manger. Je vais donc voir le docteur. Il me dit d'aller me faire une radio le lendemain de bonne heure, et d'aller le voir immédiatement après.
Les analyses vont montrer que j'ai de l'eau bloquée dans l'estomac et les intestins.
Dans l'après-midi du mercredi donc, le docteur m'envoie aux urgences pour me faire hospitaliser. Avant d'entrer je téléphone à Alexandra et à Brigitte, mais deux voisines du stand du marché pour leur informer de mon entrée à l'hôpital et leur demander de voir si Ian et mes autres enfants n'ont besoin de rien, mes amis Delphine et Palou, étaient absents. J'appelle également Ian pour qu'il vienne me rejoindre à l'hôpital pour lui donner les clés de la voiture de sa copine que j'ai laissée dans le parking de l'hôpital et lui donner des instructions.
Comme les urgences sont pleines, on aura le temps de se mettre d'accord.

Comme il n'y a pas de place dans le secteur de chirurgie ou je dois être opéré, ils me trouvent un lit dans un autre secteur, tard dans la nuit. Il n'y a même pas d'oreiller, et me donne une couverture pliée à la place de l'oreiller.
La première chose que l'on me fait c'est, pour que je ne vomisse pas, de me mettre un tube en plastique transparent, d' au moins un centimètre de diamètre, par le nez pour qu'il descende jusqu'à mon estomac, c'est assez douloureux et très inconfortable. Ce tube est relié à une poche en plastique qui reçoit les liquides gastriques qui ne passent plus dans mes intestins bloqués.
Je suis dans une chambre double avec un monsieur d'une quarantaine d'années.
Le lendemain on me fait des analyses et un IRM qui va confirmer le blocage. Mais on me laisse dans cette chambre et je ne vois un docteur que tard dans l'après-midi.
Pendant ce temps mon voisin de lit, que le matin on le voyait en forme, avait reçu la visite d'un ami avec qui il avait discuté et s'était un peu disputé, je remarque selon leur conversation qu'ils vivent ensemble. Il a même très bien mangé, avec bouteilles de vin et tout. Moi, dit en passant, je n'ai le droit à rien, même pas à de l'eau. Le soir, le monsieur va pété les plombs. Il discute tout seul, puis me prend pour son ami, discute avec moi et m'engueule. Je ne dors presque pas. Le lendemain, une psychiatre vient le voir et lui fait un interrogatoire, et je vois bien qu'il est bon pour qu' on l'enferme.
Il commence à devenir violent, et pendant ce temps on ne me dit pas quand on va me transférer. Ils vont même devoir l'attacher avec des menottes au lit.
Enfin la chirurgienne me confirme l'opération, mais vu que c'est vendredi il vont la repousser, mais elle jure que l'on va me sortir de cette chambre. Elle a été témoin lorsque le voisin de lit m'a pris mes vêtements pour essayer de partir. Le voisin va finir par démonter le lit, j'ai beau crier, personne ne vient, et il va finir par partir. Je ne sais s'ils l'ont rattrapé, car heureusement on m'a enfin transféré à mon secteur. Ces deux jours que j'ai passé dans cette chambre resteront parmi les pires de ma vie, et vraiment je n'avais pas besoin de cela en ce moment.

Ce week-end je peux recevoir des visites, Ian m'a payé la télé c'est déjà ça. Il va essayer de faire la vente sur le marché, car on a besoin d'argent, Jérôme va l'aider à transporter le stand, malheureusement les ventes ne vont pas être au rendez-vous.

Je souffre énormément de la soif, ne pas manger ne me dérange pas trop. Ce qui m'énerve le plus c'est de ne pas savoir quand on m'opère. Mais je m'inquiète pour Ian, à qui j'ai laissé la responsabilité de ses frères. Je ne peux pas compter sur mon père, tout le contraire. Il ne m'a même pas téléphoné à l'hôpital.

J'ai demandé que l'on m'emmène des livres mais Ian ne pouvait pas, il a demandé à Alec de me les emmener. Lorsqu' il est arrivé, le pauvre était désespéré, il ne comprenait pas ce qui nous arrivait.

Je n'avais pas encore compris à quel point c'était difficile pour eux. Ian était en stage et n'arrivait pas à se concentrer. Je ne sais pas comment Guy réagissait car il était à Montpellier, mais ça ne devait pas être facile non plus. Bruno qui avait toujours été bon élève, fainéant, mais assez intelligent pour s'en sortir assez bien, va commencer à partir de ce moment-là à avoir des notes très médiocres.

Je vais passer 12 jours sans boire et sans manger, l'opération va bien réussir, mes intestins étaient bloqués, à cause de l'hernie que je traînais depuis le déménagement de Châtelaillon. Mon compagnon de chambre durant tout mon séjour va être un monsieur, coiffeur à la retraite, très sympathique et très rigolo. Donc de ce côté là ça va aller.

Yvonne et moi allons sortir le même jour de l'hôpital. Je dois rester quelques jours en convalescence. Mais Yvonne ne va pas beaucoup mieux.

Le lendemain, pour la première fois depuis que je suis en France je vais prendre le bus, il faut à tout prix que j'aille chercher un papier à L'hôpital et j'ai une peur bleue que ma cicatrice s'ouvre. Je dois également marcher jusqu'au parking du lycée hôtelier qui se trouve à côté de la maison, j'ai rendez-vous avec Ian et un ami de Salah, qui est mécanicien, pour voir un vieux camion à vendre. Mes collègues du marché on fait une quête pour que je puisse m'acheter un véhicule et on réunit 800 euros, Ian à trouver celui-ci sur internet et on en demande 550 euros. Le copain de Salah est un bon mécanicien et sait très bien marchander. Il va réussir à faire descendre le prix à 350 euros et convaincre le vendeur qu'il fait une très bonne affaire. Le moteur du camion est en bon état, la carrosserie a des petits dégâts un peu partout, les pneus sont corrects, mais il faut changer les roulements, ce que me fera le pote à Salah dès le lendemain. La marche pour monter est un peu haute pour moi, à cause de mes genoux. Je monte avec un gros effort et j'ai peur que les points de ma plaie s'ouvrent. Heureusement ce n'est pas le cas, mais pour les prochaines fois je me fabrique une petite marche, qu'une fois assis je peux remonter avec une corde.

Socialement on n'est pas aussi recherché qu'auparavant. Depuis qu'Yvonne est tombée malade on n'est plus autant invités. Bien sûr Palou et Delphine continuent à nous inviter chaque fois qu'ils font une fête pour un anniversaire ou pour une autre excuse.

Nous mêmes on essaye d'inviter, mais à cause des finances, ce n'est pas aussi souvent que l'on voudrait. En plus, à cause de mon travail, je suis pris tous les week-ends de pâques jusqu'à septembre. Moi qui adorais le repas du dimanche avec toute la famille.

Yvonne ne veut plus rien savoir de ses amies Péruviennes car elle les rend responsables de ce qui lui arrive. Elle a une idée fixe, et est persuadée que tout ce qui lui est arrivé provient d'un complot contre elle de ces péruviennes et de cette association.

À part Delphine et Palou, ce sont nos collègues du marché qui sont devenus nos amis. Je leur suis très reconnaissant de la façon dont ils se sont comportés envers nous. Surtout Alexandra et Brigitte, qui ont bien secondé Ian. D'ailleurs c'étaient deux filles qui se détestaient. Brigitte était une des filles de l'association qui ne voulait pas de Alejandra sur le Cours, car elle était accusée de ne pas faire ses bijoux mais de les acheter au Brésil. Depuis mon accident où elles ont dû se mettre d'accord pour m'aider, elles sont devenues de très bonnes copines entre elles. Pour l'instant c'était les deux seules collègues que l'on avait invité à la maison.

Les enfants allaient mieux. Ian avait de plus en plus d'amis, il avait terminé son master 1 sans soucis et était content dans la boutique Celio avec son contrat étudiant, bien que les samedis il avait une longue journée de travail. Il continuait à jouer beaucoup au foot et à faire plein de soirées les week-ends.

Guy ne sortait plus avec Michelle, elle avait donc déménagé. Il avait donc plus de difficulté à s'en sortir économiquement car il devait payer à lui tout seul l'appartement, heureusement il trouva un boulot au restaurant universitaire.

Bruno grandissait, il avait également pas mal d'amis et commençait à sortir le soir avec ses potes, heureusement que notre appartement n'était pas trop loin du centre ville, ils pouvaient picoler un peu à la maison puis aller plus tard en ville. Il commençait également à flirter, le problème c'était ses notes qui était tout juste passables. Je parlais avec lui, mais sans vouloir lui mettre la pression, seulement en l'encourageant.

Alec, comme il était dans un autre lycée, avait de nouveaux amis, la plupart de ses amis du collège était dans le lycée de Bruno, qui était celui qui correspondait à leur zone de résidence. Mais il restait dans le même cercle d'amis du collège avec Bruno. Il avait un bon niveau à l'école.

Ils continuaient à pratiquer le tennis, cette fois avec beaucoup plus de réussite dans les tournois.

La boutique « Pourquoi Pas » me vendait assez bien mes produits. A cette époque la fille qui avait sa boutique à Tonnay Charente, m'a demandé de faire des sculptures murales abstraites. Je lui en ai fait deux. Elle en a vendue une assez vite et à un très bon prix. J'ai donc offert ces sculptures aux filles de Pourquoi Pas. Elles ont également plut a leur public. J'étais content car c'était très facile à faire, juste un peu d'inspiration, et je n'utilise que des chutes, et c'est très bien payé.

Vers cette époque une dame propriétaire d'une galerie de Poitiers avait vu mes œuvres sur le Cours des Dames, un jour ou ni Yvonne et moi n'étions sur le stand, c'était les enfants qui faisaient la vente ce jour là, nous on était allé sur l'île de Ré promener Gerardo et Carmen, ils avaient d'ailleurs très bien vendu tout en jouant à leur jeu vidéo, ils avaient emmené leur TV. Cette dame me proposa d'exposer quelques pièces dans sa Galerie. C'est la première fois que j'allais exposer dans une galerie. Je lui envoyais une sculpture murale, qui représentait des poissons, un grand voilier et un grand poisson. J'étais très content car quelques jours après mon médecin me dit qu'il avait vu les pièces exposées dans une très belle galerie en plein centre ville de Poitiers.

Mais deux mois plus tard, n'ayant pas de ses nouvelles, je lui téléphonais. Mais le téléphone n'était plus attribué. La galerie était fermée et je n'ai plus jamais eu de nouvelles de la dame. C'était la deuxième fois que ça m'arrivait, la première c'était avant d'avoir l'emplacement du marché j'avais démarché une boutique de décoration dans le centre ville de La Rochelle, et la dame avait accepté de me prendre en dépôt-vente quelques porte CD, des portes revues et des rangements pour des œufs. Elle ferma quelques semaines après sans rien me dire.

Sur le marché je n'arrive pas à augmenter mes ventes en comparaison de l'année précédente. Mais au moins elles ne descendent pas. Ce qui me réconforte c'est que mes collègues qui sont là depuis longtemps vendent moins chaque année. C'est surtout les bijoutiers qui s'en sortent.
A la fin du marché d'été, l'ami mécanicien de Sada, me propose d'acheter, à une de ses amies, une Citroën AX qu'elle est en train de vendre. La voiture est impeccable, il me dit que c'est lui qui lui a toujours fait les services et réparation, elle n'a appartenu qu'à elle, donc un seul propriétaire. Elle n'est pas donnée, 1000 euros, mais j'en ai besoin. Le camion ne peut prendre que trois personnes, et je ne peux même pas le rentrer dans le parking où on habite. Je l'achète donc.
Les enfants étaient contents, car ils avaient honte que je les dépose ou que j'aille les chercher à l'école avec ce camion tout pourrit.

Cet hiver je ne pense faire qu'un marché de Noël, je choisis celui de La Roche sur Yon mais seulement avec un demi stand cette fois-ci. On va aller dans le camion avec deux des enfants monter le stand, puis avec la AX je ferais le voyage tous les jours avec Yvonne pour faire la vente.
Le jour du montage je me prendre une prune d'un radar mobile à l'entrée d'un village, puis une des roues arrière du camion va commencer à se bloquer, on va tout juste arriver à la maison, cette fois-ci le copain mécanicien ne peut m'aider car il ne dispose pas du matériel. Avec ce PV et cette réparation, le bénéfice sur le marché est déjà bien entamé.
Le résultat ne sera pas comme l'année dernière bien sûr, mais on s'en sortira pour passer Noël. D'ailleurs une nouvelle banque vient d'ouvrir dans le quartier et nous ont invité à ouvrir un compte, je garde toujours le compte professionnel chez la Société générale, le compte personnel je vais le faire passer à cette banque Tarneaud et avec la BNP, ou ça a mal fini, je leur verse 200 euros mensuel jusqu'à terminer de payer mon crédit, mais je n'y ai plus de compte. Donc je vais m'endetter un peu plus avec cette nouvelle banque.

Avec mon père c'est de pire en pire, il faut voir à la TV ce que lui veut voir, si les enfants résistent et regardent ce qu'ils veulent, il se vexe.
Il continue à dire du mal de nous. Il se prend pour une victime. Il a même demandé à sa cousine, qui vit toujours et habite en France, et avec qui il se téléphone de temps en temps s'il ne pouvait pas aller habiter chez elle. Elle lui a gentiment dit non et lui a conseillé de parler avec moi s' il n'était pas content. Ce qu'il ne savait pas c'est que Vicky, c'est comme ça que l'on l'appelle, a toujours été en contact avec moi depuis que je suis en France, et que en plus je suis, depuis que l'on c'est connu lorsque l'on habitait Bandol, son préféré de la famille. Donc c'est elle qui m'a immédiatement téléphoné pour me dire ce que mon père disait et pensé de moi.
Bien qu'il se plaint beaucoup, ce Noël, il a reconnu et dit à la famille que jamais il avait reçu tant de cadeaux et avait été aussi gâté à Noël.
Ce Noël on va être ensemble juste la famille et mon père.

Cette nouvelle année va commencer encore très durement. Comme Yvonne se déprime et n'aime plus aller à l'atelier, ni aime faire la vente et ne s'améliore pas.
Le docteur d'Yvonne nous a conseillé de demander l'AAH (allocation adulte handicapé) pour elle. Je vais monter le dossier et l'envoyer, je sais par expérience que ça prend beaucoup de temps. Après 4 mois on recevra un refus.
Les médecins nous recommandent de faire appel.

Vers le mois de février, Felipe va m'envoyer un mail, je le lit le matin, mais il l'a sûrement écrit tard le soir. Il est plein d'amour et d'amitié. Je sais très bien que Felipe m'a toujours aimé, et c'était réciproque. Et il avait sûrement un peu bu lorsqu'il a écrit ce message pour se montrer aussi câlin. Dans ce message il m'annonce qu'il va m'envoyer 20,000 pesos, l'équivalent de 1,300 euros à l'époque. Je le remercie énormément car justement j'étais justement en grande difficulté comme la plupart dès début d'année. Il me dit que l'argent sera déposé dès le lendemain.

Mais l'argent n'arrive pas, et je sais qu'il a voyagé à Paris, sûrement pour affaires familiales, c'est Delphine qui m'a informé. Je lui envoie donc un message pour lui demander s'il a envoyé l'argent car je n'ai rien reçu et lui demande s'il est encore à Paris. Sa réponse arrive le lendemain matin, et je ne m'y attend pas du tout, elle est extrêmement agressive. Il me dit qu'il n'a aucune obligation de me prêter de l'argent, que je n'ai aucun droit de le lui exiger, mais qu'il l'avait quand même envoyé.

Je lui répond qu'il n'a aucune raison de m'engueuler, que c'est lui qui m'avait dit que l'argent serait envoyé et que c'était tout à fait normal que je l'informe s'il est arrivé ou non, et lui demande de m'envoyer un compte bancaire pour pouvoir lui rembourser. Autre réponse me demandant pourquoi je lui avais demandé de l'argent si j'en avais pas besoin. Je lui répond que j'ai effectivement besoin de l'argent et si je lui ai demandé le numéro du compte bancaire c'est pour pouvoir lui rembourser lorsque je le pourrais. Puis plus aucun message de sa part. Jusqu'à aujourd'hui il ne m'adresse plus la parole.

Gerardo non plus ne me parle plus. Il m'a un jour envoyé une question culinaire par mail. Il me demandait si je connaissais le piment Chipotle à l'état frais (le Chipotle est un piment sec et fumé) je lui dit que oui, qu'il s'appelle Quaresmeño. Il me répond que je suis complètement con, que je ne m'y connais rien en cuisine mexicaine, que le Chipotle à l'état frais n'est rien d'autre que le Jalapeño, le piment le plus commun au Mexique. Je lui répond que ce n'est pas bien de m'insulter et que c'est lui l'ignorant, puisque, pour son information, le Quaresmeño n'est rien d'autre qu'un Jalapeño mais de grande taille et que c'est pour cela que l'on le choisi pour en faire un Chipotle. En plus je lui démontre qu'en culture culinaire mexicaine j'ai un gros avantage, moi j'ai dans mes ancêtre une vraie mexicaine, mon arrière grande mère, tandis que lui il descend de Polonais et de Français (bien sûr, je ne crois en rien a ce genre de choses, mais je sais que lui oui). En plus, je me suis marié avec une Mexicaine qui descend de mexicains depuis plusieurs générations, dont la grande mère fut une grandiose cuisinière avec laquelle j'ai énormément appris. Ce qui est très vrai.

Lui, il va finir par me reparler lorsqu'il va passer nous voir lors de son voyage transatlantique en voilier.

J'ai vraiment perdu beaucoup de mes belles relations d'amis de l'enfance. Et ça ne m'aide pas.

Un autre désastre de cette époque, c'est la séparation de nos super amis Delphine et Palou. Delphine a décidé de se séparer. Palou est complètement anéanti. Ce n'est la faute à personne, mais Palou reconnaît qu'il a été trop intransigeant. Ils essayent depuis longtemps d'avoir un enfant mais ça n'a pas marché. C'est peut-être mieux ainsi, mais aussi c'est peut-être également vrai que s'ils avaient eu un enfant ils ne se seraient pas séparés.

Pour nous ça va beaucoup changer, les fêtes auxquelles on assistait étaient presque exclusivement celles organisées par le couple. On va continuer à les voir séparément bien sûr. Delphine va partir vivre à Niort et Palou va rester quelque temps dans leur maison. Je vais

d'ailleurs aller très souvent chez lui pour l'aider à traduire un documentaire qu'il est en train de faire sur les enfants de la rue à Cusco au Pérou.
Ça fait plusieurs années qu'il y va une fois par an et il finance une association d'aide à ces enfants.

De cette époque, où on a habité aux Minimes à la Rochelle, les choses que j'ai le plus aimées sont l'odeur de la mer à marée basse, qui imprégnait même le sous-sol du parking, une odeur d'algue et de iode. Les couchers de soleil à travers la baie vitrée du salon, les repas en famille les dimanches avec un barbecue dans le jardin s'il faisait beau, me lever de bonheur pour emmener les enfants à l'école, les dîners tous ensembles après les Guignols à la TV, et les soirées les dimanches à regarder l'oncle Charlie. Je garde bien sûr plusieurs autres bons souvenirs trop longs à raconter. Mais ce fut une belle époque, difficile mais belle.

Cette année, elle allait être notre dernière dans ce logement, le loyer comme tous les ans avait encore augmenté. On est rentrés avec 950 euros de loyer et maintenant on devait payer 1100 euros. Plus le loyer de l'atelier qui était de 450, c'était trop, je travaillais pour mes locataires. Je décide donc de chercher une maison à l'extérieur de La Rochelle ou je puisse avoir également l'atelier avec la maison habitation. Je ne suis pas pressé car Bruno et Alec vont encore au lycée, Bruno rentre cette année en terminale et Alec en première, il me faut tenir au moins jusqu'à ce que Bruno ait son bac.

Le travail continue comme d'habitude, j'ai quelques boutiques pour faire des dépôts vente et je prépare la saison. La boutique Pourquoi Pas a déménagé et s'est installée à quelques rues du Cours Des Dames, dans la rue St Nicolas. Le local qu'elles ont loué est assez grand, donc je peux continuer à exposer chez elles de grandes pièces. Le problème c'est qu'elles doivent augmenter leur commission, donc les prix augmentent et elles me vendent moins. Je vendais chez elles près de 4000 euros par an, mon chiffre d'affaires va chuter de 30%. Et il va empirer lorsqu'elles vont déménager dans un local plus petit, sur la même rue, car je ne peux exposer que de petites pièces.

La saison va être, en chiffre d'affaires, pareil aux autres, question ambiance on se plaît davantage. Cette saison on va recevoir la visite d' Yvette, qui auront la chance, avec Michelle, qu'une de nos amies leur prête son appartement pendant son absence à condition qu'elles arrosent ses plantes, ce qui nous arrange car cet appartement se trouve dans la même résidence que le nôtre. Aline va également nous visiter, mais elle arrivera plus tard et s'installera avec ses amis dans une auberge de jeunesse à côté de chez nous.
J'aime beaucoup mes nièces, elles sont superbes. Mais ce que je n'ai pas aimé du tout, c'est que mon père fasse cadeau de son journal de guerre à Aline. Non que se soit Aline qu'il l'ai, mais vu l'importance que mon père donnait à son journal, qu'il l'ai choisie elle au lieu d'un de mes enfants, qui depuis Tequisquiapan, où ils avaient déjà cohabités avec lui, sont toujours en train de lui faire des services et s'occuper de lui.
C'est un exemple de plus qu'il ne nous aimait pas.

Je vais profiter de cette situation pour le convaincre qu'il serait temps qu'il passe une saison au Canada avec ses deux autres fils, puisqu'il peut sortir du pays sans perdre son minimum vieillesse pendant six mois. Je pense que se serait bon pour tout le monde, j'en ai marre de m'occuper de lui et de recevoir comme reconnaissance que des critiques derrière mon dos. Jean Pierre va accepter de le recevoir quelques jours, et il partira avant Noël de cette année.

Une amie du cours des Dames, qui vient de temps en temps à la maison voir Yvonne, elles sont devenues assez copines, de retour de ses vacances après la saison, va nous informer que les parents d'un ami de son copain qui habitent près de Lyon, louent une maison dans la région. On lui avait déjà fait part de notre intention de déménager.
C'est une maison ancienne à 50 kilomètres de chez nous et à une demi-heure de la sortie de La Rochelle. C'est un peu loin pour l'école des enfants.
On va quand même la visiter. Elle se trouve à 4 km d'une petite ville appelée St Agnant. C'est une maison située à côté d'un vieux manoir du XVIII appelé le Manoir de L'Eguille, on y accède par un petit chemin appelé l'allée de L'Eguille qui termine en face de la maison. A part le manoir, il y a un petit pavillon avant celui-ci, et après avoir fait le tour du manoir on tombe sur deux maisons jumelles, et d'une vieille grange. Celle que l'on nous loue est la première des deux maisons.
Elle ne donne pas bonne expression, elle n'est pas dans un bon état. Elle est meublée de très vieux meubles et de très mauvais goût. On rentre par la cuisine qui n'est pas belle du tout, avec une vieille cuisinière et un vieux frigo. Assez déprimant surtout si on la compare avec notre bel appartement. Mais lorsque l'on sort dans le jardin, on s'émerveille. Celui-ci est fermé par un vieux mur en pierre avec beaucoup de charme, un porche, très haut, part du toit, puis est soutenu par trois colonnes en pierres. C'est un espace avec un charme fou. Du côté gauche en sortant dans le jardin il y a des dépendances en ruines, sauf l'une des pièces est à peu près correcte, elle comporte une porte et est pleine de vieux trucs qui ne servent à rien. De l'autre côté du jardin deux petites pièces en pierres servent également de fourre tout, c'étaient les anciens poulaillers du manoir. Je pourrais faire l'atelier dans la pièce a gauche du jardin.
Après avoir bien réfléchi on va décider de la louer , c'est surtout le prix qui va me convaincre, on la loue au prix au je loue l'atelier !!! J'aurais aimé attendre qu' au moins Bruno termine son lycée avant de déménager, mais je suis sûr que je ne vais rien trouver de mieux, j'ai déjà assez cherché.

Je vais donc appeler les propriétaires qui vont passer en novembre nous donner les clés et retirer certains meubles qu'ils veulent garder. Une fois sur place, ils nous invitent à manger, se sont des gens très aimables, le Monsieur surtout me fait bonne impression, on ne signera même pas de contrat et nous demanderons non plus de versements de caution. De mon côté, j'ai déjà envoyé mon préavis à l'agence et nous décidons de déménager après Noël.

SUITE DE L'ÉPIDÉMIE

On est en 2021. La deuxième vague a bien eu lieu à l'automne 2020. La plupart des gouvernements ont choisi l'économie à la santé. Certains, comme des pays sous développés parce qu'ils n'avaient pas le choix. Leurs habitants étant majoritairement dans l'économie informelle.
D'autres ont choisi le zéro Covid. La Chine, la Corée du Sud, l'Australie et la Nouvelle Zélande où leur stratégie d'élimination du virus a été couronnée de succès.
Ils ont installé des confinements très stricts, et une fois la contamination vaincue, ont installé des systèmes de test, traçage et confinement très efficaces. Ce sont les seuls pays où la vie a pu

revenir à la normale. D'autres sont en train de battre le virus, comme le Cambodge, L'Islande, Taïwan, ou le Vietnam, en suivant cette stratégie.

En France et dans la plupart des pays européens on a choisi la solution, vivre avec le virus. On ferme les activités dites non essentielles, comme les coiffeurs, les restaurants, les bars, les discothèques, les théâtres, les cinémas, les musées etc.
On laisse certains événements, comme des matchs sportifs, se dérouler, mais sans public. Le gouvernement finance leur fermeture avec du chômage partiel et d'autres aides. Les étudiants des universités sont priés de faire leurs cours en ligne, seules les écoles, collèges et lycées restent ouverts.
Les restaurateurs, surtout les plus médiatiques et de droite, crient à l'injustice. Ils vont crever disent-ils, un grand pourcentage va être obligé de fermer. Même si les chiffres disent le contraire. Il y a eu 30% de faillite de restaurant en moins en 2020 quand 2019. Logique: ils sont tous sous perfusion.
Les artistes gueulent que la culture est essentielle et est un bien vital. Des raisons pour l'ouverture de tous ces sites sont lancées
1   Pourquoi on laisse ouvert le métro et on ferme les restaurants si on est d'avantage collés les uns aux autres dans le métro
2   Pourquoi on ne laisse pas rentrer une quantité limité de public dans les stades si ce sont des endroits ouverts
3.   Aucune étude scientifique n'a démontré une contamination majeur dans les restaurants
> *4   On peut parfaitement ouvrir les théâtres et les cinémas avec des gestes barrières et en laissant vide un siège sur deux.*
> *5   Pourquoi les restaurants sont fermés et les cantines des écoles et d'entreprises sont ouverts*
> *6   La culture est vitale pour la vie, fermer les librairies et les musées c'est de l'obscurantisme. Etc etc.*

Je ne sais pas si les personnes qui répètent ces raisons pour promouvoir les ouvertures sont idiotes, ou prennent les gens pour des idiots en espérant qu'ils vont pousser le gouvernement à l'ouverture. Car qui ne peut pas comprendre que l'on prends le métro par nécessité de se transporter et que l'on ne peut pas faire autrement, et qu'aller au restaurant c'est par plaisir, de même qu'aller au théâtre et au cinéma.
Les cantines des écoles et des entreprises sont vitales lorsque l'on a pas la possibilité de rentrer manger chez soi. Les stades sont en effet des lieux ouverts et peu contaminants , mais tout le monde peut comprendre que c'est à l'entrée et à la sortie du stade que se font les regroupements. Dire qu'aucune étude scientifique n'a démontré les contaminations dans les restaurants est tout à fait faux, mais ces études ont toujours été niées par les droites complotistes. Et si c'est vrai que la culture est vitale, elle ne se résume pas à des musées, des librairies, des théâtres ou des concerts.
Premièrement, je ne pense pas une seconde que les personnes qui se plaignent de la fermeture des librairies ont lut tout les livres qu'ils ont chez eux, deuxièmement on a put pendant le confinement acheter des livres par internet, pas forcément sur Amazon, mais par le pick and collect dans les librairies, le confinement a permis d'avoir plus de temps pour lire. Les musiciens, privés de concert, profitent des réseaux sociaux pour se produire en ligne. Jamais la musique classique s'était aussi popularisée sur internet, énormément de musiciens ont fait des concerts individuels sur leurs balcons.

Les musées ont mis en ligne des visites virtuelles. Jamais on a vu tant de films, même si c'est sur des plateformes, ça reste du cinéma.

Si les gens aisés sont privés de leurs sorties théâtres- dîner restaurant, et quelques fans de grand écran de sortie cinéma- Mc Do, la culture c'est popularisée avec plus de temps libre et un accès gratuit à celle-ci.

Toutes ces personnes et entreprises qui militent pour une ouverture, feraient mieux de militer pour demander plus de solidarité pour eux, en exigeant la fermeture de toutes les activités non alimentaires et sanitaires, pour que l'on diminue la circulation du virus pour pouvoir ouvrir tous ensemble.

Avec un confinement sévère, on serait tous dans le même bateau et on s'en sortirait ensemble. Ceux qui souffrent le plus avec la situation actuelle, ne sont pas les propriétaires de restaurants, de bar, de discothèque ou d'hôtels, ni les propriétaires de théâtres où cinéma, ni les artistes. Ce sont tous ces travailleurs, au noir ou de petits boulots, qui ont tout perdu et qui n'ont aucunes aides, ces étudiants qui ont perdu leur petits boulots qui leur permettaient de s'en sortir. Tous ces jeunes qui sont tombés dans la pauvreté et doivent faire la queue dans les banques alimentaires. Le gouvernement qui ne peut ignorer leurs situations, refuse toujours de leur donner une allocation. Même pas le RSA. La raison qu'ils donnent c'est qu'il faut plutôt les aider à trouver du travail. Pour cela ils veulent les former. Mais la véritable raison c'est qu'ils ont peur que ces jeunes, s'ils sont aidés, ne vont plus vouloir faire les boulots pénibles et mal payés qui leurs sont offerts par des entreprises qui n'arrivent pas à embaucher. Comme c'est le cas des restaurateurs et entreprises du bâtiment.

Le gouvernement français, tout comme la plupart des pays européens, sinon tous, ont choisi la méthode de vivre avec le virus. La France n'est pas confinée, elle est sous le couvre-feu, et les écoles sont ouvertes. La plupart de ses voisins sont confinés, car comme il fallait le prévoir comme je l'avais indiqué, le virus a muté et des variants sont apparus au Brésil, en Angleterre et en Afrique du Sud. Logique car c'est dans ces pays que le virus circulait très fort. Donc par peur de ces variants qui sont plus contagieux, et qui ont commencé à faire des dégâts dans leurs pays, ils ont confiné. Mais pas la France, c'est vrai, qu'à la différence de celle-ci, les autres pays avaient les restaurants et bars ouverts ce qui a permis la circulation de ces variants. Le président Macron a décidé passer outre les conseils des scientifiques, qui lui conseillent de confiner préventivement pour éviter une explosion du virus. Après le deuxième confinement de novembre on est resté dans un niveau stable mais élevé des occupations des lits d'hôpital, et il décide de seulement mettre un couvre-feu à 18 heures.

Il parie sur la vaccination pour vaincre le virus. Le problème c'est que même si les choses se passent comme il l'annonce et que tous les adultes qui le veulent seront vaccinés en septembre, sans confinement la situation va rester à un niveau trop élevé pour pouvoir tout ouvrir. La situation devient intenable, et à ceux qui sont dans la merde déjà, vont s'ajouter tous ce qui ne supporteront plus le couvre-feu ni la situation dans les universités.

D'ailleurs les vaccins posent également beaucoup de problèmes. Même si c'est déjà une prouesse que des vaccins soient déjà disponibles. La pandémie est mondiale, donc il faut l'éliminer au niveau mondial.

Mais comment s'assurer que l'ensemble de la population ait accès aux vaccins contre le Covid?
Les dirigeants européens déclarent, la main sur le cœur, tout faire pour diffuser l'accès aux
tests, aux traitements, et aux vaccins à l'ensemble de la planète.
Un tel cynisme est scandaleux, l'Union européenne bloque depuis des mois toute demande
relative à la levée des droits de propriété intellectuelle des vaccins. En octobre une centaine de
pays émergents et à bas revenus déposent une demande à l'OMC. Elles réclament la levée
temporaire des droits de propriété sur le développement, la fabrication et la distribution des
vaccins et du matériel essentiel à la lutte contre le virus et qui prendrait fin une fois l'épidémie
contrôlée. Mais la demande est stoppée nette par les pays riches. Leur raison qu'ils donnent
pour s'y opposer, c'est que ces droits sont nécessaires pour que les laboratoires puissent
s'adapter et investir face à un virus mutant. Et ils estiment aussi qu'il faut plutôt agir via le
mécanisme Covax de l'OMS qui vise à récolter des fonds pour distribuer 2 milliards de doses de
vaccins d'ici à la fin de l'année dans les pays pauvres.

Selon The Économist, la plupart des pays africains ne seront pas vaccinés avant 2023, et il
faudra attendre mi 2022 pour la plupart des pays émergents. La firme Pfizer annonce 15
milliard de chiffres d'affaires liés aux vaccins en 2021. Il est bien sûr nécessaire que les équipes
de recherche soient rémunérées justement, mais elles devraient être examinées de façon
transparente pour éviter des profits démesurés.
Ce n'est pas en bloquant l'accès aux données des vaccins à des chercheurs des pays émergents
que le monde sera mieux préparé pour lutter contre les prochaines mutations du virus.
C'est la coopération internationale sur le séquençage du génome du virus et la coopération
entre différents laboratoires, autrefois concurrents, qui a permis le développement si rapide des
vaccins. On peut comprendre que se priver des compétences de milliers de scientifiques et de
chaînes de production est absurde.
L'UE va injecter 500 millions d'euros dans le mécanisme Covax pour aider à la vaccination des
pays pauvres. Si on la compare aux 750 milliards du plan de relance européen et aux centaines
de milliards des plans nationaux, cette somme est insupportable.
La position des pays riches sur les brevets revient à favoriser les laboratoires pharmaceutiques
et leurs actionnaires plutôt qu'un objectif de santé publique mondiale. Les principaux vaccins
commercialisés dans l'UE et aux États Unis ont reçu près d'un tiers des investissements publics
nécessaires à leurs créations. Sans compter les autres financements publics comme les
infrastructures de communication et les systèmes d'enseignement. (j'en ai parlé longuement
auparavant). Si l'ensemble de la population mondiale n'est pas vaccinée dans les mois qui
viennent de nouvelles mutations vont apparaître et vont faire planer un risque de réinfection
planétaire.
Il existe déjà dans les règles de l'OMC (organisation mondiale du commerce) un mécanisme
appelé la licence obligatoire, qui permet à des pays d'exiger de l'industrie pharmaceutique de
mettre entre parenthèses les droits de propriété lorsque la situation s'impose comme c'est le cas.
Il faut rappeler que jusqu'aux années 1960 il n'y avait pas de brevets sur les médicaments et cela
n'a pas empêché l'industrie pharmaceutique d'innover. Et jusqu'à 1994 on permettait au pays du
Sud de produire des copies légales à moindre coût.

Ce n'est pas seulement l'industrie pharmaceutique qui est en train de s'enrichir de cette
épidémie
Certains annonces une reprise en « V » c'est a dire une chute brutale suivie d'une reprise en
flèche, d'autre une reprise « L » une chute suivie d'une longue stagnation. Mais le plus probable

ce sera en « K », la chute libre suivie d'une reprise rapide pour quelques uns et une dégringolade pour d'autres. En clair des gagnants et des perdants.

Quelque 8 millions de français bénéficient actuellement de l'aide alimentaire contre 5,5 millions avant la pandémie et la fortune des 43 milliardaires français a progressé de 2% en 2020.

L'épidémie frappe très inégalement les populations. Aux USA. il y a 1,4 fois plus de Covid chez les noirs que chez les blancs, 3,7 fois plus d'hospitalisation et 2,8 fois plus de morts.

En France, la hausse des décès entre mars-avril a été deux fois plus forte pour les personnes nées à l'étranger avec une surmortalité plus marquée chez les personnes de moins de 65 ans nées en Afrique ou en Asie. La mortalité est 25% plus forte dans les communes les plus pauvres.

Le rapport d'Oxfam sur les inégalités, paru au début 2021, montre qu'il a fallu 5 ans aux milliardaires pour retrouver leur fortune après la crise de 2008 et seulement 9 mois cette fois-ci. Les dix personnalités les plus riches du monde se seraient enrichies de 500 milliards en 2020.

La fermeture des écoles n'a pas eu les mêmes effets pour tout le monde. Quand une école n'ouvre pas, les parents de milieux aisés ou de la classe moyenne organisent des groupes avec des tuteurs pour suivre les enfants, mais pas les plus pauvres.

La fermeture des écoles conduit les femmes, plus que les hommes, à rester à la maison. Ce qui aura un effet sur le marché du travail pour les femmes.

Les pays riches peuvent s'endetter à des taux extrêmement bas voire négatifs, mais les pays pauvres n'ont pas cette option.

Les pays riches ont dépensé 20% d e leur PIB pour lutter contre le Covid, les pays émergents 6%, et les pays pauvres 2% d'un PIB beaucoup plus petit. On a pu voir une augmentation immédiate de la pauvreté dans ces derniers et elle risque de perdurer même après la relance de l'économie. Ce sera dévastateur, en plus du risque de problèmes sanitaires graves, car toutes les autres campagnes de vaccination sont à l'arrêt. Les pays riches ont une grande responsabilité. Parmi tous ces milliers de milliards d'euros et de dollars qu'ils ont dépensés pour se protéger, ils auraient pu trouver de quoi aider ces pays.

Les pays qui peuvent s'endetter dans leur monnaie, comme l'Europe avec l'euro, ou les États Unis avec le dollar, n'ont aucun souci à se faire puisque leur banque centrale peut absorber leurs dettes. Mais ce n'est pas le cas pour les pays qui doivent s'endetter dans des monnaies qui ne dépendent pas de leur banque centrale. Une inégalité en plus des taux beaucoup plus élevés à lesquels les pays pauvres doivent emprunter.

L'activité s'est effondrée de 4,9 % dans les pays industrialisés, mais après un effondrement au début de l'épidémie, les bourses ont très rapidement atteint leur niveau de février 2020, comme si tout continuait dans la normalité. Certains titres français ont fait un bond en avant, LVMH a grimpé à plus de 25% et l'Oréal de 16%.

Les milliardaires français ont gagné 175 milliards entre mars et décembre 2020, c'est la troisième plus forte progression après les États Unis et la Chine. Les 10 hommes les plus riches ont gagné 540 milliards de dollars pour la même période, et il faudra plus d'une dizaine d'années aux plus pauvres pour revenir à effacer leurs pertes.

Mais comment peuvent t'ils s'enrichir si l'économie mondiale est en plein chaos?

C'est très simple, le remède qui a été mis en place par les banques centrales pour combattre la crise, c'est -à -dire l'injection de centaines de milliards d'euros, est le coupable qui produit ces inégalités. Cet argent, comme c'était déjà le cas avant la pandémie, ne va pas à l'investissement, ni à la consommation, il finit sur les marchés financiers et immobiliers, faute d'autres placements rémunérateurs. La Bourse, la pierre ou l'or et les bitcoins sont des valeurs qui progressent.

Les grands gagnants de la crise sont bien sûr les Gafam. Amazon a pratiquement doublé sa capitalisation boursière, de 1000 milliards à 1696 milliards de dollars. Pour Google, ses publicités ont augmenté de 9%. Pour Facebook, ses résultats net augmentent de 58%. Apple se retrouve avec plus de 14 milliards de dollars de ventes supplémentaires. La valeur boursière d' Apple ou de Microsoft, pèse plus que l'ensemble du CAC 40!!
Autres grands gagnants, Tesla dont sa capitalisation a été multiplié par cinq, TikTok en France est passé de 4 à 11 millions d'utilisateurs, Zoom sa valeur a été multiplié par 4. Tous les secteurs de la TV ont également été gagnants, plus de 25% de ventes de téléviseurs. Les complémentaires santés sont également gagnantes, tandis que l'Assurance maladie enregistre un déficit record de 33,7 milliards en 2020, les mutuelles ont fait des économies car leurs clients ont reporté leurs soins dentaires et leurs dépenses d'optique. Le secteur du vélo a aussi explosé, avec des ruptures de stock partout. Le secteur de l'habitat est également gagnant, les gens en profitent pour faire des améliorations chez eux, les gens qui ont du pouvoir d'achat bien sûr, puisque leur épargne a explosé, le jardinage et le bricolage ont explosé. Si les restaurateurs se plaignent, certains secteurs du commerce de bouche se portent très bien. Certains chefs se sont enrichis avec des programmes à la TV pour cuisiner, les livres de cuisine se sont arrachés. La grande distribution a connu une progression de 8,3%. En général, tous les distributeurs alimentaires ont énormément progressé.

La pandémie est en train de faire exploser les inégalités. Elles étaient déjà en forte augmentation, mais si la pandémie continue encore longtemps, elles vont devenir insupportables dans beaucoup de pays. La sortie de crise va être décisive, si les gouvernements reviennent à leurs politiques d'avant crise, c'est à dire des politiques d'austérité pour diminuer la dépense publique et payer la dette, avec la même financiarisation de l'économie, des mouvements sociaux vont éclater et la répression que l'on connaît va suivre.

Comme je l'ai dit auparavant les pays qui s'en sortent le mieux sont ceux qui ont choisi de ne pas laisser la place au virus, un confinement très sévère en sacrifiant toute l'économie, puis une fois le virus pratiquement disparu, ouverture totale de tous les secteurs économiques. Puis à peine une contamination apparaît, on prend des mesures drastiques. D'autres pays ont choisi le stop en go, fermeture tant que le virus circule puis ouverture tant qu'il est un peu contrôlé, puis ré confinement quand apparaît une nouvelle vague. Et parmi les pays riches, le seul à suivre une stratégie de vivre avec le virus c'est la France. On sacrifie une partie des secteurs économiques pour vouloir laisser en marche la majorité de l'industrie et du commerce. On sacrifie les étudiants les moins jeunes qui n'ont pas besoin d'être gardés par leurs parents et on laisse le reste à l'école pour que les parents puissent aller travailler. N'importe qu'il y ait 500 morts par jour (50,000 depuis trois mois) tant que les hôpitaux tiennent. Il faut que l'économie tourne, même si pour indemniser les secteurs fermés ça coûte des milliards, et à la fin ça va coûter plus cher qu'un confinement. Les autres pays riches qui ont confiné à Noël vont pouvoir tout ouvrir à la fin de l'hiver dans moins d'un mois. Et pendant ce temps en France nos restaurants et théâtres qui ont fermé avant les autres pays ne pourront pas ouvrir, et le reste de la population après 5 mois de restrictions, de couvre-feu, de privations va voir les autres pays profiter du printemps et eux rester confiné en partie ou totalement. Les vaccinations pour toute la population n'auront pas lieu avant l'automne.

CHAPITRE XLVI....nouvelle vie à la campagne

Cette année je vais refaire le marché de Noël de la Roche sur Yon, mais pour pas faire la route tous les jours, je vais embaucher la demi Soeur de Manu, qui est la vendeuse de Brigitte m'a voisine dans le marché du Cours des Dames, et avec qui je m'entends très bien, elle habite la ville et ça lui fera quelques sous.
J'ai un nouveau client qui veut m'acheter des portes bouteilles pour les revendre dans des marchés de Noël. Il loue 3 chalets dans des marchés de Noël les plus réputés de l'ouest de la France, il fait ça depuis plusieurs années et mes portes bouteilles qu'il a vu sur le marché d'été lui ont beaucoup plu. Vu le volume de l'achat je lui fais un super prix, j'aurais de toute façon un très bon bénéfice car mon coût en matière première et main d'œuvre est minime pour les portes bouteilles. Je vais gagner davantage qu'en faisant un marché de Noël à Niort réussi.
Cette fois-ci Yvonne va revenir à l'atelier pour m'aider à les vernir. Elle ne s'en plaindra pas.
Mon client a vu trop court. 5 jours avant Noël il n'a plus aucun porte- bouteille en stock, il a tout vendu, j'ai juste le temps de lui en faire une centaine et de lui envoyer.

Une nouvelle banque a ouvert près de la maison, une succursale du CIC. J'ai donc changé mon compte pro pour cette banque. Puisque à la société générale ma conseillère avec qui je m'entendais très bien est partie , et ça ne se passe pas très bien avec son remplaçant.
Ce nouveau compte va me permettre d'avoir un nouveau découvert et une carte bleue à débit différé, et un crédit revolving. Cet apport de liquidités va me permettre de faire le déménagement.

Nous avons passé un bon Noël, les six tout seuls. De la bonne bouffe et de jolis cadeaux. Je ne sais pourquoi mes meilleurs souvenirs de Noël sont ceux où l'on était seul entre nous.
Le marché de Noël ne va pas être fantastique, mais vu que l'on a pas eu à faire l'effort de la vente je ne me plains pas. Le seul problème c'est que l'on va perdre les chèques encaissés par les filles. Je vais m'en rendre compte que le lendemain. Les filles ne les ont pas gardés et elles assurent qu'elles me les ont donné avec les espèces. Guy qui m'a accompagné pour aller chercher le stand ne se rappelle pas non plus, le fait c'est que l'on était pressé de rentrer pour le dîner de Noël. C'est quand même le tiers des ventes, j'enrage de perdre de l'argent lorsque l'on en a tellement besoin.
On va les retrouver 4 mois plus tard lorsque l'on va préparer le matériel pour le marché d'été, les filles les avaient laissé sur la table du stand, et lorsque je parlais avec elles, Guy a plié la nappe qui couvrait celle-ci avec les chèques en même temps.

On a décidé de déménager à la fin janvier. Je suis très nerveux, la maison où on va habiter est un peu déprimante, la décoration est atroce, les couleurs des murs également. On va laisser un super appartement qui nous donne une certaine qualité de vie, les enfants sont autonomes, on est près du centre ville, Ian habite près de chez nous. Mon atelier n'était pas très loin et il est très grand et confortable. On est également près du marché d'été. Mais je n'ai plus le choix.

Ce qui m'inquiète c'est le froid, la maison n'a pas de chauffage, j'ai acheté deux chauffage électrique pour les chambres. En plus l'autre gros problème c'est la distance. On est quand même à 50 kilomètres des écoles. Bruno présente son bac cette année, mais Alec doit encore faire une autre année au lycée. Ian a fini son master 2. Il dispose encore de son studio du Crous au moins jusqu'à la fin de l'été, donc les enfants pourront utiliser ce studio.
 Je vais les laisser les lundis au lycée, j'irai les chercher le mercredi à midi pour les remmener jeudi matin et aller les chercher le vendredi après-midi.
Ian a trouvé un travail grâce à un de ses potes avec qui il avait fait un stage. C'est une boîte italienne qui fabrique des équipements pour les hôpitaux et services ambulanciers. Il va donc prendre un autre appartement en colocation avec un couple d'amis. Guy est rentré à Montpellier pour finir son master.

Il faut en plus retaper l'appartement si je veux revoir ma caution, bien que des deux mois de caution il n'en reste qu'un mois, car j'ai dit à l'agence que je n'avais plus de quoi payer janvier à cause du déménagement.
On va faire le gros du déménagement un week-end, j'espérai pouvoir le terminer le samedi, mais je n'ai que Bruno et Alec. J'ai loué un gros camion. Les deux garçons n'arrêtent pas de se disputer pour un rien, ils prennent donc énormément de temps à charger et décharger , et ça m'énerve, ils discutent pendant une heure pour décider de quel côté ils vont soulever le canapé.

J'avais de très belles plantes dans l'appartement, grâce à la lumière des baies vitrées. Mais notre première nuit dans la nouvelle maison va être catastrophique pour elles, il va faire - 10 degrés, et comme je les avais laissées dans le camion elles ont toutes brûlées.
Et comme je n'avais pas prévu le gel, je n'avais pas fermé l'arrivée d'eau pour la salle de bain à l'extérieur et la tuyauterie a sauté. Très bon commencement.

Le déménagement de l'atelier vas être plus simple, j'avais accumulé énormément d'affaires qui n'étaient pas à moi, car tout le monde profitait de l'espace de mon atelier. Il m'a donc fallu juste faire appel aux personnes concernées pour qu'ils viennent chercher leurs affaires, et pour le reste que personne n'est venu chercher, j'ai fait appel à un jeune gitan, à qui j'avais une fois soudé une pièce et qui était très sympathique, pour qu'il vienne se servir. Mon équipement et les tables de travail rentrait parfaitement dans un seul voyage de mon camion.
Où ça été plus problématique c'est pour vider la pièce où j'allais monter mon atelier. Ian m'a beaucoup aidé et Salah aussi. On a rempli 4 camions pour la déchetterie! Cette pièce contenait au moins vingt années d'accumulation de déchets sans utilité aucune.
J'ai réussi à monter un petit atelier assez confortable, le problème c'était les fuites du toit, je devais faire attention ou je m'étais l'équipement pour qu'il ne se mouille pas. On avait bien sûr amené nos deux chats. « Tita » notre chasseuse de lapins et « Tigro » le chat de Ian qui habitait avec nous depuis le départ de celui-ci au Brésil. Ian ne l'avait plus repris. Un jour, il a disparu à La Rochelle. Il est revenu deux mois après avec une grosse cicatrice et un tatouage à l'oreille. Je pense que quelqu'un l'a écrasé et l'a soigné, et il a fini par retrouver son chemin.

Les aller et retour à La Rochelle sont moins pénibles que ce que je pensais. Les enfants m'inquiètent un peu, les savoir seul le soir ne me plait guère. Mais ils ne se plaignent pas, ils sont vraiment superbes. Ils se disputent tout le temps mais ce n'est rien de sérieux, c'est plutôt qu'ils prennent plaisir à se chamailler. Yvonne a repeint l'intérieur de la maison en blanc, c'est plus gaie. On allume assez souvent les cheminées, ça ne réchauffe pas trop mais ça donne une bonne ambiance.

On a trouvé un club de tennis à St. Agnant, on est allé un dimanche ensemble avec Bruno et Alec, pour connaître les prix et les conditions. On a été très bien reçu. Les associés sont des gens d'âge mûr qui jouent surtout le dimanche avant de prendre l'apéro dans les installations du club, le jour où on arrive ils sortent justement de l'apéro, ils sont très contents de recevoir de nouveaux associés. Comme ce n'est pas un grand club, ils n'ont pas d'entraîneur. Mais ils ont un accord avec un professeur de tennis du club de Soubise pour leur donner des cours le vendredi soir.

Je vais donc emmener mes enfants tous les vendredis soir à St Agnant et de là ils iront à Soubise avec un jeune homme du club qui va aussi à cet entraînement.

Mon père va rentrer du Canada en mars. Je pensais qu'il voudrait rester plus longtemps avec mes frères, puisqu'il ne nous supporte pas. Mais en arrivant il va me confier qu'il ne se sent pas bien, et que c'est pour cela qu'il voulait rentrer. Heureusement qu'il fait moins froid à la maison, il n'aurait pas supporté l'hiver.

Une amie allemande que l'on a connu sur le marché qui est très gentille en plus d'être mignonne, nous a fait cadeau d'un chauffage portátil au gaz, il est très eficaz mais consomme énormément de gaz, et je vais être obligé de le faire fonctionner lorsqu'il descend manger.

Je l'emmène voir le docteur Alric, qui l'envoie se faire vérifier les poumons à l'hôpital avec le médecin qui l'avait soigné durant son hospitalisation.

Après une journée d'examen, le pneumologue va le mettre sous oxígene en permanence. Une entreprise va venir lui installer à la maison le système pour qu'il puisse aller partout dans la maison avec son tuyau d'oxygène. Il continue à nous casser les oreilles avec sa soit disante invention de brique en carton.

Je prépare le marché. Je refais le stand pour qu'il soit plus facile à monter, car pour les ventes du printemps que l'on fait les week-ends et jours fériés, je ne vais plus avoir les enfants pour m'aider.

Mon camion est assez vieux et fatigant à conduire. Donc ce que je pense faire est de le laisser à La Rochelle avec le stand chargé, et faire l'aller retour avec la Citroen AX. Ian va m'aider pour emmener la voiture car il est le seul à conduire.

Je laisse le camion sur une place handicapé en face de la préfecture, qui se trouve juste derrière le Cour Des Dames, et je rentre à la maison avec l'AX.

Mon stand est très facile à monter, mais il n'est pas très stable. Il faut que je pense à un autre système, car en été je pense faire faire la vente aux enfants avec Guy, pour que moi je puisse continuer à produire. Mais comme Guy ne conduit pas encore et que je ne peux pas laisser le camion sur le Cours tout le temps, il va falloir que je fasse un stand que l'on puisse rouler depuis la préfecture jusqu'au cours des Dames.

Je construis donc deux chariots ou l'on peut transporter tout le stand avec la marchandise et le parasol, et qui serviront également de table pour la vente.

Les ventes du printemps ont été bonnes. Les aller et retour les samedis et dimanche pour faire la vente ne sont pas pénibles. Ce que je n'aime pas c'est que je fais ça tout seul, car Yvonne reste avec les enfants. Je ne les vois que le soir.

Un jour de retour, vers huit heures du soir, je trouve notre chatte Tita, morte sur l'allée qui mène à la maison, elle vient tout juste d'être écrasée. Les herbes sont hautes et elle n'a pas vu le véhicule arrivé, ni le chauffeur n'a pu la voir à l'avance. Elle laisse trois petits chatons de 15 jours. On va réussir à les sauver en les nourrissant avec du lait maternel pour enfants dilués, et à l'aide d'une seringue.

Un des chatons, une petite chatte, sera adopté par un nouveau voisin qui vient d'acheter la maison d'à côté et la vieille grange. Il est en train de tout transformer en une très belle propriété. C'est un très chic type qui va devenir un très bon ami. Il s'appelle Jean Jacques, il est en couple avec une gynécologue avec qui il a un enfant de quatre ans. Elle a trois filles et un autre garçon d'autres mariages. Ils pensent venir habiter dans leur nouvelle propriété celle-ci une fois terminée. De l'autre côté de la maison, du côté du manoir, on a de très bons voisins. Lui s'appelle Jean Marie, et elle, Marie Jo, c'est un ancien marin à la retraite et elle c'est une des descendantes des propriétaires du manoir. Une de leur fille habite en face de chez eux dans une dépendance du manoir.

Le marché va commencer, Guy est rentré pour les vacances. On va s'organiser de la façon suivante. Le matin je vais travailler un peu à l'atelier, ou faire les courses et cuisiner. Les enfants vont aller jouer au tennis en vélo, puis on va manger ensemble.

Je vais les emmener à la gare de Rochefort à 14 heures 30, ils arrivent vers 15 heures à la gare de La Rochelle puis ils vont à pied jusqu'au Cours des Dames. Le stand ne sera monté que vers 16 heures. De mon côté, de retour de la gare, je fais une petite sieste de 20 mn et je travaille à l'atelier jusqu'à 10h 30. Je mange quelque chose avec Yvonne et vers 11:30, je pars à La Rochelle. On remballe le stand, je gare le camion sur le parking handicapé de la préfecture et on rentre à la maison.

Les week-ends je pars depuis le matin du samedi avec Yvonne dans l'AX. C'est une époque où il y a une très bonne ambiance sur le marché, le samedi et le dimanche on fait une grande table et on mange tous ensemble avec le groupe ce que l'un d'entre nous a préparé, c'est la course à qui prépare la meilleure bouffe, donc on se régale. Yvonne et moi avons fait la vente avec plaisir ces week- ends. Pour ne pas trop conduire car le dimanche on doit monter le stand très tôt , on reste à La Rochelle dormir dans le petit studio de Ian. Ça nous donne l'impression de partir en week-end.

Je vois la santé de mon père se dégrader. Il va un peu mieux question respiration depuis qu'il a l'oxygène, mais il n'est plus très sûr de lui dans ces déplacements.

Je l'ai emmené à La Rochelle a un rendez-vous qu'il avait avec le pneumologue. Il n'a pas voulu emmener son appareil portatif d'oxygène, donc il est allé sans assistance respiratoire. Bien sûr il a un niveau d'oxygène très bas, et il s'est fait engueuler par le médecin pour n'avoir pas pris l'oxygène pour sortir. Depuis il fait plus attention.

Mais je me rends compte qu'il se douche de moins en moins et qu'il y met de plus en plus de temps. Je lui propose donc de faire venir une aide soignante pour l'aider pour sa toilette. Il refuse au début, il est très pudique. Il accepte enfin sous condition de garder son slip. Je vais donc voir l'assistante sociale que propose l'entreprise qui nous fournit l'oxygène. Elle va mettre en place l'aide pour la toilette pour la semaine prochaine me dit-elle. Mais ce ne va pas être nécessaire.

Deux jours avant l'arrivée de l'aide soignante, le matin vers 9 heures, Yvonne et moi sommes en train de nous réveiller, les enfants ne sont pas là, ils sont restés à La Rochelle dormir chez des copains et je n'ai pas eu à aller les chercher. On entend que mon père s'est réveillé et s'est installé en face de son ordinateur. On l'entend parler à voix haute et dire des incohérences lorsque tout à coup il crie en espagnol « voy a tronar » (je vais crever). On attend quelques secondes et on se lève. Mon père est affalé sur son cousin, l'ordinateur se trouvant à côté du lit.

On essaye de le réveiller mais on sait très bien que c'est fini. On le déplace de façon qu'il soit couché et j'appelle le SAMU, ils arrivent en dix minutes et essayent de le réanimer. Puis quinze minutes plus tard arrive le médecin urgentiste et le déclare mort. Pendant ce temps, un des pompiers qui habite à Champagne a appelé le maire qu'il connaît bien. Celui-ci arrive rapidement, s'étonne de ne pas avoir été prévenu de notre installation dans sa commune. C'est lui qui appelle les pompes funèbres, les qu'elles aussi arriveront rapidement. Le maire donne son permis de transport du corps et s'en va comme précédemment l'avait fait les pompiers. Le croque-mort se fait aider par un des travailleurs du chantier du voisin pour descendre le corps de mon père, et le met dans une poche noire. Il me donne rendez-vous aux pompes funèbres de St Agnant dans une demi-heure pour me laisser le temps de me doucher. Tout cela n'a pas duré une heure.

Une fois chez le croque-mort, il m'informe de ce qui va suivre, il faut que j'apporte de quoi l'habiller pour qu'il soit élégant, puis un technicien va le préparer pour qu'il ne se décompose pas et soit très présentable durant les quatres jours avant son incinération ou on pourra le voir dans une chambre climatisé. Il faut que je choisisse un cercueil également. Puis il me donne le prix. Presque trois mille euros en choisissant le cercueil le moins cher. Je ne dispose pas de cet argent bien sûr. Je sais qu'il y a des aides, donc il me propose de lui donner un chèque en garantie pendant que je trouve l'argent.

De retour à la maison je commence à peine à enregistrer ce qui vient de se passer, notre père est mort. Il s'agit maintenant d'informer la famille. Il est encore tôt à cause du décalage horaire pour leur téléphoner, en plus je n'ai pas du tout envie d'y passer des heures. Donc je décide d'envoyer à tous, frères et neveux, un mail commun à tous juste en disant qu'il vient de mourir.

Celui qui va prendre mal ma façon de communiquer c'est encore Patrick qui va m'engueuler pour avoir informé de cette façon ses filles, je vais tout simplement lui raccrocher au nez. Les seuls de la famille à m'avoir téléphoné les jours suivants pour me faire part de leur soutien, en plus de mes frères bien sur, ce furent, ma cousine Monique qui habite Versaille, la cousine Vicky de mon père et Christine sa fille, ma cousine Jackie qui est la fille de ma tante Yvonne, et mon cousin Jean Pierre avec qui je m'entendais bien au lycée. De toute la très nombreuse famille de mon père se furent les seuls. C'est peut-être parce que mon père s'était chargé de me dénigrer avec eux? De toute façon je n'ai jamais aimé la plupart des individus de cette famille.

Je vais également envoyer un mail à mes frères, ma sœur, mes nièces et à mes neveux, pour leur demander s'ils peuvent m'aider à payer l'enterrement. Personne ne va m'envoyer un sous, peut-être qu'ils pensent comme mon père que j'ai profité de sa présence chez moi !!!

Ce soir là je vais aller chercher les enfants au marché à La Rochelle, et de retour on va aller voir mon père dans sa chambre mortuaire, on nous a donné un code pour rentrer à l'heure que l'on veut. Je suis avec Guy, Bruno et Alec, ils font les malins et jouent à se faire peur, mais à un certain moment, dans la chambre climatisé, ou il fait très bon et que l'on voit mon père si élégant et beau comme on ne l'a pas vu depuis longtemps, les enfants vont rester un long moment silencieux.

Mon frère Patrick est arrivé le lendemain. Ian qui était à Paris également, il est descendu avec le véhicule de son entreprise qui est un utilitaire à deux places avec derrière les équipements qu'il vend.

Le jour de la crémation tout se passe à merveille, c'est un très bon service que l'on nous fait, c'est à Saintes ou ça ce passe. On nous donne une urne qu'il faut rendre après avoir signé un papier comme quoi on jure d'aller jeter les cendres à la mer. Car en France il est interdit de les garder chez soi et il faut un permis du maire pour les répandre, sauf en mer. En sortant de la cérémonie, Patrick qui est croyant, veut rentrer dans une église pour que le curé bénisse l'urne. Lorsque l'on trouve l'église, une messe est en cour, c'est un curé africain donc noir qui l'a préside . On s'installe pour écouter la messe et Ian dit: « Les cendres de Beto sont en train de bouillir » car mon père était un raciste et n'aurait pas supporté que ce soit un noir qui le bénisse!! En rentrant, je vide les cendres dans un pot que j'ai acheté, et je les pose sur la cheminée à côté de celle de ma mère. Elles y sont encore.

Pour payer le service je vais faire appel à plusieurs organismes, 5 d'entre eux vont m'aider, mais je vais finir par payer une bonne partie de la facture, le directeur des pompes funèbres me félicite pour avoir obtenu autant d'aides.

Cette saison n'a pas été bonne du tout, tout le monde se plaint d'une perte de chiffre d'affaires, mais je pense que pour nous c'est pire, mais c'est surtout dû à ce que l'on montait le stand trop tard.
Donc question d'argent ça ne s'arrange pas.

Bruno a présenté son bac au début de la saison, il ne pense pas l'avoir. Bruno a toujours été un bon étudiant sans être excellent. Il est pour le système du moindre effort nécessaire. Mais depuis que l'on a perdu la voiture et que ses parents ont fini à l'hôpital, même s'il n'a rien dit, ça l'a beaucoup affecté et ses notes se sont vu affecter. Il a fait une année de première et de terminale très médiocre. Il n'a pas beaucoup révisé pour le bac. Il a participé au tournoi de tennis de St Agnant au lieu d'étudier, il a peut être perdu avant pour quand même réviser un peu
Mais à sa très grande surprise il a eu droit à l'oral. Comme il n'est pas allé voir les résultats, c'est une ex petite amie qui lui a annoncé. On était sur le Cours des Dames lorsqu'il a eu la nouvelle. Je ne sais pas s'il était content ou triste car il était maintenant obligé de s'enfermer pour étudier pour l'oral. Il va rester trois jours enfermé dans le studio de Ian. Il a beaucoup de points à rattraper, mais il va réussir. Il aura son Bac avec le minimum, 10,05.

Pour la rentrée, comme Ian n'est plus étudiant, on a plus le droit au studio. Il faut en trouver un autre pour la nouvelle année. Bruno va rentrer à la Fac et Alec en terminale. Heureusement, Bruno, notre collègue sculpteur du marché, connaît quelqu'un dans un organisme privé qui loue des studios et appartement aux étudiants.
Et grâce à lui, car on s'y est pris très tard, il va nous trouver un T1 pour deux personnes pas très cher. Je perd mes allocation familiale car pour un enfant encore à la maison on n'a rien. Mais au moins Bruno va recevoir sa bourse. Je continue de toute façon à être très présent pour les accompagner dans toutes les démarches administratives. Inscription, bourses, compte bancaire, abonnement bus, train etc.
Notre système de transport a ´Eguille va reprendre. Je les emmène le lundi, je les reprends le mercredi après-midi pour les ramener le jeudi matin et le vendredi après-midi je vais les chercher. Le week-end c'est très souvent que je fais des aller retour à la gare de Rochefort, car il vont souvent à des réunions chez leurs amis.

La boutique Pourquoi pas continue à me vendre, mais moins depuis qu'elle a pris le petit local de l'ancienne librairie. J'ai une nouvelle galerie en dépôt vente au nord de la Vendée, mais il n'est pas énorme mon chiffre d'affaires avec eux. Cet hiver je ne vais pas faire de marché de Noël.

Le jeune homme, qui m'avait acheté le Noël précédent les portes bouteilles, m'a fait une très bonne commande, il va louer 5 chalets et ne veux pas rester sans stock cette fois-ci. J'ai donc largement de quoi m'occuper avant Noël.

Comme on se trouve en pleine campagne et on a un jardin, Ian a décidé de planter quelques graines de cannabis pour les vendre à ses copains. Ça va si bien marcher qu'il va pouvoir s'acheter une petite Opel. Pour l'instant, il roule avec le véhicule de son entreprise.

La famille d'Yvonne veut qu'elle aille encore au Mexique. Une de ses cousines lui a payé un billet d'avion aller retour. Mais lorsque je vois les dates du billet, qu'elles ont acheté sans nous prévenir pour voir si ça nous convient, je vois qu'elles ont choisi un séjour de 6 mois!!! Bien sûr je ne suis pas d'accord et donc on change le billet d'avion de date, ce qui me vaudra encore une grosse dispute avec ma belle sœur. Elle va quand même partir deux mois et demi et passer Noël au Mexique.

Me voilà encore seul une fois de plus. Comme c'est l'hiver et qu'il fait très froid, je me lève tard, et après m'être vêtu de 4 ou 5 pulls, je prends un petit déjeuner rapide et je vais à l'atelier. Je prépare les portes bouteilles jusqu'à 6 heures de l'après-midi, puis je mange en vitesse à cause du froid, je n'allume pas le chauffage pour moi tout seul. Et je monte voir la télé et attend le coup de téléphone d'Yvonne. Ma routine change juste quand les enfants sont à la maison. Les vendredis, après les avoir recueillis au tennis, on se fait une soirée pizza. C'est à cette époque où une grande quantité d'une substance blanche, un peu épaisse, et sans odeur sortait de mon coude par deux trous. C'était tellement impressionnant que l'on aurait dit un film d'horreur. Je devais faire mon pansement deux fois par jour tellement ça donnait, les enfants adoraient le spectacle. Selon le médecin c'était dû à l'acide urique. Mais après un mois tout le coude s'était vidé et dégonflé et plus jamais je n'eu de douleurs récurrentes au coude.

Ce Noël là, ou on le va passer pour la première fois sans Yvonne, on aura la visite de Santiago, le meilleur ami de Ian. Et on fera pour la première fois un jambon à la broche dans la cheminée. Pour le nouvel an, Ian et Guy vont partir à Toulouse avec des amis, Bruno et Alec sont invités à La Rochelle chez des amis. De mon côté, comme ils savaient que je suis seul, nos amis du marché mon invité à passé le réveillon chez JC, un des bijoutiers. Ce fut une superbe soirée, bien que j'ai dû dormir dans la voiture vers 6 heures du matin jusqu'à ce que les enfants se réveillent pour que l'on rentre ensemble à la maison.

Yvonne, qui avait arrêté de boire lorsqu'elle est partie au Mexique, a recommencé à boire au Mexique car elle s'est encore disputé avec sa famille. Ils ont essayé de lui cacher les bouteilles, ce qui est pire car ça la fait boire en cachette. Le jour où elle devait prendre l'avion, sa sœur a bien vu qu'elle avait bu en cachette, et au lieu de l'accompagner pour faire toutes les formalités, elle la laissait juste sur le trottoir de l'aéroport. Bien sûr elle a raté l'avion. J'étais furieux contre eux. Encore un exemple de leur égoïsme. Cette famille est destructrice. Mais enfin Yvonne est de retour.

Après notre premier Noël à L'Eguille, qui s'est très bien passé, je prépare une nouvelle saison, il faut que je me rattrape. Guy a eu son permis de conduire à Montpellier donc cette fois-ci on va pouvoir s'organiser de façon différente.

Ian n'a pas renouvelé son contrat avec l'entreprise italienne, il n'a pas réussi à vendre le produit du fauteuil pour descendre les escaliers aux handicapés. Ce n'est pas de sa faute, c'était un peu misión impossible. Il est donc à la maison avec nous car il n'a pas voulu continuer sa colocation avec ses amis. Il cherche donc un boulot.

La nouvelle saison arrive, je fais les ventes du printemps avec Yvonne et on reste dormir des fois dans l'appartement de Bruno et de Alec.

Guy est rentré de Montpellier, il a fini ses études. Mais il ne veut pas travailler pour l'instant dans ce qu'il a étudié. Je lui montre donc les bases de la soudure pour qu'il commence à faire ses propres sculptures. Après quelques essais, il m'aide à monter une structure dans le jardin qui va nous permettre de vernir et faire les finitions des pièces. C'est lui qui va faire les soudures de la structure. Et je me rends compte qu'il est très doué. Il a une touche que moi j'ai perdu. Ses premières sculptures sont très réussies, il invente tout de suite une technique et un style. Pour le marché, on va diviser les journées de ventes et d'ateliers.

Pour aider Ian, j'ai proposé de vendre des repas le soir aux collègues du marché.

On leur fera une entrée, un plat principal et un dessert. On les réchaufferait dans un micro-ondes. Mes collègues acceptent pour essayer. C'est un petit prix et ça leur permet de ne pas acheter les mêmes fast food tous les soirs ou de se préparer quelque chose chez eux. A mon grand étonnement ça va marcher. Les gens sont très contents. Ce n'est pas énorme ce que l'on gagne, mais ça nous permet de manger à nous gratuitement, plus un petit bénéfice. De toute façon, il faut bien cuisiner pour nous aussi. Le problème c'est que les enfants détestent servir les repas, et Guy déteste demander aux gens s'ils vont commander pour le lendemain, surtout que l'on propose tous les jours deux options. D'ailleurs je fais tout mon possible pour ne pas répéter les menus. Ian cuisine la plupart du temps.

Les aller-retour tous les jours ne sont pas trop fatigants puisque l'on se relaie avec Guy et les enfants, sauf une fois où Guy va me demander de faire les ventes une semaine complète plus celle de mon tour, pour pouvoir passer les journées avec une canadienne qu' il a connu lors d'un séjour à Bucarest et qui va venir lui rendre visite. Je vais finir crevé, l'atelier, la bouffe et les ventes c'est trop.

Un jour où c'est le tour des enfants de faire la vente, et que Ian a une soirée à La Rochelle. Les enfants reviennent avec la voiture de Ian et celui-ci garde le camion, cela pour ne pas faire le voyage avec le camion puisque Ian va rester à La Rochelle. Mais vers 5 heures du matin Ian décide de rentrer avec le camion. Un peu avant Rochefort le voyant rouge va s'allumer, mais il va mettre du temps à s'arrêter et le moteur va lâcher. Il nous téléphone, d'abord à Guy puis à moi. Il me réveille et lorsqu'il me dit qu'il ne s'est pas arrêté avec le voyant rouge, je l'engueule. Je ne suis pas une personne qui se repent de ce qu'elle a fait. Mais je n'aurais pas dû. Je pars donc avec Guy le chercher. Comme on est sur la quatre voie, il est sur le bord pour faire des signes aux autres voitures. J'appelle le dépanneur qui se trouve à 500 mètres. Pas besoin d'essayer de réparer ce camion, son prix ne vaut pas la plus petite réparation.

Seulement sans un sous, je ne sais pas comment faire pour poursuivre le marché, et Ian le sait. De retour vers la maison, il est assis sur le siège passager et moi je conduit, il a la tête tournée vers l'extérieur, mais je l'écoute pleurer. Ça me fend le cœur, et je regrette de l'avoir grondé. Il n' a sûrement pas dormi, et doit se sentir terriblement coupable et doit s'en vouloir.

Cette journée je vais de toute façon aller au marché le soir car j'ai le compromis des repas. Je raconte donc à mes collègues ma détresse. On m'a dit que ça devait arriver tôt ou tard avec ce camion. Je cherche toujours une solution et je pense à une remorque. Mais la solution va me la donner Polo, le collègue qui fait de la peinture sur bois flotté. Il peint des voitures classiques sur des vieilles planches en bois flotté et depuis deux saisons ses ventes ont explosées. Il propose de me prêter pour acheter un camion d'occasion. Au lieu d'avoir cet argent au fond d'un soulier (sur le marché on vend beaucoup en espèces) il préfère que je l'utilise et qu'il soit en forme de camion.

J'ai toujours eu beaucoup d'amis au Mexique, et des amis avec des capacités financières, mais jamais aucun s'est porté de cette façon à mon secours. Depuis le début, c'est avec lui que je m'entendais le mieux sur le port, quand il vendait aussi mal que moi. Ian me trouve un camion à deux mil euros. Il se trouve vers Poitiers et on va le chercher avec notre pote mécanicien. C'est un Ford qui appartient à un marchand de poissons.

Il a des détails sur la carrosserie mais mécaniquement il est parfait. On aura perdu trois jours de ventes.

Cette saison c'est beaucoup mieux passer. Mais les problèmes d'argent continuent.

Alec a eu son bac, mais comme il n'a pas fait son inscription à temps pour étudier ce qu'il veut, c'est -à -dire des arts graphiques. Il va s'inscrire à la fac de sciences à La Rochelle en licence de génie civil ce qui va lui permettre d'avoir une bourse.

Guy, un de nos collègues du marché, est passé nous voir à la maison, il m' invite à intégrer une association, à laquelle il appartient, qui réunit un groupe d'artisans pour vendre leurs produits dans deux boutiques, une à Brouage, petit village touristique, ancienne citadelle du XVII, et une autre au château de Fouras. Une de leur associée est partie et ils cherchent à la remplacer.

Chaque artisan a son stand dans la boutique, et doit faire une permanence par semaine. Pour financer les boutiques, on donne 15% de nos ventes, plus un fixe par an pour chaque boutique.

C'est Yvonne qui va faire les ventes, ça va beaucoup l'aider. Le chiffre d'affaires que l'on fait n'est pas énorme, mais accumulé à la fin de l'année, ça nous fait une certaine somme . Comme Ian est à la maison, il m'aide pour emmener et ramener Yvonne aux boutiques.

Après la saison, puisqu'il n'a pas encore trouvé du travail, Ian va pouvoir profiter d'une opportunité. Tony, son grand copain, va lui proposer de l'accompagner faire le déménagement d'une copine par la route jusqu'au Sénégal. Il partira pour deux mois, et ça lui fera le plus grand bien.

De retour il va essayer de travailler pour le Club Med, il sera accepté, mais comme ils tardent à le rappeler pour la saison des vacances de Noël, il va être embauché pour la saison par la boutique où il a travaillé en tant qu'étudiant. Et lorsqu'ils le rappellent c'est trop tard.

Comme je l'avais dit auparavant je n'avais aucune nouvelle des avocats de Cancún, personne ne répondait à mes appels. Mais un jour je reçois un mail de Sergio où il me dit qu'il est conscient de sa dette envers moi, mais qu'il y a un problème. Des gens veulent s'approprier la villa au moyen d'une fraude. Et que lui ne peut pas intervenir car il n'a pas de pouvoir de ma part, l'avocat Ignacio Orduña à qui j'avais signé le pourvoir a disparu de la circulation car il a dû fuir les narcos. Donc il veut que je lui envoie un pouvoir à un autre avocat pour pouvoir défendre mon cas comme propriétaire de la villa dans ce procès. Pour cela il faut que j'aille à Paris au consulat du Mexique. Il me paye tout les frais. Je fait le document et je leur envoie rapidement.

Peu de temps avant Noël, Sergio et l'avocat qui s'appelle David, me téléphone pour m'informer que la situation s'est aggravée, que les fraudeurs sont en train de falsifier des documents et qu'il va falloir que j'aille pour porter plainte au pénal. Ils m'envoient donc un billet d'avion pour le 25 décembre et retour le 31.

Le soir du réveillon de Noël je le fête avec la famille, et comme d'habitude on y passe toute la nuit, donc je ne dors pas, je me douche et je conduit jusqu'à là Rochelle pour prendre le train de 5 heures du matin pour être à 10 heures à l'aéroport avec changement à Poitiers.
Il gèle partout en France et il neige beaucoup vers Paris. Au début, tout se passe bien, et bien que je me gèle à la gare de Poitiers pendant l'escale, la correspondance pour Roissy est à l'heure. Mais une heure et demie avant l'arrivée, le train tombe en panne et commence à circuler à deux à l'heure. Comme la plupart des passagers vont à l'aéroport, on nous propose, à la gare de Sainte la jolie, à tous ceux qui vont à l'aéroport de monter sur un autre train qui y fait escale. On a juste 5 minutes pour le transfert, on court comme des fous (c'est la dernière fois que j'ai couru) et on s'entasse dans le wagon. Je remarque l'heure et je suis sûr que je vais rater l'avion et perdre le billet car il n'est pas remboursable. Et c'est ce qui se passe, lorsque j'arrive le vol est fermé depuis un quart d'heure.
Mais comme c'est la pagaille à l'aéroport et dans les trains depuis le 24 à cause du gel et de la neige, plein de vols ont été retardés à cause du manque du produit pour enlever le gel des ailes. La compagnie d'aviation va me changer mon billet pour le 28 sans frais. La SNCF va également me donner un autre aller retour pour une autre date sans frais. Je vais bien sûr auparavant faire deux heures de queue. Le retour va être également pénible, le train va s'arrêter sur la voie ferrée pendant deux heures à cause de la panne d'un autre train. Je suis parti de la maison à quatre heures et demi du matin et je suis rentré à 10 heures du soir.

Cette fois-ci je prends le train le 27 au soir pour passer la nuit à l'aéroport pour qu'il n'y ai pas de problème. Mais Je vais encore avoir des soucis, j'ai pris le train direct
À Montparnasse pour après prendre le métro et le RER, mais surprise la ligne est en réparation et comme je suis nul pour bouger à Paris, je vais mettre une éternité à trouver le car qui m'emmène à l'aéroport.
Le lendemain encore une surprise, tout se passe bien, le vol est à l'heure, mais au moment où l'avion doit décoller avec tous ses passagers, on nous signale que l'on n'a pas la permission de décoller tant qu'une pièce de l'avion n'est pas changée. J'ai une correspondance à Philadelphie, mais pour l'instant je ne m'inquiète pas car j'ai deux heures et demie pour la prendre. Mais l'avion va décoller avec presque une heure et demi de retard, ça risque d'être très court, car il faut passer la douane et migration au US, les passagers en transit ça n'existe plus là-bas.
Je panique en arrivant, je sais que je ne vais pas avoir le temps. Si je reste cloué à Philadelphie, même si la compagnie me paye l'hôtel, je n'ai pas un sous en poche, ni carte de crédit. J'essaye de demander aux autres passagers de me laisser leur place dans la queue pour passer la migration, certains me laissent passer jusqu'à ce que deux jeunes refusent, heureusement à ce moment-là un autre guichet s'ouvre, je passe. A la douane c'est rapide car j'ai une toute petite valise à la main. Je cherche désespérément quelle est la porte pour l'embarquement et je vois avec un grand soulagement que le vol a une heure de retard. Sinon j'étais foutu. Sergio me reçoit à l'aéroport, il est également très soulagé de me voir. Il m'emmène dîner des tacos que je mange avec délice. Puis il m'emmène dans un bâtiment en construction où il y a une chambre à peu près convenable pour dormir.

Le lendemain, on part tôt pour la préfecture de police de Playa del Carmen.

Je vais dénoncer la fraude à la police, en démontrant que je n'avais pas pu signer ce document falsifié, car j'apportais la preuve que je me trouvais en France à ce moment-là. il s'agit, dans cette fraude, d'inventer un procès contre moi de la part de soi-disant anciens travailleurs. Mais pendant que l'on est en train de monter le dossier avec les agents, on va se rendre compte, ou plutôt un des agents avec qui les avocats sont en contact va se rendre compte d'une autre fraude. On vient de simuler une vente de la propriété. On a falsifié un pouvoir chez un notaire à Mérida, selon ce document j'ai donné à un certain monsieur, Juan Ascencio, un pouvoir pour qu'il vende ma propriété à une compagnie appelée " Leoncio Construcciónes". La vente est enregistrée le 15 de ce mois de décembre. On est tous étonné de l'ampleur de la fraude et de la témérité des fraudeurs. A tel point que les policiers doute de ma parole et pense que j'ai vraiment signé le document, mais je leur montre mon passeport pour qu'il puissent voir dans les entrées et sorties du pays que je n'étais pas au Mexique au moment de la signature.

Je refais donc ma dénonciation, on y passera toute la journée. De retour à Cancún on passe chez un notaire pour que je signe à David une procuration pour qu'il puisse continuer le procès contre les fraudeurs sans moi. Puis je dînerai des tacos et je repartirai le lendemain pour la France.

Après des escales avec la peur de rater le prochain avion je suis enfin de retour à la maison le 31 au soir.

On est invité à passer le réveillon du nouvel ans chez JC mais je suis crevé, on restera Yvonne et moi avec Guy tout seuls à fêter la saint Sylvestre, on ira que le lendemain chez JC.

Après Bruno, cette année c'est au tour d'Alec de nous présenter sa copine. Il l'invite à la maison juste après Noël. Elle s'appelle Laurine, elle est mignonne comme tout, et très sympathique. Ce qui me frappe de les voir ensemble, c'est la façon dont ils sont câlin l'un envers l'autre. Mais c'est surtout de la part d'Alec, car aucun de nous, Yvonne et moi, sommes câlin en public. Je suis ravi pour eux.

Au début de cette année 2011 Guy va partir travailler au Canada, avec son ami Charly, dans une entreprise d'exploitation pétrolière. C'est un travail temporaire de trois mois, très rude mais très bien payé.

Ian va enfin avoir un entretien d'embauche à Paris, son profil a plu, c'est une entreprise de groupement d'achat qui travaille beaucoup avec le Brésil.

Après l'entretien avec le DRH et la cheffe du service, et qui va bien se passer, une semaine après il sera embauché.

Il doit donc monter à Paris. Il ne prendra pas sa voiture car c'est trop galère à Paris. En arrivant il logera à l'hôtel, mais très rapidement il trouvera des amis pour faire une colocation à 5 dans un bon appartement dans le quartier de La Défense. Grâce à son master il va débuter avec un bon salaire.

On reçoit enfin une date pour nous présenter au tribunal pour résoudre notre appel sur la décision de l'administration de refuser l'Allocation d'Adulte Handicapé a Yvonne.

Elle a le droit, soit de se faire accompagner d'un avocat, soit de quelqu'un de sa famille, je vais donc l'accompagner.

On ne sait pas du tout comment ça va se dérouler. Le rendez-vous est à 10 heures. En arrivant on nous fait attendre dans une salle avec trois autres personnes et leur accompagnateur qui vont également revoir leur cas. Après plus d'une heure d'attente c'est enfin notre cas. On rentre dans la salle et on nous fait nous asseoir à une table. En face de nous se trouve le président et deux autres personnes, et à sa droite, a une autre table il y a un médecin. Le président commence à interroger Yvonne sur sa maladie, elle lui explique comment ça c'est déclenché. Lui, il lui demande en quoi cette maladie l'empêche de travailler, elle lui répond que pour l'instant elle m'aide à faire la vente sur le marché, car elle ne se sent pas capable d'aller chercher un autre travail, et que même m'aider c'est difficile pour elle car elle a peur des gens. Le président nous signale qu'il va demander une nouvelle expertise d'un psychiatre pour prendre une décision et que l'on doit encore attendre dehors avant d'être reçu par le médecin.

Comme je ne savais pas que ça allait prendre tellement de temps, j'avais dit à Bruno que j'allais le chercher pour l'emmener à un tournois de tennis. Et comme j'avais vu que le médecin prenait énormément de temps entre chaque personne, je me suis dit que j'avais le temps. Mais à mon retour, après avoir emmené Bruno, je vois que Yvonne est déjà à l'intérieur avec le médecin. Lorsque je rentre, Yvonne est en train de pleurer, chose qui est très rare depuis qu'elle prend ses médicaments. Le médecin la tranquillise et lui dit qu'il va l'aider, il voit dans le certificat médical du Docteur Beaudiment, dans les types de médicaments et les doses qu'elle prend, que son cas est très sérieux. Il nous dit de ne pas nous inquiéter et d'attendre dehors avant d'être reçus de nouveau par le président. Il est plus d'une heure de l'après-midi lorsqu'il nous reçoit. Et il nous annonce qu'après consultation avec le médecin, celui-ci lui a dit qu'il était inutile de demander une expertise, car le Docteur Beaudiment est une éminence et est considéré comme le meilleur psychiatre de la région étant donné que c'est lui qui dit qu'elle est en droit de recevoir l'allocation, sa décision sera donc favorable.

On est extrêmement soulagé, car tout le monde me disait que c'était extrêmement difficile d'avoir cette allocation pour les dépressifs.

Maintenant il faut attendre la décision favorable de la CAF, car c'est elle qui décide du montant selon nos revenus.

Sa décision sera également favorable. Normalement on devait recevoir l'allocation depuis le mois où on avait fait la première demande, et ça faisait une belle somme puisque ça faisait presque deux ans. Mais la CAF va décider de nous payer quelques mois seulement à cause d'une loi qui disait je ne sais pas trop quoi. Je fais donc faire également appel. Mais pendant ce temps on reçoit au moins de quoi survivre ce début d'année.

J'ai changé de banque. J'avais encore un compte au CIC que j'utilisais comme compte pro, et un compte joint à la banque Tarneaud. Et pour ne pas être obligé d'aller voir mon conseiller jusqu'à La Rochelle, je décide de changer le compte joint à la seule banque du village à St Agnant, la caisse d'Épargne. Lorsque je vais ouvrir le compte, je trouve une très gentille fille. Elle me dit qu'elle se charge de tout comme la nouvelle loi bancaire les y oblige a chaque changement de banque. Elle doit informer la CAF pour faire le virement sur le nouveau compte et également mes créditeurs pour les prélèvements. Le problème c'est que ça ne va pas se passer comme cela. La CAF va bien faire le virement sur le nouveau compte, mais les prélèvements vont se faire sur l'ancien compte. Donc du coup il va être en découvert non autorisé. Et mon ancien conseiller, au lieu de me téléphoner pour m'informer de ces prélèvements, va tous les rejeter et appliquer tous les frais bancaires. Et comme tous mes prélèvements tombent entre le 10 et le 12, ils sont nombreux et le montant des frais bancaires aussi.

Après les avoir rejetés il va me téléphoner pour que je fasse un virement ou un dépôt puisque mon découvert autorisé est largement dépassé avec toutes ces pénalités. Je lui réponds que c'était avant de les rejeter qu'il fallait me demander de l'argent pour que je puisse honorer mes prélèvements, puisque ils ne devaient plus arriver sur ce compte.

Et étant donné ma situation j'ai juste l'argent pour payer mes factures avec les pénalités et je ne vais pas envoyer de l'argent pour payer des frais bancaires.

Comme je lui ai répondu un peu énervé, il n'a pas tardé à dénoncer par lettre recommandée mon autorisation de découvert et mon crédit renouvelable. Donc j'ai un mois pour payer, et si je ne paye pas, j'aurais deux mois pour payer avant d'être déclaré interdit bancaire et en plus un procès de recouvrement.

Je ne m'inquiète pas énormément car je sais qu'après le mois écoulé je vais être relancé, et à ce moment-là je pourrais établir avec la banque ou une entreprise de recouvrement un échelonnement pour payer ma dette.

Mais une fois le mois écoulé, ce n'est pas la lettre recommandé avec avis de clôture de mes comptes et injonction à liquider la dette dans deux mois avant l'inscription à la banque de France. Mais je reçois une lettre recommandé avec avis d'inscription à la banque de France, donc interdit bancaire car je n'ai pas payé dans le mois. Ils ont complètement oublié les deux mois!!!!!!

Être interdit bancaire c'était l'annulation de mes découverts autorisés, l'annulation des cartes de crédits,
de mes crédits renouvelables, l'utilisation des chéquiers etc..

Le directeur de l'agence ne va rien faire pour essayer d'arranger leur erreur, la médiatrice de la banque va me dire qu'elle ne peut plus rien faire. Comme je viens de prendre une assurance juridique avec ma nouvelle banque, je fais appel à eux, et après étude de mon dossier, ils me donnent raison et sont près à payer les frais de justice.

Je vais donc voir un avocat sur Rochefort, qui lui même me donne raison.

Six mois après mon cas va être vérifié au tribunal, mon avocat m' invite à assister si je veux, mais comme personne de la banque c'est présenter, le jugement est décalé. Lors de la deuxième convocation au tribunal mon avocat ne me dit rien et je ne suis pas présent, je suppose que mon avocat s'est présenté. Mais je reçois un courrier du tribunal qui m'annonce que j'ai perdu, que la banque à raison et je suis condamné à leur payer 800 euros de frais de justice. Je n'y comprends rien, le juge a juste regardé si je devais ou non de l'argent à la banque, et ce n'était pas le sujet, le sujet c'était notre inscription à la banque de France. Mon avocat est un peu gêné, je suis sûr qu'il a envoyé au tribunal quelqu'un qui ne connaissait pas du tout le dossier, ça ne l' intéressait pas du tout. Le problème c'est que vu la petite somme d'argent (un peu plus de 4000 euros) je ne peux pas faire appel. La seule solution c'est de saisir la cour de cassation. Mais là, les frais sont plus élevés. Heureusement les personnes qui gèrent mon dossier chez mon assurance juridique sont d'accord pour que je saisisse la cour. Donc je fais le nécessaire. Pendant tout ce temps, je reçois des pressions de la banque pour payer, et la visite d' huissiers de justice pour payer les huit cent euros de frais de justice.

Heureusement que, Yvonne et moi, nous ne sommes plus interdit bancaire, car j'ai fait appel à la CNIC, qui elle aussi m'a donné raison et à obliger la banque à lever l'interdit.

La cour de cassation me répond heureusement assez vite, elle ne porte pas de jugement définitif sur mon cas, mais déclare que j'ai le droit de faire appel au premier jugement car dans le procès il s'agit de juger le droit de la banque à m'inscrire au fichier des interdits bancaire et non d'une somme d'argent. Ce courrier de la cour de cassation va me permettre de stopper les poursuites.

Mon premier avocat qui avait perdu, préfère me recommander un avocat de Poitiers pour l'appel, car il doit être fait à Poitiers. Cet avocat je ne le verrai jamais, tout sera fait par téléphone, par mail et par courrier. Mais il aura avec moi un traitement très cordial et sympathique. Après l'accord entre mon nouvel avocat et mon assurance, un nouveau procès va commencer, il va durer un peu plus d'un an. Et au bout du procès la banque sera condamnée à me payer 2000 euros de dommage et intérêt plus 1500 euros de frais d'avocat, et en plus je ne payerais pas ma dette. J'avais battu une banque!!!!!

En mai je suis reparti pour une semaine à Cancún. C'est encore Sergio qui a payé le voyage, mais cette fois-ci ni hôtel ni restaurant. Je vais loger dans un petit appartement que loue un jeune ingénieur ami de David l'avocat. Ce sera que des repas pris à l'appartement et assez frugaux. Sergio n'a pas beaucoup d'argent. Pendant ce séjour je vais avoir plusieurs rendez-vous avec des procureurs et des policiers, mais l'important ce sera surtout l'expertise sur mon écriture et ma signature, que fera l'experte en calligraphie de la préfecture de police en me faisant faire en face d'elle plusieurs exercices d'écriture.

Le week-end on ira faire un poisson grillé et boire des vodka noix-de cocos à Playa del Secreto. La villa est complètement abandonnée, Sergio me dit qu'elle est dans cet état depuis 2005 après l'ouragan de cette année. Il ne reste plus aucune trace du mur qui donnait à la mer, ni de la piscine et de la salle de bain de celle-ci. Tout est couvert d'une montagne de sable. La cuisine extérieure est détruite. Les toits en palmes sont en mauvais état, mais le reste, les fenêtres, portes et vitres sont en bon état. Mais aucun meuble ne se trouve, à part la grande table. Soit Jesus a tout déménager ou les gens se sont servis en voyant que tout été abandonné.
Sergio, depuis que j'ai fait la dénonciation, à installer deux gardiens qui vivent en permanence dans la villa. Jesus est enfin apparu, mais le salaud à maintenant le toupet de réclamer la propriété et essaye de me faire un procès en inventant que des mensonges. Les juges le débuteront rapidement. On va également se rendre compte que les fraudeurs ont des contacts en haut lieu, car la police traîne.

Cet été, on s'organise de la même façon avec Guy. Il améliore chaque fois ses sculptures, il commence à faire des dragons qui plaisent beaucoup aux jeunes, mais malheureusement ce n'est pas eux qui ont des sous, les gens achètent plutôt ses animaux. Je lui dit de faire des petites pièces pas chères, mais il n'aime pas car c'est pas moins de travail. Et il a raison, dans nos objets en fer ce n'est pas la matière qui va faire varier nos prix, seulement pour les portes bouteilles lorsque l' on utilise l'acier inoxydable.
Je n'arrive pas à augmenter les ventes sur le stand, elles restent stables. Bien que j'essaye de nouveaux produits. Une saison un produit se vend bien, et je pense que ça va continuer l'année suivante, mais non, c'est autre chose qu'ils veulent. Bien que le grand volume de ventes soit toujours les portes bouteilles et les hippocampes à accrocher suivi des petits bateaux, les grandes pièces nous font une bonne journée de ventes, mais ne représentent pas énormément au total a la fin.
Les ventes sur le Cours des Dames, plus les ventes dans les boutiques à Fouras et Brouage de l'association, plus les ventes dans les galeries « Toiles aux vent » et « Pourquoi Pas » me permettent de ne plus m'endetter et avec nos allocations adultes handicapées j'arrive même à payer les dettes.
Mais on aura un souci cet été. Un jour où c'est le tour de Guy de faire la vente, la courroie de transmission du camion va lâcher. Au même niveau de la quatre voies que lors de la panne de

l'autre camion. C'est le même dépanneur, et bien sûr il me dit la même chose que l'autre fois, il faut changer le moteur. Mais cette fois-ci je ne leur laisse pas le camion et demande le remorquage jusqu'à la maison. Je me connais assez en mécanique pour savoir que tout moteur est réparable, il s'agit de trouver par qui. Je téléphone à notre copain Salah pour voir si son pote peut jeter un coup d'œil.

Son copain ne travaille plus, mais il connaît un mécanicien sans papiers marocain qui vient d'arriver à Rochefort. Ce mécanicien est extrêmement doué et il va réparer le camion en trois jours et vraiment pas cher du tout. Ce sera le prix approximatif d'un changement de la courroie dans un atelier normal! On ne perdra que trois jours de vente, et ça tombe bien puisque justement ces jours-là, Michelle et Didier sont venus passer un week-end avec ces copains depuis Paris.

L'année va s'écouler tranquillement, Ian est content à Paris et gagne bien sa vie, mais vivre à Paris c'est cher. Guy après la saison est allé récolter des pommes avec un copain et profite de ses week-ends pour aller rendre visite à sa nouvelle copine à Bordeaux.
Bruno est content à l'université mais ne réussit pas trop. Cet été il ne nous a pas aidé sur le marché, il a fait une formation de sauveteurs et a travaillé dans la piscine de Périgny. Il sort avec une nouvelle copine très sympathique qui s'appelle Marie. Cette fois-ci ça semble plus sérieux.
Alec a fini son année en Génie Civil et l'a réussi, mais il va choisir son premier désir qui est celui d'étudier les arts graphiques. Il s'inscrit à l'université de Rennes. Et Laurine sa copine, qui été à l'université de La Rochelle également, va étudier à Niort pour devenir infirmière.

Début septembre on va aller accompagner Alec pour s'installer à Rennes. On part avec l'Opel de Ian. Je trouve que la route est longue, presque trois heures, et en plus il n'y a pas de train direct. On arrive en début d'après-midi à l'université où il doit finir son inscription, c'est un jeudi. Il va prendre pas mal de temps à s'inscrire. Je me sens un peu triste de savoir que notre petit va rester loin. Après l'université nous allons chercher la résidence où le CROUS lui a donné un studio. Mais lorsqu'il va chercher les clés, on lui annonce que c'est fermé depuis 17 heures. Il est furieux.
Je le tranquillise et lui dit que l'on va chercher un hôtel et rester avec lui. On en trouve un près du centre ville avec une grande chambre où on peut dormir les trois. Puis on va en marchant vers une rue dont Alec m'a dit qu'elle s'appelle la route de la soif, car elle est pleine de bistrots. Les restaurants commencent à peine à ouvrir et on rentre dans un spécialiste des grillades. On va passer un très bon moment et faire un très bon dîner, ce n'est vraiment pas souvent que l'on va au restaurant.
Le lendemain, Alec part de bonne heure à l'université, car il a des choses à faire, il est parti en bus et métro et s'est tout de suite senti bien dans sa nouvelle ville.
Ensuite on l'emmène pour lui acheter ce qu'il lui faut pour son studio, le nécessaire pour le nettoyage et pour se faire à manger. Puis on l'emmène chez lui. Yvonne l'aide à monter et ranger ses affaires, puis arrive le moment des adieux. Je ne sais qui de nous trois est le plus triste, et au moment où je démarre la voiture et que j'avance en lui disant adieux avec la main, je m'arrête d'un coup et je me dit que c'est idiot qu'il reste tout seul le week-end dans ce studio sans connaître personne. Donc marche arrière et je lui propose qu'il vienne avec nous, il n'aura qu'à prendre le train de retour dimanche après-midi, même si c'est long.
C'est Laurine qui sera contente.
À partir de là le couple d'amoureux va se voir seulement les week-ends, en général ils se verront chez les parents de Laurine à La Rochelle , mais ils passeront souvent nous voir, d'ailleurs c'est

A l'auto-école de St Agnant qu'Alec va choisir pour passer son permis. Certaines fois ce sera au tour de Laurine de voyager à Rennes. Heureusement c'est le début du covoiturage et Alec n'aura pas à prendre le train ni à dépenser beaucoup d'argent.

Ian a pris des vacances pour Noël, il venait nous visiter de temps en temps lors des week-ends prolongés, mais ça fait longtemps qu'il n'est pas avec nous plusieurs jours.
Ça va être notre dernier Noël ou l'on va être les six ensembles sans personne d'autre.
Ian qui gagne le mieux sa vie va nous régaler avec les boissons cette fois-ci. Du Champagne et du très bon whisky.

Cette année je veux passer une grande partie de l'hiver au Mexique, notre dépense d'électricité, pour à peine nous chauffer, est énorme. Je vais demander un prêt à l'association GSMA (les boutiques de Fouras et de Brouage) de 1500 pour l'avion.
Lorsque j'annonce à Jeff mon intention d'aller à Cancún, il dit qu'il ne pourra pas me recevoir mais qu'il sait où il pourra me loger. Et pour la bouffe je ne pense pas dépenser plus là-bas qu'ici.
Guy ne va pas non plus rester à la maison, il va retourner travailler au Canada avec son pote Charly. Même s'il n'ont plus le droit au visa de travail, il vont quand même réussir à y aller.
Avant de partir, la banque du Mexique, où Yvonne a un compte ou son père lui dépose de temps en temps un peu d'argent, nous a envoyé un message comme quoi, Yvonne pouvait passer chercher une carte de crédit de 10,000 pesos (500 euros) et on lui offrait un crédit de 50,000 pesos.
Pour nous ça tombe à pic, je prends donc les billets pour deux mois et quelques jours.

Notre voyage pour prendre l'avion pour Paris se passe très bien, nous allons coucher au même hôtel que j'avais pris à l'aéroport la dernière fois où il y a un restaurant italien pas cher et assez bon.
Les problèmes commencent le lendemain au moment de prendre l'avion. Yvonne a déjà sa nationalité française mais voyage avec son passeport mexicain, je ne voyais pas l'urgence de lui faire un passeport français, puisque nous allions voyager par le Canada et non par les USA qui demandent un visa aux Mexicains. Mais on ne laisse pas monter Yvonne car depuis quelques jours le Canada demande la même chose. Même avec la carte d'identité d'Yvonne, ils refusent.
On perd donc l'avion et en me disputant avec la ligne d'aviation (air Canada) qui ne dit rien sur son site lorsque l'on achète le billet, je réussi à ce qu'ils nous donnent d'autres billets pour le lendemain avec une pénalité, mais on ne perd pas tout.
Il va falloir que l'on soit à la première heure à l'ambassade du Canada pour la visa d'Yvonne puis être de retour pour prendre l'avion.
Heureusement que la station du RER qui mène à Paris est juste en bas de l'hôtel. On part à 5h30 du matin pour être les premiers au consulat lorsqu'il ouvrira ses portes. Les canadiens seront sympa lorsque je leur explique le problème et que l'on a un avion à prendre, et nous donnerons la priorité. Après avoir couru comme des fous, on va juste arriver avant la fermeture du vol.
Comme à Montréal l'escale dure toute l'après-midi et la nuit jusqu'au petit matin, on vas profiter pour voir mon frère et sa famille, Stéphanie va venir nous chercher pour aller dîner chez ses parents et y dormir.
Ce dîner m'a fait beaucoup plaisir, ça faisait longtemps que je ne les voyais pas et même Patrick est allé dîner.

Normalement Jeff m'a dit que sa femme, Marty allait passer nous chercher à l'aéroport et elle allait être accompagné d'une amie qui nous avait très bien connu à Tequisquiapan qui s'appelle Ana. Le problème c'est que lorsqu'il m'avait raconté, quelque temps auparavant, qu'il avait connu une ancienne amie à moi et qu'il m'a dit son nom et ce qu'elle faisait à Tequisquiapan, je n'avais pas osé lui dire que je ne m'en souvenais pas du tout. Et maintenant c'est dans un appartement de sa propriété où on va être logé.

Donc on sort de l'aéroport, et Marty, accompagner d'une femme, que je ne reconnais pas, vient nous accueillir, et moi, comme un con, puisque je ne me rapelle pas d'elle, je lance à cette dame, après avoir fait la bise à Marty : Ana!! Content de te revoir. Et elle, elle répond : je ne suis pas Ana.
Je voulais disparaître et j'espérais que Marty ne m'ait pas écouté et que cette dame ne dise rien.
Le lendemain Jeff va nous recevoir pour un grand repas et là, lorsque je vais voir Ana, je vais tout de suite la reconnaître et me souvenir d'elle. Je déteste avoir une aussi mauvaise mémoire.
L'appartement que l'on nous prête (c'est Jeff qui a payé la location) est très confortable. Il est au cinquième étage d'une résidence moderne mais à moitié vide. Il n'a pas de balcon, mais il y a un grand jardin et une énorme piscine où il n'y a jamais personne. Le peu d'habitants doivent être au travail, mais même les week-ends il n'y a personne. Le seul problème c'est que l'on a pas de voiture, pour le super marché pas de problème on y va à pied et l'on revient en taxi, à Cancún ils sont pas cher du tout.
La banque n'est pas loin non plus. Je n'ai pas de réseau internet à l'appart et donc je dois sortir à un café internet pour communiquer avec les enfants. Jeff, on ne le voit que les week-ends parce qu'il est très responsable de son travail et ne veut pas boire la veille.
Donc nos journées sont piscine toute la journée après le petit déjeuner. Puis on monte prendre l'apéro et cuisiner. L'après-midi, après une sieste, soit on sort acheter quelque chose dont on a besoin, soit on lit ou on regarde la TV. Les autres fois que je suis venu à Cancún, vu les circonstances, je n'ai cherché à voir personne, donc on va contacter tous nos amis qui habitent la région. Il y a Rafael et Betty qui habitent toujours la ville, Gerardo et Carmen qui sont revenus y habiter, Javier et Paty qui ont quitté Tequisquiapan pour habiter Playa del Carmen et Miguel qui y habite toujours. Donc on va les inviter de temps en temps soit prendre un verre soit dîner.

Je prends bien sûr contact avec les avocats pour faire un point sur la situation.
Il y a eu une résolution de l'agent du ministère public qui ne nous convient pas du tout. Bien qu'il reconnaît que ce n'est pas moi qui ai signé le document, il innocente l'entreprise et ses propriétaires qui ont acheté la villa, car comme moi je reste en possession de la propriété, et que donc c'est plutôt eux les victimes du faux document. Le seul coupable, que l'on ne retrouve pas, c'est celui qui a falsifié le document. Mais l'agent du ministère public ne dit rien sur le certificat de propriété qui n'est plus à mon nom. Donc on fait appel. Le problème c'est que la cour d'appel de l'état se trouve dans la capitale Chetumal qui est à 300 km.
Sergio veut profiter de ma présence donc il va m'emmener là-bas pour voir le juge.

On va profiter également de la villa et on va faire des réunions là-bas avec les copains et leurs amis dont j'en connais quelques-uns, comme les sœurs de Rafael. Sergio a mis pour y habiter, et pour la garder, un jeune couple avec un enfant.
La maison reste dans un piteux état, le jeune couple s'est installé comme il a pu dans le rez-de-chaussée de la maison principale.

Après 5 semaines de repos, on va profiter du crédit de la banque, et de la carte de crédit, pour louer une petite voiture pour aller visiter la famille d'Yvonne à Mexico. Mais j'ai très envie de nous promener par la péninsule du Yucatan pour revoir tous ces endroits où l'on a passé tant de bons moments il y a maintenant plus de vingt ans.

On va commencer par aller visiter notre ancienne ferme de Kikil. Le village n'a pas du tout changé. Comme c'est un mercredi, lorsque l'on passe, on remarque que la coutume de sacrifier un veau ce jour-là pour le vendre en découpe au gens du village perdure. On profite alors pour acheter deux filets

Les ruines de notre chère cabanne

Lorsque l'on arrive à l'emplacement de notre petite cabane, tout est en ruine. On ne trouve que le sol en béton de la maison, les supports du levier de la cuisine et de la salle de bain et le puits. Les murs et le toit ont disparu. Et du côté de l'enclos des animaux, les abreuvoirs et les mangeoires sont intacts mais les barrières en bois ont disparu, tout est abandonné. Les champs sont en friches. D'un côté ça me rend triste, mais de l'autre mon égoïsme prend le dessus. Je me rappelle qu'à la fin de notre collaboration, cette famille de Milton, surtout le père, n'était pas reconnaissant de mon aide et disait que sans moi ils pouvaient très bien s'en sortir. Donc je suis content que ce ne soit pas le cas. J'essaye de trouver leur maison pour leur rendre visite, mais la ville de Tizimin a beaucoup changé et je ne la retrouve pas.

On y va passer la nuit et le lendemain on part visiter le Cuyo. On y prend notre petit déjeuner « yucateco », délicieux. Le village est un peu triste, les quais en bois des pêcheurs n'ont pas été reconstruits depuis l'ouragan. Puis direction "Rio Lagartos » ou nous avons tant de bon souvenir. Ici c'est devenu un peu plus touristique, mais reste un endroit très agréable et très bien géré. Les pêcheurs se sont organisés en coopérative pour promener les touristes dans leur barque et les faire visiter la zone des flamands rose. La nourriture y est toujours excellente, et les petites crevettes de l'embouchure toujours aussi abondantes et délicieuses. Le restaurant où l'on dîne loue une chambre, on y passera la nuit. je me sens bien dans cette chambre avec balcon au bord de la mer, on passe la soirée avec un verre à la main en regardant tomber la nuit, un pêcheur sur sa barque au bord du quai, est en train de découper des raies qu'il vient de pêcher.

Le lendemain, avant de partir, j'ai rendez-vous avec un pêcheur pour lui acheter des petites crevettes. Nous partons vers Mérida en longeant toute la côte. Je veux voir s'il y a des propriétés qui se vendent. Car mon intention est de vendre le plutôt possible la villa de Secreto, lorsque l'on aura arrangé les papiers. Et je sais que cette côte est, de beaucoup, moins chère que les Caraïbes.

On a rendez-vous avec José Luis, avec qui je suis resté en contact, mais que je ne vois plus depuis Tequisquiapan lorsque l'on a bâtissez son fils Sebastian dont nous sommes les parrains. Il s'est associé avec une fille du lycée, et ils ont monté une école de cuisine dont il est le directeur. Je pense rester un week-end et j'espère qu'il nous logera. Mais non, paris perdu, il va juste nous conseiller un hôtel près de son école.

Mérida a énormément changé, c'est une ville qui a beaucoup grandi. Une grande bourgeoisie, qui a fui les violences des autres grandes villes, est venue s'installer ici.

Le séjour s'est bien passé, on a visité son école et ses cultures de pousses d'herbes aromatiques et de légumes, qu'il vend aux restaurants de Cancun. José Luis est passé maître dans l'art de monter des entreprises. Mais son problème c'est qu'il ne sait pas les administrer et fait faillite. Mais cette fois-ci ce n'est pas lui qui administre, c'est son associée. Je sens que ça le gêne dans son orgueil, mais au moins cette fois-ci il va réussir.

Après ce voyage, au tour de la péninsule du Yucatan, on prend la route direction la capitale. Tout le chemin se passe bien, mais lorsque l'on monte à 2000 mètres, après le passage de ce que l'on appelle « las cumbres de Maltrata » (une chaîne de montagne), je m'arrête pour mettre de l'essence et aller pisé, et je sens que l'air me manque. Ça fait plus de dix ans que je ne suis pas venu à Mexico, et en plus j'ai pris du poids. Lorsque je suis sorti de l'hôpital j'y avais perdu 15 kilos, mais sans m'en rendre compte j'en avais repris davantage depuis.

On va passer une quinzaine de jours chez ma belle-mère. Elle va être extrêmement sympathique avec moi et va me gâter avec des plats qu'elle sait que j'adore. Même mon beau-frère Jesus va être gentil. Claudia aussi va chercher à nous faire plaisir.

J'ai téléphoné à certains copains que je vais pouvoir voir. On va rencontrer Quique, dans un bar qu'il administre, et seront présents aussi Dominique, Dona et Nacho.

Lors de cette réunion je m'étonne que je n'ai pas trop envie de boire et j'ai du mal à marcher de longue distance, disons plutôt quelques mètres.

Chez la mère d'Yvonne, d'autres copains viendront nous voir, mais très peu. Même si presque tous les copains vivent encore dans la capitale, plusieurs d'entre eux ne se voient plus entre eux. Mais ça m'a fait plaisir de les voir. Ce ne sera que Dona et Dominique que l'on verra plus d'une fois.

On va aller passer quatres jours à Tequisquiapan. On y va avec Claudia et sa fille, on logera chez ma sœur. Parmi les amis, que l'on côtoyait dans notre petit cercle lorsque l'on vivait ici, l'un est mort c'est Enrique, Javier et Paty habitent à Playa del Carmen et les deux autres, Tito et Toño, qui habitent toujours ici, ne se parlent plus. Donc je dois les voir séparément. Tout ça me rend triste, en plus je me sens toujours mal, je n'arrive pas à profiter des moments festifs que l'on passe avec eux. L'alcool ne me produit aucun effet, et j'ai toujours du mal à me déplacer.

On repart vers Cancún avec Christine qui nous accompagne car elle va rendre visite à son fils qui habite toujours Cancún. Il nous reste un peu moins d'une semaine avant de prendre l'avion. On va passer ces derniers jours chez Patty et Javier à Playa del Carmen.

Le lendemain de notre arrivée, c'est un samedi, on est invité chez Jeff qui nous a préparé une petite fête pour notre départ. On passe la journée à la villa, pour profiter de la mer et de la, on va à la soirée de Jeff. On va arriver en retard car j'ai dû passer chercher ma sœur et je ne retrouvais pas sa maison. Et pareil dans cette soirée, l'alcool ne me fait rien et je ne me sens pas bien. J'ai invité tout le monde demain dimanche à la villa pour fêter notre départ. On rentre vers deux heures du matin chez Javier à Playa del Carmen, je suis fatigué de tout ce temps en train de conduire.

J'ai donné rendez-vous à une heure de l'après-midi au invité. Il est une heure trente lorsqu' Yvonne décide de me réveiller, elle est inquiète et je la comprends, mais j'ai du mal à me maintenir éveillé.

On arrive vers trois heures, après avoir acheté de la viande et des légumes pour le barbecue. C'est Yvonne qui est descendu de la voiture faire les achats car moi je me sens incapable. Je dois avoir une sale gueule, car pendant que je l'attends dans la voiture au parking un monsieur s'approche pour me dire si je me sens bien.

Une fois sur place, mes invités ont quand même attendu, sauf Jeff, je me force à manger et à boire des Cuba bien chargées. Et je me sens un peu mieux.

Le lendemain il est prévu que j'aille avec les avocats à Chetumal voir les juges, donc on me réveille forcément. On y va avec la voiture que j'ai louée, mais c'est Sergio qui conduit. Je dors pendant presque tout le trajet. On a vu le juge, mais je ne sais pas si ça va servir à quelque chose.

Gerardo et Carmen qui voulait nous inviter à dîner chez eux, vu mon état, vont nous faire un dîner chez Javier. Très bon repas, mais encore une fois je n'arrive pas à y prendre plaisir.

Tout le monde commence à s'inquiéter et ils ont peur que je tombe gravement malade avant mon départ, et qu'ils soient obligés de m'hospitaliser. Ils n'ont qu'une envie, c'est celle de me voir monter dans l'avion pour n'être plus responsable.

Je donne l'argent à Javier pour acheter de la nourriture et c'est lui qui nous fait à manger. Je m'endors tout le temps. Yvonne, la pauvre pleure et est très inquiète.

Les deux jours passent, et un matin tout le monde nous accompagne prendre l'avion, ils sont bien soulagés de me voir partir.

Le vol Cancún Philadelphie se passe bien. Mais pour le vol à Paris on est dans des sièges séparés Yvonne et moi. De toute façon je vais passer mon temps a dormir.

Ce qui va me dérouter le plus, c'est que je vais m'endormir lors de l'atterrissage !!!

Heureusement que je voyage comme handicapé et on n'aura pas de problème pour le train.

Bruno avec l'aide de sa copine Marie nous on laissé l'Opel à la gare.

Le soir, Jean Jacques notre voisin, nous invite à dîner chez lui pour nous donner la bienvenue. Et pareil aucun plaisir et je m'endors même à table. Ian a téléphoné à mon médecin pour qu'il me reçoive en urgence, et même s'il ne donne pas de rendez-vous le samedi, il va me recevoir à 11 heures du matin, c'est Jean Jacques qui m'emmène.

Lorsque Alric me voit, il pense que quelqu'un m'a empoisonné, il ne comprend pas, mais me fait un courrier pour aller aux urgences. De retour à la maison, Laurine, Alec, et Bruno, viennent d'arriver, c'est eux qui vont m'emmener aux urgences du nouvel hôpital de Rochefort.

Heureusement qu'il n'y a presque personne et je passe directement. On me fait des prises de sang pour essayer d´y voir clair, car je ne présente aucun symptôme, hormis ma faiblesse et mes endormissements. Mais lorsque les résultats des gaz du sang sortent, le médecin cherche en vitesse à me brancher à un masque respiratoire à pression positive plus de l'oxygène. Il parait qu'ils sont très mauvais, le CO2 est très élevé et l'oxygène très bas. Ils sont tellement mauvais que le médecin me fait une autre prise de sang pour vérifier. Mais ils sont encore pires. Ils me branchent donc à un appareil, ou je vois mon niveau de saturation d'oxygène. Si on m'enlève le masque, celui-ci descend immédiatement. Le pire c'est que, même branché, le taux descend tout à coup, de temps en temps, et on me dit de respirer. C'est-à-dire que sans me rendre compte j'arrête de respirer. Le médecin m'a dit que j'étais en train de m'intoxiquer avec mon CO2. Donc ils décident de me garder et les enfants partent. Le problème c'est qu'il n'y a pas de lit pour l'instant dans les soins intensifs. On ne va me donner une chambre que vers deux heures du matin. Pour l'instant ça va, il faut juste que je regarde le taux d'oxygène et s'il descend je me force à respirer, et si ça arrive lorsque je dors, une infirmière me le rappelle en vitesse.

La première journée se passe sans problème, mais cette nuit là, à un moment donné, je vais rêver que mon infirmier me fait un massage, et je ressens une grande paix, lorsque tout d'un coup je me réveille sous les secousses de ce même infirmier, qui me crie de respirer, et je crois que je suis déjà en train de le faire et je le supplie de ne plus me laisser dormir. Je saurais plus tard, par le docteur Alric, que l'infirmier était sur le point de m'entuber. Je ne vais plus dormir ce soir.

On ne sait toujours pas ce que j'ai. Bien sûr il y a mon poids et le fait d'être monté à plus de 2000 mètres, mais ça n'explique pas tout.

On commence donc à me faire plusieurs analyses, une échographie du cœur, mais tout est normal, un scanner de la jambe pour chercher une embolie, mais là aussi tout va bien.

Ce qui me fait rire dans cette chambre où je suis, c'est qu'elle est pleine d'appareils de toutes sortes très modernes. Mais la personne qui a installé la télévision l'a installée du mauvais côté du mur, elle se trouve au-dessus de la tête du lit!

Yvonne a pu venir me voir deux fois cette semaine, c'est Jean Jacques qui l'emmène. La pauvre est toute seule à la maison, Guy est encore au Canada, Alec à Rennes, Bruno à La Rochelle et Ian à Paris.

Après deux jours, on m'a enlevé l'oxygène, et quatre jours après je n'utilise le masque que la nuit, mais je suis toujours branché pour voir mon taux d'oxygène. Mais depuis l'autre nuit, où j'ai failli y passer, je n'oublie plus de respirer.

Au bout d'une semaine on m'a enfin passer à une chambre dans le secteur de pneumologie. La c'est le luxe, chambre individuelle avec salle de bain et la TV au bon endroit. Les enfants sont venu me voir, toujours avec Laurine, car c'est la seule qui conduit. Le docteur qui me soigne c'est le docteur Tomboura, je ne sais pas de quel pays d'Afrique il vient, mais il est très sympathique. Même si j'ai tout le confort et que je me sens bien, je voudrais rentrer chez moi. On va me brancher à plusieurs électrodes durant une nuit pour analyser mon sommeil. Et là, ils vont se rendre compte que je souffre d'apnée du sommeil assez fortes. On va me garder encore quelques jours jusqu'à ce que les gaz du sang rentrent dans l'ordre, et je vais rentrer chez moi avec un superbe appareil à pression positive que je devrais utiliser toute les nuits.

CHAPITRE XLVII....mes dernières années au travail

Mais d'abord c'est quoi le travail

LE TRAVAIL, de l'esclavage…..à Pôle emplois.

Le mot travail, comme on le connaît aujourd'hui, n'existe pas dans aucune langue de l'antiquité. Le mot vient du mot latin tripalium, qui était un instrument formé par trois pieux qui servait à attacher des animaux pour les ferrer, ou pour punir des esclaves.
Le mot apparaît au XII siècle qui signifie torturer, tourmenter. Il désigne aussi une souffrance physique comme l'accouchement.
Ce n'est cas partir du XV, XVI siècle qu'il est utilisé avec la signification que l'on connaît aujourd'hui, celui d'activité productive.

Au paléolithique, on peut dire que l'on ne travaille pas. On vit, on prend ce que la nature produit ou plutôt créer, et ça nous suffit. Mais, comme on évolue biologiquement, et surtout culturellement, on invente des objets qui nous facilitent les choses, on cherche a faire moins d'effort, obtenir plus facilement ce dont on a besoin.
Et on apprend à mieux connaître la nature, ce qui va permettre à certaines populations de domestiquer des espèces végétales et animales. Mais cela va obliger à l'homme à se sédentariser, à faire beaucoup plus d'effort et à accumuler des réserves d'aliments, soit en grains comme les céréales, soit en produits vivants comme le bétail et les volailles. La démographie va augmenter. La division du travail va emmener à la création de classes sociales et à la propriété privée. Et celle-ci a l'esclavage.

Le mot esclave vient du mot slave, les francs carolingiens en capturent beaucoup pour fournir le monde arabe qui à l'époque est celui qui domine économiquement le bassin méditerranéen.

L'esclavage a touché des centaines de millions d'individus à travers l'histoire. Dans les sociétés les plus anciennes on le retrouve, même avant l'apparition des premiers états, dans l'Amérique précolombienne, par exemple. Il fait partie de la Mésopotamie antique, avant le III millénaire avant notre ère. Chez les Grecs, pas loin de la moitié des habitants de certaines cités étaient esclaves. Ils étaient environ deux millions dans l'empire romain au I siècle. A cette même époque, la dynastie des Han en Chine aurait compté un million d'esclaves. Il était également répandu au Japon, au moins jusqu'au X siècle, de même en Inde jusqu'à l'époque moderne, et il caractérise le monde russe du IX au XVIII siècle. Dans l'empire ottoman moderne des grecs étaient encore vendus en 1820. En Afrique de l'Ouest, les gouvernements coloniaux recensaient souvent 50% d'esclaves parmi la population. Entre le VII et le XIX siècle, 17 millions d'Africains ont été vendus par l'Afrique Orientale, 12 millions vers l'Atlantique, ou encore 5 millions vers l'Afrique du Nord.

Bien que l'on peut dire que l'esclavage est assez commun dans les sociétés développées,. Ils y a différents types d'esclavage. On peut parler de deux grands groupes esclavagiste, d'un côté l'occident et de l'autre le monde arabo-musulman.

Après le déclin de l'empire Romain et byzantin et l'entrée dans le moyen âge, l'esclavage n'est pas très important dans la société occidentale. Tandis que de l'autre côté apparaît l'islam. Les premiers siècles de l'islam sont ceux des conquêtes qui permettent aux guerriers arabes de s'étendre, leurs premiers stocks d'esclaves sont composés de prisonniers de guerre. Mais une fois que le vaste empire est constitué, au VIII siècle il s'étend de l'Espagne aux frontières de la Chine, il faut se fournir à l'extérieur. Donc dès le VII siècle, l'Afrique subsaharienne devient un immense réservoir pour se fournir de leur cargaison humaine d'esclaves.

La grande différence, entre la traite atlantique opérée par les Européens et celle des Arabo-musulmans, tient à la durée . La première commence avec les portugais au XV siècle et finit au XIX. La seconde se met en place dès la naissance de l'islam au VII siècle et dure jusqu'au début du XX. Et en quantité c'est très difficile de connaître les véritables chiffres de la traite arabo-musulman, car il n'y a pas beaucoup d'informations. On parle de 5 à 10 millions (sur 12 siècle ça fait un peu plus de 800,000 par siècle)

La traite occidentale est assez bien documentée car elle a été transportée en bateau. On calcul à peu près 12 millions (sur 4 siècle ça fait 3 millions par siècle), donc beaucoup plus intensive.

La traite arabo- musulman est utilisée par la droite française pour minimiser la traite Atlantique occidentale. Cette droite donne toujours des chiffres extrêmement élevés pour augmenter la traite négrière arabe. Mais il suffit de voir le pourcentage de noir, descendant des ces esclaves, qui habitent les E.U., le Brésil, les îles des Caraïbes et les autres pays esclavagistes des Amériques.

Tandis que dans les pays musulmans, qui ont reçu ces esclaves noirs, il y a très peu de noir descendant de ces esclaves.

À partir du développement de la traite atlantique, un esclave pour l'occident est forcément noir. En orient il peut avoir tous les types physiques. D'autres différences tiennent à leurs fonctions assignées. L'une d'elle est essentielle dans le monde oriental, c'est la fonction sexuelle. Elle n'est pas évidemment absente du côté occidental. Partout où il y a des esclaves, les maîtres n'hésitent pas à satisfaire leur désir sexuel. Mais les métis qui sont nés de ces relations ont été, après leur naissance, rejetés, ignorés, quelques fois éduqués dignement, mais ces relations étaient soit, deconsidérées socialement, soit proscrite par la loi, soit par la morale religieuse.

Mais dans le monde musulman c'est à l'inverse. La fonction sexuelle des esclaves, officiellement acceptée et codifiée, est au cœur du système. Un musulman ne peut avoir que quatre épouses, mais autant de concubines qu'il le souhaite. Celles-ci sont donc ces innombrables esclaves, venues de tous les horizons, et qui peuplent les fameux harems. Les femmes y sont cloîtrées, épouses ou concubines, elles ont pour fonction de satisfaire le maître mais aussi de lui donner des héritiers. Dans ce système patriarcal le statut de la mère n'est pas pris en compte.

Chose inimaginable dans l'univers européen, la plupart des grands princes du monde musulman, califes et émirs sont nés d'une mère esclave, soit blanche ou noire.

Ces harems doivent être gardés par des eunuques, mais comme le coran interdit la castration, la tâche est donc confiée à des non musulmans. Pendant des siècles des milliers d'enfants seront ainsi mutilés, le plus souvent par des chrétiens, des moines coptes d'Assioup, en Égypte, qui se spécialisent dans la traite d'esclaves. Mais seuls 10% des malheureux opérés survivent. Ce qui explique le prix faramineux auquel ils sont vendus.

Autres grosses différences avec la traite occidentale, les autres esclaves hommes ne sont pas tous affectés aux tâches domestiques ou agricoles, mais remplissent d'autres missions essentielles, comme les fonctions militaires.

Entre le VIII siècle et le XIV siècle, les troupes élites des califes sont composés d'esclaves raflés chez les turcs d'Asie centrale. Les sultans ayyoubides d'Egypte, qui ont régné entre 1169 et 1250, avaient recruté leurs soldats parmi les esclaves enlevés dans le caucase. Islamisés, affranchis, ils forment une confrérie militaire, les mamelouks, qui devient si puissante qu'elle prend le pouvoir en 1250 et gouverne le pays jusqu'à la conquête ottomane, au XVI siècle.

Dans le vaste monde dirigé par le sultan de Constantinople, non seulement le corps d'armé le plus prestigieux est formé d'anciens esclaves, les Janissaires, mais tous les cadres de l'administration impériale le sont et peuvent monter au plus haut niveau, celui de grand vizir. Les uns et les autres sont issus des rapts annuels d'enfants chrétiens. Ils sont islamisés de force, instruits, formés, et orientés selon leurs aptitudes vers la carrière des armes et la gestion de l'empire. Dans le monde occidentale ceci est impossible dans les sociétés esclavagistes, qui ont une peur panique de la révolte, elles interdisent aux esclaves d'être armés et généralement limitent leur instruction aux apprentissages strictement nécessaires.

Pour moi la grande différence entre les deux cultures esclavagistes, c'est que l'occidentale est exclusivement basée sur l'exploitation de la force de travail de l'esclave, et qui justifie son action par la soumission des noirs comme race inférieure. Tandis que dans l'orientale, l'origine et la race de l'esclave n'a aucune importance, et toute fonction que l'esclave peut faire est permise. Bien sûr aucune des deux n'est justifiable.

Dans le nouveau monde l'esclavage existait également. Il s'agissait principalement de prisonniers de guerre. Mais ces esclaves n'étaient pas principalement utilisés pour le travail, ils étaient plutôt choisis pour les sacrifices humains. Il y avait également de l'esclavage temporaire par dette. Lorsque l'on ne pouvait pas s'acquitter d'une dette, on devenait esclave de notre créancier. On pouvait également devenir esclave volontaire lorsque l'on avait pas de quoi survivre.

Plus au Nord, les Iroquois lançaient des campagnes appelées guerre de deuils pour venger et remplacer leurs morts. Chez les indiens du Nord Ouest Pacifique, il était coutume d'inclure des esclaves hommes et femmes dans la dot des mariages des élites

Comme cette réflexion est sur le travail, on va s'intéresser exclusivement à l'esclavage pour obtenir de la main d'œuvre.

A l'école, on nous apprend que les populations autochtones de l'Amérique ont chuté à cause des maladies infectieuses ramenées par les espagnols. Mais les premières sources d'apparition de la variole datent de 1518, soit 26 ans après le débarquement de Colomb aux Caraïbes. Le prête Bartolomé De Las Casas estimait la population totale de l'Hispaniola (actuellement Haïti et Saint Domingue, première île des Caraïbes à être exploités) à plus de trois millions de résidents, mais après études des vestiges archéologiques et aux premiers dénombrements des espagnols, c'est plutôt plus réaliste le nombre de deux ou trois cent mille. En 1508 il avait chuté à soixante mille, puis à vingt six mille en 1514 et tout juste onze mille en 1517 , une année avant les premiers signalements de variole. La population était tombée à moins de 5 %

de ce qu'elle était avant l'arrivée des Espagnols. C'est l'asservissement, la surcharge de travail et la famine par l'esclavage qui a produit ce masacre.

Au début Colomb voulait envoyer comme esclaves les autochtones en Espagne pour les vendre et que la reine avec cette ressource continue à lui financer la colonisation.

Mais la reine Isabelle n'était pas à l'aise avec l'esclavage des indiens. Pour les Espagnols et en général en Europe, un esclave devait être un ennemi de l'Église catholique ou prisonnier d'une guerre juste. Mais les autochtones n'étaient ni musulmans ni menaient une guerre contre le royaume. Donc elle interdit à son protégé de continuer à lui envoyer des esclaves.

Mais les grands malheurs pour les habitants des Caraïbes vont venir de leur richesse naturelle, principalement l'or de l'hispaniola et les perles du Venezuela.

Comme la reine ne veut pas que ses vassaux soient des esclaves, les colons vont inventer un nouveau système de travail forcé. Désignée par deux mots « encomienda » qui veut dire confier, et « repartimiento » qui veut dire répartir, cette institution donne le droit à une personne, l'encomendero, de faire travailler une certaine quantité d'indigènes pour son bénéfice. Il ne possédait pas les indiens et par conséquent, il ne pouvait ni les louer ni les vendre. Ceux-ci continuent à vivre dans leur village sous leurs lois et leur culture. Pour les différencier de l'esclavage ils ont un salaire ridicule. Comme l'intérêt est de les envoyer dans les mines, la labeur dans celle-ci est limitée à une période restreinte de six mois par an. Mais tout cela est sur le papier. Beaucoup de conquistador continue à les réduire à l'esclavage. Les encomenderos contournent facilement les restrictions de leurs contrats. Ils les laissent beaucoup plus longtemps dans les mines. Parfois pour 100 qui partent 30 reviennent. Comme l'encomienda dure trois ans, l'encomendero surexploite ses indiens et les passe au prochain encomendero épuisés et affamés, lequel va faire de même.

Pour les autochtones qui restaient au village ce n'était pas mieux. Les vieillards, les femmes enceintes, les enfants et tous ceux qui n'étaient pas aptes pour le travail, ne pouvaient cultiver suffisamment de nourriture pour eux même, et encore moins pour ceux qui allaient revenir. Les épisodes de famines se multipliaient dans l'île.

Quelques années plus tard, vers 1509, il n'y eut plus suffisamment d'indiens pour exploiter les mines, encore moins pour cultiver et pour construire des villes pour les espagnols. Pour les colons la solution serait de faire venir des esclaves indiens des îles voisines.

Des dizaines d' îles, suffisamment grandes pour habiter des populations et suffisamment petites pour que celles-ci ne puissent se dérober des espagnols, entouraient la mer des Caraïbes. Ces îles, qui s'étiraient jusqu'à l'Amérique du Sud, étaient peuplées par les indiens Caribes. Ceux-ci refusent de se soumettre aux espagnols. En plus d'être réputé très féroce, ils étaient anthropophages. D'ailleurs c'est Colomb qui associe le mot « caniba », qui désignait les peuples cruels des Caraïbes orientale, à leur coutume de se nourrir de chair humaine. Cette dénomination finit par s'appliquer à toutes les peuplades anthropophages.

Depuis 1500, le roi Ferdinand et la reine Isabelle, avaient interdit l'asservissement des indiens. Mais sous la pression des colons qui avaient besoin de main d'œuvre, ils autorisent trois exceptions. Les indiens qui se livrent à l'anthropophagie, ceux qui ont été fait prisonniers aux cours des « guerres juste », et on peut racheter des esclaves aux mains d'autres autochtones et les garder comme esclaves.

Cela aura comme résultat d'inciter les premiers colons à exagérer, à dramatiser, voire à inventer des histoires d'indiens anthropophages.

Mais les attaquants raflent littéralement des populations entières, laissant des îles désertes. Pour empirer le tout, ces esclaves devaient être transportés par bateau et comme ces colons n'étaient pas souvent préparés à la quantité d'individus qu'ils allaient attraper, une énorme quantité mourait de faim et de soif, selon Las Casas ce chiffre arrivait souvent à un taux entre 25 et 50 pour-cent.

Lorsque les maladies apportées par les européens arrivent, la population a énormément diminué et elle aura bientôt complètement disparu.

Une fois les mines d'or surexploitées, l'économie des îles allait se tourner vers l'agriculture intensive, principalement la canne à sucre. Mais comme la main d'œuvre est devenue inexistante, les pays colonisateurs vont essayer de faire appel aux « engagés », des paysans pauvres tenus par un contrat de travail obligatoire au bénéfice du planteur qui avait payé son voyage. Mais ici également la mortalité est très forte et les candidats ne sont pas assez nombreux.

Au XII ET XIII siècle, dans le moyen orient, bassin méditerranéen au nord de l'Afrique, la dynastie des Almohades, royaume musulman de la dynastie berbère qui renverse les Almoravides a une grosse demande d'esclaves. Et comme l'Europe chrétienne ne fournit presque plus d'esclaves, principalement à cause de l'interdiction par l'Église de vendre des chrétiens à des infidèles. Les empires commencent donc à s'approvisionner dans l'Afrique de l'Ouest.

Au XIV siècle des navires européens sillonnent la côte Nord atlantique africaine pour s'approvisionner en esclaves. Les grands progrès en navigation, surtout de la part des portugais vont leur permettre d'exploiter une grande partie de la côte. Ce sont les portugais qui vont commencer à cultiver la canne à sucre avec des esclaves. Le sucre était importé de l'Asie, ce qui provoquait son prix si élevé, et n'était pas possible de cultiver en Europe. Les portugais trouvent donc la solution et grâce à leur main d'oeuvre d'esclaves noir et au climat d'une île d'Afrique appelée Sao Tomé, ils peuvent maintenant en produire.

Les espagnols, les français, et les anglais vont profiter du climat de leurs nouvelles colonies pour faire comme les portugais et cultiver la canne à sucre grâce à l'esclavage des noirs, la traite Atlantique a commencé.

Les Espagnols vont continuer leur conquête sur le continent. Cortés et ses hommes vont rencontrer des territoires assez peuplés.

L'esclavage existe au Mexique depuis la nuit des temps. Comme je l'ai déjà dit, il y avait plusieurs raisons pour être esclave, comme une punition pour un viol ou autres crimes. Au début donc, les espagnols pouvaient en acheter aux autres indiens et à des prix très bas, beaucoup moins que celui d'un cheval ou une vache. Une autre façon de s'approprier des esclaves était de réduire en esclavage les habitants qui ne se soumettaient pas pacifiquement. La couronne d'Espagne leur donne l'autorisation de les garder s'ils payent un impôt.

Les espagnols vont également importer le système des encomiendas des Caraïbes, mais ici au début, il va juste être utilisé pour que l'indien transfère une partie de sa récolte à l'encomendero. Il n'existe pas de manque de main d'œuvre en ce moment au Mexique. Mais ceci va changer lors de la ruée vers les mines d'argent . Dans un premier temps, les espagnols veulent envoyer les natifs de leur encomienda. Mais la couronne, vu ce qui c'est passé aux Antilles, interdit l'utilisation des indiens d'encomiendas pour cette labeur. Donc les Espagnols vont utiliser leurs esclaves indiens et africains.
Mais en 1539 le roi Charles Quint ordonne de mettre fin aux encomiendas et à l'esclavage des indiens et ordonné de libérer tous les indiens asservis.
Mais la fureur des colons va être telle qu'il va accepter de nouvelles encomiendas, et celles-ci vont durer encore un siècle et demi affectant l'existence de dizaines de milliers d'autochtones. En supprimant l'esclavage des indiens, le roi mettait en péril la source de l'argent qui coulait à flots dans les coffres royaux, il chercha donc un compromis. L'esclavage serait aboli et les indigènes qui trimaient dans les mines seraient libérées. Toutefois, pour éviter toutes ruptures de la production d'argent, les officiels préposés à l'affranchissement des esclaves leur expliqueraient que, s'ils n'étaient plus soumis à quelques formes de servitude, ils étaient toujours dans l'obligation de travailler pour assurer leur subsistance, et s'ils ne désiraient pas travailler, ils seraient obligés de le faire du moment où ils seraient payés. Ce système de travail rémunéré, mais obligatoire, et la répartition des indiens (repartimiento) entre les propriétaires des exploitations, connurent un immense succès. Les indiens étaient libres, mais malgré tout, forcés de travailler en échange d'un salaire symbolique.
Mais les populations d'indigènes ne furent pas toutes et toujours dociles. On avait trouvé des régions argentifères à Zacatecas, Guanajuato,Durango et autres, et la poussée vers ces régions avait provoqué des escarmouches qui dégénèrent en un conflit total connu sous le nom de guerres chichimecas.
Pour les Espagnols cette guerre était une guerre juste, ce qui leur offrait la possibilité de tuer ou d'asservir leur ennemi autochtones. Seuls les dominicains s'opposent à l'opinion générale, en soulignant que cette guerre ne pouvait être considérée comme juste puisque l'agresseur était les Espagnols et non les chichimèques. Une fois de plus, on chercha une voie médiane. Il était interdit de prendre des femme et des enfants chichimeques, les hommes adultes capturés devaient passer devant un tribunal et être jugés coupables d'un crime pour qu'il soit permis de vendre « leur services », et ils ne pouvaient rester esclaves à perpétuité mais seulement gardés en dépôt de six à vingt ans selon les cas. Si la nécessité de main d'œuvre des esclaves devient si importante c'est à cause de l'extraction de l'argent. Celle-ci commence depuis 1520, elle s'accroît régulièrement jusqu'au XVII siècle, puis se stabilise, pour reprendre un second souffle à la fin de ce siècle, elle maintient sa croissance tout le long du XVIII siècle pour atteindre son point culminant au début du XIX siècle. A cette époque, c'est l'argent qui s'était imposé comme la principale réserve de richesse des empires et des nations du monde entier, et le peso espagnol était devenu la première monnaie mondiale, circulant aussi bien dans les Amériques qu'en Europe ou en Asie. Il eut cours au État Unis jusqu'en 1856.

Pendant ce temps en Europe, et aussi en Asie, l'esclavage a été petit à petit remplacé par une nouvelle forme de travail forcé, le servage.

Les serfs ne sont pas propriété de leur seigneur, mais ils sont liés à la terre de celui-ci et ne peuvent pas partir. Ils doivent travailler cette terre et en contrepartie ils peuvent cultiver un lopin de terre pour survivre à leur besoin. Ils peuvent avoir des biens à eux qu'ils ne peuvent ni vendre ni hériter. Ils sont assujettis à la traite, un impôt annuel, et en plus ils doivent participer à la corvée seigneuriale, c'est-à-dire tout type de travail nécessaire aux châteaux et autres propriétés du seigneur. Le servage perdurera au Tibet jusqu'à 1959.

Pour l'instant la main d'œuvre dans le vieux continent ne manque pas, les pays cherchent plutôt les richesses à l'extérieur de leurs frontières pour former des empires.

Ce n'est pas qu'au Mexique que le travail forcé des indiens joua un rôle fondamental dans les économies minières. Il est très important aussi en Amérique centrale, en Colombie, au Venezuela, dans la région andine, au Brésil et aux Caraïbes, comme on l'a déjà vu. En Bolivie et au Pérou actuel ils envoient un septième de leur population adulte travailler dans les mines. En 1876, selon le gouverneur Juan Enríquez, il y avait bien plus d'indiens esclaves que d'espagnols. Au Brésil, des petites troupes de bandeirantes, sorte d'aventuriers, pionniers, prospecteur et esclavagiste, capturent au milieu du XVII siècle plus de soixante mille prisonniers parmis les indiens

Les espagnols en remontant plus au nord du Mexique vont rencontrer de nouvelles populations nomades. Dans l'Amérique du Nord à l'époque précolombienne, la diffusion de l'agriculture avait ainsi engendré un premier cycle d'asservissement. Les sociétés qui l'ont adopté connurent une augmentation de leur population et lancèrent des raids contre d'autres peuples. Aztèque, mayas, Zapotèques, Caribes, Iroquois etc. possédaient des esclaves, les nomades en détenaient aussi, mais pour ceux-ci, ce n'étaient pas viable d'un point de vue économique. Donc des sociétés urbanisées plus importantes pouvaient en asservir des plus petites comme le cas des Aztèques avec les Tlaxcaltèques.

L'introduction des chevaux et des armes à feu précipita un nouveau cycle d'asservissement en Amérique du Nord, les européens profitèrent de leur supériorité tecnologique pour réduire en esclavage des milliers d'Amerindiens. Mais au milieu du XVII siècle les autochtones utilisaient ces mêmes technologies et les marchés que les européens avaient créés. Les Utes et les Comanches lancèrent des razzias pour faire des esclaves et les vendre aux européens.

Pour assurer ces territoires, les Espagnols utilisent les missions. Des moines intrépides s'aventurent dans ces régions encore vierge et établissent des contacts avec des indiens, construisent une église, évangélisent ces mêmes indiens, leur enseignent la langue de Cervantes et leur montre l'artisanat et l'agriculture du vieux continent, et ainsi ils peuvent les contrôler et les exploiter. Mais ces missionnaires n'arrivent pas à sécuriser ces terres inhospitalières. Certains indigènes trouvent la vie à l'intérieur de la mission trop stricte et finissent par la quitter. En plus, ces missions étaient très mal vues par les Apaches, Comanches et Utes.

Les espagnols décident donc d'établir plutôt des garnisons militaires, les presidios. Sorte de prison et de garnison. Mais celle-ci vont également servir de prétexte pour faire des razzias pour faire des prisonniers parmi les autochtones pour ensuite les vendre aux colons. Les Comanches ou Apaches profitaient également de ces presidios pour leur vendre les esclaves

qu'ils avaient capturés. Plusieurs indiens restaient également prisonniers dans ces presidios où ils travaillaient comme esclaves avec leurs familles. Tous ces esclaves étaient traités de manières inhumaines et torturés pour la moindre infraction. Les presidios étaient une sorte de centre de travail au service du gouverneur.
D'après les estimations de l'historien Paul Conrad, entre 1770 et 1816, quelque trois mille ou cinq mille Apaches et autres Indiens du Nord furent mis aux fers et déplacés dans le centre où le sud du Mexique. Les plus récalcitrants furent envoyés à Cuba.

Dans l'Est et sud des États Unis, dans les Caraïbes, aux Brésil et d'autres pays d'Amérique Latine c'est la traite noire qui va dominer par manque de main d'œuvre locale. Dans l'esclavage des indiens d'Amérique le concept de race n'étaient pas primordial. Des indiens avaient d'autres indiens comme esclaves, ou des blancs, ou des mexicains. Des mexicains avaient également d'autres mexicains comme esclaves ou des indiens etc.
La traite négrière va elle, être légitimée par le concept de race inférieure, du à la couleur de la peau. Ce sera l'esclavage du negre ou des negros.
Comme je le disais auparavant c'est les portugais qui commencent le commerce de l'esclavage de l'Afrique. Puis ils les vendent aux Espagnols.
Les réserves de terres à n'en plus finir, comme au Brésil où l'on a pas encore exploité les terres intérieures, et les gisements miniers, plus une demande européenne soutenue et exponentielle, plus une filière de traite prolifique en Afrique et un système de transports, vont faire exploser les investissements qui sont risqués mais les profits considérables. L'Europe entière va plonger à pieds joints et les yeux fermés dans ce cauchemar.
Le transport et les conditions de voyage sont cruciaux. La traversée appelée « passage du milieu » où « the voyage » atteint rapidement des caractéristiques stables: de 500 à 600 personnes dans la cale séparées de 40 cm pour une traversée de deux mois et demi, avec une mortalité de 18%. Ils voyagent baignés entre leurs excréments et leur vomissement.
Sur un total de 12 millions d'esclaves déportés d'Afrique entre 1520 et 1860, plus de la moitié l'a été durant le siècle des lumières, avec une accélération croissante à partir des années 1740. La France est la troisième puissance négrière après le Portugal et la Grande Bretagne. Environ 2 millions d'esclaves sont introduits dans les colonies françaises. Dans les îles où la France a pratiqué l'esclavagisme, -Haïti, Guadeloupe, la Martinique, la Réunion-se concentre la plus grande concentration d'esclaves connue de l'histoire humaine. Les esclaves forment 90% de la population, alors que dans le Nord-est du Brésil où le sud des États Unis où dans l'Antiquité le chiffre ne dépasse pas 40 %.
Main d'œuvre nécessaire pour satisfaire la demande européenne de produits tropicaux. Le sucre en tête passant de 50,000 tonnes en 1720 à 225,000 tonnes en 1789, dont 40% proviennent des îles françaises, Saint Domingue en tête.
Arrivent ensuite, loin derrière, le tabac, l'indigo et le coton.
Face à la nécessité de produire davantage, les planteurs ont toujours besoin de plus d'esclaves. Mais l'espérance de vie des noirs sur les exploitations excède rarement 10 ans, tant les conditions de vie sont exténuantes: un tiers des esclaves meurent dans les trois ans qui suivent leur arrivée. La faible fécondité des femmes esclaves, sur place, ne peut compenser un taux si élevé de mortalité. L'expansion de l'économie de plantation et les besoins croissants de

main-d'œuvre font que les prix montent. Pour autant le système continue à être profitable, dégageant un surplus annuel de 10 à 13 %.

Ce système esclavagiste est extrêmement violent, et le meilleur moyen pour le justifier est de produire encore plus de violence. La surenchère des tortures, des humiliations ne vise en fait qu'à réaffirmer la nécessité de recourir à la violence. Quand on voit le degré de sophistication des châtiments, de la haine qui peut ressortir des témoignages, on comprend que l'on est dans une société complètement pathologique qui va constituer la source et l'idée de race.

Ces excès ne sont pas sans créer des émois parmi les blancs. La triste situation des esclaves noirs n'est pas niée par la société esclavagiste. Les planteurs, leurs famille, qu'ils soient en Europe, en Afrique ou en Amérique s'apitoient de ces « pauvres noirs », de ces « malheureux negres ». L'esclavage ne fait plaisir à personne. Pour s'en préserver beaucoup de propriétaires sont rentrés en Europe en confiant leur bien à un gérant, ou s'ils ne peuvent partir, ils vivent cloîtrés en laissant les contremaîtres faire le sale boulot. Comme ils ne peuvent pas imaginer une alternative à l'esclavage, il leur faut bien se faire une raison. La violence fait mal mais on ne peut s'en passer, alors on invente qu'elle est un mal pour un bien.

Comme les indiens des Amériques ont résisté à l'esclavage des colons, les esclaves venu d'Afrique ont également résisté.
Au moins huit révoltes surviennent en Guadeloupe de 1656 à 1848, douze en Martinique entre 1678 et 1848,,dix neuf dans la Jamaïque anglaise de 1672 à 1832. La principale de ces révoltes est celle de Saint Domingue d'août 1791 à l'été 1793 laquelle aboutit à la première abolition de l'esclavage puis, en 1802-1803,:à l'indépendance de ce qui devient la république d'Haïti le 1 janvier 1804. Première indépendance de toute l'Amerique hors les US.

Il a aussi des résistances au quotidien, le contremaître doit combattre avec le fouet le manque d'ardeur au travail. Les planteurs ont une peur bleue de se faire assassiner. Celle d'être empoisonnée est palpable, car ils sont convaincus que les noirs connaissent le pouvoir des plantes et pratiquent la magie. Entre 1803 et 1819 en Martinique 27 esclaves jugés coupables d'empoisonnement iront au bûcher.
Les femmes esclaves ne se révèlent pas seulement contre la servitude du travail, mais aussi contre la procréation, puisque leurs enfants seront aussi esclaves. Ce refus engendre des avortements et des infanticides très sévèrement condamnés au moindre soupçon.
Une autre type de résistance quotidienne se manifeste aussi contre l'acculturation.
Chanter et danser comme en Afrique est un acte de résistance, comme le sont également les pratiques médicinales traditionnelles ou l'invention de langues créoles. Mal comprises par les maîtres. Ceux-ci donnent origine à plusieurs langues actuelles, à des cultures musicales comme la cumbia, la salsa, le blues ou le jazz, à des rites comme le vaudou.
Pour échapper au travail servile, beaucoup choisissent la fuite: le plus souvent bref, quelques jours ou mois, avant d'être rattrapés. Mais des fois ce marronnage peut perdurer. Le « grand marronnage » est particulièrement redouté car il entraîne la formation de groupes permanents qui deviennent attractifs pour les autres esclaves et sont fauteurs de troubles, des vols, des exactions. Celui-ci est particulièrement important dans les zones où les esclaves peuvent se

réfugier comme des montagnes ou des forêts vierges, le surinam hollandais, la Guyane française, la Jamaïque anglaise connaissent d'importants marrons. Au Brésil, ils forment les très connus Colombo.

Tout le monde reconnaît cette violence contre les noirs et la regrette. La majorité des planteurs inversent les responsabilités et imputent cette violence à la « nature » des negres qui est paresseuse, vicieuse et méchante et des mulâtresses qui sont coquines et lascives. C'est donc un mal nécessaire pour la production de nos colonies.

Mais dans les métropoles, certains s'indignent.

Cette cruauté de l'esclavage ne peut pas continuer, les voix des abolisionistes se font de plus en plus entendre.

L'esclavage a été aboli plusieurs fois ponctuellement dans l'histoire de l'humanité. Déjà en - 539 avant notre ère le « cylindre de Cyrus » proclame la liberté de religion et l'abolition de l'esclavage . Au VII siecle, sainte Bathilde, reine des francs, fait interdire le commerce d'esclaves Chrétiens dans le royaume des Francs. En 1315 le rois Louis X, par l'édit de 1315 fait interdire l'esclavage dans tout le royaume, pas seulement le commerce. Tout esclave qui foule le sol français est automatiquement affranchi.

Et en 1642 le roi Louis XIII autorise l'esclavage dans les Antilles, mais pas en métropole.

Un mouvement abolitionniste commence aux EU dès la fin du XVII siècle emmené par un luthérien et trois Quakers. Certains en Europe disent que si la production sucrière ne peut se faire sans l'esclavage, alors il faut boycotter le sucre et se passer de sa consommation.

Les premiers qui ont commencé avec la traite transatlantique des noirs, les portugais, seront les premiers à l'abolir en 1761. Ensuite les premières abolitions ont lieu dans le Nord Est des EU des années 1770-1780.

Sous la pression de la révolution haïtienne, la France sera un des premiers à abolir l'esclavage en 1794 lors de la révolution, avec les félicitations de 653 communes et société populaire et de presque tous les départements. Mais Napoléon le rétablit en 1802 sous la pression des esclavagistes. Finalement en France, la deuxième république l'abolit en 1848 sous l'impulsion de Victor Schoelcher. Le Royaume-Unis le fera en 1833, secoué par une révolte très grave en Jamaïque deux ans plutôt

Le Brésil sera le dernier pays d'Amérique à l'abolir en 1888, et dans le monde se sera le Niger en 1999. Bien que l'esclavage continue dans le monde entier de manière ilegale.

Mais si les possédants, et le capitalisme en général, se retrouvent sans cette main d'œuvre à exploiter, ils vont très vite trouver une solution.

Le président Lincoln avait promis à chaque esclave un lopin de terre de 4 hectares et une mule, pour qu'ils puissent devenir travailleurs libres et subvenir seul à leur besoin, il n'en sera rien , au contraire. On va instaurer la loi du vagabondage, tout ancien esclave doit avoir en sa possession un titre de travail, sinon il sera accusé de vagabondage et mis en prison ou obligé à travailler pour un certain temps pour un colon, sans solde. Donc la plupart des esclaves préfèrent rester dans les plantations travailler pour leur ancien maître avec des salaires symboliques.

Un autre système était le péonage par dette, déjà instauré au Mexique. Le pays accorda à tous les indiens qui y réside tout les droits lié a la citoyenneté et aboli l'esclavage. Donc en l'absence de ce dernier le seul moyen dont disposaient les mexicains pour assujettir les travailleurs à *leurs propriétés ou à leurs entreprises était de leur consentir des crédits. N'ayant pas de ressources, l'argent était rapidement dépensé, puis on leur confisque leur bien, s'ils en ont et on les oblige à travailler sans jamais leur dire combien ils gagnent ou combien il leur reste à rembourser. Après l'indépendance du Mexique, le processus s'amplifie. Le Yucatan installe un système de certificat pour qu'aucun serviteur puisse abandonner son maître. Pour travailler ailleurs, il devait présenter un certificat comme quoi il avait terminé son contrat et ne lui devait plus rien. Au Chiapas une loi permet aux propriétaires d'utiliser, chaîne, fouet, cellule pour empêcher de force leur travailleurs à accomplir leur contrat. Dans l'état de Nuevo León une loi rendit encore plus humiliant ce système en rendant les dettes transmissibles de père en fils, perpétuant ainsi une servitude héréditaire.*

Un journaliste américain du nom de Turner va étudier en 1908 cet univers de servitude au Yucatan. A cette époque plus de 150 haciendas autour de Mérida cultivent la plante de Henequen qui sert à la fabrication de cordages et de ficelles, l'exportation en ce début du XX siècle est de plus de cent quinze mille tonnes par an.

Ces haciendas s'enrichissent grâce au système de peonage par dette. Pour Turner c'est vraiment de l'esclavage et il calcule que dans la région il y'a huit mille Indiens Yaqui amenés de force de l'Etat de Sonora, de trois mil Coréens qui viennent du port d'Incheon pour honorer des contrats de travail de quatre ou cinq ans, et de vingt cinq mille Mayas, qui étaient les anciens propriétaires de ces terres.

Il estimait que dans tout le Mexique il y avait peut-être sept cents cinquante mille esclaves de cette sorte.

Dans les colonies françaises, en plus du vagabondage, on adjoint à cette politique le recours à l'engagisme. Ainsi de 1853 à 1889 plus de 248,000 travailleurs et travailleuses originaires d'Afrique, de Chine et surtout d'Inde arrivent dans les colonies avec un contrat d'engagement de plusieurs années non résiliable. Par le recours à cette forme de travail contraint, les planteurs souhaitent exercer une pression sur le salaire des anciens esclaves et leurs revendications sociales. Les sociétés post-esclavagiste ne deviennent pas des sociétés égalitaires fondées sur la liberté du travail. Elles demeurent des sociétés de contraintes, fortement hiérarchisées en fonction de la race et de la classe sociale.

Les esclaves ont donc été libérés par justice morale, mais au lieu qu'ils soient dédommagés par le préjudice qu'ils ont subi pendant des siècles. Ce sont les esclavagiste qui seront indemnisés. En 1833 lorsque le parlement britannique vote l'abolition, il accorde à 4000 propriétaires d'esclaves l'équivalent de 5% du PIB de l'époque c'est à dire 120 milliard d'euros d'aujourd'hui. Soit 30 millions par propriétaire. Ces sommes sont à l'origine de fortunes familiales dont certains descendants en profitent encore, comme par exemple l'un des cousins de David Cameron.

Schoelcher, que l'on présente comme celui qui a mené à bien l'abolition, a défendu l'indemnisation des propriétaires. Mais ils vont encore plus loin, en réalisant que ce dédommagement pèse lourd sur les finances publiques, Tocqueville propose que la moitié soit prise en charge par les esclaves eux-mêmes, en travaillant pendant vingt ans à demi salaire !!! Avec Haïti qui a osé prendre son indépendance en 1804, la France va être très sévère. Pour ne pas reprendre l'île à la restauration, l'État monarchique exige que les anciens propriétaires soient indemnisés. En 1825 on fixe le montant à 300% du PIB. Les derniers versements se terminent dans les années 1950.

L'esclavage est peut-être abolit, mais le colonialisme en ce XIX siècle explose. En 1879 Victor Hugo est invité par Hugo Schoelcher, dont il est proche, pour un banquet qui célèbre l'abolition de l'esclavage, il y prononcera les phrases suivantes « Au XIX siècle le blanc a fait du noir un homme ; au XX siècle il fera de l'Afrique un monde » « Peuples! Emparez-vous de cette terre….Prenez la, non pour le canon, mais pour la charrue; non pour le sabre, mais pour le commerce…non pour la conquête, mais pour la fraternité » en cette année la colonisation de l'Indochine ou de l'Algérie ne se passe pas vraiment dans la « fraternité » mais pour les deux Victor la colonisation est la suite logique de l'abolition de l'esclavage. Jules Ferry, cinq ans plus tard, reprend les mêmes arguments devant l'assemblée nationale «c'est le côté humanitaire de la question. Les races supérieures ont un droit vis à vis des races inférieures. Je dis qu'il y a pour elles un droit parce qu'il y a un devoir pour elles. Elles ont le droit de civiliser les races inférieur ». On est loin du jeune Maupassant qui en 1881 dénonce « l'intolérable situation que nous faisons aux arabes. Le principe de la colonisation française consiste à les faire crever de faim ».

L'esclavage et la colonisation, comme système de travail et de production, ont nourrit l'essor du capitalisme. Pour certains historiens et économistes, la traite négrière n'aurait pas de lien direct avec l'industrialisation de l'Europe. Même si celle-ci ne dégageait pas les profits que l'on dit, il est bien difficile de séparer le commerce des esclaves du commerce colonial et de la circulation marchande globale. Au départ d'Europe le navire est rempli de marchandises qui vont servir à racheter les captifs, puis il vend sa cargaison aux Amériques, pour rentrer ensuite chargé de produits coloniaux. Mais avec la vente d'une cargaison négrière on remplit trois ou quatres navires qui rentrent en Europe « en droiture ». A l'aller, ces bateaux là auront chargé des produits manufacturés européens qu'ils vendent aux colonies. Et cela profite au commerce mondial, car les produits que l'on transporte vers les colonies ne proviennent pas seulement de La France ou de l'Angleterre, mais de toute l'Europe et au-delà. Et les produits qui viennent du nouveau monde sont largement réexportés dans le monde entier.
Dans la seconde moitié du XVIII siècle les marchés coloniaux prennent une importance croissante, il y a une véritable américanisation de l'économie. Les métropoles européennes exportent leurs produits manufacturés de façon croissante, la population des futurs États Unis a été multiplié par dix entre 1700 et 1774, et d'autres part les européens importent des matières premières produites à bas coût grâce à la main d'œuvre servile coloniale.
Le cas du coton est emblématique, entre 1760 et 1840 la consommation de coton brut en Grande Bretagne est multiplié par 200. À cette époque, plus de 85 % des importations viennent du sud des États Unis, du Brésil et des Caraïbes. Dans cette période cruciale en matière de développement industriel, se sont bien les femmes et les hommes esclaves de ces plantations qui ont produit à moindre coût la matière première stratégique de l'une des principales branches matrices de la première nation industrielle du monde. Manchester la manufacturière n'aurait pas fait fortune sans Liverpool la négrière !!!

En Europe on observe également des changements dans la façon de travailler et de produire. Surtout en Angleterre qui sera le premier pays à s'industrialiser.

C'est au XVI siècle que commence un immense mouvement d'expropriation des terres, resté dans l'histoire sous le nom de « mouvement des enclosures ». Les grands propriétaires terriens expulsent les paysans pour exploiter leurs domaines selon un mode capitaliste. Entre 1500 et 1750 la part de la main-d'œuvre agricole passe de 70 % à 35 %. L'élevage s'impose. L'augmentation de la productivité des surfaces cultivées, « révolution agricole », améliore la santé et l'espérance de vie des britanniques et augmente leur nombre. En 1760 la Grande Bretagne compte 7 millions d'habitants, trois fois moins que la France, puis 16 millions en 1831 et 41 millions en 1911. Cette croissance démographique va permettre l'industrialisation. Des villes comme Birmingham, Liverpool, Manchester, Leeds ou Sheffield , compte moins de 10,000 habitants en 1700, en 1850 ils arrivent à 300,000 ou 400,000.

Mais pourquoi la révolution industrielle s'est elle produite en Angleterre et non en Chine. Puisque au XV siècle (avant la colonisation) en terme d'efficacité agricole, d'organisation sociale, de bien de consommation, de densité de population, et de technologie de navigation et militaire, l'Eurasie, de l'Empire Ottoman à l'Inde, la Chine et le Japon, n'est pas moins avancé que les nations de l'Europe occidentale.

La différence commence entre le XVIII et le XIX siècle. L'abondance de charbon et le vaste réservoir de matières premières, provenant des colonies. Jamais la culture Britannique aurait pu produire ce qu'elle importe d'Amérique. La Chine et les autres pays d'Eurasie ne peuvent utiliser d'autres régions du monde.

L'argent dégagé dans ce commerce et dans l'économie des plantations des Caraïbes par les armateurs, les planteurs, les banquiers, est rapatrié, alimentant l'essor commercial.

Paradoxalement l'abolition de l'esclavage va encore augmenter l'essor industriel dans les années 1830 et 1840 car les 20 millions de livres de compensation accordé par le parlement aux propriétaires d'esclaves, 40 % du budget de l'Etat, va permettre à de nombreuses familles de se développer et d'investir. Cet empire n'est pas seulement une ressource mais c'est aussi un débouché pour les productions britanniques.

En Angleterre, en 1801 deux tiers de la population vivait dans la campagne et déjà en 1851, la population urbaine devient majoritaire. Le « domestic système »qui est un modèle d'organisation économique, né en Europe au début du XVI siècle, et qui repose sur le travail à domicile effectué par des paysans-ouvriers, qui achètent de la matière première à un négociant urbain, avant de lui revendre le produit fini, utilisé encore la main d'œuvre rurale et est encore très important au début du XIX siècle.

Mais avec la migration de la population vers les villes et surtout à l'essor des machines, l'artisanat va se transférer dans des bâtiments appelés « atelier » puis « fabrique ». Puis à partir de 1830-1840 le mot « usine » va les remplacer pour qualifier tout établissement industriel concentré et mécanisé.

Dès 1620 le charbon est la principale ressource énergétique, mais ce n'est qu'à partir de 1760 que cette ressource transforme rapidement l'industrie du fer, et entre 1750 et 1830 la consommation de charbon va se multiplier par 250. Là technologie et l'industrialisation vont également transformer les transports avec l'apparition des chemins de fer. En 1870 le «factory système » va s'imposer. La Grande Bretagne qui compte 2% de la population mondiale, réalise 23 % de sa production.

La France ce n'est industrialisé que plus tard. En 1780 70 % de la population vit à la campagne. Nombreux sont les paysans qui au cours de la révolution ont acquis des biens nationaux et sont devenus propriétaires. Ceci a contribué à fixer à la terre des masses de paysans qui sans cela auraient dû aller en ville. De même le maintien assez répandu des droits collectifs jusqu'au milieu du XIX siècle à aider beaucoup de paysans modestes à survivre.

Ce nouveau type de travail va donner naissance à ce que l'on va appeler « working class » ce terme est utilisé à partir de 1830, pour nommer les travailleurs manuels des fabriques et de leurs familles, il inclus les domestiques, ouvriers agricoles, etc.
Dès le début, les conditions de travail et d'existence des ouvriers sont très dures.
En plus de l'aliénation du travail, ils sont logés dans des conditions insalubres, et usés par le travail avant l'âge. Cette situation est dénoncée par plusieurs personnalités, mais malgré ces critiques, l'idée que l'industrialisation améliore le niveau de vie des pauvres qui travaillent reste dominante. Les historiens ont démontré que tout au long de l'industrialisation (1700-1870) le PIB augmente régulièrement et que plus de richesses est créée. Mais Sara Horrell et Jane Humphries en travaillant sur 1350 budgets familiaux ont souligné que les salaires réels n'augmentent véritablement qu'après 1850. Avant cette date les patrons les abaissent profitant de l'afflux des populations.
Plutôt qu'une augmentation du niveau de vie, c'est plutôt ce le qu'on appelle aujourd'hui une économie d'expédients : l'assistance aux pauvres, la charité, le prêt sur gage, ou l'aide de parents ou amis. Pour compléter son revenu, on emprunte, on braconne..
Dans les grandes villes, l'espérance de vie passe de 35 ans en 1820 à 29 ans en 1840, et ne remonte pas avant 1850. Le temps de travail augmente, il passe en moyenne de 2576 heures en 1760 à 3356 heures en 1830.
Comme on utilise de plus en plus de machines, les patrons embauchent des femmes et des enfants pour qu'ils fournissent le travail nécessaire pour les faire tourner en espérant qu'elles pourront remplacer les hommes aux salaires plus élevés. C'est surtout dans le textile qu'on les retrouve. À Barcelone en 1860, elles sont 60 % dans l'industrie cotonnière. En 1880 dans les manufactures italiennes du tissage et moulinage de la soie, elles sont 60% et les enfants 32% et les hommes seulement 8%.
Dans la mine, la différence du genre dans le travail, se met en place progressivement à partir de 1840 pour les enfants et quelques décennies plus tard pour les femmes.
Les hommes travaillent au fond à l'extraction du charbon ou des métaux et les femmes et les enfants au triage en plein air.
Dans les usines, ouvriers et ouvrières, y compris les enfants, sont soumis à des règlements incluant des sanctions draconiennes, allant de l'amende au renvoi immédiat. Les accidents de travail causés par les robes et les longs cheveux des femmes sont nombreux et les mutilations fréquentes. Les maladies professionnelles directement et indirectement liées à la fabrication rendent le travail dangereux.

Toute cette main d'œuvre disponible à exploiter, a été possible grâce ou à cause de l'augmentation de la productivité agricole. Qui a permis qu'une partie de la population n'est plus nécessaire à la production alimentaire, et ne faisant pas partie des possédant, commerçant militaires, religieux ou politiques, elle n'a d'autre solution pour survivre que de vendre sa force de travail.

Et lorsque celle-ci arrive à manquer, on peut, près des frontières, faire venir des étrangers lorsque ces pays sont en excès de main d'œuvre. En France, à la fin du XIX siècle, 15% du nombre d'ouvriers est étranger. Ils sont d'ailleurs la plupart du temps très mal traités par les autochtones qui les traitent de voleurs de bras.

Pendant la première guerre mondiale, les hommes sont au front. Il faut donc chercher de la main d'œuvre dans les colonies. On mobilise 350,000 hommes issus du Maghreb, d'Indochine et de Madagascar. Ils ne bénéficient pas des mêmes salaires et durée du travail que ceux des européens. Ils subissent en plus des conditions de travail déplorables, conduisant à un taux de mortalité deux fois plus élevé que celui des autres travailleurs.

Comme les indiens en Amérique où les esclaves, les ouvriers de l'industrialisation se sont également révoltés.

Les ouvriers sont dominés par les possédants, ils n'ont pas de droit et sont privés de représentation politique sauf entre février et Juin 1848 et lors de la commune 1870-1871.

Les ouvriers se rebellent, aux débuts de la révolution industrielle, contre l'introduction des machines dans la production. C'est l'occasion du « luddisme », en 1811-1812 on s'attaque à détruire les machines on nom de Ned Ludd, un personnage mythique qui aurait détruit le métier à tisser son maître. Autres formes de résistance, ce sont les émeutes, ou le freinage de la production. Jusqu'à ce que ce soit la grève le principal instrument de rébellion, c'est une action collective.

C'est en Grande Bretagne, au début du XIX siècle, que se constituent les premières associations de métiers ou de « trade-unions ». Le but est d'aider leurs membres en cas de maladie, de chômage et de porter leurs revendications au patronat. Le syndicat est donc né et sera reconnu progressivement par les États: 1824 pour la Grande Bretagne, 1860 pour les États allemands, 1884 pour la France et 1886 pour les États Unis.

Le plus souvent c'est le salaire, notamment quand il baisse, et ce n'est pas exceptionnel, que cristallise la colère. On proteste aussi contre des contraintes qui ne sont pas économiques, c'est souvent la violence des « chefs » qui s'en prennent aux plus démunis, les femmes, les jeunes, les immigrés, ils leur imposent des vexations quotidiennes en tous genres.

On aurait tort pourtant de penser que la grève se vit, même après la légalisation, comme une démonstration pacifique et sans violence. La grève peut avoir un prix très lourd pour les ouvriers qui s'y engagent: la misère et la faim, surtout quand elle dure, le licenciement parfois et la répression violente aussi. Malgré l'autorisation théorique, les patrons appuyés par les gouvernements, usent de tous les prétextes, atteinte à la propriété privée, trouble à l'ordre public, pour faire appel à la force armée.

La grève s'est imposée avant 1914 comme l'un des traits identitaires, l'une des formes majeures d'expression du monde ouvrier. Elle a permis de peser sur un rapport de force, de porter certaines revendications, comme la journée de 8 heures.

Elle a aussi été l'occasion pour le monde ouvrier d'affirmer sa présence comme collectif dans la sphère publique.

C'est d'ailleurs par peur des grèves que l'on va changer le charbon par le pétrole comme source d'énergie principale, même si celui-ci revient plus cher. On peut bloquer une mine par la grève, mais pas un puits de pétrole.

Les ouvriers deviennent une force productive, mais également politique dont les possédants craignent le pouvoir, tout en ayant besoin d'eux. Sous la commune, le peuple parisien aspire au remplacement du capitalisme par une association de coopératives de travailleurs. Naît l'espoir d'une république sociale voire socialiste, qui transformerait la condition ouvrière pour intégrer les ouvriers au lieu de les assujettir.
Mais ce sera d'après les idées de Hegels et de Marx, avec le triomphe de la révolution Bolchevique en Russie que le monde ouvrier, et le prolétariat en général, va changer à partir de 1917. Même si plusieurs pays, après la fin de la première guerre mondiale, vont essayer en aidant l'armée blanche de la Russie Tsariste à éliminer cette révolution.
La peur du communisme va faire que, dans tous les pays capitalistes du monde entier, les conditions et les droits des ouvriers soient améliorés.

Le capitalisme a besoin de travailleurs qui soit obligé de vendre ou de louer leur force de travail. Les esclaves y étaient obligés par la force et la privatisation de leur liberté, les cerfs par la fixation à la terre et la traite, les anciens esclaves et les colonisés, par la contrainte des lois raciales, les premiers ouvriers par la faim, et maintenant on va voir les nouvelles techniques inventées pour que le capitalisme puisse avoir une main-d'oeuvre disponible toujours à bon marché.

En 1919, se créer en France la loi des 8 heures de travail journalier et dans le monde l'OIT (organisation internationale du travail), en 1930 les assurances sociales, en 1932 les allocations familiales, en 1936 les congés payés, les conventions collectives, les 40 heures, en 1945 la sécurité sociale, 1956 3ème semaine de congés payés, 1970 instauration du SMIC, 1971 4ème semaine de congés payés, 1982 39 heures, retraite à 60 ans et 5ème semaine de congés payés.
Toutes ces avancées sont dues à la peur du communisme et à l'évolution que suit la société pour toujours plus de justice.
Mais cela va changer pour plusieurs raisons. Après la seconde guerre mondiale, il faut reconstruire l'Europe, donc on a besoin de beaucoup de main-d'œuvre, on en fait même venir des colonies. C'est le début des trente glorieuses. Pendant cette époque tout va bien, les salaires augmentent, de très grandes entreprises ont été nationalisées et on s'en fout si on pollue. Les impôts sont élevés et les inégalités n'augmentent pas. Ont a besoin de cette grande quantité de main-d'œuvre.
Cela va changer. La productivité des travailleurs va exploser. De 1949 à 1973 on aura 5% de croissance annuelle, elle commencera à ralentir à partir de 1990.
Même si la production augmente, on a de moins en moins besoin de main d'œuvre pour produire le même volume. Durant les années 1980 le néolibéralisme de Reagan et de Thatcher va empirer les choses. La mondialisation va permettre de délocaliser la production. On peut fabriquer ce que l'on veut là où les travailleurs n'ont pas tous les droits que l'on a donné aux nôtres. Notre coût de production chute.

Les ouvriers n'ont plus de pouvoir, le rapport de force est repassé au patronat.

On le verra clairement avec la lutte des syndicats anglais contre Thatcher, que ceux-ci perdront tragiquement. Les rébellions ouvrières ne sont plus pour améliorer leur salaire ou leur condition de travail, elles sont juste pour maintenir leurs emplois désespérément, quitte à congeler ou à baisser leur salaire.

La réduction du temps de travail pourrait être une première solution, mais le patronat ne veut pas en entendre parler, pas question de payer moins d'heures de travail au même prix. Même si la réalité sur la réduction du travail est un fait.

En France, de 1950 à 2019, il a diminué de 2351 heures annuelles, à 1505, en Allemagne de 2428 à 1386, et ainsi dans plusieurs pays.

Les employeurs ne cherchent pas à diminuer le temps de travail, mais à l'émietter.

La part du temps partiel a pratiquement triplé depuis 1975. Il représente 18,1% en France, 28,6% en Allemagne et 51,2% aux Pays Bas. Cela leur permet d'avoir des chiffres de chômage inférieur, de beaucoup, à ceux de la France, mais ça augmente la pauvreté de ces travailleurs. Payé au SMIC horaire, un travailleur a besoin de travailler 35 heures pour s'en sortir, s'il travaille moins, il ne s'en sort pas. S'il trouve un travail à temps partiel, il est obligé de cumuler plusieurs emplois.

Le patronat est en train de gagner, et le gouvernement le suit, même si au bout de cette logique se trouve la catastrophe. Si le gouvernement ne veut pas de chômage, il doit chercher une croissance éternelle, qui n'est plus soutenable par la planète. Les technologies font, en plus, que chaque travailleur soit plus productif. C'est impossible de continuer comme cela.

Si on diminue le nombre d'heures de travail de chacun, de façon à intégrer les chômeurs et que tout le monde travail, comme le propose quelques uns, mais que l'on ne diminue pas la production mondiale, économiquement ce serait parfait, et les hommes pourraient bénéficier de leur temps libre pour se réaliser, mais pour le climat on n'évitera pas la catastrophe, puisque la production et la consommation ne diminuent pas . D'ailleurs le patronat ne voudra jamais financer cette diminution et ce serait à la puissance publique de le faire . Le travailleur resterait d'ailleurs obligé de travailler.

La seule façon de faire, pour que tous les hommes puissent se libérer de la contrainte de travailler, liberté qu'ils ont eu pendant des millénaires avant le Néolithique, c'est l'instauration du **revenu universel.**

On a de plus en plus de technologie pour nous libérer du travail. Énormément de travail sont inutiles, mais d'autres sont indispensables. On ne s'enrichît pas en travaillant, ceux qui vous le disent sont de grands menteurs. Un artiste peut s'enrichir en vendant son œuvre, mais ce n'est pas du travail, c'est de la création. Il ne va jamais fixer le prix de son œuvre selon les heures qu'il y a passé. Hériter ce n'est pas un travail. Spéculer ce n'est pas un travail. Rentier ce n'est pas un travail. Par contre on peut s'enrichir en exploitant la force de travail des autres. Et c'est justement pour cela que le patronat n'acceptera jamais un revenu universel suffisant pour vivre sans travailler. C'est pour cela que l'on ne donne pas de revenu minimum aux jeunes. C'est pour cela qu' on le donne seulement aux vieux et aux handicapés, car pour ceux-ci, il est inutile de les obliger à travailler. Par contre il faut financer l'aide à la personne, sous couvert que c'est *pour aider ces mêmes vieux et handicapés, quand en réalité, les possédants en ont besoin pour les aider à faire leurs petites tâches journalières, comme le ménage, garder les enfants, conduire la voiture ou faire le jardin. Ici pas de soucis si c'est avec nos impôts.*

Si on ne travaille pas, on est indemnisé temporairement à condition de chercher un travail, si on continue à ne pas travailler on a droit au RSA sous conditions, montant qui ne permet pas de vivre sans assistance. Vous êtes traité d'assisté et de fainéant, et vous perdez toute estime en vous même.
Lorsque vous êtes jeune adulte, et que vous voulez étudier, si vous n'avez pas l'aide de vos parents, vous devez travailler pour pouvoir le faire. Et si vous ne voulez pas travailler, ou vous ne trouvez pas de travail, alors vous crever de faim, ou vous devenez délinquant.
Maintenant on ne vous fouette pas, on ne vous prive pas de votre liberté si vous ne travaillez pas comme les esclaves. Mais c'est bien du travail forcé ce que l'on subit, car on n'a pas l'option: je travaille ou je ne travaille pas.
Le travail libre et non contraint, c'est de travailler dans, quand, et comme l'on veut. Nos raisons qui doivent nous faire travailler, c'est l'envie de le faire, le besoin de le faire, pour notre bien ou celui de la communauté, pour gagner plus, si l'on veut, pour créer où juste pour s'occuper. Mais on doit avoir le droit de vivre sans travailler, et recevoir ce dont on a le droit pour vivre.

Guy a passé quelque temps au Mexique avec son ami Charly après le Canada avant de rentrer. Il va acheter quelques meubles pour la cuisine et une superbe cuisinière, car celle que l'on avait, qui était celle de la maison, était toute pourrie. Il va même m'aider à rembourser l'association. La saison du printemps du marché ce passe bien, j'ai modifié un peu le stand c'est plus facile à monter et est plus vendeur. J'aime bien ces week-ends de ventes car on voit les amis et collègues du marché. on se fait de super repas, on discute, et on s'amuse avec eux, tout en vendant, et comme on rentre tôt, puisque l'on ne fait pas de nocturne, on peut dîner tard avec les enfants car les jours sont longs.

Brigitte, notre voisine et amie bijoutière du marché, en a marre de faire le Cour des Dames. Elle ne vend plus autant ses bijoux. Elle a recyclé un peu son stand et vend des vieilles bouteilles fondues, qui je me rappelle étaient très à la mode dans les années 70, en tout cas au Mexique c'était le cas. Elle vient donc un jour nous proposer de faire la vente cette année de son stand, avec un pourcentage sur le chiffre d'affaires et à la fin, elle nous laissera tout son matériel, remorque, parasol etc.
Je demande à Alec si ça l'intéresse. Et il accepte car il voudrait bien dans un avenir proche essayer de vendre ses peintures.

Guy et moi allons travailler comme d'habitude en se relevant sur le marché. Donc on va tous les jours passer chercher dans le parking de Brigitte la remorque de celle-ci pour aller sur le Cours, et le soir on va la laisser avant de rentrer à la maison.
Ce qui est chouette c'est que les deux stands sont côte à côte.
Bruno va cette fois-ci pouvoir être embauché par les pompiers et faire une saison de sauvetage en mer. Il aura la chance d'avoir une place dans une des meilleures plages de l'île de Ré. Et surtout, ce qui est très important pour lui, avec une boîte des plus connue pour faire la fête, juste à côté. Il est très content car en plus la paye est bonne.

Comme chaque année on propose des nouveautés, cette fois-ci j'ai fait des fleurs, et je suis très content du résultat, mais pas trop les clients. Ça c'est vendu mais pas comme je j'aurais voulu. Guy aussi a essayé des trucs nouveaux, mais c'est toujours ses dragons qui plaisent le plus. Mais comme il y a énormément de travail sur ces pièces, elles ne peuvent pas être bon marché.
Les ventes ont été correctes, mais elle ne décolle pas. Alec est content de sa saison bien que ce n'est pas énorme ce qu'il à gagné.
Bruno a eu à faire un sauvetage en mer, il a sauvé la vie à un écossais de 80 ans qui avait passé la déferlante des vagues et qui était en train de se noyer. On l'a beaucoup remercié. Il a reçu une lettre du monsieur qui le remerciait, et qui l'invitait en Écosse.
Il aurait mieux aimé un petit chèque, surtout que l'adresse qu'il donne est incompréhensible.
Cette fois-ci Guy décide de partir en Nouvelle Calédonie. Mais comme il s'est fait mal au genou, au Mexique, en jouant au foot à la plage. Il va se faire opérer auparavant. Il a beaucoup d'amis qui vivent là-bas, qu'il a connus à l'université.

Ian de son côté a une proposition de sa cheffe pour partir travailler au Brésil. L'entreprise où ils travaillent, veut ouvrir un bureau là-bas. Mais partir en tant qu'expatrié revient trop cher à l'entreprise, ils vont donc profiter d'un mécanisme qui existe en France pour faciliter aux jeunes cadres une expérience à l'étranger. Ce système permet d'éviter des taxes à l'entreprise et une paye garantie aux cadres.
Il va donc nous quitter pour aller travailler au Brésil.
On aura donc deux de nos fils très loin de nous pour ce Noël.

Cette fois-ci je vais refaire un marché de Noël. Le quartier de La Rochelle où se situe le Cours des Dames a décidé d'organiser un marché de Noël sur le Cours. Il dure 5 jours et se termine le jour de Noël. Ce sera mon dernier marché de Noël, je ne vais pas perdre d'argent mais pas en gagner beaucoup, en plus de me geler. Le marché est joli mais il n'a pas eu assez de publicité, les rochelais sont trop habitués au marché de Noël des commerçants sur la place de Verdun, et ce marché des créateurs va prendre du temps à se faire connaître.
Le bon côté, c'est que j'aurais énormément d'aide pour remballer ce jour-là, car mon frère Jean Pierre du Canada est venu avec toute sa famille passer Noël avec nous.
En effet ils vont louer le gîte de Jean Jacques d'à côté (la maison jumelle de la notre). Celui-ci leur a fait un super prix. Sont venus, Norma et Jean Pierre, la sœur de Norma et une de ses nièces, Michèle qui habite maintenant Paris, Didier avec sa nouvelle copine et un ami à lui, qui habitent également Paris et Stéphanie. Didier et son copain vont dormir chez nous avec Bruno et Alec.

Didier était venu étudier dans une école de cinéma et Michelle faisait un master d'archéologie, le copain de Didier qui est marocain et aussi son coloc, sa copine est également d'origine marocaine.

Je vais adoré ces vacances de Noël. On va avoir de grandes tablées tous les soirs puisque on est treize. Et des fois 14 avec Laurine. Le réveillon de Noël va être particulièrement sympathique et délicieux. Huîtres, 3 foie gras fait maison, un homard par personne, jambon rôti à la cheminée, dinde farcie aux marrons et pruneaux, et les plats typiques mexicains de Noël, le bacalao et le bouillon de crevettes piquantes.

Après cette grande bouffe, on passera à la répartition des cadeaux, ce qui nous prendra tout le reste de la nuit jusqu'au petit matin. Imaginez, presque tout le monde a fait des cadeaux à tout le monde, Alec, étant le plus jeune, sortait du dessus du sapin chaque cadeaux un par un en annonçant le destinataire, et le donneur, puis tout le monde attends que chacun ouvre son cadeau. Du coup ça prend du temps, et on boit donc beaucoup en même temps.

Tous les soirs après dîner on faisait la fête, et comme mes neveux et mes enfants sont très fêtards, ça dure une grande partie de la nuit. En premier lieu les femmes adultes montaient se coucher, mon frère et moi on restait encore un bon moment, et les jeunes se couchaient au petit matin. J'étais très content, je me suis toujours senti très bien parmi les jeunes, je crois que ça empêche de vieillir, du moins mentalement.

Du coup toute la semaine où ils sont restés, les jeunes n'ont pas visité grand- chose, puisqu'ils se levaient tard, mais mieux vaut passer de bons moments avec ses proches que d'admirer des vieilles pierres.

Le seul point triste c'est que Ian et Guy ne sont pas avec nous, Guy va passer Noël chez un de ses amis de La Nouvelle Calédonie et Ian avec des nouveaux amis Brésiliens.

Comme Ian gagne beaucoup mieux sa vie, il a décidé, sans que je lui demande, de me verser tous les mois 250 euros pour nous aider. C'est super de sa part. Il est, et a toujours été très généreux. C'est d'ailleurs lui qui va aider Alec pour financer son permis de conduire.
Je commence cette année avec un peu moins de problèmes d'argent.

Les problèmes juridiques de Cancún n'avancent pas, lorsque je communique avec Sergio il me raconte n'importe quoi, sauf qu'il se plaint de ne pas avoir de l'argent pour le gardien. Donc Jeff c'est proposé pour payer son salaire, de cette façon il va nager les week-ends à la plage. Il fait ça depuis l'année dernière. Ian va passer quelques jours de vacances là-bas avec des potes français et brésiliens. Il va prendre la relève, et envoyer l'argent à Jeff pour payer le gardien.

Nous on continue notre petite vie de campagne. Yvonne essaye de s'occuper en prenant des cours. Elle va une fois par semaine dans un petit village voisin ou une association fait des activités manuelles. Je l'emmène aussi à des cours de danse ou de gymnastique à St Agnant, mais ces cours ne durent pas longtemps. Ils n'arrivent pas à avoir du succès. Un seul cours, deux fois par semaine le soir, aura du succès pendant deux ans au village de St Radegonde, c'est un cours de Zumba.

Bruno et Alec viennent tous les week-ends, pour le tennis, pour le cours de conduite, et surtout pour manger mexicain. Je deviens de plus en plus un spécialiste de gastronomie mexicaine.

On s'entend très bien avec notre voisin Jean Jacques, et il nous invite assez souvent à ses réunions. Nos grands copains qui se sont séparés, Delphine et Palou, nous rendent visite de temps en temps. Delphine qui habite à Niort maintenant s'est mis en couple avec un mec très sympathique et vient des fois passer le week-end. Palou vient juste pour la journée et va déménager en Normandie près de ses parents. Michelle sa sœur qui nous a tant aidé et déjà partie vivre là-bas.

Guy revient de la Nouvelle Calédonie pour commencer le marché, il y aura passé 6 mois. Je pensais, et j'appréhendais aussi d'un côté que l'endroit lui plairait beaucoup, et que peut-être il voudrait s'installer là-bas. Mais il me dit que bien que c'est très beau, c'est trop loin de tout. Et tout de suite un avion pour aller n'importe où, ça coûte très cher. Pour lui qui aime bouger je le comprends.
J'ai passé tout le printemps à faire un peu de stock, et à essayer d'enfin trouver l'article qui se vendra très bien. Dans les boutiques c'est pareil, les ventes continuent, mais ne décollent pas.

Cet été Bruno refait une saison sur l'île de ré comme sauveteur. Alec a fait une demande à la mairie pour vendre ses peintures sur le Cours des Dames et avec l'appui de l'association il a été accepté. On lui a acheté une remorque car Brigitte a tenu parole pour le parasol mais pas pour la remorque.
C'est nous avec le camion qui allons lui amener la remorque sur le Cours. Guy et moi on s'organise de la même façon.
Jusqu'à ce qu'il commence à sortir avec une vendeuse de notre copine du stand des jus de fruits. Au début, je crois à un simple flirt. Mais quand c'est son tour de faire la vente il ne rentre pas à la maison et je comprends, mais lorsque c'est mon tour, il n'aime pas du tout rester à l'atelier. Donc il décide pour pouvoir rester chez Fanny de faire, lui la vente et moi l'atelier. Et comme on continue à faire les repas pour les collègues, je lui emmène tous les soirs les articles pour la vente sur le stand en même temps que j'apporte la bouffe.
Alec ne va pas faire une grande saison, personnellement j'adore ses aquarelles, mais je pense que le problème c'est qu'il y avait trop de styles différents sur son stand.

On a eu un grand problème à Cancún, les fraudeurs ont acheté notre gardien pour qu'il parte de la maison et laisse s'installer leur personnel. Ils ont mis des barbelés tout autour du terrain. Sergio me dit que le tribunal a encore refusé notre appel, la raison qu'ils invoquent c'est qu'il faut d'abord passer par un juge qui annule leur certificat de propriété. Je lui dit que l'on en avait déjà parlé et je ne savais pas pourquoi on n'avait pas encore commencé ce procès. Il me dit que sans argent on ne peut rien faire et il a raison. On va de tout façon refaire un appel dans une autre cour.
Ian va lui envoyer un peu d'argent pour qu'il commence.

D'ailleurs au sujet de Ian, il vient d'être embauché par une autre entreprise qui fait dans le même secteur de regroupement d'achats, mais spécialisés dans le pétrole.
C'est une boîte parisienne qui veut ouvrir un bureau à Dubaï. Et Ian va être chargé de l'ouverture, c'est un très bon salaire.

On a organisé un voyage à Cancún pour passer tous Noël là-bas avec la famille de mon frère. Guy et Bruno veulent partir depuis début novembre. Guy n'a rien à faire et Bruno a une sorte d'année sabbatique, il lui manque une seule matière pour finir sa licence. Ils vont donc aller en premier lieu à Tequisquiapan, chez leur tante, pour revoir leur amis d'enfance. Yvonne et moi on veut partir début décembre mais directement à Cancún.

On cherche une grande maison à louer pour 15 jours, on est quand même assez nombreux et ce n'est pas facile d'en trouver une. Jean Pierre et Norma se sont chargés d'en trouver une.
Il vont en choisir une qui se trouve sur Isla Mujeres, sur les photos elle est splendide.
Mais on va presque se faire arnaquer, heureusement que Carmen propose à Norma d'aller voir la maison juste avant que l'on ne fasse le virement. Elle prend donc rendez-vous avec la fille qui était notre contact, mais celle-ci ne se présentera jamais.
Plus tard on trouvera cette maison à louer sur un site de résidence de luxe et elle est proposée 10 fois le prix que l'on nous avait demandé.
C'est Gerardo qui va nous trouver la solution. Il a un amis qui a une grande maison et qui va passer ce Noël tout seul avec sa femme, car leurs enfants vivent aux États Unis.
Ils pourraient nous louer leur maison et partir pour ces quinze jours dans une petite cabane qu'ils possèdent au Cuyo. Le prix est assez correct et en plus ils vont nous louer une camionnette.
De notre côté, comme un hiver passé en dehors de la maison nous fait faire des économies assez conséquentes d'électricité, j'ai pris des billets d'avion pour presque deux mois de séjour au Mexique. Pour nous loger avant l'arrivée des autres, j'ai trouvé une chambre avec cuisinière à louer dans un hôtel de la zone hôtelière de Cancún. J'ai eu peur que se soit aussi une arnaque car le prix est très bas. Mais ce ne l'est pas. En arrivant je vais voir pourquoi. Cet hôtel s'appelle Solimar est il appartient à un mafioso pedophil qui se trouve en prison. Les chambres et studio ont été vendu à des particuliers et chacun administre sa propriété comme il veut, donc certaines habitations ne sont pas bien entretenues, surtout celles qui font face à la lagune et non à la mer. Et c'est le cas de la nôtre. Celui qui me l'a louée gère quelques autres habitations. D'ailleurs je vais lui demander de me changer la chambre, car il y a des fuites d'eau. Mais les installations, comme la piscine et les jardins, sont bien entretenues, et la plage est belle. Je vais louer la camionnette à l'ami de Gerardo pour pouvoir nous transporter.
En arrivant à Cancún, on va depuis le début avoir une bonne relation avec Miguel et sa femme qui sont les amis de Gerardo. C'est d'ailleurs eux qui vont nous chercher à l'aéroport. Pour les remercier, eux et Gerardo, je vais leur faire un super dîner, chez eux, le lendemain de notre arrivée.
En arrivant à Cancún je prends immédiatement contact avec Sergio pour voir l'avancement du procès. Il me donne un paquet de feuilles à lire sur tous les procès verbaux qui vont m'occuper pendant les vacances.
Comme Alec n'a pas d'argent, c'est Ian qui va lui payer le billet. Mais comme il arrive assez près des dates de Noël je n'ai pu que lui trouver un vol avec une nuit d'escale à Philadelphie. C'est la première fois qu'il va prendre l'avion tout seul. C'est l'escale qui me préoccupe car il doit sortir de l'aéroport pour aller à l'hôtel.

Avec Yvonne on va se faire de très bonnes vacances. Toute la matinée piscine, puis apéro et repas mexicain.
Mon problème c'est que depuis quelques mois auparavant, une ulcère s'est ouverte à ma jambe droite, elle n'est pas énorme et Yvonne me la soigne. Normalement je ne devrais pas la mouiller, mais la piscine est trop tentante et ça fait des années que je nage pas.
Alec va arriver un jour avant notre départ de l'hôtel. Son voyage s'est très bien passé, il n'a eu aucun problème. La plus inquiète c'était la pauvre Laurine qui se faisait un sang bleu.
Tout le monde va arriver petit à petit, on va passer deux jours avec des aller retour à l'aéroport.
Le dernier à arriver va être Ian depuis Dubaï.

L'organisation va être un peu chaotique car nous sommes plusieurs, donc il faut faire tout le temps des comptes pour savoir qui a payé quoi et qui doit quoi à qui.

Entre nous, mes enfants et Yvonne, aucun problème bien sûr. Je suis très content d'avoir éduqué mes enfants avec cette solidarité entre eux et sans problème avec l'argent. On est extrêmement nombreux, car à part la famille de Jean Pierre et la mienne, il y a Christina et une amie de Michelle qui habitons la maison, il y a aussi Claudia la sœur d'Yvonne et sa fille qui sont venues et ont loué un petit appartement. Donc transporter tout ce monde est un peu difficile. Rico, mon ex voisin propriétaire d'une taquería, m'a prêté pendant quelques jours son Audi, donc pendant quelques jours ça a été.

Pour aller à la mer on va avoir l'option d'aller à la plage publique de Cancún, mais il n'y a pas où s'asseoir et il faut descendre des escaliers, soit la plage de Pto Morelos qui est très calme et où moi je peux me baigner. J'ai donc demandé à Sergio de me permettre l'accès à la propriété qui est à côté de notre villa à Pto Morelos, la maison est en ruine, mais il y a où s'asseoir, et le toit et les murs sont intact, et il y a des toilettes, même s'il n'y a pas d'eau courante. C'est là où on va organiser nos sorties et inviter les amis.

Pour le réveillon de Noël on va être très nombreux et j'adore. On sera présent tous ce que j'ai mentionné auparavant,plus une sœur de Norma qui est avec une de ses filles qui habite la région, plus Rebecca l'ex femme de Max avec ses deux enfants qui sont à l'hôtel, plus Gerardo et Carmem. J'ai fait énormément de plats et on a divisé les achats entre tous. Pour un seul dîner, c'est revenu assez cher, mais on a plus rien eu à dépenser pendant quatre jours, où on a mangé les restes. Le problème c'est que la famille de Norma n'est revenue manger qu'une seule fois et on les a fait payer plein pot.

C'est des superbes vacances pour tout le monde, surtout pour les enfants. Tous les jours c'est la fête, je ne sais comment ils font pour boire une telle quantité d'alcool et de bière. Les enfants de Rafael et de Betty sont également présents, Luisito à un an de moins que Guy, et les deux jumeaux, Emilio y Ernesto, deux ans de moins que Alec. Il ont donc fait de la plongée avec eux sur le bateau de Rafael, c'était le bápteme de plongée à tous sauf, de Ian et de Bruno qui avait déjà fait de la plongée et avait leur certificat.

Il vont également aller passer une nuit, plus une journée à la maison en ruine de la plage où ils boivent et pêchent à fond, ils sortent plus d'une trentaine de poissons cette nuit-là. Les filles de Javier et Paty sont également de visite chez leur parents, donc mes enfants vont également pouvoir les revoir car ils étaient ensemble à l'école à Tequisquiapan.

Tout est parfait, les seuls problèmes, c'est d'un côté ma jambe avec la plaie qui grandit à vue d'œil avec l'humidité et la chaleur, et ma position assise ne m'aide pas, car c'est moi qui conduit et fait le chauffeur, c'est moi qui l'ai décidé, car je préfère ça, à être obligé de marcher ou prendre des taxis. Mais c'est Yvonne qui m'inquiète, lorsqu' on était les deux tout seul à l'hôtel on se levait très tôt, on buvait tôt et on se couchait tôt, on n'avait vraiment pas pris le nouveau fuseau horaire. Et Yvonne va continuer. Elle se lève très tôt et nettoie tout le bazar que les couche-tard ont laissé. Elle commence donc à boire avant tout le monde et le soir elle ne suit plus, car elle a déjà trop bu et monte se coucher. Je m'inquiète pour elle, j'ai demandé aux enfants et aux cousins de l'aider, au moins pour le nettoyage. Mais après un petit effort ils ont laissé tomber, je les comprends, c'est des moments qu'il faut vivre a fond.

Je m'inquiète aussi pour ma santé. J'ai bien sûr apporté mon appareil pour les apnées du sommeil, mais mes jambes gonflent trop et je m'essouffle très rapidement. Ça fait longtemps que je n'ai pas à la maison de balance pour vérifier mon poids. Et comme dans la salle de bain de notre chambre, ici dans cette maison en possède une, j'ai pu vérifier mon poids, et j'ai pris 10 kilos depuis ma sortie de l'hôpital ! C'est la deuxième fois que je prends ce poids après une hospitalisation, c'est l'effet yo-yo.

En plus j'ai commis une grosse connerie. Lorsque on allait à Pto Morelos je pouvais rentrer dans la mer et nager, car grâce au récif, il n'y a pas de vagues. Mais un jour où on était allé passer la journée à Playa del Secreto, j'ai cru que je pouvais faire la même chose, même s'il y avait quelques vagues. Pour entrer aucun souci, mais pour sortir la force des vagues m'empêche de rester debout et me voilà comme une baleine échouée. Les efforts que je fais pour me mettre debout m'essoufflent. La première qui me voit c'est Michelle, j'ai honte et lui d'appeler Guy qui m'aide à me mettre debout.

Je vais mettre plusieurs minutes à récupérer mon souffle et à me remettre de ma honte.

Je vais profiter de l'occasion que Ian soit là pour mettre en ordre chez le notaire tous les papiers de mon testament et lui donner une procuration générale. On va également se mettre d'accord avec les avocats que Sergio a choisi pour mener à bien le procès au civil de la fraude. C'est Ian qui va être obligé de financer.

Toutes les bonnes choses ont une fin. Après les fêtes du nouvel an, tout le monde va commencer à partir. Ce sera Norma et les filles au début, puis la sœur d'Yvonne. On restera encore trois jours de plus. Ian est parti juste avant le nouvel an pour aller à Tequisquiapan fêter avec ses amis. Mes enfants, Jean Pierre et Didier partiront le même jour, mais avec des vols différents, sauf Bruno et Guy qui prennent le même.

Didier, Alec, Bruno et Guy qui sont partis vers Paris avec des escales et horaires différents, par le plus grand hasard,vont se retrouver tous ensemble à Paris en récupérant leurs bagages.

Nous restons à la maison seulement, Christina, Yvonne et moi. Je téléphone au monsieur qui m'a loué la chambre à l'hôtel Solimar, et je réserve. Entre temps les propriétaires Miguel et sa femme sont rentrer, je leur annonce que l'on repart à l'hôtel et il me propose de rester sans aucun nouvel apport, juste comme des amis. Je les remercie car j'ai l'avion pour la fin du mois de Janvier, et leur propose de venir chez nous en France lorsqu'ils voudront. Ils me prennent au mot et décident de venir nous rendre visite en septembre de cette année.

Christina en profite et tarde à partir, il faut que je lui insiste de partir, puisque je ne suis pas chez moi. Enfin elle part, mais le lendemain, ma belle sœur, me téléphone pour me dire d'aller chercher à l'aéroport ma belle mère ! Elles l'envoient sans même nous demander notre avis!!!

Moi qui voulais profiter d'être seul avec Yvonne parce que Miguel et Veronica vont partir une semaine à Guadalajara voir la famille.

Comme Yvonne est tout le temps aux petits soins avec sa mère, je profite pour lire les papiers que m'a donné Sergio. C'est là que je vais apprendre que lorsque Sergio nous a fait venir pour la vente de la villa, qui au final ne s'était pas réalisée, il avait touché trois millions de pesos en avance de la vente. Et comme il n'avait pas remboursé, il avait été poursuivi, et pour éviter la prison il devait aider et financer leur avocat, David, pour annuler la fraude et pouvoir vendre la villa. Ce qui m'inquiétait c'était la disparition de David. En regardant les dernières nouvelles de notre procès, je remarque que le tribunal est pour l'instant à la recherche du personnage qui a

falsifié ma signature, il demande de l'aide aux compagnies téléphoniques, d'assurance, d'électricité, la poste etc. Pour voir s'ils ne l'ont pas comme client, pour trouver son adresse. Mais rien sur les autres accusés. Selon Sergio, ils ont besoin de celui-là pour pouvoir conclure contre tous. Moi je suspecte que David a reçu des sous pour ne plus continuer à accuser les autres. Je vais également faire pression au nouveau cabinet d'avocats pour qu'ils lancent la procédure. Puisque Ian vient de leur faire le virement depuis Dubai.
On sort de temps en temps pour promener ma belle mère, je ne me sens pas à l'aise avec elle, je ne me le suis jamais senti. Je préfère être à la maison pour soigner ma plaie et mettre les jambes en l'air. Le jour avant de partir les avocats me donnent la copie de l'acte d'accusation.

Retour à la maison et retour au froid. Guy continue à vivre avec nous, mais comme il paraît que sa relation avec Fanny est assez sérieuse, il passe assez de temps chez elle.
Fanny a commencé un BTS en commerce en alternance, et travaille chez Léa Nature.
Elle a déjà une formation en diététique. Guy travaille de mieux en mieux ses sculptures. Bruno cherche et trouve de temps en temps des petits boulots, comme il n'a plus de bourse il y est obligé.

Dans le boulot il n'y a pas de grand changement, je ne cherche plus à faire des nouveautés, j'ai plutôt changé la façon de les présenter et j'ai changé un peu le stand.
J'ai toujours les mêmes boutiques pour les dépôts ventes. Et à GSMA j'ai décidé de ne plus faire les ventes à Brouage. Je ne vends presque pas. La boutique se trouve dans les anciennes écuries que l'on a remodelé pour faire des boutiques. Mais les autres boutiques appartiennent à des revendeurs qui achètent à l'étranger. Et deux d'entre eux achètent des objets en fer de Bali très bon marché. Ce qui fait que mes prix sont beaucoup plus élevés.

On commence donc la saison de printemps comme d'habitude, c'est Yvonne et moi qui faisons la vente les week-ends, mais maintenant on ne fait plus les grosses bouffes, il y a eu des frictions parmis quelques uns du groupe. Et maintenant on mange ensemble seulement JC, Polo et nous-mêmes. Je vais également arrêter la vente de repas sur le Cours
Alec va encore essayer une saison sur le Cours des Dames. Bruno, qui a enfin eu sa licence va refaire une saison comme sauveteur sur l'île de Ré. Mais cette fois-ci on ne lui donne pas de logement, juste une place de camping. Il veut s'acheter une petite caravane d'occasion.
Heureusement pour lui, Ian est venu en vacances de Dubaï pour se faire opérer du genoux. Il va lui prêter l'argent , et l'accompagner sur l'île d'Oléron pour aller chercher une caravane qu'ils ont vu sur internet. Comme Bruno est sans le sous car il n'a pas de bourse, Ian va également lui prêter pour le reste de l'équipement et pour pouvoir survivre jusqu'à ce que sa paye de sauveteur arrive.
Ian va également profiter de sa présence ici pour louer le studio qu'habite Bruno en centre ville à des touristes . C'est un studio que lui a passé son ex copine Marie, qui est très bien situé et pas cher.

La saison une fois terminée, Alec repart à Rennes après sa saison encore ratée et va commencer un master. Bruno commence également son master.

Miguel et Veronica sont arrivés à la date de mon anniversaire. J'ai loué la maison du gîte de Jean Jacques pour eux. Ils viennent avec une de leur fille qui habite au EU et la mère de Veronica.

Deux jours après leur arrivée, c'est la fête de fin de la saison avec les collègues du marché. L'année dernière j'avais déjà organisé une à la maison qui s'était extrêmement bien passé, Carlos l'argentin nous avez fait un « asado », on avait bu, chanté et rigolé jusqu'au petit matin. A Jean Jacques ça lui avait beaucoup plut et il avait décidé, pour cette année, de réunir en une seule fête mes collègues du marché, pour fêter la fin de saison, et ses copains et autres pour fêter son anniversaire, celui d'un autre copain et le mien. On était donc une soixantaine et on a installé la fête entre les maisons avec un grand feu de bois au fond.

Guy a suivi l'exemple de Ian et a planté du cannabis, mais cette fois-ci je pense qu'il en a planté un peu plus, surtout il y a des plantes qui ont poussé assez haut. C'est ce qui va provoquer la catastrophe. Les plantes sont presque prêtes pour être cueillies, et un jour on voit des branches qui ont été arrachées. Quelques jours plus tard, la police va arriver vers 9 heures du matin, deux voitures avec trois policiers en civil et une policière. C'est Yvonne qui ouvre, Bruno est au lit (il vient souvent lorsqu'il n'a pas de travail) et moi également. Ils rentrent sans rien demander, tandis que d'autres vont directement au jardin. Au début, ils sont assez agressifs et veulent nous embarquer. Je leur explique mon état de santé, a l'époque je reçois des soins des infirmières tous les jours et j'ai les deux jambes bandées, et leur dit que le cannabis c'est pour mes soins. C'est vrai que l'on utilise dans beaucoup de pays comme anti-inflammatoire. Bien sûr ils n'en croient rien et commencent à fouiller toute la maison. Ils cherchent sûrement de l'herbe déjà prête à vendre ou je ne sais quoi. Ils trouvent, dans une boîte en bois décorée avec des figurines en argent qu'un ami bijoutier de Tequisquiapan nous avait offert, un petit bout de pétard à moitié consommé. Comme ils ne trouvent rien d'autre, ils se calment. Ils nous donnent rendez-vous à trois heures de l'après-midi au commissariat de Rochefort, avec la menace que, si on ne se présente pas, ils viendront nous chercher.
On se présente Guy, Bruno et moi, et on est reçu d'une façon extrêmement cordiale.
Une fois que j'étais allé au club de tennis des enfants voir un match du tournoi qu'ils organisent chaque année, j'avais rencontré un des associés du club, qui est commissaire de police et j'avais longuement parlé avec lui. Donc comme il connaît mes enfants, et en plus il est le supérieur des policiers, il a dû parler en notre faveur. On a chacun fait notre déposition puis on nous a dit d'attendre pour recevoir la réponse du préfet de La Rochelle qui allait décider pour notre cas, tout en nous disant de ne pas nous inquiéter que tout allait bien se passer. Pour moi ils décident aucune poursuite tant que je ne récidive pas pendant trois ans. Et là je confesse ne pas comprendre, ça veut dire que dans trois ans je pourrais cultiver du cannabis ? Pour les garçons, ils devront se présenter à un stage anti-drogue dans quelques mois, mais que ça n'apparaîtra pas dans leur casier judiciaire. Le commissaire tennisman nous explique ce qui c'est passé. un gamin de l'école de St. Agnant s'est mit à vendre du cannabis à l'école, il a tout de suite été pris sur le fait. Et le commissaire lui a demandé où il s'était procuré le produit, et il l' a emmené pour lui montrer notre maison, c'était sûrement un amis à la petite fille de notre voisin qui de leur maison avait vu de loin les plantes et étaient passé en vélo une nuit pour arracher les branches que l'on avait découvert un jour.

Pour nous c'est un coup dur, de mon côté j'en rage car les policiers m'ont volé la petite boîte en bois qui n'avait pas seulement sa valeur affective mais valait des sous.
Guy est désespéré et tarde à se remettre, il peste contre ce gamin et la malchance.

Il avait investi des sous pour la semence et du travail pour les faire pousser, et elles étaient réussies et allaient représenter pas mal d'argent pour la famille. J'essaye de le calmer car c'est mieux ainsi, c'est préférable à ce que l'on ait trouvé Bruno ou lui en train de transporter ou de vendre.

D'ailleurs j'aurais pu également mettre dans les métiers, que j'ai réalisés dans ma vie et que j'ai indiqué au début de ce livre, celui de narcotrafiquant.

Ian voudrait investir dans la villa pour pouvoir la louer à des touristes. Faire un projet avec dès bungalow ou des suites à louer. Dans son travail il a rencontré plusieurs amis jeunes cadres qui ont un peu d'argent à investir. Il m'a demandé de lui faire plusieurs projets. Avec des coûts et des projections.

Avec de l'argent on pourrait faire un très bon projet qui rapporterait beaucoup d'argent.

Bien sûr tout dépendra du montant investi.

Le projet de construction des suites ou bungalow est oublié car trop cher, on va essayer une reconstruction avec ce qui est déjà en place.

Ma santé n'est pas très bonne, j'ai des ulcères au deux jambes que les infirmières viennent tous les jours me soigner, et j'ai eu des moments de malaise à cause d'une augmentation du potassium provoqué par mes médicaments.

La CAF m'a envoyé un courrier comme quoi puisque j'avais plus de soixante ans je ne pouvais plus recevoir l'allocation adulte handicapé et donc je devais demander ma retraite.

Je vais donc demander celle-ci, mais comme je n'ai presque pas cotisé elle sera sûrement quasi nulle, et je devrais la compléter par le minimum vieillesse. Le problème c'est que celui-ci n'est pas cumulable avec aucune autre ressource.

J'annonce donc à Guy que je vais lui laisser l'affaire à 100% pour lui. Je ne pensais pas qu'il serait aussi content. Pour savoir combien il devrait me verser, au début je lui propose un pourcentage sur mes créations, comme les portes bouteilles. Mais ce serait trop compliqué de faire le calcul. Il me propose donc 450 par mois, c'est la quantité qu'il reçoit avec le RSA. Et je continue à payer l'assurance du camion. De toute façon je suis trop fatigué pour continuer, mes jambes me font souffrir et mes mains sont de plus en plus raides.

Fanny et lui ont décidé de vivre ensemble. Ils cherchent une maison avec un garage où il pourrait faire l'atelier. Ils vont en trouver une à Aytre, donc parfait pour le marché.

Ian va laisser son boulot à Dubai, il s'est beaucoup investi à ouvrir le nouveau bureau de son entreprise et ne se sent pas récompensé du tout, il considère que ses patrons n'ont pas encore intégré dans leur stratégie la problématique de la clientèle du moyen orient.

Il veut donc se dédier à la récupération de la villa et à la reconstruction de la villa.

Il parle beaucoup avec tous ses amis du monde entier, en France, au Brésil où au Mexique, pour les convaincre d'investir. Sur les actions qu'ils achètent, il leur promet de leur en donner un 50% en plus. On va partir à Cancún après l'opération de Ian dû genoux, et après qu'il ait arrangé tous les détails avec son ancienne entreprise à Paris.

Fin novembre on part, Ian est à Paris et on va le rejoindre là-bas avec ses bagages, on va galérer Yvonne et moi avec tous ces bagages jusqu'à l'hôtel, bien qu'il soit venu à la gare avec son ami Tony pour nous aider à les transporter de la gare au bus. Le voyage se passe très bien car je voyage comme handicapé et Yvonne et Ian on le droit de m'accompagner, donc on ne fait pas la queue nulle part et dans les aéroports on a le droit à des raccourcis.

C'est Miguel qui vient nous chercher, car on est devenu copain et nous a invité à rester chez lui, il va même nous prêter une de ses camionnettes.

Comme on n'est pas très sûr de nos avocats, Miguel va nous présenter une jeune avocate à qui on va lui demander certains services pour qu'elle les vérifie. On veut savoir quel est l'état juridique de l'édifice, et la situation du procès de Roberto, et surtout on veut des conseils pour créer la société, car avec des étrangers une société avec du capital variable n'est pas évidente pour nous.

La première chose que je veux faire c'est aller vérifier au tribunal notre procès contre les fraudeurs. Car ça va faire un an que l'on l'a commencé et rien n'avance. C'est avec Rosaura, l'avocate qui est chargée de notre affaire que l'on va y aller. Tout est en ordre, mais le procès est bloqué car on ne trouve pas une adresse de l'entreprise « Leoncio Constructores », qui est soit disant celle qui a acheté, pour les mettre en demeure.

On va passer les trois premières semaines entre avocats et tribunaux.

Chez Miguel c'est moi qui cuisine, ce qui lui plait beaucoup car c'est un gros mangeur.

Ian est toujours de très mauvaise humeur, je ne sais pas ce qu'il a. C'est peut-être le manque de réussite à Dubaï, ou l'incertitude de l'entreprise où il s'est lancé. Lui il me dit qu'il ne sait pas pourquoi mais il commence à détester tout le monde, il veut même voir un psychologue . De notre côté , on sent un rejet de sa part. Je ne m'inquiète pas trop, c'est normal des fois de rejeter les autres, surtout les parents. Mais je n'aime pas qu'il s'en prenne à ses frères, comme il sait qu'il va avoir besoin d'argent il est fâché contre Bruno qui ne peut pas le rembourser.

Nous sommes en attente de l'application de la stratégie de nos avocats pour la récupération de la villa. Ils choisissent de le faire entre Noël et le nouvel an, car à cette époque tout le monde est en vacances au Mexique, donc on attend et on voit de temps en temps nos copains de la région.

On va passer le Réveillon de Noël avec Miguel, Veronica, et une amie française qu'ils ont connu lors de leurs vacances en France. Elle est très gentille et sympathique, c'est une veuve à la retraite qui n'a eu qu'un seul fils, mais étant donné qu'elle possède une maison sur l'île d'Oléron, une autre à Avignon et un appartement à Paris, je suppose qu'elle ne doit pas avoir de soucis d'argent. En plus elle parle très bien espagnol car elle a un peu vécu au Mexique et est amie avec des familles mexicaines de la haute société. Je m'entends assez bien avec elle, et elle va me faire part de sa grande déception du couple Veronica- Miguel. En France, je vois qu'elle ne les a pas bien connus. Le fait est, que bien que ce soit un couple sympathique, c'est les personnes les plus radine et avares qui existent. Notre amie française aime bien se faire plaisir, et lorsqu'ils l'emmènent faire un tour vers El Cuyo , le village où ils ont une cabane, et qu'après qu'elle est insisté pour s'arrêter dans un petit restaurant manger des fruits de mer et boire une bière, ils s'arrêtent enfin, mais ils commandent un seul plat pour se le diviser entre les trois, c'est trop pour elle, en plus que déjà on lui avait fait payer les courses pour le week-end.

On va passer un réveillon à bien manger, c'est Ian et moi qui avons cuisiné, mais sans cadeaux et un peu triste. Alec et Bruno ont été invités chez les parents de Laurine, et Guy est allé chez les parents de Fanny.

Le jour est arrivé où on va reprendre possession de la villa. Bien que tout s'était bien déroulé au début et que l'on allait rentrer à Cancún. On était à Playa del Carmen. On nous téléphone pour que l'on aille à la villa. Mais la camionnette de Miguel ne veut pas démarrer. Le pauvre Ian s'énerve, c'est là où je vois qu'il a les nerfs à fleur de peau. J'arrive enfin à la démarrer, c'est là manette de la boîte de vitesse automatique qui ne tient pas bien la position « parking » qui est la seule où l'on peut démarrer.

Le problème c'est qu'une fois la villa récupérée, les fraudeurs on réagit violemment et on voulut rentrer dans la propriété à coup de machettes. La police a dû intervenir.

Alejandro, notre avocat, va nous demander encore plus d'argent, son excuse c'est qu'il ne s'attendait pas à une réaction si forte des autres, bien que nous, on l'ai averti.

C'est encore Ian qui va payer et diminuer fortement ses économies.

Pendant une semaine c'est le personnel des avocats qui va garder la villa. Elle est dans un état pitoyable, tout est extrêmement sale.

Nous on va prendre possession que le deux janvier. On passera le nouvel an chez Gerardo et Carmen. Ils n'invitent pas le couple Miguel-Veronica, car Gerardo ne supporte plus Miguel. Car pour lui il n'est pas seulement avare mais voleur aussi.

Ce sera un bon réveillon, Ian et Gerardo sont de bons connaisseurs de musique et nous régaleront de leur savoir.

Ian veut partir le plus rapidement possible de la maison de Miguel et lui rendre sa camionnette, il ne le supporte plus lui non plus. On va donc chercher pour acheter une voiture d'occasion. Elles sont extrêmement chères au Mexique, on va trouver une Ford pickup à double cabine, rouge. On rend donc son véhicule à Miguel après l'avoir réparé en plus.

J'ai cherché et trouvé à Pto Morelos mon ancien chauffeur et gardien de la villa, Abraham. Il est très content de nous retrouver. Sa femme et sa fille vont nous nettoyer la maison. On veut arranger au moins la partie d'en haut pour y habiter. Mais le toit est en très mauvais état.

Abraham se propose de nous l'arranger, ça va encore nous coûter un paquet d'argent. Et on saura plus tard que son prix était excessif.

Après avoir acheté des lits, des matelas, des ventilateurs, des tables et des ustensiles de cuisine, on peut enfin s'installer à la villa. Je me rappelle la première nuit où on a remplacé les gardiens des avocats, on était assis Yvonne, Ian et moi en train de voir le coucher du soleil, on était content d'avoir récupéré la villa. Mais je ne sais pas trop ce qui se passait dans la tête de Ian, entre la peur des autres qui tentent un sale coup, et l'entreprise qu'il allait commencer, ça devait cogiter. On a mis du temps pour aller dormir ce jour-là, surtout Ian.

Abraham nous a présenté un électricien/ plombier, très bon, qui nous avait bricolé l'installation électrique pour que l'on ait de l'électricité dans les zones où on allait habiter. Il nous avait également mis en marche les deux salles de bain de la maison principale.

La palapa de service n'était pas en très mauvais état, sa salle de bain non plus.

On cherche un gardien, surtout pour la nuit. Abraham nous a assuré qu'il nous en trouverait un pour le lendemain de notre installation. Mais il n'a point réussi.

Heureusement pour nous, le jardinier d'un des voisins, dont leur maison est à l'entrée du quartier, est venu nous voir pour nous demander s'il pouvait rentrer pour chercher des affaires qu'il avait laissées à l'ancien gardien, avant de partir à son village pour des vacances. On lui propose donc de nous servir de gardien le soir après son travail chez le voisin. On lui offre la chambre plus le petit déjeuner. Il lui suffira de faire quelques rondes sur la plage avant de dormir et d'être alerté au moindre bruit de l'extérieur puisque sa chambre a une fenêtre qui donne sur le chemin d'entrée. Miguel nous a prêté des talky walky, et grâce à eux on est en permanence en contact avec lui. Ce n'est pas que l'on soit peureux, mais on ne sait jamais avec ces gens-là.

On continue de toute façon à chercher un couple qui viennent comme gardiens et comme travailleurs domestiques.

Pour l'instant Ian n'a que des promesses d'investissement de ses copains, quelques-uns qui avait dit oui, se rétractent, d'autres doutes, et d'autres nouveaux s'intéressent.
Mais le capital dont il croit disposer est moindre de ce que l'on avait prévu. Je change donc de projet pour un moins ambitieux.
Juan , c'est le nom de notre gardien du soir, nous a recommandé un de ses neveux qui habite Tulum et qui vient de se marier. Mais le jour où il arrive il nous annonce que sa femme est enceinte et qu'ils ne pourra venir, mais a son tour il nous recommande ses oncles qui habitent dans l'état de Campêche, au sud de la frontière avec l'état de Quintana Roo. Et enfin se seront cela nos gardiens. C'est un couple d'une cinquantaine d'années, assez agréable. Elle nous fera à manger et lui il participera à bricoler un peu.

Des amis de Ian de Tequisquiapan sont venu nous rendre visite, un jeune couple, ça lui fait du bien, il déstresse un peu. Son copain Monín est également venu, ça a permis à Ian de faire la fête. Il sera d'ailleurs un des associés.
De notre côté, on reçoit tous les week-ends les amis. Il y a quatre couples qui ne ratent pratiquement aucun week-end. Rafael et Betty, Javier et Paty, Gerardo et Carmen, Jeff et Marty, les premiers restent souvent passer tout le week-end. Ça nous fait plaisir, on se régale souvent, surtout quand Ian fait ses barbecues. On boit également beaucoup.

La première chose à faire dans le chantier c'est niveler la propriété. On a des montagnes de sable que les ouragans ont emmené un peu partout et il faut une machine de chantier avec une grosse pelleteuse. Mais Ian n'a plus un sous. Victor, un ami du Brésil, va le premier débloquer une partie de son apport. Ce qui va nous permettre de louer la pelleteuse.
Pendant tout ce temps je demande des devis. Je cherche surtout le meilleur prix pour faire les palapas, car c'est le principal secteur de notre budget. Je voulais que ce soit Abraham qui le fasse, mais il demande trop et crois que je ne vais pas trouver meilleur prix. C'est vrai que je vais trouver quelque uns plus cher, mais pas trop. Et je vais en trouver un qui est presque moitié moins cher. En plus, il travaille avec le principal fournisseur de bois rustique de la région.
Pendant que l'argent arrive je fais travailler notre gardien et son fils pour retaper le bois des fenêtres et portes de la maison.
Ian est parti quelques jours à Tequisquiapan, j'espère que ça va lui faire du bien.
La société est crée, on va l'appeler « VILLA IGBA S.A. de C.V. » j'ai pris l'initiale de chacun de mes enfants. Et pour la villa on a choisi le nom de « villa KAAK NAAB » qui veut dire océan en langue Maya.

Je commence le chantier à la mi-février, lorsque Ian est à Tequisquiapan. Victor c'est le Palapero que j'ai choisi, il travaille bien et vite.
Pour les maçons, ce sont nos gardiens qui vont me sortir du problème. Tous les maçons que j'ai trouvés demandaient des sommes trop élevées. Ils me disent que dans leur petit village, il y a plusieurs maçons sans travail qui pourraient vouloir venir travailler ici. Ils pourraient dormir dans la palapa de service et Lety, l'épouse du gardien, leur ferait la cuisine. Le problème c'est que le village est à plus de cinq heures de route, donc ils ne voyageront que tous les quinze jours.

J'embauche pour commencer trois maçons. L'électricité et la plomberie je vais la faire faire par Luis, l'entrepreneur qui nous avait arrangé la maison à notre arrivée. Il est cher, mais il est bon, et je sais par expérience que c'est des secteurs où il ne faut pas faire des économies.

Ian veut que ça aille plus vite, et un jour ou l'on discute, ou plutôt que l'on se dispute, car je lui dit que je ne peux faire plus avec nos moyens. Les maçons nous écoutent et me proposent de faire venir d'autres collègues de leur village.
Ian accepte. Pour moi ça devient un peu plus difficile. Il faut que je gère la gestion des repas, car Lety est une bonne cuisinière mais les gâte trop. Elle veut leur donner de la viande matin, midi et soir. C'est une fortune. Je les vois grossir à vue d'œil.
D'ailleurs, ils reconnaissent ne jamais avoir mangé aussi bien. Donc je refais les menus. Je dois aussi faire les courses alimentaires et surtout des tortillas, ils en mangent tous les jours cinq kilos et elles doivent être faites le jour même .
Lorsque Ian est disponible, il m'aide pour les courses de matériel électrique ou de plomberie, le gros du matériel de construction est le seul qui est livré.
Tous les matins à huit heures je fais une réunion avec tous les travailleurs, on voit l'avancement et je détermine les tâches de la journée, et je fais un petit discours pour les encourager à travailler vite et bien.
Je vais petit à petit me rendre compte que ces travailleurs ne sont pas de véritables maçons. Ils ont appris la maçonnerie entre eux, car ils ont construit leur propre maison. Mais à part deux d'entre eux, ils n'ont jamais travaillé dans une entreprise de maçonnerie.
Ce sont tous des agriculteurs. Ils appartiennent à un ejido (coopérative) et ont des parcelles de bois.
 Après mon discours, je prends mon petit déjeuner avec Yvonne. Ensuite je vais faire un tour sur chaque partie du chantier pour vérifier le travail, je monte à l'étage ou on a fait une sorte de petit bureau et je fais le travail écrit. Je met à jour les comptes, la feuille de route que l'on partage avec les associés et je fais les designs des meubles, fenêtres et portes qui nous manquent.

Pour tout ce qui est menuiserie je vais également faire appel à ses paysans, dans l'ejido, ils ont une menuiserie tenue par un très bon menuisier qui travaille très bien les bois précieux dont dispose la coopérative, surtout la caoba et le cèdre.
Je lui envoie mes dessins, pour qu'il me fasse des devis, avec mon gardien lorsqu'il retourne à son village. Ils sont vraiment pas cher, j'ai fait faire des devis pour faire les portes vitrées et fenêtres en aluminium et ils sont trois fois plus cher. Donc on lance la fabrication en bois de caoba et cèdre.
Pour cela je vais aller à leur village, durant un week-end, avec nos gardiens et Yvonne.
On va loger chez eux. C'est une maison extrêmement pauvre. Il n'y a qu'une pièce en bois qui fait chambre et salle de séjour et où est installée une machine à moudre le maïs. C'est une de leur fille qui s'en charge, et pour quelques sous elle moule le Izamal (mélange de maïs et d'eau avec de la chaux) des gens du village. Nous on va dormir dans une pièce faite avec des cartons et du bois qui est la chambre des parents. La cuisine c'est juste un toit en tôle dans l'arrière cour avec une structure en brique où on fait du feu. Ils sont très gentils avec nous et essayent de nous gâter. Ils fabriquent dans un village à côté un excellent fromage avec lequel ils nous font des quesadillas avec des tortillas faites main.
Dans ce village il n'y a qu'un téléphone, et les portables ne passent pas, pour avoir un réseau, il faut monter sur une petite colline, qui est d'ailleurs une pyramide maya non découverte, et

couverte de terre et d'arbustes. Donc pour communiquer avec l'un d'entre eux, et surtout avec le menuisier, je dois appeler à ce téléphone, et la dame qui habite là, ou le téléphone est installé, appel avec un haut parleur la personne que l'on désire appeler. Je trouve cela très marrant. Tout le village sait qui est appelé. Le haut parleur sert aussi pour prévenir les habitants lorsque le pain de la petite boulangerie est près , ou lorsque les tamales que fabrique pour la vente telle dame sont près.

Le lendemain je vais voir le menuisier pour lui donner l'avance pour les travaux et être sûr qu'il a bien compris mes dessins. Ils sont fait très professionnellement, j'ai une formation en dessins industriels et j'ai énormément travaillé sur des dessins d'architectes, mais j'ignore s' il sait bien les lire. Après notre entretien je pense que oui. On établit un calendrier pour la livraison. Je suis conscient que je prends un gros risque, pas pour les meubles, dont j'ai fait des designs très simples, mais sur les portes fenêtres et les fenêtres. Car je donne des mesures d'espace qui ne sont pas encore construit. Je sais par expérience qu'il faut toujours mieux que ce soit le menuisier qui prenne les mesures existantes. Il suffit d'une erreur de ma part, ou de celle du maçon , ou du menuisier, dans une côte où un angle, pour que ce soit à refaire. Et le fabricant se trouve à 500 kilomètres de distance. Mais on ne peut pas faire autrement, Ian est pressé, il a fait des promesses à ses associés. Et je ne peux pas attendre que la maçonnerie soit finie pour faire la menuiserie. Je reviens content car j'ai pu voir la qualité du travail du menuisier, mais inquiet pour mes jambes, les 10 heures de route dans la voiture ne leur ont pas fait du bien.

Le chantier avance, et on doit attaquer la piscine. Ian veut à tout prix une piscine à débordement et aucun de mes employés n'a jamais participé à la construction d'une piscine. Il s'agit de ne pas nous planter dans les niveaux. En plus on a la difficulté que l'on n'a pas de sol stable, on va la construire sur du sable. Je fais le design et Ian l'accepte, il faut dire que je lui demande toujours son avis sur les designs mais il me fait confiance et ne me refuse aucun pour l'instant. Il est toujours nerveux et veut aider autant qu'il le peut. Il va surtout participer à creuser pour la piscine. Il fait très chaud et on n'a que des pelles pour creuser. On va donc commencer à travailler très tôt le matin, pour arrêter lorsque le soleil chauffe et continuer le soir.
Lorsque l'on finit de creuser, je vais mettre tout le monde sur le chantier de la piscine. Pour le recouvrement, on a la chance que Jeff, qui est le directeur de la maintenance d'une chaîne hôtelière de 5 hôtels, va nous vendre à très bon prix des mosaïques dont son entreprise n'en veut plus. C'est au moment où on est en train de commencer à poser ce recouvrement qu'une catastrophe va survenir.

Depuis que l'on avait repris possession de la villa, j'étais inquiet de la réaction des fraudeurs et je faisais attention lorsque je sortais. On n'avait pas non plus demandé de permis de reconstruction, je ne le pensais pas nécessaire, surtout parce que on était vraiment assez isolé et hors de vue, et si on venait nous vérifier, il était toujours temps de se mettre à jour. Un dicton mexicain dit qu'il vaut mieux demander pardon que demander la permission.
Ce matin-là j'étais assis à la terrasse de la maison principale en train de surveiller le chantier. Yvonne était partie avec Paty faire des achats pour elle en ville et Ian était également parti à Playa del Carmen pour acheter du matériel. Je vois un monsieur venir de la plage, accompagné de deux ou trois autres personnes, s'approcher de la piscine.
Il a un porte document à la main. Un de mes employés lui demande ce qu'il veut, et vient me dire qu'il est inspecteur de la municipalité et veut me parler. Je m'approche donc de lui, et il me dit,

venait voir, en s'approchant d'un tas de rochers que l'on a déplacé au bord de notre terrain lorsqu' on l'a nivelé. Je lui obéi, et au moment d'arriver aux pierres deux hommes sortent de derrière et me font voir leurs pistolets tout en me montrant un ordre d'arrêt à mon nom. J'étais tombé dans leur piège. Au Mexique on ne peut venir vous arrêter chez vous, c'est pour cela qu'ils m'avaient attiré hors de la propriété, même si j'y étais encore lorsqu' ils me menacent.

Ils me demandent de les suivre par la plage tout en menaçant les employés avec leurs armes. Je suis entouré d'une dizaine de personnes armées. Ils vont m'obliger à marcher par la plage jusqu'à un terrain non construit pour pouvoir me faire sortir jusqu'au chemin pour me faire monter dans une voiture. Pendant tout ce trajet je crois à un cauchemar et pour me donner du courage je commence à m'en prendre au monsieur qui m'a menti, car je me rend compte que c'est un avocat de la part des fraudeurs et que plusieurs des hommes armés, appartiennent à un service privé.
Ce parcours a duré très longtemps et ça a permis à mon gardien de téléphoner à Jeff et Jeff a réussi à localiser Ian. Au moment où l'on va passer la sécurité à l'entrée de la zone résidentielle Ian arrive, comme on lui a dit qu'il s'agissait d'un enlèvement, il saute sur le capot de la voiture, mais très vite les agents sortent leur plaques et lui disent de nous suivre.

Pendant le trajet, les agents me disent de me tranquilliser que tout va bien se passer, mais même si le juge peut finir par me libérer, je sais que je vais passer de très mauvais moments. Je connais des copains qui ont passé cette expérience, comme José Luis ou mes deux beau-frères.
On arrive au quartier de la police judiciaire et on me permet de parler avec Ian, il me dit qu'il a téléphoné à nos avocats et qu'ils ne vont pas tarder à venir. L'avocat de ces salaud est présent aussi, et je lui demande s'il n'a pas honte de participer à cette fraude et surtout de cette manière, il n'ose pas me répondre et pour éviter toute dérive les agents le mettent dehors. Ils font la même chose avec Ian parce qu'il me parle en français. Pendant ce temps, un agent est en train de remplir les papiers pour me mettre en dépôt à la prison. Je lui explique que je ne peux pas y aller car j'ai un traitement à prendre de médicaments plus un appareil pour pouvoir dormir, sinon j'arrête de respirer. Il me dit qu'un médecin de la police judiciaire va m'examiner. Je me rends compte que tout est une magouille. Les agents qui ont procédé à l'arrestation ne sont pas de cette ville, car au moment de remplir les papiers, celui qui écrit est obligé de demander leur nom aux deux agents qui m'ont emmené, car il ne les connaît pas. Et ceux-ci le leur donnent à voix basse pour que je n'écoute pas, et ne puisse leur faire un procès. Le docteur arrive, me prend juste la tension et me pose des questions sur mes médicaments. Mais il finit par autoriser mon transfert. Ils font tout ça en vitesse car ils veulent que je sois parti avant l'arrivée de mes avocats.
Au moment de partir, je demande à voir Ian, pour lui dire au revoir. Au début ils ne veulent pas, mais ils acceptent et ouvrent la porte pour que je lui dise que ça y est, ils m'emmènent en prison. Le pauvre se met à pleurer tout en criant, comme est-ce possible que celui qui se fait voler soit celui qui part en prison. J'imagine comment il se sent et j'en ai le cœur brisé.
Pendant le trajet à la prison je m'attend au pire, selon ce que l'on m'a dit, je vais être mis dans une pièce, sans chaise ni meubles, avec d'autres prévenus, s'il y en a à ce moment-là, Sans boire ni manger. Et cela jusqu'à ce que le juge décide de me voir pour décider s'il me garde en prison pendant mon procès, ou me libère avec ou sans caution. Et on est jeudi, et s'il ne veut pas me voir demain je risque d'y passer tout le week-end. Et je suis incapable de m'asseoir par terre ! Je ne pourrais me relever

On arrive à la prison, on me fait rentrer ou il y a un comptoir où je dois donner tout ce que j'ai sur moi, portefeuille, montre, chaîne, tout est listé. Les agents qui m'ont emmenés partent et les geôliers me font rentrer dans une salle où ils me demandent d'enlever mon pantalon. Je refuse, en leur disant que je suis handicapé et je lève mon pantalon pour leur montrer mes jambes bandées. Je leur donne toutes mes explications sur mon traitement. Les deux policiers- geôliers décident de m'emmener à leur infirmerie voir le docteur de la prison, pour le consulter.

Le docteur n'est pas là, c'est un prisonnier qui le seconde qui va m'examiner. Je lui ai expliqué ma situation sanitaire. Il me prend la tension qui est très haute et décide d'appeler le directeur de la prison. Celui-ci est très jeune, et le soit disant infirmier lui dit que c'est dangereux de me garder, et que je risque de leur claquer sous le nez.

Les deux vérifient la lettre de dépôt et remarquent que le médecin de la police judiciaire a noté que le prisonnier doit continuer à recevoir son traitement. Ils décident donc qu'ils peuvent très bien se saisir de cette phrase, pour m'envoyer sous garde, à l'hôpital général de la ville. Le directeur va donc appeler une ambulance et choisir deux policiers pour m'accompagner.

L'infirmier prisonnier qui pendant ce temps m'a dit qu'il est homosexuel et qu'il est en prison accusé d'avoir tué son amant, mais qu'il est innocent, et ce sont les policiers qui lui ont sorti les aveux en le torturant. L'ambulance arrive 15 minutes après, elle rentre dans la cour de la prison et on m'aide à monter avec beaucoup de difficulté.

Je vais rester en prison moins de deux heures. L'ambulance m'emmène à l'hôpital. Lorsque je descends de celle-ci, sur le parking, m'attendent trois des avocats spécialistes dans le pénal du cabinet et Ian. Je rentre par les urgences, accompagné d'un policier et d'un des avocats. On me reprend le poul, etc. Mais le médecin urgentiste ne veut pas me garder, car je ne suis pas en urgence sanitaire et ce n'est pas à lui de se charger des besoins de mon traitement. Le policier lui dit que s'ils me gardent en prison, je risque de leur claquer sous les bras. Et moi je dis ironiquement au policier et au médecin, qu'à ce moment-là, il m'acceptera sûrement en urgence. Comme les autres ne peuvent pas rentrer, je vais rester assis aux urgences avec mon ange gardien pendant qu'à l'extérieur les avocats discutent avec Ian. Je vais rester là au moins trois heures jusqu'à ce qu'ils trouvent un hôpital qui veut bien me recevoir avec mes policiers.

Enfin ils en trouvent un. Une autre ambulance vient me chercher pour m' emmener.

C'est un hôpital privé, je passe encore par les urgences et rebelote encore prise de tension, elle est maintenant très haute donc on me donne des médicaments.

On me donne une chambre individuelle avec salle de bain, et on donne deux chaises aux policiers pour qu'ils gardent la porte. Ian est parti pour aller chercher mes médicaments et mon appareil. Il est plus tranquille, il veut même rester avec moi, mais je lui dis que c'est inutile et qu'il faut aller tranquilliser sa mère. Pour l'instant on ne lui a rien dit, Javier et Patty sont restés avec elle. Mais elle s'en doute, et le plus grave c'est qu'elle va recommencer à boire.

J'ai assez bien dormi car je suis très fatigué, durant la nuit il y a seulement un moment où un policier m'a demandé s'il pouvait dormir dans le fauteuil de la chambre.

Le lendemain je téléphone de bonne heure à Alejandro, notre avocat qui est le coupable de cette situation, pour qu'il me sorte en vitesse de là.

Il me raconte que c'est un coup monté, que les policiers qui m'ont arrêté, ce ne sont pas de Playa del Carmen, mais de Cancún, et payés par les fraudeurs avec l'aide d'un magistrat du tribunal supérieur de justice de l'État. Mais que je ne m'inquiète pas il connaît lui aussi un magistrat dans ce tribunal.Une heure après, il me téléphone pour me dire qu' il a réussi à ce quele juge fixe une caution de 40,000 pesos pour me libérer.

Plus 10,000 euros pour des pots de vins à l'administration pour que cela soit fait rapidement. Je ne sortirai que tard dans la soirée, en plus on a dû payer 16,000 pesos à l'hôpital pour une nuit. Lorsque j'arrive à la maison Yvonne dort, elle ne se réveille pas et le lendemain elle ne me demande rien, elle préfère ne rien savoir pour se protéger des inquiétudes.

Le mardi matin je vais être présenté au juge pour que je déclare et qu'il décide de mon sort. Gerardo et Javier me servent de témoins. Je vais trouver nul mes avocats, au lieu de me laisser me défendre et mettre les choses au clair, ils demandent le droit que j'ai de garder le silence.

Avec la pression de son supérieur qui est un corrompu, le juge va me mettre en liberté conditionnelle et je vais être obligé de me présenter tous les mois au tribunal pour signature. On va bien sûr faire appel de cette décision.

Tout cela nous a mis en retard, car les employés sont tous partis sauf notre couple de gardien. Et il va falloir les faire revenir. En plus les salauds de fraudeurs nous ont accusé avec l'administration à cause du chantier. Bien que j'explique aux inspecteurs que ce n'est pas une construction, mais une réparation des dommages causés par l'ouragan et que l'on n' avait pas faite, ils me demandent des plans, que je n'ai pas, de tout ce qui était construit.

Il va falloir leur donner un pot de vin pour qu'ils ne nous ferment pas le chantier avant que l'on se mette en règle.

Le chantier a recommencé, ça avance bien. On continue à faire la fête les week-ends avec les copains. Yvonne va de temps en temps avec Patty faire les boutiques.

Pour tout ce qui est des meubles et de la menuiserie j'ai décidé de tout faire venir en même temps, je vais donc refaire un voyage voir le menuisier à son village pour verifier l'avancement, lui apporter de l'argent et lui faire d'autres commandes. On va donc refaire dix heures de route et dormir chez nos gardiens. Cette fois dans un véhicule loué car notre pickup est tombé en panne du système électrique et on doit lui changer le tableau de bord.

Ian va recevoir la visite de Tony, son grand copain, qui vient avec un autre copain qui s'appelle Jeremy. Ils ont décidé de participer à la société. Le problème c'est que l'on a qu'un seul véhicule et ils viennent bien sûr pour connaître le pays et s'amuser.

Donc il va falloir que je m'organise très bien pour les achats, car s'il manque quelque chose je n'aurai pas de voiture pour aller l'acheter en vitesse. En plus ils viennent pour 5 semaines.

Pour la décoration, et surtout les tableaux, j'ai pensé que l'on pouvait payer à Alec le billet d'avion pour qu'il nous fasse sur place quelques tableaux. Ils pourront venir en Juin, Laurine et lui, on sera dans les détails dans la villa et il y aura des chambres prêtes. Bruno et sa copine, qui s'appelle Camille, décident de venir aussi. C'est elle qui va lui prêter pour payer l'avion, car il est encore fauché. Mais ils ne viendront qu'une semaine plus tard que Alec.

La piscine est finie, il manque seulement le DECK en bois que je pense mettre autour de la piscine, mais le bois d'essence tropicale doit arriver avec le reste du bois.

J'ai loué le camion d'un de nos fournisseurs en bois de la région. Il est interdit de transporter du bois sans permis, et la coopérative de mes employés ou j'ai fait faire les meubles n' a pas le droit de vendre du bois, car ils sont punis pour avoir dépassé leur quota de taille. Mais ils ont le droit de le vendre une fois travaillé. Le camion va venir avec seulement la facture des meubles et j'ai peur que la police fédérale nous pose problème pour nous soutirer de l'argent. De l'arrivée de ce

camion dépend le succès du chantier, il doit normalement mettre 12 heures après avoir chargé, il va faire le chemin la plus grande partie la nuit. Je ne vais pas dormir tellement je suis nerveux. Mais le camion arrive sans problème, il est chargé à bloc.
On mettra toute la matinée à le décharger, les amis de Ian ont également participé.

Le problème c'est que le menuisier n'est pas venu comme il me l'avait promis, pour poser les portes et les fenêtres. Mes autres employés qui le connaissent bien m'avaient prévenu qu'il n'aime pas sortir de son village. Je n'arrive pas à l'avoir par téléphone et il faut avancer, donc je décide de monter avec les autres employés qui sont des agriculteurs et des maçons et qui n'ont jamais posé portes ou fenêtres. Comme pour la piscine ce sera la première fois pour eux.

Je suis content, car les meubles sont très bien faits, et les mesures des portes et fenêtres sont impeccables, et correspondent parfaitement avec les ouvertures faites par les maçons. Pour une fois je peux être fier d'avoir réalisé cet exploit.

Le DECK est enfin fini, l'autre épreuve de feu peut commencer. Remplir et faire marcher la piscine. C'est la première fois pour moi que je fais une piscine à débordement et j'ai installé la tuyauterie avec l'aide du fils des gardiens qui bien sûr n'y connaît rien, et les maçons n'ont jamais construit de piscine ni posé des mosaïques. On fait donc venir les citernes d'eau pour la remplir, le moment de vérité va venir lorsque le niveau de l'eau va arriver au débordement, il faut que l'eau déborde au millimètre près en même temps sur le bord de 5 mètres de longueur.

Je vais pouvoir dormir tranquille, c'est parfait. Maintenant il faut attendre le lendemain pour voir s'il n'y a pas de fuite, sur la maçonnerie je ne le pense pas, mais la fuite pourrait venir de la tuyauterie mal collé. Mais là également tout est parfait.
Il ne reste plus qu'à essayer le filtre et la pompe, pour voir si les jets d'eau que j'ai installés sur la plage de la piscine pour faire des fontaines fonctionnent, et là aussi c'est parfait. Je peux une nouvelle fois être fier.
Les amis de Ian me félicitent. Ils vont même mettre un peu plus d'argent dans la société car ils voient que l'on arrive à peine à finir le chantier.

Avec la piscine prête, on a de plus en plus d'invités les week-ends. Alec et Laurine sont arrivés, ils sont très contents, surtout Laurine, car elle va enfin connaître le pays de son compagnon, d'ailleurs elle essaye de parler espagnol avec les employés, c'est très chouette.
Pour Alec ça va être difficile de combiner l'amusement avec son travail de peintre, mais il va très bien réussir, et nous faire 5 grands tableaux. Surtout la nature morte, que l'on va accrocher dans la salle à manger, est très réussie.
Ils vont quand même bien s'amuser, ils partagent une semaine avec les amis de Ian avant que ceux-ci partent. Puis ce sera au tour de Bruno de venir avec sa copine.
Moi je continue le chantier, car la pression de Ian continue. Je dois installer les vitres des portes fenêtres. Ici également personne n'en a jamais installé, et il y une grande quantité a posé.
J'achète tout chez un fabricant à Playa del Carmen, il livre à domicile c'est déjà ça, je n'aurais pas de risque de cassure au transport.
Je vais tout poser avec l'aide seulement du fils des gardiens, avec la trouille de m'avoir trompé dans une mesure. Mais là aussi je ne vais pas me tromper et on ne casse aucune de la trentaine de vitres.

Pendant que Bruno passe sa dernière semaine, on reçoit la visite de Tito et de son fils qui viennent pour un week-end. On se fera avec lui des banquets de fruits de mer et on utilisera pour la première fois les jeux de société que Ian a acheté pour les touristes. Car le week-end où il vient, on a une belle tempête tropicale et on reste enfermé. Ça servira pour savoir que la menuiserie tient bien les vents forts.

Je commence à être trop fatigué, ça va faire 5 mois que je n'arrête pas, même quand il y a des invités j'ai des travailleurs à surveiller. Ian continue à me mettre la pression. Lorsque je lui dit qu'il ne fait que me critiquer et ne me félicite dans aucune de mes réussites, il me répond qu'il ne pensait pas que j'avais besoin de ça, pour lui je devrais être au dessus de ce besoin. Je lui dis que je me sens plus sous pression que lorsque j'avais un contrat de plus d'un million de dollars avec le club Med.

Mon couple de gardien a démissionné. Lui, il n'a pas supporté que je l'engueule car il ne trouvait pas un outil dont on avait besoin en urgence, car je l'avais nommé responsable de tout le matériel d'outillage.
Ils avaient pourtant un bon salaire, et j'avais donné du boulot à deux de ses enfants. Mais il n'a pu ravaler son orgueil. Le lendemain, sa famille me dit qu'il le regrette beaucoup. Je ne critique pas son orgueil quand il est juste de le ressentir, mais étant la première fois que je monte le ton et pas la première fois qu'il commet une erreur, il aurait pu s'énerver et se calmer après. Mais à cause d'un coup de sang, il a foutu par terre ses revenus et ceux de sa famille.
Depuis le temps que je travaille avec des mayas, j'ai appris qu'ils ont une tout autre idée que nous du passé ou du futur, c'est juste le présent qui compte. Si aujourd'hui ils disposent de ce dont ils ont besoin, ils ne vont rien faire, qui ne leur deplaise, pour que ceci continue dans le futur. Ils sont extrêmement doués, ce qui leur permet de s'en sortir, mais ils n'auront aucune responsabilité envers les autres. C'est la femme d'un de mes employés du même village qui va venir pour faire la cuisine.

Il ne reste que des détails à faire dans la villa, j'ai beaucoup diminué le personnel, j'ai gardé une paire de maçons pour finir le bungalow de Ian que l'on est en train de construire. Il est derrière la maison principale et le cenote. Le problème c'est que la brise de la mer n'arrive pas à rafraîchir et il y fait très chaud.
Ian n'a plus de visite, donc il s'est davantage intéressé à finir le chantier, surtout sur le nettoyage final, on finit par acheter les meubles, lits et matelas qui manquent. Ian a profité des sorties avec ses frères et amis pour acheter la décoration. Il a réussi à faire rentrer encore un peu d'argent, mais c'est lui qui gère.
J'ai de plus en plus mal aux jambes et j'ai décidé de rentrer. Ian n'est pas d'accord car ce n'est pas totalement fini. Je lui dit que sa mère et moi on n'a pas eu de repos, que l'on est jamais allé au restaurant ni fait des sorties. Il suffit de lui demander, me dit-il, et il va me donner l'argent pour que l'on invite Patty et Javier boire un verre et dîner à Pto Morelos. Si je lui avais fait remarquer cela, ce n'était pas un reproche, car c'était totalement normal qu'ils s'amusent entre jeunes et en plus on avait qu'un seul véhicule.

Le départ approche, une grosse fête va s'organiser pour notre départ, il y en même qui vont pleurer. Ian sort avec une Argentine, je ne vois pas d'un très bon œil cette fille, mais au moins je ne le laisse pas seul. On a nos premiers clients, ce sont les parents de son ami Monin de Tequisquiapan, ils veulent tous les services, avec tous les repas inclus. Ian leur fait quand même un prix.

On part enfin, Ian reste, avec comme employés le fils des gardiens à qui j'ai appris la maintenance et l'opération de la piscine, plus un de mes meilleurs employés, pour finir les détails, et sa femme pour les repas. Et la femme de Juan, notre premier gardien pour le nettoyage. Je suis un peu inquiet, il n'a plus un sous, il a tout fini avec les derniers achats pour la cuisine et les rideaux.

La Villa fini

Notre voyage de retour se passe bien, mais il a été extrêmement long, c'est Alec qui est venu nous chercher. On va en arrivant aller dîner chez Guy et Fanny et là on va voir tous les enfants et leurs copines, et je leur montre les photos de la villa finie, je suis vraiment très fier du résultat . Puis ils vont nous ramener chez nous. Laurine et Alec ont été extrêmement gentils, avant notre arrivée, ils ont fait le ménage à la maison. Ça leur a coûté toute une journée, les chattes avaient tout sali, et avec l'humidité tout était moisi.

Depuis l'aéroport j'ai téléphoné aux infirmières pour qu'elles viennent me faire le soins de mes jambes. Et lorsqu'elles sont venues me faire les soins le lendemain de notre arrivée, on voit le dégat du voyage sur mes plaies. Déjà c'était assez moche et douloureux avant de prendre l'avion, mais là on dirait qu'un requin m'a mordu.

Je prends rapidement rendez-vous avec mon médecin, qui vu l'état, m'envoie chez un dermatologue, qui lui me dit qu'il faut m'hospitaliser car c'est trop difficile de guérir à la maison, et me fait un courrier pour l'hôpital.
Je me rend à l'hôpital de La Rochelle en sortant du dermatologue puisque c'est à côté.

Au secrétariat de dermatologie on me dit que l'on ne peut hospitaliser de cette façon, ce c'est pas un médecin de ville qui décide, qu'il faut que je prenne rendez-vous, et ceux-ci il n'y en a pas dans l'immédiat, la secrétaire me dit que j'aille en salle d'attente pour attendre un docteur et voir quel jour on pourra me recevoir. Et lorsque je m'en vais , un infirmier qui a tout entendu, me rattrape, et me dit de ne pas m'inquiéter , me demande de lui laisser la lettre et un numéro de téléphone et qu'il m'appellera.
Comme on est en train de faire la vente pour Guy sur son stand, la saison vient de commencer, je rentre au stand ou Yvonne m'attend. Il y a des moments où la plaie me fait très très mal et je ne sais quoi faire. Je suis dans une de ces crises lorsque l'infirmier m'appelle. La cheffe du service, une dermatologue très connue, va me recevoir le lendemain à midi. Je suis extrêmement reconnaissant envers mon infirmier.

Ce sont des sauvages à l'hôpital, ils vont me faire extrêmement mal en nettoyant mes plaies, mais on va me poser des nouvelles bandes qui sont très chères , mais très efficaces. Avec les soins de mes infirmières je vais très vite m'améliorer.

Cette saison, Guy veut que l'on fasse la vente pour que lui puisse fabriquer chez lui.
Alec a préféré faire la cueillette des melons cette saison, et je lui ai filé la Renault Scenic, car il doit faire un peu de route. Bruno fait encore une saison comme sauveteur et prend l'Opel. Donc nous on fait la route pour le marché avec l'AX. Heureusement on ne fait que la vente, c'est Guy qui monte le stand, et nous on le remplace à 1 heure de l'après-midi, il rentre à son atelier avec la AX et vient nous remplacer vers 10:30 pour finir la vente et remballer.

Ian a très bien réussi sa semaine avec ses premiers clients. Pour l'installation des air conditionné dans les chambres, il a dû les payer avec un chèque, qu'il a donné pour l'encaissement dans 15 jours. Mais il n'a pas d'argent. Et le fournisseur le menace de poursuites
On a commencé à inscrire la villa dans plusieurs sites d'annonces. Il nous faut un acompte en vitesse pour que Ian n'ait pas de problème. Mais la solution viendra encore de ses amis, le beau-frère de Monin veut participer à l'association et cela va le sauver.

Pour sortir du Mexique j'ai dû demander la permission au juge, et il me l'a donné car j'avais le papier où était marqué mon rendez-vous annuel à l'hôpital de Rochefort avec le docteur Tomboura, mon pneumologue. Et un mois après mon retour, les avocats m'ont appelé pour m'informer que le magistrat fédéral en appel avait déclaré mon arrestation totalement illégale. Donc de ce côté là c'était arrangé, et on pourra demander le remboursement de la caution.

Ian a des soucis à la villa et je me désespère de ne pouvoir l'aider. Mon maçon et sa femme ne sont pas revenus de leur week-end de repos. Et une semaine plus tard, c'est au tour du fils de nos anciens gardiens qui lui fait le même coup, et sans le prévenir, il ne revient plus. Heureusement que l'argentine, avec qui il sortait, lui a permis de s'introduire dans le milieu

des argentins, et des frères jumeaux vont décider d'aller habiter avec lui, et l'aider en contrepartie du gîte. L'avantage c'est que ce sont des jeunes très bien formés, l'un d'entre eux s'y connaît en informatique et va lui faire son site internet pour la villa et l'autre qui est photographe va lui faire les photos.
On va passer des jours très inquiétants, mais enfin les réservations vont finir par arriver. Surtout la réservation de Noël qui se facture trois fois plus chère. Presque toutes les réservations viennent par le nouvel opérateur pour louer votre maison à des touristes, Airbnb. Et on est payé qu'à l'arrivée des clients. Il faut donc une trésorerie.

Économiquement Yvonne et moi on est un peu bouleversé. Le fait d'être à la retraite à signifié pour nous une baisse de 400 euros d'allocations. Lorsque l'on était sur le chantier pas de problème, je devais payer juste notre loyer et nos crédits et d'autres mensualités.On ne dépensait pas grande chose. En arrivant à La Rochelle ça a été difficile.
On a commencé presque immédiatement à notre arrivée à aider Guy sur le marché, et il nous a beaucoup aidé financièrement. Pour ne pas devoir les déclarer, il nous donnait les chèques qu'il recevait, et à la fin de la saison ça nous apportait davantage que les 400 euros que l'on avait pactiser. Mais après la saison j'ai bien dû le lui rappeler.
Cette saison m'a beaucoup plu. On ne devait ni déballer, ni remballer, ni arriver tôt, ni partir tard. Et on voyait les copains. On ne mangeait plus ensemble mais c'était quand même assez convivial. En plus, Guy vendait de plus en plus, ce qui me faisait beaucoup plaisir.

A la fin de cette saison, Alec et Laurine sont partis vivre à Toulouse. Alec n'avait pas aimé le master qu'il avait fait à Rennes et en à trouver un autre à Toulouse. Laurine est déjà infirmière et n'a pas eu beaucoup de problèmes pour trouver du boulot. Elle va d'ailleurs très rapidement acheter un petit appartement. Bruno reste toujours dans son petit appartement de La Rochelle et continue son master. Cette fois-ci Guy est parti en vacances avec son ami Charly en Indonésie. Du côté de Ian, enfin la villa fonctionne, depuis le mois d'octobre on a commencé à gagner de l'argent. J'aide de mon mieux depuis la France. C'est moi qui fait les statistiques et les comptes de l'entreprise. Je fais également les plans et les dessins des changements et améliorations que l'on fait à la villa. J'y passe beaucoup de temps et je ne m'ennuie pas du tout. J'ai également aussi pris la trésorerie de GSMA. Ça me prend aussi du temps, mais je vais changer leur système, je me suis rendu compte qu'il y avait des trucs assez louche dans les comptabilités, je vais numériser la comptabilité et les ventes des boutiques pour plus de transparence, les ventes s'inscrivent en ligne et tout le monde y a accès en temps réel . De cette façon, plus de magouille. Je me suis rendu compte de la disparition de plus de 3000 euros lors du précédent bilan.

Je suis assez content et fier du résultat de la villa, nos clients adorent. Surtout l'aire de la piscine en face de la mer.
Ian et son équipe ont beaucoup de succès et reçoivent de très bons commentaires. En plus, les offres gastronomiques qu'ils donnent aux clients ont beaucoup de succès.
Le problème qu'a Ian avec son personnel argentin, c'est qu'ils sont de passage et ils va falloir les remplacer.

Ce Noël on va le passer chez Alec et Laurine à Toulouse. Comme Laurine est nouvelle dans son hôpital, c'est à elle d'être de garde le soir du réveillon. C'est pour cela que l'on va se déplacer tous les quatres chez eux, Fanny est allé passer les fêtes chez sa mère.

Alec est très content de recevoir sa famille chez eux. C'est un très joli appartement. Je n'aurais jamais cru qu'Alec soit si soigneux et attentif à la propreté. Il m'engueule si je sali,ou si je laisse traîner quelque chose. Il nous reçoit avec un très bon dîner. Laurine est de nuit donc on ne va la voir qu' au début de l'après-midi du jour suivant.
On va passer un très bon Noël, tout le monde a été très généreux et on va en sortir avec plein de cadeaux. Pour ma part, ce sera ce Noël où je serai le plus gâté.
Ian l'a passé à la villa avec des copains qui sont venus de Tequisquiapan.

L'année 2016 va s'écouler sans grand changement. Je passe la plupart de mon temps à la comptabilité de l'entreprise de la Villa et à aider Ian sur ce que je peux. Il faut suivre les problèmes juridiques. Et on n'est pas tranquilles, nos avocats n'avancent pas. Il faut également discuter avec les associés, pour les tranquilliser sur leur investissement. Je dois faire des graphiques et des tableaux d'amortissement pour chaque situation. Les statistiques me prennent du temps également. Ce n'est pas simple de gérer tout cela à distance, surtout que l'interlocuteur que j'ai, change tout le temps. Ian n'arrive pas à avoir un gérant qui reste.
Comme la différence d'horaire me laisse toute la matinée sans pouvoir communiquer avec la villa . C'est à ce moment-là que j'ai décidé d'écrire ce livre, pour m'occuper. J'ai également recommencé à dessiner.

Alec a pu trouver un travail avec un contrat étudiant à Carrefour, ça va beaucoup l'aider, car la bourse qu'ont les étudiants est une honte. Laurine et lui viennent à La Rochelle lorsqu'ils le peuvent. Bien qu'ils se soient fait des copains à Toulouse, leur famille et amis d'enfances sont ici. Alors on les voit souvent.

Guy et Fanny continuent à habiter leur petite maison d'Aytré. Guy ne veut plus faire les ventes de printemps, il préfère fabriquer et faire seulement la saison d'été. Fanny a fini une formation de BTS en vente en ligne, et elle a trouvé du boulot a Poitiers, ils vont partir après la saison. Comme elle n'a plus la voiture de fonction, ils se sont acheté une petite voiture. Ils ont maintenant un chien, un petit Chihuahua femelle "Nala". Ils en sont fous.

Bruno continue son Master et fait ses stages dans le secteur bancaire a Nantes, il a encore changé de copine. Il me tarde qu'il trouve enfin la bonne, mais je comprend qu'il veut prendre son temps

Une année complète d'opération de la villa se termine. Le chiffre d'affaires est assez correct. Il représente trois fois ce que l'on a dépensé dans la construction. Je crois que l'on dépense trop, bien que le bénéfice soit d'un peu plus de 25%. On donne un service comme si on était un hôtel, et la concurrence ne le fait pas. Le bénéfice pour l'instant est réinvesti, utilisé pour les avocats et pour payer les dettes.

Un nouveau Noël arrive en vitesse. Cette fois-ci Fanny reste pour le réveillon on sera les cinq, plus elle. Mais cette fois-ci les vacances seront courtes, tout le monde partira le 25 ou le 26 a cause du travail. On est de plus en plus seul Yvonne et moi.

L'année suivante, tout suit son cours. La villa marche bien, mais juridiquement on a encore des problèmes. Les fraudeurs nous contre attaque avec un autre procès et n'arrête pas d'essayer de nous envoyer tous les inspecteurs de Playa pour qu'ils nous empêchent de travailler.

Bruno va faire son master deux en alternance, dans une entreprise multinationale canadienne qui offre des services informatiques. Il va donc déménager à Nantes.
Ce qui fait que cette fois-ci nos enfants ne sont plus près de nous. Ian au Mexique, Guy a Poitiers, Bruno à Nantes et Alec à Toulouse.

En ce début d'année je suis content car je n'ai plus de plaies aux jambes. Mais ma bonne santé ne va pas durer.
A la fin de ce mois de mai, qui est très chaud, un mercredi après-midi, la veille du jeudi de Pentecôte, je commence à avoir mal à l'estomac. Mais ce n'est pas une douleur très localisée et je commence à me sentir mal, mais pas comme si quelque chose que j'avais mangé ne passe pas, je n'avais pas de nausées. Je vais me coucher. Le lendemain matin je me sens un peu mieux, et j'arrive à manger des œufs au plat.
Mais la douleur reprend, et je monte me coucher. Je ne peux pas appeler mon médecin car c'est un jour férié. Dans l'après-midi j'essaye de manger un peu de pâtes, car j'ai faim, mais ça ne passe pas. Je ne suis plus allé aux toilettes et je crains que ce soit une obstruction des intestins. Dans la soirée, Ian et notre avocat me téléphone comme quoi je dois me présenter au tribunal pour faire un témoignage et pour refaire en présence du juge des échantillons de ma signature, pour faire une étude graphoscopique. Et ceci dans pas longtemps. Je n'ose leur dire dans quel état je me trouve. Je me sens très mal pendant la nuit. Vers 5 heures du matin je me réveille en tremblant de fièvre. Et à 7 heures du matin je réveille Yvonne pour que l'on aille aux urgences. Lorsque je marche de la voiture à l'accueil, je me sens extrêmement mal. Les urgences sont pleines. Une heure après on me fait passer pour prendre la température et une prise de sang. Je retourne m'asseoir à l'accueil et bientôt un infirmier vient me voir pour me dire qu'ils vont bientôt me passer dans une chambre des urgences. Ce qui pour moi signifie que j'ai bien quelque chose. Peu de temps après je passe dans la chambre et après avoir revêtu leur blouse on me fait faire des radios. Pendant toute la journée jusqu'au début de l'après-midi, des médecins urgentistes vont m'ausculter. Jusqu'à ce qu' un chirurgien vienne me voir et décide de me faire passer un scanner.
A la sortie du scanner lorsque l'on m'emmène de retour dans la chambre, le chirurgien et un autre docteur, un anesthésiste, rentre en même temps que moi et m'annonce que j'ai mon apéndice qui est nécrosé, un autre médecin rentre avec un électrocardiogramme. Et lorsque l'on nous dit qu'il faut opérer immédiatement, je vois Yvonne pour la première fois s'inquiéter sérieusement et m'embrasser lorsque l'on m'emmène.
Ce jour-là on avait organisé avec Jean Jacques une fête pour faire une sorte de fête de la musique avec un groupe de musiciens de notre connaissance. Et Bruno va venir de Nantes avec un copain, donc je lui ai téléphoné depuis l'hôpital pour voir à quelle heure il arrivait et s'il pouvait passer chercher sa mère à l'hôpital. Mais comme il arrive un peu tard, j'ai dû faire appel à Jean Jacques pour qu'il vienne chercher Yvonne. Mais je suis tranquille de savoir que Bruno va être avec sa mère dès ce soir.

Avant de rentrer au bloc opératoire, tous les médecins et infirmières me disent la même chose: « ne vous inquiétez pas on va vous sortir de la » ce qui veut dire " c'est grave vous risquez d'y rester".

Je vais me réveiller vers 11 heures du soir, il n'y a qu'une infirmière dans la salle de récupération qui me dit que tout c'est bien passé. Je n'ai aucune douleur, de toute façon je dois être bourré d'anastelgiques.

Ce n'est que le lendemain matin que, lors de la visite du chirurgien, je vais savoir ce qui c'est passé. Donc j'avais une péritonite, heureusement localisée à l'appendice, il était moins cinq que j'arrive à l'hôpital. Ils avaient eu des problèmes pour m'opérer, car vu mes problèmes respiratoires, on ne pouvait pas m'injecter l'air pour pouvoir m'opérer avec les nouvelles technologies, et ils avaient dû m'opérer à la manière classique, en ouvrant l'abdomen. Et avec mon énorme ventre et tout le gras que j'ai, ça a été assez compliqué, mais qu'il avait bien réussi à nettoyer et tout c'était bien terminé. Seulement l'ouverture était très grande.

Je suis resté un jour sans me lever avec des sondes partout, mais le deuxième jour j'ai pu voir la plaie.

Maintenant le problème c'était que j'en avais pour quelques jours d'hôpital. Et Yvonne était seule. Pour l'instant Bruno était ici pour le week-end mais devait partir.

Pour moi la seule solution c'était de faire venir Christina, ma sœur, pour qu'elle aide Yvonne et puisse la conduire ou elle aura besoin. Ian, avec l'argent de la villa, va lui trouver un billet et elle sera rapidement avec Yvonne.

Maintenant l'autre problème, c'est que je ne peux pas voyager. Et le juge de Playa del Carmen a fixé une date pour que je me présente. Pour être excusé, je dois présenter un certificat médical, lequel doit être approuvé par l'ordre des médecins et légalisé par la cour de cassation pour qu'il soit valable à l'étranger. Tout ce procès se fait à Paris et il est urgent de le faire pour que le papier arrive à temps.

Je vais réussir à tout coordonner depuis l'hôpital, et heureusement Bruno va pouvoir se déplacer à Paris pour réussir à tout faire en un temps record.

Ma plaie va s'infecter, et elle donne beaucoup. L'Une des chirurgiens décide de me brancher a un Vac, c'est des petites machines qui aspirent les liquides de la plaie et aide à la cicatrisation. Seulement c'est nouveau, et dans ce secteur de l'hôpital, les infirmières ne l'ont jamais utilisé. C'est la chirurgienne, qui a pris cette décision, qui l'a mit en place, plus tard je saurai qu'elle l'avait mal installé. Ma plaie est très impressionnante, au moins quinze centimètres de long et profonde de 8 cm.

Cette machine est très stressante. Une alarme sonne lorsqu'il y a fuite ou lorsque le réservoir est plein. Tous les matins je dois attendre que l'on passe me faire mes pansements en dernier, car je suis le dernier de la tournée à cause de l'infection et ainsi éviter que celle-ci ne soit transmise à d'autres patients. En plus le vac nécessite une ambiance stérile au moment de changer le pansement. Et comme celui-ci se fait un jour sur deux, à chaque fois c'est une infirmière qui ne connaît pas le système, donc à chaque fois je suis stressé.

Ma chambre sent très mauvais à cause de l'infection et les docteurs sont inquiets, je le sais car le chef du secteur n'y va pas par quatre chemins. Il dit que l'on ne va jamais s'en sortir et qu'il faut opérer pour nettoyer bien cette plaie et enlever tout ce qui est pourri.

Je vais donc repasser au bloc, et le même chirurgien va très bien nettoyer la plaie et l'infection disparaîtra.

Pendant tout ce séjour à l'hôpital, j'ai pu continuer à faire la comptabilité de GSMA et de la villa sans problème. Yvonne et Christina sont venues me voir tous les jours. Laurine m'appelle très souvent pour prendre de mes nouvelles et s'intéresser à l'évolution de la plaie par intérêt professionnel également. La pauvre avait également son père à l'hôpital à cause d'une maladie auto-immune.

Je vais passer un peu plus d'un mois à l'hôpital. J'ai toujours cru que j'allais perdre du poids. Tout le monde m'a dit que l'on perdait beaucoup de poids lors d'une appendicite et encore plus lors d'une péritonite. Un des frères de Laurine avait perdu 20 kilos. Et bien moi, à ma grande détresse je ne vais perdre que 5 kilos.

Je vais sortir de l'hôpital avec une machine accrochée à moi, qui va m'accompagner partout car elle va en permanence aspirer les sécrétions de la plaie. Et le soir je vais être branché à deux machines , car j'aurais également mon appareil à pression positive pour respirer.
Je suis à la maison en hospitalisation à domicile, c'est à dire que je suis suivi directement par l'hôpital de la Rochelle, et que les infirmières, qui sont d'ailleurs la même équipe qui me faisait les soins des jambes, sont au ordre de l'hôpital et que c'est lui qui pourvoit tout le matériel nécessaire à ma guérison. Le lendemain de ma sortie, un technicien va venir pour montrer aux infirmières la façon d'utiliser l'appareil et comment installer le vac à chaque changement de pansement.
La première nuit à la maison est une catastrophe, l'alarme de l'appareil me réveille le matin de bonheur car il a une grosse fuite. J'appelle l'hôpital et ils m'envoient une de mes infirmières enlever l'appareil et faire un pansement normal en attendant le technicien. Le liquide, qui n'est plus aspiré, a une odeur extrêmement mauvaise.
Lorsque le technicien, dans l'après-midi, fait la démonstration, je me rends compte que pendant tout ce temps, aucune des infirmières à l'hôpital avait correctement réalisé l'opération.

Ça va prendre deux mois pour que la plaie se ferme. Il est grand temps d'aller au Mexique pour arranger les problèmes juridiques. Et surtout de me défaire de Christina, laquelle je ne supporte plus. Elle a été gentille de nous aider, bien que ce ne fut pas du tout un sacrifice pour elle. Venir en France, tous frais payés, manger tout ce qu'elle désire, s'acheter plein de conneries, elle va rentrer surchargée, pour juste avoir à conduire de temps en temps, et à cuisiner également de temps en temps, ce n'est pas un sacrifice.
Mais elle n'arrête pas de critiquer, surtout Yvonne et elle est insupportable, elle se mêle de tout.
On va donc partir avec elle vers Cancún et de la, elle va prendre l'avion pour la capitale, mais elle veut rester quelques jours avec nous à la villa.

Le problème pour moi, c'est que deux semaines avant de partir mes plaies se sont ouvertes sur les deux jambes, et de très mauvaises manières.
Je vais emmener avec moi le plus de pansement possible , et Bruno va m'envoyer par DHL un paquet avec plus de pansement qui va jamais arriver, car bloqué par la douane. Je vais beaucoup souffrir pendant tout le séjour à la villa, et Yvonne va faire des miracles pour éviter que les plaies ne s'aggravent .

Ian n'habite plus la villa, il loue maintenant un appartement à Playa del Carmen. Il ne supportait plus le fait d'être tout le temps dérangé par les employés, il n'avait plus de vie privée. Donc lorsque la villa est occupée par des touristes, on va dormir chez lui.
C'est pour cela qu' en arrivant on va directement chez lui pour un soir et le lendemain on va aller à la villa. Il nous a très bien reçus, chez lui.

Mais le lendemain, lorsque l'on arrive à la villa, je pense qu'il va donner l'ordre aux personnels de nous gâter. Mais pas du tout, il ne vont même pas changer les draps du lit, on va utiliser les mêmes qu'ont utilisé les touristes.

On va rester quelques jours à la villa, je vais me présenter ces premiers jours au tribunal pour faire ma déclaration qui va bien se passer.

Des touristes vont arriver, c'est la femme de son meilleur pote qui vient passer quelques jour avec des copines pour un enterrement de vie de jeune fille.

Ian nous demande de dégager assez tôt les chambres et de l'attendre dans la palapa de service pour que le personnel fasse le nettoyage. On va y passer toute la matinée, et il va se fâcher parce que je lui téléphone pour savoir à quelle heure il arrive.

Il va nous traiter cette journée comme des moins que rien. Même Christina, a qui ses enfants lui manquent de respect tout le temps, est étonnée.

Pendant tout le trajet vers son appartement, il ne nous dirige même pas la parole.

Le lendemain Christina part. Mais Ian continue avec son comportement. Il nous interdit de manger quoi que ce soit qui grossit, car il est au régime et ne veut pas de tentation.

La crise éclate lorsque, à un moment où on ne l'attend pas et qu'on est en train de manger des quesadillas, il nous surprend en entrant. Il nous engueule, nous dit qu'il ne peut pas compter sur nous et qu'il préfère aller à l'hôtel tant que nous serons là. Je lui demande de nous comprendre que c'est normal que l'on cherche à manger ce qui nous manque en France de la nourriture d'ici. Je lui dit que c'est nous qui allons aller à l'hôtel puisque c'est sa maison et je commence à chercher un petit hôtel sur Pto Morelos et dit à Yvonne de ranger nos affaires.

Pendant que je cherche, il reste là à jouer à son jeu vidéo FIFA. Lorsque je fini par trouver, le lui demande de nous emmener, et demande à Yvonne si elle est prête.

A ce moment-là, Yvonne se met à pleurer. Il faut que je vous dise que Yvonne, bien qu'auparavant pleurait pour un rien, ne pleure plus depuis qu'elle prend ses antidépresseurs. Ian, bien sûr, lui demande ce qu'elle a. Elle lui répond que c'est parce qu'elle voit qu'il n'est pas content que l'on soit venu. Je lui dis que ça fait une éternité que sa mère ne pleure plus.

Ian, à ce moment, je vois qu'il se sent très mal et il le lui dit. S'ensuit une discussion entre les deux. L'un demandait compréhension et l'autre ne demandait, comme moi qu'à comprendre. Après Ian va demander à sa copine, l'adresse d'un coiffeur pour emmener sa mère en signe de paix. Nous resterons chez lui.

J'avais peut-être oublié de vous le dire, mais Ian sortait depuis plusieurs mois avec une jeune fille originaire de Mérida. Elle est un peu jeune pour lui, mais elle est assez mûre, elle a déjà passé un an au Japon sans ses parents.

Au début, on sentait Yvonne et moi, qu'elle ne nous aimait pas trop. Mais c'est peut-être ce que Ian lui avait dit sur nous.

C'est la saison basse à Cancún. Donc plusieurs de nos connaissances veulent en profiter. Mon frère et sa famille ont un mariage au Mexique d'une de leur nièce. Ces enfants veulent en profiter pour venir passer quelques jours à la villa avec des copains.

Mon frère et Norma veulent également venir . Juan, mon copain de l'université qui habite Querétaro va nous visiter avec sa femme également. Et tous les frères de Ian avec leurs copines, et quelques amis, vont venir passer une vingtaine de jours.

Ian va encore me reprocher plusieurs fois d'être présent. Il ne voulait pas de ma présence lorsque ses cousins sont venus, il me dit qu'ils ne se sentent pas à l'aise pour faire la fête. Moi je ne le pense pas, ils savent que je suis très libéral et en plus je me couche tôt, donc je ne crois pas que Michelle lui ait dit quelque chose. En plus la plupart du temps mon frère était présent aussi. Lorsque ses frères sont arrivés, il a été assez correct avec nous, sauf lorsque j'avais donné l'ordre à l'un des employés pour qu'il fasse les courses de ses frères et copains et que je lui ai donné l'ordre de mettre dans les chambres des échantillons de savons et shampoing que l'on met à disposition des touristes.

Pour moi, ses frères avaient le droit aux services de la villa de la même façon que lui l'avait ordonné que ça ce fasse pour la femme de Santiago et ses copines. Les employés étaient payés de toute façon. Une autre fois j'ai pété un câble parce qu'il avait osé me demander d'aller passer quelques jours à son appartement pour laisser la place à ses copains car il n'y avait pas assez de chambres.

Je ne sais pas pourquoi Ian ne me supporte pas dans la villa. Je sais que des fois il peut exister une petite guerre de génération. Mais à certains âges ça passe. Ian a beaucoup d'amis qui ont des parents qui ont de l'argent. Et il peut peut -être me reprocher de ne pas en avoir eu pour lui faciliter la vie, même inconsciemment. Ça m'est arrivé à moi avec mon père lorsque jé n'avais que des amis riches.

Ou peut-être le fait de savoir que j'avais eu de l'argent et que je n'ai pas su le conserver. Je ne sais pas. Mais je sais qu'il nous adore et il nous l'a démontré à mainte reprises Enfin les deux mois que l'on va passer là-bas, vont être de très bons souvenirs.

Mes enfants et ses amis avaient mis des mois à faire des économies et à organiser ce voyage au Mexique. C'était la première fois qu'ils retournent au Mexique tous ensembles. Et la première fois que Bruno et Alec reviennent à Tequisquiapan. Ils étaient à leur arrivée passer deux trois jours voir leur grand-mère.

Ils voulaient surtout, et Ian aussi, passer entre eux de bonnes vacances. Mais Claudia, ma belle sœur, et son copain se sont auto invités. On a pas pu les empêcher sans les vexer. Mais lorsque Monica, mon autre belle sœur, nous a annoncé qu'elle allait passer à la villa pour nous laisser ma belle-mère pour qu'elle passe une semaine avec nous et les enfants, j'ai dit non, puis elle s'est disputée avec moi. Je lui ai rappelé qu'il y a un an, elle était passée avec deux copines, et après s'être soûler, elle avait dit aux amis et employés de Ian, que des saloperies sur moi. Elles sont de toutes façons venues à Pto Morelos pour voir les enfants et Yvonne, mais n'ont pas osé venir à la villa. Depuis, Monica n'arrête pas de m'insulter sur les réseaux sociaux et je n'ai plus jamais parlé avec ma belle mère ni avec elle.

Un des grands moments du voyage fut lorsque l'on est allé à Bacalar. La villa était occupée pour 4 jours, donc Ian nous a loué une villa au bord de la lagune. Je crois vous avoir déjà parlé de cette lagune, mais pour que vous n'ayez pas à revenir sur les pages, il s'agit d'une très belle lagune au sud de l'État. Ses eaux turquoise sont un véritable paradis. Lorsque l'on a pris la décision de construire un pôle touristique dans cet état du Mexique, on a hésité entre Cancún et Bacalar, on a choisi Cancún juste par sa proximité à vol d'oiseau des États unis.

La villa n'est pas très belle, mais assez pratique, mais surtout elle est construite dans un terrain paradisiaque au bord de la lagune. Comme ici on n'a pas de service, on va bien s'organiser et tout le monde va participer à faire les repas.

Après ces très belles vacances, les enfants sont rentrés, ils sont très contents de leurs séjours à Cancun et leurs amis et mes belles filles également.

J'ai fini par terminer tout ce que j'avais à faire dans les tribunaux. On est restés encore quelques jours et j'ai pu voir des amis que je n'avais pas vu depuis longtemps qui étaient de passage à Cancún, comme Nacho et Max. On a également passé beaucoup de temps avec Paty et Javier. Et bien sûr on a fait beaucoup de fête avec Rafael et Betty, Jeff et Marty, Gerardo et Carmen et autres.

Ces derniers jours on a eu l'opportunité de mieux connaître Maca. C'est une superbe fille et je suis très content pour Ian.

De retour à la maison, la première chose c'est de faire appel à mes infirmières, car les plaies ne sont pas jolies.

Tous les enfants et belles filles sont retournés à leurs activités. L'année va se terminer sans aucune nouveauté et on passera Noël les cinqs tout seul.

CHAPITRE XLVIII ....J'arrête d'écrire

L'année suivante, 2018, continue avec mes mêmes activités. La plupart du temps je le passe sur les chiffres et statistiques de la Villa et aussi à parler avec Ian pour essayer d'améliorer l'organisation et l'opération de la villa. Le reste du temps, je lis beaucoup et j'écris un peu mon livre. La comptabilité de GSMA ne me prend plus beaucoup de temps, sauf quand il y a un problème entre les filles et qu'il faut je fasse l'arbitre.

On a décidé de construire un local commercial sur le terrain que j'avais acheté au nom d'Yvonne à côté de mon ancien atelier à Cancún. Ce terrain je l'avais prêté à mon ancien menuisier Antonio, pour qu'il y vive un temps. On avait également pensé à le vendre, mais comme je l'avais hypothéqué lors de la crise de 1995, c'était un peu compliqué et ça prendrait beaucoup de temps de lever cette hypothèque.

Donc je fis les plans, et en s'appuyant sur ceux-ci on fit appel à un ingénieur pour les réaliser de façon professionnelle avec calcul de charge et caractéristiques techniques, pour pouvoir obtenir le permis de construction. A Cancún les autorités sont extrêmement sévères pour le respect des règles de construction, car il y a eu pas mal d'accidents.

Après quelques semaines, on a réussi à obtenir notre permis. Pour la construction on fait appel à un constructeur que notre voisin de la villa nous a recommandé.

Mais ce fut catastrophique, rien n'avançait et il demandait trop d'argent à chaque semaine. Donc, après un mois, on le vire et on continue la construction avec un de ses employés.

Au début, ça va nous coûter plus cher que prévu, car on ne trouve pas de la roche, et on est obligé de faire des fondations plus importantes.

Ça va être assez compliqué pour moi de diriger ce chantier à distance, heureusement que les systèmes de communication moderne vont me le permettre. Je vais pouvoir faire les commandes de matériel depuis la France, vérifier les avancées grâce aux vidéos des portables, et communiquer en direct avec le chef du chantier.

La grosse nouvelle cette année c'est le mariage d'Yvette avec Alvaro. Son copain on l'a connu à Cancún lorsque l'on été à la villa l'année dernière, ils étaient venu à un mariage à Tulum.
Ils vont se marier à Madrid en juin, car il est originaire de cette ville.
Mais c'est faux ce que je dis!!! La plus grosse nouvelle, c'est l'annonce que nous fait Laurine. Elle est enceinte !!!!

On se prépare donc à faire ce voyage en Juin en Espagne. Pour profiter de l'occasion, Alec, Bruno, Laurine et les cousins canadiens vont se promener un peu en Espagne. Avec la nouvelle voiture de Laurine et Alec et une voiture de l'occasion.
Fanny, Guy, Yvonne et moi, nous allons partir dans ma voiture depuis la maison. Et on va se retrouver à San Sebastián avec l'autre groupe de mes enfants qui vont partir un jour avant depuis Toulouse. Même les chiens de Fanny et Guy vont venir.
Ian et Maca ne vont pas faire le voyage car ils préfèrent venir passer Noël, deux voyages se serait trop cher.

Didier, Bruno, Alec, Yvonne, moi, Michelle, Stephanie, Fanny, Laurine, Guy. Dans un restaurant pour diner à San Sebastian

Je garde un très bon souvenir de notre retrouvaille à San Sebastián. C'est une très belle ville. On va faire un très bon dîner sur le port et s'amuser énormément.

Le lendemain on fait beaucoup de route car on est invité à prendre un cocktail dans un hôtel pour que les deux familles se rencontrent.

Avec mes frères lors du cocktail

Lors de ce cocktail je vais rencontrer des personnes que ça faisait des années que je ne voyais pas. Comme Patrick mon frère, son ex-femme Marsia, ma nièce Aline et je vais enfin connaître la nouvelle femme de mon frère Patrick. Très sympathique d'ailleurs. Je suis content, c'est la première fois depuis très très longtemps, que les enfants de nous trois , mes frères et moi, ne se sont pas retrouvés ensemble en même temps, bien que l'absence de Ian est très triste. Je ne dénigre pas ma sœur et ses deux enfants, mais comme ils ont une grande différence d'âge, ils ne se sont vraiment jamais côtoyés.
Le mariage va être un succès, on va bien manger et bien boire, et il n'y aura pas de scandale ni de bagarre entre les ex de mon frère, et Patrick et sa fille Aline se reparlerons après plusieurs années de ne pas se diriger la parole.

Les quatres jours que l'on va passer ensemble dans la maison que l'on à louer ensemble à Madrid, vont également être très amusant. Sauf quelques détails.
Je suis de moins en moins mobile. A cause de mon poids d'un côté et aussi de mes problèmes articulaires. Mes enfants me gâte, me servent et sont attentifs à mes besoins. Je les en remercie beaucoup. Mais j'ai aussi mes problèmes de mains, j'ai plusieurs doigts bloqués. Et sur un de mes doigts, j'ai le même problème que j'ai eu avec mon coude, j'ai une substance blanche qui sort d'un trou d'une articulation gonflée, et ça me fait très mal.
Je reste un jour à la maison tandis que eux vont avec Yvonne visiter Madrid. J'en profite pour cuisiner car on a prévu une grande bouffe de fruits de mer pour le lendemain. Je m'étais fait un pansement, mais il s'est mouillé avec les fruits de mer et je crois qu'une infection a commencé.

J'ai commencé à avoir très mal et je n'avais rien contre la douleur. Je leur ai téléphoné pour qu'ils m'en achètent, mais comme ils sont arrivés presque à minuit, j'ai passé un très mauvais après-midi.
L'autre détails c'est au sujet de Michelle, j'adore ma nièce et je me suis toujours très bien entendu avec elle. Déjà je ne comprenais pas son attitude à vouloir louer pour elle toute seule un petit studio en centre ville, si à la fin elle n'y avait presque jamais couché car elle était avec nous.
Puis elle eut d'autres attitudes que je ne comprenais pas. J'ai donc parlé avec elle le dernier jour. Je ne peux évidemment pas vous en parler. Tout s'est finalement bien passé mais ce serait été des vacances parfaites sans ces deux détails.

Pendant qu'eux partaient visiter l'Espagne, nous rentrions chez nous avec une escale à Irún pour acheter des cigarettes, boissons, et jambons qui sont beaucoup moins chers en Espagne. Puis à Hendaye où l'on va faire un très bon dîner et passer la nuit. Cette dernière ville m'a beaucoup plu, j'y habiterai bien volontiers si elle n'était pas si éloignée des enfants.
Ce retour avec Fanny et Guy fut tout ce qui a d'agréable.

Fanny a décidé de changer de profession, elle se recycle en maraîchère bio. Et elle veut chercher un terrain près de chez nous. Guy va commencer le déménagement avant la saison d'été et Fanny nous rejoindra en septembre.

Guy va faire sa saison sans notre aide, ou juste on l'aidera un jour ou deux, pour ne pas faire la route il est logé chez les parents de Laurine. Bruno a été embauché dans l'entreprise canadienne CGI. Alec et Laurine ont décidé de revenir vers La Rochelle l'année prochaine.

Les propriétaires veulent vendre, ils ne veulent pas investir un sous dans la maison et elle commence à en avoir énormément besoin. J'ai déjà fait quelques réparations, comme changer la porte d'entrée.
Les enfants sont d'accord pour l'achat, Bruno est celui qui a un CDI avec un bon salaire. Il va donc aller voir sa banque pour lui exposer notre projet. Son conseiller nous propose de créer une société civile familiale pour demander le crédit.
Comme je me suis mis d'accord pour un prix avec le propriétaire, je décide de faire une petite modification, qui pour moi était urgente, dans la maison. C'est une ouverture pour mettre une baie vitrée entre la salle à manger et le jardin. Et aussi une grande fenêtre qui donne de la cuisine au jardin. Ça va drôlement éclaircir la pièce.

J'ai signé avec Yvonne le compromis d'achat. Et on a également créé chez le notaire notre société. On est tous associés, les enfants et leur compagne, il manque juste Ian et Maca, qui ne sont pas là, mais que l'on fera entrer plus tard. Elle s'appelle « BEEL » qui veut dire en Maya « maison au bout du chemin » Il ne manque plus qu'à réunir tous les documents que nous demande la banque.

Pour cette fin d'année, on prévoit beaucoup de monde à la maison pour Noël. Guy et Fanny habitent pour l'instant avec nous. Lorsque l'on aura le crédit on pense leur construire un petit bungalow de 77m2 dans ce qui était l'atelier et des ruines d'anciennes petites constructions qu'il y a au bout du jardin. Donc en plus d'eux, Ian et Maca vont venir. Il va en profiter pour donner à ses associés leur part des bénéfices de la villa. Alec et Laurine vont également venir avec le petit Yuma qui est né le 1 décembre. Et Bruno va nous présenter sa nouvelle copine qui cette fois-ci est peut-être la bonne. C'est une jolie fille très sympathique que tout le monde va apprécier, elle s'appelle Chloé et est en train de faire un doctorat de biologie cellulaire à Toulouse.

On va louer pour loger tout ce monde quelques jours le gîte de Jean Jacques.

Je n'arrive pas à assimiler que je suis grand-père. C'est un super beau bébé. C'est le premier Fautsch à naître en France de la descendance des Fautsch d'Alsace qui ont émigré au Mexique il a plus de 130 ans.

Lorsque je vois ce petit être si parfait, et qui quelques mois plus tard va devenir un très beau garçon, très sympathique et qui rigole sans arrêt, je peux me dire que le bonheur ne se mérite pas toujours, je n'ai rien fait pour avoir ce merveilleux petit-fils.

Mais c'est merveilleux. Lorsque j'ai eu mes enfants, qui ont été tous les quatres de beaux garçons, je sentais un peu de fierté car je me croyais responsable. Ce qui est faux. Peut-être un peu vrai, si je dit que j'ai choisi comme femme une fille très belle.

Mais on à déjà vu que ce n'est pas la règle. C'est comme on le sait, le hasard une fois de plus qui fait la loi. Mais qu'est-ce que je suis content d'avoir des enfants et petits enfants si beaux !!!!

La Famille au complet: Guy, Fanny, Alec, Laurine et Yuma, Chloe, Bruno, moi, Maca, Yvonne, et Ian

Ça va être un Noël et un nouvel an mémorables. Ça faisait plusieurs années qu' on ne le passait pas tous ensemble. Après Noël, il y a même eu Stephanie qui est venue passer quelques jours avec la famille de son petit copain. Des franco mexicain comme nous. Lui il se rappelle de moi au lycée, mais moi pas du tout. Ce n'est pas une bonne mémoire qui me caractérise. Avec les copains de Ian on sera quelques fois une vingtaine à table.

Laurine a profité de son passage à La Rochelle pour avoir un entretien à l'hôpital psychiatrique. Tout s'est bien passé, mais ils veulent que son transfert se fasse le plus rapidement possible. Heureusement pour eux, il vont compter avec un peu de chance et ses employeurs de Toulouse vont accepter son transfert et surtout, ils vont trouver très rapidement un acheteur pour l'appartement. Ils viendront rapidement habiter La Rochelle, mais en attendant de trouver une maison. Ils vont habiter chez les parents de Laurine.

Notre cohabitation avec Fanny et Guy se passe très bien, Guy est à fond sur ses sculptures et Fanny s'absente quelques mois de temps en temps pour faire des formations de Maraîchage. Bruno fait des missions pour son entreprise dans la banque Crédit Agricole, il en a eu une à La Rochelle qui lui a beaucoup convenu, mais il doit en faire une à Caen, donc on ne le voit pas trop souvent. Mais ça se passe très bien avec Chloé. Bien qu'ils ne se voient que quelques week-ends.

Notre crédit va nous être refusé. Bien sûr sans aucune explication. Mais de mon côté je crois que j'ai fait une grosse erreur en nous incluant dans la société. La banque de Bruno, à laquelle on a demandé le crédit, c'est la Société Générale, ou je l'ai fait rentrer lorsque j'y étais. Le problème c'est que bien que j'ai fini par leur payer tout ce que je leur devais, ça ne s'était pas bien passé et je pense que la banque s'est rendue compte.
La banque nous propose que ce soit seulement Bruno qui demande le crédit. Mais juste pour l'achat. Tandis qu'auparavant on avait demandé une bonne somme pour pouvoir faire les réparations.

A Cancún ça commence à mal se passer. On ne perd bien sûr pas d'argent, mais les réservations se font de plus en plus rares, c'est beaucoup dû à la prolifération des sargasses sur la plage, mais aussi à une plus grande concurrence. De plus en plus de gens mettent en location sur Arbnb leur villa. On compense un peu avec les réservations de mariage qui augmentent un peu. Le problème c'est que l'on investit encore dans le chantier du local commercial.

L'autre gros problème, c'est le volet juridique. Nos avocats nous ont trahis, ils ont fait des erreurs qui sont trop graves pour ne pas être volontaire. Et qui nous ont conduits à être condamné par le tribunal. On n'est pas condamné parce que l'on est coupable de quel délit que ce soit, mais par faute de procédure. On change donc d'avocats, plusieurs nous sont recommandés. Comme il y a plusieurs recours à faire, on va en prendre plusieurs au début. Ce qui va bien sûr augmenter nos frais.

Guy et Fanny se sont acheté une camionnette qu'ils font pouvoir emménager pour utiliser comme camping car. Ce qui va permettre à Guy qu'il n'ait plus à demander à ce qu' on le loge pendant la saison du marché, il pourra dormir dans son camion.
Des collègues de Guy du marché lui ont dit qu'ils ont une amie qui cherche une maraîchère bio pour un projet de ferme à Périgny. Fanny est donc aller la voir.
Le projet a beaucoup intéressé Fanny, et elle s'est très bien entendue avec la fille.
Le projet est validé par la mairie. Celle-ci va fournir le terrain à Fanny, la fille veut monter à côté de l'exploitation une ferme pédagogique. Il s'agit donc d'acheter à un agriculteur qui part à la retraite sa ferme. Il y a plusieurs bâtiments, l'un est habitable et serait acheté par la fille, un autre est en piteux état et serait acheté par Fanny et Guy.
Après plusieurs négociations, ils vont finir par décider de former une société civile immobilière et demander un crédit pour acheter. C'est le père de la fille qui va se porter caution.
Ils vont avoir leurs crédits un peu après nous, au début de l'année 2020 un peu avant le confinement dû au COVID. Je suis content pour eux, bien que j'aurais préféré qu'ils n'aient pas à s'associer avec des gens qu'ils connaissent à peine.

Laurine et Alec ont enfin trouvé une maison à leur goût. C'est une jolie petite maison de bourg dans un village à 15 mn de La Rochelle appelé Croix Chapeaux et à 35 mn de chez nous.

La pire chose qui pouvait nous arriver s'est produite. Au moyen d'une grande opération de corruption, on nous a enlevé la possession de la villa. C'est un des moments les plus malheureux de ma vie, surtout à cause de la situation où se retrouve Ian tout d'un coup.
On a pu sortir tous nos meubles et appartenances de la villa. Heureusement que le père de Maca a des propriétés à Playa del Carmen. Et on a pu tout ranger dans un entrepôt lui appartenant.
Ian va recevoir l'appuis financier d'un ami du Canada qui va lui permettre de payer des dettes, de rembourser les avances des mariages déjà réservés et finir avec les finitions du local que l'on construit.
Il va également réussir à rénover un appartement qui appartient au père de Maca, et installer les meubles, les décorations, les appareils ménagers, l'air conditionné et autres de la villa. Et ils vont avec Maca le louer sur Arbnb.
Il va également finir le local pour pouvoir le louer. De mon devis initial le chantier nous a coûté 20% de plus, ce n'est pas énorme, vu les difficultés que l'on a eu au début du chantier.

Ian est venu nous rendre visite en février, juste avant le confinement, des amis lui ont payé le voyage en Italie pour qu'il fasse le traducteur pour une affaire de vente de terrain qui ne se réalisera pas. Et ça lui permettra de profiter pour faire un détour chez nous.
Notre situation économique n'a pas changé tant que Guy était chez nous, et continuait à nous verser les 450 euros plus 400 euros de leur apport à la maison pour les frais de bouche, eau, électricité, etc.

Mais justement ce même mois, ou Ian est arrivé, ils vont déménager à leur ferme.

Ils vont avoir une discussion entre frères sur nous, ils décident que l'on dépense trop.
Ils se réunissent donc avec moi un jour et me demandent des comptes. Bien sûr je dépense trop pour payer mes crédits, je suis inscrit à trop de revues et je paye trop à canal plus. Pour mes crédits, la solution c'est demander un dossier de surendettement, pour mes revues, je pourrais en garder les principales. Pour le canal plus, bien que tous en profite, ils veulent que je l'annule, mais je me refuse car nous n'allons jamais au cinéma, presque pas ou pour ainsi dire jamais au restaurant. Guy ne veut plus payer car, bien sûr, il a la pression des mensualités du crédit de leur société, bien que je ne comprends pas toujours pourquoi ils payent la moitié du crédit quand ils n'ont que le tiers des actions de la société. Je sors de cette réunion extrêmement triste.
On a la sensation, Yvonne et moi, que l'on est devenu une charge pour eux. L'argent que je recevais de la villa, je pense que je le méritais. L'argent que Guy me donnait, également, pas pour ce que je fais, mais par les efforts que j'ai fait pour monter et maintenir cette affaire méritent compensation. Si je n'avais pas besoin d'argent comme je lui avais déjà dit je ne lui demanderai pas un sous.

Mon dossier de surendettement a été accepté, j'y ai passé des heures et des dizaines de photocopies. Ça nous fait un répit, mais quelques mois plus tard, je dois recommencer à payer les crédits, la seule différence cette fois-ci, c'est que les intérêts sont annulés et que je vais finir par tout payer dans 6 ans au lieu de je ne sais combien d'années à cause des crédits renouvelables.
Actuellement Yvonne est également à la retraite depuis cette année et ça nous a encore diminué nos entrées. On doit faire extrêmement attention à ce que l'on dépense.
La situation est la suivante, le crédit de la maison dont la mensualité est de 460 euros, va être payée par les quatres enfants et nous. 75 euros chacun et 160 euros nous. L'assurance et les impôts vont être divisés. Le problème actuel c'est qu'Alec et Ian sont en difficulté d'argent. Donc Bruno va payer 150 de façon à avancer la part d'Alec et Guy 150 pour avancer la part de Ian.
Guy va me donner 150 euros, dans lequel je vais prélever 22 euros pour l'assurance de son camion qui est toujours à mon nom. Bruno va payer Canal plus et m'envoyer les reste pour totalisé 150 euros. Et moi j'envoie 160 euros à Bruno.
Bien sûr pour nous ce n'est pas suffisant, surtout le mois ou je paye la facture d'électricité ou la redevance des déchets. Mais heureusement comme Bruno gagne bien sa vie, je lui demande de l'aide quand je n'ai pas d'autre solution.

Voilà donc, j'ai construit ma vie, autour de celle de mes enfants sans qu' eux ne m'aient jamais rien demandé. Et maintenant je me retrouve avec la nécessité de leur demander de l'aide. Est-ce naturel ? Ou j'aurais dû m'inquiéter davantage sur mon sort et préparer ma retraite pour ne pas dépendre d'eux.
Si on était resté au Mexique c'est fort possible que je vivrai tranquillement à Tequisquiapan avec suffisamment de revenus pour vivre. Mais je n'aurais jamais pu donner l'éducation et la formation que mes enfants méritent et ont pu recevoir. D'ailleurs moi n'ont plus n'aurais pas la qualité de vie que l'on a en France, même avec des soucis économiques.
Mais je pense que l'entraide entre générations est très naturelle et très importante. Si on ne veut pas se sacrifier pour ses enfants, on peut parfaitement décider de ne pas en avoir. Mais si on a des enfants il faut tout faire pour leur donner le plus de chance possible pour qu'ils aient une

belle vie. Et si on réussit, ou si on a de quoi aider nos parents, s'ils sont dans le besoin, quoi de plus naturel que de le faire.

Je crois qu'il est temps que j'arrête de raconter ma vie, sinon ça va devenir une sorte de journal. Avant de m'arrêter je vais vous faire un petit résumé de la situation de la famille. Je vais commencer par le plus jeune,

Alec, pour l'instant, reçoit toujours des allocations chômage, qui vont bientôt se terminer. Il fait toujours ses tableaux en acrylique avec son nouveau style qu'il a commencé avec les peintures de la villa, mais il n'en vend pas beaucoup encore. J'ai réussi à le faire rentrer dans l'association GSMA donc il expose à Fouras. C'est là qu'il en a vendu quelques-unes. Il fait beaucoup de linogravure, avec des motifs différents et c'est plutôt ça qui marche. Il aime beaucoup faire des aquarelles, malheureusement il n'en vend presque que pour des commandes. Mais dans toutes ses différentes techniques il aime surtout faire des motifs de la pop culture. Il a d'ailleurs été choisi parmi plusieurs artistes, pour être présent dans un catalogue très reconnu.
Laurine et lui sont fascinés par le petit Yuma, et je les comprends, il est parfait ce jeune homme, beau et sympathique, avec un très bon caractère.
Laurine est contente de son travail et même si c'est elle qui apporte le plus financièrement, elle laisse Alec faire ce qui lui plaît, même si ça ne marche pas encore.
Ils forment un joli couple et une belle famille. Et la très bonne nouvelle c'est que dans un mois, va naître une fille dans cette famille. Enfin une fille!!!, j'aurai, comme toujours je l'ai voulu, une descendance féminine.

Bruno est de nouveau célibataire. Bien qu'ils aient passé les deux mois de confinement ensemble, et que ça c'était bien passé. Quelques mois plus tard, ils ont mis fin à leur relation. La raison que Bruno nous a donné, c'est que Chloé manque de confiance en elle même et est toujours stressée, ce qui provoque du coup que lui soit stressé également. C'est très dommage car c'est une fille très intelligente, très sympathique et belle en plus. C'est très triste pour les deux familles car nous on aimait beaucoup Chloé et la famille de celle-ci aimait beaucoup Bruno. Pour l'instant il n'a pas pu repartir à la recherche d'une dulcinée à cause du Covid. En plus, il a reçu une mauvaise nouvelle, Marie, la fille qu'il a le plus aimée, est enceinte. Il a toujours eu un petit espoir de finir avec elle.
Du côté professionnel tout va bien pour lui, il a été pendant trois ans salariés à CGI et il a décidé de se mettre à son compte. C'est vrai que ses entreprises qui louent le savoir-faire de quelques cadres, sans même avoir investi dans leur formation, reçoivent les bénéfices de leur travail. Il va donc continuer à travailler avec les mêmes clients de CGI et celui-ci deviendra son client, mais c'est lui qui recevra la plupart des bénéfices, mais ce sera à lui de payer ses charges. Fini les congés payés, les jours fériés et la possibilité d' allocations chômage. Pour l'instant il continue à habiter à Nantes, mais va chercher à se rapprocher de La Rochelle.

Guy est content de l'atelier qu'il a fait à la ferme, il a enfin l'espace pour faire de très grandes pièces dont il a toujours rêvé.
Ce rêve est enfin réalisé, car il a eu une commande d'un dragon, de la part d'une luxembourgeoise qui vient de s'acheter un château. Ce dragon mesure plus de 4 mètres, il est vraiment fantastique et c'est un chef-d'œuvre. Ce n'est pas seulement moi qui le dit.

Mais comme il a eu cette commande et quelques autres, il a décidé de ne pas faire le marché d'été l'année dernière. Je n'étais pas d'accord avec lui, je pense qu'il a fait une erreur. C'est sur le marché qu'il peut se faire remarquer pour les commandes des grandes pièces qu'il aime faire. Heureusement que la saison arrive car il n'a pas plus de réserves.

Fanny a commencé son exploitation de maraîchage bio. Elle est très contente et vend tout ce qu'elle produit. Elle a une jolie boutique à la ferme où elle vend trois fois par semaine.

Le souci c'est qu'ils n'ont pas pu encore commencer à faire les travaux pour leur maison, par manque de financement. Ils sont obligés de vivre en colocation avec leur associée et ça ne se passe pas très bien.

Pour eux, j'aimerais que l'on puisse récupérer et vendre la villa rapidement.

La bonne nouvelle c'est qu'ils vont se marier après la saison en septembre.

C'est à la mairie de Champagne qu'ils vont se marier et on va faire une petite réception ici dans le jardin. On va seulement y participer la famille proche. C'est à dire les parents, frères et sœurs de Fanny, et les parents et frères de Guy. Plus nos voisins et Charly, le meilleur ami de Guy, et viendra aussi la meilleur amie de Fanny.

Mon frère Jean Pierre risque d'être là aussi car il a prévu depuis longtemps de venir nous rendre visite pour mon anniversaire en septembre.

Je suis très content, car eux aussi forment un très bon et joli couple. Bien que j'aimerais beaucoup qu'ils se mettent rapidement à avoir des enfants, ils disent ne pas être pressés.

Ian pour l'instant, de tous mes enfants, est celui qui m'inquiète le plus. Non que je crois qu'il ne va pas réussir sa vie. Alors là pas du tout, il a une intelligence et une telle facilité à se faire des amis et se faire des relations que je ne doute pas du tout qu'il va être heureux.

Ce qui m'inquiète, c'est la situation actuelle. On a tous les droits de la loi à notre faveur, la légalité est de notre côté. Mais on est en train de lutter contre un système judiciaire totalement corrompu. Et nos ennemis ont le pouvoir de l'argent et la mafia de leur côté.

Ian arrive à peine à survivre financièrement. Avec ses contacts, il a réussi à être le distributeur de produits pour imperméabiliser les toits, et il utilise pour cela une partie du local que l'on a construit, il loue l'autre partie. Il reçoit aussi quelques entrées avec la localisation de l'appartement aux touristes. Mais pas pour le financement. C'est Bruno pour l'instant qui l'aide à financer les frais juridiques.

On a eu certaines réussites pour l'instant dans les procès juridiques, mais le Covid a tout retardé. Ian a beaucoup de pression. Je ne pense pas que c'est amis qui ont investi à ses côtés lui fasse pression. Je pense que c'est plutôt lui qui ne veut pas manquer à son devoir envers eux, et se met sous pression.

De très nombreuses fois il essaye de se défouler avec moi, et je fais de mon mieux pour l'aider. Mais moi, j'ai de moins en moins la force de supporter les inquiétudes et les mauvaises situations où il se trouve et ça me déprime.

Heureusement qu'il a Maca. Je l'ai mieux connu lorsqu'ils sont venus à Noël. Et on communique de temps en temps avec elle. Je pense que Ian a de la chance de l'avoir.

J'aimerais tellement que tout cela finisse, et qu'ils viennent en France. Ian pourrait monter ici avec ses frères une affaire. Et elle pourrait peut-être aussi faire ici quelque chose dans sa profession de styliste de mode.

Yvonne et moi on est devenu très routiniers. Ça nous tranquillise un peu. Le fait d'avoir une routine vous évite d'avoir à prendre des décisions et donc de nous questionner et de stresser.

Vous savez ce que vous allez prendre au petit déjeuner selon le jour de la semaine, vous vous coucher et vous lever à la même heure etc. C'est reposant. Je n'ai aucun souci pour occuper mes journées. Je lis beaucoup, j'écris ce livre et je joue aux cartes avec Yvonne, ou on voit la télé, surtout le sport. Une fois fini le livre, je vais remplacer l'écriture pour le dessin. Mais c'est Yvonne qui m'inquiète des fois. Elle n'arrive pas à se défaire de sa maladie. Des fois elle va assez bien, mais on ne sait jamais quand elle va aller mieux. Bien sûr elle est très contente quand elle va voir Yuma, mais des fois même sa présence ne lui soulève pas le morale.

Elle s'occupe avec son ménage le matin, mais l'après-midi elle cherche souvent quoi faire car elle n'a envie de rien. Elle va quatre fois par semaine à la salle de sport, mais même ça, ne la sort pas de sa déprime. Avant, on y allait tous les jours et ça n'allait pas mieux. J'essaye de l'aider mais parfois je perd patience, car elle revient à me rendre responsable de sa situation. Je ne sais pas ce qui va arriver quand je ne serai plus là et ça m'inquiète.

CONCLUSION

J'ai écrit ce livre pour laisser une trace de ce que fut ma vie, mes pensées et mes idées. Je l'ai fait car je me suis toujours demandé comment vivaient mes ancêtres. De mes parents je connais leur vie familiale, mais presque rien de leurs enfances et jeunesses, sauf quelques anecdotes qu'ils nous racontaient de temps en temps. De mes grands-parents encore moins. Je les ai à peine connus. Qu'est-ce qu'ils pensaient ? Avaient ils étaient heureux ? Avaient-ils eu une enfance heureuse ? Le peu que je sais c'est que politiquement les parents de mon père étaient de droite voir d'extrême droite. Mes parents maternelle, c'est fort possible qu'ils l'ait été également. C'est très probable que si je les avais davantage côtoyés je les aurais détestés. Mais ça m'a toujours intrigué. Et lorsque j'ai fait des recherches sur notre généalogie, lorsque je retrouvais un ancêtre, j'essayais de m'imaginer qu'elle avait été sa vie.

J'écris donc ceci, pas pour me faire publier, mais pour mes enfants, leurs compagnes qui partagent leur vie, et pour les enfants et petits enfants qu'ils auront ensemble Je veux que tout ces personnes sachent ce que fut ma vie et surtout ce que je pensais. Je trouve dommage que quand quelqu'un disparaît, tout ce qu'il savait ou pensait, disparaît avec lui. Je n'ai rien découvert, ni inventé, ni ne fut artiste ou écrivain très connu pour devenir immortel. Donc j'espère que ce livre permettra que l'on tarde à m'oublier et ainsi retarder ma deuxième mort, car pour moi on meurt deux fois, la première physiquement, et la deuxième lorsque l'on nous oublie complètement.

Conclusion de mes réflexions

Dans toutes les pensées que j'ai partagé avec vous dans ce livre, il y a quelques lignes directrices.
Politiquement vous aurez remarqué que je suis plutôt favorable aux idées de gauche. Et un fait qui me met particulièrement en colère, c'est la propagande anti communiste. Depuis la disparition de l'union soviétique on n'arrête pas de proclamer la victoire du capitalisme sur le communisme. Ce qui est un immense mensonge publicitaire. L'URSS n'a pas fait faillite parce qu'elle avait, soi-disant un système politique défaillant, elle a fait faillite car Reagan l'a obligé à entrer dans une compétition à l'armement qu'elle n'a pu gagner car elle ne possédait pas la planche à billets de Dollars. Socialement, dans sa zone d'influence, elle a reçu les attaques

d'influence du pape Jean Paul II. Ses réussites et influences sportives ont été annulées par la professionnalisation du sport amateur conduit par l'espagnol Samarange qui appartenait à l'Opus Day.

Ces trois personnages étaient des fanatiques anticommunistes et ils ont tout fait pour réaliser leur rêve d'extermination de cette idéologie. Le problème c'est que cette fin du communisme, symbolisée par la chute du mur de Berlin, a également provoqué une augmentation des inégalités planétaires, et permis le développement du néolibéralisme. Les pays capitalistes avaient pour habitude de faire quelques réformes sociales pour éviter que les populations ne s'intéressent au communisme. Depuis, plus besoin de faire des réformes sociales en faveur des plus démunis. Il suffit de proclamer haut et fort la

défaite du communisme. Et de faire une publicité mensongère sur cette idéologie d'utopie, mais pas seulement. Il faut également, pour éviter qu'elle ne revienne, la comparer au nazisme et même pire, proclamer haut et fort que le communisme a tué plus de personnes que le nazisme, que Staline et Mao sont les pires assassins de l'histoire. La raison de l'éclatement de la seconde guerre mondiale c'est, disent-ils, le pacte germano soviétique, (voir mon analyse). Mais ce qui m'énerve, c'est surtout ne pas reconnaître que l'odieux dictateur assassin, Staline, est celui qui a sauvé les soit disantes démocratie occidentale de finir sous le joug du nazisme. Staline et Mao peuvent avoir beaucoup de morts dans leurs consciences. Mais ces morts l'on était par idéologie, pas par racisme ni par impérialisme guerrier. La grande majorité a été victime de famines provoquées par de graves erreurs, d'autres dans des purges idéologiques pour Mao et pour le pouvoir du côté de Staline.

La presse occidentale est en train d'accuser Poutine, et le président Chinois, d'essayer de réécrire l'histoire. Poutine en effet, est en train d'éviter que sorte encore des études sur les crimes de Staline, mais il se garde bien de promouvoir le système communiste social et économique de celui-ci, Poutine n'est pas un communiste comme on pourrait nous le faire croire, s'il défend Staline et l'URSS, c'est juste pour essayer de retrouver leur grandeur. Politiquement Poutine est presque d'extrême droite. Et il préférait être Tsar. Mais c'est plutôt l'occident qui veut réécrire 'l'histoire. Ce que fait Poutine n'est rien en comparaison. J'ai cherché et je n'ai trouvé aucun livre récent qui ne parle de Staline que de ses crimes sur son peuple, pas un seul sur sa victoire sur le nazisme.

Plusieurs chercheur dans le monde occidental cherche à étudier l'histoire vrais du colonialisme, mais comme beaucoup de ces recherches sont mené par ce que l'on appelle des racisés, ici en France on les traites d' Islamo gauchistes, au point que la ministre de la recherche a commandé un rapport au CNRS. Et on ose critiquer les états totalitaires!

Quand j'étais jeune, tout le monde Occidentale était d'accord sur ce qui avait provoqué la seconde guerre mondiale: l'arrivée du nazisme, provoquée par le traité de Versailles, et les accords de Munich ou l'occident avait laissé les mains libres à Hitler. Mais maintenant, ce monde là dit que c'est l'accord Hitler/Staline, pour encore tirer sur le communisme.

On dit que le capitalisme a sorti des millions de personnes de la pauvreté. C'est archi faux, c'est le progrès, et si celui-ci était davantage partagé dans le monde, des millions de personnes ne seraient plus pauvres. Si le progrès était l'exclusivité du capitalisme, Cuba ne serait pas le premier pays d'Amérique Latine en santé et en éducation. Ni l'URSS aurait mis le premier homme dans l'espace.

La chute du système politique de l'URSS, et de ses satellites, n'a pas seulement était catastrophique pour les millions d'habitants de ces pays qui se sont retrouvés au chômage et ont plongés dans la pauvreté, et pour toutes ces entreprises de l'état qui ont fermées, mais elle l'a été aussi pour ces millions d'habitants des pays, soit disant du monde libre, à qui on a obligé à rentrer dans un monde ultra néolibéral, qui leur empêche toutes possibilités de changement politique, et où tous les services publics sont attaqués.

Les seuls bénéficiaires ont été les quelques oligarques qui se sont appropriés des entreprises et les secteurs producteurs, qui appartenaient à l'État, les politiciens néolibéraux qui n'ont plus d'obstacles pour appliquer leurs idéologies, et à tous les gagnants de cette économie non régulée.

Une autre de mes lignes directrice, c'est la critique de ces mal nommés démocratie occidentale ou démocratie libérale. Elles se fondent sur le vote pour des représentants, soit des députés, sénateurs, maires, gouverneurs, présidents etc. Élu par un vote soit disant libre, pour un temps déterminé. Et une fois élu, les électeurs n'ont plus aucun pouvoir sur eux, sauf de très rares exceptions, que l'on ne retrouve dans aucune des principales démocraties occidentales.

Mais quel est le choix qu'ont ces électeurs? Selon leur théorie, n'importe qui peut se présenter aux élections. Mais dans la pratique c'est faux. Aux E.U., qui n'ont plus de limite de dépenses pour les élections, il faut soit être millionnaire, soit être financé par des millionnaires, et cela pour n'importe quelle élection, soit pour sénateur, gouverneur ou président. Mais ce n'est pas parce que vous avez de l'argent que l'on va voter pour vous, c'est parce que grâce à cet argent vous allez pouvoir faire toute la publicité que vous voulez, propager des mensonges, faire des meetings, payer des médias, acheter des influenceurs etc. Ces élections coûtent chaque fois plus cher, atteignant des milliards de dollars. Donc résultat, les individus pouvant se présenter sont extrêmement peu nombreux et les choix politiques qu'ils proposent ne pourront jamais aller à l'encontre des plus riches. Donc c'est très simple, comment s'appelle un régime politique, ou on peut changer de représentant, seulement si celui-ci reste le représentant d'une seule classe, celle des plus riches? Elle s'appelle une tyrannie ou dictatures des riches.

C'est exactement la même chose dans le reste de ces démocraties libérales, avec quelques variations. Par exemple en France, les dépenses sont limitées ainsi que les dons de particuliers, mais les partis sont financés par l'État. Ce qui fait de l'argent public dépensé au profit de quelques-uns, et une énorme quantité de fraudes et de mise en examen pour financement illégal et dépassement de dépenses.

Donc l'électeur se retrouve avec un choix, entre des gens qui ne représentent que des riches, et des outsiders que les sondages donnent comme perdants. Donc même si un de ces outsider nous plait, on se dit que c'est inutile de voter pour lui car on le dit perdant et on donne notre vote à celui des favoris qui nous déplaît le moins.

L'autre solution, et c'est ce que la plupart des jeunes ou pauvres choisissent c'est l'abstention. Mais celle-ci les dirigeants évitent de la prendre en compte, car elle diminue leur légitimité. Jusqu'à ce que l'abstention devienne si grande, qu'il ne leur soit plus possible de continuer à légitimer le vote.

Mais le pire, c'est la force publicitaire que les forces qui dirigent le pays, politiquement et économiquement, exercent sur la population, tous les principaux médias, qu'ils soient de la presse écrite, la radio, la TV ou internet, appartiennent à des millionnaires, seuls quelques chaînes de TV ou radio appartiennent à l'Etat.

Bien sûr on nous parle de liberté de la presse, et elle existe réellement, mais à quoi sert elle? si ces médias libres et indépendants se retrouvent seulement dans une presse spécialisée méconnue pour la plupart. Ces néolibéraux qui se vantent de la force de leur publicité, et

*dépensent des milliards pour vendre leurs produits. Comment peuvent-ils parler de démocratie,
lorsqu'ils utilisent les mêmes techniques pour faire gagner leur candidat ?*

*Mon système dont je vous ai parlé dans ce livre, élimine toutes ces dépenses, élimine les partis,
mais surtout élimine toute emprise de quelques uns sur la majorité.*

La c'est la véritable démocratie où chacun pourra avoir une voix qui compte.

*L'autre ligne directrice de mon livre, c'est celle du hasard, et par là, j'arrive bien sûr à la
fameuse méritocratie.*

*Celle-ci est la justification maximale qu'ont les riches et les gagnants pour dire qu'ils sont là
grâce à leur effort et intelligence.*

*Pour illustrer, et expliquer qu'ils ont raison. Il leur suffit de donner un exemple. Hier à la TV,
sur la chaîne qui tient de plus en plus à devenir la chaîne de l'extrême droite. Un écrivain
présente une vidéo où apparaît une vieille dame qui donne un cours particulier à un jeune
enfant, tout en parlant à la caméra, la vidéo est filmée avant la deuxième guerre mondiale. La
dame raconte qu'elle est la dernière fille d'une fratrie de cinq qui sont nés à la campagne dans
une famille très pauvre. Mais que leur mère leur a appris ce qu'est l'effort et le travail, et grâce
à elle, les cinqs sont devenus instituteurs. C'est cet exemple qui, pour lui, et pour les autres
journalistes présents, veut dire que l'effort et le travail suffisent pour réussir. Pour moi c'est
presque le contraire. Le fait que tous deviennent des instituteurs, veut peut-être dire que bien
qu'ils aient fait beaucoup d'efforts, là où ils sont nés, la seule structure qui pouvait embaucher
des personnes ayant fait des études c'était l'école. Peut-être que l'un d'entre eux voulait faire
des études pour devenir ingénieur. Mais sans ressources ?*

Enfin, une minorité de cas ne veut pas dire que l'on peut généraliser.

*Et la vérité c'est le besoin de justifier une situation totalement injuste, qui fait l'éloge de la
méritocratie.*

*L'autre argument, que cette même classe sociale dominante aime à répéter pour ne pas
reconnaître les injustices, c'est nié le fait que d'être pauvre vous pousse dans la délinquance et
le crime. Pour eux, les criminels et délinquants sont des personnes qui choisissent ce chemin
parce qu'elles sont mauvaises, ont des mauvais gènes, ou c'est dans leur culture. Si la grande
majorité des délinquants provient de familles pauvres et ont eu une enfance tragique, pour eux
ce n'est que de la victimologie et des excuses.*

*Leur raisonnement est le suivant, regarder cette France rurale et pauvre qui ne finit pas dans la
délinquance.*

*C'est aussi idiot que de dire, si j'ai un cancer de la prostate, ça ne veut pas dire que c'est parce
que j'ai une prostate, puisque il y a plein de gens qui ont une prostate et qui n'ont pas de cancer
de la prostate. mais il faut bien une prostate pour avoir un cancer de la prostate!*

*Dans toutes les sociétés on a vu que la précarité engendre de la violence là où les inégalités sont
les plus marquées.*

*Un revenu universel élimine l'importance du hasard de notre naissance, donc la pauvreté, et, la
fin de celle-ci et des inégalités, marque la fin de la délinquance de survie.*

*Je parle également d'écologie et de travail, l'un ne va pas sans l'autre, car les deux sont
reliés a la production.*

*La situation où l'on se trouve actuellement, avec une nécessité de croissance pour que les gens
aient du travail, est devenue totalement hors sol et ridicule.*

Je vais l'illustrer avec un exemple.

Dans le Paléolithique, les anthropologues et archéologues ont déterminé que l'homme travaillait en moyenne 3 heures par jour pour subvenir à ses besoins vitaux.
C'est -à -dire se nourrir, se protéger etc. Bien sûr c'est une moyenne.
Imaginons que dans un clan, à l'époque ni village ni état, d'une cinquantaine de personnes, 10 d'entre eux ont participé à la chasse d'un mammouth, une autre dizaine à la cueillette de graine et de fruits, et 5 d'entre eux ont traité et cousus des peaux. Et les autres ont fabriqué des flûtes, peint dans la grotte, flâné dans les bois etc.
Ce qu'ils ont fait, pour leurs besoins vitaux, est suffisant pour un mois. S'ils avaient notre mentalité, seuls les chasseurs de mammouth pourraient manger la viande de celle-ci, les cueilleurs seulement pourraient manger les fruits,et les tanneurs de peaux de s'habiller.
Où ils pourraient interchanger entre eux pour que tous puissent manger viande et fruit et s'habiller. Mais l'autre moitié du clan? Qui ont juste flâné , peint et joué. Selon notre mentalité actuelle, ils n'auraient pas le droit de manger les produits obtenus par les autres, bon on pourra quand même donner aux vieux (allocations vieillesse) et à ce qui pour une grave blessure ne peuvent plus rien faire (allocations handicapées) pour pouvoir survivre, les autres du coup, pour survivre, devraient aller également à la chasse, à la cueillette et tanner des peaux. Donc, résultat, le clan aurait le double de production de bien nécessaire à sa survie, des animaux, des fruits, graines, herbes etc. seraient tués et cueillis inutilement avec tous les dommages fait à l'écologie.
C'est exactement ce qui se passe actuellement. La bêtise de l'homme c'est ce qui fait la catastrophe écologique et non sa survie. Si on arrive à comprendre qu'il est inutile que tous les hommes doivent travailler en même temps et tout le temps. Et que le progrès fait que, de plus en plus, on a moins besoin de travailler, on pourra diminuer la pression sur les ressources et vivre pour s'épanouir et non pour travailler.
Nos ancêtres lorsqu'ils fabriquaient un vêtement en peaux d'ours, ou une hache en silex, le faisaient de manière à ce qu'il dure, et ne devoir le faire qu'une fois, ils ne voyaient aucun besoin de devoir travailler plus et de tuer un autre ours, chercher un autre silex en devant le refaire plus tard. Mais à notre époque, car le travail est obligatoire, on préfère que l'objet ne dure pas, ainsi on peut continuer à travailler, et tant pis pour l'écologie.
 Fabriquons comme nos ancêtres, des objets qui durent, ou qui soient réparables, comme le bon sens nous le dit. Arrêtons le travail obligatoire.
La dernière ligne directrice c'est un sujet qui me tient beaucoup au cœur, c'est l'évolution. Comme presque tout, ou plutôt tout, l'évolution est due au hasard.
Notre espèce Homo sapiens n'est présente sur notre planète que depuis 300,000 ans. Peut-être un peu plus selon les nouvelles découvertes. Il faut être très clair, lorsque les archéologues disent qu'une espèce est apparue il y a tant d'années, cela ne veut pas dire qu'elle est née à telle date, comme on peut dire que tel individu est né telle année. Il ne s'agit pas d'un individu ou d'un groupe d'individus qui tout d'un coup apparaissent avec les caractéristiques propres à cette espèce. C'est un processus évolutif qui varie de génération en génération très lentement. Ce qu'ils disent c'est qu'à telle date une espèce n'a plus les mêmes caractéristiques que ses ancêtres, et qu'elle en a obtenu d'autres qui font d'elle une nouvelle espèce. Mais c'est si rare de trouver des fossiles humains, que l'on ne trouve pas des spécimens entre les deux espèces reconnues. Et c'est fort probable, que si on arrive à la trouver sans les caractéristiques exactes de l'une ou l'autre, on va la prendre pour une nouvelle espèce entre les deux espèces déjà connues. Je dis ceux-ci pour que l'on comprenne que l'on n'arrête pas d'évoluer, mais seulement les changements qui nous bénéficient restent, grâce à la sélection naturelle. C'est pour cela que les requins n'ont pratiquement pas changé depuis 400 millions d'années, car ils ont évolué jusqu'à obtenir des

caractéristiques qui leur ont permis de survivre à tous les changements survenus, et même à plusieurs extinctions. Ils sont presque devenus parfaits pour survivre dans tous les milieux marins.

Nous ne dépendons plus de la sélection naturelle, comme plusieurs de nos espèces domestiques. Grâce à nos connaissances et nos progrès, on réussit généralement à contrer les effets que la nature a sur nous. Donc si on est arrivé là depuis un moment déjà, pourquoi continuer à vouloir améliorer encore davantage nos capacités, au lieu d'améliorer le progrès pour quelques uns, faisons que celui soit accessible à tous.

Faisons comme les requins, profitons de nos qualités, et ne changeons plus. Surtout si ces changements vont provoquer notre perte en détruisant notre milieu. La planète, la nature et plusieurs autres formes de vie vont nous survivre, même les requins.

*Arrêtons ces personnes qui nous mènent à la disparition de sapiens et avec nous un paquet d'autres espèces. Revenons a nos libertés primaires " **le droit de partir, le droit de désobéir, et le droit d'innover"**(Graeber et Wengrow).*

L'ENFER N'EXISTE PAS, MAIS LES PERSONNES QUI Y HABITENT OUI, LE PARADIS N'EXISTE PAS, MAIS LES PERSONNES QUI POURRAIENT Y HABITAIENT OUI.

Toutes les informations, chiffres, statistiques, sondages etc. qu'elles soient scientifiques, politiques, ou économiques, sortent des journaux et revues auxquels je suis abonné et des livres que je site. Sur internet je me suis seulement informé sur Wikipedia, prenant soins toujours de vérifier les sources, et sur les sites de ces meme revues

REFERENCES

REVUES ET JOURNAUX

LE MONDE. quotidien
LE MONDE DIPLOMATIQUE mensuel
LE NOUVEL OBS hebdomadaire
LE No 1 hebdomadaire
COURRIER INTERNATIONAL hebdomadaire et hors serie
PHILOSOPHIE MAGAZINE mensuel et hors série
SCIENCES HUMAINES mensuel et hors série
L'HISTOIRE mensuel et hors série
HISTOIRE ET CIVILISATION mensuel
GEO HISTOIRE bimensuel
LA RECHERCHE mensuel
SCIENCES ET VIE mensuel et hors série
SCIENCES ET VIE- CIVILISATION mensuel
SCIENCES ET AVENIR mensuel
L'ÉLÉPHANT trimestriel

LIVRES

SAND Shlomo Comment le peuple juif a été inventé, 2010, Flammarion, 604p
SAND Shlomo Comment l'état d'Israel a été inventé,2012, Flammarion, 424p
RESENDEZ Andres, L'autre esclavage la veritable histoire de l'asservisement des indiens aux Ameriques, 2021l, Albin Michel, 535p
MICHEL Aurelia, Un monde en negre de blanc, 2020, du Seuil, 391p
HARARI Yuval Noah, Homo Sapiens, une breve histoire de l'humanité, Albin Michel,501p
HARARI Yuval Noah Homo Deus, 2013, Albin Michel, 435 p
SCOTT james Homo Domesticus,2019, La Decouverte 302p
DEMOULE Jean Paul, Les Dix millénaires oubliés qui ont fait l'histoire,2017, Fayard, 309p
PARKER Steve Évolution la grande histoire du vivant, 2015, Delachaux et Niestle,573p
GILDEA Robert L'Esprit Imperial passé colonial et politiques du present, 2019, Passés/composés, 487p
CURNIER Jean Paul La piraterie dans l'âme essaie sur la democratie, 2017, Lignes ,254p
DAWKINS Richard Le gene egoiste, 2003, Odile Jacob,459p
DEMOULE Jean Paul, GARCIA Dominique, SCHNAPP Alain, Une histoire des civilistions, 2018, La découverte, 601p
PIKETTY Thomas, Capital et Ideologie, 2019, Seuil, 1198 p
VARGAS Fred l'humanité en peril 2019 330p
PIKETTY Thomas, Brève histoire de l'inégalité
SANDER Michael, La tyrannie de la méritocratie

CONESA Pierre, La fabrication de l'ennemi 2011 Robert Laffont 363 p.

GRAEBER David & WENGROW David, Au commencement était...une nouvelle histoire de l'humanité , Les liens qui libèrent 2021 744 p.

DULLIN Sabine, L'ironie du destin une histoire des russes et de leur empire (1853-1991), 2021, Payot, 299 p.

TALADOIRE Éric, Sale querre l'invasion du Mexique par les États Unis (1846-1848), Cerf, 2021 205 p.

INDEX

J'ai écris ce livre pour ma famille actuelle et pour ma future descendance, mais aussi pour mes amis qui ont toujours compté énormément pour moi.

J'essaye ici de démontrer l'énorme importance que le hasard a dans nos vies et dans toute la nature qui nous entoure, de la physique quantique a l'immensité de l'univers.

Les inégalités de notre société et les injustices qui s'en suive trouvent principalement leur origine dans le berceau ou on a eu la chance ou la malchance de naitre, d'où ma référence a la cigogne. Mais ensuite nos vies continue a être modelées par des suites de hasard, des bonnes et mauvaises rencontres, d'accidents ou de coups de chance. Certains d'entre nous ou même des peuples entiers, bien qu'ils aient trouvé une tranquillité et une stabilité dans leur vie, ne se sont pas satisfait de leur bonheur et en on voulut davantage. Et ils se sont retrouvé a la merci de Tyché, la déesse grecque de la fortune, qui décide de notre sort. C'est pour cela que je fais mention aux requins, car eux, une fois qu'ils ont obtenu cette efficacité pour vivre dans leur milieu grâce a l'évolution, n'ont plus évolué, et même s'ils nous précède de plus de 400 millions d'années ils sont toujours là.

L'histoire de ma vie n'est pas exceptionnellement intéressante mais elle illustre bien l'influence du hasard dans une vie, car elle est faite de coup de chance et de malchance.

Dans les réflexions dont je fais part au lecteur dans ce livre, je propose des solutions pour une vie plus juste pour tous. C'est peu être utopique de ma part, mais j'avais besoin de le faire.

Printed in Great Britain
by Amazon